张 生

中国社会科学院法学研究所二级研究员，博士研究生导师，法制史研究室主任；兼任中国法律史学会会长、中华司法研究会常务理事。入选第七届"全国十大杰出青年法学家"（2014年）、国家"百千万人才工程"（2017年），获得"有突出贡献中青年专家"（2017年）等荣誉称号，享受国务院政府特殊津贴（2019年）。

中国近代民法史料辑要

第三卷第三册

中华民国民法

·

立法理由及判解汇编

张　生　点校

社会科学文献出版社

SOCIAL SCIENCES ACADEMIC PRESS (CHINA)

总　序

　　自 1907 年清末全面讨论起草《大清民律草案》，历经民国北京政府修订起草《民律草案》，至南京国民政府 1929 年到 1930 年相继颁布《中华民国民法》各编，历时二十余年，其间立法继受与司法继受相交织，而民法学说的继受与讨论一直持续，成为支持法律起草、司法解释回应中国社会的重要理论依托。中国近代民法史展现了一个文明古国，如何选择、吸纳外国民事法律，如何将继受法与本国固有法加以调和，以应对本国的民事问题，推进本国社会的转型发展。

　　全面地回顾、检讨中国近代民事法律的形成发展，需要系统的民法史料的收集汇编。1998 年春季，我在准备博士论文选题时，就开始收集清末民国时期的民法史料。在 2000 年 5 月，完成了博士论文《民国初期民法的近代化——以固有法与继受法的整合为中心》之后，2004 年 4 月，我又在此基础上完成了《中国近代民法法典化研究（1901—1949）》，对民法史料的收集和理解有了进一步的增进。2014 年 11 月，我到中国社会科学院法学研究所工作，准备修订十年前出版的《中国近代民法法典化研究（1901—1949）》，梳理中国近代民法史料的工作得以再次拓展。近年来，相继有一些重要民法史料编辑出版，其中重要的有黄源盛纂辑的《晚清民国民法史料辑注》（四卷，中国台湾犁斋社 2014 年版），吴宏耀等点校了原来郭卫编辑的《大理院判决例全书》（中国政法大学出版社 2013 年版）、《大理院解释例全文》（中国政法大学出版社 2014 年版），韩君玲点校的《中华民国法规大全（1912—1949）》（商务印书馆 2016 年版），刘昕杰等整理的《民国时期最高法院判例要旨（1927—

1940)》（法律出版社 2022 年版），等等。为了全面认识中国近代民法发展的主要脉络，我将收集所得清末民国时期的民法资料加以整理，现将反映继受外国法和建立本国民法体系的重要民法资料辑录为《中国近代民法史料辑要》三卷。第一卷为清末民法史料，以《大清民律草案》为主体，包括清末与民律编纂相关的立法史料和历史档案中现存的相关资料；第二卷为北京国民政府时期的民法史料，包括《民律草案》及《司法例规》中的民事法令；第三卷为南京国民政府时期民法史料，包括起草民法所依据的民法各编的立法原则，还包括民国民法颁行前后的《最高法院民事判例汇刊》（1—17 期），以及全面反映民法体系的《中华民国民法·立法理由及判解汇编》等。

以上三卷民法史料是在清末民国时期四十年时间里形成的，当时中国正经历急剧的社会变化，语言风格、标点符号使用习惯都有很大变化，这给点校工作带来了很大的困难。加之编者学养浅陋，于卷帙浩繁之中，错漏难免，希望各位方家在阅读之际多多指正。

中国社会科学院法学研究所

2023 年 1 月 5 日

勘校说明

　　《中华民国民法·立法理由及判解汇编》（以下简称《民法判解汇编》）为《中国近代民法史料辑要》第三卷第三册。该汇编由民国时期法学家吴经熊编辑、郭卫增订，原名《中华民国六法理由判解汇编·民法之部》（会文堂新记书局 1948 年 7 月出版发行），约 90 万字，是南京国民政府六法全书的第二部分。在《中华民国民法》颁行后，郭卫和吴经熊曾分别编辑民法立法理由及判解汇编，收录判例、解释例全面而及时，是当时法律界所公认较为权威的两个私人民法判解汇编系列。1947年后，吴经熊编辑、郭卫增订的《中华民国六法理由判解汇编》，成为法律界最具权威性的民法全书。1948 年 7 月以后，由于国民党军队在解放战争中的失败，南京国民政府的统治区域逐渐缩小，其最高法院的判解未再做汇编，直到败退台湾。因此该 1948 年 7 月版的《民法判解汇编》是南京国民政府最后的，也是最完备的民法立法理由与判例解释例汇编，较为全面地收录了民国北京政府时期至南京国民政府时期的民事法令和判例解释例，具有重要的民法学史料价值。

　　《民法判解汇编》以《中华民国民法》篇章结构分类汇编，全书分为总则、债、物权、亲属、继承五编，各编之内先列民法条文，次列立法理由（亲属、继承两编无立法理由），依次再列判例、解释，以及相关函、电、咨、令。在每编之后还有"补遗""补遗二"，为增订公布之判、解、函、电、咨、令。凡经南京国民政府及各院部公布施行及修正之法令，概行辑录；1927 年以前，北京政府所颁布之司法法令，经南京国民政府命令暂准援用现尚继续有效者，亦为编入。大理院、最高法院的判例解释例，无条文直接对应者，则按编分类，或者列入施行法，总期全无疏漏。

勘校者将原来的繁体字转换为简体字，按照现代阅读习惯加以标点。原文包括《中华民国民法》（第一编至第三编附有立法理由）、判例和解释例。原版本中的判例和解释例形成于不同时间，标点习惯也不一致。原书民国民法条文部分均不加书名号，判例、解释例有的法规加有书名号，有的则不加。为阅读方便，对原文多次出现的《中华民国民法》及其简称"民法"，以及民法某编、某编施行法，以及宪法、刑法等简称均不加书名号。对于其他法律、法规加书名号。在"民法判解汇编"中，民法的总则、债、物权三编每一条后有"立法理由"。其立法理由在引述"民律草案原案某编"或"民律草案某条立法理由"之前都有"谓"字，"谓"字之后，为引述原案（此处的"民律草案"，是指《大清民律草案》）的内容。原文标点习惯并不统一，点校者在"谓"字之后均加逗号，以保持引述内容的完整性。民国民法亲属、继承两编与《大清民律草案》的后两编差异较大，在相当长的时间内，这两编及其所属各条都没有立法理由。

原书第一百二十九条的补遗判例（来源于《最高法院判例要旨》，本书第 103 页），时间与判例字号缺失，点校者予以补正；原书中还有内容相同而判例字号不同者，例如第一千一百五十一条补遗判例，不同段落的内容（来源于同一判例要旨）分别标注的判例字号却不同，为原书编者错误，点校者予以修订。书中还有同一判例附录在不同民法条文之下，同一判例的不同段落分别附录在不同民法条文之下，这些都属于正常汇编。同一判例要旨可能在解释民法问题时，涉及几个民法条文；同一判例要旨可能阐释多重法律关系，因而可以拆分，分别对应附录于不同民法条文之下。

《中华民国民法·立法理由及判解汇编》凡九十余万言，其判例、解释例制作者不同，语言风格、标点习惯各不相同，校对者虽力求一致，但难免多有错讹，还请方家海涵指正。

中国社会科学院法学研究所

2023 年 1 月 16 日

中华民国六法理由判解汇编·例言

一、本汇编以现行法令为主体，附列理由、判例、解释及有关公牍，凡经总统及前国民政府，或各院部公布施行及修正而在此次编订以前者，概行辑录。

二、本汇编所辑各法，除足供参考之已废止者加有记号外，皆以现行有效者为限。但现行刑法规定，除保安处分应绝对从新外，其他兼采从轻主义，故将旧刑法及旧刑律条文一并附入，俾可应用。而《民事诉讼法》《刑事诉讼法》二种，因修正未久，另附新旧条文比较于各该法之后，以供参考。

三、民国十六年（1927 年）以前北京政府所颁布之司法法令，经前国民政府命令暂准援用现尚继续有效者，亦为编入。目录上有此 ● 符号，即属此类。

四、已经废止失效之司法法令，尚有参考之价值者，亦择要采录之，而于目录上加印 [ ] 符号，以资分别。

五、本汇编除整部现行法规，及单行法规四百数十余种，一并辑录外，所有原案理由、大理院判例、大理院解释、最高法院判例、最高法院解释、司法院解释，以及与各法令各条文有关系之各项函、电、咨、令，均亦编附于各该法令各该条文之后，以便检阅。

六、《民法》《刑法》《民事诉讼法》《刑事诉讼法》在前草案中有理由可据，皆酌加修改附列于各该法条文之后。其为新条文而无前草案理由可附者，亦择要增辑，以明立法之精神。

七、本汇编所辑判例、解释、函、电、咨、令，取材如次：

大理院判例要旨汇览正集（系前大理院自编）；

大理院判例要旨汇览续集（系前大理院自编）；

大理院公报（民国十二年以后）所刊布之裁判；

大理院解释统字第一号至第二千零十二号；

最高法院判例要旨汇览（系最高法院自编，有此△符号者，皆辑自此书）；

最高法院判例要旨（系司法院编辑，有此▲符号者，皆辑自此书）；

司法院公报所刊布之裁判；

司法公报所刊布之裁判（辑至四二九期止）；

最高法院解释解字第一号至第二百四十五号；

司法院解释院字第一号至南京国民政府司法院结束为止（计至院解字第三千九百七十余号）；

函、电、咨、令采自前国民政府及院部公报；

凡判例之上均加判字，解释之上均加解字，函、电、咨、令之上均加函、电、咨、令等字，以醒眉目而资识别，并于其下注明年份号数，俾资查考。

八、本汇编以法令条文为分类之标准，先列条文，次列理由，依次再列判例、解释，及各项函、电、咨、令。最高法院司法院之判解，其为现时无条文可依据者，则列入判解别录，总期全无疏漏，以资参证。

九、本汇编补遗栏内所刊之判、解、函、电、咨、令，皆为最近公布之判、解、函、电、咨、令。

十、本汇编分订六厚册。

第一宪法之部　凡中华民国宪法及立法并行政等法令属之。

第二民法之部　凡民法总则、债、物权、亲属、继承各编属之。

第三民商之部　凡民法、特别法及民法关系法令并商事法令属之。

第四民诉之部　凡民事诉讼法及关系法令属之。

第五刑法之部　凡刑法及刑法、特别法并刑法关系法令属之。

第六刑诉之部　凡刑事诉讼法及关系法令并司法行政法令属之。

十一、本汇编附有检查表，以利检阅。

十二、本汇编分类力求明晰，校订务期精详，搜罗宏富，堪称大观。惟漏误之处或仍难免，如蒙宏达指正，当随时修改。

编者识

中华民国三十七年七月（1948 年 7 月）

目　录

○ 民法第一编　总则 …………………………………………………… 1

第一章　法例 ………………………………………………………… 1

第二章　人 …………………………………………………………… 6

　第一节　自然人 …………………………………………………… 6

　第二节　法人 ……………………………………………………… 13

　　第一款　通则 …………………………………………………… 13

　　第二款　社团 …………………………………………………… 18

　　第三款　财团 …………………………………………………… 23

第三章　物 …………………………………………………………… 27

第四章　法律行为 …………………………………………………… 29

　第一节　通则 ……………………………………………………… 29

　第二节　行为能力 ………………………………………………… 34

　第三节　意思表示 ………………………………………………… 38

　第四节　条件及期限 ……………………………………………… 44

　第五节　代理 ……………………………………………………… 46

　第六节　无效及撤销 ……………………………………………… 50

第五章　期日及期间 ………………………………………………… 54

第六章　消灭时效 …………………………………………………… 57

第七章　权利之行使 ………………………………………………… 63

补　遗 ………………………………………………………………… 65

补遗二 ………………………………………………………………… 107

○ **民法总则施行法** ·· 109

  补　遗 ·· 112

  补遗二 ·· 116

○ **民法第二编　债** ·· 117

  第一章　通则 ·· 117

    第一节　债之发生 ···································· 117

      第一款　契约 ···································· 117

      第二款　代理权之授与 ···························· 125

      第三款　无因管理 ································ 128

      第四款　不当得利 ································ 131

      第五款　侵权行为 ································ 134

    第二节　债之标的 ···································· 145

    第三节　债之效力 ···································· 158

      第一款　给付 ···································· 158

      第二款　迟延 ···································· 162

      第三款　保全 ···································· 169

      第四款　契约 ···································· 171

    第四节　多数债务人及债权人 ···························· 183

    第五节　债之移转 ···································· 191

    第六节　债之消灭 ···································· 198

      第一款　通则 ···································· 198

      第二款　清偿 ···································· 199

      第三款　提存 ···································· 208

      第四款　抵销 ···································· 211

      第五款　免除 ···································· 214

      第六款　混同 ···································· 215

  第二章　各种之债 ·· 216

    第一节　买卖 ·· 216

      第一款　通则 ···································· 216

第二款　效力 ……………………………………… 218

第三款　买回 ……………………………………… 229

第四款　特种买卖 ………………………………… 231

第二节　互易 ………………………………………… 235

第三节　交互计算 …………………………………… 235

第四节　赠与 ………………………………………… 237

第五节　租赁 ………………………………………… 241

第六节　借贷 ………………………………………… 258

第一款　使用借贷 ………………………………… 258

第二款　消费借贷 ………………………………… 261

第七节　雇佣 ………………………………………… 264

第八节　承揽 ………………………………………… 266

第九节　出版 ………………………………………… 274

第十节　委任 ………………………………………… 279

第十一节　经理人及代办商 ………………………… 288

第十二节　居间 ……………………………………… 297

第十三节　行纪 ……………………………………… 300

第十四节　寄托 ……………………………………… 305

第十五节　仓库 ……………………………………… 312

第十六节　运送营业 ………………………………… 315

第一款　通则 ……………………………………… 315

第二款　物品运送 ………………………………… 316

第三款　旅客运送 ………………………………… 326

第十七节　承揽运送 ………………………………… 328

第十八节　合伙 ……………………………………… 330

第十九节　隐名合伙 ………………………………… 351

第二十节　指示证券 ………………………………… 354

第二十一节　无记名证券 …………………………… 358

第二十二节　终身定期金 …………………………… 362

第二十三节　和解 …………………………………… 364

第二十四节　保证 ………………………………………… 366

　　补　遗 …………………………………………………… 376

　　补遗二 …………………………………………………… 510

○ 民法债编施行法 ………………………………………… 516

　　补　遗 …………………………………………………… 518

○ 民法第三编　物权 ……………………………………… 523

　第一章　通则 …………………………………………… 523

　第二章　所有权 ………………………………………… 529

　　第一节　通则 ………………………………………… 529

　　第二节　不动产所有权 ……………………………… 535

　　第三节　动产所有权 ………………………………… 545

　　第四节　共有 ………………………………………… 549

　第三章　地上权 ………………………………………… 558

　第四章　永佃权 ………………………………………… 562

　第五章　地役权 ………………………………………… 566

　第六章　抵押权 ………………………………………… 569

　第七章　质权 …………………………………………… 581

　　第一节　动产质权 …………………………………… 581

　　第二节　权利质权 …………………………………… 586

　第八章　典权 …………………………………………… 589

　第九章　留置权 ………………………………………… 598

　第十章　占有 …………………………………………… 601

　　补　遗 ………………………………………………… 610

　　补遗二 ………………………………………………… 695

○ 民法物权编施行法 ……………………………………… 702

　　补　遗 ………………………………………………… 705

　　补遗二 ………………………………………………… 718

○ **民法第四编 亲属** ·· 720

第一章 通则 ·· 720

第二章 婚姻 ·· 721

第一节 婚约 ·· 721

第二节 结婚 ·· 729

第三节 婚姻之普通效力 ································ 736

第四节 夫妻财产制 ······································ 737

第一款 通则 ·· 737

第二款 法定财产制 ······························ 738

第三款 约定财产制 ······························ 740

第一目 共同财产制 ······················ 740

第二目 统一财产制 ······················ 742

第三目 分别财产制 ······················ 742

第五节 离婚 ·· 743

第三章 父母子女 ·· 753

第四章 监护 ·· 762

第一节 未成年人之监护 ······························ 762

第二节 禁治产人之监护 ······························ 765

第五章 扶养 ·· 766

第六章 家 ·· 770

第七章 亲属会议 ·· 773

补 遗 ·· 774

补遗二 ·· 847

○ **民法亲属编施行法** ·· 851

补 遗 ·· 858

○ **民法第五编 继承** ·· 865

第一章 遗产继承人 ·· 865

第二章 遗产之继承 ·· 872

第一节　效　力 ……………………………………… 872

第二节　限定之继承 ………………………………… 875

第三节　遗产之分割 ………………………………… 876

第四节　继承之抛弃 ………………………………… 878

第五节　无人承认之继承 …………………………… 879

第三章　遗嘱 ………………………………………… 881

第一节　通　则 ……………………………………… 881

第二节　方　式 ……………………………………… 882

第三节　效　力 ……………………………………… 883

第四节　执　行 ……………………………………… 884

第五节　撤　销 ……………………………………… 885

第六节　特留分 ……………………………………… 886

补　遗 ………………………………………………… 887

补遗二 ………………………………………………… 908

○ 民法继承编施行法 ………………………………… 913

补　遗 ………………………………………………… 936

补遗二 ………………………………………………… 960

民法第一编　总则

民国十八年五月二十三日国民政府公布

同年十月十日施行

【理由】谨按夷考《周礼》一书，地官司市以质剂，结信而止讼，是为保物要还之规模。质人掌司市之书契，同其度量，壹其纯制，巡而考之，是为担保物权之滥觞。媒氏掌万民之判，凡娶判妻入子者皆书之，是为婚姻契约之萌芽。秋官司约之治民、治地、治功、治挚诸约，是为登记之权舆。其他散逮六典者甚多，然不尽属诸法司。汉兴去古未远，九章旧第，户居其一，厥后因革损益，流派滋繁。顾以儒者鄙夷文法，不事讲求，遂令政府旧藏，随代散佚。贞观准开皇之旧，凡户婚、钱债、田土等事，撷取入律。宋以后因之，沿而未替。夫民法为人民日常生活之准绳，而总则又为一切民事法规之根据，清末民初，虽两次编订民法草案，而因循迁就，迄未施行。近以统一告成，乃有民法全部法典之颁布，更录列纲要，弁诸编首，俾为一切民事共通之规则，都凡七章一百五十二条，是曰总则。

第一章　法例

【理由】谨按法例者，关于全部民法之法则，以总括规定之之谓也。各国民法，导源于罗马邱司基尼恩人民法典，要皆各按己国风俗习尚之情形，而异其编制。有设法例者，如瑞士、暹罗及苏俄之民法是；有不设例者，如德意志、法兰西等国之民法是。惟民法为人民权利义务之准绳，间亦有共通适用之法则，分门编订，重复必多，故举其大纲，概括规定。庶几繁简适中，体例斯当，是曰法例。

第一条　民事，法律所未规定者，依习惯；无习惯者，依法理。

【理由】查民律草案第一条理由谓，凡关于民事，应先依法律所规定。法律未规定者，依习惯。无习惯者，则依法理判断之。法理者，乃推定社交上必应之处置，例如事亲以孝及一切当然应遵守者皆是。法律中必规定其先后关系者，以凡属民事，审判官不得借口于法律无明文，将法律关系之争议，拒绝不为判断。故设本条以为补充民法之助。

判　判断民事案件，应先依法律所规定；法律无规定者，依习惯法；无习惯法者，依条理。（二年上字第六四号）

判　利率无约定者，依该地通行利率。（三年上字第七八一号）

判　一省之特别法规，他省不得引用。（三年上字第九七三号）

判　凡商行为无特约者，依习惯。无习惯者，依条理。（三年上字第一〇九〇号）

判　均分家产，既有明文，无主张习惯余地。（三年上字第一一九八号）

判　法有明文者，不得援用习惯及条理。（四年上字第二二号）

判　习惯法，概无强行效力。（四年上字第一二七六号）

判　市政维持会办法，债权人不受其拘束。（四年上字第一五九八号）

判　有习惯法者，不能仍凭条理处断。（四年上字第二三五四号）

解　未婚前纳妾，婚约相对人不能持为解除之原因。（五年统字第五五九号）

解　商业限制设店区域之行规，如果出自共同议定，经官署立案者，应认为有效。（六年统字第六七六号）

判　习惯法必为法所未定或与法规特异者，始得认其成立。若惯行事实及确信心与通行法规全合者，即无所谓习惯。（六年上字第一四二二号）

解　继承人未确定前之遗产，应由该管地方官厅保管。（七年统字第七九四号）

解　饭店对于结欠房饭费，死者遗留物之优先扣押权利，如查明有此习惯，自可认为法则，采以判断。（七年统字第八二七号）

判　特别法无规定者，始适用普通法。（八年上字第三五号）

判　立嗣不论昭穆之习惯，无法之效力。（八年上字第二一九号）

判　独子出继之习惯，无法之效力。（八年上字第二三四号）

解　丈量地亩，自应以当事人买卖当时之意思为准。如意思不明，即以当时该地通行之丈尺为准。（八年统字第九三七号）

解　商人破产应先适用习惯法。（十一年统字第一七八一号）

判　一姓族谱，系关于全族人丁，及事迹之纪实。其所订列条款，除显与现行法令及党义政纲相抵触者外，当不失为一姓之自治规约，对族众自有强行之效力。（十七年上字第三九号）

判　习惯法之成立，以多年惯行之事实及普通一般人之确信心为其基础。（十七年上字第六一三号）

判　习惯法则，应以一般人所共信，并不害公益为要件。否则，虽系旧有习惯，亦难认为有法的效力。（十七年上字第六九一号）

判　析产时将共有营业分归某房独自继续经理，则其对外应否就原有商号加以某记或登报以示区别，尤应视当地商业有无此项惯例为断。（十七年上字第八五一号）

解　民事诉讼事件，法院系依习惯认定者，除当事人不声明异议外，仍应以职权调查或由当事人立证。（十七年解字第一二六号）

判　凡租房以开设工厂或商店之长期租户，如依该地方习惯，应有先买权。固无妨认其习惯有法之效力，惟认许此种先买权之习惯，应以期限较长或无期之租户为限。若其他短期租户主张先买权，不独限制所有权人之处分自由，且于地方之发达，暨经济之流通不无影响。为维持公共之秩序及利益计，纵令该地方有此习惯，于法亦断难认许。（十八年上字第一五三号）

判　按《破产法》尚未颁行，遇有破产情形，自应适用习惯或条理以为裁判。故债务人之财产，苟已陷于破产之状态者，经大多数债权人议定管理或监督，而到场承认之占总债权额大多数之债权人，如系习惯上确认为有拘束少数债权人之效力，自应许其发生效力。否则自当禁止，以免发生流弊。又按合伙员对于合伙债务，原负无限责任，必其合伙财产不足清偿全部之债务，而各合伙员之私产亦不足清偿其债务时，始得依破产之方法，以为清偿。（十九年上字第二二八四号）

判　习惯法之成立，其外部要素，须于一定期间内，就同一事项反

复为同一之行为为要件。（二十一年上字第三三四号）

    判 判例之内容须属于解释法规者，始能优先于习惯而适用，否则仅为一种条理，其适用顺序在习惯之后。（二十一年上字第一〇一三号）

    第二条 民事所适用之习惯，以不背于公共秩序或善良风俗者为限。

    【理由】 谨按我国幅员寥廓，礼尚殊俗，南朔东西，自为风气。虽各地习惯之不同，而其适用习惯之范围，要以不背公共秩序或善良风俗者为限。庶几存诚去伪，阜物通财，流弊悉除，功效斯著。此本条所由设也。

    判 习惯法成立之要件有四：（一）人人有确信以为法之心；（二）于一定期间内，就同一事项反复为同一之行为；（三）法令所未规定之事项；（四）无背于公共秩序及利益。（二年上字第三号）

    判 因船长之故意过失加害于人，不负赔偿责任之习惯，非有效。（三年上字第七三三号）

    判 民认旗东之习惯，于公益无背。（三年上字第八四五号）

    判 商号负债，不能涉及家产之习惯，非有效。（三年上字第九八八号）

    判 卖业先尽亲房之习惯，非有效。（四年上字第二八二号）

    判 同行公会，为习惯法所认许。（四年上字第一二五七号）

    判 收欠还欠之习惯，非有效。（七年上字第一四三八号）

    判 禁止以孙祢祖为强行法。（八年上字第三九四号）

    判 凡一团体所立规则，苟未违反强行法规，而又无背于公秩良俗者，在法律上当然认为有效。而该团体即有共同遵守之义务。（十七年上字第一六一号）

    判 养子得承宗祧之习惯，既与当时强行法规相反，即无许其援引之余地。（二十一年上字第一八一号）

    第三条 依法律之规定，有使用文字之必要者，得不由本人自写，但必须亲自签名。

    如有用印章代签名者，其盖章与签名生同等之效力。

    如以指印、十字或其他符号，代签名者，在文件上，经二人签名证明，亦与签名生同等之效力。

【理由】谨按文字者，所以证明法律行为之成立，或权利义务之存在也。依法律之规定，有使用文字之必要者，即法律上规定某种法律行为须以订立书面为必要也。此种书面，原则上应由本人自写，方符法定程式。然我国教育尚未普及，不能自写文字之人，殆居多数。故其例外，复规定得不由本人自写，而许其使他人代写。但为慎重计，在他人代写之后，仍应由本人亲自签名耳。第一项所谓签名，即自己书写姓名之谓。经自己书写姓名，即不盖章，亦能发生效力。若由他人代写，于其姓名下加盖印章，以代签名，其效力亦与自己签名无异。第二项所谓代签名者，或用指印，或用十字，或用其他符号，均无不可。惟此种签名方法，不似亲自签名之正确，故必须经二人签名证明，始与亲自签名生同等之效力。

判 押字系何字组成，于签押承认效力无涉。（四年上字第一五九六号）

判 依文书为法律行为者，只须当事人署名或其他同意之表示，即受拘束。（十五年上字第七二七号）

判 凡人所用印章，本不限于一个。不能因印章之不同，即指该簿为伪造。（十八年上字第三四〇号）

第四条 关于一定之数量，同时以文字及号码表示者，其文字与号码有不符合时，如法院不能决定何者为当事人之原意，应以文字为准。

【理由】谨按关于一定数量之记载，如同时以文字及号码各别表示，而其表示之数量，彼此有不符合时，究应以文字所表示之数量为准乎？抑应以号码所表示之数量为准乎？此于权利之得丧及其范围，至有关系，若不明定标准，势必易滋疑问，故设本条规定。法院遇有此种情形时，应推求当事人之原意定之，其不能决定何者为当事人之原意者，则以文字所表示之数量为准。所以免事实之纠纷，而期适用之便利也。

第五条 关于一定之数量，以文字或号码为数次之表示者，其表示有不符合时，如法院不能决定何者为当事人之原意，应以最低额为准。

【理由】谨按前条指文字与号码同时各别表示而言，本条指文字及号码数次各别表示而言。凡以文字及号码各为数次之表示，而其所表示之数量，彼此有不符合时，则不问其为文字与文字不符合，或号码与号码不符合，或文字与号码不符合，均应以当事人之原意定之。法院不能决定何者为当事人之原意者，则比较其所表示之各种数量，而以其中最低额为准，其理由盖与前条相同也。

第二章　人

【理由】谨按人为权利义务之主体，其权利能力，行为能力之发生、变更、消灭等，均应以法律规定之，俾资适用。但法律上所谓人者，实兼指自然人、法人而言。民律草案采日本、德国民法之先例，以法人另列专章。而举人之一语，专属诸自然人。此种编例，准之论理，似欠允当。本法并为一章，分两节：（一）自然人；（二）法人。盖以法人于法令限制内，得为权利义务之主体，固与自然人毫无差异也。

第一节　自然人

【理由】谨按本节称自然人者，为别于法人而言也。自然人为权利义务之主体，其权利能力之始终，行为能力之限制，及住所之设立，人格之保护等，皆于本节规定之。

第六条　人之权利能力，始于出生，终于死亡。

【理由】谨按自然人之权利能力，关系重要。在民法草案仅规定以出生为始，未及其终。盖以终于死亡为当然之事，故未特设规定。本法以自然人自出生以迄死亡，皆为权利能力之存续期间，故并规定其始期及终期。

判　外国人不得于中国享有土地所有权，或在租界外永租土地。（八年上字第九一九号）

判　外国人除教堂外，不得在中国购置土地。（九年上字第五九三号）

解　为奖励求学而设之书田书仪，男女应同等享受。（十八年院字第一三号）

第七条　胎儿以将来非死产者为限，关于其个人利益之保护，视为既已出生。

【理由】谨按依前条之原则，自然人必须出生，方有权利能力。而本条则未出生者，亦得为权利之主体。即对于在胎内之儿女，以日后非死产者为条件，使得为出生前所成立之权利主体，例如本于不法行为而生之损害赔偿请求权是。盖本条为前条之例外规定，所以保护个人出生前之利益也。

第八条　失踪人失踪，满十年后，法院得因利害关系人之声请，为死亡之宣告。

失踪人为七十岁以上者，得于失踪满五年后，为死亡之宣告。

失踪人为遭遇特别灾难者，得于失踪满三年后，为死亡之宣告。

【理由】谨按失踪云者，离去其住所或居所，经过一定年限，生死不分明之谓也。死亡宣告者，谓由法院以裁判宣告，看作为死亡也。凡人财产上及亲属上之关系，于生死相关者甚大，故人之生死既不分明，则其人财产上及亲属上之关系，亦濒于不确定之情形，非第有害利害关系人之利益，并害及公益，故对于生死不分明之人，经过一定期间，法院得因利害关系人之声请，为死亡之宣告。此种死亡宣告制度，是又对于权利能力终于死亡之例外也。失踪人得为死亡之宣告，其应经过若干年限，须视失踪人之年龄或遭遇而有所区别。在普通人之失踪，应自失踪日起，经过十年，宣告死亡。若失踪人之年龄，已满七十岁者，应自失踪日起，经过五年，即得为死亡之宣告。若其失踪之原因，系遭遇特别灾难，如水火兵疫之类，则自失踪日起，经过三年，即得为死亡宣告。于此有须注意者，即此种种年限，均须扣足计算（参照本法第五章）。而其失踪日期之起算，尤须自最后接到音信之日起算，否则其人既有音信，即不能谓之生死不明，亦即不能为死亡宣告之声请也。

第九条　受死亡宣告者，以判决内所确定死亡之时，推定其为死亡。

前项死亡之时，应为前条各项所定期间最后日终止之时。但有反证者，不在此限。

【理由】谨按受死亡之宣告者，以判决内所确定死亡之时日，即推定其为业已死亡。即从是时起失踪人所有财产上及亲属上之法律关系，视与死亡者同。否则失踪人之法律关系，仍不确定也。然前条各项所定期间最后日终止之时，以无反证者为限，即为推定其死亡之时。

第十条　失踪人失踪后，未受死亡宣告前，其财产之管理，依《非讼事件法》之规定。

【理由】谨按失踪人之生死及遇危难可推为死亡人之生死不明时，必须经过第八条所定之年限，方得宣告死亡。则在年限未满，未受死亡宣告时，失踪人所有之财产，不能不设定管理方法。本条规定此种财产管理之方法，准依《非讼事件法》之规定，盖为维持公益计也。

解 失踪无子，其妻有必要之情形时，自可处分财产。但对手人若系恶意，则失踪者归来，仍可主张撤销。（三年统字第二〇六号）

第十一条 二人以上同时遇难不能证明其死亡之先后时，推定其为同时死亡。

【理由】谨按特别灾难之发生，如临于战地、船舶沉没，或其他遭遇可为死亡原因之危难，而有二人以上同时失踪者，则其死亡之孰先孰后，应依其证明者而定。若不能证明其先后时，则推定其为同时死亡。盖二人既系同时遇难，复不能别有证明，自应推定其为同时死亡，故设本条以明其旨。

第十二条 满二十岁为成年。

【理由】查民律草案第十条理由谓，自然人达于一定之年龄，则智识发达，可熟权利害，而为法律行为。然智识程度如何，若以之为事实问题，听审判官临时酌定，则遇有争讼，须调查当事人之智识程度，始得定之，既属困难，又虑诉讼迟延。本法采多数立法例，及旧有习惯，认定满二十岁为成年。此本条所由设也。

判 十六岁为成丁，有完全行为能力。（三年上字第七九七号）

解 现行律以十六岁为成年，即有完全行为能力。至商人通例，以满二十岁为营商能力者，系特别规定。（八年统字第九四二号）

解 现行律以十六岁为成年，成年之人，应认为有完全行为能力（按新民法规定成年年龄为二十岁）。（十七年解字第一二六号）

第十三条 未满七岁之未成年人，无行为能力。

满七岁以上之未成年人，有限制行为能力。

未成年人，已结婚者，有行为能力。

【理由】查民律草案第十二条理由谓，无意思能力者，亦无行为能力，固属当然之事。未满七岁之幼者，虽不得谓为全无意思能力，然确有意思能力与否，实际上颇不易证明。故本条规定未满七岁之幼者为无能力人，以防无益之争论。

谨按第二项所以有限制行为能力之规定者，盖因满七岁以上之未成年人，虽不能谓为全无意思能力，然其智识究不若成年人之充足，若不加以限制，殊不足以保护其利益也。第三项所以定未成年，而已经结婚即有行为能力者，盖因已结婚之人，已能独立组织家庭，智识当已充足，故不应认为无行为能力也。

判　有限制行为能力人所订结之契约，苟未得法定代理人或照管人之允许，固不生效。而法定代理人或照管人，非本于限制能力人之意思，为订结契约，则限制能力人，自得由其亲属代行诉请撤销。（十七年上字第六八九号）

解　未成年人行为，应由行使亲权人或监护人为之代理，始发生法律上之效力。（十七年解字第一二六号）

解　已结婚之未成年妇女，不因夫之死亡而丧失其行为能力。其有和诱之者，不能成立犯罪。（二十年院字第四六八号）

判　被和诱人虽未成年而业经结婚，即属有行为能力，不生脱离享有亲权人等之问题。（二十一年非字第五号）

判　未满二十岁之女子，一经结婚，即有行为能力，不得视夫为妻之保佐人。故和诱已结婚之未满二十岁妇女，除和诱时有通奸情事须告诉乃论外，关于单纯和诱部分，应不为罪。（二十一年上字第一六九号）

判　和诱未满二十岁已结婚之妇女，如其诱拐当时，并无通奸或意图营利，引诱奸淫且非略诱者，更无犯他罪之可言。（二十一年上字第一九三号）

第十四条　对于心神丧失，或精神耗弱，致不能处理自己事务者，法院得因本人、配偶或最近亲属二人之声请，宣告禁治产。

禁治产之原因消灭时，应撤销其宣告。

【理由】查民律草案第十九条理由谓，常有心神丧失之情形者，虽或有时回复，然其人所为之行为，果在心神丧失中所为，或在回复时所为不易区别。故以常有心神丧失之情形者，为禁治产人，其行为即为无效。盖欲避实际上之争论，因保护常有心神丧失情形之利益也。夫禁治产之程序，固应规定于《民事诉讼法》中，而应受禁治产之宣告者，及有声请权人，则于本条明示之。

　　谨按至精神耗弱者，如聋盲喑哑之类，其不能处理自己事务，与心神丧失者相同，故亦为禁治产人。若宣告禁治产之原因消灭时，例如先因心神丧失而宣告禁治产，既经宣告之后，其心神忽已回复，则法院又应撤销其宣告也。

　　解　以前经宣告之禁治产人，不因民法总则施行而失效。若其原因消灭，应依法撤销其宣告。至宣告准禁治产之制度，民法总则并无规定，又以前仅声请批准立案认为禁治产人而未经宣告者，须有民法总则第一四条规定之原因，于同法施行后三个月内向法院声请宣告，则从立案日起视为禁治产人。（二十年院字第四七四号）

　　第十五条　**禁治产人，无行为能力。**

　　【理由】谨按禁治产，因其心神丧失或精神耗弱，缺乏完全知识，不能处理自己事务，故以为无行为能力，亦欲保护其利益也。

　　判　心神丧失人独立订约，保护人得撤销之。（七年上字第一〇二二号）

　　判　无能力人，应由同居近亲任监护人之责，先父或母依次始及于妻。（十年上字第一六一一号）

　　第十六条　**权利能力，及行为能力，不得抛弃。**

　　【理由】查民律草案第四十九条理由谓，凡人若将权利能力及行为能力之全部或一部抛弃之，人格必受缺损。故权利能力及行为能力之抛弃，特用法律禁止之，以均强弱而杜侵凌之弊。此本条所由设也。

　　第十七条　**自由不得抛弃。**

　　自由之限制，以不背于公共秩序或善良风俗者为限。

　　【理由】查民律草案第五十条理由谓，法治国尊重人格，均许人享受法律中之自由权。人若抛弃其自由，则人格受缺损。又背乎公共秩序或善良风俗而限制自由，则有害于公益，均当然在所不许。故设本条，以防强者迫弱者抛弃其自由或限制其自由之弊也。

　　第十八条　**人格权受侵害时，得请求法院除去其侵害。**

　　前项情形，以法律有特别规定者为限，得请求损害赔偿，或慰抚金。

【理由】查民律草案第五十一条理由谓，凡人格权受侵害者，使得向加害人请求屏除其侵害，及损害之赔偿，以保全其人格。此本条所由设也。

谨按人格权者，个人所享有之私权，即关于生命、身体、名誉、自由、姓名、身份及能力等之权利是。

判 名誉受侵害，得请求赔偿或慰抚。（五年上字第九六〇号）

判 名誉与名节非一事。（六年上字第八六四号）

判 慰藉费固为广义赔偿之性质，与赔偿物质有形之损害不同，系以精神上所受无形之苦痛为准据。判给慰藉费，自应审核各种情形，加以斟酌。（八年私上字第七七号）

判 人格权被侵害者，得请求赔偿物质上有形之损害及慰藉费。（九年私上字第七四号）

解 对修县志之人提起民事诉讼，请求屏除其名誉上之侵害，此项条理，与民法草案第五十一条所定之理由同。（九年统字第一二八七号）

第十九条 姓名权受侵害者，得请求法院除去其侵害，并得请求损害赔偿。

【理由】谨按姓名权者，因区别人己而存人格权之一也。故姓名使用权受他人侵害时，使得请求侵害之屏除。更为完全保护其人格计，凡因侵害而受有损害者，并得请求赔偿。

第二十条 以久住之意思，住于一定之地域者，即为设定其住所于该地。

一人同时不得有两住所。

【理由】查民律草案第四节理由谓，凡人之生活，必有住址。其因人与住址之关系，以定法律关系者，乃古来各国所共认之立法政策。故本案亦采用之。又查同律第四十一条理由谓，凡人以常住之意思，而住于一定之地域内，即于该地域内设定住址，使受因住址而生法律之效果。故特定本条，以示设定住址之要件。又查同律第四十二条理由谓，同时应否许有数处住址，各国立法例虽不一致，然同时许有数处住址，徒使法律关系繁杂，于实际上颇为不便。故本条规定，住址以一处为限，以明示其旨。

判 以永居意思住于一定处所以为生活本据者，为住所。（七年抗字第一号）

判 夫无住所时，妻得独立设定住所。（七年上字第八六三号）

第二十一条 无行为能力人，及限制行为能力人，以其法定代理人之住所为住所。

【理由】谨按未满七岁之未成年人与禁治产人为无行为能力人，其行为须由法定代理人代理。满七岁以上之未成年人为限制行为能力人，其行为须经法定代理人允许或追认，自应以法定代理人之住所为住所，以适于实际上之便利。此本条所由设也。

解 无行为能力人及限制行为能力人，以其法定代理人之住所为住所。若无法定代理人时，应以其自己之居所为住所。（二十年院字第四七四号）

第二十二条 遇有下列情形之一者，其居所视为住所：

一、住所无可考者；

二、在中国无住所者，但依法须依住所地法者，不在此限。

【理由】查民律草案第四十四条理由谓，居所者，即继续居住之处所也。住所无可考，及在中国无住所者，则视居所为住所，使受因住所而生法律上之效果，极为便利。惟依国际私法之原则，须从住所地之法令时，不可以其无住所于中国即以居所视为住所，而适用中国之法令，否则背乎依住所地法之法意也。故仍设本条以明示其旨。

第二十三条 因特定行为选定居所者，关于其行为，视为住所。

【理由】查民律草案第四十五条理由谓，当事人住址在远隔地，于实际上有不便时，因其特定行为，使得选定与住所有同一效力之暂时居所，始为适宜。至其选定之暂时居所，当事人得自由变更或废止之，自属当然之事，无待明文规定也。

第二十四条 以废止之意思，离去其住所者，即为废止其住所。

【理由】查民律草案第四十三条理由谓，住所既许各人自由设定，应许各人自由废止为宜。惟其废止之要件，须以法律规定之。虽有废止住所之意思，而不实行离去；或虽离去其住所，而无废止住所之意思，如尚有归还之意思者，均不得为住所之废止。

第二节 法人

【理由】谨按自来关于法人本质之学说虽多，然不外实在之团体，其与自然人异者，以法人非自然之生物，乃社会之组织体也。近世各国法典，对于法人之规定，日增详密。其原未规定者，如法国民法及仿法国民法而制定之诸国法典，亦复增订法规，以期适用。本法亦以法人为实在之团体，特为本节之设，而复分三款：一通则，二社团，三财团。其不曰社团法人、财团法人，而简称社团、财团者，以未经登记或许可之社团、财团，在法律上尚未取得人格。而已经登记或许可之社团、财团，其为法人又无疑义。故为条文意义之明了醒豁起见，似可省去法人二字也。

第一款 通则

第二十五条 法人非依本法，或其他法律之规定，不得成立。

【理由】查民律草案第六十条理由谓，因欲达某种之目的，而为人之集合，名曰社团；因使用于特定之目的，而为财产之集合，名曰财团。此二者，依本法及其他法律，得使之成为有人格者。故特设本条，以示社团、财团，皆得为法人，并其区别。

判 法人为社会自然发生之组织体。（二年上字第二三八号）

判 法人成立之基础条件已备者，应认为合法存在。（三年上字第九○一号）

判 法人之性质及其内部权义关系如何，应查照法无明文依习惯，无习惯依条理之原则为断。（三年上字第九○一号）

判 凡法人为达特种之目的而由于人之集合者，曰社团；集合财产以供特定目的之需用者，曰财团。（三年上字第九○一号）

判 外国洋行，在中国不认为法人。（七年上字第一一五八号）

判 外国洋行及继承人不明之遗产，除法律为便宜计特以明文认为法人外，无当然认为法人之理。（十五年上字第一八一一号）

第二十六条 法人于法令限制内，有享受权利负担义务之能力；但专属于自然人之权利义务，不在此限。

【理由】谨按法人与自然人有同一之人格，若非亲属法上之权利义务专属于自然人之性质者，应使法人亦享受之，并不专限于财产上之权利义务也。

解 外国教堂得享有土地所有权，人民捐助土地及教堂代表人将地退还原主，均属有效。（七年统字第九二号）

第二十七条 法人须设董事。

董事就法人一切事务，对外代表法人。

对于董事代表权所加之限制，不得对抗善意第三人。

【理由】谨按董事者，执行事务之机关也，法人为欲达其一定之目的事业，自不能不设置执行事务之机关。故本条第一项规定，不问为社团法人或财团法人，均以设置董事为必要。董事为法人之代表机关，凡关于法人之业务，对外均应由董事代表行之，否则法人之目的不得达也。故董事有代理法人为一切行为之权。特设第二项规定之法人对于董事之代表权，虽亦可加以限制，然不得以之对抗善意之第三人。善意云者，谓不知其代表权受有限制，此为保护善意第三人之利益也。

判 公益法人，应以现年值理为代表。（四年上字第三一四号）

判 法人应由董事为诉讼代理人。（四年上字第二三三七号）

判 法人之董事或代表，以法人名义所为之行为，即为法人之行为。国家机关之长官，亦然。（十四年上字第一九六九号）

第二十八条 法人对于其董事或职员，因执行职务所加于他人之损害，与该行为人连带负赔偿之责任。

【理由】谨按法人之董事或职员，在执行职务之际，所加于他人之损害，究应由法人负赔偿责任乎？抑应由行为人负赔偿责任乎？各国于此问题，学说不一。本法认法人有权利能力，惟法人之目的，虽属适法，而其达此目的之手段，难保无不法行为。故亦认法人有责任能力，然欲促行为人执行职务时之特别注意，俾免疏忽，则又不可不使之负连带赔偿之责任也。

第二十九条 法人以其主事务所之所在地为住所。

【理由】查民律草案第六十四条理由谓，法人与自然人同有人格，则亦应有住所，是属当然之事。此本条所由设也。

第三十条 法人非经向主管官署登记，不得成立。

【理由】谨按法人之集合，不问其为社团为财团，法人之目的，亦不问其为公益为营利，非经向主管官署登记后，不得成立。此盖兼采准则、许可两主义之结果也。

　　解　从前设立之中外法人及新设立之中外法人，不依法登记，法人不得成立。但关于外国法人之登记，应注意民法总则施行法第一一条规定。（二十年院字第四一五号）

　　解　私立学校、同乡会等团体，如其组织合于民法总则社团或财团之规定，亦得声请为法人之登记。（二十年院字第五〇七号）

　　第三十一条　**法人登记后，有应登记之事项，而不登记，或已登记之事项有变更，而不为变更之登记者，不得以其事项，对抗第三人。**

　　【理由】谨按所谓应行登记之事项者，即本法第四十八条规定关于社团设立时，及于第六十一条规定关于财团设立时，应行登记之事项是也。盖法人虽因登记而成立，然有应登记之事项而不登记者，即不得以其事项对抗第三人或已登记之事项。有所变更时，而不为变更之登记者，亦不得以其变更对抗第三人。皆所以保护第三人之利益也。

　　第三十二条　**受设立许可之法人，其业务属于主管官署监督。主管官署得检查其财产状况，及其有无违反许可条件，与其他法律之规定。**

　　【理由】谨按受设立许可之法人者，即本法第四十六条规定以公益为目的之社团，及第五十九条规定之财团是也。夫法人之设立，既须先经主管官署之许可，则其所经营之业务，自应属于主管官署之监督。而其监督之结果，得随时检查法人之财产状况，及有无违反许可条件，与其他法律之规定，又属当然之事。此本条所由设也。

　　第三十三条　**受设立许可法人之董事，不遵主管官署监督之命令，或妨碍其检查者，得处以五百元以下之罚锾。**

　　【理由】谨按前条规定受许可设立之法人，主管官署有监督及检查之权，设该法人之董事，不遵监督命令甚或妨碍其检查者，将何以维官署之威信乎？故本条特设处罚之规定，俾收干涉之效。其仅对于不遵监督命令或妨碍检查之董事，处以罚锾，而不及于法人者。盖以法人本无犯罪能力，而前大理院统字第一八四号及第一二六五号解释，亦有法人不能处罚之规定故也。

　　第三十四条　**法人违反设立许可之条件者，主管官署得撤销其许可。**

【理由】谨按法人违反设立许可之条件者，若仍许其存续，有害无益。主管官署仍得撤销之，即使法人丧失其权利能力与自始不成立者无异也。

第三十五条 法人之财产，不能清偿债务时，董事应即向法院声请破产。

不为前项声请，致法人之债权人受损害时，其有过失之董事，应负赔偿之责任。

【理由】查民律草案第一百十五条理由谓，社团法人既无资力，若任其存在，实有害于公益。此时董事会即须声请破产，使之解散。至法人破产之要件，依破产法之规定。

谨按法人之财产不能清偿债务之情形，惟董事知之，则声请破产之责，自应属之董事。若董事因过失而不为声请，致债权人受有损害时，其有过失之董事，当然负赔偿责任也。

第三十六条 法人之目的或其行为，有违反法律、公共秩序或善良风俗者，法院得因主管官署、检察官或利害关系人之请求，宣告解散。

【理由】谨按法人之目的事业，有违反法律或违反公共秩序、善良风俗者，法院得将法人解散。法人为达其目的事业之行为，有违反法律或违反公共秩序、善良风俗者，法院亦得将法人解散。惟法院之解散法人，必须基于主管官署、检察官、利害关系人之请求，始得宣告解散。其未经请求者，法院固不得依职权解散之，即除主管官署、检察官、利害关系人外，他人亦均不得为解散法人之请求也。

第三十七条 法人解散后，其财产之清算，由董事为之。但其章程有特别规定，或总会另有决议者，不在此限。

【理由】谨按法人既经解散后，即须清算其财产，俾资结束。凡清算须有实行清算之人，其清算人可以章程订定，或由总会决议选任之。若章程既无特别规定，而总会又未议决时，则其清算职务，应由董事任之，因董事熟悉法人对内对外之一切情形也。

第三十八条 不能依前条规定，定其清算人时，法院得因利害关系人之声请，选任清算人。

【理由】谨按前条规定之清算人，须章程有特别规定或经总会议决者充之。此外则法人之董事，亦为当然之清算人。然有时不能依前条规定定其清算人者，如章程既未特定，总会亦未议决，而能任清算之董事又已死亡，或因疾病不能执行清算事务是也。此际法院得选任清算人，惟法院之选任清算人，须基于利害关系人之声请，而不能依职权为之选任耳。

第三十九条　清算人，法院认为有必要时，得解除其任务。

【理由】谨按必要事项者，如清算人不胜任，或其执行清算事务不忠实等是。此际法院得解除清算人之任务，以期清算之适当也。

第四十条　清算人之职务如下：

一、了结现务；

二、收取债权，清偿债务；

三、移交剩余财产于应得者。

法人至清算终结止，在清算之必要范围内，视为存续。

【理由】谨按查民律草案第一百二十六条理由谓，清算者以清偿法人之债务与移交剩余财产于应得人为目的，故其达此目的之方法，清算人理宜行之，如完结解散时尚未终结之事务，请求法人债权之履行，清偿法人之债务。以其剩余财产移交于应得之人等项（参照第四十四条）。此皆属于清算目的范围以内之事务，亦即为清算人必应处置之事务也，故设第一项以明清算人之职责。又民律草案第一百二十二条理由谓，法人虽因解散而失其权利能力，然于清算目的之必要范围内，至清算之终结为止仍应视为存续，俾得完结清算。故设第二项，以免实际上之窒碍。

判　歇业后从事清算之经理人，应给与报酬之额，应释明当事人意思，或酌据条理为断。（七年上字第六二一号）

第四十一条　清算之程序，除本通则有规定外，准用股份有限公司清算之规定。

【理由】谨按清算程序，在《公司法》上规定特详。法人之清算程序，要与公司法上所定关于股份有限公司清算之程序相同。除本章规定外，应准照股份有限公司之清算程序办理，以期适用之便利。故设本条以明其旨。

第四十二条　法人之清算，属于法院监督，法院得随时为监督上必要之检查。

【理由】谨按法人之解散前，固属于主管官署之监督，然既解散以后，在清算中，其清算事务，关系綦重，故仍使受法院之监督。法院于监督上之必要，并得随时实施检查，所以防弊窦之发生，而期清算之正确也。

第四十三条　清算人不遵法院监督命令，或妨碍检查者，得处以五百元以下之罚锾。

【理由】谨按清算人之职责，与董事之职责同。故清算人不遵法院监督命令，或有妨碍法院检查情事时，亦应科以罚锾，俾为特别之注意，而得清算之正确。故设本条，以为不遵命令妨碍检查之制裁。

第四十四条　法人解散后，除清偿债务外，其剩余财产之归属，应依其章程之规定，或总会之决议。

如无前项章程之规定或总会之决议时，其剩余财产，属于法人住所所在地之地方自治团体。

【理由】谨按法人解散后，如已清偿债务，尚有剩余财产，则对于该财产之处置，必须规定归属之人，以防无益之争议。惟定归属人，须依组织此法人者之意思，故第一应归属于章程之所定或总会所议决之人。第二若章程既未定明，总会又未决议，则归属于该地方之自治团体，俾得将财产经营类似之地方公益事业也。

第二款　社团

【理由】谨按社团者，是由人之集合体而成之社员团体也，从其目的分为非经济的社团及经济的社团。非经济的社团，应于民法中规定；至经济的社团，规定于特别法中为宜。故本款专规定非经济的社团。

第四十五条　以营利为目的之社团，其取得法人资格，依特别法之规定。

【理由】谨按社团法人之以营利为目的者，种类甚多，其设立及其他条件，应规定于特别法中。例如公司之设立，应依《公司法》之规定是也。

解　民法总则第四十五条所称特别法，不限于《公司法》。公司注

册在《公司法》未施行《公司登记规则》未颁行前，仍依从前法令办理。（二十年院字第五〇七号）

第四十六条　以公益为目的之社团，于登记前，应得主管官署之许可。

【理由】谨按凡以公益为目的之社团，如以政治、宗教、学术、技艺、社交以及其他非经济上目的之社团皆是。此种社团，不许滥行设立，以免妨害社会。故须经主管官署之许可，始得成为法人。

解　许可法人设立之主管官署，及许可权属于中央抑或地方官署，除有明文规定者外，应依法人目的事业之性质定之。（二十年院字第四四三号）

第四十七条　设立社团者，应订定章程，其应记载之事项如下：

一、目的；

二、名称；

三、董事之任免；

四、总会召集之条件、程序及其决议证明之方法；

五、社员之出资；

六、社员资格之取得与丧失。

【理由】查民律草案第七十一条理由谓，设立社团法人，不可不先订立章程，以章程为社团法人组织及活动之基础也。应记载于章程事项，一以法律定之，在实际上最为便利。故设本条以明示其旨。

判　董事须由会员公举。（三年上字第九〇一号）

判　社团法人所需资财何出，与其法人之性质无涉。（三年上字第九〇一号）

判　会员入会，除另有条规外，由总会议决。（三年上字第九〇一号）

第四十八条　社团设立时。应登记之事项如下：

一、目的；

二、名称；

三、主事务所，及分事务所；

四、董事之姓名，及住所；

五、财产之总额；

六、应受设立许可者，其许可之年、月、日；

七、定有出资方法者，其方法；

八、限制董事代表权者，其限制；

九、定有存立时期者，及其时期。

社团之登记，由董事向其主事务所及分事务所所在地之主管官署行之，并应附具章程备案。

【理由】谨按本条第一项，规定社团应行登记事项，否则即不得对抗善意之第三人，故并列举其事项，以资遵守。第二项，规定登记之职责，及登记之处所，并登记时应遵守之程序。

第四十九条　社团之组织，及社团与社员之关系，以不违反第五十条至第五十八条之规定为限，得以章程定之。

【理由】谨按社团内部之组织，及社团与社员相互间之关系，使得以章程定之者，盖欲使法人易于行动也。然认此法则而毫无限制则有害于公益，故以不违反第五十条至第五十八条之规定为限，使章程不致与法律抵触也。

第五十条　社团以总会为最高机关。

下列事项应经总会之决议：

一、变更章程；

二、任免董事；

三、监督董事职务之执行；

四、开除社员，但以有正当理由时为限。

【理由】谨按总会为社团内部之最高机关，凡变更社团之章程，任免社团之董事，以及对于董事执行职务之监督，基于正当理由而开除社员，均须经总会之决议行之。故总会又为社员组织之议决机关也。

第五十一条　总会由董事召集之。

如有全体社员十分一以上之请求，表明会议目的及召集理由，请求召集时，董事须召集之。

董事受前项之请求后，一个月内，不为召集者，得由请求之社员，经法院之许可，召集之。

【理由】谨按总会之召集，若章程无特别规定时，以由董事召集为适当。然若有全体社员十分之一以上之请求，表明会议目的及召集理由，请求董事召集时，董事亦须召集之，使议决法人之事务。若董事受请求而不于一个月内召集者，此际社员得呈经法院许可，径由社员召集之，盖防止董事有故意不为召集之情事，而特设此规定也。

第五十二条　总会决议，除本法有特别规定外，以出席社员过半数决之。

社员有平等之表决权。

【理由】谨按总会之决议，除本法有特别规定外，以出席社员过半数之决议行之。所谓特别规定者，如第五十三条变更章程之决议，及第五十七条社团解散之决议，均不得以出席社员过半数决之是也。至各社员之表决权，则不问其出资之多寡及社员之身份如何，以平等为公允。故设本条以明其旨。

第五十三条　社团变更章程之决议，应有全体社员过半数之出席，出席社员四分之三以上之同意，或有全体社员三分之二以上书面之同意。

受设立许可之社团，变更章程时，并应得主管官署之许可。

【理由】谨按社团变更章程，乃重要事项。故其决议，须有全体社员过半数之出席，及出席社员四分之三以上之同意，或有全体社员三分之二以上书面之同意为必要。盖以章程之变更，关系至为重要，不得不慎重处之也。

凡以公益为目的之社团，其设立须经主管官署许可；则其变更章程，自亦须得主管官署之许可，盖采干涉主义之结果也。

第五十四条　社员得随时退社，但章程限定于事务年度终，或经过预告期间后，始准退社者，不在此限。

前项预告期间，不得超过六个月。

【理由】谨按社员一经入社，如永远不许退社，是有背于公益，得使社员随时自由退社。然若章程内定有退社之时期，须在事务年度之终了，或明定退社之方法。必须经过预告期间者，若不从章程所定办理，亦有害于社团法人之利益也。社员退社之预告期间，不得超过六个月，盖斟酌情形，似不宜使之过长也。

第五十五条　已退社或开除之社员，对于社团之财产，无请求权。

但非公益法人，其章程另有规定者，不在此限。

前项社员，对于其退社或开除以前，应分担之出资，仍负清偿之义务。

【理由】谨按第一项规定已退社或开除之社员，除非以公益为目的之社团法人，得以章程规定退社或开除社员。对于社团财产得有请求权外，余则对于社团之财产，均无请求权。盖社员既经退社，或经议决开除，是已与社团脱离关系，如仍许其对于社团财产有请求权，恐不免因此而动摇社团之基础，且不免因此而破坏以公益为目的之社团也。第二项规定社员在退社或开除前所应行分担之出资，仍应使负清偿之义务，盖以社员如因退社或开除而遽免其清偿责任，势将动摇社团之基础也。

解 公会团体，系公益法人，其退社社员，应适用民法总则第五十五条规定。如因款涉讼，自属民事诉讼范围。（二十年院字第四一七号）

第五十六条 总会之决议，有违反法令或章程者，对该决议原不同意之社员，得请求法院宣告其决议为无效。

前项之请求，应于决议后三个月内为之。

【理由】谨按总会之决议，有违反法令或章程者，为保护不赞成之少数社员利益起见，法律许其得向法院提起决议无效之诉，以资救济。总会之决议不应轻予动摇，故本条第二项特规定决议无效之诉，应于决议后三个月内提起之，逾期即不许再行提起。

第五十七条 社团得随时以全体社员三分之二以上之可决，解散之。

【理由】谨按社团之组织，既因于多数社员之意思而成立；则社团之取消，自亦可因多数社员之意思而解散。故除本法第三十五条、第三十六条及第五十八条所定，得为社团解散之各原因外，并得依总会之决议行之。但解散社团，事关重大，总会于何时得决议将社团解散，虽无限制，而其决议之方法，必须有全体社员三分之二以上之可决，方为有效。本条特设规定，所以昭慎重也。

第五十八条 社团之事务，无从依章程所定进行时，法院得因利害关系人之声请解散之。

【理由】谨按社团之事务，既无从依章程所定而进行，即其所预期之目的事业毫无成功之可能，社团已无继续存在之必要。此际社团之利害关系人，如向法院声请解散时，法院为保护利害关系人之利益计，自应准如所请也。

第三款　财团

【理由】谨按财团者，因为特定与继续之目的所使用财产之集合而成之法人是也，其目的有公共目的（如学校病院等）、私益目的（如亲属救助等）之二种。本款为关于财团法人之设立、组织及变更、解散等之规定。

第五十九条　财团于登记前，应得主管官署之许可。

【理由】查民律草案第一百四十三条理由谓，为有特定与继续之目的所使用而集合之财团，欲使成为法人，须经主管官署之许可，为防止其滥设起见也。

判　住持于施主处分，无故拒绝同意，或有特别习惯无须同意者，得仅经行政长官之许可。（三年上字第五九五号）

判　财团法人之事项，除有习惯法则外，应以条理为准。（五年上字第八二〇号）

解　许可法人设立之主管官署及许可权属于中央抑或地方官署，除有明文规定者外，应依法人目的事业之性质定之。（二十年院字第四四三号）

第六十条　设立财团者，应订立捐助章程。但以遗嘱捐助者，不在此限。

捐助章程，应订明法人目的，及所捐财产。

【理由】谨按设立财团，须有捐助行为。捐助行为者，因特定与继续之目的，不求报偿而处置其财产，因之设定财团，盖一方之法律行为也。财产不因捐助行为，即无由成立。故设立财团，应使其订立捐助章程，是属当然之事；惟以遗嘱捐助者，则不必订立章程。此本条第一项所由设也。

财团之性质，须有一定之目的，及为一定目的所使用之捐助财产。此为设立财团所必要之事项，故应于捐助章程内订明之。

判　财团法人之目的，应依条款认定。（二年上字第一二二号）

判　财团法人必要不可缺之基础，不外特定之目的及一定之财产，

并现在活动之机关。斯三者俱备，则于社会上自可认其独立之存在。（二年上字第二三八号）

判 生前之捐助行为，继承人不得撤销。（三年上字第一二号）

判 捐助之庙产，住持无处分权。（三年上字第三三号）

判 特定财产之管理，管理人之选定，虽无规条，而有多年确守之成规者，亦不得否认。（三年上字一一五二号）

判 财团法人扩增事业，如另具备存立条件，应认为另一法人。（四年上字第二〇三号）

判 捐施财产，指定专供特种之用，并另选董事经管者，亦为有效规条。（四年上字第二〇三号）

判 施主所原定之选任董事办法，即为规条。（四年上字第二〇三号）

判 捐助之庙产，非施主同意，行政官核准，住持不得擅变原目的而为处分。（四年上字第二〇四号）

判 捐助之庙产，捐主不得擅行收回管理。（五年上字第二五五号）

判 施主就所捐财产是否照预定目的施行，系有权过问。（五年上字第二八六号）

判 捐助行为，不以立字据为要件。（五年上字第四六一号）

判 为一定公益所捐集之财，应专充原定事业之用。以移充他项公益者，应经长官许可，并得施主同意。（五年上字第五〇八号）

判 捐助财产未保留所有权者，则虽原定目的消灭，原施主及其后人亦不得处分。（五年上字第一〇八九号）

判 仅以财产之一时使用为捐施者，施主及其后人得任意收回，自由处分。（五年上字第一〇八九号）

判 寺僧领名之庙产，不得辄指为私有。（六年上字第七九九号）

判 住持私置之产，得以处分。（六年上字第一〇〇九号）

判 寺庙原施主处分庙产，须经住持同意。（七年上字第八二二号）

判 住持不能以寺庙财产久归其管理，认为私产。（九年上字第一七三号）

判 地方公益团体，就地方公有寺产之处分，得以过问。（九年上字第四五八号）

解　公益财团，如果依法成为法人，则与捐施者间自不生共有之关系。对于法人本体，亦无共有独有之关系。（十年统字第一五〇七号）

第六十一条　财团设立时，应登记之事项如下：

一、目的；

二、名称；

三、主事务所及分事务所；

四、财产之总额；

五、受许可之年、月、日；

六、董事之姓名及住所；

七、限制董事代表权者，其限制；

八、定有存立时期者，其时期。

财团之登记，由董事向其主事务所及分事务所所在地之主管官署行之，并应附具捐助章程备案。

【理由】　谨按财团必须订立捐助章程，复应得主管官署之许可，始得设立。然尤非登记一定之事项，则不得对抗第三人。故本条第一项特列举其事项，俾设立财团者得以遵守。至于登记之职责，及登记之处所，并登记时应遵守之程序，亦属重要，故于第二项明白规定，以示准则。

判　施主对于财团法人之董事，有监察权。（五年上字第八二〇号）

判　仅住居于公庙所在地之人，对于公庙无权过问。（五年上字第八二二号）

判　因行政监督之设备未完，许施主有监督庙产之权。（八年上字第七七五号）

第六十二条　财团之组织及其管理方法，由捐助人以捐助章程定之。捐助章程所定之组织不完全，或重要之管理方法不具备者，法院得因利害关系人之声请，为必要之处分。

【理由】　谨按财团之组织及其管理方法，须由捐助人以捐助章程定之者，盖以财团之集合，本基于捐助人之意思而成立，则其内部之组织及其管理之方法，自须尊重捐助人之意思。若章程所定之组织不完全，或重要管理方法不具备时，则无由达其一定之目的，而影响于利害关系人者甚巨。故规定法院得因利害关系人之声请，为必要之处分，俾资救济，盖又为保护利害关系人之利益计也。

判 施主对于所捐庙产无所有权，至管理权谁属，收益如何使用，应依施主意思为断。（三年上字第一六一号）

判 为一定公益所设之财产，用于所定目的外之时，利害关系人，得请求禁止。（三年上字第一〇五三号）

判 财团法人财产，若有正当理由并已得设立人或其后人同意者，仍许其处分。（五年上字第一八二号）

判 住持无管理庙产能力者，得依声请选人代管。（八年上字第八四五号）

判 财团法人财产之管理未定有规条者，得由审判衙门补定其未定规条；而有成规者，应推定捐助人意思，从其成规。（九年上字第一〇五号）

解 设有公益财团，其选任董事及管理财产人既自捐助人于捐助时起，议有成规，实行数百余年，自得仍行恪守不得改订。（十一年统字第一七四三号）

第六十三条 为维持财团之目的，或保存其财产，法院得因捐助人、董事或利害关系人之声请，变更其组织。

【理由】 谨按财团法人为存续计，有必须变更其组织时，法院得依捐助人、董事或利害关系人之声请，变更其组织。故设本条以明其旨。

解 行政区划，如府厅州县取消后，若其原有公益财团，亦依法成为法人，则其与地方发生关系，如选派董事及管理公款之类，自以法人事业所及为限。（十年统字第一五〇七号）

第六十四条 财团董事，有违反捐助章程之行为时，法院得因利害关系人之声请，宣告其行为为无效。

【理由】 谨按捐助章程所规定之事项，执行财团法人事务之董事，应为切实遵守。如董事之行为，有违反章程之情形时，为保护利害关系人之利益起见，使得提起行为无效之诉。法院亦得因利害关系人之声请，而宣告其行为为无效。此本条所由设也。

判 财团法人之财产管理人，不加注意时，得以裁判撤销其管理权。（三年上字第一〇五七号）

判　财团法人董事，仅于法人目的范围内有代理权。（六年私上字第三八号）

判　财团法人董事越权所为处分，对于法人不为有效。（六年私上字第三八号）

判　原捐主或其后人，对于违反原定目的以使用捐出之财产者，得求禁止。（九年上字第五八号）

第六十五条　因情事变更，致财团之目的不能达到时，主管官署得斟酌捐助人之意思，变更其目的及其必要之组织，或解散之。

【理由】谨按因情事变更，致财团法人不能达其目的者，主管官署均得斟酌捐助人之意思，变更其目的，或并变更必要之组织，或竟解散之。盖于财团法人之存续或解散，均须尊重捐助人之意思也。

判　财团法人解散，无人清理，施主得为一切有益于法人之行为。（五年上字第八二〇号）

第三章　物

【理由】谨按物为权利之客体，即所谓权利之标的。各国关于物之意义，界说不一，有包括有体无体一切之物而言者，如法国法系诸国之民法是；有仅指有体物而言者，如德、日民法是；有于原则上认物仅为有体物而加以补充之规定者，如暹逻民法是；有不设物之定义，而仅于条文中明示法律上之所谓物者，如瑞士、苏俄民法是。综上诸说或则含义过广，或则暧昧不明，均非允当。本法则采用瑞、俄之先例，不立物之界说，仅规定动产、不动产、主物、从物，及物之孳息等，以明示其意义与范围。故于总则中特设本章之规定。

第六十六条　称不动产者，谓土地及其定着物。

不动产之出产物，尚未分离者，为该不动产之部分。

【理由】谨按动产与不动产之区别，于权利之得失，颇有关系。本法所称不动产者，指土地及定着于土地之物而言。又不动产上之出产物，除已与不动产分离者，应视为独立之物外，其在未分离之前，则不问其所有权谁属，均应视为该不动产之部分。此本条所由设也。

判 非定着物，不随土地所有权移转。（三年上字第八六九号）

判 土地房屋为各别不动产。（三年上字第八九二号）

判 种植物，别无反证，应视为土地一部分。（六年上字第一七九号）

第六十七条 称动产者，为前条所称不动产以外之物。

【理由】谨按凡称动产者，即前条所称不动产以外之物也。动产及不动产之意义及其范围，不可不明示区别，故设本条以明其旨。

第六十八条 非主物之成分，常助主物之效用，而同属于一人者，为从物。但交易上有特别习惯者，依其习惯。

主物之处分，及于从物。

【理由】谨按从物者，附随于主物而存在之物也。然则何为而称从物，即该物要非主物之成分，而能常助主物之效用，且与主物同属于一人者也。反此三者之性质，即不得称为从物。然若交易上有特别习惯，而不视为从物者，则仍应依其习惯，视其为独立之物，不得以从物论。盖以从物之得失，应视主物之存在与否为衡。主物既被处分，其效力当然及于从物。此中区别得失，至关权利，故设本条以明示其旨。

第六十九条 称天然孳息者，谓果实，动物之产物，及其他依物之用法所收获之出产物。

称法定孳息者，谓利息、租金，及其他因法律关系所得之收益。

【理由】谨按孳息，有天然孳息与法定孳息之二种。天然孳息者，谓依物之有机的或物理的作用，由原物直接发生之收获物，如果实，动物之产物，及其他依物之使用方法所收获之出产物是也。法定孳息者，谓由原本使用之对价，而应受之金钱及其他之物，如利息、租金，及其他因法律关系所得之收益是也。两者之意义及范围，亟应规定明晰，以防无益之争。故设本条以明其旨。

第七十条 有收取天然孳息权利之人，其权利存续期间内，取得与原物分离之孳息。

有收取法定孳息权利之人，按其权利存续期间内之日数，取得其孳息。

【理由】查民律草案第一百七十四条理由谓，天然孳息与原物分离，尚为原物之成分，固属于原物之所有人。若与原物分离，不问其分离之原因如何，应使收取权利人取得之，借以保全其利益。又法定孳息，系为使用原本之报酬，则按其收取权利存续期间之日数，使之取得，以昭平允。

第四章　法律行为

【理由】谨按凡权利须依一定之事实而得失，或依一定之事实而变更者，是国家为维持秩序计，当然采取之立法政策也。而其事实，则为人与法人之行为，如买卖是；或与行为无关之事实，如出生死亡等是。凡可发生法律上效力之行为，有因行为人之所欲而生效力，及不问是否行为人之所欲，亦生效力之二种。前者在实际上颇为重要，故本法采多数立法例特设本章规定之，名为法律行为。

第一节　通则

【理由】谨按各国法典，于法律行为有不设通则者，然按各条之规定，有能适用于法律行为之全部，实宜设为专节，弁诸篇首，以免重复。此本节通则所由设也。

第七十一条　法律行为，违反强制或禁止之规定者，无效。但其规定并不以之为无效者，不在此限。

【理由】查民律草案第一百七十六条理由谓，以违反法律所强制或禁止之法律行为，应使无效。否则强制或禁止之法意，无由贯彻。然法律中亦有特别规定，并不以之为无效者，例如宣告破产后，破产人所为之法律行为，惟对破产债权人为无效。又如以强制拍卖时不得干预之人而为拍卖人，则须利害关系人之同意，始为有效。故设本条以明示其旨。

判　给与相对人犯罪行为之报酬之契约，无效。（二年上字第七七号）

判　无效之法律行为，审判衙门应不待当事人之声明，即认定其无效。（二年上字第一〇〇号）

判　赌博不能有效发生债权。（三年上字第六号）

判　赌博不能发生债权债务。（三年上字第六号）

判　仅动机违法之行为，非无效。（三年上字第一七八号）

判　以私人惩罚为内容之契约，无效。（三年上字第二〇七号）

判 凡以买空卖空为标的之契约，无效。（三年上字第六四六号）

判 因买空卖空代垫款项，不得请求偿还。（三年上字第六四六号）

判 奉省期粮买卖，若目的不在交付现粮，即为买空卖空。（三年上字第六四六号）

判 买空卖空与赌博同论，不因行政官有无禁令而异。（三年上字第六四六号）

判 赦令前之不法行为之契约，仍为无效。（三年上字第七五三号）

判 以不法行为为标的之契约无效，不能因此发生权利义务。（三年上字第七五三号）

判 基于赦令前犯罪行为之契约，无效。（三年上字第七五三号）

判 所谓买空卖空者，乃买卖当事人间并不实为银货之交付，仅于到期时以货物市价之涨落为标准，交付其差额者之谓。（三年上字第八〇三号）

判 不法行为为契约标的之一部者，惟该一部无效。（三年上字第九三二号）

判 欠缺原因，或原因违法之行为无效。（四年上字第二八九号）

判 违反强行法规之行为无效。（四年上字第三一七号）

判 以他人间确定判决内容为内容之行为，不能借口诉讼法则，主张无效。（四年上字第四〇七号）

判 无效之物权行为，无碍于债权关系。（四年上字第四五五号）

判 赌博之契约无效。（四年上字第四八六号）

判 共犯间不生债权关系。（四年上字第八一九号）

判 契约不违背法令及公安良俗者有效。（四年上字第一四八八号）

判 规元买卖，若仅虚定价额，依市价低昂以定盈亏，即买空卖空。（四年上字第二二三三号）

判 不违强行法之契约有效。（四年上字第二二四五号）

判 巧避重利之名，违禁取利行为，其违禁部分无效。（五年上字第四五七号）

判 买休他人妻之契约无效。（五年上字第六五六号）

判 契约目的仍在交付现货者，非卖空买空。（五年上字第七四六号）

判 关说官府所立之执帖，不能认为有效。（五年上字第九九三号）

判 交付定银，非区别买空卖空与否之惟一标准。（五年上字第一〇五一号）

判 订约之初确有交付买卖之意义者，非买空卖空。（五年上字第一〇五一号）

判 定期汇票之目的，若至期仅依市价决算赔赚，即为买空卖空。（五年上字第一一九三号）

判 定期买卖与买空卖空之区别，当以买卖当事人在订约之初其意思是否在交付实货，抑仅计算市价差额以定输赢为断。（五年上字第一五一六号）

判 供给第三人买空卖空之款，亦不能有效成立债权。（六年上字第八二〇号）

判 炉银买卖，若无交付现银目的，即为买空卖空。（六年上字第九五六号）

判 买空卖空，不容仅以至期有无授受实货为臆测。（七年上字第九二号）

判 买卖人口之契约无效。（七年上字第四二七号）

判 买空卖空，与赌博同科。（七年上字第五三七号）

判 侥幸性质之契约，非法律特禁，亦有效。（七年上字第六八三号）

判 法律行为之无效，即行为人本人亦得主张。（七年上字第一〇七一号）

判 以祀产收益之一部划归义子，其契约不为无效。（八年上字第七五〇号）

判 买空卖空债务，不因债务人承认而有效。（八年上字第七八三号）

判 买良为娼，及原系为娼复行转买为娼之契约无效。（九年上字第八四六号）

判 刑律颁布后，贩卖鸦片烟，虽在外国条约输入年限未满中，仍为违法行为。（九年上字第九八九号）

判 共同不法行为人间，不能因其行为发生权义。（九年上字第九八九号）

判 意图销毁制钱，与人缔结收买之契约为不法。（十年上字第三三四号）

判 赌博已为给付者，不得请还。（十年上字第四七三号）

判 凡本于违反禁止法规法律行为之请求，均不得于法律上为之。（十四年上字第一九七〇号）

判 法律行为，苟具有无效原因，不问行为人在行为时是否知悉，均应许行为人得以主张。（十五年上字第四九〇号）

判 法律行为因违反公共秩序或强行法规，以致无效者，必其法律行为之内容果与公共秩序或强行法规有所违反。若仅法律行为之内容并无违反，只其法律行为之动机违反者，其法律行为仍为有效。（十七年上字第二五四号）

解 中国当事人以外国文字订约，提出作证，应附中文缮本。至约内载明依外国法解决纠纷，如其事项违反中国强制或禁止之法规，或有关于公共秩序善良风俗者，不得认为有效。（十九年院字第二四七号）

判 买空卖空为赌博之一种，当然不能发生有效之债务关系。惟所谓买空卖空，乃当事人间约定不为实货之交付，仅于到期时以货物市价之涨落为标准，交付其差额者之谓。倘其买卖契约，明以到期授受实货为目的，而嗣后因另立转卖或买回契约，或因违约不能履行，致其结果亦依市价差额以定赢亏者，究与初意即在赌赛市价高低者不同，即不能以买空卖空论。（二十一年上字第四四六号）

判 当事人以违背法令禁止之规定为标的之契约，当然无效。其因此所生之权利义务，即属不能存在。贩卖鸦片烟，既为现行法令所厉禁，则关于此种契约上之债权债务关系，自亦不能认其成立。（二十一年上字第一三〇九号）

判 如烟坭即系现行法令所禁止之鸦片烟，则关于违禁物之交付，显然不能为讼争之标的。（二十一年上字第一七八四号）

第七十二条 法律行为，有背于公共秩序或善良风俗者，无效。

【**理由**】查民律草案第一百七十五条理由谓，有背于公共秩序善良风俗之法律行为，虽不为犯罪，然有使国民道德日趋卑下之弊，当然使其法律行为无效。此本系所由设也。

判 习惯上所罕见之约，不为无效。（三年上字第一一九号）

判 有害公安公益之行为无效。（三年上字第七四二号）

判 就自己义务而要求相对人给与报酬之契约无效。（三年上字第七四二号）

判 以有害公安公益之行为为标的之契约无效。（三年上字第一〇三五号）

判 多余涨地，不能以私约预定业主。（四年上字第五二五号）

判 行为与不关公益之习惯抵触者，仍以行为为准。（五年上字第五一号）

解 捆身字约无效，自可随时还钱取赎。（六年统字第七三〇号）

判 法律行为因违反公共秩序或强行法规，以致无效者，必其法律行为之内容果与公共秩序或强行法规有所违反。若仅法律行为之内容并无违反，只其法律行为之动机违反者，其法律行为仍为有效。（十七年上字第二五四号）

解 中国当事人以外国文字订约，提出作证，应附中文缮本。至约内载明依外国法解决纠纷，如其事项违反中国强制或禁止之法规，或有关于公共秩序，善良风俗者，不得认为有效。（十九年院字第二四七号）

解 押女为娼契约无效，期前将女带回，不能成立刑法第二五七条之罪。（十九年院字第二五六号）

第七十三条 法律行为，不依法定方式者，无效。但法律另有规定者，不在此限。

【理由】 谨按法律行为，有所谓要式之行为者，即法律上规定其方式，凡法律行为，必须依此方式，始能发生效力也，否则其法律行为应为无效。然若法律上另有规定时，则其有效与否，自当依其规定，不以方式为必要，是为不要式之行为也。故本条特明白规定之。

判 习惯上要件不备之行为，不生效力。（四年上字第二三五一号）

判 契约之解除，不拘方式。（八年上字第一〇四二号）

第七十四条 法律行为，系乘他人之急迫、轻率或无经验，使其为财产上之给付，或为给付之约定，依当时情形显失公平者，法院得因利害关系人之声请，撤销其法律行为，或减轻其给付。

前项声请，应于法律行为后一年内为之。

【理由】谨按法律行为，如系乘他人之急迫，或乘他人之轻率，或利用他人之无经验，而使他人为财产上之给付，或与为将来给付之期约，而其行为时之情形，显失公平者，则为保护利害关系人之利益计，应许其得为声请撤销，或减轻其数额。法院亦应依据其声请，撤销此法律行为，或减轻其给付，以期事理之平。惟其声请之时期，则须于该法律行为成立时起，一年内为之，逾限即不许再行声请。盖一方既须顾全社会之公益，一方又应维持法律之效力也。

判　非利害关系人，不得主张行为无效。（五年上字第八五一号）

判　乘他人窘迫、轻率或无经验而为之法律行为，依当时情形显失公平者，应为无效。（十六年上字第八五六号）

第二节　行为能力

【理由】谨按凡人既因其行为，而有取得权利或负担义务之能力，故于其行为能力，特设本节规定之。

第七十五条　无行为能力人之意思表示无效。虽非无行为能力人，而其意思表示，系在无意识或精神错乱中所为者，亦同。

【理由】谨按无行为能力人者，即未满七岁之未成年人，及禁治产人是也。无行为能力人所为之行为使之无效者，盖为保护无行为能力人之利益也。至若虽非无行为能力之人，而其所为之意思表示，系在无意识或精神错乱中（例如睡梦中、泥醉中、疾病昏沉中、偶发的精神病人在心神丧失中皆是）者，其效力与无行为能力人之行为，并无区别，故亦当然无效也。

解　卑幼私擅处分其父兄之财产者，与处分他人之财产同。无论契约之相对人是否善意，其物权移转契约无效。（四年统字第二二八号）

判　行为人之责任能力欠缺，其本人不负赔偿之责。（十一年上字第一二一二号）

第七十六条　无行为能力人，由法定代理人代为意思表示，并代受意思表示。

【理由】 谨按依前条之规定，无行为能力人之意思表示，概属无效。然则无行为能力人竟不能为有效之意思表示，其不便孰甚。法律为救济此缺点起见，特有法定代理人之设置。即无行为能力人凡欲对于他人为有效之意思表示，不可不由法定代理人代为之。他人欲对于无行为能力人为有效之意思表示，亦不可不由法定代理人代受之。所谓法定代理人者，即行亲权人及监护人等是，所以保护无行为能力人之利益者也。

判　未成年人，无行为能力，应由行亲权人或保护人代为法律行为。（四年上字第一二七四号）

判　庶子之法定代理次序，嫡母先于生母。（九年抗字第六九号）

解　父故后，庶子未成年，其法定代理权，嫡母固应优先于生母。惟嫡母与庶子利害相反时，该庶子之生母得为法定代理人。（十七年解字第一二五号）

解　未成年人行为，应由行使亲权人或监护人代理。（十七年解字第一二六号）

第七十七条　限制行为能力人为意思表示及受意思表示，应得法定代理人之允许。但纯获法律上利益，或依其年龄及身份，日常生活所必需者，不在此限。

【理由】 谨按限制行为能力人，即满七岁以上之未成年人是也。限制行为能力人，因其知识尚未充分发达，故亦有法定代理人之设置。凡对于他人为意思表示或受他人之意思表示，均应得法定代理人之允许，然后发生效力，盖以保护其利益也。但系单纯的获得法律上之利益者，如单得权利单免义务之行为，或依其年龄及身份，为日常生活所必需者，则虽未得法定代理人之允许，亦使其发生效力。盖以关于此种情形，对于他人为意思表示，或受他人之意思表示，纵令限制行为能力人直接为之，亦属有益无损也。

解　子于成年后不问能否独立生计，在法律上当然可为诉讼行为，毋庸行使亲权人代理。但欠缺能力原因者，不在此限。（十七年解字第一二六号）

第七十八条　限制行为能力人，未得法定代理人之允许，所为之单独行为，无效。

【理由】谨按单独行为者，即由一方之意思表示而成立之行为也，有有相对人者，亦有无相对人者。前者如契约之解除，债务之免除是；后者如寄附行为是。大抵此种行为，要皆有损于行为人。限制行为能力人智识尚未充分发达，其所为之单独行为，自应使其得法定代理人之允许，方为有效，始足以保护其利益。此本条所由设也。

解 子于成年后不问能否独立生计，在法律上当然可为诉讼行为，毋庸行使亲权人代理。但欠缺能力原因者，不在此限。（十七年解字第一二六号）

第七十九条 限制行为能力人，未得法定代理人之允许，所订立之契约，须经法定代理人之承认，始生效力。

【理由】谨按法律对于限制行为能力人之利益，常思所以保护之。故规定限制行为能力人与他人订立契约时，须得法定代理人之允许，否则所订契约，应为无效。盖以契约一经订立，即足生权利义务之关系，虽其已经成立之契约，仍须经法定代理人事后承认，始生效力，方足以保护限制行为能力人之利益。此本条所由设也。

判 未成年人之行为，因追认即完全有效。（三年上字第七六六号）

解 子于成年后不问能否独立生计，在法律上当然可为诉讼行为，毋庸行使亲权人代理。但欠缺能力原因者，不在此限。（十七年解字第一二六号）

第八十条 前条契约相对人，得定一个月以上之期限，催告法定代理人，确答是否承认。

于前项期限内，法定代理人不为确答者，视为拒绝承认。

【理由】谨按限制行为能力人之利益，保护过厚；其契约相对人之利益，保护过薄，殊失公平。故本条认相对人有承认催告权，使相对人得免其义务。催告得定一个月以上之期限，向法定代理人为之，令其确答是否承认。法定代理人接受催告后，不于期限内确答者，视为拒绝承认。盖一方顾及契约相对人之利益，一方仍所以保护限制行为能力人也。

第八十一条 限制行为能力人，于限制原因消灭后，承认其所订立之契约者，其承认与法定代理人之承认，有同一效力。

前条规定，于前项情形准用之。

【理由】谨按限制行为能力人，如因达于成年而变为有行为能力，或虽未达于成年因已经结婚而变为有行为能力，即所谓限制原因消灭者也。限制行为能力人在限制行为能力中所订立之契约，当时未经法定代理人承认，而于限制行为能力之原因消灭后，经本人自己承认者，应与法定代理人之承认有同一之效力。盖以其此时已具有完全之行为能力也。

若限制行为能力之原因消灭后，而限制行为能力中所订立之契约，尚未经其承认时，此际契约相对人，亦有定期催告之权，令其确答是否承认。若逾限不为确答，亦视为拒绝承认，与催告法定代理人之情形相同。

第八十二条　限制行为能力人所订立之契约，未经承认前，相对人得撤回之。但订立契约时，知其未得有允许者，不在此限。

【理由】谨按依前条之规定，于限制行为能力中所订立之契约，契约相对人于限制原因消灭后，得为定期承认之催告固矣。然在未经承认以前，契约相对人如不愿契约之成立，亦可将契约撤回。惟于订约之初，明知限制行为能力人未得法定代理人之允许，而犹故意与之订约者，则不许撤回。盖善意之契约相对人，固应加以保护，而恶意之契约相对人，仍须加以制裁也。

第八十三条　限制行为能力人用诈术使人信其为有行为能力人，或已得法定代理人之允许者，其法律行为为有效。

【理由】谨按限制行为能力人用诈术使人信其为有行为能力人者，例如欲使人信其为成年人，将户籍簿之伪造抄本，出示于相对人，因与之为交易时，则限制行为能力人，已无保护之必要。故直认其法律行为为有效。又用诈术使人信其已得法定代理人之允许者，例如伪造法定代理人允许处分财产之书信，出示于相对人，因与之为买卖时亦然。

第八十四条　法定代理人，允许限制行为能力人处分之财产，限制行为能力人，就该财产有处分之能力。

【理由】谨按限制行为能力人，达于相当之年龄，则当应其智能，使随意得为法律行为，以增长其经验。故法定代理人对于特定财产允许其处分时，则限制行为能力人，对于此特定之财产，即有处分之能力。

而其处分行为，即可发生法律上之效力。此本条所由设也。

第八十五条 法定代理人，允许限制行为能力人独立营业者，限制行为能力人，关于其营业，有行为能力。

限制行为能力人，就其营业有不胜任之情形时，法定代理人，得将其允许撤销，或限制之。

【理由】 谨按限制行为能力人之智识，如已发达，足以营业，则法定代理人应许其独立营业。此时关于其营业，视为有完全能力。是欲使其由营业而生之诸种行为，均得灵敏为之。若允许之后，发现有不胜任之情形时，则法定代理人得将允许撤销或限制之，以示完全之保护。惟在撤销或限制以前所已为之行为，则系视为有能力人之行为，不能因其后之撤销或限制而归于无效也。

第三节 意思表示

【理由】 谨按意思表示，为法律行为之一重要事件。故于法律上有效之意思表示，不可不规定之。此本节所由设也。

第八十六条 表意人无欲为其意思表示所拘束之意，而为意思表示者，其意思表示，不因之无效。但其情形为相对人所明知者，不在此限。

【理由】 查民律草案第一百七十八条理由谓，意思表示以相对人之受领为必要。故受此意思表示之相对人，明知表意人无受其拘束之意者，应使无效外，其表意人虽无欲为其意思表示所拘束之意，而相对人仍信其有受拘束之意者，其意思表示仍为有效。盖以维持交易之安全也。

判 心中保留之表意，为相对人所不知并不可知者，仍有效。（三年上字第二五五号）

判 同意与否，不以曾否签押为断。（三年上字第三七四号）

判 心中保留意思表示无效。（三年上字第五八〇号）

判 法律行为之通常内容，苟非特行除去，应认为存在。（四年上字第二二七号）

判 意思表示，不以立字画押为必要方式。（四年上字第一三八八号）

第八十七条 表意人与相对人通谋而为虚伪意思表示者，其意思表示无效。但不得以其无效，对抗善意第三人。

虚伪意思表示，隐藏他项法律行为者，适用关于该项法律行为之规定。

【理由】 谨按表意人与相对人通谋而为虚伪意思表示者，是欲欺第三人，非欲欺相对人也。无论于相对人无效，即对于第三人亦当然无效。惟此无效，不得与善意第三人对抗，以保护善意第三人之利益。又虚伪之意思表示，有隐藏在当事人间已成立之真正法律行为以欺第三人者，被其隐藏之法律行为，并不因隐藏而无效。例如甲实以土地赠与乙，而与乙通谋，作成买卖之契约，此际仍应适用关于赠与的法律行为之规定。故设本条以明其旨。

判 虚伪意思表示无效。（三年上字第二五五号）

判 虚伪表示之无效，不能对抗善意第三人。（六年上字第一五二号）

第八十八条 意思表示之内容有错误，或表意人若知其事情即不为意思表示者，表意人得将其意思表示撤销之。但以其错误或不知事情，非由表意人自己之过失者为限。

当事人之资格，或物之性质，若交易上认为重要者，其错误，视为意思表示内容之错误。

【理由】 查民律草案第一百八十一条理由谓，撤销错误之意思表示，须用法律规定，以防无益之争论。凡关于意思表示内容之错误（关于当事人标的物及法律行为种类之错误）及于交易上认为重要，而当事人之资格或物之性质有错误等（如信用交易之买主支付能力或房屋赁贷契约之房屋性质），若表意人知其事情即不为其意思表示者，均当然谓之错误。至表意人虽表示有一定内容之意思，惟不欲为其内容之表示，且可认表意人若知其事情则不为其意思表示者亦然（如表意人误信为有真正之内容而署名于其书件者）。

判 错误之意思表示得撤销。（六年上字第一五八号）

判 表意人仅其表意缘由因他故变更者，不得撤销。（八年上字第一二八四号）

第八十九条 意思表示，因传达人或传达机关传达不实者，得比照前条之规定，撤销之。

【理由】查民律草案第一百八十二条理由谓，表意人因使用人、电报局及其他传达机关，而表示其意思时，因而传达不实，致其所为之意思表示错误者，此与表意人自己陷于错误者无异，故得依前条规定撤销之。

第九十条　前二条之撤销权，自意思表示后，经过一年而消灭。

【理由】查民律草案第一百八十三条理由谓，意思表示之撤销权，如许永久存续，是使相对人及其他利害关系人之权义状态，永不确定。故本条特设撤销权行使之期限，是使以保护利害关系人之利益。

第九十一条　依第八十八条及第八十九条之规定，撤销意思表示时，表意人对于信其意思表示为有效而受损害之相对人或第三人，应负赔偿责任。但其撤销之原因，受害人明知或可得而知者，不在此限。

【理由】谨按依第八十八条及第八十九条之规定，错误及传达不实之意思表示，均得为撤销之原因。然当其表意之时，相对人或第三人固确信其表意为有效也，无论其撤销之原因若何，断不能因此而损害善意之第三者。故应使其赔偿因撤销而生之损害，以昭平允。然若表意人之表意，含有得行撤销之原因，已为受损害人之所明知，或本可得而知，因不注意而不知者，则是出于自己之故意或过失，即令受有损害，表意人亦不负赔偿之责任矣。

第九十二条　因被诈欺或被胁迫，而为意思表示者，表意人得撤销其意思表示。但诈欺系由第三人所为者，以相对人明知其事实或可得而知者为限，始得撤销之。

被诈欺而为之意思表示，其撤销不得以之对抗善意第三人。

【理由】查民律草案第一百八十五条理由谓，意思表示所以生法律上之效力，应以其意思之自由为限；若表意人受诈欺或受胁迫，而表示其意思，并非出于自由，则其意思表示，使得撤销之，以保护表意人之利益。又因诈欺之意思表示，是使相对人受领之意思表示，若行其诈欺者为第三人，则以相对人恶意为限，始许其撤销，此为保护相对人之利益而设。若其所为之意思表示全非出于表意人之自由，而因被胁迫所致者，则不问其胁迫属于何人，亦不问相对人之是否恶意，均得撤销。盖以此种情形，实无保护相对人理由之可言，此本条第一项所由设也。因诈欺意思表示之撤销，若使之得与善意第三人对抗，既有害于善意第三人之利益，且于交易上亦不安全，此第二项所由设也。

判　诈欺云者，系欲相对人陷于错误，故意将不实之事示之，令其因错误而为意思表示者是也。（二年上字第一四五号）

判　因诈欺强迫之意思表示得撤销。（三年上字第五八〇号）

判　表意人因一身特别事由，不得已而为之意思表示，不得撤销。（三年上字第九二〇号）

判　所谓胁迫恐吓，必其言语举动有足以使被胁迫恐吓之人发生恐怖心，致陷于不能不遵从之状态。而为此言语举动之人，亦必有使他人身体上或精神上受其压迫发生恐怖心之故意。（三年上字第一〇七一号）

判　强迫与表示之意思，须有因果联络。（四年上字第一七三九号）

判　被胁迫之表意之撤销，得与善意第三人抗。（四年上字第一八〇九号）

判　言语亦足为胁迫。（四年上字第一九八〇号）

判　债务人因被拘押所为之意思表示，不得谓为胁迫。（四年上字第二四一七号）

判　因第三人诈欺之意思表示，以相对人明知或可知为限，得撤销。（六年上字第一五八号）

判　胁迫未除去时之追认，不能有效。（六年上字第一一七四号）

判　有告知之义务，因不告知而为之意思表示，亦得撤销。（十五年上字第二二七号）

判　民事法上所谓诈欺云者，系谓欲相对人陷于错误，故意示以不实之事，令其因错误而为意思之表示。（十八年上字第三七一号）

第九十三条　前条之撤销，应于发现诈欺或胁迫终止后，一年内为之。但自意思表示后，经过十年，不得撤销。

【理由】谨按民律草案第一百八十七条理由谓，因诈欺或胁迫而为意思表示者，虽许其撤销，然不加以限制，则权利状态永不确定。故本条规定表意人行使撤销权，应于发现诈欺或胁迫行为终止后，一年内为之，逾限不许撤销。若自意思表示后，经过十年，始行发现者，亦不许再行撤销。盖以期交易之安全也。

判　因被诈欺或被胁迫而为意思表示者，表意人固得撤销其意思表示。但依民法总则第九十三条、民法总则施行法第十七条和第十六条之规定，表意人应于发现诈欺或胁迫终止后一年内为之。此项期间于民法总则施行前完成，若至民法总则施行时已逾二分之一者，则不得请求撤销。（十九年上字第五六〇号）

第九十四条　对话人为意思表示者，其意思表示，以相对人了解时，发生效力。

【理由】谨按向对话人之意思表示，应取了解主义。自相对人了解其意思表示时，即生效力是属当然之事。惟对话不以见面为必要，如电话等虽非见面，亦不碍其为对话也。故设本条以明示其旨。

第九十五条　非对话而为意思表示者，其意思表示，以通知达到相对人时，发生效力。但撤回之通知，同时或先时到达者，不在此限。

表意人，于发出通知后死亡或丧失行为能力，或其行为能力受限制者，其意思表示不因之失其效力。

【理由】谨按向非对话人之意思表示，即向不得直接通知之相对人为意思表示是也。此种表示，应于何时发生效力？立法例有表意主义、发信主义、受信主义、了解主义四种。本法采用受信主义，以其通知达到于相对人时发生效力。但表意人既经表意后，又将表意撤回时，其在撤回之通知未达到以前，表意之效力，当然存在。必俟撤回之通知达到后，其表意始失其效力。若撤回之通知，与表意之通知，同时或先时达到于相对人，其意思表示当然不生效力。此本条第一项之所由设也。表意人于发出通知后，死亡或失其行为能力（如宣告禁治产），或其行为能力受限制（例如第八十五条第二项情形）者，其意思表示，似应无效。然相对人不知表意人之死亡，或失其能力，或其能力受限制，因而为种种之行为者有之。此时如使无效，则相对人易蒙不测之损害。此第二项之所由设也。

第九十六条　向无行为能力人或限制行为能力人为意思表示者，以其通知达到其法定代理人时，发生效力。

【理由】查民律草案第一百九十五条理由谓，向非对话人所为之意思表示，如相对人为无行为能力人，或限制行为能力人，其所受之意思表示，不能十分了解。故须其通知，达到于法定代理人时，始生效力。盖以保护无行为能力人或限制行为能力人之利益也。

第九十七条 表意人非因自己之过失，不知相对人之姓名居所者，得依《民事诉讼法》公示送达之规定，以公示送达为意思表示之通知。

【理由】谨按表意人不知相对人之姓名及居所，并非因自己之过失者，应使其依公示送达之方法而为意思表示。至公示送达之程序，规定于《民事诉讼法》中，表意人应依其规定办理，为意思表示之通知。此本条所由设也。

第九十八条 解释意思表示，应探求当事人之真意，不得拘泥于所用之辞句。

【理由】查民律草案第二百条理由谓，意思表示其意义往往有欠明了者，应就不甚明了之处解释之。但应探求当事人之真意，不得拘泥于所用之辞句，致失真意。此本条所由设也。

判 解释意思表示，须通观全体，不能拘泥文字。（二年上字第八五号）

判 契载文句，系属衍文时，应依真意。（三年上字第六四号）

判 意思表示之意义不明，可依该地普通习惯为解释。（三年上字第八六号）

判 当事人事后合意之解释，应依照办理。（三年上字第一二一四号）

判 施惠之意思，与舍弃权利行为之成立无涉。（四年上字第六六五号）

判 解释意思表示，虽不能拘泥文字，亦不得全舍文字。（四年上字第九七五号）

判 意思表示之旨趣甚明，不得任意为扩张或缩小之解释。（四年上字第九七五号）

判 书据内容有争者，应先用通常文义为解释。（四年上字第一七三〇号）

解 私人契约之解释，应由审判衙门调查斟酌立约当时之情形，期

得立约人之真意，自不能仅拘泥于语言文字。（七年统字第八九六号）

解 拨授田地，如契约载明何人享受，应以契约之真意为断。（七年统字第九〇七号）

解 担保物权契约内载明之票价涨落，应以定约当时之意思为断。（八年统字第九三八号）

判 解释当事人之意思表示，应就表示时一切情形为全体之观察。（十七年上字第六七七号）

判 契约文字已表明当事人真意，无须别事探求者，不得更为曲解。（十七年上字第一一一八号）

判 解释当事人契约当时之意思，应以过去事实及其他一切证据资料为断定之标准，不能拘泥语言字句，致失真解。（二十一年上字第一三三号）

判 约载文字，习惯上可认为普通用语者，系因该文字与事实相反，且与当事人真意不符，在立约当时，即有视为具文不令生效之意。此种情形，既为意思与表示应当一致之例外，易使契约本旨趋于混淆。故法院于契约文字，究系普通用语，抑系真意表示，发生争执时，应综核全部事实，及是否适于习惯为合理之解释。（二十一年上字第一〇七四号）

判 私人契约之文字，除就文理考究外，尚应由法院调查立约当时之情形，互相参较，始能获得立约人之真意，而予以正当之解释。（二十一年上字第一三〇九号）

第四节　条件及期限

【理由】 查民律草案总则编第五章第四节原案谓，条件者，当事人随意将法律行为效力之发生或消灭，使系诸客观上不确定的未来事实成否之附随条款是也。其实际上最为重要者，停止条件及解除条件是，本法专就此二者规定之。期限者，当事人随意将法律行为效力之发生或消灭，使系诸确定的未来事实届至之附随条款是也。其实际上最为重要者，始期及终期是，故本法专规定此二者。

第九十九条 附停止条件之法律行为，于条件成就时，发生效力。

附解除条件之法律行为，于条件成就时，失其效力。

依当事人之特约，使条件成就之效果，不于条件成就之时发生者，依其特约。

【理由】查民律草案第二百四十三条理由谓，附停止条件与附解除条件之法律行为，应从条件成就时生效力，抑应溯诸法律行为成立之时生效力？于此问题，各国之立法例不一。本法则以当事人不表示溯及既往之意思为限，认为法律行为附有停止条件者，必须于条件成就后发生效力。附有解除条件者，必须于条件成就后失其效力，期令于当事人之意思也。至条件成就之效果，应否溯及既往，即应否追溯于法律行为成立之时，此际应依当事人之特约定之。故设本条以明示其旨。

判　契约附有停止条件者，在条件成就前不生效力，让与人得将该标的物卖与第三人。（四年上字第九三五号）

判　承任附有条件者，应俟条件成就，方生效力。（四年上字第二〇五五号）

判　赠与原有条件后经除去者，非新赠与行为。（八年上字第一四六号）

解　确定的不能成就之解除条件，自应视为无条件，但不影响于契约之效力。（十四年统字第一九四五号）

第一百条　附条件之法律行为，当事人于条件成否未定前，若有损害相对人因条件成就所应得利益之行为者，负赔偿损害之责任。

【理由】查民律草案第二百四十五条理由谓，为附停止条件法律行为，其当事人之一造，于条件成就前，有因条件之成就，当然取得本来权利之权利。则他造有尊重此权利之义务。又为附解除条件法律行为，其当事人之一造，虽直取得本来之权利，然对于他造因条件成就所取得本来权利之权利，有尊重之义务，即他造有此种权利。故附条件义务人，不得害及附条件权利人之利益。若害之，则为不法行为，须任损害赔偿之责。故设本条以明示其旨。

第一百零一条　因条件成就而受不利益之当事人，如以不正当行为阻其条件之成就者，视为条件已成就。

因条件成就而受利益之当事人，如以不正当行为促其条件之成就者，视为条件不成就。

【理由】谨按条件成就而受不利益之当事人，若以不正当之行为，阻害条件之成就者，其条件视为已成就。又因条件成就，而受利益之当事人，如以不正当行为，促使条件成就者，其条件视为不成就。如此然后可以保护相对人之利益，而禁止不正当之行为也。至依前条规定而赔偿损害，是属当然之事，无待明白规定。

第一百零二条　附始期之法律行为，于期限届至时，发生效力。

附终期之法律行为，于期限届满时，失其效力。

第一百条之规定于前二项情形准用之。

【理由】查民律草案第二百五十一条理由谓，期限分为始期及终期两种，法律行为附有始期者，于期限届至时发生效力；其附有终期者，于期限届满时失其效力。若于期限未至之时。损害相对人因期限届至所应得之利益者，应负赔偿损害之责任。此与条件成就前之损害赔偿同，故准用第一百条之规定。

第五节　代理

【理由】查民律草案总则编第五章第三节原案谓，凡行为能力不完全者，为保护其利益计，须借他人补充其能力之欠缺。又因疾病或其他原因，事实上不得亲自为法律行为者，许依他人而为行为能力事实上之扩张。近世各国法律，均认代理之制度，故本法特设本节之规定。

谨按关于代理之本质，各国立法例亦不一致，有详加规定者，如德、日民法是；有不设规定而置委任于债权编中者，如暹罗民法是。本法则以法定代理、意定代理共通适用之条文，概括规定于总则编中；而以仅关意定代理各条，规定于债权编委任章内焉。

第一百零三条　代理人于代理权限内，以本人名义所为之意思表示，直接对本人发生效力。

前项规定，于应向本人为意思表示，而向其代理人为之者，准用之。

【理由】查民律草案第二百十三条理由谓，代理者，例如甲以乙之名义，向丙为意思表示，又甲以乙之名义，亲受丙之意思表示者，其效力直接及于乙是也。此与依意思传达机关而为意思表示者不同，故代理人于代理权限内，以本人名义所为之意思表示，直接对于本人发生效力。

至凡应向本人表示意思，而向其代理人为之者亦同。此本条所由设也。

判　债务人向经理人清偿之款，纵为经理人挪用，主人不得否认其清偿之效力。（三年上字第一八九号）

判　代理人行为直接于本人生效者，须具二要件：（一）为本人所委任之事项，（二）须以本人之名义。（三年上字第六五四号）

判　官吏得为国家私法行为之代理人。（三年上字第八三六号）

判　同居家族，代全家所负债务，得向家长或其余家族请求履行。（四年上字第五三一号）

判　代理人因代理受有款项或其他给付者，本人得请求交出。（四年上字第五五二号）

判　意定代理关系，以授权为发生原因。（四年上字第五五二号）

判　代理人选任复代理者，须就其选任及监督负责。（五年上字第二四三号）

判　商行为之代理人，不示明本人名义之行为，仍直接于本人生效。相对人不知其为代理者，得对于代理人请求履行，或拒绝本人请求。（五年上字第五七九号）

判　代理人权限内之行为，其效力直接及于本人。（五年上字第七三一号）

判　共有人一人有权代理他共有人以处分共产者，仍直接对各共有人生效。（五年上字第九四九号）

判　代理权之授与，以明示或默示之意思表示为之。（六年上字第三八号）

判　托人代为出卖，并表示不限定买主为何人者，受托人所订卖约，卖主应受拘束。（六年上字第一七九号）

判　有能力之子，在其父授权范围内为代理行为有效。（七年上字第五四九号）

判　复代理人之代理权，当然限于代理人权限以内之事项。（十四年上字第二九〇二号）

第一百零四条　**代理人所为或所受意思表示之效力，不因其为限制行为能力人，而受影响。**

【理由】查民律草案第二百十六条理由谓，代理人所为所受之意思表示，其效力及于本人，而不及于代理人。虽代理人为限制行为能力人，其所为或所受之意思表示，并不因此而妨其效力。故限制行为能力人，亦得代理他人，为法律行为。此本条所由设也。

判　未成年人有辨识力，即得为他人代理。（七年上字第一五一七号）

第一百零五条　代理人之意思表示，因其意思欠缺，被诈欺，被胁迫，或明知其事情，或可得而知其事情，致其效力受影响时，其事实之有无，应就代理人决之。但代理人之代理权系以法律行为授与者，其意思表示，如依照本人所指示之意思而为时，其事实之有无，应就本人决之。

【理由】查民律草案第二百十五条理由谓，代理人所为之意思表示，及所受之意思表示，二者虽均由代理人，然其效力及于本人。故关于意思表示要件之事项，其有无应就代理人而定，若代理人之代理权系以法律行为所授与（即意定代理），而其意思表示，又系依照本人所指示之意思而为之者，其有无此种事项，则就本人而定，是属当然之事。此本条所由设也。

第一百零六条　代理人，非经本人之许诺，不得为本人与自己之法律行为，亦不得既为第三人之代理人，而为本人与第三人之法律行为。但其法律行为，系专履行债务者，不在此限。

【理由】查民律草案第二百十七条理由谓，代理人许其代理本人，只以法律行为为限。本节之隶于法律行为章，然亦非举一切法律行为均许其代理，如亲属上之法律行为，其性质上不许代理是，此理甚明，无待明文规定也。又如当事人之一方得为他方之代理人，而为法律行为，然使之得为双方之代理人，而为法律行为，则利益冲突，代理人决不能完全尽其职务，自为法律所不许。但经本人许诺，或其法律行为系专履行债务者，应作为例外，以其无利益冲突之弊也。故设本条以明示其旨。

第一百零七条　代理权之限制及撤回，不得以之对抗善意第三人。但第三人，因过失而不知其事实者，不在此限。

【理由】谨按本人将代理权授与代理人之后，非必不可加以限制也。又既经授与代理权之后，亦非不可仍将代理权撤回也。惟其限制及撤回，均不得对抗善意之第三人。盖代理权之受有限制及被撤回与否，第三人固无由知之，若许其得以对抗，是使善意第三人常蒙不测之损害也。故除其限制及撤回之事实，本可得知，而由于第三人自己之过失陷于不知者外，均不得以其代理权之限制及撤回为对抗之理由。盖为保护善意第三人之利益计也。

判　授与代理权后，变更其范围，应通知相对人，始生效力。（六年上字第八四七号）

判　共有金钱债权之债权人，原则得分别请求清偿。（八年上字第一一二二号）

判　代理权限未定明者，仅得为保存及利用改良之行为。（八年上字第一一二二号）

第一百零八条　代理权之消灭，依其所由授与之法律关系定之。

代理权得于其所由授与之法律关系存续中撤回之，但依该法律关系之性质不得撤回者，不在此限。

【理由】查民律草案第二百二十五条理由谓，授与代理权之法律行为，其为要因行为，抑为不要因行为，学者颇滋聚讼。本法于当事人无特别之意思表示者，作为要因行为，如代理权授与原因之法律关系存续，代理权亦因而存续；授与原因之法律关系消灭，代理权亦因而消灭。此第一项所由设也。又代理权之授与人，于授与原因之法律关系存续中，使其得将代理权撤回，亦无弊害，惟依该法律关系之性质不许撤回者，则为例外。此第二项所由设也。

第一百零九条　代理权消灭或撤回时，代理人须将授权书，交还于授权者，不得留置。

【理由】谨按代理人于代理权消灭或撤回时，须将授权书交还于授与人，不得留置。盖代理权消灭，授权书亦应消灭，防代理人之滥用，害及于授与人也。故设本条以明示其旨。

判　撤销或拒认之无权代理行为，不能以裁判令其成立。（二年上字第七号）

第一百一十条　无代理权人，以他人之代理人名义所为之法律行为，对于善意之相对人，负损害赔偿之责。

【理由】谨按本无代理权之人，而以他人之代理人名义，与相对人为法律行为时，其所为之法律行为，当然无效。若善意之相对人因此而受有损害者，无权代理人并应负赔偿之责任，借以保护善意相对人之利益。此本条所由设也。

判　共有人一人擅为让与共有财产之契约，应赔偿善意相对人之损害。（三年上字第七七号）

判　无权代理人，对于善意相对人，应自任其责。（三年上字第七七号）

判　不能证明代理权并经本人拒绝追认者，该代理人对于相对人，应履行或赔偿。（三年上字第三八三号）

判　代理权之消灭，不得对抗善意第三人。（三年上字第一二三二号）

第六节　无效及撤销

【理由】查民律草案总则编第五章第五节原案谓，法律行为有因其要件不完备，而其为目的之效力不发生者；亦有其为目的之效力虽发生，而法律上特定之人得除去其效力者。前者名为无效之行为，后者名为可得撤销之行为。故于本节设二者之规定。

第一百一十一条　法律行为之一部分无效者，全部皆为无效。但除去该部分亦可成立者，则其他部分，仍为有效。

【理由】查民律草案第二百五十二条理由谓，法律行为系属一体，一部无效，全部亦当然无效。然除无效之一部分外，而法律行为仍可成立者，则其他部分，仍为有效。如是斯能副当事人之意思也。

判　子已成年，母独断处分家产，不为有效。（三年上字第六六九号）

判　佃户不得私典业主地亩。（三年上字第一二五三号）

判　契约一部无效，非他部亦无效。（四年上字第一二一八号）

解　托人代理之买卖行为，如可认为买空卖空，其代垫之款项，不外资助犯罪之物，自应不准其有请求偿还之权。（七年统字第八〇八号）

判　卑幼私擅处分家财之行为，为无权行为。（八年上字第一四八号）

解 盖有限制不许抵押盗卖与外国戳记之地照，抵借外国人债款者，其抵押设定行为，自属无效。（十一年统字第一七三七号）

第一百一十二条 无效之法律行为，若具备他法律行为之要件，并因其情形，可认当事人若知其无效，即欲为他法律行为者，其他法律行为，仍为有效。

【理由】查民律草案第二百五十三条理由谓，法律行为无效时，若其行为备有他法律行为之要件，且依他法律行为可达同一之目的者，是当事人若知其无效有为他法律行为之意思，此时应使其他之法律行为为有效，借以副当事人之意思。例如发出票据之行为，虽因法定要件欠缺而无效，若可作为不要因债务之承受契约者，其契约仍为有效也。

判 无效契约，有时成立他契约。（三年上字第一〇〇一号）

判 无效之物权行为，无碍于债权关系。（四年上字第四五五号）

判 成年之子私擅处分家财，其子本人及第三人不得撤销。（四年上字第二三八五号）

判 无效之法律行为，如具备他法律行为之要件时，可依当事人之意思，生他行为之效力。（八年上字第一四一四号）

第一百一十三条 无效法律行为之当事人，于行为当时，知其无效，或可得而知者，应负回复原状或损害赔偿之责任。

【理由】谨按无效之法律行为，当事人若于行为之当时已知其无效，或可得而知之者，应负回复原状或损害赔偿之责任。所以保护相对人之利益也。

判 无效行为之当事人，应回复原状。（四年上字第五二一号）

第一百一十四条 法律行为经撤销者，视为自始无效。

当事人知其得撤销，或可得而知者，其法律行为撤销时，准用前条之规定。

【理由】查民律草案第二百五十七条理由谓，得为撤销之法律行为，经有撤销权人撤销时，则使当事人之行为无效，抑使第三人之行为亦属无效。于此问题，各国之立法例不一，本法则依多数之立法例，认为对于第三人亦得使其无效。故相对人因撤销行为而取得权利者，当然复归于撤销权人。又从其相对人让受同一权利之第三人，亦当然丧失其权利。

惟法律上别有规定者，如第九十二条第二项之情形，则善意之第三人，并不因此而丧失其权利。至可以撤销之法律行为在行为当时，已为当事人所明知，或可得知者，则其撤销时，当依前条之规定，负回复原状或损害赔偿之责。

判 行为须有撤销之原因而并未追认者，始得主张撤销。（三年上字第四九九号）

判 撤销权除本人外，惟法定代理人承继人有之。（三年上字第一三一一号）

判 法律行为被撤销者，视为从始无效须回复原状。（四年上字第三七一号）

解 银行因基本金不足，利用借贷方法，诱人入股，应查明有无诈欺情形，分别准其撤销原约或责令履行债务。（九年统字第一三二七号）

第一百一十五条　经承认之法律行为，如无特别订定，溯及为法律行为时，发生效力。

【理由】 查民律草案第二百六十四条理由谓，同意于事前事后均得为之，事后之同意，即所谓承认。盖以除去法律行为效力发生之障碍为标的，而于法律行为之成立，并无关系。故无特别订定，而其法律行为已经承认者，则应溯及为法律行为之时发生效力，所以保护第三人之利益也。

判 法律行为之撤销权，因撤销权人之追认而丧失。（三年上字第七〇八号）

判 得撤销之行为经追认后，视为从始不得撤销。（七年上字第一一〇五号）

第一百一十六条　撤销及承认，应以意思表示为之。

如相对人确定者，前项意思表示，应向相对人为之。

【理由】 谨按撤销及承认者，要相对人接受之一方行为也。撤销及承认之方法，应以意思表示为之。其有确定之相对人者，则其意思表示，应向相对人为之，是属当然之事。此本条所由设也。

判 撤销诉权之客观要件，只须债权人将因此受害，即其债权有不能受满足之危险为已足。（十五年上字第六二九号）

第一百一十七条　法律行为须得第三人之同意，始生效力者，其同意或拒绝，得向当事人之一方为之。

【理由】谨按法律行为，有须经第三人之同意始生效力者，例如限制行为能力人所订之契约，须经本人承认而生效力；无权利人之处分行为，须经权利人之承认而生效力是。欲知第三人为同意或拒绝之方法，须于法律规定之，以防无益之争议，即同意或拒绝，以应向双方表示为原则而为便利第三人起见。向当事人之一方表示者，亦为法所许可也。

判　须经他人同意之处分行为，未经同意不为有效。（三年上字第七九九号）

判　共有地由一人典当者无效。（四年上字第三五六号）

判　当事人一造不能以无关系之第三人不同意为理由，主张解约。（十一年上字第一三三三号）

第一百一十八条　无权利人就权利标的物所为之处分，经有权利人之承认，始生效力。

无权利人，就权利标的物为处分后取得其权利者，其处分自始有效。

前项情形，若数处分相抵触时，以其最初之处分为有效。

【理由】谨按处分权利，须有为其处分之权能。故无权利人，就其权利而为之处分，当然不生效力，然如此办理，颇多不便。故无权利人就权利标的物所为之处分，若经有权利人承认时，则亦可认为有效，所以图实际上之便利。此第一项之所由设也。无权利人处分权利标的物，在其初虽未得有权利人之承认，而其后，已从有权利人让受其权利者（例如因买卖或承继关系而取得其物），则应溯及法律行为之时生效力，使其处分自始有效。此第二项之所由设也。无权利人所为之处分，经有权利人之承认，或就权利标的物取得其权利者，其以前之处分，固属有效。若有数个处分，而又互相抵触时，则不可不有明白之规定，使免无谓之争议。此第三项之所由设也。

判　无处分权人之处分行为，不能发生效力。（四年上字第四六九号）

判　卑幼私擅典卖尊长提留之产者，不生效力。（四年字第二〇二九号）

判 无权利之人处分行为，经权利人之同意或追认而有效。（四年上字第二二四三号）

判 无权利人追后取得权利者，其处分行为，应追溯当时，认为有效。（四年上字第二二五九号）

判 被承继人财产，于其生存中，承继人为处分者，其处分为无效。（四年上字第二三一八号）

判 子之私擅处分，须经其父追认，始能有效。（五年上字第一一八八号）

判 惟所有人得主张无权处分之无效。（五年上字第一四五九号）

判 保管人不得为有效之处分。（六年上字第四六〇号）

判 须得同意之行为，经事前预示同意或事后追认者，均为有效。（六年上字第九七八号）

判 旁系尊亲属擅处分卑幼财产者，为无权行为。（八年上字第二九号）

第五章　期日及期间

【**理由**】查民律草案总则编第六章原案谓，时与权利之成立及消灭，有重大之关系，各国皆规定之。如逾一定之时间，则生法律上之效力，或失法律上之效力；又或于一定之期间行使其权利者，则取得其权利，于一定之期间不行使其权利者，则丧失其权利是。但时有期日及期间之别，期日者，其时点不得区分之特定日；期间者，即时间之谓也。如约定明年五月一日交付物品者，则其日即为期日；又如约定自明年五月一日起至十五日止交付物品者，则其时间即为期间。

谨按关于期日及期间之计算法有二：（一）自然计算法；（二）历法计算法。前者虽略嫌烦琐，然甚精密；后者虽不完密，然甚简便，两者固互有得失。各国民法，在原则上皆用历法计算法，惟遇以时定期间者，则用自然计算法。故本法亦依此规定，以时定期间者，即时起算；以日、星期、月或年定期间者，其始日概不算入，并以期间末日之终止，为期间之终止焉。

第一百一十九条　法令、审判或法律行为所定之期日及期间，除有特别订定外，其计算依本章之规定。

【理由】查民律草案第二百六十七条理由谓，期间及期日，有以法令定之者，有以审判定之者，又有以法律行为定之者，此种期日及期间之计算，如无特别订定时，则依本章之规定为宜。此本条所由设也。

第一百二十条　以时定期间者，即时起算。

以日、星期、月或年定期间者，其始日不算入。

【理由】查民律草案第二百六十八条理由谓，计算期间，分历法计算法及自然计算法之二种。前者以历日之一日为单位而计算期间之方法也，所称一日，指自午前零时起至午后十二时而言，此外之小时在所不计。后者将历日之一日细分之，自起算期间之时刻或自事件届至之时刻计算期间之方法也。所称一日，自起算期间或事件届至之时刻起算，经过二十四时间也。本法采多数之立法例，原则上认历法计算法，其以时定期间者，是注重在时，故以即时起算。其以日、星期、月或年定期间者，其始日不算入，盖以一日未满之时间为一日，实为不当也。故设本条以明示其旨。

判　午前零时，系指午前尚未届一时之时间而言。（二十一年抗字第二七号）

第一百二十一条　以日、星期、月或年定期间者，以期间末日之终止，为期间之终止。

期间不以星期、月或年之始日起算者，以最后之星期、月或年与起算日相当日之前一日，为期间之末日。但以月或年定期间，于最后之月，无相当日者，以其月之末日，为期间之末日。

【理由】查民律草案第二百七十一条理由谓，本法既采多数立法例定历法计算法，则以日、星期、月或年定期间者，应否以期间末日之开始，为期间之终止？抑以其末日之终止，为期间之终止？法律须明定之。本法以期间末日之终止，为期间之终止，盖谓最终之日，须阅全日。此第一项所由设也。期间以星期、月或年之开始起算者，则以星期、月或年之终止为终止，自属当然之事。例如从星期日起算，至星期六为一星期；从月之一日起算，至月之末日为一个月；从一月一日起算，至十二月末日为一年是也。反之其期间不从星期、月或年之开始起算者，必以特别之明文定期间之末日，然后期间之终止，可得而知。以有相当日者，即以其相当日为期间之末日，无相当日者，以其月之末日为期间之末日。如于星期一午后三时起算，约定一星期之期间，则从翌日星期二起算，以下星期二之前一日即相当日，为期间之末日。又如于一月三十日起算，约定一个月之期间，至二月无相当日，则以二月二十八日为期间之末日。此第二项所由设也。

第一百二十二条　于一定期日或期间内，应为意思表示或给付者，其期日或其期间之末日，为星期日、纪念日或其他休息日时，以其休息日之次日代之。

【理由】查民律草案第二百七十二条理由谓，于一定之期日或期间内，为意思表示或为给付者，其期日或期间之末日，适值星期日、纪念日或其他休息日，则不能为意思表示或给付，故规定以其休息日之次日代之，以防无益之争议。此本条所由设也。

第一百二十三条　称月或年者，依历计算。

月或年，非连续计算者，每月为三十日，每年为三百六十五日。

【理由】谨按以月或年定期间者，一月之日数不等，一年之日数亦不等，如何计算，亟应规定明确，以免滋生疑义。故本条定为依历计算，于交易上实为便利。此第一项所由设也。月或年非连续计算者，如工作之期间，时作时辍，而工资则系按月计算，则此际之工作日期，既非连续，即无从依历计算，故应就其日数以一月为三十日，一年为三百六十五日计算之。此第二项所由设也。

第一百二十四条　年龄自出生之日起算。

出生之月日，无从确定时，推定其为七月一日出生。知其出生之月，而不知其出生之日者，推定其为该月十五日出生。

【理由】查民律草案第二百六十九条理由谓，计算年龄，其出生之日，应否算入，古来学说聚讼，各国立法例亦不一致。然出生之日，亦行算入，实合于人类生活上之观念。此第一项所由设也。

谨按出生之月日，无从确定时，各国立法例，有推定其为年初出生者，亦有推定其为年终出生者，似均非持平之论。本法特折衷于其间，推定为七月一日出生。其知出生之月而不知出生之日者，推定为该月十五日出生。盖斟酌损益，以期适中，此第二项所由设也。

第六章　消灭时效

【理由】 谨按时效者，因一定之期间，永续行使其权利，或不行使其权利，而生权利得失之法律事实之谓也。分取得时效，及消灭时效之二种。各国关于时效之规定，互有同异，有将取得时效及消灭时效，均规定于总则编，并设有通则一节者，如日本民法是。有将消灭时效，规定于总则编，而置取得时效于物权占有章中者，如德国民法是。有规定消灭时效，而无取得时效之规定者，如苏俄法典是。惟取得时效为占有之结果，应否承认，尚待研究。即使有规定之必要，亦似以取法德国，置诸物权占有章中为宜，故本章只设消灭时效之规定。消灭时效者，消灭其权利之时效也。关于消灭时效之结果，德日民法亦复互异。依德国民法之规定，仅丧失其权利之请求权。依日本民法之规定，并权利之本身而丧失之。本法从德国制，规定请求权经若干年不行使而消灭，盖期确保交易之安全，维持社会之秩序耳。

第一百二十五条　请求权，因十五年间不行使而消灭，但法律所定期间较短者，依其规定。

【理由】 谨按通常债权之请求权消灭时效，其期间之长短，各国立法例亦不一致。本法定其期限为十五年，自请求权可以行使时起算（第一二八条），经过十五年而不行使者，则其请求权消灭。但请求权之消灭期限，法律定有较短期间者，如后列第一二六条、第一二七条之规定是，则依其所定期间为准。盖以请求权永久存在，足以碍社会经济之发展。故设本条以明示其旨。

判　债权人虽历久未请求，其债权亦不消灭。（五年上字第四六一号）

解　远年借贷，如于借券外更有佐证足证明其确实成立，别无消灭原因，自应仍许其请求。（八年统字第一一三九号）

第一百二十六条　利息、红利、租金、赡养费、退职金及其他一年或不及一年之定期给付债权，其各期给付请求权，因五年间不行使而消灭。

【理由】谨按利息、红利、租金、赡养费、退职金，及其他一年或不及一年之定期给付债权，其各期给付之请求权，逾五年而不行使者，则其请求权消灭。因此种债权，债权人本可从速请求债务人履行，故其消灭时效之期间，以定五年为最适宜。此本条所由设也。

判　债权人虽历久未请求，其债权亦不消灭。（五年上字第四六一号）

第一百二十七条　下列各款请求权，因二年间不行使而消灭：

一、旅店、饮食店及娱乐场之住宿费、饮食费、座费、消费物之代价及其垫款；

二、运送费及运送人所垫之款；

三、以租赁动产为营业者之租价；

四、医生、药师、看护生之诊费、药费、报酬及其垫款；

五、律师、会计师、公证人之报酬及其垫款；

六、律师、会计师、公证人所收当事人物件之交还；

七、技师、承揽人之报酬及其垫款；

八、商人、制造人、手工业人所供给之商品及产物之代价。

【理由】查民律草案第三百零七条理由谓，本条胪举请求权宜速履行，亦有速行履行之性质，故消灭时效期间定为二年。

判　债权人虽历久未请求，其债权亦不消灭。（五年上字第四六一号）

第一百二十八条　消灭时效，自请求权可行使时起算。以不行为为目的之请求权，自为行为时起算。

【理由】查民律草案第三百十一条理由谓，消灭时效，自得行使请求权时起算，是属当然之事。如债权无停止条件或无期限者，以债权成立时即得行使，故从此时起算。至其物权，自第三人为与其内容相反之行为时起算之。又附停止条件权利与期限权利，从其条件成就或期限届至时起算之。但以不行为为目的之请求权，则于债务人不为违反义务之行为间，债权人均得受清偿。对于债务人无须请求，故其期间，应自债务人为违反义务之行为时起，使计算时效。此本条所由设也。

解　时效制度，现行法令尚无明文规定。债务人既已亡故，数十年中又无一次催告，是否抛弃，应由法院斟酌审认。（十一年统字第一七七八号）

第一百二十九条　消灭时效，因下列事由而中断：

一、请求；

二、承认；

三、起诉。

下列事项，与起诉有同一效力：

一、依督促程序，送达支付命令；

二、因和解而传唤；

三、报明破产债权；

四、告知诉讼；

五、开始执行行为，或声请强制执行。

【理由】谨按时效中断者，即以前所经过之期限，概行消灭，以后仍须更始进行之谓也。时效因请求、承认、起诉而中断，所以保护权利人之利益。此外可与起诉有同一之效力者，如支付命令之送达等，本条特胪举之，乃明示审判上之中断事项也。

第一百三十条　时效，因请求而中断者，若于请求后六个月内不起诉，视为不中断。

【理由】谨按依前条之规定，消灭时效，因权利人之请求，而中断固矣。然若请求后，而不于六个月内起诉者，则仍与不请求等，其时效视为不中断。本条之设，所以保护相对人之利益也。

第一百三十一条　时效，因起诉而中断者，若撤回其诉，或因不合法而受驳回之判决，其判决确定，视为不中断。

【理由】查民律草案第二百八十二条理由谓，撤回其诉，是当事人抛弃其依诉而生之保护请求权；又以其诉为不合法，而驳回其诉之判决确定时，其诉既为无效，则其因诉之提起而生中断之效力者，当然亦失其效力。此本条所由设也。

第一百三十二条　时效，因送达支付命令而中断者，若诉讼拘束失其效力时，视为不中断。

【理由】查民律草案第二百八十三条理由谓，因送达支付命令而发生之诉讼拘束，若既失其效力，则与未发支付命令无异，不使因送达而生时效中断之效力，是属当然之事。此本条所由设也。

第一百三十三条　时效，因和解传唤而中断者，若相对人不到庭，或和解不成时，视为不中断。

【理由】查民律草案第二百八十四条理由谓，因和解之传唤，若相对人不到庭，或到庭而和解不成立者，是完全不行使其权利，故不使发生中断之效力。此本条所由设也。

第一百三十四条　时效，因报明破产债权而中断者，若债权人撤回其报明时，视为不中断。

【理由】查民律草案第二百八十五条理由谓，债权人虽已为破产债权之报明，至其后撤回其报明时，则与诉之撤回无异，不生时效中断之效力。此本条所由设也。

第一百三十五条　时效，因告知诉讼而中断者，若于诉讼终结后，六个月内不起诉，视为不中断。

【理由】查民律草案第二百八十六条理由谓，因《民事诉讼法》之规定，当事人之一造，对于第三人为诉讼之告知，若诉讼终结后六个月内，告知人不提起履行或确认之诉者，是不欲完全行使其权利，亦不使因诉讼告知而生时效中断之效力。此本条所由设也。

第一百三十六条　时效，因开始执行行为而中断者，若因权利人之声请，或法律上要件之欠缺，而撤销其执行处分时，视为不中断。

时效，因强制执行而中断者，若撤回其声请或其声请被驳回时，视为不中断。

【理由】查民律草案第二百八十七条理由谓，强制执行，依承发吏而为者，以执行行为之开始（扣押），为时效中断之事由。又依法院而为者，以执行之声请，为时效中断之事由。故本条分别规定，并明示执行撤销，及声请撤回或被驳回者，不生时效中断之效力。

第一百三十七条　时效中断者，自中断之事由终止时，重行起算。

因起诉而中断之时效，自受确定判决，或因其他方法诉讼终结时，重行起算。

【理由】谨按中断之时效，应于中断事由之终止时，使为新时效之计算。其中断前已经过之期间，并不算入，否则不足以保护权利人之利益。此第一项所由设也。因起诉而中断之时效，自受确定判决或因其他方法诉讼终结时（例如和解），则应重行起算新时效。盖因起诉时效中断之存续时期，并其终结时期，亟应规定明晰，以免疑义。此第二项所由设也。

第一百三十八条　时效中断，以当事人、继承人、受让人之间为限，始有效力。

【理由】查民律草案第二百九十二条理由谓，时效之中断，以当事人、继承人、受让人之间为限，始有效力。盖他人不能无故而受中断之利益或被损害也，故设本条以明示其旨。

第一百三十九条　时效之期间终止时，因天灾或其他不可避之事变，致不能中断其时效者，自其妨碍事由消灭时起，一个月内，其时效不完成。

【理由】谨按因天灾或其他不可避之事实（如因兵燹、疫疠、交通断绝），致不能中断其时效之债权人利益亦须保护。故遇有此种情形，应自天灾事变消灭后，经过一个月，其时效方得完成。此本条所由设也。

第一百四十条　属于继承财产之权利，或对于继承财产之权利，自继承人确定，或管理人选定，或破产之宣告时起，六个月内，其时效不完成。

【理由】查民律草案第二百九十五条理由谓，属于继承财产之权利，或对于继承财产之权利，其时效应从继承人之确定，或管理人之选定，或破产管财人之选任时起，六个月内，时效不完成。盖此时缺为中断行为人，或缺受中断行为人故也。

解　重复典卖，其后典后卖无效，继续有效之前清现行律典卖田宅内，定有明文。故无论出典人是否濒于破产，只最先之典权人，就该房优先受偿，有余始能比例平均分还。（八年统字第一一三九号）

第一百四十一条　无行为能力人，或限制行为能力人之权利，于时效期间终止前六个月内，若无法定代理人者，自其成为行为能力人，或其法定代理人就职时起，六个月内，其时效不完成。

【理由】查民律草案第二百九十六条理由谓，时效之期间终止前，六个月内，无行为能力人或限制行为能力人，尚无法定代理人者，自其成为行为能力人，或其法定代理人就职时起，六个月内，停止时效之进行，以保护其利益。此本条所由设也。

第一百四十二条 无行为能力人，或限制行为能力人，对于其法定代理人之权利，于代理关系消灭后一年内，其时效不完成。

【理由】谨按无行为能力人，或限制行为能力人，对于法定代理人之权利，应于代理关系消灭（如亲权丧失或本人已届成年）后，一年内，其时效不完成，以保护此等无能力人或限制行为能力人之利益。故设本条以明示其旨。

第一百四十三条 夫对于妻或妻对于夫之权利，于婚姻关系消灭后一年内，其时效不完成。

【理由】谨按夫对于妻之权利，或妻对于夫之权利，在婚姻关系存续中，固应维持家室之和平。即在婚姻关系消灭后，亦应停止时效之进行，故在一年内，时效不完成。

第一百四十四条 时效完成后，债务人得拒绝给付。

请求权已经时效消灭，债务人仍为履行之给付者，不得以不知时效为理由，请求返还。其以契约承认该债务，或提出担保者，亦同。

【理由】谨按时效完成后，债务人得为拒绝给付，此属当然之事。至加于权利人之限制，则仅使丧失其请求权耳，而其权利之自身，固依然存在也。故消灭时效完成后，债务人固得拒绝请求，但债务人如已为给付之履行，或以契约承认其债务，或提供债务之担保者，则此际之债务人，不得以不知时效为理由，请求返还。此本条所由设也。

第一百四十五条 以抵押权、质权或留置权担保之请求权，虽经时效消灭，债权人仍得就其抵押物、质物或留置物取偿。

前项规定，于利息及其他定期给付之各期给付请求权，经时效消灭者，不适用之。

【理由】谨按以抵押权、质权或留置权担保之请求权，虽经时效消灭，债权人仍得就其抵押物、质物或留置物取偿。盖对人之请求权，虽已消灭，而对于物上担保，则仍未消灭，故得行使权利也。惟对于利息及其他定期给付之各期给付请求权，苟其时效已经消灭，则不得适用在担保物上行使权利之规定。盖以此种债权，本可从速请求履行，不应使经久而不确定也。

第一百四十六条 主权利因时效消灭者，其效力及于从权利，但法律有特别规定者，不在此限。

【理由】谨按权利有主从之别，从权利之时效，虽未完成，而主权利既因时效而消灭，则从权利亦随之消灭，此盖以从随主之原则也。然若法律别有规定者，则应从其规定。故设本条以明示其旨。

第一百四十七条 时效期间，不得以法律行为加长或减短之，并不得预先抛弃时效之利益。

【理由】谨按时效以与公益有关，故其所定期限，当事人不得以法律行为加长或缩短之，并不许预先订立抛弃因时效而可受利益之契约。故凡以法律行为约定，将来时效完成时自愿抛弃其因时效完成之利益者，其约定为无效，盖为保全公益计也。

判 典当时效，惟受益之典主得主张之。（三年上字第四七二号）

判 时效非判决所可创定。（三年上字第九一〇号）

判 受益人得抛弃时效利益。（五年上字第二四〇号）

第七章 权利之行使

【理由】谨按民律草案总则编第八章原案谓，凡权利人，均得行使其权利，享受其实益。如有妨害其权利之行使者，各权利人得依法定之方法，完全行使其权利。故设本章之规定，使足以达行使权利之目的，而符保护权利之主旨也。然本法关于权利行使之规定，仍有相当之限制，即不得以侵害他人为主要目的。申言之，即只须行为之目的，重在损害他人，固不问其为单一或数个也，又关于权利保护之规定，亦有三种之限制，即：（一）正当防御，以不逾越必要之程度为限；（二）避难行为，以未逾危险程度及其危险非属于行为人之责任为限；（三）自助行为，以不及受官署援助，并非于其时为之，则请求权不得实行，或其实行显有困难者为限，否则均应负损害赔偿之责。盖于许可自力救济之中，仍寓尊重他人权利之意。至关于权利之担保，则以其完全系物权、债权上之问题，总则中似无规定之必要，故从略焉。

第一百四十八条 权利之行使，不得以损害他人为主要目的。

【理由】谨按权利人于法律限制内，虽得自由行使其权利，然其目的要以保护自己之利益为必要。若专以损害他人利益为目的者，其权利之行使，实为不法行为，自为法所不许。此本条所由设也。

判　债务人除有提出担保义务外，债权人不得请求其提出。（三年上字第一○三四号）

判　滥用权利，不为法律所保护。（十五年上字第六一○号）

判　土地所有人，务使占有人拆去房屋，以损其价格，自属滥用权利。（十五年上字第六一○号）

第一百四十九条　对于现时不法之侵害，为防卫自己或他人之权利所为之行为，不负损害赔偿之责。但已逾越必要程度者，仍应负相当赔偿之责。

【理由】谨按防卫行为，为完全保护权利之必要行为。故认各权利人对于现时不法之侵害，有为此种行为之权利，不负损害赔偿之责。但逾必要之程度者，仍应负损害赔偿之责任，所以示自力救济之限度也。

判　防卫权利之急迫行为，虽加害他人，亦不负赔偿之责。（三年上字第六八○号）

第一百五十条　因避免自己或他人生命、身体、自由或财产上急迫之危险，所为之行为，不负损害赔偿之责。但以避免危险所必要，并未逾越危险所能致之损害程度者为限。

前项情形，其危险之发生，如行为人有责任者，应负损害赔偿之责。

【理由】查民律草案第三百一十四条理由谓，避险行为使各人均得为之，使得完全保护其利益。但危险之发生，行为人应负责任者，如因自己对于他人之物，欠注意而发生危险，或其避险之行为，逾越危险所能致之损害程度者，使负损害赔偿之责，以保护被害人之利益。故设本条以明示其旨。

第一百五十一条　为保护自己权利，对于他人之自由或财产，施以拘束、押收或毁损者，不负损害赔偿之责。但以不及受官署援助，并非于其时为之，则请求权不得实行或其实行显有困难者为限。

【理由】查民律草案第三百一十五条理由谓，以自己权力，实行享有权利，因而有害于社会秩序之行为，当然在所不许。然非自由行使，则不得实行享有权利，或其实行显有困难时，特于例外，许其依自己权力实行权利，以完全保护其利益。此本条所由设也。

判　债权人遇急迫情形，得以自力扣取债务人之财产。（三年上字第五八〇号）

判　非有急迫情事，私人无须自为保全权利。（三年上字第七七八号）

解　国家于私法上行使私人自卫权时，应适用民事法规办理。（三年统字第一四四号）

第一百五十二条　依前条之规定，拘束他人自由，或押收他人财产者，须即时向官署声请援助。

前项声请被驳回，或其声请迟延者，行为人应负损害赔偿之责。

【理由】谨按权利人为前条之行为，于既达目的后，须依通常权利保护之方法，即时向官署声请援助，不能永续为前条之行为。以前条之行为，若许其永续，实有害相对人之利益也。故凡不向官署声请援助，或其声请迟延，或声请而被驳斥者，行为人均应负损害赔偿之责。此本条所由设也。

判　债权人为自力救济，夺取债务人财产，告于官司或实际上无官司可告者，亦非违法。（三年上字第八四二号）

补　遗

解　刑法上关于年龄之计算，应依周年为一岁之方法计算。（二十一年院字第七一八号）

判　当事人约定互相让步以终止争执或防止争执发生之契约，谓之和解。此项和解有使当事人所抛弃之权利消灭，及使当事人取得和解契约所订明权利之效力，此在民法施行以前亦属当然之条理。（二十二年上字第一三三三号）

第一条

判　习惯法之成立，须以多年惯行之事实，及普通一般人之确信心，为其基础。（十七年上字第六一三号）

判 执票人应以背书之连续证明其权利，付款人于承兑后，对于不以背书之连续证明其权利之执票人，仍不负付款之责。至与成文法抵触之习惯，不能认为有法之效力。（二十一年上字第二〇三七号）

▲**判** 民事法律所未规定者，方依习惯。承租人未得出租人承诺，将租赁物全部转租于他人者，出租人得终止契约。法律既有明文规定，当事人自无主张应依相反习惯之余地。（二十一年上字第三二五三号）

判 习惯事实于法院如已显著，或为职务上所已知者，虽非经当事人之提出，亦得审酌为之。但裁判前应令当事人就其事实有辩论之机会。（二十二年上字第三一二号）

判 标卖为特种之买卖，依法理应于标卖人为卖定之表示时而成立。若标卖公告内定有表示卖定之方法，则在标卖人未依其所定表示卖定之方法为卖定之表示以前，出最高价之应买人，自不得为买定之主张。（二十二年上字第三一六号）

判 有同一或类似之法律理由时，应认同一或类似之法律效果，为法理上所当然。依旧法所立之嗣子女，固非与民法上之养子女全然同一，而其以他人之子女为子女，则与养子女无异。故民法亲属编施行后发生之终止嗣子关系事件，应就民法关于终止收养关系之规定，类推适用。（二十二年上字第七四八号）

判 （一）民法施行前之法例，兼祧子虽兼祧数房，其正妻若尚生存，后娶之妻不能取得正妻之身份。（二十三年上字第一三八一号）

判 吾国习惯，凡死亡人在其病之危殆期中，口授意思欲使其死后发生效力者，均谓之临终遗言，原不以在其死亡之俄顷间所口授者为限。（二十三年上字第一六九三号）

判 （一）民法亲属编施行前关于废继之律例，于民法亲属编施行后既已失效，则凡废继事件，自应依民法亲属编关于终止收养关系之法理为判断。（二十三年上字第一八五〇号）

判 失踪人失踪后，未受死亡宣告前其财产之管理，依《非讼事件法》之规定，此为民法所明定。惟现时《非讼事件法》既尚未制定施行，则关于失踪人财产之管理，自应依习惯或条理定之。而失踪人如有已成年之直系血亲卑亲属，则无论依习惯或条理，均应认为适当之财产管理人。此项财产管理人，自应视同法律上代理人，无俟失踪人之委任，而有代失踪人为一切诉讼行为之权。（二十三年抗字第一三七〇号）

解　两村间关于筑堤泄水之争执，属于民事法律关系。（二十三年院字第一一〇三号）

解　（一）民法亲属编施行后所发生之废继事件，既无法律可资援引，即应依民法总则第一条以终止养子女收养关系之法条，作为法理采用。（二十三年院字第一一七四号）

解　（一）宣告破产事件，依照民法总则第一条，自应适用破产法理。惟关于诈欺破产拟有刑名者，属于刑罚性质，要不在民事适用法理范围之列。（二十三年院字第一一七五号）

判　习惯法则之成立，以习惯事实为基础，故主张习惯法则，以为攻击防御方法者，自应依主张事实之通例。就此项多年惯行，为该地方之人，均认其有拘束其行为之效力之事实，负举证责任。如不能举出确切可信之凭证，以为证明，自不能认为有此项习惯之存在。（二十四年上字第一四三二号）

解　（三）轮船中舱饭业两部船员因习惯关系不给薪金者，倘有死亡，亦应依习惯办理。如依习惯系以其按月所得之利益作为其薪金，则得依海商法第六十七条按其每月所可得之利益，自其死亡之日起比例加给，否则不适用该条之规定。（二十四年院字第一二一六号）

解　法律无规定者，始适用习惯。解除契约，依法应向他方当事人以意思表示为之。如新校长对于教员，未经表示解约，则虽有以不另发聘书为默示解约之习惯，亦不生解约之效力。（二十五年院字第一四一〇号）

▲判　依民法第一条前段之规定，习惯固仅就法律所未规定之事项有补充之效力。惟法律于其有规定之事项明定另有习惯时，不适用其规定者，此项习惯，即因法律之特别规定而有优先之效力。民法第二百零七条第二项既明定前项规定如商业上另有习惯者，不适用之，则商业上得将利息滚入原本再生利息之习惯，自应优先于同条第一项之规定而适用之，不容再执民法第一条前段所定之一般原则，以排斥其适用。（二十六年上渝字第九四八号）

▲**判** 被上诉人因票载付款人拒绝承兑，业经请求当地商会作成拒绝证书。按照《票据法》第八十二条规定，原得对于发票之上诉人行使追索权，纵令该处商场有与此项成文法相反之习惯，亦不能认为有法之效力。（二十八年上字第五五九号）

▲**判** 民法第九百一十五条第一项但书所称之习惯，固有优先于成文法之效力，惟此系指限制典权人将典物转典或出租于他人之习惯而言，并不包含转典得不以书面为之之习惯在内。转典为不动产物权之设定，依民法第七百六十条之规定，应以书面为之，纵有相反之习惯，亦无法之效力。（二十八年上字第一〇七八号）

▲**判** 债权人所得请求之迟延利息，如无高于法定利率之约定利率，依民法第二百三十三条第一项之规定，只能依法定利率计算。纵令该地方另有一种习惯上所认之利率，但除当事人有以此项习惯为其法律行为内容之意思者，其利率即为约定利率外。依民法第一条之规定，仍不得反于法律之规定，以此为计算迟延利息之标准。（二十八年上字第一九七七号）

▲**判** 原判决虽谓依习惯出卖典当在外之产业，应邀同典权人到场签押，方能发生所有权移转之效力。然民法第一条所谓法律所未规定者，系指法律无明文规定，且依现存之法条解释仍不能知其法意之所在者而言。出典人将典物所有权让与他人，在法律上并无必须典权人到场签押之限制，其让与行为苟已具备民法第七百六十条之方式及其他法定要件，即属有效。是原判决所称之习惯显与法律之规定抵触，不能认为有法律之效力。（二十九年上字第二〇号）

▲**判** 婚约应由男女当事人自行订定，民法第九百七十二条定有明文。依民法第一条之规定，虽有得由双方父母于其年幼时为之订定婚约之习惯，亦无法之效力。（二十九年上字第六一八号）

▲**判** 不动产物权之移转或设定，应以书面为之，民法第七百六十条设有明文规定。纵令当地移转不动产所有权，确有交付老契以代订立书面之习惯，依民法第一条之规定，亦无适用之余地。（二十九年上字第一五一三号）

解 （一）族人对于祠内之权利，除该祠规约有特别订定外，不因拒绝参加修谱而受影响。（二）关于族中事务之决议，应依族众公认之规约或惯例办理，必依此项规约或惯例所为之决议，始有拘束族人之效力。（二十九年院字第二〇七八号）

解 民法第一条规定，民事法律所未规定者依习惯，是法律已有规定者，除有如民法第七百八十四条第三项等特则外，自无依习惯之余地。出典人于典期届满后，经过两年不以原典价回赎者，典权人即取得典物所有权。既于民法第九百二十一条第二项设有规定，同条又未定有先从习惯之特则，虽有三十年内得回赎之习惯，出典人亦不得依此回赎。至民法第九百一十三条，不过禁止典期不满十五年之典权，附以到期不赎，即作绝卖之条款，违者仍得于典期届满后二年内回赎。不能据此即为民法第九百二十三条第二项之规定，限于典期满十五年者始得适用。（三十年院字第二一一七号）

解 商人承租房屋开设店铺，因在该地点营业多年，渐为人所共知，使该地点成为易获多数顾客之营业场所者，对于该地点即有一种商业上之利益。承租人与出租人约定租赁关系消灭时，承租人得将此种利益出顶于人者，自不得妨害其出顶。其约定房屋因事变灭失，致租赁关系消灭后，重建房屋出租时，有此利益之原承租人，依同样条件有承租之优先权者，出租人亦不得违反其约定。如该地方有许承租人出顶其利益或优先承租之习惯，可认当事人有以此为契约内容之意思者，即应按照习惯办理。（三十年院字第二二三八号）

解 （二）收养子女违反民法第一千零七十四条之规定者，民法虽未设有类于撤销结婚之规定，仅许一定之人向法院请求撤销。但结婚与收养子女，同为发生身份关系之行为，关于撤销违法结婚之规定，在违法之收养，亦有同一之法律理由，自应类推适用。况民法施行后颁行之《民事诉讼法》第五百七十九条以下，就撤销收养之诉，规定特别诉讼程序，实以民法上认有撤销收养之诉为前提。所谓撤销收养之诉，系指请求法院以判决撤销收养之形成诉讼而言。收养子女，因有民法第八十八条、第八十九条、第九十二条等情形，得撤销者。依民法第一百一十六条之规定，其撤销只须以意思表示为之，确认此项意思表示有效与否之诉讼，为确认收养关系成立，或不成立之诉，并非撤销收养之诉。民法上既别无关于撤销收养之诉之规定，则关于撤销结婚之规定，于违法之收养，应类推适用。按诸《民事诉讼法》就撤销收养之诉，规定特别程序之法意，尤无疑义。故有配偶者，收养子女，未与其配偶共同为之者，其配偶得向法院请求撤销之，并非当然无效。（三十年院字第二二七一号）

解 《非讼事件法》现未颁行，关于非讼事件之程序，尚无法条可据，应依法理办理。将诉讼事件作为非讼事件声请者，自非合法，按诸法理，应以裁定驳回之。至非讼事件程序上合法之声请，实体上是否正当，应依规定该事项之法律决之。例如指定亲属会议会员事件，应视其声请是否合于民法第一千一百三十二条之规定，以为准驳。（三十二年院字第二四七〇号）

解 和解笔录如有误写、误算或其他类此之显然错误者，法律上虽无得为更正之明文，而由《民事诉讼法》第三百八十条、《强制执行法》第四条第三款等规定观之，诉讼上之和解与确定判决有同一之效力。关于判决书更正错误之规定，于和解笔录有同一之法律理由，自应类推适用。惟《民事诉讼法》第二百三十二条系以判决书为法院所作，故规定判决书错误之更正以法院之裁定为之。和解笔录则为法院书记官所作，其错误之更正自应以法院书记官之处分为之。对于此项处分提出异议时，依同法第二百四十条第二项之规定，始由其所属法院裁定。（三十二年院字第二五一五号）

第二条

△**判** 习惯法则，应以一般人所共信不害公益为要件，否则纵属旧有习惯，亦难认为有法的效力。（十七年上字第六九一号）

△**判** 亲房拦产之习惯，不惟旧律有明文禁止，且足长亲房把持揹勒之风，于社会经济，毫无实益，不能认为有法之效力。（十八年上字第一三四六号）

△**判** 卖产应先尽亲房之习惯，有背于公共秩序，不能认有法之效力。（十九年上字第一七一〇号）

判 亲房先买之习惯，历来判例不认为有法之效力。（二十二年上字第八一三号）

第三条

▲判　消费借贷契约之订立，法律上并无应以书面为之之规定。民法第三条第一项所谓依法律之规定有使用文字之必要者，即不包含消费借贷契约之订立在内。（二十七年上字第三二四〇号）

▲判　养父母与养子女之关系，依民法第一千零八十条固得由双方以书面终止之。但所谓双方既指养父母与养子女而言，则同意终止之书面，自须由养父母与养子女依民法第三条之规定作成之，始生效力。（二十八年上字第一七二三号）

解　（二）订立移转或设定不动产质权之书面以十字代签名者，若证明者二人亦仅签十字时，立书面人之以十字代签名自不能与签名生同等之效力。惟法律行为法定方式之欠缺，并非不许补正，一经补正该法律行为即属有效。（二十八年院字第一九〇九号）

解　来文所述情形（参看院字第二一八三号解释），地方首席检察官于上诉期间内，致片刑庭，声明上诉。该片内既钤盖其为一般公文所用之木刻名戳，即与该首席检察官签名无异。至主办检察官所提出之上诉理由书，虽在上诉期间外，但经地方首席检察官于上诉期间内声明上诉，不因主办检察官提出上诉理由书逾期，而认其上诉为不合法。（三十年院字第二二三六号）

第六条

解　依民法第九百七十条第二款、第九百六十七条之规定，续娶之妻为前妻所生子之直系姻亲，续娶后所生子女，为前妻所生子之旁系血亲，均非前妻所生子之直系血亲。前妻所生子与父续娶之妻有家长家属之关系者，依民法第一千一百一十四条第四款之规定，虽互负扶养之义务，但前妻子已死亡者，依民法第六条之规定，对于父续娶之妻即无负法律上义务之余地。至故员兵之恤金由其父母受领者，如其母已死亡，得由其父单独受领，其父续娶之妻无受领之权。（三十年院字第二二四一号）

第七条

解　原呈所称甲之侄乙，如于甲死亡时已为胎儿，依当时之法律，应立为甲之嗣子者，虽出生于民法继承编施行之后，亦为同编施行法第八条所称之其他继承人。若乙于甲死亡时未为胎儿，则惟出生于同编施

行之前，依当时之法律应立为甲之嗣子者，始为同条所称之其他继承人。（三十三年院字第二六四三号）

第八条

判 诉讼之承受，以当事人死亡而发生，其有以失踪为理由而请承受诉讼者，则非经过宣告死亡后相当之期间，不能准许。（二十一年上字第二三七三号）

解 夫出外，生死不明，已逾三年，未经判决离婚或死亡宣告，倘妻改嫁，即不能谓非重婚。（二十四年院字第一三三八号）

解 《出征抗敌军人婚姻保障条例》第六条所谓，出征抗敌军人生死不明，并非必须有官署之证明，亦非仅以出征抗敌军人书信回家为已足，苟系事实上无从确知其为生存或死亡者，即属生死不明。惟民法第八条第一项至第三项之死亡宣告，均以失踪人之生死不明为前提。上开条例第六条，既为保障出征抗敌军人之婚姻而设，则该条所谓生死不明满三年后，始得声请为死亡之宣告，自应仍具备民法第八条第三项之要件，即限于出征抗敌军人遭遇战争或其他之特别灾难而生死不明时始适用之。前项期间，亦应自遭遇灾难之翌日起算，至宣告死亡之判决，除有反证经法院认其系在他时死亡者外，即以该期间最后日终止之时为其死亡之时。（三十三年院字第二七〇一号）

解 （二）出征抗敌军人因遭遇特别灾难而生死不明，满三年后，其妻始向法院声请为死亡之宣告。自宣告死亡之判决所确定死亡之时起，逾六个月后，其妻始得再婚。此在《出征抗敌军人婚姻保障条例》第六条、第七条定有明文，自不得以出征抗敌军人之妻贫无资力，许其不经宣告死亡程序即行再婚。至出征抗敌军人之妻因与人通奸怀胎，即行改嫁，甚或与相奸者结婚，无论其相婚者是否与其夫同姓，均为法所不许。（三十三年院字第二七七三号）

解 遗产税征收机关非民法第八条第一项所称之利害关系人，不得为死亡宣告之声请。（三十五年院解字第三二三〇号）

第九条

解 《出征抗敌军人婚姻保障条例》第六条所谓，出征抗敌军人生死不明，并非必须有官署之证明，亦非仅以出征抗敌军人书信回家为已足，苟系事实上无从确知其为生存或死亡者，即属生死不明。惟民法第八条第一项至第三项之死亡宣告，均以失踪人之生死不明为前提。上开条例第六条，既为保障出征抗敌军人之婚姻而设，则该条所谓生死不明满三年后，始得声请为死亡之宣告，自应仍具备民法第八条第三项之要件，即限于出征抗敌军人遭遇战争或其他之特别灾难而生死不明时始适用之。前项期间，亦应自遭遇灾难之翌日起算，至宣告死亡之判决，除有反证经法院认其系在他时死亡者外，即以该期间最后日终止之时为其死亡之时。（三十三年院字第二七〇一号）

解 （二）出征抗敌军人因遭遇特别灾难而生死不明，满三年后，其妻始向法院声请为死亡之宣告。自宣告死亡之判决所确定死亡之时起，逾六个月后，其妻始得再婚。此在《出征抗敌军人婚姻保障条例》第六条、第七条定有明文，自不得以出征抗敌军人之妻贫无资力，许其不经宣告死亡程序即行再婚。至出征抗敌军人之妻因与人通奸怀胎，即行改嫁，甚或与相奸者结婚，无论其相婚者是否与其夫同姓，均为法所不许。（三十三年院字第二七七三号）

第十条

判 失踪人失踪后，未受死亡宣告前，其财产之管理，依《非讼事件法》之规定，此为民法所明定。惟现时《非讼事件法》既尚未制定施行，则关于失踪人财产之管理，自应依习惯或条理定之。而失踪人如有已成年之直系血亲卑亲属，则无论依习惯或条理，均应认为适当之财产管理人。此项财产管理人，自应视同法律上代理人，无俟失踪人之委任，而有代失踪人为一切诉讼行为之权。（二十三年抗字第一三七〇号）

解 （六）失踪人之财产既由其亲属代为管理，关于失踪人应负担之捐税债务，自应令该财产管理人负责。（二十八年院字第一八五四号）

解 （二）及（三）受任人受管理财产之概括委任者，虽就财产之管理得为委任人为一切法律行为，但依民法第五百三十四条第五款之规定，起诉非有特别之授权不得为之。受任人遇有起诉之必要，因委任人失踪无从受其特别之授权者，在民法第十条所称之《非讼事件法》颁行以前，按诸法理，得经委任人住所地法院之许可代为起诉，其起诉应以委任人之名义为之。至证明其代理权，只须提出法院许可起诉之裁定正

本，无须提出委任书。（三十二年院字第二四七八号）

解 民法第十条所称之《非讼事件法》公布施行前失踪人之财产，未经该失踪人置有管理人者，由其配偶管理。无配偶者，由其最近亲属管理。除失踪人自置之管理人，依其委任之本旨，或依民法第五百三十四条第五款之规定，其起诉须有特别之授权者，得经失踪人住所地法院之许可代为起诉外（参照院字第二四七八号解释），管理人得以失踪人之名义代为起诉及其他一切诉讼行为。原呈所述情形于战时服兵役之人已失踪者，自可依照办理。若其人并未失踪，则其配偶或其最近亲属于有代为起诉或其他诉讼行为之必要时，不难经其授权为之。至于战时服兵役之人为被告时，其人如已失踪，本有财产管理人为其代理人。《非常时期民事诉讼补充条例》第八条之规定，于当事人有法定代理人代为诉讼行为时，应解为不适用之。若其人尚未失踪，而无法定代理人，亦未委任诉讼代理人者，法院仍应依同条之规定，命在障碍消灭以前中止诉讼程序。（三十三年院字第二七二八号）

第十二条

解 《县保卫团法》第五条第一款所谓家无次丁，系指家无其他成年以上（即二十岁以上）之壮丁而言。（二十四年院字第一二三七号）

解 （三）未成年人不能认有诉讼能力，非合于民诉法第五十一条第一项，亦不得为之选任特别代理人。至非在民法亲属编施行前所置之妾，既无家长与妾之关系，自不生脱离关系。（二十四年院字第一三五五号）

第十三条

解 （一）不达法定结婚年龄而结婚者，在未依法撤销前，认有行为能力。（二十四年院字第一二八二号）

解 （三）未成年人不能认有诉讼能力，非合于民诉法第五十一条第一项，亦不得为之选任特别代理人。至非在民法亲属编施行前所置之妾，既无家长与妾之关系，自不生脱离关系。（二十四年院字第一三五五号）

解 民法第一千二百一十条所定，不得执行遗嘱之人，称为未成年人，不称为无行为能力人。显系专就年龄上加以限制，故未成年人虽因结婚而有行为能力，不得为遗嘱执行人。（二十六年院字第一六二八号）

第十四条

判 被告之法定代理人或配偶得为被告之利益独立上诉，固经刑诉法定有明文。惟心神丧失或精神耗弱之人，由其监护人为法定代理人时，则以宣告禁治产为限。征诸民法，极为明显。被告杀人，虽经原第二审法院认定其为精神耗弱之人，但未经法院依声请而为禁治产之宣告，而被告又早届成年，根本上即无法定代理人之存在，自不能由被告之父以法定代理人之资格而为独立上诉。（二十四年上字第一九四九号）

判 在民法总则施行前，有民法总则第十四条所定之原因，经声请官署立案者，于民法总则施行后，仍应依法于三个月内向法院声请宣告禁治产。（二十四年上字第二一九五号）

解 民法无准禁治产之规定，浪费者之利害关系人，不得依旧律草案为宣告准禁治产之声请。（二十四年院字第一三八五号）

解 民法第十四条所定得为宣告禁治产之声请者，原指本人及其配偶或最近亲属三者而言，来呈所称情形如心神丧失之某乙既得某丁之辅助，尽可以自己名义为宣告禁治产之声请，并不生亲属人数足否之问题。（二十七年院字第一七九六号）

第十五条

解 （二）未受禁治产宣告人，不能谓无诉讼能力。（二十四年院字第一三五五号）

第十九条

△**判** 已经注册之商号，如有他人冒用，或故用类似之商号为不正之竞争者，该号商人得呈请禁止其使用。（二十年上字第二四〇一号）

△**判** 所谓商号之类似者，原指具有普通知识之商品购买人，施以普通所用之注意，犹有误认之虞者而言。（二十年上字第二四〇一号）

第二十条

判 民事诉讼之普通审判籍，应依住所定之。所谓住所者，即以久住之意思而住于一定地域之谓。（二十一年上字第二七一七号）

解 庚男在丑县原籍之住所并未废止，其与辛女结婚同居，虽在丁县，若辛女提起离婚之诉，应以丑县法院为管辖法院。（二十五年院字第一四三六号）

▲判 以久住之意思住于一定之地域者，即为设定其住所于该地。至该地域是否为其父母丘垄之所在，及是否为其结婚时之地域，在所不问。（二十八年沪上字第一一二号）

第二十五条

令 查法人登记规则，系适用于财团或以公益为目的之社团而有独立财产之法人，其以营利为目的之社团，依照民法第二十五条，其取得法人资格，应依特别法之规定。所称特别法，在十八年十二月二十六日公布之《公司法》未定期施行以前，应暂援用《公司条例》，暨《公司注册暂行规则》及《公司注册暂行规则补充办法》。外国法人如系以营利为目的之社团，而未依该项特别法取得法人资格者，自不能以法人名义起诉。但依照民法第五百五十五条得由经理人代表商号为原告或被告或其他一切诉讼上行为，如系财团或以公益为目的之社团而有独立财产者，在未经中国认许成立以前，应依民法总则施行法第一十五条规定办理。（十九年十月十六日司法院指令东省特别区域高等法院指字第三九四号）

第二十六条

△判 政府任何机关，与人民或商号发生私经济关系，均应受私法之适用。（十九年上字第一八三八号）

△判 国家所设之营业机关，于法律上固非有独立之人格。惟该营业机关之官吏，本有代理国家处理该机关私法上事项之权，故因该机关与私人间所生之私法上关系，得径以该机关为权利义务之当事人。（十九年上字第三一六四号）

判 非法人之商号，不过为代表商业主人之名称，并非有独立之人格。（二十三年上字第三四七九号）

第二十七条

△判 董事相互间纵曾划分期间各自办理，但对外究系一体，不能借口系其他某董事经手之事，而冀置身事外。（十七年上字第一一五九号）

△判 财团法人之董事，就法人一切事务，对外代表法人。此在民法施行以前，亦为当然之条理。故除有特别习惯或其捐助章程订明董事出卖法人财产，应得捐助人全体之同意外，法人之财产如有出卖之必要，或以出卖为有益时，不得谓董事无出卖之权限，亦不得谓其出卖为法人

目的范围外之行为。（十九年上字第三一号）

解 （一）法人之代表人在民法上固非所谓法定代理人，在《民事诉讼法》上则视作法定代理人，适用关于法定代理之规定。故法人之代表人有数人时，在诉讼上是否均得单独代表法人，按诸《民事诉讼法》第四十七条，应依民法及其他法令定之。民法第二十七条第一项所定代表法人之董事有数人时，均得单独代表法人。公司法第三十条所定代表无限公司之股东有数人时，亦均得单独代表公司。若依实体法之规定，法人之代表人，数人必须共同代表者，在诉讼上不得准用《民事诉讼法》第七十一条之规定，使之单独代表。至非法人之团体，其代表人或管理人有数人时，在诉讼上是否均得单独代表团体，按诸《民事诉讼法》第五十二条、第四十七条，亦应依民法及其他法令定之。法令未就此设有规定者，应解为均得单独代表团体。（三十四年院解字第二九三六号）

第三十条

令 查民法总则关于法人登记许可之规定，系指财团或以公益为目的之社团而有独立财产者而言。其以营利为目的之社团，其取得法人资格，既须依特别法之规定。则外国公司在十八年十二月二十六日公布之公司法未定期施行以前，应依照《公司条例》，暨《公司注册暂行规则》及《公司注册暂行规则补充办法》向注册所注册。经注册所核准后，即可认为法人成立，无须向法院声请登记。（十九年十月十六日司法院指令东省特区高等法院第三九五号）

△判 公司如未经合法注册，则虽名为有限公司，仍难认有独立之人格，即应以合伙论。（二十年上字第二○一四号）

函 查外国人在中国依条约仅许其传教享有租用土地、建筑房屋之权，并未认教会为法人。外国教会与他人为私法上之法律行为因而涉诉，若以法人名义起诉，纵该教会不以营利为目的，亦非依照民法总则第三十条为法人之登记，不得为诉讼当事人。若以非法人之团体名义起诉而设有代表人或管理人者，则依现行之《民事诉讼法》第四十一条第三项规定，亦有当事人能力。（二十一年九月五日司法院函外交部第二二○号）

解 （一）《监督慈善团体法施行细则》第三条所称之主管官署，为登记前许可设立之官署。慈善团体得设立许可后，未依法定程式向主管

官署登记，虽在该规则施行前成立，亦不得成立为法人，自不能认为有法人资格。（二十五年院字第一四〇七号）

第三十五条

▲**判** 特别法未规定者，应适用普通法。《公司法》第一百四十七条第二项，仅载公司财产显有不足抵偿债务时，董事应即声请宣告破产。至不为此项声请，致公司之债权人受损害时，该董事对于债权人应否负责，在《公司法》既无规定，自应适用民法第三十五条第二项之一般规定。（二十三年上字第二〇四号）

第三十九条

解 法院认公司解散后之清算人，有违法或不称职事，而有解除任务之必要者，得解除其任务。（二十五年院字第一四一一号）

第四十条

判 法律上所谓清算者，系包括了结现务、收取债权、清偿债务，并分配剩余财产而言。（二十三年上字第三四六八号）

第四十一条

解 法人解散后清算之程序，依民法第四十一条虽准用股份有限公司清算之规定，但《公司法》第二百零四条，系规定公司因合并而解散之程序及效力，并非规定公司清算之程序，自无依民法第四十一条准用于商业同业公会之余地。商业同业公会因与他公会合并而解散时，既未如公司之合并，设有省略清算程序之特别规定。则杂粮商业同业公会，因奉令合并为粮食业同业公会而解散时，仍应践行清算程序。（三十一年院字第二三四〇号）

第四十四条

解 （二）已解散之慈善团体，依民法应属于其住所所在地之地方自治团体时，该地方若无合法地方自治团体，应由该地地方官署暂行保存。（二十五年院字第一四〇七号）

解 地产所有人以捐助行为将其地产之所有权移转于学校后，不得因该学校停办，复以自己名义为所有权之登记。惟依《土地法》所为之登记有绝对效力，该管教育行政机关在未依法使其登记之效力消灭以前，不得就该地产另为指拨处分。（二十八年院字第一八八四号）

第五十条

解　院字第一四五一号之解释，系就同业公会建设之会所原有出资人者而言。来文所称屠业公会所有之公产，由于各屠业人之入会金及该会年费月费余款所购置，并无原出资之特定人，则此项公产属之于公会。该会会员因剔除积弊自得基于会员大会之议决，组织公产保管委员会而为保管。与第一四五一号所解释者不同，自不得适用该解释。（二十七年院字第一七二三号）

第五十六条

解　律师公会会长之选举，属于私法关系，会员就此提起确认无效之诉，自非法所不许。（二十五年院字第一五七〇号）

解　商会职员改选之召集违法或有不当情事，只可依私法关系，由会员提起确认无效之诉。（二十五年院字第一五九四号）

第六十条

解　凡多数人为一定之公益事业，捐集财产并推举管理，若不能视为各捐助人所共有者，则该财产即系为一定目的所设置之财产，断非少数人因管理不当，即可以之移充他项公益事业之用。倘未得各捐助人全体之同意，径行禀官处分，除被害人得向行政官署请求撤销或废止其处分外，并得对于加害人向司法机关提起民事诉讼，以资救济。（二十三年院字第一〇二六号）

判　以出捐为目的，建立寺庙，则其出捐之财产，即归属于寺庙。出捐人及其后裔，在相当范围内，虽可认其有监督权，但不能因有监督权，而主张寺庙财产属于私人之所有。（二十四年上字第四八四号）

第六十二条

判　（一）凡以一定之目的设置特定财产，关于该财产之管理与管理人之选任，虽未以规条明为规定，但当时已议有成规，实行多年，为各利害关系人所确守从无异议者，自不得以无明文规定否认其存在。其依照成规选定之管理人，苟非有溺职情事，即不容违背成规，无故将其撤换。（二）法院得因利害关系人之声请，为必要之处分者，系指财团之组织及管理方法，捐助人定有章程，而其章程所定之组织不完全，或重要管理方法不具备者而言。（二十二年上字第八六二号）

第六十三条

判 财团法人之捐助人，为维持财团之目的或保存其财产起见，平日对于法人董事（或经理）之处置财产，本有监察之权。故该董事（或经理）如有侵蚀时，其捐助人当然得对之提起诉讼，不能谓为当事人不适格。（二十四年上字第二三〇号）

第六十四条

判 财团法人之捐助人，为维持财团之目的或保存其财产起见，平日对于法人董事（或经理）之处置财产，本有监察之权。故该董事（或经理）如有侵蚀时，其捐助人当然得对之提起诉讼，不能谓为当事人不适格。（二十四年上字第二三〇号）

第六十五条

判 施主捐助之庙产，自经捐助后，其所有权即属于该寺庙。如管理人管理不当或有其他情弊，原施主虽可据原定之规条而为相当之处置，要无可以主张撤回之理。（二十三年上字第一九八一号）

第六十六条

▲判 物之构成部分，除法律有特别规定外，不得单独为物权之标的物。未与土地分离之树木，依民法第六十六条第二项之规定，为土地之构成部分。与同条第一项所称之定着物，为独立之不动产者不同，故土地所有人保留未与土地分离之树木，而将土地所有权让与他人时，仅对于受让人有砍伐树木之权利。不得对于自受让人受让所有权之第三人，主张其有独立之树木所有权。（二十九年上字第一六七八号）

第六十八条

解 工厂中之机器生财，如与工厂同属一人，自为工厂之从物。若以工厂设定抵押权，除有特别约定外，其效力及于机器生财。声请登记时，虽未一并注明，与抵押权之效力不生影响。（二十五年院字第一五一四号）

解 （二）院字第一四〇四号解释所谓，工厂之机器可认为工厂之从物者，凡该工厂所设备之机器，皆可认为从物，不以已经登记或附着于土地房屋者为限。至工厂与机器，非同属于一人，机器固不能单独为抵押权标的物。工厂如未得所有人许可，亦不得以之为抵押权之设定。

（二十五年院字第一五五三号）

第七十条

▲**判**　民法第七十条第一项规定，有收取天然孳息权利之人，其权利存续期间内取得与原物分离之孳息。是无收取天然孳息权利之人，虽与原物分离之孳息为其所培养，亦不能取得之。耕作地之承租人依民法第四百二十一条第一项之规定，固得行使出租人之收益权，而有收取天然孳息之权利。惟出租人无收益权时，承租人如非民法第九百五十二条所称之善意占有人，虽于该耕作地培养孳息，亦无收取之权利。本件被上诉人主张，坐落某处之田，经所有人甲租与被上诉人耕种，民国二十七年上造禾谷为被上诉人所种，请求确认为被上诉人所有。上诉人则主张此项田亩，经所有人乙租与上诉人耕种，民国二十七年上造禾谷为上诉人所种，提起反诉，请求确认为上诉人所有。原审于两造之出租人，对于该项田亩孰为依民法第七百六十五条或第九百五十二条有收益权之人，如其出租人无收益权而于民国二十七年上造耕种之一造，是否为善意占有人，并未阐明确定。仅以民国二十七年上造之禾谷为被上诉人所耕种，即确认为被上诉人所有，将上诉人之反诉驳回，于法殊有未合。（二十九年上字第四〇三号）

第七十一条

△**判**　有奖债券之券面，既载有还本字样，其性质自与迹近赌博之彩票不同。后虽奉令禁止，而两造原有之权利关系，仍未可视为失效。（十八年上字第二四五一号）

△**判**　买卖人身契约当然无效，其权义关系，无从发生。买者既无请求交人之权，其因找人支出之费用，亦不能认为因侵权行为所生之损害，而责令相对人赔偿。（十九年上字第二六号）

△**判**　贩卖烟土，为现行刑法所禁止，则其债权债务之关系，自无从发生。（二十年上字第二〇二号）

△**判**　贩运烟土，为现行法上禁止之行为。托运人本于运送烟土之契约，对于运送人请求损害赔偿，自为法所不许。（二十年上字第二三六号）

△**判**　违背法令所禁止之行为，不能认为有效，其因该行为所生之债权债务关系，亦不能行使请求权。（二十年上字第七九九号）

△**判** 违法与否，应以中央政府颁行之法律为准。若地方官吏之命令，与全国应当遵守之法令有背驰时，当事人间，若违背法律而为不法之行为，仍不得借口于地方官署之命令而解为适法。（二十年上字第一七四八号）

判 当事人以违背法令禁止之规定为标的之契约，当然无效，其因此所生之权利义务即属不能存在。贩卖鸦片烟土，既为现行法所禁止，则关于此种契约上之债权债务关系，自亦不能认其成立。（二十二年上字第一六五二号）

解 职员聘约订定后，因强行法令不能履行，不得请求损害赔偿。（二十二年院字第九一九号）

解 未成年之夫妻，自行离婚，民法第一〇四九条定明应得法定代理人之同意。违反该条，应依同法第七十一条认为无效。（二十五年院字第一五四三号）

解 贩卖烟土，为现行法令所禁止，当事人以此等禁止事项为标的之合伙契约，依法当然无效。其因此契约所生之债权债务关系，诉请裁判，法院应于受理后驳回。（二十五年院字第一五八五号）

▲**判** 贩卖鸦片烟土，除领有特许照证外，为现行法令之所禁止，委托处理此种违禁事项而给付报酬之契约，自非有效。如已给付报酬，则系因不法原因而为给付，依民法第一百八十条第四款之规定，不得请求返还。（二十九年上字第六二六号）

解 （二）收养子女违反民法第一千零七十四条之规定者，民法虽未设有类于撤销结婚之规定，仅许一定之人向法院请求撤销。但结婚与收养子女，同为发生身份关系之行为，关于撤销违法结婚之规定，在违法之收养，亦有同一之法律理由，自应类推适用。况民法施行后，颁行之《民事诉讼法》第五百七十九条以下，就撤销收养之诉，规定特别诉讼程序，实以民法上认有撤销收养之诉为前提。所谓撤销收养之诉，系指请求法院以判决撤销收养之形成诉讼而言，收养子女，因有民法第八十八条、第八十九条、第九十二条等情形，得撤销者。依民法第一百一十六条之规定，其撤销只须以意思表示为之，确认此项意思表示有效与否之诉讼，为确认收养关系成立，或不成立之诉，并非撤销收养之诉。

民法上既别无关于撤销收养之诉之规定，则关于撤销结婚之规定，于违法之收养，应类推适用。按诸《民事诉讼法》就撤销收养之诉，规定特别程序之法意，尤无疑义。故有配偶者，收养子女，未与其配偶共同为之者，其配偶得向法院请求撤销之，并非当然无效。（三十年院字第二二七一号）

解 租赁房屋未定期限者，不问承租人支付租金有无迟延，出租人皆得依民法第四百五十条第二项之规定，随时终止契约。但有利于承租人之习惯者，除有反于习惯之特约外，出租人须依民法第四百四十条或其他之规定有契约终止权时，始得终止契约。至房屋租赁契约之字据所载租清任住字样，意义如何？应依具体情事解释当事人意思定之，如解为以该房屋存在之时期为其租赁期限，自非无效。但自租赁时起，该房屋存在逾二十年者，依民法第四百四十九条第一项、第四百五十条第一项之规定，其租赁关系于二十年届满时消灭。如二十年届满后，已依民法第四百五十一条视为以不定期限继续契约者，出租人亦得随时终止契约。又出租人得随时收回房屋之特约，现行法上尚无禁止规定，不得谓有民法第七十一条所举无效原因。惟适用《土地法》第一百六十六条时，出租人不得本于此项特约收回房屋。《土地法》第一百六十六条之规定，如在《土地法》第一百六十二条第一款之房屋标准租金施行期间，自应先于民法而适用之。（三十二年院字第二四七九号）

解 原呈所称之杜顶，系支付顶价于土地所有人，以为买受永佃权之价金，而由土地所有人为之设定永佃权。原呈所称之活顶，是否随有押租契约之租赁契约，应视租金数额是否为该土地全部使用收益之对价定之。当事人之一方，将其土地全部出租，如不收取顶价，每年至少可得租金若干，客观上自有一定之标准。当事人约定之租金数额，依订约时情形低于此标准者，其租金仅足为该土地一部分使用收益之对价。其他部分之使用收益权，系因支付顶价而取得之，其顶价认为典价。该契约为租赁契约与典权设定契约之联立（参照院字第二一三二号、第二二八七号、第二二九〇号解释），当事人约定之租金数额如已达此标准，则其授受之顶价，为担保承租人债务之押租，该契约即为随有押租契约之租赁契约。依《土地法》第一百七十七条第二项之规定，耕地出租人不得收取押租，该契约关于押租之部分，自属无效。至于其他部分是否仍为有效，应依民法第一百十一条之规定决之。倘依具体情事可认出租人有除去押租部分，亦可成立契约之意思者，其他部分仍为有效。（三十二年院字第二五四九号）

解 婚约应由男女当事人自行订定，民法第九百七十二条定有明文，其由父母代为订定者，当然无效，无待于解除。女子以其与出征抗敌军人之婚约，系由父母代为订定为理由，提起确认婚约不成立之诉者，不在《优待出征抗敌军人家属条例》第三十条禁止之列。纵令该女子主张父母代为订定之婚约，应行解除，亦不过为此项婚约不应受其拘束之意，不得谓之承认婚约。且婚约为不许代理之法律行为，父母代为订定之婚约，本人虽为承认，亦不适用关于无权代理行为，得由本人一方承认之规定。如由当事人双方承认，应认为新订婚约，尤不得以一方主张解除婚约，即谓已有承认。至女子就其与出征抗敌军人自行订定之婚约，于《优待出征抗敌军人家属条例》第三十条施行后，为解除之意思表示，以此为理由提起确认婚约不存在之诉者，依同条之规定，其诉为无理由，法院予以驳回，应以判决行之。再女子对于战时服兵役之男子，提起关于婚约之诉，而该男子未委任诉讼代理人者，虽依其情形，不适用优待抗敌军人家属条例第三十条之规定，亦应依《非常时期民事诉讼补充条例》第八条，命在障碍消灭以前，中止诉讼程序。（三十二年院字第二五五五号）

解 （三）法币政策施行前借贷银本位币，按当时市价折合黄金，约定日后以黄金清偿本息，或依清偿时之黄金市价偿还银币者，其约定之给付物，既本为黄金，即非改定货币政策办法第五款所谓，以银币单位订立之契约。核与院字第二一二四号、第二三九七号、第二四九七号解释所述情形，亦属不符，此项契约，并不违反强制或禁止之规定，债务人自应照约履行。如果具备《非常时期民事诉讼补充条例》第二十条第二项之适用要件，法院得为减少给付之裁判。（三十三年院字第二七三一号）

解 行政院颁行之《各县市公产租佃办法》第十二条所列情形，如依民法或其他法令之规定，出租人本得终止契约或虽不得终止，而当事人双方曾订明以此为终止之原因，并不违反禁止规定者，公产受理机关，得以承租人有此情形时，终止契约。其终止契约之意思表示发生效力时，租赁关系即为消灭，自可另行出租。惟承租人不认其租赁关系已消灭者，得向法院提起确认之诉，承租人拒绝返还租赁物者，公产管理机关得向法院提起请求返还租赁物之诉。（三十三年院字第二七五六号）

解　订定婚约违反民法第九百七十三条之规定者，民法既未设有类于第九百八十九条之规定，即属无效。出征抗敌军人在出征前，与未满十五岁之女子订定婚约者，不能认该女子为其未婚妻，自无《出征抗敌军人婚姻保障条例》第四条之适用。（三十四年院字第二八一二号）

解　《处理汉奸案件条例》第四条所称汉奸所得之财物，系指犯汉奸罪所得之财物，并不包括其他之原有财产。惟三十四年十二月六日公布之新《惩治汉奸条例》第八条，所称汉奸财产之全部或一部，凡汉奸所得财物及其他原有财产，均包括在内。其明知为汉奸将受没收或查封之财产，而收买者，依新条例第十二条之规定，即应处罚。则所买受者，纵系汉奸之原有财产，其买卖契约为违反禁止规定，依民法第七十一条，应属无效。至新条例施行前，旧《惩治汉奸条例》对于故买汉奸财产，虽无处罚明文，但依旧条例第九条，应行没收或查封之财产，与新条例第八条所规定者相同。汉奸于收复区沦陷期内，鉴于战局转变，将原有财产预行出卖，如买主系串同买受，避免法律之执行，即与公共秩序显有妨害。该项买卖契约，依民法第七十二条规定，仍属无效。（三十五年院解字第三一〇〇号）

第七十二条

△**判**　以人身为抵押标的之契约，根本不生效力，即不得据以责令相对人负交人之义务。（十八年上字第一七四五号）

解　夫妻离婚后订约，使其所生子女与父或母断绝关系，于法当然无效。（二十四年院字第一三四一号）

解　《处理汉奸案件条例》第四条所称汉奸所得之财物，系指犯汉奸罪所得之财物，并不包括其他之原有财产。惟三十四年十二月六日公布之新《惩治汉奸条例》第八条，所称汉奸财产之全部或一部，凡汉奸所得财物及其他原有财产，均包括在内。其明知为汉奸将受没收或查封之财产，而收买者，依新条例第十二条之规定，即应处罚。则所买受者，纵系汉奸之原有财产，其买卖契约为违反禁止规定，依民法第七十一条，应属无效。至新条例施行前，旧《惩治汉奸条例》对于故买汉奸财产，虽无处罚明文，但依旧条例第九条，应行没收或查封之财产，与新条例第八条所规定者相同。汉奸于收复区沦陷期内，鉴于战局转变，将原有财产预行出卖，如买主系串同买受，避免法律之执行，即与公共秩序显有妨害。该项买卖契约，依民法第七十二条规定，仍属无效。（三十五年院解字第三一〇〇号）

第七十三条

▲判 继承人之抛弃继承权，依民法第一千一百七十四条第二项之规定，应于知悉其得继承之时起，二个月内以书面向法院亲属会议或其他继承人为之。是继承权之抛弃为要式行为，如不依法定方式为之，依民法第七十三条之规定，自属无效。（二十三年上字第二六八三号）

解 为民法定明以遗嘱指定监护人，则其遗嘱之方式，自应与同法继承编第三章第二节所定相合，方能生效。（二十六年院字第一六五〇号）

▲判 两愿离婚应以书面为之，并应有二人以上证人之签名，是为民法第一千零五十条所规定之方式。夫妻间虽有离婚之合意，如未依此方式为之，依民法第七十三条之规定，自属无效。（二十八年上字第一三〇六号）

▲判 收养年已十九岁之人为子，未以书面为之，既于民法第一千零七十九条所定之方式有未具备。依民法第七十三条之规定，即属无效，自不能发生收养关系。（二十九年上字第一八一七号）

第七十四条

▲判 法院依民法第七十四条第一项之规定，撤销法律行为，不仅须行为人有利用他人之急迫、轻率或无经验而为法律行为之主观情事，并须该法律行为有使他人为财产上之给付，或为给付之约定。依当时情形显失公平之客观事实，始得因利害关系人之声请为之。本件两造所订立之两愿离婚契约，并未使被上诉人为财产上之给付，或为给付之约定，自无依同条第一项撤销之余地。原审竟认上诉人乘被上诉人之轻率与无经验而为不公平之法律行为，援用同条项之规定将该两愿离婚契约撤销，

于法显有违背。（二十八年上字第一〇七号）

第七十五条

▲判　依民法第十五条、第七十五条之规定，禁治产人所订之契约固属无效，但订立契约在民法总则施行前者，依民法总则施行法第一条，不适用民法总则之规定。民法总则施行前系认禁治产人为限制行为能力人，其所为之法律行为未得法定代理人允许或承认者，仅得撤销之，并非自始不生效力。（二十一年上字第二一六一号）

第七十六条

解　某学校虽归教育厅管辖，然教育厅究无代表学校起诉之权。（十九年院字第二七三号）

第七十九条

▲判　限制行为能力人未得法定代理人之允许所订立之契约，经相对人定一个月以上之期限催告法定代理人是否承认，而法定代理人于期限内不为确答者，依民法第八十条第二项之规定，尚应视为拒绝承认。则相对人未为此项催告者，自不能以法定代理人未即时向相对人交涉或登报声明，即谓法定代理人业已承认。（二十一年上字第二一〇八号）

第八十条

▲判　限制行为能力人未得法定代理人之允许所订立之契约，经相对人定一个月以上之期限催告法定代理人是否承认，而法定代理人于期限内不为确答者，依民法第八十条第二项之规定，尚应视为拒绝承认。则相对人未为此项催告者，自不能以法定代理人未即时向相对人交涉或登报声明，即谓法定代理人业已承认。（二十一年上字第二一〇八号）

第八十一条

△判　未成年人于成年后，承认其所订立之契约者，其承认与法定代理人之承认，有同一效力。（十九年上字第一一五五号）

第八十六条

判　表意人就其意思表示，如非于表意时即有不受拘束之意，而为相对人所明知者，不得依民法第八十六条主张无效。（二十二年上字第二三八九号）

第八十七条

判 不动产经查封后，债务人将其所有权移转于第三人者，其移转行为对于债权人固不生效力。若其移转行为系在查封之前，则虽在债权人声请强制执行之后，亦不得谓为当然无效。至此项移转行为，如为假装买卖，即双方通谋而为虚伪意思表示者，依法固属无效。然如仅为有害债权人之行为而非假装买卖，则在债权人提起撤销之诉得有胜诉之判决以前，仍应认为有效。（二十二年上字第五四六号）

▲判 假装买卖，系由双方通谋所为之虚伪意思表示，依民法第八十七条第一项之规定，当然无效，并非得撤销之行为。不得谓未撤销前，尚属有效。（二十七年上字第三一九五号）

▲判 所谓默示之意思表示，系指依表意人之举动或其他情事足以间接推知其效果意思者而言。若单纯之沉默，则除有特别情事，依社会观念可认为一定意思表示者外，不得谓为默示之意思表示。（二十九年上字第七六二号）

解 （二）《公务员交代条例》第十条之规定，虽不适用于在任病故之公务员，但该公务员之经承人，所承受之偿还公款义务不履行时，得依对于继承人之执行名义，为强制执行。至该公务员之财产，以虚伪行为隐匿于其同居任地之家属名下者，其虚伪行为，既属当然无效。虽该家属非继承人，亦得依对于继承人之执行名义，就此项财产为强制执行。（三十一年院字第二四一六号）

第九十二条

△判 民事法上所谓诈欺云者，系谓欲相对人陷于错误，故意示以不实之事，令其因错误而为意思之表示。（十八年上字第三七一号）

解 沦陷期内，土地被伪保甲长强迫出卖，即系因胁迫而为意思表示。依民法第九十二条第一项之规定，表意人得将其意思表示撤销之。其意思表示经撤销者，依民法第一百一十四条第一项之规定，其出场行为，视为自始无效。（三十六年院解字第三三三六号）

第九十三条

▲判 因被胁迫而为负担债务之意思表示者，即为侵权行为之被害人。该被害人固得于民法第九十三条所定之期间内，撤销其负担债务之

意思表示，使其债务归于消灭。但被害人于其撤销权因经过此项期间而消灭后，仍不妨于民法第一百九十七条第一项所定之时效未完成前，本于侵权行为之损害赔偿请求权，请求废止加害人之债权，即在此项时效完成后，依民法第一百九十八条之规定，亦得拒绝履行。（二十八年上字第一二八二号）

第九十五条

判 （二）出租人依法得终止契约时，如于诉状表示其终止之意思，自其诉状送达于承租人时，契约即为终止。并非至其所受胜诉判决确定时，始生终止之效。（二十三年上字第三八六七号）

第九十八条

△**判** 解释契约，固须探求当事人立约时之真意，不能拘泥于契约之文字。但契约文字，业已表示当事人真意，无须别事探求者，即不得反舍契约文字而更为曲解。（十七年上字第一一一八号）

△**判** 解释私人之契约，应通观全文，并斟酌立约当时之情形，以期不失立约人之真意。（十八年上字第一七二七号）

△**判** 解释当事人所立书据之真意，以当时之事实及其他一切证据资料为其判断之标准，不能拘泥字面，或截取书据中一二语任意推解，致失真意。（十九年上字第二八号）

△**判** 解释当事人之契约，应于文义上及论理上，详为推求，不得拘泥字面，致失当时立约之真意。（十九年上字第五八号）

△**判** 契约应以当事人立约当时之真意为准，而真意何在？又应以过去事实，及其他一切证据资料，为断定之标准。不能拘泥文字，致失真意。（十九年上字第四五三号）

判 法院裁判，应以当事人之声明为范围。若当事人之声明有未完足或不明晰时，则法院应以职权阐明当事人之真意，而不应拘泥于当事人所用之语句或法律上之名称。（二十四年上字第二〇〇四号）

▲**判** 抵押权为对于债务人或第三人不移转占有，而供担保之不动产，得就其卖得价金受清偿之权利，民法第八百六十条规定甚明。债务人就其所有之不动产向债权人设定如斯内容之权利时，虽其设定之书面称为质权，而不称为抵押权，亦不得拘泥于所用之辞句，即谓非属抵押

权之设定。（二十八年上字第五九八号）

解 解释意思表示，应求当事人之真意，不得拘泥于所用之辞句。地方习惯自足为探求当事人真意之一种资料，如果该地习惯出典不动产多书立卖契，仅于契尾载有"原价到日归赎"或"十年、二十年期满听赎"等字，则除有特别情形可认为当事人之真意别有所在外，自应认为典权之设定。不能拘泥于所用卖契之辞句，解为保留买回权之买卖契约。（二十八年院字第一八九七号）

解 来文所称老当不赎之土地，如其契据载有"永远管业永不回赎"字样，亦无其他情事可认出当事人对于该土地尚有何种权利关系者，依民法第九十八条解释当事人之意思表示，自系所有权之移转，应准为所有权登记。（二十九年院字第一九五三号）

解 典契载明每逢辰戌年所典田地，仍归原主使用者，究系如何意义之意思表示，应斟酌一切情事，探求当事人之真意定之。其真意系在每次五年届满时，应提出原典价回赎。回赎后届满一年，应更为典权设定行为者，固系设定五年期限之典权，同时又为每次回赎后届满一年，更须出典五年之预约。若其真意系在每次五年届满时，无须提出原典价回赎，当然应将典物交出典人使用。使用届满一年时，无须更有典权设定行为，当然应将典物交付典权人，则除有特别情事，可认为全部出典。而其约明每六年内出典人无偿使用一年，仅为使用借贷之预约外，自应解为仅以该田地六分之五出典，此与共有人以其应有部分六分之五出典无异。典权人依民法物权编施行法第五条第一项、民法第九百二十四条但书取得典物所有权时，仅按其应有部分六分之五对于该田地有共有权，出典人对于该田地尚有应有部分六分之一之共有权。（二十九年院字第二〇一一号）

解 当事人约明一方就其田业向他方收取押银，其田业仍由自己或第三人耕种，每年向他方交付租谷者，其租谷之最高额应如何限制？须依民法第九十八条探求当事人之真意，解释其为何种契约，始能决定。其真意系在借贷金钱，并就田业设定抵押权，而由一方或第三人交付租谷为利息之交付方法者，应适用民法第二百零五条之规定。如按交付时市价折算为金钱超过周年百分之二十者，他方对于超过部分之租谷无请求权（参照院字第一九六四号解释）。其约定由他方径向第三人收取租谷以充利息者，他方仅得收取不超过部分之租谷，其超过部分之租谷，仍应由该一方收取。若当事人之真意，系就该田业设定典权，而一方或第三人之耕种，系向他方承租者，应适用《土地法》第一百七十七条之规定。苟约定之租谷，不超过耕地正产物收获总额千分之三百七十五，无论按交付时市价折算为金钱之数与典价之比例如何，均应如数交付。（三十年院字第二一一〇号）

　　解　租赁房屋未定期限者，不问承租人支付租金有无迟延，出租人皆得依民法第四百五十条第二项之规定，随时终止契约。但有利于承租人之习惯者，除有反于习惯之特约外，出租人须依民法第四百四十条或其他之规定有契约终止权，始得终止契约。至房屋租赁契约之字据所载"租清任住"字样，意义如何？应依具体情事解释当事人意思定之，如解为以该房屋存在之时期为其租赁期限，自非无效。但自租赁时起，该房屋存在逾二十年者，依民法第四百四十九条第一项、第四百五十条第一项之规定，其租赁关系于二十年届满时消灭。如二十年届满后，已依民法第四百五十一条视为以不定期限继续契约者，出租人亦得随时终止契约。又出租人得随时收回房屋之特约，现行法上尚无禁止规定，不得谓有民法第七十一条所举无效原因。惟适用《土地法》第一百六十六条时，出租人不得本于此项特约收回房屋。《土地法》第一百六十六条之规定，如在《土地法》第一百六十二条第一款之房屋标准租金施行期间，自应先于民法而适用之。（三十二年院字第二四七九号）

　　解　广州湾法当局没收保有运输兵险之物资，是否保险契约所称之敌对行，系属当事人意思表示之解释问题。依民法第九十八条之规定，应探求当事人之真意定之，不能一概论定。（三十四年院解字第二九四九号）

　　解　原呈所述情形，究系抵押权设定契约，抑系典权设定契约，应依契约内容定之。如系抵押权设定契约，李甲自得于八年期限届满后，向张乙清偿债务，以消灭抵押权。如系典权设定契约，李甲亦得于八年期限届满后二年内，向张乙回赎房屋。至张乙在沦陷期间内，对于该房屋纵未使用收益，亦不得在八年期限内扣除。（三十五年院解字第三二五一号）

第九十九条

判 预定买卖之契约附有停止条件者，应以其条件成就后始能生效。若条件不能成就，则该项定约自无法律上效力之可言。（二十二年上字第一一三〇号）

解 查民法亲属编关于夫妻协议离婚，并无不适用附条件法律行为之规定。如果其离婚条件，确载明某乙须赔偿财礼一百元与某甲收领，始能离异字样，自应于其条件成就后，发生离婚效力。（二十四年院字第一三五七号）

▲判 买卖货物之契约订定，买受人应将定金以外之货款尽本月底交付。到期不交，契约即告失效者，系以到期不交货款，为其契约之解除条件。此项解除条件成就时，买卖契约失其效力，出卖人即免其交付货物之义务。（二十九年上字第一二四九号）

▲判 租赁契约订明承租人须于一定期日支付租金，届期不为支付，租赁契约当然失其效力者，系以届期不支付租金为解除条件。届期如不支付租金，则其租赁契约当然因解除条件之成就，失其效力。（二十九年上字第二〇一八号）

解 当事人约定典权人死亡后始准回赎典物者，系属定有不确定期限之典权，而以出典人知典权人死亡时，为其期限届满之时。若自出典后满三十年，典权人尚未死亡，或虽已死亡，而为出典人所不知者，依民法第九百一十二条之规定，应以满三十年时为其期限届满之时。出典人于典期届满后，经过二年不以原典价回赎者，依民法第九百二十三条第二项之规定，典权人即取得典物所有权。（三十一年院字第二四二一号）

第一百零二条

▲判 民法第一百零二条第二项所称附终期之法律行为，系指约明期限届满时，当然失其效力之法律行为而言。本件双方所订买卖布匹之契约，约定二十四年六月内出清，不过定明应为履行之期限，并非同条项所称附终期之法律行为。（二十六年渝上字第一六三号）

解 当事人约定典权人死亡后始准回赎典物者，系属定有不确定期限之典权，而以出典人知典权人死亡时，为其期限届满之时。若自出典后满三十年，典权人尚未死亡，或虽已死亡，而为出典人所不知者，依民法第九百一十二条之规定，应以满三十年时为其期限届满之时。出典人于典期届满后，经过二年不以原典价回赎者，依民法第九百二十三条第二项之规定，典权人即取得典物所有权。（三十一年院字第二四二一号）

第一百零三条

△判　执行业务之合伙人，对于第三人应有代理他合伙人之权。苟其所为之行为，系属业务范围内者，虽于他合伙人有损，在法律上仍然有效，而其权利义务可直接及于他合伙人。（十八年上字第一二五三号）

△判　处分族中公共之要事，虽本应得族人全体之同意；但依地方习惯或族中特约，如果各房长得共同代理全族以为处分，或各房长得集族众会议，依多数议决以为处分，或于处分后，经族众追认者，均应有效。（十八年上字第一五三二号）

△判　子代其父为法律行为，如果本在授权范围内，对于其父当然有效。（二十年上字第二二〇九号）

判　共同诉讼中之到场当事人，经未到场之当事人授权而为诉讼之和解，应认其和解为合法。该当事人等，均应受和解之拘束，不容事后翻异。（二十一年上字第二〇〇六号）

判　受任人本于委任人所授与之代理权，以委任人名义与他人为法律行为时，固为代理行为，其行为直接对委任人发生效力。若以自己或第三人之名义与他人为法律行为，则无所谓代理，其委任人与法律行为之他造当事人间，并不发生何等法律关系。此在民法施行以前亦属当然之法理。（二十一年上字第三二二一号）

判　代理人之行为，能直接对于本人生效力者，须为本人委任之事项，并须以本人之名义为之，否则不能生效。（二十一年上字第三二七三号）

判　银钱业商店经理本其营业性质，有代理主人向人借贷款项之权，因之其借贷行为，应由店东直接负责。（二十二年上字第一九〇一号）

判　当事人就系争事实，曾为合法之自认者，法院自可依据其自认以为裁决，毋庸别予调查证据。代理人在诉讼上之陈述，与该当事人自身所为者同。（二十五年上字第二六六〇号）

▲判　共同共有物之处分，固应得共同共有人全体之同意。而共同

共有人中之一人，已经其他共同共有人授与处分共同共有物之代理权者，则由其人以共同共有人全体之名义所为之处分行为，仍不能谓为无效。（二十三年上字第一九一〇号）

▲判　两愿离婚，固为不许代理之法律行为。惟夫或妻自行决定离婚之意思，而以他人为其意思之表示机关，则与以他人为代理人，使之决定法律行为之效果意思者不同，自非法所不许。本件据原审认定之事实，上诉人提议与被上诉人离婚，托由某甲征得被上诉人之同意，被上诉人于订立离婚书面时，未亲自到场。惟事前已将自己名章交与某甲，使其在离婚文约上盖章。如果此项认定系属合法，且某甲已将被上诉人名章盖于离婚文约，则被上诉人不过以某甲为其意思之表示机关，并非以之为代理人使之决定离婚之意思。上诉理由就此指摘原判决为违法，显非正当。（二十九年上字第一六〇六号）

第一百十一条

解　原呈所称之杜顶，系支付顶价于土地所有人，以为买受永佃权之价金，而由土地所有人为之设定永佃权。原呈所称之活顶，是否随有押租契约之租赁契约，应视租金数额是否为该土地全部使用收益之对价定之。当事人之一方，将其土地全部出租，如不收取顶价，每年至少可得租金若干，客观上自有一定之标准。当事人约定之租金数额，依订约时情形低于此标准者，其租金仅足为该土地一部分使用收益之对价，其他部分之使用收益权，系因支付顶价而取得之，其顶价认为典价，该契约即为租赁契约与典权设定契约之联立（参照院字第一一三二号、第二二八七号、第一二九〇号解释）。当事人约定之租金数额如已达此标准，则其授受之顶价，为担保承租人债务之押租，该契约即为随有押租契约之租赁契约。依《土地法》第一百七十七条第二项之规定，耕地出租人不得收取押租，该契约关于押租之部分，自属无效。至于其他部分是否仍为有效，应依民法第一百十一条之规定决之。倘依具体情事可认出租人有除去押租部分，亦可成立契约之意思者，其他部分仍为有效。（三十二年院字第二五四九号）

第一百十四条

解　沦陷期内，土地被伪保甲长强迫出卖，即系因被胁迫而为意思表示。依民法第九十二条第一项之规定，表意人得将其意思表示撤销之。其意思表示经撤销者，依民法第一百一十四条第一项之规定，其出卖行为，视为自始无效。（三十六年院解字第三三三六号）

第一百十六条

▲判 撤销法律行为之意思表示，法律上并未限定其表示方法，无论其为明示或默示，均可发生效力。（二十九年上字第一六三三号）

第一百十八条

▲判 负扶养义务者指定一定之膳产，由受扶养权利者自行收益，以资养赡时，其所有权既不移转于受扶养权利者，即不容受扶养权利者擅行处分。（二十二年上字第三〇七八号）

▲判 无权利人就权利标的物为处分时，如其行为合于侵权行为成立要件，虽其处分已经有权利人之承认而生效力，亦不得谓有权利人之承认当然含有免除处分人赔偿责任之意思表示。（二十三年上字第二五一〇号）

▲判 处分官产之行政公署，误认人民所有之土地为官产，以之标卖与人，其不生物权移转之效力，与私人之处分他人所有物无异。故人民以行政公署之处分无效为原因，提起确认所有权存在之诉，不得谓非属于普通法院权限之民事诉讼。（二十七年上字第四三三号）

▲判 出典人将典物之所有权让与他人时，如典权人声明提出同一之价额留买者，出典人非有正当理由，不得拒绝，固为民法第九百一十九条所规定。惟此仅为典权人与出典人间之权利义务关系，出典人违反此项义务，而将典物之所有权让与他人时，典权人仅得向出典人请求赔偿损害，不得主张他人受让典物所有权之契约为无效。故出典人于其让与典物所有权于他人之契约已生效力后，复以之让与典权人时，即系无权利人所为之处分，非经该他人之承认，不生效力。（二十九年上字第二〇号）

▲判 无权利人就权利标的物为处分后，因继承或其他原因取得其权利者，其处分为有效，民法第一百一十八条第二项定有明文。无权利人就权利标的物为处分后，权利人继承无权利人者，其处分是否有效，虽无明文规定；然在继承人就被继承人之债务负无限责任时，实具有同一之法律理由，自应由此类推解释，认其处分为有效。（二十九年上字第

一四〇五号）

解 行政官署没收未获案犯人之不动产予以拍卖，其没收固为行政处分，而其拍卖则为民法上之契约（参照院字第一九一六号解释）。该官署在法律上如无没收之权限，国库并不能因此取得物权，其因拍卖而订立之物权移转契约，在民法上即属无效。被没收人诉经确定判决，命买受人返还时，自应照判执行。（三十年院字第二一二七号）

解 行政官署放领或标卖公有土地，系与报领人或投标人订立私法上之契约（参照院字第一九一六号第二一二七号解释）。原电所述情形，如行政官署与报领人所订移转所有权之契约，先已发生效力，则其标卖同一土地，更与投标人丑订立移转所有权之契约，并撤销先发与子之执照，均非有效。子之取得所有权，自不因此而受影响。（三十年院字第二二五一号）

第一百二十条

▲**判** 民法第九百二十四条但书所定三十年之期间，虽出典后曾有加典情事，仍应从出典之翌日起算。（二十一年上字第二三四号）

第一百二十一条

解 四月八日国会开幕纪念，不包括于刑诉法所定庆祝日之范围内。（十八年院字第一五八号）

解 金钱债务，约定利息每周年给付一次，其利息请求权，应以每届周年之末日，为其可行使之起算时期。如以一诉请求数年之利息，除由该末日起算五年内之部分时效尚未完成外，其已逾越此项期间之部分，因时效而消灭。（二十六年院字第一六五三号）

第一百二十二条

判 期间之末日为星期日、纪念日或其他休息日时，应以其休息之次日代之。（二十一年抗字第一一三六号）

第一百二十五条

△**判** 请求权如于民法总则施行时，依民法总则之规定，消灭时效业已完成，而自其完成后至总则施行时，虽尚未逾民法总则所定时效期间二分之一者，亦仅得于民法总则施行后一年内行使请求权。若在总则施行后已逾一年者，则其请求权自应消灭而不许其行使。（二十年抗字第

二七八号）

　　判　（一）凡可行使其请求权者，既未据其主张有消灭时效中断或停止之原因，则依民法所定十五年之消灭时效业已完成，且自完成后至民法总则施行时已逾民法所定时效期间二分之一者，自不得于民法总则施行后，行使其请求权。（二十一年上字第二〇八〇）

　　判　（二）查《清理不动产典当办法》所定，典产回赎期间，本为无时效性质之法定期间，且请求交付应分之家产，亦非回赎典产所可比拟。（二十一年上字第二〇八〇号）

　　判　消灭时效自请求权可行使时起，经过一定时间不行使而完成。所谓时效因承认而中断者，系指时效进行中曾经债务人承认而言，若在时效完成后，即无时效中断之可言。（二十一年上字第二七六七号）

　　判　因时效而消灭之权利，均为请求权。而解除权为形成权之一种，显不为消灭时效之客体。因而民法债编所定之六个月，应认为无时效性质之法定期间。（二十二年上字第七一六号）

　　判　分期偿还债务所立票据，其发行时期在《票据法》施行之前者，仅应认为与《票据法》上之票据性质相同。而不能认为《票据法》上之票据，其关于时效又无特别规定，自应适用民法总则及民法总则施行法。（二十二年上字第二一四七号）

　　▲**判**　民法第七百七十条所定之取得时效，不以原所有人之所有物返还请求权消灭时效业已完成为要件。取得时效完成时，原所有人即丧失其所有权，其所有物返还请求权当然随之消灭，自不得更以消灭时效尚未完成，请求返还。（二十二年上字第二四二八号）

　　判　民法总则规定请求权因十五年间不行使而消灭，此项规定之消灭时效，其客体系为请求权，则所有权之不能罹于时效，固甚显然。但所有权之本体，虽不罹于时效，而所有权之效力，即由所有权所生之物上请求权既属请求权之一种，自可因十五年间不行使而消灭。（二十四年上字第四三一六号）

　　解　（一）该省习惯，对期借约，届期付清利息。双方当事人既均认为继续借贷，则于届期付清利息之时，新契约即成立，自不发生时效问题。此项借约，乃给付有确定期限之债权，倘届期未付清本息，而债权人不行使其请求权，则其原本之请求权消灭时效期间，应适用民法第一百二十五条之规定。其给付各期利息请求权之消灭时效期间，应适用第一百二十六条之规定。（二十四年院字第一二二二号）

　　解　执行名义之请求权，虽已罹时效而消灭，执行法院仍应依声请执行，惟债务人得提起异议之诉。（二十五年院字第一四九八号）

　　▲判　民法第一百二十五条所称之请求权，包含所有物返还请求权在内。此项请求权之消灭时效完成后，虽占有人之取得时效尚未完成，占有人亦得拒绝返还。（二十八年上字第二三〇一号）

　　解　不动产所有权之回复请求权，应适用民法第一百二十五条关于消灭时效之规定。故所有人未经登记之不动产自被他人占有，而得请求回复之时起已满十五年尚未请求者，则不问占有人之取得时效已否完成，而因消灭时效之完成，即不得为回复之请求。（二十八年院字第一八三三号）

　　解　（二）债权人之请求权，并不因债务人之逃避而不得行使（参照民法第九十七条、《民事诉讼法》第一百四十九条等规定）。故于请求权之消灭时效期间经过后，不得以此为时效中断或妨碍中断之事由。（二十八年院字第一八七五号）

　　▲判　共有物分割请求权，为分割共有物之权利，非请求他共有人同为分割行为之权利，其性质为形成权之一种，并非请求权。民法第一百二十五条所谓请求权，自不包含共有物分割请求权在内。（二十九年上字第一五二九号）

　　▲判　民法第一百九十七条第二项之不当得利返还请求权，依同法第一百二十五条之规定，因十五年间不行使而消灭。（二十九年上字第一六一五号）

　　解　民法第一百二十五条所称之请求权，不仅指债权的请求权而言，物权的请求权亦包含在内，业以院字第一八三三号解释在案。惟当事人之一方，支付定额之金钱，取得占有他方之不动产而为使用及收益之权，约明日后他方得以同额之金钱回赎者，不问当事人所用名称如何，在法律上应认为出典。出典人之回赎权，为提出原典价向典权人表示回赎之意思，使典权归于消灭之权利，其性质为形成权。出典人提出原典价向典权人表示回赎之意思时，虽因典权消灭而有不动产之返还请求权，然此系行使回赎权所生之效果，不能据此即认回赎权为请求权。故关于出典人之回赎权，应依民法第九百二十三条、第九百二十四条办理，不适用民法第一百二十五条之规定。据原呈所述情形，甲于民国十年十二月出典，约定种过四年原价取赎，依民法物权编施行法第二条、第五条第一项，民法第九百二十三条第二项之规定，甲本不得于出典满六年后回赎。惟依民法物权编施行法第十五条、《清理不动产典当办法》第八条之规定，甲得于出典满四年后六年内，即民国二十年十二月前回赎。一届十年期满，当然不得再行回赎。所有以前解释及判例与此见解有异者，应予变更。（三十年院字第二一四五号）

解　（一）出典人于其得回赎典物之期间内，向典权人提出原典价为回赎之意思表示者，典权人虽拒绝受领典价，返还典物，其典权亦于回赎之意思表示发生效力时消灭。嗣后出典人既无所谓回赎权，即不生回赎权除斥期间届满与否之问题。至出典人之典物返还请求权，自典权消灭时起算。民法第一百二十五条之消灭时效，如出典人起诉请求返还典物时，消灭时效尚未完成，或虽已完成，而典权人不以此拒绝返还者，法院自应判令典权人返还典物。（三十二年院字第二五六二号）

解　民法关于消灭时效之规定，仅为请求权而设。典物回赎权为形成权之一种，民法第九百二十三条第二项、第九百二十四条但书所定回赎权之除斥期间，并非消灭时效，不适用时效停止之规定。故除有如《优待出征抗敌军人家属条例》第二十八条第一项、第二十九条第二项之特别规定外，出典人虽因战事致不能于期间内回赎典物者，期间并不停止进行，其回赎权仍于期间届满时消灭。（三十二年院字第二六二七号）

解　民国纪元前二十年出典之不动产，经民国十年前之确定判决，命典权人放赎者，出典人固非不得声请强制执行。惟此项典物，依《清理不动产典当办法》第三条之规定，出典人仅得于出典后三十三年内回赎。出典人未于期间内提出典价回赎者，回赎权即归消灭，典物返还请求权，亦即不能发生。其于期间内曾提出典价回赎，而典权人拒绝受领典价返还典物者，因回赎而发生之典物返还请求权，即自回赎时起算。

民法第一百二十五条之消灭时效，如典物返还请求权已不能发生或其消灭时效已完成者，典权人得依《强制执行法》第十四条规定，提起异议之诉。（三十三年院字第二七〇七号）

解 （二）公务员对于前项俸给之请求权，尚无时效期间之限制，自不发生消灭时效问题。（三十五年院解字第三一一六号）

第一百二十六条

判 定期给付之债务与给付有确定期限之债务，系属两事。（二十二年上字第八〇〇号）

判 分期偿还债务所立票据，其发行时期在《票据法》施行之前者，仅应认为与《票据法》上之票据性质相同，而不能认为《票据法》上之票据。其关于时效又无特别规定，自应适用民法总则及民法总则施行法。（二十二年上字第二一七四号）

判 民法第一二六条所谓因五年间不行使而消灭者，系指利息、红利、租金、赡养费、退职金，及其他一年或不及一年之定期给付债权。其各期给付之请求权而言，若其到期后应付给之法定利息并非定期给付者，不适用本条关于各期给付请求权因五年不行使而消灭之规定。（二十三年上字第一九〇二号）

判 利息、红利、租金、赡养费、退职金，及其他一年或不及一年之定期给付债权，其各期给付请求权，虽因五年间不行使而消灭，民法已定有明文；但所列举者，乃属定期给付之债权，观于法文称其各期给付请求权一语，更可明了。故其所谓利息，仅系指约定利息而言。迟延利息则为赔偿债务给付迟延所生之损害，惟限于债务人给付迟延时，债权人始有请求权，自非定期给付之债务，上开法文，殊无适用余地。（二十三年上字第二三〇三号）

解 （一）该省习惯，对期借约，届期付清利息。双方当事人既均认为继续借贷，则于届期付清利息之时，新契约即成立，自不发生时效问题。此项借约，乃给付有确定期限之债权，倘届期未付清本息，而债权人不行使其请求权，则其原本之请求权消灭时效期间，应适用民法第一百二十五条之规定。其给付各期利息请求权之消灭时效期间，应适用第一百二十六条之规定。（二十四年院字第一二二二号）

解　民法第一百二十六条所载，其他一年或不及一年之定期给付债权，系指与利息等同一性质之债权而言。至普通债权之定有给付期间，或以一债权而分作数期给付者，不包括在内。（二十四年院字第一二二七号）

解　民法第一百二十六条所载，其他一年或不及一年之定期给付债权，系指与利息等同一性质之债权而言。至第二百二十九条内称，给付有确定期限之债权，及普通债权定有期限者之一种，二者性质迥不相同。（二十四年院字第一三三一号）

解　股东对于公司每年应分派之股息、红利，如于接受通知后，不来领取，或变更住址，未报明公司，致通知无从送达，均属自己之过失。若从可行使请求权之日起，经过五年，不为请求，应认其请求权已因时效而消灭。在五年后更为请求，即可拒绝给付。拒绝给付所得之利益，当然属于公司财产。（二十五年院字第一四七六号）

解　金钱债务，约定利息每周年给付一次。其利息请求权，应以每届周年之末日，为其可行使之起算时期。如以一诉请求数年之利息，除由该末日起算五年内之部分时效尚未完成外，其已逾越此项期间之部分，因时效而消灭。（二十六年院字第一六五三号）

▲判　民法第一百二十六条所谓一年或不及一年之定期给付债权，系指基于一定法律关系，因每次一年以下期间之经过顺次发生之债权而言。其清偿期在一年以内之债权，系一时发生且因一次之给付即消灭者，不包含在内。（二十八年上字第六〇五号）

解　（二）债权人之请求权并不因债务人之逃避而不得行使（参照民法第九十七条、《民事诉讼法》第一百四十九条等规定），故于请求权之消灭时效期间经过后，不得以此为时效中断或妨碍中断之事由。（二十八年院字第一八七五号）

解　（二）民法债编施行后发生之利息债务，虽以同编施行前所订契约为其发生原因，亦当然依同编之规定，定其数额，无适用同编施行法第五条之必要。同编施行前所约定之利率，逾周年百分之十二者，虽利息债务在同编施行后始行发生，亦有同编施行法第四条之适用。至利息请求权，依民法第一百二十六条定其消灭时效者，非必无民法债编施行法第四条、第五条之适用。（三十一年院字第二四三七号）

第一百二十七条

▲**判**　债权之让与不过变更债权之主体，该债权之性质仍不因此有所变更，故因债权之性质所定之短期消灭时效，在债权之受让人亦当受其适用。本件被上诉人向某甲受让之债权，既为商人供给商品之代价请求权，则民法第一百二十七条第八款之规定，当然在适用之列。（二十六年渝上字第一二一九号）

解　（二）债权人之请求权并不因债务人之逃避而不得行使（参照民法第九十七条、《民事诉讼法》第一百四十九条等规定），故于请求权之消灭时效期间经过后，不得以此为时效中断或妨碍中断之事由。（二十八年院字第一八七五号）

▲**判**　上诉人开设某商号以供给农民豆饼、肥料为其营业，其所供给被上诉人豆饼、肥料之代价请求权，自不得谓非民法第一百二十七条第八款所列之请求权。纵令此项代价约明俟农产物收获时附加利息偿还，亦仍不失其商品代价请求权之性质，不能据此即谓系以货物折算金钱而为借贷。上诉人主张该货款为借贷性质并非商品代价，原审认为不当，于法并无不合。（二十九年上字第一一九五号）

第一百二十八条

判　凡可行使其请求权者，既未据其主张有消灭时效中断或停止之原因，则依民法所定十五年之消灭时效业已完成。且自完成后至民法总则施行时，已逾民法所定时效期间二分之一者，自不得于民法总则施行后，行使其请求权。（二十一年上字第二〇八〇号）

判　消灭时效，自请求权可行使时起，经过一定时间不行使而完成。所谓时效因承认而中断者，系指时效进行中曾经债务人承认而言。若在时效完成后，即无时效中断之可言。（二十一年上字第二七六七号）

判　金钱债务，约定利息每周年给付一次，其利息请求权，应以每届周年之末日，为其可行使之起算时期。如以一诉请求数年之利息，除由该末日起算五年内之部分时效尚未完成外，其已逾越此项期间之部分，因时效而消灭。（二十六年院字第一六五三号）

▲**判**　请求权定有清偿期者，自期限届满时起，即可行使。依民法第一百二十八条之规定，其消灭时效，应自期限届满时起算。（二十八年

上字第一四八九号）

　　▲判　债权未定清偿期者，债权人得随时请求清偿，为民法第三百一十五条所明定，是此项请求权自债权成立时即可行使。依民法第一百二十八条之规定，其消灭时效，应自债权成立时起算。（二十八年上字第一七六〇号）

　　解　（一）民法总则施行法第十六条，系认民法总则关于消灭时效之规定，适用于其施行前发生之请求权时，就施行时时效期间残余不足一年，或时效业已完成，而无同条但书情形者，许于施行后一年内行使之。故民法总则施行前发生之请求权，依民法第一百二十八条及其他关于消灭时效之规定。至施行时时效期间尚有残余在一年以上者，其消灭时效因残余期间内不行使请求权而完成。（三十一年院字第二四三七号）

　　第一百二十九条

　　判　消灭时效，自请求权可行使时起，经过一定时间不行使而完成。所谓时效因承认而中断者，系指时效进行中曾经债务人承认而言，若在时效完成后，即无时效中断之可言。（二十一年上字第二七六七号）

　　▲判　为民法第一百二十九条第一项第一款所称之请求，虽无需何种之方式，要必债权人对于债务人发表请求履行债务之意思，方能认为请求。（二十六年鄂上第二十三号）

　　▲判　民法第一百二十九条第一项第二款所称之承认，为认识他方请求权存在之观念表示，仅因债务人之一方行为而成立，无须得他方之同意。此与民法第一百四十四条第二项后段所称之承认，须以契约为之者，其性质迥不相同。（二十六年鄂上字第三二号）

　　▲判　债务人就其债务支付利息，实为包含认识他方原本请求权存在之表示行为，自应解为于原本请求权已有默示之承认。（二十六年鄂上字第三二号）

　　▲判　以支付金钱为标的之债务，债务人因无金钱清偿，将所有之田交债权人收取租金抵偿利息，自系对于债权人承认请求权存在之表示。依民法第一百二十九条第一项第二款之规定，该请求权之消灭时效，即因而中断。（二十八年上字第二三七〇号）

　　解　民法第九百二十三条第二项及第九百二十四条但书所定之期间，

为无时效性质之法定期间，不适用民法关于时效之规定。修正《优待出征抗敌军人家属条例》第九条第二项之规定，亦与各该条所定之期间无涉。出典人于各该条所定之期间内，应征召出征抗敌者，在《优待出征抗敌军人家属条例》既未就此设有特别规定，自不得于经过此项期间后回赎典物。（二十九年院字第二〇六四号）

第一百三十条

判 有民法总则施行法第十六条但书情形者，不得于民法总则施行后行使请求权。其于民法总则施行前请求者，时效虽因而中断，然于请求后六个月内若不起诉，则依法视为不中断，仍不得排除施行法第十六条但书之适用。（二十二年上字第九六四号）

判 消灭时效因请求而中断者，若于请求后六个月内不起诉，视为不中断。故时效期间内纵令曾为请求，亦已因未起诉而视为不中断。（二十二年上字第三〇二〇号）

第一百三十七条

解 声请强制执行时，依民法第一百三十七条第二项规定，重行起算之时效期间，虽已届满，其声请亦非当然可予驳回。纵令债权人受确定判决后，无中断时效或使时效不克完成之事，亦得出债务人依《强制执行法》第十四条提起异议之诉。（三十一年院字第二四一五号）

第一百四十四条

判 消灭时效，自请求权可行使时起，经过一定时间不行使而完成。所谓时效因承认而中断者，系指时效进行中曾经债务人承认而言，若在时效完成后，即无时效中断之可言。（二十一年上字第二七六七号）

▲判 民法第一百四十四条第一项之规定，于民法第一千一百四十六条第二项所定继承回复请求权之消灭时效亦有适用。故此项消灭时效完成后，非经回复义务人以此为抗辩，法院不得据以裁判。（二十九年上字第八六七号）

▲判 民法第一百四十四条第一项规定时效完成后，债务人得拒绝给付，是消灭时效完成之效力。不过发生拒绝给付之抗辩权，并非使请求权当然消灭，债务人若不行使其抗辩权，法院自不得以消灭时效业已完成，即认请求权已归消灭。（二十九年上字第一一九五号）

解　民法物权编施行前处分共同共有之不动产，未得共同共有人全体之同意者，除定其共同关系之契约，另有订定外，固属无效。惟因其处分而占有该不动产之人，已依民法物权编施行法第七条或第八条之规定，取得所有权者，共同共有人之权利，当然消灭。即使取得时效尚未完成，而共同共有人之共同共有物返还请求权，依民法第一百二十五条，民法总则施行法第十六条之规定，消灭时效已完成者，该占有人亦得依民法第一百四十四条第一项之规定，拒绝返还。（三十年院字第二二一六号）

解　法院就其认定之事实适用法规，应依职权为之，不待当事人之援用。故民法第九百二十三条第二项、第九百二十四条但书所定回赎权之除斥期间经过后，虽典权人拒绝回赎，未以此为理由，法院亦应认出典人之回赎权已消灭。至请求权之消灭时效完成后，民法第一百四十四条第一项，仅认债务人有拒绝给付之抗辩权，非使请求权当然消灭。若债务人未以消灭时效之完成为拒绝给付之抗辩，法院自不得据此即认请求权已消灭，此亦为依职权适用法规之结果，并非对此原则之例外。（三十一年院字第二四二四号）

解　（三）法律上认债务人有拒绝给付之抗辩权者，不仅民法第一百四十四条第一项而已，他如民法第一百九十八条、第二百六十四条、第二百六十五条、第七百四十五条亦皆认之。债务人行使拒绝给付之抗辩权，非单纯之拒绝给付所能济事，必其主张足以明其为如何之抗辩权而后可。民法第一百四十四条第一项之抗辩权，系因消灭时效完成而发生，债务人拒绝给付，而未以消灭时效完成为理由者，不得已有此项抗辩权之行使。惟所谓以消灭时效完成为理由，不必用消灭时效完成之字样，亦不必引用规定消灭时效之法条，其拒绝给付系以请求权因时之经过而不得再为行使为理由者，即属已有此项抗辩权之行使。（三十一年院字第二四三七号）

解　（一）出典人于其得回赎典物之期间内，向典权人提出原典价为回赎之意思表示者，典权人虽拒绝受领典价，返还典物，其典权亦于回赎之意思表示发生效力时消灭。嗣后出典人既无所谓回赎权，即不生回赎权除斥期间届满与否之问题。至出典人之典物返还请求权，自典权消灭时起算。民法第一百二十五条之消灭时效，如出典人起诉请求返还典物时，消灭时效尚未完成，或虽已完成，而典权人不以此拒绝返还者，法院自应判令典权人返还典物。（三十二年院字第二五六二号）

解 依书状之记载或其他情事，可认当事人有提出消灭时效抗辩之意思者，依《民事诉讼法》第一百九十九条第二项规定，审判长固应向该当事人发问或晓谕，令其为提出与否之陈述。若无何种情事可认当事人有提出消灭时效抗辩之意思者，审判长不得援用同条项规定，为此发问或晓谕。（三十三年院字第二七○八号）

第一百四十七条

▲判 债务人于时效完成后所为之承认，固无中断时效之可言。惟民法第一百四十七条仅就时效利益之预先抛弃，加以禁止，则于时效完成后抛弃时效之利益，显非法之所禁。债务人知时效完成之事实，而为承认者，其承认自可认为抛弃时效利益之默示意思表示。时效完成之利益一经抛弃，即回复时效完成前之状态，债务人不得再以时效业经完成，拒绝给付。（二十六年渝上字第三五三号）

▲判 保险契约订定，要保人未于拒绝赔偿请求后三个月内起诉，其请求权即消灭者，依民法第一百四十七条及第七十一条之规定，自属无效。（二十六年鄂上字第三五七号）

第一百五十二条

解 （二）言词辩论期日，被告不到场，原告意欲如何办理不明了者，审判长应依《民事诉讼法》第一百九十九条第二项向原告发问或晓谕，令其叙明。其愿另定期日辩论，不声请由其一造辩论而为判决者，应予延展辩论期日。若拒绝叙明，不为辩论者，依同法第三百八十七条规定，视同不到场，并依同法第一百九十一条规定，视为休止诉讼程序。至请求权人依民法第一百五十二条第一项规定，拘束义务人之自由，声请法院援助时，法院应为如何之处置？《民事诉讼法》虽未如外国立法例，设有人身保全之假扣押程序，然查《强制执行法》第二十二条之规定，于假扣押之执行亦适用之。故该请求权人即时申请假扣押者，法院应即时予以裁定，其命假扣押者，并应即时予以执行。若该义务人有同条所列情形之一者，得管收之。再被告所在无定，于诉讼中有

管收之必要者，亦得依此程序办理。（三十二年院字第二五〇三号）

补遗二

第十条

解　以失踪人为被告提起财产权上之诉讼时，由失踪人之财产管理人代为诉讼行为。在外多年音讯不通之人，自可认为失踪人。（三十六年院解字第三四四五号）

第十四条

解　台湾光复前，日本法院对于台湾人民之浪费者依日本民法所为准禁治产之宣告，至台湾光复后，因我国民法无此规定，应即失效。（三十六年院解字第三四三七号）

第九十五条

解　原代电所述情形，某甲放弃竞选之声明书，既在选举完毕后始到达县选举事务所，其当选自不因之而无效。（三十七年院解字第三八八六号）

第一百一十二条

解　原代电所述情形，中国人将其土地所有权让与日本人，及日本人以之让与中国人，均非有效。向日本人受让之中国人，不得补行登记。惟除在旧《土地法施行法》有效时期，已依同法第十条第二项、第九条将该土地收归国有外，依其情形，可认当事人若知中国人让与土地所有权于日本人之行为为无效，即欲为允许日本人以之让与另一中国人之行为者，依民法第一百一十二条之规定，其允许处分之行为既属有效，日本人以之让与另一中国人之行为即非无效，向日本人受让之中国人自得补行登记。即不然，向日本人受让之中国人，如就自己之占有或将自己之占有与其前日本人之占有合并而为主张（民法第九百四十七条），其所有权之取得时效已完成者，亦得请求登记为所有人（民法第七百六十九条、第七百七十条）。（三十七年院解字第三九六五号）

第一百一十三条

解　来文所述（按日本在中国私人产业暂行处理办法第八项规定，

"本办法施行后，如有产业私行移转，概为无效"；但查民法第一百一十三条规定，"无效法律行为之当事人，于行为当时知其无效或可得而知者，应负回复原状或损害赔偿之责任"。复查民国三十四年十月六日，某甲因觅房得悉某乙日人愿将其居住之房低价出顶他人，经跑合介绍，某甲以善意与某乙接洽，同时并将某乙房内之家具，以伪联银券八十万元购买。成交后该日人乙即迁移，不久被遣送回国，某甲事后始发现其买卖无效，依上开民法规定，应回复原状。但该日人乙业经遣送回国，而该家具经当地处理局查封，是否得向处理局请求赔偿损失或呈请核准发还？）情形，某甲不得向敌伪产业处理局请求赔偿损失或呈请发还家具。（三十六年院解字第三五九八号）

民法总则施行法

民国十八年九月二十四日国民政府公布
同年十月十日施行

第一条　民事在民法总则施行前发生者，除本施行法有特别规定外，不适用民法总则之规定。

判　民律草案所定时效规定，不得援用。（三年上字第四七二号）

判　计算年龄，不必满岁。（五年上字第八三三号）

判　浪费人之处分行为，保护人得撤销之，结果两造负回复原状义务。（六年上字第一一七八号）

解　十七岁男子之行为苟无其他无效或撤销之原因，自属完全有效。（七年统字第八六一号）

解　现行律以十六岁为成年，即有完全行为能力。至《商人通例》以满二十岁为营商能力者，系特别规定。（八年统字第九四二号）

解　现律以十六岁为成丁，成丁之人有完全行为能力。婚姻亦法律行为之一，故男女当以十六岁为有婚姻之能力。（十四年统字第一九五〇号）

判　查民法总则施行法第一条规定，民事在民法总则施行前发生者，除本施行法有特别规定外，不适用民法总则之规定。本案和解之年月，上告人依当时有效法令早届成年，自不生行为能力及诉讼能力问题。（十九年上字第四九九号）

解　民总施行前宣告准禁治产者，其宣告效力应仍继续存在，若在未撤销宣告以前，其行为能力不能谓已当然恢复。（二十一年院字第七四

九号）

第二条　外国人于法令限制内，有权利能力。

解　外国教堂，得享有土地所有权。人民捐助土地，及教堂代表人将地退还原主，均属有效。（七年统字第九一一号）

第三条　民法总则第八条、第九条及第十一条之规定，于民法总则施行前失踪者，亦适用之。

民法总则施行前，已经过民法总则第八条所定失踪期间者，得即为死亡之宣告，并应以民法总则施行之日，为失踪人死亡之时。

第四条　民法总则施行前，有民法总则第十四条所定之原因，经声请官署立案者，如于民法总则施行后三个月内，向法院声请宣告禁治产者，自立案之日起，视为禁治产人。

第五条　依民法总则之规定设立法人，须经许可者，如在民法总则施行前已得主管官署之许可，得于民法总则施行后三个月内，声请登记为法人。

第六条　民法总则施行前，具有财团及以公益为目的社团之性质，而有独立财产者，视为法人。其代表人应依民法总则第四十七条或第六十条之规定，作成书状，自民法总则施行后六个月内，呈请主管官署审核。

前项书状所记载之事项，若主管官署认其有违背法令，或为公益上之必要，应命其变更。

依第一项规定，经核定之书状，与章程有同一效力。

第七条　依前条规定，经主管官署核定者，其法人之代表人应于核定后二十日内，依民法总则第四十八条或六十一条之规定，声请登记。

第八条　第六条所定之法人，如未备置财产目录社员名簿者，应于民法总则施行后，速行编造。

第九条　第六条至第八条之规定，于祠堂寺庙及以养赡家族为目的之独立财产，不适用之。

第十条　依民法总则规定，法人之登记，其主管官署为该法人事务所所在地之法院。

法院对于已登记之事项，应速行公布，并许第三人抄录或阅览。

第十一条　外国法人，除依法律规定外，不认许其成立。

解　从前设立之中外法人及新设立之中外法人，不依法登记，法人

不得成立。但关于外国法人之登记，应注意民法总则施行法第十一条规定。（二十年院字第四一五号）

第十二条　经认许之外国法人，于法令限制内，与同种类之中国法人，有同一之权利能力。

前项外国法人，其服从中国法律之义务，与中国法人同。

第十三条　外国法人在中国设事务所者，准用民法总则第三十条、第三十一条、第四十五条、第四十六条、第四十八条、第五十九条、第六十一条及前条之规定。

解　外国法人在中国设事务所者，财团及以公益为目的之社团，应得主管官署之许可，始得登记。以营利为目的之社团，应依特别法之规定，毋庸向法院声请登记。（二十年院字第四四三号）

第十四条　依前条所设之外国法人事务所，如有民法总则第三十六条所定情事，法院得撤销之。

第十五条　未经认许其成立之外国法人，以其名义与他人为法律行为者，其行为人就该法律行为，应与该外国法人负连带责任。

解　外国合伙商行之经理人，以其商行名义与他人为法律行为，如该商行合伙员已不在中国，或有其他难使合伙人负责情形时，应比较民法总则施行法第十五条之特别规定，由行为人即经理人负其责任。（二十年院字第六三九号）

判　外国公司未依法向中国官厅注册，自应认为未经认许其成立之外国法人。（二十一年上字第二八二号）

第十六条　民法总则施行前，依民法总则之规定，消灭时效业已完成，或其时效期间，尚有残余不足一年者，得于施行之日起，一年内行使请求权。但自其时效完成后，至民法总则施行时，已逾民法总则所定时效期间二分之一者，不在此限。

判　因被诈欺或被胁迫而为意思表示者，表意人固得撤销其意思表示。但依民法总则第九十三条、民法总则施行法第十七条、第十六条之规定，表意人应于发现诈欺或胁迫终止后一年内为之。此项期间，于民法总则施行前完成，若至民法总则施行时已逾二分之一者，则不得请求撤销。（十九年上字第五六〇号）

第十七条　民法总则第七十四条第二项、第九十条、第九十三条之撤销权，准用前条之规定。

判　因被诈欺或被胁迫而为意思表示者，表意人固得撤销其意思表示。但依民法总则第九十三条、民法总则施行法第十七条、第十六条之规定，表意人应于发现诈欺或胁迫终止后一年内为之。此项期间，于民法总则施行前完成，若至民法总则施行时已逾二分之一者，则不得请求撤销。（十九年上字第五六〇号）

第十八条　民法总则施行前之法定消灭时效已完成者，其时效为完成。民法总则施行前之法定消灭时效，其期间较民法总则所定为长者，适用旧法。但其残余期间，自民法总则施行日起算。较民法总则所定时效期间为长者，应自施行日起，适用民法总则。

第十九条　本施行法自民法总则施行之日施行。

补　遗

第一条

判　契约缔结于民法总则施行前，依民法总则施行法第一条规定，民法总则第七十九条关于限制行为能力人订立契约，须得法定代理人允许或承认之规定不能适用。而依民法总则施行前适用之法例，心神丧失或精神耗弱者，仅为限制行为能力人，其所为之法律行为，未得法定代理人允许或承认者，仅足据为撤销之原因，请求撤销，而非自初不生效力。（二十一年上字第二一六一号）

判　民法总则施行前，凡个人以一定目的捐施其财产供公众之用，而并未保留其所有权或共有权者，该财产即为有特定目的之独立财产，在当时应视为财团法人。至民法总则施行后，纵因该施行法订明不适用法人之规定，或因未践行法定程序不克遽以法人称之，但既具有独立之性质。原施主即不得以所有人或共有人之资格，更行处分此种独立财产之处分，应由管理人依法定程序行之。（二十二年上字第六一〇号）

第二条

解　外国人得任中国之公司股东、董事或监察人，应以该公司章程

及现行法令无限制为限。（二十四年院字第一二四〇号）

▲判　民法总则施行法第二条所谓外国人，系指无中华民国国籍者而言。其有中华民国国籍者，虽有外国之国籍，亦非外国人。（二十六年渝上字第九七六号）

第四条

判　在民法总则施行前，有民法总则第十四条所定之原因，经声请官署立案者，于民法总则施行后，仍应依法于三个月内，向法院声请宣告禁治产。（二十四年上字第二一九五号）

▲判　民法总则施行前有民法第十四条所定之原因，经声请官署立案者，如未于民法总则施行后三个月内，向法院声请宣告禁治产，仍不能视为禁治产人。（二十八年上字第六七号）

第九条

判　民法总则施行前，凡个人以一定目的捐施其财产供公众之用，而并未保留其所有权或共有权者，该财产即为有特定目的之独立财产，在当时应视为财团法人。至民法总则施行后，纵因该施行法订明不适用法人之规定，或因未践行法定程序不克遵以法人称之，但既具有独立之性质。原施主即不得以所有人或共有人之资格，更行处分此种独立财产之处分，应由管理人依法定程序行之。（二十二年上字第六一〇号）

第十条

解　（一）《监督慈善团体法施行细则》第三条所称之主管官署，为登记前许可设立之官署。慈善团体得设立许可后，未依法定程式向主管官署登记，虽在该规则施行前成立，亦不得成立为法人，自不能认为有法人资格。（二十五年院字第一四〇七号）

第十二条

解　外侨在中国组织团体，如经当地党部许可，则关于设立程序监督办法，应与内国人民团体一律待遇。（二十五年院字第一四八三号）

第十三条

解　民法总则施行法定明外国法人在中国设事务所者，准用关于法人之成立许可各规定，则凡在中国未设事务所之外国法人，自难认许为法人。（二十五年院字第一四七一号）

第十五条

令　查法人登记规则，系适用于财团或以公益为目的之社团。而有独立财产之法人，其以营利为目的之社团，依照民法第四十五条，其取得法人资格，应依特别法之规定。所称特别法，在十八年十二月二十六日公布之《公司法》未定期施行以前，应暂援用《公司条例》，暨《公司注册暂行规则》及《公司注册补充办法》。外国法人如系以营利为目的之社团，而未依该项特别法取得法人资格者，自不能以法人名义起诉。但依照民法第五百五十五条，得由经理人代表商号为原告或被告或其他一切诉讼上行为，如系财团或以公益为目的之社团而有独立财产者，在未经中国认许成立以前，应依民法总则施行法第十五条规定办理。（十九年十月十六日司法院指令东省特区高等法院第三九四号）

判　未认许其成立之外国法人，以其名义与他人为法律行为者，其行为人就该法律行为应与该外国法人负连带责任。（二十一年上字第三二二〇号）

判　（一）查民法总则施行法第十五条之行为人，本系外国法人之代理人，因法人未经认许成立，故行为人应与法人连带负其责任。此与代理人之行为其效力直接及于本人者，不能同论。（二十二年抗字第七四八号）

▲判　未经认许其成立之外国法人，以其名义与他人为法律行为者，其行为人就该法律行为应与该外国法人负连带责任，固为民法总则施行法第十五条所规定。但所谓行为人，系指以该外国法人之名义与他人为负义务之法律行为者而言，该外国法人之董事仅列名于营业广告，而未以该外国法人之名义与他人为负义务之法律行为者，非同条所称之行为人。（二十六年上字第六二二号）

▲判　外国银行为未经认许其成立之外国法人时，其襄理以该银行名义收受存款签名于存单者，自属民法总则施行法第十五条所称之行为人。（二十六年渝上字第一三二〇号）

第十六条

△判　请求权如于民法总则施行时，依民法总则之规定。消灭时效业已完成，而自其完成后至总则施行时，虽尚未逾民法总则所定时效期

间二分之一者，亦仅得于民法总则施行后一年内行使请求权。若在总则施行后已逾一年者，则其请求权自应消灭，而不许其行使。（二十年抗字第二七八号）

判 凡可行使其请求权者，既未据其主张有消灭时效中断或停止之原因，则依民法所定十五年之消灭时效业已完成。且自完成后至民法总则施行时，已逾民法所定时效期间二分之一者，自不得于民法总则施行后，行使其请求权。（二十一年上字第二〇八〇号）

判 有民法总则施行法第十六条但书情形者，不得于民法总则施行后行使请求权。其于民法总则施行前请求者，时效虽因而中断，然于请求后六个月内若不起诉，则依法视为不中断，仍不得排除施行法第十六条但书之适用。（二十二年上字第九六四号）

判 分期偿还债务所立票据，其发行时期在《票据法》施行之前者，仅应认为与《票据法》上之票据性质相同，而不能认为《票据法》上之票据。其关于时效又无特别规定，自应适用民法总则及民法总则施行法。（二十二年上字第二一四七号）

判 民法总则施行法第十六条之规定，乃对于民法总则施行前，其消灭时效业已完成或其时效期间尚有残余不足一年者，由施行之日起，仍予以一年之期间，俾其行使请求权。并非谓民法总则施行前，其消灭时效尚未完成，残余期间尚在一年以上者，即不依照民法总则消灭时效之规定。（二十三年上字第二二八〇号）

▲**判** 请求权发生于民法总则施行前者，应依民法总则施行法第十六条之规定，适用民法总则关于消灭时效之规定。（二十八年上字第四七四号）

解 （一）民法总则施行法第十六条，系认民法总则关于消灭时效之规定，适用于其施行前发生之请求权时，就施行时时效期间残余不足一年，或时效业已完成而无同条但书情形者，许于施行后一年内行使之。故民法总则施行前发生之请求权，依民法第一百二十八条及其他关于消灭时效之规定，至施行时时效期间尚有残余在一年以上者，其消灭时效，因残余期间内不行使请求权而完成。（三十一年院字第二四三七号）

补遗二

第九条

解 民法总则施行前设立之祠堂寺庙，在民法总则施行后，无须依新设法人之程序声请登记。至关于会馆及同乡会成立法人之登记程序，应查照民法总则及其施行法暨法人登记规则办理。（三十七年院解字第三七九二号）

民法第二编　债

民国十八年十一月二十二日国民政府公布

十九年五月五日施行

【理由】谨按各国民法之编制，其第二编统称债权，大都根据于罗马法与拿破仑法典而成，多偏重于保护债权人之权利，而忽略多数人之利益，殊有畸轻畸重之弊。本编则以债务人之经济地位，恒非优越，亟应于可能之范围内，俾受法律同等之保护，斟酌情形，妥为规定。故不名曰债权，而名曰债，盖专注重于社会之公益，而期贯彻全编之精神也。

第一章　通则

【理由】谨按通则为各种债权、债务关系共通适用之法则，以总揭为宜，故设通则一章，弁冕本编。

第一节　债之发生

【理由】谨按各国立法例有仅认契约、不当得利及侵权行为，为债之发生原因者，本法则以债权、债务之关系，由于法律行为及法律行为以外之事实而生。故明定契约、代理权之授与、无因管理、不当得利、侵权行为等，皆为债发生之普通原因。此本节所由设也。

第一款　契约

【理由】谨按契约为发生债权、债务之重要原因，其一般的成立要件，已于本法总则第四章规定之，本款所定则关于契约之特则。

第一百五十三条　当事人互相表示意思一致者，无论其为明示或默示，契约即为成立。

当事人对于必要之点，意思一致，而对于非必要之点，未经表示意思者，推定其契约为成立。关于该非必要之点，当事人意思不一致时，法院应依其事件之性质定之。

【理由】谨按契约者，由二人以上之意思表示一致而成之双方行为也。即须当事人之一方，将欲为契约内容之旨，提示于他方，得他方之承诺，而后契约始能成立也。其仅由一方表示要约之意思，而他方不表示承诺之意思者，当然不受契约之拘束。其一方所表示之意思，与他方所表示之意思，彼此不一致者，亦当然不受契约之拘束。若当事人之表示意思彼此一致，而其表示之方法，则无论其为明示或默示，契约即为成立。此第一项所由设也。当事人于缔结契约之事项中，是否合意，须依当事人之意思而定。故凡契约中必要之点，当事人既经合意而其他非必要之点，虽未表示意思，其契约亦推定为成立。若当事人意思不一致时，法院应依其事项之性质，斟酌断定之。盖必要事项既经合意，不能因非必要事项之不合意，而妨碍契约之成立。此第二项所由设也。

判　契约以两造表意合致为要件。（三年上字第二四一号）

判　契约之书面形式不完全，无妨于契约之成立。（三年上字第三六○号）

判　一造要约，一造承诺者，契约成立。（三年上字第五七四号）

判　负担债务必有原因。（三年上字第六七五号）

判　各处商习惯，银钱往来，大抵系账簿折据相辅为用。（三年上字第九七九号）

判　一造欲变更契约内容者，须他一造承诺始有效。（三年上字第一○七四号）

判　默示必另有他种举动，足以间接推知其意思。（三年上字第一二○三号）

判　债权契约非要式行为，其成立与否，不能仅以有无债券及记载如何为断。（四年上字第二三○号）

判　理论上，经验上，依其行为可断定其有该意思者，为默示。（四

年上字第九六〇号）

　　判　署名盖印，非契约成立之要件。（四年上字第一一六四号）

　　判　债务原则上，以契约为发生之原因。（四年上字第一二五七号）

　　判　债务约束，以除去债务人关于债权原因之抗辩为目的。（五年上字第九三一号）

　　判　契约不必有书据，可依他方法证明其成立。（七年上字第一〇二七号）

　　判　商店在营业上往来款项，自为因商行为所生之债权。（八年上字第四一五号）

　　判　被继人妻或尊属，以遗产分给他人，而承继人已同意者，不得告争。（九年上字第三一号）

　　判　立契时，一造未到而确已同意者，其契约即为成立。（九年上字第一一七号）

　　解　丈量地亩，自应以当事人买卖之意思为准。如意思不明，即以当时该地通行之丈尺为准。（九年统字第一二五〇号）

　　判　契约之内容，不能因他契约于其标的或当事人一造偶有相同，遽行推断为一致。（十四年上字第四六六号）

　　判　物权契约，无所谓履行义务之观念，依其契约之成立，即以设定或移转物权。债权契约，则以使债务人负担给付之义务为目的。（十四年上字第五九八号）

　　判　按通常法律行为，一造通知他造令负义务，并声明不为答覆，即为默认。固于法律上不能有效，但在契约如系要约人以此为其要约之一部，他造无反对表示，径行成立契约。即应认为对于此项义务，亦已表示默认，不得再持异议。（十六年上字第一五六一号）

　　判　合法成立之契约，其内容未列举租田座落段亩，及租籽担数微有不符，亦不得据为无效或撤销之原因。（十七年上字第三四五号）

　　判　仅担任向官厅办理立案，不以官厅批准为当然之责任，亦不以官厅批准为开支交际费之条件。（十九年上字第一一九号）

　　判　仅谓照价，并无特别声明，则按之一般事例，当然指时价而言。（十九年上字第九九七号）

判　借用人对于贷与人所言借款之缘由，是否属实？借用人就其所借之款作何用度？均与消费借贷契约之成立，毫无关系。（二十一年上字第一一四号）

判　约载文字，习惯上可认为普通用语者，系因该文字与事实相反，且与当事人真意不符，在立约当时即有视为具文不令生效之意。此种情形，既为意思与表示，应当一致之例外，易使契约本旨趋于混淆。故法院于契约文字，究系普通用语，抑系真意表示发生争执时，应综核全部事实，及是否适于习惯为合理之解释。（二十一年上字第一○七四号）

判　存款利息，既向依市面拆息计算，则当事人真意，系以市面拆息之起落为计算利息之标准。纵令当时未为明示约定，而当事人之意思业已互相表示一致，即属契约成立。（二十一年上字第八二四号）

判　民法上所谓默示之承诺，必依要约受领人之举动，或其他情事足以间接推知其有承诺之意思者，始得认之。若单纯之沉默，则除依交易上之惯例，或特定人间之特别情事足认为承诺者外，不得认为承诺。（二十一年上字第一五九八号）

第一百五十四条　契约之要约人，因要约而受拘束。但要约当时预先声明不受拘束，或依其情形或事件之性质，可认当事人无受其拘束之意思者，不在此限。

货物标定卖价陈列者，视为要约。但价目表之寄送，不视为要约。

【理由】谨按依前条之规定，契约以当事人互相表示意思一致而成立。契约一经成立，双方同受拘束，此属当然之事。若当事人之一方已经要约，而他方尚未表示承诺者，则此时要约之拘束力若何？颇滋聚讼。本法规定，要约人既经要约以后，虽在他方未承诺以前，仍须受要约之拘束，此为原则。惟当要约时预先声明不受拘束，或依其情形或事件之性质可认当事人无受其拘束之意思者，则不受要约之拘束，是为例外耳。此第一项所由设也。标定卖价，陈列之货物，视为要约。价目表之寄送，不视为要约。此与标价人或寄送人之应否受其拘束，极有关系，自应明白规定，俾免争议。此第二项所由设也。

判　债权人惟得对于债务人请求履行。（三年上字第一三号）

判　凡属普通债权，不得享受优先特别之利益。其对于债务人所有财

产，应与他之普通债权人，享平等均一之权利。（三年上字第三九号）

判　债务须以借券上出名之债务人，负担履行之责。（三年上字第三七九号）

判　卖产草约，得以解除。（三年上字第四五三号）

判　债权契约原则上，无拘束第三人之效力。（三年上字第四八三号）

判　契约合法成立，非经解除，则一造不得擅违约定义务。（三年上字第一二三五号）

判　契约所生债务，须依契约内容履行。（四年上字第二一一三号）

判　契约合法成立，无失效原因，两造均应受其拘束。（五年上字第九八五号）

判　合伙契约成立后，各合伙员即应受其拘束。（十四年上字第五二三号）

第一百五十五条　要约经拒绝者，失其拘束力。

【理由】谨按要约既经拒绝，则要约不得存续，此时要约人即可不受要约之拘束。盖法律为保护他方之利益，所以使要约人受要约之拘束，他方既经拒绝，自无使要约效力继续存在之必要也。

第一百五十六条　对话为要约者，非立时承诺，即失其拘束力。

【理由】谨按对话间之要约，他方承诺与否，本可立时决定。故必立时承诺，始生拘束力，否则契约不能成立也。

判　契约仅有要约，不能成立。（三年上字第一九五号）

第一百五十七条　非对话为要约者，依通常情形可期待承诺之达到时期内，相对人不为承诺时，其要约失其拘束力。

【理由】谨按非对话间之要约，依通常情形，要约人于可期待承诺之到达时期内，应使受其拘束，否则即无从缔结契约。此所谓可期待承诺之到达时期者，系指依通常之交通方法，书信往返必需之时期而言。至应否需用电报，亦必视要约人是否有此特约定之，相对人无负以电报回答之义务。若逾此时期而相对人尚未为承诺，是相对人已显有不欲承诺之意思，自不得再令要约受其拘束，以免权利状态久不确定。此本条所由设也。

第一百五十八条　要约定有承诺期限者，非于其期限内为承诺，失其拘束力。

【理由】谨按定有承诺期限之要约，于其期限以内，要约人当然应受要约之拘束。若其期限已经经过，而他方尚未承诺者，则此项要约，即应失其拘束力。盖无使要约人之一方，受其拘束之理也。故设本条以明示其旨。

判　定有承诺期间要约，经过期间即失效，要约人无催告之义务。（六年上字第一三七四号）

第一百五十九条　承诺之通知，按其传达方法，依通常情形在相当时期内可达到而迟到者，要约人应向相对人即发迟到之通知。

要约人怠于为前项通知者，其承诺视为未迟到。

【理由】查民律草案第二百零六条理由谓，受要约之他方，依前条之期限及方法，将其承诺之通知发送，而因偶然之事由，致迟到于要约人之处者有之，此时须使要约人速将迟到之事实通知于相对人。若要约人怠于通知，其制裁则依法律上之拟制，视承诺之通知并未迟到，使契约得以成立也。

第一百六十条　迟到之承诺，视为新要约。

将要约扩张、限制或变更而为承诺者，视为拒绝原要约而为新要约。

【理由】查民律草案第二百零七条理由谓，迟到之承诺，即于要约已失拘束力后，其承诺之通知始达到于要约人之处也，其契约虽无成立之效力，然承诺人对于要约人所要求之契约，实有欲与缔结之意思表示，故视为新要约，使契约易于成立。又相对人将要约扩张、限制或变更而为承诺者，是与要约不一致，其契约不能成立，自不待言。然此等承诺，视为新要约，使契约易于成立，亦甚合于当事人之意思。故设本条以明示其旨。

判　承诺须于要约到后相当期间内为之，逾期之承诺，视为新要约。（三年上字第一九五号）

判　标的物替换之更改，更改后可不问旧债务如何。（四年上字第三八四号）

判　契约失效后另立之新约，不受旧约之影响。（八年上字第三二

三号）

　　判　因合意变更契约内容而受有损害，不得向对造请求赔偿。（九年上字第九二七号）

　　判　废弃旧约更立新约者，以新约为准。（十年上字第四号）

　　第一百六十一条　依习惯或依其事件之性质，承诺无须通知者，在相当时期内，有可认为承诺之事实时，其契约为成立。

　　前项规定，于要约人要约当时预先声明承诺无须通知者，准用之。

　　【理由】查民律草案第二百零八条理由谓，契约以对于要约为有效之承诺而成立；又承诺得以明示或默示表示之，均属当然之事。然依习惯或依事件之性质，以承诺之通知为不必要者，以在相当时期内，有可认为有承诺之事实时，其契约即为成立，以防止无益之争论。又依要约人之意思表示，以承诺为不必通知者，亦同。此本条所由设也。

　　判　依通常惯例或特别意思表示其承诺，可不必通知。（三年上字第一九五号）

　　解　对于要约可认为已有承认者，应负赔偿之责，否则反乎常理之特约，自无遵守之义务。（九年统字第一三七二号）

　　第一百六十二条　撤回要约之通知，其到达在要约到达之后，而按其传达方法，依通常情形应先时或同时到达者，相对人应向要约人即发迟到之通知。

　　相对人怠于为前项通知者，其要约撤回之通知，视为未迟到。

　　【理由】谨按撤回者，要约人将要约撤回之意旨，通知于相对人之谓也。其撤回要约之通知，如先于要约到达，或与要约同时到达，则其要约既经撤回，当然不生拘束力。若要约之到达在先，而撤回之通知到达在后，此时之要约，仍可发生拘束力，则应按其传达方法，依通常情形应先时或同时到达者为限，使相对人向要约人负发迟到通知之义务。如怠于通知，则虽实际上要约人撤回之通知确系迟到，法律上亦视为并未迟到，相对人即不得主张要约之拘束力。故设本条以明示其旨。

　　第一百六十三条　前条之规定，于承诺之撤回准用之。

　　【理由】谨按契约以对于要约为有效之承诺而成立，承诺一经撤回，即失其拘束力，此属当然之事。然承诺之通知，到达在前，而撤回之通知，到达在后，此时之相对人即应负发迟到通知之义务，通知承诺人。如果怠于通知，则虽实际上撤回承诺之通知确系迟到，法律上亦视为并未迟到，此与撤回要约迟到应行通知之情形相同。故本条明定准用前条之规定。

第一百六十四条 以广告声明对完成一定行为之人给与报酬者，对于完成该行为之人，负给付报酬之义务，对于不知有广告而完成该行为之人，亦同。

数人同时或先后完成前项行为时，如广告人对于最先通知者已为报酬之给付，其给付报酬之义务，即为消灭。

【理由】查民律草案第八百七十九条理由谓，广告者，对于完结其所定行为之人，应与以一定报酬之单务约束也。故广告人只因广告之一事，即负此义务，而行为人知有广告与否，则不问也。又同律第八百八十条理由谓，数人次第或同时或完结广告中所指定之行为时，非明定给付报酬之方法，不能杜绝争端。

第一百六十五条 预定报酬之广告，如于行为完成前撤销时，除广告人证明行为人不能完成其行为外，对于行为人因该广告善意所受之损害应负赔偿之责。但以不得超过预定报酬额为限。

【理由】谨按广告人在其所指定行为完成以前，虽有撤销预定报酬广告之权利，然必须证明行为人不能完成其行为时，始得免除其责任，否则对于善意之行为人，因撤销广告所受之损害，仍应负赔偿之责任。但其赔偿之数额，以不得超过预定之报酬额为限耳。

第一百六十六条 契约当事人约定其契约须用一定方式者，在该方式未完成前，推定其契约不成立。

【理由】谨按依第一百五十三条规定，当事人互相表示意思一致者，契约即为成立，本不须践行何种之方式。然若契约当事人特别约定，缔结契约必须一定方式者，则其意思，非专为证据之用，乃以方式为契约成立之要件。在方式未完成以前，推定其契约为不成立。故设本条以明示其旨。

判 约定契约须作字据时，在未作以前，其契约为不成立。（十二年上字第一一六一号）

第二款　代理权之授与

【理由】谨按代理有法定代理、意定代理之别，本法总则编，仅规定其共通适用之条文，而以意定代理于本编中规定之。意定代理权之发生，实由于本人之授权行为，因此本人与代理人及相对人之相互间，遂生种种之关系，是曰代理权之授与。

第一百六十七条　代理权系以法律行为授与者，其授与应向代理人或向代理人对之为代理行为之第三人，以意思表示为之。

【理由】查民律草案第二百二十一条理由谓，授与意定代理权之行为，是有相对人之单独行为，非委任，亦非他种契约也。又代理人所为之行为，效力直接及于本人。故代理权之授与，对于与代理人为行为之第三人为意思表示，即使之发生效力，亦无弊害，且转有利于交易也。

判　代理人不声明代理者，应自负其责。（七年上字第二七〇号）

判　代理人虽未明示本人名义，而相对人明知其代理或可得知者，仍不能对于代理人主张其自为。（七年上字第三五一号）

判　授权人已将授权于他人之事通知或公告者，其人所为之行为，应对于本人生效力。（十四年上字第二九〇二号）

第一百六十八条　代理人有数人者，其代理行为应共同为之。但法律另有规定或本人另有意思表示者，不在此限。

【理由】谨按代理人有数人，其代理权为共同代理权，抑为各别代理权，依法律或本人之意思表示定之，是为通例。如法律别无规定，而本人又未另有意思表示者，则视为共同代理权，以防无益之争议。此本条所由设也。

第一百六十九条　由自己之行为表示以代理权授与他人，或知他人表示为其代理人而不为反对之表示者，对于第三人应负授权人之责任。但第三人明知其无代理权或可得而知者，不在此限。

【理由】谨按本人由自己之行为，表示以代理权授与他人，或他人妄称为本人之代理人，已为本人所明知，而仍不为反对之表示者，则对于第三人，均应负授权人之责任。盖第三人既确信他人有代理权，因而与他人为法律行为，其效力自应直接及于本人，否则第三人将蒙不测之损害也。惟第三人明知他人无代理权，或依其情形，可得而知，而犹与他人为法律行为者，则系出于第三人之故意或过失，本人自不负授权人之责任。此本条所由设也。

解 代步既在禁止之后，不能强令当户受损失，又代步不能赔偿时，自可向本典请求。（十年统字第一六九一号）

第一百七十条 无代理权人以代理人之名义所为之法律行为，非经本人承认，对于本人，不生效力。

前项情形，法律行为之相对人，得定相当期限，催告本人确答是否承认，如本人逾期未为确答者，视为拒绝承认。

【理由】谨按民律草案第二百三十六条理由谓，无代理权人以他人之代理人名义，与第三人为法律行为，在理论上应使无效。然经本人追认，则对于本人发生效力，借以保护其利益，即于相对人之利益亦无损，此第一项所由设也。又同律第二百三十八条理由谓无代理权人以他人之代理人名义，与第三人为法律行为，须经本人追认，始生效力。盖不确定之法律关系，若永久存续，则有害于相对人之利益，故法律特许相对人有催告权，使得除去不确定之状态。至本人接受催告，逾期不为确答者，则应视为拒绝承认，此第二项所由设也。

判 越权代理，即系无权代理之一种。（二年上字第六五四号）

判 无权代理行为，因本人追认而有效。（四年上字第四〇〇号）

判 无权代理行为，不能对于本人生效。（四年上字第一五六五号）

判 本人就无权代理行为拒绝追认者，其行为自始无效。（四年上字第一五六五号）

无权代理行为，自始无效，应回复原状，相对人不得拒绝本人请求。（四年上字第一五六五号）

判 无权代理行为之相对人，不能向本人请求赔偿。（五年上字第八一九号）

解 伙友无代理公司之权，所订合同，当然无效。（七年统字第八一〇号）

解 善堂公置义地，被人盗卖，如未经合法代表善堂之人依法追认，其卖买行为，自属无效。（七年统字第八五六号）

解　无权代理行为，如本人表示追认者，须有使其行为发生效力之意思。（八年统字第九七六号）

解　继母与嗣子因废继涉讼，判决结果，继母无处分遗产之权。其诉讼拘束中之买卖行为，自属无效。（八年统字第一一一二号）

判　无权代理之契约，相对人得定期催告本人确答，本人不确答者，视为拒绝追认。（九年上字第六四七号）

判　买卖货物代理权，与订立合伙契约之代理权，自属各为一事。若代理人因代理本人出售货物，遂进而以本人名义向相对人订立合伙契约，显系逾越代理权之范围，亦即为无权代理行为。其对于本人，除经追认外，初不发生权利义务之关系。（十七年上字第二八号）

判　按物权之移转，非由有处分权之当事人为意思表示，不能发生物权移转之效力。若仅保管他人所有物，未经所有权人授以处分之权限，而有擅行代理表示处分该物之意思者，即为无权代理。设未经本人追认，该无权代理之行为对于本人不能发生效力。（十七年上字第一二三号）

判　卖主一方虽曾委托第三人代为出卖产业（或货物），但关于标的物价额尚保留最后决定之权，则代理人自无全权处分。其与买主所缔结之买卖契约，须经卖主明白追认，始能发生效力，否则，不能强卖主负履行契约之义务。（十七年上字第二五二号）

判　被上告人当时纵有淫恶情事，及杀人嫌疑，而原县之依旅长命令遽将其产业责令团总陈庆儒及押佃人周登五强卖与他人，显系违法之处分。该处分是否越权？应否有效？姑不具论。而陈庆儒、周登五未得被上告人委任，纵因受其他压迫，而其代为立契出卖，固系私法上之不法行为。被上告人自可本于追及权之作用，诉请法院撤销。（十八年上字第九二号）

判　个人名义所出之字据，不能视为代理他人之行为。上告人交付李德林之款，已允作为李德林个人借用，并未果以归还被上告人。则上告人自仅能向李德林主张债权，要不得仍以已经清偿借口而拒绝给付票款。（十八年上字第九七号）

判　债权人或其法定代理人，固得对于债务人表示舍弃其债权之全部或一部，然苟出于无权限者之行为，则不能生效。（二十一年上字第二

六〇号）

判　无所有权之第三人，私擅将他人不动产出卖者，此项行为，无论买主是否知情，当然不发生物权移转之效力。买主有因此已或受其他损害者，只可径向该第三人请求赔偿，不得以此为理由，对抗所有权人。（二十一年上字第三四四号）

判　保证债务人原系商号经理，即使当日有为人盖用该号图章作保之事，亦显越该号营业之范围。苟未能证明该号东曾有追认行为，即不得要求与其分担责任。（二十一年上字第五二九号）

第一百七十一条　**无代理权人所为之法律行为，其相对人于本人未承认前，得撤回之。但为法律行为时，明知其无代理权者，不在此限。**

【理由】　查民律草案第二百三十九条理由谓，无权代理人以他人之代理人名义，与相对人为法律行为，其相对人若不知其无代理权之事实，使得撤回，借以保护其利益。但本人追认后，其法律行为为有效，此时无许相对人撤回之理。若相对人明知其无代理权之事实时，则无须保护也。

判　相对人不知为无权代理者，得撤销之。（四年上字第三七一号）

第三款　无因管理

【理由】　谨按民律草案债权编第六章原案谓，无因管理者，无委任，亦无义务，而管理他人事务之行为也。管理人之事务者，为管理人。被人管理其事务者，为本人。夫欲完全保护私益，不能以因有委任而管理事务，及因有义务而管理事务为已足，即无委任及无义务之管理事务，亦应认之，如邻人偶尔他出暂为照料之类是也。各国民法，皆采斯制，本法亦特设无因管理一款。至管理人与第三人之关系，应依无权代理之法则，固不待言。而本法管理人与本人之关系，则于本款规定之。

第一百七十二条　**未受委任，并无义务，而为他人管理事务者，其管理应依本人明示或可得推知之意思，以有利于本人之方法为之。**

【理由】　查民律草案第九百一十八条理由谓，无因管理之成立，应规定明晰，以防无益之争。此本条所由设也。

判　无委任或并无权利义务为他人管理事务者，应依本人或得以推

知之意，用最利于本人之方法管理之。（十七年上字第二一六号）

第一百七十三条　管理人开始管理时，以能通知为限，应即通知本人。如无急迫之情事，应俟本人之指示。

第五百四十条至五百四十二条关于委任之规定，于无因管理准用之。

【理由】谨按无因管理，有借此为口实妄干涉他人事务，以害本人利益之弊。故须使管理人于开始管理时，负通知本人之义务，且于无急迫情事时，应受本人之指示，始足以矫正其弊。故设第一项规定。查本法第五百四十条之规定，即无因管理人应将管理状况报告本人，管理终止时，应明确报告其颠末是。又第五百四十二条之规定，即管理人为自己之利益，使用应交付于本人之金钱，或使用应为本人利益而使用之金钱，应自使用日起支付利息，如有损害，并应赔偿是。管理人虽非受任人，而其所负之义务则应与受任人同，始足以保护本人之利益，故准用关于委任各该条之规定。

第一百七十四条　管理人违反本人明示或可得推知之意思，而为事务之管理者，对于因其管理所生之损害，虽无过失，亦应负赔偿之责。

前项之规定，如其管理系为本人尽公益上之义务，或为其履行法定扶养义务者，不适用之。

【理由】查民律草案第九百一十九条理由谓，无因管理不许与本人之意思相反。故因故意或因不注意为人管理事务时，管理人应赔偿由其管理所生之损害，不必区别其管理之有无过失。然本人应履行关于公益之义务（例如纳税），或法定的扶养义务，而为其管理时，虽与本人之意思相反，亦不得使管理人负赔偿之责。盖公益上及法律上之义务，于法应奖励而不应摧折也。

判　事务管理人须依本人真意，或可推知之意，并用最利于本人方法为之，违者须负损害赔偿之责。（三年上字第一四〇号）

第一百七十五条　管理人为免除本人之生命、身体或财产上之急迫危险而为事务之管理者，对于因其管理所生之损害，除有恶意或重大过失者外，不负赔偿之责。

【理由】查民律草案第九百二十条理由谓，管理人于管理上有过失，应负责任，固当然之理。然管理人意在免本人急迫危害时，对于因管理所生之损害，以有恶意或重大过失为限，始任损害赔偿之责。此本条所由设也。

判 事务管理人其目的在免本人财产急迫危害者，以故意及重大过失为限，始负损害赔偿之责。（三年上字第一四〇号）

判 事务管理人非免本人身体、名誉或财产上急迫危害为目的者，应为重大注意。（四年上字第一四五五号）

第一百七十六条 管理事务利于本人，并不违反本人明示或可得推知之意思者，管理人为本人支出必要或有益之费用，或负担债务，或受损害时，得请求本人偿还其费用及自支出时起之利息，或清偿其所负担之债务，或赔偿其损害。

第一百七十四条第二项规定之情形，管理人管理事务虽违反本人之意思，仍有前项之请求权。

【理由】 谨按管理人管理事务，如于本人有利益，且合于本人之真意，或可以推知之意思，则凡管理人为本人支出必要或有益之费用，或因管理所负担之债务，或所受之损害，均应使其得向本人要求偿还其费用，及自支出时起之利息，或要求清偿所负担之债务，或赔偿其损害，以免管理人受不当之损失。此第一项所由设也。无因管理人为本人尽公益上之义务，或为其履行法定的扶养义务，所支出之费用，虽违反本人之意思，仍有向本人要求偿还之权，以保护管理人之利益。此第二项所由设也。

判 依本人真意或可推知之意，用最利之方法为事务管理者，得对本人请求所垫出之费用及利息，并偿还代负之债务。（五年上字第一〇三八号）

判 赁借主合于管理事务情形，所出必要费用，准如数扣抵租金。（九年上字第七七四号）

第一百七十七条 管理事务不合于前条之规定时，本人仍得享有因管理所得之利益，而本人所负前条第一项对于管理人之义务，以其所得之利益为限。

【理由】 谨按管理人管理事务不利于本人，且违反本人之真意，或可以推知之意思时，则其所支出之费用利息，或负担之债务及所受之损害等，均不得要求本人偿还。其因管理所得之利益，并应归本人享有，此于本人之利益，固尽保护之能事矣。然本人所享有之利益，究系由于管理人之管理而来，若使绝对无偿还请求权，是本人受不当之得利，而管理人受不当之损失，殊失事理之平，故使本人仍负偿还之义务。但以其所得之利益为限耳。

　　判　无权代理人，即为事务管理。除本人追认外，须其行为利于本人且合本人真意，始得请求偿还所垫费用之全部。（五年上字第八一九号）

　　判　事务管理人所垫费用，若非行为利于本人，或合本人真意者，本人仅须归还现存利益。（五年上字第八一九号）

　　解　祖遗荒地，被他人以己之户名报粮耕种，自可认为为他人管理事务，其因耕种所得花利，苟无反证，即可承认为已占有，均应依民事法则分别办理。（七年统字第八九五号）

　　判　赁借主所出修缮费用，如非必要，惟以现存利益为度，准予估价扣抵。（九年上字第七七四号）

　　第一百七十八条　管理事务经本人承认者，适用关于委任之规定。

　　【理由】谨按管理事务经本人追认时，无因管理之本质，是否有所变更？立法主义有二：一使管理人就其违反本人意思所支出之费用，得向本人求偿其全部；二使本人与管理人之间，适用委任之规定。第二主义最适于理论，盖无因管理人所为之行为，一经本人承认，即变为有权代理也。本条特采用之。

　　判　事务管理人违本人意思为处分行为后，经本人追认者，与曾委任同。（五年上字第一〇三八号）

第四款　不当得利

　　【理由】谨按民律草案债权编第七章原案谓，不当得利者，无法律上原因，而因他人给付，或因其他方法受利益，致他人受损害之事实也。古时以不当得利为准犯罪，近世则仅使其负返还利益之义务，本法因之，而设本款之规定。

　　第一百七十九条　无法律上之原因而受利益，致他人受损害者，应

返还其利益。虽有法律上之原因，而其后已不存在者，亦同。

【理由】查民律草案第九百二十九条理由谓，凡无法律上之原因，而受利益，致他人受损害者，不可不返还其利益于他人，否则于事理不合。其先虽有法律上之原因，而其后法律上之原因已不存在者（如撤销契约、解除契约之类），亦应返迁其利益。此本条所由设也。

判　无法律上原因而因他人给付受益，致他人受损害者，应归还其利益。（三年上字第二〇七号）

判　无法律上原因而因他人之劳务受益，致他人受损者，亦应归还其利益。（四年上字第五五七号）

判　向无领受权人为清偿者，得请求归还其利得。（四年上字第一四五九号）

判　因他人给付受益后，其法律上原因消灭，致他人受损者，应归还所受利益。（四年私上字第一二号）

判　因私债强夺债务人孳畜产业者，除本利外应归还余物，即返还不当得利之法理。（五年私上字第三九号）

解　聘娶有夫之妇，如不知情，则所交财礼，自可依不当得利之原则，向受者要求返还。否则为不法原因之给付，自无请求返还之理。（七年统字第七七四号）

解　现行法虽无宣示准禁治产之制，依据习惯得为限制能力之立案，惟契约既经撤销，即应依不当得利法则，返还同额款项。（八年统字第一一〇五号）

第一百八十条　给付有下列情形之一者，不得请求返还：

一、给付系履行道德上之义务者；

二、债务人于未到期之债务，因清偿而为给付者；

三、因清偿债务而为给付，于给付时明知无给付之义务者；

四、因不法之原因而为给付者，但不法之原因仅于受领人一方存在时，不在此限。

【理由】谨按给付有下列情形之一者，在受领人虽为不当得利，而给付人则不得请求返还，即：

（甲）因履行道德上义务所为之给付。此种义务，本不能强制履行

（例如破产律所谓依协谐契约而得免除之债务是），而债务人既已任意履行以后，即不得请求返还。

（乙）因清偿未到期债务所为之给付。未到期之债务，债权人虽不得期前请求履行，然债务人欲于期前清偿，亦为法所许可。惟为免除法律关系致臻烦杂计，故不许给付人请求返还。

（丙）清偿债务人在给付时明知无给付义务所为之给付。于给付时明知债务不存在，而故为给付者，可推定其有意抛弃其所给付之请求返还权。故不得请求返还。

（丁）因不法原因所为之给付。例如因贿赂而给付之金钱，均不得请求返还。然若不法之原因，仅存在于受领人之一方时，则仍许给付人有请求返还权。

解　聘娶有夫之妇，如不知情，则所交财礼，自可依不当得利之原则，向受者要求返还。否则为不法原因之给付，自无请求返还之理。（七年统字第七七四号）

判　不法给付，不问相对人能否取得其权利，不得请求返还。（八年上字第四二八号）

判　行求贿赂，虽他人从中干没，亦不能讲求返还。（十五年上字第一一一一号）

判　押妻为娼契约无效，因而支付押金，系不法给付，不能请求返还。（十八年院字第一四五号）

判　如烟坭即系现行法令所禁止之鸦片烟，则关于违禁物之交付，显然不能为讼争之标的。（二十一年上字第一七八四号）

第一百八十一条　不当得利之受领人，除返还其所受之利益外，如本于该利益更有所取得者并应返还。但依其利益之性质或其他情形不能返还者，应偿还其价额。

【理由】查民律草案第九百三十六条理由谓，不当得利之受领人，其应返还之利益，须明示之，以息无益之争。此本条所由设也。

判　因他人误信债务存在为给付，受益者应归还其利益。（三年上字第二〇七号）

第一百八十二条　不当得利之受领人，不知无法律上之原因，而其所受之利益，已不存在者，免负返还或偿还价额之责任。

受领人于受领时，知无法律上之原因或其后知之者，应将受领时所得之利益，或知无法律上之原因时所现存之利益，附加利息，一并偿还。如有损害，并应赔偿。

【理由】谨按受领人在受领时，不知无法律上之原因，而于受领以后，其利益又因不可抗力而灭失，此际或因善意而消费者，不问其有无过失，均应免其返还利益或偿还价格之责任，以保护善意之受领人。此第一项所由设也。又民律草案第九百三十八条理由谓受领人于受领时，明知无法律上之原因，则其自始即有恶意。或受领后始知无法律上之原因，其先为善意，而其后变为恶意者，均须加重其责任，以保护相对人之利益。此第二项所由设也。

第一百八十三条　不当得利之受领人，以其所受者，无偿让与第三人，而受领人，因此免返还义务者，第三人于其所免返还义务之限度内负返还责任。

【理由】查民律草案第九百四十四条理由谓，本于不当得利之请求权，以原则论，仅有对人之效力，只能对于受领人主张之。故不当得利之受领人，以其所受利益之全部或一部，让与第三人，而不索报偿时，受领人得免返还义务之全部或一部（参照前条），第三人亦无返还之责。然似此办理，不足以保护债权人，故本法以第三人为无直接法律上原因而由债务人受利益之人，仍使其负返还之责，以保护债权人之利益。此本条所由设也。

第五款　侵权行为

【理由】查民律草案债权编第八章原案谓，侵权行为（即不法行为）者，侵害他人权利，且有责违法之行为也。加侵害者，谓之加害人。受侵害者，谓之被害人。此种侵权行为，为债权债务发生之重要原因，实际上往往行之。近世各国，皆编入民法，故本法亦设本款之规定。

第一百八十四条　因故意或过失，不法侵害他人之权利者，负损害赔偿责任。故意以背于善良风俗之方法，加损害于他人者亦同。

违反保护他人之法律者，推定其有过失。

【理由】查民律草案第九百四十五条及第九百四十七条理由谓，无论何人因故意或过失，侵害他人之权利者，均须负赔偿之责任，否则正当权利人之利益，必至有名无实。又故意以背于善良风俗之方法以损害他人者（故意漏泄他人之秘密或宣扬他人之书札之类），亦应负赔偿之责任，以维持适于善良风俗之国民生活。此第一项所由设也。又同律第九百四十六条理由谓以保护他人利益为目的之法律（警察法规），意在使人类互尽保护之义务，若违反之，致害及他人之权利，是与亲自加害无异，故推定其为过失加害，使负赔偿损害之责任。此第二项所由设也。

判　因特许所得权利，被他人侵害，或行使该权利侵害他人权利者，得为民事诉讼。（三年上字第一号）

判　非承继人擅自处分遗产者，为侵权行为。（三年上字第四五号）

判　夫之侵权行为，妻非当然任赔偿。（三年上字第二九〇号）

判　侵权行为，应查其实害，并事由须归责于谁，衡情定其赔偿数额。（三年上字第四四八号）

判　合伙重要事务，一合伙员专擅为之者，应任损害赔偿之责。（三年上字第六八九号）

判　唆使债务人不履行者，为侵权行为。（三年上字第八二九号）

判　怠于业务上注意害他人权利者，为侵权行为。（三年上字第九五七号）

判　侵权行为人，应任赔偿损害责任。（三年上字第一〇一一号）

判　为排除不法侵害而为毁损者，非侵权行为。（三年上字第一〇二五号）

判　侵权行为赔偿责任之要件有三：（一）故意或过失；（二）损害；（三）故意或过失与损害之因果联络。（四年上字第四号）

判　因行为人之故意过失，致官厅误将他人所有权让与者，亦为侵权行为。（四年上字第一五八五号）

判　典商失火，以值十当五照原价计算赔偿。（四年上字第一〇八三号）

判　不法保留，或侵夺他人财物者，应任返还并赔偿之责。（四年上字第二一八八号）

判 假行政处分为侵权行为之手段者，被害人得向加害人、受益人或转得人请求回复原状。（四年上字第二三三六号）

判 私擅处分共有物者，为侵权行为。（五年上字第九六七号）

判 侵权行为之赔偿，以有实害为要件。（五年上字第九六七号）

判 应注意并能注意而不注意者，为有过失，亦构成侵权行为。（五年上字第一〇一二号）

判 被害人有过失者，得酌减赔偿额。（五年上字第一〇一二号）

判 无权利人，擅卖他人土地时，买主苟非共同侵害，则非侵权行为。（五年上字第一四四八号）

判 侵权行为人，是否受益，于赔偿责任无涉。（五年私上字第六号）

判 失火系因通常过失者，除有特别习惯外，不任赔偿。（六年上字第四三八号）

判 卖主交付不动产后，又擅自霸占者，为侵权行为。（七年上字第六一五号）

判 债权人追诉债务，非侵权行为。（七年上字第九〇二号）

判 占有他人之物为无权处分者，为侵权行为。（七年上字第一三〇一号）

判 因侵权行为使人给付财物者，应返还。（七年私上字第二九号）

判 烧害他人林木或森林，应依一般侵权行为之法则负责。（八年上字第三五号）

判 为他人雇用人员，而浮报薪水，以便侵蚀者，系侵害委任人之权利。（八年上字第三一二号）

判 刑事和解中关于损害赔偿之契约，有效。（八年上字第一二〇五号）

判 以不法原因取得财物者，如不能返还原物，即应以相当金额赔偿。（八年私上字第一号）

判 当事人因失火被处罚金，不能即认其有重大过失。（九年上字第一四二号）

判 被害人亦有过失者，应斟酌双方过失，以定赔偿。（九年上字第

一四○○号）

解　因重大过失延烧他人房屋财物者，应负赔偿之责。（九年统字第一二五八号）

判　一致害原因，发生全部损害时，应负全部责任。（十一年上字第一七○五号）

判　被告在保逃亡，具保人应负损害赔偿之责。（十五年上字第六三○号）

判　侵权行为，不能返还原物，应以其最高价额为赔偿之标准。（十五年上字第一六○○号）

判　土地果系上诉人所有，因被上诉人盗押之故，以致一并拍卖，则其径向被上诉人请求交还原地，要难指为不合。（十六年上字第八八号）

解　原确定判决，业经合法废弃确定，并有假借法院裁判侵害他人权利之事实，自可成立侵权行为，请求回复原状，或赔偿损害。（十六年统字第二○○七号）

判　私向屯垦局报领他人管业之地，即系利用行政官厅之处分而侵害人之权利。（十七年上字第三九三号）

解　行政处分，应向上级行政官厅诉愿，以资救济。惟当事人以私人资格假行政官厅之处分，为侵害私人权利之手段，其被害人除得向该管行政官厅请求撤销其处分或诉愿外，并得对于加害人向司法机关提起民事诉讼，请求回复原状，或为损害赔偿。（十七年解字第八五号）

判　赔偿损害之请求权，系因权利被侵害而始发生，若被侵害者为不法行为之利益，诉请赔偿，自为法所不许。（二十一年上字第五七二号）

判　因故意或过失侵害他人之权利而不法者，加害人对于因侵害所生之损害，始应负赔偿之责。（二十一年上字第一一八七号）

第一百八十五条　数人共同不法侵害他人之权利者，连带负损害赔偿责任。不能知其中孰为加害人者，亦同。

造意人及帮助人，视为共同行为人。

【理由】查民律草案第九百五十条理由谓，数人共同为侵害行为，致加损害于他人时（即意思及结果均共同），各有赔偿其损害全部之责任。至造意人及帮助人，应视为共同加害人，始足以保护被害人之利益。其因数人之侵权行为，生共同之损害时（即结果共同），亦然。此本条所由设也。

判 共同侵权行为人，应负连带责任。（四年上字第一三四二号）

判 教唆帮助人，视为共同侵权行为人。（四年私上字第二号）

判 各加害人无意思之联络者，应各就所加损害为赔偿。（五年上字第一〇一二号）

判 共同侵权行为，不知孰加害者，同负赔偿责任。（五年私上字第二四号）

解 知情代运赃物者，系共同侵权行为，应连带任赔偿损害之责。（五年统字第四一七号）

判 共同行为侵权人，各负全部赔偿责任。（六年私上字第二九号）

判 实施或教唆行为之人，负赔偿责任。（八年私上字第六九号）

判 数人共同为侵权行为，纵动机出于一人，他行为人不得对其请求赔偿。（九年上字第二九号）

判 数人共同为侵权行为，始负连带责任。（十年上字第四号）

判 共同为犯罪行为，不得向他共同行为人求偿。（十四年上字第一九七〇号）

第一百八十六条 公务员因故意违背对于第三人应执行之职务，致第三人之权利受损害者，负赔偿责任。其因过失者，以被害人不能依他项方法受赔偿时为限，负其责任。

前项情形，如被害人，得依法律上之救济方法，除去其损害，而因故意或过失不为之者，公务员不负赔偿责任。

【理由】 查民律草案第九百四十八条理由谓，凡公务员因其职务上之行为，以故意或过失不法加损害于他人，或违背以保护他人为目的之法律者，应依普通之规定，任损害赔偿之责，此事理之当然，无须以明文规定。此等公务员，违背以保护他人为目的之职务规定时，即违背对于第三人所负担之义务也，为保护第三人起见，须设特别规定，使负损害赔偿之义务。然须分别故意、过失，如出于故意，固当任损害赔偿之责；如出于过失，则惟于被害人不能依其他方法受赔偿时（例如别无负赔偿之义务人或有负此义务者而无资力不能达其目的），以此种情形为限，始负赔偿之责，庶足以减轻其责任。此第一项所由设也。又同律第九百四十九条理由谓被害人本可以法律上之救济方法，除去其损害，而因故意或过失，怠于为之者，毋庸保护，例如不依上诉声明不服等是也。此时被害人咎由自取，故使公务员不负损害赔偿之责任。此第二项所由设也。

判 以私人资格假行政处分为侵权手段者，受害人得请求回复原状，赔偿损害。（四年上字第一〇二三号）

解 凡以私人资格假行政官厅之处分，为侵权行为之手段者，被害人得对于加害人向司法衙门提起民事诉讼。（五年统字第四八〇号）

判 行政官厅兼理司法之职权者，其对特定事件之处置，性质各有不同。如本于职权内之行政处分，无论该处分是否违法，并有无侵害人民权利，依法只准受害人向该管行政官厅请求撤销其处分，或诉愿于该管上级官厅。若以私人资格假行政官厅之处分，为侵害他人权利之手段者，其被害人除得向该管行政官厅请求撤销其处分，或向该管上级官厅诉愿以资救济外，并得对于加害人向司法机关提起民事诉讼，请求回复原状，或为损害赔偿。（十七年上字第五一九号）

第一百八十七条 无行为能力人或限制行为能力人，不法侵害他人之权利者，以行为时有识别能力为限，与其法定代理人连带负损害赔偿责任。行为时无识别能力者，由其法定代理人负损害赔偿责任。

前项情形，法定代理人如其监督并未疏懈，或纵加以相当之监督，而仍不免发生损害者，不负赔偿责任。

如不能依前二项规定受损害赔偿时，法院因被害人之声请，得斟酌行为人与被害人之经济状况，令行为人为全部或一部之损害赔偿。

前项规定，以其他之人，在无意识或精神错乱中所为之行为致第三人受损害时，准用之。

【理由】 谨按无行为能力人（即未满七岁之未成年人及禁治产人），或限制行为能力人（即满七岁以上之未成年人），不法侵害他人之权利时，其应负赔偿之责任若何，当视其行为时有无辨别是非利害之能力为断。其已有辨别是非利害之能力者，则应使行为人与法定代理人连带负赔偿之责任。若其行为时实无辨别是非利害之能力，则应使法定代理人独负赔偿之责。故设第一项以明其旨。无行为能力人或限制行为能力人不法侵害他人权利，所以使法定代理人负赔偿之责者，盖以法定代理人之监督未周耳。若法定代理人监督并未疏懈，或虽加以相当之监督，而其损害仍不能免者，则非法定代理人之故意或过失所致，自不应再使负损害赔偿之责任。故设第二项以明其旨。不能依前二项规定受损害赔偿者，即不应由法定代理人负赔偿之责任，或虽应负赔偿之责任，而无赔偿资力之情形也，此时法院得因被害人之声请，斟酌行为人与被害人之经济状况，使行为人为全部或一部之损害赔偿，以保护被害人之利益。故设第三项以明其旨。所谓其他之人者，指有行为能力之成年人而言也。在原则上成年人不法侵害他人权利，应负损害赔偿之责任，然其侵害第三人行为，在无意识或精神错乱中时，则应视为例外。法院得斟酌行为人与被害人之经济状况，以定行为人赔偿之数额。故设第四项以明其旨。

判 行为人之责任能力欠缺，其本人不负赔偿之责。（十一年上字第一二一二号）

判 因精神身体之状况需人监督者，若加害于第三人时，其法定监督人，除并未疏懈或虽加以相当注意，仍不免发生损害外，应负赔偿义务。（十五年上字第八七八号）

第一百八十八条　受雇人因执行职务，不法侵害他人之权利者，由雇用人与行为人连带负损害赔偿责任。但选任受雇人及监督其职务之执行已尽相当之注意，或纵加以相当之注意而仍不免发生损害者，雇用人不负赔偿责任。

如被害人依前项但书之规定，不能受损害赔偿时，法院因其声请，得斟酌雇用人与被害人之经济状况，令雇用人为全部或一部之损害赔偿。雇用人赔偿损害时，对于为侵权行为之受雇人，有求偿权。

【理由】谨按受雇人因执行职务不法侵害他人之权利者，由雇用人与行为人连带负赔偿之责，盖因故意或过失加害于人者，其损害不问其因自己之行为，抑他人之行为故也，然若雇用人对于受雇人之选任及监督，已尽相当之注意，或虽加以相当之注意，而其损害仍不免发生者，则不应使雇用人再负赔偿之责任。故设第一项以明其旨。雇用人对于受雇人之选任及监督，已尽相当之注意，或纵加以相当之注意，其损害仍不免发生者，得免赔偿之责任固矣。然若应负责赔偿之受雇人，绝对无赔偿之资力时，则是被害人之损失，将完全无所取偿，殊非事理之平，此时应斟酌雇用人与被害人之经济状况，以定雇用人之赔偿数额，以保护被害人。故设第二项以明其旨。雇用人赔偿损害时，不问其赔偿情形如何，均得于赔偿后向受雇人行使求偿权，盖以加害行为，究系出于受雇人，当然不能免除责任也。故设第三项以明其旨。

判　使用主就被用人执行事务，加于第三人之损害，通常须任赔偿之责。（五年上字第七七三号）

解　出立凭单交中人代为借款，自不能以中人携款潜逃，对抗债权人，拒绝偿还。（九年统字第一三八〇号）

判　船主因选任船员所应负之责任，必须被选任船员执行职务时，仍由该船主为其雇主，始能发生。若因租船关系，原雇主之资格已由船主而移转于租主，即不得本于最初选任，认船主仍应负责。（二十一年上字第二五七号）

第一百八十九条　承揽人因执行承揽事项，不法侵害他人之权利者，定作人不负损害赔偿责任。但定作人于定作或指示有过失者，不在此限。

【理由】查民律草案第九百五十三条理由谓，承揽人独立承办一事，如加害于第三人，其定作人不能负损害赔偿之责。因承揽人独立为其行为，而定作人非使用主比故也。但定作人于定作或指示有过失时，仍不能免赔偿之义务，盖此时承揽人有似定作人之使用人。此本条所由设也。

第一百九十条　动物加损害于他人者，由其占有人负损害赔偿责任。但依动物之种类及性质，已为相当注意之管束，或纵为相当注意之管束，而仍不免发生损害者，不在此限。

动物系由第三人或他动物之挑动致加损害于他人者，其占有人对于该第三人或该他动物之占有人，有求偿权。

【理由】查民律草案第九百五十四条理由谓，动物因占有人不注意，而伤害他人之生命身体，或毁损物件者，应使占有人负赔偿之责任。因占有人既占有动物，应负注意保管之义务也。故设本条以明示其旨。

第一百九十一条　土地上之建筑物或其他工作物，因设置或保管有欠缺，致损害他人之权利者，由工作物之所有人负赔偿责任。但于防止损害之发生，已尽相当之注意者，不在此限。

前项损害之发生，如别有应负责任之人时，赔偿损害之所有人，对于该应负责者，有求偿权。

【理由】谨按土地上工作物之自主占有人，不问其占有工作物之土地与否，以交通上之安全所必要为限，凡设置保管工作物之方法，一有欠缺，即应修补，务使不生损害，此公法上之义务也。若因欠缺致生损害于他人时，即应负赔偿之责。然工作物所有人对于防止发生损害之方法，已尽相当之注意者，即可不负赔偿义务。若其损害之原因，别有负责任之人时（例如建筑工作物之承揽人），工作物所有人，于向被害人赔偿后，自可对于其人行使求偿权。此本条所由设也。

第一百九十二条　不法侵害他人致死者，对于支出殡葬费之人，亦应负损害赔偿责任。

被害人对于第三人负有法定扶养义务者，加害人对于该第三人，亦应负损害赔偿责任。

【理由】查民律草案第九百六十八条理由谓，因侵害生命所生之有形损害（金钱上损害），须定赔偿之方法，以省无益之争执。而损害人之医药费或埋葬费，则应赔偿于其负担人（例如继承人），如被害人为扶养义务人时，则加害人应对于扶养权利人负赔偿责任，以救济之。此本条所由设也。

第一百九十三条　不法侵害他人之身体或健康者，对于被害人因此丧失或减少劳动能力，或增加生活上之需要时，应负损害赔偿责任。

前项损害赔偿，法院得因当事人之声请，定为支付定期金。但须命加害人提出担保。

【理由】查民律草案第九百五十八条理由谓，不法伤害他人之身体或健康，致被害人因此丧失或减少劳动能力，或因伤害之结果，需以机械补助身体，致增加生活上之需要者，加害人须负损害赔偿之责。赔偿之法，得命支付定期金，但应使加害人提供担保，俾臻确实。此本条所由设也。

判　因侵权行为所生精神上之痛苦，达于不易恢复之程度，始可命

加害人赔偿。（四年私上字第四号）

判 被害人因身体受害，致财产上受害者，亦应调查其实害，以为赔偿。（五年私上字第四二号）

判 伤废一目，不能谓绝无影响于生活能力。（十七年上字第五八五号）

第一百九十四条 不法侵害他人致死者，被害人之父、母、子、女及配偶，虽非财产上之损害，亦得请求赔偿相当之金额。

【理由】 查民律草案第九百七十一条理由谓，侵害他人生命之场合，须使被害人之父、母、子、女及配偶人（即夫或妻），有金钱上之赔偿请求权，以救济之。此本条所由设也。

第一百九十五条 不法侵害他人之身体、健康、名誉或自由者，被害人虽非财产上之损害，亦得请求赔偿相当之金额。其名誉被侵害者，并得请求为回复名誉之适当处分。

前项请求权，不得让与或继承。但以金额赔偿之请求权已依契约承诺，或已起诉者，不在此限。

【理由】 查民律草案第九百六十条理由谓，身体、健康、名誉、自由之被害人，虽非财产上之损害，亦得请求相当赔偿之金额（慰藉费），以保全其利益。其名誉之被侵害，非仅金钱之赔偿足以保护者，得命为恢复名誉之必要处分，例如登报谢罪等。至此项损害赔偿请求权，乃专属于被害人，除因契约承诺或已提起诉讼外，不得让与或继承之。此本条所由设也。

判 身体受害，得求金钱赔偿，并应斟酌受害情形，定其数额。（三年上字第四四八号）

判 人格关系被害者，得求赔偿，或慰抚金。（七年私上字第二六号）

判 慰藉费之赔偿，则以精神上所受无形之苦痛为准据。若仅就被害人或其家属精神上所受无形之苦痛，判给慰藉费，自应审核各种情形。例如被害人之地位家况，及与该家属之关系，并加害人或其承继人之地位资力，均应加以斟酌。（八年私上字第七七号）

判 人格权被害者，得请求赔偿物质上有形之损害，及慰藉费。（九

年私上字第七四号）

判 受伤后复又因病丧失机能部分，能否并求赔偿，以其病是否与受伤有因果关系为断。（十二年上字第五五三号）

第一百九十六条 不法毁损他人之物者，应向被害人赔偿其物因毁损所减少之价额。

【理由】 查民律草案第九百六十七条理由谓，因侵权行为毁损他人之物者，对于被害人应以损害赔偿之方法，赔偿其物因毁损所减少之价额以保护之。此本条所由设也。

解 坟山既供公用，自可厝葬。其掘弃他人空棺，自应赔偿损失。（八年统字第一〇八九号）

解 已绝旁系尊属之坟及坟地，被人侵害，如该旁系子孙在继承法上立于应继之地位，或该坟地向归其管理，虽未依律继承，亦应认其有告争之权。（十五年统字第一九九五号）

第一百九十七条 因侵权行为所生之损害赔偿请求权，自请求权人知有损害及赔偿义务人时起，二年间不行使而消灭。自有侵权行为时起，逾十年者，亦同。

损害赔偿之义务人，因侵权行为受利益，致被害人受损害者，于前项时效完成后，仍应依关于不当得利之规定，返还其所受之利益于被害人。

【理由】 查民律草案第九百七十六条理由谓，侵权行为之损害赔偿请求权，一债权也，因清偿及其他方法而消灭，固属当然之事。至关于消灭时效，则应设特别规定，俾久为社会所遗忘之侵权行为，不至忽然复起，更主张损害赔偿之请求权，以扰乱社会之秩序，且使相对人不至因证据湮灭而有难于防御之患。此第一项所由设也。至损害赔偿之义务人，因侵权行为而受利益，致被害人蒙损害时，于因侵权行为之请求权外，更使发生不当得利之请求权，且此请求权，与因侵权行为之请求权时效无涉，依然使其能独立存续。此第二项所由设也。

第一百九十八条 因侵权行为对于被害人取得债权者，被害人对该债权之废止请求权，虽因时效而消灭，仍得拒绝履行。

【理由】 查民律草案第九百七十七条理由谓，因侵权行为对于被害人取得债权，例如因诈欺而对于被害人使为债务约束时，被害人对于加害人，有债权废止之请求权。然在请求权有因时效而消灭者，以原则论，既已消灭，则被害人不能据此请求权提出抗辩，以排斥债权人履行之请求。然似此办理，不足以保护被害人，故本条特设例外之规定，使被害人于债权废止之请求权因时效消灭后，仍得拒绝债务之履行也。

第二节　债之标的

【理由】 查民律草案债权编第一章第一节原案谓，债之标的者，债务人之行为或不行为，总称为给付者是也。

第一百九十九条　债权人基于债之关系，得向债务人请求给付。

给付，不以有财产价格者为限。

不作为，亦得为给付。

【理由】 谨按债权者，即得向债务人请求作为或不作为之相对权。其作为或不作为，实为债之标的，故总称为给付。至给付须有财产价格与否，古来议论不一，本条规定，虽无财产价格之给付，亦得为债之标的，于实际上方为赅括。又可称为给付者，固不仅限于债务人履行之作为义务，即履行不作为义务，亦得为给付。此本条所由设也。

判　债权人得凭借公力，强制债务人履行。（三年上字第六五三号）

判　债权不因担保物权，设定无效，或得以撤销，而受影响。（三年上字第七九七号）

判　行政官署所定缓偿办法，不能拘束债权人。（三年上字第一一八九号）

判　债务人不得强以担保物，为代物清偿。（四年上字第一五五四号）

判　债权人不能向债务人以外之人，请求履行。（五年上字第五三一号）

判　债权人不得借口担保物存在，拒绝清偿之请求。（六年上字第七三号）

判　以自己名义约负债务者，当然负契约当事人应有之责任。（六年上字第六六七号）

判 依据契约应负偿还义务之当事人，不得以所借之款，系供给他人使用为词，对于债权人主张免责。（六年上字第一四〇七号）

判 代借转借情事，非有特约不能对抗债权人。（七年上字第五一四号）

判 讼争期票，纵因怠于登记消灭其票据上之权利，苟能证明其普通债权，仍应认为存在。（十四年上字第七三七号）

判 债权关系立有保证人者，保证人应负代偿之责。（十四年上字第七九八号）

判 债权乃特定人对于特定人之权利，故关于借款之契约，无论其用途如何，而债权债务之主体，仍应以该契约所载之特定人为准据。（二十一年上字第一四八六号）

第二百条 给付物仅以种类指示者，依法律行为之性质或当事人之意思不能定其品质时，债务人应给以中等品质之物。

前项情形，债务人交付其物之必要行为完结后，或经债权人之同意指定其应交付之物时，其物即为特定给付物。

【理由】 查民律草案第三百二十六条理由谓，仅以种类指示给付物者，于实际上屡见之，如指定白米百石棉花十担是也。此时既不能依法律行为之性质，或当事人之意思而定其品质，则使债务人给付中等品质之物，方合于当事人之意思。故从多数立法例，而设第一项。又该项规定，替代物债务，须由履行债务人先定其标的物，始行交付于债权人，故替代物之债务，一变为特定物之债务，于此时期，各国立法例，亦不一致。本法以债务人为给付其物所必要之行为完结后（如债务人将其物托诸运送之行为完结时），或经债权人同意指定其应交付之物时，使其替代物之债务，成为特定物之债务。此第二项所由设也。

判 以特定物为买卖标的者，卖主不得以同种类数量之他物代为给付。买主所买者，既系有一定四至之地亩，则苟易一地，虽种类数量与之相同，亦不得强之以必受。（三年上字第三七五号）

判 不特定物债务，应给付中等品质之物。（四年上字第二二三五号）

第二百零一条 以特种通用货币之给付为债之标的者，如其货币至

给付期失通用效力时，应给以他种通用货币。

【理由】查民律草案第三百二十八条理由谓，以特种通用货币之给付为标的者，若其通用货币，至给付时已失强制通用之效力，则与并未定特种通用货币者同。债务人应以他种通用货币为给付，盖定特种通货之约，不过一附随事件也。

　　判　金钱债务，不因事变减免责任。（三年上字第一〇五四号）

　　判　单纯金钱债务，应令债务人仍以现款清偿，毋庸于判决时预为指定变抵之财产。（三年上字第一一一四号）

　　判　通行货币有数种，其比价常有变更者，原则上应由债务人选定。（三年上字第一二一七号）

　　判　限定特种货币之债务，原则上不得以他种通货为清偿。（四年上字第一六六号）

　　判　金钱债务，无履行不能之观念。（四年上字第三六五号）

　　判　特种通货失效，须以他种通货清偿。（四年上字第三九二号）

　　判　金钱债权，不得以裁判或行政处分，强令债权人受亏。（四年上字第一〇二六号）

　　判　以纸币偿现银，须照惯例补水。（四年上字第一六五八号）

　　判　金钱债务之清偿，应以缔约地之货币为准。（五年上字第二五二号）

　　判　金钱债务，不得强以折价货币清偿。（五年上字第四七〇号）

　　判　以通行市价较低于法定价格之货币清偿者，债务人应补偿其比价所生之差额。（五年上字第一〇六三号）

　　判　以特约指定用某种货币秤色者，无论债务人所受者为何种货币，均应受其拘束。（五年上字第一二七一号）

　　解　兑换券既不能维持票面之价额，自应依市价折合。（六年统字第七二二号）

　　判　内国公债券，不能作为通行货币。（七年抗字第一九八号）

　　判　以额实相差之钞票还债，应依市价折合。（七年上字第二五九号）

　　判　金钱债务，应以全国通用货币给付。（七年上字第七三九号）

解 立契时与偿还时，兑换券价额有涨落时，应以两者相差之价额，为其折补之标准。（七年统字第八五五号）

判 债务人所缴票币，如不能维持其额面价格，应按执行时市价补水。（八年抗字第三八五号）

解 银行兑现时所发债券，其后券价虽跌，债务人持向原行加息赎取押款，自无拒绝之理。至存款如在跌价之前，应照付现款或补贴差额。（八年统字第九二〇号）

解 官票作废，自应以依约请求取赎日之票价，折合现金取赎。（八年统字第一〇〇八号）

解 债务人遵执行命令缴案官票作废，应查明判决，以定债务人应否负担损失。如系判明债务人应偿还票银，而其既于未作废日以前缴清，自不任赔偿损失之责，否则债务人仍应担承损失。（八年统字第一〇一七号）

解 赎产涉讼，土地所有人于判决未确定前缴案之官票，典权人本无提前收款之义务，至判决确定后，官票损失，自未便令典权人负担。（八年统字第一〇一八号）

解 立契时与偿还时官帖价额相差者，应照立契时之市价清偿。（八年统字第一一二一号）

解 立契时载明制钱，至清偿时期失其通用之效力时，自可由债务人任择其他通货，以供清偿。（八年统字第一一二六号）

解 银行存款，应依存款时收入之现款或票券时值，定其应支付之款。（八年统字第一一六八号）

解 银行在券价低落期内陆续发行各种兑换券，应按照发行日期价格兑现。（八年统字第一一六九号）

解 私人所出市票，应守折合补水办法。（八年统字第一一七〇号）

解 契约当时明订还债时统依官帖计算，毋庸折合现币，自仍有效。（九年统字第一三二〇号）

判 票币价格与现银相等，应与现银同视。（十年上字第六四一号）

解 当事人既有约定特种通货履行债务，应依契约本旨给付。（十年统字第一四六七号）

判 期票应按给付当时，就约定之票币收受。（十一年上字第九五六号）

判 履行债务，应按照订约时主币折合，以为给付。（十五年上字第四一五号）

判 本院按金钱债权之标的，如指定为某种货币，即应以该货币给付。纵令该债权原为消费贷借，其成立之时，系将该货币折合他种货币给付，而履行时，自仍应以原定货币给付。不得以现时该货币之市价，较之折合当时为昂，即主张应按当时市价折合他种货币，以为给付。（十六年上字第一一二一号）

判 本院判例所称通用货币，至清偿期失强制通用之效力，及立约之真意，以外国货币为计算当时价格之标准者不同，自不容借词狡执。（十六年上字第一一二一号）

解 债务人以纸币偿还其所负现金之债务，如价额有差异时，自应按市价折合现金。（十七年解字第一○号）

解 特种货币已失通用之效力，给付他种通用货币，应比较缔约时所交货币，以两者相差之价额为折补之标准。（十七年解字第六一号）

解 铜元即系现金，不能援为补水之例，但须约定以铜元为给付标的者为限。（十七年解字第一○三号）

解 典物取赎，除有约定给付标的外，应就契载钱数，比照当时市价计算。（十八年院字第一号）

解 房客押租，既与佃农上庄性质相同，自应查照关于佃农上庄之帖补标准办理。（十八年院字第一七三号）

判 钞票本为金钱之代用物品，以钞票为债权之标的，而其实际所能代表之金额较票面所定为低者，则缔约时债务人所受之利益即为该钞票所代表之金额。故于偿还时，亦必照缔约时该钞票所代表之金额给付，或给付与该金额相当之钞票，始合于当事人缔约时之本意，而不至使一造受不当之损失。（十九年上字第六一六号）

解 典物取赎除有约定给付标的外，应就契载钱数，比照当时市价计算。（十九年院字第二二五号）

解 存放款项，钱洋折价，应依存款时钱洋市价折算，方不至一造

独受损失。（十九年院字第三八四号）

解 钱洋折算，以今昔货币差额为折补标准。（二十年院字第三九五号）

解 退佃时业主返还庄钱，除有特别约明返还时应以铜元为给付者外，应依缔约时市价折补。（十年院字第五八二号）

解 原借约内既系载明京钱（制钱）若干吊，自应按借贷当时京钱与银元折合时价，折算银元以为给付。（二十一年院字第八三四号）

第二百零二条 以外国通用货币定给付额者，债务人得按给付时给付地之市价，以中华民国通用货币给付之。但订明应以外国通用货币为给付者，不在此限。

【理由】 查民律草案第三百二十九条理由谓，当事人以外国通用货币，指定在中国给付之债权额，应使债务人得依给付时及给付地之市价，以中国通用货币给付之。此等办法，于债权人之利益，毫无损害。然以外国通用货币为债权标的而订有特约者，是必以外国通用货币之给付，为有益于交易之实用，自不可不依其约定。此本条所由设也。

判 以外国货币表示其给付额者，应准立约时该币之市价给付。（七年上字第三六一号）

判 以不通用之外国货币表示给付额者，除有特约外，应依支付日该币之价给付。（八年上字第一四五一号）

判 本院判例所称通用货币，至清偿期失强制通用之效力，及立约之真意，以外国货币为计算当时价格之标准者不同，自不容借词狡执。（十六年上字第一一二一号）

第二百零三条 应付利息之债务，其利率未经约定，亦无法律可据者，周年利率为百分之五。

【理由】 查民律草案第三百三十条理由谓，依法令或法律行为，其债权可生利息者，若法令无特别规定，当事人亦无特别约定，不可无法定利率，以杜无益之争。故本条斟酌本国习惯，定利率为周年百分之五分。

判 商行为所生之债权，除有反对订定或习惯，当然付利。（三年上字第六〇九号）

判 利息以算至裁判执行之日为原则。（三年上字第七一八号）

判　利率无约定者，依该地通行利率。（三年上字第七八一号）

判　利息应算至清偿之日为止。（三年上字第八〇七号）

判　利息为原本使用之对价。（四年上字第二七号）

判　利息债权，不能先于原本债权发生。（四年上字第九八号）

判　原本是否尚能运用，与付息之义务无涉。（四年上字第一五二号）

判　草案所定利率，不能援用。（四年上字第一〇六五号）

判　债权关系存在一日，即应有利息。（四年上字第一〇六五号）

判　抵押权人，得请求债权之利息。（四年上字第一〇六五号）

判　法定利息，应依该地通行之利率计算。（四年上字第二一九二号）

判　远年利息，不能因债权人未经催讨，即予免算。（六年上字第三九〇号）

判　计算利率，得以该省普通官息为准。（六年上字第一〇一八号）

解　计算利息，应以裁判执行完结之日为止。（七年统字第八〇一号）

判　民事上之债务，非当然计利。（八年上字第九〇五号）

判　无约定利率者，不得遽以三分计利。（九年上字第一一一八号）

判　商行为所生债权，以无反对习惯为限，得请求利息。（十年上字第九五四号）

第二百零四条　约定利率逾周年百分之十二者，经一年后，债务人得随时清偿原本，但须于一个月前预告债权人。

前项清偿之权利，不得以契约除去或限制之。

【理由】查民律草案第三百三十一条理由谓，约定之利率，应否全委诸当事人之自由契约，抑以法律定一最高限度？逾最高限度之部分，审判上即不许其请求。抑民事则采利率限制主义，商事则采利率无限制主义？关于此事，各国皆不一致。本法则在民法上采利息无限制主义，夫遇经济上有急迫情事，约明利率逾周年百分之十二者，为事所常有。法律为保护债务人起见，不问其债务有无期限，经过一年后，使债务人有随时清偿原本之权利。此种权利，不得以契约除去或限制之。但须于一个月以前预告债权人，以随时清偿原本，于债权人诚有利害关系，故须使债务人负预告之责也。

判 有约定利率者，依约定计利。（四年上字第一八五一号）

解 债务人系在民国十六年八月一日后履行债务，自应受现定年利不得超过百分二十之限制。（十七年解字第三号）

解 自民国十六年八月一日起，年利不得过百分之二十。亦不能将利作本滚算，倘超过一本一利之数，应予以限制。（十七年解字第四六号）

解 债务人应给付之利息，在改定利率以后尚未清偿，仍应遵照现颁利率给付。（十七年解字第二一八号）

第二百零五条 约定利率，超过周年百分之二十者，债权人对于超过部分之利息，无请求权。

【理由】 谨按本法为防止资产阶级之重利盘剥起见，特设最高利率之限制。凡约定利率，超过周年百分之二十者，其超过部分之利息无效。债权人仅就周年百分之二十之限度有请求权，所以保护经济弱者之债务人也。

判 凡约定利率，未超过每月三分者，不得谓为无效。（三年上字第七九三号）

判 约定利率超过月利三分时，在三分之限度内有效。（六年上字第七〇〇号）

判 受托代垫之利息，虽超过限制，亦应如数返还。（八年上字第二一五号）

判 取利过三分，即得债务人同意，亦属违法。（八年上字第二七三号）

解 一本一利为现行律之强行规定，如执行名义仅载付息至执行终结之日，则执行衙门就利息执行，以至原本之数为止。（十年统字第一六三一号）

解 金钱债务以谷作利息者，其计算以订约时之市价为标准。但应受现行律禁止重利之拘束。（十二年统字第一八四七号）

解 当事人约定以元豆付利，如按时价实超过月息三分之限制，自应折减至三分为止。又算利标准如原本江钱已因毛荒跌价，亦应按照当

时钱价折合银洋计算。（十五年统字第一九七九号）

　　解　自民国十六年八月一日起，年利不得过百分之二十，亦不能将利作本滚算。倘超过一本一利之数，皆应予以限制。（十七年解字第四六号）

　　判　依起诉以前平均利率计算，既未超过现行法定最高利率之限制，而按诸该地方商场利率，则尚有不足，是于上告人已显无不利。（十八年上字第九〇号）

　　解　钱商按日计息时有高低，如按其债务存续之期间，平均计算，未超过周年百分之二十之限制者，为有效。（二十年院字第四三六号）

　　解　典权人将典物出租于出典人时，其约定地租，不得视为利息，自无所谓利率最高额之限制。惟若超过百分之四十者，应依《佃农保护法》第二条规定减轻。在《土地法》施行后，并应减至正产物收获总额千分之三百七十五。（二十年院字第五一七号）

　　第二百零六条　债权人除前条限定之利息外，不得于折扣或其他方法，巧取利益。

　　【理由】谨按所谓债权人以扣折或其他方法巧取利益者，如借债时约定九五实收或预扣一年利息等情形是也。此种方法，殊有扰乱社会经济，及破坏善良风俗之嫌，自为法所不许。故本条特设禁止之规定。

　　第二百零七条　利息不得滚入原本，再生利息。但当事人以书面约定利息迟付逾一年后，经催告而不偿还时，债权人得将迟付之利息滚入原本者，依其约定。

　　前项规定如商业上另有习惯者，不适用之。

　　【理由】谨按以利息滚入原本，再生利息者，有害债务人之利益实甚，应使之无效。然若当事人以书面约定，利息迟付逾一年后，经催告而不偿还时，得将迟付之利息滚入原本者，则为保护债权人利益起见，应认其约定为有效。盖此种约定，债务人必熟权自己利害而后为之，不应使之无效也。其商业上另有习惯者，则应依其习惯，不必依此规定。故设本条以明示其旨。

　　判　每月息上加息之办法，不应许可。（三年上字第七一八号）

　　判　滚利之预约，或债权人任意滚利，均为法所不许。（四年上字第

九三〇号）

　　判　商人间之债务，准依习惯滚利为本。（四年上字第一五三九号）

　　判　商场有滚利为本之习惯时，无须再得债务人之同意。（四年上字第一七五八号）

　　判　商家滚利经相对人认可者，无须有特别习惯。（四年上字第二二〇〇号）

　　判　天津习惯，钱商凭折川换之款项，所欠利息，如年终未清，翌年即滚入原本。（四年上字第二二〇〇号）

　　判　利息滚为原本，即为原本之一部。（五年上字第三九号）

　　判　债权人得债务人同意得滚利作本，但应受三分之制限。（八年上字第六七号）

　　判　不碍及律例防止重利盘剥之精神，可将利息滚作原本。（八年上字第一三二八号）

　　判　延欠利息，经债务人届时表示同意，得滚入原本。（十一年上字第二四四号）

　　判　逾期延欠之利息，虽得依当事人之合意，或当地习惯，滚入原本，仍应受法定不逾三分之限制。（十五年上字第五七四号）

　　判　债务履行迟延，债权人得债务人之同意，得以滚利作本。（十五年上字第一五五四号）

　　解　钱商通例，按日拆计息，每月并入原本。如平均计算不超过年利百分之二十之限制，且为债务人所同意者，不得谓为无效。（十七年解字第一八四号）

　　判　利息滚入原本，既尚在旧法时代，即应认为利息债务业经清偿，自不能更行主张。又利息滚入原本，民事法上固以禁止为原则，但利息迟付逾一年，而当事人有滚利作本之特约者，仍得依其约定。若商业上有特别习惯，则并得从其习惯。（十九年上字第二〇七八号）

　　第二百零八条　于数宗给付中，得选定其一者，其选择权属于债务人。但法律另有规定，或契约另有订定者，不在此限。

　　【理由】查民律草案第三百三十三条理由谓，给付之标的虽有数宗，债务人只须履行其一，即可消灭债权者，以法律无特别规定，或契约无特别订定为限。使债务人有选择权，借以保护债务人之利益也。

第二百零九条　债权人或债务人有选择权者，应向他方当事人以意思表示为之。

由第三人为选择者，应向债权人及债务人以意思表示为之。

【理由】谨按有选择权人，行使选择权，须向相对人以意思表示为之者，使有选择权人随意撤销其行使选择权之意思表示也。故设第一项以明其旨。依法律行为使第三人为选择者，其选择之方法，亦应先行规定，以杜无益之争议。此第二项所由设也。

判　有担保物权时，债权人得选择行使。（十二年上字第三九七号）

第二百一十条　选择权定有行使期间者，如于该期间内不行使时，其选择权，移属于他方当事人。

选择权未定有行使期间者，债权至清偿期时，无选择权之当事人，得定相当期限催告他方当事人行使其选择权。如他方当事人不于所定期限内行使选择权者，其选择权移属于为催告之当事人。

由第三人为选择者，如第三人不能或不欲选择时，选择权属于债务人。

【理由】谨按选择权定有行使期间者，如逾期不行使，应使选择权移转于他方当事人。选择权，未定有行使期间者，如于债权至清偿期经催告后，逾期而仍不行使，应使其选择权移转于催告人。其选择权由第三人行使者，如第三人不能或不欲行使时，应使其选择权属于债务人。此盖为选择权定有行使期间与未定有行使期间，及由第三人为选择者，应生如何之结果之分别规定，籍免无益之争议也。故设本条以明其旨。

第二百一十一条　数宗给付中，有自始不能或嗣后不能给付者，债之关系仅存在于余存之给付。但其不能之事由，应由无选择权之当事人负责者，不在此限。

【理由】查民律草案第三百四十条理由谓，选择给付之数宗标的中，因天灾不可抗力，或因有选择权人之过失，致自始不能或嗣后不能给付，其债权应存在于余存给付中，是属当然之事。但因无选择权当事人之过失，致不能给付者，则使相对人得请求可能之给付，或请求因给付不能而生之损害赔偿，以保护其利益。故设本条以明其旨。

第二百一十二条　选择之效力，溯及于债之发生时。

【理由】查民律草案第三百三十九条理由谓，既被选择之给付，不啻从始即为债之标，故选择者不过除去其他之标的而已。选择使溯及债权发生时生其效力，自属当然之事。此本条所由设也。

第二百一十三条　负损害赔偿责任者，除法律另有规定或契约另有订定外，应回复他方损害发生前之原状。

因回复原状而应给付金钱者，自损害发生时起，加给利息。

【理由】谨按所谓负损害赔偿责任者，即负填补债权人所受损害，及其所失利益之责任也。关于赔偿之方法，各国立法例有以赔偿金钱为原则，而以回复原状为例外者，本法则以回复原状为原则，但法律另有规定或契约另有订定者，则应从其所定。此第一项所由设也。至因回复原状而应给付金钱者，应使其于损害发生时起，负担利息，以保护债权人之利益。此第二项所由设也。

判　买卖不履行之赔偿损害，应依通常约定价额与履行时市价相较之差额为标准，并应自有价额算定之时起，添付利息。（八年上字第一二九八号）

判　因一造之责任，致令合伙人垫款迟滞不能归偿，合伙人得要求利息。（十七年上字第五三七号）

判　赔偿程度，应斟酌被害人年龄职业及受损害情形，并加害人之财力，以为判断。（十七年上字第五八五号）

第二百一十四条　应回复原状者，如经债权人定相当期限催告后，逾期不为回复时，债权人得请求以金钱赔偿其损害。

【理由】谨按赔偿之方法，原则上应为回复原状。债权人对于负回复原状之债务人，如经催告其于一定期限内，履行回复原状之义务，债务人逾期而不为回复时，债权人得请求债务人，改以金钱赔偿其损害，并得依前条第二项之规定，要求自损害发生时起之利息。此本条所由设也。

第二百一十五条　不能回复原状或回复显有重大困难者，应以金钱赔偿其损害。

【理由】谨按债务人遇不能回复原状，或原状之回复显有重大困难之情形时，自不得不使其得以金钱赔偿其损害，借资救济。此与前条之规定相同，债权人亦得要求自损害发生时起之利息。故设本条以明示其旨。

第二百一十六条　损害赔偿，除法律另有规定或契约另有订定外，应以填补债权人所受损害及所失利益为限。

依通常情形，或依已定之计划设备或其他特别情事，可得预期之利益，视为所失利益。

【理由】查民律草案第三百八十六条理由谓，赔偿损害者，不外填补债权人所失法律上之利益而已，其范围以填补债权人所受之损害及已失之利益为限。惟所谓已失之利益，其范围颇难确定，故以依通常情形或依已定之计画设备或其他特别情事，可得预期之利益为准，以防无益之争议。此本条所由设也。

判　因汇款迟延致受损害者，得以汇水与赔偿额相抵，而不得拒绝支付汇水。（四年上字第六五四号）

判　预定赔偿额，得酌减。（四年上字第八七八号）

判　普通损害，不限于积极之损害。（四年上字第九二四号）

判　因特别情事所生之损害，以当事人预见有该项情事或可以预见者为限，能请求赔偿。（四年上字第九二四号）

判　依特别情事可预期之损害，亦须赔偿。（六年上字第七四六号）

判　赔偿损害原则，以普通损害为限。（七年上字第八二号）

判　赔偿损害，以受有损害为前提。（七年上字第九六八号）

解　谋买未遂以致田亩荒废者，刑律无正条，不为罪。惟荒废所生之损害，可为民事上之请求。（七年统字第七八五号）

解　因伤害所生之抚慰费用，系属损害赔偿，于适当限度内准其领受。（七年统字第七八七号）

判　损害赔偿之债权，只须有损害发生，及责任原因存在，并二者之间确有因果关系，即得成立。（十年上字第一○一二号）

判　物上担保之债权，应以其使用收益，为赔偿之标准。（十四年上字第三四四三号）

判　损害赔偿之预约，与无偿赠与契约不同，如其预行约定之赔偿

额数，果与实际损害显相悬殊者，法院自得以当事人实际之所受损失为标准，酌予核减。（十九年上字第三三四〇号）

第二百一十七条　损害之发生或扩大，被害人与有过失者，法院得减轻赔偿金额，或免除之。

重大之损害原因，为债务人所不及知，而被害人不预促其注意或怠于避免或减少损害者，为与有过失。

【理由】谨按损害之发生或扩大，受害人有过失者（共同过失），若使加害人全负损害赔偿之责任，似失诸酷，应由法院斟酌情形，减轻或免除其赔偿金额。即受害人有怠于适当之注意，或怠于避损害及减损害应尽之方法，而有过失者，亦同。此本条所由设也。

判　赔偿额得斟酌被害人之过失定之。（四年上字第一九一〇号）

第二百一十八条　损害非因故意或重大过失所致者，如其赔偿致赔偿义务人之生计有重大影响时，法院得减轻其赔偿金额。

【理由】谨按凡非因故意或重大过失所生之损害如因责令赔偿之故，致使加害人之生计，顿生重大之影响，按之事理，似亦过酷。故亦得由法院减轻其赔偿金额，以昭平允。此本条所由设也。

第三节　债之效力

【理由】谨按债之效力者，谓债权人与债务人相互间所受之拘束也。效力有普通效力及特别效力之二种，债之特别效力，应于各个债之关系中规定之。本节所规定者为债之普通效力，即给付、迟延、保全、契约等是。

第一款　给付

【理由】谨按债之效力，在于债之给付。故给付者，债务人履行其作为或不作为之义务也。本款特规定之。

第二百一十九条　行使债权，履行债务，应依诚实及信用方法。

【理由】查民律草案第二条理由谓，诚实及信用为社会生活之基础，兼为助成交易发达之根本。背于道德上、法律上诚实及信用之举动，原不可为，故滥用权利者，法律不保护之。此本条所由设也。

判　债权人得请求撤销债务人之诈害行为。（三年上字第一〇三四号）

判 行使权利履行义务，应依诚实信用。（四年上字第二三号）

判 行使权利履行义务，应依诚实信用。（四年上字第三二号）

判 行使抵押权，债权无因而必全归消灭之理。（四年上字第一〇二四号）

判 公款无先受清偿之理由。（五年上字第一〇一四号）

判 续租契约，须经相当期间，始能解除，为交易上之诚信。（八年上字第一二一号）

第二百二十条 **债务人就其故意或过失之行为，应负责任。**

过失之责任，依事件之特性而有轻重，如其事件非予债务人以利益者，应从轻酌定。

【理由】谨按债务人之行为，有故意或过失者，应就其行为而负责任，此属当然之理。至过失之行为，应负责任之标准若何，不可不明文规定之。本条定过失之责任，应依事件之特性，而定责任之轻重，如其事件非予债务人以利益者，即应从轻酌定，俾得稍宽其责任也。

判 债权人于受益人、转得人知有加害事实之时，诉请撤销，须以受益人、转得人及债务人，为共同被告。（五年上字第二四五号）

判 应受给付人，得径向给付受托人请求给付。（九年上字第二九号）

第二百二十一条 **债务人为无行为能力人或限制行为能力人者，其责任依第一百八十七条之规定定之。**

【理由】谨按债务人为无行为能力人或限制行为能力人，其责任依第一百八十七条之规定者，即未成年或禁治产之债务人，应负赔偿责任之情形有四：（一）债务人有识别能力者，使与法定代理人连带负责，无识别能力者，使法定代理人负责；（二）法定代理人监督并未疏懈，或纵加监督，而其行为仍不能免者，不应使法定代理人负责；（三）不能依此种规定负责时，应斟酌债务人与债权人之经济状况，令债务人负全部或一部之责；（四）于其他之人，在无意识或精神错乱中所为之行为，致第三人受损害者，亦应斟酌债权人债务人双方之经济状况，使负全部或一部之责，均须明白规定，以杜无益之争论也。故设本条以明示其旨。

第二百二十二条　故意或重大过失之责任，不得预先免除。

【理由】谨按当事人虽得就通常过失之行为，预以特约免除行为人之责任。然对于故意或重大过失所生之责任，则无可免除之理由，若许其预以特约免除行为人，将来因故意或重大过失所生之责任，则未免过信行为人，而使相对人蒙非常之损害，其特约应归无效。故设本条以明示其旨。

判　重大过失，即全然欠缺注意之谓。故仅须用轻微注意即可预见之情形，而竟怠于注意，不为相当准备者，即不可不谓为有重大过失。（四年上字第二一一八号）

第二百二十三条　应与处理自己事务为同一注意者，如有重大过失，仍应负责。

【理由】查民律草案第三百五十八条理由谓，依法律规定，债务人责任，应与自己事务同一注意者（参照第五九○条），于事实上即应与自己事务为同一之注意。若有重大过失时，应仍使负因过失而生之责任，始足以保护相对人之利益。此本条所由设也。

第二百二十四条　债务人之代理人或使用人，关于债之履行有故意或过失时，债务人应与自己之故意或过失，负同一责任。但当事人另有订定者，不在此限。

【理由】查民律草案第三百六十条理由谓，凡人就自己之故意或过失负责，是为原则，然为确保交易之安全起见，则关于其代理人及使用人之故意或过失，亦应使债务人任其责。但当事人订有免除责任之特约者，法律亦所许可，盖以保护债务人之利益也。故设本条以明示其旨。

第二百二十五条　因不可归责于债务人之事由，致给付不能者，债务人免给付义务。

债务人因前项给付不能之事由，对第三人有损害赔偿请求权者，债权人得向债务人请求让与其损害赔偿请求权，或交付其所受领之赔偿物。

【理由】查民律草案第三百六十一条理由谓，给付于债务关系发生后，依客观或主观之不能，并其原因非归责于债务人之事由时，应使债务人免其义务。故设第一项以明示其旨。又同律第三百六十四条理由谓债务人因其债务标的不能给付，有由第三人受损害赔偿者，有向第三人取得损害赔偿请求权者，此时其不能给付，不问其债务人应否负责，须以债务人所受之损害赔偿或其所有之损害赔偿请求权，代债务之标的，以保护债权人之利益。故设第二项以明示其旨。

判 契约因事变之履行，不能与契约之不履行有别。（七年上字第一二九九号）

解 前清末年不违定章之烟土买卖，仍属有效。但烟土债务，因法令禁止，不能给付，可依债权法则办理。（八年统字第一○二○号）

解 烟土已成禁物，致从前所订契约未能履行者，应由借主赔还银两。（九年统字第一○三○号）

第二百二十六条 因可归责于债务人之事由，致给付不能者，债权人得请求赔偿损害。

前项情形，给付一部不能者，若其他部分之履行，于债权人无利益时，债权人得拒绝该部之给付，请求全部不履行之损害赔偿。

【理由】 查民律草案第三百五十五条理由谓，因归责于债务人之事由，致不能给付者，应使债权人得本于债权之效力，请求其不履行之损害赔偿，以保护债权人之利益。此第一项所由设也。又同律第三百五十六条理由谓给付之一部因归责于债务人之事由而不能者，债权人得依本条第一项，请求一部不履行之损害赔偿，固属当然之事，即其他可能之一部履行，而于债权人无所利益，则为保护其起见，应使其得拒绝可能给付部分之履行，而请求全部不履行之损害赔偿。此第二项所由设也。

判 债务不履行，应赔偿损害。（三年上字第九七号）

判 可分给付债务，亦无一部履行之权利。（四年上字第一○一二号）

判 一部履行不能，他一部履行于债权人无利益者，债权人得请求解约。（四年上字第一○一二号）

判 设定质权之预约，不履行者，应补偿收益。（八年上字第三五三号）

判 于债务不履行时，约定赔偿额数，不为违法。（八年上字第九○六号）

判 不特定物之买卖，由债务人负担危险。（十一年上字第四二六号）

第二百二十七条 债务人不为给付或不为完全之给付者，债权人得声请法院强制执行，并得请求损害赔偿。

【理由】谨按债务人不为给付，或不为完全之给付者，自应许债权人声请法院强制执行，并请求损害赔偿，借以保护债权人之利益。故设本条以明示其旨。

判 不完全履行，债权人有拒绝权。（三年上字第一二八号）

判 不合债务本旨之给付，债权人得拒绝领受。（四年上字第一五二号）

解 前清督抚所出之告示，系显指民教直接关涉案件，向与仇教事件无涉之公所借转，自不包括在内。（九年统字第一三〇〇号）

第二百二十八条 关于物或权利之丧失或损害，负赔偿责任之人，得向损害赔偿请求权人请求让与基于其物之所有权，或基于其权利对于第三人之请求权。

【理由】查民律草案第三百八十八条理由谓，甲以物寄存于乙，因乙之保存不得宜，其物被丙取去，此时甲对于乙，因物之丧失，有损害赔偿请求权；甲对于丙，又有本于所有权之请求权。故甲既得从乙受全部损害之赔偿，又得主张本于所有权之请求权，有从丙受物之返还或损害赔偿之权利，是甲受两重利益也。于此情形，甲非将对于丙之所有权请求权及损害赔偿请求权，让与于乙，则乙无损害赔偿之义务，免生不当之结果也。且此法则，如乙受甲委任，向丙收取债务，而因怠行义务，致丙成为无资力人，乙对于甲应赔偿其损害之处，亦可应用。故设本条以明示其旨。

第二款 迟延

【理由】谨按债务人不履行其债务，或债权人不受债务之履行时，应各负迟延之责任。其因迟延之责任，而发生法律上之效果者，是为债之效力。

第二百二十九条 给付有确定期限者，债务人自期限届满时起，负迟延责任。

给付无确定期限者，债务人于债权人得请求给付时，经其催告而未为给付，自受催告时起，负迟延责任。其经债权人起诉，或依督促程序送达支付命令者，与催告有同一之效力。

前项催告定有期限者，债务人自期限届满时起负迟延责任。

【理由】谨按给付之有确定期限者，则依期限为催告之原则，于期限届满时，使债务人任迟延之责，自属当然之事。给付期限之不确定者，如经催告而未为给付，应自受催告时起，负迟延之责任。催告之定有期限者，应自期限届满时起负迟延之责任。其经债权人提起诉讼，或依督促程序送达支付命令者，应使与催告有同一之效力，以保护债权人之利益。此本条所由设也。

判　担保物灭失，不使债务人丧失期限利益。（三年上字第一〇八号）

判　不定期展期，经相当期间后，得请求履行。（三年上字第八七八号）

判　有确定期限之债务，期限到来，即须清偿。（三年上字第九一九号）

判　债务到期，自应判令即时清偿，不能预期债务人无力而为债权人不利之裁判。（三年上字第一〇七〇号）

判　债务人不得以契约当时未约定之条件，为拒绝延缓之抗辩。（四年上字第三三四号）

判　定期债务，非债权人同意，不得为延期清偿之裁判。（四年上字第三四五号）

判　定期金钱债务，不容借口事变，请求缓期或分期偿还。（四年上字第一三六四号）

判　定期债务到期后，得随时请求清偿。（四年上字第一七一二号）

判　债务人应负迟延责任之始期。（六年上字第八三九号）

判　未定期债，债权人得随时请求清偿。（八年上字第四六五号）

判　预约成立，一造对于相对人要约不为承诺者，应任迟延之责。（十年上字第六八四号）

判　不能谓期限系约计之数目，遂认为不生违约问题。（十九年上字第一三〇号）

判 给付无确定期限者，债务人自受催告时起，负迟延之责任。（十九年上字第一〇四八号）

第二百三十条　因不可归责于债务人之事由，致未为给付者，债务人不负迟延责任。

【理由】查民律草案第三百六十八条理由谓，使债务人任迟延之责者，其不为给付，是否须因债务人之故意或过失？关于此点，各国立法例不一。本法为保护债务人利益起见，凡不为给付，若系本于天灾及其他不可抗力者，债务人不任迟延之责。此本条所由设也。

判 债权人之领受迟延，非使债权消灭。（三年上字第六二八号）

判 非归责于债务人之事由，不必与债务人之无故意过失同一意义。（八年上字第八七号）

判 债务因不可归责于债务人之事由致未给付者，债务人不负迟延之责。（二十一年上字第一九九六号）

第二百三十一条　债务人迟延者，权人得请求其赔偿因迟延而生之损害。

前项债务人，在迟延中，对于因不可抗力而生之损害，亦应负责。但债务人证明纵不迟延给付，而仍不免发生损害者，不在此限。

【理由】查民律草案第三百六十九条理由谓，债务人于正当之时期内不为给付，应使债权人得请求其因迟延而生之损害赔偿，俾与期限内受给付者同。此第一项所由设也。又同律第三百七十条理由谓债务人既有迟延，则虽因不可抗力而灭失其给付之标的物，致不能给付，其原因究系本于债务人迟延之故，仍使债权人得请求其不履行之损害赔偿，此为对于第二百二十五条第一项及第二百三十条之例外规定，然若债务人能证明即使不迟延给付，而标的物仍不免因不可抗力而灭失者，则其损害不得谓为本于债务人之迟延，自不应使任损害赔偿之责。此第二项所由设也。

解 以不动产担保之债权，无论其不动产之占有移转于债权人，或不移转于债权人，如该不动产基于不归责于人之事由而灭失者，其损失均由债务人一方负担，债权人不过丧失债权之担保而已。（三年统字第一四七号）

判　债务人不能证明其履行虽不迟延，而仍有损害之事实者，就迟延后标的物之灭失毁损，不能免赔偿责任。（七年上字第一二八二号）

解　给付迟延之损害赔偿，不以迟延利息为限。若所迟延之债务，非以支付金钱为标的，而实际又有损害足以计算，自应依实际损害，请求赔偿。（十九年院字第三三一号）

第二百三十二条　迟延后之给付，于债权人无利益者，债权人得拒绝其给付，并得请求赔偿因不履行而生之损害。

【理由】谨按债务人迟延后所为之给付，于债权人无利益者，债权人得拒绝收受其给付，并得请求因不履行所生之损害赔偿，以保护其利益。此本条所由设也。

判　迟延后之给付于债权人无利益者，得拒绝并请求赔偿。（八年上字第八七号）

第二百三十三条　迟延之债务，以支付金钱为标的者，债权人得请求依法定利率计算之迟延利息。但约定利率较高者，仍从其约定利率。

对于利息，无须支付迟延利息。

前二项情形，债权人证明有其他损害者，并得请求赔偿。

【理由】查民律草案第三百七十一条理由谓，金钱债权，债权人于清偿期仍未受给付者，债务人当然任迟延之责，应使债权人得依法定利率（第二〇三条），请求迟延利息。但其金钱债权本有约定利率，而其约定利率，超过法定利率者，应依约定利率计算迟延利息。故设第一项以明其旨。迟延利息，无论其按照法定利率计算，抑按照约定利率计算，均应依照本法第二百零七条之规定不许利上生利。故设第二项以明其旨。迟延利息，于依第一项，以法定或约定利率计算，依第二项，不许利上生利外，债权人尚有其他损害者，仍得请求赔偿，惟须由债权人证明其损害耳。故设第三项以明其旨。

判　金钱债权，纵无约定利息者亦得请求迟延利息。（三年上字第三四三号）

判　金钱债务履行迟延，债权人于迟延利息外，不得请求赔偿不能预见之损害。（三年上字第五四三号）

判　金钱债务迟延损害赔偿额之计算，应依通行利率，定损害额数。

但约定利率逾通行利率者，则依约定利率计算。（三年上字第九八八号）

解 债务人迟延不履行债务，提起诉讼，债权人应得利息，自应算至判决执行之日为止。（三年统字第一四七号）

判 无约定利息债权之迟延利息，当然自请求履行之翌日起算。（四年上字第二一九一号）

判 迟延利息之利率，应依市场公定利率，或交易常情定之。（五年上字第四二八号）

判 未定期债权，于催告后尚不清偿，应支付迟延利息。（五年上字第四二八号）

判 迟延利息，须于债务人负迟延责任时，始能请求给付。而关于不定期债权之迟延责任，则应发生于债务人受合法催告之时。（五年上字第九一七号）

判 无约定利率之迟延利息，应依该地通行利率计算。（六年上字第八七六号）

判 定期金钱债务，约明免算之息，限于定期以内之利息。（六年上字第一三〇五号）

判 应赔偿之金额，于请求时给付，不生利息问题。（八年上字第九五二号）

判 迟延利息与原约利息不同。（八年上字第一二四五号）

判 债权人于迟延利息，随时可以主张。（十二年上字第一一三五号）

判 债务履行迟延，只许于具备一定条件时，主张滚利作本，不得请求迟延利息。（十五年上字第一五五四号）

第二百三十四条 债权人对于已提出之给付，拒绝受领或不能受领者，自提出时起，负迟延责任。

【理由】 查民律草案第三百七十五条理由谓，凡债务人或第三人所为之债务履行，债权人拒绝受领，或不能受领者，不问债权人有无过失，自债务人提出给付时起，应使债权人任迟延之责，以保护债务人之利益。此本条所由设也。

判 因归责于债权人之事由，不能领受，债权人应任迟延之责。（四

年上字第二二七号）

　　判　债权人对于一部给付之拒绝，自不负迟延之责。（五年上字第一一〇六号）

　　判　债务人仅空言提出给付，则债权人不负迟延之责。（五年上字第一一四六号）

　　判　债权人于已提出之给付，拒绝领受，或不能领受者，负迟延责任。（六年上字第一一〇六号）

　　判　债权人拒绝不依债权本旨之给付，不负迟延责任。（八年上字第一三二八号）

　　判　债权人容许债务人迟延，债务人可以免责。（十一年上字第二九一号）

　　判　有利息之消费借贷，如债权人对于已提出之给付，拒绝受领，固应负迟延之责任。但债权人之应否负责，必须债务人证明债权人有拒绝受领给付之事实（二十一年上字第八二四号）

　　第二百三十五条　**债务人非依债务本旨实行提出给付者，不生提出之效力。但债权人预示拒绝受领之意思，或给付兼需债权人之行为者，债务人得以准备给付之事情，通知债权人，以代提出。**

　　【理由】 查民律草案第三百七十六条理由谓，依前条规定，欲使债权人任迟延之责者，须于正当时期，正当处所，以正当之标的物，实行提出于债权人，否则债务人辄行提出，使债权人任迟延之责，易生流弊。然若债权人向债务人预先表示拒绝受领之意思，或其给付兼须债权人之行为者（如必须债权人接收其物），则只须以书件或言词，为准备给付之通知足矣，无须实行提出也。

　　判　不合债务本旨之给付提出，仍为履行迟延。（三年上字第九八八号）

　　第二百三十六条　**给付无确定期限，或债务人于清偿期前得为给付者，债权人就一时不能受领之情事，不负迟延责任。但其提出给付，由于债权人之催告，或债务人已于相当期间前预告债权人者，不在此限。**

　　【理由】 谨按无清偿确定期限之给付，或于清偿期前债务人得为给付者（参照第二〇四条），应使债权人有受领给付之准备。若债务人提出给付时，而因债权人一时有不能受领之情事，遽使任迟延之责，未免过酷。故使债权人不负迟延之责任也。然若债务人之给付，系本于债权人之催告，或债务人已于相当期前预告债权人者，则此时之债权人，已有受领之准备，自仍须负迟延之责任。此本条所由设也。

第二百三十七条　在债权人迟延中，债务人仅就故意或重大过失，负其责任。

【理由】查民律草案第三百七十九条理由谓，债务人之债务，虽于债权人之迟延后，仍当然存续，然因债权人迟延，则债务人之责任，应使减轻。故债务人于债权人迟延后，只就故意或重大过失负其责任，虽依债务关系之内容，其负责任之范围应较广者，亦所不问。此本条所由设也。

判　债权人迟延后，债务人就其重大过失，仍应负责。（八年上字第九二七号）

判　买主在先之迟延，不能免卖主在后之迟延责任。（八年上字第九五四号）

第二百三十八条　在债权人迟延中，债务人无须支付利息。

【理由】查民律草案第三百八十二条理由谓，生有利息之金钱债权，于债权人迟延后，债务人是否停止支付利息，抑至金钱提存以前仍支付利息？关于此点，各国立法例不一。本法则规定债权人迟延后，债务人无须支付利息，以保护债务人之利益。此本条所由设也。

第二百三十九条　债务人应返还由标的物所生之孳息或偿还其价金者，在债权人迟延中，以已收取之孳息为限，负返还责任。

【理由】查民律草案第三百八十三条理由谓，债务人应返还由债权标的物所生之孳息，或应偿还其价金者，于债权人迟延后，债务人只须返还现已收取之孳息。至可收取之孳息，因债务人之故意或过失而不收取者，不负迟延与偿还之责任亦所以保护债务人之利益。此本条所由设也。

第二百四十条　债权人迟延者，债务人得请求其赔偿提出及保管给付物之必要费用。

【理由】查民律草案第三百八十四条理由谓，本法规定不问债权人有无故意或过失，若债务人已提出给付后，债权人有拒绝受领，或不能受领之事由，则依此事实，债权人应负迟延之责。故认债务人有赔偿费用之请求权，以保护其利益。此本条所由设也。

第二百四十一条　有交付不动产义务之债务人，于债权人迟延后，得抛弃其占有。

前项抛弃，应预先通知债权人。但不能通知者，不在此限。

【**理由**】查民律草案第三百八十条理由谓，负交付不动产义务之债务人，于债权人迟延后，得免其义务。至其免义务之方法，应于法律规定之，以防无益之争。此本条所由设也。

谨按负有交付动产义务之债务人，于债权人迟延后，债务人得将动产提存而免除其义务（参照本章第六节第三款）。

第三款　保全

【**理由**】谨按保全者，债权人于债务人怠于行使权利或有害其权利时，为巩固自己债权起见，得代债务者行使其权利，或排除债务人诈害行为之谓也。前者谓之间接诉权，后者谓之撤销诉权，要皆为债权人巩固自己权利之行为也。

第二百四十二条　债务人怠于行使其权利时，债权人因保全债权得以自己之名义，行使其权利但专属于债务人本身者，不在此限。

【**理由**】谨按债权人得就债务人之财产受清偿，是为通例。债务人财产之增减，于债权人之债权有重大关系，故于债务人怠于行使其权利时（例如债务人不向第三人索还欠款），应许债权人为保全其债权起见，得以自己之名义行使属于债务人之权利，以保护其利益。但专属于债务人一身之权利（如债务人对于第三人之扶养请求权），则不许债权人行使之。此本条所由设也。

判　政府抚恤被灾各户，于债权人无涉。（四年上字第一三一〇号）

判　牙行业委托人怠于行使债权，致相对人有损失者，相对人得代行使之。（四年上字第一八七八号）

判　经理人之债权人，对于主人有代位求偿权。（四年上字第二三九〇号）

判　债权人得代位行使债务人之债权。（五年上字第五三七号）

第二百四十三条　前条债权人之权利，非于债务人负迟延责任时，不得行使。但专为保存债务人权利之行为，不在此限。

【理由】谨按债权人非于保全债权所必要时，不得行使前条之权利，故必债务人负有迟延责任之场合，方许债权人行使属于债务人之权利。但专为保存债务人权利之行为（例如中断债权之消灭时效）仍得为之，盖以有益于债务人也。故设本条以明示其旨。

第二百四十四条　债务人所为之无偿行为，有害及债权者，债权人得声请法院撤销之。

债务人所为之有偿行为，于行为时明知有损害于债权人之权利者，以受益人于受益时亦知其情事者为限，债权人得声请法院撤销之。

债务人之行为非以财产为标的者，不适用前二项之规定。

【理由】谨按债务人之法律行为，有害于债权人之权利时，债权人得声请法院撤销其行为，以保护其权利。然此种撤销权之行使，应视法律行为之性质而有区别，如系无偿行为，不问债务人知其损害债权人权利与否，均许债权人行使撤销权。若系有偿行为，则以行为时债务人明知有损害于债权人之权利，及受益人于受益时亦知其情事者为限，债权人得行使撤销权，俾受益人及债权人之利益，均得保护。至债务人之法律行为，非以财产为标的者，则与债权人之权利无直接的利害关系，自不许债权人声请撤销。此本条所由设也。

判　受撤销判决之利益者，为总债权人。（四年上字第七四二号）

判　债权人主张撤销诉权之要件有二；（一）须债权人因债务人之行为实受损害；（二）债务人及第三人于行为当时，知有损害债权人之事实。（六年上字第六三二号）

判　撤销诉权，不以债务人业经破产为要件。（七年上字第六四九号）

解　商家已陷破产之状态，系指已经关闭，或实际已不能营业者而言。无论何种法律行为破产，债权人均得否认其成立。（十二年统字第一八〇二号）

第二百四十五条　前条撤销权，自债权人知有撤销原因时起，一年间不行使，或自行为时起经过十年，而消灭。

【理由】查民律草案第四百零二条理由谓，撤销权永久存续，则权利之状态，永不确定，实有害于交易之安全，故撤销权之消灭时效，应以明文定之。此本条所由设也。

第四款　契约

【理由】谨按契约为发生债权债务之重要原因，契约之成立已于本编第一章第一节第一款规定之。本款所定，则属契约之内容、契约之履行或不履行及契约之解除等事项。亦债之效力之一端也。

第二百四十六条　以不能之给付为契约标的者，其契约为无效，但其不能情形可以除去。而当事人订约时并预期于不能之情形除去后为给付者，其契约仍为有效。

附停止条件或始期之契约，于条件成就或期限届至前，不能之情形已除去者，其契约为有效。

【理由】谨按民律草案第五百一十三条及第五百一十七条谓，当事人得自由以契约订定债务关系之内容，而其标的，则以可能给付为必要。故以客观之不能给付（不问其为相对的不能或绝对的不能）为标的之契约，法律上认为无效，所以防无益之争议也。但系主观之不能给付，其契约仍应认为有效，使债务人负损害赔偿之责，此无待明文规定也。至给付之不能，如只系暂时，并非继续者，或其契约中已含有待不能给付之情形除去后始生效力之意者，其契约为附有停止条件之契约，不得以订定契约时不能给付之故而遂认为无效也。故设第一项以明其旨。又以附停止条件之契约，或以附始期之契约，为不能给付之约定者，其不能给付之情形，于条件成就以前或到期以前既经除去者，于事实上既无妨碍，其契约自应认为有效。故设第二项以明示其旨。

判　就将来可取得之物为买卖，非法律所禁。（六年上字第八一五号）

判　以较短时期交付不特定物之契约，非以不能给付为标的，不能否认其效力。（六年上字第一○七五号）

判　兴隆票，不须以物担保。（九年上字第七五七号）

第二百四十七条　契约因以不能之给付为标的而无效者，当事人于

订约时知其不能或可得而知者，对于非因过失而信契约为有效致受损害之他方当事人，负赔偿责任。

给付一部不能，而契约就其他部分仍为有效者，或依选择而定之数宗给付中有一宗给付不能者，准用前项之规定。

【理由】查民律草案第五百一十五条理由谓，以不能给付为标的之契约，如当事人两造皆明知其不能给付，或因过失而不知者，其契约当然无效，损害赔偿之问题，亦不发生。若仅当事人之一造知其不能给付，或因过失而不知之，则对于相对人，仍应负损害赔偿之责。此本条第一项所由设也。又同律第五百一十六条理由谓因给付之一部无效，致契约之全部皆归无效者，应依第一项办理，自不待言。若其契约之给付，一部不能，一部可能，其可能之一部为有效时，如何办理？宜以明文规定之，使其准用前项规定，任损害赔偿之责，所以防无益之争议也。其于选择债务之数种给付，有一种不能给付者，亦然。此第二项所由设也。

第二百四十八条　订约当事人之一方，由他方受有定金时，其契约视为成立。

【理由】谨按关于定金之问题，各国立法例不一，有于民法中不设定金之规定者，有将定金订明于买卖通则中者，本条规定订约之当事人，一方交付定金，一方收受定金，契约即视为成立，盖以防无益之争论也。

第二百四十九条　定金除当事人另有订定外，适用下列之规定：

契约履行时，定金应返还或作为给付之一部；

契约因可归责于付定金当事人之事由，致不能履行时，定金不得请求返还；

契约因可归责于受定金当事人之事由，致不能履行时，该当事人应加倍返还其所受之定金；

契约因不可归责于双方当事人之事由，致不能履行时，定金应返还之。

【理由】谨按依前条之规定，授受定金，既视为契约之成立，则将来契约之履行或不履行，对于定金之应否返还，或须加倍返还，均须有明确之规定，俾资适用。此本条所由设也。

判　卖主于买主着手履行前，得倍还定银，解除契约。（八年上字第

四一八号）

判 订约当事人之一方付有定金者，倘其契约因可归责于付金当事人之事由，而不能履行，其付金之当事人，不得请求返还定金。（二十一年上字第一九○六号）

第二百五十条 当事人得约定债务人不履行债务时，应支付违约金。

违约金，除当事人另有订定外，视为因不履行而生损害之赔偿总额。但约定如债务人不于适当时期，或不依适当方法履行债务时，即须支付违约金者，债权人于债务不履行时，除违约金外，并得请求履行或不履行之损害赔偿。

【理由】 谨按当事人得以契约预定支付违约金，以为债务不履行时所生损害之赔偿额，于实际上尚为便利。此第一项所由设也。违约金之性质，究为损害赔偿之预定，抑为债务之履行特应支付之担保？须由当事人之意思定之。如无另有订定，应视为因不履行而生损害之赔偿总额，如是则债权人除请求支付违约金外，不得请求其他之损害赔偿。然若当事人仅就债务人不于适当时期，或不依适当方法履行债务，而约定支付违约金者，则此时之债权人，除违约金外，并得请求履行或不履行所生之损害赔偿。此第二项所由设也。

判 双务契约，仅定一造违约金，非不法。（六年上字第一○七五号）

判 有违约金之预约，不能更为损害赔偿之请求。（六年上字第一二三○号）

解 电灯用户，擅自更改侵害公司之利益者，应准其请求违约费。（九年统字第一三一七号）

判 未定违约金，亦得成立赔偿债权。（十年上字第一○一二号）

解 违约金在当事人意思不明时，应推定为损害赔偿数额之预约。迟延利息，亦所以填补债权人之损失者，性质上不容同时并存。至当事人于第二审主张违约金，若非变更诉之原因，应予准许。（十一年统字第一七八八号）

判 违约金为损害赔偿之预定时，如无损害，不得请求。（十二年上字第一五二二号）

判 本院按当事人于本契约外，为确保其契约之履行起见，同时或事后另以契约造有违约之罚款，依其内容给付罚款，只以违约为条件，并非有预定赔偿损害之性质。虽约内载有罚金或罚款字样，为策进社会交易安全及诚实信用计，应认为有效。（十六年上字第一一七二号）

第二百五十一条 债务已为一部履行者，法院得比照债权人因一部履行所受之利益，减少违约金。

【理由】谨按当事人以契约预定违约金者，于债务人不履行债务时，应即支付违约金，此属当然之事。然债务人已为一部之履行时，如仍使照约支付违约金，则债务人备受不测之损害，殊失情理之平。故法院得比照债权人因一部履行所受之利益，减少违约金，以期得公平之结果。此本条所由设也。

第二百五十二条 约定之违约金额过高者，法院得减至相当之数额。

【理由】谨按违约金之数额，虽许当事人自由约定，然使此约定之违约金额，竟至超过其损害额，有显失公平之情形时，债务人尚受此约定之拘束否？各国法例不一。本法则规定对于违约金额过高者，得由法院减至相当额数，以救济之，盖以保护债务人之利益，而期得公平之结果也。

判 违约金推定为预定之赔偿，如超过实际所受之损害者，得予酌减，惟其约并非无效。（六年上字第一〇七五号）

第二百五十三条 前三条之规定，于约定违约时应为金钱以外之给付者，准用之。

【理由】查民律草案第三百九十五条理由谓，依契约自由之原则，当事人得预定以金钱外之给付，充损害赔偿（如移转特定物之所有权）。此时应与以金钱充损害赔偿者，一律办理，故准用前三条之规定。此本条所由设也。

判 订立债权契约之当事人，得约定预付利息。（十四年上字第三五六三号）

第二百五十四条 契约当事人之一方迟延给付者，他方当事人得定相当期限催告其履行，如于期限内不履行时，得解除其契约。

【理由】查民律草案第五百三十七条理由谓，第二百三十一条于债务人迟延给付时，认债权人有请求赔偿因迟延所生损害之权。第二百三十二条，迟延后之给付，于债权人无利益者，认债权人有拒绝给付并请求赔偿因不履行所生损害之权。然欲以是律交易上一切之双务契约，未免有所不足，故设本条。于双务契约因一方迟延给付时，而定相对人定期催告及解除契约之权利也。

判　一造非得相对人同意，或相对人违约不履行时，不得解除。（三年上字第四九九号）

判　双务契约，一造不能履行，则他一造有解除权。（三年上字第九三五号）

判　卖约得因不交价而解除。（四年上字第一五七号）

判　契约一造违约不履行，相对人有解除权。（四年上字第三九二号）

判　分期归还契约，设有担保者，不得因不履行而即解除。（四年上字第二〇四〇号）

判　双务契约，一造履行迟延，相对人得为定期催告。（四年上字第二一六九号）

判　双务契约，一造履行迟延，经定期催告，仍不履行者，相对人得请求不履行之损害赔偿或解约。（四年上字第二一六九号）

判　分期归还之债务，至期仍不履行，自应准债权人声明解约，使得仍为全部履行之请求。苟债务人因不能按约归还设有分期归还之担保，则届期不照归还者，债权人自可行使其担保权而不即向债务人声明解约。惟其担保已经消灭或减少，而债务人又不能设定其他相当之担保以代之者，债权人固仍得解除契约。（五年上字第五二一号）

判　减成分偿之契约，至期不履行，则债权人有解除权，仍可诉请照额清偿。（五年上字第八六七号）

判　双务契约，须经定期催告，仍不给付，始可解除。（五年上字第一一八七号）

判　履行期到来前之催告及解除预告，不生效力。（八年上字第九五四号）

判　债权人于给付不能，系因归责于债务人之事由时，得以解约。

（十二年上字第三三五号）

判 关于买卖之债权契约成立后，除有解除原因外，不容一造任意解除。（十四年上字第五九八号）

第二百五十五条 依契约之性质或当事人之意思表示，非于一定时期为给付不能达其契约之目的，而契约当事人之一方不按照时期给付者，他方当事人得不为前条之催告，解除其契约。

【理由】 查民律草案第五百五十二条理由谓，依契约之性质或当事人之意思表示，若非于一定时期内给付，不能达契约之目的者，推定当事人有因一造不履行而保留解除权之意思。于此情形，若一方不履行义务，须使他方得即解除契约，以保护其利益。此本条所由设也。

判 分期归还契约之不履行，原则上债权人有解除全约之权。（四年上字第一五八四号）

判 分期给付之双务契约，于第一期一造已提供而相对人不领受，亦不履行义务者，得解除全部契约。（六年上字第一二二一号）

判 担保物系担保分期各债全部而属于不可分割者，以后各期之债，应使其提前统受清偿。（七年上字第六〇八号）

判 未约明逾期不备价取货即行解除者，其契约得不因逾期解除。（八年上字第九八三号）

第二百五十六条 债权人于有第二百二十六条之情形时，得解除其契约。

【理由】 谨按依本法第二百二十六条之规定，因可归责于债务人之事由，致给付不能者，债权人得请求赔偿损害。其仅给付之一部不能者，若其他部分之履行，于债权人无利益时，债权人得拒绝该部之给付，并请求全部不履行之损害赔偿。债权人遇有此种情形时，仅得解除其契约，盖于行使损害赔偿请求权之外，复予以解除契约之权，使债权人之权利，得受充分之保护也。

第二百五十七条 解除权之行使，未定有期间者，他方当事人得定相当期限，催告解除权人于期限内确答是否解除。如逾期未受解除之通知，解除权即消灭。

【理由】 查民律草案第五百五十条理由谓，依契约而保留解除权，有附期限者，有不附期限者。后者情形，须设除斥期间，使相对人有使解除权消灭之权利，始足以保护相对人之利益。盖解除权为不依时效而消灭之权利，无此规定，别无消灭之法，于相对人甚不便也。

第二百五十八条　解除权之行使，应向他方当事人以意思表示为之。

契约当事人之一方有数人者，前项意思表示，应由其全体或向其全体为之。

解除契约之意思表示，不得撤销。

【理由】查民律草案第五百四十三条理由谓，当事人之一方，依第二百五十四条、第二百五十五条及第二百五十六条之规定，解除契约者，其行使解除权之方法，应规定明晰，以防无益之争论。又行使解除权之意思表示，不得撤销，以免法律关系流于复杂。此第一项及第三项所由设也。又同律第五百五十六条理由谓解除权有不可分之性质，若反其性质使其可分，则法律关系，烦杂殊甚。此第二项所由设也。

判　约定解除权之行使，应向相对人表示意思。（四年上字第二〇二〇号）

判　仅契约当事人一人或数人违约，不得即解除全部契约。（四年上字第二四五二号）

判　契约之解除，不拘方式。（八年上字第一〇四二号）

判　保险契约规定，两造皆有自由解约之权。（十三年上字第六一六号）

判　保险契约解约之行使方法，应由解约权人，向相对人表示意思为之。（十三年上字第六一六号）

判　解除契约，应由解除权人，于诉讼外或诉讼上，曾向相对人为解除之意思表示，始能发生解除效力，法院亦始得据为裁判基础。（十六年上字第八九七号）

第二百五十九条　契约解除时，当事人双方回复原状之义务除法律另有规定，或契约另有订定外，依下列之规定：

一、由他方所受领之给付物，应返还之；

二、受领之给付为金钱者，应附加自受领时起之利息偿还之；

三、受领之给付为劳务或为物之使用者，应照受领时之价额，以金钱偿还之；

四、受领之给付物生有孳息者，应返还之；

五、就返还之物已支出必要或有益之费用，得于他方受返还时所得利益之限度内请求其返还；

六、应返还之物有毁损灭失，或因其他事由，致不能返还者，应偿还其价额。

【理由】谨按契约解除时，当事人双方均负回复契约成立前原状之义务。除法律另有规定，或当事人另有约定者，仍当从其所定外，其所负义务之范围，亟应明白规定，以杜无谓之争论。此本条所由设也。

判 解除后如应返还金钱，须添付利息。（三年上字第二〇六号）

判 解除后返还金钱迟延，亦应负担迟延利息。（六年上字第二四八号）

判 契约解除时，各应负回复原状之义务。（六年上字第五九六号）

判 债务人回复原状义务，以立约当时情况为标准。（六年上字第一〇一六号）

判 解除预约，须在相对人着手履行前。（十二年上字第一一六一号）

判 解除预约之权，须在相对人着手履行以前，始得行使。及买主付有定银之买卖契约，须于买主着手履行以前，始得偿还定银，解除契约，均经本院著有先例。又按不动产买卖所书立之正式契据，原系所有权移转之物权契约，以先尚可成立买卖预约，或本约之债权契约，一般立正契前所立之草契，究系买卖预约，抑系买卖本约？应依其内容，并其他情形定之。如草约已径将买卖本约之内容并其履行期限，全行定明，有时即可认为两造已成立买卖本约。（十六年上字第九八七号）

第二百六十条 解除权之行使，不妨碍损害赔偿之请求。

【理由】谨按契约之解除，与损害赔偿之请求，有无妨碍？各国立法例，有契约当事人一方迟延给付时，他方当事人或请求赔偿损害，或解除契约，两者之中，任择其一者；亦有由他方当事人除解除契约外，并得请求损害赔偿者。两种法例，后者最为妥适。本条特定解除权之行使，于损害赔偿请求权并无妨碍，所以祛实际上之疑惑也。

判　买卖不得以银根紧迫为理由，请求解除。（五年上字第四七一号）

第二百六十一条　当事人因契约解除而生之相互义务，准用第二百六十四条至第二百六十七条之规定。

【理由】谨按因契约解除而生之相互义务者，例如物品买卖，因契约成立而相互交付之物品或金钱之一部，自应因契约之解除，而相互负返还之义务是也。此种因契约解除而生之相互义务，应与因双务契约而生之债务相同，故准用第二百六十四条至第二百六十七条之规定。此本条所由设也。

第二百六十二条　有解除权人，因可归责于自己之事由，致其所受领之给付物有毁损灭失，或其他情形，不能返还者，解除权消灭。因加工或改造，将所受领之给付物变其种类者，亦同。

【理由】查民律草案第五百四十七条理由谓，有解除权人，因归责于己之事由，致不能履行回复原状之义务时，若仍使其有解除权，有害相对人之利益，故应使其解除权消灭。又同律第五百四十八条理由谓有解除权人，因加工或改造，将其所受领之给付物，变为他种类之物时，亦应使其解除权消灭。否则解除后必须回复原状，而物已变更，相对人受之，未必能有利益也。

判　双务契约因归责于己之事由，致履行不能，其相对人得解约。（七年上字第四二九号）

第二百六十三条　第二百五十八条及第二百六十条之规定，于当事人依法律之规定终止契约者，准用之。

【理由】谨按终止契约者，谓不使契约继续进行也，其性质与契约之解除相同。故当事人依法律之规定终止契约者，亦得准用关于解除契约之规定，即终止契约，应向他方当事人以意思表示为之。当事人一方有数人者，其意思表示，应由全体或向全体为之。已为终止契约之意思表示，不得撤销，及契约之终止，不妨碍损害赔偿之请求是也。

第二百六十四条　因契约互负债务者，于他方当事人未为对待给付前，得拒绝自己之给付。但自己有先为给付之义务者，不在此限。

他方当事人已为部分之给付时，依其情形，如拒绝自己之给付有违

背诚实及信用方法者，不得拒绝自己之给付。

【理由】查民律草案第五百三十一条理由谓，就双务契约言之，各当事人之债务，互相关联，故一方不履行其债务，而对于他方请求债务之履行，则为保护他方之利益起见，应使其得拒绝自己债务之履行（同时履行之抗辩）。然若自己负有先履行之义务者，则不得以相对人未履行为理由，而拒绝自己债务之履行。此第一项所由设也。

谨按双务契约当事人之一方，虽得因他方当事人不履行其债务，而拒绝自己债务之履行，然若他方当事人已经为一部分债务之履行，所余至微，而自己仍借口以拒绝债务之履行，则依其情形，显有违背诚实及信用之方法，故于此时应使其不得拒绝自己债务之履行。此第二项所由设也。

判 双务契约，应同时履行。（三年上字第一〇四一号）

判 债务契约，得为同时履行抗辩。（五年上字第八三〇号）

判 双务契约，两造之违约责任，不必一致。（六年上字第一〇七五号）

判 双务契约，一造已提出给付，相对人不履行义务者，除解除外，并得请求损害赔偿。（七年上字第八四九号）

判 双务契约，不得仅以未受对待给付，主张解除。（八年上字第四四六号）

判 双务契约，一造之当事人负有先向他造履行之义务者，不得行使同时履行之抗辩。（十五年上字第三一一号）

判 按诸条理，卖主与买主就卖价另订借贷契约，许其延期给付，应解为系专为买主之利益而订立一种附款，不能谓其债务有所更改。故在卖主未至所定期限以前，固不得请求买主给付卖价，但在买主则仍可随时请求卖主履行。卖主苟有迟延，买主不但就其已至履行期之贷款，得于同时履行之抗辩，拒绝给付，即令原借约订有利息，亦得主张免除。盖以两造初时缔结借约真意，本预期卖主能立时交物，始特约买主延期交价并负担迟延利息故也。（十六年上字第一二〇八号）

第二百六十五条 当事人之一方，应向他方先为给付者，如他方之财产，于订约后显形减少，有难为对待给付之虞时，如他方未为对待给付或提出担保前，得拒绝自己之给付。

【理由】查民律草案第五百三十二条理由谓，双务契约，有约定当事人之一造先向相对人为给付者，推此契约之意，乃就相对人所应为之对待给付，而信认相对人故也。若契约成立后，相对人之财产显形减少，有不能受对待给付之虞，是相对人不足信认，故于受对待给付或提出担保以前，应使其得拒绝自己债务之履行，以保护其利益。此本条所由设也。

第二百六十六条　因不可归责于双方当事人之事由，致一方之给付全部不能者，他方免为对待给付之义务。如仅一部不能者，应按其比例减少对待给付。

前项情形，已为全部或一部之对待给付者，得依关于不当得利之规定，请求返还。

【理由】查民律草案第五百三十四条理由谓，以双务契约言之，其债务之标的，若非因归责于当事人两造之事由而不能给付时，应归何人负担？此为担负危险问题，古来学说不一，立法例亦不同。本法因双务契约，其标的互相关联，一造之给付义务，即为他造之给付请求权。故订立契约后，当事人一造所负担之给付，非因归责于当事人两造之事由而不能给付时（例如应交付之马于给付前死亡），则对于他方无对待给付之请求权，他方亦免为对待给付之义务，以求合于双务契约之本质，并与当事人两造之意思相符。但仅系一部不能给付者，无使对待给付义务全部消灭之理，惟应使减少适当之额而已。此第一项所由设也。

谨按当事人一方，因不可归责于双方之事由致给付不能，他方固得免对待给付之义务。然若他方已为全部或一部之对待给付者，此时之受领人即属不当得利，自应许他方得依关于不当得利之规定，请求返还，以保护其利益。此第二项所由设也。

判　债务契约，因事变致履行不能者，无请求对待给付权。（四年上字第二三六五号）

解　甲乙订有双务契约，甲负给付银钱之义务，既为不作为，则乙之履行，并不须有作为之能力，自不得以此即谓其契约有失效原因。（十一年统字第一七〇七号）

第二百六十七条　当事人之一方，因可归责于他方之事由，致不能给付者，得请求对待给付。但其因免给付义务所得之利益，或应得之利益，均应由其所得请求之对待给付中扣除之。

【理由】谨按双务契约，当事人一方所负担之给付，若因归责于他方之事由致给付不能者，应使其得免给付义务，然并不因此而丧失对于他方之对待给付请求权。惟因免除自己给付义务所取得之利益，或应行取得之利益，均应由其所得请求之对待给付中扣除之，盖以此种利益，系属不当得利也。故设本条以明示其旨。

第二百六十八条　契约当事人之一方，约定由第三人对于他方为给付者，于第三人不为给付时，应负损害赔偿责任。

【理由】谨按契约当事人之一方，约定由第三人对于他方为给付者，若第三人不为给付时，则本人对于他方，仍应负损害赔偿之责任，以保护他方当事人之利益。此本条所由设也。

第二百六十九条　以契约订定向第三人为给付者，要约人得请求债务人向第三人为给付。其第三人对于债务人，亦有直接请求给付之权。

第三人对于前项契约，未表示享受其利益之意思前，当事人得变更其契约，或撤销之。

第三人对于当事人之一方，表示不欲享受其契约之利益者，视为自始未取得其权利。

【理由】谨按订立向第三人为给付之契约，应否允许？古来学说不一，立法例亦不同。本法以为当事人订立契约，不尽使自己受利益，故使自己受利益，非契约有效所必需之要件。然则当事人彼此订立向第三人为给付之契约，以法理论之，不能不认其成立也明矣。至因第三人而订立之契约，是否只第三人对于债务人有请求给付之权利，抑要约人亦有向债务人请求其向第三人为给付之权利，不可不明文规定之。故使要约人有请求债务人向第三人为给付之权，即第三人亦有直接向债务人请求给付之权，以期贯彻立约之本旨。此第一项所由设也。以契约订定向第三人为给付之契约，应以第三人表示享受契约利益之意思而发生效力，在第三人未表示意思以前，当事人仍得将契约变更或撤销之，盖此时权利尚未发生，契约亦无拘束力也。故设第二项以明示其旨。向第三人为给付之契约，因此第三人对于债务人取得直接请求给付之权利，必俟第三人表示享受利益之意思而后可，若第三人表示不愿享受其契约之利益者，即与自始未取得权利无异。故又设第三项以明其旨。

判　依契约允向第三人给付者，第三人得直接请求履行。（十年上字第七七二号）

第二百七十条　前条债务人，得以由契约所生之一切抗辩，对抗受益之第三人。

【理由】查民律草案五百四十二条理由谓，因第三人而订立之契约，第三人之权利，系本于该契约。故债务人本于契约得向要约人对抗者，须使之亦得向第三人对抗，否则无以保护债务人之利益。此本条所由设也。

第四节　多数债务人及债权人

【理由】查民律草案债权编第一章第六节原案谓，多数债务人及多数债权人之债务关系，自昔为各国所认许，且实际上至为重要，故本法采多数之立法例，特设本节，以规定多数债务人与多数债权人债务关系之法则。本法特将多数当事人之债务关系，分为连合债务与连合债权关系、连带债务与连带债权关系及不可分债务与不可分债权关系三种，至保证债务关系，则于第二章规定之。

第二百七十一条　数人负同一债务或有同一债权，而其给付可分者，除法律另有规定或契约另有订定外，应各平均分担或分受之。其给付本不可分而变为可分者，亦同。

【理由】谨按可以分给之债务或债权，乃指无害于本质及其价值而得分割其给付而言。如有多数债务人或多数债权人时，则多数债务人或多数债权人，应按各平等比例而负担债务或享有债权，既合于事理之公平，且适于当事人之意思。至其给付之本不可分，而其后变为可分者，亦同。然若法律别有规定，或契约另有订定，不应平均分担或分受者，则应从其所定。此本条所由设也。

判　非连带之共同债务人，一人不能独负全额债务。（三年上字第九号）

判 诸子对于父债，应否分别偿还，以继产分析与否为断。（三年上字第九号）

判 数人依约共负可分给付之债务，如有特别情形，亦应分担他人之债务。（六年上字第六四四号）

判 可分给付之共同债务人，原则上应平均分担。（六年上字第一一六九号）

判 兄弟共同债务，由一人代理者，应由代理人以所占共产清偿。（七年上字第五一九号）

判 兄弟共同债务，亦适用连合分担之制。（七年上字第六二八号）

判 多数债权人，对于债务人之财产，固可主张平均分配，非债务人对于债权人之一人所能抗争。（十七年上字第一七号）

第二百七十二条　数人负同一债务，明示对于债权人各负全部给付之责任者，为连带债务。

无前项之明示时，连带债务之成立，以法律有规定者为限。

【理由】查民律草案第四百八十三条理由谓，连带债务者，使各债务人各独立负有清偿全部债务之义务，使债权人易于实行其权利也。此项债务，只须债务人中之一人富有资产，其他债务人虽系无资产者，亦得受全部之清偿，便利实甚，各国立法例皆公认之。故本法亦采用焉。

谨按连带债务，有因法律行为而发生者，有因法律之规定而生者（第一八五条第一项、第一八七条第一项、第一八八条第一项），若各债务人并未明示连带负责之意思时，则连带债务之成立，应以法律有规定者为限。此本条所由设也。

第二百七十三条　连带债务之债权人，得对于债务人中之一人，或数人，或其全体，同时或先后请求全部或一部之给付。

连带债务未全部履行前，全体债务人仍负连带责任。

【理由】谨按债务人对于连带债务人中之一人或数人或其全体，皆得请求履行债务之全部或一部之给付，盖各债务人各负有全部清偿之责也。故在连带债务未全部履行前，全体债务人仍应负连带之责任。此本条所由设也。

　　判　向连带债务人一人请求，对于他人亦有效。（六年上字第一二号）

　　判　家族一人代理全家之共同债务，债权人得就其家公产，请求清偿。（七年上字第四五七号）

　　第二百七十四条　**因连带债务人中之一人为清偿，代物清偿、提存、抵销或混同，而债务消灭者，他债务人亦同免其责任。**

　　【理由】谨按连带债务人中之一人，如对债权人业已清偿，或为得与清偿同视之代物清偿，及提存、抵销、混同而消灭债务者，其他债务人，亦得以由此而免除债务之责任，否则债权人得受两次清偿，与连带关系之本质相背也。故设本条以明示其旨。

　　第二百七十五条　**连带债务人中之一人，受确定判决，而其判决非基于该债务人之个人关系者，为他债务人之利益，亦生效力。**

　　【理由】谨按连带债务人中之一人，经债权人提起诉讼而受法院确定判决时，其判决如系基于该债务人之个人关系，则仅对于该债务人生效力。如非基于该债务人之个人关系，则对于其他债务人，亦生效力，盖以本于连带关系之性质，应有利益于其他债务人也。故设本条以明示其旨。

　　第二百七十六条　**债权人向连带债务人中之一人免除债务，而无消灭全部债务之意思表示者，除该债务人应分担之部分外，他债务人仍不免其责任。**

　　前项规定，于连带债务人中之一人消灭时效已完成者，准用之。

　　【理由】查民律草案第四百九十一条理由谓，债权人对于连带债务人之一，免除债务者，对于总债务人，有无消灭债务之效力，不无疑义。以理论言，应以债权人有此意思与否为断，苟债权人本无此意思，则其免除，于其他债务人毫无关系。然如此办理，必致债权人对于其他债务人，请求履行债务之全部。其他债务人对于已受免除之债务人，就其所负担部分行使求偿权，而已受免除之债务人，对于债权人，亦必须行使求偿权。诚如是，则关系复杂，徒滋烦扰。不若使债权人先将已受免除债务人应行分担之部分扣除，仅就其残余部分，使其他债务人负其责任，较为简捷。此第一项所由设也。又同律第四百九十二条第二项理由谓连带债务人之一人其时效已完成者，仅该债务人之债务消灭，于其他债务人之债务，似无影响。然如此办理，则债权人请求他债务人履行债务，其他债务人，向已受时效利益之债务人，得行其求偿权，卒至发生该债务人不得受时效利益之结果。故设第二项以防其弊。

第二百七十七条　连带债务人中之一人，对于债权人有债权者，他债务人以该债务人应分担之部分为限，得主张抵销。

【理由】谨按抵销者，二人互负债务因而互相抵充之行为也。抵销为一种简便清偿之方法，如连带债务人中之一人，对于债权人享有债权者，得以其自己之债权，向债权人主张抵销，以消灭连带债务。然则其他连带债务人，亦得以该债务人之债权，主张抵销乎？各国立法例不一，有不许其他债务人援用该债务人之债权主张抵销者。本法规定，则以该债务人应行分担之部分为限，许其他债务人亦得主张抵销，所以保护该债务人之利益也。故设本条以明示其旨。

第二百七十八条　债权人对于连带债务人中之一人有迟延时，为他债务人之利益，亦生效力。

【理由】查民律草案第四百八十七条理由谓，对于连带债务人中之一人，债权人有迟延时，则其效力及于他债务人。盖恐债权人故意拒绝清偿，不为受领，使债务关系，有流于迟延之弊。故特设本条以限制之。

第二百七十九条　就连带债务人中之一人，所生之事项，除前五条规定或契约另有订定者外，其利益或不利益，对他债务人不生效力。

【理由】谨按连带债务，为复数之债务，非惟一之债务，故就连带债务人一人所生之事项，无论利益不利益，不得对于他债务人发生效力。然关于特种事项，亦有应认为例外，如前五条所定之情形，或契约另有订定，而使对于其他债务人发生效力者，则应从其所定。此本条所由设也。

第二百八十条　连带债务人相互间，除法律另有规定或契约另有订定外，应平均分担义务。但因债务人中之一人，应单独负责之事由所致之损害，及支付之费用，由该债务人负担。

【理由】谨按连带债务人，相互间之关系，除法律另有规定或契约另有订定外，应使各债务人平均负担义务，方为公允。但因债务人中之一人，所生之损害及其所支出之费用，应单独负责之事由而发生者，则应由该债务人单独负责，不应使其他债务人共同负担也。故设本条以明示其旨。

第二百八十一条　连带债务人中之一人，因清偿或其他行为，致他债务人同免责任者，得向他债务人请求偿还其各自分担之部分，并自免责时起之利息。

前项情形，求偿权人于求偿范围内，承受债权人之权利，但不得有害于债权人之利益。

【理由】查民律草案第四百九十五条理由谓，连带债务人之一人，因清偿或其他行为，以消灭债务，致其他债务人得免共同之责任者，该债务人对于其他债务人，自应许其就各债务人各自负担之部分，分别请求偿还，并自免责时起之利息。故本条第一项明示其旨。并示求偿之范围，以杜争议。又同律第四百九十七条理由谓连带债务人中之一人，因清偿或其他行为，以消灭债务，致其他债务人得免共同之责任者，其债权人对于他债务人之债权，及担保权，于求偿目的之范围以内，当移转于为清偿之债务人，使其求偿权，易于行使，理至当也。但其承受债权人之权利，致有害于债权人之利益者，不得将此项权利移转于债务人，因非由债权人之意思而移转故也。故设第二项以明示其旨。

判　连带债务人一人为全部清偿时，有求偿权。（四年上字第七四二号）

判　按债权人对于连带债务人之一人，得请求履行全部债务，其为全部清偿之人，得对于他债务人按成求偿。（十八年上字第二一四号）

第二百八十二条　连带债务人中之一人，不能偿还其分担额者，其不能偿还之部分，由求偿权人与他债务人按照比例分担之。但其不能偿还，系由求偿权人之过失所致者，不得对于他债务人请求其分担。

前项情形，他债务人中之一人，应分担之部分已免者，仍应依前项比例分担之规定，负其责任。

【理由】谨按依前条之规定，连带债务人中之一人，因清偿或其他行为，致他债务人同免责任者，得就各债务人各自负担之部分，行使求偿权。若其中之一人，有不能偿还分担之额时，其不能偿还之部分，准情酌理，自应使各债务人按照比例分担之。但其不能偿还，系因求偿权人之过失所致者，则应由求偿权人单独负担其损失，不得请求他债务人分担。此第一项所由设也。连带债务人中一人不能偿还之部分，应由求偿权人与其他债务人按照比例平均分担。故其他债务人中之一人，虽其自己应分担之部分，已经免责者（例如消灭时效已完成或已由债权人免除），对于他人不能偿还之部分，仍应比例分担，负其责任。本法特设明文规定，所以杜无谓之争执也。

第二百八十三条　数人依法律或法律行为，有同一债权，而各得向债务人为全部给付之请求者，为连带债权。

【理由】查民律草案第四百九十九条理由谓，连带债权者，使各债权人各得独立请求履行其全部债务之权利也。有连带债权，故代理非必要之事，盖不必代理，亦得实行其权利也。故本条申明连带债权之意义，连带债权，以依据法律或法律行为所设定者为主，如当事人别无订定，则应以本法规定办理。

判　共有金钱债权之债权人，原则得分请清偿。（八年上字第一一二二号）

第二百八十四条　连带债权之债务人，得向债权人中之一人，为全部之给付。

【理由】查民律草案第五百条理由谓，连带债权，其各债权人，各得向债务人请求全部之给付。债务人亦得任意选定债权人中之一人，而为全部之给付，盖欲使其易于履行债务也。故设本条以明示其旨。

第二百八十五条　连带债权人中之一人，为给付之请求者，为他债权人之利益，亦生效力。

【理由】查民律草案第五百零二条理由谓，连带债权人之一人所为给付之请求，对于他债权人之利益，亦当然发生效力，盖使其易于实行债权也。

第二百八十六条　因连带债权人中之一人，已受领清偿、代物清偿，或经提存、抵销、混同，而债权消灭者，他债权人之权利，亦同消灭。

【理由】谨按连带债权人中之一人，已受领债务人之清偿、代物清偿、提存、抵销或混同，而债权消灭者，此与第二百七十四条所规定连带债务之性质，完全相同。故使其他债权人之债权，亦同时归于消灭。

此本条所由设也。

第二百八十七条 连带债权人中之一人，受有利益之确定判决者，为他债权人之利益，亦生效力。

连带债权人中之一人，受不利益之确定判决者，如其判决非基于该债权人之个人关系时，对于他债权人，亦生效力。

【理由】谨按连带债权人中之一人，受有确定判决者，其效力是否及于其他债权人，应以该判决有利益于其他债权人与否为断。如有利益于其他债权人者，则其判决之效力，自可及于其他债权人。若其判决不利益于其他债权人时，则以非基于该债权人个人关系为限，始得对于其他债权人发生效力。此本条所由设也。

第二百八十八条 连带债权人中之一人，向债务人免除债务者，除该债权人应享有之部分外，他债权人之权利，仍不消灭。

前项规定，于连带债权人中之一人，消灭时效已完成者，准用之。

【理由】谨按债权消灭之原因甚多，而债务之免除，及消灭时效之完成，各居其一。故连带债权人中之一人，向债务人表示免除债务之意思，则该债权人应享部分之债权，即行消灭。而他债权人之权利，固依然存在也。又连带债权人中之一人，因久不行使权利，致罹于消灭时效，则该债权人应享部分之债权，即行消灭。而他债权人之权利，亦依然存在也。是一人所为之免除，与一人之消灭时效完成，仅以其自己所享有之部分，消灭其权利，至于其他债权人之权利，则法应保护，不使消灭也。故设本条以明示其旨。

判 债权人多数虽允许停利缓期，然不能拘束其他不允之债权人。（五年上字第一一五号）

判 多数债权人中一人之免除，只就该债权人之部分生效力。（六年上字第七九一号）

第二百八十九条 连带债权人中之一人有迟延者，他债权人亦负其责任。

【理由】查民律草案第五百零三条理由谓，连带债权，其债务人得对于选定之债权人而为清偿。连带债权人之一人有迟延，若对于其他债权人不生效力，则债务人必于各债权人皆有迟延之情形，始生迟延之效力，是使债务人失其选择之利益矣。故设本条，使不至有此不当之结果，所以保护债务人也。

第二百九十条　就连带债权人中之一人所生之事项，除前五条规定或契约另有订定者外，其利益或不利益，对他债权人不生效力。

【理由】查民律草案第五百零一条理由谓，连带债权，乃复数之债权，与连带债务同。就连带债权人中之一人所生之事项，对于其他债权人，无论利益或不利益，皆不生效力，是为原则。至前五条之所规定，或契约另有订定者则应从其所定，是为例外。故设本条以明示其旨。

解　多数债权人，对于未曾宣布破产之债务人，呈准法院所设立之管理财产团，对于未有加入该团体之其他债权人，自不受其拘束。（十四年统字第一九三五号）

第二百九十一条　连带债权人相互间，除法律另有规定或契约另有订定外，应平均分受其利益。

【理由】查民律草案第五百零七条理由谓，连带债权人相互间之关系，如法律别无规定，或契约别无订定，自以平等比例享有权利为当。此本条所由设也。

第二百九十二条　数人负同一债务，或有同一债权，而其给付不可分者，除第二百九十三条之规定外，准用关于连带债务或连带债权之规定。

【理由】谨按债之标的，如系不可分之给付，而数人负有同一之债务者，则各债务人各负全部给付之责任，与连带债务无异。反之而数人享有同一之债权者，则各债权人皆得请求债务人为全部之给付，与连带债权无异，故准用关于连带债务与连带债权之规定。但本法第二百九十三条之情形，则系关于不可分给付特种之性质，自应除外，不在准用连带债务或连带债权之列。此本条所由设也。

第二百九十三条　给付不可分者，各债权人仅得为债权人全体请求给付，债务人亦仅得向债权人全体为给付。

除前项规定外，债权人中之一人，与债务人间所生之事项，其利益或不利益，对他债权人不生效力。

【理由】查民律草案第五百零九条理由谓，以不可分为标的之债，如债权人有数人时，各债权人虽各得向债务人请求全部之给付，然仅得为债权人全体请求给付。不得为自己个人请求给付。债务人亦仅得向债权人全体而为给付，不得向债权人中之一人而为给付。此第一项所由设也。又同律第五百一十条理由谓不可分给付之债权人，得各自请求履行债务之全部者，以有标的为不可分故也。故债权人之一人，为总债权人利益起见，而受清偿时，其不可分给付之债权，当然消灭。然关于债权人中一人与债务人间所生之事项，应使其效力不得及于其他债权人，否则虑有害及其他债权人之利益也。故设第二项规定。

第五节　债之移转

【理由】查民律草案债权编第一章第三节原案谓，古代之立法例，有不认债之移转者，近世各国皆认之，于实际上不得不然也，故本法规定债之移转。

第二百九十四条　债权人得将债权让与于第三人，但下列债权，不在此限：

一、依债权之性质不得让与者；

二、依当事人之特约，不得让与者；

三、债权禁止扣押者。

前项第二款不得让与之特约，不得以之对抗善意第三人。

【理由】谨按债权人得将债权让与他人，让与之后，受让人当然有让与人之地位（即债权人）。但其让与，为不要式行为，亦不须得债务人之承认。然有特种之债权，即非变更债权内容不得让与之债权（如扶养请求权），及当事人约定不许让与之债权，则不得让与，所以保护公益及当事人之利益也。又禁止扣押之债权（于执行法中规定之，例如《民事诉讼执行规则》第九十七条规定，债务人对于第三人之债权，系维持生活必要费用者不得为强制执行），依同一之法意，亦不许其让与。此第一项所由设也。前项第二款依当事人之特约，不得将债权让与于他人者，此种特约，仅于当事人间发生效力，不得以之对抗善意之第三人。此第二项所由设也。

判　以身份为条件之财产权，原则上有专属之性质，不能让与。（四

年上字第八一号）

判 因买卖契约所生之请求权，并得让与。（四年上字第一二四号）

判 约定不得让与及执行律规定不许扣押之债权，不能让与。（四年上字第八二八号）

判 习惯上师徒不同业之债权，不能让与继承。（四年上字第一五八一号）

判 移转债权，不得仅由债权人为片面之表示。（五年上字第一二一八号）

判 酬金债权，无专属性质。（六年上字第一〇〇二号）

判 共有人一人擅为让与共有财产之契约，其善意相对人，得请求返还原价，并赔偿损害。（六年上字第一二三〇号）

判 书据及债务人承诺，非债权让与成立之要件。（七年上字第五〇一号）

第二百九十五条 让与债权时，该债权之担保，及其他从属之权利，随同移转于受让人。但与让与人有不可分离之关系者，不在此限。

未支付之利息，推定其随同原本移转于受让人。

【理由】 谨按债权之让与，让与人与受让人契约完成，即生效力，无须债务人承诺，并无须向债务人通知，观前条可知，无待明文规定也。然担保债权之权利，如质权、抵押权、保证之类，及从属于债权之权利，如优先权之类，以无反对之特约为限，当然随债权移转于受让人。但其担保或从属之权利，与让与人有不可分离之关系者，则不随债权之让与而移转。故设第一项以明示其旨。凡以前未经债务人支付之利息，应否随债权之让与而移转，亟应明白规定，以杜争议。故设第二项以明示其旨。

判 商业受让人应偿之债务，以让与契约为准。（二年上字第一三一号）

判 债权移转后，债务人仍应照旧付息。（五年上字第一〇二六号）

第二百九十六条 让与人应将证明债权之文件，交付受让人，并应告以关于主张该债权所必要之一切情形。

【理由】 查民律草案第四百零六条理由谓，债权之让与人，须使受让人于已受让之债权，易于实行，并易于保全，故使让与人对于受让人负交付债权证书，并说明债权所必要之主张之义务。此本条所由设也。

第二百九十七条　债权之让与，非经让与人或受让人通知债务人，对于债务人不生效力。但法律另有规定者，不在此限。

受让人将让与人所立之让与字据，提示于债务人者，与通知有同一之效力。

【理由】谨按债权之让与，在当事人间，于契约完成时即生效力，无须通知于债务人。然债务人究未知有债权让与之事，为保护债务人之利益起见，故使让与人或受让人负通知之义务。在未通知以前，其让与行为，仅当事人间发生效力，对于债务人不生效力。但法律别有规定者，则无须通知也。至债权之让与，如立有让与字据者，苟经受让人将字据提示于债务人，即与通知生同一之效力，盖以省无益之程序也。

判　记各债权之让与，原则上以通知为对抗债务人之要件。（四年上字第三六四号）

判　债务人对于债权让与之承诺，有拘束力。（四年上字第五七〇号）

判　让与未经债务人承诺，或通知其债务人，得以嗣后对于让与人所生债务消灭之事由，对抗受让人。（四年上字第九五四号）

判　债权让与，应通知债务人之例外情形。（五年上字第九三一号）

判　关于债权让与之对抗力，如有习惯者，应从各该地方习惯。（六年上字第五〇一号）

判　受让人以让与证书给与债务人阅视，应视为已有通知。（六年上字第五〇一号）

判　租户不知所有人已将租约上权利让与买主，而对于原所有人履行租约上之债务者，得与买主对抗。（八年上字第七〇二号）

判　记名债权之让与，经让与人或受让人向债务人通知，苟非依债权之性质，或当事人间之特约禁止让与，或该地方有特别习惯，自无须债务人之同意，对于债务人即生效力。债务人除得以对抗让与人之事由对抗受让人外，殊无拒绝清偿之余地。（十九年上字第六二三号）

第二百九十八条　让与人已将债权之让与通知债务人者，纵未为让与，或让与无效，债务人仍得以其对抗受让人之事由，对抗让与人。

前项通知，非经受让人之同意，不得撤销。

【理由】查民律草案第四百一十条理由谓，债权之让与人，若已将让与之事，通知债务人，其债权之让与虽不成立，或其让与无效，债务人亦得以其对抗受让人之事由，对抗让与人。盖其让与不成立或无效，债务人无从知之，应保护其利益也。又债权让与之通知，于受让人之利益，亦生效力，故非经受让人之同意，不得将其通知撤销也。

第二百九十九条　债务人于受通知时，所得对抗让与人之事由，皆得以之对抗受让人。

债务人于受通知时，对于让与人有债权者，如其债权之清偿期，先于所让与之债权，或同时届至者，债务人得对于受让人主张抵销。

【理由】查民律草案第四百一十四条理由谓，债权之让与，在债务人若未与闻，则不得使债务人无故而变其地位，应使债务人于债权让与时，对于让与人所生之事由（虽专发生原因如解除条件附行为），得以与受让人对抗。故设第一项以明示其旨。又同律第四百一十六条理由谓债权之让与，并非欲使债务人陷于不利益之地位，故债权让与后，债务人对于让与人所有之债权，仍许其对于受让人主张抵销。然必该债权之清偿期，先于所让与之债权，或同时届至者，始许主张抵销，盖抵销以彼此债权均到清偿期为要件也。故设第二项以明示其旨。

判　通知以前发生之事由，对于债权人可以抗辩者，仍得对于受让人主张。（四年上字第三六四号）

判　记名债权之让与，经让与人或受让人向债务人通知，苟非依债权之性质，或当事人间之特约禁止让与，或该地方有特别习惯，自无须债务人之同意。对于债务人即生效力，债务人除得以对抗让与人之事由对抗受让人外，殊无拒绝清偿之余地。（十九年上字第六二三号）

第三百条　第三人与债权人订立契约，承担债务人之债务者，其债务于契约成立时，移转于该第三人。

【理由】谨按承担者，第三人担负债务人债务之谓也。债务之承担，因第三人与债权人订立契约而生效力，其债务人是否承诺及知悉，均非所问。第三人既与债权人订立承担契约，则债务人之债务，即于契约成立时移转于第三人，从而第三人为新债务人，旧债务人即可免其责任，因债务承担，系为债务人之利益而设也。故设本条以明示其旨。

　　判　债务认诺，债务人及继承人不得随意撤销。（三年上字第三五一号）

　　判　债权人与第三人所为之债务承任，不须原债务人之同意。（三年上字第六五八号）

　　判　凡与第三人之债权人约明该第三人不为清偿由己代偿者，为保证契约，若承受第三人之债务，将清偿之责归诸自己者，为债务之承任。（三年上字第六五八号）

　　判　债务承任，非要式行为。（三年上字第六五八号）

　　判　债务人替换之更改，其新债务人应负清偿之责。（三年上字第七三八号）

　　判　承任原因如何，不影响于承任契约之效力。（四年上字第五四四号）

　　判　分财异居之子，就于父债非经承任，无当然清偿之责。（五年上字第一〇〇四号）

　　判　承任人无先诉抗辩之权。（六年上字第六九〇号）

　　判　债权人得对于承任债务人，请求其履行债务。（七年上字第二九五号）

　　判　承任债务人，不得以未受报酬，拒绝履行。（七年上字第一〇三三号）

　　判　承任债务人于契约成立后，不得以原债务人有自行清偿之意思，主张免责。（七年上字第一一二七号）

　　判　诸子间将父遗债约归一人负担者，经债权人同意承任，债务人不得拒绝履行。（八年上字第一三一二号）

　　判　第三人特向债权人订立承任债务之契约者，债权人因承认契约之效力，即得向第三人为履行债务之请求。虽原债务人嗣后又有自行清偿之意思，苟非实行清偿，承任人要难主张免除，至逾期不还，债权人自得请求迟延之利息。（十九年上字第四五一号）

　　第三百零一条　第三人与债务人订立契约。承担其债务者。非经债权人承认。对于债权人。不生效力。

【**理由**】查民律草案第四百二十二条理由谓，第三人与债务人订立承担债务之契约，若使其契约即生效力，恐有害于债权人之利益，故以经债权人同意为限，始使其发生承担之效力。此本条所由设也。

判 第三人与债务人订立承任契约，须经债权人同意。（三年上字第七〇〇号）

判 债务人替换之更改，须经债权人承诺。（四年上字第一〇八二号）

判 承任经债权人同意者，嗣后原债务人不负清偿之责。（四年上字第一一五五号）

判 官断遗债归子一人承还时，仍应得债权人同意或追认，始得对抗效力。（八年上字第一六号）

判 租主与房东所订不许主辞客之约，不能对抗买主。（八年上字第六八二号）

判 合伙人虽经退伙，而就其退伙前所负之合伙债务，仍应负责。至由第三人承认偿还债务，于债权人甚有利害之关系，非经其同意不能生效。（十六年上字第九二二号）

判 第三人与债务人订立承任债务之契约后，债权人固亦得本于该契约请求清偿其债权，但应以该契约内容为准。该契约如附有限制或条件，债权人固可不表示同意，仍令债务人清偿，但欲令承任人清偿时，承任人自得以该项内容向之对抗。（十六年上字第一二四〇号）

判 合伙人将自己之股份转让于他人时，虽已将自己应分担之损失交付受让人，并约明以前合伙所负之债务，由受让人清偿，亦仅于受让人间有其效力，即对于受让人虽得请求其向债权人清偿，俾自己免其责任。而对于债权人，则非依债务承担之法则，经其承认，不得以此对抗之。惟转让后，合伙所负之债务，如受让人为他合伙人或虽非他合伙人，而其转让已得他合伙人全体之同意者，应由继承该合伙人地位之受让人负责。（二十一年上字第一六七九号）

第三百零二条 前条债务人或承担人，得定相当期限，催告债权人于该期限内确答是否承认，如逾期不为确答者视为拒绝承认。

债权人拒绝承认时，债务人或承担人得撤销其承担之契约。

【理由】谨按承担契约之是否生效力，一以债权人之承认与否为断，故使债务人或承担人得定相当期限向债权人催告之。若债权人接受催告后逾期，而不为确答者，则视为拒绝承认，使权利状态易于确定。此第一项所由设也。债权人拒绝承认时，则其承担契约，对于债权人即不发生效力，此时之债务人或承担人，得撤销其承担之契约，使回复以前之状态。此第二项所由设也。

第三百零三条　债务人因其法律关系所得对抗债权人之事由，承担人亦得以之对抗债权人，但不得以属于债务人之债权为抵销。

承担人因其承担债务之法律关系所得对抗债务人之事由，不得以之对抗债权人。

【理由】查民律草案第四百二十六条理由谓，承担契约，不过使第三人（承担人）代债务人而已，并非使之变更其债务关系，应使承担人得本于债权人与债务人间法律关系之抗辩，与债权人对抗。如债务人与债权人已行抵销者，则承担之债务亦消灭，然承担人不得以债务人所有之债权，向债权人抵销其债务，因缺抵销之要件故也。故设第一项以明其旨。承担契约，为绝对契约，不得本于承担人与债务人间承担原因之抗辩，与债权人对抗，盖必如是而后承担契约始确实也。例如承担人甲，承担债务人乙之债务，其承担之原因，则以乙曾交付千圆于甲，甲与乙虽可因此而为特约，对于债权人丙，则不得主张本于该特约之抗辩。故设第二项以明示其旨。

判　承任人得用原债务人之抗辩。（八年上字第七三三号）

第三百零四条　从属于债权之权利，不因债务之承担而妨碍其存在。但与债务人有不可分离之关系者，不在此限。

由第三人就债权所为之担保，除该第三人对于债务之承担已为承认外，因债务之承担而消灭。

【理由】谨按债务之承担，不过以第三人代债务人而已，其债务关系，并不变更。故从属于债权之权利，不因债务之承担，而妨碍其存在。但与债务人有不可分离之关系者，性质上不能脱离债务人而移转于第三人，若亦适用此项规定，则于事理相反。故设第一项以明其旨。第三人为担保债务人之债务，于自己之不动产上设定抵押权、质权或为之保证者，于债务移转于承担人时，当视为债权人抛弃其担保之利益，而消灭其权利。但供担保之第三人，对于债务之承担已为承认者，则不妨认其担保之存在。故设第二项以明示其旨。

判 从属于债权之担保权利，并不因债务之承担而妨碍其存在。（二十一年上字第八九号）

第三百零五条 就他人之财产或营业概括承受其资产及负债者，因对于债权人为承受之通知或公告，而生承担债务之效力。

前项情形，债务人关于到期之债权，自通知或公告时起，未到期之债权，自到期时起，二年以内，与承担人连带负其责任。

【理由】谨按债务之承受，亦承担之一种，承担以特定债务为限，而承受则就债务人之资产及其所负一切债务概括继受之也。关于承受效力之发生，及债务人与承受人之连带责任，不可不明文规定之，以免无谓之争议也。此本条所由设也。

第三百零六条 营业与他营业合并，而互相承受其资产及负债者，与前条之概括承受同，其合并之新营业，对于各营业之债务负其责任。

【理由】谨按一营业与他营业合并，而互相承受其资产及负债者，亦属概括承受之一。营业既经合并，则两种营业之资产，及其所负之一切债务，悉因合并而移转于新营业。其合并之新营业，对于各营业所负之债务，自应负其责任。故设本条以明示其旨。

第六节 债之消灭

【理由】谨按债之消灭，虽有种种原因，本编只规定清偿、提存、抵销、免除、混同等五项。至如法律行为之撤销，解除条件之成就，期限之满了，消灭时效之完成等原因，已于总则中规定之。而于契约之解除，当事人之死亡，及其他原因，则散见各条或任诸解释焉。

第一款 通则

【理由】谨按凡清偿、提存、抵销、免除、混同等，皆债之消灭原因。关于其共通适用之法则，特设通则，以免各款分别规定之烦。

第三百零七条 债之关系消灭者，其债权之担保及其他从属之权利，亦同时消灭。

【理由】　谨按债之关系消灭者，其债权担保，及其他从属之权利，亦同时消灭，盖从权利附属于主权利，当然之结果也。故设本条以明示其旨。

判　债权不因质权设定而消灭。（四年上字第二二九二号）

判　利息债权，随原本债权消灭。（七年上字第一三七六号）

判　更改虽为债权消灭之原因，足使其附随之担保物权同时消灭。然延展清偿期限，仍系同一债权，并非更改即无使担保物权消灭之效力，此至当之条理也。（十四年上字第五六九号）

判　债权消灭，从物权自应随之消灭。（十七年上字第二九〇号）

第三百零八条　债之全部消灭者，债务人得请求返还或涂销负债之字据。其仅一部消灭，或负债字据上载有债权人他项权利者，债务人得请求将消灭事由，记入字据。

负债字据，如债权人主张有不能返还或有不能记入之事情者，债务人得请求给与债务消灭之公认证书。

【理由】　谨按负债字据者，证明债权债务之重要文件也。债务消灭后，债务人固有请求返还或涂销负债字据之权，然必债之全部消灭而后可。若仅一部消灭，或负债字据上载有债权人他项权利者，债务人仅得请求将债务消灭事由，记入字据。又或债权人主张有不能返还或有不能记入之事情者，债务人亦得请求给与债务消灭之公认证书，以资证明而免危险。故设本条以明示其旨。

第二款　清偿

【理由】　查民律草案债权编第一章第五节第一款原案谓，清偿为给付债权之标的，以消灭其债权之行为，即债务之履行是也，但彼则从债权消灭之点观察之，此则从债权效力之点观察之。至清偿为债务消灭之最正原因，古来各国皆规定之，本法亦然。

第三百零九条　依债务本旨，向债权人或其他有受领权人为清偿，经其受领者，债之关系消灭。

持有债权人签名之收据者，视为有受领权人。但债务人已知或因过失而不知其无权受领者，不在此限。

【理由】谨按履行债务，得由债务人或第三人为之（第三百一十一条），至债务人或第三人，向债权人或有受领权限之人（如债权人之代理人）为清偿。经其受领者，其债权归于消灭，此属当然之事。故设第一项以明示其旨。持有债权人签名之收据者，法律上推定其为有受领权人，故除债务人已知或因过失而不知其无权受领外，其持有收据之人，即视为有权受领清偿之人。故设第二项以明示其旨。

判　清偿应向债权人为之。（三年上字第一九七号）

判　委人代偿而受任人未偿者，不为清偿。（三年上字第八〇五号）

判　向无受领权人为清偿者，不问是否故意，均不生效力，对债权人仍负清偿之责。（四年上字第三二号）

判　无受领清偿权人，不得请求清偿。（四年上字第二一七五号）

判　有特约者，应依约向受领权人为清偿。（四年上字第二三二一号）

判　州县衙门，不能以命令消灭私人之债权。（四年上字第二四六一号）

判　虽非向债权人或其代理人为清偿，而债权人实受其益者，亦有效。（五年上字第三一号）

判　债权人尚执欠票借券，于清偿之效力无涉。（五年上字第八一号）

判　款交自己经理人者，不为清偿。（五年上字第二六〇号）

判　债务人不依约提出给付，不生清偿之效力。（五年上字第五四八号）

判　款交保证人，若债权人未受实益，亦不为有效之清偿。（七年上字第一三一一号）

解　债务之履行，不问债务者是否真意，既有交付行为，即应发生效力。（八年统字第九四八号）

第三百一十条　向第三人为清偿，经其受领者，其效力依下列各款之规定：

一、经债权人承认，或受领人于受领后取得其债权者，有清偿之效力；

二、受领人系债权之准占有人者，以债务人不知其非债权人者为限，有清偿之效力；

三、除前二款情形外，于债权人因而受利益之限度内，有清偿之效力。

【理由】 谨按凡清偿须向债权人或有受领权限之人为之，方为有效。若向第三人为清偿，虽经第三人受领，亦不生清偿之效力，此属当然之事。然有下列各款之情形，其清偿仍为有效：（一）向第三人清偿债务，经债权人承认者，其为事前承认，或事后承认，皆所不问，或虽未经债权人承认，而第三人于受领清偿后，已取得其债权者，均有清偿之效力；（二）又同律第四百三十一条理由谓债权之准占有人，非债权人，而以为自己之意思行使债权人权利之人也（债权人已将债权让与他人，而仍行使其权利，如收取利息之类是为债权准占有人），债务人于清偿时，不知其非债权人，而向其清偿，为保护善意之债务人起见，亦使其发生清偿之效力；（三）又同律第四百三十三条理由谓向无受领权之人为清偿者，虽以无效为原则，然除前二款情形外，若债权人已向无受领权限之人受取所受清偿之一部或全部，于其所受利益之限度内，使生清偿之效力。

判 向第三人为清偿，以债权人承诺追认为限，有效力。（三年上字第一〇二二号）

第三百一十一条 债之清偿，得由第三人为之。但当事人另有订定，或依债之性质，不得由第三人清偿者，不在此限。

第三人之清偿，债务人有异议时，债权人得拒绝其清偿。但第三人就债之履行有利害关系者，债权人不得拒绝。

【理由】 谨按清偿有于债之性质上，须债务人亲自为之者，有依当事人之约定，须债务人亲自为之者，此时不得使第三人为债务之清偿。此外使第三人为之，既无害于债务人，亦无损于债权人。故设第一项以明示其旨。债权人若无故拒绝第三人之清偿，因此而生迟延之责任，当然由债权人负之。惟就第三人之清偿，债务人先述其异议者，则债权人虽拒绝其清偿，亦不负迟延之责，盖为尊重债务人之意思也。但第三人就债之履行有利害关系者，则债权人不得拒绝清偿，所以保护第三人之利益也。故设第二项以明示其旨。

判 债务可委人代偿。（三年上字第八〇五号）

判 有利害关系人，得反乎债权人及债务人意思，代为清偿。（四年上字第四四四号）

第三百一十二条 就债之履行有利害关系之第三人为清偿者，得按其限度，就债权人之权利，以自己之名义，代位行使。但不得有害于债权人之利益。

【理由】 谨按有利害关系之第三人，代债务人而为清偿时，不独消灭其债务，且可代居于债权人之地位，而以自己之名义，行使债权人之权利。但其行使权利之范围，应以其代位清偿之限度为止，而不得害及债权人之利益也。故设本条以明示其旨。

判 代位人，有求偿权。（三年上字第一〇七二号）

判 为债务人清偿债务，取得债权人之一切权利。（四年上字第七四二号）

判 代位清偿之原因，本有二种。契约上之代位，除应得债权人之同意外，固非通知于债务人，得其承诺，不能发生完全对抗债务人之效力。若法律上之代位，则以清偿人之清偿实有法律上正当之利益为成立之要件，苟已具备此要件，即不问曾经债务人承诺与否，均可取得代位之权。（五年上字第一二九三号）

判 有代位权之债权人，行使债务人对于第三债务人之债权时，虽应以其行使债权所得之利益，归属于债务人，俾总债权人得均沾之。但不得因此即谓该债权人无受领第三债务人清偿之权。（二十一年上字第三〇五号）

第三百一十三条 第二百九十七条及第二百九十九条之规定，于前条之代位行使权利准用之。

【理由】 谨按依第二百九十七条之规定即代位清偿，除法律另有规定外，非经权人或代位之第三人通知债务人，不生效力。其已经第三人将代位清偿之字据提示于债务人者，与通知有同一之效力是。又依第二百九十九条之规定，即债务人于受通知时所得对抗债权人之事由，得以之对抗代位之第三人。其对于债权人有债权者，如其债权之清偿期，先于所代位清偿之债权，或同时届至者，债务人得对于代位之第三人，主张抵销是。此种代位行使之权利，与债权之让与相同。故设此准用之规定。

第三百一十四条　清偿地，除法律另有规定或契约另有订定，或另有习惯，或不能依债之性质或其他情形决定者外，应依下列各款之规定：

一、以给付特定物为标的者，于订约时，其物所在地为之；

二、其他之债，于债权人之住所地为之。

【理由】 谨按清偿债务之地点，各国立法例，有采债权人主义者，有采债务人主义者，本法则以当事人之意思及债之本质为准。故除法律另有规定，或契约另有订定，或另有习惯，或不能依债之性质或其他情形决定者外，如为特定物之给付（例如受寄物或借贷物之返还），应于订约时其物之所在地为之。如为其他之债（例如不特定物代替物之给付、雇佣契约之履行），应于债权人之住所地为之，盖期无损于当事人双方之利益也。故设本条以明示其旨。

第三百一十五条　清偿期，除法律另有规定或契约另有订定，或不能依债之性质或其他情形决定者外，债权人得随时请求清偿，债务人亦得随时为清偿。

【理由】 谨按债之清偿期，与债之清偿地，同属重要，亦应明白规定，俾资准据，即清偿期除法律另有规定，或契约另有订定，或不能依债之性质及其他情形决定者外，应使债权人得随时请求清偿。债务人亦得随时向债权人清偿，以保双方之利益。故设本条以明示其旨。

判　未定期债权，应依催告清偿。（四年上字第一六号）

判　兴隆票，系不定期债务之性质。（四年上字第二八六号）

判　债权人允展期清偿，不待债务人承认，即生效力。（四年上字第一九六八号）

第三百一十六条　定有清偿期者，债权人不得于期前请求清偿，如无反对之意思表示时，债务人得于期前为清偿。

【理由】 谨按债务清偿之时期，原为债务人与债权人双方之利益而设。本法规定，凡定有清偿期之债务，对于债权人，无论如何情形，不得于期前请求清偿。而对于债务人，则以无反对之意思表示为限，许其得于期前为清偿，其所以保护债务人较保护债权人为周至者，盖为扶植经济弱者起见也。

判 有期债务，债务人得于期前为给付。（三年上字第四六三号）

判 分期归还之债款，债务人若于未到期前丧失资力，不得享受期限之利益。（五年上字第二〇六号）

判 债务已至清偿期，债务人不得反债权人之意思，要求缓偿或减息。（六年上字第一二二七号）

第三百一十七条 清偿债务之费用，除法律另有规定，或契约另有订定外，由债务人负担。但因债权人变更住所或其他行为，致增加清偿费用者，其增加之费用，由债权人负担。

【理由】谨按清偿债务，乃债务人解除义务之行为，则因清偿债务所生之费用，若法律别无规定，或契约别无订定时，自应归债务人负担。然因债权人之变更住所或其他行为，致增加清偿费用者，其所增加之额，即应由债权人负担，始为公允。此本条所由设也。

第三百一十八条 债务人无为一部清偿之权利，但法院得斟酌债务人之境况，许其于无甚害于债权人利益之相当期限内，分期给付，或缓期清偿。给付不可分者，法院得比照前项但书之规定，许其缓期清偿。

【理由】谨按债务人之履行债务也，须就全部债务而为清偿，始足以保护债权人之利益。然债务人处于经济弱者之地位，其境况奇窘，而一时不能为全部之清偿者，亦事所恒有，尤不能不顾及之。故法院得斟酌债务人之情形，许其于无甚害于债权人利益之相当期限内，分期给付，或缓期清偿。其给付之不可分者，亦得比照可分给付之规定，许其缓期清偿，所以保护债务人者，固应较保护债权人为周至也。故设本条以明示其旨。

判 延长清偿期限，无使担保物权消灭之效力。（十四年上字第五六九号）

判 民法第三百一十八条第一项但书之规定，不过规定法院有斟酌债务人境况，许其缓期清偿之职权，并非认无资力之债务人，有要求缓期清偿之权利。故法院认为不应许其缓期清偿时，债务人无声明不服之余地。（二十一年上字第四二号）

判　民法第三百一十八条第一项之规定，不过规定法院有斟酌债务人境况，许其分期给付之职权，并非认无资力之债务人，有要求分期给付之权利。故法院业已许其分期给付，已受利益之债务人，即无声明不服之余地。（二十一年上字第五二九号）

第三百一十九条　债权人受领他种给付以代原定之给付者，其债之关系消灭。

【理由】谨按债务人之清偿债务，原应依债务之本旨而为履行，不得以他种给付，以代原定之给付。然为事实上之便利，债务人以他种给付代原定之给付，而债权人亦经承诺，且已受领者，是债权人既得达其目的，应使债之关系归于消灭，方为公允，即所谓代物清偿也。故设本条以明示其旨。

判　代物清偿，应得债权人承诺。（三年上字第三九二号）

判　请求权之让与，亦得以为代物清偿。（三年上字第六三六号）

判　金钱债务，虽经债权人同意，以不动产作抵，而互争抵价不决者，仍应以现款清偿。（四年上字第六五号）

判　债务人无当然代物清偿权。（四年上字第三八四号）

判　代物清偿，与清偿效力同。（四年上字第四一一号）

判　代物清偿，非要式契约。（四年上字第八三三号）

判　第三人为代物清偿者，亦有效。（四年上字第一一五五号）

判　债务人不得擅行拨兑债权，为代物清偿。（五年上字第一八〇号）

判　以公债票为代物清偿，不得强依额面作价。（七年上字第七〇四号）

判　债务人不得强以担保，为代物清偿。（七年上字第八二七号）

判　金钱债务，以产业抵偿，或减成偿还，皆应得债权人之同意，非债务人所能强求。债务人乃以他家有抵偿或减成之事实，据为不服判决之理由，自不足采。又迟延利息，系因债务人之履行迟延而生，除债权人已经抛弃外，无依债务人片面意思准许减免之理。（二十一年上字第九四〇号）

第三百二十条　因清偿债务而对于债权人负担新债务者，除当事人

另有意思表示外，若新债务不履行时，其旧债务仍不消灭。

【理由】谨按民律草案债权编第一章第五节第四款原案谓，债务之更改者，即以新债务之发生为原因，而消灭其旧债务之契约也。此种契约，在不认债务让与或债务承担之国家，其效用颇多。若既明认让与及承担，则更改之效用因而减少，各国立法例，有委诸契约之自由，不设特别规定者，如德意志民法是；有设更改之规定者，如法兰西、意大利、日本诸国民法是。本法仿照德国，对于因清偿债务而负担新债务者，除当事人另有意思表示外，如新债务不履行时，旧债务仍不使其消灭，盖不采更改制度所生之结果也。故设本条以明示其旨。

第三百二十一条　对于一人负担数宗债务而其给付之种类相同者，如清偿人所提出之给付，不足清偿全部债额时，由清偿人于清偿时指定其应抵充之债务。

【理由】查民律草案第四百三十七条理由谓，债务人对于同一债权人，负担同种标的之数宗债务，其为清偿而提出之给付，不足消灭总债务时，则其给付，究系抵充某种债务，必须指定。本法认清偿人有指定抵充某宗债务之权，所以保护债务人也。故设本条以明示其旨。

判　清偿充当，由债务人指定。（三年上字第一○三四号）

判　虽设有数宗质权，而清偿充当，仍由债务人指定。（三年上字第一○三四号）

第三百二十二条　清偿人不为前条之指定者，依下列之规定，定其应抵充之债务：

一、债务已届清偿期者，尽先抵充；

二、债务均已届清偿期或均未届清偿期者，以债务之担保最少者，尽先抵充；担保相等者，以债务人因清偿而获益最多者，尽先抵充；获益相等者，以先到期之债务，尽先抵充。

三、获益及清偿期均相等者，各按比例，抵充其一部。

【理由】查民律草案第四百三十八条理由谓，清偿人不指定抵充某种债务者，理论上债权人有指定之权利，债权人不为指定者，则依法律规定抵充之。各国虽有此立法例，然本法以债权人之指定清偿抵充权，于实际上并非必要，若清偿人不行使指定抵充权时，即使依法律规定抵充之。而法律规定抵充者，须以无害债权人利益之范围为限，又须保护债权人之利益。故设本条以明示其旨。

判　天津钱商习惯，凭折川换之款，应先作还本，年终始还利息。（四年上字第二二〇〇号）

判　债务人提出之给付不足消灭总债务时，若并未指定其应充当之债务，则应先充其已届清偿期者，若总债务均在清偿期，或均不在清偿期，则应以债务人清偿之利益较多者为先。债务人利益相同时，则以清偿期应先至者为先清偿期。及其利益均相同，则按各债务之额比例配充。（八年上字第七三号）

第三百二十三条　清偿人所提出之给付，应先抵充费用，次充利息，次充原本。其依前二条之规定抵充债务者，亦同。

【理由】查民律草案第四百四十条理由谓，于原本外，尚须支付利息及费用者，若债务人之给付，不足消灭其全部债务，则先费用，次利息，再次原本，依次抵充之，以限制债务人之抵充指定权，而保护债权人之利益。此本条所由设也。

判　清偿先充当利息。（三年上字第七一八号）

判　因保存债务人财产所出之费用，得优先受偿。（九年上字第七二六号）

判　对于债权人欠有本息而为给付者，如未得债权者特别同意，自应以之先充利息之清偿。（十七年上字第六七七号）

第三百二十四条　清偿人对于受领清偿人，得请求给与受领证书。

【理由】查民律草案第四百四十一条理由谓，欲知清偿之正确，必使清偿人对于受领清偿人得请求其交付受领证书，以易自己之清偿，方足以保护清偿人之利益。故设本条以明示其旨。

第三百二十五条　关于利息，或其他定期给付，如债权人给与受领一期给付之证书未为他期之保留者，推定其以前各期之给付，为已清偿。

如债权人给与受领原本之证书者，推定其利息亦已受领。

债权证书已返还者，推定其债之关系消灭。

【理由】谨按关于利息或其他定期之给付，事实上多系按照时期先后而为清偿。如债权人给与受领一期给付之证书，未为他期之保留者，推定其以前各期之给付，已经清偿。又依第二百三十三条之规定，债务人之清偿，本应先充利息，后充原本，故既给与受领原本之证书，当然推定其利息亦已受领。又债权证书之返还，例须在清偿债务之后，故已返还债权证书者，推定其债之关系为已消灭。此本条所由设也。

第三款　提存

【理由】查民律草案债权编第一章第五节第二款原案谓，清偿标的物之提存，为欲消灭债之关系，将清偿之标的物，寄存于一定处所之谓也。债权人有迟延或其他事由，债务人不能向债权人及有受领权人为清偿，则使债务人寄存清偿之标的物而免其义务。此提存之方法，各国共认，本法从之。

第三百二十六条　债权人受领迟延或不能确知孰为债权人，而难为给付者，清偿人得将其给付物，为债权人提存之。

【理由】查民律草案第四百四十五条理由谓，债务人提出给付，而债权人拒绝受领，或不能确知孰为债权人，致债务人无从给付者，应使债务人得为债权人提存其标的物，而免其债务，方足以保护债务人之利益。此本条所由设也。

　判　提存有免债之效力。（三年上字第七○六号）

　判　提存物取回，与未提存同。（八年上字第七二八号）

　判　债务人于债权人受领迟延时，须将其给付物为合法之提存，并即时通知债权人，始能主张免除迟延责任，及嗣后给付物之危险，由债权人负担。若因债权人拒绝受领，而债务人并不依法为提存及通知，自不能以曾经提出偿还为借口，主张提存人所得主张之权利。（二十一年上字第一一六七号）

第三百二十七条　提存应于清偿地之提存所为之，无提存所者，该地之初级法院，因清偿人之声请，应指定提存所，或选任保管提存物之人。

提存人于提存后，应即通知债权人。如怠于通知，致生损害时，负赔偿之责任。但不能通知者，不在此限。

【理由】查民律草案第四百四十六条理由谓，提存清偿标的物者，为消灭债务，故可认为清偿之别一方法也，应在债务履行地之提存所为之。又清偿之标的物，其种类颇多，若悉依法令而规定提存所，实非易事。故使该地之初级法院，依于清偿人之声请，而指定提存所，或选任保管提存物之人。又提存可生债务关系消灭之效力，应使提存人速以提存之事，通知债权人。若怠于通知，提存人应任损害赔偿之责。此本条所由设也。

　　判　提存后应速为通知。（三年上字第六八四号）

　　判　提存处所，为通知之必要事项。（三年上字第六八四号）

　　判　提存后之通知，原则上固须对于债权人为之。但债务人不能确知债权人所在之时，则通知于中人，亦可认为有效。（三年上字第六八四号）

　　第三百二十八条　提存后，给付物毁损灭失之危险，由债权人负担。债务人亦无须支付利息，或赔偿其慈息未收取之损害。

　　【理由】　谨按提存之方法，亦消灭债务之重要原因也。清偿之标的物提存后，债务人即不负提存物毁损灭失之责任，并不负支付利息及赔偿未收取慈息之责任。盖给付物既经提存，则其毁损灭失之危险，自应由债权人负担，从而债务人亦无须支付利息或赔偿其慈息未收取之损害，所以贯彻其提存之效力也。故设本条以明示其旨。

　　判　提存后债务人不负付息及赔偿之责。（三年上字第六八四号）

　　判　提存物因提存处过失灭失毁损者，债务人不负责。（三年上字第七〇六号）

　　判　债务人以有价格之纸币提存，债权人即应负担其后之危险。（十二年上字第七〇八号）

　　判　债务人将清偿之标的物提存后，债权人应担负其物灭失损毁或落价之危险。惟所谓标的物者，自指当事人之约定者而言，如约定以现金给付为标的，债务人强欲以业经落价之纸币或有价证券为给付，而又不肯按市价折合现金者，则在债权人自得拒绝受领。虽经债务人将该项纸币或有价证券提存，嗣后更行落价，亦非债权人迟延所致，自不能令其担负由此所生之损失。（十七年上字第八三三号）

　　判　债务人于债权人受领迟延时，须将其给付物为合法之提存，并即时通知债权人，始能主张免除迟延责任，及嗣后给付物之危险由债权人负担。若因债权人拒绝受领，而债务人并不依法为提存及通知，自不能以曾经提出偿还为借口，主张提存人所得主张之权利。（二十一年上字第一一六七号）

第三百二十九条　债权人得随时受取提存物，如债务人之清偿，系对债权人之给付而为之者，在债权人未为对待给付，或提出相当担保前，得阻止其受取提存物。

【理由】谨按提存物者，债务人以消灭债务为目的，为债权人而提存之给付物也。则债权人对于此提存物，当然有受取之权利，然不得因此遽使债务人丧失其对于债权人所有之对待给付请求权。故在债权人未为对待给付或提出相当担保前，债务人仍有阻止其受取提存物之权利，所以保护债务人之利益也。故设本条以明示其旨。

第三百三十条　债权人关于提存物之权利，自提存后十年间不行使而消灭，其提存物属于国库。

【理由】谨按凡债权均因时效而消灭，债权人有随时受取提存物之权利。若债权人久不受取，不特提存所须为无期限之保管，甚为不便，且使权利状态，永不确定，亦非所宜。故本法规定，债权人关于提存物之权利，自提存后十年间不行使而消灭，其提存物归属国库。盖以债权人受取提存物之权利，因时效而消灭，与债权之因时效而消灭者无异也。

第三百三十一条　给付物不适于提存，或有毁损灭失之虞，或提存需费过巨者，清偿人得声请清偿地之初级法院拍卖，而提存其价金。

【理由】查民律草案第四百五十七条理由谓，清偿标的物，不宜于提存，或其物有灭失毁损之虞，或保存其物费用过巨者，宜变通办理。故规定拍卖提存价金办法，以保护当事人之利益。此本条所由设也。

第三百三十二条　前条给付物有市价者，该管法院得许可清偿人照市价出卖，而提存其价金。

【理由】谨按凡给付物之不适于提存，或有毁损灭失之虞，或提存需费过巨者，如有市价，应许清偿人按照市价出卖，而提存其价金，以省拍卖之手续，而期实际上之便利。此本条所由设也。

第三百三十三条　提存拍卖及出卖之费用，由债权人负担。

【理由】谨按提存之规定，本为债务人因债权人之受领迟延或不能确知孰为债权人等情形，致不能以给付消灭债权时而设。故关于提存所需之费用，应由债权人负担；至于拍卖及出卖，均为债权人之利益而设，则关于拍卖及出卖所需之费用，亦应由债权人负担。此本条所由设也。

第四款 抵销

【理由】查民律草案债权编第一章第五节第三款原案谓，抵销者，二人互有债权，互负债务，各以其债权充债务之清偿，使同时消灭债务关系之方法也，无受领现物之劳，而双方债之关系均得同时消灭，有节省时间费用及劳力之实益，古来各国皆认之。故本法亦设本款之规定。

第三百三十四条 二人互负债务，而其给付种类相同，并均届清偿期者，各得以其债务，与他方之债务，互相抵销。但依债务之性质，不能抵销者，不在此限。

【理由】谨按得为抵销之要件，法律须明示之，以防无益之争议，至其要件有四：（一）须二人互负债务，即甲乙二人互负债务是也；（二）其给付之种类须相同，如一为金钱债务，一为米谷债务，即不得互相抵销；（三）须二人之债务均届清偿期，若一方已届，期一方未届期，亦不得互相抵销；（四）须依债务之性质可以抵销，例如扶养义务，不得与他种义务相抵销是也。故设本条以明示其旨。

判 一造债务诉讼中始到期者，亦许抵销。（三年上字第六〇八号）

判 租赁契约之押租，得与欠付月租抵销。（三年上字第六〇八号）

判 抵销之要件有四：（一）当事人须互负同种标的之债务；（二）双方之债务须均已至清偿期；（三）须依债务性质及法律准许其抵销；（四）须当事人未预表示反对之意思。以上要件有一不备，不得主张抵销。（四年上字第三一六号）

判 抵销于具备要件时，债务人得以单独意思为之。（四年上字第三一八号）

判 普通债权，得与有担保债权抵销。（四年上字第九五四号）

判 抵销不必债额相同。（五年上字第八一五号）

判 对于代位债务人，亦得主张抵销。（六年上字第四七二号）

判 双方互负债务，为抵销之前提要件。（六年上字第一一〇六号）

判 抵销须双方债务有同种标的者，非谓债务之原因须同一，所谓当事人须未表示反对意思者，非谓须两造之合意。（七年上字第五〇〇号）

判 互负通用货币之债务并无约定，不许以他种货币计价清偿者，即系同种标的之债务。（九年上字第一三九五号）

解 抵销以当事人互负之债务为限，对于一合伙人之债权，不能以与所欠合伙债务相抵销。（十六年统字第一九九八号）

判 二人互负债务，其给付种类相同，得互相抵销，以均届清偿期者为限。（二十一年上字第一一四六号）

第三百三十五条 抵销应以意思表示，向他方为之，其相互间债之关系，溯及最初得为抵销时，按照抵销数额而消灭。

前项意思表示附有条件或期限者，无效。

【理由】 查民律草案第四百七十三条及第四百七十四条理由谓，抵销之方法，各国立法例亦不一致，有谓须依诉讼为之者，有谓法律上当然抵销者，有谓须表示抵销之意思者，本法则规定由当事人之一方向他方以意思表示为之，于实际上方为妥协，且于法律关系亦无烦难之虞。至抵销之效力，须以法律定之，以防无益之争议。既经抵销，即应就当事人双方债务之相当额，溯及最初得为抵销时，按照抵销数额，使生消灭债务之效力，始足以贯彻抵销之目的。所谓按照抵销数额者，盖因双方债权数额，未必尽同，应以其相当数额为抵销也。故设第一项以明示其旨。

谨按抵销制度之设，原为节省清偿之手续，于经济上颇为有益，故必为单纯之意思表示，不得附以条件及期限。其意思表示，附条件及期限者，应视为无效。盖以当事人一方之意思如有为条件附或期限附之希望，则不能单纯消灭其债，而有背于法律设抵销制度之本意也。故设第二项以明示其旨。

判 抵销之效力应溯及，宜为抵销时发生。（四年上字第一九三五号）

判 依民事条理，抵销就两造债务相当额，溯及宜为抵销时生其效力。是上告人之佣金债权，与被上告人之货款债权，其相当额应溯及宜为抵销时，生消灭债务之效力。此与计算货款利息之问题，至有关系，原审徒以被上告人承认将来执行交款时为其扣除，遂仍判令上告人偿还货款之全额，并就全额计算利息，于法殊难谓当。（十八年上字第三一六号）

第三百三十六条　清偿地不同之债务，亦得为抵销。但为抵销之人，应赔偿他方因抵销而生之损害。

【理由】谨按抵销者，双方节省清偿手续之方法也，故虽清偿地不同之债务，亦得为抵销。但他方因抵销所生之损害，应使为抵销之人赔偿之，方为公允。此本条所由设也。

判　履行地不同一之债权，亦得抵销。（四年上字第一三四四号）

第三百三十七条　债之请求权虽经时效而消灭，如在时效未完成前，其债务已适于抵销者，亦得为抵销。

【理由】谨按债之请求权虽经时效而消灭，若在时效未完成前，其债务已适于抵销者，仍应使其得为抵销，始足以保护债权人之利益。故设本条以明示其旨。

第三百三十八条　禁止扣押之债，其债务人不得主张抵销。

【理由】谨按禁止扣押之债，即维持债权人生活上所必要者，其债务人如得主张抵销，则不足以贯彻法定禁止扣押之法意。故本条规定，禁止扣押之债，不许债务人主张抵销，盖以保护债权人之利益也。

第三百三十九条　因故意侵权行为而负担之债，其债务人不得主张抵销。

【理由】查民律草案第四百六十九条理由谓，因故意侵权行为而负担之债，与他项债务之性质不同，必不许其抵销，始足以保护债权人之利益。此本条所由设也。

第三百四十条　受债权扣押命令之第三债务人，于扣押后，始对其债权人取得债权者，不得以其所取得之债权，与受扣押之债权为抵销。

【理由】谨按第三债务，于债权扣押前，对于债务人所取得之债权，虽得互相抵销，若在扣押后，对于债务人所取得之债权，则彼此不得抵销，如是始能达扣押之目的。例如甲对乙有债权，乙对丙亦有债权，甲因乙之不履行债务，诉请法院将乙对丙之债权扣押，禁止支付。嗣丙虽因他种原因，对乙取得债权，然不得主张与乙互相抵销。盖以乙对丙之债权，固已扣押在先也。故设本条以明示其旨。

第三百四十一条　约定应向第三人为给付之债务人，不得以其债务，与他方当事人对于自己之债务为抵销。

【理由】谨按当事人约定使债务人向第三人给付者，如许债务人以其债务，与他方当事人对于自己之债务为抵销，则不特有反于当事人约定之目的，且将使第三人受不测之损害。故设本条以明示其旨。

第三百四十二条　第三百二十一条至第三百二十三条之规定，于抵销准用之。

【理由】查民律草案第四百七十五条理由谓，抵销制度，为省略清偿程序而设，故关于抵充清偿之法则，于抵销亦当然准用之。此本条所由设也。

第五款　免除

【理由】查民律草案债权编第一章第五节第五款原案谓，债权人对于债务人免除其债务，因而消灭其债之关系，古来各国皆公认之，故本法亦设本款规定。

第三百四十三条　债权人向债务人表示免除其债务之意思者，债之关系消灭。

【理由】查民律草案第四百八十条理由谓，债务免除之方法，各国之立法例，虽多以契约为据，然本法求实际上之便利，以债权人之单独行为，即生债务免除之效力。此本条所由设也。

　　判　裁判不得擅免债务。（三年上字第五七号）

　　判　免除由债权人向债务人为意思表示。（三年上字第一一六号）

　　判　仅债务人有要求，不为免除。（三年上字第一一六号）

　　判　无权人之免除无效。（三年上字第三二〇号）

　　判　债务人虽属善意，亦不得以受无权人免除与债权人对抗。（三年上字第三二〇号）

　　判　按成摊还后之余额债务，非当然免除。（三年上字第四八九号）

　　判　免除生消灭债务之效力。（三年上字第六三六号）

　　判　当事人有减免之表示，可据为裁判。（三年上字第八三三号）

判　债务人除得债权人同意外，不得主张减免利息。（三年上字第一一〇二号）

判　免除属于债权人之自由。（三年上字第一一一一号）

判　免除后不得任意撤销。（三年私上字第二五号）

判　和解与免除不同。（四年抗字第四九号）

判　免除须有明示及默示之意思表示。（四年上字第二〇号）

判　债务人不得借口欠债甚多，无力偿还，要求减免。（四年上字第六七号）

判　一部给付之领受，非可推定免除他部。（四年上字第三八四号）

判　免除除有预约外，债务人不能强求。（四年上字第九三〇号）

判　仅过期不行使债权，不为默示之免除。（五年上字第五三一号）

判　债务人资力受损，亦不得请求减免利息。（六年上字第九七三号）

判　债务人不能以曾受他债权人之免除，要求减免。（七年上字第五八三号）

判　债务免除，不必得债务人承诺。（九年上字第一〇三八号）

判　债务之免除与否，属于债权人之自由。纵令债务人因不可祛避之事故，以致资力受损，亦不得反乎债权人之意思而要求减免。至债务人因资力受损，以其财产按成摊还众债权人。关于余额之免除，仍须商得众债权人同意，始能发生免除之效力，断不能以曾受其他债权人减免之利益，主张一并减免。（二十一年上字第六五九号）

判　金钱债务，以产业抵偿，或减成偿还，皆应得债权人之同意，非债务人所能强求。债务人乃以他家有抵偿或减成之事实，据为不服判决之理由，自不足采。又迟延利息，系因债务人之履行迟延而生，除债权人已经抛弃外，无依债务人片面意思，准许减免之理。（二十一年上字第九四〇号）

第六款　混同

【理由】查民律草案债权编第一章第五节第六款原案谓，债权人与债务人资格，不得两立者也，若同归一人时，则因此而消灭其债权及债务是之谓混同，古来各国皆认之。故本法设本款之规定。

第三百四十四条　债权与其债务同归一人时，债之关系消灭。但其债权为他人权利之标的，或法律另有规定者，不在此限。

【理由】谨按因继承及其他事由，其债权及债务同归一人者，则其债之关系消灭，然不得因此而害及他人之权利。故其债权，若为他人权利之标的者，例如为质权之标的物，则为保护他人利益计，不使债之关系消灭。其法律别有规定者，亦同。此本条所由设也。

第二章　各种之债

【理由】谨按债之发生，种类不一，各有其特殊之性质。故于通则之外，复就各种债务规定之，名曰各种之债。

第一节　买卖

【理由】查民律草案债权编第二章第二节原案谓，买卖者，当事人彼此约定移转其财产权而支付其价金之契约也。此种契约，颇占重要，各国民法，皆有规定。故本法特设本节，使买卖得以确实推行焉。

第一款　通则

【理由】谨按各国法律对于买卖，多设有通则之规定，本法亦以其共通适用之法则，特于本款规定之。

第三百四十五条　称买卖者，谓当事人约定一方移转财产权于他方，他方支付价金之契约。

当事人就标的物及其价金互相同意时，买卖契约即为成立。

【理由】谨按买卖者，谓当事人约定一方移转财产于他方，他方支付价金之契约也，此为明示其成立之要件。故设第一项规定。凡契约之成立，只须当事人双方之意思表示互相一致，并不以具备何种之方式为要件，买卖契约，何独不然？故当事人就买卖标的物及其价金互相同意时，买卖契约即成立。此第二项所由设也。

判　他人所有物之买卖，在债权法上仍属有效。（三年上字第四五号）

判　定银非买卖之要件。（三年上字第九七号）

判　买卖非要式契约。（三年上字第九七号）

判　买价经当事人订定者，不得借口别售价廉，主张减少。（三年上

字第六七八号）

判　买价经当事人订定者，不得借口市价，主张增减。（三年上字第六七八号）

判　移转财产权与交付价银，非买卖成立之要件。（三年上字第一〇四二号）

判　行政上依法强制之买卖有效。（三年上字第一〇四九号）

判　字据与当事人画押，非买卖契约之要件。（四年上字第一二八九号）

判　债权法上不动产买卖契约，亦非要式契约。（四年上字第一八一七号）

判　买卖得不指定标的物之品质。（四年上字第二二三五号）

判　不动产二重买卖之后，发生债权关系。（四年上字第二二五九号）

判　有期之买卖预约，如不于期内订立本约，则预约失效。（五年上字第三二一号）

判　期条一面载有起货权利，一面载有交价义务，并注有至期兑交字样者，非债务约束。（五年上字第九二一号）

判　通常买卖，须特定人间相互表示意思，始得成立。（六年上字第一七九号）

判　买卖契约之成立，不须有中证。（八年上字第三一二号）

解　不动产之买卖，只以当事人，两造之合意，即生效力，不以立契为要件。（九年统字第一二五四号）

判　卖主为二重买卖，如前之卖约仅有债权关系，后之卖约已发生物权关系者，前买主不得主张后卖约无效。（十年上字第七〇四号）

判　不动产卖买之预约，两造如有不遵行，则应负相当责任。至其责任如何，根据各该地方之习惯，以为判断之标准。（十四年上字第五九八号）

判　草契不能概认为预约。（十四年上字第五九八号）

判　不动产买卖契约为双务契约，移转所有权与交付卖价，原则上应同时履行。（十七年上字第九〇一号）

判 当事人缔结不动产买卖契约，如已合法成立，其私法上之权利义务即应受其拘束，更非一造于事后所能主张增减。（十八年上字第一二七号）

第三百四十六条 价金虽未具体约定，而依情形可得而定者，视为定有价金。

价金约定依市价者，视为标的物清偿时清偿地之市价。但契约另有订定者，不在此限。

【理由】 谨按买卖契约，当事人于买卖之标的物，业已互相同意，而于价金并未具体约定者，或价金虽经约定，而无一定价目，仅表示依照市价者，于此情形，不可不明文规定。本法明定价金虽未具体约定，而依情形可得而定者，视为定有价金。其价金约定依市价者，除契约另有订定外，视为依标的物清偿时清偿地之市价，盖期适用之便利，而免无益之争论也。故设本条以明示其旨。

判 买卖不以具体确定价银为要件。（六年上字第一○七五号）

解 折价了事，应有双方合意。如就折价办法已合意，仅就折价标准不能成立合意，应以原约交货时之市价计算。（十四年统字第一九四七号）

第三百四十七条 本节规定，于买卖契约以外之有偿契约准用之。但为其契约性质所不许者，不在此限。

【理由】 查民律草案第五百六十一条理由谓，有偿契约中，以买卖契约最为重要，故于买卖设完全之规定，而准用于其他有偿契约，以节繁复。此本条所由设也。

判 商人间行为，以有偿为原则。（三年上字第一○九○号）

第二款 效力

【理由】 谨按本款规定出卖人与买受人之义务，交付价金之时地，标的物利益及危险之负担，并买卖费用等，以示买卖之效力。

第三百四十八条 物之出卖人，负交付其物于买受人，并使其取得该物所有权之义务。

权利之出卖人，负使买受人取得其权利之义务，如因其权利而得占有一定之物者，并负交付其物之义务。

【理由】谨按买卖以财产权之移转为标的，不仅以移转占有或担保其处分权为标的，故所有权之出卖人，负交付标的物于买受人，并使买受人取得该物所有权之义务。其所有权以外权利之出卖人，负使买受人取得其权利之义务，如买受人因其权利而得占有一定之物者（如地上权之买受以占有其物为必要），出卖人并负交付其物之义务，否则买受人不能达其目的也。

判　不动产买主，得请求卖主指交标的物。（四年上字第四二四号）

判　虽买主预示不受领，而卖主未合法提供，亦不得令买主履行责任。（六年上字第一二二一号）

判　卖租应指明地段，实行兑佃。（八年上字第七七六号）

判　买卖动产，因交付标的物而生效力。（十七年上字第三五六号）

第三百四十九条　出卖人应担保第三人就买卖之标的物，对于买受人不得主张任何权利。

【理由】谨按出卖人之义务，在担保无第三人就买卖之标的物，对于买受人主张任何权利，若有，则出卖人应负除去之义务，所谓追夺担保是也。故买受人基于买卖关系取得标的物后，设遇有第三人对于买受人主张标的物上之任何权利时，应由出卖人负其责任，以保护买受人之利益。但第四百二十五条之情形，则为例外。此本条所由设也。

判　纯为第三人就标的物所为之不法行为，卖主不负责任。（三年上字第九八一号）

判　标的物上第三人权利为买主所不知者，得请求减价，有时并得解除契约。（四年上字第二三五〇号）

判　买主虽知权利不属卖主而有特约者，仍有追夺担保之义务。（八年上字第七八五号）

判　卖主负追夺担保责任，不仅返还原价。（八年上字第七八五号）

解　强制拍卖后，物主对于拍定人仍负瑕疵担保之责任。惟为保护拍定人起见，如债务人无资力时，亦许其向债权人为返还价金一部或全部之请求。（八年统字第九二九号）

判　出卖坟地内树木，须经共有人全体之同意，契约始属有效。（十

五年上字第九○三号）

第三百五十条　债权或其他权利之出卖人，应担保其权利确系存在。有价证券之出卖人，并应担保其证券未因公示催告而宣示为无效。

【理由】谨按债权或其他权利之出卖人对于买受人，应担保其权利之确系存在。前者如甲寄存乙处米谷十石，乙以之出卖于丙，设甲对丙主张该米谷为自己所有之物，则乙应负赔偿之责。后者如著作权之出卖，应由出卖人担保其有专有权是也。若有价证券之出卖人，并应担保其证券未因公示催告而宣示无效，例如甲所遗失之有价证券，已依公示催告程序，宣示证券无效，被乙拾得出卖于丙，则丙因买受其证券所受之损失，应由乙负赔偿之责是也。本条特为保护买受人之利益而设此规定。

【判】卖主有追夺担保义务，违者应负赔偿责任。（四年上字第一五一七号）

第三百五十一条　买受人于契约成立时，知有权利之瑕疵者，出卖人不负担保之责。但契约另有订定者，不在此限。

【理由】谨按权利之出卖人对于买受人，应负瑕疵担保之义务，此属当然之事。然于订立买卖契约之时，买受人已明知其权利有瑕疵者，则应认为抛弃对于出卖人之追夺担保权，如契约别无订定，出卖人即不负瑕疵担保之责。故设本条以明示其旨。

【判】依约定之趣旨，领地所增之价，概应完全由退地之上告人负担，被上告人并不负任何分担之义务。（十八年上字第二五七号）

第三百五十二条　债权之出卖人对于债务人之支付能力，除契约另有订定外，不负担保责任。

出卖人就债务人之支付能力，负担保责任者，推定其担保债权移转时债务人之支付能力。

【理由】谨按债权之出卖人对于债务人之支付能力，应否负追夺担保之责，各国立法例不同，本法则以买卖当事人有契约订定者为限，使出卖人负担保之责。然则出卖人对于买受人担保债务人之支付能力，究应担保债权移转时之支付能力乎？抑应担保债务履行时之支付能力乎？仍须依其特约而定。其特约担保债务履行时之支付能力者，自当依其特约。若特约仅表示担保支付能力，而未表示担保何时之支付能力者，则应推定其为担保债权移转时之支付能力，以保护出卖人之利益。故设本条以明示其旨。

第三百五十三条　出卖人不履行第三百四十八条至第三百五十一条所定之义务者，买受人得依关于债务不履行之规定，行使其权利。

【理由】谨按出卖人对于第三百四十八条至第三百五十一条之各规定，皆应尽履行之义务，方足以保护买受人之利益。出卖人如不履行此种义务，则与债务人之不履行债务无异，此时买受人即得依照债务不履行之规定，行使其权利。所谓行使关于债务不履行所生之权利者，即契约解除权，违约金请求权，损害赔偿请求权等是也。故设本条以明示其旨。

判　卖主收价不能交货，买主得请求返还原价及利息，并损害赔偿。（三年上字第一〇六六号）

判　因归责于卖主事由解约时，卖主除返还买价外，应负担契约费用。（三年上字第一一九〇号）

判　可分性质之物之买卖，买主得解除一部契约。（三年上字第一一九〇号）

判　卖主不移转权利，买主得解除契约。（三年上字第一一九〇号）

判　标的物当时虽不属卖主，亦有移转权利之义务。（三年上字第一一九〇号）

判　买主当时明知标的物非卖主所有者，不得请求损害赔偿。（四年上字第一一四九号）

第三百五十四条　物之出卖人，对于买受人应担保其物依第三百七十三条之规定危险移转于买受人时，无灭失或减少其价值之瑕疵，亦无灭失或减少其通常效用，或契约预定效用之瑕疵。但减少之程度，无关重要者，不得视为瑕疵。

出卖人并应担保其物于危险移转时，具有其所保证之品质。

【理由】查民律草案第五百六十七条理由谓，买卖标的物之价值，或其通常之效用，有减失或减少之瑕疵，应使出卖人负法律上之担保责任，以维持交易上之诚实及信用。此第一项所由设也。又同律第五百六十八条理由谓关于买卖标的物品质之瑕疵，以当事人间有特约担保其物实有确保品质者为限，使出卖人任担保之责。此第二项所由设也。

第三百五十五条 买受人于契约成立时，知其物有前条第一项所称之瑕疵者，出卖人不负担保之责。

买受人因重大过失，而不知有前条第一项所称之瑕疵者，出卖人如未保证其无瑕疵时，不负担保之责。但故意不告知其瑕疵者，不在此限。

【理由】谨按买受人于缔结买卖契约时，若已明知标的物之价值或效用有灭失或减少之瑕疵，则是抛弃本于瑕疵而请求担保之权利，不必使出卖人负其责任。又关于标的物之价值或效用有灭失或减少之瑕疵，买受人因重大过失不知者，以出卖人曾经保证其无瑕疵为限，始负担保之责。如未保证其无瑕疵时，出卖人即可不负责任。但出卖人明知标的物有瑕疵，而故意不告知买受人，则应使出卖人就其瑕疵，负担保责任，盖期确保交易之诚实及信用也。故设本条以明示其旨。

第三百五十六条 买受人应按物之性质，依通常程序从速检查其所受领之物，如发现有应由出卖人负担保责任之瑕疵时，应即通知出卖人。

买受人怠于为前项之通知者，除依通常之检查不能发现之瑕疵外，视为承认其所受领之物。

不能即知之瑕疵，至日后发现者，应即通知出卖人。怠于为通知者，视为承认其所受领之物。

【理由】谨按标的物之价值及效用，有无灭失或减少之瑕疵，在出卖人固应负瑕疵担保之义务，在买受人亦应负检查及通知之责任，其怠于通知者，除依通常之检查不能发现之瑕疵外，应视为承认其所受领之物，盖以对于标的物瑕疵之担保，以从速决定为宜，不应使出卖人久负不可知之责任也。至标的物之瑕疵，非即时所能知，而于日后始行发现者，买受人对于出卖人，亦应负通知之责任。若发现瑕疵后，怠于通知，亦视为承认其所受领之物。此本条所由设也。

判 非买主承认无瑕疵，则买主不得免除担保之责。（七年上字第三七四号）

第三百五十七条 前条规定，于出卖人故意不告知瑕疵于买受人者，不适用之。

【理由】谨按依前条之规定，买受人负检查通知之义务，有怠于通知之制裁，此指出卖人不知标的物有瑕疵时而言。若出卖人明知标的物有瑕疵，而故意不向买受人告知，则有违交易上之诚实及信用，即不适用前条规定，仍应使出卖人负担保之责，盖以保护买受人之利益也。

第三百五十八条　买受人对于由他地送到之物，主张有瑕疵，不愿受领者，如出卖人于受领地无代理人，买受人有暂为保管之责。

前项情形，如买受人不即依相当方法证明其瑕疵之存在者，推定于受领时为无瑕疵。

送到之物易于败坏者，买受人经物之所在地官署、商会或公证人之许可，得变卖之。如为出卖人之利益，有必要时，并有变卖之义务。

买受人依前项规定为变卖者，应即通知出卖人。如怠于通知，应负损害赔偿之责。

【理由】谨按买受人对于由他地送到之标的物，主张有瑕疵不愿受领者，该物既系由他地运送而来，无从即时返还于出卖人，又无代理人为之保管，则不可不使买受人暂任保管之责。于此情形，须使买受人负证明瑕疵之责，买受人如不即依相当方法证明其瑕疵之存在时，推定于受领时为无瑕疵，盖以防流弊也。至他地送到之物有容易败坏之虞，而不适于保管者，应予买受人以变卖之权，得经物之所在地官署、商会或公证人之许可，变卖其物，有必要时并使买受人负变卖之义务。但买受人因物之易于败坏而为变卖时，须负通知出卖人之义务耳，若买受人怠于通知，应使负赔偿之责，皆所以保护出卖人之利益也。

第三百五十九条　买卖因物有瑕疵，而出卖人依前五条之规定，应负担保之责者，买受人得解除其契约，或请求减少其价金。但依情形，解除契约显失公平者，买受人仅得请求减少价金。

【理由】谨按买卖因物有瑕疵，而出卖人依前五条之规定，应负担保之责者。于此情形，或退还物而解除买卖契约，或欲受领其物而减少价金，买受人均有自由选择之权。但依买卖之情形，其解除契约显失公平，如限于特定事项所需之物，契约解除，即难销售者，买受人即不得解除契约，仅得请求减少价金，盖一方保护买受人之利益，一方仍顾及出卖人之损失也。故设本条以明示其旨。

判　他人权利之买卖，卖主不能履行，买主得解约。（四年上字第一

○二七号）

　　判　标的物瑕疵，卖主任担保责任。（五年上字第一一二○号）

　　判　买主限于卖主着手履行前，得抛弃定银，解除契约。（六年上字第九七二号）

　　判　标的物有瑕疵，应以因此不能达契约之目的者为限，许买主解约。（九年上字第二三号）

　　第三百六十条　**买卖之物，缺少出卖人所保证之品质者，买受人得不解除契约或请求减少价金，而请求不履行之损害赔偿。出卖人故意不告知物之瑕疵者，亦同。**

　　【理由】查民律草案第五百七十二条理由谓，出卖人就标的物之品质特约担保者，视为因此所生之一切结果，皆有担保之意，故使买受人得请求不履行之损害赔偿，以代契约之解除，或代减少价金之请求。出卖人明知有瑕疵而故意不告知买受人者，亦使买受人得请求不履行之损害赔偿，以代契约之解除或减少价金之请求，以保护买受人之利益。此本条所由设也。

　　第三百六十一条　**买受人主张物有瑕疵者，出卖人得定相当期限，催告买受人于其期限内，是否解除契约。**

　　买受人于前项期限内，不解除契约者，丧失其解除权。

　　【理由】查民律草案第五百七十四条理由谓，买卖契约，是否因标的物之瑕疵而解除，此不确定之状态也。除去不确定之状态，为出卖人必要之行为，故使出卖人得依定期催告除去之。此本条所由设也。

　　第三百六十二条　**因主物有瑕疵而解除契约者，其效力及于从物。**

　　从物有瑕疵者，买受人仅得就从物之部分为解除。

　　【理由】谨按依从物附随于主物之例，如买卖契约之标的物，其主物因有瑕疵而解除契约者，其效力及于从物。若仅从物有瑕疵，则买受人仅得就从物之部分而为解除，其效力不得及于主物。故设本条以明示其旨。

　　第三百六十三条　**为买卖标的之数物中，一物有瑕疵者，买受人仅得就有瑕疵之物为解除。其以总价金将数物同时卖出者，买受人并得请求减少与瑕疵物相当之价额。**

前项情形，当事人之任何一方，如因有瑕疵之物，与他物分离而显受损害者，得解除全部契约。

【理由】谨按为买卖标的之数物中，如仅一物有瑕疵者，买受人仅得就有瑕疵之一物解除契约。其数宗买卖之标的物，系以总价金买受者，并得请求减少与瑕疵物相当之价额。例如买卖米五十石，价金五百元，面粉一百袋，价金五百元，如发现面粉有瑕疵，买受人即得对面粉部分解除契约，而单为米之买受。若米与面粉，系以总价金一千元购入者，则仅得减少面粉相当之价额，不必全部解除契约也。依此情形，当事人之任何一方，如因有瑕疵之物，与他物分离而显受损害者，得解除全部契约。例如买古对联一副，其一联有瑕疵，而仅余一联，亦即无悬挂之价值，则应许其解约是也。故设本条以明示其旨。

第三百六十四条　买卖之物，仅指定种类者，如其物有瑕疵，买受人得不解除契约或请求减少价金，而即时请求另行交付无瑕疵之物。

出卖人就前项另行交付之物，仍负担保责任。

【理由】谨按买卖之标的物，仅指定种类者，如其物有瑕疵，得使买受人即时请求另行交付无瑕疵之物，以省解除契约，或请求减少价金之烦，盖以计当事人之便利也。但对于另行交付之物，仍须使出卖人负瑕疵担保之责任，方足以保护买受人之利益。故设本条以明示其旨。

第三百六十五条　买受人因物有瑕疵，而得解除契约或请求减少价金者，其解除权或请求权，于物之交付后六个月间，不行使而消灭。

前项规定，于出卖人故意不告知瑕疵者，不适用之。

【理由】谨按买受人因瑕疵买卖契约之解除权，及减少价金之请求权，若出卖人并未与买受人特约于特定期间内负担责任者，则于物之交付后，经六个月而不行使者，其权利因时效而消灭，所以除去不确定之状态也。但出卖人明知有瑕疵而故意不为告知者，则不适用此消灭时效之规定，买受人仍得随时行使契约解除权及减少价金请求权，以出卖人有背于交易之诚实及信用也。故设本条以明示其旨。

第三百六十六条　以特约免除或限制出卖人关于权利或物之瑕疵担保义务者，如出卖人故意不告知其瑕疵，其特约为无效。

【理由】查民律草案第五百八十四条理由谓，瑕疵担保之义务，因买受人之利益而设，故有免除义务或加以限制之特约，当然有效。若出卖人故意不告知物之瑕疵，则违交易上之诚实及信用，虽有免除或限制特约，仍应认为无效。此本条所由设也。

判 买主免除卖主瑕疵担保责任后，不得复以物有瑕疵，主张解除契约。（四年上字第一〇〇八号）

第三百六十七条 买受人对于出卖人，有交付约定价金及受领标的物之义务。

【理由】谨按买受人对于出卖人之义务有二：一为交付约定之价金；一为受领所买之标的物。此为当然之事，故设本条以明示其旨。

判 不特定物之买卖，买主不应过问货所从来，并迟不起货，应任赔偿。（四年上字第二二三一号）

解 买卖契约经催告而仍迟延不为履行时，得解除契约，并得请求赔偿。（十四年统字第一九一〇号）

第三百六十八条 买受人有正当理由，恐第三人主张权利，致失其因买卖契约所得权利之全部或一部者，得拒绝支付价金之全部或一部。但出卖人已提出相当担保者，不在此限。

前项情形，出卖人得请求买受人提存价金。

【理由】查民律草案第五百九十六条理由谓，买受人恐第三人在标的物上主张权利，而失其所买受权利之全部或一部者，如有正当理由，应使其得拒绝价金全部或一部之支付，以保护其利益。但出卖人已提供相当之担保，则不得拒绝支付。又出卖人若请求提存价金，亦应许之，以保护出卖人之利益。此本条所由设也。

判 契约内容无论何等品质之物皆收受者，则买主不得因低货拒不付价。（三年上字第六〇六号）

判 就标的物第三人主张权利者，买主得停给价银。（四年上字第一四八七号）

第三百六十九条 买卖标的物与其价金之交付，除法律另有规定或契约另有订定，或另有习惯外，应同时为之。

【理由】谨按买卖之标的物，与其价金之交付，原则上应使同时为之，俾符当事人之意思。若法律别有规定，或契约别有订定，或另有习惯者，则应从其所定。此本条所由设也。

　　判　卖主交物虽未足全部，买主亦已付价一部者，不得解除。（五年上字第一一○四号）

　　判　买主自卖主交物时起，条理上应付价金之利息。（五年上字第一一○四号）

　　判　卖主已交物，买主不付价者，卖主得解除。（五年上字第一一○四号）

　　判　定期买卖之货与价，当初均毋庸交付。（六年上字第四五八号）

　　判　买卖契约之目的物及价银，除有特约外，应同时交付。（六年上字第一○七五号）

　　判　买卖契约，两造均未依约履行，即不能认一造有解除权。（七年上字第三六四号）

　　判　买卖契约，除当事人有特别订定外，应各有同时履行之抗辩权。（十四年上字第一四二四号）

　　第三百七十条　**标的物交付定有期限者，其期限推定其为价金交付之期限。**

　　【理由】谨按关于买卖标的物之交付定有期限者，其交付标的物之期限，推定其为价金交付之期限，庶合于当事人之意思。盖依前条之规定，买卖标的物与其价金之交付，本应同时为之也。故设本条以明示其旨。

　　判　买卖契约，仅片面约定交货日期者，非不法。（六年上字第一○七五号）

　　第三百七十一条　**标的物与价金同时交付者，其价金应于标的物之交付处所交付之。**

　　【理由】查民律草案第五百九十四条理由谓，应于买卖标的物之交付时支付价金者，应使其于标的物交付处所支付价金，以节劳力。此本条所由设也。

　　第三百七十二条　**价金依物之重量计算者，应除去其包皮之重量。但契约另有订定或另有习惯者，从其订定或习惯。**

　　【理由】谨按价金之支付，应依标的物之重量计算者，其包皮之重量，应除去之，方合于真实之事理。但契约另有订定或另有习惯者，则当从其订定或习惯，俾符当事人之意思。此本条所由设也。

第三百七十三条 买卖标的物之利益及危险，自交付时起，均由买受人承受负担。但契约另有订定者，不在此限。

【理由】谨按买卖之标的物，于其交付前，因天灾及其他不可抗力而灭失毁损者，损失应归何人负担，古来学说聚讼，各国立法例亦不一致，此所谓危险担保之问题是也。本法明定买卖之标的物，除契约另有订定外，其利益及危险，应自交付时起，均使买受人承受负担，所以杜无益之争论也。

判 买房契约，未交房前失火焚毁者，得减少价银。（七年上字第五一二号）

判 不特定物之买卖，由债务人负担危险。（十一年上字第四二六号）

判 不特定物之买卖，卖主纵已将货预备，而于尚未交付或合法提供前灭失，其危险负担仍不属于债权人。（十七年上字第一〇〇一号）

第三百七十四条 买受人请求将标的物送交清偿地以外之处所者，自出卖人交付其标的物于运送承揽人时起，标的物之危险，由买受人负担。

【理由】查民律草案第五百九十九条理由谓，出卖人将标的物送交于清偿处所时，其送交中之危险，应归出卖人负担。若因买受人之请求，而送交于清偿处所以外之处所，因此而生之危险，应使买受人负担，以昭允协。此本条所由设也。

第三百七十五条 标的物之危险，于交付前已应由买受人负担者，出卖人于危险移转后，标的物之交付前，所支出之必要费用，买受人应依关于委任之规定，负偿还责任。

前项情形，出卖人所支出之费用，如非必要者，买受人应依关于无因管理之规定，负偿还责任。

【理由】查民律草案第六百零二条理由谓，关于买卖标的物之危险，于其交付前移转于买受人者，如不动产之买卖，卖受人在交付前为登记或有特约是也。此等情形，出卖人若就买卖标的物所支出之费用，应使买受人赔偿之，其费用赔偿范围，以是否必要而异。此本条所由设也。

第三百七十六条　买受人关于标的物之送交方法，有特别指示，而出卖人无紧急之原因，违其指示者，对于买受人因此所受之损害，应负赔偿责任。

【理由】谨按买受人关于标的物之送交方法，有特别指示者，出卖人应依其方法而为送交，否则买受人因此所生之损害，应使出卖人负赔偿之责任，以保护买受人之利益。但出卖人违背指示送交之方法，系出于紧急之原因者，则不使负赔偿之责。故设本条以明其旨。

第三百七十七条　以权利为买卖之标的，如出卖人因其权利而得占有一定之物者，准用前四条之规定。

【理由】谨按前四条之规定，均关于物的买卖交付之责任，若以权利为买卖之标的，本无有体物可以交付，自难适用物的交付之规定。然权利之出卖人，因其权利而得占有一定之物者（例如地上权之买卖），其负交付其物之义务，与物的出卖必须交付其物者无异，故准用关于物的交付责任之规定。此本条所由设也。

第三百七十八条　买卖费用之负担，除法律另有规定或契约另有订定，或另有习惯外，依下列之规定：

一、买卖契约之费用，由当事人双方平均负担；

二、移转权利之费用，运送标的物至清偿地之费用，及交付之费用，由出卖人负担；

三、受领标的物之费用，登记之费用，及送交清偿地以外处所之费用，由买受人负担。

【理由】谨按第三百七十五条，系关于标的物交付前所支出费用之规定，本条系关于因买卖所生一切费用之规定。此种买卖费用之负担，如法律别无规定，契约别无订定，习惯亦无可依据者，应视其利益及义务之所在，而定其负担费用之人。盖以免无益之争议，而期事理之公平也。

判　契约准备费，原则上应由两造分担。（三年上字第二〇六号）

第三款　买回

【理由】谨按关于买回之性质，学说不一，各国立法例亦不同。德国旧民法认买回为新买卖，新民法认为权利之保留，法、日民法则认为买卖契约之解除。本法采德国新民法之法例，亦认买回为保留买卖契约解除权之特约。故设本款之规定。

第三百七十九条　　出卖人于买卖契约保留买回之权利者，得返还其所受领之价金，而买回其标的物。

前项买回之价金，另有特约者，从其特约。

原价金之利息，与买受人就标的物所得之利益，视为互相抵销。

【理由】谨按买回契约，为保留权利之特约，故出卖人欲保留买回权利，须于为买卖契约时订立特约，方得享有买回权。又出卖人必须返还出卖时所领受之价金，否则不许买回。故设第一项以明示其旨。前项买回之价金，应与出卖时之价金数额相同，此属当然之事，然当事人订有特约者，应以特约所定之数额为准。故设第二项以明其旨。又买回人于返还原价金外，仍须支付利息者，此项原价金之利息，自应返还于买受人，然此应视为与买受人就标的物所得之利益抵销，以免彼此核算之不便，方合于实际情形。故设第三项以明示其旨。

　　判　买回特约，对于知情之第三人有效。（三年上字第一一九号）

　　解　凡典当房地逾期虽久，仍应准照习惯听其回赎。（三年统字第一四〇号）

　　判　仅债务人有要求，不为免除。（三年上字第一一六号）

　　判　无权人之免除无效。（三年上字第三二〇号）

　　判　买卖当事人订立移转物权之契约外，另订限期回赎之约，依契约自由之原则，本非法所不许，苟无无效或撤销之原因，买主即应受其拘束。故买主于回赎期限内，非催告卖主回赎或经卖主抛弃其回赎权利，自不能任意将该业出卖于第三人。（十七年上字第八三〇号）

　　解　保留权之保留意义，如系指买回而言，得以契约订定，大理院判决，已有关于买回之先例。（十五年统字第一九七四号）

第三百八十条　　买回之期限，不得超过五年。如约定之期限较长者，缩短为五年。

【理由】谨按买回权行使之期限，不得使之过长，否则有阻碍国家经济之发展。例如土地买卖，当事人预约有买回之期限者，则在此期限以内，买受人因土地将来复归于出卖人，遂不肯施以改良土地之良好方法。因而土地之生产力，遂形薄弱，即国家之经济力无由增进，期限愈长，影响愈大。故本条明定期限。最长为五年，其约定之期限较长者，亦缩短为五年，盖以防流弊也。

第三百八十一条　买卖费用由买受人支出者，买回人应与买回价金连同偿还之。

买回之费用，由买回人负担。

【理由】谨按买回人既有买回之事，则出卖时由买受人支出之费用，买回人应与买回价金连同偿还之。其买回之费用，亦应由买回人负担，盖买回人既享买回原物之权利，自应尽负担费用之义务也。故设本条以明示其旨。

第三百八十二条　买受人为改良标的物所支出之费用及其他有益费用，而增加价值者，买回人应偿还之。但以现存之增价额为限。

【理由】谨按买受人因增加标的物之价值，所支出之改良费用及其他有益费用，应使买回人偿还之，方足以昭公允。但其偿还之数额，应以标的物现存之增价额为限，庶于保护之中，仍寓限制之意。故设本条以明示其旨。

判　卖主于买回时，应偿还买主改良标的物所支出之费用。（十年上字第八一一号）

第三百八十三条　买受人对于买回人，负交付标的物及其附属物之义务。买受人因可归责于自己之事由，致不能交付标的物，或标的物显有变更者，应赔偿因此所生之损害。

【理由】查民律草案第六百十条理由谓，买受人因出卖人之行使买回权，对于出卖人，只须交付买卖之标的物及其附属物，不必返还其所收益，因此收益视为与价金之利息相抵销也。又买卖之标的物，因归责于买受人之事由而不能交付，或标的物显有变更者，因此所生之损害，买受人应负赔偿之责。此本条所由设也。

第四款　特种买卖

【理由】查民律草案债权编第二章第二节第四款原案谓，买卖之种类不一，而试验买卖、货样买卖、分期付价之买卖及拍卖，关系尤重。故设本款之规定。

第三百八十四条　试验买卖，为以买受人之承认标的物为停止条件，而订立之契约。

【理由】查民律草案第六百一十八条理由谓，试验买卖者，关于买卖之标的物，以买受人承认为条件之买卖也。买卖关系成立后，特附以必须买受人就于买卖标的物表示承认之条件，始生买卖契约之效力。故试验买卖契约，为停止条件附之契约。此本条所由设也。

第三百八十五条　试验买卖之出卖人，有许买受人试验其标的物之义务。

【理由】查民律草案第六百一十九条理由谓，试验买卖，既以买受人之承认标的物为条件，则买受人之是否承认，当就其标的物实行试验而决定之。故使出卖人对于买受人，负有许其试验标的物之义务。此本条所由设也。

第三百八十六条　标的物经试验而未交付者，买受人于约定期限内，未就标的物为承认之表示，视为拒绝。其无约定期限，而于出卖人所定之相当期限内，未为承认之表示者，亦同。

【理由】谨按标的物经买受人试验后，如即时表示承认之意思者，则买卖契约即行发生效力，此属当然之事。若虽经竣，而标的物尚未交付于买受人以前其有约定期限者，买受人不于期限内为承认之表示，则应视为拒绝。其无约定期限，而由出卖人定有相当之期限催告者，买受人不于所定期限内为承认之表示，亦应视为拒绝，盖以契约之是否生效，亟应从速决定，不宜使之久不确定也。故设本条以明示其旨。

第三百八十七条　标的物因试验已交付于买受人，而买受人不交还其物，或于约定期限或出卖人所定之相当期限内，不为拒绝之表示者，视为承认。

买受人已支付价金之全部或一部，或就标的物为非试验所必要之行为者，视为承认。

【理由】谨按前条系指标的物经试验而未交付于买受人之规定，本条系指标的物因试验已交付于买受人之规定。故出卖人送交标的物以供买受人之试验者，买受人于试验后，应即为承认与否之表示，或即交还其物，以示拒绝。若既不交还其物，复不于约定期限或出卖人所定之相当期限内，表示拒绝之意思者，即应视为承认。又买受人已支付价金之全部或一部，或已就标的物为非试验所必要之行为者，虽未表示承认，然已显有承认其物之意思，亦应视为承认。法律特为明确之规定，盖使于实际上得所准据也。

第三百八十八条　按照货样约定买卖者，视为出卖人担保其交付之标的物，与货样有同一之品质。

【理由】查民律草案第六百一十七条理由谓，货样买卖者，出卖人对于买受人约明，以符合货样之物品为给付之无条件买卖也。此种买卖，出卖人应担保买卖标的物与货样有同一之品质，买受人亦得提出货样，主张买卖标的物与货样同一品质，以明出卖人之责任。

第三百八十九条　分期付价之买卖，如约定买受人有迟延时，出卖人得即请求支付全部价金者，除买受人有连续两期给付之迟延，而其迟付之价额，已达全部价金五分之一外，出卖人仍不得请求支付全部价金。

【理由】谨按分期付价之买卖，原为买受人之利益而设。故虽当事人间订有付价迟延，即得请求支付全部价金之特约，然非具备特定之要件，出卖人即不得行使请求支付全部价金之权利。要件为何，即须买受人迟延两期之给付，且迟延之两期须系连续，而其迟付之价额须已达总价金五分之一是也。三者缺一，出卖人仍不得请求支付价金全部。法律设此限制，盖为保护买受人之利益，而显分期付价买卖之效用也。

第三百九十条　分期付价之买卖，如约定出卖人于解除契约时，得扣留其所受领价金者，其扣留之数额，不得超过标的物使用之代价，及标的物受有损害时之赔偿额。

【理由】谨按分期付价之买卖，当事人如约定于解除契约时，出卖人得扣留其所受领之价金者，其应扣留之数额，不可不加以限制，即不得超过标的物使用之代价，及标的物受有损害时之赔偿额是。本条明为规定，盖以防无益之争议也。

第三百九十一条　拍卖因拍卖人拍板或依其他惯用之方法，为卖定之表示而成立。

【理由】谨按拍卖者，关于清偿之标的物不依权利人之意思而为者也。拍卖之性质，学说不一，有谓拍卖系公法处分者，有谓拍卖非买卖者，本法以拍卖为买卖之一种，并规定其如何成立之方法，俾资适用。此本条所由设也。

第三百九十二条　拍卖人对于其所经管之拍卖不得应买，亦不得使他人为其应买。

【理由】谨按经管拍卖之人，不得自为应买人，亦不得使他人应买，法律特加限制，盖以防拍卖发生不公平之弊也。故设本条以明示其旨。

第三百九十三条　拍卖人除拍卖之委任人有反对之意思表示外，得将拍卖物拍归出价最高之应买人。

【理由】谨按拍卖者，招集多人以最高价卖去其物之方法也。故拍卖人除拍卖之委任人，有反对之意思表示外，得将拍卖物拍归出价最高之应买人，以符拍卖之本旨。此本条所由设也。

第三百九十四条　拍卖人对于应买人所出最高之价，认为不足者，得不为卖定之表示，而撤回其物。

【理由】谨按依前条之规定，拍卖物固得拍归出价最高之应买人。然应买人所出最高之价，与拍卖人所预定之价，相差甚巨而认为不足者，如亦依拍板或其他惯用方法，为卖定之表示而成立，则拍卖人将受无限之损失，而无所救济，殊非事理之平。此时应使拍卖人得不为卖定之表示，而撤回拍卖物，以保护其利益。此本条所由设也。

第三百九十五条　应买人所为应买之表示，自有出价较高之应买或拍卖物经撤回时，失其拘束力。

【理由】谨按为应买之表示后，应买人当然受其意思表示之拘束，必须有其他出价较高之应买人，此出价较低之应买人，所为应买之表示，始失其拘束力。或虽无其他出价较高之应买人，而因拍卖人认为出价不足撤回其拍卖物，此则应买人所为应买之表示，亦失其拘束力。本条特设规定，所以防争议也。

第三百九十六条　拍卖之买受人，应于拍卖成立时，或拍卖公告内所定之时，以现金支付买价。

【理由】谨按拍卖既经成立，拍卖之买受人，应即时支付买价。如拍卖公告内定有支付之时期者，则应依拍卖公告内所定之时支付买价。其买价之支付，须以现金为之，盖期适合于拍卖之意思也。故设本条以明示其旨。

第三百九十七条　拍卖之买受人，如不按时支付价金者，拍卖人得解除契约，将其物再行拍卖。

再行拍卖所得之利益，如少于原拍卖之价金及费用者，原买受人应负赔偿其差额之责任。

【理由】谨按拍卖之买受人，不依照前条所定时期支付买价者，拍卖人得解除契约，并得将其物再行拍卖。其因再行拍卖所得之利益，较少于原拍卖之价金及利益者，原买受人并应负赔偿差额之责任，以保护拍卖方面之利益。此本条所由设也。

第二节　互易

【理由】查民律草案债权编第二章第三节原案谓，互易者，当事人之两造互为移转金钱所有权以外之财产权之契约也。古来各国皆行之，我国亦有此习惯。互易为有偿契约，当然准用买卖之规定（参照第三百四十七条），故本节只明示互易之本义。

第三百九十八条　当事人双方约定互相移转金钱以外之财产权者，准用关于买卖之规定。

【理由】谨按互易虽与买卖及有偿契约同为双务契约，然其标的物则异。盖买卖契约，系当事人之一方，移转财产权于他方，他方支付价金为标的；而互易契约，则当事人双方互相移转金钱以外之财产权（动产或不动产）为标的也。然互易之性质究与买卖无异，故准用关于买卖之规定。

第三百九十九条　当事人之一方，约定移转前条所定之财产权，并应交付金钱者，其金钱部分，准用关于买卖价金之规定。

【理由】查民律草案第六百二十一条理由谓，当事人之一方，约定以金钱之所有权，与其他之财产权，同时移转者，其契约为互易契约。至其金钱部分，与买卖之价金无异，故准用关于买卖价金之规定。

第三节　交互计算

【理由】谨按交互计算者，双方就其相互间交易上所生之债权、债务定期计算，互相抵销，而仅支付其差额之契约也。此方法各国法律多于商法中规定之，本法本于民商法合一之旨，特设本节之规定。

第四百条　称交互计算者，谓当事人约定以其相互间之交易所生之债权、债务为定期计算，互相抵销，而仅支付其差额之契约。

【理由】谨按当事人双方相互间，约定因交易而生之债权债务，为定期计算，互相抵销，专就其相差额而为支付者，此种契约，是为交互计算。盖以信用发达之社会，如使尽以现金交易，反多不便，故以交互计算代其效用，俾节省清偿之手续，而灵活资金之运用。故设本条以明示其旨。

第四百零一条　汇票、本票、支票及其他流通证券，记入交互计算者，如证券之债务人不为清偿时，当事人得将该记入之项目除去之。

【理由】谨按汇票、本票、支票及其他流通证券，虽许记入交互计算，互相抵销，然若证券之债务人不为清偿时，则无从收抵销之效用。故为保护当事人之利益计，应将该记入之项目除去之，俾符实际。此本条所由设也。

第四百零二条　交互计算之计算期，如无特别订定，每六个月计算一次。

【理由】谨按交互计算之计算期，如由当事人预先约定者，自应从其所定；若无特别订定，应以每六个月计算一次。本条特设法定期限，盖使便于适用也。

第四百零三条　当事人之一方，得随时终止交互计算契约，而为计算。但契约另有订定者，不在此限。

【理由】谨按一方交互计算契约之终止，非必于他方有所不利益也，故当事人之一方，随时终止交互计算契约而为计算，固可即约定于特定期间内，不许终止交互计算契约，亦无不可也。特设本条以明示其旨。

第四百零四条　记入交互计算之项目，得约定自记入之时起，附加利息。

由计算而生之差额，得请求自计算时起，支付利息。

【理由】谨按交互计算所记入之项目，得附加利息与否？应听当事人之自由意思。其约定附加利息者，得自记入之时起算，至因交互计算结果所生之差额，当然可以支付利息。但其请求支付利息之起算时期，亦应明白规定，俾资适用。此本条所由设也。

第四百零五条　记入交互计算之项目，自计算后，经过一年，不得请求除去或改正。

【理由】谨按记入交互计算之项目，如为汇票、本票、支票及其他流通证券，债务人不为清偿时，当事人得将该项目除去。又计算如有错误，亦得请求改正。此种除去及改正之请求权，当事人固得随时行使之，然行使为时过久，亦非所宜。故本条规定除去或改正之请求，应于计算后一年内为之。逾期即不得再行请求，盖使权利之状态，得以从速确定也。

第四节　赠与

【理由】查民律草案债权编第二章第四节原案谓，赠与者，当事人之一方，以无偿而移转其财产权于他方之契约也。各国法律，多规定之，以其为实际上关系重要之契约。故本法特设本节之规定。

第四百零六条　赠与因当事人一方以自己之财产，为无偿给与于他方之意思表示，经他方允受而生效力。

【理由】查民律草案第六百二十二条理由谓，赠与者，当事人之一方，以不索报酬将财产给与他方，而他方允受之契约也。既非不索报酬，而以财产与人之单独行为，亦非设定物权之消灭权利之契约，故设本条定明本义，于实际上最为必要也。

　　判　附限制之赠与，亦有效。（三年上字第一四二号）

　　判　不动产赠与，于表意时即生效力。（三年上字第一二六〇号）

　　判　赠与非要式行为。（四年上字第一九七五号）

　　判　赠与原有条件，后经除去者，非新赠与行为。（八年上字第一四六号）

　　解　烟行惯例行用必取两分，号伙所得一分，确在烟行应得两分之内。且出烟行自愿减收，自可认为出自赠与，不得请求追缴。（九年统字第一二六五号）

　　解　保险人所保之人寿保险，如指定专为其所生之某女而订立契约

者，则日后之保险金，应归该女独得。（二十年院字第四〇六号）

判　赠与须当事人一造表示，愿将自己财产不索酬而与相对人，其相对人允受后，始生效力。（十七年上字第二一六号）

第四百零七条　以非经登记不得移转之财产为赠与者，在未为移转登记前，其赠与不生效力。

【理由】谨按财产之移转，非经登记不得对抗第三人。赠与之性质，亦为财产之移转，故以不动产为赠与者，必须为移转之登记。在未为移转登记前，其赠与不发生移转之效力。此本条所由设也。

第四百零八条　赠与物未交付前，赠与人得撤销其赠与。其一部已交付者，得就其未交付之部分撤销之。

前项规定，于立有字据之赠与，或为履行道德上之义务而为赠与者，不适用之。

【理由】谨按赠与本为无偿给与之行为，若于赠与之后，赠与人因特种之事由而撤销其赠与者，法律亦所许可。但其撤销之部分，应以未交付之标的物为限。若既经交付，即不许再行撤销。其一部已交付，一部未交付者，亦仅得就未交付之部分而为撤销，其效力不及于已交付之部分。盖以既经成立之赠与行为，不应使之再有变更，致生权利常不确定之状态也。然若立有字据之赠与，或为履行道德上义务之赠与，则不问其是否交付，均不许再行撤销，俾得确定法律之关系，而期遵守道德之规则也。故设本条以明示其旨。

判　有书据之赠与，及已履行之赠与，不得随意撤销。（三年上字第二一二号）

第四百零九条　赠与人不履行前条第二项所定之赠与时，受赠人得请求交付赠与物或其价金。但不得请求利息，或其他不履行之损害赔偿。

【理由】谨按依前条第二项之规定，凡立有字据之赠与，或履行道德上义务之赠与，不问其物是否交付，均不许撤销赠与，应即照约履行。若赠与人不履行此项赠与之契约，应许受赠人有请求交付赠与物或其价金之权。但不得于赠与物或其价金以外，更请求利息或其他之损害赔偿。盖以赠与究系无偿行为，自应有所限制也。故设本条以明示其旨。

第四百一十条　赠与人仅就其故意或重大过失，对于受赠人负其责任。

【理由】谨按赠与者，专为受赠人之利益而设者也，受赠人虽为债权人，不得与他债权人同视，务减轻受赠人之利益，以保护赠与人之权利，以昭公允。故赠与之标的物，在未交付以前，有灭失毁损时，赠与人仅就其故意或重大过失，负其责任。盖以赠与系属无偿行为，对于赠与人之责任，自应稍从轻减。此本条所由设也。

第四百一十一条　赠与之物或权利如有瑕疵，赠与人不负担保责任。但赠与人故意不告知其瑕疵，或保证其无瑕疵者，对于受赠人因瑕疵所生之损害，负赔偿之义务。

【理由】谨按赠与专因受赠人之利益而为之，故应减轻赠与人之责任。关于现物或权利之赠与，赠与人通常不负瑕疵担保之责任，须以赠与人对于受赠人故意隐蔽瑕疵或曾经保证其无瑕疵者为限，因此所生之损害，始负赔偿之责，盖因其行为有反于诚实及信用故也。立法意旨，殆恐赠与人之责任过重，有妨赠与之实行耳。此本条所由设也。

第四百一十二条　赠与附有负担者，如赠与人已为给付而受赠人不履行其负担时，赠与人得请求受赠人履行其负担，或撤销赠与。

负担以公益为目的者，于赠与人死亡后，主管官署得命受赠人履行其负担。

【理由】查民律草案第六百二十九条理由谓，赠与人给与财产于受赠人，而受赠人因赠与人或第三人，或公益应实行其负担者，名附有负担之赠与。此种赠与，其得请求实行负担之时，及得请求实行负担之人，须明为规定，始足以防止无益之争论。此本条所由设也。

第四百一十三条　附有负担之赠与，其赠与不足偿其负担者，受赠人仅于赠与之价值限度内，有履行其负担之责任。

【理由】谨按附有负担之赠与，受赠人所应受之利益，其价值不足偿其所负担之义务者（例如甲以房屋租与乙居住，不收租金，而令乙担任工作以资抵偿，实则租金只值洋二十元，而所任之工作极繁，须有值洋五十元之报酬），此时应使受赠人仅于赠与之价值限度内，有履行其负担之责任（如前例受赠人仅得工作至二十元之价额是），以保护受赠人之利益。故设本条以明示其旨。

第四百一十四条　附有负担之赠与，其赠与之物或权利如有瑕疵，赠与人于受赠人负担之限度内，负与出卖人同一之担保责任。

【理由】谨按附有负担之赠与，其赠与物或权利如有瑕疵，则受赠人必因此瑕疵而减少其所受之利益，然其所约定之负担则仍如故也。此时受赠人所得之利益，与其所负之负担，既非相当之价值，自受不当之损失，故为保护受赠人之利益计，应使赠与人于受赠人负担之限度内，负与出卖人同一之担保责任，俾昭公允。此本条所由设也。

第四百一十五条　定期给付之赠与，因赠与人或受赠人之死亡，失其效力。但赠与人有反对之意思表示者，不在此限。

【理由】查民律草案第六百二十五条理由谓，以定期给付为标的之赠与，大抵皆为专属于当事人一身之法律关系。若当事人间无特别之意思表示，应随赠与人或受赠人死亡而失其效力，不得移转于继承人也。故设本条以明示其旨。

第四百一十六条　受赠人对于赠与人，有下列情事之一者，赠与人得撤销其赠与：

一、对于赠与人或其最近亲属，有故意侵害之行为，依刑法有处罚之明文者；

二、对于赠与人有扶养义务而不履行者。

前项撤销权，自赠与人知有撤销原因之时起，一年内不行使而消灭。赠与人对于受赠人已为宥恕之表示者，亦同。

【理由】谨按赠与因受赠人之利益而为之，其行为本为加惠行为，受赠人若有加害或忘惠之行为，应使赠与人有撤销赠与之权。惟此项撤销权，应自赠与人知有撤销原因之时起，一年内不行使而消灭，盖以权利之状态，不应永久而不确定。至赠与人对于受赠人已为宥恕之表示者，其撤销权消灭，则又当然之结果也。故设本条以明示其旨。

判　受赠人有忘恩行为，则赠与人或其承继人，得废止之。（三年上字第二一二号）

第四百一十七条　受赠人因故意不法之行为，致赠与人死亡或妨碍其为赠与之撤销者，赠与人之继承人，得撤销其赠与。但其撤销权自知有撤销原因之时起，六个月间不行使而消灭。

【理由】谨按受赠人因故意不法之行为，致赠与人于死，或故意妨害其赠与之撤销者，此时赠与人既经死亡，已不能行使撤销权，或虽未死亡，而因受赠人妨害其赠与之撤销，致事实上不能行使撤销权，自应使赠与人之继承人行使之，以期贯彻撤销赠与之意思。但其撤销权，不应永久存在，故设消灭时效，俾得从速确定。此本条所由设也。

第四百一十八条　赠与人于赠与约定后，其经济状况显有变更，如因赠与致其生计有重大之影响，或妨碍其扶养义务之履行者，得拒绝赠与之履行。

【理由】查民律草案第六百二十四条理由谓，赠与人虽已为赠与，若履行其契约，则恐不能维持与自己身份相当之生计，或不能履行扶养义务者，应使其有拒绝履行赠与之权，以保护其利益。此本条所由设也。

第四百一十九条　赠与之撤销，应向受赠人以意思表示为之。

赠与撤销后，赠与人得依关于不当得利之规定，请求返还赠与物。

【理由】查民律草案第六百三十三条理由谓，撤销赠与之方法，及其效力，应规定明晰，以防无益之争论。此本条所由设也。

第四百二十条　赠与之撤销权，因受赠人之死亡而消灭。

【理由】谨按受赠人死亡，为撤销权消灭之当然原因，本条明为规定，盖以防无益之争论也。

解　男女定婚后未及成婚而有一方死亡者，依从前律例，固有不追财礼之明文，若依现行民法亲属编之规定，订定婚约无须聘财，纵使事实上付有财礼，亦只为一种赠与，不得因赠与人或受赠人死亡而撤销赠与，请求返还赠与物。（二十一年院字第八三八号）（删）

第五节　租赁

【理由】谨按租赁者，当事人约定一方以物租与他方，由他方支付租金之契约也。本法所谓租赁，包括一般租赁及耕作地租赁而言。此种契约，在经济上颇占重要，故特设本节之规定。

第四百二十一条　称租赁者，谓当事人约定一方以物租与他方使用收益，他方支付租金之契约。

前项租金，得以金钱或租赁物之孳息充之。

【理由】谨按租赁者，当事人约定一方以物租与他方使用（例如房屋），或收益（例如田地），他方支付租金之契约也。其当事人有二，曰出租人，即以物供他方之使用或收益，而收取租金者也；曰承租人，即支付租金以使用他人之物，或就他人之物而为收益者也。双方互相约定，契约即已成立。故设第一项明定其意义。

租金种类之充当，法律上亦有明定之必要。故设第二项以明示其旨。

判 永佃权本系物权性质，无论业主更换何人，当然永久存在，不受影响。现租则系债权性质，仅对于原业主得以主张，如新业主并未允租，当然无强求之权。（三年上字第三〇五号）

判 领租官地，属私法上租赁关系。（三年上字第六五九号）

判 使用租赁为诺成契约。若就使用标的物与支付租费有合意，即行成立。（四年上字第六三三号）

判 铺保水印，非租约成立之要件。（四年上字第六三三号）

解 （一）租借船舶后，更动买办，改驶航路，为一种租借契约，以供占有运输之用，不能与供搭载运送之约例视。（二）船舶租赁人，依契约有雇用引水人之权。（十七年解字第一一九号）

解 典权人将典物出租于出典人时，其约定地租，不得视为利息，自无所谓利率最高额之限制。惟若超过百分之四十者，应依《佃农保护法》第二条规定减轻。在《土地法》施行后，并应减至正产物收获总额千分之三百七十五。（二十年院字第五一七号）

判 请求给付租金，须有合法成立之租赁契约，而承租人又确有欠租事实，其请求始能成立。（二十一年上字第一六八四号）

第四百二十二条 不动产之租赁契约，其期限逾一年者，应以字据订立之。未以字据订立者，视为不定期限之租赁。

【理由】查民律草案第六百三十七条理由谓，存续期间逾一年之不动产租赁契约，于当事人之利害极有关系，应使其订立字据，借防后日之争论。其未订立字据者，则应视为不定期限之租赁，当事人自得随时终止契约。故设本条以明示其旨。

第四百二十三条 出租人应以合于所约定使用收益之租赁物，交付承租人，并应于租赁关系存续中，保持其合于约定使用收益之状态。

【理由】查民律草案第六百三十八条理由谓，出租人负有依约定方法，将租赁物交付于承租人使用收益之义务，并于租赁关系存续中，负有保持租赁物使用收益状态之义务。此本条所由设也。

解　增租数额，当事人间意思无可解释，自可斟酌因改建增加之利益，由审判衙门判断适当之租款。（九年统字第一三〇二号）

第四百二十四条　租赁物为房屋或其他供居住之处所者，如有瑕疵，危及承租人或其同居人之安全或健康时，承租人虽于订约时已知其瑕疵，或已抛弃其终止契约之权利，仍得终止契约。

【理由】谨按房屋或其他供人居住之租赁物，如有瑕疵，足以危及承租人或其同居人之安全或健康者，承租人于订约时不知其瑕疵，而其后始知之者，自得随时终止租赁契约。然若承租人于订约时已知其有瑕疵，或已抛弃其终止契约之权利者，此时如须受其拘束，不许终止契约，则不特危及生命，抑且背于公秩良俗。故为保护承租人之利益计，仍得终止契约。此本条所由设也。

第四百二十五条　出租人于租赁物交付后，纵将其所有权让与第三人，其租赁契约，对于受让人，仍继续存在。

【理由】谨按出租人于租赁物交付后，将为租赁标的物之不动产所有权让与第三人时，其第三人依法律规定，当然受让出租人所有之权利，并承担其义务，使租赁契约仍旧存续，始能保护承租人之利益。故设本条以明示其旨。

判　租赁主不得对所租物之受让人，拒绝交物。（六年上字第九九四号）

判　租期未满，业主虽得出卖所租之地，但不能以此理由对租主请求解约。（八年上字第二四号）

判　按民事法条理，租赁契约仅于当事人间发生债权债务之关系，原则上固不能以之对抗第三人。故业主以所租物之所有权让与他人时，除新业主承认该契约上之债务外，租户仅得对于原业主请求履行，或赔偿因不履行所受之损害，而不得对于新业主拒绝交物。（十八年上字第九五号）

第四百二十六条　出租人就租赁物设定物权，致妨碍承租人之使用收益者，准用前条之规定。

【理由】谨按出租人就租赁物上设定物权，例如在租赁之不动产上设定地上权，因地上权人于其土地上有建筑物或其他工作物之设置，致妨碍承租人之使用收益者，此种物权之设定，与以租赁物之所有权让与同，故准用前条所有权让与之规定。使租赁契约，对于权利取得人仍继续存在，以保护承租人之利益。此本条所由设也。

判　津埠有铺底房之房主，不得无故不租之习惯，有效。（五年上字第九七〇号）

第四百二十七条　就租赁物应纳之一切税捐，由出租人负担。

【理由】查民律草案第六百四十六条理由谓，关于租赁物上应纳之诸项租税，均以租赁物为目的，而租赁物仍为出租人所有，故以契约无特别订定者为限，仍使出租人任其责，以期合于事理。此本条所由设也。

第四百二十八条　租赁物为动物者，其饲养费由承租人负担。

【理由】谨按以动物为租赁之标的，其饲养费之费用，本为承租人之所预期，故应使承租人负担饲养之义务，俾符当事人之原意。此本条所由设也。

第四百二十九条　租赁物之修缮，除契约另有订定或另有习惯外，由出租人负担。

出租人为保存租赁物所为之必要行为，承租人不得拒绝。

【理由】谨按出租人有使承租人使用租赁物之义务，虽已交付其物，亦须为以后使用上必要之修缮。故除契约另有订定或另有习惯外，其因修缮所需之费用，应由出租人负担。此本条第一项所由设也。又为完全其修缮义务计，于承租人之权利，亦不得不略加以限制，故出租人关于保存租赁物所为之必要行为，承租人不得拒绝，庶双方均得持平之保护。此第二项所由设也。

判　必要修缮费，应准扣抵租金，否则惟以现存利益为度，准予估价扣抵。（九年上字第七七四号）

第四百三十条　租赁关系存续中，租赁物如有修缮之必要，应由出租人负担者，承租人得定相当期限，催告出租人修缮，如出租人于其期限内不为修缮者，承租人得终止契约或自行修缮，而请求出租人偿还其费用，或于租金中扣除之。

【理由】谨按租赁关系存续中，租赁物如有修缮之必要，其修缮之费用，应由出租人负担者，即既无使承租人负担修缮费用之特约，亦无使承租人负担修缮费用之习惯是也。此际承租人得定相当期限，催告出租人修缮，如出租人逾期不为修缮，则承租人或为终止契约，或自行修缮而请求出租人偿还其费用，或将其费用于租金中扣除之。承租人有自由选择之权，借以保护其利益。此本条所由设也。

判　出租主除特约外，负必要修缮之义务。（三年上字第九一一号）

第四百三十一条　承租人就租赁物，支出有益费用，因而增加该物之价值者，如出租人知其情事而不为反对之表示，于租赁关系终止时，应偿还其费用。但以其现存之增价额为限。

承租人就租赁物所增设之工作物，得取回之，但应回复租赁物之原状。

【理由】谨按承租人就租赁物支出有益费用，因而增加其物之价值者，则本于不当得利之法则，出租人应负偿还费用之义务。但其费用之偿还，须以租赁关系终止时现存之增价额为准，且须出租人曾知其支出有益费用之情事，而未为反对之表示者，始得请求偿还耳。故于租赁关系存续中，承租人虽确曾支出有益费用，而至租赁关系终止时已无增加价值者，即不得请求偿还。又承租人支出增加价值之有益费用，自始即为出租人所表示反对者，亦不得要求偿还也。至承租人就租赁物上所增设之工作物，如无害于出租人之利益，应许承租人取回。但应回复租赁物之原状，庶于双方保护，咸得其平。此本条所由设也。

判　租主之设备，房主于解约时，自愿留用者，可据以判留。（三年上字第五九一号）

判　租主之设备，于解约时应自行撤去。（三年上字第五九一号）

判　租赁主得请求补偿有益费用。（三年上字第七七五号）

判　用益租赁终止时，租主应将附属物件交还，同时业主应将附属物超过价格及租赁物增加价格偿还。（六年上字第一一五九号）

解　承租人出资修屋，出租人知情而未反对，于租赁关系终止时，应依该屋之现存增价额偿承租人。（十九年院字第三七七号）

判　租主对于承租人，就租赁物所增设之工作物，不得于终止契约

时主张无偿留用。（二十一年上字第一六九二号）

解 商号向房东承租后，始创有码头顶项之权利，或由后之承租人继承前租户而取得该权利者，苟非经房东明示或默示之承认，则该商号对于其后之租户虽得主张此权利，究不得对抗房东。但如果因所设之码头顶项权利，确可增加该房屋之价值者，苟房东知而不为反对表示，则于租赁关系终止时，应就其现存之增加价额，偿还其费用于租户。（二十年院字第六三五号）

第四百三十二条 承租人应以善良管理人之注意，保管租赁物，租赁物有生产力者，并应保持其生产力。

承租人违反前项义务，致租赁物毁损灭失者，负损害赔偿责任。但依约定之方法，或依物之性质而定之方法为使用收益，致有变更或毁损者，不在此限。

【理由】 谨按承租人对于租赁物，应以善良管理人之注意保管之。租赁物有生产力者，并应保持其生产力，例如耕作地之必须逐年用肥料，使地力不致减损是也。故设第一项以明示其旨。承租人违反善良管理之注意，或不保持其生产力，致租赁物因而毁损灭失者，自应负损害赔偿之责任。惟依约定方法，或依物之性质而定之方法，而为使用收益，致有变更或毁损者，则属当然之结果，承租人即不负赔偿之责任。故设第二项以明示其旨。

判 租赁物灭失毁损，应否由租赁主赔偿，以是否充分注意为断。（四年上字第二八八号）

判 租赁主应以善良管理人注意，保管租赁物。（四年上字第二一八八号）

判 租赁主违反保管义务，应赔偿损害。（七年上字第九二一号）

第四百三十三条 因承租人之同居人，或因承租人允许为租赁物之使用收益之第三人，应负责之事由，致租赁物毁损灭失者，承租人负损害赔偿责任。

【理由】 谨按租赁物之毁损灭失，系因承租人之同居人，或因承租人允许为租赁物之使用收益之第三人，应负责之事由所致者，承租人仍应负损害赔偿之责任。法律明为规定，盖以杜无谓之争执也。故设本条以明示其旨。

第四百三十四条　租赁物因承租人之重大过失致失火而毁损灭失者，承租人对于出租人负损害赔偿责任。

【理由】谨按租赁物因失火而致毁损灭失，其失火之情形，系承租人之重大过失所致者，承租人对于出租人应负损害赔偿之责任。法律特以承租人之重大过失为限，所以保护承租人也。故设本条以明示其旨。

第四百三十五条　租赁关系存续中，因不可归责于承租人之事由，致租赁物之一部灭失者，承租人得按灭失之部分，请求减少租金。

前项情形，承租人就其存余部分不能达租赁之目的者，得终止契约。

【理由】谨按租赁关系中，租赁物有一部之灭失，而其灭失之原因，系不可归责于承租人之事由（例如因天灾地变及其他不可抗力者是），如其存余部分尚可达租赁之目的，则承租人因使用收益范围缩小之故，得按灭失之部分请求减少租金。如其存余部分，不能达租赁之目的，则承租人并得终止契约。本条之设，所以保护承租人之利益也。

判　租赁标的物，在期内灭失，租赁主得请解约。（三年上字第九一一号）

判　租赁物因事变毁损，租主得请求减免租赁费。（五年上字第六三号）

判　定有存续期间之租赁契约，其标的物，仅因一部不归责于出租主之事由而灭失，该出租主不能声明解约。（十四年上字第一二六一号）

第四百三十六条　前条规定，于承租人因第三人就租赁物主张权利，致不能为约定之使用收益者，准用之。

【理由】谨按第三人在租赁物上主张权利，则承租人不能达约定之使用或收益之目的，此时应依前条之规定。如一部可达租赁之目的，承租人有按照灭失部分请求减少租金之权；如全部不能达租赁之目的，承租人有终止契约之权。故设本条以明示其旨。

第四百三十七条　租赁关系存续中，租赁物如有修缮之必要，应由出租人负担。或因防止危害设备之必要，或第三人就租赁物主张权利者，承租人应即通知出租人。但为出租人所已知者，不在此限。

承租人怠于为前项通知，致出租人不能及时救济者，应赔偿出租人因此所生之损害。

【理由】谨按租赁关系存续中，租赁物如有修缮之必要，而其修缮费应由出租人负担。或因防止危害设备之必要，或有第三人就租赁物上主张权利者，承租人须负速行通知出租人之义务，使出租人得以实行修缮及设备，或排斥第三人在租赁物上主张之权利，否则不能达使用收益之目的。若出租人已知有此种情形，承租人即无须再行通知。此第一项所由设也。法律使承租人负通知之义务者，盖欲使出租人得速施救济之方法耳。若承租人怠于通知，致出租人不能及时救济，则因此所生之损害，承租人自不能免责，故应使负之责任。此第二项所由设也。

第四百三十八条　承租人应依约定方法，为租赁物之使用收益。无约定方法者，应以依租赁物之性质而定之方法为之。

承租人违反前项之规定，为租赁物之使用收益，经出租人阻止而仍继续为之者，出租人得终止契约。

【理由】谨按承租人只有依约定方法使用收益租赁物权利，无约定方法者，亦只有依租赁物之性质而定之方法，为使用收益之权利，不得违反契约或物之性质而定之方法为使用或收益。故承租人不依照契约或物之性质而定之方法，为使用或收益租赁物，应使出租人有阻止之权。如经阻止而仍继续为之者，并使其有终止契约之权，所以保护出租人也。故设本条以明示其旨。

第四百三十九条　承租人应依约定日期，支付租金，无约定者依习惯，无约定亦无习惯者，应于租赁期满时支付之。如租金分期支付者，于每期届满时支付之，如租赁物之收益有季节者，于收益季节终了时支付之。

【理由】谨按租金之支付日期，当事人有约定者，依约定，无约定者，依习惯。无约定亦无习惯者，应依法定之支付日期，本条特为明白规定，盖以防无益之争论也。

判　不因地主怠于收租，即减免租户欠交租谷之义务。（七年上字第一四三二号）

第四百四十条　承租人租金支付有迟延者，出租人得定相当期限，催告承租人支付租金。如承租人于其期限内不为支付，出租人得终止契约。

租赁物为房屋者，迟付租金之总额，非达两期之租额，不得依前项之规定，终止契约。

【理由】谨按租金有支付迟延之情形时，出租人得定相当期限，催告承租人支付租金。若逾催告期限而仍不支付，出租人即得终止契约。惟房屋租赁，则非迟付租金之总额，达两期之租额者，不得终止契约，盖于无害出租人之利益范围内，保护承租人之利益也。故设本条以明示其旨。

判　租户不履行义务，业主得解除契约。（三年上字第一一七三号）

判　租铺批约，原以欠租为解约条件，而租客欠租，业主自可解约收房。（四年上字第二二五号）

判　定期赁物契约，若欠交赁费较久，出赁主亦可解约。（五年上字第四一三号）

判　租赁物为房屋者，因涉讼未交付租金，则与通常无故迟延支付者不同，不足为终止契约之原因。（二十一年上字第三八六号）

第四百四十一条　承租人因自己之事由，致不能为租赁物全部或一部之使用收益者，不得免其支付租金之义务。

【理由】谨按所谓承租人因自己之事由者，即承租人因疾病或其他自己一身上之事由，致不能为租赁物全部或一部之使用收益是也。此种情形，承租人不得免支付租金之义务，盖以不能为使用收益之事由，既由承租人自己之所致，自不应使出租人受不当之损失也。故设本条以明示其旨。

判　租赁物若因租赁主故意过失毁损，概不得求减免租赁费。（五年上字第六三号）

第四百四十二条　租赁物为不动产者，因其价值之升降，当事人得声请法院增减其租金。但其租赁定有期限者，不在此限。

【理由】谨按不动产之价值，在经济流通之社会，常多变动，因之租赁之价值，遂亦时有升降，其租赁之定有期限者，当事人自有遵守期限之义务。无论该租赁物价值升降如何，均不得于期限内请求增减租金，此属当然之事。若为不定期限之租赁，则租赁物价值升高时，出租人势必声请增加租金，租赁物价值降落时，承租人亦必声请减少租金，升降愈繁，纠纷愈甚。故法律规定得向法院声请增减其租金，所以免当事人之争议，而期增减之允当也。

第四百四十三条　承租人非经出租人承诺，不得将租赁物转租于他人。但租赁物为房屋者，除有反对之约定外，承租人得将其一部分转租于他人。

承租人违反前项规定。将租赁物转租于他人者。出租人得终止契约。

【理由】谨按租赁契约者，出租人信任承租人而订立之契约也。若出租人不信任其人，自不能强使其出租，故非经出租人承诺，不得转租。但租赁物为房屋者，则以我国习惯多许转租，故除当事人有反对之约定外，承租人得将其一部转租于他人。此第一项所由设也。又承租人未经出租人承诺，竟将不动产之租赁物转赁于他人，或将契约订定不得转租之房屋租赁转租于他人，或契约虽未为不得转租之订定，而以房屋之全部转租于他人者，出租人有终止租赁契约之权。此第二项所由设也。

判　租赁主不得同意转租，除有特别习惯外，出租主得解约。（四年上字第七〇九号）

判　合法之转租，苟转租人不欠租，出租主不得因租赁主欠租，向转租人请求还物。（四年上字第七〇九号）

判　转租须得出租主承诺。（四年上字第七八六号）

解　转租契约，无拘束所有人之效力。（七年统字第九一九号）

判　重复典卖规定，不适用于租赁。（八年上字第五六〇号）

解　法无永租物权明文，承租人与商号主体变更，未经出租人承诺，不生效力，亦不得以从前租约对抗新业主。（二十年院字第三九三号）

第四百四十四条　承租人依前条之规定，将租赁物转租于他人者，其与出租人间之租赁关系，仍为继续。

因次承租人应负责之事由所生之损害，承租人负赔偿责任。

【理由】谨按依前条之规定，承租人经出租人承诺，而以租赁物转租于他人，或因房屋之租赁契约内无不得转租之订定，而以房屋一部转租于他人者，此时出租人与承租人间之租赁关系，仍然存续，并不因承租人与次承租人间之租赁关系，而受其影响。故承租人对于出租人，仍负租赁之责。此第一项所由设也。承租人以租赁物转租于他人，其与出租人间之租赁关系，既仍为存续，则因次承租人所加于租赁物之损害，应由承租人对于出租人负赔偿之责任，是属当然之结果。此第二项所由设也。

判　租赁主之保管义务不因转租而消灭，就转租之故意过失，仍应负责。（七年上字第九二一号）

解　发生损害其他船舶之事由，船舶租赁人负责。（十七年解字第一一九号）

第四百四十五条　**不动产之出租人，就租赁契约所生之债权，对于承租人之物置于该不动产者，有留置权。但禁止扣押之物，不在此限。**

前项情形，仅于已得请求之损害赔偿，及本期与以前未交之租金之限度内，得就留置物取偿。

【理由】谨按不动产出租人之利益，应设保护之法，各国立法例，有使出租人于承租人之动产上有法定质权者，有使其有先取特权者，有使其有留置权者，本法亦以不动产之出租人，就租赁契约所生之债权，对于承租人之物置于该不动产者（例如因利用土地而附设于建筑物之动产），除禁止扣押之物外，均有留置权。盖以此种法例，最为妥协，故采用之。此第一项所由设也。不动产出租人留置权行使之范围，如无限制，殊有害承租人之利益，亦应明白规定，以杜无益之争。此第二项所由设也。

第四百四十六条　**承租人将前条留置物取去者，出租人之留置权消灭。但其取去系乘出租人之不知，或出租人曾提出异议者，不在此限。**

承租人如因执行业务取去其物，或其取去适于通常之生活关系，或所留之物足以担保租金之支付者，出租人不得提出异议。

【理由】谨按不动产出租人就承租人所设备之动产而行使留置权时，原以置于该不动产者为限，若承租人已将其留置物取去，则其物已脱离得以留置之范围，其留置权当然消灭。然于出租人不知之时，或知之并有异议而仍取去时，则有背诚实及信用，应使其留置权依然存续。但若承租人取去其物，系因执行业务，或适于通常之生活关系，非取去不足以维持其通常之生活时，或其所留之物尚足担保租金之支付者，虽经承租人将该物取去，乃无背于情理。故使出租人不得提出异议，即有异议，亦为无效。此本条所由设也。

第四百四十七条 出租人有提出异议权者，得不声请法院，径行阻止承租人取去其留置物。如承租人离去租赁之不动产者，并得占有其物。

承租人乘出租人之不知或不顾出租人提出异议，而取去其物者，出租人得终止契约。

【理由】谨按欲使不动产之出租人得完全行使其留置权，须使出租人得以自己之力，阻止承租人之取去留置物。如承租人离去租赁不动产所在地之时，并应使出租人得占有其物，俾得完全其因租赁契约所生之债权。此第一项所由设也。承租人乘出租人之不知而取去其物，或不顾出租人之提出异议，而仍取去其物者，应使出租人有终止租赁契约之权，以保护其利益。此第二项所由设也。

第四百四十八条 承租人得提出担保，以免出租人行使留置权，并得提出与各个留置物价值相当之担保，以消灭对于该物之留置权。

【理由】谨按承租人提出担保，以避免出租人之行使留置权，或提出与各个留置物价值相当之担保，以消灭对于该物之留置权，均于出租人之利益无害，故应许承租人为之。此本条所由设也。

第四百四十九条 租赁契约之期限，不得逾二十年。逾二十年者，缩短为二十年。

前项期限，当事人得更新之。

【理由】谨按租赁契约之期限，如过于长久，是使各当事人受此契约之拘束，殊有害于公益，故本法定其期间为二十年。其以二十年以上之期间订立租赁契约者，亦缩短为二十年。但当事人对于此法定之期限，得更新契约，使与另订租赁契约无异，法律亦所允许。故设本条以明示其旨。

判 续租契约，须经相当期间始能解除，为交易上之诚信。（八年上字第一一一一号）

解 在他人土地上建筑房屋，如为不定期之租赁，承租人固可依习惯续租。但不得于民法施行后，更逾二十年，至房屋存在与否，与租赁期间无涉。（二十年院字第五三六号）

第四百五十条 租赁定有期限者，其租赁关系，于期限届满时消灭。

未定期限者，各当事人得随时终止契约。但有利于承租人之习惯者，从其习惯。

前项终止契约，应依习惯先期通知。但不动产之租金，以星期、半个月或一个月定其支付之期限者，出租人应以历定星期、半个月或一个月之末日为契约终止期，并应至少于一星期、半个月或一个月前通知之。

【理由】谨按租赁契约之定有期限者，其租赁关系，于期限届满时消灭，此属当然之事。其未定期限者，各当事人固得随时终止契约，然若另有习惯，则应从其习惯。但其习惯仅以有利于承租人为限耳，至当事人之一，无论其方为随时终止契约，或依习惯终止契约，均应使负通知相对人之义务，俾得有所准备。惟不动产之租金，系以星期、半个月或一个月定其支付之期限者，出租人应以历定星期、半个月或一个月之末日，为契约终止期。并应至少于一星期、半个月或一个月前通知之，以保护承租人之利益。故设本条以明示其旨。

判　租赁契约，于解约条件成就时，得声明解约。（四年上字第二二七号）

判　未定期之租赁，其解约应从习惯。（五年上字第九〇七号）

解　租赁房屋，既定有期限，所犯赌博、吸烟，若不能认其于房屋确有何种危害，自不能据为解约之理由。（九年统字第一三五九号）

判　不定期赁贷借契约，得随时解除。（十年上字第四八七号）

解　铺商所建之房，被焚后又由房主自建，如租期未满，自应仍由原商承租。如租期已满，或无租期，又或租期未满，而原商已不愿承租，则只能依法请求返还其押租。既未设定铺底在前，自无许主张铺底之理。（十一年统字第一七三〇号）

解　订有期限之不动产租赁契约，如未将租赁条件登记，不得以期限对抗新买主，仅能对卖主请求损害赔偿。（十七年解字第一九〇号）

判　龙岩街市，租赁店铺，向有大税、小税之习惯。例如甲租与乙，每年租金二十元，乙无欠租，佃权永在。嗣乙又转租与丙，每年租金四十元，除纳甲租金二十元即称大税外，乙可得租金二十元即称小税。继而丙转租丁，丁转租戊，辗转流退，甲不得出而干涉。（十八年上字第一号）

判 租赁契约，当事人定有期限者，当然因期满而解除。（十八年上字第五五号）

解 未定期限之租赁契约，若当地习惯，于解约有所限制，而有利于承租人者，应从其习惯。（十九年院字第三七七号）

解 在他人土地上建筑房屋，如为不定期之租赁，承租人固可依习惯续租。但不得于民法施行后，更逾二十年，至房屋存在与否，与租赁期间无涉。（二十年院字第五三六号）

判 未定期间之租赁契约，除有特别习惯外，得随时终止契约。（二十一年上字第九二七号）

第四百五十一条 租赁期限届满后，承租人仍为租赁物之使用收益，而出租人不即表示反对之意思者，视为以不定期限继续契约。

【理由】谨按承租人于租赁期限届满后，仍就租赁物继续使用或收益。而出租人不即表示反对之意思者，推其意欲继续租赁契约者为多，故视为以不定期限继续契约，以防无益之争论。此本条所由设也。

判 租赁主于期满后仍使用，出租赁主不反对者，视为租赁契约不定期之存续。（四年上字第七八六号）

第四百五十二条 承租人死亡者，租赁契约虽定有期限，其继承人仍得终止契约。但应依第四百五十条第三项之规定，先期通知。

【理由】谨按承租人死亡，租赁契约虽定有期限，其继承人，有无须继续租赁契约者，应使其得终止租赁之契约。惟继承人终止契约时，须依照第四百五十条第三项之规定，负先期通知之义务，使出租人有所准备，以期公允。此本条所由设也。

第四百五十三条 定有期限之租赁契约，如约定当事人之一方于期限届满前，得终止契约者，其终止契约，应依第四百五十条第三项之规定，先期通知。

【理由】谨按当事人约定租赁之期限者，固应受期限之拘束。然若约定当事人之一方，得于期限届满前解除契约者，是即解约权之保留，法律亦所许可。惟一方终止契约时，亦须依照第四百五十条第三项之规定，负先期通知之义务，使他方有所准备，以期公允。此本条所由设也。

第四百五十四条 租赁契约，依前二条之规定终止时，如终止后始到期之租金，出租人已预先受领者。应返还之。

【理由】谨按依前二条之规定，租赁契约因承租人死亡，由其继承人声明终止。或当事人一方，根据契约于期限届满前终止时，如终止后始到期之租金，出租人已预先受领者，是为不当得利，故应使出租人负返还之义务，以保护承租人之利益。此本条所由设也。

第四百五十五条　承租人于租赁关系终止后，应返还租赁物，租赁物有生产力者，并应保持其生产状态，返还出租人。

【理由】谨按租赁关系终止后，承租人对于出租人自应将租赁物返还。其有生产力之租赁物，不得有所破坏，故返还于出租人时，并应使其保持其本来之生产状态，此属当然之结果。故设本条以明示其旨。

第四百五十六条　出租人就租赁物所受损害，对于承租人之赔偿请求权，承租人之偿还费用请求权，及工作物取回权，均因二年间不行使而消灭。

前项期间，于出租人，自受租赁物返还时起算；于承租人，自租赁关系终止时起算。

【理由】谨按出租人就租赁物所受之损害，对于承租人之赔偿请求权，因二年间不行使而消灭。承租人对于出租人之偿还费用请求权，及工作物取回权，亦因二年间不行使而消灭，盖使法律关系得以从速确定也。又其期间之起算，亦应明白规定，俾资适用。故设本条以明示其旨。

第四百五十七条　耕作地之承租人，因不可抗力，致其收益减少或全无者，得请求减少或免除租金。

前项租金减免请求权，不得预先抛弃。

【理由】谨按租金减免之请求权，在保险制度完备之国，其实用甚少。然在未完备时，为保护承租人计，其请求权极为必要。故本条规定耕作地之承租人，因不可抗力致收益减少或全无者，得请求减少或免除租金。此第一项所由设也。

又租金减免请求权，耕作地承租人因受出租人之压迫，而预先抛弃减免请求权者，亦事实上所难免，故为保护经济弱者起见，特设禁止之规定。此第二项所由设也。

判　租户因不可抗力收益减少，得求减免租额。（四年上字第一六六

一号）

　　判　租户因不可抗力收益减少，请减租额者，地主无不承诺之权。
（六年上字第一一三九号）

　　判　耕作地因不可抗力收益较租额为少，得求减租。（八年上字第一
〇八一号）

　　解　基于典权所获之收益，与利息不同，不得适用关于利息之规定。
出典人于出典后，向典权人承租典物，乃另发生租赁关系，应适用关于
租赁之规定。其租赁物若为耕作地，果因不可抗力致其利益减少，或全
无，依民法第四百五十七条规定，得请求减少或免除租金。（二十一年院
字第七三七号）

　　第四百五十八条　耕作地之出租人，如收回自己耕作，得终止契约。

　　【理由】谨按耕作地之契约未定期限者，出租人如收回自己耕作，
自得随时终止契约。即耕作地契约定有期限者，出租人如收回自己耕作，
纵在期限未满以前，仍得终止契约，绝不受其期限之拘束，盖以奖励耕
作地所有人之自行耕种也。故设本条以明示其旨。

　　第四百五十九条　耕作地之出租人，除前条及第四百四十条规定外，
仅于承租人违反第四百三十二条、第四百四十三条第一项或第四百六十
二条第二项之规定时，得终止契约。

　　【理由】谨按耕作地之出租人，除收回自己耕作及承租人租金支付
迟延，经定期催告仍不支付，得终止契约外。其他须有一定之限制，即
非：（一）承租人违反善良管理义务，致耕作地毁损灭失（第四百三十
二条）；（二）承租人未经出租人承约，将耕作地转租于他人（第四百四
十三条第一项）；（三）承租人因归责于己之事由，将租赁清单所载之物
灭失，而不为补充者（第四百六十二条第二项）；不得终止契约。盖以
耕作地之承租人，经济常非充裕，故法律特予以保护也。

　　第四百六十条　耕作地之出租人终止契约者，应以收益季节后次期
作业开始前之时日，为契约之终止期。

　　【理由】谨按耕作地之租赁，其由出租人终止契约者，应使其于收
获时节后，次期耕作着手前之时，为契约之终止期。否则已耕作者，因
新旧易主，荒芜者多，易生经济上之损害也。

判　耕作地之租赁未定期间者，于收获时节后得解约。（三年上字第一〇六号）

第四百六十一条　耕作地之承租人，因租赁关系终止时未及收获之孳息，所支出之耕作费用，得请求出租人偿还之。但其请求额不得超过孳息之价额。

【理由】谨按与耕作地尚未分离之孳息，承租人不得收取。盖租赁关系终止时，承租人须依第四百五十五条，保持生产状态，返还于出租人。故有时出租人可取得孳息，而承租人转不能取得。此时出租人取得不当之得利，为法所不许，应使其就孳息之耕作费，偿还于承租人。但其偿还之价额，不得超过孳息之价额，以示平允。此本条所由设也。

判　租赁期满，在租赁物上耕作牧养之物，如不能收益，应连同交还业主，由业主偿还费用。（五年上字第一二二二号）

第四百六十二条　耕作地之租赁，附有农具、牲畜或其他附属物者，当事人应于订约时，评定其价值，并缮具清单，由双方签名，各执一份。

清单所载之附属物，如因可归责于承租人之事由而灭失者，由承租人负补充之责任。

附属物如因不可归责于承租人之事由，而灭失者，由出租人负补充之责任。

【理由】谨按耕作地之租赁，如附有农具、牲畜或其他附属物者，应由当事人双方于订立契约时，评定价值，开单签名，各执一份，借资点查。至关于附属物上承租人与出租人相互间之责任，亦须明示，以防无益之争。此本条所由设也。

第四百六十三条　耕作地之承租人依清单所受领之附属物，应于租赁关系终止时，返还于出租人。如不能返还者，应赔偿其依清单所定之价值。但因使用所生之通常折耗，应扣除之。

【理由】谨按租赁关系终止时，耕作地之承租人，应依照清单所受领之附属物，负返还于出租人之义务。其附属物因灭失毁损不能返还者，则应依照清单所定之价值，负赔偿之义务。但因使用上通常所生之折耗应扣除之，以保护承租人之利益。此本条所由设也。

第六节　借贷

【理由】谨按借贷者，借用人与贷与人相互间之契约也，有使用借贷、消费借贷之别。二者之性质不同，故本节分款规定之。

第一款　使用借贷

【理由】查民律草案债权编第二章第七节原案谓，使用借贷者，当事人约定一方以其所有物无偿贷与他方使用，他方使用后返还其物之契约也。此种借款，各国习惯上多有之，且为人生日用交际上必不可少者，故特设本款之规定。故使用借贷之标的物也，非权利也，权利之使用借贷，为本法所不认，即有此事，仅能以无名契约论，许其准用本款规定而已，不得即以本款之契约论。至使用借贷之标的，各国立法例，有仅规定使用而不及收益者，故本法采用之。

第四百六十四条　称使用借贷者，谓当事人约定，一方以物，无偿贷与他方使用，他方于使用后，返还其物之契约。

【理由】谨按使用借贷关系，为当事人间之契约关系，即因一方约定以物无偿贷与他方使用，他方于使用后返还其物之契约。故特设本条以明示其意义。

第四百六十五条　使用借贷，因借用物之交付，而生效力。

【理由】查民律草案第七百零二条理由谓，使用借贷，应具何项要件始生效力，必须规定明确，以免无益之争议。故本条规定使用借贷之要件。

第四百六十六条　贷与人故意不告知借用物之瑕疵，致借用人受损害者，负赔偿责任。

【理由】谨按使用借贷之贷与人，既无偿于约定期间内以物贷与他方使用，是贷与人所负义务，无可取偿，实与通常债务人有别，若令其与通常债务人负同一之责任，殊未公允。故设立本条。惟以因故意不告知借用物之瑕疵，致借用人因其瑕疵而受有损害者为限，贷与人始负赔偿之责任也。

第四百六十七条　借用人应依约定方法，使用借用物。无约定方法者，应以依借用物之性质而定之方法使用之。

借用人非经贷与人之同意，不得允许第三人使用借用物。

【理由】谨按借用人对于借用物，应切实注意，善为保存。征诸债权通则，已极明晰，故有约定方法者，应依约定方法，使用借用物。无约定方法者，应依物之性质所定之方法使用借用物。至借用人得允许第三人使用其借用物与否？尤应以贷与人之是否同意为断。贷与人如不同意，借用人即不得允许第三人使用借用物，盖恐借用人之滥用使用权，故设本条之规定，以保护贷与人之利益也。

第四百六十八条　借用人应以善良管理人之注意，保管借用物。

借用人违反前项义务，致借用物毁损灭失者，负损害赔偿责任。但依约定之方法或依物之性质而定之方法使用借用物，致有变更或毁损者，不负责任。

【理由】谨按借用人有以善良管理人之注意，保管借用物之义务。若违反此项义务，致其物有毁损灭失情形者，应负损害赔偿之责任，此理之当然，自无疑义。若依约定之方法或依物之性质而定之方法，而为使用，致其物有变更或毁损情形者，有无责任？亦应以明文规定之。故设本条以明示其旨。

第四百六十九条　借用物之通常保管费用，由借用人负担。借用物为动物者，其饲养费亦同。

借用人就借用物所增加之工作物，得取回之，但应回复借用物之原状。

【理由】谨按贷与人既以其物无偿供给借用人使用，其通常保管费用，及借用物为动物之饲养费用，自应使借用人负支出保管费用之义务，以昭公允。此第一项所由设也。

又借用人就借用物上所增加之工作物，虽得取回，但于取回之后，必须回复借用物之原状，方足以保护贷与人之利益。此第二项所由设也。

第四百七十条　借用人应于契约所定期限届满时，返还借用物。未定期限者，应于依借贷之目的使用完毕时返还之，但经过相当时期，可推定借用人已使用完毕者，贷与人亦得为返还之请求

借贷未定期限，亦不能依借贷之目的，而定其期限者，贷与人得随时请求返还借用物。

【理由】谨按借用物返还之期限，其有约定期限者，借用人应于约定期限届满时返还借用物。其未定期限者，借用人应于使用完毕时返还。其经过相当期限，可以推定其使用完毕者，贷与人亦得请求返还。若既无约定期限，又不能依借用之目的定其何时使用完毕者，贷与人可以随时请求返还。本条特设明文规定，所以免无谓之争议也。

判　借地造屋，未定存续期间，法院应斟酌工作物之种类品质及经过时期，并一切情形，定其应否即时拆让。（十七年上字第六六二号）

第四百七十一条　数人共借一物者，对于贷与人，连带负责。

【理由】谨按贷与人约定以物无偿贷与借用人使用，而借用人有数人时，其对于贷与人应负返还及赔偿之责任若何？不可不明文规定之。此本条所由设也。

第四百七十二条　有下列各款情形之一者，贷与人得终止契约：

一、贷与人因不可预知之情事，自己需用借用物者；

二、借用人违反约定或依物之性质而定之方法使用借用物，或未经贷与人同意，允许第三人使用者；

三、因借用人怠于注意，致借用物毁损或有毁损之虞者；

四、借用人死亡者。

【理由】谨按使用借贷契约，贷与人因不可预知之情事，自己需用借用物者，自应许其有止契约之权。又借用人违反约定，或依物之性质而定之使用方法，或未经贷与人之同意，允许第三人使用借用物，或怠于注意，致其物毁损或有毁损之虞者，若不许其终止契约，贷与人之利益必被侵害，至借用人死亡，贷与人不欲其继承人继续使用借贷者，既不能以法律强其继续，即应认其有终止契约权。凡此应均令终止契约，借以保护权利，以昭公允。此本条所由设也。

第四百七十三条　贷与人就借用物所受损害，对于借用人之赔偿请求权，借用人依第四百六十六条所定之赔偿请求权，及其工作物之取回权，均因六个月间不行使而消灭。

前项期间于贷与人，自受借用物返还时起算。于借用人，自借贷关系终止时起算。

【理由】谨按借用物所生之损害，贷与人对于借用人有赔偿请求权。

依第四百六十六条所定，贷与人故意不告知借用物之瑕疵，致借用人受损害者，借用人对于贷与人亦有赔偿请求权。又依第四百六十九条第二项所定，借用人在借用物上所增加之工作物，于贷借关系终止时，有取回权。此种赔偿请求权及工作物取回权，均因六个月间不行使而消灭。至于时效进行之起算时期，贷与人则自受借用物返还时起算，借用人则自借贷关系终止时起算，俾权利状态，得以从速确定。此本条所由设也。

第二款 消费借贷

【理由】谨按消费借贷者，当事人约定一方移转金钱或其他代替物之所有权于他方，而他方于消费后，以种类、品质、数量相同之物返还之契约也。各国习惯上多有此事，且为实际上所必不可少者，故设本款之规定。

第四百七十四条 称消费借贷者，谓当事人约定，一方移转金钱或其他代替物之所有权于他方，而他方以种类、品质、数量相同之物返还之契约。

【理由】谨按消费借贷关系，亦为借用人与贷与人间之契约关系，即贷与人约定以金钱或其他代替物之所有权移转于借用人，借用人于消费后以种类、品质、数量相同之物，返还于贷与人之契约。故特设本条以明示其意义。

判 有书据之金钱借贷，其债权债务主体，以书据所载为准。（四年上字第一八三五号）

判 当事人之真姓名，虽列为中见，仍应由其享有权利，负担义务。（四年上字第二三七一号）

第四百七十五条 消费借贷，因金钱或其他代替物之交付，而生效力。

【理由】谨按消费借贷之要件，如何而生效力，必规定明晰，始免无益之争议。此本条所由设也。

判 消费贷借，非要式行为，不以字据、中人为要件。（四年上字第三九〇号）

判 所借数额之是否超过债务人之财产，与借贷关系之成立无涉。

（七年上字第九一四号）

判 期票固与借约同为债权发生原因之一，但在事实上有足证明其借贷关系确已成立，则纵未立期票或借约，亦不容债务人捏词否认。（十七年上字第三三〇号）

第四百七十六条 消费借贷，约定有利息或其他报偿者，如借用物有瑕疵时，贷与人应另易以无瑕疵之物，但借用人仍得请求损害赔偿。

消费借贷为无报偿者，如借用物有瑕疵时，借用人得照有瑕疵原物之价值，返还贷与人。

前项情形，贷与人如故意不告知其瑕疵者，借用人得请求损害赔偿。

【理由】 查民律草案第七百一十二条理由谓，消费借贷，为单务契约，贷与人自无义务可负，然约付利息或其他报偿之消费借贷，贷与人既有受利息或其他报偿之利益，则其物含有瑕疵时，自应使负担保责任，以保护借用人之利益。至无利息或其他报偿之消费借贷，若其物含有瑕疵，借用人即可仍以有瑕疵之物返还之，第与前物同一有瑕疵之物，得之綦难。故按照有瑕疵物之价值返还，亦无不可。但贷与人知其物有瑕疵，故意不告知借用人，是有背于交易上之诚实及信用，故仍使其负担保之责任。

第四百七十七条 利息或其他报偿，应于契约所定期限支付之，未定期限者，应于借贷关系终止时支付之。但其借贷期限逾一年者，应于每年终支付之。

【理由】 查民律草案第七百一十五条理由谓，约付利息或其他报偿之消费借贷，其支付利息或报偿之期限，必须规定明确，始能杜无益之争论。故设本条以明示其旨。

第四百七十八条 借用人应于约定期限内，返还与借用物种类、品质、数量相同之物。未定返还期限者，借用人得随时返还，贷与人亦得定一个月以上之相当期限，催告返还。

【理由】 谨按消费借贷，借用人约定有返还时期者，应于约定期限内，返还与借用物种类、品质、数量相同之物，此属当然之结果。其未定返还期限者，在借用人自得随时返还，在贷与人亦得定一个月以上之相当期限催告返还。故本条特明设规定，以杜争执。

判 消费借贷契约失效，借主仍应返还所受钱物。（三年上字第七九七号）

第四百七十九条 借用人不能以种类、品质、数量相同之物返还者，应以其物在返还时、返还地，所应有之价值偿还之。

返还时或返还地未约定者，以其物在订约时，或订约地之价值偿还之。

【理由】谨按消费借贷，借用人本应以与借用物种类、品质、数量相同之物返还贷与人。若不能以种类、品质、数量相同之物返还，而遽免其义务，则保护贷与人，失之过薄，故令以该物在返还时及返还地之价值，偿还贷与人。然此仅限于有约定返还时日及返还地点者，方可适用。若当事人间于借贷之际，并未为返还时及返还地之约定，此时应使借用人以其物在订约时或订约地之价值偿还贷与人，以昭公允。此本条所由设也。

判 以额实相差之兑换纸币为消费贷借之标的者，应照立约时之币价偿还。（六年上字第九三五号）

判 以兑换纸币为消费借贷之标的者，应照立约时之币价偿还。（六年上字第九三五号）

第四百八十条 金钱借贷之返还，除契约另有订定外，应依下列之规定：

一、以通用货币为借贷者，如于返还时，已失其通用效力，应以返还时有通用效力之货币偿还之；

二、金钱借贷，约定折合通用货币计算者，不问借用人所受领货币价格之增减，均应以返还时有通用效力之货币偿还之；

三、金钱借贷，约定以特种货币为计算者，应以该特种货币，或按返还时、返还地之市价，以通用货币偿还之。

【理由】谨按金钱借贷，既以通用货币为标的，则因社会经济之情况，货币价值，自必时有变动。有借用时之货币，至返还时已失其通用力者，有须折合通用货币计算者，有以特种货币计算者，究应以何种货币偿还，自须明白规定，方足以免纠纷。故设本条以明示其旨。（参照第二○一条、二○二条）

第四百八十一条　以货物折算金钱而为借贷者，纵有反对之约定，仍应以该货物按照交付时交付市价所应有之价值，为其借贷金额。

【理由】谨按货物之借贷，如系折算金钱，当事人纵有反对之约定，仍应以该货物按照交付时交付地之市价所应有之价值，为其借贷金额，以期便于计算。此本条所由设也。

第七节　雇佣

【理由】查民律草案债权编第二章第九节原案谓，雇佣者，当事人约定一方服劳务，一方给与报酬之契约也。劳务不仅身体，即高尚之精神，亦为劳务。报酬不仅金钱，各种给付，亦为报酬。近世各国所认雇佣契约，其劳务及给付之定义，俱依此为准，于实际上亦良便，故本法设本节规定。

第四百八十二条　称雇佣者，谓当事人约定，一方于一定或不定之期限内为他方服劳务，他方给付报酬之契约。

【理由】谨按雇佣关系，为雇用人与受雇人之契约关系，即当事人约定，一方于一定或不定之期限内为他方服劳务，他方给付报酬之契约。故本条特明示其意义，以资准据。

判　庄头与普通雇佣关系不同。（三年上字第五七〇号）

判　被害人请求赔偿，向使用主或被用人为之，有选择权。（十五年上字第一九五七号）

解　雇佣非要式契约，无论有无定期，皆无书面订立之必要。（二十一年院字第七九二号）（删）

第四百八十三条　如依情形，非受报酬即不服劳务者，视为允与报酬。

未定报酬额者，按照价目表所定给付之。无价目表者，按照习惯给付。

【理由】查民律草案第七百十七条理由谓，雇佣契约之成立，必应规定明确，始杜无益之争论。报酬为雇佣之一要件，故为人服劳务，不向人索报酬者，不得以雇佣论。例如子为父母服劳务，非因报酬而然，即不得谓之雇佣契约。然有非受报酬不服劳务之情事者，仍应视为雇用人允给报酬，至报酬额之多寡，如无特约，可依公定佣率或习惯相沿之数而定。此本条所由设也。

判　雇佣报酬之多寡有争者，应查普通佣值，及相需缓急情形酌定之。（六年上字第二五一号）

第四百八十四条　雇用人非经受雇人同意，不得将其劳务请求权让与第三人。受雇人非经雇用人同意，不得使第三人代服劳务。

当事人之一方违反前项规定时，他方得终止契约。

【理由】谨按雇佣契约，雇用人与受雇人相互间之权利义务，基于专属之关系而生，故雇用人非经受雇人同意，不得将其劳务请求权让与第三人，受雇人亦非经雇用人同意，不得使第三人代服劳务。故设第一项以明示其旨。

若雇用人之一方，未得受雇人同意，遽将劳务请求权让与第三人，或受雇人之一方，未得雇用人同意，遽使第三人代服劳务者，此时应使受雇人或雇用人之他方，有终止契约之权。故设第二项以明示其旨。

第四百八十五条　受雇人明示或默示保证其有特种技能者，如无此种技能时，雇用人得终止契约。

【理由】谨按雇佣契约既经成立，受雇人因无特种技能不能胜任时，雇用人能否终止契约？应以受雇人曾否明示或默示，保证其有特种技能为断。若受雇人曾经自己明示或默示保证其有特种技能者，如无此种技能，自属违反契约，应使雇用人有终止契约之权。否则受雇人之有无特种技能，雇用人亦有审慎选择之责任，自不得据此遽行解约，使受雇人蒙不当之损失，是又理之当然，无待明文规定。此本条所由设也。

第四百八十六条　报酬应依约定之期限给付之，无约定者依习惯，无约定，亦无习惯者，依下列之规定：

一、报酬分期计算者，应于每期届满时给付之；

二、报酬非分期计算者，应于劳务完毕时给付之。

【理由】谨按报酬给付之期限，应依契约之所定，无约定者，依习惯。并习惯而无之者，则依本条之所定，盖以杜无益之争议也。

第四百八十七条　雇用人受领劳务迟延者，受雇人无补服劳务之义务，仍得请求报酬。但受雇人因不服劳务所减省之费用，或转向他处服

劳务所取得，或故意怠于取得之利益，雇用人得由报酬额内扣除之。

【理由】谨按雇用人怠于领受受雇人所服劳务，与受雇人无故不为服务不同，故无论受雇人已否服毕，应以已为服务论，均应有请求报酬之权。然受雇人因此所得之利益，乃属不当利益，故对于受雇人因不服劳务所节省之费用，或转向他处服劳务所取得之利益，及可取而不取之利益，均许雇用人自其报酬额内扣除之，以昭平允。此本条所由设也。

第四百八十八条　雇佣定有期限者，其雇佣关系于期限届满时消灭。

雇佣未定期限，亦不能依劳务之性质或目的定其期限者，各当事人得随时终止契约。但有利于受雇人之习惯者，从其习惯。

【理由】谨按雇佣关系之定有期限者，应于约定期限届满时消灭，此属当然之事。其雇佣未定期限，亦不能依劳务之性质或目的定其期限者，应使各当事人有随时终止契约之权。然有习惯可资依据者，亦仅以有利于受雇人之习惯为限，从其习惯，借以保护受雇人之利益。故设本条以明示其旨。

第四百八十九条　当事人之一方，遇有重大事由，其雇佣契约纵定有期限，仍得于期限届满前终止之。

前项事由，如因当事人一方之过失而生者，他方得向其请求损害赔偿。

【理由】谨按雇佣契约之定有期限者，在期限未届满以前，当事人应受期限之拘束，此属当然之事。然若当事人一方遇有重大事由，有不得不终止契约之情形时，其雇佣契约之期限，纵未届满，亦应许其有止契约之权。但其重大事由，系因当事人一方之过失所致者，虽亦许其有期限届满前终止契约之权，同时亦许他方有损害赔偿之请求权，盖兼顾当事人双方之利益也。故设本条以明示其旨。

第八节　承揽

【理由】谨按民律草案债权编第二章第十节原案谓，承揽者，当事人约定一方为他方完成一定之工作，他方俟工作完成给付报酬之契约也。为人完成工作者，谓之承揽人，俟工作完成给付报酬者，谓之定作人。惟本节所称承揽，系专指建筑、制造及改造物品而言，而于运送及承揽运送，则各独立一节焉。承揽契约，为近世各国所公认，实际亦便，故本法特设本节之规定。

第四百九十条　称承揽者，谓当事人约定一方，为他方完成一定之工作，他方俟工作完成，给付报酬之契约。

【理由】查民律草案第七百三十四条理由谓，承揽契约之成立，必须规定明确，始杜无益之争论。此本条所由设也。

判　承揽之报酬，不涉及契约以外之人，不得向第三人请求之。（三年上字第五二七号）

判　承揽人不得借口赔累，声明解约。（五年上字第六四一号）

判　承揽契约，不以承揽人自身具有该项技术为成立要件。（十二年上字第二〇〇五号）

第四百九十一条　如依情形，非受报酬，即不为完成其工作者，视为允与报酬。

未定报酬额者，按照价目表所定给付之。无价目表者，按照习惯给付。

【理由】谨按报酬为承揽之一要件，故为人完成工作，不向人索报酬者，不得谓为承揽。然有非受报酬即不能完成工作之情事者，仍应视为定作人允给报酬，至报酬额之多寡，如无特约，应使其按照价目表或习惯相沿之数而定其给付，此与第四百八十三条之理由相同。故设本条以明示其旨。

判　承揽工事所需物料价值，承揽人是否得有折扣，于定作人应付工价无涉。（五年上字第一二三八号）

判　报酬系约定与结果相偿。（十四年上字第二四一九号）

第四百九十二条　承揽人完成工作，应使其具备约定之品质，及无减少或灭失价值，或不适于通常或约定使用之瑕疵。

【理由】谨按工作承揽人之义务，应与买卖物品之出卖人同，应使其对于工作物之品质、价值及使用，负瑕疵担保之责任。故设本条以明示其旨。

判　由承揽人供给材料，工作新立建设物于定作人所有地上之契约，其材料定着于定作人土地时，归定作人所有。（九年上字第八六五号）

　　第四百九十三条　工作有瑕疵者，定作人得定相当期限，请求承揽人修补之。

　　承揽人不于前项期限内修补者，定作人得自行修补，并得向承揽人请求偿还修补必要之费用。

　　如修补所需费用过巨者，承揽人得拒绝修补，前项规定，不适用之。

　　【理由】查民律草案第七百三十六条理由谓，工作有瑕疵，定作人不得遽行请求解除契约或减少报酬，应使其向承揽人请求修补瑕疵。盖承揽人所完成者，应无瑕疵之工作，决非有瑕疵之工作，若其工作有瑕疵，自应修补。至承揽人不为修补瑕疵，定作人自行出费修补，若不向承揽人请求偿还其费用，是保护定作人利益，未为完备，故畀以偿还请求权，以昭平允。然修补瑕疵，有时需费过巨者，例如房屋建筑告竣，因土地疆界，位置不便，遽欲移动，则与创造无异，仍令承揽人修补，似觉过酷，故许其有拒绝权也。

　　第四百九十四条　承揽人不于前条第一项所定期限内修补瑕疵，或依前条第三项之规定，拒绝修补或其瑕疵不能修补者，定作人得解除契约或请求减少报酬。但瑕疵非重要，或所承揽之工作为建筑物或其他土地上之工作物者，定作人不得解除契约。

　　【理由】查民律草案第七百三十七条理由谓，修补瑕疵之目的，既不能达，则定作人或解除契约，或减少报酬，二者必居其一，否则定作人之利益，必受损害。但瑕疵甚微，或所承揽之工作为建筑物或其他土地上之工作物，只许请求减少报酬，不许解除契约，所以重公益也。

　　第四百九十五条　因可归责于承揽人之事由，致工作发生瑕疵者，定作人除依前二条之规定，请求修补或解除契约，或请求减少报酬外，并得请求损害赔偿。

　　【理由】谨按工作之瑕疵，因可归责于承揽人之事由而发生者，应使定作人除依前二条之规定，请求修补或解除契约或请求减少报酬外，并得请求损害之赔偿，盖其咎全在承揽人，不得使定作人受损害也。

　　第四百九十六条　工作之瑕疵，因定作人所供给材料之性质，或依定作人之指示而生者，定作人无前三条所规定之权利。但承揽人明知其材料之性质，或指示不适当，而不告知定作人者，不在此限。

【理由】谨按工作之瑕疵，因定作人所供给材料之性质，或依定作人之指示而生者，自应由定作人任其责，不能有承揽契约之解除权，及修补或偿还自行修补费用，或减少报酬或损害赔偿之请求权。但承揽人明知其材料之性质或指示不适当足以发生瑕疵，而故意不告知定作人者，亦有背于交易诚实信用之道，故仍使定作人得行使其权利，以昭公允。此本条所由设也。

第四百九十七条　工作进行中，因承揽人之过失显可预见工作有瑕疵，或有其他违反契约之情事者，定作人得定相当期限，请求承揽人改善其工作，或依约履行。

承揽人不于前项期限内，依照改善或履行者，定作人得使第三人改善或继续其工作。其危险及费用，均由承揽人负担。

【理由】谨按工作进行中，因承揽人之过失，其工作之瑕疵显然可见或有其他违反契约之情事者，应使定作人有定期请求改善或依约履行之权。若承揽人逾期而不为改善，或不依约履行时，定作人得使第三人改善或继续工作。其因瑕疵所生之危险，及因改善或继续工作所生之费用，均应由承揽人负担，以保护定作人之利益。故设本条以明示其旨。

第四百九十八条　第四百九十三条至第四百九十五条所规定定作人之权利，如其瑕疵自工作交付后经过一年始发现者，不得主张。

工作依其性质无须交付者，前项一年之期间，自工作完成时起算。

【理由】谨按第四百九十三条至第四百九十五条所规定定作人之权利，即请求修补或自行修补请求偿还费用之权利，又解除契约或请求减少报酬之权利，及请求损害赔偿之权利是。此种权利，均以从速行使为宜，故在应行交付之工作若其瑕疵自交付后经过一年始发现者，即不得更行主张，其工作有无须交付之性质者，则自工作完成时起，经过一年，亦不得主张。盖以定作人所有之权利，若未特约期间负担保责任，则其权利状态，恒有不确实之虞，故一年后使因时效而消灭。庶权利有确定之期限也。

第四百九十九条　工作为建筑物，或其他土地上之工作物，或为此等工作物之重大之修缮者，前条所定之期限延为五年。

【理由】谨按建筑物，或其他土地上之工作物，或为此等工作物之重大修缮者，其瑕疵若非即时所能发现，则定作人行使权利之期限自应酌予延长，方足以保护其利益。故设本条以明示其旨。

第五百条　承揽人故意不告知其工作之瑕疵者，第四百九十八条所定之期限，延为五年，第四百九十九条所定之期限，延为十年。

【理由】谨按本条所谓承揽人故意不告知其工作物之瑕疵者，即指承揽人明知定作人所供给材料之性质，或其指示不适当，足以发生瑕疵，而故意不告知定作人而言。关于此种情形，定作人行使权利之期限，自应酌予延长，方足以昭公允。故于通常工作物，其行使权利之期限，则延为五年。于建筑物及土地上工作物，其行使权利之期限，则延为十年。盖以保护定作人之利益也。

第五百零一条　第四百九十八条及第四百九十九条所定之期限，得以契约加长，但不得减短。

【理由】谨按第四百九十八条及第四百九十九条所规定，一为通常工作物，一为建筑物及土地上工作物，其所定主张权利之期限，一为一年，一为五年。此种期限，仅许当事人以契约延长，而不许以契约缩短，盖为维持公益计也。故设本条以明示其旨。

第五百零二条　因可归责于承揽人之事由，致工作不能于约定期限完成，或未定期限经过相当时期而未完成者，定作人得请求减少报酬。

前项情形，如以工作于特定期限完成或交付为契约之要素者，定作人得解除契约。

【理由】谨按约定之工作，而不能于约定期内完成，或虽无约定期限，已经过相当时期而仍未完成者，如系可归责于承揽人之事由时，定作人得请求减少报酬。又有上述情形，而其工作系以特定期限完成或交付为契约之要素者，承揽人不于期限内完成或交付，定作人即得解除契约，盖以咎在承揽人，不应使定作人受损害也。

判　承揽人已自认不能如期完工者，定作人得不俟过期即解除并请求赔偿。（四年上字第一八一号）

第五百零三条　因可归责于承揽人之事由，迟延工作，显可预见其不能于限期内完成者，定作人得解除契约。但以其迟延，可为工作完成后解除契约之原因者为限。

【理由】谨按本条立法旨趣与前条相同，在工作进行中，因可归责于承揽人之事由，致迟延工作，且可以预见其不能如期完成，而其迟延，又可为工作完成解除契约之原因者。此种情形，自应许定作人解除契约，以保护其利益。故设本条以明示其旨。

第五百零四条　工作迟延后，定作人受领工作时，不为保留者，承揽人对于迟延之结果，不负责任。

【理由】谨按依本法第五百零二条及第五百零三条之规定，因可归责于承揽人之事由，迟延工作，定作人得于期前解约，亦得因逾期完成而请求减少报酬。其以特定期限完成或交付为契约之要素者，并得解除契约。惟定作人行使此种权利，必须于受领工作时声明保留，如不为保留，则定作人所得主张之减少报酬请求权及解除契约权，即因受领而推定其为抛弃其权利。承揽人对于迟延之结果，自应不负责任。本条特明示其旨，盖又保护承揽人之利益也。

第五百零五条　报酬，应于工作交付时给付之。无须交付者，应于工作完成时给付之。

工作系分部交付，而报酬系就各部分定之者，应于每部分交付时，给付该部分之报酬。

【理由】谨按双务契约之原则，两造之义务，应同时履行。承揽为双务契约，故须于交付工作时支给报酬，其工作之性质，无须交付者，应于工作完成之时，支给报酬。此第一项所由设也。至工作系分部交付，而其报酬亦系就各部分定之者，则应于每一部分工作交付时，即给付该部分所应受领之报酬，以符双务契约同时履行义务之旨趣。此第二项所由设也。

判　承揽人留置权，对第三人亦得主张之。（三年上字第五二七号）

判　定作人非俟承揽人完成所约定之事项，无给付报酬之义务。（十四年上字第二四一九号）

第五百零六条　订立契约时，仅估计报酬之概数者，如其报酬，因非可归责于定作人之事由，超过概数甚巨者，定作人得于工作进行中或完成后，解除契约。

前项情形，工作如为建筑物，或其他土地上之工作物，或为此等工作物之重大修缮者，定作人仅得请求相当减少报酬。如工作物尚未完成者，定作人得通知承揽人停止工作，并得解除契约。

定作人依前二项之规定解除契约时，对于承揽人，应赔偿相当之损害。

【理由】谨按订立承揽契约之时，承揽人仅估计报酬之概数，而未确保其敷用额，及至工作进行以后，始知须加巨额之报酬，方能完成其工作。于此情形，如其超过概数之原因，系不应归责于定作人之事由，若强定作人续行契约，于理实有未当，故应使定作人于工作进行中或完成后，随时得解除契约以保护其利益。此第一项所由设也。又前项情形，其工作如系建筑物或其他土地上之工作物，或系此等工作物之重大修缮者，于此情形，如亦许定作人随时得解除契约，则承揽人之损失，未免过巨，故限于工作尚未完成时，方许定作人解除契约。倘其工作业已完成，仅许请求相当减少报酬，不许解除契约，以保护承揽人之利益。此第二项所由设也。

依本条前二项之规定，虽许定作人解除契约，然不得因此害及承揽人之利益。故承揽人如因解除契约而致受有损害时，应使定作人负相当赔偿之责任，方足以昭公允。此第三项所由设也。

第五百零七条 工作需定作人之行为始能完成者，而定作人不为其行为时，承揽人得定相当期限，催告定作人为之。

定作人不于前项期限内为其行为者，承揽人得解除契约。

【理由】谨按工作须定作人之行为，如须由定作人供给材料，或由定作人指示，或须定作人到场，例如写真画像之类，始得完成者，定作人不为其行为，即无由完成工作。遇有此种情形，不得不保护承揽人之利益，而保护之法，莫若使其可向定作人定相当期间，催令追究其行为，若不于此期间内追完者，自应予以解约之权。

第五百零八条 工作毁损灭失之危险，于定作人受领前，由承揽人负担。如定作人受领迟延者，其危险由定作人负担。

定作人所供给之材料，因不可抗力而毁损灭失者，承揽人不负其责。

【理由】谨按工作毁损灭失之危险，应归承揽人负担，抑应归定作人负担，自古学说聚讼。本法折衷定制，于定作人受领工作以前，其危险归承揽人负担，若定作人迟延不受领，仍归定作人负担。至定作人所供材料，其危险自不能归承揽人负担，方足以昭公允。故设本条以明示其旨。

　　判　所包工程未点交定作人时，仍认为承揽人占有。（十四年抗字第八九号）

　　第五百零九条　**于定作人受领工作前，因其所供给材料之瑕疵，或其指示不适当，致工作毁损、灭失，或不能完成者，承揽人如及时将材料之瑕疵，指示不适当之情事，通知定作人时，得请求其已服劳务之报酬，及垫款之偿还。定作人有过失者，并得请求损害赔偿。**

　　【理由】谨按定作人受领工作以前，其工作有灭失、毁损或有不能完成情事者，若其原因，皆由于定作人所供给材料有瑕疵，或因依定作人之指示不适当所致，而承揽人又曾于事前将材料之瑕疵，或指示不适当之情事，通知定作人者，于此情形，既不能归责于承揽人，自不应使承揽人受其损害。故应许承揽人有请求已服劳务之报酬，及垫款偿还之权。至工作之毁损、灭失或不能完成，定作人确有过失者，并许承揽人得向定作人要求损害赔偿，以保护承揽人之利益。此本条所由设也。

　　第五百一十条　**前二条所定之受领，如依工作之性质，无须交付者，以工作完成时视为受领。**

　　【理由】谨按依工作之性质，有无须交付者，应以工作完成时视为受领，盖如何始可称为受领，亦不可不有明文规定，以免争议。此本条所由设也。

　　第五百一十一条　**工作未完成前，定作人得随时终止契约。但应赔偿承揽人因契约终止而生之损害。**

　　【理由】谨按承揽人未完成工作以前，定作人无论何时，得声明解除契约，以保护定作人之利益，然不能因此不顾及承揽人之利益。故本条使定作人于不害承揽人利益之范围内，行使解约之权，即就承揽人因解约而生之损害，应使定作人负之责也。

　　第五百一十二条　**承揽之工作，以承揽人个人之技能为契约之要素者，如承揽人死亡，或非因其过失致不能完成其约定之工作时，其契约为终止。工作已完成之部分，于定作人为有用者，定作人有受领及给付**

相当报酬之义务。

【理由】谨按承揽之工作，系以承揽人个人之技能为契约之要素者，如承揽人于工作进行中死亡，或非由于承揽人之过失，而不能完成约定之工作，于此情形，应许终止契约。盖以此种工作，既非他人所能代为完成，自应许其解约，较为适当也。惟承揽人虽于工作进行中死亡，或非因过失致工作不能完成，然其工作已有一部分完成，而已完成之部分，又于定作人实为有用者，自应使定作人负受领工作，及支给相当报酬之义务，以保承揽人之利益。故设本条以明示其旨。

第五百一十三条　承揽之工作为建筑物或其他土地上之工作物，或为此等工作物之重大修缮者，承揽人就承揽关系所生之债权，对于其工作所附之定作人之不动产，有抵押权。

【理由】谨按工匠技师及其他承揽人，为定作人于不动产上施工作者，就其承揽关系所生之债权，对于其工作所附之定作人之不动产，应与以法定之抵押权，以保护其利益。此本条所由设也。

第五百一十四条　定作人之瑕疵修补请求权，修补费用偿还请求权，减少报酬请求权，或契约解除权，均因瑕疵发现后一年间不行使而消灭。

承揽人之损害赔偿请求权，或契约解除权，因其原因发生后，一年间不行使而消灭。

【理由】谨按本条为特别消灭时效之规定，于定作人之瑕疵修补请求权、修补费用偿还请求权、减少报酬请求权或契约解除权，均因瑕疵发现后一年间不行使而消灭。于承揽人之损害赔偿请求权或契约解除权，亦因其原因发生后一年间不行使而消灭。盖以此种权利，均以从速行使为宜，否则徒滋纠纷，于事实殊鲜实益也。

第九节　出版

【理由】谨按出版品者，谓用机械或化学之方法所印制而供出售或散布之文书图画也。出版者，著作人与印刷发行人相互之契约也。关于出版品，已另有法律规定，关于出版，即著作人与印刷发行人相互间之权利义务，亦须特别规定，方足以资准据。故本法特仿瑞士债务法，专设本节。

第五百一十五条　称出版者，谓当事人约定，一方以文艺学术或美术之著作物，为出版而交付于他方，他方担任印刷及发行之契约。

【理由】谨按本条系规定出版之意义，及出版契约之成立要件。由当事人一方以文艺学术，或美术之著作物交付于他方，而由他方担任印刷及发行者，是为出版。由当事人约定一方以著作物交付于他方，而由他方担任印刷及发行者，是为出版契约之成立。既经明白规定，适用时自有所准据矣。

第五百一十六条　著作人之权利，于契约实行之必要范围内，移转于出版人。

出版权授与人，应担保其于契约成立时，有出版授与之权利，如著作物受法律上之保护者，并应担保其有著作权。

出版物授与人，已将著作物之全部或一部，交付第三人出版，或经第三人公表，为其所明知者，应于契约成立则将其情事告知出版人。

【理由】谨按著作人之权利，著作权法特有保护之规定，然此种权利，有时于出版契约实行之必要范围，亦必使其移转于出版人，方足以保护出版人之利益。此第一项所由设也。

又以出版权授与他人者，其出版授与之权利，与夫著作物受法律上之保护者，确有著作权，于契约成立时，出版权授与人应切实担保此项权利之存在，以免出版人备受损害。此第二项所由设也。

至若出版物授与人已将著作物之全部或一部交付第三人出版，或其出版之情事，已经第三人公表，而为出版权授与人所明知者，此时出版权授与人应于契约成立以前，负将其情事告知出版人之义务，否则契约视为无效。此第三项所由设也。

第五百一十七条　出版权授与人，于出版人得印行之出版物未卖完时，不得就其著作物之全部或一部，为不利于出版人之处分。

【理由】谨按出版权授与人如于出版人得印行出版物未卖完之时，遽就其著作物之全部或一部交付第三人出版，或为其他不利于出版人之处分，实足以损害出版人之利益。故特设本条以限制之。

第五百一十八条　版数未约定者，出版人仅得出一版。

出版人依约得出数版，或永远出版者，如于前版之出版物卖完后，怠于新版之印刷时，出版权授与人得声请法院，令出版人于一定期限内，再出新版。逾期不遵行者，丧失其出版权。

【理由】谨按出版物授与人以其著作物交付他方，而与他方订立出版之契约时，其出版之次数，本应依契约而定，然若契约并未订定次数，则究应印行几版，易滋疑虑。本法期适合于当事人之意思起见，特规定仅得出一版，以示限制。若契约订定得出数版，或永远出版者，出版人于前版之出版物卖完后，怠于新版之印刷时，出版权授与人得声请法院，令出版人于一定期限内，再出新版。出版人违反此项义务，逾期不为遵行，即令丧失其出版权。此种怠于出版之制裁，所以保护出版权授与人之利益也。

第五百一十九条　出版人对于著作物，不得增减或变更。

出版人应以适当之格式印刷著作物，并应为必要之广告及用通常之方法推销出版物。

出版物之卖价，由出版人定之。但不得过高，致碍出版物之销行。

【理由】谨按为尊重著作人之意思起见，出版人对于著作物，不得增减或变更。故无论出版人之增减变更，是否增加或贬损著作物之价值，均为法所不许。又出版人对于出版物之印刷，应用适当之格式，力求精美。其对于出版物之推销，亦必用必要之广告，及通常之方法，务期普遍，以尽出版人之义务。至于出版物之卖价，虽应由出版人订定，然使定价过高，销行迟滞，亦足以损害出版权授与人之权利，故亦须加以限制，以期适当。此本条所由设也。

第五百二十条　著作人于不妨害出版人出版之利益，或增加其责任之范围内，得订正或修改其著作物。但对于出版人因此所生不可预见之费用，应负赔偿责任。

出版人于印刷新版前，应予著作人以订正或修改著作物之机会。

【理由】谨按欲谋出版物之发达，即不得不谋著作物之改进，故有时于不妨害出版人出版之利益，及不增加其责任之范围内，亦许著作人对于其著作物加以订正或修改。但出版人因订正修改所生不可预见之费用，应使著作人负赔偿责任，其本旨仍不欲妨害出版人之利益，或增加其责任也。

又出版人于印刷新版前，应予著作人以期间订正或修改其著作物，盖欲期著作物之发达，一方固须保护出版人之利益，一方仍应使出版人负予著作人以订正或修改之机会也。

第五百二十一条　同一著作人之数著作物，为各别出版而交付于出版人者，出版人不得将其数著作物，并合出版。

著作人以其著作物为并合出版，而交付于出版人者，出版人不得将其著作物，各别出版。

【理由】谨按同一著作人以数著作物交付于出版人，此数著作物，或应各别出版，或应并合出版，著作人自有意义存乎其中。苟为出版人以其所交付之著作物，应各别出版者而并合之，应并合出版者而各别之，则必肇割裂拉杂之弊，致减损出版物之价值。此种情形，殊不足以保护著作人之利益。故设本条以明示其旨。

第五百二十二条　著作物翻译之权利，除契约另有订定外，仍属于出版权授与人。

【理由】谨按著作物翻译之权利，应属何人？若契约另有订定者，自应从其契约所定办理。若契约内未有订定，则应使属于出版权授与人，方足以昭平允。此本条所由设也。

第五百二十三条　如依情形，非受报酬，即不为著作物之交付者，视为允与报酬。

出版人有出数版之权者，其次版之报酬，及其他出版之条件，推定与前版相同。

【理由】谨按出版契约之原则，系当事人一方以著作物交付于他方，由他方担任印刷及发行。然依其情形，如有非受报酬即不为著作物之交付者，应视为出版人允给报酬。本条第一项之立法旨趣，盖与第四百八十三条之意义相同也。

又出版人如依契约有出数版之权者，其次版之报酬，及其他出版之条件，当事人间如无特别约定，则推定其为与前版相同。本条第二项明为规定，所以免当事人之争议也。

第五百二十四条　著作物全部出版者，于其全部印刷完毕时，分部出版者，于其各部分印刷完毕时，应给付报酬。

报酬之全部或一部，依销行之多寡而定者，出版人应依习惯计算，支付报酬，并应提出销行之证明。

【理由】谨按允给报酬之出版契约，其给付报酬之时期，亦不可不明白规定，俾免争论。即著作物系全部出版者，应于其全部印刷完毕时，给付报酬。系分部出版者，应于其各部分印刷完毕时，给付报酬。此第一项所由设也。

至依销数之多寡，而定报酬之数额者，其计算方法，亦须明为规定，俾资准据。即报酬之全部或一部，依销行之多寡而定者，出版人应依习惯计算，支付报酬，并应提出销行实数之证明，以明责任。此第二项所由设也。

第五百二十五条　著作物交付出版人后，因不可抗力致灭失者，出版人仍负给付报酬之义务。

灭失之著作物，如著作人另存有稿本者，有将该稿本交付于出版人之义务。无稿本时，如著作人不多费劳力，即可重作者，应重作之。

前项情形，著作人得请求相当之赔偿。

【理由】谨按著作物既已交付于出版人，则其危险担保之责任，亦应随之移转于出版人。如因不可抗力而致灭失，著作人自不再负危险担保之责任，故仍使出版人负给付报酬之义务。但所灭失之著作物，著作人如另有稿本者，应负交付稿本之义务。其无稿本而著作人不多费劳力即可重作者，应负重作之义务。惟著作人交付稿本或重作时，仍得向出版人请求相当之赔偿，盖于保护出版人之中，仍须顾及著作人之利益也。

第五百二十六条　印刷完毕之出版物，于发行前，因不可抗力，致全部或一部灭失者，出版人得以自己之费用，就灭失之出版物，补行出版。对于出版权授与人，无须补给报酬。

【理由】谨按出版物于印刷完毕后发行前，因不可抗力，而致全部或一部灭失者，出版人即得以自己之费用，就灭失之出版物，补行出版。此种补行出版，与次版新版不同，出版人对于出版权授与人，自无须补给报酬，免受重复给付之损失。此本条所由设也。

第五百二十七条　著作物未完成前，如著作人死亡，或丧失能力，或非因其过失致不能完成其著作者，其出版契约关系消灭。

前项情形，如出版契约关系之全部或一部之继续，为可能且公平者，法院得许其继续，并命为必要之处置。

【理由】谨按本条为出版契约消灭之规定。著作物未完成前，如著作人死亡，或丧失能力，或非因著作人之过失，致不能完成其著作者，其出版契约关系，即行消灭，此乃当然之理。然若出版契约关系之全部或一部，尚可继续，而其继续又不失公平之原则者，法院仍应许其继续，并命为必要之处置，所以保护著作人之利益也。

第十节　委任

【理由】谨按民律草案债权编第二章第十二节原案谓，委任者，当事人之一方委任他方为其处理某事务，他方允为处理，因而生效力之契约也。此项契约，其应处理之事务，要必为法律行为，至关于劳务给付之契约，不属于法律所定其他契约之种类者，亦得适用关于委任之规定也。又此项契约，可为委任人或第三人之利益而为之，可为委任人及第三人或受任人之利益而为之，可为第三人及受任人之利益而为之，惟不得仅为受任人之利益而为之。其他如无报酬，亦为此契约之特质，其与雇佣契约相异之点，亦即在此。然其先既为委任，其后即受报酬，而委任之性质，究不变更。此项契约，为各国通行，于实际上亦必不可少，故本法设本节之规定。

第五百二十八条　称委任者，谓当事人约定，一方委托他方处理事务，他方允为处理之契约。

【理由】谨按本条为规定委任之意义，及委任契约之成立要件，因一方委托他方处理事务，他方允为处理，其委任契约，即为成立。至于有否报酬，学说聚讼，各国立法例亦不一致。有以有报酬之委任，只能以雇佣、承揽、居间等契约论，非真正之委任者。本法则不问其受报酬与否，凡为他人处理事务者，皆视为委任也。

第五百二十九条　关于劳务给付之契约，不属于法律所定其他契约之种类者，适用关于委任之规定。

【理由】谨按关于劳务给付之契约，不属于法律所定其他契约之种类者，其契约之性质，亦与委任契约相同，若不明为规定，实际上自必无所依据，故适用关于委任之规定，俾有准据。此本条所由设也。

第五百三十条　有承受委托处理一定事务之公然表示者，如对于该事务之委托，不即为拒绝之通知时，视为允受委托。

【理由】谨按委任契约之关系，因一方委托他方处理事务，他方允为处理其事务而成立。设他方不欲允为处理其事务，自应为积极的拒绝之表示，方为适当。若已有承受委托处理之公然表示，而对于该事务之委托，不即为拒绝之通知时，自应视为允受委托，俾法律关系，得以从速确定。故设本条以明示其旨。

判　应受给付人得径向给付受托人，请求给付。（九年上字第二九号）

第五百三十一条　为委任事务之处理，须为法律行为，而该法律行为，依法应以文字为之者，其处理权之授与，亦应以文字为之。

【理由】谨按处理委任之事务，必须为法律行为。此种依委任处理事务之法律行为，若法律上明定应以文字为之者，如第三条第一项规定，依法律之规定，有使用文字之必要者，得不由本人自写，但必须亲自签名。又第四百二十二条规定，不动产之租赁契约，其期限逾一年者，应以字据订立之，未以字据订立者，视为不定期限之租赁。关于此种情形，则处理权之授与，亦应以文字为之，俾法律关系，益臻明确。此本条所由设也。

第五百三十二条　受任人之权限，依委任契约之订定。未订定者，依其委任事务之性质定之，委任人得指定一项或数项事务而为特别委任，或就一切事务，而为概括委任。

【理由】谨按受任人处理事务之权限，一依委任事务之范围为准，故受任人处理事务之权限范围，亦不可不有明白之规定。若委任契约已将受任人之权限订定时，自应依其所定。若委任契约未订定其权限时，则依委任事务之性质定之，盖从其委任之性质上，推定其有此权限，所以资处理事务之便利也。至于委任人或指定一项事务或数项事务而为特别委任，或就一切事务而为概括委任，应悉依其自由之意思为之。初无若何限制，所谓特别委任者，谓指定特种事项而为委任者也。所谓概括委任者，谓就一切事项悉行委任者也。惟无论其为特别委任，为概括委任，不过其委任之权限，有大小广狭之不同，而委任之性质，则固无或少异。故设本条以明示其旨。

判　伙友就某种类或特定项，得代主人为行为。（三年上字第一五一号）

判　一般伙友，无借贷之权。（四年上字第四七五号）

判　为人掌管家务之人，通常只有管理权。（四年上字第一六七二号）

判　商业使用人，在权限内所负债务，应由主人偿还。（四年上字第一九七八号）

判　委任处理事务，只须受任人代为法律行为，未超过原定目的之外，对于委任人即直接生效。（四年上字第二四二二号）

判　仅保管他人所有物之人，不能擅行处分。（六年上字第一二七号）

第五百三十三条　受任人受特别委任者，就委任事务之处理，得为委任人为一切必要之行为。

【理由】谨按受任人之受有特别委任者，应使其就委任事务之处理，得为委任人为一切必要之行为。本条设此规定，盖以保护委任人之利益也。

第五百三十四条　受任人受概括委任者，得为委任人为一切法律行为。但为下列行为，须有特别之授权：

一、不动产之出卖或设定负担；

二、不动产之租赁其期限逾二年者；

三、赠与；

四、和解；

五、起诉；

六、提付仲裁。

【理由】谨按受任人之受有概括委任者，虽得为委任人为一切法律行为，然亦须受限制。如上列各款事项，系使委任人专负义务，或于其权利有重大变更，关系利害至为巨大。此种事务，则非经委任人特别之授权，受任人即不得处理之。故设本条以明示其旨。

第五百三十五条　受任人处理委任事务，应依委任人之指示，并与处理自己事务为同一之注意。其受有报酬者，应以善良管理人之注意为之。

【理由】谨按受任人处理委任之事务，其结果无论利与害，均由委任人受之，则凡事务之处理，均应依委任人之指示为之。又受任人之处理事务，为顾及委任人之利益计，自必特加注意，而其注意之程度则又视其受有报酬与否而不同。其未受报酬者，只须与处理自己事务，为同一之注意即为已足。其受有报酬者，则须以善良管理人之注意为之，否则应负损害赔偿之责。此本条所由设也。

判　受任人应依委任本旨，用最利于委任人之方法处理事务，并随时通知。（三年上字第一四三号）

判　受任人有善良管理人注意之义务。（三年上字第四〇三号）

解　代人领款被劫，应否赔偿，须查明是否出于不可抗力。（九年统字第一三三三号）

判　履行婚约之诉，根本上即非修正民事诉讼律第七百六十八条所定之婚姻诉讼，其辩论且毋庸检察官莅场陈述意见，复何得更由检察官为当事人出而起诉，或提起上诉。（十七年上字第一〇四七号）

第五百三十六条　受任人非有急迫之情事，并可推定委任人若知有此情事亦允许变更其指示者，不得变更委任人之指示。

【理由】谨按受任人既非为自己之利益处理委任事务，故应以委任人所指示者为主，非实有急迫之情事，并委任人若知其有此情事，于受任人不依其指示，亦允许其变更者，不得变更委任人之指示。故本条明定，受任人变更委任人指示之要件有二：（一）须有急迫情事；（二）须推知委任人知有此情事亦允许其变更指示。所以保护委任人之利益也。

判　受任人处理事务，原则上不得违反委任人指示。（三年上字第七七三号）

解　契约内载明所佃之地，限于种植某种特定之物，不得由佃户一造任意改种。（九年统字第一二二九号）

判　伙友擅为人盖章作保，除号东追认外，无论有无特别习惯，其

效力不能及于号东。（十二年上字第一二二一号）

第五百三十七条　受任人应自己处理委任事务，但经委任人之同意或另有习惯，或有不得已之事由者，得使第三人代为处理。

【理由】谨按委任之关系，基于信任而来，故委任人因信任受任人之结果，特委任受任人处理自己之事务。则对于委任人所委任之事务，受任人亦应由自己处理之，方合契约之本旨。若第三人既非委任人所信任，受任人自不得使第三人代为处理委任事务也。但经委任人之同意，或另有习惯，或有不得已之事由者，亦不妨使第三人代为处理。盖有时因特种情形，受任人既不能自己处理，又不能使第三人代为处理，反使事务停顿，致难贯彻委任之初意。自不若转使第三人代为处理，较易进行无阻也。故设本条以明示其旨。

第五百三十八条　受任人违反前条之规定，使第三人代为处理委任事务者，就该第三人之行为，与就自己之行为，负同一责任。

受任人依前条之规定，使第三人代为处理委任事务者，仅就第三人之选任，及其对于第三人所为之指示，负其责任。

【理由】谨按依前条之规定，受任人使第三人处理委任事务，须经委任人之同意，或另有习惯，或有不得已之事由，始为有效。若违反此项规定，并未经委任人同意，亦无习惯可以依据，且非有不得已之事由者，此时第三人之行为，应视为受任人自己之行为。如有损害，自应由受任人负其责任。反之受任人使第三人处理委任事务，系已得委任人同意，或有习惯可以依据，或有不得已之事由者，则受任人仅就第三人之选任，及其对于第三人所为之指示，负其责任。此本条所由设也。

判　委任复代理人时，受任人应就其选任监督负责，非证明其于选任监督已尽责者，应赔偿损害。（四年上字第一六九号）

判　受任人所转托之人消费金钱时，受任人应赔偿。但其转托经委任人指示者，则不负责。（四年上字第七八五号）

第五百三十九条　受任人使第三人代为处理委任事务者，委任人对于该第三人关于委任事务之履行，有直接请求权。

【理由】谨按受任人所应处理之委任事务，已由第三人承担代为处理者，此时应使委任人对于该第三人，有直接请求履行关于委任事务之权。若必依顺序，使委任人向受任人请求，再由受任人向第三人请求，则转辗需时，殊鲜实益。故设本条以明示其旨。

第五百四十条　受任人应将委任事务进行之状况，报告委任人。委任关系终止时，应明确报告其颠末。

【理由】谨按受任人既受委任人之委任，处理某项事务，则应将委任事务进行之状况，随时报告于委任人。其于委任关系终止时，亦应将其所处理事务之始末情形，详细报告于委任人，此皆委任性质上当然之事。故设本条以明示其旨。

判　受任人虚报处理事务情形，不能即以其虚报之数为准。（五年上字第五一四号）

判　受任人应将委任事务进行之状况，报告于委任人，商业经理人既系受其主人委任管理商号事务，自有应主人之请求而报告其清算账目之义务。（二十一年上字第一九九二号）

第五百四十一条　受任人因处理委任事务，所收取之金钱、物品及孳息，应交付于委任人。

受任人以自己之名义，为委任人取得之权利，应移转于委任人。

【理由】谨按受任人于处理委任事务之际，其所收取之金钱、物品及孳息，既因委任之故而收取，自属于委任人所有，至其后均应交付于委任人。若受任人以自己名义取得权利，此权利既为委任人之权利，亦应移转于委任人，此亦委任性质上当然之不可缺事也。

判　受任人因处理事务所受钱物，须交付于委任人。（三年上字第四〇三号）

判　受任人所应交孳息，不以一本一利为限。（四年上字第一七〇一号）

判　受任人收取孳息，须交付于委任人，所取得之权利，亦须移转于委任人。（四年上字第一七八七号）

判　受任人以自己名义为委任人订立契约时，仅该受任人，得向契约之他方当事人请求履行契约。在受任人将该契约上之权利移转于委任人以前，委任人自不得向契约之他方当事人请求履行。（二十一年上字第九三四号）

第五百四十二条　受任人为自己之利益，使用应交付于委任人之金钱，或使用应为委任人利益而使用之金钱者，应自使用之日起，支付利息。如有损害，并应赔偿。

【理由】查民律草案第七百七十二条理由谓，受任人将应交与委任人之金钱，或应为委任人之利益使用之金钱，自行消费者，无论受任人有无过失，委任人曾否受损害，均应支给利息。因而致委任人受损害者，更须赔偿。各国多数立法例，皆设此规定，以保护委任人之利益。故本条亦采用之。

判　受任人所领取之金钱交付迟延者，应自迟延时起付息。（五年上字第一七九号）

判　受任人消费其所应为委任人利益使用之金额者，应自消费时起付息。（五年上字第七三四号）

第五百四十三条　委任人非经受任人之同意，不得将处理委任事务之请求权，让与第三人。

【理由】查民律草案第七百七十三条理由谓，委任关系既为专属之法律关系，故委任人非得受任人允诺，不得将以请求处理事务为标的之权利，让与他人。此本条所由设也。

第五百四十四条　受任人因处理委任事务有过失，或因逾越权限之行为所生之损害，对于委任人应负赔偿之责。

委任为无偿者，受任人仅就重大过失，负过失责任。

【理由】谨按受任人如因处理委任事务之过失，或因逾越权限之行为而生有损害，对于委任人自应负赔偿之责任。此债权之通则也，惟此种赔偿责任之范围，亦应因委任之有偿或无偿而异。其委任为有偿者，一有过失或越权情事，即任损害赔偿之责。若为无偿委任，则仅就重大过失，始负损害赔偿之责。盖受任人应负责任之轻重，胥视乎委任报酬之有无，所以昭公允也。

判　受任人违善良管理注意义务者，应赔偿损害。（四年上字第四一七号）

判　受任人违反委任人之指示，委任人不得以之对抗善意第三人，主张其行为无效。（五年上字第一一七一号）

判 当时被上告人明明有嘱其买洋放利之意思表示，并非浮存，上告人如果不为放利即应将款返还。上告人既不为放利，而又不返还款项，以致被上告人托其放利之款竟至无从得利，则上告人纵非向被上告人借贷者比，原不必给付利息，而对于被上告人究属有辜委托，而不能不负相当之损害赔偿。（即迟延利息）（十八年上字第一四〇号）

第五百四十五条 委任人因受任人之请求，应预付处理委任事务之必要费用。

【理由】 查民律草案第七百七十四条理由谓，处理委任事务必需之费用，受任人无代垫之义务，故应使其得以请求预付，以期事务进行之顺利。此本条所由设也。

第五百四十六条 受任人因处理委任事务，支出之必要费用，委任人应偿还之，并付自支出时起之利息。

受任人因处理委任事务，负担必要债务者，得请求委任人代其清偿。未至清偿期者，得请求委任人提出相当担保。

受任人处理委任事务，因非可归责于自己之事由，致受损害者，得向委任人请求赔偿。

【理由】 查民律草案第七百七十五条理由谓，受任人既为委任人处理事务，自不应再使其受不利益，故不问其处理之委任事务，已否得预期之效果，委任人应将受任人为其处理事务所支出之费用，悉数偿还。为其处理事务所担负之债务，代为清偿，未届清偿期者，应提出相当之担保。为其处理事务所受之损害，如非归责于受任人之事由，应悉数赔偿，庶受任人不至因受委任蒙不测之损害。此本条所由设也。

判 受任人不得无约索酬，但因处理事务所支必要费用，得向委任人求偿。（三年上字第七四二号）

判 不问委任事务有无效果，委任人均应偿还受任人支出之必要费用。（八年上字第七八号）

第五百四十七条 报酬纵未约定，如依习惯，或依委任事务之性质，应给与报酬者，受任人得请求报酬。

【理由】 谨按受任人允为委任人处理委任之事务，虽委任契约内并未订定报酬，然依委任事务之性质，或习惯，须支给报酬者，应许受任人有请求报酬之权，以保护其利益。故设本条以明示其旨。

　　判　经理人报酬及支给方法，应依契约，无契约依习惯。（四年上字第七五五号）

　　判　经理人原始报酬，于歇业后仍从事清算者，应给报酬。（七年上字第六三号）

　　第五百四十八条　**受任人应受报酬者，除契约另有订定外，非于委任关系终止及为明确报告颠末后，不得请求给付。**

　　委任关系，因非可归责于受任人之事由，于事务处理未完毕前已终止者，受任人得就其已处理之部分，请求报酬。

　　【理由】谨按受任人应受报酬之时期，契约有订定者，自应从其所定。若契约并未订定，则须俟委任关系终止及为明确报告颠末后，始得请求给付。故设第一项以明示其旨。虽然受任人请求报酬，固应以委任关系之终止为原则，但有时受任人处理委任事务尚未完毕前已终止委任关系，而委任关系终止之原因，并非可归责于受任人之事由者，亦应许受任人请求报酬。惟其请求报酬之范围，须以受任人对于事务已经处理之部分为限耳。故设第二项以明示其旨。

　　第五百四十九条　**当事人之任何一方，得随时终止委任契约。**

　　当事人之一方，于不利于他方之时期终止契约者，应负损害赔偿责任。但因非可归责于该当事人之事由，致不得不终止契约者，不在此限。

　　【理由】查民律草案第七百七十六条理由谓，委任根据信用，信用既失，自不能强其继续委任。故各当事人无论何时，均得声明解约。然除有不得已之事由，而其事由又非可归责于解约人者外，当事人之一方声明解约，若在他方最不利之时，应使解约人赔偿其损害，否则不足以保护他方之利益。此本条所由设也。

　　判　未定期之经管粮册之契约，若无永负义务者，当事人得解除。（四年上字第二六○号）

　　判　委任契约，得随时解约。但于相对人不利时期解约者，应任赔偿损害。（七年上字第一一六九号）

　　第五百五十条　**委任关系，因当事人一方死亡、破产或丧失行为能力而消灭，但契约另有订定，或因委任事务之性质，不能消灭者，不**

在此限。

【理由】查民律草案第七百七十七条理由谓，委任既根据于信用，故委任人或受任人死亡、破产或丧失行为能力（禁治产人）时，除曾表示有他项意思或因委任事务之性质生反对之结果外，委任关系，皆应终止，始合于委任之性质。此本条所由设也。

判 委任人死亡，即委任契约终了，受任人即应清算财产，报告颠末，非有急迫情事，不得再为处分。（三年上字第五二一号）

第五百五十一条 前条情形，如委任关系之消灭，有害于委任人利益之虞时，受任人或其继承人，或其法定代理人，于委任人或其继承人，或其法定代理人，能接受委任事务前，应继续处理其事务。

【理由】查民律草案第七百七十八条理由谓，依前条规定委任终止时，若有害于委任人之利益，当事人一方之受任人或其继承人或法定代理人，应为他之一方继续处理委任事务。否则于委任终结委任人尚未接收之时，遇有必须处理之事务，受任人或其继承人或法定代理人竟坐视不为处理，必致委任人之损害不可逆测。故设本条以弥缝其阙。

第五百五十二条 委任关系消灭之事由，系由当事人之一方发生者，于他方知其事由，或可得而知其事由前，委任关系视为存续。

【理由】谨按委任关系消灭之事由，如当事人之一方死亡、破产或丧失行为能力等是。此种委任关系，消灭之原因，如系因一方之事由而发生，必待他方知其事由或可得知其事由时，委任关系方使消灭。在他方未知其事由以前，委任关系，即应推定其为存续。本条设立之意，既保护一方之利益，又不使他方蒙不利益也。

第十一节 经理人及代办商

【理由】谨按称经理人者，谓有为商号管理事务及代其签名之权利之人也。称代办者，谓非经理人而受商号之委托，于一定处所或一定区域内，以该商号名义办理其事务之全部或一部之人也。经理人及代办商之权利义务，各国立法例，多于商法中规定之。本法因民商法统一之结果，特设本节之规定。

第五百五十三条 称经理人者，谓有为商号管理事务，及为其签名之权利之人。

前项经理权之授与，得以明示或默示为之。

经理权得限于管理商号事务之一部，或商号之一分号或数分号。

【理由】谨按本条为规定经理人之意义，特明定曰，称经理人者，为有管理商号事务及为其签名之权利之人也。故设第一项以明示其旨。又经理人之管理权及签名权，必为商号所有人所授与，始有此种权利。而其授与之方式，亦不可不明为规定，即为明示或默示均无不可也。故设第二项以明示其旨。至经理人虽以管理商号全部事务为原则，然其经理权究为商号所有人所授与，在授与之时，商号所有人对于经理权稍加限制，仅使管理商号事务之一部，或管理商号之一分号或数分号，均无不可，而于其经理人之名义，亦并无妨碍。故设第三项以明示其旨。

判　经理人自为之行为，非应主人负责。（三年上字第五五号）

判　京师习惯，不得仅凭出名呈报修理铺屋，断定其为东为掌。（三年上字第六九六号）

判　经理人背忠实义务，应任赔偿。（三年上字第八九三号）

判　经理人对于主人之责任，以当事人意思及习惯为准则。（四年上字第一六一号）

判　商店管理银钱之铺伙，有善良管理人注意之义务，违者应任赔偿。（四年上字第七三三号）

判　经理人于营业外，无代理权。（四年上字第八二〇号）

判　商业使用人中，经理人与他种使用人权限不同。（五年上字第五一五号）

判　经理人怠于监督店伙，应任赔偿。（五年上字第一〇九四号）

判　分店经理人，仅限于该分店营业事项，有代理权。（七年上字第一一五八号）

判　经理人不得私自使用他人代行职务。（十四年上字第八九九号）

第五百五十四条　经理人对于第三人之关系，就商号或其分号，或其事务之一部，视为其有为管理上一切必要行为之权。

经理人，除有书面之授权外，对于不动产，不得买卖，或设定负担。

【理由】谨按经理人之职务，对外代表商号，对内管理商号一切事务，故经理人对于第三人之关系，在管理本号事务者，应视为有管理本号事务上一切必要行为之权。在管理分号事务者，应视为有管理分号事务上一切必要行为之权。在管理一部事务者，应视为有管理该部事务上一切必要行为之权。盖经理人之权限范围，第三人常不明了，必须明白规定，交易上方资便利。此第一项所由设也。至于不动产之买卖，或在不动产上设定负担等事项，于商号之利害关系，较为巨大，经理人虽就其管理事务，有一切必要行为之权，然此种重大事项，则非有商号所有人之特别授权不可。在商号所有人，如授经理人以不动产买卖或设定负担之权限，尤必须以书面为之，否则经理人不得有此权限。此第二项所由设也。

判 经理人在营业上有完全代理权。（三年上字第一四号）

判 店伙舞弊，经理人若非选任不当，怠于监督，则不负责。（三年上字第八四号）

判 经理人有选任监察店伙之权。（三年上字第八六号）

判 管柜负就经理人之支款，通常不得稽核拒绝。（四年上字第六二一号）

判 经理人平日尽忠实义务，商店亏闭亦非由其故意过失者，自不任赔偿。（四年上字第九四五号）

判 经理人有清算账目之义务。（四年上字第一一三二号）

判 商店亏折，系因店伙舞弊侵蚀者，经理人应负责。（四年上字第一一四六号）

判 经理人无擅免店债之权。（四年上字第一一六〇号）

判 经理人权限内之行为无须主人知悉。（四年上字第一四三六号）

判 商业使用人之代理行为，通常以商号名义为之。（四年上字第一七一一号）

判 经理人营业外借款，须有特别习惯，始由主人负责。（四年上字第一九七八号）

判 经理人无擅免店伙长支之权。（五年上字第七九六号）

判 经理人有指挥监督店伙之责。（五年上字第七九六号）

判 经理人有清理债务处办营业事项之权限。（五年上字第八一五号）

判　经理人权内行为，不论主人是否受益，均应负责。（五年上字第九八四号）

判　典当银钱业之经理人，有代主人借贷之权。（五年上字第一二〇六号）

判　经理人无处分不动产之权。（五年上字第一二六〇号）

判　经理人代理权，因死亡消灭。（六年上字第六八一号）

判　经理人有代主人清偿债务权限。（七年上字第九七八号）

判　经理人对债权人，有清理主人债务之责任。（七年上字第一〇五九号）

判　经理得店东特别委任，或依习惯有免除店债之权。（八年上字第一三三四号）

判　经理人擅借之款，债权人不得径向店东主张债权。（九年上字第一一五七号）

判　京师习惯，典当业及银钱业以外之经理人，亦得向外借贷。（十一年上字第一四九〇号）

第五百五十五条　经理人，就所任之事务，视为有代表商号为原告或被告或其他一切诉讼上行为之权。

【理由】谨按经理人为商号法定之委任代理人，故就其所任之事务，视为有代表商号为原告起诉，或为被告应诉，或其他为一切诉讼上行为之权。所谓就其所任之事务者，即经理人管理全部事务者，有代表全部诉讼行为之权，管理一部事务者，仅有代表一部诉讼行为之权也。

判　歇业后未经解任经理人，仍能代理诉讼。（三年上字第九七九号）

判　歇业后未经解任经理人，关于清理有代理权。（四年上字第一一一五号）

判　经理人关于主人之营业，有代主人为审判上及审判外一切行为之权。所谓审判上之行为，起诉、受诉其最著者也，惟此项审判上之行为，既系代主人而为，则受其效果者，自系主人而非经理人。（四年上字第一二六〇号）

判　经理人代主人受诉时，应对于主人为裁判，毋庸令经理人代偿。

（七年上字第三七号）

判　分店经理人，受委代理本店或他分店之特定营业事项者，就该事项有应诉之权责。（七年上字第一一五八号）

判　经理人经手放出之款，如果不能证明其欠户确有着落，并非捏造，或欠户虽有着落，而因经理人于款项之贷放或催收欠缺善良管理人之注意，致欠款无从收回者，即应由经理人负赔偿之责。（十一年上字第一六七九号）

解　经理订立契约，苟在其营业范围以内，而他方又为不知情之第三者，即不必别经董事委托，当然为有效行为。（十一年统字第一七〇七号）

判　张省三系天成粮栈经理，有代理粮栈铺东诉讼之权。（十七年上字第一二二〇号）

解　股份有限公司之经理人关于营业上之负债，应负清理偿还之责，惟股东之股款非营业上之事务，若无公司特别委任，经理人应不负责。（二十年院字第六三八号）

第五百五十六条　商号得授权于数经理人，但经理人中有二人之签名者，对于商号，即生效力。

【理由】谨按商号因事务繁杂，非一经理人所能办理者，或商号所有人欲互相箝制，多设经理人者，亦可授权于数经理人，自不必限定一人为经理。惟商号所有人授权于数经理人时，只须经理人中二人签名，对于商号，即生效力。盖为便利交易起见，亦不必使商号中之数经理人，全体签名，始为有效也。故设本条以明示其旨。

判　经理人中一人死亡，他人有全部代理权。（六年上字第六八一号）

第五百五十七条　经理权之限制，除第五百五十三条第三项、第五百五十四条第二项，及第五百五十六条所规定外，不得以之对抗善意第三人。

【理由】谨按经理人对于第三人之关系，有就商号或分号或其事务之一部，视为其有一切必要行为之权。若商号所有人，就经理人本来之权限，加以限制，亦不过为商号所有人与经理人相互间之关系，对于不知情之第三人，自属不生效力，否则不足以保交易上之安全。故如第三人不知经理权受有限制，而与经理人所为之交易，无论其限制若何，商号所有人及经理人均不得以该事项曾受限制为理由，而以之对抗善意之第三人，盖不得使第三人受不测之损失也。然如依第五百五十三条第三项、第五百五十四条第二项及第五百五十六条各规定，第三人对于管理一部或一分号事务之经理人，与其为不属于该部或该分号事务之交易，对于无书面授权之经理人，与其为不动产买卖或在不动产上设定负担，对于应由二人签名之事项，与其中一人交易，仅由一人签名，此种情形，第三人应注意而不注意，即有损失，亦属第三人自己之过失所致。则不问其为善意与否，商号所有人及经理人，均得对抗之。此本条所由设也。

　　判　经理人营业外行为，主人若默认，仍应负责。（三年上字第七四五号）

　　判　经理人舞弊，主人对于债权人不能免责。（三年上字第八二四号）

　　判　经理人之亏损，第三人苟非与之串谋舞弊，则主人不得以之对抗。（四年上字第二四三号）

　　判　经理人代理权之限制，及其代理权为之不当，均不得对抗不知情第三人。（四年上字第四〇二号）

　　判　经理人代理权之限制，得对抗知情之第三人。（四年上字第八二〇号）

　　判　主人不得因商业使用人背忠实义务，对抗善意第三人。（四年上字第一九七八号）

　　判　经理人营业上借款，应由主人负责。（四年上字第一九七八号）

　　判　经理人虽挪用存款，而商店主人，对于存户仍应负责。（五年上字第九八一号）

　　判　歇业后未经解任之经理人，负清理债务之责。（五年上字第九八六号）

　　判　典当银钱业以外之经理人，借贷行为，原则上效力不及主人。（五年上字第一二〇六号）

　　判　经理人擅借之款，于主人受益限度内，有求偿权。（六年上字第六五七号）

判　债权人，得径向经理人请求还债。（六年上字第六八一号）

判　经理人借款，经主人追认，无论其后经理人将其侵蚀或处置不当，主人仍应负责。（七年上字第七五号）

判　公司董事之代表权，及公司经理之经理权，若加以限制，除有法定之情形外，固不得对抗善意第三人。然所谓代表权、经理权者，乃就其公司之一切事务为该公司之董事或经理，依法而有代表或经理之权者而言。若其所代表或经理之事务，非公司之一切事务，即属无权代表或经理，即不问第三人是否善意，非经公司之特别委任或追认，自不能对于公司发生效力。（二十一年上字第一四八六号）

第五百五十八条　称代办商者，谓非经理人而受商号之委托，于一定处所或一定区域内，以该商号之名义，办理其事务之全部或一部之人。

代办商对于第三人之关系，就其所代办之事务，视为其有为一切必要行为之权。

代办商，除有书面之授权外，不得负担票据上之义务，或为消费贷借，或为诉讼。

【理由】谨按本条为规定代办商之意义，特明定曰，称代办商者，谓非经理人，而受商号之委托，于一定处所或一定区域内，以商号名义办理其事务之全部或一部之人也。故设第一项以明示其旨。又代办商对于第三人之关系，就其所代办之事务，视为其有为一切必要行为之权，此与经理人对于第三人之关系相同。故设第二项以明示其旨。至代办商仅为商号之独立辅助机关，故不得使代商号负担票据上之义务，或为消费借贷，或代表诉讼，以示限制。然若商号以书面授与代办商以此种权限者，自亦为法所许。故设第三项以明示其旨。

判　商业使用人与代理商之区别，则有下开数点：（一）商业使用人非商人，而代理商为独立商人；（二）商业使用人与主人之关系为雇佣，而代理商与本人之关系为委任；（三）商业使用人恒由一商人使用，而代理商则为一商人或数商人代理或介绍商行为；（四）商业使用人在主人之营业所执行业务，而代理商则在自己店址营业；（五）商业使用人通常按期支领一定工资，而代理商则通常对于其所为之行为收取用钱；（六）商业使用人执行业务之费用归主人负担，而代理商因营业而生之

费用，则归自己负担是也。（五年上字第五一五号）

　　判　代理商之意义及其权限，除特别规定外，依委任契约定之。（五年上字第五一五号）

　　判　委托代理商代买者，就代理商所欠之债应偿还。（五年上字第一〇二二号）

　　解　商号托庄客代卖之货，买受人能否提取，应视庄客之性质为牙行或为代理商，及普通代理人，而异其效力。（七年统字第七七三号）

　　判　代理商对本人应负督促催偿之责。（十二年上字第三四四号）

　　第五百五十九条　**代办商，就其代办之事务，应随时报告其处所或区域之商业状况于其商号，并应将其所为之交易，即时报告之。**

　　【理由】谨按代办商所代办之商业事务，其利与害，均由商号直接承受，故商号对于代办商代办之事务，有随时决定方针之必要。且代办商与商号，既非同在一处，代办商如不将其所在地之商业状况，随时报告，商号何由得知？故应使代办商负报告之义务，于其处所或其区域内之商业状况，固应委曲周详，随时报告。于其所为之交易，尤须敏捷迅速，即时报告，庶商号得收统筹计划相机指示之实效。此本条所由设也。

　　第五百六十条　**代办商得依契约所定，请求报酬，或请求偿还其费用。无约定者依习惯，无约定亦无习惯者，依其代办事务之重要程度及多寡，定其报酬。**

　　【理由】谨按代办商为独立之商人，其所代办之事务，自亦有其应得之权利。故商号之于代办商，如有契约订定，应给与报酬或偿还费用者，自应依照契约所定，请求报酬，或请求偿还其代垫之费用。又虽未约定报酬，而为习惯所有者，应从习惯。其无约定亦无习惯者，仍应依其代办事务之重要程度及多寡，定其报酬，以保护代办商之利益。本条设此规定，盖以杜无益之争论也。

　　第五百六十一条　**代办权未定期限者，当事人之任何一方得随时终止契约。但应于三个月前通知他方。**

　　当事人之一方，因非可归责于自己之事由，致不得不终止契约者，得不先期通知而终止之。

　　【理由】谨按代办权定有存续期间者，自以契约届满而终止，此属当然之理。若契约未订定存续期间，依契约一般之原则，当事人之任何一方，随时终止契约，他方亦不得有所非难。然为事实便利起见，一方解除契约，亦必使他方有所准备，方免有措手不及，致受损失之情事发生。故解约之一方，应于三个月前通知他方，始为平允。故设第一项以明示其旨。至当事人之解除契约，原则上虽应于三个月前通知，然亦难保不有临时特种事由发生，致不得不终止契约者。若此特种事由之发生，系非可归责于解约人，而事实上又不能不即行解约，则不得不设例外，许解约人不先期通知，径行终止契约。故设第二项以明示其旨。

第五百六十二条　经理人或代办商，非得其商号之允许，不得为自己或第三人经营与其所办理之同类事业，亦不得为同类事业公司无限责任之股东。

【理由】谨按经理人与代办商，均为商业上之补助人，对于商号自有忠于其职责之义务。若未得商号之允许，一方为商号办理营业事务，一方又为自己或第三人办理同类之营业事务，或为同类事业公司之无限责任股东，则同业竞争之结果，势必至有利自己，或第三人，而损失其商号，故本法特绝对禁止之，以减免商号之危险。若经理人或代办商有上述情形，而得商号之允许者，自不在禁止之列。盖以商号既予允许，当必熟权利害，自无流弊发生也。故设本条以明示其旨。

第五百六十三条　经理人或代办商，有违反前条规定之行为时，其商号得请求因其行为所得之利益，作为损害赔偿。

前项请求权，自商号知有违反行为时起，经过一个月或自行为时起，经过一年不行使而消灭。

【理由】谨按前条之规定，为经理人或代办商所应遵守之义务，若经理人或代办商违反前条所规定之义务，则商号亦不得不谋对付之方法，以资救济。故许商号得请求因其行为所得之利益，作为损害赔偿。此第一项所由设也。又商号对于经理人或代办商违反前条规定时，虽有请求赔偿损害之权，然亦不可使此种权利，永久存在，故规定商号所得行使之请求权，自知有违反行为时起经过一个月，或自行为时起经过一年而不行使者，其权利即行消灭，盖免权利状态之永不确定也。

判　经理人擅自营利，得将其利益归于主人。（四年上字第五二六号）

第五百六十四条　经理权或代办权，不因商号所有人之死亡，破产或丧失行为能力而消灭。

【理由】谨按经理人及代办商之关系，与委任之关系异。委任关系，因当事人之一方死亡、破产或丧失行为能力而消灭。经理权及代办权，则不因商号所有人之死亡、破产或丧失行为能力而消灭。盖经理权及代办权，须依于商号而存在，方能收商业交易敏活之效，商号所有人之情形若何，则所不问。此本条所由设也。

判　经理人之承继人，不负继续处理委任事务之义务。（十年上字第四一六号）

第十二节　居间

【理由】查民律草案债权编第二章第十一节原案谓，居间者，当事人约定一方为他方报告订约之机会或为订约之媒介，他方给付报酬之契约也。为报告订约机会或为订约之媒介者，谓之居间人。给付报酬者，谓之委托人。此项契约，为特别契约，自其所服劳务之性质言之，与委任契约异。盖委任事务之处理，必须为法律行为，而居间则仅报告订约之机会或为订约之媒介也。自其给付报酬之性质言之，与雇佣契约异，盖雇佣为对于劳务之给付支给报酬，而居间则对于劳务之结果支给报酬也。自其于劳务之结果只有权利不负义务之点言之，与承揽契约异，盖承揽受报酬而负义务，而居间则仅有报酬而无义务也。民事、商事，皆有居间，各国立法例，有仅于商法中规定商业居间人，而民法中独付缺如者，殊不足法。本法采民商法统一之旨，特设本节之规定，使买卖不动产、设定抵当权、质权及雇佣等事之居间人，有可适用之规则焉。

第五百六十五条　称居间者，谓当事人约定，一方为他方报告订约之机会，或为订约之媒介，他方给付报酬之契约。

【理由】查民律草案第七百五十七条理由谓，居间契约之成立，必规定明确，始可杜无益之争论。此本条所由设也。

判　买卖当事人，与介绍人所约定之报酬，应认为有效。（五年上字第九九八号）

判　第三人仅介绍两造缔结契约，不负何等责任。（十年上字第七〇

四号）

判　居间行为，因当事人一造约明为相对人，报告订定某契约之机会，或为某媒介，相对人约明与以报酬而生效力。（十一年上字第一五三七号）

第五百六十六条　如依情形，非受报酬，即不为报告订约机会或媒介者，视为允与报酬。

未定报酬额者，按照价目表所定给付之，无价目表者，按照习惯给付。

【理由】谨按居间之报酬，依前条之规定，固以约定为原则，然有时虽未约定，而依其情形，有非受报酬即不为报告订约机会或媒介者，应视委托人为默认给与报酬，以保护居间人之利益。此第一项所由设也。又给付报酬之数额，契约有订定者，自应从其所定。若契约并未订定，应按照公定价目表所定给付之，无价目表者，应按照习惯上通行之价目给付之，以昭公允。此第二项所由设也。

第五百六十七条　居间人关于订约事项，应就其所知，据实报告于各当事人。对于显无支付能力之人，或知其无订立该约能力之人，不得为其媒介。

【理由】谨按居间人关于订约事项，应就其所知之事项，负据实报告于各当事人之义务。其相对人系显无支付能力或知其无订约能力之人者，即不得为其媒介，以免一方受不测之损失。盖此种据实报告或不为媒介之情事，乃居间人当然之义务也。

第五百六十八条　居间人，以契约因其报告或媒介而成立者为限，得请求报酬。

契约附有停止条件者，于该条件成就前，居间人不得请求报酬。

【理由】查民律草案第七百五十九条理由谓，居间之报酬，俟居间人报告或媒介契约成立后支付，此当然之理，亦最协当事人之意思。故契约无效，或契约已成而撤销者，居间人不得请求报酬。至契约虽已成立，而附有停止条件者，其停止条件成就前，亦不得请求报酬，盖停止条件成就，契约即不成立也。附有解除条件者，亦可以此类推，无待明文规定也。

　　判　居间人之于报酬，须其契约因居间人报告或媒介而成立时，始得许其请求。（十一年上字第一五三七号）

　　第五百六十九条　居间人支出之费用，非经约定，不得请求偿还。

　　前项规定，于居间人已为报告或媒介而契约不成立者，适用之。

　　【理由】查民律草案第七百六十条理由谓，居间人所支出之费用，不问其契约因居间人报告或媒介成立与否，但使订有特约，委托人即应照约支给，盖此项费用，通常皆包在报酬之中。若契约不成，不予报酬，恐居间人并此项费用亦无从取偿也。

　　第五百七十条　居间人因媒介应得之报酬，除契约另有订定，或另有习惯外，由契约当事人双方平均负担。

　　【理由】谨按居间人因媒介应得之报酬，应归何人负担，亦须明白规定，方免争论。若契约当事人双方有特别约定，归一方负担或双方负担额区分多寡者，则从其约定，或另有习惯者，亦即从其习惯。若既无约定，又无习惯，契约当事人双方平均负担，以昭公允。此本条所由设也。

　　第五百七十一条　居间人违反其对于委托人之义务，而为利于委托人之相对人之行为，或违反诚实及信用方法，由相对人收受利益者，不得向委托人请求报酬及偿还费用。

　　【理由】谨按居间人既受委托人之委托，即有忠于所事之义务，居间人如违反其对于委托人之义务，而为利于委托人之相对人之行为，或违反诚实及信用方法，而由相对人收受利益者，自属违背忠实义务。本条明定不许居间人向委托人请求报酬，暨请求偿还其支出之费用，盖一方保护委托人之利益，一方示予居间人之制裁也。

　　第五百七十二条　约定之报酬，较居间人所任劳务之价值，为数过巨失其公平者，法院得因委托人之请求酌减之。但报酬已给付者，不得请求返还。

　　【理由】谨按居间人每乘委托人之无知识经验，约取不当高额之报酬，本条规定之意旨，即以居间人报酬之数额，虽得由契约当事人自由约定，然居间人所受之报酬额必须与其所任劳务之价值相当，方为公允。若报酬数额过巨，显失公平者，法院得因委托人之请求酌减之。但报酬已经给付，即亦不许委托人请求返还，凡此皆所以维持公益也。

第五百七十三条　因婚姻居间而约定报酬者，其约定无效。

【理由】查民律草案第七百六十四条理由谓，婚姻之居间者，为委托人报告结婚之机会，或为其媒介而受其报酬之谓也。以此为职，推其弊害，实有败坏风俗之虞，故此种约定报酬之婚姻居间契约，不使有效，所以维持公益也。特设本条以明示其旨。

第五百七十四条　居间人就其媒介所成立之契约，无为当事人给付或受领给付之权。

【理由】谨按居间人之任务，仅以报告订约之机会或为其媒介而止，至于当事人间如因契约而有所给付，或有所受领时，均须由各当事人自己为之，居间人无为当事人代为给付或受领给付之权也。故设本条以明示其旨。

判　借贷经手人，非连带债务人。（六年上字第三二三号）

判　借款经手人，不任代还，只负督催之责。（六年上字第七七〇号）

第五百七十五条　当事人之一方，指定居间人不得以其姓名或商号告知相对人者，居间人有不告知之义务。

居间人不以当事人一方之姓名或商号告知相对人时，应就该方当事人由契约所生之义务，自己负履行之责，并得为其受领给付。

【理由】谨按本条规定，为前条之例外。当事人之一方，如指定居间人不得以其姓名或商号告知相对人时，居间人即应依当事人之指示，负不以一方之姓名或商号告知于他方之义务。惟相对人既不知一方之姓名或商号，即无由请求契约之履行，故应就该方当事人由契约所生之义务，使居间人负履行之责，并得为其受领给付，以谋事之便利。此本条所由设也。

判　债务经手人，须俟债务人明确债务有归著，并债权人确有可受偿方法者，其责任始完尽。（五年上字第七九七号）

第十三节　行纪

【理由】谨按行纪者，谓以自己之名义，为他人之计算，为动产之买卖或其他商业上之交易，而受报酬之营业也。关于行纪，各国多于商法中规定之，我国向称牙行，亦称经纪，本为商业中之一种，兹因民商事统一之结果，特设本节之规定。

第五百七十六条　称行纪者，谓以自己之名义为他人之计算，为动产之买卖或其他商业上之交易，而受报酬之营业。

【理由】谨按行纪之意义，必须明白规定，以期实际之适用。所谓行纪之本质，即以自己之名义，为他人之计算，此与代办商及其他代理人异。又专限于为动产之买卖，或其他商业上之交易，而不动产不在其内，则又便于远地商人之转徙贸迁也。

判　以自己名义，为他人贩卖物品或贩卖之者，为牙行营业。（四年上字第一八七八号）

解　商号托庄客代卖之货，买受人能否提取，应视庄客之性质为牙行或为代理商，及普通代理人，而异其效力。（七年统字第七七三号）

第五百七十七条　行纪除本节有规定者外，适用关于委任之规定。

【理由】谨按行纪系以自己之名义，为他人之计算，为动产之买卖及其他商业上之交易，而受报酬之营业。此种营业，亦为委任之关系，故行纪与委托人相互间之关系，与受托人与委任人相互间之关系完全相同。如无特别规定，自应适用关于委任之规定，俾有准据。此本条所由设也。

第五百七十八条　行纪人为委托人之计算所为之交易，对于交易之相对人，自得权利并自负义务。

【理由】谨按行纪人计算所为之交易，虽受委托人所委托，然对于交易之相对人，系以自己之名义为之。此与普通买受人与出卖人间之关系无异。故行纪人对于交易之相对人，应自得权利。并自负义务，所以谋交易之安全也。故设本条以明示其旨。

判　牙行因营业所生权利义务，对外由自己享有负担。（四年上字第一八七八号）

第五百七十九条　行纪人为委托人之计算所订立之契约，其契约之他方当事人，不履行债务时，对于委托人，应由行纪人负直接履行契约之义务。但契约另有订定，或另有习惯者，不在此限。

【理由】谨按行纪人虽系受委托人之委托、计算，与他方订立之契约，然系以自己之名义行之。若契约之他方当事人不履行契约时，对于委托人应由行纪人负直接履行之义务，此当然之理也。但行纪人与委托人另有契约订定，或另有习惯者，行纪人即可免责。故设本条以明示其旨。

判 牙行受托为买卖，其相对人不履行时，除有特别订定、特别习惯外，牙行对于委托人须负责。（三年上字第九九五号）

判 委托牙行代买者，就牙行所欠债，卖主不得向委托人请求偿还。（七年上字第一○二二号）

第五百八十条 行纪人以低于委托人所指定之价额卖出，或以高于委托人所指定之价额买入者，如担任补偿其差额，其卖出或买入，对于委托人发生效力。

【理由】 谨按行纪人既受他人委托为买卖，苟委托人预行指定一定价额以示限制者，行纪人自应依其所指定之价额以为买卖。故如行纪人以低于委托人所指定之价额卖出，或以高于委托人所指定之价额买入者，均属违反委托人之意思，应属不生效力。然绝对限制，亦恐各方均受其不利益，故行纪人如能担任补偿其差额时，其买卖仍应认为有效，以谋便利。此本条所由设也。

第五百八十一条 行纪人以高于委托人所指定之价额卖出，或以低于委托人所指定之价额买入者，其利益均归属于委托人。

【理由】 谨按依前条之规定，行纪人不依委托人所指定之价额而为买卖，其因此所生之不利益，应由行纪人担任补偿其差额，此指不利益而言之也。若行纪人以高于委托人所指定之价额卖出，或以低于委托人所指定之价额买入者，则因此所生之利益，应归于行纪人乎？抑仍应归于委托人乎？亦不可不有明文规定，以免无益之争论。故本条明定行纪人不依委托人指定之价额而为买卖，如有利益，均归属于委托人，盖以行纪人有忠于其事之义务，自应为委托人谋最有利益之价额也。

第五百八十二条 行纪人得依约定或习惯请求报酬、寄存费及运送费，并得请求偿还其为委托人之利益而支出之费用及其利息。

【理由】 谨按行纪人既有忠于其事之义务，亦应有享受报酬及请求偿还费用之权利。依本条规定，行纪人对于委托人之权利有四：（一）报酬请求权；（二）寄存费请求权；（三）运送费请求权；（四）为委托人利益而支出之费用及其利息之偿还请求权。虽然此种权利固为行纪人所应有，然亦以契约有订定或有习惯可以依据者方得为之，否则亦不许滥行请求也。

第五百八十三条　行纪人为委托人之计算所买入或卖出之物，为其占有时，适用寄托之规定。

前项占有之物，除委托人另有指示外，行纪人不负付保险之义务。

【理由】谨按行纪人受委托人之委托，而因买入、卖出占有其货物时，应负保管之责任。所谓因买入、卖出而占有货物者，例如货物买入而尚未移转于委托人，或货物卖出而尚未移转于买受人，此时行纪人之占有其物，而受寄人之占有寄托物无异，故应适用关于寄托之规定。此第一项所由设也。又行纪人占有之货物，是否为之保险，亦应依委托人之指示定之。如无指定，行纪人自不负付保险之义务。此第二项所由设也。

第五百八十四条　委托出卖之物，于达到行纪人时有瑕疵，或依其物之性质易于败坏者，行纪人为保护委托人之利益，应与保护自己之利益为同一之处置。

【理由】谨按委托人托卖之物，如有瑕疵，或依其物之性质有易于败坏之虞者，行纪人于收到后，对于该物，应有相当之处置，即须为保护委托人之利益，应与保护自己之利益为同一之处置，以明责任。此本条所由设也。

第五百八十五条　委托人拒绝受领行纪人依其指示所买之物时，行纪人得定相当期限，催告委托人受领。逾期不受领者，行纪人得拍卖其物，并得就其对于委托人因委托关系所生债权之数额，于拍卖价金中取偿之。如有剩余，并得提存。

如为易于败坏之物，行纪人得不为前项之催告。

【理由】谨按行纪人既依照委托人之指示买入货物，而委托人忽欲拒绝受领时，应许行纪人有定期催告受领之权。委托人逾期而仍不受领者，并许行纪人有拍卖其物之权，且得就其对于委托人因委托关系所生债权之数额，于拍卖价金中取偿以免损失。如有剩余，并许提存，以免代为保管之责。其为容易败坏之物，不及定期催告委托人之受领者，应许行纪人不经催告，径行拍卖，以保护行纪人之利益。此本条所由设也。

第五百八十六条　委托行纪人出卖之物，不能卖出，或委托人撤回其出卖之委托者，如委托人不于相当期间，取回或处分其物时，行纪人得依前条之规定，行使其权利。

【理由】谨按委托人委托行纪人出卖之物，如不能卖出，或委托人在先委托出卖，而其后撤回其出卖之委托者，此时委托人如不于相当期间内取回或处分其物，则行纪人亦不负保管之责。故应许行纪人有定期催告及拍卖之权，以保护其利益。此本条所由设也。

第五百八十七条　行纪人受托出卖或买入货币、股票或其他市场定有市价之物者，除有反对之约定外，行纪人得自为买受人或出卖人，其价值以依委托人指示而为出卖或买入时市场之市价定之。

前项情形，行纪人仍得行使第五百八十二条所定之请求权。

【理由】谨按行纪人对于受托出卖或买入之物，固应以自己之名义，向第三人为买卖，不得自为买受人或出卖人。然如受托出卖或买入货币、股票或其他市场定有市价之物，而无反对之约定者，行纪人亦得自为买受人或出卖人。但其价值须依委托人之指示，而为出卖或买入时市场之市价定之，期免流弊。故设第一项以明示其旨。依第五百八十二条之规定，行纪人得依契约或习惯，有请求报酬、寄存费及运送费，并得请求偿还其为委托人之利益而支出之费用及其利息之权。行纪人有时虽自为买入或出卖人，究不得因此而变更行纪人之本质，使丧失其固有之权利也。故设第二项以明示其旨。

第五百八十八条　行纪人得自为买受人或出卖人时，如仅将订立契约之情事通知委托人，而不以他方当事人之姓名告知者，视为自己负担该方当事人之义务。

【理由】谨按行纪人得自为买受人或出卖人时，即为受托买入或出卖货币、股票或其他市场定有市价之物各事项，是此时行纪人虽非自为买受人或出卖人，若仅以订立契约之情事通知委托人，而不以他方当事人之姓名告知委托人者，则委托人即无由知买卖者究为何人，不能请求契约之履行，自应视为行纪人自为买卖人，而由行纪人负担该方当事人之义务，以保护委托人之利益。此本条所由设也。

第十四节　寄托

【理由】查民律草案债权编第二章第十三节原案谓，寄托者，当事人一方以物交付他方，他方允为保管其物之契约也。以物交付他方者，谓之寄托人；允为保管其物者，谓之受寄人。寄托之标的物，是否以动产为限，抑无论动产及不动产皆可寄托，各国立法例未能一致。本法则认动产、不动产皆可为寄托之标的物。又寄托是否因领收其标的物而始成立（要物契约），抑因约定保管其标的物而始成立（诺成契约），各国立法例亦不一致。本法以寄托为要物契约，似最适于当事人之意思，且于实际亦多便益。寄托既为各国自古相沿之法，亦日用交际上必不可缺之事，故特设本节之规定。

第五百八十九条　称寄托者，谓当事人一方，以物交付他方，他方允为保管之契约。

受寄人除契约另有订定，或依情形，非受报酬，即不为保管者外，不得请求报酬。

【理由】谨按寄托之成立，必以法律规定明确，始能杜无益之争论。而寄托应有报酬与否，自来学说聚讼，各国立法例亦不一致。本法则以无报酬为原则，若受寄人依照特订之契约，或依当时之情形，有非受报酬即不为之保管者，亦得请求报酬。此本条所由设也。

第五百九十条　受寄人保管寄托物，应与处理自己事务为同一之注意，其受有报酬者，应以善良管理人之注意为之。

【理由】谨按受寄人受有报酬而保管寄托物者，须为善良管理人之注意方法，为人保管其物。一有过失，致寄托物毁损灭失时，即应负赔偿之责任。至未受报酬，而亦使与受报酬者负同一之责任，殊觉过酷，故只使其与处理自己事务为同一之注意，即为已足。如寄托物遭毁损灭失，受寄人非有重大过失，自不应使负损害赔偿之责，以昭平允。故设本条以明示其旨。

判　无偿保管契约一经成立，受寄人并不以与保管自己财产为同一之注意，致保管物有损失者，受寄人当然应负赔偿之责。（三年上字第四

七一号）

判 典物因兵变被劫，典铺主仍应赔偿。（五年上字第六〇一号）

判 受寄物因水火盗贼费失，而系受寄人怠于注意不抗避者，仍应认赔偿。（七年上字第九一号）

判 无偿受寄人，有重大过失者，不得免赔偿责任。（七年上字第四五六号）

判 有偿受寄人，对于受寄物应用善良管理人之注意。（十一年上字第二三八号）

第五百九十一条 受寄人非经寄托人之同意，不得自己使用或使第三人使用寄托物。

受寄人违反前项之规定者，对于寄托人，应给付相当报偿，如有损害，并应赔偿。但能证明纵不使用寄托物，仍不免发生损害者，不在此限。

【理由】 谨按寄托因于寄托人之信任，而委托受寄人代为保管其物，受寄人自应忠于所事，不得使用寄托物，而减损其价值。故非经寄托人之同意，受寄人不得自己使用，亦不得使第三人使用。若擅行使用，是违反寄托人之意旨，受寄人有给付相当报偿之义务。其因使用而生有损害者，并应负损害赔偿之责任，以保护寄托人之利益。但其损害系非由于使用所生，如受寄人能证明纵不使用寄托物，仍不免发生损害者，即亦不负赔偿责任。故设本条以明示其旨。

第五百九十二条 受寄人应自己保管寄托物，但经寄托人之同意，或另有习惯，或有不得已之事由者，得使第三人代为保管。

【理由】 谨按寄托基于信任，故受寄人对于寄托物，应自己妥为保管，不得将其物转寄托于第三人，致违反寄托人信任之意思。但有时经寄托人之同意，或另有习惯，或有不得已之事由者，亦得使第三人代为保管，以示变通。此本条所由设也。

第五百九十三条 受寄人违反前条之规定，使第三人代为保管寄托物者，对于寄托物因此所受之损害，应负赔偿责任。但能证明纵不使第三人代为保管，仍不免发生损害者，不在此限。

受寄人依前条之规定，使第三人代为保管者，仅就第三人之选任及其对于第三人所为之指示，负其责任。

【理由】谨按受寄人违反前条之规定，未经寄托人同意，亦无习惯可以依据，并非有不得已之事由，而使第三人代为保管寄托物者，此时因第三人保管所生之损害，应视为受寄人自己保管所生之损害。除受寄人能证明，其纵不使第三人代为保管，仍不免发生损害者外，受寄人自应负赔偿之责任。至受寄人使第三人保管寄托物，系已得寄托人之同意，或另有习惯，或有不得已之事由者，此时受寄人只须就第三人之选任，及对于第三人所为之指示，负其责任。使选任确已注意，指示又极适当，纵第三人因保管而生有损害，受寄人即亦无须负损害赔偿之责任矣。故设本条以明示其旨。

判　受寄人之赔偿额，应斟酌寄托人过失。（三年上字第四七一号）

第五百九十四条　寄托物保管之方法经约定者，非有急迫之情事并可推定寄托人若知有此情事，亦允许变更其约定方法时，受寄人不得变更之。

【理由】谨按受寄人既系为寄托人之利益保管寄托物，则保管之方法，自应依寄托人之所约定者为主。除实有急迫之情事，并寄托人若知其有此情事亦必允许变更约定方法者外，受寄人不得变更其约定之方法。故本条明定受寄人变更约定保管方法之要件有二：（一）须有急迫情事；（二）须推知寄托人若知有此情事，亦允许变更其约定方法。所以保护寄托人之利益也。

第五百九十五条　受寄人因保管寄托物而支出之必要费用。寄托人应偿还之。但契约另有订定者。依其订定。

【理由】谨按受寄人既为寄托人保管寄托物，则因保管寄托物所支出之必要费用，自不应使受寄人负担，寄托人应悉数偿还受寄人，除依契约另有订定不为偿还者外，应使受寄人有请求偿还之权。此本条所由设也。

判　寄托人担负保管费用。（三年上字第八四二号）

第五百九十六条　受寄人因寄托物之性质或瑕疵所受之损害，寄托人应负赔偿责任。但寄托人于寄托时非因过失而不知寄托物有发生危险之性质或瑕疵，或为受寄人所已知者，不在此限。

【理由】查民律草案第七百八十九条理由谓，受寄人不能因受寄致被损害，若因寄托物之性质或瑕疵而受损害，寄托人应赔偿受寄人。然不论何种情形，均使其负损害赔偿之责任，亦失之于酷，故本条设但书之规定。

第五百九十七条 寄托物返还之期限，虽经约定，寄托人仍得随时请求返还。

【理由】查民律草案第七百九十条理由谓，寄托为寄托人之利益而设，虽定有返还寄托物之时期，然寄托人无论何时，仍得请求受寄人返还其物，所以保护寄托人之利益也。

第五百九十八条 未定返还期限者，受寄人得随时返还寄托物。

定有返还期限者，受寄人非有不得已之事由，不得于期限届满前返还寄托物。

【理由】查民律草案第七百九十一条理由谓，未定返还寄托物之期限者，受寄人无论何时，均得返还，此固当然之理。至定有返还期限者，除另订有办法外，不得不以返还时期为寄托人应享之利益。故受寄人非因罹病、旅行等不得已之事由，不得于期限届满前返还寄托物。此本条所由设也。

第五百九十九条 受寄人返还寄托物时，应将该物之孳息，一并返还。

【理由】谨按寄托物所产生之孳息，当然为寄托人应享之利益，故受寄人返还寄托物时，应将该物之孳息，一并返还寄托人。此本条所由设也。

第六百条 寄托物之返还，于该物应为保管之地行之。

受寄人依第五百九十二条或依第五百九十四条之规定，将寄托物转置他处者，得于物之现在地返还之。

【理由】谨按寄托为寄托人之利益而设，非为受寄人之利益而设。返还寄托物，应于保管其物之地返还之，而返还寄托物之费用，及寄托物之危险，均归寄托人负担。然受寄人依第五百九十二条之规定，经寄托人之同意或习惯或不得已之事由，而使第三人代为保管寄托物，或依第五百九十四条之规定，因急迫情事而变更保管方法致将寄托物转置他处时，如必令其于原地返还，亦失于酷，故使受寄人得于物之现在地返还，以减轻其责任。此本条所由设也。

第六百零一条 寄托约定报酬者，应于寄托关系终止时给付之。分期定报酬者，应于每期届满时给付之。

寄托物之保管，因非可归责于受寄人之事由，而终止者，除契约另有订定外，受寄人得就其已为保管之部分，请求报酬。

【理由】谨按寄托经当事人约定有报酬者，其报酬给付之时期，应于寄托关系终止时给付之。约定分期报酬者，应于每期届满时给付之。至寄托物之保管，因特种事由而中途终止寄托契约，若其终止之原因非可归责于受寄人者，除契约另有订定外，受寄人亦得就其已为保管之部分，请求报酬。本条设此规定，所以杜无益之争论也。

第六百零二条 寄托物为代替物时，如约定寄托物之所有权移转于受寄人，并由受寄人以种类、品质、数量相同之物返还者，自受寄人受领该物时起，适用关于消费借贷之规定。

【理由】查民律草案第七百九十五条理由谓，以代替物之所有权移转于受寄人，且使受寄人将来以种类、品质及数量相同之物返还之者，此种寄托，与通常寄托无异。惟自经济之点观之，不能强同。盖通常寄托，仅利益于寄托人。此项寄托，则兼利益于受寄人，应以不规则之寄托论。本条规定自受寄人受领该物时起，适用关于消费借贷之规定，即自受领以后，其寄托物之危险，应归受寄人负担也。

判 消费寄托人，应准用消费借贷法则。（四年上字第四一七号）

第六百零三条 寄托物为金钱时，推定受寄人无返还原物之义务，但须返还同一数额。

受寄人依前项规定仅须返还同一数额者，寄托物之利益及危险，于该物交付时，移转于受寄人。

前项情形，如寄托物之返还，定有期限者，寄托人非有不得已之事由，不得于期限届满前请求偿还。

【理由】谨按寄托物为金钱时，当事人如无特别约定，应推定受寄人无返还原物之义务，但须返还同一数额之金钱，以保护寄托人之利益。又此种寄托性质，亦为消费寄托之一种，故受寄人如依上述规定，仅须返还同一之数额者，则寄托物之利益及危险，应自交付时起，移转于受寄人。至寄托物如为金钱，而寄托物之返还又定有期限者，此种期限，即为受寄人应享之利益，非有不得已之事由，自不许寄托人于期限届满前向受寄人请求偿还。故设本条以明示其旨。

判 通常特定物之寄托，如不能归责于受寄人之事由，致其受寄财产灭失毁损者，受寄人无赔偿之责。至若其寄托系令受寄人负担给付金钱或替代物之债务者（消费寄托），则受寄人之资力虽因不能归责于己之事由顿形减杀，亦不得主张减免其债务。（三年上字第四〇三号）

第六百零四条 第三人就寄托物主张权利者，除对于受寄人提起诉讼或为扣押外，受寄人仍有返还寄托物于寄托人之义务。

第三人提起诉讼或为扣押时，受寄人应即通知寄托人。

【理由】 谨按寄托人有随时请求返还寄托物之权利，即受寄人负随时返还寄托物之义务，纵有第三人就寄托物上主张权利，除系第三人对于受寄人提起诉讼，或为扣押，以主张寄托物上之权利，寄托物已受诉讼拘束，无从返还外，受寄人仍须将寄托物返还于寄托人，不得设辞拒绝。若第三人已就寄托物上主张权利，提起诉讼或扣押时，受寄人仅负通知之义务。盖该物已受诉讼拘束，无从返还，而其不能返还之原因，并非归责于受寄人之事由也。故设本条以明示其旨。

第六百零五条 关于寄托契约之报酬请求权，费用偿还请求权，或损害赔偿请求权，自寄托关系终止时起，一年间不行使而消灭。

【理由】 谨按本条为消灭时效之规定，为保护受寄人之利益计，应使受寄人对于寄托人有报酬请求权，费用偿还请求权及损害赔偿请求权。然此种权利，亦不宜永久存在，故规定自寄托关系终止时起，一年间不行使而消灭，盖使权利状态得以从速确定也。

第六百零六条 旅店或其他以供客人住宿为目的之场所主人，对于客人所携带物品之毁损、丧失，应负责任。其毁损、丧失，纵由第三人所致者，亦同。

前项毁损、丧失，如因不可抗力，或因其物之性质，或因客人自己或其伴侣、随从或来宾之故意或过失所致者，主人不负责任。

【理由】 谨按旅客栖身旅店，或其他供客人住宿之场所，其所携带之物品，既存放于旅店或其他住宿场所之内，其性质亦与寄托无异。苟其物品毁损、丧失，无论其为店主所致，或为第三人所致，旅店或其他以供客人住宿为目的之场所主人，均应负赔偿之责任，以保旅客之安全。此第一项所由设也。至于旅客物品之毁损、灭失，系因不可抗力，或因其物之性质，或因客人自己，或其伴侣随从或来宾之故意或过失所致者，如亦令旅店或住宿场所之主人负责赔偿，未免失之过苛，故明定如上述情形。不应使旅店或住宿场所之主人赔偿者，即亦使其不负责任，以昭平允。此第二项所由设也。

第六百零七条　饮食店、浴堂之主人，对于客人所携带通常物品之毁损、丧失，负其责任。但有前条第二项规定之情形时，不在此限。

【理由】谨按前条系规定旅店或其他住宿场所主人之赔偿责任，本条为规定饮食店、浴堂主人之赔偿责任，盖以饮食店、浴堂主人之责任，亦应与旅店或其他住宿场所主人之责任相同。所异者，仅限于客人所携带之通常物品，始负损失赔偿之责任而已。故设本条以明示其旨。

第六百零八条　客人之金钱、有价证券、珠宝或其他贵重物品，非经报明其物之性质及数量交付保管者，主人不负责任。

主人无正当理由，拒绝为客人保管前项物品者，对于其毁损、丧失，应负责任。其物品因主人或其雇用人之故意或过失，而致毁损、丧失者，亦同。

【理由】谨按金钱、有价证券、珠宝或其他贵重物品，关系较为重大，客人对于此种重要物品之毁损、丧失，如欲使旅店或住宿场所、饮食店、浴堂等主人负赔偿之责任，则非事前报明其物之性质及数量，并交付保管，主人即不负责，盖以非报明交付，不能证明其物之有无也。然若主人无正当理由拒绝保管致毁损、丧失者，仍应负责，以保护客人之利益。其物品之毁损、丧失系因主人或雇用人之故意或过失所致者，则应由主人负赔偿之责任，更属当然。此本条所由设也。

第六百零九条　以揭示限制或免除前三条所定主人之责任者，其揭示无效。

【理由】谨按前三条规定旅店或住宿场所、饮食店、浴堂等主人之赔偿责任，皆所以维持社会之公益，此属强行性质，自不能由一方以揭示限制或免除之。故本条明定，以揭示限制或免除前三条所定主人之赔偿责任者，其揭示无效，俾有所遵守也。

第六百一十条　客人知其物品毁损、丧失后，应即通知主人，怠于通知者，丧失其损害赔偿请求权。

【理由】谨按客人之赔偿请求权，亦不宜使其长久存在，俾权利永不确定。故应使客人知其物品毁损、丧失时，负通知主人之义务。如怠于通知，即视为抛弃其索偿之权利，应丧失其损害赔偿请求权，以保护主人之利益。此本条所由设也。

第六百一十一条　依第六百零六条至第六百零八条之规定所生之损害赔偿请求权，自发现丧失或毁损之时起，六个月间不行使而消灭。自客人离去场所后，经过六个月者，亦同。

【理由】谨按客人依第六百零六条至第六百零八条之规定，对于旅店或其他住宿场所及饮食店、浴堂主人之赔偿请求权，应以从速行使为宜，故本条规定客人自发现丧失或毁损之时起经过六个月，其赔偿请求权，因不行使而消灭。又自客人离去场所后，不问其丧失或毁损系何时发现，经过六个月，其赔偿请求权，亦因不行使而消灭，盖使权利之状态，得以从速确定也。

第六百一十二条　主人就住宿、饮食或垫款所生之债权，于未受清偿前，对于客人所携带之行李及其他物品，有留置权。

【理由】谨按主人就其住宿饮食等费用及垫款等所生之债权，在未受清偿以前，有请求偿还之权利。客人如不偿还，应使主人对于客人所携带之行李及其他物品有留置权。否则客人携而他去，将永无所取偿，殊不足以保护主人之利益也。故设本条以明示其旨。

第十五节　仓库

【理由】谨按仓库者，谓受报酬为他人堆藏及保管物品之营业也。受报酬而为他人堆藏及保管物品者，谓之仓库营业人。托其堆藏及保管物品而支给报酬者，谓之寄托人。仓库营业，各国多于商法中规定之，惟瑞士则规定于民法中，我国因民商法统一之结果，特设本节之规定。

第六百一十三条　称仓库营业人者，谓以受报酬而为他人堆藏及保

管物品为营业之人。

【理由】谨按本条为规定仓库营业人之意义，故明定曰，称仓库营业人者，谓以受报酬而为他人堆藏及保管物品为营业之人，盖以期实际上之适用也。

第六百一十四条　仓库除本节有规定者外，准用关于寄托之规定。

【理由】谨按仓库依前条之规定，系以为他人堆藏及保管物品为营业，是仓库之性质殆与寄托相类似，即仓库营业人与寄托人之关系，与受寄人与寄托人之关系相同。故除本节特有规定外，应准用关于寄托之规定。此本条所由设也。

第六百一十五条　仓库营业人，因寄托人之请求，应由仓库簿填发仓单。

【理由】谨按仓单者，为证明其有堆藏及保管关系，并便于寄托人之处分寄托物之收据也。仓单又可视为有价证券，故仓库营业人因寄托人之请求，应负填发仓库之义务。其所以必由仓库簿填发者，盖使权利臻于确实，而增仓单之价值及信用也。故设本条以明示其旨。

第六百一十六条　仓单应记载下列事项，并由仓库营业人签名：

一、寄托人之姓名及住址；

二、保管之场所；

三、受寄物之种类、品质、数量及其包皮之种类、个数及记号；

四、仓单填发地，及填发之年、月、日；

五、定有保管期间者，其期间；

六、保管费；

七、受寄物已付保险者，其保险金额，保险期间及保险人之名号。

仓库营业人应将前列各款事项，记载于仓库簿之存根。

【理由】谨按仓单内应记载之事项，必须规定明确，俾资依据，而适实用。此本条所由设也。

第六百一十七条　仓单持有人，得请求仓库营业人将寄托物分割为数部分，并填发各该部分之仓单。但持有人应将原仓单交还。

前项分割，及填发新仓单之费用，由持有人负担。

【理由】谨按法律许仓单持有人，得请求仓库营业人将寄托物分割为数部分，并得请求填发各该部分之仓单者，盖以仓单持有人之请求分割，系本于所有权之作用也。惟仓库营业人之利益，亦不可不予以保护，故应使仓单持有人将原仓单交还，而因分割及填发新仓单所生之费用，仍由持有人负担，以昭平允。此本条所由设也。

第六百一十八条　仓单所载之货物，非由货物所有人于仓单背书，并经仓库营业人签名，不生所有权移转之效力。

【理由】谨按仓单所载之货物，若以之移转于他人时，必如何而后发生所有权移转之效力，亦不可不有明文规定。本条明定仓库所载之货物，须由货物所有人于仓单背书，并经仓库营业人签名，始生所有权移转之效力，盖以期实际上之适用也。

第六百一十九条　仓库营业人于约定保管期间届满前，不得请求移去寄托物。

未约定保管期间者，自为保管时起经过六个月，仓库营业人得随时请求移去寄托物。但应于一个月前通知。

【理由】谨按寄托人所寄托堆藏及保管之物，其定有期限者，仓库营业人固不得于约定保管期间届满前，请求移去寄托物。其未定有期限者，仓库营业人虽得随时请求移去，然亦非自保管时起经过六个月，并于一个月前通知寄托人者，不得请求移去寄托物，以保护寄托人之利益。故设本条以明示其旨。

第六百二十条　仓库营业人，因寄托人或仓单持有人之请求，应许其检点寄托物，或摘取样本。

【理由】谨按仓库所载之货物，由货物所有人于仓单背书，并经仓库营业人签名后，即生所有权移转之效力。但在移转之先，必须检点寄托物或摘取样本。又寄托人恐寄托物有毁损、丧失或其他减少价格之虞，亦有检点寄托物之必要，故本条明定寄托人或仓单持有人，有请求检点寄托物或摘取样本之权，并使仓库营业人，负容许其检点寄托物或摘取样本之义务也。

第六百二十一条　仓库契约终止后，寄托人或仓单持有人，拒绝或不能移去寄托物者，仓库营业人，得定相当期限，请求于期限内移去寄托物。逾期不移去者，仓库营业人，得拍卖寄托物。由拍卖代价中扣去

拍卖费用，及保管费用，并应以其余额交付于应得之人。

【理由】谨按仓库契约终止后，寄托人或仓单持有人，应即将寄托物移去，以免妨碍仓库营业人之利益。若拒绝或不能移去时，应使仓库营业人有定期请求移去之权。其逾期仍不移去者，应使仓库营业人有拍卖寄托物，并由拍卖代价中，扣去拍卖费用及保管费用之权，以保护其利益。其扣除后，尚有余额者，应交付于应得之人，以免受不当得利之嫌，此又事之当然。故设本条以明示其旨。

第十六节　运送营业

【理由】谨按称运送营业者，以收受运费在陆上或水上运输货物或旅客为营业者也。称运送人者，谓以运送物品或旅客为营业之人也。称托运人者，谓支给运费托其运送之人也。关于运送营业，各国立法例多于商法中规定之，本法因民商法统一之结果，特就物品运送及旅客运送，分款规定之。

第一款　通则

【理由】谨按运送之营业有二：一曰物品运送，二曰旅客运送。而其共通适用之法则，是曰通则。故设本款之规定。

第六百二十二条　称运送人者，谓以运送物品或旅店为营业，而受运费之人。

【理由】谨按本条为规定运送人之意义，故明定曰，称运送人者，谓以运送物品或旅客为营业而受运费之人也。凡物品运送或旅客运送之人，均称之为运送人。特设本条以明示其旨。

第六百二十三条　关于物品或旅客之运送，如因丧失、损伤或迟延而生之赔偿请求权，自运送终了，或应终了之时起，二年间不行使而消灭。

【理由】谨按本条为行使请求权消灭时效之规定，故明定关于物品或旅客之运送，如因丧失、损伤或迟延而生之赔偿请求权，自运送终了，或应行终了之时起，经过二年间不行使而消灭。盖以此种请求权，应以从速行使为宜，不能使权利状态永不确定也。

第二款 物品运送

【理由】 谨按物品运送者，谓收受运费在陆上或水上为他人运送物品之营业也。近世交通便利，运送业极为发达，关于运送人与托运人相互间之权利义务，不可不有详密之规定，俾资适用。此本款所由设也。

第六百二十四条 托运人因运送人之请求，应填给托运单。

托运单应记载下列事项，并由托运人签名：

一、托运人之姓名及住址；

二、运送物之种类、品质、数量，及其包皮之种类、个数及记号；

三、目的地；

四、受货人之名号及住址；

五、托运单之填给地，及填给之年、月、日。

【理由】 谨按托运单者，记载运送主要事项之单据也。此种托运单虽非运送契约书，又非有价证券，然托运人所交付运送人之货物，运送人须凭此单据连同物品，一并交付受货人，由受货人照单审核收受，故亦颇关重要。运送人如向托运人请求填给托运单时，托运人自应负填给之义务。至托运单内应行记载之事项，务须明确规定，俾有依据。此本条所由设也。

第六百二十五条 运送人因托运人之请求，应填发提单。

提单应记载下列事项，并由运送人签名：

一、前条第二项所列第一款至第四款事项；

二、运费之数额，及其支付人为托运人，或为受货人；

三、提单之填发地，及填发之年、月、日。

【理由】 谨按提单者，运送人交与托运人运送物品之收据，亦即提取货物之凭证也。运送物品到达目的地后，须凭提单提取，故使托运人有向运送人请求填发提单之权利，运送人亦即应负填给提单之义务也。至提单内所应行记载之事项，亦须明确规定，俾资依据。故设本条以明示其旨。

第六百二十六条 托运人对于运送人应交付运送上及关于税捐警察所必要之文件，并应为必要之说明。

【理由】谨按关于运送上及关于税捐警察所必要之文件，如护照捐票免验证已受检查证等是。此种文件，托运人均有交付运送人之必要，并应将关于运送物品之性质，及其采运之事实，暨由何处公署核准之情形等，为必要之说明，俾运送人彻底了解，以利通行，此亦托运人所应为之义务也。故设本条以明示其旨。

第六百二十七条　提单填发后，运送人与提单持有人间，关于运送事项，依其提单之记载。

【理由】谨按依文义证券必至之结果，运送人与提单持有人相互间之关系，应专以提单所记载者为准。故自提单填发后，关于运送事项，运送人只就提单上之记载，对于提单持有人负其责任。提单持有人，亦仅得就提单上之记载，对于运送人主张其权利，不得以提单外之约定事项变更之。此本条所由设也。

第六百二十八条　提单纵为记名式，仍得以背书移转于他人。但提单上有禁止背书之记载者，不在此限。

【理由】谨按提单虽为记名式，然皆具有移转之性质，故提单上除有禁止背书之记载，不许以背书移转者外，其通常记名之提单，许其以背书移转于他人，以谋交易之敏活。此本条所由设也。

第六百二十九条　交付提单于有受领物品权利之人时，其交付就物品所有权移转之关系，与物品之交付，有同一之效力。

【理由】谨按托运人与受货人相互间，其物品所有权之移转，究应于何时发生效力，不可无明文之规定，俾资依据。故本条明示交付提单于有受领物品权利之人时，其交付就物品所有权移转之关系，与物品之交付，有同一之效力。是物品所有权移转之效力，自交付提单时即已发生，不必更俟交付物品而始发生也。

第六百三十条　受货人请求交付运送物时，应将提单交还。

【理由】谨按提单为受领货物之凭证，受货人受领物品，应以提单为凭，故非将提单交还，不得请求运送人交付运送物，此当然之理也。故设本条以明示其旨。

第六百三十一条　运送物依其性质对于人或财产有致损害之虞者，托运人于订立契约前，应将其性质告知运送人。怠于告知者，对于因此所致之损害，应负赔偿之责。

【理由】谨按运送之物品，如依其性质上对于人或财产有足以致损害之虞者，托运人应于订立契约前，负将其性质告知运送人之义务，否则运送人无由知悉，即不能尽相当之注意也。若托运人怠于告知，致运送物毁损灭失时，应使托运人负损害赔偿之责任，以保护运送人之利益。故设本条以明示其旨。

第六百三十二条　托运物品应于约定期间内运送之。无约定者，依习惯。无约定亦无习惯者，应于相当期间内运送之。

前项所称相当期间之决定，应顾及各该运送之特殊情形。

【理由】谨按关于运送之期间。为杜免争论起见，亦不可不有明确之规定。本条明定托运物品订有运送期间者，应于约定期间内运送之，无约定者应依习惯。若并无约定，亦无习惯可以依据者，则应于相当期间内运送之。至于此种相当期间，则又须依该物品之性质及其运送之特殊情形，而决定之也。

第六百三十三条　运送人非有急迫之情事，并可推定托运人若知有此情事亦允许变更其指示者，不得变更托运人之指示。

【理由】谨按运送人原为托运人之利益而设，关于运送事项，自应依托运人之指示为主。非有急迫之情事，并可推定托运人若知有此种情事，对于运送人之变更指示亦必表同意者，不得变更其指示，盖恐运送人之轻易变更指示，害及托运人之利益。故变更指示，须以有急迫之情事及可以推定表同意为限。此本条所由设也。

解　约明用车运载之货物，运送人私擅改用船运载以致损失者，应负赔偿之责。（八年统字第一一三七号）

第六百三十四条　运送人对于运送物之丧失、毁损或迟到，应负责任。但运送人能证明其丧失、毁损或迟到，系因不可抗力，或因运送物之性质，或因托运人或受货人之过失而致者，不在此限。

【理由】谨按运送人对于运送物之丧失毁损或迟到，均应负相当之责任，此契约必至之结果也。但其丧失、毁损或迟到，运送人能证明系因不可抗力，或因运送物之性质，或因托运人或受货人之过失而生者，即亦可以免责，盖于保护托运人之中，仍须顾及运送人之利益也。故设本条以明示其旨。

判 邮局于通常邮件遇有迟延损伤情事，原则上本不认赔。惟业经保险之包裹，如果失落、损伤，及未保险之包裹以由于保守不力而遗失者为限，始予分别按照《邮政章程》第一六四条及第一六五条负赔偿责任。（四年上字第一二二号）

判 运送人除不可抗力外，难免赔偿责任。（七年上字第一五四三号）

第六百三十五条 运送物因包皮有易见之瑕疵而丧失或毁损时，运送人如于接收该物时不为保留者，应负责任。

【理由】谨按运送物之包皮，若托运人于交付之时，有显著之瑕疵，运送人在接收该物时，即应声明保留，以明责任。若当时并不声明保留，纵其后运送物之丧失或毁损，系因包皮瑕疵之所致，运送人仍不能免其责任。盖事后借口于运送物之丧失、毁损，系因包皮之瑕疵所致，究难证明，徒滋争论。故设本条以明示其旨。

第六百三十六条 运送物因运送人之雇用人或其所委托为运送之人，有过失而致丧失、毁损，或迟到者，运送人应负责任。

【理由】谨按运送人之雇用人或其所委托为运送之人，如因过失而致运送物有丧失、毁损或迟到情事，仍应由运送人负其责任，盖以其雇用人或其所委托为运送之人，系为运送人代行职责，其因过失所生之赔偿责任，自与运送人自己因过失所生之赔偿责任无异也。故设本条以明示其旨。

判 商场如有运送人，对于其使用人关于运送之侵权行为，无论就使用人之选任，及事业之监督已否尽相当之注意，均应负损害赔偿之责之习惯，应依习惯。（四年上字第一八号）

判 邮局使用人所加于人之损害，是否应由邮局负责，及其负责之程度，既有法规明白规定，自不能舍成文法而适用条理。（四年上字第一二二号）

判 运送人自己及其使用人对于运送物之送付保管不能证明，非怠于注意致运送物有灭失毁损及迟滞者，当然负赔偿之责。（四年上字第一二二号）

判　实行运送者，虽另为一人，若无约定，仍应负责。（十五年上字第六〇五号）

第六百三十七条　运送物由数运送人相继为运送者，除其中有能证明无前三条所规定之责任者外，对于运送物之丧失、毁损或迟到，应连带负责。

【理由】谨按运送物系由一运送人直接运送于受货人者，其所生丧失、毁损或迟到之事由，当然由一运送人负其责任。若其运送物系由数运送人相继运送者，其所生丧失、毁损或迟到之事由，应由何人负其责任，殊难证明。本条明定数运送人相继而为运送之时，除其中有能证明无前三条所规定之责任者外，对于运送物之丧失、毁损或迟到，应连带负责，盖恐各运送人之互相推诿，希图免责，致陷托运人于不利益也。故设本条以明示其旨。

第六百三十八条　运送物有丧失、毁损或迟到者，其损害赔偿额，应依其应交付时目的地之价值计算之。

运费及其他费用，因运送物之丧失、毁损，无须支付者，应由前项赔偿额中扣除之。

运送物之丧失、毁损或迟到，系因运送人之故意或重大过失所致者，如有其他损害，托运人并得请求赔偿。

【理由】谨按运送物有丧失、毁损或迟到之情事时，运送人应负损害赔偿之责任，此属当然之事。然其物品之价值计算，应究以何时、何地之价值，为其计算之标准，亦不可不有明文规定，以杜争论。此第一项所由设也。又运送物既经丧失、毁损，其运费及其他费用自亦无须支付，惟此种因丧失、毁损而无须支付之运费及其他费用，应许运送人在赔偿额中扣除之，以昭公允。此第二项所由设也。至运送物之丧失、毁损或迟到，系因运送人之故意或重大过失所致者，运送人除就丧失、毁损、迟到应负赔偿之责任外，如有其他损害，托运人并得请求赔偿，以保护其利益。此第三项所由设也。

判　运送品灭失之赔偿额，应依到达地之市价。（十年上字第一〇八号）

判　承揽运送人对于运送物品之丧失，如能证明其于物品之接收保管，运送人之选定，目的地之交付，及其他运送有关之事项，未怠于注意者，固可不负责任。惟承揽运送人以自己之名义为托运人之计算，使运送人运送物品，对于运送人之遗失物品，自应向运送人行使其请求权，转以赔偿托运人，方为完毕其承揽运送契约之义务。（二十一年上字第八七号）

第六百三十九条　金钱、有价证券、珠宝或其他贵重物品，除托运人于托运时报明其性质及价值者外，运送人对于其丧失或毁损不负责任。

价值经报明者，运送人以所报价额为限，负其责任。

【理由】谨按金钱、有价证券、珠宝或其他贵重物品，托运人有于托运时负报明其性质及价值之义务，否则纵有丧失或毁损之情事，运送人亦不负赔偿之责任。若价值已经报明者，运送人亦仅以托运人于托运时报明之价额为限，负损害赔偿之责任，所以杜流弊而免争论也。故设本条以明示其旨。

第六百四十条　因迟到之损害赔偿额，不得超过因其运送物全部丧失可得请求之赔偿额。

【理由】谨按货物之市价，涨落无常，早晚互易，如受货人得因货物之迟到，市价之低落，请求运送人赔偿所受之损害，则标准既无一定，势必引起无益之纠纷，而致影响社会之治安。本条明定因货物迟到而生之损害赔偿额，不得超过因其运送物全部丧失可得请求之赔偿额，以示限制，所以保护运送人之利益也。

第六百四十一条　如有第六百三十三条、第六百五十条、第六百五十一条之情形，或其他情形足以妨碍或迟延运送，或危害运送物之安全者，运送人为保护运送物所有人之利益，应为必要之注意及处置。

运送人怠于前项之注意及处置者，对于因此所致之损害，应负责任。

【理由】谨按有第六百三十三条之情形者，即运送人因有急迫之情事，变更托运人之指示是也。有第六百五十条之情形者，即因受货人所在不明，或拒绝受领，或依托运人之指示，事实上不能实行，或运送人不能继续保管运送物，又不能寄存于仓库，或其物有腐败之性质，或显见其价值不足抵偿运费，及其他费用是也。有第六百五十一条之情形者，即受领权已系属于诉讼，致交付迟延是也。此外尚有其他情形，足以妨碍或迟延运送，或危害运送物之安全者，此时运送人对于运送物应为必要之注意及处置，以保护运送物所有人之利益，此运送人所应尽之义务也。若运送人违反此项义务，不为必要之注意及处置，则对于因此所致之损害，应负赔偿责任，亦属当然之理。故设本条以明示其旨。

第六百四十二条　运送人未将运送物之达到通知受货人前，或受货人于运送物达到后尚未请求交付运送物前，托运人对于运送人如已填发提单者，其持有人对于运送人，得请求中止运送，返还运送物或为其他之处分。

前项情形，运送人得按照比例，就其已为运送之部分，请求运费，及偿还因中止返还或其他处分所支出之费用，并得请求相当之损害赔偿。

【理由】谨按依第六百二十七条之规定，提单填发后，运送人与提单持有人相互间，关于运送事项，依提单之记载为准。故托运人对于运送人填发提单以后，虽许提单持有人对于运送人，有请求中止运送、返还运送物或为其他处分之权，然应在运送人未将运送物之达到通知受货人以前，或受货人于运送物达到后尚未请求交付运送物前为之。其因中止运送，返还运送物或为其他之处分，致运送人受有损害者，运送人得按照比例就其已经运送之部分请求运费，就其因中止运送或返还运送物，或其他处分所支出之费用请求偿还。其有他种损害者，并得向提单持有人请求相当之赔偿额，以保护其利益。此本条所由设也。

第六百四十三条　运送人于运送物达到目的地时，应即通知受货人。

【理由】谨按运送人于运送物到达目的地时，应负即时通知受货人之义务。本条设此规定，所以使受货人得为受领运送物之准备也。

第六百四十四条　运送物达到目的地，并经受货人请求交付后，受货人取得托运人因运送契约所生之权利。

【理由】谨按运送物未达到目的地以前，受货人尚不能取得其权利。又运送物虽达到目的地，在未经交付以前，受货人亦无从取得其权利。故托运人对于运送人，因运送契约所生之权利，须运送物达到目的地，并经受货人请求交付后，受货人始取得其权利，本条特明为规定，俾有所依据也。

判　运送契约，若因不可抗力不能达契约之目的，各当事人得以解

除契约。而其解除契约之事由，如系发生于发航以后，托运人须视所运送之程度，交付运费。（六年上字第一○六○号）

第六百四十五条　运送物于运送中，因不可抗力而丧失者，运送人不得请求运费。其因运送而已受领之数额，应返还之。

【理由】谨按运费者，所以偿运送之报酬者也。运送物于运送中毁损、灭失，既无由达运送之目的，自亦无报酬之可言。虽其毁损、灭失，系因不可抗力，然托运人之损失已巨，自不应再许运送人有请求运费之权。其因运送而已受领之数额，仍须返还。盖以期事理之公平，而免托运人受重大之损失也。故设本条以明示其旨。

第六百四十六条　运送人于受领运费及其他费用前交付运送物者，对于其所有前运送人应得之运费，及其他费用，负其责任。

【理由】谨按运送人于运送物交付时，有请求支给全部运费及其他费用之权。其为数人相继运送之者，最后运送人，亦有请求全部运费及其他费用之权。若受货人不清偿其运费及其他费用，运送人并得依第六百四十七条之规定，对于运送物行使留置权。运送人怠于行使权利，而于运费及其他费用未受清偿之前，遽将运送物交付于受货人，致无从取偿者，则应使对于其所有前运送人应得之运费及其他费用，负赔偿之责任，以示制裁而昭公允。此本条所由设也。

第六百四十七条　运送人为保全其运费及其他费用得受清偿之必要，按其比例，对于运送物，有留置权。

运费及其他费用之数额有争执时，受货人得将有争执之数额提存，请求运送物之交付。

【理由】谨按受货人不清偿运费及其他费用时，运送人为保全其运费及其他费用得受清偿之必要计，得按其比例（所谓按其比例，即不许超过程度），对于运送物行使留置权，所以保护运送人之利益也。又运费及其他费用之数额有争执时，如在争执未解决以前，不许受货人请求交付运送物，则旷日持久，迁延不决，受货人势必重受损失。故许受货人得将有争执之数额提存，请求运送物之交付，盖又保护受货人之利益也。

第六百四十八条　受货人受领运送物，并支付运费及其他费用不为保留者，运送人之责任消灭。

运送物内部有丧失或毁损不易发现者，以受货人于受领运送物后，十日内将其丧失或毁损通知于运送人为限，不适用前项之规定。

运送物之丧失或毁损，如运送人以诈术隐蔽，或因其故意或重大过失所致者，运送人不得主张前二项规定之利益。

【理由】谨按运送人之责任，以受货人受领运送物，并支付运费及其他费用而消灭。故受货人于受领运送物并支付费用时，必须预先保留其请求损害赔偿之权利，运送人始负损害赔偿之责任。若受货人不为保留，而径行受领运送物并支付费用，则运送人之责任，自归消灭。此第一项所由设也。又运送物内部之丧失或毁损，一时不易发现者，如亦责受货人即时保留损害赔偿之权利，未免失之过酷。故许其于受领运送物后十日内，将其丧失或毁损通知运送人，苟受货人如期通知，则运送人之责任仍不消灭。反之逾期而不通知者，运送人之责任，仍应消灭。此第二项所由设也。至运送物之丧失或毁损，系由运送人用诈术隐蔽，使其不易发现，或系因运送人之故意或重大过失所致者，则不问受货人是否保留，亦不问受货人是否于十日内通知，运送人之责任，均不消灭。此第三项所由设也。

第六百四十九条　运送人交与托运人之提单或其他文件上，有免除或限制运送人责任之记载者，除能证明托运人对于其责任之免除或限制明示同意外，不生效力。

【理由】谨按运送人为免除或限制其责任计，往往于交与托运人之提单或其他文件上，记载免除或限制其责任之文句，以为诿卸之地步，托运人偶不注意，即受其欺，殊非保护运送安全之道。故本条规定，运送人所交付之提单或其他文件上，虽有免除或限制运送人责任之记载，仍应作为无效。然能证明托运人对于此项免除或限制运送人责任之记载，确曾有明示之同意者，亦不妨认为有效，盖法律固不必加以严密之干涉也。

第六百五十条　受货人所在不明或拒绝受领运送物时，运送人应即通知托运人，并请求其指示。

如托运人之指示，事实上不能实行，或运送人不能继续保管运送物时，运送人得以托运人之费用，寄存运送物于仓库。

运送物如有不能寄存于仓库之情形，或有腐坏之性质或显见其价值不足抵偿运费及其他费用时，运送人得拍卖之。

运送人于可能之范围内，应将寄存仓库或拍卖之事情，通知托运人及受货人。

【理由】谨按运送人如有不能交付运送物之情形，则其责任既永久存在，其运费及其他费用，亦无从取偿，而运送物毁损、丧失之危险，尤须随时担负不能免责。若不明定办法，俾资适用，殊不足以保护运送人之利益，故本条明定：（一）受货人所在不明或拒绝受领送物时，运送人应即通知托运人，并请求其指示；（二）托运人之指示，若事实上不能实行，或运送人对于运送物不能继续保管时，运送人得以托运人之费用，寄存其物于仓库；（三）运送物如有不能寄存于仓库之情形，或有腐败之性质，或显见其价值不足抵偿运费及其他费用时，运送人得拍卖之；（四）运送人于可能之范围内，应将寄存仓库或拍卖之情事，通知托运人及受货人。此种处置程序之规定，所以杜免无益之争论也。

第六百五十一条　前条之规定，于受领权之归属有诉讼，致交付迟延者，适用之。

【理由】谨按关于运送物之受领权，如应归属何人，发生争执，业经提起诉讼，非一时所能解决者。此时运送人仍不能即时交付，若俟诉讼解决，始行交付，则其所负责任，未免过重，故使准用前条之规定，以昭公允。此本条所由设也。

第六百五十二条　运送人得就拍卖代价中，扣除拍卖费用，运费及其他费用，并应将其余额交付于应得之人。如应得之人所在不明者，应为其利益提存之。

【理由】谨按运送人依前两条之规定，而为运送物之拍卖时，其所需之拍卖费、运费及其他费用等，应许其在拍卖所得代价中扣除之。若有余额，并应交付于应得之人。倘应得之人所在不明，应为其利益提存之，以明责任。盖以此种拍卖之情形，非运送人自己之过失所致，自不应受意外之损失，故许其有于拍卖代价中，扣除拍卖费用、运费及其他费用之权利。至并其余额而亦占有之，则为不当之得利，运送人自又负交付于应得之人，或代为提存之义务也。

第六百五十三条　运送物由数运送人相继运送者，其最后之运送人，就运送人全体应得之运费及其他费用，得行使第六百四十七条、第六百五十条及第六百五十二条所定之权利。

【理由】谨按一运送人得行使第六百四十七条、第六百五十条及第六百五十二条所定之权利，则数运送人相继为运送时，应如何行使权利，亦不可不有明文规定，俾资适用。本条明定运送物由运送人相继运送者，最后运送人于物品交付时，应代行前运送人之权利。故就运送人全体应得之全部运费及其他费用，最后运送人应负责向受货人请求支给。受货人不为支给或所在不明，或拒绝受领时，最后运送人即得行使留置、提存、拍卖及扣除费用之权也。

第三款　旅客运送

【理由】谨按旅客运送者，谓收受运费在陆上或水上为运送旅客之营业也。旅客运送，各国法律规定，均极简单，然关于运送人与旅客相互间之权利义务，关系亦颇重要，本法特设本款之规定。

第六百五十四条　旅客运送人对于旅客因运送所受之伤害，及运送之迟延应负责任。但其伤害系因不可抗力，或因旅客之过失所致者，不在此限。

【理由】谨按旅客运送人对于旅客之运送，应为相当之注意，此属当然之事。若旅客因运送而致受有伤害或致运送迟延时，旅客运送人均应负其责任。但其伤害之原因，系因不可抗力，而非可归责于运送人，或其伤害及迟延系因旅客自己过失所致者，旅客运送人即可免责。此本条所由设也。

第六百五十五条　行李及时交付运送人者，应于旅客达到时返还之。

【理由】谨按本条规定旅客之行李，若系及时交付于运送人者，运送人应于旅客达到目的地时返还之。由是可知旅客虽有行李，若并未交付于运送人或交付不以其时，运送人均不负达到时返还之责。反是旅客有行李而又系及时交付运送人，自应负于达到时返还之义务也。

第六百五十六条　旅客达到后六个月内不取回其行李者，运送人得拍卖之。

行李有易于腐坏之性质者，运送人得于到达后，经过四十八小时，拍卖之。第六百五十二条之规定，于前二项情形准用之。

【理由】谨按依前条之规定，运送人应于旅客达到时，负返还行李之责任。则旅客亦应于达到后，有提取行李之义务。若旅客于达到后经过六个月，而不将行李取回，或其行李有易于腐败之性质，于达到后已经过四十八小时者，应许运送人有拍卖之权，盖以此种情形，不应使运送人对于该行李长此负责保管也。至于拍卖费用、运费及其他费用，运送人得就拍卖代价中扣除，其余额仍归还于应得之人。应得之人所在不明者，应为其利益而提存之，均准用第六百五十二条之规定。故设本条以明示其旨。

第六百五十七条　运送人对于旅客所交托之行李，纵不另收运费，其权利义务，除本款另有规定外，适用关于物品运送之规定。

【理由】谨按旅客之行李，如经交托于运送人，则运送人对于旅客所交托之行李，虽未另收运费，而其与旅客相互间之权利义务，仍与物品之运送无异。故适用关于物品运送之规定，以保护旅客之利益。此本条所由设也。

第六百五十八条　运送人对于旅客所未交托之行李，如因自己或其雇用人之过失，致有丧失或毁损者，仍负责任。

【理由】谨按旅客未交托于运送人之行李，对于其行李之丧失或毁损，运送人似不应负任何之责任。但其丧失或毁损之原因，系由于运送人或其雇用人之过失所致者，仍应由运送人负责。盖运送人自己之过失，其应负责任，固不待言，而其雇用人之过失，亦应视为运送人自己之过失，方足以昭事理之公允，而保行旅之安全。此本条所由设也。

第六百五十九条　运送人交与旅客之票据或其他文件上，有免除或限制运送人责任之记载者，除能证明旅客对于其责任之免除或限制明示同意外，不生效力。

【理由】谨按本条立法之意旨，与第六百四十九条之规定相同，故运送人若于交与旅客之票据或其他文件上，有免除或限制运送人责任之记载，亦应认为无效。然如运送人能证明旅客对于此种免除或限制责任之记载，确曾为明示之同意者，其记载仍可认为有效也。

第十七节　承揽运送

【理由】 谨按承揽运送者，谓以自己之名义，为他人之计算，使运送人运送物品而受报酬之营业也。近日交通便利，承揽运送之营业，日益发达，故本法特设本节之规定。

第六百六十条　称承揽运送人者，谓以自己之名义，为他人之计算，使运送人运送物品而受报酬为营业之人。

承揽运送，除本节有规定外，准用关于行纪之规定。

【理由】 谨按本条为规定承揽运送人之意义及其性质，特明定曰，称承揽运送人者，谓以自己之名义，为他人之计算，使运送人运送物品而受报酬为营业之人也。故设第一项以明示其旨。又承揽运送人，系以自己之名义，为他人之计算，使运送人运送物品而受报酬之营业，与行纪之以自己之名义为他人之计算，为动产之买卖或其他商业上之交易而受报酬之营业，性质相同，自可准用关于行纪之规定。故设第二项以明示其旨。

第六百六十一条　承揽运送人，对于托运物品之丧失、毁损或迟到，应负责任。但能证明其于物品之接收、保管，运送人之选定，在目的地之交付，及其他与运送有关之事项，未怠于注意者，不在此限。

【理由】 谨按承揽运送人，对于托运物品之丧失、毁损或迟到，应负赔偿之责任，此与运送人无异。但关于物品之接收、保管，运送人之选定，在目的地之交付，及其他与运送有关之事项，承揽运送人如能证明自己并未怠于注意者，则虽有丧失、毁损或迟到之情事，即亦可以免责。盖损害赔偿之责任，因故意或过失而成立，若未怠于注意，即无过失之可言，自不负损害赔偿之责任也。故设本条以明示其旨。

判 运送承揽人，就使用人之怠于注意，应负赔偿责任。（九年上字第九四三号）

判 承揽运送人，对于运送物品之丧失，如能证明其于物品之接收、保管，运送人之选定，目的地之交付，及其他运送有关之事项，未怠于注意者，固可不负责任。惟承揽运送人以自己之名义为托运人之计算，使运送人运送物品，对于运送人之遗失物品，自应向运送人行使其请求

权，转以赔偿托运人，方为完毕其承揽运送契约之义务。（二十一年上字第八七号）

第六百六十二条　承揽运送人为保全其报酬及垫款得受清偿之必要，按其比例，对于运送物，有留置权。

【理由】谨按承揽运送人应得之报酬及垫款，本可请求受货人清偿，然使受货人不为清偿时，自不得不谋保全方法，以资救济，故许承揽运送人在运送物上得行使留置权，以保全其利益。但此种权利之行使，仍须按其比例，不得为过分之留置耳。此本条所由设也。

第六百六十三条　承揽运送人，除契约另有订定外，得自行运送物品，如自行运送，其权利义务，与运送人同。

【理由】谨按承揽运送人对于运送物品，本以使运送人运送为原则，然有时因契约并无特别订定，承揽运送人不使运送人运送，而自为运送，亦为法所许可。惟承揽运送人于自为运送时，其与委托人相互间之权利义务，应与运送人对于托运人之权利义务完全相同，以保护托运人之利益。故设本条以明示其旨。

第六百六十四条　就运送全部约定价额，或承揽运送人填发提单于委托人者，视为承揽人自己运送，不得另行请求报酬。

【理由】谨按承揽运送人之报酬，与运送人之报酬，虽可分别订定，然若承揽运送人已就运送全部约定价额，或已由承揽运送人填发提单于委托人者，则与承揽运送人自己运送无异，自不许于约定价额之外，另有请求报酬之权利也。故设本条以明示其旨。

第六百六十五条　第六百三十一条、第六百三十五条及第六百三十八条至第六百四十条之规定，于承揽运送准用之。

【理由】谨按第六百三十一条之规定，系关于运送物依其性质对于人或财产足致损害者，托运人有预先告知运送人之义务。第六百三十五条之规定，系因包皮有易见之瑕疵而丧失或毁损时，运送人须为预先保留之声明。第六百三十八条至第六百四十条之规定，系关于赔偿额计算之标准，无须支付之费用应于赔偿额中扣除，故意或重大过失，并应赔偿其他损害，贵重物品非报明不任赔偿，迟到损害之赔偿额须有限制，等等。凡此各规定，均准用于承揽运送人，盖以承揽运送之性质，与物品运送无异也。故本条设准用之规定，以明示其旨。

第六百六十六条 对于承揽运送人因运送物之丧失、毁损或迟到所生之损害赔偿请求权，自运送物交付或应交付之时起，二年间不行使而消灭。

【理由】谨按本条为消灭时效之规定，委托人对于承揽运送人，因运送物之丧失、毁损或迟到所生之损害赔偿请求权，应以从速行使为宜。故使其自运送物交付或应交付之时起，经过二年间不行使而消灭，俾权利状态不至久不确定也。

第十八节 合伙

【理由】查民律草案债权编第二章第十四节原案谓，合伙者谓二人以上互约出资，以经营共同事业之契约也。其契约谓之合伙，其各当事人谓之合伙人。至其共同之目的，或为财产上之目的，或为精神上之目的，不能一概而论。自来各国，皆有此事，且实际上亦关重要。故特设本节之规定。

第六百六十七条 称合伙者，谓二人以上互约出资以经营共同事业之契约。

前项出资，得为金钱或他物，或以劳务代之。

【理由】谨按本条为规定合伙之意义及其性质，故明定称合伙者，谓二人以上互约出资以经营共同事业之契约，俾资适用。此第一项所由设也。又合伙之契约，以出资为成立要件，其出资之种类，虽必依契约而定，然不必限于金钱，亦得以金钱以外之他物，或以劳务代之，以定出资之标准。此第二项所由设也。

判 合伙关系之成立，应以当事人间有合伙契约，即对于合伙而生之权利义务关系，有愿与担承之意思表示者而后可。若当事人间仅表示于一定条件完成之后始加入合伙关系者，则仅能谓为合伙预约。预约当事人对于因合伙所生之权利当然不能享有，而义务亦不能担负，仅对于加入合伙之事有权利义务而已。（三年上字第一七号）

判 合伙与匿名合伙之区别有三：（一）匿名合伙员本为出名营业者而出资，故其资财以后应视为仅属于出名营业之人，而普通合伙之财产，则认为总合伙员之共有；（二）匿名合伙之营业为出名营业者所独占，合伙员并不协同营业，而普通合伙则其事业属于总合伙员之共同营业；（三）对于第三者之权利义务关系，匿名合伙则属于出名营业者，与他合伙员无何等之关系，而普通合伙则总合伙员俱为权利义务之主体。（三年上字第四〇号）

判　不能即以分红之铺掌，推定为有合股情事。（三年上字第八六号）

判　是否劳力出资，应以其劳力是否折作股本为区别。（三年上字第八六号）

判　合伙员内部责任，他员毋庸代担。（三年上字第六八九号）

判　合伙不以合同为要件。（三年上字第七六六号）

判　合伙关系与财团法人之区别，大致有二：（一）当事人于组织团体之本旨，是否为谋当事人间财产或其他之利益起见，抑为除自己利益外，成就公共一般或特定人民之利益起见；（二）成立后组织人是否仍以自己为权利义务之主体，抑即以团体为其主体是也。（三年上字第一二七二号）

判　合伙契约，非要式行为，系诺成契约。（四年上字第二四四号）

判　合伙非有独立人格。（四年上字第五六〇号）

判　入伙不以实交股票、收执股票为要件。（五年上字第一二八七号）

判　合伙不以出资额约定为要件。（六年上字第一〇〇号）

判　合伙员出资，不限于财物，得以劳力折作资本。（七年上字第六一九号）

解　由招股所组织之商店，自应认为合伙，其股东自系分担无限责任。（七年统字第八二三号）

判　经理人应否认为以劳力出资之合伙员，应审究契约内容定之。（八年上字第一三二八号）

判　商店虽集股开设，名为公司，若其组织未履行法律上之程序，又未经主管官署注册有案者，即应认为合伙。其股东对内、对外关系，均应依合伙法律判断。（十六年上字第一九六〇号）

判　商店未收之外欠，非现实财产。（四年上字第二一六八号）

判 一方出资，一方以劳务为资财之代替，即属合伙营业。（二十一年上字第一四二号）

第六百六十八条 各合伙人之出资，及其他合伙财产，为合伙人全体之共同共有。

【理由】谨按合伙契约既为互约出资经营共同之事业，则各合伙人之出资，及其他合伙财产，自应为合伙人全体之共同共有，以符契约之本旨。所谓其他合伙财产者，如因执行合伙业务或就合伙财产所属权利，或其所属标的之毁损、灭失及追夺因受赔偿而取得之财产等是。此种财产，既由合伙业务或其所属权利所产生，故应认为合伙人全体所共有。此本条所由设也。

判 以地产入伙，因曾否表明以所有权归诸合伙而异。（三年上字第三〇九号）

判 共同承继之营业，其财产仍为共有，其债务仍为共负。其营业若有数个，当然可以此营业财产，清偿彼营业债务。（三年上字第五三三号）

判 商店未收之外欠，非现实财产。（四年上字第二一六八号）

判 合伙员还出所侵蚀之伙产清偿伙债者，与自己出资不同。（五年上字第一五一七号）

第六百六十九条 合伙人，除有特别订定外，无于约定出资之外增加出资之义务。因损失而致资本减少者，合伙人无补充之义务。

【理由】谨按合伙契约若无特别订定，合伙人无于约定出资外，增加出资之义务。亦无因营业损失，致资本减少而负补充资本之义务。盖合伙之权利义务，悉依契约而定，不得随意变更也。故设本条以明示其旨。

判 执行业务合伙员，无以私财垫付他合伙员应得利益之义务。（十一年上字第四六二号）

第六百七十条 合伙契约，或其事业之种类，除契约另有订定外，非经合伙人全体之同意，不得变更。

【理由】谨按合伙，为达合伙人共同之目的而设，其已成立之合伙契约或已定之事业种类，非经合伙人全体之同意不得变更，盖以保护合伙人全体之利益也。然合伙为契约关系，系以契约为依据，若契约订定无须经全体之同意，即可变更者，自可不受此限制。此本条所由设也。

判 合伙营业之移转，须全员同意。（五年上字第八四九号）

判 合伙关系，仅表面变更，合伙契约，仍继续存在。（八年上字第六三二号）

第六百七十一条 合伙之事务，除契约另有订定外，由合伙人全体共同执行之。

合伙之事务，如约定由合伙人中数人执行者，由该数人共同执行之。

合伙之通常事务，得由有执行权之各合伙人单独执行之。但其他有执行权之合伙人中任何一人，对于该合伙人之行为有异议的，应停止该事务之执行。

【理由】 谨按合伙业务，合伙人共同执行之，是为原则，然于实际每多不便，故合伙契约，若以执行业务之权利，专属合伙人中之一人或数人时，应为法律所许。故设第一项以明示其旨。又合伙为达合伙人共同之目的，其业务仅须合伙人中数人执行者，亦得以合伙契约订定由数人执行合伙业务，但其业务之执行，即须由该数人共同执行，而不得由该数人各别执行也。故设第二项以明示其旨。查民律草案第八百零三条理由谓依合伙契约，总合伙人或合伙人中之数人有执行业务之权利时，各有执行权之人，就合伙之通常事务，不妨单独执行之。但其他有执行权之人，对于合伙人单独执行之行为，在执行业务完成以前，可以声明异议，盖合伙利益，即合伙人全体之利益，为保护合伙之利益计，应使任何合伙人有声明异议之权也。若该单独执行之合伙人，遇有其他有执行权者声明异议时，不停止该事务之执行，则因此而生之损害，自应由该单独执行之合伙人负担。若因异议而停止执行，其异议有不当，因此而生之损害，自应由异议人赔偿。故设第三项以明示其旨。

判 合伙重要事务，一合伙员不得专擅为之。（三年上字第六八九号）

判 执行业务员，应将财物交至约定保管之处所。（四年上字第二九二号）

判 多数人用共有堂名出资合伙，本可共同行使权利，若推一人为经理，亦非当然有处分权。（六年上字第一八七号）

判　纵有私卖货物之事，亦只能按其私卖若干，责令按股赔偿。（十七年上字第五三七号）

第六百七十二条　合伙人履行依合伙契约所负担之义务，应与处理自己事务，为同一注意。

【理由】谨按合伙人履行依合伙契约上所负担之义务，其注意义务之程度，以明文规定为宜。此本条所由设也。

判　执行业务员，应以善良管理人之注意，处理事务。（三年上字第五四五号）

判　执行业务合伙员违背忠实义务者，应赔偿损害。（三年上字第九三二号）

判　执行业务员，故意过失，致合伙亏损者，他员得对之要求赔偿。（四年上字第八〇〇号）

判　执行业务之合伙员，若于款项之贷放及催收，均未欠缺善良管理人之注意，而因债务人贫无资力或其他原因无法收回，确非该合伙员所能预测者，自不得令该合伙员任赔偿之责。（十年上字第一二一一号）

判　执行业务合伙员于营业上所为之行为，除与第三人有串通舞弊实据外，其他合伙员不得以该合伙员有亏折情事为理由，对抗不知情之第三人。（十三年上字第一二七八号）

判　因一造之责任，致令合伙人垫款迟滞不能归偿，合伙人得要求利息。（十七年上字第五三七号）

第六百七十三条　一定之事务，如约定应由合伙人全体或一部之过半数决定者，其有表决权之合伙人，无论其出资之多寡，推定每人仅有一表决权。

【理由】谨按合伙契约，就一定之事务，如约定应由合伙人全体或一部（例如有执行权之数人）之过半数决定者，其表决权应以合伙之人数为准，不问其出资之多寡若何，推定为一人仅有一表决权，以保护小资产之阶级。此本条所由设也。

第六百七十四条　合伙人中之一人或数人，被委任执行合伙事务者，非有正当事由不得辞任，其他合伙人亦不得将其解任。

前项被委任人之解任，非经其他合伙人全体之同意，不得为之。

【理由】谨按合伙人订立合伙契约时，若以执行业务权属于合伙人中之一人或数人为便者，得委任合伙人中之一人或数人执行合伙事务，其被委任执行合伙事务之人，一方为其权利，一方即为其义务。故合伙人自被委任以后，非有正当事由，不得辞任，其他合伙人亦不得无故将其解任。盖若无正当事由而许其辞任，无故而他合伙人得将其解任，则事业之目的无由得达，且有背于合伙契约之本旨也。故设第一项以明示其旨。又被委任执行事务之合伙人，如有解任事由，亦必基于其他合伙人全体之同意，始得为之。否则滥行解任，既有背于合伙契约，复不足以保障委任人，殊非所宜。故设第二项以明示其旨。

判　合伙员之代理权，与执行业务权有别。（四年上字第一九一一号）

第六百七十五条　无执行合伙事务权利之合伙人，纵契约有反对之订定，仍得随时检查合伙之事务及其财产状况，并得查阅账簿。

【理由】查民律草案第八百零六条理由谓，合伙人既属合伙中之一人，虽无执行合伙业务之权，而于合伙业务及其财产之状况，应使其有检查权。纵合伙契约有反对之订定，亦为无效。盖合伙之业务，在达合伙人共同之目的，非如是则目的不能达也。故设本条以明示其旨。

判　合伙员有随时查账，及请求营业报告之权。（三年上字第五三五号）

判　非执行业务合伙员，得检查业务及财产状况。（七年上字第四七八号）

判　合伙员得单独向经理人要求报告盈亏。（十一年上字第一〇四八号）

判　按合伙伙东，不问其所占股本或股数多寡，有随时查验账簿之权，此为原则。如有特别习惯法，则或全数伙东间缔有特约预定别种办法者，仍应依其特别办法。又已经清算之账目，如有明示或默示承认其无误者，不得率行翻异。（十八年上字第五五三号）

第六百七十六条　合伙之决算及分配利益，除契约另有订定外，应于每届事务年度终为之。

【理由】查民律草案第八百零八条理由谓，合伙财产多于合伙人出资总数，是为利益；少于合伙人出资总数，是为损失。利益及损失，非届合伙解散之期，不能确知。然合伙之存续期间，有过长，不能待至解散期者，则此种合伙，每届年度既终，亦应办理决算及分配损益。故设本条以明示其旨。

判 营业盈亏之结算期，由股东协定。（三年上字第五三五号）

判 执行业务员，有清算账目之义务。（四年上字第一一三二号）

第六百七十七条 分配损益之成数，未经约定者，按照各合伙人出资额之比例定之。

仅就利益或仅就损失所定之分配成数，视为损益共通之分配成数。

以劳务为出资之合伙人，除契约另有订定外，不受损失之分配。

【理由】 谨按合伙契约，若定有合伙人分配损益之成数，固应据此为准。若契约内未将成数定明，应以法律规定补充之。惟合伙人分配损益之成数，若于无特别规定时，应使其依各合伙人出资之数额，为分配之标准，以昭平允。此第一项所由设也。又仅就损失定分配之成数，或仅就利益定分配之成数者，其成数均视为损失及利益之共通成数，以二者于当事人之意思最协。此第二项所由设也。至于以供给劳务为出资之合伙人，若契约另有订定者，应从其订定。若契约并无订定，应自不使受损失之分配。此第三项所由设也。

判 合伙员未约定损失分担之标准者，原则上应依所定分配利益之标准，分担损失。（三年上字第八一九号）

判 集会契约与合伙契约相类似，会员中有无力出资者，其损失应由各员分担，不得令未受会款人独担。（三年上字第九三一号）

判 习惯上之花红股，如无相当证据，不得空言主张。（三年上字第九四九号）

判 劳力出资者，除特约及习惯外，不分担损失。（五年上字第二三一七号）

判 合伙仅定利益分配，或损失分担之标准者，视为损益分配之共同标准。（七年上字第六一九号）

判 合伙债务，应由合伙员全体照契约所定股份，各自分担责任。苟非其他合伙员确系无力清偿，债权人自不能指定合伙员请求偿还全部

债务，此所谓连合分担之制度，非负有连带责任。（十七年上字第四四八号）

判　纵有私卖货物之事，亦只能按其私卖若干责令按股赔偿。（十七年上字第五三七号）

判　合伙人间分配损益之成数，以按合伙人出资额之比例定之为原则。其曾经约定分配损益之成数者，固当从其约定，惟主张有此约定者，应负举证之责。（二十一年上字第一五九八号）

第六百七十八条　合伙人，因合伙事务所支出之费用，得请求偿还。

合伙人，执行合伙事务，除契约另有订定外，不得请求酬报。

【理由】谨按合伙人因合伙事务所支出之费用，应由合伙人全体负担，故许支出费用人有求偿权。盖以其所支出之费用，系为达合伙人共同之利益，非为支出人个人之利益，故得请求偿还。此第一项所由设也。又合伙人执行合伙事务，虽为总合伙人之利益，然亦为执行事务合伙人之义务，况又有以劳力为出资者，故非契约另有订定，不得请求报酬。此第二项所由设也。

第六百七十九条　合伙人被委任执行合伙事务者，于依委任本旨，执行合伙事务之范围内，对于第三人，为他合伙人之代表。

【理由】查民律草案第八百一十条理由谓，合伙非法人故无代表机关，此不待明文而知者也。然依合伙契约有执行合伙业务权之合伙人，于不违反契约委任本旨执行合伙事务之范围内，应于执行权外，并与以代理权于实际最便。此本条所由设也。

判　执行业务员，原则上在业务范围内有代理权。（三年上字第一四四号）

判　合伙员不得以执行业务员之亏损，与善意第三人对抗。（四年上字第二四三号）

判　执行业务员，有无为合伙借贷权限，因其营业性质而异。（五年上字第一四五二号）

判　执行业务员，对于无法收取之债，不任赔偿。（六年上字第八五三号）

判　执行业务员，无权擅为借贷，经他员追认者，亦有效。（七年上

字第三二七号）

判 执行业务合伙员，擅借之款除有习惯外，债权人不能向他合伙员请求清偿。（八年上字第二五三号）

判 合伙之积极、消极财产，均为合伙人全体所有。而合伙事务又本得由有执行权之合伙人单独执行，凡执行合伙事务之合伙人对第三人所缔之契约，其他合伙员决无可以诿卸责任之理。（十九年上字第二〇号）

第六百八十条 第五百三十七条至第五百四十六条关于委任之规定，于合伙人之执行合伙事务准用之。

【理由】 谨按合伙人执行合伙事务之一切权利义务，应依合伙契约或合伙之规定，此属当然之事。然合伙契约或合伙对于合伙人执行合伙事务之权利义务，无明文规定时，势必无所依据，故本条明定于合伙人之执行合伙事务，准用关于委任之规定。

第六百八十一条 合伙财产不足清偿合伙之债务时，各合伙人对于不足之额，连带负其责任。

【理由】 谨按合伙财产，不足清偿合伙之债务时，关于不足之额，各合伙人应如何负担责任，不可不有明文之规定，俾资适用。故本法明定各合伙人应连带负其责任，使各合伙人对于不足之额，各负全部清偿之责。债权人亦得对于合伙中之一人，请求全部清偿，盖为保护合伙债权人之利益，及增进合伙事业之信用计也。

判 合伙员应分担伙产不敷清偿之债额。（三年上字第二二二号）

判 合伙债务，取速合分担之制。（三年上字第二九二号）

判 合伙员对于合伙债务，应负无限责任。（三年上字第五五〇号）

判 共同承继并伙同营业之债务，由各继承人分担。如因分产致伙同关系解散者，应以其营业财产清偿。如有不足，再行分担。（三年上字第七五五号）

判 伙债由各员按股分担，但其中有无资力者，由他伙员分任偿还。（四年上字第五八号）

判 合伙情形变更为债权人所知者，应由变更后之合伙员，按股分担债务。（四年上字第二四〇号）

判　执行业务员私人债务，不得向他伙员求偿。（四年上字第二四三号）

判　代他合伙员偿债者，有求偿权。（四年上字第四二七号）

判　合伙员中有难于索偿之情形，亦应由他员分任偿还。（四年上字第四四五号）

判　伙产非不足清偿，毋庸各员以私产清偿。（四年上字第五六〇号）

判　伙产有执行困难之情形，应与伙产不足清偿同论。（四年上字第五六〇号）

判　伙债应由他伙员代偿，为债权人之利益，合伙员自身不得主张。（四年上字第一五四三号）

判　合伙员中有逃亡无踪，并无产可供偿债者，由他员按股分任清偿。（四年上字第一七三九号）

判　合伙债权人，非证明他伙员无资力者，不能向其一人请求全部清偿。（四年上字第二〇四一号）

判　合伙债权人，于他伙员皆无资力，或皆无从索偿，得独向一伙员请求偿还全部。（四年上字第二〇九八号）

判　合伙员还债，已逾应摊之额，亦不得对抗债权人。（四年上字第二一四五号）

判　合伙员一人之债务，不能以与合伙债权抵销。（四年上字第二二九五号）

判　合伙员死亡，伙债仍应由其承继人任偿还之责。（五年上字第二三三号）

判　合伙财产不足清偿债务，始能令各员分任偿还之责。（五年上字第四五二号）

判　合伙员不得以未订合同，与合伙债权人对抗。（五年上字第一一七八号）

判　合伙营业，虽对外尚有债权，亦不得据为缓限理由。（五年上字第一一八三号）

判　无资力合伙员，独自认还，而合伙债权人，仍得请求有资力之

合伙员按股摊偿，或按股代偿。（五年上字第一一八三号）

判 合伙员认还他伙员所应分担之部分，不能对抗债权人。（五年上字第一四五二号）

判 合伙员向他员求偿，以自己出资使他员免责为要件。（五年上字第一五一七号）

判 合伙员因代填补损失，对他员有债权，亦不得对外主张免责。（六年上字第一二六号）

判 出名合伙员，股内有他人附股，不能对抗合伙债权人。（六年上字第五一七号）

判 合伙员以私财担保伙债者，如债权人行使担保权，虽可另向他员求偿，但不得对抗债权人。（六年上字第一三五九号）

判 合伙员以私产担保伙债者，债权人不得以此遂向该员一人请求偿清全部。（六年上字第一三五九号）

判 就合伙债务为保证者，系以各员本应分担之债额，及代他员分担之债额为其保证内容。（七年上字第一〇四九号）

判 合伙员之债权人，就该伙员股份查封执行者，他伙员及合伙债权人，亦不得主张异议。（七年上字第一二三七号）

判 伙债经债权人同意，分归合伙员一人偿还，即不适用合伙债务偿还之法则。（八年上字第二二八号）

判 伙产有纠葛，非可即以偿债者，与伙产不敷偿债同。（八年上字第一〇四〇号）

判 一家公共堂名营业所负之债，于公产不足偿还时，应以私财分偿。（九年上字第六九六号）

判 执行业务合伙员，对外应负清理债务之责。（十一年上字第一六三二号）

解 合伙债务，非单纯合伙员各人之债务可比，原应由合伙员共同负责，惟此项条理，并无强行性质。如有特别习惯，得依习惯办理。（十五年统字第一九八三号）

解 合伙商号倒闭，债权人得对于合伙员中有资力之一员，求偿全部。（十九年院字第三五三号）

第六百八十二条　合伙人于合伙清算前，不得请求合伙财产之分析。

对于合伙负有债务者，不得以其对于任何合伙人之债权与其所负之债务抵销。

【理由】谨按合伙财产，为达合伙人全体共同之目的而存在。故合伙财产，不可不与各合伙人之财产分离独立，否则不能达共同之目的。故合伙人于合伙清算前，不得请求合伙财产之分析。对于合伙之债务人，亦不得以其所负之债务，与合伙人中之任何一人之债权相抵销。此本条所由设也。

判　清算未完结前，不得求分伙产。（五年上字第四一四号）

判　清算未完结前，合伙员擅提伙产者，应返还之。（七年上字第一三七四号）

第六百八十三条　合伙人非经他合伙人全体之同意，不得将自己之股份转让于第三人。但转让于他合伙人者，不在此限。

【理由】谨按合伙人非经他合伙人全体之同意，不得将自己之股份转让于第三人，此亦当然之理。盖以合伙契约，因合伙人彼此信任而成立，第三人非其他合伙人全体之所信任，自不应许其阑入也。然若合伙人以其自己之股份，转让于其他合伙人者，则因受让之其他合伙人，早为合伙人全体之所信任，自不在禁止转让之列。故设本条以明示其旨。

判　伙员外股份之顶受，应得他伙员全体之同意。（四年上字第一〇四七号）

判　合伙员互相顶受股份，不必得其他伙员同意。（六年上字第七八八号）

判　合伙人将自己之股份转让于他人时，虽已将自己应分担之损失交付受让人，并约明以前合伙所负之债务，由受让人清偿，亦仅于受让人间有其效力，即对于受让人虽得请求其向债权人清偿，俾自己免其责任。而对于债权人，则非依债务承担之法则，经其承认，不得以此对抗之。惟转让后，合伙所负之债务，如受让人为他合伙人，或虽非他合伙人，而其转让已得他合伙人全体之同意者，应由继承该合伙人地位之受让人负责。（二十一年上字第一六七九号）

第六百八十四条　合伙人之债权人，于合伙存续期间内，就该合伙人对于合伙之权利，不得代位行使。但利益分配请求权，不在此限。

【理由】谨按合伙存续期间内，合伙人对于合伙之权利，不得由合伙人之债权人代位行使。所谓合伙存续期间者，盖指合伙未解散以前，或虽解散而尚在清算中而言。所谓不许代位行使者，盖以合伙契约之成立，完全基于合伙人之彼此信任，此种由合伙关系所生之权利，自不许全体不信任之第三人代位行使也。至于因财产上所生之关系，如利益分配请求权，则与信任无涉，自不妨使第三人代位行使，俾资便利。故设本条以明示其旨。

判　合伙员个人之债权人，就该伙员股份代位行使权利，只得主张应得红利，或为依法解约。（五年上字第四一四号）

第六百八十五条　合伙人之债权人，就该合伙人之股份，得声请扣押。但应于两个月前通知合伙。

前项通知，有为该合伙人声明退伙之效力。

【理由】谨按依第八百六十三条之规定，合伙人非经他合伙人全体之同意，不得处分其对于合伙财产应有之部分，则合伙人之债权人，似不得就合伙人之股份，声请扣押。然必拘泥此例，不予变通，则所以保护合伙人之债权人者，未免失之过薄，殊非允当。故本条明定仍许债权人声请扣押，但应于两个月以前，负通知合伙人之义务，且使此项通知有为该合伙人声明退伙之效力，盖于保护合伙债权人之中，仍须顾及其他合伙人之利益也。故设本条以明示其旨。

第六百八十六条　合伙未定有存续期间，或经订明以合伙人中一人之终身，为其存续期间者，各合伙人得声明退伙。但应于两个月前通知他合伙人。

前项退伙，不得于退伙有不利于合伙事务之时期为之。

合伙纵定有存续期间，如合伙人有非可归责于自己之重大事由，仍得声明退伙。

【理由】查民律草案第八百一十七条理由谓，未定存续期间之合伙契约，必使各合伙人无论何时均得声明退伙，始能免永久被合伙契约拘束之害，但此项退伙不得于退伙有不利于合伙事务之时期为之。若违背此义务，因此而生之损害，即应负赔偿之责。若以合伙契约订明，以某合伙人之终身为其存续期间者，其合伙契约，应与未定存续期间之合伙契约同视。又虽定有存续期间之合伙契约，然各合伙人如有非可归责于自己之重大事由，仍应许其声明退伙，始足以保护其利益。此本条所由设也。

判　退店帖，系让与伙产持份之书据。（三年上字第五四号）

判　在营业不利益时期，合伙员非不得已不得解约。（三年上字第三七六号）

判　各合伙员合意解约者，无时期之限制。（三年上字第三七六号）

判　退伙非要式行为。（四年上字第五五四号）

判　退伙不必待他合伙员承诺，即生效力。（四年上字第五五四号）

判　退伙不以书立退单，或登报为要件。（四年上字第九一五号）

判　虽仅立退伙草约，苟未表示立正约前，仍保留合伙关系者，亦应视为已退伙。（五年上字第一○三号）

判　退伙非向他合伙员明示或默示表示意思者，不生效力。（五年上字第四一四号）

判　退伙一经表示，即于合伙人间发生效力。（五年上字第六五○号）

判　合伙契约附有解除条件，其条件成就者，合伙关系消灭，毋庸更声明退伙。（七年上字第二四二号）

判　合伙人退股，须对于他合伙人表示，始为合法。（九年上字第一九六号）

判　合法表示退股意思，即生效力。（十年上字第五○七号）

判　合伙员之退伙，必使合伙债权人可信其有退伙之行为，始对于退伙后之合伙债务不负分担责任。（十七年上字第四一六号）

判　退伙为单独行为，固无待他合伙员之承诺，然必向他合伙确实表示其意思方可发生效力。（十八年上字第九六号）

判　关于合伙解散后之清算事务，合伙人未经另选有清算人者，则以前执行业务之合伙员，当然任清理之责。合伙人之退股，固须对于各合伙人为明示或默示之表示，始能生效。但执行合伙业务之经理人，有代理各合伙之权，则对于经理人所为之表示，可认为向各合伙人所为者，自应认为合法退股。（十九年上字第四四九号）

第六百八十七条　除依前二条之规定，得声明退伙外，合伙人因下列事项之一而退伙：

一、合伙人死亡者，但契约订明其继承人得继承者，不在此限；

二、合伙人受破产或禁治产之宣告者；

三、合伙人经开除者。

【理由】谨按合伙契约之成立，系因各合伙人彼此信任所致，故合伙人若有死亡或受破产、禁治产之宣告，及经开除等事由发生时，对于合伙，自应解散。然为他合伙人全体之利益计，亦不得不示变通之方法，即于此等事由发生时，仅使其合伙人退伙，而由他合伙人加入，继续合伙，以免解散之烦。此本条所由设也。

第六百八十八条　合伙人之开除，以有正当理由为限。

前项开除，应以他合伙人全体之同意为之，并应通知被开除之合伙人。

【理由】谨按合伙人有应行开除之事由发生时，为合伙人全体之公益，及合伙事业之发展计，自应将该合伙人开除，以保护其他合伙人之利益。但开除之要件有二：（一）必须有正当理由；（二）必须以他合伙人全体之同意为之。否则滥行开除，自非法律所许。至开除以后，并应通知被开除之合伙人。本条设此规定，所以使适用时有所依据也。

判　有正当事由者，合伙员得全体一致将一合伙员除名。（三年上字第一三〇号）

判　合伙员虽对于合伙负债，但他伙员不得因此将其除名。（三年上字第六〇二号）

判　合伙员不交足出资，他伙员得将其除名。（四年上字第一八〇二号）

判　合伙员仅存二人时，不得除名。（六年上字第九一〇号）

判　除名须通知本人后，始有效。（六年上字第九一〇号）

第六百八十九条　退伙人与他合伙人间之结算，应以退伙时合伙财产之状况为准。

退伙人之股份，不问其出资之种类，得由合伙以金钱抵还之。

合伙事务，于退伙时尚未了结者，于了结后计算，并分配其损益。

【理由】谨按退伙人退伙时，与他合伙人相互间，必须结算。关于合伙财产之损益，以便分配，此属当然之事。惟此种结算，应以何时之财产状况为准，亦不可不有明文之规定，俾资依据。此第一项所由设也。又合伙之出资，本不以金钱为限，有以金钱或他物者，亦有以劳务代之者，退伙时为便利计算起见，则不问其出资之种类若何，均由合伙以金钱抵还之。此第二项所由设也。至合伙人退伙时尚未了结之事务，此时尚不能计算其损益，故规定虽经退伙，仍须俟该事务了结后，再行计算损益，按股分配，以昭公允。此第三项所由设也。

判　退伙之分摊损益，以当时资产状况为准。（三年上字第四七五号）

判　借用铺款，分析红利，解除合伙，不得向铺掌交涉。（三年上字第五三五号）

判　退伙若定有分配范围者，退伙员不得请求全体财产之分配。（三年上字第一〇八二号）

判　退伙应估算价格，以金钱返还其出资。（四年上字第四六一号）

判　退伙若践行习惯上方式者，就嗣后伙债即应免责。（五年上字第七一二号）

判　退伙员应收资本及利益，而当时未提取者，亦应作为合伙债权。（六年上字第六五七号）

判　退伙时计算有余者，可收回出资及利益。若损失者，则应补足。（六年上字第六五七号）

判　退伙员原出资本，除亏损外，应由他伙员给还。（六年上字第七一三号）

判　声明解约之合伙员，不得阻止他合伙员，使用该合伙名义，继续营业。（十四年上字第三八号）

第六百九十条　合伙人退伙后，对于其退伙前合伙所负之债务，仍应负责。

【理由】谨按依前条之规定，退伙人与他合伙人间之结算，应以退伙时合伙财产之状况为准，则合伙损益之分配，均应以退伙时之状况为准。其退伙以前合伙所负之债务，退伙人自应按股分担，不得借口业已退伙，希图免责。本条设此规定，所以保护他合伙人之利益也。

判 退伙后，原则不负非其合伙时债务之责任。（三年上字第二九三号）

判 诈害退伙，对于债权人无效。（四年上字第一三六六号）

判 合伙营业之经理人，于合伙员不明时，虽应任经手追偿合伙债务之责，但究无代偿义务。（七年上字第一〇号）

判 各合伙员与债权人协议划清所应分担之债务者，非更改契约，于合伙债务保证人之责任无涉。（七年上字第一〇四九号）

判 退伙以前之合伙债务，除有习惯外，非经他合伙员承任，债权人同意，不能免责。（九年上字第九五三号）

判 合伙人虽经退伙，而就其退伙前所负之合伙债务，仍应负责。至由第三人承认偿还债务，于债权人甚有利害之关系，非经其同意不能生效。（十六年上字第九二二号）

判 合伙人退伙后，就其合伙前所负之债务，仍有清偿之责，此在民法债编第六九〇条固有明文规定。而该民法债编施行前，亦为适当之条理，迭经采为判例。（二十一年上字第一九八七号）

判 合伙人将自己之股份转让于他人时，虽已将自己应分担之损失交付受让人，并约明以前合伙所负之债务，由受让人清偿，亦仅于受让人间有其效力，即对于受让人虽得请求其向债权人清偿，俾自己免其责任。而对于债权人，则非依债务承担之法则经其承认，不得以此对抗之。惟转让后，合伙所负之债务，如受让人为他合伙，或虽非他合伙人，而其转让已得他合伙人全体之同意者，应由继承该合伙人地位之受让人负责。（二十一年上字第一六七九号）

第六百九十一条 合伙成立后，非经合伙人全体之同意，不得允许他人加入为合伙人。

加入为合伙人者，对于其加入前合伙所负之债务，与他合伙人负同一之责任。

【理由】 谨按本条立法之意旨，与第六百八十三条之规定相同。盖以合伙之关系，因彼此信任而成立，他人非其他合伙人全体所信任，自不应许其阑入。故明定非经合伙人全体之同意，不得允许他人加入为合伙人。至允许他人加入为合伙人后，对于加入前合伙所负之债务，其中途加入之合伙人，仍须与他合伙人负同一之责任，盖以合伙之本质固应如是也。特设本条以明示其旨。

判 一人以堂名代多数人附股，因他伙东是否知情，异其效力。（四年上字第二三六号）

判 合伙债权人，不能否认随后入伙之人。（六年上字第二五五号）

第六百九十二条 合伙因下列事项之一而解散：

一、合伙存续期限届满者；

二、合伙人全体同意解散者；

三、合伙之目的事业已完成或不能完成者。

【理由】查民律草案第八百一十六条理由谓，合伙因解除条件成就，或解除契约等普通原因而解散，是固当然之理，不必以明文规定。然其特别解散之原因，应规定明晰，以杜无益之争论。此本条所由设也。

判 合伙未定存续期间者，随时得解约。（四年上字第一三六号）

判 合伙解散与退伙不同，如合伙员中一人声明解约，而他合伙员仍愿继续者，则仅该员退伙，而合伙即依然存续。（四年上字第四六一号）

判 合伙不能强令永远继续。（四年上字第二二四七号）

判 一合伙员声明解约，他伙员亦不欲继续营业者，即为解散。（七年上字第一一七六号）

第六百九十三条 合伙所定期限届满后，合伙人仍继续其事务者，视为以不定期限继续合伙契约。

【理由】查民律草案第八百一十八条理由谓，合伙因存续期限届满而消灭，然有时存续期限虽已届满，而合伙人全体仍默示同意继续其事务者，此不外一种未定存续期间之新合伙，故视为以不定期限继续合伙契约。此本条所由设也。

第六百九十四条 合伙解散后，其清算由合伙人全体或由其所选任之清算人为之。

前项清算人之选任，以合伙人全体之过半数决之。

【理由】查民律草案第八百二十四条理由谓，既经解散之合伙，仅于清算之目的范围内，视与存续同。故某合伙人因合伙契约而有之执行业务权，当然消灭。其合伙清算，以使合伙人共同为之，或由其共同选任之清算人为之，最为妥协。盖于合伙之利害关系，惟合伙人最切故也。

谨按至于清算人选任之方法，则以合伙人全体之过半数决之。故设本条以明示其旨。

判 合伙解散，其关系非遽消灭。（四年上字第一四二号）

判 合伙解散，未选清算人前，执行业务员，当然任清理之责。（四年上字第一七八七号）

判 合伙商店歇业，经理人代理权，非因合伙解散当然消灭。（五年上字第四五二号）

判 合伙解散后，清算人之职务，不限于结算账目。（七年上字第一一五一号）

判 关于合伙解散后之清算事务，合伙人未经另选有清算人者，则以前执行业务之合伙员，当然任清理之责。合伙人退股固须对于各合伙人为明示或默示之表示，始能生效，但执行合伙业务之经理人，有代理各合伙人之权，则对于经理人为退股之表示，可认为向各合伙人所为者，自应认为合法退股。（十九年上字第四四九号）

第六百九十五条 数人为清算人时，关于清算之决议，应以过半数行之。

【理由】谨按清算人有数人时，其共同处理清算事务之方法，亦不可不有明文之规定。本条明定关于清算之决议，以全体清算人过半数行之，盖为杜清算人专擅之弊而设。

第六百九十六条 以合伙契约，选任合伙人中一人或数人为清算人者，适用第六百七十四条之规定。

【理由】谨按由合伙人中选任之清算人，或为一人，或为数人，此种被选任执行合伙事务之清算人，其清算权限，系由合伙契约而来。在该清算人，非有正当事由，既不得任意辞任。其他合伙人，亦不得任意将其解任。纵令解任，亦非经其他合伙人全体之同意，不得为之，此与合伙人被委任执行合伙之事务相同，故适用第六百七十四条之规定。此本条所由设也。

第六百九十七条　合伙财产，应先清偿合伙之债务。其债务未至清偿期，或在诉讼中者，应将其清偿所必需之数额，由合伙财产中划出保留之。

依前项清偿债务，或划出必需之数额后，其剩余财产应返还各合伙人之出资。

为清偿债务及返还合伙人之出资，应于必要限度内，将合伙财产变为金钱。

【理由】谨按合伙人合伙之财产，应偿还合伙之债，此属理之当然，故本条第一项明定合伙财产，应先清偿合伙所负之债务。其债务虽未至清偿期，或尚在诉讼中者，亦应将应行偿还之数额，划出保留之，以保护债权人之利益。又依前项之规定，合伙财产经清偿合伙债务，或划出必需之数额保留后，如有剩余，应返还于合伙人之出资，盖以此种剩余财产，本为合伙人之所有也。至合伙财产，为清偿债务及返还合伙人之出资，有时非变为金钱，不易分配，故使其变为金钱，然亦非可尽行变为金钱而为分配也。故规定于必要限度为限，以明示其旨。

判　所谓合伙债务者，自应以合伙名义所负之债务为限。如以合伙员一二人名义所负之债务，而不能推定其为代理全合伙员所负者，纵其实质为合伙所用，亦不能认为合伙之债务，使债权人受分偿之不利益。（三年上字第三八三号）

判　合伙解散时，应分析原物。不能分析者，应变价分配。（四年上字第四六一号）

判　合伙解散，必伙产偿债有余，各员始得收回股本。（四年上字第八〇〇号）

判　合伙员个人名义，或商号所负之债务，非合伙债务。（四年上字第二二三二号）

判　清算未完结前，不得径向清算人求还股本。（五年上字第八四号）

判　伙产为合伙债权人之特别担保，得优先受清偿。（五年上字第一二六四号）

判　伙债先就伙产清偿云者，系指现在可供清偿之合伙财产而言。

若外欠款项既不能即时供清偿之用，自不能以之对抗债权人。（六年上字第二四一号）

判　执行业务员经手借款，应就全部负清理偿还之责。（七年上字第五一九号）

判　在本店无产而分店有余产之特别情形，分店应偿还本店债务。（七年上字第六四六号）

判　合伙员擅收入己之合伙财产，应提出偿债。（八年上字第一九一号）

判　同一股本，以同一商号，经营两种商业，苟其资本及内部组织与对外一切关系，均各自独立，则甲号所负之债务，应先尽甲号之财产清偿。有所剩余，始得以充偿还乙号债务之用。（十五年上字第一四六〇号）

判　按债权法则，合伙财产应先清偿合伙债务。若合伙员一种之出资纯为内部关系，不得与合伙债权人相对抗。（十八年上字第五九二号）

第六百九十八条　合伙财产，不足返还各合伙人之出资者，按照各合伙人出资额之比例返还之。

【理由】谨按依前条第二项之规定，合伙财产，经清偿债务或划出必需之数额后，其剩余财产，应返还各合伙人之出资。然其剩余数额，如较出资之数额为少，不足以资返还时，则应按照各合伙人出资额之比例而为返还。盖以此种不足之数额，即为合伙人共同所负之损失，使之比例分担，自足以昭平允。故设本条以明示其旨。

判　合伙解散，应清算财产全部，分配损益。（三年上字第一〇八二号）

判　合伙分担损失，分配利益标准，均未定者，依出资多寡为准。（五年上字第四八二号）

判　合伙解散，清算亏累者，除因一员经理不当或擅自长支应独任责外，各员应按股分担损失。（六年上字第三七五号）

判　执行业务员，于清理时擅借之款，未经他合伙员追认，债权人不得径向他合伙员求偿。（八年上字第六五五号）

判　一伙东原则上，仅得行使自己一股之债权。（八年上字第一三一

九号）

第六百九十九条 合伙财产，于清偿合伙债务及返还各合伙人出资后，尚有剩余者，按各合伙人应受分配利益之成数分配之。

【理由】 查民律草案第八百二十九条理由谓，合伙之剩余财产，应由各合伙人分割，使清算终结。盖合伙财产，本属合伙人共同所有，既属共有，自可分割。至分割方法，应依分割共有物之规定，理至易明，无须另设明文也。

判 合伙解散，先应以伙产清偿伙债，有余则分配于伙员，不敷则由各员分摊。（三年上字第一二四五号）

判 伙员之附项，原则上应以伙产平均摊分。（四年上字第四七七号）

判 合伙解散，所余什物账项，不得强一员顶受。（五年上字第八二六号）

第十九节 隐名合伙

【理由】 查民律草案债权编第二章第十五节原案谓，隐名合伙者，当事人之一方约明对于他方所经营之事业出资，而分配其营业所生之利益，及分担其所生损失之契约也。其性质为合伙，抑为特种契约，自来学说聚讼，本法以此为非必应决定之事，任学者自为解释。惟此项契约，自古有之，于实际上亦必不可少，故特设本节之规定。

第七百条 称隐名合伙者，谓当事人约定，一方对于他方所经营之事业出资，而分受其营业所生之利益，及分担其所生损失之契约。

【理由】 谨按隐名合伙之意义及其性质，必须明白规定，始足以杜无益之争论。故设本条以明示其旨。

判 隐名合伙，与普通合伙，不以有无合同为区别。（四年上字第一一八号）

第七百零一条 隐名合伙除本节有规定者外，准用关于合伙之规定。

【理由】 查民律草案第八百三十七条理由谓，隐名合伙与合伙相类，以无特别规定为限，得准用关于合伙之规定。此本条所由设也。

第七百零二条 隐名合伙人之出资，其财产权移属于出名营业人。

【理由】谨按隐名合伙，仅当事人间约定一方对于他方所经营之事业出资，而分配其营业所生之损益，其营业之主体，仍为出名营业人。故隐名合伙人之出资，其财产权应移属于出名营业人，以资事实之便利，而维业务之信誉。此本条所由设也。

判　隐名合伙财产，专属出名营业人，非总合伙员共有。（五年上字第一三九八号）

判　合伙营业之经理人，不得认为出名营业人。（七年上字第一一八八号）

第七百零三条　隐名合伙人，仅于其出资之限度内，负分担损失之责任。

【理由】谨按本条规定隐名合伙人于合伙损失时应负之责任，而隐名合伙人，既不干预营业，则其责任，应以出资为限。故其所出资本，纵有损失净尽，不足清偿债务之情事时，隐名合伙人亦不再负清偿之责。此本条所由设也。

判　隐名合伙员，通常于其出资外，不负担损失，尤无代出名营业人负责之理。（四年上字第四四一号）

判　隐名合伙人，除特约外，应担任内部亏折。（八年上字第六九八号）

判　隐名合伙员，得因特约负出资以外损失之责。（十一年上字第八五五号）

第七百零四条　隐名合伙之事务，专由出名营业人执行之。

隐名合伙人就出名营业人所为之行为，对于第三人不生权利义务之关系。

【理由】谨按隐名合伙，于营业人之地位，毫无变更，其营业之主体，仍为出名营业人。故隐名合伙之事务，应由出名营业人执行之。此第一项所由设也。至隐名合伙之事务，既由出名营业人执行，则因营业上行为所生权利义务之关系，亦应归属于出名营业人。故出名营业人所为之行为，对于第三人之一切权利义务，应由出名营业人负担，隐名合伙人与第三人相互间自不生权利义务之关系。此第二项所由设也。

判　隐名合伙之债务，为出名营业人独负。（四年上字第七二八号）

判　隐名合伙员，对第三人无权利义务。（四年上字第一三六二号）

判　所谓出名营业人，系指对外之营业主体而言。（七年上字第一一八八号）

判　隐名合伙之债权人，得请求出名营业人，清偿全部。（七年上字第一一八八号）

第七百零五条　隐名合伙人如参与合伙事务之执行，或为参与执行之表示，或知他人表示其参与执行而不否认者，纵有反对之约定，对于第三人，仍应负出名营业人之责任。

【理由】谨按隐名合伙人，因不干预合伙事务，故对于第三人，仅于其出资之限度内，负分担损失之责任。若隐名合伙人参与合伙事务之执行，或为参与执行之表示，或知他人表示其参与执行而不否认者，则是已处于执行合伙事务之地位。纵使合伙契约内，有不负责任之记载，对于第三人，仍应负出名营业人之责任。盖以其于合伙事务之内容，业经明白知悉，且已参与执行，自应与出名营业人负同一之责任也。故设本条以明示其旨。

第七百零六条　隐名合伙人，纵有反对之约定，仍得于每届事务年度终查阅合伙之账簿，并检查其事务及财产之状况。

如有重大事由，法院因隐名合伙人之声请，得许其随时为前项之查阅及检查。

【理由】谨按隐名合伙人应有查阅合伙账簿，并检查其事务及财产状况之权利，此种权利之行使，应于每届事务年度终了时为之，纵有反对之约定，亦属无效。若有重大事由，隐名合伙人并得声请法院随时查阅账簿暨检查事务及财产之状况，以保护其利益。此本条所由设也。

第七百零七条　出名营业人，除契约另有订定外，应于每届事务年度终计算营业之损益，其应归隐名合伙人之利益，应即支付之。

应归隐名合伙人之利益而未支取者，除另有约定外，不得认为出资之增加。

【理由】谨按隐名合伙计算损益及分配利益之时期，应有明白之规定，以杜无益之争论。故设第一项以明示其旨。至应归隐名合伙人之利益，尚未支取者，若合伙契约订定，将其利益作为出资之增加，自应从其订定，以期适合于当事人之意思，否则不得认为出资之增加。盖以每次所分配之利益，均须加入资本，于隐名合伙人殊无利益可图也。故设第二项以明示其旨。

第七百零八条 除依第六百八十六条之规定，得声明退伙外，隐名合伙契约，因下列事项之一而终止：

一、存续期限届满者；

二、当事人同意者；

三、目的事业已完成，或不能完成者；

四、出名营业人死亡或受禁治产之宣告者；

五、出名营业人或隐名合伙人受破产之宣告者；

六、营业之废止或转让者。

【理由】 谨按依第六百八十六条之规定，隐名合伙未定存续期间，或经订明以合伙人中一人之终身为其存续期间者，各合伙人均得随时声明退伙。但须于两个月前通知，并不得于退伙有不利于合伙事务之时期为之。其定有存续期间者，隐名合伙人如有非可归责于自己之重大事由，亦得声明退伙。除此之外，隐名合伙契约有应行终止之事项，亦不可不有明确之规定，以杜无益之争论。故设本条以明示其旨。

第七百零九条 隐名合伙契约终止时，出名营业人，应返还隐名合伙人之出资，及给与其应得之利益。但出资因损失而减少者，仅返还其余存额。

【理由】 谨按隐名合伙契约终止时，出名营业人应履行之义务有二：（一）须返还隐名合伙人之出资；（二）须给与其应得之利益，但出资因损失而减少者，只返还其余额。本条设此规定，盖明示隐名合伙契约终止之效果也。

第二十节　指示证券

【理由】 查民律草案债权编第四章原案谓，指示证券者，不问为其原因之法律关系如何，指示人以权利授与领取人，使其得以自己名义向被指示人索取为债权标的之给付，又以权利授与被指示人，使其得向证券受取人为给付，而后与指示人计算之法律行为也（绝对之法律行为、不要因之法律行为）。此制度自古各国，或以明文规定其大要，或以明文承认其习惯。至关于此制度之性质，则诸家之学说不同，有谓应为契约者，有谓应为一方行为者，本法则不认其为契约，且此制度，本于种种义务之原因，为达种种经济上之目的，甚属有益，故设本节之规定。

第七百一十条　称指示证券者，谓指示他人将金钱、有价证券或其他代替物给付第三人之证券。

前项为指示之人，称为指示人。被指示之他人，称为被指示人。受给付之第三人，称为领取人。

【理由】查民律草案第八百八十六条理由谓，甲发行证券，指示乙将金钱、有价证券或其他代替物给付于丙，而将证券交给于丙时，即谓之发行指示证券。甲为指示人，乙为被指示人，丙为证券领取人，省称之为领取人。甲因发行指示证券，故授与丙以用自己之名，向被指示人领取给付之权利（即领取人），授与乙以向丙给付而归与甲计算之权利。本条明示发行指示证券，即系授与人以索取给付权，并授与人以为给付之权利，以防止无益之争论也。

判　指示债权，须其证券载明指示字样，始与普通记名债权有别。（五年上字第五七九号）

第七百一十一条　被指示人向领取人承担所指示之给付者，有依证券内容，而为给付之义务。

前项情形，被指示人，仅得以本于指示证券之内容，或其与领取人间之法律关系所得对抗领取人之事由，对抗领取人。

【理由】查民律草案第八百八十九条理由谓，被指示人对于领取人，不负承担指示证券或为清偿之义务，盖发行证券，不足令被指示人及领取人之间发生法律关系故也。若被指示人业经向领取人承担所指示之给付（是即债务之承担），则其效果，对于领取人，即应依指示证券之旨趣，担负给付之义务，否则不足以维持证券之信用也。故设本条规定以明示其旨，并明示被指示人得对抗领取人之事由，以杜无益之争执。

第七百一十二条　指示人为清偿其对于领取人之债务而交付指示证券者，其债务，于被指示人为给付时消灭。

前项情形，债权人受领指示证券者，不得请求指示人就原有债务为给付。但于指示证券所定期限内，其未定期限者，于相当期限内，不能由被指示人领取给付者，不在此限。

债权人不愿由其债务人受领指示证券者，应即时通知债务人。

【理由】谨按民律草案第八百八十七条理由谓，交付指示证券，非使人知指示人及领取人间之法律关系，乃由指示人直接以某财产移转于领取人之一法也。此法律关系，依交付该证券之原因定之，此属当然之理，无须另以明文规定（因赠与而交付指示证券，或因债务发生如消费借贷关系发生而交付指示证券，或因清偿债务而交付指示证券，其原因无一定）。又交付指示证券，仅可为指示人证其移转某财产于领取人之方法，非竟移转财产，必待被指示人已给付于领取人，始生移转财产之效力。例如甲欲以一定金额，返还于乙，交付指示证券，丙为被指示人，则其清偿，必至丙给付乙后，始生效力，于交付证券、承担证券时，不生效力也。故设第一项以明示其旨。债权人受领指示证券后，不得请求指示人就原有债务再为给付，盖应视为由被指示人领取给付也，然若定有期限之指示证券，被指示人逾期不为给付，或未定期限之指示证券，被指示人不于相当期限内给付者，证券领取人仍得向指示人请求给付，以保护其利益。故设第二项以明示其旨。债权人不愿由其债务人受领指示证券者，应即通知债务人，俾有准备而免徒劳。故设第三项以明示其旨。

第七百一十三条　被指示人，虽对于指示人负有债务，无承担其所指示给付或为给付之义务，已向领取人为给付者，就其给付之数额，对于指示人，免其债务。

【理由】查民律草案第八百九十三条理由谓，指示人与被指示人之关系，依二人间所成立之法律关系定之。故被指示人依指示证券支付债务时，对于指示人有无求偿权，又被指示人有无承担证券或为给付之义务，亦须依被指示人与指示人彼此间之法律关系决之。被指示人固不因其为指示人之债务人之故，而负承担或为给付之义务。然被指示人对于指示人负债务，指示人因索偿债务而发行指示证券，被指示人已为给付时，就其所给付之额，使得免债务，亦无不可。故设本条以明示其旨。

第七百一十四条　被指示人对于指示证券，拒绝承担或拒绝给付者，领取人应即通知指示人。

【理由】查民律草案第八百八十八条理由谓，被指示人不为给付时，领取人对于指示人有无求偿权，须依交付指示证券之法律关系定之。例如因赠与而交付指示证券之法律关系为给付，且赠与因欠缺方式无效时，求偿权即不存在。又领取人对于被指示人索取时，被指示人究负给付之义务与否，亦然（领取人有索取之权利，而无索取之义务）。此等事项，征诸交给指示证券之性质，已甚明了，无须另以明文规定，然被指示人于应为给付之时期未届之先，拒绝承担，或预先拒绝给付时，领取人应从速通知指示人，以保交易上之诚实及信用。故设本条以明示其旨。

第七百一十五条　指示人于被指示人，未向领取人承担所指示之给付或为给付前得撤回其指示证券，其撤回应向被指示人以意思表示为之。

指示人于被指示人未承担或给付前，受破产宣告者，其指示证券，视为撤回。

【理由】谨按被指示人尚未向领取人承担所指示之给付，或未向领取人为给付之前，其证券尚未完全发生效力，应使指示人得自由撤回其指示证券，盖因发行指示证券，为一授权行为故也。故本条第一项明示撤回权，及其撤回之方法。又被指示人于未为承担或未为给付前，指示人已宣告破产者，其所指示之证券，应即视为撤回。盖以此时证券领取人对于指示人之债权，应按破产程序办理也。故设第二项明示其效力。

第七百一十六条　领取人得将指示证券让与第三人。但指示人于指示证券有禁止让与之记载者，不在此限。

前项让与，应以背书为之。

被指示人，对于指示证券之受让人已为承担者，不得以自己与领取人间之法律关系所生之事由，与受让人对抗。

【理由】查民律草案第八百九十五条理由谓，指示证券，除指示人禁止让与之外，应使领取人得将其证券让与他人，庶证券得流退之益。而指示证券之让与，非将指示人与被指示人间之债权让与他人，乃将因交给指示证券而生之权利移转与人而已。本条第一项设此规定，所以保护被指示人之利益也。又同律第八百九十七条理由谓指示证券让与之方式，须规定明晰，始能免无益之争执。故设第二项以明示其旨。又同律第八百九十八条理由谓被指示人与证券受让人彼此之间，指示证券之效力若何，须以法律定之，始能杜无益之争论。此第三项所由设也。

第七百一十七条 指示证券领取人或受让人，对于被指示人因承担所生之请求权，自承担之时起，三年间不行使而消灭。

【**理由**】查民律草案第八百九十二条理由谓，被指示人已承担指示证券，其领取人即有请求权。此请求权，为期过长，流弊滋甚，须因短期时效消灭，始足以保护被指示人之利益。此本条所由设也。

第七百一十八条 指示证券遗失、被盗或灭失者，法院得因持有人之声请，依公示催告之程序，宣告无效。

【**理由**】谨按指示证券如有遗失、被盗或灭失等情事时，不可不明定救济之方法，俾资适用。故本条规定法院得因持有人之声请，依公示催告程序，宣告证券无效，以保护持有人之利益。至公示催告应行如何程序，《民事诉讼法》中第五编第三章，盖有详细之规定也。

第二十一节　无记名证券

【**理由**】查民律草案债权编第五章原案谓，无记名证券者，约明依券面之所载给付于其持券人之证券也。故无记名证券持有人，对于发行人，有请求其依所记载之内容，为给付之权利。发行此种证券，有使债权易于移转之利，实际上甚属重要，故本法特设本节之规定。

第七百一十九条 称无记名证券者，谓持有人对于发行人得请求其依所记载之内容为给付之证券。

【**理由**】谨按本条为规定无记名证券之意义及其性质，故明定称无记名证券者，谓持有人对于发行人得请求其依所记载之内容为给付之证券，俾资适用。简言之，即无记名证券之持有人，得向发行人请求给付也。

判 无记名证券，非不法取得者，得向发行人请求给付。（六年上字第五六五号）

判 存条与普通之无记名证券不同。（十五年上字第一〇二二号）

第七百二十条 无记名证券发行人，于持有人提示证券时，有为给付之义务。但知持有人就证券无处分之权利或受有遗失、被盗或灭失之通知者，不得为给付。

发行人依前项规定已为给付者，虽持有人就证券无处分之权利，亦免其债务。

【理由】 谨按无记名证券，系约明因依券面所载向持券人而为给付，其发行人乃就其约付为单务契约。故证券之持有人，有依券面记载请求给付之权利，证券发行人，亦即有依券面记载而为给付之义务。然若已知证券持有人就证券无处分之权利，则发行人毋庸给付，得证明其事实，以拒绝持有人之请求，或证券因有证券遗失、被盗或灭失等情事，发行人已受有通知者，亦不得再为给付。故设第一项，以保护正当持有人之利益。又发行人对于证券持有人，得以其无处分权而拒绝给付，然此拒绝，乃发行人之权利，而非发行人之义务。若发行人已向持有人为给付，即使持有人无处分权，发行人亦当免其债务。故设第二项，以保护发行人之利益。惟发行人明知证券持有人无处分权，而故意为给付时，则视为侵权行为，应负损害赔偿之责，此又当然之理，毋待明文规定者也。

解 无记名证券，如有旁证足以证明其债权之真实，自可请求偿还。（七年统字八四九号）

第七百二十一条　无记名证券发行人，其证券虽因遗失、被盗或其他非因自己之意思，而流通者，对于善意持有人，仍应负责。

无记名证券，不因发行在发行人死亡或丧失能力后，失其效力。

【理由】 查民律草案第九百零一条理由谓，原因于无记名证券之债务关系，非因授受证券人彼此间缔结契约而生，乃因发行人有使债务发生之单独意思表示而生，即因制就无记名证券而发生也。故无记名证券之发行人，其所制就之证券，虽因遗失、被盗或其他与发行人意思相反之事由而流通，发行人亦不得免其责任。又证券制就后，未发行前，发行人死亡或丧失能力，证券之效力，不受其影响。此本条所由设也。

判 无记名证券发行人，不得任意拒绝所持人之请求。（十一年上字第七一六号）

第七百二十二条　无记名证券发行人，仅得以本于证券之无效，证券之内容或其与持有人间之法律关系所得对抗持有人之事由，对抗持有人。

【理由】 谨按凡行使无记名证券之权利，须由持有人提示于发行人，此当然之理，固不待言。然发行人所得对抗持有人之事由，如本于证券之无效，或证券之内容，或其与持有人间之法律关系所得对抗之事由，要不可不有明文之规定，俾资适用，否则无记名证券效力薄弱，不易流通也。故设本条以明示其旨。

第七百二十三条　无记名证券持有人请求给付时，应将证券交还发行人。发行人依前项规定收回证券时，虽持有人就该证券无处分之权利，仍取得其证券之所有权。

【理由】谨按无记名证券持有人，请求给付时，应将所持证券，与所受给付，彼此互易，此乃当然之理。若证券持有人不将证券交还，发行人自无为给付之义务。故设第一项以明示其旨。又发行人如已向持有人为给付，虽其持有人无处分之权利，仍应使发行人免其债务。既已免其债务，自应取得证券之所有权，即使有真正之持有人出，亦不能取回该证券。故设第二项以明示其旨。

第七百二十四条　无记名证券，因毁损或变形不适于流通，而其重要内容及识别记号仍可辨认者，持有人得请求发行人，换给新无记名证券。

前项换给证券之费用，应由持有人负担。但证券为银行兑换券，或其他金钱兑换券者，其费用应由发行人负担。

【理由】谨按无记名证券因毁损或变形至不适于流通时，应使持有人得以自己费用，向发行人请求换给新证券。若毁损或变形过甚，致其重要内容及识别记号不能辨认者，则与灭失同视，应依公示催告程序办理。故设第一项以明示其旨。至于新证券之换给，乃为持有人之利益，非为发行人之利益，故其费用应由持有人负担。但证券为银行兑换券或其他金钱兑换券者，则因换给所生之费用，即不应使持有人负担而由发行人负担。故设第二项明为规定，以保护持有人之利益。

第七百二十五条　无记名证券遗失、被盗或灭失者，法院得因持有人之声请，依公示催告之程序，宣告无效。

前项情形，发行人对于持有人，应告知关于实施公示催告之必要事项，并供给其证明所必要之材料。

【理由】谨按无记名证券有遗失、被盗或灭失情事，须依公示催告之程序，宣告证券无效，使持有人得因此请求换给无记名证券，以保护其利益。此种情形，发行人对于持有人应告知关于实施公示催告之必要事项，并供给其证明所必要之材料，俾持有人得提出证券缮本或开示证券要旨，及足以辨认证券之必要事项，并释明证券遗失、被盗或灭失及其声请权之原因事实，向法院自为声请也。故设本条以明示其旨。

判　无记名证券，可依式宣告无效，与银行兑换券有别。（六年上字第五六五号）

第七百二十六条　无记名证券定有提示期间者，如法院因公示催告声请人之声请，对于发行人为禁止给付之命令时，停止其提示期间之进行。

前项停止，自声请发前项命令时起，至公示催告程序终止时止。

【理由】谨按无记名证券定有提示期间者，持有人应于期限届满时，提示证券，请求给付。若逾限而不提示，则因时效经过，其请求权当然消灭，此为原则。然如证券有遗失、被盗或灭失情事，自己无从提示，此时若强令证券持有人仍照预定期间提示，逾期即使失效，则待证券持有人未免过酷，故不可不有例外之规定。即于法院因公示催告声请人之声请，对于发行人为禁止给付之命令时，停止提示期间之进行，俾请求权不致因时效而消灭，以保护声请人之利益。此第一项所由设也。又提示期间之停止进行，应于何时起止，亦不可不有明文规定。故明示自声请发前项命令时起，至公示催告程序终止为止，为其停止期间，俾资适用。此第二项所由设也。

第七百二十七条　利息、年金及分配利益之无记名证券，有遗失、被盗或灭失而通知于发行人者，如于法定关于定期给付之时效期间届满前，未有提示，为通知之持有人得向发行人请求给付该证券所记载之利息、年金或应分配之利益。但自时效期间届满后，经过一年者，其请求权消灭。

如于时效期间届满前，由第三人提示该项证券者，发行人应将不为给付之情事，告知该第三人，并于该第三人与为通知之人合意前，或于法院为确定判决前，应不为给付。

【理由】谨按无记名证券中，如利息、年金及分配利益之无记名证券等，其性质与通常无记名证券稍异，不得以公示催告，宣示无效。自不可不别定方法，使遗失、被盗或灭失该证券之持有人，得向发行人主张其本于证券之请求权。但此种请求权，务须迅速实行，不宜久不确定，故规定经过一年而不行使者，其请求权消灭。此第一项所由设也。又如于时效期间届满前，由第三人提示该项证券者，此时发行人应将不为给付之情事，告知该第三人，不为给付。其于该第三人与为通知之人合意给付前，或经法院确定判决命其给付前，发行人亦不得擅为给付，以昭慎重。此第二项所由设也。

第七百二十八条　无利息见票即付之无记名证券，除利息、年金及分配利益之证券外，不适用第七百二十条第一项但书及第七百二十五条之规定。

【理由】谨按无利息见票即付之无记名证券，与现金无异，既不能拒绝给付，复不能适用公示催告程序。故除其证券系利息、年金及其他分配利益之无记名证券外，不适用第七百二十条第一项但书及第七百二十五条之规定。故设本条以明示其旨。

第二十二节　终身定期金

【理由】查民律草案债权编第二章第十六节原案谓，终身定期金者，当事人约定一方于自己或他方或第三人生存期内，定期以金钱给付他方或第三人之契约也。其应给付之金钱，谓之定期金。负此给付之义务者，谓之定期金债务人。此项契约，与保险契约相似，实际上关系重要，故本法特设本节之规定。

第七百二十九条　称终身定期金契约者，谓当事人约定，一方于自己或他方或第三人生存期内，定期以金钱给付他方或第三人之契约。

【理由】谨按终身定期金契约之成立，必以法律规定明确，始能杜无益之争论。此本条所由设也。

第七百三十条　终身定期金契约之订立，应以书面为之。

【理由】查民律草案第八百四十八条理由谓，终身定期金契约，为永续契约，故应订立书据，以免日后之争执。此本条所由设也。

第七百三十一条　终身定期金契约，关于期间有疑义时，推定其为

于债权人生存期内，按期给付。

契约所定之金额，有疑义时，推定其为每年应给付之金额。

【理由】查民律草案第八百四十九条理由谓，终身定期金契约，得以债务人、债权人或第三人生存之期间为期间，然其期间若无特别约定时，视为约定以债权人生存之期间为其期间。又契约所定之金额有疑义时，若无特别约定，应推定其为每年应给付之金额，盖以其最协于当事人之意思。至终身定期金之债权，以债务人或第三人之生存期间为期间者，以无特别约定为限，得移转于债权人之继承人。此亦当然之事，不必以明文规定也。

第七百三十二条　终身定期金，除契约另有订定外，应按季预行支付。

依其生存期间而定终身定期金之人，如在定期金预付后，该期届满前死亡者，定期金债权人，取得该期金额之全部。

【理由】谨按本条第一项系规定支付终身定期金之方法。又依其生存期间而定终身定期金之人，如在定期金预付后届满期前，而一方死亡应使其债权消灭者，债权人能否主张有按照日数请求终身定期金之权，或有请求全期间终身定期金之权，亦不可不规定明确。故斟酌当事人之意思，特设第二项之规定。

第七百三十三条　因死亡而终止定期金契约者，如其死亡之事由，应归责于定期金债务人时，法院因债权人或其继承人之声请，得宣告其债权在相当期限内仍为存续。

【理由】查民律草案第八百五十三条理由谓，终身定期金债权，因以终身为期之人死亡而消灭，此固当然之事，无待明文规定。然其死亡应归责于终身定期金债务人时，若债权亦因此而消灭，则其弊至大，故使债权人或其继承人得声请法院宣告其债权在相当期限内仍为存续，以保护债权人之利益。此本条所由设也。

第七百三十四条　终身定期金之权利，除契约另有订定外，不得移转。

【理由】谨按终身定期金，为债务人与债权人间相互之关系，即终身定期金之权利，为专属之权利。故除契约另有订定外，不得移转，以期合于当事人之意思。此本条所由设也。

第七百三十五条　本节之规定，于终身定期金之遗赠准用之。

【理由】查民律草案第八百五十四条理由谓，终身定期金债权，以因契约而发生为通例，然亦有因遗嘱而使其发生者，此亦各国法律所公认，实际上亦必不可少。此本条所由设也。

<h3 style="text-align:center">第二十三节　和解</h3>

【理由】查民律草案债权编第二章第十八节原案谓，和解者，当事人约定互相让步以终止争执或防止争执发生之契约也。此项契约，皆涉及财产上、人事上之关系，为各国法律所公认，亦实际上必不可少之事。故本法特设本节之规定。

第七百三十六条　称和解者，谓当事人约定，互相让步，以终止争执或防止争执发生之契约。

【理由】谨按和解之成立，必以法律规定明确，始能杜无益之争论。本条明示和解之意义及其性质，即谓当事人间互相让步，终止现在已经发生之争执，及防止将来可以发生之争执之契约也。

判　民事现无公断制度，非两造同意和解，难强其遵行。（三年上字第二一二号）

判　和解制度，为尊重当事人意思，兼防后日纷争。（三年上字第一一九号）

判　和解与免除不同。（四年抗字第四九号）

判　和解因当事人约明互相让步，就某项法律关系，彼此停止争议，并除去不明确之状态，或除去实行某请求权不确实之状态，而生效力。（四年上字第一〇一八号）

判　和解契约，两造得合意展缓实行。（七年上字第九八二号）

判　和解本不以订立书据为必要，而契约之成立，亦并不以当面协商为限。苟由调处人两方接洽，而双方意思已归一致，自应认为和解成立。（二十一年上字第一八〇七号）

第七百三十七条　和解有使当事人所抛弃之权利消灭及使当事人取得和解契约所订明权利之效力。

【理由】谨按和解成立以后，其和解契约，应即发生效力。惟其效力，有消极、积极二种。在消极方面，有使当事人所抛弃之权利而为消灭；在积极方面，有使当事人取得和解契约所订明之权利。故设本条以明示其旨。

判　讼争已因和解终结者，不得主张和解前法律关系。（四年上字第一〇九二号）

判　因和解所创设之新权义，两造均应确守。（四年上字第一六五五号）

第七百三十八条　和解不得以错误为理由撤销之。但有下列事项之一者，不在此限：

一、和解所依据之文件，事后发现为伪造或变造，而和解当事人若知其为伪造或变造即不为和解者；

二、和解事件，经法院确定判决，而为当事人双方或一方于和解当时所不知者；

三、当事人之一方，对于他方当事人之资格或对于重要之争点有错误而为和解者。

【理由】谨按和解既属契约之一，则依契约原则，凡有错误、被诈欺或被胁迫情事，据本法总则第八十八条、第九十二条之规定，均得为撤销之原因，毫无疑义。惟本条则属例外规定，凡事一经和解，即使有于当事人一方有不利之情形，亦不得以错误为理由而撤销之。然若和解所依据之文件，系伪造或变造，经事后始行发现，而和解当事人如知其为伪造或变造即不为和解者；或和解事件经法院确定判决，而为当事人双方或一方于和解当时所不知者；或当事人之一方，对于他方当事人之资格，或对于重要之争点有错误而为和解者，此种情事，均关重要，既反乎真实符合之主义，自仍许当事人据为撤销之理由，以保护其利益。故设本条以明示其旨。

判　和解契约，非有无效撤销原因，当事人应受拘束。（三年上字第七八四号）

判　当事人不得借口和解内容不利一造，主张废约。（三年上字第一一八三号）

判 出自欺罔之和解契约，应许其撤销。（八年上字第一八七号）

<h2 style="text-align:center">第二十四节　保证</h2>

【理由】 查民律草案债权编第二章第二十节原案谓，保证者，谓当事人约定一方于他方之债务人不履行债务时，由其代负履行责任之契约也。负此义务之人，谓之保证人。负担债务之人，谓之主债务人。既约定由保证人履行债务人之债务，遂生担保之效用，此自古各国法律所认者也，本法亦采用之，特设本节之规定。

第七百三十九条　称保证者，谓当事人约定，一方于他方之债务人不履行债务时，由其代负履行责任之契约。

【理由】 谨按本条为揭明保证契约之内容，以杜无益之争论。保证契约，各国立法例，如德国民法第七百六十六条，瑞士债权编第四百九十一条，均规定以文书为限，然于实际诸多不便。故本法不采用之，特明示保证契约之成立，不以书面为必要。

判 保证人于主债务人不清偿时，有代还责任。（三年上字第二八一号）

判 保证为保护债权人利益而设。（三年上字第三九九号）

判 债务保证人与设定担保物权，其法律关系虽殊，而其目的为确保债务之履行则同。（三年上字第六四一号）

判 保证不以主债务人委托为成立要件。（四年上字第六七八号）

判 主债务人不能清偿时，债权人得向保证人要求代偿。（四年上字第一四七〇号）

判 不因债权人不即行使权利，而消灭保证债务。（五年上字第一一号）

判 保证与债务承任不同。（六年上字第六九〇号）

判 保证不以作成书据为要件。（六年上字第七一二号）

判 保证与荐引不同。（六年上字第七一二号）

判 主债务不存在，保证债务无存在之理。（九年上字第六一八号）

判 担保物因障碍不能供清偿之用，如立有保证人，自应负代偿之责。（十四年上字第七九八号）

判　债权虽经设定担保物，如有特约，债权人亦得先向保证人请求清偿。（十五年上字第七二七号）

判　民事条理，凡为某债务而设定之保证债务，或担保物权，除有特别意思表示外，应以该债务未易主体为限，始能存在。故如主债务，如经他人承任，则该保证债务，或担保物权，即应于承任时消灭。（十六年上字第一四〇七号）

解　银行因职员侵占不能挂失之无记名债票，而受有损害者，得向保证人追赔。（十九年院字第二八五号）

第七百四十条　**保证债务，除契约另有订定外，包含主债务之利息、违约金、损害赔偿，及其他从属于主债务之负担。**

【理由】查民律草案第八百六十四条理由谓，保证债务之范围，虽依保证契约而定，然有时保证契约内不规定及此，应以法律预定其范围。而保证者，担保债务人必能履行债务之债务也。故主债务原本之外，如利息、违约金、损害赔偿及其他从属于主债务之负担，亦应担保其履行，始合于保证之本旨。

判　本利及损害赔偿，均为保证人偿还责任之范围。（三年上字第二八一号）

判　保证为从债务。（三年上字第一〇〇三号）

判　保证人与债权人约定物上担保而不能履行者，债权人得解约。（四年上字第七四〇号）

判　连带债务人之保证人，应代偿全部。（四年上字第一三四二号）

判　迟延利息，为保证人偿还责任之范围。（五年上字第五〇四号）

判　不履行之损害赔偿，亦为保证人偿还责任之范围。（五年上字第六三〇号）

判　保证人不限于金钱债务。（五年上字第一〇三二号）

判　担保物权与保证并存时，应先尽担保物拍卖充偿。（六年上字第四〇三号）

判　就合伙债务为保证者，系以各员本应分担之债额，及应代他员分担之债额，为其保证内容。（七年上字第一〇四九号）

判　各合伙员与债权人协议划清所应分担之债务者，非更改契约，

于合伙债务保证人之责任无涉。（七年上字第一〇四九号）

判 迟延利息，本属于保证责任之法定范围。保证债务人，既已清偿原本，其利息亦应为清偿之给付。（二十一年上字第五二九号）

第七百四十一条 保证人之负担，较主债务人为重者，应缩减至主债务之限度。

【理由】查民律草案第八百六十五条理由谓，保证债务，乃担保债权之一种方法，为从债务而非主债务，必须主债务存在，始能成立，且保证债务之标的必与主债务之标的同。又保证债务之标的及体样，只能轻于主债务，不能重于主债务。故保证人之负担，较重于主债务人之负担者，应使其缩减至主债务人负担之限度为止。此本条所由设也。

第七百四十二条 主债务人所有之抗辩，保证人得主张之。

主债务人抛弃其抗辩者，保证人仍得主张之。

【理由】查民律草案第八百六十六条理由谓，保证债务为从债务，故主债务人所有之抗辩，如留置权之抗辩、延期之抗辩等，保证人皆得主张之。至保证人于订立保证契约时，将可主张主债务人所有抗辩之权利抛弃者，其契约应为负担债务契约，不得为保证契约，此当然之理，无须另行规定。又主债务人虽抛弃其抗辩权，而不得因此害及保证人之利益，否则保证人将蒙不测之损害也。

判 未届清偿期，保证人不负责。（五年上字第一五〇四号）

判 保证人得主张主债务人对债权人之一切抗辩事由。（六年上字第五〇六号）

第七百四十三条 保证人对于因错误或行为能力之欠缺而无效之债务，如知其情事而为保证者，其保证仍为有效。

【理由】谨按保证债务者，保证人为主债务人之债权人担保主债务人必能履行债务之债务也。其所担保之债务，为主债务，而保证债务，则为从债务。故主债务因错误而为无效时，保证债务亦无效，或主债务因行为能力之欠缺而为无效时，保证债务亦无效，此属当然之理，无待明文规定。至保证人明知主债务系属因错误或行为能力之欠缺而为无效之债务，乃犹为之保证，此时应仍视为有效之保证债务，以保护债权人之利益。故设本条以明示其旨。

第七百四十四条　主债务人就其债之发生原因之法律行为有撤销权者，保证人对于债权人，得拒绝清偿。

【理由】查民律草案第八百六十七条理由谓，法律行为之撤销权，为保护当事人之利益而设，主债务人撤销发生债务之法律行为之权利，不能使保证人直接行使之，然亦不能不为保证人之利益计。故于主债务人可得撤销之法律行为，应以拒绝清偿保证债务之抗辩权，予保证人。若保证人不知主债务人有撤销权，履行保证债务，及其后主债务人行使撤销权时，保证人可依不当得利之原则，向债权人请求返还其给付。本条设此规定，所以保护保证人之利益也。

判　主债务有不得请求偿还之性质者，债权人不得请求保证人履行。（十年上字第三三四号）

第七百四十五条　保证人于债权人未就主债务人之财产强制执行而无效果前，对于债权人得拒绝清偿。

【理由】查民律草案第八百六十八条理由谓，保证债务者，因主债务人不履行主债务时而履行之债务也。故债权人应先就主债务人之财产而为强制执行，必须强制执行而无效果，始得请求保证人清偿，否则保证人对于债权人有拒绝清偿之权利。盖保证债务，为从债务，债权人应先向主债务人请求清偿，于未向主债务人请求之先，不得向保证人请求也。故设本条以明示其旨。

判　债权人未证明向主债务人执行无效，则保证人得为检索抗辩。（三年上字第七三二号）

判　保证人有先诉抗辩权。（三年上字第一一四九号）

判　保证人有检索抗辩权。（三年上字第一一四九号）

判　债权人未证明向主债务人执行困难，则保证人得为检索抗辩。（四年上字第七四二号）

判　主债务人财产尚足清偿一部者，保证人毋庸代还全部。（六年上字第二〇九号）

判　保证债务变为独立债务时，则不得再有先诉检索抗辩权。（六年上字第一二七三号）

判　与债权人有特约者，不得为检索抗辩。（七年上字第一五〇六号）

解 保人无论是否人钱并保，除对于代债务人清偿一层并无争执外，自应另案办理，不能于执行债务人案中径予扣押。（八年统字第九三七号）

判 先诉抗辩权，为通常保证契约应有之补充性。（十四年上字第一〇三四号）

判 债权人未就主债务人之财产为强制执行，保证人固得拒绝清偿。惟保证人若抛弃此权利，即不得对于债权人为此主张。（二十一年上字第一七六三号）

第七百四十六条 有下列各款情形之一者，保证人不得主张前条之权利：

一、保证人抛弃前条之权利者；

二、保证契约成立后，主债务人之住所、营业所或居所有变更，致向其请求清偿发生困难者；

三、主债务人受破产宣告者；

四、主债务人之财产不足清偿其债务者。

【理由】 查民律草案第八百六十九条理由谓，前条之拒绝权，为保证人之利益而设，故保证人抛弃其拒绝权之后，不得再行主张。又保证契约成立后，主债务人有移居外国等事，执行债务显有困难情形者，因制限其前条之拒绝权，以保护债权人之利益。至主债务人受破产之宣告，或其财产实不足清偿债务时，自应由保证人偿还，不能仍主张前条拒绝权。此本条所由设也。

判 主债务人踪迹不明，保证人不得为先诉抗辩。（三年上字第二八一号）

判 主债务人所在不明，保证人应代偿。（三年上字第六二五号）

判 保证人代偿责任，不能因资产受损，而要求减免。（三年上字第六二五号）

判 主债务人破产，或显然无力清偿，保证人不得为检索抗辩。（三年上字第七三二号）

判 主债务人显然无产清偿，催告无效者，保证人不得为先诉抗辩。（三年上字第八一二号）

判　声明主债务人已无力清偿，如再逾期不还，即由保人代还者，则无先诉抗辩权。（四年上字第一四〇六号）

判　保证人之检索抗辩权，因抛弃而丧失。（四年上字第一四七四号）

判　保证人承认代偿，即丧失其先诉抗辩权。（八年上字第一四一九号）

判　券内载明立时代偿等字样，应认为已舍弃先诉抗辩权。（十二年上字第一七八三号）

判　债权人对于保证人请求履行，并非以先向主债务人请求履行或强制执行为要件，不过保证人为先诉或检索之抗辩时，应先向主债务人请求履行或强制执行而已。即以先诉或检索之抗辩而论，债权人既曾向代理债务人之第三人催告，而该第三人仅允代向债务人催速办理，并不清偿赔款，则是催告已无效果，保证人之先诉抗辩权，依法即应消灭。又该第三人虽允向债务人催速办理，但将来能否收效，尚难预必。保证人既不能在原审证明该债务人在中国确有可供执行之财产，则虽该债务人在外国富有财产，亦属难于执行，是保证人之检索抗辩权，亦应认为消灭。（十二年上字第一九〇五号）

判　债权人未就主债务人之财产为强制执行，保证人固得拒绝清偿，惟保证人若抛弃此权利，即不得对于债权人为此主张。（二十一年上字第一七六三号）

第七百四十七条　向主债务人请求履行，及为其他中断时效之行为，对于保证人亦生效力。

【理由】查民律草案第八百七十条理由谓，向保证人请求履行及时效中断，对于主债务人不生效力。然对于主债务人请求履行及时效中断，则对于保证人不能不生效力。尽保证在担保主债之履行，若不发生效力，则有反于保证之本旨也。

第七百四十八条　数人保证同一债务者，除契约另有订定外，应连带负保证责任。

【理由】查民律草案第八百七十一条理由谓，保证债务人有数人时，其保证人有分别之利益，即非其担负之部分，不任其责，此多数之立法例也。然本条为巩固保证之效力起见，保证人有数人时，均使其为连带债务人而任其责，排除分别利益之抗辩，以保证债权人之利益。但契约另有订定者，仍应从其所订定，此又不易之理也。故设本条以明示其旨。

　　判　数人先后就全额保证者，有连带责任。（三年上字第二八一号）

　　判　数保证人中一人代偿债务全额者，得向他保证人要求平等负担之额。（三年上字第二八一号）

　　判　数保证人共同署名，非即连带保证。（三年上字第六四一号）

　　判　保证有连带特约者，债权人得随意向保证人请求履行。（四年上字第九九三号）

　　判　数人同时保证无特约者，各应平均负责。（五年上字第五〇五号）

　　判　全部保证人，应代还全部。（六年上字第一一一七号）

第七百四十九条　保证人向债权人为清偿后，债权人对于主债务人之债权，于其清偿之限度内，移转与保证人。

【理由】查民律草案第八百七十二条理由谓，保证人既为主债务人清偿债务，则于其清偿之限度内，债权人对于主债务人之债权，及其担保物权，当然移转于保证人，始能保护其利益。故设本条以明示其旨。

　　判　保证人反乎主债务人意思代偿者，得依不当得利之法则，请求返还。（四年上字第六七八号）

　　判　保证人如代偿债务，对债务人有求偿权。（四年上字第一七六一号）

　　判　保证人擅代清偿，或为其他消灭债务之行为者，亦有求偿权，并得为债权之代位。（四年上字第一九四一号）

　　判　保证人代位云者，即原债权移转于保证人是也。保证人代位所取得之债权，全然与原债权同。（四年上字第一九四一号）

　　判　保证人于代偿限度内，当然为债权之代位。（四年上字第一九四一号）

　　判　保证人为代位清偿后，得向主债务人请求原债权之给付。（四年上字第一九四一号）

　　判　保证人求偿权，与代位有别。（四年上字第二〇七六号）

判　保证人于一定情形，得预行求偿。（四年上字第二〇七六号）

判　保证人因清偿以外原因，使主债务人免责者，有求偿权。（五年上字第一一六号）

判　保证人求偿范围，以实际代偿为限。（六年上字第九一〇号）

解　承保人，无论曾否约明，无先诉抗辩权，自非向债权人为代位清偿后，无行使债权人抵押权之理。（十一年统字第一七三七号）

判　为债务人设定权利质权之第三人，因质权人实行质权致失其权利时，对于债务人，固有求偿权。但所谓求偿者，系请求偿还所失权利之当时价额，及其时以后之利息，非请求回复所失权利之谓。故第三人以对于质权人之外国货币金额债权，为债务人设定质权时，若经质权人实行质权致失其权利，则其后外国货币之市价增涨，亦仅得按当时市价请求偿还中国货币，不得就外国货币之原额，请求偿还。（二十一年上字第一五九八号）

第七百五十条　保证人受主债务人之委任，而为保证者，有下列各款情形之一时，得向主债务人请求除去其保证责任：

一、主债务人之财产显形减少者；

二、保证契约成立后，主债务人之住所、营业所或居所有变更，致向其请求清偿发生困难者；

三、主债务人履行债务迟延者；

四、债权人依确定判决得令保证人清偿者。

主债务未届清偿期者，主债务人得提出相当担保于保证人，以代保证责任之除去。

【理由】　谨按受主债务人委任而为保证人者，法律应指定事项，认其有保证免责之请求权，始能保护其利益。此第一项所由设也。又主债务未届清偿期者，主债务人得提出担保于保证人，以代保证责任之除去，盖以免责请求权之设置，原为防止保证人意外之损失，主债务人既经提出相当之担保，则保证人自可减免保证之责任。此第二项所由设也。

判　保证效力之消灭，须有正当解除原因。（十四年上字第七九八号）

第七百五十一条　债权人抛弃为其债权担保之物权者，保证人就债

权人所抛弃权利之限度内，免其责任。

【理由】谨按债权人将担保其债权之物权抛弃者，无论其物权于保证成立与否，应使保证人就债权人所抛弃权利之限度内，免其责任，即其担保物权系担保主债务之全部者。债权人抛弃其担保物权时，保证人得免全部之保证责任；其担保物权，系担保主债务之一部者，债权人抛弃其担保物权时，保证人得免一部之保证责任。本条设此规定，盖以保护保证人之利益也。

判　债权人因故意过失，丧失担保权时，保证人于其限度内免责。（十一年上字第九号）

第七百五十二条　约定保证人仅于一定期间内为保证者，如债权人于其期间内，对于保证人不为审判上之请求，保证人免其责任。

【理由】查民律草案第八百七十六条理由谓，保证有期限之债务者，保证人得于期限经过后，向主债务人请求保证之免责，盖债务既已届期，迟延之责，自应由主债务人负担故也。至保证债务，其自己定有期限者，若使保证人于其期限经过后，即时可以免责，于保护债权人之利益，未免过薄。故特设本条，债权人不于期限内向保证人为审判上之请求者，保证人始能免责。

判　有限期之保证契约，因期满而保证债务消灭。（七年上字第一五九号）

第七百五十三条　保证未定期间者，保证人于主债务清偿期届满后，得定一个月以上之相当期限，催告债权人于其期限内，向主债务人为审判上之请求。

债权人不于前项期限内向主债务人为审判上之请求者，保证人免其责任。

【理由】谨按主债务定有期限，而保证未定期限者，保证人得于主债务清偿期届满后，定一个月以上之相当期限，催告债权人于其期限内，向主债务人为审判上之请求。若债权人不于其期限内向主债务人为审判上之请求，应使保证人得免除保证责任，以保护保证人之利益。故设本条以明示其旨。

判　未限期之保证契约，不得认债权期限，为消灭保证关系之期限。

（七年上字第一五九号）

判　保证未定期限，不因债权期限而消灭。（十四年上字第七九八号）

判　保证人于主债务人有使其受累之情形时，得向主债务人请求免责，而诉请主债务人径向债权人清偿，亦为请求免责方法之一种。（十四年上字第二七二一号）

第七百五十四条　就连续发生之债务为保证而未定有期间者，保证人得随时通知债权人终止保证契约。

前项情形，保证人对于通知到达债权人后所发生主债务人之债务，不负保证责任。

【理由】谨按保证人就连续发生之债务为保证，而其保证又未定有期间者，其应就连续发生之债务，负其责任，此乃当然之理。然此种情形，保证人之责任未免过重，故使其有随时通知债权人终止保证契约之权。又保证人欲终止保证契约时，须对于债权人发终止保证契约之通知，俾有准备。但此种通知，应以达到于债权人后，始生效力，保证人于通知达到后所发生之债务，即可免除责任，借以保护保证人之利益。故设本条以明示其旨。

第七百五十五条　就定有期限之债务为保证者，如债权人允许主债务人延期清偿时，保证人除对于其延期已为同意外，不负保证责任。

【理由】谨按保证人就定有清偿期限之债务而为保证者，若债权人允许主债务人延期清偿时，此种延期清偿之允许，对于保证人之效力若何，不可不有明白之规定，俾免无益之争论。故本条明示应以保证人之意思为准，如保证人对于债权人延期清偿之允许，表示同意，则主债务延期，保证债务亦延期，保证人自应继续负责。若保证人对于债权人延期之允许，不表同意，则主债务延期，保证债务消灭，保证人即不再负保证责任，盖债权人自己抛弃期限之利益，应不使保证人因此而受不利之影响也。

第七百五十六条　委任他人以该他人之名义及其计算，供给信用于第三人者，就该第三人因受领信用所负之债务，对于受任人，负保证责任。

【理由】谨按本条系采德国新民法特设信用委任之规定，所谓信用委任，如甲委任乙，以乙之名义及其计算，供给信用于第三人丙，即由乙借款若干于丙是。此种情形，实具有担保债务之性质，故甲对于乙应负保证之责任。盖信用委任系以受任人名义供给信用于第三人，所以别于普通委任，复以受任人计算供给信用于第三人，又以别于通常委任也。

补　遗

第一百五十三条

△**判**　债权债务之主体，以缔结契约之当事人为准，故出立借约之债务人不问其果为实际受益与否，就其债务应负偿还之责，债权人不得对于债务人以外之人而请求履行。（十七年上字第九〇六号）

△**判**　解释契约，固须探求当事人立约时之真意，不能拘泥于契约之文字。但契约文字，业已表示当事人真意，无须别事探求者，即不得反舍契约文字而更为曲解。（十七年上字第一一一八号）

△**判**　当事人缔结不动产买卖契约，如已合法成立，其私法上之权利义务，即应受其拘束，非一造于事后所能主张增减。（十八年上字第一二七号）

△**判**　当事人间契约之成立，依法系以两造意思合致为要件，至于列名中人，是否到场或签押，均与契约成立之要件无关。（十八年上字第一五七号）

△**判**　当事人缔结之契约，一经合法成立，双方均应受其拘束。（十八年上字第四八四号）

△**判**　当事人缔结契约，一经合意成立，即应受其拘束。（十八年上字第一四九五号）

△**判**　契约应以当事人立约当时之真意为准，而真意何在，又应以过去事实，及其他一切证据资料，为断定之标准，不能拘泥文字致失真意。（十九年上字第四五三号）

△**判**　当事人间合法缔结之契约，双方均应受其拘束，除两造同意或有解除原因发生外，不容一造任意反悔，请求解约。（十九年上字第九八五号）

△**判**　当事人间所订契约，除与强行法令相反外，其契约中所表示之意思，法院自应依据以为判断。（十九年上字第二五八四号）

△**判**　按契约当事人一经意思表示一致，其契约即属合法成立，不容一造无故撤销。（二十年上字第六三二号）

△**判**　契约之成立，本不以署名、画押为要件，故凡当事人间缔结契约，其书面之形式，虽不完全，而能以其他方法，足以证明其意思已有合致之表示者，自无妨于契约之成立，当然发生法律上之效力。（二十年上字第一七二七号）

△**判**　当事人缔结之契约，一经合法成立，其在私法上之权利义务，即应受契约之拘束，不能由一造任意撤销。（二十年上字第一九四一号）

▲**判**　和解契约非必当事人双方当面协商而后成立，苟由调处人从中接洽，双方意思已归一致，各向调处人表示，经其互相传达于他方者，其和解契约即为成立。（二十一年上字第一八〇七号）

判　买卖契约，只须当事人双方表示意思一致，即为成立。其买卖田产之老契分关，已否交付，并有无卖主族人到场作中，均与契约之成立无关。（二十一年上字第二二八一号）

判　债权债务，应以缔约当事人为权利义务之主体。契约上之债务名义人，自应负担清偿之义务，不得以与第三人另有其他关系为对抗债权人之主张。（二十二年上字第四九七号）

判　单纯之沉默，难认为默示之同意。（二十二年上字第五五二号）

判　契约之成立，以能证明该契约当事人双方之意思表示一致为已足，本不限用何种文字及本人亲自署名。（二十二年上字第七一五号）

判　默示之承诺，必依要约受领人之举动，或其他情事足以间接推知其有承诺之意思者，始得认之。若仅未发生异议，则是单纯之沉默，不能遽谓其即为默示。（二十二年上字第九五〇号）

判　契约当事人互相表示意思一致，其契约自应认为成立。惟关于不动产物权之设定，则应作成书据，为其成立要件。故不动产物权之设定，其契约当事人间虽经互相表示意思一致，苟未作成书据，仅可认其契约当事人间关于债之契约为成立，而其物权契约究不得认其成立。（二十二年上字第一〇八四号）

判 以自己之名义与人结约为债务之负担者，无论其实际享用债款之人为何人，对于债权人当然应负契约当事人之责任。（二十二年上字第一三一〇号）

判 债权债务之主体，应以缔结契约之当事人为准。故契约上所载之债务人，不问其果为实际受益之人与否，就其债务应以名义上之债务人担负履行之责，债权人不能向债务人以外之人请求履行。（二十二年上字第二一二三号）

判 合伙契约不以交纳股本为成立要件，故未经交纳股本虽可为解约或开除之原因，要不得因此而谓合伙关系即不存在。（二十二年上字第二八九四号）

判 （一）合伙契约，非要式行为，不以立有合同股约为必要。（二十二年上字第二九八七号）

判 保证契约，一经当事人间口头约定，即属成立，原不以订立书据为要件。（二十三年上字第三八号）

判 谱例为拘束族众之规约，苟非已有成例或得族众全体同意，不得专擅为之。（二十三年上字第一〇一四号）

判 债权人允许债务人延期清偿，须有明示或默示之意思表示。（二十三年上字第一六七九号）

判 （三）默认须有足以间接推知其意思之举动，若单纯沉默，不得谓为默认。（二十三年上字第一七九五号）

判 （一）解释契约，固须探求当事人立约时之真意。但契约文字，业已表明当事人之真意者，即不得反舍契约文字而另作别解。（二十四年上字第一五六三号）

解 （二）当事人就已成立要式契约欲延长期间，倘无更须要式之表示，其延长即于意思合致时生效。（二十四年院字第一二七八号）

第一百六十四条

△**判** 凡以广告声明对完成一定行为之人给予报酬者，对于完成该行为之人，应负给付报酬之义务。至完成该行为之人，所用完成方法如何，是否利用时机或事出不意，苟非广告内特有声明，皆非广告人所应过问。盖此种债务之性质，本系仅就一定之结果给予报酬，原不须别具

何项条件。（十九年上字第一八九一号）

第一百六十六条

解　（一）当事人约定契约须用一定方式，在未完成方式前，自得变更其方式或承诺。（二十四年院字第一二七八号）

▲**判**　契约当事人约定其契约须用一定方式者，在该方式未完成前，推定其契约不成立，固为民法第一百六十六条所明定。但当事人约定其契约须用一定之方式，有以保全其契约之证据为目的者，亦有为契约须待方式完成始行成立之意思者，同条不过就当事人意思不明之情形设此推定而已。若当事人约定其契约须用一定方式，系以保全契约之证据为目的，非属契约成立之要件，其意思已明显者，即无适用同条规定之余地。（二十八年沪上字第一一〇号）

第一百六十八条

▲**判**　合伙之事务约定由合伙人中数人执行者，不惟其内部关系依民法第六百七十一条第二项应由该数人共同执行之，即民法第六百七十九条所规定之对外关系，依民法第一百六十八条亦应由该数人共同为代理行为。若仅由其中一人为之，即属无权代理行为，非经该数人共同承认，对于合伙不生效力。（二十八年上字第一五三二号）

第一百六十九条

▲**判**　公司许他人以其支店名义营业者，他人所开设之店，固不因此而成为公司之支店。惟其许他人使用自己支店名义与第三人为法律行为，即系民法第一百六十九条所谓表示以代理权授与他人之行为，如无同条但书情形，对于第三人自应负授权人之责任。本件上诉人所与交易之某分公司，系某甲向被上诉人租用牌号自行开设，并非被上诉人之支店。虽为原审所认定之事实，但被上诉人既许某甲使用被上诉人分公司名义与人交易，自系表示以代理权授与某甲之行为。原审于被上诉人所称，曾将出租牌号情事登载上海申新两报，是否属实，及其登报是否可据以认定上诉人可得而知其情事各节，并未予以审认，遽依其所认定之上开事实，断定该分公司因与上诉人交易所负债务，被上诉人不负责任。将上诉人之诉驳回，于法殊有未合。（二十八年上字第一五七三号）

第一百七十条

▲判 债务之免除，须由债权人向债务人表示免除其债务之意思，始生效力。此项法律行为，虽非不许代理，但无代理权人所为之免除，非经债权人承认，对于债权人不生效力。（二十二年上字第三九七三号）

▲判 民法第一百七十条所谓无代理权人，不仅指代理权全不存在者而言，有代理权而逾越其范围者，亦包含在内。故代理人逾越代理权所为之法律行为，非经本人承认，对于本人不生效力。（二十三年上字第三八八八号）

▲判 无代理权人以代理人之名义所为之法律行为不许代理者，不因本人之承认而生效力。两愿离婚为不许代理之法律行为，其由无代理权人为之者，本人纵为承认，亦不因之而生效力。（二十九年上字第一九〇四号）

解 婚约应由男女当事人自行订定，民法第九百七十二条定有明文，其由父母代为订定者，当然无效，无待于解除。女子以其与出征抗敌军人之婚约，系由父母代为订定为理由，提起确认婚约不成立之诉者，不在《优待出征抗敌军人家属条例》第三十条禁止之列，纵令该女子主张父母代为订定之婚约，应行解除，亦不过为此项婚约不应受其拘束之意，不得谓之承认婚约。且婚约为不许代理之法律行为，父母代为订定之婚约，本人虽为承认，亦不适用关于无权代理行为得由本人一方承认之规定。如由当事人双方承认，应认为新订婚约，尤不得以一方主张解除婚约，即谓已有承认。至女子就其与出征抗敌军人自行订定之婚约，于《优待出征抗敌军人家属条例》第三十条施行后，为解除之意思表示，以此为理由提起确认婚约不存在之诉者，依同条之规定，其诉为无理由，法院予以驳回，应以判决行之。再女子对于战时服兵役之男子，提起关于婚约之诉，而该男子未委任诉讼代理人者，虽依其情形，不适用《优待出征抗敌军人家属条例》第三十条之规定，亦应依《非常时期民事诉讼补充条例》第八条，命在障碍消灭以前中止诉讼程序。（三十二年院字第二五五五号）

第一百七十二条

△判 无委任或并无义务，为他人管理事务者，应依本人真意，或得

以推知之意，用有利于本人之方法管理之。（十七年上字第二一六号）

第一百七十九条

△判　凡无法律上原因，而因他人之给付受利益，致他人受损害者，应负归还其利益之义务。（十八年上字第一一九二号）

△判　因他人之给付而受利益者，为给付之原因消灭时，应将所受利益返还。（十九年上字第四七五号）

判　本于确定判决为强制执行受金钱之支付者，纵令判决之内容不当，亦非无法律上之原因而受利益。原判决认此上诉无不当得利返还请求权，因而驳回其诉，于法并无违背。（二十二年上字第三七一号）

解　（三）童养媳于成年后诉经法院判决婚姻无效，则以前所付之抚养费，因其法律上之原因已不存在，自得向原订约人请求返还。但童养媳如服有劳务，亦得请求为报酬之给付。（二十三年院字第一一五一号）

▲判　因履行契约而为给付后，该契约经撤销者，给付之目的既归消灭，给付受领人受此利益之法律上原因即已失其存在。依民法第一百七十九条之规定，自应返还其利益。（二十八年上字第一五二八号）

▲判　非债清偿之不当得利返还请求权，以债务不存在为其成立要件之一，主张此项请求权成立之原告，应就债务不存在之事实负举证之责任。本件被上诉人为原告主张伊父生前并无向上诉人借用银两之事，上诉人历年收取伊家所付之利息，均属不当得利，请求返还。除须证明其已为给付之事实外，自应就债务不存在之事实负举证之责任，原审仅以上诉人不能证明其债权之存在，即认其历年收取之利息为不当得利，于法殊有未合。（二十八年上字第一七三九号）

▲判　被上诉人为上诉人清偿债务，纵非基于上诉人之委任，上诉人既因被上诉人之为清偿受有债务消灭之利益，上诉人又非有受此利益之法律上原因，自不得谓被上诉人无不当得利之返还请求权。（二十八年上字第一八七二号）

▲判　约定利率超过周年百分之二十者，民法第二百零五条既仅规定债权人对于超过部分之利息无请求权，则债务人就超过部分之利息任意给付，经债权人受领时，自不得谓系不当得利请求返还。（二十九年上字第一三〇六号）

第一百八十条

△**判** 违背法令所禁止之行为，不能认为有效。其因该行为所生之债权、债务关系，亦不能行使请求权。（二十年上字第七九九号）

▲**判** 上诉人之夫陆续以充当土匪所劫得之赃物，交由被上诉人寄藏，自属因不法之原因而为给付。依民法第一百八十条第四款之规定，上诉人不得请求返还。（二十七年上字第二一二九号）

▲**判** 贩卖鸦片、烟土为现法令之所禁止，故因合伙经营此项禁止事业而为出资，即系民法第一百八十条第四款所谓因不法之原因而为给付，自不得请求返还。（二十九年上字第四六四号）

▲**判** 上诉人以法币三百五十元向被上诉人等价买某女，在其所开堂班内为娼，借以谋生，业由本院维持一二两审有罪之判决确定在案，是其交付被上诉人之身价实为基于不法原因所为之给付，依民法第一百八十条第四款之规定，上诉人自不得请求返还。（二十九年附字第六〇〇号）

▲**判** 贩卖鸦片、烟土，除领有特许照证外，为现行法令之所禁止，委托处理此种违禁事项而给付报酬之契约，自非有效。如已给付报酬，则系因不法原因而为给付，依民法第一百八十条第四款之规定，不得请求返还。（二十九年上字第六二六号）

解 约定利率高于民法第二百零三条之法定利率者，依民法第二百三十三条第一项之规定，迟延利息，仍依其约定利率计算。原呈谓迟延利息为周年百分之五，超过部分债权人对之无请求权，显系错误。至约定利率超过周年百分之二十者，无论款项之贷与人为国立或地方银行，抑为其他商人，依民法第二百零五条之规定，对于超过部分之利息，皆无请求权。惟借用人就超过部分之利息任意给付，经贷与人受领后，不得谓系不当得利，请求返还。（三十四年院字第二八二六号）

解 战时及战后民间借贷之利率，仍适用民法债编之规定，约定利率超过周年百分之二十者，依同法第二百零五条，贷与人对于超过部分之利息无请求权。惟借用人就超过部分之利息任意给付，经贷与人受领后，不得谓系不当得利，请求返还。（三十五年院解字第三一六二号）

第一百八十四条

△**判** 侵权行为，须以故意或过失不法侵害他人之权利为要件。（十

七年上字第三五号）

△**判**　使用商标，是否与他人同一商品所用之注册商标相近似，自应以一般人之识别力为断。如使用近似他人之注册商标于同一商品，以图影射，即属侵害他人商标专用之权利，自不能不负赔偿之责任。（十八年上字第一二○二号）

△**判**　违背租约与否，纯属私法上之争执，当事人自可诉求司法机关裁判。如不依法诉求，乃利用行政官署之处分，以为侵害他人权利之手段，则对于被害人因此所受之损害，仍难免赔偿之责任。（十八年上字第二五四○号）

△**判**　债权之行使，通常虽应对特定之债务人为之，但第三人如教唆债务人，合谋使债务之全部或一部陷于不能履行时，则债权人因此所受之损害，得依侵权行为之法则，向该第三人请求赔偿。（十八年上字第二六三三号）

△**判**　怠于业务上应尽之注意，致损害他人权利者，应负赔偿责任。至赔偿之数额，自应视其实际所受损害之程度，以定其标准。如实际确已受有损害，而其数额不能为确切之证明者，法院自可依其调查所得，斟酌情形为之判断。（十八年上字第二七四六号）

△**判**　以侵权行为为原因，请求回复原状，或赔偿损害者，应就其权利被侵害之事实，负立证之责。（十九年上字第三八号）

△**判**　关于侵权行为赔偿损害之请求权，以受有实际损害为成立要件，若绝无损害，亦即无赔偿之可言。（十九年上字第三六三号）

△**判**　因过失不法侵害他人之权利者，固应负损害赔偿责任。但过失之有无，应以是否怠于善良管理人之注意为断者，苟非怠于此种注意，即不得谓之有过失。（十九年上字第二七四六号）

△**判**　实际上有无妨害他人之利益，当以客观的一般之见解为断。（十九年上字第三○四一号）

△**判**　行政官署以行政处分拍卖人民不动产者，承买人除以私人资格，假行政官署之处分，为侵权行为之手段外，不负回复原状或赔偿损害之责。（二十年上字第一八九号）

判　侵权行为之赔偿责任，以被害人实际受有损害为构成要件。（二

十二年上字第七五三号）

判 债权被侵害，债权人得对加害人有所主张者，系以不法之侵害为限。（二十二年上字第九四〇号）

判 因故意或过失不法侵害他人之权利者，他人苟因之而受有损害并与其侵害权利确有因果关系，则侵权人自不能不负赔偿之责。（二十二年上字第一一四六号）

判 民法就租赁物因承租人失火而致毁损灭失者，既以承租人有重大过失为负损害赔偿责任要件之特别规定，则关于因过失不法侵害他人权利应负损害赔偿责任之通则，固无适用之余地，即与所谓承租人应负善良管理人注意之义务者，系就原保管租赁物而为规定之情形，亦迥不相同。（二十二年上字第一三一一号）

判 船舶之碰撞因于一船舶之过失所致者，始由该船舶负损害赔偿之责。若碰撞之各船舶有共同过失时，应各依过失程度之比例负其责任。不能判定其过失之轻重时，应由双方平均负责。（二十二年上字第二三五七号）

判 依法共同侵权行为人，固应连带负损害赔偿之责。惟所谓共同侵权行为，乃指数人皆已具备侵害行为之要件而言，若不具备此要件，即无从指为共同侵害而对之为赔偿之请求。（二十二年上字第三四三七号）

判 行政官署对于特定人或团体为其利益计而赋予私法上之权利，法律上谓之设权行为，或称特许，即属行政处分之一。受此行政处分者，如其权利被他人侵害，固可本于侵权行为向法院诉请救济。至于行政规程，就某种营业限于领照纳税后始许开始营业，此不过行政上征税及监督之问题，与上述设权行为或称特许者，不能同论。即有未经领照纳税而经营相同事业者，亦只由领照纳税者，对之依法请由行政官署命其领照纳税，而不能谓为侵权行为诉请赔偿。（二十二年上字第三九八一号）

判 无权处分之行为，固得因受害人之追认而生效，但侵权行为人因处分所生之损害，并不因此而免除赔偿之责任。（二十三年上字第二五一〇号）

判 司法行政长官对于所属会计人员出纳款项等行政事务，原负有随时稽察监督之职责。若因会计人员有舞弊情事，致损害国库或人民，而该行政长官，并足认为与有故意或过失者，则该行政长官，除应负行政法上之责任外，其关于民法上之责任，亦属无可诿卸。（二十四年上字第一五七〇号）

判 当事人之一方，因违反契约上之义务，致侵害他方之权利时，其对于他方应否负赔偿责任及赔偿数额若干，应以他方实际上已否受有损害，及所受损害之程度如何为判断之标准。（二十四年上字第二六三四号）

解 人民向邮局购票汇款，付款时如未照章索取汇票，该款纵被邮政分局长携逃，亦仅得向该分局长求偿。依《邮政章程》第二百七十八条后段规定，邮局自不负赔偿责任。（二十四年院字第一二五四号）

解 （三）一定方式契约未定违约赔偿责任，如一方因违约请求赔偿，应以实在受害及所失利益为准。（二十四年院字第一二七八号）

▲判 因失火烧毁他人之房屋者，除民法第四百三十四条所定情形外，纵为轻过失而非重大之过失，依民法第一百八十四条第一项之规定，亦应负损害赔偿责任。失火人有重大过失时，始负侵权行为责任之立法例，为我国民法所不采，自不得以此为口实。（二十六年鄂上字三号）

解 （二）侵权行为之赔偿责任，以加害人之故意或过失与损害有因果联络者为限。所称事主被盗失牛，悬红寻觅，此项花红如有必要，即不能谓无因果联络。（二十六年院字第一六六二号）

解 管收中之民事被告人具保出外逃匿执行无着，其保人依侵权行为所应赔偿实际之损害，应以因债务人逃匿致其财产执行无着者为限。（二十六年院字第一六七四号）

▲判 债权人在无权受理民事诉讼之公安局，请求将债务人之侄拘押，本非适法行为。第三人将其保释，不得谓为侵害债权人之债权。（二十八年上字第四五号）

▲判 质权人于质权存续中将质物转质于第三人后，受破产之宣告，出质人清偿质权所担保之债权请求返还质物时，破产管理人自应向第三人清偿债务取回质物，以之返还出质人，不得谓出质人与破产管理人，不法侵害破产债权人之权利。（二十八年沪上字第二〇六号）

▲判 甲与其子乙共同对于某女以正式婚姻相许，骗使与乙同居，

致某女受有损害者，即不能不对某女共负赔偿之责。（二十八年上字第一一七二号）

▲**判**　某甲充某商号伙友，系由被上诉人保证，因某甲听从上诉人之教唆，拐取该商号款项交上诉人存放，上诉人对于被上诉人自属共同侵权行为。被上诉人请求上诉人返还该商号款项，以消灭其保证债务，即系请求回复其损害发生前之原状，并非法所不许。（二十八年上字第一三七三号）

▲**判**　上诉人明知被上诉人之所在，竟主使被上诉人之夫甲以生死不明已逾三年为原因诉请离婚，并利用公示送达之方法，使被上诉人无法防御，因而取得离婚之判决，致被上诉人受有精神上之损害，对于被上诉人自应负赔偿责任。（二十九年上字第四七〇号）

解　当铺因敌军烧抢以致所当物件损失者，除事前确有避免之机会因过失而未及避免外，对于当户不负赔偿责任。（二十九年院字第一九六〇号）

解　盗匪虽未处罚，被害人就被劫之财物，仍得对之提起民事诉讼，请求赔偿。（三十五年院解字第三二九五号）

第一百八十五条

△**判**　数人共同为侵权行为，致加害于他人时，本各有赔偿其损害全部之责。（十七年上字第一〇七号）

△**判**　数人共同为侵权行为，加损害于他人时，应连带负赔偿之责任。（十八年上字第三三四号）

△**判**　损害本于侵权行为者，须有侵权之行为。如共有人中一人，私将共有物缔结典押契约，固属侵害行为，要与承受典押人无直接之关系，故非证明承受典押人，确系共同侵害，则承受典押人，自不负何等赔偿之责。（十八年上字第一九一二号）

△**判**　数人共同为侵权行为，加损害于他人，各有赔偿其损害全部之责任。（十九年上字第一二〇二号）

△**判**　他人所有物，而为数人各别所侵害，若各加害人并无意思上之联络，只能由加害人各就其所加害之部分，分别负赔偿责任。（二十年上字第一九六〇号）

判 侵权行为之连带责任，其行为人数人对于他人所受之损害，应各负赔偿全部之责。（二十二年上字第三一三号）

判 依法共同侵权行为人，固应连带负损害赔偿之责。惟所谓共同侵权行为，乃指数人皆已具备侵害行为之要件而言，若不具备此要件，即无从指为共同侵害而对之为赔偿之请求。（二十二年上字第三四三七号）

▲判 甲与其子乙共同对于某女以正式婚姻相许，骗使与乙同居，致某女受有损害者，即不能不对某女共负赔偿之责。（二十八年上字第一一七二号）

▲判 某甲充某商号伙友，系由被上诉人保证，因某甲听从上诉人之教唆，拐取该商号款项交上诉人存放，上诉人对于被上诉人自属共同侵权行为。被上诉人请求上诉人返还该商号款项，以消灭其保证债务，即系请求回复其损害发生前之原状，并非法所不许。（二十八年上字第一三七三号）

解 追缴赃款，以属于公有者为限。私人被勒索之款，如已扣押者，应发还受害人，否则经受害人请求返还，不问其共犯（包括教唆犯、正犯、从犯）朋分数额之多寡，对于赃款之全部，均负连带返还之责任。其有未经获案者，得由到案之他共犯负担。（二十九年院字第二〇二四号）

第一百八十六条

解 依本院院字第一八二三号解释，负赔偿责任之人不履行其赔偿义务时，非有法院之确定判决或其他之执行名义，不得对之强制执行。有权请求赔偿之人，如欲取得执行名义，自可向法院提起请求赔偿之诉。（三十三年院字第二八〇〇号）

解 县市政府将其以行政处分扣押之物品变卖后，其行政处分经诉愿决定撤销者，如备民法第一百八十六条所定侵权行为之要件，虽其卖得价金已拨充公共建筑之用，亦应由县市长负损害赔偿责任。（三十五年院解字第三一二一号）

第一百八十七条

▲判 上诉人之子甲年十六岁，侵占被上诉人款项时，已有识别能力，上诉人为甲之法定代理人，又无民法第一百八十七条第二项所定之

免责事由，自应与其子甲就被上诉人之损害，负连带赔偿责任。（二十八年上字第四九七号）

第一百八十八条

△**判**　邮政局员所为开拆信件，抽换内容之侵权行为，邮局应否负赔偿责任，既为《邮政条例》及《邮局章程》所未规定之事项，当然依普通法则，应负赔偿之责。（十八年上字第八七五号）

△**判**　使用主对于被用人执行业务，本负有监督之责。此项责任，并不因被用人在被选之前，已否得官厅之准许而有差异。盖官厅准许，系仅就其技术以为认定，而其人之谨慎或疏忽，仍属于使用主之监督范围。使用主漫不加察，竟任此性情疏忽之人执行业务，是亦显有过失。由此过失所生之侵权行为，当然不能免责。（十八年上字第二〇四一号）

△**判**　被用人执行事业，加害于第三人时，除使用主于选任被用人及监督其事业，已尽相当之注意或虽注意仍不免发生损害外，在使用主应负赔偿之义务。（十八年上字第二一〇九号）

△**判**　为某种事业使用他人，于被用人执行事业，加害于第三人时，其使用主于选任被用人及监督其事业，已尽相当之注意，或虽注意仍不免发生损害者，使用主固不负赔偿责任。但此种情形，系为使用主之免责要件，使用主苟欲免其责任，即应就此负举证之责。（十九年上字第三〇二五号）

△**判**　使用主苟非于选任及监督已尽相当之注意，即应就此损害负赔偿责任。（二十年上字第五六八号）

△**判**　法律上所谓雇用主，必须注意之趣旨，系预防受雇人执行业务发生危害之意。故注意范围，除受雇人之技术是否纯熟而外，尚须就其人之性格是否谨慎、精细亦加注意。盖性格狂放或粗疏之人，执此业务，易生危害，乃意中之事。（二十年上字第五六八号）

判　受雇人因执行职务不法侵害他人权利者，雇用人须对于选任受雇人及监督其职务之执行，已尽相当之注意，或纵加以相当之注意，而仍不免发生损害者，始可不负损害赔偿之责。（二十一年上字第二一五二号）

判　雇用人之选任受雇人等及监督其职务之执行，如果尽相当之注意即可免发生损害，而因其未尽相当注意，以致该受雇人业务过失杀人致死，则被害人之家属，自得依法对于雇用人请求连带负损害赔偿之责。苟因其日后有难于执行之虞，则为保全强制执行起见，自亦得声请将债务人之财产予以假扣押。法院亦得裁定假扣押并记明债务人，为停止或撤销假扣押所应供担保之金额。惟假扣押之裁定或因应归责于债权人之事由而撤销，则债务人因假扣押或供担保所受之损害，自应由债权人赔偿。故债权人于请求之原因及假扣押之原因不问已否释明，法院均得命债权人供相当之担保。且债权人请求之数额，难保绝无浮滥之嫌，故法院记明债务人所应供担保之金额，亦自应斟酌一切情形以资核定，而非必须恰如债权人所请求之数额。（二十二年抗字第二六四号）

判　雇用人选任受雇人及监督其职务之执行，惟已尽相当之注意，或纵加相当之注意，而仍不免发生损害者，方不负赔偿之责任。（二十二年上字第一八六一号）

判　雇用人选任受雇人，虽已尽相当之注意，而于其职务之执行，苟未相当注意，尽其监督之责，致受雇人不法侵害他人之权利，雇用人仍应与受雇人负连带损害赔偿责任。（二十二年上字第三一一六号）

判　（一）雇用人选任受雇人及监督其职务之执行，已尽相当注意，于受雇人因执行职务不法侵害他人权利时，固不负赔偿责任。但被害人如因雇用人不负赔偿责任不能受损害赔偿时，法院得因声请斟酌雇用人与被害人之经济状况，令雇用人为全部或一部之损害赔偿。（二十二年上字第三二六七号）

解　人民向邮局购票汇款，付款时如未照章索取汇票，该款纵被邮政分局长携逃，亦仅得向该分局长求偿，依《邮政章程》第二百七十八条后段规定，邮局自可不负赔偿责任。（二十四年院字第一二五四号）

解　军法机关收押人犯时，将该人犯携带之款项交由副官代为保管，并以机关名义给予收据。嗣后该副官将款全数拐逃，该人犯自得就其所交付之金钱数额，于应返还时请求该军法机关返还。至该军法机关应否由经费节余项下偿还，则不属于解释之范围。（三十一年院字第二三六七号）

第一百八十九条

△**判**　承揽人为承揽事项，加害于第三人者，定作人除于定作或指

示有过失外，不负赔偿之义务。（十八年上字第二〇一〇号）

第一百九十二条

△**判** 被害人虽尚无养赡其父母之能力，而其父母将来赖其养赡，苟无反对情形，不得谓其将来亦无养赡能力。侵害被害人将来应有之养赡能力，即与侵害其父母将来应受养赡之权利无异，其父母得因此诉请赔偿，至养赡费数额，应以被害人将来供给养赡能力为准，不应以父母此时需要养赡之生活状况为准。（十八年上字第二〇四一号）

▲**判** 甲之行为与乙之死亡间，纵有如无甲之行为，乙即不致死亡之关系。而此种行为，按诸一般情形，不适于发生该项结果者，即无相当因果关系，自不得谓乙系被甲侵害致死。（二十三年上字第一〇七号）

▲**判** 依民法第一百九十二条第二项命加害人一次赔偿扶养费用，须先认定被害人于可推知之生存期内应向第三人支付扶养费用之年数，及其历年应付之数额，并就历年将来应付之数额，各以法定利率为标准。依霍夫曼式计算法扣除各该年以前之利息，俾成历年现在应付之数额，再以历年现在应付之总数为赔偿额，方为合法。（二十九年附字第三七九号）

第一百九十三条

△**判** 不法侵害他人之身体致被害人丧失或减少活动能力，或增加生活上之需要者，应支付定期金于被害人。法院就此定期金之支付，并应斟酌情形，命加害人提供相当之担保。（十八年上字第一六五〇号）

▲**判** 依民法第一百九十三条第一项，命加害人一次支付赔偿总额，以填补被害人所受丧失或减少劳动能力之损害，应先认定被害人因丧失或减少劳动能力而不能陆续取得之金额，按其日后本可陆续取得之时期，各照霍夫曼式计算法扣除依法定利率计算之中间利息，再以各时期之总数为加害人一次所应支付之赔偿总额，始为允当。（二十二年上字第三五三号）

第一百九十四条

△**判** 不法侵害他人致死者，被害人之父母子女及配偶，虽非财产上之损害，原得对于加害人请求给付赔偿相当之金额。但须他人有不法加害之行为，方得对之为此请求。（十九年上字第九一六号）

▲**判** 甲之行为与乙之死亡间，纵有如无甲之行为，乙即不致死亡之

关系。而此种行为，按诸一般情形，不适于发生该项结果者，即无相当因果关系，自不得谓乙系被甲侵害致死。（二十三年上字第一〇七号）

第一百九十五条

△**判** 不法侵害人之身体或健康，并不限于因此丧失或减少劳动能力，始负损害赔偿之责任，即其侵害程度，尚不至因而有财产上之损失，亦得请求赔偿相当之金额。（十九年上字第一一五二号）

△**判** 名誉被侵害者，虽许被害人请求以金钱赔偿，但其损失原非如财产损失之有价额可以计算，究竟如何始认为相当，自得由法院斟酌情形，定其数额。（十九年上字第一六一三号）

第一百九十七条

判 给付之请求应对于债务人为之，若对于非债务人而提起给付之诉，则被告之诉讼主体错误，是为当事人不适格，即应据被告之抗辩而为驳回之判决。（二十二年上字第一〇八号）

▲**判** 因被胁迫而为负担债务之意思表示者，即为侵权行为之被害人。该被害人固得于民法第九十三条所定之期间内，撤销其负担债务之意思表示，使其债务归于消灭。但被害人于其撤销权因经过此项期间而消灭后，仍不妨于民法第一百九十七条第一项所定之时效未完成前，本于侵权行为之损害赔偿请求权，请求废止加害人之债权，即在此项时效完成后，依民法第一百九十八条之规定，亦得拒绝履行。（二十八年上字第一二八二号）

▲**判** 民法第一百九十七条第二项之不当得利返还请求权，依同法第一百二十五条之规定，因十五年间不行使而消灭。（二十九年上字第一六一五号）

第一百九十八条

▲**判** 因被胁迫而为负担债务之意思表示者，即为侵权行为之被害人。该被害人固得于民法第九十三条所定之期间内，撤销其负担债务之意思表示，使其债务归于消灭。但被害人于其撤销权因经过此项期间而消灭后，仍不妨于民法第一百九十七条第一项所定之时效未完成前，本于侵权行为之损害赔偿请求权，请求废止加害人之债权，即在此项时效完成后，依民法第一百九十八条之规定，亦得拒绝履行。（二十八年上字

第一二八二号）

第一百九十九条

△**判**　名义上之债务人，应向债权人负担清偿之责，不得以所借之款，系供给他人使用为词，对于债权人主张免责。（十八年上字第八六七号）

△**判**　名义上之债务人，就其债务应负偿还之责，无论其有无为他人代借或转借情事，均不得对债权人主张免责。（十八年上字第九三七号）

△**判**　债权债务之主体，以缔结契约之当事人为准。故凡以自己名义结约为债务之负担者，无论其实际享用债权金额之人为何人，当然应由缔结契约之当事人，负归偿之责。（十八年上字第一四二二号）

△**判**　债务债权之主体，应以缔结契约之当事人为准。故凡以自己名义与人结约为债务之负担者。即对于债权人当然负契约上当事人应有之责任，至其实际享用债权金额之为何人，原非所问。（十八年上字第一六○九号）

△**判**　凡以自己名义，与人结约为债务之负担者，无论实际享用债权金额之人为何人，对于债权人当然负契约当事人之责任。（十八年上字第一八三一号）

△**判**　担保物之设置，所以担保债权之效力。故凡债权曾经设定担保物者，在债权人固得先于债务人之其他债权人，就该担保物受清偿。而债务人要不得借口有担保物，即可拒绝债权人清偿债务之请求。（十八年上字第一八九八号）

△**判**　债权为对于特定人之权利，债权人只能向债务人请求给付，而不能向债务人以外之人请求给付。（十八年上字第一九五三号）

△**判**　担保权为债权之从权利，债权人于债务人届期不为履行时，固可就担保之标的行使物权，然决不能因此即限制债权人之行使债权。（十九年上字第一一○号）

△**判**　债权债务之主体，应以缔结契约之当事人为准，依据契约应负偿还义务之当事人，不得以所借之款，系供给他人使用为辞，对于债权人主张免责。（十九年上字第三八二号）

△**判**　债权债务原系特定人间之关系，故依据契约应负偿还义务之当事人，断不容以他人欠款亦未清偿为辞，对于债权人抗辩。（十九年上字第一七一八号）

△**判**　名义上之债务人，应向债权人负清偿之责。纵有为他人代借或转借情事，非与债权人有特别约定，不能有所对抗。（十九年上字第一七六一号）

△**判**　债务关系，无论实际上享用债款之人为何人，总须由借券上出名之债务人，负担履行之责。（十九年上字第二三六八号）

△**判**　债权债务之关系，应依确实可信之证据为凭。借券上所载明之债务人，不问某果为实际上受益之人与否，就其债务总须以名义上之债务人，负担履行之责，不得以与第三人之交涉，对抗债权人而求减轻其责任。（二十年上字第八二号）

△**判**　名义上之债务人，应向债权人负担清偿之责，有无为他人代借或转借情事，非与债权人有特别约定，不能有所对抗。（二十年上字第一五〇三号）

▲**判**　受任人以自己名义为委任人订立契约取得债权时，仅该受任人得向他方当事人请求履行债务，故在受任人未将其债权移转于委任人以前，委任人不得径向他方当事人请求履行。（二十一年上字第九三四号）

判　凡以自己名义与人结约为债务之负担者，无论其实际享用债权金额之人为何人，对于债权人当然负契约上应有之责任。（二十三年上字第一九五一号）

判　债权债务之主体，以缔结契约之当事人为准，故出立借约之债务人，不问其果为实际受益与否，就其债务，应负偿还之责。（二十三年上字第二五四〇号）

判　债权债务之主体，应以缔结契约之当事人为准，故凡以自己名义与人订约为债务之负担者，无论其实际享用金额之为何人，当然应由契约上出名之债务人负履行之责。（二十三年上字第二八六三号）

判　以自己名义约负债务者，当然负契约当事人应有之责任。（二十四年上字第一一七四号）

第二百条

△**判**　金钱债务，其订立契约时，仅表明钱数者，日后债务人履行债务，应按立约当时之洋价折合给付。（十九年上字第三六七号）

解　（四）债务人应给付之黄金，不能依法律行为之性质或当事人之意思定其品质者，依民法第二百条第一项之规定，债务人应给以中等品质之黄金。如依清偿时之市价偿还法币者，应以清偿中等品质之黄金市价为准。（三十三年院字第二七三一号）

第二百零一条

△**判**　金钱债务，固可以通用票币为给付。但较市价为低时，则非补足其差额，自无强债权人按票面数额收受之理。（十八年上字第四六八号）

△**判**　我国系以银元为主币，钱币不过辅币之一，故当事人订约时，纵或表明为钱数，而日后履行债务，仍应按照订约时主币折合，以为给付。盖钱价时有变迁，苟不以主币为准，无论钱价低落至若何程度，均得尽数以钱给付，殊于公平交易之原则未合，而立约当事人之真意，亦不能符合。（十八年上字第一一九〇号）

△**判**　银行兑换券，若不能维持票面之价额，关于存款之支付，应依存款时收入之现款，或票券时值，定其应支付之款，无令债权人无故受损之理。惟当事人间如确有无论如何涨落，均应以之偿还之意思者，则债权人即不能以票价低落拒绝收受。（十八年上字第二〇五九号）

△**判**　缔结契约，如以一种通用纸币，表示其给付额者，其后该纸币之价额涨落悬殊，为当事人始料所不及，应仍以约定时该纸币之市价，为给付之标准。（十八年上字第二一九六号）

△**判**　银行兑换券，若不能维持票面之价额，关于存款之支付，应依存款时收入之现款，或票券时值，定其应支付之款，无令债权人无故受损之理。（十八年上字第二六四〇号）

△**判**　凡以特种货币为债之标的者，则债务人于债权人求偿时，当然用该货币清偿，不得以丧失通用之他种货币代之。（十八年上字第二八〇九号）

△**判**　江西省汇划公所所规定之汇兑规则，乃钱业家所组之汇划公

所，于民国三年间始定之办法，自与基于自然事实，一般人历久信守之习俗不同。该规则只能成为属于汇划公所范围之钱业彼此间所定之规约，纵该地方之钱业，于民国三年以后，彼此有照原价折补之事，亦系其共同遵守该规则之现象，不得以此现象，谓为特别习惯有先于条理适用之效力。（十九年上字第三二七号）

△判　通用于市面之特种货币，若因时代变更，失其通用效力者，当事人自应以他种货币为之给付。惟给付他种通用货币，应比较当事人缔约时所交货币，以两者相差之额，为其折补标准，方能合于当事人缔约时之本意，而免一造受不当之损失。（十九年上字第四三八号）

△判　纸币之不能维持其票面债额，而时有起落之市价，例须彼此折补者，自应以当事人缔约时与偿还时相差之价额，为其折补标准。（十九年上字第一一七八号）

△判　以不能维持票面价额之银行票券，为存款之支付，若有无论该票券如河涨落，均应以之支付之意思，则该票券不问低落至何程度，当事人不得就其结存余款，为应依存款时收入之时值，以为偿还之主张。（十九年上字第三一六五号）

令　查本院前电内折算二字，即折合计算，并非谓通扯对折，即院字第三九五号指令所称折补，其义亦同。例如存钱六千文，现需以洋元付还，假定存款时市价为钱一千二百文折合洋一元，依此计算，应付还洋五元，至现时市价若干，可以不问。（二十年十一月十一日司法院指令江苏高等法院指字第八七〇号）

▲判　依当事人间之契约，以特种通用货币之给付为债之标的者，无论其债之关系，系因债务人受领债权人何种货币之给付而发生，当事人双方均应受该契约之拘束。除该特种货币至给付期失通用效力时，应给以他种通用货币外，不得以一方之意思变更之。（二十一年上字第三〇〇四号）

判　依通常经验法则而论，凡因购买货物而给付纸币，苟无特别约定，当然为买价之交付。（二十二年上字第八七四号）

判　兑换纸币原为金钱之代用品，但既不能维持票面之价额，则关于存款之支付，除当事人有特约外，应依存款时收入之纸币时值定其应

支付之数，无令债权人无故受损之理。（二十二年上字第二四四一号）

判　银行兑换券，若不能维持票面之价额，关于存款之支付，除当事人间确有无论如何涨落均应以之偿还之意思者外，应以存款收入时之票券现值为折算标准，此固不因存款之为定期与否，而有差异。（二十三年上字第三九八〇号）

判　以不能维持其票面所载金额之钞票，为消费借贷者，借主于借贷时，已按照当时该钞票之价额，受其利益，则偿还时，无论该钞票之涨落如何，均应按照贷借时之价额，以为给付，方不致使一方受不当之损失。（二十四年上字第九〇七号）

解　以地钞或川洋成立之交易，应按交易时之地钞、川洋与中钞折合之价值计算。（二十五年院字第一四二〇号）

解　以制钱或铜元交付之押租，至返还时折合银圆，应以交付时之市价为准。纵另换佃约，如未将钱数折合银圆，仍不得依换约时之市价计算。（二十七年院字第一八一一号）

解　典价为生金者，出典人回赎典物，应按回赎时国家银行公定之牌价，折合法币返还典价。（三十年院字第二一二八号）

解　钢洋已于民国二十八年四月底禁止行使，从前以钢洋计算之不动产典价，应按禁止行使时之比价折合法币，禁止行使时钢洋一圆既值法币一圆。出典人回赎典物，即应按照钢洋数额支付法币。（三十一年院字第二三二八号）

解　当时铜元一枚，当旧有制钱十文，借贷制钱，而于失其通用效力后，以法币偿还者，不问其借贷系何时为之，均应按偿还时财政部所定铜元兑换法币之价计算。（三十一年院字第二三五九号）

解　当时铜元一枚当旧有制钱十文，以旧有制钱定给付额者，其折合法币，应按给付时财政部所定铜元兑换法币之价计算。常德府票之折合法币，亦应就当事人以之定给付额时，可兑换之制钱额或铜元额依上述标准计算之。（三十一年院字第二三六〇号）

解　当时铜元一枚当旧有制钱十文，不动产典价，系以制钱或铜元定其数额者，出典人回赎典物，得按回赎时财政部所定铜元兑换法币之价，折合法币返还。（三十一年院字第二三六三号）

解 出租人应返还之押租，以旧有制钱定其数额者，应依民国三十一年十二月间财政部所定制钱一千枚折合法币一元之标准，以法币返还之。至铜元折合法币，依同月财政部所定标准，旧有各种铜元不分别其面额，概以一百枚折合法币一元。（三十二年院字第二五〇二号）

解 原代电所述（前以制钱及硬币银块等典当田地或借贷者，近因民间私相授受，与法币相差甚远，发生纠纷，致起讼争，究应如何折算之处）情形，应参照院字第二一三七号、第二五〇二号解释办理。（三十二年院字第二五三一号）

解 以钢洋定给付额，并约定按给付期之比价折合银币或法币给付者，如其给付期在钢洋禁止行使以前，应按给付期之比价折合银币或法币。依其折合之数额，以法币给付之。其仅以钢洋定给付额而无特别约定者，仍应以钢洋禁止行使时之比价，折合法币给付之。（三十二年院字第二五三四号）

解 （一）北平沦陷期内，当事人约定给付伪联币，或虽约定给付通用货币，而其意思系指伪联币为通用货币者，在政府规定伪联币折合法币之比率后，应依此项比率给付法币。但不妨碍《复员后办理民事诉讼补充条例》第十二条之适用。（三十五年院解字第三二一一号）

解 法币政策施行前，债之关系，以银币定给付额者，债务人得照原额，以法币给付之。但不妨碍《复员后办理民事诉讼补充条例》第十二条之适用。（三十六年院解字第三三三二号）

第二百零二条

解 金钱借贷约定以铜币为计算而无必须返还铜币之特约者，如以法币折合铜币偿还，依民法第四百八十条第三款之规定，应按返还时财政部所定兑价计算。至其他以铜币定给付额而未订明应以铜币为给付者，依同法第二百零二条之法意推之，债务人如以法币折合铜币给付，亦应按给付时财政部所定兑价计算。（二十九年院字第一九八二号）

解 以外国货币定典价额者，除订有回赎典物时，典价应以外国货币返还之特约外，出典人得按回赎时回赎地之市价，以法币返还典价。若此种外国货币，在回赎地经政府定有法币兑换率者，其回赎地之市价，应以此项兑换率为准。至请求放赎典物之诉，原告声明愿以定典价额之外国货币返还典价者，如其请求放赎为正当，自应判令被告于原告提出典价同额之外国货币时，放赎典物。（三十二年院字第二五五九号）

第二百零三条

△**判**　货款到期，因无力归缴，转账生息，如为该地通行之商习惯，债权人自可请求转账以后之利息。（十八年上字第九○号）

△**判**　法定利率，不过限制利率之最高度，如酌定利率，低于法定利率者，于法并无违反。（十八年上字第二三八三号）

△**判**　民法债编施行前发生之利息债务，于施行时尚未履行，如其利率未经约定，亦无法律可据者，按照民法债编施行法第五条，应依民法债编第二百零三条规定，其利率为周年百分之五。（二十年上字第二六五号）

▲**判**　当事人间往来存款之利息，向依市面拆息，即市面利率涨落之行情计算者，嗣后继续存款如未别为明示之约定，应认当事人间就仍照向例计算利息一事，已有默示之意思表示互相一致，自不得谓其利率未经约定。（二十一年上字第八二四号）

判　查民法固有规定应付利息之债务，其利率未经约定亦无法律可据者，周年利率为百分之五。但利率之约定，不以订明定率为要件，当事人约明依市场通行利率计算利息者，即为利率已有约定。（二十一年上字第二七二七号）

令　查各法院报部之民事债权判决，对于利息部分依法酌定者固多，任意判断者亦复不少，例如当事人原无约定利息，而判给者竟超过法定利率；或当事人有约定利率超过最高额限制，而裁判时亦不予核减；又或债务人应负迟延责任而法院因利息未经约定，遂驳斥迟延利息之请求。凡此错误之点，因不上诉而确定者无从纠正，为此令仰各该院长转饬民庭推事，对于民法上利息之规定，务须切实注意。（二十一年八月一日司法行政部训令训字第一七七四号）

▲**判**　约定利率超过周年百分之二十者，民法第二百零五条仅规定债权人对于超过部分之利息，无请求权，并未规定其约定为无效。则债权人对于未超过部分即依周年百分之二十计算之利息，仍非无请求权。上诉人谓约定利率超过周年百分之二十时，与利率未经约定无异，应依

周年百分之五之法定利率计算利息，殊非有据。（二十七年上字第三二六七号）

解　约定利率高于民法第二百零三条之法定利率者，依民法第二百三十三条第一项之规定，迟延利息，仍依其约定利率计算。原呈谓迟延利息为周年百分之五，超过部分债权人对之无请求权，显系错误。至约定利率超过周年百分之二十者，无论款项之贷与人为国立或地方银行抑为其他商人，依民法第二百零五条之规定，对于超过部分之利息，皆无请求权。惟借用人就超过部分之利息任意给付经贷与人受领后，不得谓系不当得利请求返还。（三十四年院字第二八二六号）

第二百零五条

△**判**　现行法定最高利率，自十六年八月一日起，即不得超过年利百分之二十，既经国府通令遵行，凡在此令颁行前未清偿之利息，系在十六年八月一日后责令债务人履行者，仍应一律遵照现定利率办理。（十八年上字第二六六号）

△**判**　债务人系在民国十六年八月一日以后履行债务者，只应按年利百分之二十计算利息。（十八年上字第六三四号）

△**判**　抵押字内载明月息三分，虽超过现定利率，然系在国民政府禁令前，业已依约给付，当然不溯及既往，不容于事后再行争执。（十八年上字第六八八号）

△**判**　按现定利率，年利不得超过百分之二十，自十六年八月一日实行，已有明令公布。其在十六年八月一日以前，债务人已经依约给付利息，虽超过现定利率，可不溯及既往。若在明令颁布前未清偿之利息，系于十六年八月一日以后责令债务人履行此种义务，自应一律遵照现定利率办理。（十八年上字第七五七号）

△**判**　利息之业经给付者，在给付当时，如未超过利息限制之法令，自不能援引在后颁布之法令，而主张从前之给付为无效。（十八年上字第一一一四号）

△**判**　最高利率不得超过年利百分之二十，国民政府已于十六年八月一日通令在案，其于通令之后，请求履行以前，未经清偿之利息，亦应受其限制。（十九年上字第九四六号）

△**判**　民法债编施行以前，关于法定利率，并无明文可据，应付利息之债务当事人间，未约定利率者，应调查该地方通行之利率以为判断。至年利不得超过百分之二十，则系限制利率之最高额，并非法定利率。（十九年上字第九八七号）

△**判**　利息总额超过原本，仍不得过一本一利之规定，系专就未付之利息而言。（十九年上字第一一二二号）

令　宿迁、睢宁、泗阳、泗县等处，连年迭受匪灾，又遭水患，人民困苦，自不待言，乃各该地富户，竟敢贪放重利，乘机盘剥，自非从严查禁，无以救济灾黎。合亟令仰该省政府迅令上开灾区各县地方官布告各当地民众，嗣后凡关于商民借贷，所订利息，无论缴纳现金或折缴租谷均应一律遵照国府颁定利率，年利不得超过二分，以示限制。至其他不属灾区范围以内之各县，亦应通令一体遵照办理，俾惠贫民而维通案。（二十年七月十六日行政院训令江苏安徽省政府第三四六九号）

令　查各法院报部之民事债权判决，对于利息部分依法酌定者固多，任意判断者亦复不少。例如当事人原无约定利息，而判给者竟超过法定利率；或当事人有约定利率超过最高额限制，而裁判时亦不予核减；又或债务人应负迟延责任而法院因利息未经约定，遂驳斥迟延利息之请求。凡此错误之点，因不上诉而确定者无从纠正，为此令仰各该院长转饬民庭推事，对于民法上利息之规定，务须切实注意。（二十一年八月一日司法行政部训令训字第一七七四号）

解　会款长码短码之比较，其差额衡以利率超过周年百分之二十者，依民法第二〇六条之规定，即属违法。（二十四年院字第一二五一号）

▲**判**　约定利率超过周年百分之二十者，民法第二百零五条仅规定债权人对于超过部分之利息无请求权，并未规定其约定为无效，则债权人对于未超过部分即依周年百分之二十计算之利息，仍非无请求权。上诉人谓约定利率超过周年百分之二十时，与利率未经约定无异，应依周年百分之五之法定利率计算利息，殊非有据。（二十七年上字第三二六七号）

解　债务人以土地向债权人设定抵押权，援照该地习惯双方成立契约，约明债权届清偿期不为清偿即将土地交债权人承种，以其收益抵偿利息。此系于设定抵押权之外，同时附有条件之租赁契约以为给利方法。该土地之占有，既非基于抵押权之作用，又不在民法第八百七十三条第二项所定限制之列，原不能谓为无效，惟约定利率依法不得超过周年百分之二十。如其收益超过上开限制，关于超过部分之抵利约定，应以之充偿原本。（二十七年院字第一七九二号）

▲判　约定利率超过周年百分之二十者，民法第二百零五条既仅规定债权人对于超过部分之利息，无请求权。则债务人就超过部分之利息任意给付，经债权人受领时，自不得谓系不当得利请求返还。（二十九年上字第一三〇六号）

解　应付利息之金钱债务，约定以粮食纳年利者，如按给付时之价额折算为金钱，超过周年百分之二十，债权人对于超过部分之利息无请求权。（二十九年院字第一九六四号）

解　当事人约明一方就其田业向他方收取押银，其田业仍由自己或第三人耕种，每年向他方交付租谷者，其租谷之最高额应如何限制，须依民法第九十八条探求当事人之真意，解释其为何种契约，始能决定。其真意系在借贷金钱并就田业设定抵押权，而由一方或第三人交付租谷为利息之交付方法者，应适用民法第二百零五条之规定。如按交付时市价折算为金钱超过周年百分之二十者，他方对于超过部分之租谷无请求权（参照院字第一九六四号解释）。其约定由他方径向第三人收取租谷以充利息者，他方仅得收取不超过部分之租谷，其超过部分之租谷仍应由该一方收取。若当事人之真意在就该田业设定典权，而一方或第三人之耕种系向他方承租者，应适用《土地法》第一百七十七条之规定。苟约定之租谷不超过耕地正产物收获总额千分之三百七十五。无论按交付时市价折算为金钱之数与典价之比例如何，均应如数交付。（三十年院字第二一一〇号）

解　法币实施后，银本位币既应按照额面兑取法币，则径将银本位币贷与他人时，即与以同额之法币兑与他人同，其约明借用人须以法币三元折合银币一圆偿还，亦与约明借用法币一元须偿还法币三元无异。所约增偿之二元，纵可认为一种使用原本之报偿，而依民法第二百零五条、第二百零六条之规定，除未约定利率或其约定之利率低于周年百分之二十者，得按周年百分之二十计算利息外，贷与人就其余部分无请求权。惟借用人于兑取法币时，得有手续费者，如实际未支出手续费或其支出之额少于所得之额，应将其多得之手续费加入借款原本。此在当事人间固未明白约定，而其约明增偿二元，亦应解为含有偿还此种利益之意义在内。盖订约时贷与人苟知所约增偿之二元无请求权，必将此项手续费加入借款原本也。至借贷银角或铜币，借用人以法币偿还时，自应按偿还时财政部所定兑价计算，其约明以法币折合银角或铜币之数，高于财政部所定兑价者，如依约所应多付之法币，可认为一种使用原本之报偿，亦应依民法第二百零五条、第二百零六条办理。（三十年院字第二一二四号）

解　典权为支付典价占有他人之不动产而为使用及收益之权，民法第九百一十一条定有明文。典权人之使用及收益，得将典物出租于他人为之，观民法第九百一十五条之规定，亦无疑义。同条所称得为承租人之他人，系指典权人以外之人而言，出典人自非不得为承租人。耕地之出典人为承租人时，其所支付之租谷，实为利用耕地之对价，并非对于典价支付之利息。苟当事人所约定之租谷不超过《土地法》第一百七十七条所定之限制，无论按市价折算为金钱之数，与典价之比例如何，要不能不按约定数额支付，关于限制约定利率最高额之民法第二百零五条，自属无可适用。若典权人自行耕作或出租于出典人以外之人耕作者，尤无适用同条之余地。大佃之押金支付人，对于不动产相当于押金数额部分有典权者（参照院字第二一三二号解释）亦同。惟当事人明定一方所支付之金钱为借款，他方就不动产全部设定抵押权，并将该不动产出租于抵押权人，约明以其应付之租谷，扣作借款之利息者，其扣作利息之租谷，如按支付时市价折算为金钱，已超过周年百分之二十，他方得就超过部分请求支付。（三十年院字第二一四六号）

解　当事人之一方因支付巨额押金，只须支付小额租谷，即得占有他方之耕作地而为耕者，其所支付之押金，应认为典价。对于该地相当于押金数额部分之耕作权，应认为典权，业以院字第二一三二号解释业经饬部通令知照在案。典权人一年之收益，纵令超过典价百分之二十，出典人亦不得援用民法第二百零五条请求支付超过部分之收益。惟当事人明定一方所支付之金钱为借款，他方就该地全部设定抵押权，并将该地全部出租于抵押权人，约明以其应付之租谷扣作借款之利息，仅须支付其余额者，其扣作利息之租谷如按支付时市价折算为金钱已超过周年百分之二十，他方得就超过部分请求支付。（三十年院字第二一四七号）

解　约定利率超过周年百分之二十者，无论款项之贷与人为国立或地方银行，抑为其他商人，依民法第二百零五条之规定，对于超过部分之利息，皆无请求权。惟借用人就超过部分之利息任意给付，经贷与人受领后，不得谓系不当得利请求返还。（三十四年院字第二八二六号）

解　战时及战后民间借贷之利率，仍适用民法债编之规定，约定利率超过周年百分之二十者，依同法第二百零五条，贷与人对于超过部分之利息无请求权。惟借用人就超过部分之利息任意给付，经贷与人受领后，不得谓系不当得利，请求返还。（三十五年院解字第三一六二号）

解　本年二月十八日公布施行之银行存放款利率管理条例，系对于民法第二百零五条所设之特别规定，银行放款利率如未超过该条例所定之限制，虽已超过周年百分之二十，依该条例第四条之反面解释，亦应认债权人有请求权。至在该条例施行前，中央银行依财政部令所定之利率超过周年百分之二十者，仍应依民法第二百零五条办理。（三十五年院解字第三二六六号）

第二百零六条

判　会款长码短码之比较，其差额衡以利率超过周年百分之二十者，依民法第二百零六条之规定，即属违法。（二十四年院字第一二五一号）

▲判　据上诉人称借字上所载一千二百元之数额，实照八折扣算，只收到九百六十元云云，如果属实，自系民法第二百零六条所谓以折扣方法巧取利益。关于折扣之二百四十元，被上诉人既未实行交付，即不发生返还请求权。（二十九年上字第一三〇六号）

解　法币实施后，银本位币既应按照额面兑取法币，则径将银本位币，贷与他人时，即与以同额之法币兑与他人同。其约明借用人须以法币三元折合银币一圆偿还，亦与约明借用法币一元须偿还法币三元无异，所约增偿之二元，纵可认为一种使用原本之报偿，而依民法第二百零五条、第二百零六条之规定，除未约定利率，或其约定之利率低于周年百分之二十者，得按周年百分之二十计算利息外，贷与人就其余部分无请求权。惟借用人于兑取法币时，得有手续费者，如实际未支出手续费，或其支出之额少于所得之额，应将其多得之手续费，加入借款原本，此在当事人间固未明白约定。而其约明增偿二元，亦应解为含有偿还此种利益之意义在内，盖订约时贷与人苟知所约增偿之二元无请求权，必将此项手续费加入借款原本也。至借贷银角或铜币，借用人以法币偿还时，自应按偿还时财政部所定兑价计算。其约明以法币折合银角或铜币之数，高于财政部所定兑价者，为依约所应多付之法币，可认为一种使用原本之报偿，亦应依民法第二百零五条、第二百零六条办理。（三十年院字第二一二四号）

解　执行名义命债务人交付利息至清偿原本之日为止者，依《强制执行法》第二十七条第二项再予强制执行时，其利息应算至清偿原本之日为止，至其利息总额是否超过原本，在所不问。惟执行法院依同条项发给凭证，交债权人收执时，执行行为即为终结，因开始执行行为而中断之时效，由此重行起算。如再予强制执行时，利息请求权之消灭时效已完成者，债务人得依同法第十四条提起异议之诉。（三十一年院字第二四四七号）

第二百零七条

△**判**　逾期延欠之利息，若届时经债务人同意，滚入原本，固与滚利作本之预约不同，不得谓为无效。惟依国民政府令年利不得过百分之二十，则虽曾经债务人同意滚入原本，而其超过百分之二十之部分，要不能向债务人请求清偿。（十八年上字第五五六号）

△**判**　现定年利不得超过百分之二十，自民国十六年八月一日起实行，在是年八月一日以前，债务人已经依约给付之利息，虽超过现定利率，当然不溯及既往。如债务人应清偿之利息在是年八月一日以后，尚未清偿者，仍应遵照现定利率计算，亦不得滚利作本。（十九年上字第八七二号）

判　民法第二百零七条关于利息得否滚入原本再生利息之各项规定，均属于债之标的节内，仅系指约定之利息而言。若系迟延利息，则自应依债之效力节内，关于第二款债之迟延各规定。其中第二百三十三条既明明规定对于利息无须支付迟延利息，且同条第三项尚有得请赔偿损害

之规定，自不得许其计算复利。（二十四年上字第三四七一号）

▲判　利息已依法滚入原本再生利息者，其已滚入原本之利息，即为原本之一部，不得仍指为利息。（二十六年渝上字第九四八号）

▲判　依民法第一条前段之规定，习惯固仅就法律所未规定之事项，有补充之效力。惟法律于其有规定之事项明定另有习惯时，不适用其规定者，此项习惯即因法律之特别规定而有优先之效力。民法第二百零七条第二项既明定前项规定如商业上另有习惯者，不适用之，则商业上得将利息滚入原本再生利息之习惯，自应优先于同条第一项之规定而适用之。不容再执民法第一条前段所定之一般原则，以排斥其适用。（二十六年渝上字第九四八号）

第二百一十二条

判　审理事实之法院，取舍证据，认定事实，必本于言词辩论为之，为民诉法上之定则。（二十二年上字第九三五号）

第二百一十三条

判　损害赔偿，以回复损害发生前之原状为原则，故系应行回复原状者，非经合法催告，逾期仍不回复，不得遽为金钱赔偿之请求。（二十二年上字第六七八号）

判　审理事实之法院，取舍证据，认定事实，必本于言词辩论为之，为民诉法上之定则。（二十二年上字第九三五号）

第二百一十五条

▲判　因损坏他人之房屋，负损害赔偿责任时，如该房屋已被全部拆除，其回复原状即显有重大困难，被害人自得请求金钱赔偿其损害。（二十六年上字第五一五号）

第二百一十六条

△判　侵权行为赔偿之标准，应调查被害人实际上之损害如何，以定其数额之多寡。（十八年上字第二一七〇号）

△判　关于侵权行为赔偿损害之请求，以受有实际损害为要件。（十九年上字第二三一六号）

△判　损害赔偿之范围，应以被害人实际所受损害为衡。（十九年上字第二三一六号）

△**判** 损害赔偿之预约与无偿赠与契约不同，如其预行约定之赔偿额数，果与实际损害显相悬殊者，法院自得以当事人实际之所受损失为标准，酌予核减。（十九年上字第二三四〇号）

△**判** 关于侵权行为赔偿损害之请求权，以受有实际上之损害为成立要件。（十九年上字第三一五〇号）

判 通常之损害赔偿，以填补债权人所受损害及所失利益为限。（二十一年上字第三一二〇号）

解 （二）在夫妻同居诉讼中担保交出某造之保人，如不能交出时，对于对造因欲达到被保人到案之目的所生之费用，该保人应负赔偿损害之责。（二十五年院字第一五四七号）

▲**判** 损害赔偿除法律另有规定或契约另有订定外，应以填补债权人所受损害及所失利益为限，为民法第二百一十六条第一项所明定。故同一事实，一方使债权人受有损害，一方又使债权人受有利益者，应于所受之损害内扣抵所受之利益，必其损益相抵之结果，尚有损害，始应由债务人负赔偿责任。（二十七年沪上字第七三号）

第二百一十七条

判 船舶之碰撞因于一船舶之过失所致者，始由该船舶负损害赔偿之责。若碰撞之各船舶有共同过失时，应各依过失程度之比例负其责任。不能判定其过失之轻重时，应由双方平均负责。（二十二年上字第二三五七号）

第二百一十八条

▲**判** 损害系因侵权行为人之故意所致者，纵令该侵权行为人因赔偿致其生计有重大影响，亦不得减轻其赔偿金额，其资力如何，自可不问。（二十三年上字第三〇五七号）

第二百一十九条

判 时效之中断，须有法律上中断之事由始可，否则时效之进行，即属不能妨阻。（二十二年上字第八七〇号）

判 依票币指定给付额，而票币价额嗣后低落过巨，为立约当时所不及料者，给付人自应补水给付，始无背于诚实及信用之原则。（二十三年上字第五九四号）

判 （一）民法第二百一十九条系就行使债权，履行债务于给付方法未定时所设之规定，若拍卖而已依其方法为给付，即无适用该条之余地。（二十三年上字第二一五九号）

判 （二）指物拍卖，既系买受人于认明拍卖物后，出价竞卖，则该物之瑕疵，即不得谓非买受人所明知。（二十三年上字第二一五九号）

▲判 债权人甲与债务人乙成立和解契约，约明如乙依此次所定日期数额如数付清，则全部债款作为清偿，每期付款均应于午十二时前为之。嗣后乙已将第八期以前各期应付之款如数付清，其最后第九、第十两期之款，应于上年十二月三十一日付清。是日乙因须以即期支票换取银行本票始可付甲，而是日银行业务纷忙，致稽时间，送交甲处已十二时三十分，乙于是日上午十一时三十二分曾以电话致甲，商缓数分钟。甲虽未允缓三十分钟，而乙之迟误时间，按其情形非无可原，双方之和解契约系因该地商业习惯票据于下午二时送入银行，须作为翌日所收之款，故特约明须于午十二时前付款。如甲于十二时三十分收款后，即以之送入银行，银行仍可作为当日所收之款，于甲并无损失，乃甲以乙已迟延三十分钟拒绝受领，主张乙应偿还全部债款，其行使债权实有背于诚实及信用方法，依民法第二百一十九条之规定，不能认为正当。（二十六年沪上字第六九号）

第二百二十条

▲判 债务人就其故意或过失之行为应负责任，固为民法第二百二十条第一项之所规定，惟当事人间定有特约债务人就事变亦应负责任者，仍应从其特约办理。（二十八年沪上字第二四六号）

第二百二十五条

△判 双务契约，因不可归责于双方当事人之事由，致一方之给付一部不能，而他方已就该部为对待给付者，得依不当得利之规定，请求返还。（十九年上字第一〇二二号）

△判 有无资力偿还，乃系执行问题，不得据为不负履行义务之抗辩。（十九年上字第一七三三号）

△判 金钱债务，不容有不能之观念，即有不可抗力等危险，亦应由其负担，决不能借口损失及人欠未收，以冀减免责任。（二十年上字第

二三三号）

▲判 民法上所谓给付不能，系指依社会观念，其给付已属不能者而言。买受人无支付价金之资力，按诸社会观念，不得谓为给付不能。（二十二年上字第三一八〇号）

解 （五）租赁之房屋因天灾或其他事变致全部灭失者，出租人免其以该房屋租与承租人使用之义务，承租人亦免其支付租金之义务，租赁关系当然从此消灭。惟当事人间订有出租人应重盖房屋租与承租人使用之特约者，从其特约，该地方有此特别习惯可认当事人有作为契约内容之意思者，即为有此特约。至房屋之承租人对于房屋之基地，固得因使用房屋而使用之，若租赁关系已因房屋灭失而消灭，即无独立使用之权。其在该地基搭盖棚屋居住者，究为侵权行为抑为无因管理，应视具体事实定之，仅据原呈所称情形，尚难断定。（二十八年院字第一九五〇号）

▲判 因不可归责于债务人之事由，致给付不能者，免其给付义务，固为民法第二百二十五条第一项所明定。惟寄托物为金钱时，如依民法第六百零三条第二项之规定，其危险已移转于受寄人，即不生给付不能之问题，自无适用第二百二十五条第一项规定之余地。（二十九年上字第二〇五号）

▲判 受有报酬之受寄人，对于寄托物之灭失，非证明自己于善良管理人之注意无所欠缺，不能免其赔偿责任。（二十九年上字第一一三九号）

解 债之关系发生后给付不能者，无论其不能之事由如何，债权人均不得请求债务人为原定之给付，此观民法第二百二十五条、第二百二十六条之规定自明。物之交付请求权发生后，其物经法律禁止交易，致为不融通物者，给付即因法律之规定而不能，其禁止交易在诉讼系属中者，为原告之债权人如因此而有金钱之支付请求权，得依《民事诉讼法》第二百五十六条第三款、第四百四十三条第一项但书变更其诉。若仍求为命被告交付该物之判决，应认其诉为无理由，予以驳回。其禁止交易在命被告交付该物之判决确定后者，该判决自属不能执行。（三十年院字第二一八二号）

第二百二十六条

△判 民法债编施行法第七条所谓不履行之责任，系指债务人因给付迟延或给付不能所应负之责任而言。（二十年上字第二六五号）

判 法律上所谓履行不能者，系指客观的履行不能而言，如买卖标的物丧失之类。若买受人无款付价，则属主观的不能，并不包括在内。（二十二年上字第三一八〇号）

解 抵押权之效力并及于抵押物扣押后，由抵押物分离之天然孳息，或就该抵押物得收取之法定孳息。故不动产所有人于设定抵押权后，复就同一不动产与第三人设定权利者，其所设定之权利，对于抵押权人自不生效。如于抵押权设定后与第三人订立租赁契约，不问其契约之成立，在抵押物扣押之前后，对于抵押权人，亦当然不能生效。抵押权人因届期未受清偿，或经确定判决，声请拍卖抵押物时，执行法院自可依法径予执行。抵押权设定后取得权利之人，除得向设定权利之人求偿损害外，不得提起异议之诉。（二十五年院字第一四四六号）

▲判 受有报酬之受寄人，对于寄托物之灭失，非证明自己于善良管理人之注意无所欠缺，不能免其赔偿责任。（二十九年上字第一一三九号）

▲判 讼争之地现为某甲所有，某甲且已得有认其阻止被上诉人交地于上诉人为正当之确定判决，是被上诉人对于上诉人所负交地之债务，已属给付不能。纵令其给付不能，系因可归责于被上诉人之事由所致，上诉人亦仅得请求被上诉人赔偿损害，不得再行请求交地。（二十九年上字第一一四〇号）

解 （一）因可归责于债务人之事由致给付不能者，债权虽仍存在，而其内容则已变为损害赔偿请求权，不复以原定之给付为标的。故债权人仅得依民法第二百二十六条第一项规定，请求赔偿损害，不得请求为原定之给付。如债权人起诉请求为原定之给付，而未依《民事诉讼法》第二百五十六条第三款变更为请求赔偿损害之诉者，应认其诉为无理由而驳回之。（三十二年院字第二四七八号）

第二百二十七条

判 给付判决一经确定，债权人即可请求强制执行。如执行标的为破产财团之财产，其执行足以侵害破产债权人之权利者，自可由破产债权人自行依法主张，不容债务人借口于破产而请求停止执行。（二十一年抗字第一〇四二号）

第二百二十九条

△**判** 不定期债务，应于受债权人催告履行后，始发生迟延责任。（十八年上字第一三一八号）

△**判** 债务之定有清偿期，纵令当时约定不计利息，如债务人届期不为履行，自不能不担负迟延责任。（十八年上字第二八一七号）

判 给付有确定期限者，债务人自期限届满时起，当然负迟延责任。其因不可归责于债务人之事由，致未为给付者，债务人虽不负迟延责任，但不可归责于债务人之事由，应由债务人负举证之责。（二十一年上字第一九五六号）

判 债务一经更改，即发生一种新债务，上诉人当时既已将滚利之债权，一并开立兑条，另为分期归还之约定，自应就所约定之新债务，负清偿责任。（二十一年上字第二〇二九号）

判 定期给付之债务与给付有确定期限之债务，系属两事。（二十二年上字第八〇〇号）

▲**判** 抵押权人于债权已届清偿期而未受清偿者，依民法第八百七十三条第一项之规定，虽得声请法院拍卖抵押物，就其卖得价金而受清偿，然此系抵押权人之权利，而非其义务。债务人依民法第二百二十九条应负之迟延责任，并不因此而受影响。纵令抵押权人于债务已届清偿期后，不即声请法院拍卖抵押物，债务人亦不得谓因不可归责于己之事由致未为给付，以卸其迟延责任。（二十二年上字第三八七三号）

判 给付有确定期限者，债务人自期限届满时起，负迟延之责任。（二十三年上字第二三八〇号）

解 民法第一百二十六条所载，其他一年或不及一年之定期给付债权，系指与利息等同一性质之债权而言。至第二百二十九条内称给付有确定期限之债权，乃为普通债权定有期限者之一种，二者性质迥不相同。（二十四年院字第一三三一号）

解 （一）普通商业按照习惯于年中三节清账，即系以节期到来为

债权人得请求给付之时。债务人如经催告未为给付，应自受催告时起负迟延责任。（二十七年院字第一八一九号）

第二百三十条

判 给付有确定期限者，债务人自期限届满时起，当然负迟延责任。其因不可归责于债务人之事由，致未为给付者，债务人虽不负迟延责任，但不可归责于债务人之事由，应由债务人负举证之责。（二十一年上字第一九五六号）

第二百三十一条

△**判** 迟延履行债务之当事人，若于催告所定期间，仍不给付者，相对人得请求不履行之损害赔偿。（十八年上字第二四四九号）

△**判** 民法债编施行法第七条所谓不履行之责任，系指债务人因给付迟延或给付不能所应负之责任而言。（二十年上字第二六五号）

解 （二）因军需物品之出卖人给付迟延，得请求以金钱赔偿损害时，如自订约后货物价格逐日上涨，自得照以后之市价计算损害额。惟办理军需机关，已另向他处买得此项军需物品，以代之者，以另买之价格为准。又自订约时至应为履行之期，因战事致物价狂涨，非当时所得预料，而依原约命其履行，显失公平者，如具备适用《非常时期民事诉讼补充条例》第二十条第二项之要件，法院得为同条项之裁判。（三十二年院字第二六〇五号）

第二百三十二条

▲**判** 迟延后之给付，于债权人无利益者，债权人虽得拒绝其给付，但迟延后之给付于债权人无利益之事实，应由债权人负举证之责。（二十二年上字第二四五〇号）

解 （二）因军需物品之出卖人给付迟延，得请求以金钱赔偿损害时，如自订约后货物价格逐日上涨，自得照以后之市价计算损害额。惟办理军需机关，已另向他处买得此项军需物品，以代之者，以另买之价格为准。又自订约时至应为履行之期，因战事致物价狂涨，非当时所得预料，而依原约命其履行，显失公平者，如具备适用《非常时期民事诉讼补充条例》第二十条第二项之要件，法院得为同条项之裁判。（三十二年院字第二六〇五号）

第二百三十三条

△判 金钱债权，即无约定利息，而于债务人清偿迟延时，债权人亦得请求迟延利息。（十八年上字第四三三号）

△判 定期债权，债务人到期即负给付之义务，若到期而未给付，则为赔偿债权人因愆期所生之损害起见，自应给付迟延利息。（十八年上字第一二○一号）

△判 定期金钱债务，当事人间纵有止利还本之特约，然其所免除者，当然为定期内之利益。苟逾期仍未清偿，债权人自可请求定期以后之迟延利息。（十八年上字第一三一八号）

△判 期条内虽载明无利交还字样，但所谓无利交还者，系指上告人等依期偿还而言，苟逾期不还，则被上告人自得请求定期以后之迟延利息。（十九年上字第四五一号）

判 以给付货款为标的之金钱债权，债务人迟延时，亦应给付迟延利息，与其他之金钱债权无异。若以被上诉人之债权系以货款之给付为标的，与揭借之债务不同，遂认其迟延利息之请求为不当，殊为不合。（二十一年上字第二三九三号）

判 （一）以给付货款为标的之金钱债务迟延时，债权人亦得依法请求迟延利息。（二十二年上字第一四八四号）

▲判 民法第二百零三条关于法定利率之规定，虽于请求金钱债务之迟延利息时，有其适用，然不得以之限制损害赔偿之请求，观同法第二百三十三条第三项之规定自明。（二十二年上字第二七九二号）

判 迟延利息请求权之发生与否，以债务人是否迟延为断，并不限于约据上有无利息之记载。（二十二年上字第三五三六号）

▲判 民法上所谓利息并不包含租金在内，故民法第二百三十三条第二项之规定不能适用于租金。承租人于租金之支付负迟延责任时，出租人请求依法定利率计算之迟延利息，不得谓非民法第二百三十三条第一项之所许。（二十三年上字第三○八七号）

判 民法第二百零七条关于利息得否滚入原本再生利息之各项规定，均属于债之标的节内，仅系指约定之利息而言。若系迟延利息，则自应依债之效力节内，关于第二款债之迟延各规定，其中第二百三十三条既

明明规定对于利息无须支付迟延利息，且同条第三项尚有得请赔偿损害之规定，自不得许其计算复利。（二十四年上字第三四七一号）

▲判　民法第二百三十三条第二项所称之利息，系指未经依法滚入原本之利息而言，若利息已经依法滚入原本，则失其利息之性质，而成为原本之一部。债务人就该部分给付负迟延责任时，债权人自得依同条第一项请求迟延利息，不再适用同条第二项规定之列。（二十六年渝上字第二五三号）

▲判　债权人所得请求之迟延利息，如无高于法定利率之约定利率，依民法第二百三十三条第一项之规定，只能依法定利率计算。纵令该地方另有一种习惯上所认之利率，但除当事人有以此项习惯为其法律行为内容之意思者，其利率即为约定利率外，依民法第一条之规定，仍不得反于法律之规定，以此为计算迟延利息之标准。（二十八年上字第一九七七号）

解　出征抗敌军人在应征召前所负之债务无力清偿者，修正《优待出征抗敌军人家属条例》第九条第一项既仅许其展期清偿，并未免其应付之利息，则其应付之利息自无从停止计算。惟金钱债务之债务人迟延者，虽非原应支付利息之债务，依民法第二百三十三条第一项之规定，债权人亦得请求依法定利率计算之迟延利息。出征抗敌军人所负之债务，自依该条例第九条第一项展期清偿时起，即不负迟延责任，故在应征召后所展期限届满前，除原应支付利息者仍应照付外，无须支付迟延利息。（三十年院字第二一二一号）

解　约定利率高于民法第二百零三条之法定利率者，依民法第二百三十三条第一项之规定，迟延利息仍依其约定利率计算。原呈谓迟延利息为周年百分之五，超过部分债权人对之无请求权，显系错误。（三十四年院字第二八二六号）

第二百三十四条

△判　债权人领受迟延时，债务人始可不负迟延利息之责。（十八年上字第二〇六〇号）

△判　有约定利息之定期债务，必债务人于清偿时期，对于债权人确已依契约本旨提出全部给付，而债权人无故拒绝收受，始应令其负迟

延责任。（十九年上字第七五一号）

▲判　债权人有受领给付之权利，除法律有如民法第三百六十七条、第五百一十二条第二项等特别规定或契约有特别订定外，不负受领给付之义务。故债权人对于已提出之给付拒绝受领者，通常只负迟延责任，债务人不得强制其受领给付。（二十九年上字第九六五号）

第二百三十五条

△判　履行债务，即须给付一定之标的物，不能以书立将来给付之票据，即为履行完毕。（十八年上字第七六〇号）

△判　金钱债务之清偿，须依契约本旨交付金钱，始能发生履行之效力。至代物清偿，苟未得债权人之承诺，自不得谓已将应行清偿之标的物，提出给付，而主张不负迟延之责。（十八年上字第一三一八号）

△判　已经破产之债务，该债务人与债权人就偿还能力有所争执，固应就债务人之财产，估计价额，以定偿还标准。若未经宣告破产之普通债务，即不得以资力薄弱为理由，主张减偿。（十八年上字第一九六二号）

△判　给付低价钞票，不按缔约时行情折合返还，在受偿人原可拒绝受领。（十九年上字第四三八号）

▲判　债务人非依债务本旨，实行提出给付者，不生提出之效力，为民法第二百三十五条所明定。若债务人仅提出给付之一部，除法律别有规定外，不得谓为依债务本旨之提出，自不生提出之效力，债权人拒绝受领，即不负迟延责任。（二十三年上字第九八号）

第二百四十二条

▲判　债权人依民法第二百四十二条之规定，行使债务人对于第三债务人之债权时，虽应以其行使债权所得之利益归属于债务人，俾总债权人得均沾之，但不得因此即谓该债权人无受领第三债务人清偿之权限。（二十一年上字第三〇五号）

▲判　股份有限公司对于股东之股款缴纳请求权，怠于行使者，该公司之债权人自得依民法第二百四十二条、第二百四十三条之规定，代位行使。（二十七年上字第二三七七号）

第二百四十三条

▲判　股份有限公司对于股东之股款缴纳请求权，怠于行使者，该

公司之债权人自得依民法第二百四十二条、第二百四十三条之规定，代位行使。（二十七年上字第二三七七号）

第二百四十四条

判　不动产经查封，债务人将其所有权移转于第三人者，其移转行为对于债权人固不生效力，若其移转行为系在查封之前，则虽在债权人声请强制执行之后，亦不得谓为当然无效。至此项移转行为，如为假装买卖，即双方通谋而为虚伪意思表示者，依法固属无效，然如仅为有害债权人之行为而非假装买卖，则在债权人提起撤销之诉得有胜诉之判决以前，仍应认为有效。（二十二年上字第五四六号）

▲**判**　债务人以无偿行为处分其财产，如害及债权，债权人固得声请法院撤销之。而在未经撤销以前，其处分既非当然无效，则因其处分而取得所有权之第三人，自得拒绝债权人之执行。不能因其处分具有撤销之原因，即谓不生移转所有权之效力。（二十二年上字第六一九号）

解　（二）破产管理人为《破产法》第七十八条之声请，与民法第二百四十四条债权人之声请同，应以诉为之。（二十五年院字第一五五九号）

▲**判**　据被上诉人所述起诉原因之事实，上诉人与甲订立之契约为双方通谋而为之虚伪意思表示，其主张如果属实，依民法第八十七条第一项之规定，本属当然无效。被上诉人虽援用民法第二百四十四条之规定，请将该契约撤销，然依民法第二百四十四条之规定撤销契约，亦使契约自始无效。法院就原告所主张起诉原因之事实判断，其法律上之效果，不受原告所述法律上见解之拘束。原审确认该契约为无效，与被上诉人声明之本旨并无不符，不得谓为就当事人未声明之事项为判决。（二十六年渝上字第三五〇号）

▲**判**　民法第二百四十四条所称债务人所为之无偿行为，或有偿行为，均系真正成立之行为。不过因其行为有害于债权人之权利，许债权人于具备同条所定要件时，声请法院撤销。若债务人与他人通谋而为虚伪意思表示者，依民法第八十七条第一项之规定，其意思表示当然无效。此种行为有害于债权人之权利者，债权人只须主张其无效以保全自己之权利，无声请撤销之必要。（二十六年上字第六〇九号）

解 行政官署放领之官产地亩，该管行政官署，固不得任意变更。惟发现该项地亩依法令不属于私人所有者（如名胜古迹之类），该管上级官署，自得撤销之。若地亩确为私产，行政官署误为官产而放领，原所有人除得提起民事诉讼外，并得提起行政诉愿。在未诉愿以前，该管上级官署不得径行撤销。（二十六年院字第一六五九号）

▲判 债务人不能清偿债务而未受破产之宣告时，对于自己之财产尚未丧失处分权。纵令将其不动产廉价卖与债权人中之一人，以所得债金对于该债权人清偿债务，其他债权人亦仅于有民法第二百四十四条第二项情形时，得以诉请求撤销买卖行为，究不能认其行为为无效。（二十七年上字第一〇四〇号）

▲判 债权人依民法第二百四十四条第二项行使其撤销权，如仅请求撤销债务人之行为，则应以行为当事人为被告，即其行为为单独行为时，应以债务人为被告；其行为为双方行为时，应以债务人及其相对人为被告，故其行为当事人有数人时，必须一同被诉，否则应认其当事人之适格有欠缺。（二十八年上字第九七八号）

解 债务人于其不动产已依《补订民事执行办法》第三十一条执行假扣押后，所为移转所有权于第三人之处分，对于债权人为无效。在施行《不动产登记条例》区域内登记官吏误为所有权移转之登记者，自得由债权人提起涂销登记之诉。其处分及登记在准许假扣押之裁定尚未依上开办法实施执行前为之者，如处分行为合于民法第二百四十四条第一项、第二项之规定，债权人亦得提起撤销该行为及涂销登记之诉，以资救济。（二十八年院字第一八八九号）

第二百四十九条

▲判 民法第二百四十九条第三款虽仅就履行不能而为规定，于给付迟延或受领迟延不适用之。但因给付迟延或受领迟延致履行不能时，仍在适用之列。（二十八年沪上字第二三九号）

第二百五十条

判 违约金除当事人另行订定，不于适当时期或不依适当方法履行债务时，即须支付之情形外，应视为不履行而生损害之赔偿总额。（二十二年上字第四二一号）

第二百五十二条

△**判**　违约金本应推定为损害赔偿之预约，与无偿赠与契约不同，关于损害赔偿之额数，在当事人间，虽不妨于事前预为约定，而其所约定之额数，如果与实际损害，显相悬殊者，法院自得以当事人实际上所受损失为标准，酌予核减。（十九年上字第一五五四号）

判　凡约定之违约金额过高者，法院得减至相当之数额。（二十二年上字第二一五号）

▲**判**　民法第二百五十二条仅规定约定之违约金额过高者，法院得减至相当之数额。并未规定债务人之不履行债务，非由于故意或重大过失者，法院亦得减少违约金。原审既认债务人某等所称违约金过高之主张为非正当，而又以甲等之不履行债务非由于故意或重大过失，即减少其与债权人约定之违约金额，于法殊有未合。（二十九年沪上字第一八号）

第二百五十四条

▲**判**　和解契约一方履行迟延者，如该契约未以此为解除条件，他方仅得依民法第二百五十四条之规定，解除契约，并非于一方履行迟延时，当然失其效力。（二十一年上字第一八○七号）

判　（一）解除契约，除当事人间有特别约定外，非有法律所认之解除权，不得为之。（二十三年上字第三九六八号）

▲**判**　民法第二百五十四条所谓解除契约，固指解除债权契约而言，但本于债权契约而成立物权移转契约后，如有解除契约之原因，仍得将该债权契约解除。债权契约解除时，物权契约之效力虽仍存在，而依民法第二百五十九条之规定，受物权移转之一方，负有将该物权移转于他方以回复原状之义务，不得谓物权契约一经成立，债权契约即不得解除。（二十八年上字第二一一三号）

▲**判**　上诉人纵已负有迟延责任，然被上诉人如未依民法第二百五十四条之规定，定相当期限催告上诉人履行，并因上诉人于期限内不履行为解除契约之意思表示，仍不能不受契约之拘束。上诉人提出应为之给付，请求被上诉人履行，自非被上诉人所得拒绝。（二十九年上字第七八二号）

第二百五十六条

判 法律上所谓履行不能者，系指客观的履行不能而言，如买卖标的物丧失之类。若买受人无款付价，则属主观的不能，并不包括在内。（二十二年上字第三一八〇号）

判 （一）解除契约，除当事人间有特别约定外，非有法律所认之解除权，不得为之。（二十三年上字第三九六八号）

第二百五十七条

▲**判** 民法所定之消灭时效，仅以请求权为其客体，故就形成权所定之存续期间并无时效之性质。契约解除权为形成权之一种，民法第三百六十五条第一项所定六个月之解除权存续期间，自属无时效性质之法定时间。（二十二年上字第七一六号）

第二百五十八条

▲**判** 解除权之行使，只须向他方当事人以意思表示为之，不必请求法院为宣告解除之形成判决。当事人间于解除之意思表示有效与否有争执时，虽须诉请法院裁判，但法院认为此项意思表示有效者，解除之效力仍于此项意思表示达到他方时即已发生，非自判决确定时，始行发生。（二十三年上字第二四五四号）

判 出租人依法得终止契约时，如于诉状表示其终止之意思，自其诉状送达于承租人时，契约即为终止，并非至其所受胜诉判决确定时，始生终止之效。（二十三年上字第三八六七号）

解 法律无规定者，始适用习惯。解除契约，依法应向他方当事人以意思表示为之，如新校长对于教员，未经表示解约，则虽有以不另发聘书为默示解约之习惯，亦不生解约之效力。（二十五年院字第一四一〇号）

第二百五十九条

△**判** 契约解除后，一切权义回复原状，其所应返还之金钱，自须添附利息。（十九年上字第四七五号）

判 （二）契约经解除者，溯及订约时失其效力，与自始未订契约同。非若契约之终止，仅向嗣后失其效力，故契约解除时，当事人应依法之规定，回复原状。除依法不妨碍损害赔偿之请求外，不得更依契约，

行使其请求权。（二十三年上字第三九六八号）

▲判 契约解除时，当事人之一方受领之给付为金钱者，依民法第二百五十九条第二款之规定，当然应附加自受领时起之利息偿还他方，并非须经他方之催告始发生附加利息之义务。（二十八年上字第五七六号）

▲判 运送物之未运送，纵因不可抗力所致，运送人亦不过就托运人因未运送所受之损害不负赔偿责任。其就未运送之运送物所受领之运费，要不容于契约解除时，以此为拒绝返还之理由。（二十九年上字第一七三六号）

第二百六十条

判 （二）契约经解除者，溯及订约时失其效力。与自始未订契约同，非若契约之终止，仅向嗣后失其效力。故契约解除时，当事人应依法之规定，回复原状，除依法不妨碍损害赔偿之请求外，不得更依契约，行使其请求权。（二十三年上字第三九六八号）

第二百六十三条

判 （二）出租人依法得终止契约时，如于诉状表示其终止之意思，自其诉状送达于承租人时，契约即为终止，并非至其所受胜诉判决确定时，始生终止之效。（二十三年上字第三八六七号）

第二百六十四条

判 互负债务之契约当事人之一方应向他方先为给付者，在未先为给付前，他方自得拒绝自己之给付。（二十二年上字第四五七号）

△判 两造互负有给付之义务者，除一方有负先为给付之义务外，本应由两造同时履行。如一造并未履行其债务，自不得以对造未先履行，请求赔偿损害。（二十二年上字第一二七七号）

▲判 被告在裁判上援用民法第二百六十四条之抗辩权时，原告如不能证明自己已为给付，或已提出给付，法院应为原告提出对待给付时，被告即向原告为给付之判决，不能遽将原告之诉驳回。（二十九年上字第八九五号）

第二百六十六条

判 审理事实之法院，取舍证据，认定事实，必本于言词辩论为之，

为民诉法上之定则。（二十二年上字第九三五号）

解 （五）租赁之房屋因天灾或其他事变致全部灭失者，出租人免其以该房屋租与承租人使用之义务，承租人亦免其支付租金之义务，租赁关系当然从此消灭。惟当事人间订有出租人应重盖房屋租与承租人使用之特约者，从其特约。该地方有此特别习惯可认当事人有作为契约内容之意思者，即为有此特约。至房屋之承租人对于房屋基地固得因使用房屋而使用之，若租赁关系已因房屋灭失而消灭，即无独立使用之权。其在该地基搭盖棚屋居住者，究为侵权行为抑为无因管理，应视具体事实定之，仅据原呈所称情形，尚难断定。（二十八年院字第一九五〇号）

第二百六十八条

判 债务人得请求第三人，向债权人为给付者，以其契约系订定由第三人给付者为限。否则债务人即不得请求第三人向债权人为给付，因第三人对于债权人，如无给付义务，其请求权固属不能成立。即令有此义务，亦应由债权人自向第三人为请求，决非债务人所得主张。（二十三年上字第二七八〇号）

第二百六十九条

△**判** 以契约订定向第三人为给付者，其第三人直接取得请求给付之权，若第三人已表示享受其利益之意思，当事人即不得就其契约变更或撤销。（十八年上字第二九八号）

判 以契约订定向第三人为给付者，其第三人对于债务人，亦有直接请求给付之权。（二十二年上字第二三号）

▲**判** 甲与乙约明将款项汇交乙，乙收到后应向丙为给付者，丙对收受该款之乙，有直接请求给付之权。（二十九年上字第一四〇九号）

第二百七十一条

△**判** 数债务人负可分给付之债务，而无特别之意思表示者，各债务人以平等之比例，负其债务。（十八年上字第二七六六号）

第二百七十三条

△**判** 债权人得向连带债务之一人，或同时或依次向总债务人请求其全部或一部之给付。故对于连带债务人之一人或数人，虽已有命其为全部给付之确定判决，而在其未为清偿以前，仍得对于他之连带债务人，

诉请清偿其全部。（十八年上字第三三四号）

　　判　退伙必使合伙债权人可信其有退伙之行为，始对于退伙后之债务不负责任。（二十二年上字第一三九号）

　　▲**判**　连带债务之债权人，得对于债务人中之一人或数人或其全体同时或先后请求全部或一部之给付，此在民法第二百七十三条第一项定有明文。故确定判决如就同一债务命数债务人连带履行者，债权人得专对债务人中之一人，声请为全部给付之执行。（二十三年抗字第五七二号）

　　▲**判**　某甲之继承人，虽不仅被上诉人一人，但依民法第一千一百五十三条第一项之规定，被上诉人对于某甲之债务，既负连带责任，则上诉人仅对被上诉人一人提起请求履行该项债务之诉，按诸民法第二百七十三条第一项之规定，自无不可。乃原审认为必须以继承人全体为共同被告，将上诉人对于被上诉人之诉驳回，实属违法。（二十七年上字第二五八七号）

　　第二百七十四条

　　判　合伙人之一人，对于合伙有债权时，就合伙之方面言之，同时亦为连带债务人之一人。其债之关系，应因混同而消灭，而其他合伙人，亦即同免其责任。第该享有债权之合伙人，得向其他合伙人请求偿还其各自分担之部分而已。（二十四年上字第一六六一号）

　　▲**判**　合伙财产不足清偿合伙之债务时，依民法第六百八十一条之规定，各合伙人对于不足之额，虽连带负其责任，但合伙之债权人为合伙人中一人时，自己亦为连带债务人中之一人，其对于合伙之债权与其所负之连带债务，已因混同而消灭。依民法第二百七十四条之规定，他合伙人亦同免其责任。故该合伙人对于他合伙人仅得依民法第二百八十一条、第二百八十二条之规定，行使其求偿权，不得更行请求连带清偿。（二十九年上字第一一〇五号）

　　第二百七十五条

　　▲**判**　继承人对于被继承人之债务，虽与他继承人负连带责任，但连带债务人中之一人所受之确定判决，除依民法第二百七十五条之规定，其判决非基于该债务人之个人关系者为他债务人之利益亦生效力外，对于他

债务人不生效力。故债权人对于继承人未得有确定判决或其他之执行名义时，不得依其与他继承人间之确定判决，就该继承人所有或与他继承人共同共有之财产为强制执行。（二十六年渝上字第二四七号）

第二百七十七条

判 婚姻关系存续中，妻拒绝与夫同居，而犹就别居期内之生活费，向夫请求给付者，除能证明确有不能同居之正当理由外，尚须就自己之生活状况及其夫之经济能力，分别证明，方能认为正当。（二十四年上字第一九二三号）

第二百八十一条

△**判** 债权人对于连带债务人之一人，得请求履行全部债务，其为全部清偿之人，得对于他债务人求偿。（十八年上字第二一四号）

判 合伙人之一人，对于合伙有债权时，就合伙之方面言之，同时亦为连带债务人之一人，其债之关系，应因混同而消灭。而其他合伙人，亦即同免其责任。第该享有债权之合伙人，得向其他合伙人请求偿还其各自分担之部分而已。（二十四年上字第一六六一号）

▲**判** 合伙财产不足清偿合伙之债务时，依民法第六百八十一条之规定，各合伙人对于不足之额，虽连带负其责任，但合伙之债权人为合伙人中之一人时，自己亦为连带债务人中之一人，其对于合伙之债权与其所负之连带债务，已因混同而消灭，依民法第二百七十四条之规定，他合伙人亦同免其责任。故该合伙人对于他合伙人仅得依民法第二百八十一条、第二百八十二条之规定，行使其求偿权，不得更行请求连带清偿。（二十九年上字第一一〇五号）

第二百八十二条

▲**判** 合伙财产不足清偿合伙之债务时，依民法第六百八十一条之规定，各合伙人对于不足之额，虽连带负其责任，但合伙之债权人为合伙人中之一人时，自己亦为连带债务人中之一人，其对于合伙之债权与其所负之连带债务，已因混同而消灭。依民法第二百七十四条之规定，他合伙人亦同免其责任。故该合伙人对于他合伙人仅得依民法第二百八十一条、第二百八十二条之规定，行使其求偿权，不得更行请求连带清偿。（二十九年上字第一一〇五号）

第二百九十四条

△**判**　商号与营业之让与，凡受让人所应偿之债务，除法律有特别规定外，一应以让与契约所订定者为准。故让与人之债权人，欲于让与契约外，无故加重受让人之义务，实为法所不许。（二十年上字第二八〇号）

▲**判**　债权之让与不过变更债权之主体，该债权之性质，仍不因此有所变更，故因债权之性质所定之短期消灭时效，在债权之受让人亦当受其适用。本件被上诉人向某甲受让之债权，既为商人供给商品之代价请求权，则民法第一百二十七条第八款之规定，当然在适用之列。（二十六年渝上字第一二一九号）

第二百九十七条

△**判**　债权之让与，虽须经让与人或受让人通知债务人始生效力，但不以债务人之承诺为必要。（二十年上字第五八号）

判　债权之让与，非通知债务人，对于债务人不生效力。（二十二年上字第二三五号）

判　债权之让与，虽须经让与人或受让人通知债务人始生效力，但不以债务人之承诺为必要。（二十二年上字第三〇七号）

判　债权之让与，非经让与人或受让人通知债务人，对于债务人固不生效力。惟受让人对于债务人主张受让事实行使债权时，即应认为通知，亦不容债务人就此争辩。（二十二年上字第一一六二号）

判　（二）债权之让与，经让与人或受让人通知债务人，即生效力，毋须得债务人之同意。受让人将让与人所立之让与字据提示于债务人者，与通知有同一之效力。（二十三年上字第一九八二号）

▲**判**　债权让与之通知，为让与人或受让人向债务人通知债权让与事实之行为，其性质为观念通知。（二十八年上字第一二八四号）

第三百条

△**判**　第三人承任债务人之债务，而经债权人同意者，嗣后该承任人即应对于债权人负清偿之责，至债务人是否同意及知悉，均所不问。（十八年上字第五四五号）

△**判**　债务经第三人承任后，债务人即脱退关系，径由承任人负清

偿之责，故此项债务移转之契约，非得债权人同意不生效力。（十八年上字第一三〇八号）

 △**判** 承任契约，系为债务人之利益而设，其主旨在使债务人免其责任。故承任人一经表示承任，并经债权人同意，原债务人即脱退原债务关系，径由承任人对于债权人负清偿之责。（十九年上字第一七三号）

 △**判** 第三人特向债权人订立承任债务之契约者，债权人因承任契约之效力，即得向第三人为履行债务之请求。虽原债务人嗣后又有自行清偿之意思，苟非实行清偿，承任人要难主张免责。（十九年上字第四五一号）

 △**判** 第三人承任债务，并非要式行为，只须得有债权人之同意，其契约即已成立，虽未订立书据，亦不得谓为无效。（二十年上字第四八九号）

 △**判** 承担债务，须有第三人与债权人订立承担债务之契约，其债务始移转于该第三人。（二十年上字第一四七三号）

 △**判** 债务之承任（即承担），乃第三人与债权人或债务人所为以移转债务为标的之契约。依法须第三人与债权人订立契约承担债务人之债务，或与债务人订约，而经债权人承认者，始克生效。（二十年上字第二〇一七号）

 判 债之移转与合伙系属两事，不能因旧厂债务移转于新厂，即谓可证明旧厂东加入新厂为合伙员。（二十二年上字第一三三号）

 判 第三人与债权人订立契约承担债务人之债务时，债务人固得脱离债务关系，惟若第三人所立之契约，并非使债务人完全免责，不过为加入的债之承担，仍系与债务人同负债务者，则债务人对于原有之债务，自不能不仍负偿还之责。（二十三年上字第一三七七号）

 ▲**判** 债务承担契约，系以移转债务于第三人为目的之契约，第三人与债权人间一有此项契约之成立，债务即移转于第三人。嗣后原债务人既不复负担债务，债权人自不得更向原债务人请求履行。（二十三年上字第三〇〇八号）

第三百零一条

 △**判** 第三人与债务人约明承任其债者，于通知债权人经其同意

时，其债务移转于该第三人。而债权人于受通知后，径向该第三人请求清偿者，即应认为已有同意。（十八年上字第六一号）

△判 债务之承任，关系债权人之利害甚大，非得债权人之同意，不能发生拘束债权人之效力。（十八年上字第二三六九号）

△判 债务之承任，于债权人有重大之利害关系，非经债权人承认，对于债权人不生效力。（二十年上字第一一号）

△判 第三人与债务人订立承任其债务之契约，非经债权人同意，对于债权人不生效力。（二十年上字第一五二七号）

△判 债务之承任（即承担），乃第三人与债权人或债务人所为以移转债务为标的之契约。依法须第三人与债权人订立契约，承担债务人之债务，或与债务人订约而经债权人承认者，始克生效。（二十年上字第二〇一七号）

判 第三人与债务人订立契约承担债务者，一经债权人承认，对于债权人即生效力。（二十二年上字第八六六号）

第三百零三条

▲判 债务之承担与保证债务不同，保证债务为于他人不履行债务时，代负履行责任之从债务，该他人仍为主债务人，故除有民法第七百四十六条所列各款情形之一者外，保证人于债权人未就主债务人之财产强制执行而无效果前，对于债权人得拒绝清偿。债务之承担，则系债务之移转，原债务人已由债之关系脱退，仅由承担人负担债务。故承担人纵令曾与原债务人约明，将来清偿债务之资金，仍由原债务人交付承担人向债权人清偿，亦不得以之对抗债权人。（二十二年上字第四二六号）

第三百零五条

判 （一）国家接收民营事业，倘概括承受其资产及负债，则国家固应立于私人之地位，同受私法之适用。惟承受人未对于债权人为概括承受资产及负债之通知或公告，则承担债务之效力，尚未发生，债权人自不得以未发生承担效力之债，向承受人为清偿之请求。（二十三年上字第二一三六号）

第三百零八条

▲判 债之全部消灭者，债务人虽得请求返还或涂销负债字据，惟

负债字据之返还或涂销，并非债务消灭之要件。故债务已清偿者，不能因负债字据未经返还或涂销，即谓其债务尚未消灭。（二十二年上字第二五二二号）

判 负债字据，固足为债权存在之证明。但债务人如能提出确切反证证明其债务实已清偿者，则纵使该项字据，尚存于债权人之手，仍不能不认其债权之已经消灭。（二十三年上字第一五四二号）

判 普通欠票或借券，固足为债权存在之有力证据。但债务人如能举出确切反证证明其债务实已清偿者，则纵令欠票或借券尚存于债权人之手，仍不能不认其债权已经消灭。（二十四年上字第一一四九号）

第三百零九条

△**判** 债权之成立，由于特定人间之法律关系，故债务人清偿债务，应向债权人为之。苟将还债之资，交付保证人，而未经债权人追认，或已实受其利益者，不生清偿之效力。（十八年上字第二一一八号）

△**判** 凡商店倒闭，本号与分号各欠有债务时，应由本号与分号各自先为清偿，必分号财产不足偿还债务，始得就本号于清偿其自身债务外，尚有余剩之财产，请求清偿。（十九年上字第一八九号）

△**判** 债务业经指定偿还方法，虽双方当事人均有遵守之义务，然若其偿还方法，为事实上所不可能，自无强债权人遵守，致其债权等于消灭之理。（二十年上字第一五五〇号）

▲**判** 债权人依民法第二百四十二条之规定，行使债务人对于第三债务人之债权时，虽应以其行使债权所得之利益归属于债务人，俾总债权人得均沾之，但不得因此即谓该债权人无受领第三债务人清偿之权限。（二十一年上字第三〇五号）

判 金钱债务之履行，如当事人间以特约指定用某种货币者，无论债权成立时所给付者为何种货币，当事人两造均应受该特约之拘束。（二十一年上字第三〇〇四号）

判 经理人就商号债权所负清理之责任，固仅在于催收，而不为债务人代偿。惟债务人如即为经理人自身，则自己之债务自应并为清偿，其清理之责任方能谓为已尽。亦不得借口仅负清理责任，即谓清偿自己债务不在其应为清理之列。（二十二年抗字第三四〇号）

▲判　依债务本旨，向有受领权人为清偿，经其受领者，债之关系即归消灭。纵令债权人不因其受领而受利益，亦无据以对抗债务人之余地。（二十三年上字第九一七号）

判　负债字据固足为债权存在之证明，但债务人如能提出确切反证证明其债务实已清偿者，则纵使该项字据，尚存于债权人之手，仍不能不认其债权之已经消灭。（二十三年上字第一五四二号）

判　普通欠票或借券，固足为债权存在之有力证据，但债务人如能举出确切反证证明其债务实已清偿者，则纵令欠票或借券尚存于债权人之手，仍不能不认其债权已经消灭。（二十四年上字第一一四九号）

第三百一十条

△判　债务之履行，应向债权人为之，其向第三人而为给付者，应以债权人承认者为限，始生清偿之效力。（十八年上字第一八六五号）

判　债权系特定人对于特定人之权利，故债务人向第三人为清偿，除经债权人承认，或因而受利益或受领之第三人于受领后取得其债权外，不生清偿之效力。（二十二年上字第二二六六号）

解　宣告证券无效之公示催告程序，依《民事诉讼法》第五百三十五条第一项，惟于法律有规定时，始许行之。银行发给存户之记名存单、存折，在实体法上既无得以公示催告程序宣告无效之规定，自不得行此程序。至存单、存折依惯例挂失后，持有单、折者，向银行交涉时，如其人并非真正债权人，无论单、折是否载有凭以支取字样，银行均无支付存款之义务。即其人为真正债权人，而银行前向挂失之第三人支付存款，如合于民法第三百一十条规定之情形，亦免其责任。院字第一八一五号解释，无须变更。（二十九年院字第二〇〇六号）

解　银行之债权于抗战期间经与该银行同名称之伪银行作为自己之债权而行使者，该伪银行即为债之准占有人。债务人向该伪银行为清偿，经其受领者，依民法第三百一十条第二款之规定，以债务人不知其非债权人者为限，有清偿之效力。如债务人明知其非债权人，则依同条第三款之规定，须于该银行因而受利益之限度内，乃有清偿之效力。至该伪银行系就有物担保之债权实行担保物权而受清偿者，依同条第三款之类推适用，于该银行因而受利益之限度内，亦有清偿之效力。若该银

行概括承受该伪银行之财产者，可推定该银行系因而受利益。（三十五年院解字第三二七八号）

第三百一十一条

△**判**　名义上之主债务人，仅限于第三人业经代偿之部分，可以主张免责。若第三人未经代偿，纵令该第三人应负保证之责，亦不得拒绝清偿。（二十年上字第二三二号）

第三百一十二条

▲**判**　借款时在场之中人，虽非保证人，但约明该中人有催收借款之责任者，就借款之返还非无利害关系，如该中人清偿此项债务，即有民法第三百一十二条之权利。（二十九年上字第一三五四号）

第三百一十四条

判　《民事诉讼法》所谓义务履行地者，如无特别情形，即应以债权人之住所地为准。（二十二年声字第一二四三号）

判　金钱债务，其履行地如无民法所定之除外情形，自得由债务履行地即债权人住所地之法院管辖。（二十三年上字第一四八九号）

第三百一十五条

▲**判**　当事人预期不确定事实之发生，以该事实发生时为债务之清偿期者，应认该事实发生时或其发生已不能时，为清偿期届至之时。本件据原判决确定之事实，上诉人因某锰矿公司复业缺资，向被上诉人之夫借用毫银二千元，约明俟该公司运矿至某地发沽后偿还，显系预期该公司将来必有运矿至某地发沽之事实，以该事实之发生为既存债务之清偿期，并非以之为发生债务之停止条件。该公司既于民国二十二年被政府撤销，此后已无运矿至某地发沽之可能，即应以其运矿至某地发沽事实之发生已不能时，为清偿期届至之时。（二十八年上字第一七四〇号）

▲**判**　债权未定清偿期者，债权人得随时请求清偿，为民法第三百一十五条所明定。是此项请求权自债权成立时即可行使，依民法第一百二十八条之规定，其消灭时效，应自债权成立时起算。（二十八年上字第一七六〇号）

第三百一十六条

△**判**　债之清偿期当事人另有订定者，应从其订定，债权人不得于

期前请求清偿。（十九年上字第二六〇号）

判　分期归还之债款，如已届分还之期，债务人不依约履行，不得仍享期限之利益，为历来判例之所认。此项判例，系指已达清偿期之债权经当事人改订分期归还办法者而言，与民法第三百一十六条规定之情形不同。（二十二年上字第二三〇〇号）

▲判　请求权定有清偿期者，自期限届满时起即可行使，依民法第一百二十八条之规定，其消灭时效，应自期限届满时起算。（二十八年上字第六〇五号）

第三百一十八条

△判　无款暂缓，不过暂时延缓之意，与通常习惯上之兴隆票，必待债务人有偿还资力，始应清偿者不同。（十九年上字第三一二〇号）

△判　分期归还之债额，如已届分还之期，债务人不依约履行，不得仍享期限之利益。（二十年上年第六九〇号）

判　民法第三百一十八条第一项但书，虽规定法院得斟酌债务人之境况，许其于无甚害于债权人利益之相当期限内，分期给付或缓期清偿，然此不过认法院有斟酌债务人境况，许其分期给付或缓期清偿之职权，并非认债务人有要求分期给付或缓期清偿之权利。故法院斟酌债务人境况之结果，认为不应许其分期给付时，既不得谓为违法，债务人即无向第三审法院声明不服之余地。（二十二年上字第七二一号）

判　民法第三百一十八条第一项但书之规定，不过认法院有此职权，并非认债务人有要求分期给付或缓期清偿之权利。故法院斟酌债务人境况之结果，认为不应许其分期给付时，既不得谓为违法，债务人即无向第三审法院声明不服之余地。（二十二年上字第三六九四号）

▲判　民法第三百一十八条第一项但书之规定，不过认法院有斟酌债务人境况，许其分期给付或缓期清偿之职权，非认债务人有要求分期给付或缓期清偿之权利。故法院斟酌债务人境况之结果，认为不应许其分期给付或缓期清偿时，债务人不得以认定不当为提起第三审上诉之理由。（二十三年上字第二二四号）

判　债务人原无一部清偿之权利，法院虽得斟酌债务人之境况，许其于无甚害于债权人利益之相当期限内分期给付，但得否许其于相当期

限内分期给付，系由法院就债务人之境况斟酌定之，殊非债务人所得强求。（二十三年上字第五四九号）

判 民法第三百一十八条第一项但书，不过规定法院有斟酌债务人境况，许其缓期清偿之职权，并非认债务人有要求缓期清偿之权利。（二十三年上字第一四四八号）

判 （一）民法第三百一十八条第一项，不过规定法院有斟酌债务人境况，许其分期给付之职权，并非认债务人有要求分期给付之权利。故法院认为不应许其分期清偿时，债务人无声明不服之余也。（二十三年上字第三五二五号）

判 债务定有清偿期者，债务人于期限届满，应依债务本旨，而为清偿。法院斟酌债务人之境况，固得于无甚害债权人利益之相当期限内，许债务人缓期清偿，但应否为缓期清偿之允许，应由法院就债务人之境况及无甚害债权人利益之范围内，斟酌定之，殊非债务人所得强求。（二十四年上字第五二七号）

判 民法第三百一十八条第一项但书之规定，不过认法院有斟酌债务人境况，许其分期给付或缓期清偿之职权，并非认债务人有要求分期给付或缓期清偿之权。故第二审判决，虽未许债务人缓期清偿，债务人亦无借此向第三审法院声明不服之余地。（二十四年上字第三二九五号）

判 民法第三百一十八条第一项但书之规定，不过认法院有斟酌债务人境况许其分期给付或缓期清偿之职权，而非认债务人有要求分期给付或缓期清偿之权利。故法院依职权斟酌之结果，如认为不应许其分期给付，既不得谓为违法，即非债务人所能据为声明不服之理由。（二十四年上字第四四四九号）

解 依民法第三百一十八条第一项但书之规定，法院许债务人分期给付或缓期清偿，须于无甚害于债权人利益之相当期限内为之，即债务人财产在战区内者亦然。所定期限必须确定而不失于过久，不得以战事结束为期，亦不得以民法所定时效期间为准。至法院判决命将债务人之财产变价执行者，如无《民事诉讼法》第四百九十二条第一项第九款所定情形，不得仅以在国难期间遽援用此规定准予再审。（二十八年院字第一九四四号）

第三百一十九条

△判　债务人欲以他种给付，代债务标的之给付者，非得债权人承诺，不能强其受领。（十九年上字第四八八号）

判　金钱债权之债务人欲主张以产抵债（即以物清偿），非证明已得债权人之承诺，即不能认为有清偿之效力。（二十二年上字第一三一号）

▲判　清偿既须依债务本旨为之，则以他种给付代原定之给付，自非得债权人之承诺不可。故必债务人以代原定给付之意思为他种给付，债权人之受领他种给付亦系以许代原定给付之意思为之者，始与民法第三百一十九条之规定相符。若债务人未得债权人之承诺，自以代原定给付之意思而为他种给付，债权人则以增加担保或其他之意思而受领者，债之关系不能因此消灭。（二十八年上字第一九七七号）

第三百二十条

△判　借款届偿还期后，当事人更约偿还期限，换立借券者，其债务之要素，并不变更。自不得谓为消灭旧债务，而发生新债务。（十九年上字第七八八号）

判　债务一经更改，即发生一种新债务。上诉人当时既已将滚利之债权，一并开立兑条，另为分期归还之约定，自应就所约定之新债务，负清偿责任。（二十一年上字第二〇二九号）

判　（一）债务人因清偿债务而对于债权人负担新债务者，除当事人另有意思表示外，若新债务不履行时，其旧债务仍不消灭。（二十三年上字第二二七六号）

第三百二十一条

判　（三）对于一人负担数宗债务，如清偿人提出之给付，不足清偿债务之全部，应由清偿人指定应抵充之债务。如未为指定，应就债务之先届清偿期或债务之担保最少或债务人因清偿而获益最多者，尽先抵充。（二十四年上字第一五一九号）

第三百二十二条

判　（三）对于一人负担数宗债务，如清偿人提出之给付，不足清偿债务之全部，应由清偿人指定应抵充之债务。如未为指定，应就债务之先届清偿期或债务之担保最少或债务人因清偿而获益最多者，尽先抵

充。（二十四年上字第一五一九号）

第三百二十三条

△**判** 债务人对于债权人欠有本息而为给付者，如未得债权人之同意，应以先充利息之清偿，不能主张系属还本。（十八年上字第一六一号）

△**判** 债务人对于同一债权人，负有原本及利息数宗债务，苟其给付不足清偿全部债务，除经债权人同意，得先充原本后充利息外，应先充利息后充原本，不许债务人仅以一方之意思，予以变更。（十九年上字第九八九号）

▲**判** 民法第三百二十三条并非强行规定，故其所定费用、利息及原本之抵充顺序，得以当事人之契约变更之。（二十七年上字第三二七〇号）

第三百二十六条

△**判** 债权人受领迟延时，清偿人得依提存方法，以免除其债务。（二十年上字第六七〇号）

判 债务人须于债权人受领迟延或不能确知孰为债权人而难为给付时，始得将给付物为债权人提存之。（二十二年上字第七八六号）

解 （二）债权人除契约有特别订定或法律有如民法第三百六十七条、第五百十二条第二项等特别规定外，不负受领给付之义务。依民法第二百三十四条之规定，债权人负受领迟延责任，并非以负有受领给付之义务为要件。第三百二十六条所谓债权人受领迟延，自不以负有受领给付之义务者为限。（三十年院字第二一八七号）

解 为执行名义之判决，系命出典人承诺典物之出卖，并订立移转所有权之书面而不为之者。依《强制执行法》第一百三十条之规定，应分别情形，自判决确定时，或自法院就典权人已支付价金或提出相当担保给予证明书时，视为已承诺出卖，并已订立书面。至出典人对于已提出之价金拒绝受领，即为受领迟延，依民法第三百二十六条之规定，典权人得将其价金为出典人提存之。（三十五年院解字三〇七六号）

第三百二十七条

判 债务人为债权人将给付物依法提存后，除有不能通知债权人之

情形外，应即通知债权人。（二十二年上字第七八六号）

第三百二十八条

△**判**　债务人将清偿之标的物提存后，债权人固应担负其物灭失损毁或落价之危险。惟所谓标的物者，自指当事人之约定者而言，如约定以现金给付为标的，债务人强欲以业经落价之纸币，或有价证券为给付，而又不肯按市价折合现金者，则在债权人自得拒绝受领。虽经债务人将该纸币，或有价证券提存，嗣后更行落价，亦非债权人迟延所致，自不能令其负担由此所生之损失。（十七年上字第八三三号）

第三百三十四条

△**判**　抵销以二人互负同种标的之债务为其要件之一，商号伙友个人所欠款项，自不得与商号债权主张抵销。（十八年上字第一二八号）

△**判**　债务之抵销，以双方当事人互负债务，为必须具备之要件。若一方并未对他方负有债务，则根本上即无抵销之可言。（十八年上字第一七〇九号）

△**判**　债务之抵销，须彼此互负债务，而其给付种类相同，并均届清偿期为要件。（十九年上字第一〇四八号）

△**解**　债务之抵销，应以二人互负债务，而其给付种类相同者，始得为之。（十九年上字第二七八九号）

判　主张抵销，是否合于民法所定抵销之要件，则为上诉有无理由之问题，与上诉合法与否之问题无涉。况货物之损害，如应以金钱赔偿时，其损害赔偿请求权，即为金钱债权。因侵权行为之损害赔偿请求权，于其请求权发生时，即应认为已届清偿期，尤不得以给付种类不同或清偿期未届为理由，认为与抵销要件不合。原裁定谓抗告人，非对于第一审判决中可生既判力之裁判声明不服，且其抵销抗辩与法定抵销要件不合，认其上诉为不合法予以驳回，殊属违法。（二十二年抗字第二四六号）

判　债务之抵销，应以两方互负债务其给付之种类相同，且均届清偿期者为限。若债务之性质不同，则不在得以抵销之列。（二十二年上字第四四〇号）

判　抵销抗辩，并不使反对债权发生诉讼拘束，故反对债权虽另在诉讼拘束中，仍无妨以之供抵销之用。原判决以上诉人已将垫款另案起

诉，遂谓该案未经判决确定以前，不得预为抵销，于法亦难谓当。（二十二年上字第六二七号）

判 债务之抵销，须二人互负债务而其给付种类相同并均届清偿期者，始得为之。（二十二年上字第六七八号）

判 抵销以二人互负债务，而其给付种类相同为要件。（二十二年上字第九六七号）

判 （二）损害赔偿债权，其损害发生之时即为应行赔偿之时，如果其给付种类与债权人所负之债务相同，固非必俟判决确定始得抵销。（二十二年上字第一一一二号）

判 债务之抵销，以二人互负债务其给付种类相同，并均届清偿期为要件。其不合此要件者，自不得主张抵销。至合伙债务，各合伙人于合伙财产不足清偿时，对于其不足之额，应负连带责任。若合伙财产未至不足清偿合伙债务时，则各合伙人即无连带责任之可言，其合伙债务即应以合伙财产清偿之。苟非得债权人之同意，自不得以各合伙人个人对于债权人之债权，而主张抵销合伙债务之全部。（二十二年上字第二三八二号）

▲判 因他方之侵权行为所受货物之损害，如得请求以金钱赔偿时，其损害赔偿请求权自属金钱债权。此项损害赔偿请求权，于其请求权发生时，即应认为已届清偿期，故赔偿权利人对于赔偿义务人负有金钱债务已届清偿期者，赔偿权利人以其债务与他方之债务互相抵销，不得谓与民法第三百三十四条所定抵销要件不符。（二十三年抗字第二四六号）

判 因设定地上权，由地上权人交付土地所有人之押租，须于地上权消灭后，地上权人对于押租，始有请求返还之权。在地上权未消灭前，押租返还请求权，尚未发生，自不能据以主张与所欠地上权租金相抵销。（二十四年上字第一八〇七号）

▲判 民法第三百三十四条但书所谓依债务之性质不能抵销者，系指互相抵销即反于成立债务之本旨者而言。以有担保之债务与无担保之债务互相抵销，并不反于成立债务之本旨。原判决谓有担保之债务与无担保之债务，依其性质不能抵销，其见解未免错误。（二十六年渝上字第四五〇号）

▲**判**　上诉人在原审虽以自己为被上诉人商号合伙人之一，其应收回之出资及应分配之利益，足与所欠该号之款抵销等情为抗辩。但据原审确定之事实，上诉人尚未退伙无收回出资之可言，纵有利益可以分配，亦未届分配之期。是原审以上诉人对于被上诉人之债权尚未届清偿期，不得与被上诉人已届清偿期之债权抵销，认其抵销抗辩为不当，于法并无不合。（二十八年上字第八二二号）

第三百三十五条

△**判**　抵销应就两造债务相当额，溯及宜为抵销时生其效力者，系使得为抵销之债务，于宜为抵销时消灭，此后即不生计算利息之问题。（十八年上字第三一六号）

▲**判**　抵销固使双方债务溯及最初得为抵销时消灭，惟双方互负得为抵销之债务，并非当然发生抵销之效力，必一方对于他方为抵销之意思表示，而后双方之债务乃归消灭，此观民法第三百三十五条第一项规定自明。故给付之诉之被告，对于原告有得为抵销之债权，而在言词辩论终结前未主张抵销，迨其败诉判决确定后表示抵销之意思者，其消灭债权人请求之事由，不得谓非发生在该诉讼言词辩论终结之后，依《强制执行法》第十四条之规定，自得提起执行异议之诉。（二十九年上字第一一二三号）

第三百四十三条

△**判**　负有债务者，如欲减成还本，免除利息，应得债权人之同意。不能因当事人以外之人所订章程，认为有拘束当事人之效力。（十七年上字第二三二号）

△**判**　债务关系，乃特定人间之关系，债务人对于债权人，不能以曾受其他债权人之免除利益，希图一并减免。（十八年上字第二二〇号）

△**判**　当事人资力如何，系属执行问题，与债权数额应否让免，不生影响。（十八年上字第二二〇七号）

△**判**　债权之让免，须由债权人表示意思，若第三人代债权人为之，苟非本于债权人之授权行为，或经其为明示或默示之追认，不能生效。（十九年上字第九一五号）

△**判**　债权已经认定其适法成立者，苟非当事人有舍弃之意思表示，

法院不得蔑视其权利而强令减免。（十九年上字第三一八一号）

△**判**　债务之免除与否，属于债权人之自由，债务人决不能以其片面之意思，强债权人以免除，即法院亦不得反于债权人之意思，而为强制免除之判断。（二十年上字第一七七号）

△**判**　免除债务，须债权人向债务人表示免除其债务之意思，债之关系，始归消灭。（二十年上字第四五二号）

△**判**　债权人向债务人表示，免除债权之全部或一部者，则其全部或一部债之关系，即应消灭，债务人对于免除部分之债，自得为消灭之抗辩。（二十年上字第七〇三号）

△**判**　因债务人资力减少，以其财产按成摊还众债权人，除债权人就未受清偿之部分，显然表示免除之意思，或于受领之际，将债务证书交还销毁，依通常情形，得认为免除者外，债权人虽已受领摊还之款，而其余部分之债务，仍不得即认为免除。（二十年上字第七一六号）

判　上诉人所主张之债权，应由上诉人表示免除之意思，方能发生免除之效力，与协谐契约之应受大多数债权人决议之拘束者不同。（二十二年上字第八〇〇号）

▲**判**　债务之免除须由债权人向债务人表示免除其债务之意思，始生效力。此项法律行为，虽非不许代理，但无代理权人所为之免除，非经债权人承认，对于债权人不生效力。（二十二年上字第三九七三号）

▲**判**　无权利人就权利标的物为处分时，如其行为合于侵权行为成立要件，虽其处分已经有权利人之承认而生效力，亦不得谓有权利人之承认当然含有免除处分人赔偿责任之意思表示。（二十三年上字第二五一〇号）

判　（一）债务之免除，应由债权人以意思表示为之。（二十四年上字第一五一九号）

第三百四十四条

判　债务人就其财产设立抵押权，致减少其财产，有害于债权之共同担保时，债权人固只得声请法院予以撤销。然债权人就该财产所为之保全行为，亦非该抵押权人所得提起异议。（二十二年上字第一八九三号）

判　合伙人之一人，对于合伙有债权时，就合伙之方面言之，同时亦为连带债务人之一人，其债之关系，应因混同而消灭。而其他合伙人，亦即同免其责任。第该享有债权之合伙人，得向其他合伙人请求偿还其各自分担之部分而已。（二十四年上字第一六六一号）

▲**判**　合伙财产不足清偿合伙之债务时，依民法第六百八十一条之规定，各合伙人对于不足之额，虽连带负其责任，但合伙之债权人为合伙人中之一人时，自己亦为连带债务人中之一人，其对于合伙之债权与其所负之连带债务，已因混同而消灭。依民法第二百七十四条之规定，他合伙人亦同免其责任，故该合伙人对于他合伙人仅得依民法第二百八十一条、第二百八十二条之规定，行使其求偿权，不得更行请求连带清偿。（二十九年上字第一一〇五号）

第三百四十五条

△**判**　不动产买卖契约，一经以书面合法成立，即发生物权移转之效力，卖主不得以其亲房有先买权，主张解除契约。（十七年上字第六二号）

△**判**　不动产所有权人，倘因某种事由，经该管行政官署，将其所有物，依行政处分或命令予以没收，其所有人原有之物权，即因此不能存在。故凡就没收不动产，向该行政官署缴价承买，并领有管业执照者，原所有人苟欲向承买人诉求返还所有物，则非经行政方式，将前项没收处分或命令撤销，法院自不得径为实体上之裁判，遽认承买人之承买无效。（十八年上字第一五七号）

△**判**　买卖契约，并不以订明交货期限，及订立定式字据为要件。（十八年上字第三一六号）

△**判**　买卖契约之成立，须以双方当事人之合意为要件。故契约成立后，一方欲变更原约内容之一部，如未经他方合意，则日后他方因变更受有损害，自可以对方违反原约为理由，请求赔偿。（十八年上字第四五二号）

△**判**　买空卖空之成立，须当事人于订约之初，即有仅凭市价差额，计算输赢之意思。而当事人订约之初，是否即有此意思，不能仅凭至期有无授受实货之事实以为臆测。倘其买卖原约，明以至期授受实货为目的，而嗣后因违约不能履行，或其他原因，仅依市价差额以定盈亏者，

不能即与买空卖空同论。（十八年上字第八一八号）

　　△**判**　无代理权人所缔结之买卖契约，原可依本人之追认而发生效力。（十八年上字第一六○一号）

　　△**判**　当事人合意所生之先买权，其买卖当时，买主并不知情，则其先买权仅得对于不遵合意之卖主，请求损害赔偿，不得主张该买卖契约为无效。（十八年上字第一八六七号）

　　△**判**　以同一不动产为二重买卖者，其在合法成立契约之买主，当然取得该不动产之所有权。其后之买主，无论是否善意，其契约要不能发生移转物权之效力。（十八年上字第二七七二号）

　　△**判**　买卖之债权契约，并非要式行为，除第一百六十六条情形外，自无须以订立书据为其要件。苟有其他证据方法，足以证明确有买卖事实，则因买卖所发生之债务关系，即不容借口无书据而任意否认。（十八年上字第二九五六号）

　　△**判**　卖主就同一标的物为二重买卖，如前买约仅生债权关系，而后买约已发生物权关系时，前之买主不得主张后买约为无效。（十九年上字第一三八号）

　　△**判**　买卖契约，非要式行为，除第一百六十六条情形外，不论言词或书据，只须意思表示合致，即可成立。其写立书据者，亦无履行何种方式之必要，若嘱人签字，即系授权行为，当然对于本人直接生效。（十九年上字第三三五号）

　　△**判**　区别定期买卖，与买空卖空之标准，当以买卖当事人间在订约之初，其意思系在交付实货，抑仅计算市价差额以定输赢为断。（十九年上字第四三八号）

　　△**判**　买卖房屋，仅交付定洋，书立草契，该草契只为买卖之预约，属于一种债权关系，只能对于出卖人请求履行。若出卖人将房屋另卖，是否应负赔偿之责，亦只能向出卖人主张，盖此时既未取得所有权，不能对抗第三人，故无论后之买受人，是否已经登记投税，皆无过问之余地。（十九年上字第二三六二号）

　　△**判**　当事人就标的物及其价金互相同意时，买卖契约即为成立，纵当事人之一方迟延给付，亦应予以相当期限，催告其履行。于期限内

不履行时，始得解除其契约。（二十年上字第二一号）

△**判**　不动产物权移转之契约，虽以书立契据为必要之方式，而关于买卖不动产之债权契约，则本为不要式行为，若双方就房屋之标的物及价金互相同意，即不能谓其买卖之债权契约，尚未成立。（二十年上字第一二〇七号）

△**判**　当事人间所立之买卖不动产字据，苟已明确表示买卖之合意，即生买卖之效力，原不以盈尺之纸，繁重之语，与其字据开始处，写有立卖契人等字样，及推粮过户等为成立之要件。（二十年上字第一八三四号）

△**判**　买卖契约为诺成契约，一经当事人就标的物及其价金互相同意，买卖契约即为成立。（二十年上字第二二〇二号）

△**判**　买卖预约，仅有债权效力，不能对抗契约以外之第三人。（二十年上字第二四〇五号）

判　买卖契约，只须当事人双方表示意思一致，即为成立。其买卖田产之老契分关，已否交付，并有无卖主族人到场作中，均与契约之成立无关。（二十一年上字第二二八一号）

判　买卖契约之成立，以当事人就标的物及其价金互相同意为要件，其未就标的物及价金互相同意者，自不得主张其买卖契约为成立。（二十二年上字第四五九号）

判　不动产买卖之未订立书据者，固不生物权移转之效力。惟若当事人已就标的物及其价金互相同意，则其约定买卖之债权契约，不得不认为已经成立，买主对于卖主，自有请求履行之权利。（二十二年上字第九一四号）

判　定期买卖与买空卖空之区别，当以买卖当事人在订约之初其意思是否在授交实货，抑仅计算市价差额以定输赢为断。如果买卖当事人之初意，仅在计算差额以定输赢，即为买空卖空，事与赌博同科，固不能认一造因买空卖空所赢之款成立有效之债权。惟当事人之初意何在，究不容仅凭至期有无实货授受之事实以为臆测。倘其买卖原约明以实货授受为标的，而嗣后因另立转卖或买回之契约，或因违约不能履行，其结果仅依市价差额以为赔偿者，则究与初意即在依市价差额赌赛输赢者不同，仍不能以买空卖空论。（二十二年上字第三二一三号）

判　不动产买卖预约虽已成立，而买主之物权尚未移转，仅发生一种请求订立正式契约之债权关系。倘预约之卖主将预约标的之不动产另卖与第三人时，该预约之买主，除得对于预约之卖主请求赔偿其损失外，要不能对于该第三人主张其已成立之买卖契约为无效。（二十三年上字第一五〇〇号）

判　买空卖空之成立，须当事人于订约之初，即有仅凭市价差额计算输赢之意思。而当事人于订约之初，是否即有此意思，不能仅凭至期有无授受实货之事实以为臆测。倘其买卖原系约明以至期授受实货为目的，而嗣后因违约不能履行，或其他原因仅依市价以定盈亏者，不能即与买空卖空同论。（二十三年上字第一九四三号）

判　买卖不动产，虽已书立定约，交付定银，亦不过出卖人与买受人间发生债之关系。若出卖人于未订立移转物权之契据以前，将该不动产之所有权，订立契据，移转于第三人，第三人即取得该不动产之所有权，最初之买受人只能向出卖人主张债法之权利，要不得主张出卖人与第三人间之物权移转契约为无效。（二十四年上字第九三五号）

解　不动产之出卖人，如有法律上原因得向买受人请求增加价金者，虽其买卖契约曾经作成公证书，仍得请求增加。（三十四年院解字第二九九二号）

第三百四十六条

解　原代电所述情形，可解为当事人已有价金依市价之约定，除有民法第三百四十六条第二项但书情形外，其价金应依取货时之市价。嗣后货价高涨，如具备《非常时期民事诉讼补充条例》第二十条第二项之适用要件者，法院得就未付之货价，为增加给付之裁判。（三十三年院字第二七〇九号）

第三百四十七条

解　因代物清偿而移转不动产所有权者，应准用买卖规定，按照卖契投税。（二十六年院字第一六八一号）

第三百四十八条

△判　第三人就债务人已被查封拍卖之标的物，不缴价向法院拍定，而径向处分权已受限制之债务人，私相授受，债权人本可主张其买卖无

效。（十八年上字第七六五号）

▲判　不动产物权之移转未以书面为之者，固不生效力。惟当事人间约定一方以其不动产之物权移转于他方，他方支付价金之买卖契约已成立者，出卖人即负有成立移转物权之书面，使买受人取得该不动产物权之义务。（二十二年上字第二一号）

▲判　物之出卖人依民法第三百四十八条第一项之规定，负有使买受人取得该物所有权之义务，不动产所有权之移转应以书面为之，为民法第七百六十条之所明定。不动产之出卖人，对于买受人自有订立书面以移转其所有权于买受人之义务。（二十八年上字第二二三三号）

第三百四十九条

△判　所有人既未自行卖业得价，则买主因买卖无效所受之损失，无论承买之时，是否善意，原不应取偿于所有人。（十八年上字第九二号）

第三百五十四条

判　物之出卖人对于买受人应担保其物无减少其价值之瑕疵者，以买受人于契约成立时不知其物有此项瑕疵为限。（二十三年上字第二六七一号）

▲判　民法上关于出卖人应负物之瑕疵担保责任之规定，系为补充当事人之意思表示而设。除当事人有免除担保责任之特约外，出卖人当然有此责任，不得谓当事人未订有出卖人应负担保责任之特约，出卖人即无此种责任。（二十九年上字第八二六号）

▲判　民法第三百五十四条第一项规定，物之出卖人，对于买受人应担保其物依第三百七十三条之规定危险移转于买受人时，无灭失或减少其价值之瑕疵，亦无灭失或减少其通常效用，或契约预定效用之瑕疵。是依第三百七十三条之规定危险移转于买受人之时，有第三百五十四条第一项所称之瑕疵者，虽在契约成立时此项瑕疵尚未存在，出卖人对于买受人亦应负担保之责。（二十九年上字第八二六号）

第三百五十五条

判　物之出卖人对于买受人应担保其物无减少其价值之瑕疵者，以买受人于契约成立时不知其物有此项瑕疵为限。（二十三年上字第二六七一号）

第三百五十八条

判 债务人本无为一部清偿之权利，但法院得斟酌债务人之境况，许其于无甚害于债权利益之相当期限内，分期给付或缓期清偿。（二十四年上字第一二四五号）

第三百六十三条

△判 买卖之标的物有瑕疵者，买主固得请求解除契约，然其性质可分离者，究不能以一部之瑕疵，而解除全部契约。（十九年上字第一二二三号）

第三百六十五条

判 因时效而消灭之权利，均为请求权，而解除权为形成权之一种，显不为消灭时效之客体。因而民法债编所定之六个月，应认为无时效性质之法定期间。（二十二年上字第七一六号）

第三百六十七条

△判 定约时既无交货期限，则出卖人依照约载数额，请求买受人收货交价，买受人即无可以拒绝之理。（十九年上字第三〇四四号）

第三百七十三条

判 买卖标的物之危险，自交付时起，应由买受人承受负担。（二十二年上字第二六一号）

第三百七十九条

判 （二）买回虽为买卖契约之从契约，然并非有不可分离之关系，故苟足以表示其保留买回之权利者，无论于买卖契约内为之，或各别为之均无不可。（二十二年上字第一一六五号）

▲判 永佃权在民法上有得为抵押权标的物之明文，而无得为典权标的物之规定，永佃权人就其永佃权设定典权自属无效。惟当事人之真意，系在基于买卖契约让与永佃权，而其买卖契约订明出卖人得返还其受领之价金买回永佃权者，虽误用出典之名称，亦应认为出卖人于买卖契约保留买回之权利。（二十八年上字第九九六号）

解 债务人因当地习惯以所负债额作为不动产卖价，与债权人订立买卖契约，既不移转占有并约明于一定期限内备价回赎，则此种契约名为买卖，实系就原有债务设定抵押权，而以回赎之期间，为其清偿之期间。此与附期限之买卖有别，自应受民法第八百七十三条第二项之限制，纵令届期不赎，亦不发生所有权移转之效力。（二十八年院字第一八三二号）

解　解释意思表示，应探求当事人之真意，不得拘泥于所用之辞句。地方习惯，自足为探求当事人真意之一种资料。如果该地习惯，出典不动产多书立卖契，仅于契尾载有原价到日归赎或十年、二十年期满听赎等字样，则除有特别情形，可认为当事人之真意。别有所在外，自应认为典权之设定，不能拘泥于所用卖契之辞句，解为保留买回权之买卖契约。（二十八年院字第一八九七号）

第三百八十条

解　（一）依照田土绝买留赎之习惯，互订契约，既于出卖之外，载明留赎字样，并酌留价金，仍许加找。则推究其立约真意，自应认为典权之设定。（二）上开契约，既系设定典权，其约定回赎期限如不违反典权之规定，自应从其约定。（二十五年院字第一五八八号）

第三百八十九条

判　（一）分期付价之买卖，如约定买受人有迟延时，出卖人得即请求支付全部价金者，出卖人于买受人有迟延时，请求支付全部价金，依法尚有限制。则当事人间未约定买受人有迟延时，出卖人得即请求支付全部价金者，出卖人不得以买受人有迟延为理由，请求支付全部价金，尤不待言。（二十三年上字第八三八号）

判　（二）权利保护要件，只须于言词辩论终结时存在，如辩论终结时此项要件业已具备，则虽起诉时有所未备，亦属无妨。（二十三年上字第八三八号）

第三百九十二条

解　民法第三百九十二条之规定，于《强制执行法》上之拍卖亦适用之。《强制执行法》第六十一条、第八十三条之执行推事、书记官及执达员，即为民法第三百九十二条所称之拍卖人。如自行应买或使他人为其应买，则主张拍卖无效有法律上利益者，自得以诉主张无效。至执行法院之院长及其他职员，均非民法第三百九十二条之拍卖人，纵令司法行政监督长官曾有禁止应买之命令，其应买亦仅发生应否惩戒之问题，

仍不得谓拍卖为无效。（三十二年院字第二五六八号）

第三百九十三条

解　投标人表明标价，不载一定之金额，而仅就他人标价表明增减之数者，不应准行。（二十九年院字第二〇〇一号）

第四百零四条

判　赠与财产之行为，在法律上本无一定之方式。（二十二年上字第二五二号）

第四百零六条

△**判**　赠与行为，一经成立，苟非附有制限，受赠人有自由处分之权。（七年上字第一〇四六号）

判　父母生前以其所有财产分给其子者，是为赠与，与继承开始后遗产之继承，其性质不同。故所赠与之数量，诸子中纵有不均，要非其子得以不均之故，发生异议而请求均分。（二十二年上字第一五九五号）

解　（三）生前赠与，并无特留分之规定。（二十五年院字第一五七八号）

▲**判**　民法第四百零六条所谓自己之财产，不以现在属于自己之财产为限，将来可属自己之财产亦包含在内。（二十六年渝上字第一二四一号）

第四百零七条

判　赠与，虽非要式行为，但依民法规定，以不动产为赠与者，在未为移转登记前，其赠与本不生效力。上开规定，虽因民法物权编施行法规定未能适用，惟依照当事人受管讼争地当时适用之法例及现行民法规定，不动产物权之移转或设定，均应以书面为之。（二十四年上字第一三七六号）

第四百零八条

判　对于代销奖券机关，因得奖所为之赠与，显非民法所谓为履行道德上义务而为之赠与，其赠与部分之未交付者，自属可以撤销。（二十四年上字第二五八一号）

第四百十六条

判　亲属编施行后，婚约系由男女当事人自行订定，无须聘金，纵使事实上付有聘金，亦属赠与之性质。除有法定得以撤销赠与之原因外，赠与人对于受赠人，不得请求返还赠与物。故受赠人并无法定撤销赠与之原因，不得仅因离婚对于受赠人请求返还于与其订立婚约或结婚时所赠之物。至亲属编施行前之定婚方式，固以聘金与婚书为必须具备之要件，但依当时法例，认婚姻一经成立，聘金之效用，即已完毕，不得仅因离婚之故，概予追还。（二十四年上字第八三号）

第四百二十一条

△**判**　租金之金额，除有特别规定，或当事人间有特约，或该处有特别习惯，不得增减者外，应以当事人双方意思之合致定之。（十七年上字第一一六五号）

△**判**　商会议决铺主客关系暂行办法，当然无强行效力，故除当事人间有特约，应从其特约外，无援用该办法之余地。（十八年上字第二一三六号）

△**判**　使用租赁，为诺成契约，一造约明以某物租与相对人使用，其相对人约明支付租金，即生效力。（十九年上字第三四三号）

判　租赁本属债之关系，于前之租约继续有效中，另就同一标的与第三人订租约者，在法律上亦非当然无效。（二十三年上字第二一〇七号）

▲**判**　当事人间关系租金数额之约定，仅于租赁关系存续中受其拘束。租赁期限届满时，除有民法第四百五十一条之情形外，其租赁关系即行消灭。如承租人于租赁物之返还，应负迟延责任，出租人自得按时值之租金，请求损害赔偿。（二十三年上字第三〇七八号）

▲**判**　承租人惟于租赁关系存续中，负支付租金之义务。若租赁关系已经终止，承租人虽负返还租赁物之迟延责任，出租人亦仅得请求赔偿因此而生之损害，不得请求支付租金。（二十三年上字第三八六七号）

判　租赁为债权契约，无对抗一般人之效力。承租人之权利如因出租人重复出租受有侵害，亦只可依法声请法院撤销或请求损害赔偿，无就出租人与他人所立之租赁契约，请求确认无效之余地。（二十四年上字第三六九四号）

解　（二）以物供人使用之商业，于收取使用费外，另向使用人收受保证金，以为该物及使用费之担保。此项保证金于使用关系终止时，固应返还，但无计利之特约，即不得以收有使用费为理由，而主张返还利息。（二十七年院字第一八一九号）

▲**判** 民法第七十条第一项规定有收取天然孳息权利之人，其权利存续期间内，取得与原物分离之孳息。是无收取天然孳息权利之人，虽与原物分离之孳息为其所培养，亦不能取得之。耕作地之承租人依民法第四百二十一条第一项之规定，固得行使出租人之收益权，而有收取天然孳息之权利。惟出租人无收益权时，承租人如非民法第九百五十二条所称之善意占有人，虽于该耕作地培养孳息，亦无收取之权利。本件被上诉人主张坐落某处之田，经所有人甲租与被上诉人耕种，民国二十七年上造禾谷为被上诉人所种，请求确认为被上诉人所有。上诉人则主张此项田亩经所有人乙租与上诉人耕种，民国二十七年上造禾谷为上诉人所种，提起反诉，请求确认为上诉人所有。原审于两造之出租人对于该项田亩，孰为依民法第七百六十五条或第九百五十二条有收益权之人，如其出租人无收益权而于民国二十七年上造耕种之一造是否为善意占有人，并未阐明确定。仅以民国二十七年上造之禾谷为被上诉人所耕种，即确认为被上诉人所有，将上诉人之反诉驳回，于法殊有未合。（二十九年上字第四〇三号）

解 大佃契约当事人之一方，因支付巨额押金只须支付小额租金，即得占有他方之不动产而为使用及收益者，应认为租赁约与典权设定契约之联立。一方所支付之押金，即为民法第九百十一条所称之典价，对于该不动产相当于押金数额部分之使用收益权，即为同条所称之典权。该不动产之其他部分，因支付租金所得行使之使用收益权，仍为租赁权。但当事人明定一方所支付之金钱为借款，他方就该不动产全部设定抵押权，并将该不动产全部出租于抵押权人，约明以其应付之租金扣作借款之利息，仅须支付其余额者，仍应从其所定。所有以前解释及判例与此见解有异者，应予变更。（三十年院字第二一三二号）

解 原呈所举二例，其押少租多之第一例，为租赁契约，当事人所授受之押租，即系担保租金支付义务之押租。其押多租少之第二例，为租赁契约与典权设定契约之联立，应依院字第二一三二号解释办理。（三

十年院字第二一四八号）

　　解　（一）当事人约定一方以不动产交与他方使用收益，他方支付租金及押金之契约，究为单纯之租赁契约，抑为租赁契约与典权设定契约之联立？应视租金数额是否足为该不动产全部使用收益之对价定之。当事人之一方，将其不动产全部出租，如不收取押金，每年至少可得租金若干，在客观上自有一定之标准。当事人约定之租金数额，依订约时情形达此标准者，虽有押金之授受，其押金亦为担保承租人债务之押租，此项契约，即为单纯之租赁契约。若当事人约定之租金数额较此标准为少，则仅足为该不动产一部分使用收益之对价，其他部分之使用收益权，系因支付押金而取得之，其押金既应认为典价，此项契约，即应解为租赁契约与典权设定契约之联立。（二）原呈所称第三点情形，其租赁部分，如无不许终止契约之特别情事，应如甲说所述，为原告一部胜诉、一部败诉之判决，惟判令被告返还之部分，究为该房屋若干分之几，应予明白判定。判决确定后，当事人或依民法第八百一十八条各自使用收益，或依民法第八百二十三条第一项请求分割，听从其便。如请求分割，而其分割之方法，不能协议决定者，依民法第八百二十四条第二项、第三项办理。（三）当事人所订契约，为租赁契约与典权设定契约之联立时，除去租赁部分，即为典权部分。其租赁部分，应以租金数额与订约时该不动产全部租金数额之比值为准，订约时该不动产全部出租，可得租金若干，应斟酌当时经济状况及其他情事定之。而其典价与当时全部典价之比值如何，亦在应行斟酌之列。例如租金十元押金九百元之大佃契约，倘订约时该不动产全部出租，可得租金一百元，全部出典，可得典价一千元，则租赁部分为十分之一，典权部分为十分之九。（三十一年院字第二三九八号）

　　解　原呈所称之杜顶，系支付顶价于土地所有人，以为买受永佃权之价金，而由土地所有人为之设定永佃权。原呈所称之活顶，是否随有押租契约之租赁契约，应视租金数额，是否足为该土地全部使用收益之对价定之。当事人之一方，将其土地全部出租，如不收取顶价，每年至少可得租金若干，客观上自有一定之标准。当事人约定之租金数额，依订约时情形低于此标准者，其租金仅足为该土地一部分使用收益之对价，其他部分之使用收益权，系因支付顶价而取得之，其顶价应认为典价，该契约即为租赁契约与典权设定契约之联立（参照院字第二一三二号、第二二八七号、第二二九〇号解释）。当事人约定之租金数额如已达此标准，则其授受之顶价，为担保承租人债务之押租，该契约即为随有押租契约之租赁契约。依《土地法》第一百七十七条第二项之规定，耕地出租人不得收取押租，该契约关于押租之部分，自属无效。至于其他部分是否仍为有效，应依民法第一百一十一条之规定决之。倘依具体情事可认出租人有除去押租部分，亦可成立契约之意思者，其他部分仍为有效。（三十二年院字第二五四九号）

解 依本院院字第二三九八号解释，当事人所定契约，为租赁契约与典权设定契约之联立时，判断租赁部分与典权部分各为若干，应就租赁部分之数额先予确定。至典权部分之典价与订约时该不动产全部典价之比值如何，不过为确定租赁部分数额所应斟酌事项之一。租赁部分之租金与订约时该不动产全部租金之比值，及典权部分之典价与订约时该不动产全部典价之比值，各别求得相加适等于一时，固应以此为准。否则尚应斟酌典价与订约时全部典价之比值，将租金与订约时全部租金之比值为适当之增减。租赁部分之数额既经确定，则由一减去租赁部分，即为典权部分。（三十三年院字第二七六六号）

解 甲将其向乙抵借款项使乙收租作利之土地，让与所有权于他人，致乙之承租人丙不能就该土地为使用收益者，如乙已不能履行其使丙为使用收益之义务，则乙丙间之租赁关系，从此消灭，不问甲乙间之法律关系如何，乙不得请求丙支付租金。（三十四年院解字第二八八一号）

解 租赁物全部被火焚毁者，租赁关系即从此消灭。原承租人对于原出租人嗣后重建之房屋无租赁权（参照院字第一九五〇号第五项解释）。（三十四年院解字第二九七九号）

第四百二十三条

判 出租人违反修缮义务，致不能保持租赁物合于约定使用收益之状态，承租人只有终止契约权，或自行修缮之偿还费用请求权。如承租人因自己事由致不能为租赁物之使用收益者，于出租人违反修缮义务，

致不能保持租赁物原有使用收益之状态者本属无关，自不得免其支付租金之义务。（二十二年上字第二〇七四号）

第四百二十五条

判　依民法债编施行法，民法债编施行前所定之租赁契约，于施行后其效力依民法债编之规定。而按诸民法，出租人纵将其所有权让与第三人，其租赁契约对于受让人仍继续存在。（二十一年上字第二一四七号）

▲判　民法债编施行前所定之租赁契约，于施行后其效力虽依民法债编之规定，而出租人于施行前将租赁物之所有权让与第三人者，其让与时租赁契约即无民法第四百二十五条所定之效力，对于受让人即不继续存在。（二十二年上字第三四三三号）

▲判　出租人于租赁物交付后，将其所有权让与第三人时，其租赁契约即对于受让人继续存在。则在承租人与受让人间，自无须另立租赁契约，于受让之时当然发生租赁关系。（二十三年上字第三〇九二号）

解　（一）应继续存在之租赁契约，让与人对承租人契约上之权义，即皆移转于受让人，承租人之押租，得向受让人请求返还。（二）承租人终止租约，向受让人请求返还押租，如受让人主张不应返还，或承租人在押租未返还前不愿交出租赁物，均另依诉讼解决，不得径为执行。（二十四年院字第一二六六号）

解　承租人所交之押租金，除原租赁契约，对于受让人仍继续存在，得向受让人请求返还外，不得对于原出租人，主张优先受偿。（二十五年院字第一四二一号）

解　债权人甲对于债务人乙之房屋声请执行，经发给移转权利证书后，承租该屋之丙，依民法第四百二十五条，其租赁契约对于受让人仍继续存在。则其关于返还押租腾交房屋乃属于租约应否终止问题，不问已未另案起诉，均不在执行范围。（二十五年院字第一五三三号）

解　租赁物拍卖时，其租约对于受让人既仍继续存在，则承租人原交顶首之款，自亦应移转为对于受让人之债权。惟租约尚未因拍卖而终止，则出租人或其受让人，均不必遽行付还顶款，更不生优先与否问题。（二十五年院字第一五八〇号）

▲**判** 出租人于租赁物交付后，将其所有权让与第三人时，依民法第四百二十五条之规定，其租赁契约既对于受让人继续存在，受让人即当然继承出租人行使或负担由租赁契约所生之权利或义务。原出租人不得更行终止契约，请求承租人返还租赁物。（二十六年上字第三六五号）

解 耕佃或大佃之押租金，如系交纳于不动产原所有人者，依租赁契约对于受让人仍继续存在之法则，则取得该不动产之所有人对于此项押租金，自均得就卖价内扣除，以为给付。（二十七年院字第一八一六号）

解 （一）民法第四百二十五条所谓对于受让人继续存在之租赁契约，系指民法第四百二十一条第一项所定意义之契约而言。若因担保承租人之债务而授受押金，则为别一契约并不包含在内，此项押金虽因所担保之债权业已移转，应随同移转于受让人。但押金契约为要物契约，以金钱之交付为其成立要件，押金权之移转自亦须支付金钱始生效力。出租人未将押金交付受让人时，受让人既未受押金权之移转，对于承租人自不负返还押金之义务。惟承租人依租赁契约所为租金之预付，得以对抗受让人，故租赁契约如订明承租人得于押金已敷抵充租金之时期内，不再支付租金而将押金视为预付之租金者，虽受让人未受押金之交付，亦得以之对抗受让人。此为本会议最近之见解，所有以前关于此问题之解释应予变更。至来呈所设之例，甲以价值一千元之房屋出租于丙，收取一千元之押金，似与普通因担保承租人之债务而授受之押金不符。究竟甲丙间立约之真意如何？丙是否于所交押金外尚须支付租金？其所交押金一千元是否担保丙之债务而授受之事实关系尚欠明了，其法律适用问题即属无从解答。（二十八年院字第一九〇九号）

解 租赁未定期限之房屋承租人甲，于战事发生后，迁避他处，如可认其有不再使用房屋之意思，即为终止契约之默示意思表示。其意思表示，以出租人乙可了解时发生效力，租赁契约既经终止，对于该房屋之受让人丙，即无继续存在之余地。且租赁物经出租人交付承租人后，即为承租人所占有，出租人如将其所有权让与第三人，第三人可就承租人之占有，知有租赁契约之存在，不致因租赁契约于受让后继续存在，而受不测之损害。民法第四百二十五条，系基于承租人受交付后，必占有租赁物之普通情形而为规定。若出租人于承租人中止租赁物之占有后，将其所有权让与第三人，则第三人无从知有租赁契约之存在，绝无使其租赁契约对于受让人继续存在之理。同条之规定，自应解为不能适用。出租人乙将其房屋所有权让与第三人，既在承租人甲中止其占有之后，则甲乙间之租赁契约纵未终止，对于受让人丙，亦不继续存在。（三十五年院解字第三〇七三号）

第四百二十七条

解　民法第四百二十七条之规定，并非强行法规，自得由当事人自由订定相反之特约。但行政命令不得与现行法律相抵触，倘有与该条相异之命令，自难认为有效。（二十三年院字第一一四一号）

解　（二）大佃契约之性质，业以院字第二一三二号解释在案，关于典权部分之税捐，法令规定向典权人征收者（参照《土地法施行法》第七十五条），应由典权人负担。关于租赁部分税捐之负担，除当事人订有特约者外，固应依民法第四百二十七条办理。惟此种大佃契约，租赁常占极小部分，其典权部分应由典权人负担税捐时，探求普通当事人之意思，自可认其有使承租人负担租赁部分税捐之特约。（三十年院字第二一六六号）

第四百二十九条

解　租赁物之修缮，依契约或习惯，应由承租人负担费用之一部者，承租人如拒绝支付，出租人自可提起给付之诉，并于有执行名义后，声请强制执行，不得以此为理由终止契约。租赁之房屋，仅其被炸之后栋应行修建，无须全部改建者，亦不得援用战时房屋租赁条例第七条第六款终止契约。（三十四年院解字第二八八六号）

第四百三十条

判　出租人违反修缮义务，致不能保持租赁物合于约定使用收益之状态，承租人只有终止契约权，或自行修缮之偿还费用请求权。如承租人因自己事由致不能为租赁物之使用收益者，于出租人违反修缮义务，致不能保持租赁物原有使用收益之状态者本属无关，自不得免其支付租金之义务。（二十二年上字第二〇七四号）

第四百三十一条

△**判** 揽种田亩施用相当工资，原属当然之事，在订立揽种契约之初，既无赔偿工资之约定，自不得于地主收地时，借口地价增涨，要求赔偿。（十八年上字第一五六号）

△**判** 租赁房屋，由承租人出费修理后，仍继续使用，虽其价格已因修理而增加，然所增加之利益，仍归自己享受，则欲求偿有益费用，尚非其时。（十八年上字第一六九七号）

△**判** 于他人土地，有建筑房屋之租赁权，或其他之权利，在其权利存续间，房屋与基地，固归属于各别之所有人。但其权利消灭时，既无使用基地之权，则除基地所有人，自愿留买该房屋，或法律上别有规定外，房屋所有人，当然有回复原状，交还基地之义务。（十八年上字第二九五七号）

△**判** 承租人就租赁物支出有益费用，因而增加该物之价值者，出租人虽应偿还其费用，但以现存之增加额为限。其现存之增加额，多于所支出之费用，或与之相等者，固应偿还其费用之全部。若其现存之增加额，少于所支出之费用者，则只须偿还其现存之增加额。（十九年上字第六〇号）

▲**判** 因房屋之承租人就房屋支出有益费用，约定在一定期间内出租人不得终止契约增加租金者，如无特别意思表示，不得谓承租人之费用偿还请求权，即因此约定而当然消灭。（二十二年上字第四九九号）

判 商号向房东承租后，始创设码头权利，或由后之承租人继承前租户而取得该权利者，苟非经房东明示或默示之承认，固不得据以对抗房东。即使用码头权利之创设，确可增加房屋之价值，苟非房东知而不为反对表示，亦不负偿还此项费用之责。（二十三年上字第一九八八号）

判 承租人就租赁物所增设之工作物，仅得由其取回，且并应回复租赁物之原状，此为民法第四三一条第二项所明定。至于同条第一项所谓承租人就租赁物支出有益费用，于租赁关系终止时，出租人应偿还其现存之增加额云者，系指双方无特别表示者而言。（二十三年上字第二七七一号）

▲**判** 民法第四百三十一条第一项之规定，并非强制之规定，当事人间

如有相反之特约，自应依其特约办理。（二十九年上字第一五四二号）

第四百三十二条

△**判**　租赁存续中，租赁物因不应由承租人负责之事由而灭失时，承租人不负损害赔偿责任。所谓应由承租人负责之事由，除法有特别规定，或该地方有特别习惯，或当事人间有特别约定，承租人于事变亦应负责外，以承租人之故意或过失为限。（十八年上字第一〇七四号）

△**判**　租户对于租赁物，负有善良保管之责。（十九年上字第二九五号）

判　民法就租赁物因承租人失火而致毁损灭失者，既以承租人有重大过失为负损害赔偿责任要件之特别规定，则关于因过失不法侵害他人权利，应负损害赔偿责任之通则，固无适用之余地。即与所谓承租人应负善良管理人注意之义务者，系就原保管租赁物而为规定之情形亦迥不相同。（二十二年上字第一三一一号）

解　承租人将其承租之耕地一部变更原状占为己有者，出租人之所有权虽不因之而丧失，但既使出租人失其间接占有人之地位，该土地所有权即已失其从来之圆满状态，不得谓承租人非违反民法第四百三十二条之规定，出租人自得依《土地法》第一百八十条第五款终止契约。（二十九年院字第二〇四九号）

第四百三十四条

判　民法就租赁物因承租人失火而致毁损灭失者，既以承租人有重大过失为负损害赔偿责任要件之特别规定，则关于因过失不法侵害他人权利，应负损害赔偿责任之通则，固无适用之余地。即与所谓承租人应负善良管理人注意之义务者，系就原保管租赁物而为规定之情形亦迥不相同。（二十二年上字第一三一一号）

▲**判**　民法第四百三十四条所谓重大过失，系指显然欠缺普通人应尽之注意而言。承租人之失火纵因欠缺善良管理人之注意所致，而于普通人应尽之注意无欠缺者，不得谓有重大过失。（二十二年上字第二五五八号）

▲**判**　上诉人承租被上诉人之房屋，因上诉人店内失火焚毁其一部，虽为不争之事实，然被上诉人请求上诉人赔偿其损害，尚须证明上诉人

系因重大过失而失火。（二十六年鄂上字第四〇〇号）

第四百三十五条

△**判** 租赁标的物，因天灾或意外事变灭失者，其租赁关系，既无存续之可能。无论原契约有无存续期间，均可为终止之原因。（十九年上字第一〇六〇号）

解 甲将出租与乙之不动产抵押于丙后，复因丙行使抵押权致将该不动产拍卖于丁，倘该不动产已由甲交付于乙，乙并已付有押金，除当事人间关于终止租约返还押金另有特约外，则不问丁于受让时是否知甲受有乙之押金及曾否由卖价内扣除，依民法第四百二十五条之规定，乙自得向丁为返还之请求。至丁所还之押金如事前未于卖价内扣除，其得向甲求偿自不待言。（二十八年院字第一八四三号）

解 （二）租赁之房屋在租赁关系存续中，因不可归责于当事人之事由而灭失者，租赁关系即归消灭，嗣后承租人自无支付租金之义务，因担保租金支付义务所交之押租亦得请求返还。至出租人就该房屋之基地，如有所有权或其他得建筑房屋之权利，当然得再建筑房屋。若原呈所称乙能否就该房屋基地建筑房屋，其乙字系甲字之误，则系承租人能否在该基地建筑房屋之问题，应查照院字第一九五〇号解释第五段办理。（二十九年院字第一九九四号）

解 （二）租赁物被敌机炸毁全部者，租赁关系即归消灭（参照院字第一九五〇号解释）。承租人因担保其债务所交付之押租，如该承租人之债务业已履行，或虽未履行而其债务额少于押租额者，自得向出租人请求返还全部或一部。租赁物被敌机炸毁一部，承租人依民法第四百三十五条第二项之规定终止契约者，亦同。承租人如依同条第一项之规定，按灭失之部分请求减少租金，其交付之押租，亦得请求返还一部。（三十一年院字第二三三三号）

解 租赁物全部被火焚毁者，租赁关系即从此消灭，原承租人对于原出租人嗣后重建之房屋无租赁权（参照院字第一九五〇号第五项解释）。（三十四年院解字第二九七九号）

第四百三十九条

△**判** 押柜本为担保租金而设，与一般保证金相同，系属普通债权，

自不得于该铺业产所得价内，优先受偿。（十八年上字第一九三一号）

△**判**　租铺时所交之按柜，系为担保欠租而设，并非以之按月抵租。故交付按柜后，仍须依约按月付租，不得以有按柜，遂谓并非欠租。（十九年上字第三四五号）

第四百四十条

△**判**　租谷因退租涉讼，致迟未缴纳，与抗租情形不同。（十八年上字第二○五一号）

△**判**　租金因房主已起诉不往收租，纵令承租人未即缴纳，亦不能归责于承租人。（十八年上字第二一一五号）

△**判**　租赁物为房屋，若其迟付租金之总额，达于两期之租额，经出租人定期催告，承租人仍不支付者，出租人自得终止契约。（十九年上字第三○六二号）

△**判**　承租人迟付租金，出租人得定相当期限催告，如期限内仍不支付，出租人自得终止契约。（二十年上字第二一一号）

判　（一）承租人惟于租赁关系存续中，负支付租金之义务。租赁关系终止后，承租人虽未返还租赁物，出租人亦仅得请求赔偿因此而生之损害，不得请求支付租金。（二十三年上字第三八六七号）

解　租赁房屋未定期限者，不问承租人支付租金有无迟延，出租人皆得依民法第四百五十条第二项之规定，随时终止契约。但有利于承租人之习惯者，除有反于习惯之特约外，出租人须依民法第四百四十条或其他之规定，有契约终止权时，始得终止契约。至房屋租赁契约之字据所载，租清任住字样，意义如何，应依具体情事解释当事人意思定之。如解为以该房屋存在之时期为其租赁期限，自非无效。但自租赁时起，该房屋存在逾二十年者，依民法第四百四十九条第一项、第四百五十条第一项之规定，其租赁关系于二十年届满时消灭。如二十年届满后已依民法第四百五十一条视为以不定期限继续契约者，出租人亦得随时终止契约。（三十二年院字第二四七九号）

第四百四十一条

判　出租人违反修缮义务，致不能保持租赁物合于约定使用收益之状态，承租人只有终止契约权，或自行修缮之偿还费用请求权。如承租人因自己事由致不能为租赁物之使用收益者，于出租人违反修缮义务，致不能保持租赁物原有使用收益之状态者本属无关，自不得免其支付租金之义务。（二十二年上字第二〇七四号）

第四百四十二条

△**判**　不动产租赁契约，未定有存续期间，业主对于租户要求增租，除依法令规定，或订有特约，应受限制外，本不禁止。但应增与否，及增加若干，自得由法院斟酌该地经济状况定之。（十八年上字第二八一二号）

△**判**　铺房应否增租，及应增加若干，须由法院就该租户对于租赁物之需要，及其使用所受之利益，暨该地一般经济状况而断定之，无任业主要求必增若干之理。（十九年上字第一三二号）

△**判**　租赁物为不动产者，其价值如有升涨，出租人依法本得为增租之请求，至所加租额之多寡，应以土地繁荣之程度，及邻地租金之比较等情形为标准。（二十年上字第一二八三号）

解　民法第四百四十二条关于不动产租赁之规定，于地上权地租之增加，应类推适用。（二十二年院字第九八六号）

判　土地所有人与永佃权人间，关于地租之约定，在性质上本属债之关系，法文既未就永佃权地租特别定明，自应适用债编之规定。故设定永佃权时所定之地租，如因嗣后经济状况之变迁，在社会一般情形上，足认为显失公平时，即应许当事人得为增减地租之请求。（二十三年上字第四八九号）

判　当事人依民法以不动产价值降低为原因，请求减租者，原不必以有具体之买卖价值，可以直接证明者为限。如因市况萧条需要减少等情形，致一般租价显有低落者，自亦足据为不动产价值业已降低之证明。（二十四年上字第三〇六七号）

▲**判**　民法第四百四十二条所谓价值之升降，系指租赁物本身之价值于租赁契约成立后，有升降者而言。（二十六年沪上字第四号）

解　民法第四百四十二条之规定，于永佃权佃租之培增减，亦应类推适用。（三十年院字第二二六七号）

解　《土地法》第一百七十七条第一项所载，不及千分之三百七十五者，从其约定一语，不过宣示其约定之为有效，并非限制民法第四百四十二条之适用。《〈土地法〉施行法》第五十二条第三项之规定，亦仅于其所定情形，排除民法第四百四十二条所定之限制，俾定有期限之租赁，亦得请求增加租金，非谓耕地增加租金之原因。以该条项所定情形为限，耕地之出租人，自得于不超过耕地正产物收获总额千分之三百七十五范围内，依民法第四百四十二条之规定，声请法院增加租金。（三十一年院字第二二七二号）

解　未定期限之房屋租赁，因房屋价值之升高，出租人得声请法院增加其租金，此在民法第四百四十二条本有明文规定。定有期限之房屋租赁，其租金不敷缴纳土地税及房捐者，业经行政院定有补救原则四项，陈奉国防最高委员会第九十次常务会议决议，准予备案，出租人自得依以请求增加租金。（三十二年院字第二六二四号）

解　战时房屋租赁条例施行时，关于房屋租赁之诉讼，已系属于第一审或第二审法院，是否适用同条例裁判，应分别情形定之。例如出租人依民法第四百四十二条提起请求增加租金之诉后，同条例施行，且该地区定有标准租金者，固有同条例第三条第二项、第三项之适用。至出租人于同条例施行前，为终止租约之意思表示，依当时法律为有效者，其租赁关系既于当时消灭，即不因嗣后同条例之施行而复活。其提起请求返还租赁物之诉，虽在同条例施行之后，亦无适用同条例第七条之余地。（三十三年院字第二六七七号）

第四百四十三条

△**判**　租赁物为房屋者，承租人固得将其一部分转租他人，但以无反对之约定为限。（二十年上字第二一三号）

△**判**　租赁物为房屋，承租人固得将其一部分转租于他人，但如有反对之约定，而仍行转租者，出租人自得终止契约。（二十年上字第一一九六号）

▲**判**　民事法律所未规定者，方依习惯。承租人未得出租人承诺，将租赁物全部转租于他人者，出租人得终止契约，法律既有明文规定，当事人自无主张应依相反习惯之余地。（二十一年上字第三二五三号）

第四百四十五条

判 不动产之出租人就租赁契约所生之债权，对于承租人所置于该不动产之物，得以行使留置权者，以现实存在之债权为限，承租人并得提出担保，以免出租人行使留置权。（二十二年上字第九七六号）

判 （一）不动产之出租人依民法债编规定而有之留置权，为法定留置权。依民法物权编之规定，除另有规定外，始准用该编留置权章之规定。又债编所定之留置权，其留置之物，则为承租人之物而置于该不动产者，原不必为出租人占有。故其权利之消灭，于该编另有规定，自不适用物权编留置权章之规定。（二）法定留置权之实行，若无另有规定，依物权编留置权章之规定。债权人原得依该章之规定，就其留置权而为取偿，故出租人倘因其判决确定而执行，或因他债权人确定判决之执行而处分该留置物，自得就因处分该留置物所得之利益，本其留置权而请求取偿。（二十二年上字第一五八四号）

判 （二）不动产之出租人，就租赁契约所生之债权，对于承租人之物，置于该不动产者，有留置权所称承租人之物，当然认为指动产而言。（二十四年上字第二三一六号）

▲判 民法第四百四十五条第一项所称之留置权，不以该留置物为不动产之出租人所占有为其发生要件，此通观同条至第四百四十七条之规定，极为明显。（二十八年上字第六八七号）

第四百四十八条

判 不动产之出租人就租赁契约所生之债权，对于承租人所置于该不动产之物，得以行使留置权者，以现实存在之债权为限，承租人并得提出担保以免出租人行使留置权。（二十二年上字第九七六号）

第四百四十九条

判 租赁契约之期限不得逾二十年，逾二十年者缩短为二十年，民法债编定有明文。民法债编施行前所定之租赁契约订有期限者，于民法债编施行日其残余期限较之上述期限为长，依民法《债编施行法》规定，固应自施行日起适用上述规定，缩短为二十年。而其租赁之期为永远者，于债编施行后，既无终止之期，自应一同适用《债编施行法》之规定，自债编施行日起适用民法债编规定缩短为二十年。（二十三年上字

第七四四号）

　　▲判　租赁契约之期限不得逾二十年，其逾二十年者，缩短为二十年，民法第四百四十九条第一项定有明文。租赁契约订明年限不定，只许客辞主，不许主辞客者，纵可解为以租赁物存在之时期为其租赁期限，但其期限逾二十年者，应缩短为二十年。依民法第四百五十条第一项之规定，其租赁关系于二十年届满时消灭。如二十年届满后，已依民法第四百五十一条视为以不定期限继续契约者，依民法第四百五十条第二项之规定，出租人亦得随时终止契约。（二十九年上字第一七三一号）

　　解　混合契约，系由典型契约构成分子，与其他构成分子混合而成之单一债权契约。若其契约系复数，而于数契约间具有结合关系者，则为契约之联立。大佃契约，为租赁契约与典权设定契约之联立，并非混合契约。故在法律所许范围内，应依当事人立约之本旨，使租赁权与典权同其存续时期。依法律之规定，其存续时期不能一致者，仍应分别办理。大佃契约之出典人，经过民法第九百二十三条第二项或第九百二十四条但书所定期间，不以原典价回赎者，典权人仅就其有典权之部分，取得典物所有权。关于租赁部分，仍属出租人所有。出租人依法有契约终止权时，自得终止租赁契约，此际双方对于该不动产成立共有关系，其应有部分各为若干，应视典价数额与租金数额之多寡定之。各共有人得随时请求分割，其分割之方法，则在民法第八百二十四条设有规定。又耕地大佃契约定，有期限者出租人如依法律之规定，有于期限届满前终止租赁契约之权，自得专就租赁部分终止契约。当事人明定期限届满前终止租赁契约时，典期即为届满者，从其所定。当事人虽未明定，依两契约之结合关系，亦应解为有此意思，故于终止租赁契约时，得即回赎典物。至耕地大佃契约未定期限者，其租赁部分，应解为定有租至回赎典物时为止之不确定期限。至回赎典物时，自得收回自耕，其不收回自耕，而由承租人继续耕作者，依《土地法》第一百七十二条之规定，视为不定期限继续租赁契约。回赎典物前终止租赁契约，或于回赎典物后继续租赁契约者，民法关于共有之规定，于定当事人间之关系时，应准用之。（三十一年院字第二二八七号）

　　解　大佃契约为租赁契约与典权设定契约之联立，两契约相互间具有结合关系，在法律所许范围内，应依当事人立约之本旨，使租赁权与典权同其存续时期。依法律之规定，其存续时期不能一致者，仍应分别办理。当事人所约定之期限为三十年者，关于租赁部分，依民法第四百四十九条第一项、第四百五十条第一项之规定，其租赁关系于二十年届满时消灭。惟有民法第四百五十一条或《土地法》第一百七十二条情形时，视为以不定期限继续租赁契约。关于典权部分，当事人明定三十年内租赁关系消灭时，典期即为届满者，从其所定。当事人虽未明定，依两契约之结合关系，亦应解为有此意思。故二十年届满时租赁契约不再继续者，典权部分得即回赎典物，二十年届满后租赁契约继续者，得于终止契约时回赎典物。租赁关系在回赎典物前消灭者，民法关于共有之规定，于定当事人间之关系时，应准用之。（三十一年院字第二二九○号）

解 租赁房屋未定期限者，不问承租人支付租金有无迟延，出租人皆得依民法第四百五十条第二项之规定，随时终止契约。但有利于承租人之习惯者，除有反于习惯之特约外，出租人须依民法第四百四十条或其他之规定有契约终止权时，始得终止契约。至房屋租赁契约之字据所载租清任住字样，意义如何，应依具体情事解释当事人意思定之。如解为以该房屋存在之时期为其租赁期限，自非无效。但自租赁时起，该房屋存在逾二十年者，依民法第四百四十九条第一项、第四百五十条第一项之规定，其租赁关系于二十年届满时消灭。如二十年届满后，已依民法第四百五十一条视为以不定期限继续契约者，出租人亦得随时终止契约。（三十二年院字第二四七九号）

第四百五十条

△**判** 租赁契约定有期限者，当然因期满而消灭。（十八年上字第五五号）

△**判** 租赁契约定有存续期间，同时并订有解除条件者，必于条件成就后，始得终止租约。（十八年上字第一七○一号）

△**判** 未定期限之租赁契约，虽可随时声明终止，而自结约之日起，究应经相当期间，俾租户得受租赁之实益，始与交易上诚实信用，不相违背。（十八年上字第一八五一号）

△**判** 租赁契约，虽定有存续期间，但如一造反悔，愿认赔偿损失，

即无不许终止之理。（十八年上字第二〇〇一号）

△判 合伙契约，系以各合伙员为权利义务之主体，故合伙员中之一人，于其他合伙员退伙后，仍继续营业时，其与第三人原订之租赁契约，如定有期限，尚未届满，自应继续存在，租主不得无故声明终止契约。（十八年上字第二五九六号）

△判 租赁契约，未定有存续期间者，除有特别习惯外，房主无论何时，得于相当期间前，向租户声明终止。（十九年上字第二九五号）

△判 未定存续期间之租赁契约，固可不论何时主张终止，但在主张之一造，应于相当期间前，预行通知。（十九年上字第二五五八号）

判 民法第四百五十条第三项之通知，并无一定方式，亦非限于诉讼外为之。苟于诉讼上已以书状或言词向他造表示终止租赁契约之意思，即应认为已有通知。（二十二年上字第八五六号）

判 民法第四百五十条第二项之规定，系指承租人本于习惯有应受保护之利益，而按照租约亦无可以终止之原因者而言。若承租人本无习惯上应受之利益，或虽有之而有违约事实，经出租人声明终止时，即不得更引保护租户之习惯以资对抗。（二十二年上字第二四三八号）

判 租赁本属债之关系，于前之租约继续有效中，另就同一标的与第三人订租约者，在法律上亦非当然无效。（二十三年上字第二一〇七号）

解 《南京市住宅租金办法》应以与现行法律不相抵触之部分为限，始为有效。该办法第五条载房客如不欠租，房东不得任意辞租等语，既与现行民法第四百五十条第二项租赁未定期限者，各当事人得随时终止契约之规定不无抵触，自难发生效力。至南京市有无与该办法所定相同之习惯，即应否适用前开民法条文第二项但书之规定，则属另一问题。（二十五年院字第一五八三号）

解 商人承租房屋开设店铺，因在该地点营业多年，渐为人所共知，使该地点成为易获多数顾客之营业场所者，对于该地点即有一种商业上之利益。承租人与出租人约定租赁关系消灭时，承租人得将此种利益出顶于人者，自不得妨害其出顶。其约定房屋因事变灭失，致租赁关系消灭后，重建房屋出租时，有此利益之原承租人，依同样条件有承租之优先权者，出租人亦不得违反其约定。如该地方有许承租人出顶其利益或优先承租之习惯，可认当事人有以此为契约内容之意思者，即应按照习惯办理。（三十年院字第二二三八号）

解 大佃契约为租赁契约与典权设定契约之联立，两契约相互间具有结合关系，在法律所许范围内，应依当事人立约之本旨，使租赁权与典权同其存续时期。依法律之规定，其存续时期不能一致者，仍应分别办理。当事人所约定之期限为三十年者，关于租赁部分，依民法第四百四十九条第一项、第四百五十条第一项之规定，其租赁关系于二十年届满时消灭。惟有民法第四百五十一条或《土地法》第一百七十二条情形时，视为以不定期限继续租赁契约。关于典权部分，当事人明定三十年内租赁关系消灭时，典期即为届满者，从其所定。当事人虽未明定，依两契约之结合关系，亦应解为有此意思，故二十年届满时租赁契约不再继续者，典权部分得即回赎典物。二十年届满后租赁契约继续者，得于终止契约时回赎典物。租赁关系在回赎典物前消灭者，民法关于共有之规定，于定当事人间之关系时，应准用之。（三十一年院字第二二九〇号）

解 租赁房屋未定期限者，不问承租人支付租金有无迟延，出租人皆得依民法第四百五十条第二项之规定，随时终止契约。但有利于承租人之习惯者，除有反于习惯之特约外，出租人须依民法第四百四十条或其他之规定有契约终止权时，始得终止契约。至房屋租赁契约之字据所载租清任住字样，意义如何，应依具体情事解释当事人意思定之。如解为以该房屋存在之时期为其租赁期限，自非无效。但自租赁时起，该房屋存在逾二十年者，依民法第四百四十九条第一项、第四百五十条第一项之规定，其租赁关系于二十年届满时消灭。如二十年届满后，已依民法第四百五十一条视为以不定期限继续契约者，出租人亦得随时终止契约。（三十二年院字第二四七九号）

解 《战时房屋租赁条例》施行时，关于房屋租赁之诉讼，已系属于第一审或第二审法院者，是否适用同条例裁判，应分别情形定之。例如出租人依民法第四百四十二条提起请求增加租金之诉后，同条例施行，且该地区定有标准租金者，固有同条例第三条第二项、第三项之适用。至出租人于同条例施行前，为终止租约之意思表示，依当时法律为有效者，其租赁关系既于当时消灭，即不因嗣后同条例之施行而复活。其提起请求返还租赁物之诉，虽在同条例施行之后，亦无适用同条例第七条之余地。（三十三年院字第二六七七号）

解　行政院颁行之《各县市公产租佃办法》第十二条所列情形，如依民法或其他法令之规定，出租人本得终止契约或虽不得终止，而当事人双方曾订明以此为终止之原因，并不违反禁止规定者，公产管理机关，得于承租人有此情形时，终止契约。其终止契约之意思表示发生效力时，租赁关系即为消灭，自可另行出租。惟承租人不认其租赁关系已消灭者，得向法院提起确认之诉，承租人拒绝返还租赁物者，公产管理机关得向法院提起请求返还租赁物之诉。（三十三年院字第二七五六号）

解　租赁物之修缮，依契约或习惯，应由承租人负担费用之一部者，承租人如拒绝支付，出租人自可提起给付之诉，并于有执行名义后，声请强制执行，不得以此为理由终止契约。租赁之房屋，仅其被炸之后栋应行修建，无须全部改建者，亦不得援用《战时房屋租赁条例》第七条第六款终止契约。（三十四年院解字第二八八六号）

解　租赁未定期限之房屋承租人甲，于战事发生后迁避他处，如可认其有不再使用房屋之意思，即为终止契约之默示意思表示，其意思表示以出租人乙可了解时发生效力。租赁契约既经终止，对于该房屋之受让人丙，即无继续存在之余地，且租赁物经出租人交付承租人后，即为承租人所占有。出租人如将其所有权让与第三人，第三人可就承租人之占有，知有租赁契约之存在，不致因租赁契约于受让后继续存在而受不测之损害。民法第四百二十五条系基于承租人受交付后，必占有租赁物之普通情形而为规定，若出租人于承租人中止租赁物之占有后，将其所有权让与第三人，则第三人无从知有租赁契约之存在，绝无使其租赁契约对于受让人继续存在之理，同条之规定自应解为不能适用。出租人乙将其房屋所有权让与第三人，既在承租人甲中止其占有之后，则甲乙间之租赁契约从未终止，对于受让人丙亦不继续存在。（三十五年院解字第三〇七三号）

解　租赁定有期限者，承租人虽因战事疏散，致不能于期限内使用租赁物，不得将疏散期间于租赁期限内扣除。（三十五年院解字第三一〇

八号）

解 战前承租之房屋，因首都沦陷，迁避后方，不能使用者，承租人还都后，有无租赁权，应分别情形定之：（一）租赁定有期限，而其期限在还都时未届满者，如期内无终止契约之原因，或虽有之而未为终止之意思表示，则承租人在还都后仍有租赁权；（二）租赁定有期限，在还都前已届满者，承租人之租赁权，于期限届满时即已消灭，在还都后自无租赁权；（三）租赁未定期限者，承租人于战事发生后迁避后方，如可认其有不再使用房屋之意思，即为终止契约之默示意思表示，以出租人可了解时发生效力，租赁契约既经终止，承租人在还都后即无租赁权。（三十五年院解字第三一五〇号）

第四百五十一条

解 大佃契约为租赁契约与典权设定契约之联立，两契约相互间具有结合关系，在法律所许范围内，应依当事人立约之本旨，使租赁权与典权同其存续时期。依法律之规定，其存续时期不能一致者，仍应分别办理。当事人所约定之期限为三十年者，关于租赁部分，依民法第四百四十九条第一项、第四百五十条第一项之规定，其租赁关系于二十年届满时消灭。惟有民法第四百五十一条或《土地法》第一百七十二条情形时，视为以不定期限继续租赁契约。关于典权部分，当事人明定三十年内租赁关系消灭时，典期即为届满者，从其所定。当事人虽未明定，依两契约之结合关系，亦应解为有此意思。故二十年届满时租赁契约不再继续者，典权部分得即回赎典物，二十年届满后租赁契约继续者，得于终止契约时回赎典物。租赁关系在回赎典物前消灭者，民法关于共有之规定，于定当事人间之关系时，应准用之。（三十一年院字第二二九〇号）

解 租赁房屋未定期限者，不问承租人支付租金有无迟延，出租人皆得依民法第四百五十条第二项之规定，随时终止契约。但有利于承租人之习惯者，除有反于习惯之特约外，出租人须依民法第四百四十条或其他之规定有契约终止权时，始得终止契约。至房屋租赁契约之字据所载租清任住字样，意义如何，应依具体情事解释当事人意思定之。如解为以该房屋存在之时期为其租赁期限，自非无效。但自租赁时起，该房屋存在逾二十年者，依民法第四百四十九条第一项、第四百五十条第一项之规定，其租赁关系于二十年届满时消灭。如二十年届满后，已依民法第四百五十一条视为以不定期限继续契约者，出租人亦得随时终止契约。（三十二年院字第二四七九号）

第四百五十五条

解　行政院颁行之《各县市公产租佃办法》第十二条所列情形，如依民法或其他法令之规定，出租人本得终止契约，或虽不得终止，而当事人双方曾订明以此为终止之原因，并不违反禁止规定者，公产管理机关，得于承租人有此情形时，终止契约。其终止契约之意思表示发生效力时，租赁关系即为消灭，自可另行出租。惟承租人不认其租赁关系已消灭者，得向法院提起确认之诉。承租人拒绝返还租赁物者，公产管理机关得向法院提起请求返还租赁物之诉。（三十三年院字第二七五六号）

第四百五十八条

▲判　耕作地之出租人如收回自己耕作，依民法第四百五十八条之规定，固得终止契约，但永佃权设定契约并非租赁契约，不在适用同条规定之例。故有永佃权之土地，其所有人不得因欲收回自己耕，即行撤佃。（二十二年上字第二〇二九号）

解　耕作地、租赁地定有期限者，不适用民法第四五八条之规定。（二十二年院字第八五二号）

第四百五十九条

△判　耕作地之租赁，未定期间者，各当事人于收获时节后，原得声明终止契约。但耕种多年，相安无异，地主基于特定事实之发生，以为诉求终止之原因，而查明其事实，并不存在，自不宜率行准许。（十八年上字第二〇五一号）

第四百六十一条

判　声请再审，非具有法定情形者，不得为之。（二十一年声字第一〇四九号）

第四百七十四条

△判　金钱之借贷，本可仅凭个人信用，并不以有保证人及抵押品为契约成立要件。（十八年上字第一四二二号）

▲判　借用人向贷与人所述借用金钱之缘由，是否属实，借用人就

其所借得之金钱作何用途，均与消费借贷契约之成立无关。（二十一年上字第一一四号）

判 （二）消费寄托，受寄人原无保存原物之必要，按其性质究与消费贷借无异。（二十三年上字第五二九号）

▲**判** 消费借贷契约之订立，法律上并无应以书面为之之规定。民法第三条第一项所谓依法律之规定有使用文字之必要者，即不包含消费借贷契约之订立在内。（二十七年上字第三二四〇号）

解 存金钱于银行，约定金钱之所有权移转于银行，并由银行以种类品质数量相同之金钱返还者，当事人订约之目的，不在金钱之使用，而在金钱价格之保管，诚为寄托之一种，而非消费借贷。惟依民法第六百零二条之规定，此项寄托，自银行受领金钱时起，适用关系消费借贷之规定，《非常时期民事诉讼补充条例》第十一条关于借贷之规定，于请求银行返还存款事件，亦适用之。（三十四年院解字第二八八五号）

第四百七十八条

▲**判** 银行兑换券原为现金之代用品，故以兑换券为消费借贷之标的物，而其实际可兑得之金额较券面所定为少者，除经特别约定日后无论实际可兑得之金额多少，均照借贷数量之券面额返还者从其约定外，自应认为以该兑换券在借贷时实际可兑得之金额为借贷之金额，始合于当事人之真意。致返还时该兑换券实际可兑得之金额更减少者，借用人即应按该兑换券在借贷时，实际可兑得之金额以现金返还之，如以该项兑换券返还，亦应补足其差额。（二十二年上字第一一五四号）

解 （一）代替物之借贷，依民法第四百七十八条规定，本应由借用人返还与该物种类、品质、数量相同之物。无论返还时物价如何高涨，其所涨之价既非利息，即不生利息过本之问题。至同法第四百七十九条关于偿还物价之规定，系专为借用人在约定返还时不能以物返还者而设。如因返还逾期，物价高涨，并非不能以物返还，即不得适用该条，即使折价偿还，亦应以实行返还时物价为准。（二十八年院字第一八七五号）

解 法律上如有得向人民强制征借金钱物品之规定，地方行政机关依以执行者，其执行行为，系属行政处分，人民固不得提起请求返还征借物之诉。若地方行政机关，因举办国家工程，向人民按照田亩筹借款项，并无强制征借之法律上根据者，无论是否依省令办理，均属借贷关系，事后不还，人民自得向法院提起请求返还借款之诉。（三十四年院解释字第二八八三号）

第四百七十九条

解　（一）代替物之借贷，依民法第四百七十八条规定，本应由借用人返还与该物种类、品质、数量相同之物。无论返还时物价如何高涨，其所涨之价既非利息，即不生利息过本之问题。至同法第四百七十九条关于偿还物价之规定，系专为借用人在约定返还时不能以物返还者而设。如因返还逾期，物价高涨，并非不能以物返还，即不得适用该条，即使折价偿还，亦应以实行返还时物价为准。（二十八年院字第一八七五号）

解　自统制收兑金类以后，生金借贷之借用人，既不能以生金返还，依民法第四百七十九条之规定应按返还时（即清偿期），国家银行公定之牌价折合法币偿还之。返还时未约定者，应以订约时之价值偿还之。（三十年院字第二一二八号）

解　关于借贷赤金如何折合法币偿还问题，已以院字第二一二八号解释在案，民国二十八年五月间借贷之赤金，亦得依此解释请求借用人偿还。（三十二年院字第二六一〇号）

第四百八十条

判　兑换纸币原为金钱之代用品，故以兑换纸币为消费贷借之标的，而其实际所代表之金额（即币价），较币面所定为低者，则缔约时借主所受之利益，即为该纸币所代表之金额。故于偿还时亦必照缔约时该纸币所代表之金额给付，或给付与该金额相当之纸币，始合于当事人缔约时之本意，而不致使一造受不当之损失。（二十二年上字第一一五四号）

解　金钱借贷约定以铜币为计算而无必须返还铜币之特约者，如以法币折合铜币偿还，依民法第四百八十条第三款之规定，应按返还时财政部所定兑价计算。至其他以铜币定给付额而未订明应以铜币为给付者，依同法第二百零二条之法意推之，债务人如以法币折合铜币给付，亦应按给付时财政部所定兑价计算。（二十九年院字第一九八二号）

解　（二）查《改定货币政策办法》第五款载，旧有以银币单位订立之契约，应查照原定数额于到期日概以法币结算收付之等语，此项办法业经第四届中央执行委员会第六次全体会议决议追认，交由国民政府于民国二十四年十一月六日通令施行在案。是在法币政策施行前债之关系以银币定给付额者，不问当时银币兑换法币之价格，与现时法币兑换铜币之价格有无高低，债务人均得照原定数额以法币给付之，债权人不得按当时兑价将银币折为铜币请求清偿。此与原系约定以铜币计算之金钱贷，借得以法币按财政部所定兑价折合铜币偿还者，不能同论。（三十年院字第二一八〇号）

解 当时铜元一枚，当旧有制钱十文，借贷制钱，而于失其通用效力后，以法币偿还者，不问其借贷系于何时为之，均应按偿还时财政部所定铜元兑换法币之价计算。（三十一年院字第二三五九号）

解 当时铜元一枚，当旧有制钱十文，以旧有制钱定给付额者，其折合法币，应按给付时财政部所定铜元兑换法币之价计算。常德府票之折合法币，亦应就当事人以之定给付额时，可兑换之制钱额或铜元额依上述标准计算之。（三十一年院字第二三六〇号）

解 原代电所述（前以制钱及硬币、银块等典当田地或借贷者，近因民间私相授受，与法币相差甚远，发生纠纷，致起讼争，究应如何折算之处）情形，应参照院字第二一三七号、第二五〇二号解释办理。（三十二年院字第二五三一号）

第四百八十一条

▲判 上诉人开设某商号，以供给农民豆饼肥料为其营养，其所供给被上诉人豆饼肥料之代价请求权，自不得谓非民法第一百二十七条第八款所列之请求权。纵令此项代价约明俟农产物收获时附加利息偿还，亦仍不失其商品代价请求权之性质，不能据此即谓系以货物折算金钱而为借贷。上诉人主张该货款为借贷性质，并非商品代价，原审认为不当，于法并无不合。（二十九年上字第一一九五号）

第五百一十六条

解 民法第五百一十六条所指著作人之权利，其对于侵害人提起诉讼之权，应解为系在其必要范围内，又著作权法第二十三条所称权利人，亦包括享有出版权之出版人在内。无论契约就此有无订定，出版人均得对于侵害人提起诉讼。（二十六年院字第一六四八号）

第五百二十八条

解　据原呈所述情形，甲出典于乙之不动产，由丙得甲之同意代向乙赎出，是丙系为甲之代理人，向乙回赎典物。乙之典权既已因回赎而消灭，在乙丙间即无所谓转典或让与典权之关系。甲如别无出典于丙之行为，则丙并未取得典权，甲与丙之关系，为委任关系，不生可否回赎典物之问题。其委任关系发生于民法债编施行后者，依民法第五百四十一条第一项之规定，丙应将该不动产及其历年孳息交付于甲。依民法第五百四十六条第一项之规定，甲亦应将回赎及管理之必要费用，连同自丙支付时起之利息，偿还于丙。双方订有甲不得请求孳息，丙亦不得请求管理费用及利息之特约者，从其特约。（三十年院字第二二〇八号）

第五百三十二条

解　（二）及（三）受任人受管理财产之概括委任者，虽就财产之管理得为委任人为一切法律行为，但依民法第五百三十四条第五款之规定，起诉非有特别之授权不得为之。受任人遇有起诉之必要，因委任人失踪无从受其特别之授权者，在民法第十条所称之《非讼事件法》颁行以前，按诸法理，得经委任人住所地法院之许可代为起诉，其起诉应以委任人之名义为之。至证明其代理权，只须提出法院许可起诉之裁定正本，无须提出委任书。（三十二年院字第二四七八号）

第五百三十四条

解　（二）及（三）受任人受管理财产之概括委任者，虽就财产之管理得为委任人为一切法律行为，但依民法第五百三十四条第五款之规定，起诉非有特别之授权不得为之。受任人遇有起诉之必要，因委任人失踪无从受其特别之授权者，在民法第十条所称之《非讼事件法》颁行以前，按诸法理，得经委任人住所地法院之许可代为起诉，其起诉应以委任人之名义为之。至证明其代理权，只须提出法院许可起诉之裁定正本，无须提出委任书。（三十二年院字第二四七八号）

解　民法第十条所称之《非讼事件法》公布施行前，失踪人之财产未经该失踪人置有管理人者，由其配偶管理。无配偶者，由其最近亲属管理。除失踪人自置之管理人，依其委任之本旨，或依民法第五百三十四条第五款之规定，其起诉须有特别之授权者，得经失踪人住所地法院之许可代为起诉外（参照院字第二四七八号解释），管理人得以失踪人之名义代为起诉及其他一切诉讼行为。原呈所述情形，于战时服兵役之人已失踪者，自可依照办理。若其人并未失踪，则其配偶或其最近亲属于有代为起诉或其他诉讼行为之必要时，不难经其授权为之。至于战时服兵役之人为被告时，其人如已失踪，本有财产管理人为其代理人，《非常时期民事诉讼补充条例》第八条之规定，于当事人有法定代理人代为诉讼行为时，应解为不适用之。若其人尚未失踪，而无法定代理人，亦未委任诉讼代理人者，法院仍应依同条之规定，命在障碍消灭以前中止诉讼程序。（三十三年院字第二七二八号）

第五百四十一条

解 据原呈所述情形，甲出典于乙之不动产，由丙得甲之同意代向乙赎出，是丙系为甲之代理人，向乙回赎典物。乙之典权既已因回赎而消灭，在乙丙间即无所谓转典或让与典权之关系。甲如别无出典于丙之行为，则丙并未取得典权，甲与丙之关系，为委任关系，不生可否回赎典物之问题。其委任关系发生于民法债编施行后者，依民法第五百四十一条第一项之规定，丙应将该不动产及其历年孳息交付于甲。依民法第五百四十六条第一项之规定，甲亦应将回赎及管理之必要费用，连同自丙支付时起之利息，偿还于丙。双方订有甲不得请求孳息，丙亦不得请求管理费用及利息之特约者，从其特约。（三十年院字第二二〇八号）

第五百四十四条

▲判 执行合伙事务之合伙人，因其过失致合伙财产受有损失时，对于合伙人全体应负赔偿责任。（二十一年上字第二七六〇号）

第五百四十六条

△判 保证人受主债务人之委任而为保证者，对于主债务人即有受任人之权利。除依一般委任法则，保证人因受任保证而代偿之数额，应由委任之主债务人偿还外，并应偿还自支出时起之利息。（十八年上字第一五六一号）

判 合伙人执行合伙事务，准用关于委任之规定，受任人因处理委任事务支出之必要费用，委任人应偿还之。（二十二年上字第六〇〇号）

解 据原呈所述情形，甲出典于乙之不动产，由丙得甲之同意代向乙赎出，是丙系为甲之代理人，向乙回赎典物。乙之典权既已因回赎而消灭，在乙丙间即无所谓转典或让与典权之关系。甲如别无出典于丙之行为，则丙并未取得典权，甲与丙之关系，为委任关系，不生可否回赎典物之问题。其委任关系发生于民法债编施行后者，依民法第五百四十一条第一项之规定，丙应将该不动产及其历年孳息交付于甲。依民法第五百四十六条第一项之规定，甲亦应将回赎及管理之必要费用，连同自丙支付时起之利息，偿还于丙。双方订有甲不得请求孳息，丙亦不得请求管理费用及利息之特约者，从其特约。（三十年院字第二二〇八号）

第五百五十三条

△**判**　经理人于商店歇闲后，未经主人明白将其解任者，则关于清理商店歇业后之事务，自应认为有代主人为一切审判上、审判外行为之权限。（十八年上字第一〇一七号）

△**判**　钱庄营业之合伙，其执行业务之合伙人或经理人，代合伙借款，固为关于营业上之事务，应认其有此权限。惟合伙已解散时，此项权限，即属当然消灭。如仍以合伙名义向人借款，自不能对于合伙发生效力，除他合伙人追认其行为，或承认其债务外，债权人不得向他合伙人请求清偿。（十八年上字第一八四四号）

△**判**　商号经理人，有代商号为审判上及审判外一切行为之权。（十八年上字第二一〇〇号）

△**判**　商号经理人，对于一切店伙有指挥监督之职责。若因怠于监督，致有舞弊情事，则经理人不能不负责任。（十九年上字第一〇一四号）

△**判**　商号经理人所为之行为，其效力依法直接及于商业主人者，应以关于该商号营业上之事务为限。（十九年上字第三〇〇一号）

△**判**　商号经理人，关于营业有代商业主人为审判上与审判外一切行为之权。故如清理商号所负债务，与处理因营业所发生之事项，均为其权限以内之事。（二十年上字第一三四九号）

判　代办商，为受商号之委托，以该商号之名义办理事务之全部或一部之人。其对于第三人之关系，就其所代办之事务，视为其有一切必要行为之权。则于其代办权限内，以商号之名义与第三人所为之法律行

为，其效力自应直接及于商号，不能由代办商自任其责。（二十一年上字第三二二〇号）

判 经理人，为有为商号管理事务及为其签名之权利之人，就其权限为商号出立票据，应由商号负责，经理人不自负票据上之责任。（二十二年上字第二七九号）

判 经理人于营业范围外之事项，非经商业主人特别委任，原无代表商号之权，若仅就其所任事务，自应有代表商号签名之权限。惟经理人如果与第三人串同图得不法之利益，而就其所任事务与该第三人订立契约，致生损害于商号或商业主人之财产，则该经理虽用商号之名义而代为签名，在该第三人究难以其行为对抗于商业主人。（二十二年上字第四七五号）

判 押店向钱庄通用款项，通常为营业上必要之行为，自不得谓经理人无为之之权限。（二十二年上字第一〇一二号）

判 银钱业商店经理，本其营业性质，有代理主人向人借贷款项之权，因之其借贷行为，应由店东直接负责。（二十二年上字第一九〇一号）

判 代办商即代理商，系非经理人而受商号之委托，于一定处所或一定区域内，以该商号之名义办理其事务之全部或一部之人。对于第三人之关系，只就其所代办之事务有为一切必要行为之权。商号经理人则有为商号管理事务代其签名之权，对于第三人之关系，就商号或其分号有为管理上一切必要行为之权。代办商系在自己店址营业，其因营业而生之费用由自己负担。商号经理人则在主人之营业所执行业务，其执行业务之费用，由主人负担。两者之性质及权责显有区别。（二十二年上字第二三五七号）

解 （二）《公务员服务法》第十三条所称之经理，系指有民法所定之经理权者而言。商号于总经理之外，所设之经理、协理或襄理，是否同条所称之经理？应以商号所授与之权限，是否民法所定之经理权为断，不得专依名称定之。至同条所称之董事长，包含副董事长在内，不设董事长仅设常务董事者，其常务董事，即为同条所称与董事长相同之职务。但于董事长之外，所设之常务董事则否。（三十一年院字第二二九一号）

第五百五十四条

　　△**判**　银钱业商店经理人，本其营业性质，有向人借贷款项之权，不问其借贷行为如何，均应由店东直接负责。（十七年上字第八一四号）

　　△**判**　合伙财产不足清偿合伙债务时，应由各合伙员任清偿之责，经理人自身无代为偿还之义务。（十八年上字第一三八五号）

　　△**判**　经理人无论是否由合伙员兼充，但于营业上负有债务时，均应负清理偿还之责。（十八年上字第一九五〇号）

　　△**判**　商号所负之债务，若值股东不明时，固得令经理人负清理追偿之责，然究不得即认经理人自身有代为偿还之义务。（十八年上字第二六二八号）

　　△**判**　无限公司或合伙之债务，其应负清偿责任者，应以股东或合伙员为限。如果执行业务之人，并非股东或合伙员，则对于公司或合伙之债务，不过有清理之责，无径负偿还责任之理。（十八年上字第二七〇七号）

　　△**判**　经理人关于营业之行为，对于本人当然发生效力，纵有舞弊情事，亦系主人与经理人间之内部关系，于债权人无关，不能以之为免责之理由。（十九年上字第三九号）

　　△**判**　商号经理人，收受债务人所付之款，虽得对于店东发生效力，然除得店东之同意者外，断无私擅减免店债之权。（十九年上字第一一六号）

　　△**判**　经理人收受存款，或向人借款之行为，除依营业之性质，或其他情事，可认其有此权限者外，并非当然对于本人发生效力。（十九年上字第二七六号）

　　△**判**　副经理之权限，除经理有事故时，得代行处理营业范围内一切事务外，仍应受经理之指挥监督。而关于店债之让减，则不特副经理无此权限，即经理非得店东同意，亦属无权擅专。（十九年上字第四〇七号）

　　△**判**　商号经理人，于营业上应负忠实之义务。若有违背此项义务，欠缺善良管理人之注意，以致损害及于主人者，不能不负赔偿之责。（十九年上字第一〇一四号）

　　△**判**　经理人之权限，仅可于营业目的范围内，有代理全体股东之

权。若以商号名义，充其他合伙之股东，既属营业目的范围以外之事项，除能证明全体股东已经同意外，不能仅以与经理人有商量合伙之事，主张对于合伙团体发生效力。（十九年上字第一九九二号）

　　△判　商业经理人，于营业范围外，未受主人委任，以自己意思所为借贷之行为，除该地方另有特别习惯外，原则上难认其有直接及于主人之效力。（二十年上字第九一〇号）

　　△判　商店经理人，于商店歇业后，如未经明白表示解任，则对于商店所负之债务，仍应负清理偿还之责。（二十年上字第一四七二号）

　　△判　经理人于营业外所为之借贷行为，除经主人特别委任，或有特别习惯外，难认其有直接及于主人之效力。所谓特别委任云者，例如就各个借贷行为，予以允许，或另以契约，付予以一切借款权限之类。（二十年上字第二四五九号）

　　判　经理人就商号债权所负清理之责任，固仅在于催收，而不为债务人代偿。惟债务人如即为经理人自身，则自己之债务自应并为清偿，其清理之责任方能谓为已尽，亦不得借口仅负清理责任，即谓清偿自己债务不在其应为清理之列。（二十二年抗字第三四〇号）

　　判　经理人对于第三人之关系，就商号或其分号或其事务之一部，视为其有为管理上一切必要行为之权，法有明文。故经理人对于第三人之行为，其效力能直接及于主人者，应以管理上必要行为为限。（二十二年上字第二五三号）

　　▲判　经理人于其权限内为商号发生票据，已载明为商号代理之旨而签名于票据者，应由商号负责，不能令经理人自负票据上之责任。（二十二年上字第二七九号）

　　判　经理人于营业范围外之事项，非经商业主人特别委任，原无代表商号之权，若仅就其所任事务，自应有代表商号签名之权限。惟经理人如果与第三人串同图得不法之利益，而就其所任事务与该第三人订立契约，致生损害于商号或商业主人之财产，则该经理虽用商号之名义而代为签名，在该第三人究难以其行为对抗于商业主人。（二十二年上字第四七五号）

　　判　押店向钱庄通用款项，通常为营业上必要之行为，自不得谓经

理人无为之之权限。（二十二年上字第一〇一二号）

　　▲判　银钱业商号经理人为商号借贷款项，系其权限内之行为，此项行为直接对于商号所有人发生效力。（二十二年上字第一九〇一号）

　　判　代办商即代理商，系非经理人而受商号之委托，于一定处所或一定区域内，以该商号之名义办理其事务之全部或一部之人。对于第三人之关系，只就其所代办之事务有为一切必要行为之权。商号经理人则有为商号管理事务代其签名之权，对于第三人之关系，就商号或其分号有为管理上一切必要行为之权。代办商系在自己店址营业，其因营业而生之费用由自己负担。商号经理人则在主人之营业所执行业务，其执行业务之费用，由主人负担。两者之性质及权责显有区别。（二十二年上字第二三五七号）

　　▲判　依民法第五百五十四条第二项之规定，经理人就不动产设定负担，虽须有书面之授权，机器则为动产，自不得以经理人无书面之授权，遽谓其就机器设定负担，为无权限之行为。（二十二年上字第二五一四号）

　　判　经理人对于第三人之关系，就商号或其分号或其事务之一部，视为其有为管理上一切必要行为之权。（二十三年上字第一八〇一号）

　　判　商号所负之债务，经理人固有代商号主人，以该商号营业财产负清理偿还之责，惟究不得即认经理人自身有为代偿之义务。（二十三年上字第三四九〇号）

　　判　商店经理人，于商店歇业后，未经主人明白将其解任者，则对于商店所负之债务，仍应负清理偿还之责。（二十三年上字第三九五七号）

　　▲判　经理人对于不动产设定抵押权，按之民法第五百五十四条第二项之规定，非有书面之授权，不得为之。（二十七年上字第八七八号）

　　解　商号经理人所管理之事务或商号合伙人所执行之合伙事务，各为关于营业上之事务，其依民法第五百五十四条或第六百七十九条，对于第三人所得为之行为，应以关于营业上者为限。代表股份有限公司之董事或代表其他公司之股东，仅关于公司营业上之事务有办理之权，亦为《公司法》第一百四十五条、第三十一条、第七十一条、第二百二十四条所明定。为人保证除属于该公司或其他商号之营业范围或依特殊情事可认为营业上之行为外，自无代为之权，如竟擅自为之，对于该公司或其他商号不生效力。至民法第五百五十七条、《公司法》第三十二条，仅于限制经理权或代表权时适用之，若原非经理权或代表权范围内之行为，既无所谓限制，即无适用各该条之余地。（二十八年院字第一九三一号）

第五百五十五条

△**判**　经理人于营业范围内，有代理主人为审判上及审判外一切行为之权责，故关于营业上之负债，其债权人得径向经理人请求，而经理人亦应负清理偿还之责任。（十八年上字第三六一号）

令　查法人登记规则，系适用于财团或以公益为目的之社团而有独立财产之法人。其以营利为目的之社团，依照民法第四十五条，其取得法人资格，应依特别法之规定。所称特别法，在十八年十二月二十六日公布之《公司法》未定期施行以前，应暂援用《公司条例》暨《公司注册暂行规则》及《公司注册暂行规则补充办法》。外国法人如系以营利为目的之社团，而未依该项特别法取得法人资格者，自不能以法人名义起诉。但依照民法第五百五十五条，得由经理人代表商号为原告或被告或其他一切诉讼上行为。如系财团或以公益为目的之社团而有独立财产者，在未经中国认许成立以前，应依民法总则施行法第十五条规定办理。（十九年十月十六日司法院指令东省特别区域高等法院指字第三九四号）

△**判**　经理人用商号名义，提起诉讼，而自为诉讼代理人，本为法例所许。（二十年上字第三六六号）

判　（一）经理人就所任之事务，视为有代表商号为原告或被告或其他一切诉讼上行为之权。（二十二年抗字第六五七号）

判　经理人对于其代理主人所欠之债，应负清理偿还之责者，当以其代理之事务为限。（二十二年上字第六一八号）

判　合伙商店之经理人，其代理关系原不因原合伙解散而即归于消灭，故对于合伙解散前之店债，当然有代理诉追之权。（二十二年上字第一二七九号）

解　（三）外国教会租用土地建筑房屋，不得以为营业之用，无设置经理可言，即无适用民法第五百五十五条之余地（参照院字第七四〇

号解释）。（二十三年院字第一〇八〇号）

解　（三）依前项所示，如指定分销处或代办商所在地之法院管辖时，应仍以原店号或其经理为被告。（二十五年院字第一五八九号）

解　（三）经理人就商号对于他人之请求权，以自己名义提起给付之诉者，应认为原告不适格，予以驳回。就商号所负债务，径向该商号之经理人提起给付之诉者，如未主张该经理人应自负清偿责任之原因（例如经理人负有保证责任或有民法总则施行法第十五条情形），应认为被告不适格予以驳回。其认经理人有自为清偿之责任，判令经理人偿还者，不得就商号财产为执行，至原告仅请求判令经理人自为清偿，而未就院字第六三八号解释，所谓经理人之清理偿还责任为预备的声明者，不得判令经理人清理偿还。（二十八年院字第一九五〇号）

第五百五十七条

判　依《民事诉讼法》第四百五十二条规定，对于抗告法院之裁定声明不服，乃谓之再抗告。如对原法院依《民事诉讼法》第四百五十七条第二项所为之裁定而提起抗告，乃用再抗告之名称，实属错误，应仍作为抗告事件。（二十二年抗字第四八〇号）

▲判　就已授与经理权之事务，加以该经理人须经商号所有人，审查同意后始得为之之限制，依民法第五百五十七条之规定，不得以之对抗善意第三人。（二十七年上字第一二五八号）

▲判　商号所有人与经理人间就不属于经理权范围内之事项，订有禁止经理人为之之特约，不过预防经理人之为越权行为特加订明，并非就其固有之经理权加以限制，自无适用民法第五百五十七条之余地。（二十八年上字第一二六〇号）

第五百五十八条

△判　购买货物之庄客，于其购买货物之权限内所负之债务，商业主人自应负责。（十九年上字第三六六号）

△判　庄客代理权限，纵与经理人同，而依法亦应以营业上之事务为限，不容以庄客个人挪用之款，而强令庄主负责。（十九年上字第三一四八号）

判　代办商，为受商号之委托，以该商号之名义办理事务之全部或一部之人，其对于第三人之关系，就其所代办之事务，视为其有一切必要行为之权。则于其代办权限内，以商号之名义与第三人所为之法律行为，其效力自应直接及于商号，不能由代办商自任其责。（二十一年上字第三二二〇号）

判 代办商就其代办事务以商号名义所负之债务，于商号关闭后，仍有清理之权限与其责任。（二十二年上字第一二八号）

判 代办商即代理商，系非经理人而受商号之委托，于一定处所或一定区域内，以该商号之名义办理其事务之全部或一部之人。对于第三人之关系，只就其所代办之事务有为一切必要行为之权。商号经理人则有为商号管理事务代其签名之权，对于第三人之关系，就商号或其分号有为管理上一切必要行为之权。代办商系在自己店址营业，其因营业而生之费用由自己负担。商号经理人则在主人之营业所执行业务，其执行业务之费用，由主人负担。两者之性质及权责显有区别。（二十二年上字第二三五七号）

第五百七十六条

△**判** 佣金之性质，系牙行代客买卖所应得之报酬，故苟无代客买卖之事实，即不应凭空取得报酬。纵令牙行就货本及运送关税等费，曾经代客垫付，货主除偿还垫款外，苟无特别习惯，不能令其给付佣金。（十八年上字第二一一〇号）

第五百七十七条

△**判** 货主将所有货物委托牙行代卖，系属一种委任契约，依委任契约之性质，非不可随时终止。（十八年上字第二一一〇号）

第五百八十九条

解 丙误以甲所寄托乙处之物，认为与己有嫌之丁所寄托，及其实施强取，虽只在对丁之私忿，但既妨害他人行使权利，即应成立刑法第三百零四条之罪。（二十六年院字第一六二六号）

解 存金钱于银行，约定金钱之所有权移转于银行，并由银行以种类、品质、数量相同之金钱返还者，当事人订约之目的，不在金钱之使用，而在金钱价格之保管，诚为寄托之一种，而非消费借贷。惟依民法第六百零二条之规定，此项寄托，自银行受领金钱时起，适用关于消费借贷之规定。《非常时期民事诉讼补充条例》第十一条关于借贷之规定，于请求银行返还存款事件，亦适用之。（三十四年院解字第二八八五号）

解 存款于银行，系以保管金钱之价格为目的。其存款无利息者，固甚明显，即在有利息者，利息之支付，亦不过为其附随目的，故其契约之性质，为消费寄托。所谓保管金钱之价格，乃指保管金钱在法律上之价格而言，以银圆或法币存入者，银行以数量相同之法币返还之，虽其法币在经济上之价格低落，亦不得谓为违反保管义务。惟法律于其返还义务之范围，有特别规定者，仍不得以其未违反保管义务而排除其适用。消费寄托，依民法第六百零二条，适用关于消费借贷之规定。《非常时期民事诉讼补充条例》第十一条、第二十条第二项，既于消费借贷返还义务之范围，设有特别规定，则于请求返还存款事件，自不能排除其适用。若以银行未收保管费用，谓存款非消费寄托，则寄托不以受托人受报酬为要件，民法第五百八十九条定有明文。且存款果非消费寄托，则不能不解为消费借贷，尤无排除此项特别规定适用之余地。又此项特别规定，于消费借贷定有利息者，亦适用之，存款之定有利息，不足为排除其适用之理由。至银行放款，本系消费借贷，请求返还放款事件，亦可按照此项特别规定办理，院解字第二八八五号解释未便变更。（三十四年院解字第三〇一八号）

第五百九十条

△判 有偿受寄人，对于受寄物，应尽善良管理之注意，为契约上之原则。（十七年上字第一一二〇号）

▲判 受有报酬之受寄人，对于寄托物之减失，非证明自己于善良管理人之注意无所欠缺，不能免其赔偿责任。（二十九年上字第一一三九号）

第六百零二条

解 存金钱于银行，约定金钱之所有权移转于银行，并由银行以种类、品质、数量相同之金钱返还者，当事人订约之目的，不在金钱之使用，而在金钱价格之保管，诚为寄托之一种，而非消费借贷。惟依民法第六百零二条之规定，此项寄托，自银行受领金钱时起，适用关于消费借贷之规定。《非常时期民事诉讼补充条例》第十一条关于借贷之规定，

于请求银行返还存款事件，亦适用之。（三十四年院解字第二八八五号）

解 存款于银行，系以保管金钱之价格为目的，其存款无利息者，固甚明显，即在有利息者，利息之支付，亦不过为其附随目的，故其契约之性质，为消费寄托。所谓保管金钱之价格，乃指保管金钱在法律上之价格而言，以银圆或法币存入者，银行以数量相同之法币返还之，虽其法币在经济上之价格低落，亦不得谓为违反保管义务。惟法律于其返还义务之范围，有特别规定者，仍不得以其未违反保管义务而排除其适用。消费寄托，依民法第六百零二条，适用关于消费借贷之规定。《非常时期民事诉讼补充条例》第十一条、第二十条第二项，既于消费借贷返还义务之范围，设有特别规定，则于请求返还存款事件，自不能排除其适用。若以银行未收保管费用，谓存款非消费寄托，则寄托不以受托人受报酬为要件，民法第五百八十九条定有明文。且存款果非消费寄托，则不能不解为消费借贷，尤无排除此项特别规定适用之余地。又此项特别规定，于消费借贷定有利息者，亦适用之，存款之定有利息，不足为排除其适用之理由。至银行放款，本系消费借贷，请求返还放款事件，亦可按照此项特别规定办理，院解字第二八八五号解释未便变更。（三十四年院解字第三○一八号）

第六百零三条

判 （一）寄托物为金钱时，推定受寄人无返还原物之义务，但须返还同一数额。（二十三年上字第五二九号）

▲**判** 因不可归责于债务人之事由，致给付不能者，免其给付义务，固为民法第二百二十五条第一项所明定。惟寄托物为金钱时，如依民法第六百零三条第二项之规定，其危险已移转于受寄人，即不生给付不能之问题，自无适用第二百二十五条第一项规定之余地。（二十九年上字第二○五号）

解 申报权利之公示催告，以法律有规定者为限，《民事诉讼法》第五百三十五条第一项定有明文。宣告证券无效之公示催告，为申报权利之公示催告之一种，自应依此规定办理。故证券未经实体法明定具有某种情形时，得依公示催告程序宣告无效者，虽属有价证券，亦不许行公示催告程序。民法第七百一十八条固规定指示证券遗失、被盗或灭失时，得依公示催告程序宣告无效，惟其所称指示证券，谓指示他人将金钱、有价证券或其他代替物给付第三人之证券，民法第七百一十条第一项规定甚明。更参以民法第七百一十一条以下各条之规定，指示证券系指示他人为给付，而非发生该证券之指示人自为给付之证券，尤无疑义。民法第六百一十五条之仓单或民法第六百二十五条之提单，则系填发仓单之仓库营业人或填发提单之运送人自为给付，而非指示他人为给付之证券，显非民法第七百一十八条所称之指示证券。记名式之仓单或提单，在法律上既无与民法第七百一十八条、第七百二十五条第一项、《票据法》第十六条第一项同一之规定，即不得依公示催告程序宣告无效。至《民事诉讼法》第五百五十四条，不过就实体法上已明定具有某种情形时，得依公示催告程序宣告无效之证券，规定何人有公示催告之声请权，并非因实体法所定许行公示催告程序之证券范围过狭，加以扩张。此观同条第一项所称之无记名证券及空白背书之指示证券，在实体法上均已明定遗失、被盗或灭失时，得依公示催告程序宣告无效。同条复未规定所称之证券，具有何种情形时得为公示催告之声请，其义自明。故同条第二项所称前项以外之证券，系指记名式之票据及指示证券等，未以背书转让或其背书记载被背书人者而言，并不包含实体法上未经明定许行公示催告程序之证券在内，自不得据此即将仓单、提单解为许依公示催告程序宣告无效。原呈所称之寄托证，不得依公示催告程序宣告无效，更不待言。（二十九年院字第二〇〇五号）

第六百二十五条

解　申报权利之公示催告，以法律有规定者为限，《民事诉讼法》第五百三十五条第一项定有明文。宣告证券无效之公示催告，为申报权利之公示催告之一种，自应依此规定办理。故证券未经实体法明定具有某种情形时，得依公示催告程序宣告无效者，虽属有价证券，亦不许行公示催告程序。民法第七百一十八条固规定指示证券遗失、被盗或灭失时，得依公示催告程序宣告无效，惟其所称指示证券，谓指示他人将金钱、有价证券或其他代替物给付第三人之证券，民法第七百一十条第一项规定甚明。更参以民法第七百一十一条以下各条之规定，指示证券系指示他人为给付，而非发生该证券之指示人自为给付之证券，尤无疑义。

民法第六百一十五条之仓单或民法第六百二十五条之提单，则系填发仓单之仓库营业人或填发提单之运送人自为给付，而非指示他人为给付之证券，显非民法第七百十八条所称之指示证券。记名式之仓单或提单，在法律上既无与民法第七百一十八条、第七百二十五条第一项、《票据法》第十六条第一项同一之规定，即不得依公示催告程序宣告无效。至《民事诉讼法》第五百五十四条，不过就实体法上已明定具有某种情形时，得依公示催告程序宣告无效之证券，规定何人有公示催告之声请权，并非因实体法所定许行公示催告程序之证券范围过狭，加以扩张。此观同条第一项所称之无记名证券及空白背书之指示证券，在实体法上均已明定遗失、被盗或灭失时，得依公示催告程序宣告无效。同条复未规定所称之证券，具有何种情形时得为公示催告之声请，其义自明。故同条第二项所称前项以外之证券，系指记名式之票据及指示证券等，未以背书转让或其背书记载被背书人者而言，并不包含实体法上未经明定许行公示催告程序之证券在内，自不得据此即将仓单、提单解为许依公示催告程序宣告无效。原呈所称之寄托证，不得依公示催告程序宣告无效，更不待言。（二十九年院字第二〇〇五号）

第六百三十四条

△判　运送人对于运送品，本有善良保管之责，于运送责任尚未终了以前，雇人看守，仍属履行保管责任之事项。因此所支费用，自不能责由托运人赔偿。（十九年上字第一一二号）

△判　承运之货物既有短少，则非证明确因不应归责于己之事由，以致不能交付，自不能辞其赔偿之责。（十九年上字第三一六九号）

▲判　运送物之未运送，纵因不可抗力所致，运送人亦不过就托运人因未运送所受之损害不负赔偿责任。其就未运送之运送物所受领之运费，要不容于契约解除时，以此为拒绝返还之理由。（二十九年上字第一七八六号）

第六百五十八条

▲判　民法第六百五十八条所谓过失，包含故意在内。运送人对于旅客所未交托之行李，因其雇用人之故意致有丧失或毁损者，亦负责任。（二十六年渝上字第四三八号）

▲判　旅客未交托运送人之行李，因运送人之雇用人之故意，致有丧失或毁损者，运送人虽于选任雇用人及监督其职务之执行已尽相当之注意，亦不能免其责任。（二十六年渝上字第四三八号）

第六百六十条

△判　承揽运送契约，法律上并非要式行为，除当事人间曾约定须用一定方式外，凡明示或默示均可成立。（二十年上字第二〇二七号）

▲判　承揽运送人对于托运物品之丧失，能证明其于物品之接收保管、运送人之选定、在目的地之交付及其他与运送有关之事项，未怠于注意者，固不负责任。但承揽运送人系以自己之名义，为委托人之计算使运送人运送物品，依民法第六百六十条第二项准用同法第五百七十八条之规定。对于运送人自得权利，故运送人于运送物品之丧失，应负损害赔偿责任时，惟承揽运送人得向运送人请求损害赔偿。依民法第六百六十条第二项、第五百七十七条、第五百四十一条之规定，承揽运送人自应向运送人行使其请求权，将其所受领之赔偿物交付委托人，或将其损害赔偿请求权移转于委托人，方可免其责任。（二十一年上字第八七号）

第六百六十七条

△判　合伙为诺成契约，并不以订立合同红账为其成立要件。（十八年上字第二七九号）

△判　订立合同文据，并非合伙契约成立之要件。故合伙人间虽未订立合同文据，或其合同字据未经合伙人签名画押，如依其他证凭足以证明其为合伙者，亦应认其合伙契约为有效成立。（十八年上字第一六七五号）

△判　合伙契约，为诺成契约，苟经合法表示入伙意思，则股金是否实交，股票是否收执，均非所问。而合同议单之有无，自亦不得认为合伙之要件。（十八年上字第二五二四号）

△判　合伙营业，其出资方法，或以货物，或以金钱，并无一定。但出资果有货物与金钱之不同，则货物势须先定其所值金钱若干，并以若干为一股，而后以金钱出资认股者，乃有一定之标准。（十八年上字第二六五八号）

△**判** 未经呈请登记取得公司资格，只能认为合伙。（十九年上字第三一五〇号）

△**判** 共同看管青苗，乃农业合作办法之一种，或以一村为合作之范围，或联合数村合作，或分一村为数个合作团体，当然属于村民各合作团员之自由，此盖纯然基于私法上权利义务关系（即合伙关系）。除有违约情形当作别论外，自无任由一部分合伙人，强令其他合伙人继续合伙之理。（二十年上字第四九〇号）

判 债之移转与合伙系属两事，不能因旧厂债务移转于新厂，即谓可证明旧厂东加入新厂为合伙员。（二十二年上字第一三三号）

判 二人以上互约出资以经营共同之事业，即为合伙契约之成立。至其交纳股本，则为另有一问题，并非契约成立之要件。（二十二年上字第一二九〇号）

判 合伙非要式行为，不以订立书据为要件，苟有其他事实足以证明其合伙关系存在者，即不能不认其合伙契约为已有效成立。（二十二年上字第一四四二号）

判 公司非在所在地主管官署登记后不得成立。未经合法成立之公司，不能认为有独立之人格，只应视为普通组织之商号，其所负债务应视为合伙债务，由各合伙员连带负其责。（二十二年上字第一七四三号）

判 公司须经登记后方能成立，而登记又必系实业部发给执照后方为确定。故在登记确定以前所为之营业，非公司之营业，只为另一合伙营业。无论为此项营业者仅系发起人团体，抑尚有其他之股东，就其营业所负债务，均应按照合伙法例同负连带清偿之责。（二十二年上字第二五三五号）

判 合伙契约不以交纳股本为成立要件，故未经交纳股本，虽可为解约或开除之原因，要不得因此而谓合伙关系即不存在。（二十二年上字第二八九四号）

判 （一）合伙契约，非要式行为，不以立有合同股约为必要。（二十二年上字第二九八七号）

解 报务合同既仅订明互相合作通报，未为共同之资经营共同事业之约定，即难认为民法上之合伙。（二十三年院字第一〇五八号）

解　以自己之名或堂名，附入股本于合伙内者，与附股于他合伙人之股内而为隐名合伙者不同，不问有无执行合伙事务，均为出名合伙人。（二十五年院字第一五九七号）

▲判　合伙，为二人以上互约出资以经营共同事业之契约。隐名合伙，则为当事人约定一方对于他方所经营之事业出资，而分受其营业所生之利益及分担其所生损失之契约。故合伙所经营之事业，系合伙人全体共同之事业。隐名合伙所经营之事业，则系出名营业人一人之事业，非与隐名合伙人共同之事业。苟其契约系互约出资以经营共同之事业，则虽约定由合伙人中一人执行合伙之事务，其他不执行合伙事务之合伙人，仅于出资之限度内负分担损失之责任，亦属合伙而非隐名合伙。（二十六年上字第九七一号）

▲判　上诉人与被上诉人合伙开设甲商号，由上诉人执行合伙事务，嗣由乙商号在甲商号原店址营业，仍由上诉人执行合伙事务，固为两造不争之事实。惟上诉人如将甲商号歇业另与他人伙开乙商号，而非仅就同一合伙变更其名称，则虽甲商号之合伙未经解散或退伙，上诉人并以被上诉人之款项及甲商号之店底家具使用于乙商号，亦属上诉人对于被上诉人应负如何责任之另一问题。被上诉人与乙商号之合伙人既无合伙契约，即不能认其对于乙商号有合伙关系。（二十九年上字第四〇七号）

第六百六十八条

△判　合伙人之出资，及其合伙财产，为合伙人全体之共同共有。故合伙营业之移转，非经合伙人全体之同意，不得为之。如执行业务之合伙人，未得合伙人全体同意，专擅将合伙营业，移转于人者，即属侵权行为，对于其他合伙人，因此所受损害，应负赔偿之责。（十九年上字第三一五〇号）

判　（一）合伙财产，系指合伙关系存续中，以供经营合伙目的事业之一切财产而言。（二十四年上字第一七〇五号）

▲判　合伙营业虽已停止，各合伙人对于合伙财产之共同共有关系，亦非当然消灭，自不能仅因合伙营业已经停止，即以合伙财产之一部为合伙人中一人债务之执行标的物。（二十七年上字第三一七号）

判　刑法上之侵占罪，以侵占自己持有他人之物为成立要件。合伙人之出资，为合伙人全体之共同共有，合伙人退伙时，其共同共有权即行丧失。纵退伙人与他合伙人间结算后，尚有出资偿还请求权，而在未偿还以前，仍属于他合伙人之共同共有，并非于退伙时当然变为退伙人之物。故他合伙人不履行偿还义务，殊与持有他人之物无关，自不生侵占问题。（二十八年上字第二三七六号）

▲**判**　合伙所购入之货物，为合伙人全体之共同共有，不因合伙人出资之种类而异。本件上诉人既与被上诉人合伙营业，则被上诉人之出资虽为劳务，而其合伙所买之木油草果，仍为两造之共同共有。（二十九年上字第四一号）

第六百六十九条

▲**判**　民法第六百七十七条不过规定分配损益之成数，非谓一有损失即应填补，合伙人除有特别订定外，无于约定出资之外增加出资之义务。因损失而致资本减少者，合伙人无补充之义务，民法第六百六十九条定有明文。故合伙契约如无随时填补损失之特别订定，纵令因事业之经营一时生有损失，亦无填补之义务。须至清算之际，合伙财产不足清偿合伙之债务时，始负填补损失之义务。（二十六年渝上字第一九九号）

第六百七十一条

判　合伙事务，凡参与执行之合伙人，无论其为主持营业之大计，抑系躬亲日常事务之处理，均不得谓非合伙事务之执行人。（二十二年上字第三二四号）

第六百七十四条

判　经理解任，须经他合伙人全体之同意，而辞任则只须具有重大理由，并无经其他合伙人全体同意之必要。（二十四年上字第四七六号）

第六百七十五条

△**判**　合伙股东，不问其所占股本或股数多寡，均有随时查验账簿之权。（十八年上字第五五三号）

▲**判**　无执行合伙事务权利之合伙人，固得随时检查合伙之事务及其财产状况，并得查阅账簿。但不得以检查及查阅为名，妨害合伙事务之执行。（二十三年抗字第三三〇四号）

第六百七十七条

△判　合伙人分配损益之成数，应以合伙人出资之多寡为准。（十七年上字第五九八号）

△判　合伙契约，定有利益分配之标准，未定有损失分担之标准者，除合伙员有其他证据，证明其对于损失不负责任外，自应即以约定利益分配之标准，为其损失分担之标准。不得借口于契约上未载明损失分担，即主张不负责任。（十八年上字第一七二二号）

▲判　民法第六百七十七条不过规定分配损益之成数，非谓一有损失即应填补，合伙人除有特别订定外，无于约定出资之外增加出资之义务。因损失而致资本减少者，合伙人无补充之义务，民法第六百六十九条定有明文。故合伙契约如无随时填补损失之特别订定，纵令因事业之经营一时生有损失，亦无填补之义务。须至清算之际，合伙财产不足清偿合伙之债务时，始负填补损失之义务。（二十六年渝上字第一九九号）

第六百七十八条

判　合伙人执行事务，非有特约不得请求报酬。（二十二年上字第五五二号）

第六百七十九条

△判　执行业务之合伙人，对外所为营业上之法律行为，其效力直接及于合伙人全体。（十八年上字第九五九号）

△判　钱庄营业之合伙，其执行业务之合伙人或经理人，代合伙借款，固为关于营业上之事务，应认其有此权限，惟合伙已解散时，此项权限即属当然消灭。嗣后该执行业务之合伙人或经理人，纵以合伙名义向人借款，亦不能对于合伙发生效力。除他合伙人追认其行为或承认其债务外，债权人不得向他合伙人请求清偿。（十八年上字第一八四四号）

△判　执行业务之合伙员，就合伙债务，应并负清理偿还责任。（十八年上字第二六四三号）

△判　合伙之积极消极财产，均为合伙人全体所有。而合伙事务，又本得由有执行权之合伙人执行，凡执行合伙事务之合伙人对第三人所缔之契约，其他合伙人决无可以卸责之理。（十九年上字第二〇号）

判 执行合伙事务之合伙人，在其事务范围内所为之行为，其权利义务应直接及于他合伙人。故该合伙人即使系为他人而为之行为，他合伙人亦不得据以对抗不知情之第三人，而主张免除责任。（二十二年上字第一六四○号）

判 依法执行事务之合伙人，于依委任本旨执行合伙事务之范围内，对于第三人，为他合伙人之代表。（二十二年上字第二四四六号）

▲判 合伙之事务约定由合伙人中数人执行者，不惟其内部关系，依民法第六百七十一条第二项，应由该数人共同执行之，即民法第六百七十九条所规定之对外关系。依民法第一百六十八条亦应由该数人共同为代理行为，若仅由其中一人为之，即属无权代理行为，非经该数人共同承认，对于合伙不生效力。（二十八年上字第一五三三号）

解 商号经理人所管理之事务，或商号合伙人所执行之合伙事务，对于第三人所得为之行为，应以关于营业上者为限。代表股份有限公司之董事或代表其他公司之股东，仅关于公司营业上之事务有办理之权。为人保证，除属于该公司或其他商号之营业范围，或依特殊情形可认为营业上之行为外，自无代为之权，如竟擅自为之，对于该公司或其他商号不生效力。至民法第五百五十七条、《公司法》第三十二条，仅于限制经理权或代表权时适用之。若原非经理权或代表权范围内之行为，既无所谓限制，即无适用各该条之余地。（二十八年院字第一九三一号）

第六百八十条

△**判** 合伙之亏折，如系由于执行业务合伙人之故意或过失者，他合伙人对之得为损害赔偿之请求。（十八年上字第一七八五号）

▲判 执行合伙事务之合伙人，因其过失致合伙财产受有损失时，对于合伙人全体应负赔偿责任。（二十一年上字第二七六○号）

判 合伙人执行合伙事务，准用关于委任之规定，受任人因处理委任事务支出之必要费用，委任人应偿还之。（二十二年上字第六○○号）

第六百八十一条

△**判** 合伙债务，应由合伙人负责偿还，其经理人除对于债权人已为债务之承担外，仅应就合伙财产，负清理偿还之责，不负代偿之义务。（十八年上字第一三八号）

△**判**　合伙债务，应先就合伙财产为清偿，必合伙财产不足清偿合伙债务时，始由各合伙人任清偿之责。（十八年上字第三八七号）

△**判**　合伙营业之债务，合伙解散后，合伙人当然为该营业之债务主体。虽合伙营业之经理人，本于营业时合伙人之委任，对于合伙尚负有清理该营业残余财产之责，然债务主体既为合伙人，债权人自得向其求偿，不能以尚有经理为词，而主张主体错误。（十八年上字第二二五六号）

△**判**　因合伙营业而发生之债务，当合伙财产不足清偿时，当然应由各合伙人任偿还之责。（十八年上字第二二六四号）

△**判**　非合伙股东，而有可以令人信其为股东之行为者，对于不知情之第三者，应与股东负同一之责任。（十九年上字第九七三号）

△**判**　民法债编施行前发生之债，依民法债编施行法第一条，除有特别规定外，不适用民法债编之规定。合伙债务，系发生在民法债编施行以前，依当时法例，应由各合伙人按股分担，纵合伙人中之一人，因先未如约出资，致将合伙债务之全部，使该合伙人一人负担，然此系内部关系，不得以之对抗债权人。（十九年上字第一二五八号）

△**判**　民法债编施行前已发生，而迄施行时尚未履行之合伙债务，并不因民法债编之施行而变为连带债务。（二十年上字第二六五号）

△**判**　合伙财产不足清偿其全部债务时，各合伙人均应以其私产清偿。（二十年上字第一三九四号）

判　本于命商号履行债务之执行名义，对于商号合伙员强制执行，固非法所不许，但应以承认不争之合伙员为限。倘对于是否商号合伙员尚有争执，自非执行法院所能审认，径予执行。（二十二年抗字第四一六号）

判　退伙必使合伙债权人可信其有退伙之行为，始对于退伙后之债务不负责任。（二十二年上字第一三九号）

判　公司非在所在地主管官署登记后不得成立，未经合法成立之公司，不能认为有独立之人格，只应视为普通组织之商号，其所负债务应视为合伙债务，由各合伙员连带负其责。（二十二年上字第一七四三号）

判　债务之抵销，以二人互负债务，其给付种类相同，并均届清偿期为要件。其不合此要件者，自不得主张抵销。至合伙债务，各合伙人于合伙财产不足清偿时，对于其不足之额，应负连带责任。若合伙财产未至不足清偿合伙债务时，则各合伙人即无连带责任之可言，其合伙债务即应以合伙财产清偿之。苟非得债权人之同意，自不得以各合伙人个人对于债权人之债权，而主张抵销合伙债务之全部。（二十二年上字第二三八二号）

判 公司须经登记后方能成立，而登记又必系实业部发给执照后方为确定。故在登记确定以前所为之营业，非公司之营业，只为另一合伙营业。无论为此项营业者仅系发起人团体，抑尚有其他之股东，就其营业所负债务，均应按照合伙法例同负连带清偿之责。（二十二年上字第二五三五号）

解 诉追欠款，法院确定判决仅令合伙团体履行债务，但合伙财产不足清偿时，自得对合伙人执行。（二十二年院字第九一八号）

▲**判** 合伙债务发生于民法债编施行前者，依民法债编施行法第一条之规定，不得适用民法第六百八十一条使各合伙人负连带清偿之责。（二十三年上字第四四二五号）

解 院字第九一八号后段，所谓合伙人有争议者，系指合伙人否认合伙或合伙人间之争议等另待裁判者而言。如合伙人之争议，系以确定判决仅令合伙团体履行债务，不得向其执行为理由时，自无庸责令债权人另行起诉。（二十三年院字第一一一二号）

判 合伙人之一人，对于合伙有债权时，就合伙之方面言之，同时亦为连带债务之一人，其债之关系，应因混同而消灭，而其他合伙人，亦即同免其责任。第该享有债权之合伙人，得向其他合伙人请求偿还其各自分担之部分而已。（二十四年上字第一六六一号）

判 合伙财产不足清偿合伙之债务时，各合伙人始对于不足之额连带负责。而合伙财产不足清偿合伙债务之事实，既为连带责任之发生要件，自应由主张连带责任之债权人，负举证之责。（二十四年上字第二四八一号）

▲**判** 合伙契约订定合伙人中之一人于其出资之限度外，不负分担损失之责任者，在各合伙人间固非无效，但不得以之对抗合伙之债权人。合伙财产不足清偿合伙之债务时，该合伙人对于不足之额，亦连带负其责任。（二十六年上字第九七一号）

▲**判**　合伙财产不足清偿合伙之债务时，各合伙人对于不足之额连带负其责任，为民法第六百八十一条之所明定。所谓合伙财产，不仅指合伙债权人向合伙人请求连带清偿时，属于合伙之动产不动产而言，即其时合伙对于第三人之债权及其他有交易价额之一切财产权，得为强制执行之标的者，亦包含之。如就此等财产按照时价估计，其总额并不少于债务总额，固非所谓不足清偿，即使财产总额少于债务总额，各合伙人亦仅对于不足之额连带负责，并非对于债务全额负有此种责任。（二十八年上字第一八六四号）

▲**判**　合伙财产不足清偿合伙之债务时，依民法第六百八十一条之规定，各合伙人对于不足之额虽连带负其责任。但合伙之债权人为合伙人中之一人时，自己亦为连带债务人中之一人，其对于合伙之债权与其所负之连带债务已因混同而消灭。依民法第二百七十四条之规定，他合伙人亦同免其责任，故该合伙人对于他合伙人仅得依民法第二百八十一条、第二百八十二条之规定，行使其求偿权，不得更行请求连带清偿。（二十九年上字第一一〇五号）

▲**判**　民法第六百八十一条规定合伙财产不足清偿合伙之债务时，各合伙人对于不足之额连带负其责任。是合伙财产不足清偿合伙之债务，为各合伙人连带责任之发生要件，债权人请求命各合伙人对于不足之额连带清偿，自应就此项要件之存在负主张并举证之责任。（二十九年上字第一四〇〇号）

第六百八十三条

判　以合伙股份为质权设定之标的，依股份让与之规定，须得其他合伙人全体之同意。（二十二年上字第二三五号）

判　合伙非经他合伙人全体之同意，不得将自己之股份转让于第三人。（二十三年上字第二四三七号）

判　合伙人将自己之股份转让于他合伙人中之一人，固无须得他合伙人全体之同意，但系通谋而为虚伪转让，故意加损害于其他合伙人，则仍不生转让之效力。（二十四年上字第一八六八号）

▲**判**　合伙人未经他合伙人全体之同意，将其股份转让于第三人者，依民法第六百八十三条之规定，除有同条但书之情形外，其转让行为无

效。（二十九年上字第七一六号）

第六百八十五条

▲**判** 依民法第六百八十五条之规定，合伙人之债权人就该合伙人之股份声请扣押，仅于通知合伙后有为该合伙人声明退伙之效力，并无转让股份于债权人之效力。故债权人除就合伙人因退伙，所得行使之出资返还请求权及利益份配请求权，得依执行法院之收取命令或移转命令行使权利外，不得对于合伙主张其承受原合伙人之地位，而有继续存在之股份。（二十九年上字第五九二号）

第六百八十六条

△**判** 退伙为单独行为，固无待他合伙人之承诺，然必须向他合伙人确实表示其意思，方能发生效力。（十八年上字第九六号）

△**判** 合伙人之退股，固须对于各合伙人为明示或默示之表示，始能生效。但执行合伙业务之经理人，有代理各合伙人之权，则对于经理人为退伙之表示可认为向各合伙人所为者，自应认为合法退伙。（十九年上字第四四九号）

△**判** 合伙人声明退伙，本应通知他合伙人，若其行为不足以使他合伙人得知其有退伙之意思，仍不生退伙之效力，即其对于合伙债务，当然仍负责任。（十九年上字第一五三六号）

△**判** 退伙未通知他合伙人，不生效力。则其应与他合伙人同负合伙债务，自无疑义。（十九年上字第一五三七号）

△**判** 退伙虽不必有何等要式行为，要必曾经通知他合伙人，始为有效。（十九年上字第二三四九号）

判 退伙只须以退伙人一方之意思表示为之，其退伙如有使人得知之情事，对于退伙后所发生之合伙债务不负责任。（二十二年上字第二一二二号）

判 退伙固为终止契约之一种，在各合伙人间以有合法之意思表示为已足。惟欲以之对抗第三人，则尚须使第三人有得知之机会，始足以期交易之安全。（二十二年上字第二三四四号）

判 （一）合伙未定有存续期间者，各合伙人本得依法声明退伙，并不限于何种事由，亦无须法院加以裁判。（二十二年上字第二九六七号）

判　合伙人已否退伙及应否退伙，乃为合伙人与其他合伙人间之法律关系，而非合伙人与合伙经理人间之法律关系。故合伙人提起确认退伙之诉，须以其他合伙人全体为被告，若仅向合伙经理人为之，即不能认为适格。（二十三年上字第八三五号）

判　退伙，虽原为单独行为，苟合伙人已向合伙人为明确之声明，原无待他合伙人之承认。但其合伙契约苟有反对之约定者，自应从其特约。（二十三年上字第二八五三号）

判　合伙人声明退伙，依法只须向其他合伙人为之，不待向第三人表示退伙，即可发生效力。（二十四年上字第三四四三号）

解　（二）合伙中之一人，虽于中途抽出股本，但既未声明退伙，仍应认为合伙人。至解散清算经通知而故不到场，其余合伙人之清算，对于该未到场之人，并非无效。惟该未到场之人对于清算所为之决议，如有争执，仍得诉请法院裁判。（二十五年院字第一五九八号）

第六百八十八条

△**判**　合伙人之退伙，须对于各合伙人为退伙之表示，始能生效。若仅向合伙之经理人为表示，则必其表示可认为向各合伙人为之者，始能发生代理行为之效力。若单独向经理人交涉，显未对于他合伙人表示意思，自不能认为合法之退伙。（十八年上字第二二六四号）

△**判**　合伙人中如有具备除名之正当事由者，其他合伙人得以全体意思一致，将该合伙人除名。至所谓除名之正当理由，如对于合伙全体有不法侵害之行为，即其一种。（二十年上字第一六八二号）

判　（二）合伙人之开除，须具有正当理由。对于被开除之合伙人，并应通知。（二十四年上字第一七○五号）

第六百八十九条

△**判**　合伙未定存续期间者，合伙人得于两个月前，声明退伙。其有死亡等原因者，则即因之而退伙，退伙人与他合伙人间之结算，应以退伙时合伙财产之状况为准。（十九年上字第一二七三号）

判　凡合伙人退伙时，依法本应以退伙时之财产状况为准，与他合伙人为结算并分配损益，方足以资结束。在事实上如已领回出资摊分利益，并缴销合伙凭证者，自应推定已为结算，除有明确反证，足以认其

曾声明保留结算先领一部分赢利者外，决非空言所得否认。（二十二年上字第二七六号）

判 刑法上之侵占罪，以侵占自己持有他人之物为成立要件。合伙人之出资，为合伙人全体之共同共有，合伙人退伙时，其共同共有权即行丧失。纵退伙人与他合伙人间结算后，尚有出资偿还请求权，而在未偿还以前仍属于他合伙人之共同共有，并非于退伙时当然变为退伙人之物。故他合伙人不履行偿还义务，殊与持有他人之物无关，自不生侵占问题。（二十八年上字第二三七六号）

第六百九十条

△**判** 合伙人于退伙后，所有新欠债务，固不负责。若退伙以前之合伙债务，纵其他之合伙人已为债务之承担（在合伙人间之内部关系，当然有效），然非通知债权人得其同意，仍不发生债务移转之效力。（十八年上字第二四七三号）

△**判** 退伙人对于退伙前之合伙债务，仍应负责。（十九年上字第二〇号）

△**判** 合伙人之声明退伙，乃其合伙中内部关系，只须向其他合伙人为退伙合法之表示，即生退伙之效力，无须得合伙债权人之同意。若于该合伙人退伙后，始行取得之合伙债权，该合伙人依法应不负责。（十九年上字第七二五号）

判 合伙人退伙后，对于退伙前合伙债务仍应负责。（二十二年上字第一三九号）

判 民法债编施行前关于合伙债务之法例，合伙员退伙后，就退伙前发生之债务，除移转与他合伙员而经债权人承认者外，仍应负共偿责任。（二十二年上字第七一九号）

判 合伙人退伙后，对于退伙前合伙所欠之债务仍应负责。（二十二年上字第七七三号）

判 合伙人退伙后，对于退伙前所负之债务仍应负责。（二十二年上字第一七四三号）

判 合伙人退伙后，始行取得之合伙债权，该退伙人依法原不应负责，然必以其退伙足以对抗善意第三人为前提。盖合伙人之声明退伙，在其内部间，固仅须向他合伙人为退伙合法之表示，即生退伙之效力，而欲对抗善意之债权人，究须予第三人以得知之机会。（二十四年上字第三一四三号）

第六百九十二条

判　（二）合伙人之退伙，必其合伙事业尚能继续存在，方有退伙之可言。若因退伙致合伙之目的事业不能完成时，即属解散合伙，并无所谓退伙。（二十二年上字第二九六七号）

第六百九十四条

△判　合伙商店闭歇，经理人放弃清算，合伙人中之一人或数人为合伙利益计，自得出而清理。（十七年上字第七九六号）

△判　关于合伙解散后之清算事务，合伙人未经另选有清算人者，则以前执行业务之合伙人，当然任清理之责。（十九年上字第四四九号）

解　（二）合伙中之一人，虽于中途抽出股本，但既未声明退伙，仍应认为合伙人。至解散清算经通知而故不到场，其余各伙人之清算，对于该未到场之人，并非无效。惟该未到场之人，对于清算所为之决议，如有争执，仍得诉请法院裁判。（二十五年院字第一五九八号）

第六百九十五条

解　（二）合伙中之一人，虽于中途抽出股本，但既未声明退伙，仍应认为合伙人。至解散清算经通知而故不到场，其余合伙人之清算，对于该未到场之人，并非无效。惟该未到场之人，对于清算所为之决议，如有争执，仍得诉请法院裁判。（二十五年院字第一五九八号）

第六百九十七条

△判　合伙非解散后清算完结，其合伙之关系，不能消灭。至清算人之职务，实包含了结现在事务，索取债权，清偿债，及分配余存财产各项，并不仅限于结算账目，即为完结。故对于合伙之财产，在清算未完结以前，不得由合伙人中之一人，向执行清算人请求按其成数，先行偿还股本。（十八年上字第二五三六号）

△判　合伙商业改号以后，合伙关系既不存续，其以前合伙营业之状况如何，自非经清算不能明晰。清算结果，应先以其财产充偿合伙债务，如有余存，他合伙人始能对于执行清算事务之合伙人，就其余存之

额，请求偿还其出资或受红利之分配。（十九年上字第一九号）

△**判** 合伙解散后，须其合伙财产足以清偿外债而有余，始得就所余之数，按照各合伙人出资额之比例，返还各合伙人之出资。（十九年上字第三一五号）

▲**判** 合伙财产须依民法第六百九十七条第一项，清偿债务或划出必需之数额后，尚有剩余，始应返还各合伙人之出资。必返还各合伙人之出资后，尚有剩余，始应按各合伙人应受分配利益之成数，分配于各合伙人，此在民法第六百九十七条第二项、第六百九十九条规定甚明。各合伙人中之一人，若在清算人未将合伙财产清偿合伙债务或划出必需之数额以前，即向清算人请求返还出资及分配利益，自非法之所许。（二十九年上字第七五九号）

第六百九十九条

△**判** 合伙解散后，各合伙人应就合伙财产通盘清算如以合伙财产清偿合伙债务后，尚有盈余，则依分配利益标准，以之分配于各合伙人，如有不敷，亦应由各合伙人负担。（十八年上字第一七八五号）

第七百条

△**判** 隐名合伙，系为出名营业之人而出资，并不协同营业。与普通合伙，由合伙员共同出资以经营共同之事业者，显有区别。（十八年上字第一七二二号）

△**判** 附股于他人出名之股内，附股人就合伙营业之关系，乃由出名人而生，其对于合伙营业之权利义务，自应依出名人与其他合伙人间之分派为准。（十八年上字第二六五八号）

解 以自己之名或堂名，附入股本于合伙内者，与隐名合伙不同，不问其有无执行合伙事务，均为出名合伙人。（二十五年院字第一五九七号）

▲**判** 合伙为，二人以上互约出资以经营共同事业之契约。隐名合伙，则为当事人约定一方对于他方所经营之事业出资，而分受其营业所生之利益，及分担其所生损失之契约。故合伙所经营之事业，系合伙人全体共同之事业。隐名合伙所经营之事业，则系出名营业人一人之事业，非与隐名合伙人共同之事业。苟其契约系互约出资以经营共同之事业，

则虽约定由合伙人中一人执行合伙之事务，其他不执行合伙事务之合伙人，仅于出资之限度内负分担损失之责任，亦属合伙而非隐名合伙。（二十九年上字第九七一号）

第七百零三条

判　民法规定隐名合伙人，仅于其出资之限度内，负分担损失之责任等语，并非强制之规定，如当事人间另有特别约定，自应从其约定，不能以有该法规定，借辞卸责。（二十四年上字第二九八四号）

第七百零四条

△**判**　隐名合伙出资后，其合伙之事务，专由出名营业人执行之。（十九年上字第一九〇七号）

解　以自己之名或堂名，附入股本于合伙内者，与隐名合伙不同，不问其有无执行合伙事务，均为出名合伙人。（二十五年院字第一五九七号）

▲**判**　隐名合伙之事务，专由出名营业人执行之。隐名合伙人如参与合伙事务之执行，对于第三人应负出名营业人之责任，固为民法第七百零四条第一项、第七百零五条之所明定。惟此种规定，不能据以断定未执行合伙事务之合伙人，均为隐名合伙人，法文本甚明了。且由民法第六百七十一条第二项及第六百七十四条、第六百七十五条、第六百七十九条等规定观之，合伙人非必执行合伙之事务，尤不得仅以未经参与合伙事务之执行，即认为隐名合伙人。（二十八年上字第一三一二号）

第七百零五条

判　隐名合伙人，有时得参与合伙事务之执行，且有查阅合伙账簿并检查其事务及财产状况之权。（二十四年上字第二二八六号）

▲**判**　隐名合伙之事务，专由出名营业人执行之。隐名合伙人如参与合伙事务之执行，对于第三人应负出名营业人之责任，固为民法第七百零四条第一项、第七百零五条之所明定。惟此种规定，不能据以断定未执行合伙事务之合伙人，均为隐名合伙人，法文本甚明了。且由民法第六百七十一条第二项及第六百七十四条、第六百七十五条、第六百七十九条等规定观之，合伙人非必执行合伙之事务，尤不得仅以未经参与合伙事务之执行，即认为隐名合伙人。（二十八年上字第一三一二号）

第七百零六条

判 隐名合伙人，有时得参与合伙事务之执行，且有查阅合伙账簿并检查其事务及财产状况之权。（二十四年上字第二二八六号）

第七百一十八条

解 申报权利之公示催告，以法律有规定者为限，《民事诉讼法》第五百三十五条第一项定有明文。宣告证券无效之公示催告，为申报权利之公示催告之一种，自应依此规定办理。故证券未经实体法明定具有某种情形时，得依公示催告程序宣告无效者，虽属有价证券，亦不许行公示催告程序。民法第七百一十八条固规定指示证券遗失、被盗或灭失时，得依公示催告程序宣告无效，惟其所称指示证券，谓指示他人将金钱、有价证券或其他代替物给付第三人之证券，民法第七百一十条第一项规定甚明。更参以民法第七百一十一条以下各条之规定，指示证券系指示他人为给付，而非发生该证券之指示人自为给付之证券，尤无疑义。民法第六百一十五条之仓单或民法第六百二十五条之提单，则系填发仓单之仓库营业人或填发提单之运送人自为给付，而非指示他人为给付之证券，显非民法第七百一十八条所称之指示证券。记名式之仓单或提单，在法律上既无与民法第七百一十八条、第七百二十五条第一项、《票据法》第十六条第一项同一之规定，即不得依公示催告程序宣告无效。至《民事诉讼法》第五百五十四条，不过就实体法上已明定具有某种情形时，得依公示催告程序宣告无效之证券，规定何人有公示催告之声请权，并非因实体法所定许行公示催告程序之证券范围过狭，加以扩张。此观同条第一项所称之无记名证券及空白背书之指示证券，在实体法上均已明定遗失、被盗或灭失时，得依公示催告程序宣告无效。同条复未规定所称之证券，具有何种情形时得为公示催告之声请，其义自明。故同条第二项所称前项以外之证券，系指记名式之票据及指示证券等，未以背书转让或其背书记载被背书人者而言，并不包含实体法上未经明定许行公示催告程序之证券在内，自不得据此即将仓单、提单解为许依公示催告程序宣告无效。原呈所称之寄托证，不得依公示催告程序宣告无效，更不待言。（二十九年院字第二〇〇五号）

解 宣告证券无效之公示催告程序，依《民事诉讼法》第五百三十五条第一项，催于法律有规定时，始许行之。银行发给存户之记名存单、存折，在实体法上既无得以公示催告程序宣告无效之规定，自不得行此程序。至存单、存折依惯例挂失后，持有单、折者，向银行交涉时，如其人并非真正债权人，无论单、折是否载有凭以支取字样，银行均无支付存款之义务。即其人为真正债权人，而银行前向挂失之第三人支付存款，如合于民法第三百一十条规定之情形，亦免其责任，院字第一八一五号解释，无须变更。（二十九年院字二〇〇六号）

第七百一十九条

解　持钞票人所受较票面数额减少之损失，除政府定有整理办法外，银行应负责赔偿。（二十年院字第六〇四号）

解　称无记名证券者，谓持有人对于发行人得请求其依所记载之内容，为给付之证券，民法第七百一十九条定有明文。是具有此种意义之证券，即为无记名证券，并无其他应备之要件。无记名证券，因毁损或变形不适于流通时，持有人得依民法第七百二十四条之规定，请求发行人换给新无记名证券，则无记名证券，不以适于流通为要件，毫无疑义。原呈所谓适于流通，如指持有人得以交付证券之方法，让与他人而言，则具有民法第七百一十九条所定意义之证券，当然适于流通，不得谓具有此种意义之证券，尚须另备适于流通之要件，始为无记名证券。凭票给付之借款条据，如其所载内容，可认为具有民法第七百一十九条所定意义之证券，自属无记名证券。除依民法第七百二十八条不适用第七百二十五条之规定者外，当然有民法第七百二十五条之适用。（三十年院字第二二七〇号）

第七百二十条

解　依《票据法》第一百二十条、第二十五条第一项、第六十二条第一项第三款，及第一百一十七条第三项之规定，本票得为无利息见票即付之无记名式。此项本票，既不失为《票据法》上之票据，执票人丧失票据时，自应适用《票据法》第十五条、第十六条，不适用民法关于无记名证券之规定。（三十三年院字第二七五三号）

解　银行依《节约建国储蓄券条例》或《发行美金节约建国储蓄券办法》发行之储蓄券，不记名者，为民法第七百二十五条第一项所称之无记名证券。此项储蓄券遗失、被盗或灭失者，依同条项之规定，法院得因持有人之申请，依公示催告程序宣告无效。财政部颁行之《节约建国储蓄券条例施行细则》第十五条及《发行美金节约建国储蓄券办法》，说明所谓不记名储蓄券不得挂失，系指不得依其所定记名储蓄券挂失办法挂失而言，非以排斥民法第七百二十五条第一项之适用，购券人与银行约定不得挂失者亦同。若其所谓不得挂失，意在排斥民法第七百二十五条第一项之适用，则在法律上碍难认为有效。至银行未受有该券遗失、被盗或灭失之通知，亦不知有宣告该券无效之除权判决，向提示该券之持有人为给付者，苟非别有原因知该持有人无处分之权利，则依民法第七百二十条之规定，银行免其债务，声请人不得再依除权判决请求银行给付。又银行因除权判决，向声请人补发新券或兑付券款者，依《民事诉讼法》第五百六十一条第二项之规定，除补发或兑付时除权判决已撤销，且为该银行所已知者外，得以其补发或兑付对抗债权人或第三人。其被对抗者，是否原券之善意持有人，在所不问。至民法第七百二十一条之规定，于无记名证券因发行人之意思而流通后，在持有人处遗失或被盗者，不适用之。（三十四年院字第二八一一号）

第七百二十一条

解 依《票据法》第一百二十条、第二十五条第一项、第六十二条第一项第三款，及第一百一十七条第三项之规定，本票得为无利息见票即付之无记名式。此项本票，既不失为《票据法》上之票据，执票人丧失票据时，自应适用《票据法》第十五条、第十六条，不适用民法关于无记名证券之规定。（三十三年院字第二七五三号）

解 银行依《节约建国储蓄券条例》或《发行美金节约建国储蓄券办法》发行之储蓄券，不记名者，为民法第七百二十五条第一项所称之无记名证券。此项储蓄券遗失、被盗或灭失者，依同条项之规定，法院得因持有人之申请，依公示催告程序宣告无效。财政部颁行之《节约建国储蓄券条例施行细则》第十五条及《发行美金节约建国储蓄券办法》，说明所谓不记名储蓄券不得挂失，系指不得依其所定记名储蓄券挂失办法挂失而言，非以排斥民法第七百二十五条第一项之适用，购券人与银行约定不得挂失者亦同。若其所谓不得挂失，意在排斥民法第七百二十五条第一项之适用，则在法律上碍难认为有效。至银行未受有该券遗失、被盗或灭失之通知，亦不知有宣告该券无效之除权判决，向提示该券之持有人为给付者，苟非别有原因知该持有人无处分之权利，则依民法第七百二十条之规定，银行免其债务，声请人不得再依除权判决请求银行给付。又银行因除权判决，向声请人补发新券或兑付券款者，依《民事诉讼法》第五百六十一条第二项之规定，除补发或兑付时除权判决已撤销，且为该银行所已知者外，得以其补发或兑付对抗债权人或第三人。其被对抗者，是否原券之善意持有人，在所不问。至民法第七百二十一条之规定，于无记名证券因发行人之意思而流通后，在持有人处遗失或被盗者，不适用之。（三十四年院字第二八一一号）

第七百二十四条

解 称无记名证券者，谓持有人对于发行人得请求其依所记载之内容，为给付之证券，民法第七百一十九条定有明文。是具有此种意义之证券，即为无记名证券，并无其他应备之要件。无记名证券，因毁损或变形不适于流通时，持有人得依民法第七百二十四条之规定，请求发行人换给新无记名证券，则无记名证券，不以适于流通为要件，毫无疑义。原呈所谓适于流通，如指持有人得以交付证券之方法，让与他人而言，则具有民法第七百一十九条所定意义之证券，当然适于流通，不得谓具有此种意义之证券，尚须另备适于流通之要件，始为无记名证券。凭票给付之借款条据，如其所载内容，可认为具有民法第七百一十九条所定意义之证券，自属无记名证券。除依民法第七百二十八条不适用第七百二十五条之规定者外，当然有民法第七百二十五条之适用。（三十年院字第二二七〇号）

第七百二十五条

解 称无记名证券者，谓持有人对于发行人得请求其依所记载之内容，为给付之证券，民法第七百一十九条定有明文。是具有此种意义之证券，即为无记名证券，并无其他应备之要件。无记名证券，因毁损或变形不适于流通时，持有人得依民法第七百二十四条之规定，请求发行人换给新无记名证券，则无记名证券，不以适于流通为要件，毫无疑义。原呈所谓适于流通，如指持有人得以交付证券之方法，让与他人而言，则具有民法第七百一十九条所定意义之证券，当然适于流通，不得谓具有此种意义之证券，尚须另备适于流通之要件，始为无记名证券。凭票给付之借款条据，如其所载内容，可认为具有民法第七百十九条所定意义之证券，自属无记名证券。除依民法第七百二十八条不适用第七百二十五条之规定者外，当然有民法第七百二十五条之适用。（三十年院字第二二七〇号）

第七百二十条

解　银行依《节约建国储蓄券条例》或《发行美金节约建国储蓄券办法》发行之储蓄券，不记名者，为民法第七百二十五条第一项所称之无记名证券。此项储蓄券遗失、被盗或灭失者，依同条项之规定，法院得因持有人之声请，依公示催告程序宣告无效。财政部颁行之《节约建国储蓄券条例施行细则》第十五条及《发行美金节约建国储蓄券办法》，说明所谓不记名储蓄券不得挂失，系指不得依其所定记名储蓄券挂失办法挂失而言，非以排斥民法第七百二十五条第一项之适用，购券人与银行约定不得挂失者亦同。若其所谓不得挂失，意在排斥民法第七百二十五条第一项之适用，则在法律上碍难认为有效。至银行未受有该券遗失、被盗或灭失之通知，亦不知有宣告该券无效之除权判决，向提示该券之持有人为给付者，苟非别有原因知该持有人无处分之权利，则依民法第七百二十条之规定，银行免其债务，声请人不得再依除权判决请求银行给付。又银行因除权判决，向声请人补发新券或兑付券款者，依《民事诉讼法》第五百六十一条第二项之规定，除补发或兑付时除权判决已撤销，且为该银行所已知者外，得以其补发或兑付对抗债权人或第三人。其被对抗者，是否原券之善意持有人，在所不问。至民法第七百二十一条之规定，于无记名证券因发行人之意思而流通后，在持有人处遗失或被盗者，不适用之。（三十四年院字第二八一一号）

解　记名之黄金存单及法币折合黄金存款之存单，虽未留有印鉴，亦非无记名证券。此项存单遗失、被盗或灭失者，法律上既未如无记名证券设有民法第七百二十五条之规定，按诸《民事诉讼法》第五百三十五条，自不得依公示催告程度，宣告无效。（三十四年院解字第三〇一四号）

解　政府发行之无记名债票，系民法上之无记名证券。此项债票，非无利息，亦非见票即付，不能依民法第七百二十八条，排除民法第七百二十五条之适用。此外法律上又无排除同条适用之特别规定，则遇债票遗失、被盗或灭失时，法院自得因持有人之声请，依公示催告程序，宣告无效。原呈所举困难情形，仅可供立法上之参考，不足为解释上排除现行法适用之论据。（三十四年院解字第三〇五七号）

第七百二十八条

解　依《票据法》第一百二十条、第二十五条第一项、第六十二条第一项第三款，及第一百十七条第三项之规定，本票得为无利息见票即付之无记名式。此项本票，既不失为《票据法》上之票据，执票人丧失票据时，自应适用《票据法》第十五条、第十六条，不适用民法关于无记名证券之规定。（三十三年院字第二七五三号）

解　政府发行之无记名债票，系民法上之无记名证券。此项债票，非无利息，亦非见票即付，不能依民法第七百二十八条，排除民法第七百二十五条之适用。此外法律上又无排除同条适用之特别规定，则遇债票遗失、被盗或灭失时，法院自得因持有人之声请，依公示催告程序，宣告无效。原呈所举困难情形，仅可供立法上之参考，不足为解释上排除现行法适用之论据。（三十四年院解字第三〇五七号）

第七百三十六条

△**判**　和解契约，当事人固应受其拘束，不得无故翻异。惟当事人两造若皆不愿维持该契约之效力，即应认为合意解除，自不能更依该契约，判断其权义关系。（十八年上字第三四七号）

△**判**　当事人于审判外就诉讼争点为和解后，更为诉之撤回，以致诉讼终结者，应受该和解契约之拘束，不得就和解前之法律关系，再行主张。（十八年上字第一一二九号）

△**判**　基于和解契约所生之请求权，自系债权而非物权。（十八年上字第一五二四号）

△**判**　和解原由两造互相让步而成立和解之后，任何一方所受之不利益，均属其让步之结果，不能据为撤销之理由。（十九年上字第一九六四号）

△**判**　和解契约，以当事人缔约当时，两造合致之意思表示为成立

要件。虽一造表意人于其表示意思时，本无欲受其所表示意思拘束之意，苟非此意为他一造所明知，其表示之意思，究不因之而无效，即于和解契约之成立及效力，不生影响。（十九年上字第一九六四号）

△**判** 和解契约合法成立，两造当事人即均应受该契约之拘束，纵使一造因而受不利益之结果，亦不得事后翻异，更就和解前之法律关系，再行主张。（十九年上字第一九六四号）

▲**判** 已经确定判决确定之法律关系，当事人虽不得于裁判上再行争执，但因在事实上仍有争执，约定互相让步以终止之，自属和解契约，不得谓无民法第七百三十七条所定之效力。（二十二年上字第二八一九号）

判 和解，为当事人约定互相让步终止争执或防止争执发生之契约。非当事人双方合意，不得为之。（二十四年抗字第二六三八号）

第七百三十七条

▲**判** 已经确定判决确定之法律关系，当事人虽不得于裁判上再行争执，但因在事实上仍有争执，约定互相让步以终止之，自属和解契约，不得谓无民法第七百三十七条所定之效力。（二十二年上字第二八一九号）

▲**判** 夫与妻所订和解契约，约明日后妻如受夫不堪同居之虐待提起离婚之诉时，夫应给妻生活费洋一千元者，嗣后妻因受夫不堪同居之虐待提起离婚之诉时，苟夫之经济状况无重大变迁，自有向妻照约给付之义务。（二十八年上字第二四四一号）

第七百三十九条

△**判** 保人状具随传随到字样，系声明该当事人奉法院传唤，届期必到之意。该当事人如有不到情事，固应由保人对法院负责，并非对于相对人之债务加以保证，担负赔偿之责。又保人除自己具名于保状外，纵盖有合伙铺号图记，该铺号其他之合伙人，自不能与具名人同负保人之责。（十七年上字第四三七号）

△**判** 合法成立之保证债务，苟无正当免除责任之原因，则于主债务人无力清偿之时，债权人无论何时，得向保证人请求清偿债务，并不因债权人不即行使权利，而遂生义务消灭之效力。（十七年上字第七一五号）

△**判** 保证人之责任，须主债务人不履行债务时，始代为履行。（十九年上字第一五九号）

△**判**　保证为债权人与保证人间缔结之契约，依契约一般之原则，非得相对人之同意，不能解除。（十九年上字第三四七号）

△**判**　保证契约之成立，本不以作成书据为要件，虽无书据，而有其他证明方法，足证其契约成立者，亦应发生效力。（十九年上字第一八三八号）

△**判**　商号经理人或伙友，为人盖章作保，除经号东同意或追认外，无论有无特别习惯，其效力皆不及于号东。（十九年上字第一八九七号）

△**判**　主债务人逃匿无踪，并已无可执行之财产，则保证人自应依契约本旨履行义务，不得拒绝。（二十年上字第二一七号）

△**判**　保证债务契约，系保证人与债权人约明于主债务人，有不履行或不能履行时，代负偿还责任之契约。（二十年上字第一一九七号）

判　保证债务，原为保护债权人之利益而设，保证人诉请主债务人径向债权人清偿，不过为保证人对于主债务人请求免责之方法，其对于债权人所负之代偿义务，并不因此而生影响。（二十二年上字第三六五号）

▲**判**　债务之承担与保证债务不同，保证债务为于他人不履行债务时，代负履行责任之从债务，该他人仍为主债务人。故除有民法第七百四十六条所列各款情形之一者外，保证人于债权人未就主债务人之财产强制执行而无效果前，对于债权人得拒绝清偿。债务之承担则系债务之移转，原债务人已由债之关系脱退，仅由承担人负担债务，故承担人纵令曾与原债务人约明将来清偿债务之资金，仍由原债务人交付承担人向债权人清偿，亦不得以之对抗债权人。（二十二年上字第四二六号）

▲**判**　保证债务之存在，以主债务之存在为前提。主债务人所负债务纵有一部未经清偿，而该部分已由债权人免除，因而主债务全部消灭者，保证债务当然随之消灭。（二十二年上字第四九五号）

判　保证契约，以当事人约定一方于他方之债务人不履行债务时，由其代负履行责任而成立，与当事人间有无商业往来无涉。（二十二年上字第一六五五号）

判　保证契约，一经当事人间口头约定即属成立，原不以订立书据为要件。（二十三年上字第三八号）

判 （二）债权关系于设定抵押权外，并有保证人者，债权人于主债务人不清偿债务时，固可就抵押物行使权利。惟其抵押物若已因法律上或事实上之障碍，不能供清偿之用，而对于主债务人又无从向之索偿，则保证人自不得不负偿还责任。（二十三年上字第一四五〇号）

解 债权人不愿作价承受经三次拍卖无人投买之财产，法院除得命强制管理外，仍得随时依当事人之声请，再行估价拍卖。在未得有执行效果以前，如对于保证人有执行名义，得就保证人财产执行。（二十三年院字第一一〇四号）

解 经三次减价拍卖无人承买之不动产，债权人若无力承受或不肯承受，法院得以职权命强制管理，在管理中，仍得随时依当事人声请，再行估价拍卖（参阅院字第一一〇四号解释）。（二十四年院字第一二三六号）

判 保证契约之成立，并不以作成书据为必要，故虽无书据而依其他证据足证明其成立者，亦应认其有担保之效力。（二十三年上字第三二二〇号）

解 行政法规虽规定纳税义务人，应觅取保证人负担保税款之责任，而此项保证人之担保税款，仍系依契约负担私法上之给付义务（参照院字第二五九九号解释）。确认此种义务不存在之诉，不得谓非属于普通法院权限之诉讼事件。（三十四年院解字第二九八〇号）

第七百四十条

△**判** 保证范围既未约定，则关于主债务之原本利息，及因主债务人不履行债务所生之损害，与夫附属于主债务之负担，均负有保证偿还之责任。（十八年上字第八二四号）

判 （三）保证债务，系属担保主债务之从债务，保证人之负担，通常不得较重于主债务人。（二十三年上字第二二七六号）

第七百四十一条

判 （三）保证债务，系属担保主债务之从债务，保证人之负担，通常不得较重于主债务人。（二十三年上字第二二七六号）

第七百四十五条

△**判** 保证债务，非因主债务人绝无资力偿还，或偿还不足时，债权人不得径向保证债务人请求代偿。（十八年上字第九三号）

△**判**　未据债权人证明其已就主债务人财产强制执行而无效果，于法自许保证人提出先诉抗辩。（二十年上字第一二〇〇号）

解　债权人不愿作价承受经三次拍卖无人投买之财产，法院除得命强制管理外，仍得随时依当事人之申请，再行估价拍卖。在未得有执行效果以前，如对于保证人有执行名义，得就保证人财产执行。（二十三年院字第一一〇四号）

判　保证债务人虽得主张，债权人应先向债务人请求，但如保证契约内，已特别订明主债务人届期不还，由保证人如数偿还者，即认为先诉及检索抗辩权之舍弃，不得更为主张。（二十三年上字第一七六三号）

判　债务关系如于设定担保物权以外，并有保证人者，该主债务人不清偿其债务时，应先尽担保物拍卖充偿。（二十三年上字第三二一九号）

解　经三次减价拍卖无人承买之不动产，债权人若无力承受或不肯承受，法院得以职权命强制管理，在管理中，仍得随时依当事人申请，再行估价拍卖（参阅院字第一一〇四号解释）。（二十四年院字第一二三六号）

第七百四十六条

△**判**　保证债务人，受债权人履行之请求时，依法虽得为先诉之抗辩，但当事人间如有特别约定，则不在此限。（十八年上字第九四一号）

△**判**　主债务人财产所在不明，无从执行，保证人自无主张先诉及检索抗辩之余地。（十八年上字第一八一五号）

△**判**　各主债务人，均陷于履行不能之境遇，催告亦属无效，而又无可供执行之财产，则保证人不得主张先诉抗辩。（十八年上字第二一七二号）

△**判**　保证债务人受债权人履行之请求，如主债务人确有资力，并未经债权人证明，已向主债务人强制执行而无效果时，固有先诉及检索之抗辩权。但保证契约内，已特别定明主债务人届期不还，由保证人如数垫还者，即认为先诉及检索抗辩权之舍弃，不得再行主张。（十八年上字第二五七〇号）

△**判**　保证债务债权人，未能证明主债务人无力清还，或踪迹不明或其财产不易执行以前，保证人原得拒绝代偿债务。但当事人间订有特

约者，则不在此限。（十八年上字第二七三五号）

△**判** 主债务人已受破产之宣告时，保证人就其债务，即应负代位履行义务，不得为先诉之抗辩。（十八年上字第二九〇九号）

△**判** 保证债务人虽得主张债权人应先向主债务人请求，但当事人间于其偿还责任及方法，先已订有特约者，即应依照契约本旨履行义务。（十九年上字第七二二号）

判 保证债务人虽得主张，债权人应先向债务人请求。但如保证契约内，已特别订明主债务人届期不还，由保证人如数偿还者，即认为先诉及检索抗辩权之舍弃，不得更为主张。（二十三年上字第一七六三号）

第七百四十八条

▲**判** 民法债编施行前数人保证同一债务者，依该编施行法第一条不适用民法第七百四十八条之规定，除契约另有订定或数人先后各就主债务全额保证者外，其保证债务由数人各自平均分担，并不连带负保证责任。（二十八年上字第一七四二号）

△**判** 保证人受主债务人之委托而为保证时，须其对于债权人所为之清偿或其他出资行为，足使主债务人消灭其债务，始得将其出资额连同出资以后之利息，及不可避之费用，并其他之损害，向主债务人行使求偿权。若保证人于主债务人所负债务之范围以外，向债权人为清偿，或其清偿纵系在债务之范围内，而主债务人若已先向债权人为清偿，则除主债务人不将其事通知保证人，而保证人为清偿时确系不知者外，皆不得向主债务人行使求偿权。（十八年上字第一〇六八号）

△**判** 保证债，保证人代偿后，其代位所取得之债权，全然与原债权相同。则债务人所有财产，于其所负之债务总额，如有不敷清偿，自应与各债权人平均分配，殊无主张独享优先权利之余地。（十八年上字第一二三五号）

△**判** 保证人受主债务人之委任而为保证者，对于主债务人即有受任人之权利，除依一般委任法则，保证人因受任保证而代偿之数额，应由委任之主债务人偿还外，并应偿还自支出时起之利息。（十八年上字第一五六一号）

△**判** 保证人向债权人代偿后，债权人对于主债务人之债权，即移

转于保证人。因之保证人得就实际代偿之数额，向主债务人求偿。（十八年上字第一五六一号）

△判　保证人代为清偿，是否转入自己账内，抑为现金给付，要与债务人应履行之义务无关。（十八年上字第二〇四六号）

△判　保证人代为清偿后，已取得代位权，与普通债权移转之性质不同，在债务人不能以未经通知为抗辩之理由。（十八年上字第二〇四六号）

△判　承担契约，为债务人利益而设，其主旨在使债务人免除责任。保证契约，为债权人利益而设，保证人代位清偿之后，对于主债务人仍可行使求偿权，自不能与债务承担相提并论。（十八年上字第二五七〇号）

第七百五十条

▲判　保证人向主债务人请求除去其保证责任，仅为其与主债务人之关系，其对于债权人所负代偿责任并不因此而受影响。（二十二年上字第三六五号）

第七百五十一条

△判　债务关系，如于设定担保物权以外，并有保证人者，该主债务人不清偿其债务时，依原则固应先尽担保物拍卖充偿。惟当事人间如有特别约定，仍从其特约。（十九年上字第三三〇号）

▲判　债权人抛弃为其债权担保之物权者，保证人固就债权人所抛弃权利之限度内免其责任。但债权人于其债权已届清偿期后，未即行使担保物权，嗣后该担保物价格低落者，不得即谓为抛弃担保物权。（二十一年上字第一〇一五号）

第七百五十三条

▲判　债权人依民法第八百七十三条第一项之规定，声请法院拍卖抵押物，自亦为同法第七百五十三条第一项所谓审判上之请求。（二十一年上字第二八三五号）

第七百五十四条

△判　保证人中途退保者，原则上只能自退保之日起，发生效力。除退保时曾特别订明，关于被保证人退保前后一切行为，概不负责，已得债权人同意外，其在退保前对于被保证人之行为，仍难免保证责任。（十八年上字第一五二〇号）

▲**判**　就连续发生之债务为保证，而未定有期间者，保证人固得随时终止保证契约。惟依民法第七百五十四条之规定，其终止保证契约之通知，应向债权人为之。若仅登报公告，则不能发生效力。（二十九年上字第四三〇号）

第七百五十五条

△**判**　就定有期限之债务为保证者，如债权人允许债务人延期清偿时，保证人除于其延期已为同意外，不负保证责任。（十九年上字第一五六七号）

判　（二）就定有期限之债务为保证者，若对于债权人允许主债务人延期清偿已为同意，则债务虽经延期，而保证责任依然存在。（二十三年上字第二二七六号）

补遗二

第一百五十三条

解　中国女子虽与日人有结合关系，而在沦陷时期以该女之母名义受让物之所有权时，如无反证，其所有权仍应认为属于该女之母。其有反证，足认为日人假该女之母名义而自己受让者，应分别情形予以处理。让与人不知其假托时，即无让与日人之意思，其让与契约因意思不一致而不成立，物之所有权仍属于让与人，并未移转于日人。让与人知其假托而其让与无效者，除其标的物为土地时，依当时适用之旧《土地法施行法》第十条之规定，应将其土地无偿收归国有外，物之所有权仍属于让与人，亦未移转于日人。让与人知其假托而其让与有效者，物之所有权即已移转于日人，自应依处理敌人财产之例处理之。（三十六年院解字第三六三九号）

解　原呈所称（设有租赁房屋，其租金经两造约定以实物，如食米等类，缴付者，因一造违反契约，一造涉讼请求履行，或在迁让案内，于审判中经同意成立和解，以实物缴付租金。又如以实物折付租金为法所不许，倘当事人于审判中合意成立，以实物折付租金之调解或和解，请求法院制作笔录，于此情形，法院能否加以拒绝）之和解或调解，并

非无效。（三十七年院解字第三八三六号）

第一百七十九条

解　土地所有人因被非法强制实行三七分租、三七退租受累弃产者，除应依绥靖区土地处理办法处理者外，如其土地为他人无权占有，得依民法第七百六十七条规定，请求占有人返还所有物。其因被迫退还地租，致佃户受有不当得利者，得依民法第一百七十九条，请求返还其利益。（三十六年院解字第三三九三号）

解　原代电所述情形，如系以所列被告各机关办理征收人员有侵权行为或不当得利为理由，请求赔偿损害或返还利益，应由各被害人对于办理征收人员起诉，方为适当。（三十六年院解字第三六五五号）

第一百八十四条

解　汉奸某甲对某乙如有侵权行为，某乙自得对之提起请求损害赔偿之诉，不因某甲全部财产被没收而受影响。（三十六年院解字第三五八八号）

解　来电所述情形，某甲如主张代表国家之机关违反契约，或主张某乙侵害其权利，请求履行契约或赔偿损害，自可提起民事诉讼。（三十六年院解字第三六五四号）

解　原代电所述情形，如系以所列被告各机关办理征收人员有侵权行为或不当得利为理由，请求赔偿损害或返还利益，应由各被害人对于办理征收人员起诉，方为适当。（三十六年院解字第三六五五号）

解　土地所有人如以水利机关职员据他人之呈请，在其地内开掘排水之缺口，系成立民法上之侵权行为，提起民事诉讼，法院自应予以受理。（三十七年院解字第三七九〇号）

第一百八十五条

解　汉奸某甲对某乙如有侵权行为，某乙自得对之提起请求损害赔偿之诉，不因某甲全部财产被没收而受影响。（三十六年院解字第三五八八号）

第一百八十六条

解　（二）原处分官署某市政府于诉愿未决定前，将原处分之标的物变卖或为其他措置，嗣原处分经诉愿官署决定撤销者，如其办理人员

成立民法第一百八十六条之侵权行为，自应负损害赔偿责任。（三十七年院解字第三八九七号）

解 在裁判没收汉奸财产前，误将汉奸之父母、兄弟财产或其配偶特有财产一并查封，如系经行政机关所为者，该父母等自得依诉愿程序提起诉愿。如系经检察官或法院所为者，该父母等自可依刑事诉讼法上关于扣押之规定请求发还。若已经裁判没收确定，则应参照执行没收汉奸财产应注意事项第二项、第三项，声明异议或向法院起诉。又查封之汉奸财产，果该汉奸在未为汉奸前已与第三人共有或已与第三人设定之其他物权，纵其财产被查封，而该第三人之权利并不因查封而消灭。至公务员因故意或过失查封第三人之财产，致第三人受有损害时，如具备民法第一百八十六条所定侵权行为之要件，即应负赔偿责任。（三十七年院解字第三九四九号）

第二百零一条

解 查《第四届中央执行委员会第六次全体会议决议》追认，交由国民政府于民国二十四年十一月六日通令照办之《改定货币政策办法》第五款载，旧有以银币单位订立之契约，应各照原定数额于到期日概以法币结算收付之。又中央政治会议决议通过，函由国民政府于民国二十二年四月五日通令照办之《实行废两改元办法》内载，自四月六日起，所有公私款项之收付及一切交易，须一律改用银币，不得再用银两；其是日以前原订以银两为收付者，应以规元银七钱一分五厘折合银币一圆为标准，概以银币收付，如有发生争执，各司法机关应将主张以银两收付者之请求驳斥；其在是日以后新立契约票据，与一切交易及公私款项之收付，而仍用银两者，在法律上为无效等语。是在民国二十二年四月六日以前，原订以银两为收付者，不问日后收付时实际上之比价如何，应以规元银七钱一分五厘折合银币一圆为标准，概以银币收付。其在是日以后新立契约，而仍用银两者，在法律上关于应以银两收付之约定为无效。自亦不问日后收付时实际上之比价如何，应以规元银七钱一分五厘折合银币一圆为标准，概以银币收付。所有是日以前或以后订明以银两为收付者，既须一律按照一定之换算率折为银币，在法律上即视与原以银币单位订立之契约无异，仍应依改定货币政策办法第五款，于到期日概以法币结算收付之。此与以生金定给付额者，不能相提并论。原呈所称以生银为押金之情形，自应以规元银七钱一分五厘折合法币一元为标准，以法币收付。（三十年院字第二一三七号）

解　法币政策实施后，银币既应向国家银行兑换法币，则径将银币贷与他人时，实与以可兑得之法币贷与他人同，自应以其所贷银币可向国家银行兑得之法币总额为其债权额。但不妨碍复员后，《办理民事诉讼补充条例》第十二条之适用。（三十六年院解字第三四四六号）

第二百一十九条

解　质权人某银行于债权未届清偿期，时因战事迁移他处，致出质人于清偿期届满时，不知该银行之所在，或虽知之而因战事无从清偿债务取回质物者，如该银行明知或可知出质人有此情事，则依行使债权应依诚实及信用方法之原则。虽有民法第八百九十四条但书之情形，亦非俟能为通知后或战事结束后不得拍卖质物，若竟拍卖，致出质人受有损害者，该银行应负赔偿责任。（三十六年院解字第三四三九号）

第三百零五条

解　伪同业公会之权利，得由接收之正式公会承受，如承受其权利，即应将其义务一并承受。（三十七年院解字第三九五八号）

第三百一十条

解　沦陷时期公产佃户因敌伪向其收取租谷而缴纳时，其效力应依民法第三百一十条各款之规定定之，并参照院解字第三二七八号解释办理。（三十六年院解字第三五五〇号）

第三百四十五条

解　私人捐助之慈善团体房屋，在敌伪组织时期被伪董事会议决出售，自属无效。（三十六年院解字第三六四二号）

解　台湾人民买受日人产业，如确在禁卖日期之前成立合法契约，虽其声请登记在禁卖日期以后，仍属有效。（三十七年院解字第三八一六号）

解　来文所述情形，如有院解字第三一〇〇号后段所谓串通情事，其契约自属无效。（三十七年院解字第三八七一号）

第四百二十一条

解　敌伪承租他人房地所开设之工厂，虽经政府接收出售，但该工

厂之承购人，不能因而取得房地之租赁权。如须继续使用房地，应自向所有人商订租赁契约。（三十六年院解字第三三九一号）

第四百二十五条

解 业经没收之敌伪产业，由拍卖机关标卖，拍定人因而取得所有权者，此种权利实为原始取得，既非基于原敌伪产业所有权人之让与，自无民法第四百二十五条之适用。如原承租人向法院提起确认原租赁契约继续有效之诉，应认为无理由而驳回之。（三十六年院解字第三四二三号）

第四百四十条

解 （一）《土地法》第一百条之规定，于施行前未终止契约之不定期租赁，亦适用之。至定期租赁契约，无论其订约系在施行前抑在施行后，均无同条之适用。院解字第三二三八号解释，应予变更。（二）收回出租之房屋，以供自己营业之使用，亦属《土地法》第一百条第一款所谓收回自住。（三）出租人基于《土地法》第一百条第三款承租人欠租之事由，收回房屋，应依民法第四百四十条第一项规定，对于支付租金迟延之承租人，定相当期限催告，其支付承租人于期限内不为支付者，其租赁契约始得终止。至租赁契约成立后，因情事变更，租金额增为若干倍者，同条第三款抵偿租金之担保金，系契约成立时支付者，亦应依同一比例增加之。（四）《土地法》第一百条之规定，非禁止房屋租赁契约之附有解除条件或定有租赁期限，亦不排除民法所定解除条件成就或租赁期限届满之效果。出租人某甲与承租人某乙约定，如第三人某丙需用租赁之房屋时，租赁契约当然终止者，应解为附有解除条件成就时，某甲自得收回房屋。至约定承租人某乙死亡时，租赁契约当然终止者，应解为以某乙死亡时为其租赁期限届满之时，期限届满时，某甲亦得收回房屋。（三十六年院解字第三四八九号）

解 （四）租赁房屋约定按年年底交租，或按年分春夏秋冬四季季终平均交租者，如系应适用民法第四百四十条第二项之租赁，仍应依该项办理，不适用《土地法》第一百条第三款之规定。（三十七年院解字第三八一○号）

第四百五十条

解 租赁定有期限者，无《土地法》第一百条之适用，已见院解字第三四八九号解释。故租赁期限届满时，如无民法第四百五十一条情形，依同法第四百五十条第一项之规定，其租赁关系即为消灭，出租人自得向承租人请求返还租赁物。（三十六年院解字第三六〇五号）

解　（三）租赁契约之期限逾二十年者，依民法第四百四十九条第一项之规定缩短为二十年。二十年届满后，除有民法第四百五十一条所定情形外，依民法第四百五十条之规定，其租赁关系即于期限届满时消灭，自无《土地法》第一百条之适用（参照院解字第三四八九号解释）。（三十七年院解字第三八一〇号）

解　未定期限之房屋租赁契约，定有出租人于一个月前通知承租人应即迁让之特约者，仍应依《土地法》第一百条之规定办理。如出租人中止租赁契约之意思表示，在房屋租赁条例施行后到达者，则应依该条例办理。（三十七年院解字第三九五三号）

第四百五十一条

解　租赁定有期限者，无《土地法》第一百条之适用，已见院解字第三四八九号解释。故租赁期限届满时，如无民法第四百五十一条情形，依同法第四百五十条第一项之规定，其租赁关系即为消灭，出租人自得向承租人请求返还租赁物。（三十六年院解字第三六〇五号）

民法债编施行法

民国十九年二月十日国民政府公布
同年五月五日施行

第一条　民法债编施行前发生之债，除本施行法有特别规定外，不适用民法债编之规定。

判　利不得过本。（三年上字第八四三号）

判　债权人替换之更改，须为确实之证明。（四年上字第七四二号）

判　已付利息，不计入一本一利之内。（四年上字第一四六四号）

判　律载私债免追之规定，不适用于妓女之自愿借债。（五年上字第一二一六号）

判　钱庄亦应受一本一利之限制。（六年上字第一〇二号）

判　利息计算之结果，如已超过原本，应受法定之限制。（七年上字第二二七号）

判　执行时计算利息，仍应遵守一本一利之规定。（十二年抗字第一一八号）

解　现行律所谓利息，包含损害赔偿性质之迟延利息在内，均受一本一利之限制。（十三年统字第一八七七号）

第二条　民法债编施行前，依民法债编之规定，消灭时效业已完成，或其时效期间尚有残余不足一年者，得于施行之日起，一年内行使请求权。但自其时效完成后，至民法债编施行时，已逾民法债编所定时效期间二分之一者，不在此限。

依民法债编之规定，消灭时效，不满一年者，如在施行时，尚未完成，其时效自施行日起算。

第三条　前条之规定，于民法债编所定，无时效性质之法定期间，准用之。

第四条　民法第二百零四条之规定，于民法债编施行前，所约定之利率，逾周年百分之十二者，亦适用之。

第五条　民法债编施行前，发生之利息债务，于施行时尚未履行者，亦依民法债编之规定，定其数额。但施行时未付之利息总额，已超过原本者，仍不得过一本一利。

第六条　民法第二百一十七条及第二百一十八条之规定，于民法债编施行，前负损害赔偿义务者，亦适用之。

第七条　民法债编施行前，发生之债务，至施行后不履行时，依民法债编之规定，负不履行之责任。

前项规定，于债权人拒绝受领，或不能受领时，准用之。

第八条　民法第二百五十条至第二百五十三条之规定，于民法债编施行前约定之违约金，亦适用之。

第九条　民法第三百零八条之公认证书，由债权人作成声请债务履行地之法院、公证人、警察、官署、商会，或自治机关盖印签名。

第十条　民法第三百一十八条之规定，于民法债编施行前所负债务，亦适用之。

第十一条　民法债编施行前，发生之债务，亦得依民法债编之规定为抵销。

第十二条　民法债编施行前，所定买回契约定有期限者，依其期限。但其残余期限自施行日起算，较民法第三百八十条所定期限为长者，应自施行日起，适用民法第三百八十条之规定。如买回契约未定期限者，自施行日起，不得逾五年。

第十三条　民法债编施行前，所定之租赁契约，于施行后，其效力依民法债编之规定。

前项契约，订有限期者，依其期限，但其残余期限，自施行日起算，较民法第四百四十九条所规定之期限为长者，应自施行日起，适用民法

第四百四十九条之规定。

第十四条　民法债编所定之拍卖，在拍卖法未公布施行前，得照市价变卖，但应经法院、公证人、警察官署、商会，或自治机关之证明。

第十五条　本施行法，自民法债编施行之日施行。

补　遗

第一条

△**判**　民法债编施行前发生之债，依民法债编施行法第一条除有特别规定外，不适用民法债编之规定。合伙债务，系发生在民法债编施行以前，依当时法例，应由各合伙人按股分担。纵合伙人中之一人，因先未如约出资，致将合伙债务之全部，使该合伙人一人负担，然此系内部关系，不得以之对抗债权人。（十九年上字第一二五八号）

△**判**　民法债编施行前已发生，而迄施行时尚未履行之合伙债务，并不因民法债编之施行而变为连带债务。（二十年上字第二六五号）

判　在民法债编施行前之法例，凡合伙债务于合伙财产不足清偿时，应由各合伙员负按股分担之责，必合伙员中实无资力为之清偿，始由其他合伙员分任其所应偿之部分。（二十二年上字第五七九号）

判　民法债编关于消灭时效及无时效之法定期间等规定，依民法债编施行法所示趣旨，惟限于权利之行使在民法债编施行以后者，始生适用与否之问题。若行使在民法债编施行以前，迄施行后就其诉讼而为裁判时，则绝对不应适用。（二十二年上字第七一六号）

判　合伙员之退伙，苟能证明其确有退伙之事实，或退伙时曾践行习惯上必要之方式，则其后除有使人可信其尚未退伙之行为外，对于退伙以后所负债务，不负偿还责任，此为民法债编施行前关于合伙债务之法例。至民法债编施行后，依施行法第一条规定，凡合伙债务发生在前者，仍应适用，至退伙后有使人可信其尚未退伙之行为，系专指退伙人自身之行为而言，而其他合伙员之行为并不包含在内。（二十二年上字第七一六号）

判　（二）依民法债编施行前之法例，凡合伙债务于合伙财产不足

清偿时，应由各合伙人负按股分担之责。（二十二年上字第二九八七号）

判　（一）依民法债编施行法，民法债编施行前所定之租赁契约，于施行后，其效力依民法债编之规定。是在民法债编施行前关于租赁契约之效力，依同法仍不适用民法债编之规定。（二十二年上字第三四三三号）

判　（二）房屋之出租人，在民法债编施行前将其所有权让与第三人时，其租赁契约对于受让人并不继续存在。故受让人在民法债编施行前请求承租人迁让房屋者，承租人不得拒绝其请求。（二十二年上字第三四三三号）

判　查民法债编施行前，关于合伙之法例，凡合伙所负担之债务，应由合伙员按股分担。非其他合伙员皆无偿还资力或所在不明，无从索偿，不能向合伙员中之一人为全部清偿之请求。（二十三年上字第一七四八号）

判　（一）变卖质物在民法债编施行前者，自应不适用该编施行法关于拍卖之规定。（二十三年上字第二〇一八号）

判　民法债编施行前发生合伙债务，各合伙财产不足清偿时，仅负连合分担之责。故其他合伙人，如非无清偿资力，债权人即不得径向合伙人中之一人为全部清偿之请求。（二十三年上字第二一七一号）

判　合伙债务发生于民法债编施行前者，各合伙人就合伙财产不足清偿之额，仍应适用当时法例，负连合分担之责。（二十三年上字第二二九四号）

▲判　合伙债务发生于民法债编施行前者，依民法债编施行法第一条之规定，不得适用民法第六百八十一条使各合伙人负连带清偿之责。（二十三年上字第四四二五号）

判　（一）债务发生在民法债编施行前，自不适用民法关于合伙债务连带负责之规定。（二十四年上字第三三八九号）

判　（二）在民法债编施行前法例，凡合伙人对于合伙债务，皆就所有股份负按股分担之责。如合伙人中有逃避或确无清偿资力者，始由他合伙人代偿其应分担之额。（二十四年上字第三三八九号）

▲判　民法债编施行前，数人保证同一债务者，依该编施行法第一

条，不适用民法第七百四十八条之规定。除契约另有订定或数人先后各就主债务全额保证者外，其保证债务由数人各自平均分担，并不连带负保证责任。（二十八年上字第一七四二号）

第二条

判 民法债编关于消灭时效及无时效之法定期间等规定，依民法债编施行法所示趣旨，惟限于权利之行使在民法债编施行以后者，始生适用与否之问题。若行使在民法债编施行以前，迨施行后就其诉讼而为裁判时，则绝对不应适用。（二十二年上字第七一六号）

第三条

判 民法债编关于消灭时效及无时效之法定期间等规定，依民法债编施行法所示趣旨，惟限于权利之行使在民法债编施行以后者，始生适用与否之问题。若行使在民法债编施行以前，迨施行后就其诉讼而为裁判时，则绝对不应适用。（二十二年上字第七一六号）

第四条

解 （二）民法债编施行后发生之利息债务，虽以同编施行前所订契约为其发生原因，亦当然依同编之规定，定其数额，无适用同编施行法第五条之必要。同编施行前所约定之利率逾周年百分之十二者，虽利息债务在同编施行后始行发生，亦有同编施行法第四条之适用。至利息请求权依民法第一百二十六条定其消灭时效者，非必无民法债编施行法第四条、第五条之适用。（三十一年院字第二四三七号）

第五条

△**判** 利息总额超过原本，仍不得过一本一利之规定，系专就未付之利而言。（十九年上字第一一二二号）

△**判** 民法债编施行前发生之利息债务，于施行时尚未履行，如其利率未经约定，亦无法律可据者，按照民法债编施行法第五条，应依民法债编第二百零三条规定，其利率为周年百分之五。（二十年上字第二六五号）

▲**判** 民法债编施行前发生之利息，在当时已合法滚入原本者，即为原本之一部。依民法债编施行法第五条但书定其是否已过一本一利时，自不得复认为利息。（二十三年上字第二九九四号）

解 民法债编施行法第五条，乃就该编施行前发生之利息债务，于施行时尚未履行者，特设之规定。债编施行后发生之利息债务，不适用该条但书之规定。（二十四年院字第一二三五号）

解 （二）民法债编施行后发生之利息债务，虽以同编施行前所订契约为其发生原因，亦当然依同编之规定，定其数额，无适用同编施行法第五条之必要。同编施行前所约定之利率逾周年百分之十二者，虽利息债务在同编施行后始行发生，亦有同编施行法第四条之适用。至利息请求权依民法第一百二十六条定其消灭时效者，非必无民法债编施行法第四条、第五条之适用。（三十一年院字第二四三七号）

第七条

△**判** 民法债编施行法第七条所谓不履行之责任，系指债务人因给付迟延或给付不能所应负之责任而言。（二十年上字第二六五号）

第十三条

判 依民法债编施行法，民法债编施行前所定之租赁契约，于施行后，其效力依民法债编之规定。而按诸民法，出租人纵将其所有权让与第三人，其租赁契约对于受让人仍继续存在。（二十一年上字第二一四七号）

判 依民法债编施行法，民法债编施行前所定之租赁契约，于施行后，其效力依民法债编之规定。是在民法债编施行前关于租赁契约之效力，依同法仍不适用民法债编之规定。（二十二年上字第三四三三号）

判 房屋之出租人，在民法债编施行前将其所有权让与第三人时，其租赁契约对于受让人并不继续存在，故受让人在民法债编施行前请求承租人迁让房屋者，承租人不得拒绝其请求。（二十二年上字第三四三三号）

判 租赁契约之期限不得逾二十年，逾二十年者缩短为二十年，民法债编定有明文。民法债编施行前所定之租赁契约订有期限者，于民法债编施行日其残余期限较之上述期限为长，依民法债编施行法规定，固应自施行日起适用上述规定，缩短为二十年。而其租赁之期为永远者，于债编施行后，既无终止之期，自应一同适用债编施行法之规定，自债编施行日起适用民法债编规定缩短为二十年。（二十三年上字第七四四号）

第十四条

解 行纪人等依法得径行拍卖之物，在拍卖法未公布施行前，应依债编施行法第十四条规定，照市价变卖。（二十二年院字第九八〇号）

解 质权人依法得径行拍卖质物，在拍卖法未公布施行前，自可依照债编施行法第十四条规定办理。（二十二年院字第九八〇号）

解 法院依债编施行法第十四条所为之证明，应发给证明文件，并征收费用。（二十二年院字第九八〇号）

民法第三编　物权

民国十八年十一月三十日国民政府公布

十九年五月五日施行

【理由】查民律草案物权编原案谓，物权者，直接管领特定物之权利也。此权利有对抗一般人之效力（即自己对于某物有权利，若人为害及其权利之行为时，有可以请求勿为之效力），故有物权之人实行其权利时，较通常债权及其后成立之物权，占优先之效力，谓之优先权；又能追及物之所在，而实行其权利，谓之追及权。既有此重大之效力，自应详细规定，使其关系明确。此本编之所由设也。

第一章　通则

【理由】谨按通则为各种物权共通适用之法则，与债编之通则同，亦以总揭为宜。故设通则一章，弁诸本编。

第七百五十七条　物权，除本法或其他法律有规定外，不得创设。

【理由】查民律草案第九百七十八条理由谓，物权有极强之效力，得对抗一般之人，若许其以契约或依习惯创设之，有害公益实甚，故不许创设。又民法为普通私法，故其他特别物权，如渔业权、著作权、专用权等，及附随其他物权之债权，应以其他法律规定之。此本条所由设也。

判　物权契约以直接发生物权上之变动为目的，其普通有效成立之要件约有三端：（一）当事人须有完全能力，且缔约者除法律有特别规定外，须就该物或权利有完全处分之权。故无处分权者所为之物权契约，当然不发生效力，如卖自己所有之特定物，则物权契约即包含于债权契约，二者同时发生效力；若卖他人所有之物，或不确定之物，则其债权契约虽属有效，然不能即发生移转物权之效力，有时仍不能不为物权契约之意思表示。（二）标的物须确定。（三）当事人之意思表示，不得反于一般法律行为及契约之原则。（二年上字第八号）

判 就同一物发生之物权，若无特别优越力，以先发生者为优。（二年上字第四六号）

判 官厅亦不得为两重买卖。（四年上字第三二五号）

判 物权不能随意创设。（四年上字第六五九号）

判 主张取得物权者，应立证其权原。（七年上字第四五一号）

第七百五十八条 **不动产物权，依法律行为而取得设定、丧失及变更者，非经登记，不生效力。**

【理由】查民律草案第九百七十九条理由谓，物权既有极强之效力，得对抗一般之人，故关于不动产物权取得、设定、丧失，及变更之法律行为，若不令其履行方式，即对于第三人发生效力，第三人必蒙不测之损害，充其弊，必至使交易有不能安全之虞，自来各国为保护第三人之利益及交易安全计，设种种制度。现今各国为达此目的，亦设种种制度，其款目难繁，其重要大别为三：一曰地券交付主义，二曰登记公示主义，三曰登记要件主义。地券交付主义者，各土地设地券交付于权利人，于券上记载不动产物权之得丧变更，以确定不动产物权之权利状态，使有利害关系之第三人，得就该地券推知该不动产物权之权利状态也。登记公示主义者，于各不动产所在地之官署，备置公簿，于簿上记载不动产物权之得丧变更，使有利害关系之第三人，得就该公簿推知该不动产物权之权利状态。而不动产物权之得丧变更，若不登记于该公簿上，则不得以之对抗第三人也（虽不能对抗第三人，然当事人之间，仅依意思表示，即完全生效力）。登记要件主义者，于各不动产所在地之官署，备置公簿，于簿上记载不动产物权之得丧变更，使有利害关系之第三人，得就该公簿推知该不动产物权之权利状态。而不动产物权之得丧变更，若不登记于该公簿上，不能生不动产物权得丧变更之效力也（非但不能对抗第三人，即当事人之间，亦不能发生效力）。地券交付主义办法，失于繁杂，登记公示主义，有已成物权不得对抗第三人之弊，与物权之本质不合，理论上亦不当，本条均不采用。登记要件主义办法，既简捷易行，亦不至有不得对抗第三人之物权，就实际理论言之，均臻妥协，此为本法所采用也。不依法律行为而有不动产物权得丧变更之事者，以法令别无规定为限，无须登记即生效力，盖此时通例无第三人，无所用其保护也。本条首揭依法律行为，意在于此。

判　无所有权之人，私卖他人之不动产之时，买主不能以之对抗所有人。（四年上字第九五号）

判　卖契内记载无可认为有回赎之意思者，不须另立卖契。（四年上字第一〇七七号）

判　江省既有买卖荒地不立卖契之习惯，不立契，亦可移转物权。（四年上字第二二四二号）

判　报领荒地，不能因包揽大段而确认为无效。（四年上字第二二五三号）

判　卖主为二重买卖，如前之卖约仅有债权关系，后之卖约已发生物权关系者，前买主不得主张后卖约无效。（十年上字第七〇四号）

判　《不动产登记条例》适用之范围，因条例本身并无除外之规定，而国内其他法令以及与外国订立之约章，又均于登记制度，未加限制，则凡因不动产抵押权之争执在已实行登记制度区域内之中国法院涉讼者，无论其为中国人，抑为外国人，亦无论其抵押物在中国界，抑在外国租界，中国法院于其抵押权之对抗力，当然适用该条例，以为判断。（二十一年上字第一八一三号）

第七百五十九条　因继承强制执行、公用征收或法院之判决于登记前已取得不动产物权者，非经登记，不得处分其物权。

【理由】谨按依前条之规定，凡不动产物权，如有取得设定丧失或变更之情事，非经登记，不生效力，是本法对于不动产物权，系采登记要件主义。故因继承强制执行、公用征收或法院之判决在未登记之前，业已取得不动产所有权者，亦非经登记后，不得处分该不动产物权，以贯彻登记要件主义之本旨。此本条所由设也。

第七百六十条　不动产物权之移转或设定，应以书面为之。

【**理由**】谨按不动产所有权之移转或设定。必以书面为之者。盖以此种移转或设定，必须订立契约。而契约尤须以文字表示，使生物权得丧之效力俾有依据，而免争执。此本条所由设也。

判 无权而绝卖他人之产者，须先取得其物权后，再为移转之契约。（三年上字第四五号）

判 得以裁判代订立书据。（三年上字第四七八号）

判 不动产卖主，有立契之义务。（三年上字第九一六号）

判 确认所有权诉讼，如两造均无确证，不能为所有权谁属之判断。（三年上字第一二四八号）

判 不动产物权契约，须订立书据。（四年上字第八一三号）

判 不动产让与，不以移转老契为要件。（四年上字第九〇二号）

判 让与不动产未交贴身红契，不为无效。（四年上字第一三四九号）

判 赠与不动产亦以立书据为原则。（四年上字第一四〇三号）

判 典卖契，毋须本人亲笔。（四年上字第一四四一号）

判 不动产物权之移转，不以税契过割及交足价银为要件。（四年上字第二二五九号）

判 不动产之让与，不以交付为要件。（五年上字第一二号）

判 契据只需表明其内容及成立，不需互换。（五年上字第五一号）

判 不动产物权能否对抗第三人，不以卖据有无投税，及是否官纸为断。（五年上字第一四九号）

判 物权移转，以立契为成立。倘原所有人有重复典卖情事，则后典后买之人，即使确系善意，亦只能向原所有人请求返还价金，及赔偿因此所生之损害，而不能取得典权或所有权。（五年上字第二〇八号）

判 卖契只须表明移转权利之意思，及特定标的物，不须载明额数。（五年上字第二〇八号）

判 所有权之让与，其让受人权利之范围，自不得超过于原业主。（五年上字第一〇一五号）

判 卖契不需卖主本人画押。（六年上字第九六〇号）

判 契据不拘方式。（六年上字第九六二号）

判 批契亦作成书据之一种方法。（七年上字第一四五号）

判　税契非私权关系成立之要件。（七年上字第五七六号）

判　坟地不因葬有祖坟，即可定其所有权之所属。（八年上字第六七九号）

判　买卖田房未立契据，而在老契内批明者，亦生移转效力。（十年上字第二六号）

判　不动产之移转以订立书据为要件。（二十一年上字第一三〇八号）

第七百六十一条　**动产物权之让与非将动产交付，不生效力。但受让人已占有动产者，于让与合意时，即生效力。**

让与动产物权，而让与人仍继续占有动产者，让与人与受让人间，得订立契约，使受让人因此取得间接占有，以代交付。

让与动产物权，如其动产由第三人占有时，让与人得以对于第三人之返还请求权让与于受让人，以代交付。

【理由】查民律草案第九百八十条理由谓，动产物权之让与，与不动产物权之让与，同为保护第三人之利益，及保护交易安全计，应设一定之方式，而动产与不动产异，既无一定之地位，且种类极多，不得援用不动产物权应登记之例，自不待言。自来各国，皆以交付（即占有移转）为动产物权让与之公示方法，又以交付为动产物权成立之要件，盖占有移转最能使第三人自外部推知动产物权之权利状态也。惟交付主义，又分为二：一为交付公示主义，以占有移转为让与动产物权之公示方法，在占有移转以前，当事人不得以动产物权之让与对抗第三人（虽不能对抗第三人，而当事人间，以意思表示即完全生效力）；一为交付要件主义，以占有移转为动产物权让与成立之要件，在占有移转以前，物权之让与，匪惟不得对抗第三人，即于当事人之间亦不发生效力。交付公示主义办法繁杂，于交易上殊多不便，且有已成物权而不得对抗第三人之弊。就实际理论言之，均觉未协，交付要件主义异是。此第一项所由设也。依让与以外之权利原因取得动产物权者，以法令别无规定为限，无须占有移转即应发生效力，例如因继承而取得动产物权是也。本条指明让与，意在于此。动产物权之让与，虽以交付为要件（此交付指实现之交付而言，即让与人将其现在直接之占有移转于受让人也），然受让人于让与之先已占有其动产者，当其让与时，只须彼此合意移转其物权，即发生让与之效力（谓之简易交付）。若于让与之后让与人仍继续占有其动产者，让与人与受让人得订立契约，使生受让人应取得间接占有之法律关系（例如另结赁借贷契约是也）以代交付（谓之占有改定）。又以第三人占有之动产物权而行让与者，让与人得以其向第三人请求返还权让与受让人以代交付。以上三者，似与以交付为要件之主义不合，然为使动产物权易于移转起见，不能不设变通之法。此第一项但书及第二项、第三项之所由设也。

第七百六十二条　同一物之所有权及其他物权，归属于一人者，其他物权，因混同而消灭。但其他物权之存续，于所有人或第三人有法律上之利益者，不在此限。

【理由】查民律草案第九百八十一条理由谓，一物之所有权及其他物权同归于一人时，其物权因混同而消灭。例如，甲于乙所有土地有地上权，其后乙为甲之继承人时，地上权与所有权混同，地上权应消灭。自理论言之，混同只不能实行权利而已，不得为权利消灭之原因，然必使不能实行之权利存续，既无实益，徒使法律关系，趋于错杂，故混同仍应为权利消灭之原因，此为原则。亦有例外，一物之所有权，及其他物权同归于一人时，若所有人或第三人于其物权存续有法律上之利益时，其物权不因混同而消灭，盖有时若因混同而消灭，必至害及所有人或第三人之利益。例如甲将其所有土地，先抵当与乙，乙为第一抵当人，次又抵当与丙，丙为第二抵当人，若其后甲为乙之继承人，则乙前有之第一抵当权仍旧存续，甲（此时仍为所有人）有法律上之利益。盖丙之第二抵当权，本不能得完全之清偿，若使第一抵当权消灭，则丙递升为第一抵当权人，能受完全之清偿，受其害者在甲，故第一抵当权存续，于甲有法律上之利益。又如甲于乙所有土地有地上权，将其抵当于丙，其后甲向乙购得此土地，则丙（第二人）于地上权存续，有法律上之利益。盖地上权消灭，则丙之抵当权，因标的物消灭，不利于丙实甚。此本条之所由设也。

　　判　过割粮银，以所有权是否移转为断。（二年上字第五三号）

　　判　上手契为证明并无纠葛之要件。（三年上字第一四二号）

　　判　不动产之他物权，不能因所有权移转而消灭，亦不能限制所有

人移转其所有权。（四年上字第二二五〇号）

第七百六十三条　所有权以外之物权，及以该物权为标的物之权利，归属于一人者，其权利因混同而消灭。

前条但书之规定，于前项情形准用之。

【理由】查民律草案第九百八十二条理由谓，所有权以外之物权及以其为标的物之他种物权同归于一人，亦应用前条之例而消灭。例如，甲以其地上权抵当于乙，其后甲为乙之继承人，则乙之抵当权，因混同而消灭。然甲若先将其地上权抵当于乙，乙为第一抵当权人，次又将其地上权抵当于丙，丙为第二抵当权人，其后甲为乙之继承人，则甲于乙之第一抵当权存续有法律上之利益，故不因混同之故，而使其消灭。此本条所由设也。

第七百六十四条　物权，除法律另有规定外，因抛弃而消灭。

【理由】谨按物权为直接管领特定物之权利，所有人一经表示抛弃之意思，即应失其从来所有该物之一切权利。故物权消灭之原因，除法律另有规定外，即因抛弃而消灭，本法特设本条。

判　设定物权人，不得擅行主张消灭。（三年上字第六八八号）

判　抛弃为物权消灭原因之一。（三年上字第一二五二号）

判　债权人抛弃为其债权担保之物权者，保证人就债权人所抛弃权利之限度内，固免其责任。但债权人于其债权届清偿期时，未即行使担保物权，嗣后担保物价格低落者，不得即谓为抛弃。（二十一年上字第一〇一五号）

第二章　所有权

【理由】查民律草案物权编第二章原案谓，所有权为最重要之物权，自来学者，聚讼滋多，各国之立法例，亦不一致。本法参酌各种学说及各国之立法例，特设本章之规定。

第一节　通则

【理由】谨按本节为所有权之共通法则，关于所有权之内容及其范围，暨所有权之请求权等，均设详细之规定，俾资适用。

第七百六十五条 所有人，于法令限制之范围内，得自由使用、收益、处分其所有物，并排除他人之干涉。

【理由】查民律草案第九百八十三条理由谓，所有权者，依其物之性质及法令所定之限度内，于事实上、法律上管领其物惟一之权利，不能将其内容，悉数列记，特设本条以明所有权重要之作用，且以明所有权非无限制之权利也。限制所有权之法令有二：一为公法之限制，一为私法之限制。民法所定以私法之限制为主，若公法之限制，不能规定于民法中也。又所有人得自由行使其权利，可要求一般之人，不得稍加妨害，若他人干涉其所有物时，得排除之。故设本条以明示其旨。

判 淤地先尽坍户拨补，沿河业主，不能即取得淤地。（二年上字第八六号）

判 所有权，应受行政处分依法所设权利之限制。（二年上字第一六六号）

判 不动产所有人，得完全处分其不动产。（三年上字第六三号）

判 子专擅处分其父未给与继承之财产，及尊长养赡财产，不生物权法上之效力。（三年上字第一七八号）

判 非所有人，不能处分所有权。（三年上字第三七五号）

判 他物权得以对抗该物之承受人。（三年上字第四五五号）

判 报领荒地，本为所有权取得之原因，而报领之权，应归何人，当从特别规定。（三年上字第七八〇号）

判 因行政处分取得土地所有权在前者，为适法之所有人。（三年上字第一一六六号）

判 淤地除依法拨补坍户外，皆属官产。（三年上字第一一九五号）

判 凡不动产之所有人，于所有权之效力，无论对于何人，均可主张。（四年上字第七三九号）

判 他人不得干涉所有人之处分。（四年上字第八四九号）

判 淤地拨补若干，应以坍塌及恢复之数为准。（七年上字第二五三号）

判 人民已领之荒地，行政衙门不得自由剥夺。（七年上字第七四二号）

判　拨补之地，不限于原契所载坐落地点。（七年上字第一〇七〇号）

解　使用国家公有水面，自以不害及他人使用之限度为原则。但国家得于例外情形，限于依特别法律行为，或具有特种条件之人，始许其使用。如因此而侵害岸上业主之土地所有权者，业主自得请求排除其侵害。（七年统字第八四四号）

判　凡属物权，无论其为权利标的之物辗转归于何人之手，得追及其物之所在而实行其权利，此称为追及权。（八年上字第九五二号）

判　限制所有权之行为，惟所有权人得为之。（八年上字第一四四三号）

解　私权之得丧，不因旧契未验而受影响。（八年统字第一〇六四号）

判　场地未经报坍有案者，其拨补之次序，既无报官之先后可凭，是应以坍塌之先后依次拨补，倘同时坍塌者，则应依其坍塌与淤涨之亩数，比例拨补。（九年上字第七三八号）

判　卖主之处分权已受限制，其买卖无效。（九年上字第一〇〇三号）

判　坟茔所有权，与坟茔以外之山地所有权，原属各别独立。（十七年上字第七三一号）

判　因行政处分而取得土地所有权者，应以受合法处分在前之人为适法之所有人。诚以国家既先以行政处分赋与人民以所有权，除法有特别规定外，即无再将该土地给与他人承领之权。（十八年上字第四八号）

解　人民承佃官地，官署虽有不升租、退佃及得自由当卖之表示，仍系所有权之行使，且当卖限于佃权，并非所有权之抛弃。至地稞乃地租性质，与公益附加捐等不同，惟若人民已久未纳稞，则应注意民法第七六九条及七七〇条之规定。（二十年院字第四五三号）

判　执有契约，照契管业之地主，依法本有自由使用收益处分之权，断非无法律根据之行政命令所能限制其权利之效力。（二十一年上字第一〇一〇号）

解　甲商号因对乙负有债务以其铺屋抵押于乙，嗣经判决确定，执行拍卖该屋。丙苟已依法拍定，如数缴价，并执有管业证书，则该屋纵尚未交付，而其所有权固早已移转于丙。此时甲号股东丁，虽发现甲号经理戊与乙有串通诈欺侵占情弊以刑事告诉，亦只能对乙及戊求偿损害，究不能谓丙尚未取得该屋所有权，而拒绝其交付之请求。（二十一年院字第七一四号）（删）

解 官产处就其权限内所得处分之官产，卖给人民，其承买人即合法权利之取得人，他机关不得妨害其权利之行使。惟该地如经保留有案，该处是否有权处分，应就具体事实认定，不能抽象解释。（二十一年院字第七五七号）（删）

第七百六十六条 物之成分及其天然孳息，于分离后，除法律另有规定外，仍属于其物之所有人。

【理由】谨按除法律另有规定或当事人有特约外，凡物之成分，分离以后，是否为原物之一部分，抑为另一新物体，或以其物为其所有，须另有权利原因，若不规定明晰，必有争论。至分离后之天然孳息，如果实、动物之产物及其他依物之用法所收获出产物之类，应属于原物之所有人，此亦当然之理。故本条规定，除法律另有规定外，凡物之成分及其天然孳息，于分离后，仍属于其物之所有人。

判 附加于原有房屋之房屋，属原房所有人。（三年上字第九五六号）

解 坟墓之所有权与坟地之所有权，虽可分离，然出卖坟地，于买约内既别无留保，则周围树株，当随土地同时移转，日后不能主张所有。（十年统字第一五六二号）

第七百六十七条 所有人对于无权占有或侵夺其所有物者，得请求返还之。对于妨害其所有权者，得请求除去之。有妨害其所有权之虞者，得请求防止之。

【理由】谨按本条为保护所有权之规定，计分三种：一为所有之返还请求权，一为保全所有权之请求权，一为预防侵害请求权。盖对于无权占有或侵夺其所有物者，若不能请求返还，则所有权无从行使；对于妨害其所有权者，若不能请求排除，则不能保全所有权之安然行使；对于有害其所有权之虞者，若不能请求防止，一旦至实行被侵害时，则难填补其损失。故所有权人对于无权占有或侵夺其所有物者，为保护所有人之得行使其权利起见，特许为返还之请求；所有权人对于妨害其所有权者，为保所有得安然行使其权利起见，特许其为除去之请求；所有权人认为有妨害所有权之虞者，特许其为防止之请求，此本条之所由设也。其他因占有而发生之事项，则规定于占有中。

判　不动产之前典卖主，虽未交价，亦不能遂使第三人取得所有权。（四年上字第三二五号）

判　所有权有追及效力。（四年上字第四五五号）

判　所有权人，得请求除避妨害。（四年上字第五三二号）

判　淤地不得径判入官。（五年上字第七七号）

解　所有权人，于其所有物因他人债案被执行时，得向受主之占有人，提起返还之诉，或向债务人诉请返还，及赔偿损害。（八年统字第九七四号）

判　告争远年坟山，不以执有完粮印串及山地字号亩数为限。（十五年上字第九五九号）

解　甲非土地相邻人，而建筑占用乙丙岸地，乙丙本于所有权之效力，可请求除去其侵害，但得以赔偿损害代之。（十九年院字第三六○号）

第七百六十八条　以所有之意思，五年间和平公然占有他人之动产者，取得其所有权。

【理由】谨按本条为取得时效之规定，凡以所有之意思五年间和平公然占有他人之动产者，即由占有人取得所有权。盖本法为注重社会公益起见，使动产所有权之状态，不至久不确定也。

判　除有特别法令外，不得因耕种多年，即认为所有权取得时效成就。（三年上字第六二三号）

第七百六十九条　以所有之意思，二十年间和平继续占有他人未登记之不动产者，得请求登记为所有人。

【理由】谨按前条为规定取得占有他人动产之时效，本条为规定取得占有他人不动产之时效。凡以所有之意思，二十年间和平继续占有他人未登记之不动产者，得请求登记为所有人。盖依本法第七百五十八条之规定，对于不动物产权，系采登记要件主义，故虽以所有之意思，于二十年间和平继续占有他人未登记之不动产，仍非请求登记，不能有效也。

判 除有特别法令外，不得因耕种多年，即认为所有权取得时效成就。（三年上字第六二三号）

解 土地所有人，久不行使所有权，占有人具备条件，因时效应视为所有人。（十九年院字第三七六号）

解 凡不动产曾经丈放或清丈，暨推收、过割其号址亩分粮赋等，则业户姓名，登入官厅文册，兼继续纳税完粮者，于登记制度未施行前，以遇有依民法第七百六十九条、第七百七十条主张权利者为限，视为与登记之不动产有同等之效力。（二十年院字第六四〇号）

判 占有人须以自己所有之意思，继续占有他人之不动产者，其所有权取得之时效，始得因而进行。（二十一年上字第四八一号）

第七百七十条 以所有之意思，十年间和平继续占有他人未登记之不动产，而其占有之始为善意并无过失者，得请求登记为所有人。

【理由】 谨按本条亦为规定取得占有他人不动产之时效，系于占有之始，为善意且无过失，又以所有之意思和平继续占有他人未登记之不动产者，则其取得之时效不妨略短，十年间即可登记为所有人。盖为注重社会公益起见，务使不动产所有权之状态，得以从速确定也。

判 除有特别法令外，不得因耕种多年，即认为所有权取得时效成就。（三年上字第六二三号）

判 善意云者，即不知情之别称，并非善良意思或好意之义。所谓善意占有者，即确信其占有之物为自己所有，而于他人所有并不知情之谓。（三年上字第一一四八号）

判 拨补及回复冲没沙洲，以曾报官为原则。（四年上字第八四六号）

解 土地所有人久不行使所有权，占有人具备条件，因时效应视为所有人。（十九年院字第三七六号）

解 凡不动产曾经丈放或清丈，暨推收、过割其号址亩分粮赋等，则业户姓名，登入官厅文册，兼继续完税纳粮者，于登记制度未施行前，

以遇有依民法第七百六十九条、第七百七十条主张权利者为限，视为与登记之不动产有同等之效力。（二十年院字第六四〇号）

判　占有人须以自己所有之意思，继续占有他人之不动产者，其所有权取得之时效，始得因而进行。（二十一年上字第四八一号）

第七百七十一条　占有人自行中止占有，或变为不以所有之意思而占有，或其占有为他人侵夺者，其所有权之取得时效中断。但依第九百四十九条或第九百六十二条之规定，回复其占有者，不在此限。

【理由】谨按本条为规定取得时效之中断，凡占有人自己中止占有之时，或变为不以所有之意思而占有（如因新事实变为不以所有之意思是），或其占有为他人侵夺者，此时应使占有人对于所有权取得之时效中断。但依第九百四十九条及九百六十二条之规定，占有物如系被盗或遗失或其占有被侵夺，被害人、遗失人或占有人请求回复其物或请求追还其占有物者，则不得适用本条时效中断之规定也。

第七百七十二条　前四条之规定，于所有权以外财产权之取得，准用之。

【理由】谨按占有人取得所有权以外之财产权，如地役权、抵押权之类，与和平继续占有而取得之所有权无异。则其取得之时效或中断，亦应与取得所有权之时效或中断相同，故准用前四条之规定。此本条所由设也。

解　地役权之取得时效，依民法物权编第七百七十二条规定，准用前四条之规定办理，至期间之计算，应注意同法施行法第五条第三项之规定。（二十年院字第四三七号）

第二节　不动产所有权

【理由】谨按不动产所有权之内容及其限制，不可不明白规定，俾适于实际上之需用。盖以一方面须尊重所有权，一方面无须注重社会上之公共利益也。故特设本节之规定。

第七百七十三条　土地所有权，除法令有限制外，于其行使有利益之范围内，及于土地之上下。如他人之干涉，无碍其所有权之行使者，不得排除之。

【理由】查民律草案第九百九十一条理由谓所有权者，依其物之性质及法律规定之限制内，于事实上、法律上管领其物之权利也，故土地所有人在法令之限制内，于地面地上、地下皆得管领之。然因此遽使土地所有人，于他人在其地上、地下为不妨害其行使所有权之行为，均有排除之权，保护所有人，未免偏重，在所有人既无实益，而于一切公益，不无妨碍。此本条之所由设也。

判　地上设定有他物权者，则其地因被占用所给与之价银，地主不能独享。（四年上字第一六四号）

判　农户（土地所有人）不得因筑塘而害及他人晒盐之权利。（四年上字第二二八七号）

判　自己地内葬有他人远年坟墓，应许其祭扫。（十年上字第五〇号）

第七百七十四条　土地所有人经营工业及行使其他之权利，应注意防免邻地之损害。

【理由】谨按土地所有人经营工业及行使其他之权利，如有利用邻地之情形，自不应专谋自己之利益，而致邻地有所妨害，故应注意防免邻地之损害，以昭允协。此本条所由设也。

判　土地所有人行使其权利，固应注意防免邻地之损害。惟土地所有人，虽行使其权利，而邻地之损害，若仍可避免，则除邻地所有人为图一己之利益或便宜，曾与土地所有人设定制限其权利行使之权利外，自不得以恐有损害为借口，而妄加干涉。（二十一年上字第一七二六号）

第七百七十五条　由高地自然流至之水，低地所有人，不得防阻。

由高地自然流至之水，而为低地所必需者，高地所有人纵因其土地之必要，不得防堵其全部。

【理由】查民律草案第一千条理由谓，土地所有人，若图一己之利益任意修筑堤防、开凿沟渠，防阻由高地自然流至之水，高地必变为泽国，渐成废土，既有碍公众之卫生，且有害国家之利益。故特设本条第一项规定，使土地所有人有承水之义务（由邻地言之，则为排水之权利）。

谨按由高地自然流至之水，而为低地所必需者，纵高地所有人因高地流至之水为其土地之必要，亦不得防堵其全部。盖如使高地所有人得将流水之全部堵截，则低地势必至干涸无用，于低地所有人不利殊甚，故特设本条第二项规定以示制限。

判　邻地自然流入之水，不得防阻。（五年上字第一三一八号）

判　公河之使用，应各得其平。（六年上字第一八〇号）

解　江河及其他公有之水面，其所有权，自应属之国家，除特别限制使用方法，或使用之人外，人民皆有自由使用之权。（七年统字第八四五号）

解　水利诉讼，计算诉讼物价额，准用民诉律地上权之规定，以其一年因水利可望增加收获之确实利益之二十倍为准。（十七年解字第一二七号）

解　上游有无优先用水权，应查照原有合同契约，及章程内容办理。（十七年解字第一五四号）

第七百七十六条　土地因蓄水、排水或引水所设之工作物破溃、阻塞，致损害及于他人之土地，或有致损害之虞者，土地所有人应以自己之费用，为必要之修缮、疏通或预防。但其费用之负担，另有习惯者，从其习惯。

【理由】查民律草案第一千零〇二条理由谓，土地之蓄水、排水或引水等工作物，因破溃或阻塞，致水泛滥流溢者，其损害必及于他人之土地。他地所有人虽有承水之义务，然必令其受此损害，是加重其义务矣，故特设本条，使土地所有人，为必要之修缮。至其费用之负担，若另有习惯者，自应从其习惯。若别无习惯，则应由土地所有人以自己之费用，负修缮之义务也。故设本条以明示其旨。

第七百七十七条　土地所有人，不得设置屋檐或其他工作物，使雨水直注于相邻之不动产。

【理由】谨按邻地虽有承水义务，然土地所有人设置屋檐或其他工作物，使雨水直注于相邻之不动产，则为妨害他人之权利，即使邻地置不与较，亦属妨害社会公益，自在制限之列。此本条所由设也。

第七百七十八条　水流如因事变在低地阻塞，高地所有人得以自己之费用，为必要疏通之工事。但其费用之负担，另有习惯者，从其习惯。

【理由】查民律草案第一千零一条理由谓，承水地之所有人，不得防阻自然流至之水，此为消极之义务，既使负此义务，即应与以积极之权利。盖自然流至之水，因事变在低地阻塞时，若不畀以疏通之权，则流至之水源源而来，停蓄之水，复无去路，其土地势必变为泽国，故本条许其有排水权，以保护其土地。但其费用之负担，若另有习惯者，自应从其习惯，否则应由高地所有人负担之，以昭允协。此本条所由设也。

判　高地所有人，负疏通低地水流阻塞之义务。（六年上字第八五〇号）

第七百七十九条　高地所有人，因使浸水之地干涸，或排泄家用、农工业用之水，以至河渠或沟道，得使其水通过低地，但应择于低地损害最少之处所及方法为之。

前项情形，高地所有人，对于低地所受之损害，应支付偿金。

【理由】查民律草案第一千零四条理由谓，浸水地使其干涸及排泄家用及农工业用之余水，为人类卫生及利用土地所必需者，本条一面认高地所有人之所有权，一面复保护低地所有人之利益也。

判　高地所有人，得经由低地宣泻积水。（三年上字第三二三号）

第七百八十条　土地所有人，因使其土地之水通过，得使用高地或低地所有人所设之工作物。但应按其受益之程度，负担该工作物设置及保存之费用。

【理由】查民律草案第一千零五条理由谓，高地及低地之所有人为疏水，故于自己土地上设工作物，其他之土地所有人，为使水通过得使用之，否则必更设置同一目的之工作物，旷废财物殊甚。故使土地所有人因使其土地之水通过，得使用高地或低地所有人所设之工作物，并按其受益之程度，而负担该工作物设置及保存之费用，于理尤为恰当。此本条所由设也。

判　一造使用公河，致他造不得使用者，须酌贴以设立用水工作物之费。（六年上字第一九五号）

第七百八十一条　水源地、井、沟渠及其他水流地之所有人，得自由使用其水。但有特别习惯者，不在此限。

【理由】谨按土地所有权，及于该土地之上下，故其地上有水源、井、沟渠及其他水流等，所有人得自由使用之，此属当然之理。然其程度，亦有限制，其限制应依各地方之习惯为主，否则恐害及他人之利益也。故设本条以明示其旨。

判　水流地所有人，得使用公共流水。（六年上字第一〇〇四号）

解　私地井水，虽所有者可以自由营业，但不能认为权利。（六年统字第六七七号）

第七百八十二条　水源地或井之所有人，对于他人因工事杜绝减少或污秽其水者，得请求损害赔偿。如其水为饮用，或利用土地所必要者，并得请求回复原状。但不能回复原状者，不在此限。

【理由】查民律草案第一千零一十八条理由谓，因开凿土地营造房屋，或其他工事，致将土地所有人之泉源断绝，或污损者，加害人因依侵权行为之法则，任损害赔偿之责。若回复原状，惟以不得已时为限，始许其请求。盖必使其回复原状，则必除去工事，于经济上所损实大。故设本条以限制之。

第七百八十三条　土地所有人，因其家用或利用土地所必要，非以过巨之费用及劳力不能得水者，得支付偿金，对邻地所有人请求给与有余之水。

【理由】查民律草案第一千零一十七条理由谓，土地所有人得利用其邻地有余之水，盖于自己地内欲得家用所需之水，有时所需费用及劳力过巨，若不使其利用邻地之水，于经济上所损实大。故特设此条，以维持公私之利益。

第七百八十四条　水流地所有人，如对岸之土地，属于他人时，不得变更其水流或宽度。

两岸之土地，均属于水流地所有人者，其所有人得变更其水流或宽度。但应留下游自然之水路。

前二项情形，如另有习惯者，从其习惯。

【理由】谨按水流通过一人之所有地内，或通过一人所有地之疆界者，所有人不得专用其流水，致害及下游地或沿岸地所有人之利益。故本条规定除另有习惯外，水流通过，如对岸之地属于他人时，水流地所有人不得将其水流变更，或变更水流之宽度。其两岸之地均属于水流地所有人者，水流地所有人，虽得变更其水流或宽度，亦应留下游自然之水路，盖于水流地所有权之内容，加以限制也。

第七百八十五条　水流地所有人，有设堰之必要者，得使其堰附着于对岸。但对于因此所生之损害，应支付偿金。

对岸地所有人，如水流地之一部属于其所有者，得使用前项之堰。但应按其受益之程度，负担该堰设置及保存之费用。

前二项情形，如另有习惯者，从其习惯

【理由】谨按欲使水流地之所有人，全其水之使用权，应使其得自设堰附着于对岸，虽对岸土地之所有人，不得主张拒绝。然因此所生之损害，水流地所有人则不得不负支付偿金之义务。至对岸地所有人，如水流地之一部，属于其所有者，对于水流地所有人所设之堰，亦有使用之权利。但亦应按其受益之程度，负担该堰设置及保存之费用，以示公允。其有特别习惯者，则仍以从其习惯为宜。此本条所由设也。

判　对岸地所有人，得使用他人之水堰。（六年上字第一〇〇四号）

解　水利诉讼，计算诉讼物价额，准用民诉律地上权之规定，以其一年因水利可望增加收获之确实利益之二十倍为准。（十七年解字第一二七号）

第七百八十六条　土地所有人，非通过他人之土地，不能安设电线、水管、煤气管或其他筒管，或虽能安设而需费过巨者，得通过他人土地之上下而安设之。但应择其损害最少之处所及方法为之，并应支付偿金。

依前项之规定，安设电线、水管、煤气管或其他筒管后，如情事有变更时，他土地所有人得请求变更其安设。

前项变更安设之费用，由土地所有人负担。但另有习惯者，从其习惯。

【理由】查民律草案第一千零六条理由谓，为利用土地，必须安设电线、水管、煤气管或其他筒管者，得使用他人之土地，以全其利用。惟他人土地之利益，亦须保护，籍昭公允。此本条第一项所由设也。查民律草案第一千零七条理由谓安设电线、水管、煤气管及其他筒管后，因情事变更，无须使用他人之土地者，应使他土地所有人有请求变更安设之权，以保护其利益。至变更安设之费用，如别无习惯可依据者，应使土地所有人担负之，以昭公允。此本条第二、第三两项所由设也。

第七百八十七条　土地因与公路无适宜之联络，致不能为通常使用者，土地所有人，得通行周围地以至公路。但对于通行地因此所受之损害，应支付偿金。

前项情形，有通行权人，应于通行必要之范围内，择其周围地损害最少之处所及方法为之。

【理由】谨按不通公路之土地及通公路非常困难之土地，不得不于其四周围绕地之所有权，量加限制，故许此项土地之所有人，于四周围绕地有通行权，所以全其土地之用也。但对于通行地，因此所生之损害，应负支付偿金之责。故设本条第一项，以明示其旨。又依前项情形，土地所有权人，对于四周围绕地既取得通行权后，应于通行必要范围之内，择其周围地损害最少之处所及其方法为之，以保全四围邻地之利益。故设本条第二项，以明示其旨。

判　包围地之所有人，有邻地通行权。（五年上字第七二七号）

第七百八十八条　有通行权人，于必要时，得开设道路。但对于通行地因此所受之损害，应支付偿金。

【理由】谨按欲使土地之所有人，完全行使其通行权，应予以开设道路之权。但此种道路之开设，须于必要时为之，其对于通行地因此所受之损害，并应负支付偿金之责，以示限制。此本条所由设也。

第七百八十九条　因土地一部之让与或分割，致有不通公路之土地者，不通公路土地之所有人，因至公路，仅得通行受让人或让与人或他分割人之所有地。

前项情形，有通行权人，无须支付偿金。

【理由】查民律草案第一千零十条理由谓，因土地之一部让与或分割，致生不通公路之土地者，其结果由当事人之任意行为而然。故其土地之所有人，只能不给报偿而通行于受让人取得之公路接续地，或让与人现存之公路接续地，或已属于他分割人之公路接续地。其他之邻地所有人，不负许其通行之义务。此本条所由设也。

第七百九十条　土地所有人得禁止他人侵入其地内，但有下列情形之一者，不在此限：

一、他人有通行权者；

二、依地方习惯，任他人入其未设围障之田地、牧场、山林刈取杂草，采取枯枝枯干，或采集野生物，或放牧牲畜者。

【理由】谨按土地之所有人，得禁止他人入其地内，以维持其所有权之安全。惟依地方之习惯，任他人入其未设围障之田地、牧场、山林刈取杂草，采取枯枝枯干，或采集野生物，或放牧牲畜者，或他人有通行权者，或依特别法之规定，他人能入其地内者，均不得禁止。盖不背于公益之习惯，及特别法之规定，无须以本法限制之也。故设本条以明示其旨。

第七百九十一条　土地所有人，遇他人之物品或动物偶至其地内者，应许该物品或动物之占有人或所有人入其地内，寻查取回。

前项情形，土地所有人受有损害者，得请求赔偿。于未受赔偿前，得留置其物品或动物。

【理由】谨按因风力、水力或其他天然力使他人之物，至自己所有地内，或他人之鸟兽鱼类，至自己之所有地内时，若他人欲进入地内，从事寻查及取回者，该土地之所有人应许之。至土地所有人，因他人之物品或动物偶至其地内受有损害者，得请求赔偿，并于未赔偿之先，应许其有留置物品或动物之权。盖一方保护占有人之利益，一方复顾及所有人之利益也。

判　物品偶至他人地内，得径入寻查收还。（八年上字第一三一四号）

第七百九十二条　土地所有人，因邻地所有人在其疆界或近旁，营造或修缮建筑物有使用其土地之必要，应许邻地所有人使用其土地。但因而受损害者，得请求偿金。

【理由】查民律草案第一千零一十四条理由谓，各土地之所有人，在其疆界或其旁近营造修缮建筑物者，应许其使用邻地，否则应于疆界线上酌留空地，备日后修缮之用。弃地既多，于经济上所损实大，故应于邻地之所有权，略加制限，以防其弊。此本条所由设也。

第七百九十三条　土地所有人，于他人之土地有煤气、蒸气、臭气、烟气、热气、灰屑、喧嚣、振动，及其他与此相类者侵入时，得禁止之。但其侵入轻微，或按土地形状、地方习惯，认为相当者，不在此限。

【理由】查民律草案第九百九十四条理由谓，土地所有人于自己之土地内设工场，其煤气、蒸气、臭气、烟气、热气、灰屑、喧嚣、振动等，或其他与此相类之情事，发散烦扰，累及邻地之所有人，致使其不得完全利用其土地者，邻地之所有人，自应有禁止之权。其侵入实系轻微，或依其土地之形状、地位及地方惯习，认为相当者，应令邻地所有人忍受，不得有禁止之权。此本条所由设也。

第七百九十四条 土地所有人开掘土地或为建筑时，不得因此使邻地之地基动摇或发生危险，或使邻地之工作物受其损害。

【理由】谨按土地所有人，在其所有土地范围之内，开掘土地或为建筑时，此属土地所有人固有之权能，本可毋庸限制。然因开掘土地或建筑一切工作物，致邻地之地基动摇，或至发生危险，或使邻地之工作物有受其损害之情事，则不得不谋救济之方法，以资保护。故本条规定土地所有人开掘土地或建筑时，不得使邻地之地基动摇，或发生危险，或使邻地之工作物受其损害，所以维持社会之公共利益也。

第七百九十五条 建筑物或其他工作物之全部或一部，有倾倒之危险，致邻地有受损害之虞者，邻地所有人，得请求为必要之预防。

【理由】谨按建筑物或其他工作物之全部或一部，如有损坏，或年久失修，致有倾倒之危险时，则有累及邻地之虞，邻地所有人自可就其一部或全部有倾倒危险，将受损害之程度，请求此项所有人为必要之防御，以维公益，而免危险，此当然之理也。故设本条以明示其旨。

第七百九十六条 土地所有人建筑房屋逾越疆界者，邻地所有人如知其越界而不即提出异议，不得请求移去或变更其建筑物。但得请求土地所有人，以相当之价额，购买越界部分之土地，如有损害，并得请求赔偿。

【理由】谨按土地所有人建筑房屋，遇有逾越疆界之时，邻地所有人如知其越界，应即提出异议，阻止动工兴修。若不即时提出异议，俟该建筑完成后，始请求移去或变更其建筑物，则土地所有人未免损失过巨，姑无论邻地所有人是否存心破坏，有意为难，而于社会经济，亦必大受影响，故为法所不许。然邻地所有人事后即丧失其请求权，亦未免失之过酷，故许邻地所有人对于越界部分之土地，得以相当之价格请求土地所有人购买。如有损害，并得请求赔偿，以示限制，而昭公允。此本条所由设也。

判 侵入邻地建筑者，邻人得请求废止或赔偿。（二年上字第一五七号）

第七百九十七条 土地所有人，遇邻地竹木之枝根有逾越疆界者，得向竹木所有人，请求于相当期间内，刈除之。

竹木所有人，不于前项期间内刈除者，土地所有人，得刈取越界之枝根。

越界竹木之枝根，如于土地之利用无妨害者，不适用前二项之规定。

【理由】查民律草案第九百九十八条理由谓，邻地竹木之枝根，逾越疆界，妨害其利用土地者，应听土地所有人以便宜之方法处置之，故予以刈除权，以保护其所有权。然刈除亦需劳力及费用，即以取得刈除之枝根，以资取偿。此本条所由设也。

第七百九十八条 果实自落于邻地者，视为属于邻地。但邻地为公用地者，不在此限。

【理由】查民律草案第九百九十九条理白谓，落于邻地之果实，是应归原物之所有人，抑归邻地之所有人，自来立法例颇不一致，本法则视为邻地之果实，以维持相邻人间之和平。若邻地系供公众使用之地，例如公行道路等，既不能以其果实为公众之所有，莫如仍视为原物所有人之果实，以免争执。此本条之所由设也。

第七百九十九条 数人区分一建筑物，而各有其一部者，该建筑物及其附属物之共同部分，推定为各所有人之共有。其修缮费及其他负担，由各所有人，按其所有部分之价值分担之。

【理由】谨按所有权之标的物，须为独立之一体，自理论言之，一建筑物之一部分，不得为所有权之标的物，然一广大建筑物，区分为若干部分，而各就其一部有所有权者，亦属实际上常有之事。故本条规定凡一建筑物由数人区分各有其一部者，该建筑物及其附属物及共同部分，仍推定为各所有人之共有。其共同部分如有损坏坍塌时，所有修缮费及其他负担，应按各所有人所有部分之价值分担之，以昭公允。此盖为调和社会之经济观念与法律之思想而设也。

第八百条 前条情形，其一部分之所有人，有使用他人正中宅门之必要者，得使用之。但另有特约或另有习惯者，从其特约或习惯。

因前项使用，致所有人受损害者，应支付偿金。

【理由】谨按依前条之情形，凡一建筑物而由数人区分各有其一部分者，各共有人得自由处分其应有部分。其一部分之所有人，不得处分其他所有人应分得之建筑物，此属当然之理。但其建筑物之正中宅门，虽不区分，其一部分之所有人，有使用之必要者，仍准使用之。若各共有人中另有特约或另有习惯，则应从其特约或习惯，以适合常事人之意思，否则一部分之所有人于必要时，仍得使用正中宅门。惟其使用之时，致其他所有人受损害者，须担负支付赔偿金之责任耳。故设本条以明示其旨。

第三节　动产所有权

【理由】谨按动产所有权之内容及其限制，虽有通则规定，可资适用，然动产所有权得丧之方法，则不可不明晰规定，俾适于实际之用。此本节所由设也。

第八百零一条　动产之受让人占有动产，而受关于占有规定之保护者，纵让与人无移转所有权之权利，受让人仍取得其所有权。

【理由】查民律草案第一千零二十七条理由谓，凡让与动产之所有权时，若让与人有移转其所有之权利，则受让人因让与之效力取得所有权，此当然之理。然有时让与人虽无移转其所有权之权利，受让人不得借让与之效力取得所有权，而可借占有之效力取得所有权，如是始能确保交易上之安全也。故设本条以明示其旨。

判　租主以其辗转租得之物擅行出典，是难谓为强窃盗赃，应认为即时取得原则之例外，自应从严解释（即民七统字第八五八号之解释亦然）。在善意典受租主擅行出典之物，既不能准用强窃盗赃之规定，则物主对于善意典受人，仍非赔偿原价，不能取回其所有权。（十二年上字第八九四号）

第八百零二条　以所有之意思，占有无主之动产者，取得其所有权。

【理由】查民律草案第一千零二十八条理由谓，无主物因先占而取得其所有权之制度，自古各国皆有之，其主义分为自由先占主义及先占权主义。自由先占主义者，使先占有者自由取得无主物所有权之谓；先占权主义者，非有先占权之人，不得因先占而取得无主物所有权之谓。本法既于不动产认先占权主义，故复设本条于动产认自由先占主义，使先占无主动产者，得以其动产为其所有而利用其动产也。

判　无主动产，由先占人取得。（三年上字第八六九号）

第八百零三条　拾得遗失物者，应通知其所有人。不知所有人，或所有人所在不明者，应为招领之揭示，或报告警署或自治机关，报告时，应将其物一并交存。

【理由】谨按遗失物（失于占有之物）者，无抛弃权利之意思，而丧失其所持有物之谓也。遗失物非无主物可比，故拾得遗失物人应通知所有人返还其遗失物，不得据为己有。设不知其所有人，或所有人所在不明者，拾得人应为招领之揭示，或报告警署或自治机关，并应于报告时将拾得之物一并交存，以明手续。此本条所由设也。

第八百零四条　拾得物经揭示后，所有人不于相当期间认领者，拾得人应报告警署或自治机关，并将其物交存。

【理由】谨按依前条之规定，拾得人应即报告警署或自治机关，并将遗失物交存，亦不能据为己有。本条设此规定，盖为贯彻保护所有人之利益计也。

第八百零五条　遗失物拾得后六个月内，所有人认领者，拾得人或警署或自治机关，于揭示及保管费受偿还后，应将其物返还之。

前项情形，拾得人对于所有人，得请求其物价值十分之三之报酬。

【理由】谨按遗失物经拾得后，所有人若于六个月内前来认领时，拾得人或警署或自治机关，应将遗失物返还之。但于返还之先，所有人应将揭示费（如纸张印刷或广告费之类）、保管费（如贵重之物存于银行保管箱费，或须雇用费之类）等偿还，始得受领。即拾得人或警署或自治机关，亦应于揭示及保管费受偿还后，始得返还其物也。故设本条第一项规定，以明示其旨。

又拾得人拾得遗失物不昧于己，经揭示招领或报告警署或自治机关，其顾念公益，洵堪嘉许，所有人既获受领之利益，自应有相当之报酬。故设本条第二项规定，拾得人对于所有人，得请求其物价值十分之三之报酬，盖以免无益之争论也。

　　第八百零六条　如拾得物有易于腐坏之性质，或其保管需费过巨者，警署或自治机关得拍卖之，而存其价金。

　　【理由】谨按拾得物如有易于腐败之性质，或其保管费过巨者，此时为保存之警署或自治机关，势必感受困难，故法律许其得将该拾得物拍卖之，而存其价金，以待所有人之认领。此本条所由设也。

　　第八百零七条　遗失物拾得后六个月内所有人未认领者，警署或自治机关应将其物或其拍卖所得之价金，交与拾得人归其所有。

　　【理由】谨按遗失物于拾得后六个月内，由所有人认领者，拾得人、警署或自治机关，于揭示及保管费受偿还后，应将其物返还之，法律保护所有人之利益，不可不谓至周且密。然所有人若不于所定期间内认领，而使警署或自治机关负永久保存之责，亦未免失之过当，故本条特为遗失物认领时效消灭之规定。所有人不于相当期间内认领时，警署或自治机关应将其物或其拍卖所得之价金，交与拾得人归其所有，所以昭事理之公允也。

　　第八百零八条　发现埋藏物而占有者，取得其所有权。但埋藏物系在他人所有之动产或不动产中发现者，该动产或不动产之所有人与发现人，各取得埋藏物之半。

　　【理由】查民律草案第一千零三十四条理由谓，凡发现埋藏物而占有之者，即（永年埋没于他物之中，不知其所有人之动产）须使其取得埋藏货物之所有权，以酬其发现之劳。但包藏物属他人之所有时，应使其取得埋藏物之半，以保护其所有权，此时其埋藏物应为共有物。多数之立法例，使发现人取得埋藏物之所有权，然本法则于发现之外，尚以占有为必要之条件，以杜无益之争论。故设本条以明示其旨。

　　判　得遗失埋藏物者，可依法取得其所有权。（三年上字第二九二号）

　　第八百零九条　发现之埋藏物足供学术、艺术、考古或历史之资料者，其所有权之归属，依特别法之规定。

　　【理由】谨按发现之埋藏物，如系足以供学术、艺术、考古或历史之资料者，此种物品，于社会文化之进步，至有关系。是否应为所有人与发现人所共有，抑应依特别法之规定，而定其所有权之归属，不可不设明文规定，以杜无益之争论。此本条所由设也。

第八百一十条　拾得漂流物或沉没品者，适用关于拾得遗失物之规定。

【理由】谨按称漂流物者，谓水上之遗失物及因水流至水边之遗失物也。称沉没品者，谓由水面沉入水底之物也。凡拾得漂流物或沉没品者，与拾得遗失物之情形相同，故一切权利义务，均适用关于拾得遗失物之规定。

第八百一十一条　动产因附合而为不动产之重要成分者，不动产所有人取得动产所有权。

【理由】查民律草案第一千零三十六条理由谓，动产与不动产附合为其构成之一部分，不动产之所有人，以其与主物同视者，其动产之所有权，属于不动产之所有人，否则必有因动产所有权存续而害及经济之虞。例如房屋之瓦，既附合于房屋之上，势不能使他人复对于其瓦有动产所有权也。故设本条以明示其旨。

判　动产附合于不动产，由于某种权利之行使者，得保留其所有权。（九年上字第三九二号）

第八百一十二条　动产与他人之动产附合，非毁损不能分离，或分离需费过巨者，各动产所有人，按其动产附合时之价值共有合成物。

前项附合之动产，有可视为主物者，该主物所有人，取得合成物之所有权。

【理由】查民律草案第一千零三十七条理由谓，数动产其所有人各异，若一人之动产与他人之动产附合，非毁损不能分离或非过巨之费用不能分离时，作为合成物，使各所有人共有之。若其物有主从之区别者，使主物之所有人专有之，盖数动产既已附合为一，若仍使其各所有权存续，必有害及经济之虞，故特设本条以杜其弊。

第八百一十三条　动产与他人之动产混合，不能识别，或识别需费过巨者，准用前条之规定。

【理由】查民律草案第一千零三十八条理由谓，动产与他人之动产互相混合，不能识别，或识别而需费过巨者，应准用附合之法，庶免害及经济之虞。此本条之所由设也。

第八百一十四条　加工于他人之动产者，其加工物之所有权，属于材料所有人。但因加工所增之价值显逾材料之价值者，其加工物之所有权属于加工人。

【理由】查民律草案第一千零四十条理由谓，于他人之动产而为制作、图画、变形、彩色、印刷、镀金等事者，为保护材料所有人之利益计，使材料所有人取得其所有权。然因加工所增之价值显逾材料之价值者，为保护加工之所有人计，使其加工物，仍为加工人之所有。此本条所由设也。

第八百一十五条　依前四条之规定，动产之所有权消灭者，该动产上之其他权利，亦同消灭。

【理由】查民律草案第一千零三十九条理由谓，附合及混合，皆以旧物另组织一新物也，为其构成部分之原物，既不能独立存在，故其原物之所有权及关于其物而成立之他项权利，均当然消灭。此本条所由设也。

第八百一十六条　因前五条之规定丧失权利而受损害者，得依关于不当得利之规定，请求偿金。

【理由】查民律草案第一千零四十一条理由谓，因附合、混合及加工等事而受损失者，得依不当得利之法则，向受得利人请求偿金，以昭公允。亦可请求不法行为之损害赔偿，此属当然之理，无须另设明文规定也。

判　物品存留他人不动产中，物主得以无偿或支出必要费用，请求不动产人交出其物。（八年上字第一三一四号）

第四节　共有

【理由】查民律草案物权编第二章第四节原案谓，所有权为事实上、法律上能于其范围内管领物之物权，数人不得同时于一物上有数个所有权，固不待言。然数人共于一物之上有一所有权，初无反于所有权之观念，且为近世各国民法所公认，于实际亦颇重要。故特设本节之规定。

第八百一十七条　数人按其应有部分，对于一物有所有权者，为共有人。

各共有人之应有部分不明者，推定其为均等。

【理由】查民律草案第一千零四十三条理由谓，共有者，一所有权而有多数权利主体之谓也。自理论言之，各共有人皆有完全之所有权，互相竞合，故必须限制共有人之权利范围，调和其竞合，使各共有人完全享有其权利。而欲达此目的，应依各共有人理想之分割部分使其共有，此第一项所由设也。各共有人之应有部分，以无反证为限，推定其为均等，盖共有时其应有部分均等者多，不均等者少，此第二项所由设也。

判　祭田自亡人死后，由其后嗣管业。（二年上字第八号）

判　各自占有，非维持共有权之要件。（二年上字第三六号）

判　合居致富之产为共有。（三年上字第三六六号）

判　祖产无历久平稳占有之事实，应推定为共有。（三年上字第五九八号）

判　共有人中一人或数人之应有部分消灭者，他共有人之应有部分，即因之扩充。（三年上字第一二〇七号）

判　未分家者之财产，推定为共有。（四年上字第四八号）

判　长兄出名置产，不能即谓为私产。（四年上字第一三五一号）

判　家长出名置产，推定为共有。（四年上字第二四四一号）

判　共有成分，推定为同等。（八年上字第一六〇号）

判　共有人中一人死亡，无继承人者，其应有部分，分属他共有人。（八年上字第九八九号）

第八百一十八条　各共有人，按其应有部分，对于共有物之全部，有使用收益之权。

【理由】查民律草案第一千零四十四条理由谓，各共有人皆为所有人，故得从其应有部分，就共有物使用或收益之。如共有物之性质，得同时共同使用或收益者，各共有人得同时使用或收益之，例如共有之房屋，共同居住；共有之土地，所生之孳息，共同收益是。若共有物之性质，不得同时共同使用或收益者，各共有人得依次序使用或收益之，例如共有之车马，本日轮应甲乘座，次日轮应乙乘座是。至其同时次序之方法，以契约或审判定之。此本条之所由设也。

判　使用同族公地，毋庸缴价，而支特别改良费者，则应享特别利益。（二年上字第二二六号）

判　共有物之收益，应归全体。（三年上字第四一号）

判　共有债务，应由出名人以共产清偿。（七年上字第五一九号）

判　家族一人所负债务，只得就家产内该个人应有部分供清偿。（十一年上字第三〇九号）

第八百一十九条　各共有人，得自由处分其应有部分。

共有物之处分、变更及设定负担，应得共有人全体之同意。

【理由】查民律草案第一千零四十五条理由谓，各共有人于不害他共有人之权利范围内，得行使其权利，故共有人得将其应有部分让与他人，或以其应有部分供担保之用，且共有人之债权人，得扣押其应有部分。但变更共有物（变更物之本质及其用法）或让与他人或以其供担保之用，必须他共有人同意，始能为之。故特设本条以定其关系。

判　就共有祭田设定永佃关系，须经全体同意。（二年上字第一一九号）

判　共有物非经全体共有人同意，不得处分。（三年上字第七八号）

判　共有人以全部共有物供担保者，无效。（三年上字第一三四号）

判　于共有地上独建之房屋，并非共有。（三年上字第八九二号）

判　共有人有互相代理处分之权者，不须更得同意。（三年上字第一一二四号）

判　一部处分，亦须全体同意。（四年上字第七号）

判　共有物之变更，亦须全体同意。（四年上字第二五二号）

判　共有地由一人典当者，无效。（四年上字第三五六号）

判　共有物除有特约，或特别习惯外，非经全体同意，不能处分。（四年上字第一二八三号）

判　分别共有人，得处分其应有部分。（四年上字第二〇三二号）

判　共有人权利行使，以应有部分为范围。（五年上字第二三号）

判　共有财产处分之同意，不仅以约据为断。（五年上字第四八三号）

判　共有人经他共有人为处分之授权者，不须更得其同意。（六年上字第八一号）

判　共有人不得强买他共有人之应有部分。（六年上字第四五三号）

判　共有物处分行为之同意，不必于行为时为之。（六年上字第九七八号）

判　有代理他共有人之权者，得代为处分之同意。（六年上字第九九

三号）

判 有权代理人之同意，与自为者同。（七年上字第五五七号）

判 已供担保之共有财产，不得擅供自己借款担保之用。（八年上字第一六号）

解 共有人之私债，只应就该所有部分执行，无侵及他人共有部分之理。（八年统字第九四三号）

判 未同意人，对于擅自处分人所得物价，不负代偿义务。（十二年上字第九六〇号）

判 族人处分祀田，就共同共有物性质而言，自以有必要情形，并得族人全体同意为有效条件。但依地方习惯，各房房长得共同代理全体族人以为处分，或各房房长集族众会议，依多数议决以为处分，或于处分后经族众追认其事者，亦应认为有效。（十七年上字第一六九号）

第八百二十条 共有物，除契约另有订定外，由共有人共同管理之。

共有物之简易修缮，及其他保存行为，得由各共有人单独为之。

共有物之改良，非经共有人过半数，并其应有部分合计已过半数者之同意，不得为之。

【理由】 查民律草案第一千零四十六条理由谓，各共有人于共有物之管理行为中，惟简易修缮及其他保存行为，得由各共有人单独为之。至改良行为，必须经过半数之同意，盖保存共有物，为必要之事，且费用无几，若改良共有物，虽属有益，并非必要，且费用过巨，应予区别。但改良共有物于经济上甚有裨益，务使其容易实行，故仅以过半数决之，不必待各共有人悉数同意。此本条之所由设也。

判 管理祠产，不得支薪。（四年上字第一五五八号）

判 关于管理有争执者，须斟酌全体意思定之。（五年上字第三〇五号）

判 保存行为，得单独为之。（七年上字第一〇九六号）

判 管理共有物，依协议或特别习惯。（七年上字第一一七四号）

判 共有人得单独告赎。（十年上字第九号）

第八百二十一条 各共有人对于第三人，得就共有物之全部，为本于所有权之请求。但回复共有物之请求，仅得为共有人全体之利益为之。

【理由】查民律草案第一千零四十八条理由谓，各共有人，既为所有人，即应与所有人受同一之保护，故共有人对于第三人得为一切行为，与单独所有人同。然关于请求回复其共有物，非为共有人全体而为之，恐害及共有人利益，至为共有人全体请求回复共有物，应依何种方法，则依当事人之意思及法院之意见为最适当。例如，请求交付标的物于各共有人之代理人，为各共有人请求提存或于不得为提存时，请求将标的物交付于法院所选定之保管人，皆为实际上最适当之方法。总之各共有人只能依其应有部分，向他共有人主张所有权而已，此事理之所当然，故于此不另设明文也。

第八百二十二条　共有物之管理费，及其他担负，除契约另有订定外，应由各共有人按其应有部分分担之。

共有人中之一人，就共有物之担负为支付，而逾其所应分担之部分者，对于其他共有人，得按其各应分担之部分请求偿还。

【理由】查民律草案第一千零四十九条理由谓，各共有人，既可对于共有物依其应有部分享受利益，自应就共有物所担负之管理费、收益费及一切租税捐款等，负清偿之义务。但此等事项，无关于公益，当事人可以契约定之。故设本条以明示其旨。

判　管理费用及其他负担，应平均分担。（二年上字第一三五号）

判　因共有物发生之债权，得求偿于他共有人。（四年上字第一二七号）

第八百二十三条　各共有人，得随时请求分割共有物。但因物之使用目的不能分割或契约订有不分割之期限者，不在此限。

前项契约所定不分割之期限，不得逾五年。逾五年者，缩短为五年。

【理由】查民律草案第一千零五十一条理由谓，共有有依法律行为取得者，有依法律之规定取得者（例如赠与、附合、混和等是），而共有为一所有权，则其丧失之原因，亦与所有权同（例如标的物灭失是），此事理之当然，不另设明文规定。然共有为所有权之变体，不能无特别丧失之原因。例如共有人之应有部分，归共有人之一人时，或分割共有物时，其共有之关系消灭是。盖应有部分归共有人之一人而消灭，为当然之理，亦不待明文规定也。至因分割而消灭，则理论上及实际上均关系重要，各国皆详定于民法，本法亦从之。分割者，以共有关系消灭为目的之清算程序也，共有于改良共有物不无妨碍（例如，甲共有人欲改良，而乙共有人不欲是），且于共有物之融通亦多阻塞（例如，欲卖共有物非各共有人同意不得为之，而得各共有人同意其事甚难），国家经济既受损害，并易启各共有人彼此之争论。故法律不能不予各共有人，以随时请求分割之权，使共有之关系容易消灭，于公私皆有裨益。此本条第一项之所由设也。

谨按共有物急速分割，有不利于共有人者，故使各共有人得以特约订明于一定之期间内，不得请求分割。但此种期间，亦不宜过长，使社会经济，转形濡滞，故以五年为限，逾五年者，缩短为五年。此本条第二项之所由设也。

判　共有人得随时请求分析。（三年上字第三五号）

判　祀产之分析，于必要情形时，得由审判衙门令其分析。（四年上字第一八四九号）

判　祠堂有特别情形，亦得分析。（四年上字第二三八二号）

判　同族公产，为维持同族之和平，得由审判衙门令其分析。（五年上字第四二〇号）

判　请求分析，不得无端禁止。（六年上字第七四号）

判　共有赡产，得于养赡权人故后分析。（七年上字第一一三六号）

判　分家前以自己名义所得之财产，自为特有财产，非得当事人同意，不能指为公产而强其分析。（二十一年上字第一九〇一号）

第八百二十四条　共有物之分割，依共有人协议之方法行之。

分割之方法，不能协议决定者，法院得因任何共有人之声请，命为下列之分配：

一、以原物分配于各共有人；

二、变卖共有物，以价金分配于各共有人。

以原物为分配时，如共有人中，有不能按其应有部分受分配者，得以金钱补偿之。

【理由】查民律草案第一千零五十二条理由谓，协议分割者，各共有人于审判外为分割之方法也，有省费、和谐、迅速之利益。然协议决裂时，亦应设补救之法，故使欲分割之共有人，得向不欲分割之他共有人提起诉讼，求为分割同意之判决，而以此项确定判决代分割之同意，以免欲分割而不得分割之弊。此本条所由设也。

　　判　分析不动产，得用找贴变价之方法。（三年上字第一六九号）

　　判　分析方法，应斟酌定之。（三年上字第八九二号）

　　判　分析以应有部分为准。（三年上字第一二〇七号）

　　判　分析时所订禁卖之约，不能对抗他人。（四年上字第五三二号）

　　判　分析家产有协议及与协议类似之情形者，审判衙门无庸干涉。（四年上字第二〇二一号）

　　判　难分之物，用变价或偿价之法酌分。（四年上字第二一八九号）

　　判　分析方法，协议不谐，以裁判定之。（五年上字第六四号）

　　判　分析共有财产之契约，得合意废止另订。（六年上字第七八三号）

　　判　分析不必到场立据。（七年上字第五七〇号）

　　第八百二十五条　各共有人，对于他共有人因分割而得之物，按其应有部分，负与出卖人同一之担保责任。

　　【理由】 查民律草案第一千零五十六条理由谓，分割依各共有人应有部分为之，若因分割而归属于共有人中一人之物，依分割前发生之原因，被第三人追夺或发现藏有瑕疵，是分割之部分与应有部分不符矣。故本条使各共有人依其应有部分，与卖主负同一之担保，以昭公允。

　　第八百二十六条　共有物分割后，各分割人应保存其所得物之证书。

　　共有物分割后，关于共有物之证书，归取得最大部分之人保存之。无取得最大部分者，由分割人协议定之，不能协议决定者，得声请法院指定之。

　　各分割人，得请求使用他分割人所保存之证书。

　　【理由】 谨按分割终结后，关于分割物之证书，应保存之。而此共有物证书之保存，应以归取得大部分之人保存之为宜。无取得最大部分者，由分割人协议定之，分割人协议而不能决定者，得声请法院指定之。又分割人亦得请求使用他分割人所保存之证书，本条明设规定，所以免事后之无益争论也。

　　判　共产分析后，其契据由各人随产分执。（四年上字第一七一〇号）

第八百二十七条　依法律规定或依契约，成一共同关系之数人，基于其共同关系，而共有一物者，为共同共有人。

各共同共有人之权利，及于共同共有物之全部。

【理由】查民律草案第一千零六十三条理由谓，数人依法律之规定（例如共同继承是），或依契约之订定（例如合伙契约或夫妇共有财产是），而为共同结合，且因此而以物为其所有者，此数人既非依其应有部分所有其物，即不为共有人而为共同共有人，各共同共有人之权利，于物之全体皆有效力，非仅就其应有之部分有效力也。故设本条以明示其旨。

判　共同承继之营业财产为共有。（三年上字第五二三号）

判　有一定用途之公产，族中共同共有。（三年上字第一一四四号）

判　同乡会公产为共有。（四年上字第一四六三号）

判　祖产系各房共有。（四年上字第一七七一号）

判　茔田为共同共有，共有人不得处分应有之分。（四年上字第一八一六号）

判　共有茔地，不得擅行分析处分。（四年上字第二二六七号）

判　共同承继之产，为各房所有。（四年上字第二四三四号）

第八百二十八条　共同共有人之权利义务，依其共同关系所由规定之法律或契约定之。

除前项之法律或契约另有规定外，共同共有物之处分，及其他之权利行使，应得共同共有人全体之同意。

【理由】查民律草案第一千零六十四条理由谓，共同关系成立，必有成立之原因，故共同共有人之权利义务，依为其原因之法律规定或契约内容而定。此本条第一项所由设也。又同律第一千零六十五条理由谓共同所有物，其管理处分及行使其他所有权，若法令无特别规定，契约无特别约定者，非各共同共有人意思一致，不得行使权利。否则必至害及共同共有人之权利，又诉讼亦须共同共有人全体为当事人，始有效力。此本条第二项所由设也。

判　祭产非一部分子孙所得变卖，即原捐产人亦同。（四年上字第六六九号）

判　祀产遇有必要情形，亦得经各房同意而为处分。（四年上字第七七一号）

判　处分祭田，依习惯或规约，得由房长或多数议决为处分者，其处分为有效。（四年上字第九七七号）

判　分析费用，应按股分担。（五年上字第六四号）

判　管理家务者之处分家产，并非无效。（六年上字第二七九号）

判　家族中一人代理全家所负之债，债权人得就共产全部执行。（七年上字第四五七号）

判　管理家事之人，于概括的委任范围内，有代理家庭处分共有家财之权。（八年上字第一二六八号）

解　违反族规涉讼，与权利义务有关者，审判衙门应予受理。若与确认身份并无关涉，不得谓为人事诉讼。（八年统字第九九一号）

判　祠堂系共有性质，若非为规约所明禁，族人有使用之权。（九年上字第七九七号）

判　祖茔树木，非子孙全体同意，不许砍卖。（九年上字第九〇三号）

判　共有祖茔山地，各共有人能否进葬，应以向来有无此种事例或特约为断。（十五年上字第九六三号）

判　田亩系属共有祀产，非经同派各房同意，不能由祠董一人擅自抛弃。（十八年上字第一四三号）

第八百二十九条　共同关系存续中，各共同共有人，不得请求分割其共同共有物。

【理由】查民律草案第一千零六十六条理由谓，依法令或契约，成立之共同关系尚存在时，不宜使各共同共有人得请求分割共同共有物，亦不宜使其有处分共同共有人所有之权利，所以维持共同之关系也。故设本条以明示其旨。

判　共同共有之结合，未消灭以前，不得违反他共有人意思，请求分析共同共有物。（八年上字第五四三号）

第八百三十条　共同共有之关系，自共同关系终止，或因共同共有物之让与而消灭。

共同共有物分割之方法，除法律另有规定外，应依关于共有物分割之规定。

【理由】 查民律草案第一千零六十七条理由谓，共同共有之关系者，因合伙及其他共同关系而生者也。故合伙解散或其他共同关系终结，共同共有之关系，自应消灭，共同共有物让与他人时亦然。此第一项所由设也。又共同共有之关系，因共同关系终结而消灭时为清算，故须向各共同共有人而为分割，若法令或契约于分割无特别订定，自应依分割共有物之规定以分割之。此第二项所由设也。

第八百三十一条 本节规定，于所有权以外之财产权，由数人共有或共同共有者准用之。

【理由】 谨按数人有所有权以外之财产权，如地上权、永佃权、抵押权之类，无论依其应有部分为数人共有，或共同共有，均使适用本节之规定。盖权利之性质虽殊，而其为共有则一，故仍得用同一之规定也。

第三章 地上权

【理由】 谨按称地上权者，谓以在他人土地上有建筑物，或其他工作物，或竹木为目的而使用其土地之权也。供给土地之人，谓之土地所有人，其权利人，谓之地上权人。盖社会进步，经济发达，土地价格，逐渐腾贵，建筑物或其他工作物及竹木之所有人，有时不得并有土地之所有权，宜设地上权以应经济上之需要。故有本章之规定。

第八百三十二条 称地上权者，谓以在他人土地上有建筑物，或其他工作物或竹木为目的而使用其土地之权。

【理由】 查民律草案第一千零六十九条理由谓，自来各国关于地上权之立法例不能一致，有因在他人之地上或地下有建筑或其他工作物，使用其土地为地上权者，有因于有工作物之外兼有竹木等物，使用其土地为地上权者，本法为发达经济计，以因有建筑物或其他工作物或竹木，而使用他人土地之物权为地上权。故设本条以明示其旨。

判 地上权之性质，与土地租赁不同。（五年上字第一二一一号）

判 修盖房屋之多少，不因借地不拆屋之习惯，而受限制。（七年上字第一四六五号）

判　地上权，得对抗后之买主。（八年上字第八三八号）

第八百三十三条　第七百七十四条至第七百九十八条之规定，于地上权人间，或地上权人与土地所有人间，准用之。

【理由】谨按地上权人有时应与土地所有人同视，故关于地上权人与地上权人间，或地上权人与土地所有人间，一切权利义务及其限制等，均准用本法第七百七十四条至第七百九十八条之规定。本条特为明示，俾资适用。

解　水利权，有准物权之性质，故准用地上权之规定。（九年统字第一二四七号）

第八百三十四条　地上权未定有期限者，地上权人得随时抛弃其权利。但另有习惯者，不在此限。

前项抛弃，应向土地所有人，以意思表示为之。

【理由】查民律草案第一千零七十七条理由谓，未定存续期间之地上权，应使权利人得随时抛弃之。所谓抛弃，应向土地所有人以意思表示为之。然若另有习惯者，则仍应从其习惯，庶不戾乎民情也。故设本条以明示其旨。

判　地上权，得以合意使之永久存续。（四年上字第九〇〇号）

第八百三十五条　有支付地租之订定者，其地上权人抛弃权利时，应于一年前通知土地所有人，或支付未到支付期之一年分地租。

【理由】谨按依前条之规定，未定存续期间之地上权，地上权人除另有习惯外，固得随时抛弃其权利。然在他人土地上订有地租之支付者，地上权人是否亦得随时抛弃其权利，不可不明白规定，俾免争论。故本条明示应于一年之先，通知土地所有人或支付未到期之一年分地租，以示限制，盖为保护土地所有人之利益而设也。

第八百三十六条　地上权人积欠地租达二年之总额者，除另有习惯外，土地所有人，得撤销其地上权。

前项撤销，应向地上权人，以意思表示为之。

【理由】查民律草案第一千零八十三条理由谓，地上权人频年怠于支付地租，致积欠达二年之总额，已失信用者，若令地上权仍旧存续，实有害土地所有人之利益。本条为保护土地所有人计，特使其以意思表示向地上权人撤销其地上权。若另有习惯者，则仍应从其习惯。

判　地上权，除有法定原因发生时，土地所有人得以撤销之外，其设定地上权之物权契约，要无请求解除之可言。（二十一年上字第四七六号）

第八百三十七条　地上权人，纵因不可抗力，妨碍其土地之使用，不得请求免除或减少租金。

【理由】查民律草案第一千零八十二条理由谓，地上权存续期间，类皆长久，虽因一时之不可抗力，妨及土地之使用，然他日仍得回复之，应不许其请求免除地租或请求减少租额。若许请求，则不足保护土地所有人之利益，且有启人健讼之弊也。故设本条以明示其旨。

第八百三十八条　地上权人，得将其权利让与他人。但契约另有订定或另有习惯者，不在此限。

【理由】谨按地上权人既有完全使用土地之权，则于其权利存续期中，将其权利让与他人者，当有自由之权，亦为法律所许。惟契约另有订定，或另有习惯者，则应从其契约或习惯，不得纯任自由，以示限制。故设本条以明示其旨。

判　地上权，得以让与。（五年上字第三一一号）

判　地上权之让与，不能涉及土地及超过期限。（五年上字第一二一一号）

第八百三十九条　地上权消灭时，地上权人得取回其工作物及竹木。但应回复土地原状。

前项情形，土地所有人以时价购买其工作物或竹木者，地上权人不得拒绝。

【理由】查民律草案第一千零七十九条理由谓，工作物及竹木，为地上权人之所有物，地上权人于其权利消灭时得收回之，自不待言。然因此致土地失其原状，不免害及土地所有人之权利，本条使其回复原状，于地上权人自己既不至蒙损害，而其土地于收回工作物后，亦不至因此减价，于经济上甚有裨益也。

判　所有人于借地权消灭时，得请求留买工作物，但应提出时价。（四年上字第二一五七号）

第八百四十条 地上权人之工作物为建筑物者，如地上权因存续期间届满而消灭，土地所有人，应按该建筑物之时价为补偿。但契约另有订定者，从其订定。

土地所有人，于地上权存续期间届满前，得请求地上权人，于建筑物可得使用之期限内，延长地上权之期间。地上权人拒绝延长者，不得请求前项之补偿。

【理由】谨按依前条之规定，地上权因存续期间届满而归于消灭时，地上权人依法得取回其工作物及竹木，而回复土地之原状，于此情形，固不生何种问题。设使此工作物系建筑物，地上权人不能收回，而又不能再行使用，则其所受损害，实为重大。故除契约另有订定外，应使土地所有人，按照该建筑物之时价而为补偿，以维护地上权人之利益，俾昭公允。此本条第一项所由设也。又依前项规定，土地所有人于地上权之存续期间届满，应按该建筑物之时价，而负补偿之责任。但土地所有人如无力补偿或不欲补偿时，亦得请求地上权人于建筑物可得使用之期限内，延长地上权之期间，俾双方均不致有所损害，此种规定，至为允当。如地上权人拒绝延长，是已不愿使用其建筑物，即不得再享请求补偿之权利，以示限制而杜争端。此本条第二项所由设也。

判 地上权存续期间，应斟酌工作物及一切情形而定。（四年上字第一五二七号）

判 地上权存续期间，得依建筑物得以利用之时期为标准定之。（五年上字第一二一一号）

判 借地造屋，未定存续期间，法院应斟酌工作物之种类、品质及经过时期，并一切情形，定其应否即时拆让。（十七年上字第六六二号）

第八百四十一条 地上权不因工作物或竹木之灭失而消灭。

【理由】查民律草案第一千零七十八条理由谓，地上权其地上之工作物或竹木灭失，则标的物欠缺，然不因标的物欠缺之故，使其权利消灭。盖地上权之标的物为土地，非工作物或竹木也。故设本条以明示其旨。

解 地上权不因工作物灭失而消灭，其不定期间之地上权，如地方确有永久存续之习惯者，得从习惯。（十八年院字第一五号）

解 在他人土地上建筑房屋，如为地上权不因工作物之灭失而消灭。

但地上权人不得借口习惯，主张所有。（二十年院字第五三六号）

第四章　永佃权

【理由】查民律草案物权编第四章原案谓，永佃权者，支付佃租而于他人土地上为耕作或牧畜利用他人土地之物权也。其权利人谓之永佃权人，此权利能使土地所有人既受佃租，又受改良土地之利益，并使永佃权人于他人土地上得为耕作或牧畜之利益，实际良便。故特设本章之规定。

第八百四十二条　称永佃权者，谓支付佃租永久在他人土地上为耕作或牧畜之权。

永佃权之设定，定有期限者，视为租赁，适用关于租赁之规定。

【理由】查民律草案第一千零八十六条理由谓，按各国永佃权之制度不一，有仅于他人土地耕作或牧畜为永佃权者，有于他人土地狩猎或捕鱼为永佃权者，其实于他人土地狩猎、捕鱼，不得谓之物权。故本条第一项，只以于他人土地耕作或牧畜者为物权焉。

谨按至永佃权之设定行为，既属永久，自应不定期限，方符永佃权之要件。如定有期限，则视为租赁，关于一切效力，自应适用租赁之规定。故设本条第二项以明示其旨。

判　有庄头壮丁名义，即为佃权。（二年上字第九三号）

判　佃权成立，应具备一定要件。（二年上字第一三七号）

判　佃约不能释为有定期者，即系永久存在。（二年上字第一四〇号）

判　永佃权本系物权性质，无论业主更换何人，当然永远存在，不受影响。现租则系债权性质，仅对于原业主得以主张，如新业主并未允租，当然无强求之权。（三年上字第三〇五号）

判　佃权为物权，不因业主更换而受影响。（三年上字第三〇五号）

判　佃权与租赁权之区别，以契约内容为断。（三年上字第六八八号）

判　佃权外设定有质权者，质权消灭，佃权不随之消灭。（三年上字

第九七五号）

　　判　佃权人得使用收益土地。（四年上字第四四四号）

　　判　永佃地遇有经济状况变更，亦得请求增租。（四年上字第五〇一号）

　　判　约定永久存续之佃权，不得擅请消灭或缩期。（四年上字第五〇一号）

　　判　佃权无最长期之限制。（四年上字第八三六号）

　　判　佃权不因所有权人与让受人之契约而消灭。（四年上字第一一一七号）

　　判　官田原佃，亦无一定年限之限制。（四年上字第一六五四号）

　　判　旗地之佃权，不因变为民地而剥夺。（四年上字第一七三一号）

　　判　租契不必有永远耕种明文，始为佃权之设定。（四年上字第二二五〇号）

　　判　带地投充之人，有佃权。（五年上字第七九二号）

　　判　佃权设定，不以订立书据为要件。（七年上字第一二六五号）

　　判　重复佃权，以设定在先者，为有效。（七年上字第一四五七号）

　　判　佃权得对抗新业主，退地时亦得请求返还有益费。（八年声字第七四号）

　　判　永佃权之设定，不必定有押租，旗地之外，亦有永佃地。（八年上字第二七七号）

　　解　永佃权人，苟于所佃之地，就用法不为有害土地之变更，并原约又无限制者，应准佃权人自由改种。（九年统字第一三〇二号）

　　判　旗地之永佃权人，能否尽先留买，将来清理旗产处另定划一办法施行后，行政官署自能依法执行。（十八年上字第一四二号）

　　解　茶桑虽系木本植物，惟依民法第八百三十二条之规定，仅以在他人土地上有竹木而使用他人之土地为目的者，始称为地上权。若其目的在于定期收获，而施人工于他人之土地以栽培植物，则为耕作。其支付佃租而以永久为目的者，依民法第八百四十二条第一项之规定，称为永佃权。若当事人间定有期限，则视为租赁，适用关于租赁之规定。（二十一年院字第七三八号）

第八百四十三条　永佃权人得将其权利让与他人。

【理由】谨按永佃权为财产权之一种，故永佃权人于永佃权存续期间内，在其耕作或牧畜之土地上，有任意处分之权能。且此种权利无专属性，亦得让与他人。故设本条以明示其旨。

判　佃权人，得处分其权利。（二年上字第一四〇号）

判　佃权得以转让。（四年上字第二五二号）

判　典买永佃权，不为撤佃理由。（四年上字第三〇二号）

判　关于让与，得依设定行为及习惯。（五年上字第三三三号）

判　佃权人，得以佃地转租。（七年上字第九八三号）

解　揽种情形，其预缴之押租，若经返还，即可令佃人退佃，是尚不能认为有永佃权存在之佃户，私相转顶，业主当然不受拘束。该地习惯，应有法之效力。（十年统字第一六四五号）

第八百四十四条　永佃权人因不可抗力，致其收益减少或全无者，得请求减少或免除佃租。

【理由】谨按永佃权人于土地上耕作或牧畜之收益，虽似可以预期，然遇有不可抗力之时，致收益减少或致全无者，亦事所恒有。如耕作因天旱水灾，牧畜因瘟疫死伤之类，皆属不可抗力之事，此种收益减少或全无之事实，既非永佃权人故意或过失之所致，若仍令负其全责，殊不足以保护经济上之弱者。故为顾全实际状况计，规定永佃权人因不可抗力致其收益减少或全无收益时，得请求减少或免除佃租，以昭公允。此本条所由设也。

判　因天灾等一时滞纳，非存心揩欠者，不得撤佃。（四年上字第一七三一号）

判　旗地已与民地一律者，得因不敷纳粮，请求增租。（五年上字第五〇一号）

第八百四十五条　永佃权人不得将土地出租于他人。

永佃权人违反前项之规定者，土地所有人得撤佃。

【理由】谨按土地所有人与永佃权人之设定永佃权，多置重于永佃权人之人的关系，故永佃权人将其权利让与他人，固无不可，然如将土地出租于他人耕作或牧畜，借以从中渔利，则与土地所有人之原意不符，且对于土地利用实有妨害。故本条第一项规定，永佃权人不得将土地出租于他人。又第二项规定永佃权人违反前项规定而将土地出租者，土地所有人，即得撤销其佃权也。

第八百四十六条　永佃权人积欠地租达二年之总额者，除另有习惯外，土地所有人得撤佃。

【理由】 谨按永佃权之规定，原以支付佃租为前提，永佃权人既取得永久耕作或牧畜之权利，对于土地所有人即应负支付佃租之义务。若怠于支付佃租，且积欠地租达二年之总额时，是已失其信用，实有害于土地所有人之利益。故本条规定除另有习惯外，许土地所有人，得撤永佃权人之佃权。

判　人民佃种旗地，不得无故增租夺佃。（二年上字第六九号）

判　不按期交租者，可以撤佃。（二年上字第一四〇号）

判　取得佃权时给有对价者，地主于撤佃时，应偿还之。（二年上字第一四〇号）

判　永远存续之佃权，须有法律上正当理由，始可撤佃增租。（三年上字第七〇八号）

判　因欠租盗典而生撤佃原因者，不得以补缴回赎，拒绝撤佃。（四年上字第三八九号）

判　屡经催告而不付租者，得以撤佃。（四年上字第五八二号）

判　旗地撤佃，应补偿兑价。（四年上字第一七三一号）

判　旗地因自种撤佃，须地主在生活上实有自种必要。（五年上字第九五九号）

判　因涉讼无从交租者，不得撤佃。（八年上字第五〇五号）

解　既经业主有效撤佃之后，若佃户补清欠租，不经业主同意，仍不能回复佃权。（九年统字第一二三二号）

解　欠租在二年以上或一年内，有意抗欠颗粒不交者，自许撤佃。（十年统字第一六四五号）

第八百四十七条　前二条之撤佃，应向永佃权人，以意思表示为之。

【理由】 谨按土地所有人，依前二条所规定得为撤佃之原因，而对于永佃权人撤佃时，应向其以意思表示为之。所谓意思表示，应即查照民法总则第四章第三节各条规定办理也。

判 主张撤佃，须有法令或习惯所认之原因。（六年上字第一四三七号）

第八百四十八条 第八百三十九条之规定，于永佃权准用之。

【理由】 谨按永佃权消灭时，永佃权人对于该土地耕作牧畜所置之工作物，自应许其取回，但应回复土地之原状。若土地所有人愿以时价购置者，永佃权人亦不得无故拒绝，以期双方之便宜。此与地上权消灭时之情形相同，故准用本法第八百三十九条之规定。

解 虽不欠租，地主实欲自种，或因其他情形，亦许收地。惟佃户所受损失，须给相当补偿。（十年统字第一六四五号）

第八百四十九条 永佃权人让与其权利于第三人者，所有前永佃权人，对于土地所有人所欠之租额，由该第三人负偿还之责。

【理由】 谨按永佃权人既将其权利让与第三者，则前永佃权人对于土地所有人所欠之租额，自应随同移转，由该第三者负清偿之责。同时土地所有人撤佃之权，仍继续存在，无论前永佃权人或现永佃权人，合计欠租达二年之总额者，即得依据本法第八百四十六条之规定，主张撤佃。本条之设，盖以保护土地所有人之利益也。

判 佃权人得为转佃，因转佃取得权利之第三人，亦得对抗业主。（五年上字第一○一五号）

第八百五十条 第七百七十四条至第七百九十八条之规定，于永佃权人间，或永佃权人与土地所有人间准用之。

【理由】 谨按永佃权人间或永佃权人与土地所有人间，关于权利义务及其限制等等，不可不有明确之规定，俾资适用。故本条明定本法第七百七十四条至第七百九十八条，所规定各情形，皆得准用之。

第五章 地役权

【理由】 查民律草案物权编第五章原案谓，凡许某土地或某人利用他人之物者，其土地或其人对于他人之物有物权，此物权统谓之役权。而许某土地利用他人土地之物权，谓之地之役权，省称之为地役权。许某人利用他人之物之物权，谓之人之役权。例如，为自己土地通行便利起见，于他人土地上修造道路之物权，则为地役权。又如所有人以其所有物，供他人使用或收益之物权，则为人之役权，欧洲诸国民法于地役权及人之役权（如用益役权、使用役权及居住权是）所设有规定。惟东西习惯不同，人之役权为东亚各国所无。日本民法仅规定地役权，而于人之役权无明文，中国习惯亦与日本相同，故本法亦只设地役权也。采用法国法系诸国之民法，分地役权为法定地役及人为地役，然法定地役，皆系关于土地皆有权界限之事，本法于土地所有权章规定之，不复认法定地役，日德诸国之民法亦然。人为地役者，因法律行为设定之地役权也，为实际上最关重要之物权，故特设本章之规定。

第八百五十一条 称地役权者，谓以他人土地供自己土地便宜之用之权。

【理由】 查民律草案第一千一百零二条理由谓，地役权者，以他人土地供自己土地便宜之用之物权也。其受便宜之地谓之需役地，其供他人土地之用之地谓之供役地。至使用土地之程度，有以通行为目的者，有以观望为目的者，复有以引水为目的者，其类匪一，悉依设定行为定之。故设本条以明示其旨。

判 通行地役权，因设定行为而取得。（五年上字第七二七号）

第八百五十二条 地役权以继续并表见者为限，因时效而取得。

【理由】 查民律草案第一千一百零五条理由谓，继续并表见之地役权，使其得因时效而取得，并非不当，然不继续之地役权或不表见之地役权则否。盖不继续之地役权，其供役地之所有人所受妨害甚微，有时地役之成立，初非有成立之原因，第由供役人宽容允许而已，若因此遽推定为设定或让与，殊觉未协。又表见之地役，其供役地之所有人，多年并不拒绝，推定其为既已设定或让与，固属无妨。至不表见之地役，则无此推定之基础，故亦不得因时效取得之。此本条所由设也。

第八百五十三条 地役权不得由需役地分离而为让与，或为其他权利之标的物。

【理由】 查民律草案第一千一百一十七条理由谓，地役权者，为供需役地便益而存之物权也。故地役权应从属需役地不得分离，当地役权移转时，若当事人间无特别约定，应与需役地之所有权一并移转，惟不得仅以地役权让与他人或以其为他权利之标的物。此本条所由设也。

第八百五十四条　地役权人，因行使或维持其权利得为必要之行为，但应择于供役地损害最少之处所及方法为之。

【理由】查民律草案第一千一百零七条理由谓，地役权人，得为行使其权利所必要之事项，例如汲水地役权人，得因汲水而通行供役地；或以自己之费用，于供役地上设置工作物，如修造道路是也。地役权人虽有此权利，然不得滥行使用，致害及供役地之地主利益，故须择于供役地损害最少之处所及方法为之。

第八百五十五条　地役权人，因行使权利而为设置者，有维持其设置之义务。

供役地所有人，得使用前项之设置。但有碍地役权之行使者，不在此限。

前项情形。供役地所有人，应按其受益之程度，分担维持其设置之费用。

【理由】查民律草案第一千一百零九条理由谓，地役权人为行使其权利，于供役地上设置工作物时，若不有维持其设置之义务，供役地之所有人，必因此而受损害，故设本条以保护其利益。又第一千一百一十一条理由谓供役地所有人，得使用其地上所存之工作物，其旨在使供役地之所有人，不必再设工作物，以节无益之费用。

第八百五十六条　需役地经分割者，其地役权，为各部分之利益，仍为存续。但地役权之行使，依其性质，只关于需役地之一部分者，仅就该部分仍为存续。

【理由】查民律草案第一千一百一十四条理由谓，地役权者，为需役地之便益而使用供役地之物权也，有不可分之性质，故分割需役地或将需役地之一部让与时，地役权仍为各部而存续之。然地役之性质，有仅关于土地之一部者，则为例外，其地役权不为各部而存续，仅为一部而存续。例如有地一区，其隅有园庭，为其园庭设观望地役，当其地未分割时，其地全部皆为需役地，既分割后，只有园庭之土地为需役地，亦仅取得该土地之所有人有地役权也。

　　解　依法设定之地役权，不因该供役地或需役地之所有权移转而变更其效力。除有法定消灭原因外，自得继续享用。（十年统字第一五三六号）

　　第八百五十七条　供役地经分割者，就其各部分，仍为存续。但地役权之行使，依其性质，只关于供役地之一部分者，仅对于该部分仍为存续。

　　【理由】谨按本条理由，与前条理由同，应参看。

　　解　依法设定之地役权，不因该供役地或需役地之所有权移转而变更其效力。除有法定消灭原因外，自得继续享用。（十年统字第一五三六号）

　　第八百五十八条　第七百六十七条之规定，于地役权准用之。

　　【理由】谨按地役权人既有以他人土地供自己土地便宜之用之权，则对于无权占有或侵夺其地役权者，得请求返还之；对于妨害其地役权者，得请求除去之；对于有妨害其地役权之虞者，得请求防止之。此与所有人相同，故准用本法第七百六十七条之规定。

　　第八百五十九条　地役权无存续之必要时，法院因供役地所有人之声请，得宣告地役权消灭。

　　【理由】谨按地役权有不必存续之情形时，即因地役权无存在之必要，或因情事变迁无存在可能之谓，应使供役地所有人得声请法院宣告地役权消灭，以保护其利益。故设本条以明示其旨。

第六章　抵押权

　　【理由】查民律草案物权编第六章第二节原案谓，抵押权者，标的物不由债权人占有而成立之担保物权也。故抵押权之利益有三：一，设定抵押权后，仍得占有标的物而使用收益处分之，是于抵押人有利益也（但不得害及抵押权人之利益）；二，抵押权人不负保存标的物之义务，而能取得完全之担保权，是于抵押权人有利益也；三，标的物仍存于所有人之手，即仍存于抵押人之手，于改良并无妨碍，是于社会有利益也。本法斟酌中国之习惯及外国之立法例，特设本章之规定。抵押权有三种：

一为法律上之抵押，二为审判上之抵押，三为因法律行为而设立之抵押。各国立法例有认此三种抵押权者，惟审判上之抵押，非实际上必要，本法仅认因法律行为而设立之抵押及法律上之抵押二种。各国立法例有认动产及不动产俱可为抵押物者，然以动产为抵押物，实际并不能全其效用，除法律特别规定外（例如以船舶为抵押是，即特例），应以不动产为抵押之标的物。又有认债务人之一切财产俱可为抵押权之标的物者（例如一般抵押是），此有害于交易上之安全，故本法均不采用也。

第八百六十条　称抵押权者，谓对于债务人或第三人不移转占有而供担保之不动产，得就其卖得价金受清偿之权。

【理由】查民律草案第一千一百三十五条理由谓，抵押权者，使抵押权人之债权得以其标的物卖得之金额清偿之，以确保其债权必能受清偿之物权也。设定此物权之债务人或第三人，谓之抵押人。又抵押权者，标的物不由权利人占有之物权也，其与质权相异之点，实在于此。而抵押物必系债务人或第三人（即抵押人）所有之不动产，斯能达其担保之目的。此本条所由设也。

判　抵押权人，得就抵押物受优先清偿。（二年上字第八九号）

判　优先受偿之权利，不因债务人资力缺乏而异。（二年上字第八九号）

判　非所有人，不得设定抵押权。（三年上字第四五〇号）

判　受人委托而以己名设定抵押权，仍为有效抵押。（三年上字第六七六号）

判　抵押质，与借贷不同。（三年上字第七一一号）

判　就共有物设定抵押权，须全体共有人同意。（三年上字第一一六五号）

判　以他人之物供担保，须经所有人允许追认。（四年上字第三六五号）

判　抵押物由原业主管理。（四年上字第一三〇五号）

判　抵押权不能离债权而独存。（四年上字第一四八五号）

判　动产不能为抵押权之标的。（四年上字第一五〇五号）

判　设定担保物权，并非即使债务消灭。（四年上字第一五三二号）

判　自己所无之权利，不能抵押于人。（五年上字第六〇四号）

判　无权设定抵押权，经所有人追认，亦有效。（五年上字第七〇九号）

判　债务人不得强以抵押物，代充清偿。（五年上字第九五三号）

判　设定不动产担保物权，不立字据者，无效。（七年上字第七七号）

判　债务人不得强以担保物抵偿债权。（七年上字第八二七号）

判　债权人不负将担保物觅主售卖之义务。（八年上字第一一六八号）

判　债务人一人为全部债务设定之抵押物，债权人得就其全部行使权利。（十年上字第六六八号）

解　抵押权人就担保物之卖价，得不经裁判，先受清偿。（十二年统字第一八五一号）

判　抵押权人以属于破产财团之特定标的物为限，有别除权。（十五年上字第二九四号）

判　不动产抵当权之设定，须凭契约。而契约之有无效力或撤销之原因，则以其契约之成立是否合法为断。（十七年上字第三四五号）

判　抵押权有追及之效力，并应先于所有权行使其权利。（十八年上字第二六二号）

判　抵押权之设定，须对于不动产始得为之。动产及其他之营业权利，不能为抵押权之标的。（二十一年上字第八六号）

判　抵押权之设立，于法原不移转占有，在债权人当然无收益之可言。（二十一年上字第一三三号）

判　凡债务人指不动产以担保债权之清偿，而并不移转占有者，谓之抵押。若典质关系，必须将不动产移转占有，俾典质权人，得以使用收益，始能成立。（二十一年上字第二四六号）

判　第三人所有之不动产，得为抵押物。（二十一年上字第二八八号）

判　抵押权，并不移转其权利标的物之占有，与其他移转占有之担保物权，有足以阻止债务人为物之交付之效力者不同。即债务人纵因另欠债务，由债权人对于该抵押权之标的物，声请假扣押，亦与抵押权之

优先受偿之权利无损。（二十一年上字第二九七号）

第八百六十一条　抵押权所担保者为原债权、利息、迟延利息及实行抵押权之费用，但契约另有订定者不在此限。

【理由】查民律草案第一千一百三十八条理由谓，抵押权仅担保登记之债权额及利息为其原则，然保存不动产之费用、行使抵押权之费用以及迟延利息（金钱债权因不履行而生之损失赔偿是），毋须登记，以其担保权担保其清偿，否则不足以保护抵押权人之利益。故设本条以明示其旨。

判　担保范围以原本、利息为限，不履行之赔偿，不在担保之列。（三年上字第一二四号）

判　转押权人，仅得于原押范围内请求执行。（三年上字第一八七号）

判　保证债务，与担保物权得并存。（四年上字第七四〇号）

判　抵押权之转押，以原押范围为限。（四年上字第一四六九号）

判　清偿债务前，不得索回担保物之契据。（四年上字第一六二四号）

判　以抵押权另行转押，只不超过原押范围，其抵押权不能因之失效。（五年上字第九九九号）

判　债权人负迟延责任者，应交还或赔偿质物所生之孳息。（五年上字第一一〇六号）

判　利息应受抵押权之担保。（五年上字第一三九〇号）

判　保证人担保物权并存者，应先行使担保物权。（六年上字第四〇三号）

第八百六十二条　抵抗权之效力，及于抵押物之从物与从权利。

第三人于抵押权设定前，就从物取得之权利，不受前项规定之影响。

【理由】谨按抵押物之从物，若属抵押物所有人之所有，抵押权之效力，亦能及之，以使抵押权之信用，益增巩固。所谓从物者，即常供主物之用，而与主物分离各自独立之物，如房屋之有门窗，箱柜之有锁钥是。又从权利如地役权等亦与从物无异，自应同此规定。故设本条第一项以明示其旨。至该从物于设定抵押权前已让与于人者，即第三人于抵押权设定前，已就从物取得之权利，此时抵押权之效力，不能及之，盖使抵押物之所有人能独立处分其从物，且以保护与所有人交易之第三人之利益也。故设本条第二项以明示其旨。

第八百六十三条　抵押权之效力，及于抵押物扣押后由抵押物分离之天然孳息。

【理由】查民律草案第一千一百四十一条理由谓，抵押权于行使其权利时，其效力及于与抵押物分离之天然孳息，所以巩固抵押权之信用也。惟行使抵押权前与抵押物分离之孳息，抵押权之效力，不能及之。否则抵押物之所有人不能处分其孳息，且不能保护与所有人就孳息为交易之第三人利益也。

第八百六十四条　抵押权之效力，及于抵押物扣押后，抵押人就抵押物得收取之法定孳息。但抵押权人，非以扣押抵押物之事情，通知应清偿法定孳息之义务人，不得与之对抗。

【理由】查民律草案第一千一百四十二条理由谓，抵押权当行使其权利时，对于得由抵押物收取之法定孳息有效力，亦所以巩固抵押权之信用。此本条之所由设也。然清偿法定孳息义务人之利益，亦应保护，故复设但书之规定。

第八百六十五条　不动产所有人，因担保数债权，就同一不动产，设定数抵押权者，其次序依登记之先后定之。

【理由】查民律草案第一千一百四十三条理由谓，为担保数债权于一不动产上设定数抵押权者，其抵押权之优先次序，不应依设定行为之先后，应依登记之先后。盖抵押权以登记为要件，因登记而成立者也。

判　所有人自造契据，再行押款，为法所不许。（五年上字第一〇〇九号）

第八百六十六条　不动产所有人，设定抵押权后，于同一不动产上，得设定地上权及其他权利。但其抵押权不因此而受影响。

【理由】查民律草案第一千一百四十六条理由谓，不动产之所有人设定抵押权后，于同一不动产上，仍有设定地上权等项权利之权能。然不得因此妨及抵押权人实行其权利，庶于设定抵押权人及抵押权人之利益，两无所妨。

判　抵押物得以转押。（三年上字第一二四号）

判　不动产质权人，不得阻止债务人更行抵押于人，亦不得滥行干

涉债务人变卖偿债。（十年上字第一五一二号）

解 铺底权如与所有权同属一人，自因混同而消灭，不得更为登记。至就旧铺底权设抵押权，亦属无效。如经登记，应准前担保权人诉请涂销。（十六年统字第二〇一一号）

第八百六十七条 不动产所有人设定抵押权后，得将不动产让与他人，但其抵押权不因此而受影响。

【理由】查民律草案第一千一百四十七条理由谓，不动产之所有人设定抵押权后，但使不至害及抵押权人之利益，得将其不动产让与他人。故为抵押物之不动产，纵已让与，而抵押权之关系，依然存在，毫不受其影响。故设本条以明示其旨。

判 抵押权人，得请求消除，而不得请求第三取得人为单纯之偿还。（二年上字第一三一号）

判 已设之担保权，不因其物之所有权移转，而被妨害。（三年上字第一二七号）

判 抵押物之第三取得人，得依清偿或消除而消灭抵押权。（四年上字第九〇一号）

判 抵押权因债务人代偿债务或消除，而消灭。（四年上字第九〇二号）

判 担保物，得让与于人。（四年上字第一四八六号）

判 抵押权，有追及效力。（四年上字第二一二〇号）

判 抵押物让受人，非因过失而不知抵押权者，应受相当保护。（五年上字第一四一六号）

判 债务之承任及分析让与，不能影响于抵押权。（七年上字第一三六八号）

第八百六十八条 抵押之不动产如经分割，或让与其一部，或担保一债权之数不动产而以其一让与他人者，其抵押权不因此而受影响。

【理由】查民律草案第一千一百四十九条理由谓，抵押权人于其标的物存在时为限，就全部债权得行其权利，所以巩固抵押权之基础也。故抵押不动产虽分割与数人，抵押权人对于其分割之部分，仍得就全部债权行其权利。分割人中之一人不得仅支付与其分割部分相当之金额，即免其责。此本条所由设也。

判　善意取得物权者，应与先有抵押权之人，分担损失。（四年上字第一二四五号）

第八百六十九条　以抵押权担保之债权，如经分割或让与其一部者，其抵押权不因此而受影响。

前项规定，于债务分割时适用之。

【理由】谨按可供担保之抵押权，并不以有体物为限，无形之抵押权亦可作为担保。依本法之规定，抵押权为不可分之担保权，故以抵押权担保之债权，虽经分割，或以其一部让与他人，而各债权人仍得就分割所得之部分，行使其全部抵押权。此本条第一项所由设也。又债务之分割，亦与债权分割之情形相同，故适用关于债权分割之规定。此本条第二项所由设也。

第八百七十条　抵押权不得由债权分离而为让与，或为其他债权之担保。

【理由】查民律草案第一千一百六十二条理由谓，抵押权者，从物权也，非随所担保之债权，不得让与，亦不得为他债权之担保。若抵押权与债权分离而为他债权之担保，或债权人为同一债务人之他债权人之利益，得让与或抛弃其抵押权及次序，非惟于实际上无益，且有使法律关系趋于烦杂。故本条禁止之，以防斯弊。

判　转押应否得原设定人同意，以习惯为断。（四年抗字第三五号）

第八百七十一条　抵押人之行为，足使抵押物之价值减少者，抵押权人得请求停止其行为。如有急迫之情事，抵押权人得自为必要之保全处分，因前项请求或处分所生之费用，由抵押人负担。

【理由】查民律草案第一千一百五十八条理由谓，抵押人之行为，有使抵押物价格减少之虞者，抵押权人为预防起见，使其得为审判上或审判外适当之请求，并于急迫时，许其得自行防御，以保护其权利。因而所需之费用，由抵押人负担。此项费用，凡依抵押物得受清偿之一切债权人不问其为通常债权人，抑为有物上担保之债权人，均受其利益，虽不登记，亦较债权人之债权能先受清偿也。

判　抵押权人管理抵押物时，得请求偿还必要修理费。（三年上字第

四二七号）

　　判　以第三人之物供抵押，因而丧失所有权者，该第三人有求偿权。（五年上字第一三九〇号）

　　第八百七十二条　抵押物价值减少时，抵押权人得请求抵押人回复抵押物之原状，或提出与减少价额相当之担保。

　　抵押物之价值，因非可归责于抵押人之事由，致减少者，抵押权人，仅于抵押人得受损害赔偿之限度内，请求提出担保。

　　【理由】谨按抵押物之价值减少，系因抵押人之行为而生者，应使抵押权人得请求抵押人回复抵押物之原状，或提出与减少价额相当之担保，以完全保护其抵押权。但抵押物之价值，其减少之事由因非可归责于抵押人者，则抵押权人仅得于所受损害赔偿之限度内，请求提出担保，以保护其利益，不得遽为前述之请求也。

　　判　担保物灭失，得请求另行提供。（三年上字第一〇八号）

　　判　为他人供担保，应与其债务相终始。（三年上字第三四〇号）

　　判　债务人不得减少抵押物。（三年上字第四六三号）

　　判　担保物灭失之损失，由债务人负担。（四年上字第二八一号）

　　判　设定抵押权人，不负抵押物因天灾事变灭损之危险。（四年上字第二四二二号）

　　判　抵押物毁损，不能影响于债权。（四年上字第二四二二号）

　　第八百七十三条　抵押权人，于债权已届清偿期而未受清偿者，得声请法院拍卖抵押物，就其卖得价金而受清偿。

　　约定于债权已届清偿期而未为清偿时，抵押物之所有权移属于抵押权人者，其约定为无效。

　　【理由】查民律草案第一千一百五十条理由谓，已至清偿期，债务人不清偿其债务，应使抵押权人实行其抵押权，实行之法，以抵押物变价为适当，变偿之法，即依执行律将抵押物拍卖是也。若有数抵押物，亦可同时请求拍卖，此当然之事，无须另设明文规定。

　　谨按约定债权已届清偿期，而债务人不为清偿时，以抵押物之所有权，移属于抵押权人者，则为法所不许，纵有约定，亦属无效。故设本条以明示其旨。

判　附有担保物权之债权，得就担保物受优先清偿。（三年上字第二〇三号）

判　债务经催告而不履行者，得将抵押物变抵。（三年上字第四四三号）

判　担保物权人，得就担保物优先受偿。（三年上字第五三八号）

判　担保物变卖余额，仍归债务人。（三年上字第五三八号）

判　债务人不能履行时，当然行使抵押权。（四年上字第一一四号）

判　抵押物卖价不敷清偿者，自仍得请求偿还余额。（四年上字第一〇二四号）

判　转押权人行使权利前，须促原设定人履行债务。（四年上字第一八二六号）

判　抵押权人，得请求审判衙门拍卖抵押物。（四年上字第二三八〇号）

判　无担保之债权，不得与有担保者同受优先清偿。（五年上字第四六号）

判　债务逾期不履行，得将抵押物变抵。（五年上字第五八一号）

判　抵押物价格，应依变卖所得计算之。（五年上字第五八一号）

判　出卖抵押物，应为善良管理人之注意。（五年上字第八八八号）

判　抵押物卖价有余，应返还原主。（五年上字第九五三号）

判　担保物，由设定人变卖。（六年上字第三六三号）

判　抵押物价值有争执时，应实施拍卖程序。（六年上字第九八八号）

判　依汉口理债处规则，凡有押产担保之债权，无折减可言。（七年上字第三九四号）

判　债务人到期及经催告而不履行者，得行使担保物权。（七年上字第一五四五号）

解　判定房屋查封备抵，第三者纵善意买受，债权人之优先受偿权，仍旧存在。（八年统字第九三二号）

判　债务延期契约内预定届期不赎，将抵押物归其管业者，亦为流质契约。（十一年上字第七二七号）

判　有担保物权时，债权人得选择行使。（十二年上字第三九七号）

判 延展清偿期限，无使担保物权消灭之效力。（十四年上字第五六九号）

解 约据所载至期如本利不到，将自己房地许钱主承管，作为死业，不准回赎等语，该部分自系流质契约，不能有效。（十六年统字第二〇一〇号）

解 抵押权人欲实行其抵押权，非先诉请法院判决确定，不得执行拍卖抵押物。（二十年院字第四九三号）

第八百七十四条 抵押物卖得之价金，按各抵押权人之次序分配之。其次序同者，平均分配之。

【理由】查民律草案第一千一百五十一条理由谓，抵押物之卖得金，分配之法，须规定明确。抵押权人之次序异者，按其次序分配之，次序同者，抵押权人平均分配之，以昭公允。

判 后抵押权人，因正当理由，不知已先位抵押权者，应受同等清偿。（四年上字第一一八六号）

判 同一物上，有数宗担保物权者，其得受清偿之次序，不仅以设定之先后为准。其次序在后之权利人，如确无过失，不知其物上已有他项担保权（善意）者，为调和各债权人之利益起见，许其按照债权之额数比例受偿。（六年上字第一四三六号）

第八百七十五条 为同一债权之担保，于数不动产上设定抵押权，而未限定各个不动产所负担之金额者，抵押权人得就各个不动产卖得之价金，受债权全部或一部之清偿。

【理由】谨按为担保同一债权，于数不动产上设定抵押权者，如各个不动产所负担之金额并未限定，则抵押权人可以就各个不动产卖得之价金，受清偿其全部或一部之债额。盖抵押权为不可分之权利，此数不动产设定抵押权时，既未限定各个担保之金额，抵押权人自得就其全部行使权利，而受其清偿也。

判 多数抵押物，得选择或同时出卖。（三年上字第四五九号）

判 一债权而有数抵押物者，得就各物受全部清偿。（六年上字第一一一七号）

第八百七十六条 土地及其土地上之建筑物，同属于一人所有，而仅以土地或仅以建筑物为抵押者，于抵押物拍卖时，视为已有地上权之设定，其地租由当事人协议定之，协议不谐时，得声请法院定之。

土地及其土地上之建筑物，同属于一人所有，而以土地及建筑物为抵押者，如经拍卖，其土地与建筑物之拍定人各异时，适用前项之规定。

【理由】查民律草案第一千一百五十四条理由谓，本条使土地及土地上之建筑物，得独立而为抵押权之标的物。若土地及土地上之建筑物，属于一所有人时，得只以土地或建筑物为抵押权之标的物。土地与建筑物既分，则实行抵押权将拍卖时，拍定人与土地所有人或建筑物所有人间之关系，应规定明确，以杜争执。而拍卖之物为抵押之土地时，其建筑物之所有人，视为取得地上权人，仍得以其建筑物利用其土地，拍卖之物为抵押之建筑物时，其拍定人视为取得地上权人，使得利用其土地。至以土地及建筑物抵押于人，而其拍定人各异者亦同，故亦适用此规定。

第八百七十七条　土地所有人，于设定抵押权后，在抵押之土地上营造建筑物者，抵押权人于必要时，得将其建筑物与土地并付拍卖。但对于建筑物之价金，无优先受清偿之权。

【理由】查民律草案第一千一百五十五条理由谓，土地所有人于设定抵押权后，在抵押物上营造建筑物者，应使抵押权人于必要时，得以土地与其建筑物一并拍卖，以保护其利益，否则收去建筑物，于经济上所损甚巨。然建筑物非抵押权之标的物，故抵押权人对于建筑物之价金，不得行使优先权。

判　质权人，得收回其所附加之工作物。（五年上字第一一四二号）

第八百七十八条　抵押权人于债权清偿期届满后，为受清偿，得订立契约取得抵押物之所有权，或用拍卖以外之方法处分抵押物。但有害于其他抵押权人之利益者，不在此限。

【理由】查民律草案第一千一百五十六条理由谓，在清偿债权期之前，若使抵押权人能取得抵押物之所有权以代清偿，或用拍卖以外之方法处分抵押物，是害及抵押人利益。若已逾清偿期之后，抵押权人与抵押人缔结契约，则无此虑。应于不害及抵押人之利益范围内保护抵押权人之利益，但有害于其他抵押权人之利益者，不在此限。此本条之所由设也。

判　债务人不得以高价强债权人承受担保物。（六年上字第二二八号）

第八百七十九条　为债务人设定抵押权之第三人，代为清偿债务，或因抵押权人实行抵押权致失抵押物之所有权时，依关于保证之规定，对于债务人，有求偿权。

【理由】谨按第三人以自己之所有物为债务人设定抵押权者，其法律上地位与保证人无异。如已代债务人清偿债务，或因抵押权人实行抵押权，致失抵押物之所有权，为保护第三人之利益起见，应使其得依保证债务之规定，对于债务人有求偿权。此本条所由设也。

第八百八十条　以抵押权担保之债权，其请求权已因时效而消灭，如抵押权人，于消灭时效完成后，五年间不实行其抵押权者，其抵押权消灭。

【理由】谨按抵押权为物权，本不因时效而消灭，惟以抵押权担保之债权已因时效而消灭，而抵押权人于消灭时效完成后，又复经过五年不实行其抵押权，则不能使权利状态永不确定，应使抵押权归于消灭，以保持社会之秩序。此本条所由设也。

第八百八十一条　抵押权因抵押物灭失而消灭，但因灭失得受之赔偿金，应按各抵押权人之次序分配之。

【理由】查民律草案第一千一百七十九条理由谓，抵押权之标的物灭失时，其抵押权应即消灭。然仅系一部灭失者，仍就其所余部分存续之。至因抵押物灭失应支付之赔偿金，须分配于各抵押权人，始能巩固其效力。此本条所由设也。

判　不动产质权人，对于质物丧失占有，系出于不可抗力者，不负何等责任。（十四年上字第一一九五号）

第八百八十二条　地上权、永佃权及典权，均得为抵押权之标的物。

【理由】查民律草案第一千一百八十条理由谓，地上权、永佃权及典权与土地之所有权，同得独立让与于他人之物权也。故使其得为抵押权之标的物，以增进交易上之便利。

第八百八十三条　本章抵押权之规定，于前条抵押权，及法定抵押权准用之。

【理由】谨按前条之抵押权，系以地上权、永佃权、典权为抵押权之标的物，及法定抵押权。标的物之发生原因，虽与普通抵押权不同，然其性质效用则一。故本条特明定，准用普通抵押权之规定。

第七章　质权

【理由】谨按质权者，谓债权人为其债权之担保，占有债务人之物，且就其物而有优先受偿之权利也。自罗马法以来，各国立法例，关于质权，大概分为三种：（一）不动产质权；（二）动产质权；（三）权利质权。我国素有典权之存立，不动产质权，于社会上向不习见，自无创设之必要。故本章仅设动产质权、权利质权之规定。

第一节　动产质权

【理由】查民律草案物权编第六章第五节原案谓，动产质权办法简易，而仍有担保债权之效力，此其特色，自古各国皆行之，中国亦然。本法参酌各国多数立法例，及本国惯习，特设此节，以期增进交易上之便利。

第八百八十四条　称动产质权者，谓因担保债权，占有由债务人或第三人移交之动产，得就其卖得价金，受清偿之权。

【理由】查民律草案第一千二百零九条理由谓，动产质权之内容，应以法律规定明确，以杜无益之争议。此本条所由设也。

判　质权不因他债权发生，而受影响。（二年上字第四六号）

判　供担保房屋而权利人得用益者，为不动产质权。（四年上字第一六一号）

判　质权与主债权，各为独立权利。（四年上字第四八二号）

判　质当与抵押不同，须移转占有，始生效力。（四年上字第一六九七号）

判　动产质权之设定行为，则以（一）设定之人确系有处分权，及（二）将其质物交付于质权人，为成立要件。（五年上字第六三一号）

判　质权成立之先后，不以投税为准。（六年声字第一二五号）

判　不耐久之物，得供担保。（六年上字第三六三号）

解　先买权之竞合，依条理应以权利成立在先者为先顺位。（八年统字第九四三号）

判　质权人占有动产而受关于占有规定之保护者，纵出质人无处分

其质物之权利，质权人仍取得质权。（二十一年上字第二二一号）

第八百八十五条　质权之设定，因移转占有而生效力。

质权人不得使出质人代自己占有质物。

【理由】查民律草案第一千二百一十条理由谓，易于移转，乃动产之特色。凡以动产为担保债权之标的物者，须使债权人占有其动产，始能保全其质权之效力。否则债权人实行其担保权，既涉困难，第三人亦易蒙不测之损害。使债权人占有其动产，则无此弊，各国立法皆用此主义，本条亦从之。

判　设定质权人，仅不得单纯代理质权人占有质物。（三年上字第二七〇号）

判　未移转质物之占有以前，仍得请求利息。（三年上字第三六五号）

判　动产质权人，须继续占有质物，始得对抗第三人。（四年上字第一九四九号）

判　设定质权不履行者，应补偿收益。（八年上字第三五三号）

判　以动产移归债权人占有而作为其债权之担保者，则为动产质权。该债权人自可就质物之卖价，优先于他债权人而受清偿。惟动产质权之成立，既系以移转占有为要件，则在未移转占有以前，虽经立有字据，亦尚不能发生质权之效力。（九年上字第七二六号）

第八百八十六条　质权人占有动产，而受关于占有规定之保护者，纵出质人无处分其质物之权利，质权人仍取得质物。

【理由】查民律草案第一千二百一十一条理由谓，出质人若无处分其标的物之权，其质权不能成立，此当然之理。然有时出质人虽无处分权，而质权人领受其质物时，确系善意，并无过失，平稳且公然占有其质物者，应使依占有之效力取得质权，以保护其利益。此本条所由设也。

判　抵押权及不动产质权，皆有追及效力。故设定抵押权或质权人，即将标的物所有权让与他人，而抵押权人或质权人，仍得就之行使其权利。（四年上字第二一二〇号）

判　质权人占有动产而受关于占有规定之保护者，纵出质人无处分其质物之权利，质权人仍取得质权。（二十一年上字第二二一号）

第八百八十七条　质权所担保者，为原债权、利息、迟延利息、实行质权之费用及因质物隐有瑕疵而生之损害赔偿。但契约另有订定者，不在此限。

【理由】谨按质权之效力，与抵押权相同。故本条规定动产质权担保之债权范围，其所担保者：（一）原债权；（二）利息；（三）迟延利息；（四）实行质权之费用（如拍卖费之类）；（五）因质物隐有瑕疵而生之损害赔偿。但契约另有订定者，不在此限，盖特为明白规定，所以杜无谓之争执也。

第八百八十八条　质权人应以善良管理人之注意，保管质物。

【理由】查民律草案第一千二百二十四条理由谓，质权人占有出质人之所有物，应使其负保管质物之义务，以保护出质人之利益。故设本条以明示其旨。

判　质物上之负担，应归质权人。（六年上字第五〇五号）

第八百八十九条　质权人得收取质物所生之孳息。但契约另有订定者，不在此限。

【理由】谨按质权人得收取质物所生之孳息，为本条所明定，盖以质权之设定，既以移转质权之占有为要件，则凡由质物所生之孳息，自应由质权人收取之，以资便利。但契约另有订定者，则应从其所定之明文办理也。

判　质权人得为用益，而不能请求利息及管理费。（三年上字第一二四八号）

第八百九十条　质权人，有收取质物所生孳息之权利者，应以对于自己财产同一之注意收取孳息，并为计算。

前项孳息，先抵充收取孳息之费用，次抵原债权之利息，次抵原债权。

【理由】查民律草案第一千一百二十五条理由谓，质权人有收取质物所生孳息之权利，虽为法律所许，然质权人于有收益权时之义务，不能不以法律确定之。此本条所由设也。

第八百九十一条　质权人于质权存续中，得以自己之责任，将质物转质于第三人。其因转质所受不可抗力之损失，亦应负责。

【理由】谨按质权为财产权之一种，质权人于质权存续期中，自得将其质权转质于第三人。但此种规定，原为质权人之利益而设，其因转质所受不可抗力之损失，自亦应由质权人负其全责，以昭公允。故设本条以明示其旨。

判 质权人，亦得将其质物转质于人。（七年上字第一二七号）

第八百九十二条 因质物有败坏之虞，或其价值显有减少，足以害及质权人之权利者，质权人得拍卖质物，以其卖得价金，代充质物。

【理由】查民律草案第一千二百二十七条理由谓，质物因败坏或经济上之变动，其价值显有减少，足以害及质权人权利之虞时，应使质权人得预行拍卖其质物，以其卖得金为其质权之标的物。若质权人不得预行拍卖，匪惟害及自己之利益，且害及出质人之利益也。

判 质物损坏而设定人不顾者，质权人即得径行变卖质物。（六年上字第三六三号）

第八百九十三条 质权人于债权已届清偿期，而未受清偿者，得拍卖质物，就其卖得价金而受清偿。

约定于债权已届清偿期而未为清偿时，质物之所有权移属于质权人者，其约定为无效。

【理由】谨按设定质权之目的，原使就质物所卖得之价金而受清偿。故质权人于债权已届清偿期而未受清偿时，得拍卖其质物，就其卖得价金而受清偿，以保护其利益。此第一项所由设也。又约定于债权已届清偿期而未为清偿时，质物之所有权，移转于质权人者，实有害债务人之利益，故为本法所不许。此第二项所由设也。

判 质权人得以质物变价供清偿。（三年上字第二六〇号）

判 质权人因故意过失，不以时价变卖质物者，应照时价计算，定其已偿之债额。（三年上字第二六〇号）

判 质权人得就质物优先受偿，不足仍得就他财产受偿。（三年上字第一〇三四号）

判 担保物须不敷清偿时，始得请求以其他财产清偿。（四年上字第一〇一五号）

判 担保物不敷清偿之余额，与普通债权同。（五年上字第三六〇号）

判　预立卖契，为期满不赎即行作绝之准备，自非有效。（九年统字第一三〇一号）

判　不许流质为民事法保护债务人之要则，惟在商行为，则异于单纯之民事契约，流质应属有效。（九年统字第一三六五号）

第八百九十四条　前二条情形，质权人应于拍卖前通知出质人。但不能通知者，不在此限。

【理由】谨按依前二条之情形，质权人主张拍卖质物时，应先期通知出质人，使出质人不愿拍卖其质物，得设法清偿其债务俾有回旋之余地。若质权人不通知而径行拍卖，则出质人虽免不受意外之损失，殊非法律之平，故为保护债务人利益计，特设本条之规定。但有不能通知之情形，自不受本条之限制。

第八百九十五条　第八百七十八条之规定，于动产质权准用之。

【理由】谨按质权人于债权清偿期届满后，为受清偿，得订立契约取得动产质物之所有权，或用拍卖以外之方法处分质物。此与抵押权人之与抵押物情形相同，故准用第八百七十八条之规定。

第八百九十六条　动产质权所担保之债权消灭时，质权人应将质物返还于有受领权之人。

【理由】谨按动产质权之效用，原为担保债权，其所担保之债权消灭，其质权亦同时消灭。故质权人于质权消灭时，应将质物返还于有受交付质物权利之人，如出质人或质物之所有人等是。此本条所由设也。

判　担保物苟无特约，须全偿后始许收回。（三年上字第一〇八号）

判　质权人于受全部清偿前，得不交还质物。（四年上字第二一二号）

第八百九十七条　动产质权，因质权人返还质物于出质人而消灭。返还质物时，为质权继续存在之保留者，其保留无效。

【理由】查民律草案第一千二百三十七条理由谓，动产质权人向出质人返还质物时，应使其动产质权消灭，庶第三人不至有不知其质权之存续，致蒙不测之损害。此本条所由设也。

判　放赎非处发行为。（五年上字第五〇号）

判　买得质物人，得提存价金，消灭质权。（七年上字第六六四号）

第八百九十八条　质权人丧失其质物之占有，不能请求返还者，其

动产质权消灭。

【理由】查民律草案第一千二百三十九条理由谓，动产质权人丧失质物之占有，不得向第三占有人请求回复时，其质权存续之要素既已欠缺，若不使其质权消灭，质权人可将动产质权与第三人对抗，第三人将蒙不测之损害。故消灭其质权，较为妥适。

第八百九十九条　动产质权，因质物灭失而消灭。如因灭失得受赔偿金者，质权人得就赔偿金取偿。

【理由】查民律草案第一千二百四十条理由谓，动产质权之标的物灭失时，依此一事，其质权即消灭。又其一部灭失时，动产质权存续于其剩余部分之上，至因质物灭失或毁损应支付之赔偿金，须分配于各质权人，始能巩固质权之基础。此本条所由设也。

第二节　权利质权

【理由】谨按权利质权者，以所有权以外之财产权为标的物之质权也。得为此种质权之标的物，非有体物，而为权利，如债权质之设定，有价证券之质入等，大部可以让与移转，呈供担保债权之实行。故本节特明为规定之。

第九百条　可让与之债权及其他权利，均得为质权之标的物。

【理由】谨按所有权以外之财产权，如债权及其他权利可以让与于他人者，均得为质权之标的物，盖为增进交易上之便益计也。故设本条以明示其旨。

判　以佃租为权利质之标的者，不因质权消灭，而影响于佃权。（三年上字第九七五号）

判　以他人之权利供担保，须经权利人允许追认。（六年上字第二七四号）

第九百零一条　权利质权，除本节有规定外，准用关于动产质权之规定。

【理由】谨按权利质权与动产质权之性质相同，故关于权利质权，除本节另有规定外，应准用关于动产质权之规定，俾资便利。此本条所由设也。

第九百零二条　权利质权之设定，除本节有规定外，应依关于其权利让与之规定为之。

【理由】查民律草案第一千二百四十三条理由谓，动产质权之设定，必须移转占有，而此项法则于设定权利质权不得准用，故特设本条，以定权利质权设定行为之法则。

第九百零三条　为质权标的物之权利，非经质权人之同意，出质人不得以法律行为，使其消灭或变更。

【理由】谨按为质权标的物之权利，出质人非经质权人之同意，不得以法律行为使其消灭或变更。本条设此规定，盖以保护质权人之利益也。

第九百零四条　以债权为标的物之质权，其设定应以书面为之。如债权有证书者，并应交付其证书于债权人。

【理由】谨按以债权为标的之质权，其设定方法，应以书面为之。如债权有证书者，则出质人必须将其证书交付于债权人后，始能成立质权，盖以维社会上交易之安全也。

第九百零五条　为质权标的物之债权，其清偿期先于其所担保债权之清偿期者，质权人得请求债务人，提存其为清偿之给付物。

【理由】查民律草案第一千二百五十条理由谓，为质权标的物之债权，其清偿期若在其所担保债权之清偿期前者，应使实权人得向债务人请求提存清偿之标的物，庶于不害出质人（即债权人）之利益范围内，可以保护质权人之利益也。

第九百零六条　为质权标的物之债权，其清偿期后于其所担保债权之清偿期者，质权人于其清偿期届满时，得直接向债务人请求给付。如系金钱债权，仅得就自己对于出质人之债权额，为给付之请求。

【理由】查民律草案第一千二百五十二条理由谓，为质权标的物之债权，其清偿期在其所担保债权之清偿期后者，须使质权人得直接向债务人索取，否则不足以完全保护质权人之利益。债权之标的物，若为金钱，以其索取之金钱，视为清偿债权质所担保债权之金钱，使其权利关系消灭。若非金钱，使其于领得之物有质权，以存续其质权。此本条所由设也。

第九百零七条　为质权标的物之债权，其债务人受质权设定之通知者，如向出质人或质权人一方为清偿时，应得他方之同意。他方不同意时，债务人应提存其为清偿之给付物。

【理由】谨按以债权出质者，应依让与之规定，通知于债务人。债务人既受质权设定之通知后，则债务人非经质权人或出质人之同意，不得向一方清偿其债务。然使债务人因未得一方之同意，致永远不能脱离其债务关系，亦未免失之于酷，故应使债务人得为提存清偿债务之标的物，以保护双方之利益。此本条所由设也。

第九百零八条　质权以无记名证券为标的物者，因交付其证券于质权人，而生设定质权之效力。以其他之有价证券为标的物者，并应依背书方法为之。

【理由】查民律草案第一千二百五十七条理由谓，无记名证券之质权，其主要之标的物，为证券上之权利而非证券。然证券其物与证券上之权利，互相依附，不可分别，故无记名证券之质权，应与法律以证券其物为标的物之质权（即动产质权）同视。凡以无记名证券入质者，须将其证券交付于质权人，始生设定质权之效力。至以其他之有价证券为标的物者，则应依背书方法为之，即以其入质情形于证券上记明而将其证券交付与质权人，让与之效力始能巩固。此本条所由设也。

第九百零九条　质权以无记名证券、票据或其他依背书而让与之证券为标的物者，其所担保之债权，纵未届清偿期，质权人仍得收取证券上应受之给付。如有预行通知证券债务人之必要，并有为通知之权利，债务人亦仅得向质权人为给付。

【理由】谨按质权系以无记名证券、票据或其他依背书而让与之证券，为标的物者，其所担保之债权，纵未届清偿期，质权人仍得于清偿期前，收取有价证券上应受之给付。如有预行通知债务人之必要者，并有为通知之权利，此时债务人得仅向质权人为给付。本条规定，盖为巩固质权而设也。

第九百一十条　质权以有价证券为标的物者，其附属于该证券之利息、证券定期金证券或分配利益证券，以已交付于质权人者为限，其质权之效力，及于此等附属之证券。

【理由】谨按以有价证券入质时，其质权之效力，能否及于附属之利息证券、定期金证券或分配利息证券等，自古学说，不能一致。有谓持有人以有价证券为质时，应交付主证券而兼及此等附属证券者，亦有谓不交付附属证券，应由自己保管者。本条规定以附属证券已交付于质权人者为限，以定质权之效力，盖免无益之争论也。

第八章 典权

【理由】谨按我国之有典权，由来已久，此种习惯，各地均有，盖因典仅用找贴之方法，即可取得所有权，非若不动产质于出质人不为清偿时，须将其物拍卖，而就其卖得价金内扣还，手续至为繁复。且出典人于典物价格低减时，尚可抛弃其回赎权，于典物价格高涨时，可主张找贴之权利，有自由伸缩之余地，实足以保护经济上之弱者。故本法特设本章之规定。

解 关于典当房地回赎时，致应斟酌典契之有无期限，经过期间之长短，价值相差之比例，及收赎之方法，逐一订定，方无窒碍。（四年统字第二七二号）

第九百一十一条 称典权者，谓支付典价占有他人之不动产，而为使用及收益之权。

【理由】谨按典权系以占有标的物为要件之物权，其与不动产租赁异者，一为债权之权利，一为物权之权利。其与抵押权质权异者，一为定物权，一为担保物权。盖典权限制所有权之效力，至为强大也。故设本条以明定其意义。

判 取得所有权人，应受典权之限制。（四年上字第二二五四号）

判 一不动产，不得设定数典权。（五年上字第八八七号）

判 凡债务人指不动产以担保债权之清偿，而并不移转占有者，谓之抵押。若典质关系，必须将不动产移转占有，俾典质权人，得以使用收益，始能成立。（二十一年上字第二〇六号）

解 （一）租与典性质不同，教会租用房地，未便课以典税。（二）永租权在条约未取消以前，仍应依条约办理。（三）教会以租用土地为名，而实系典受者，不能因典而取得所有权。（四）官署在租约盖印，以为核准之证明自非法所不许。（二十一年院字第六五二号）

第九百一十二条　典权约定期限不得逾三十年，逾三十年者缩短为三十年。

【理由】谨按典权约定期间不得逾三十年，其逾三十年者，缩短为三十年。盖以典权之存续期间，不可漫无限制，致碍社会上个人经济之发展。故设本条以明示其旨。

判　《奉天田房契税章程》内载典当之契，概以二十年为限，逾期作绝。自系一种特别时效之规定，关于时效制度之一切原理，自应适用，以期贯彻时效缺席之精义。（四年上字第三二二号）

第九百一十三条　典权之约定期限不满十五年者，不得附有到期不赎即作绝卖之条款。

【理由】谨按不动产之典权，为我国固有之习惯，惟是典价通常较典物之价额为低，债权人往往乘机利用，附加到期不赎即作绝卖之条款，殊不足以保护债务人之利益。故本条规定，典权之约定期限，不满十五年者，不得附有到期不赎即作绝卖之条款，所以防流弊也。

解　不满十年之典当，虽附有到期不赎，并无增找字样，仍准回赎。（九年统字第一四〇一号）

第九百一十四条　第七百七十四条至第八百条之规定，于典权人间或典权人与土地所有人间准用之。

【理由】谨按典权之定义，系以支付典价占有他人之不动产而有使用及收益之权，故第七百七十四条至八百条关于不动产所有权之规定，于典权人间或典权人与土地所有人间亦得准用之。此本条所由设也。

第九百一十五条　典权存续中，典权人得将典物转典或出租于他人。但契约另有订定，或另有习惯者，依其订定或习惯。

典权定有期限者，其转典或租赁之期限，不得逾原典权之期限。未定期限者，其转典或租赁，不得定有期限，转典之典价，不得超过原典价。

【理由】谨按典权人对于典物既有使用及收益之权，则于典权存续期间中，自应许典权人将其典物转典或出租于他人，以行使其权利。但契约另有订定或另有习惯者，则应从其订定或习惯。此本条第一项所由设也。典权人之得行使权利，固已设有明文，然如不加制限，即不能免出典人之受其损失。故于典权定有存续期限者，其转典或租赁之期限，不得逾原典之期限。未订期限者，不得订有期限，又转典之典价不得超过原典价，盖于保护典权人之中，仍期无损于出典人之利益。此本条第二项所由设也。

　　判　转典契约之内容，不得超过原典。（三年上字第二七二号）

　　判　典主不得超过原典范围，加价转典，或指为他权利担保。（五年上字第一二九号）

　　判　业主不得径向转典人找绝。（五年上字第一二八〇号）

　　判　典权不因转典而丧失。（六年上字第一四二二号）

　　解　转典房屋契约，既经所有权人事前否认，并提议取赎，自无拒绝交屋之理。（九年统字第一二七二号）

　　第九百一十六条　典权人对于典物因转典或出租所受之损害，负赔偿责任。

　　【理由】谨按典权人既得将典物转典或出租于他人，则典物因转典或出租所受之损害，自应由典权人负赔偿责任，方足以昭公允。此本条所由设也。

　　判　转典房屋延烧，亦应分担损失。（五年上字第一〇四〇号）

　　判　典受租主，擅行出典之物，即或可谓为典受赃物，要与典受强窃盗赃之性质有异，不能准用现行律关于强窃盗赃之规定。（十二年上字第一八九四号）

　　第九百一十七条　典权人得将典权让与他人。

　　前项受让人，对于出典人取得与典权人同一之权利。

　　【理由】谨按典权为财产权之一种，典权人将典权让与他人，自为法律所许。受让人一经受让，对于出典人即取得与典权人同一之权利亦属当然。此本条所由设也。

　　第九百一十八条　出典人于典权设定后，得将典物之所有权，让与他人。

典权人对于前项受让人，仍有同一之权利。

【理由】谨按出典人于典权设定后，对于典物之使用收益，固受限制，而典物之所有权，则仍属于出典人，自得将其所有权让与他人。惟应使典权人对于受让人，仍得主张同一之权利，以巩固典权之信用。此本条所由设也。

判 典权人不能主张典产出卖约之无效。（三年上字第一二四四号）

解 重复典卖，其后典卖无效，继续有效之前清现行律典卖田宅内，定有明文。故无论出典人是否濒于破产，只最先之典权人，就该房优先受偿，有余始能比例平均分还。（八年统字第一一三九号）

解 不动产出典后，于不妨害典权范围内，仍得为他人设定抵押权，在实行登记省份，其权利次序，以登记前后为准。（十八年院字第一九二号）

判 以动产所有权，或其他物权之移转，或设定为目的而善意受让该动产之占有者，纵其让与人无让与之权利，其占有仍受法律之保护。质权人于债权已届清偿期，而未受清偿者，得拍卖质物，就其卖得价金而受清偿。（二十一年上字第二二一号）

第九百一十九条　出典人将典物之所有权让与他人时，如典权人声明提出同一之价额留买者，出典人非有正当理由，不得拒绝。

【理由】谨按出典人欲将典物之所有权让与他人时，如典权人声明提出同一之价额留买者，典权人有优先受买之权利。出典人非有正当理由，不得拒绝，盖于保护出典人之中，仍须顾及典权人之利益也。故设本条以明示其旨。

判 本族本屯先买之习惯，无效。（二年上字第三号）

判 垦户先买权之习惯，有效。（二年上字第二三九号）

判 原佃先买之习惯，有效。（三年上字第三四七号）

判 长期租户先买之习惯，有效。（四年上字第四二九号）

判 受兑垦地人，亦有先买之习惯，有效。（四年上字第七三五号）

判 合意所生之先买权，只能向不遵合意之卖主请求损害赔偿。（五年上字第二三号）

判 已舍弃之先买权，不得再主张。（五年上字第二三号）

判　行使先买权，须照时价给值。（五年上字第七八四号）

判　典主非当然有先买权。（五年上字第八九七号）

判　先买权人，经通知而不为买受之表示者，丧失先买权。（五年上字第一四九一号）

判　合意所生之先买权，仅能拘束当事人。（六年抗字第一八号）

判　抵抗权人，先买权之习惯，有效。（六年上字第一八六号）

判　亲房拦产之习惯，无效。（六年上字第一〇一四号）

判　因争执买价未成立买卖者，不能认为先买权之抛弃。（六年上字第一二八〇号）

判　短期租户，先买之习惯，无效。（七年上字第二二四号）

判　先买权人，表示不愿承买，或不照时价承买者，为抛弃先买权。（七年上字第四六八号）

判　典户先买之习惯，有效。（七年上字第七五五号）

判　违反先买习惯之卖约，先买权人，得请撤销。（八年上字第二六九号）

判　明知业主别卖而听许回赎者，即为舍弃先买权。（八年上字第二七八号）

判　原业主不得主张先买权。（八年上字第一二八九号）

判　有先买权人，未受业主卖业之通知者，得请撤销其买卖。（九年上字第一一五号）

判　永远佃租他人之土地，就其土地有利害关系时，该地方习惯租户如有先买权利，法院固可采为判断标准。（十七年上字第三六六号）

第九百二十条　典权存续中，典物因不可抗力致全部或一部灭失者，就其灭失之部分，典权与回赎权，均归消灭。

前项情形，出典人就典物之余存部分，为回赎时，得由原典价中扣减典物灭失部分灭失时之价值之半数。但以扣尽原典价为限。

【理由】谨按典权存续中，如典物因天灾地变等不可抗力致全部或一部灭失者，此时典权人及出典人似均不应负此责任，故应就其灭失之部分，使典权与回赎权，均归消灭，以免纠纷。但于此情形，仅典物一部分灭失，出典人就其余部分回赎时，则应使出典人，得由原典价中扣减典物灭失部分灭失时之价值之半数。但以扣尽原典价为限，以期无损于双方之利益。故设本条以明示其旨。

　　判　典产不能使用之损害，由典主负担。（六年上字第七七一号）

　　判　典产被收用者，亦应分担损害。（七年上字第五二〇号）

　　判　房屋倒塌，在典主非怠于必要之修缮者，得援用被延烧之条理。（八年上字第一三三二号）

　　第九百二十一条　典权存续中，典物因不可抗力致全部或一部灭失者，典权人，除经出典人同意外，仅得于灭失时灭失部分之价值限度内为重建或修缮。

　　【理由】谨按典权存续中典物因不可抗力致全部或一部灭失者，典权人如已得出典人之同意，自应许其有重建或修缮之权。然未经同意，典权人竟不能重建或修缮，亦殊有损经济上之效用，故应许仍有此项权利。但仅得于典物灭失时灭失部分之价值为之，以示限制，盖于保护典权人之中，仍须顾及出典人之利益也。

　　判　典产延烧，当事人间有特约者，不适用前清之定例。（八年上字第三一七号）

　　第九百二十二条　典权存续中，因典权人之过失，致典物全部或一部灭失者，典权人于典价额限度内负其责任。但因故意或重大过失，致灭失者，除将典价抵偿损害外，如有不足，仍应赔偿。

　　【理由】谨按典权存续中，如因典权人之过失，致将典物全部或一部灭失者，典权人应否负损害赔偿之责任，应视其过失之轻重，以定赔偿之标准。如为轻微之过失，典权人仅于其典权限度内负其责任。如典物全部或一部之灭失，系出于典权人之故意或重大过失所致者，则除将典价抵充赔偿外，并应依侵权行为之原则，使典权人再负赔偿之全责，庶足以保护出典人之利益。此本条所由设也。

　　判　典产延烧，应分担损失，而活卖房产，亦与典产无异。如遇延烧，亦宜令原业主及现业主分担损害。惟分担之方法如何，则不能不依年限已满与否予以酌定。按大《清律例汇辑便览》内，辑注乾隆十二年之例载，典产延烧，其年已满者，听业主依照原价减半取赎。如年限已满而业主不能取赎，典主自为起造，加典三年，年满仍依原价加四取赎。活卖房屋与典产原无区别，如遇火毁，一律办理。其或被延烧而原业两主均无力起造，所有地基，公共售价，原主将地价偿还业主三股之一。此系分担损害之一种先例，自可引为判断之标准。（四年上字第六五三号）

判　典产因过失失火者，应按其程度，定负担损失之额。（四年上字第一七六〇号）

判　典产灭失，亦应分担损失。（五年上字第一二九五号）

第九百二十三条　典权定有期限者，于期限届满后，出典人得以原典价回赎典物。

出典人于典期届满后，经过二年，不以原典价回赎者，典权人即取得典物所有权。

【理由】谨按典权之特质，即在于出典人保有回赎之权利，故典权定有期限者，于期间届满后，出典人得以原典价回赎典物，典权人不得拒绝。若出典人于典期届满后经过二年而不回赎者，应使典权人即取得典物所有权，所以使权利状态，得以从速确定也。

判　回赎权之时效，不能以判例创设。（三年上字第一三八号）

判　业主按期备价回赎，因归责典主之事由，不能交价者，典主负迟延之责。（三年上字第六一二号）

判　典卖不明之产，仍许回赎。（三年上字第七五一号）

判　赎取田亩，双方皆须依约定期限。（三年上字第七六二号）

判　定有回赎期限者，过期不赎，应听凭作绝。（五年上字第八八一号）

判　典限未满，不许业主强赎。（七年上字第一〇〇六号）

判　回赎不动产典当，不能证明期限内有请赎之积极事实，不得再行告赎。（十七年上字第五八二号）

第九百二十四条　典权未定期限者，出典人得随时以原典价回赎典物。但自出典后经过三十年不回赎者，典权人即取得典物所有权。

【理由】谨按本条之立法意义，与前条大致相同，即未定期限之典权，出典人得随时以原典价回赎之。但自出典后已经过三十年仍不回赎者，是出典人无意回赎，已甚明显，法律即无再予保护之必要，典权人得即取得典物所有权，盖使权利状态得以从速确定也。

判 绝卖之产，不得回赎。（二年上字第一七一号）

判 《田房税契章程》典当逾二十年不赎者，即作绝卖，应以时效原理解释。凡找价在二十年内者，认为时效中断，找价在二十年外者，无中断效力，时效仍为完成。惟推察事实，当有找价在二十年内，而当事人意思有确证可以认定其即为绝卖者，应即以绝卖论。（二年统字第八二号）

判 卖契有准许回赎之文，及无绝卖字样者，均得赎回。（四年上字第一九五〇号）

判 契无作绝字样者，以活卖论。（四年上字第二四五〇号）

判 未满三十年契载不明之产，以典产论，准赎。（四年上字第二四五〇号）

判 典产未定年限者，得随时取赎。（五年上字第一二九六号）

解 指地借钱，如依该地习惯，其行为之主目的，系于地上设定使用收益权利者，应即认为典当办法之所谓典当。其投税与否，在所不问。（六年统字第六六五号）

解 出典契约，已逾六十年，加典契约，虽未及二十年，仍依原典契计算时限，不准取赎。（九年统字第一三七九号）

解 民法物权编施行前之典权，未定有期限者，应查照民法物权编第九二四条，及该编施行法第五条第一二项规定办理。（十九年院字第三六一号）

解 典物一部之受让人，涤除典权，只能商同出典人，代赎典物全部。如欲为一部回赎，须得典权人之同意。（二十年院字第四四八号）

判 民法第九百二十四条但书之规定，不论其间有无加典或续典情事，均应从出典之日起算。（二十一年上字第二三四号）

第九百二十五条 出典人之回赎，如典物为耕作地者，应于收益季节后次期作业开始前为之。如为其他不动产者，应于六个月前，先行通知典权人。

【理由】 谨按依前二条之规定，典权定有期限者，于期限届满后赎回，其未定期限者，得随时赎回其典物，固矣。但典物为耕作地者，则出典人之回赎，须有一定之限制，即应于收益季节后次期作业开始前为之，使耕作地不至因移转之纠纷，而发生荒芜之情状。如为其他不动产者，出典人回赎，亦应于六个月前先行通知典权人，使典权人有从容预备之机会，而免意外之损失。此本条所由设也。

判　抽赎典当之耕作地，未定明时期者，应于其收获时节后，次期耕作着手前为之，方于两造之利益无损。（十一年上字第一三一四号）

第九百二十六条　出典人于典权存续中，表示让与其典物之所有权于典权人者，典权人得按时价找贴，取得典物所有权。

前项找贴，以一次为限。

【理由】谨按出典人于典权存续中，表示让与其典物之所有权于典权人者，典权人得按照时价找贴，取得典物所有权，此为我国固有之习惯，于出典人及典权人双方均甚利益，故特设此项规定，以资便利。然习惯上往往有迭次请求找贴发生纠纷者，亦不可不示限制，故规定找贴以一次为限，所以杜无益之争论也。

判　业主不得强求加绝找贴。（三年上字第七六二号）

解　典当房地契约，如载明回赎年限，至期业主不愿回赎，典主不愿得业时，得由典主别卖。如所得不及典价，仍可向业主补足。（四年统字第二二六号）

判　绝卖之产，仍得以合意找贴。（七年上字第五七六号）

判　典限未满，业主得请求找绝。（七年上字第一〇〇六号）

解　出典时价与告找时价不同，应依告找时价计算找价。惟应审定前典价与原价相比之百分率，于现价内比例扣除之，而找其余额。（二十年院字第四三八号）

解　民法物权编施行前，已提起告找之诉者，不适用民法物权编之规定。（二十年院字第四九二号）

第九百二十七条　典权人因支付有益费用，使典物价值增加，或依第九百二十一条之规定，重建或修缮者，于典物回赎时，得于现存利益之限度内，请求偿还。

【理由】谨按典权人因支付有益费用，致使典物价值增加，或因不可抗力致典物全部或一部灭失，而为重建或修缮者，于此情形，出典人赎回典物时，典权人得请求偿还其费用。但须以现存之利益为限，以昭公允。此本条所由设也。

> **判**　典物孳息，应抵典价之利息。（四年上字第四四八号）

> **判**　典主求偿费用之权，因其费用性质而异。（五年上字第一四五号）

> **判**　加价收赎之典产，亦可令业主返还加工费用。（六年上字第一三三号）

> **判**　典权消灭前，地内所种食粮，归其收获。（八年上字第四二五号）

> **判**　在活卖关系卖主回赎时，应偿还买主为增加标的物价格支出之费用。（十年上字第八一一号）

第九章　留置权

【理由】　谨按留置权者，谓债权人占有属于债务人之动产，就其物所生之债权未受清偿以前，有留置其物之权利也。故留置权之主旨，实为督促债务人之履行债务，以为双方之公平。各国民法，多设此项规定，我民法亦仿瑞士及日本立法例，于物权编中特设本章规定之，亦为担保物权之一。

第九百二十八条　**债权人占有属于其债务人之动产，而具有下列各款之要件者，于未受清偿前，得留置之：**

一、债权已至清偿期者；

二、债权之发生，与该动产有牵连之关系者；

三、其动产非因侵权行为而占有者。

【理由】　谨按留置权者，债权人对于债务人之动产，予以扣留之权利也。此种权利，在物上担保中最为薄弱，盖留置权，仅有抑置其物之权利，非若质权、抵押权有卖出其物而以其价金充偿还之权利也。本条规定债权人占有属于其债务人之动产而于未受清偿前，对于该动产得有留置之权，但须具备下列各款之要件：（一）债权须已至清偿期而不为清偿者；（二）债权之发生须与该动产有牵连之关系者；（三）其动产非因侵权行为而占有者。否则不得为之，以示限制。

> **判**　商事债权之留置权，亦须以其物属债务人所有为要件。（三年上

字第二三五号）

　　判　民事上留置权之要件有二：（一）其物须为债务人之所有物；（二）须关于其物所生之债权是也。（三年上字第二五三号）

　　判　物之交付，义务人有留置权。（三年上字第三八一号）

　　判　物之交付，义务人如非由己意丧失占有，得就其物拍卖所得之价金，主张优先受偿。（十四年抗字第八九号）

　　第九百二十九条　商人间因营业关系而占有之动产，及其因营业关系所生之债权，视为有前条所定之牵连关系。

　　【理由】谨按商人间交易频繁，其留置权之范围，当较一般为广。故商人间因营业关系而占有之动产，及其因营业关系所发生之债权，皆视作前条所定牵连之关系，盖非如此，不足以保护债权人之利益也。

　　第九百三十条　动产之留置，如违反公共秩序或善良风俗者，不得为之。其与债权人所承担之义务或与债务人于交付动产前或交付时所为之指示相抵触者，亦同。

　　【理由】谨按依本法第九百二十八条规定，债权人对于占有属于其债务人之动产，具备一定之要件，固有留置之权利。然如留置该动产，系违反公共秩序或善良风俗者，则为法所不许。又与债权人所承担之义务相抵触，或与债务人于交付动产前或交付时所为之指示相抵触者，亦不许留置该动产，盖为防止扰害社会之公益，及保全交易上之信用计也。

　　判　滥行留置之权者，应负相当责任。（十八年上字第二〇七号）

　　第九百三十一条　债务人无支付能力时，债权人纵于其债权未届清偿期前，亦有留置权。

　　债务人于动产交付后，成为无支付能力，或其无支付能力于交付后始为债权人所知者，其动产之留置，纵有前条所定之抵触情形，债权人仍得行使留置权。

　　【理由】谨按债权人行使留置权，须以债权已至清偿期者为其要件。但债务人已无支付能力时，若仍须贯彻此旨，于债权人方面，未免失之过酷。故本条规定债务人无支付能力时，纵其债权未届清偿期之前，债权人亦得行使留置权。至债务人于动产交付后，成为无支付能力，或债务人无支付能力于交付后始为债权人所知者，其动产之留置，虽与前条规定之情形有相抵触，债权人仍得行使留置权，所以保护债权人之利益也。

第九百三十二条　债权人于其债权未受全部清偿前，得就留置物之全部，行使其留置权。

【理由】谨按留置权为担保权之一种，其效用，即在使债务人速为清偿。故债权人于其债权未受全部清偿之前，得就留置物之全部，行使其留置权，以保护其利益。此本条所由设也。

判　承揽人于未受给付前，有留置权。（三年上字第五二七号）

第九百三十三条　债权人应以善良管理人之注意，保管留置物。

【理由】谨按债权人对于留置物，应以善良管理人之注意而保管之。倘因怠于管理而灭失或毁损其留置物时，纵属轻微过失，亦应依一般之原则，使负损害赔偿之责任。此本条所由设也。

第九百三十四条　债权人因保管留置物所支出之必要费用，得向其物之所有人请求偿还。

【理由】谨按债权人因保管留置物所支出之必要费用，就理论言之，留置为谋债权人之利益，自应由债权人负担其费用。然就事实言之，留置为因债务人之不为清偿，否则无留置之必要。故此项费用，得使债务人偿还，且所谓必要费用者，即有利于留置物之费用，系属有利于债务人，尤应使其债权人得向债务人请求偿还，方足以昭公允。故设本条以明示其旨。

第九百三十五条　债权人得收取留置物所生之孳息，以抵偿其债权。

【理由】谨按债权人得收取留置物所生之孳息，以抵偿其债权。所谓孳息者，自包括法定孳息及天然孳息二者而言，盖使债权人收取此项孳息，以之抵充其债权之清偿，于债务人并无不利。至其抵偿之方法，自应依照本法第三百二十三条办理，先抵充费用，次充利息，次充原本，此又当然之理也。

判　占有他人物而生有债权者，得留置其物，以其孳息充清偿。（五年上字第三〇一号）

第九百三十六条　债权人于其债权已届清偿期而未受清偿者，得定六个月以上之相当期限，通知债务人，声明如不于其期限内为清偿时，即就其留置物取偿。

债务人不于前项期限内为清偿者，债权人得依关于实行质权之规定，拍卖留置物，或取得其所有权。

不能为第一项之通知者，于债权清偿期届满后，经过二年仍未受清偿时，债权人亦得行使前项所定之权利。

【理由】谨按依本法第九百三十三条之规定，债权人应以善良管理人之注意，保管留置物，此项责任，甚为重大，如使长期保管，似非所宜。故本条第一项规定，债权人于其债权已届清偿期而未受清偿者，得定六个月以上之相当期限，通知债务人声明如不于期限内清偿，即就其留置物取偿。又第二项规定，债权人依照第一项规定之期限通知后，债务人仍不于前项期限内为清偿者，债权人即得依关于实行质权之规定，拍卖其留置物，或取得其所有权。但债权人如不能为前项之通知时，于债权清偿期届满后经过二年，债权人仍未受清偿者，亦得行使前项所定之权利。本条复于第三项规定之，盖为贯彻保护债权人利益之主旨也。

第九百三十七条　债务人为债务之清偿，已提出相当之担保者，债权人之留置权消灭。

【理由】谨按债权人之留置权，系专为确保债权之取偿而设，如债务人为债务清偿，已提出相当之担保，则债权人即属有所取偿。关于留置权自无存在之必要，故应使其消灭。此本条所由设也。

第九百三十八条　留置权因占有之丧失而消灭。

【理由】谨按留置权之要件，即为占有债务人之动产而行使留置之权利，若债权人丧失占有，则留置权之要件缺乏，当然归于消灭。此本条所由设也。

第九百三十九条　法定留置权，除另有规定外，准用本章之规定。

【理由】谨按法定留置权，亦为担保物权之一种，如本法第四四五条规定，不动产之出租人对承租人之物置于该不动产者有留置权是。法定留置权之性质，与一般留置权无异，除另有规定外，自应准用本章关于留置权各条之规定。故设本条以明示其旨。

第十章　占有

【理由】查民律草案物权编第七章原案谓，占有应为事实，抑为权利，自来学者聚讼纷纭。各国立法例亦不一致，或有以占有为法律保护行使权利之事实之关系也。此说较为妥协，本章故定其名曰占有，不曰占有权也。

第九百四十条　对于物有事实上管领之力者，为占有人。

【理由】查民律草案第一千二百六十一条理由谓，占有之意义，古今学说暨立法例均不一致。本法以事实上管领物之人为占有人，不问其为自己，抑为他人，均保护之，所以重公益也。但占有辅助人，例如雇工承雇主之命管领其物，则不得为占有人。故设本条以明示其旨。

判　偶然利用，及居处邻近，不能认为占有。（四年上字第一六九八号）

判　一物不能同时有二个以上之占有。（五年上字第九五号）

解　不能证明所有或占有之坟墓，自无禁止他人祭扫之理。（八年统字第九二一号）

判　淤出可垦之地，如应作官荒缴价，亦惟向系占管其业者，有优先承领之权。（十七年上字第三九三号）

第九百四十一条　质权人、承租人、受寄人或基于其他类似之法律关系，对于他人之物为占有者，该他人为间接占有人。

【理由】查民律草案第一千二百六十五条理由谓，对于他人，本于物权或债权之法律关系而占有之权利，或负占有之义务时，欲明示其相互间之关系及对于第三人之关系，必须先规定其占有人及他人之地位，例如赁借人将赁借物转贷与人之时是也。此本条所由设也。

第九百四十二条　雇用人、学徒或基于其他类似之关系，受他人之指示，而对于物有管领之力者，仅该他人为占有人。

【理由】查民律草案第一千二百六十六条理由谓，雇用人、学徒等，须从主人之指示，乃主人之机关，非主人之代理人。若为主人管领物品时，主人为完全占有人，此等人并非直接占有人也。故设本条以明示其旨。

第九百四十三条　占有人于占有物上，行使之权利，推定其适法有此权利。

【理由】查民律草案第一千二百七十五条理由谓，权利人之行使其权利为常例，非权利人而行使其权利为变例。若占有人于占有物上既有占有之事实，则所行使之权利，应推定其为适法有此权利。故设本条以明示其旨。

判　就占有物所行使之权利，推定为适法。（三年上字第七四八号）

判　请求排除侵害而不当者，仍应维持占有现状。（四年上字第四六二号）

判　分家后，历久占有之产业，推定为其所有。（四年上字第五八四号）

判　对于占有人告争所有权者，应负举证责任。（五年上字第一八五号）

判　占有人应推定其占有物上有合法之权利，并应推定其权利为所有权。故对于占有人提起回复所有权或占有之诉者，非有原告人举出确实证凭，证明占有人之无权利不可。（五年上字第一九九号）

判　历久失其土地之占有，不能仅以契据向现占有人告争。（六年上字第一三二〇号）

解　原告请求以所有为理由向占有人告争时，如不能证明确系有权，则占有人之取得占有，无论是否正当应仍听其维持现状，判将原告请求驳回，无庸再问被告有无占有之事实。（八年统字第一〇四八号）

判　契约之效力，只及于订约之当事人。第三人既不在订约当事人之列，无论该合同所谓淤地，是否包含第三人占有之地在内，所谓众姓是否包含第三人等在内，在第三人等要无受其拘束之理。（二十一年上字第八〇八号）

判　对于占有人告争所有权者，应由告争人负举证之责。如不能举出确切可信之凭证，则无论占有人能否举证，或所举证据有无瑕疵，均应认告争人之主张为不成立，径予驳回。（二十一年上字第九六二号）

判　历久和平公然占有者，应推定其占有人在占有物上行使之权利为适法。若他人就该占有物上之权利有所争持，须由原告人举出确切之证据，否则不问占有人能否举证，或其所举证据是否足资采用，均应驳回原告之请求。（二十一年上字第九七八号）

第九百四十四条　占有人，推定其为以所有之意思，善意、和平及公然占有者。经证明前后两时为占有者，推定前后两时之间继续占有。

【理由】查民律草案第一千二百七十六条理由谓，占有人以所有之意思，善意、和平且公然占有者为常例，法律之推定取常例而不取变例。故设本条第一项规定，以保护占有人之利益。又同律第一千二百七十七条理由谓前后两次占有者，若有确实证据，其两次占有相继续者为常例，不相继续者为变例。故设本条第二项规定，使占有人于其占有继续与否，不负立证之责任，以保护其利益。

判　确信占有物系己有者，为善意占有。（三年上字第一二四八号）

判　凡占有人，无恶意之反证者，推定为善意。（五年上字第五三〇号）

解　证明不动产所有权，固不以契据为惟一之方法，即如历来完全行使所有权之事实，及其他曾经合法移转之证明，亦可据为证凭。否则不过事实上之占有而已。（九年统字第一二五五号）

第九百四十五条　占有依其所由发生之事实之性质，无所有之意思者，其占有人对于使其占有之人表示所有之意思时起，为以所有之意思而占有。其因新事实变为以所有之意思占有者，亦同。

【理由】谨按占有应依其所由发生之事实之性质定之，无所有之意思者，其占有人对于使其占有之人表示所有之意思时，即认为变而为所有之意思而占有。例如，甲拾得一物，虽经占有，初无为自己所有之意思，后将此物转卖或赠与，则变为自己所有之意思而占有是。其因新事实变为以所有之意思占有者，亦同。例如，运送人因赠与契约取得运送物之所有权是。

第九百四十六条　占有之移转，因占有物之交付，而生效力。

前项移转，准用第七百六十一条之规定。

【理由】谨按占有之事实，须依管领目的物之交付而成，目的物不交付，自无从辨认其占有事实之果否存在，故本条规定移转占有，必同时交付其目的物方生效力。但为事实便利起见，见简易交付，改定占有，均可发生效力，故又准用本法第七百六十一条之规定。

第九百四十七条　占之继承人或受让人，得就自己之占有，或将自己之占有与其前占有人之占有合并，而为主张。

合并前占有人之占有而为主张者，并应承继其瑕疵。

【理由】查民律草案第一千二百九十三条理由谓，占有之继承人或受让人，应听其选择，或仅主张自己之占有，或并主张自己之占有及前主之占有，以享有取得时效之利益，何则，取得时效之完成，其期间内，本无需一人为占有人也。至占有之种类，依现占有人与其占有物之关系而定，故前主虽为恶意占有人，而其继承人或受让人为善意时，仍以善意占有论。若继承人或受让人并主张前主之占有及自己之占有时，不得将其瑕疵及恶意等置诸度外，否则超越前主之占有范围，殊觉不当。此本条所由设也。

第九百四十八条　以动产所有权，或其他物权之移转或设定为目的，而善意受让该动产之占有者，纵其让与人无让与之权利，其占有仍受法律之保护。

【理由】谨按本条规定与本法第八百零一条之理由相同，可参照。

判　现行律关于典买强窃赃之规定，为即时取得原则之例外，于善意典受租主擅行出典之物者，不能准用。（十二年上字第一八九四号）

判　所有物为租主擅行典出者，所有人对于善意典受人，不得无偿取赎。（十二年上字第一八九七号）

第九百四十九条　占有物如系盗赃或遗失物，其被害人或遗失人，自被盗或遗失之时起二年以内，得向占有人请求回复其物。

【理由】谨按占有物为盗赃或遗失物时，不得使占有人即时取得于其物上可行使之权利，所以保护被害人及遗失主之利益也。但使永久不予确定，对于占有人亦未免失之过酷，故本条规定时效，占有物如系盗赃或遗失物，被害人或遗失人自被盗或遗失之时起，如已经过二年，即不得再向占有人请求回复其原物。

判　善意占有人，原则上即时取得该动产上所得行使之权利，若为盗赃遗失物等，许原物主请求回复原物。（十年上字第二六六号）

第九百五十条　盗赃或遗失物，如占有人由拍卖或公共市场，或由贩卖与其物同种之物之商人，以善意买得者，非偿还其支出之价金，不得回复其物。

【理由】谨按盗赃或遗失物，如占有人系由拍卖场所或公共市场或由贩卖同种物品之商人善意买得者，自与前条之规定不同，所有人即不得请求回复其物。但所有人偿还占有人支出金额之全部者，仍得回复其物，盖于保护占有人之中，仍须顾及所有人之利益也。

第九百五十一条　盗赃或遗失物，如系金钱或无记名证券，不得向其善意占有人，请求回复。

【理由】谨按盗赃或遗失物如系金钱或无记名证券者，则被害人或遗失人即不得向善意占有人请求回复。盖因金钱与无记名证券最易流通，至难辨识，占有人如系善意占有，自应许其即时取得所有权，以确保交易之安全。此本条所由设也。

第九百五十二条　善意占有人，依推定其为适法所有之权利，得为占有物之使用及收益。

【理由】查民律草案第一千二百八十条理由谓，善意之占有人，既推定其有适法之权利，自应使其得使用及收益占有物，即其取得之孳息，亦无归还于回复占有物人之义务。盖历年取得之孳息，若令其悉数返还，善意之占有人，必蒙不测之损害，非保护善意占有人利益之道。此本条所由设也。

判　占有人返还孳息之义务，因是否善意而异。（五年上字第五三〇号）

第九百五十三条　善意占有人，因可归责于自己之事由，致占有物灭失或毁损者，对于回复请求人，仅以因灭失或毁损所受之利益为限，负赔偿之责。

【理由】查民律草案第一千二百八十二条理由谓，占有物灭失毁损，其事由应归责于占有人者，若其占有人系善意占有人，又为自主占有人时，应使依不当得利之原则，将受益额悉数清还回复占有物人，否则必令其负赔偿全部损害之义务，未免过酷。故设本条，以保护善意自主占有人之利益。

第九百五十四条　善意占有人，因保存占有物所支出之必要费用，得向回复请求人请求偿还。但已就占有物取得孳息者，不得请求偿还。

【理由】查民律草案第一千二百八十四条理由谓，占有物所必要之费用，为保存其物所不可缺者，应使善意占有人，得向回复占有物人请求偿还。然通常所必要之费用，例如小修缮费，大抵皆由所收孳息中支用，若善意占有人已取得孳息者，此项费用，即归其担负，不使请求清偿，以昭公允。

判　占有人，得请求返还必要费用。（五年上字第一〇二七号）

判　占有人取得孳息者，应负担通常必要费用。（五年上字第一〇二七号）

第九百五十五条　善意占有人，因改良占有物所支出之有益费用，于其占有物现存之增加价值限度内，得向回复请求人，请求偿还。

【理由】查民律草案第一千二百八十五条理由谓，善意占有人，因改良其占有物所支出有益费用，致使价格增加者，以增加之数为限，得请求清偿其有益费用。否则回复占有物人，不当得利，不足以昭公允。但奢侈费为占有人因快乐或便利而出之费用，不能向回复占有物人请求清偿权衡事理，可以推知，无须另设明文规定也。

判　善意占有人，得请求偿还有益费用。（六年上字第四〇四号）

第九百五十六条　恶意占有人，或无所有意思之占有人，因可归责于自己之事由，致占有物灭失或毁损者，对于回复请求人，负担损害赔偿之责。

【理由】查民律草案第一千二百八十三条理由谓，恶意占有人，或无所有意思之占有人，皆明知其占有物属他人所有，故占有物灭失毁损其事由，应归责于恶意占有人及无所有意思之占有人时，应使其向回复占有物人赔偿全部损害。此本条所由设也。

第九百五十七条　恶意占有人，因保存占有物所支出之必要费用，对于回复请求人，得依关于无因管理之规定，请求偿还。

【理由】查民律草案第一千二百一十六条理由谓，恶意占有人，明知无占有其物之权利，只许将必要之费用，依无因管理之规定，向回复占有物人请求清偿。至其所出之有益费，不在请求清偿之列。盖此项费用，若许其请求清偿，恶意占有人可于其占有物多加有益费，借此以难回复占有物人。故设本条以杜其弊。

第九百五十八条　恶意占有人，负返还孳息之义务，其孳息如已消费，或因其过失而毁损，或怠于收取者，负偿还其孳息价金之义务。

【理由】查民律草案第一千二百八十一条理由谓，恶意占有人当其占有之时，逆知将来须以其占有物所生孳息及占有物，共返还于回复占有物人，纵使其返还现存之孳息，并清偿现已无存孳息之价金，必不至因此而受不测之损害。此本条所由设也。

判　恶意占有人，负返还孳息或价金之义务。（八年上字第一〇六三号）

判　善意占有人，惟起诉以后之孳息，应返还于所有人。（十二年上字第一五二号）

第九百五十九条　善意占有人，于本权诉讼败诉时，自其诉讼拘束发生之日起，视为恶意占有人。

【理由】查民律草案第一千二百九十一条理由谓，善意占有人，于本权诉讼败诉以其判决为不当，自信自己尚有占有权利，不得仅以其于本权诉讼败诉一事，当然以其为恶意占有人。然善意占有人于本权诉讼受败诉之判决者，大抵皆于本权诉讼时得知其无占有之权利，应于本权诉讼自诉讼拘束发生时起，视为恶意占有人，所以保护回复占有物人之利益也。既视为恶意占有人，故于本权诉讼败诉之善意占有人，应自其诉讼拘束发生之时起，返还占有物上所生之孳息，此外一切权利义务，均依恶意占有人之例办理。此本条所由设也。

判　因本权争执败诉之占有人，自起诉时起，视为恶意。（四年上字第二三五三号）

第九百六十条　占有人，对于侵夺或防害其占有之行为，得以己力防御之。

占有物被侵夺者，如系不动产，占有人得于侵夺后，即时排除加害人而取回之。如系动产，占有人得就地或追踪向加害人取回之。

【理由】查民律草案第一千二百九十五条理由谓，欲完全保护占有，须使占有人有得以自力保全占有之权利（自力保护权）。然认此权利，漫无限制，亦于保护占有之道，失之于厚。故设本条认自力保护权，并明示其要件。

解　古冢坐落异姓地内，不许其同族人请求标管。（十一年统字第一七四一号）

第九百六十一条　依第九百四十二条所定对于物有管领力之人，亦

得行使前条所定占有人之权利。

【理由】谨按雇用人、学徒等，或基于其他类似关系之人，对于物有管领力者，亦应使其得行使前条所定占有人之权利。否则于保护占有人之道，仍未完备也。

第九百六十二条　占有人，其占有被侵夺者，得请求返还其占有物。占有被妨害者，得请求除去其妨害。占有有被妨害之虞者，得请求防止其妨害。

【理由】谨按占有人应有保护占有之权能，原与所有人相同，则所有人对于所有物所得主张之权利，占有人亦得主张之。故占有人于其占有被侵夺时，使其得向侵夺人或其继受人，请求返还占有物及请求损害赔偿；或占有被妨害时，亦应使其得向妨害其占有之人及其一般继受人，请求除去其妨害（即回复原状）；或遇有被妨害之虞时，应使各占有人得向欲加妨害之人或其继承人，请求预防其妨害，以完全保护其占有。此本条所由设也。

判　占有人对于占有物被侵夺时，除自现占有人或前占有人侵夺而来者外，得请求返还。（十七年上字第三五六号）

第九百六十三条　前条请求权，自侵夺或妨害占有，或危险发生后，一年间不行使而消灭。

【理由】查民律草案第一千二百九十八条理由谓，收回占有之请求权，于侵夺后经过一年不得主张之。盖收回占有之请求权，若随时皆得主张，则权利状态恒不确定，害及社会之安宁。此本条所由设也。

第九百六十四条　占有，因占有人丧失其对于物之事实上管领力而消灭。但其管领力仅一时不能实行者，不在此限。

【理由】查民律草案第一千三百一十一条理由谓，占有因于物有事实上之管领力而取得之，其丧失之时，占有自应消灭，即占有人丧失其占有动产无发现之希望，此事实即占有消灭之原因。然占有人仅暂时不得行其事实上之管领力，不得以丧失事实之管领力论，其占有不消灭，如占有人因遗忘或洪水有不能管领其占有地之事实，仍不能为占有消灭之原因。此本条所由设也。

第九百六十五条　数人共占有一物时，各占有人，就其占有物使用

之范围，不得互相请求占有之保护。

【理由】查民律草案第一千三百一十五条理由谓，数人共占有一物，无论其关系为分别关系，抑系为共同关系，各占有人之对外关系，得向第三人主张占有之效力。而其对内关系，则不得各自互相主张占有之效力，何则，各占有人所共有之占有物，其使用权之范围及方法，皆关于本权故也。此本条之所由设也。

第九百六十六条 财产权，不因物之占有而成立者，行使其财产权之人，为准占人。

本章关于占有之规定于前项准占有准用之。

【理由】查民律草案第一千三百一十六条理由谓，占有无体物（权利是也），应准占有有体物之例保护之。如占有地役权、抵押权等不必占有某物，亦得行使权利之财产权是也。此本条所由设也。

补　遗

第一章

▲**判** 物权有排他性，在同一标的物上，不能同时成立两个以上互不相容之物权。故就同一不动产，设定两个互不相容之同种物权者，惟其在先之设定为有效。（二十七年抗字第八二〇号）

▲**判** 物之构成部分，除法律有特别规定外，不得单独为特权之标的物。未与土地分离之树木，依民法第六十六条第二项之规定，为土地之构成部分，与同条第一项所称之定着物为独立之不动产者不同。故土地所有人保留未与土地分离之树木，而将土地所有权让与他人时，仅对于受让人有砍伐树木之权利，不得对于更自受让人受让所有权之第三人主张其有独立之树木所有权。（二十九年上字第一六七八号）

第七百五十七条

判 房客于租用之屋关于优先承买之权，在民法及其他现行法律既无规定，则该种习惯，自不得适用。虽在民法物权编施行前别有相反之判例，然亦只适用于民法物权编施行前所发生之事项。（二十二年上字第

七四一号）

解 不动产质权，及物权编施行前习惯相沿之物权，在物权编施行前发生者，若依《不动产登记条例》而为登记，其发生在物权编施行以后，不能依登记而发生物权对抗之效力。（二十四年院字第一二一一号）

解 大佃性质，据当地习惯，系作为抵押，并将房产移转占有。则此项权利，既非抵押权，亦非典权，其发生在民法物权编施行后者，虽经登记，不生物权之效力。倘发生在民法物权编施行前，依当地习惯，可认为相沿之物权，并经依法登记，则依当时法例，自得以之对抗第三人。（二十五年院字第一四三七号）

解 （二）佃户虽因交有大押，占该不动产收益之大部分，但既须缴纳租息，自非典权。除其发生在民法物权编施行前，并依该地习惯，得认为相沿之物权外，不生物权之效力。（二十五年院字第一四四四号）

解 据原咨附表所叙福建仙游县地权形态，纳大租人对于土地之权利，为附有负担之所有权，收大租人之权利，则为物上债权之一种。纳大租人之权利移转于他人时，纳大租之义务当然随之移转。（三十一年院字第二三八七号）

解 依来文所述情形，下皮田权尚难认为所有权或典权，此项权利让与他人时，未便责令受让人完纳卖契税或典契税。（三十三年院字第二七一四号）

解 铺屋之承租人加建或改建屋之上盖或装修屋之门面，并不因而取得地上权或其他之物权，向铺屋之前承租人承顶铺位家私杂物者，亦同。虽在地方习惯上称为铺底顶手权，亦无从认为不动产物权予以登记。（三十五年院解字第三二〇七号）

第七百五十八条

判 关于不动产抵押权之设定，固应经登记而生效力，但关于民法物权编所规定之登记，尚须另以法律规定，方能适用。如此项登记，尚未另以法律订定施行，即无适用民法物权编关于登记规定之余地。（二十一年上字第六一四号）

判 抵押权之设定，未经登记，不得对抗第三人，而在当事人间究非无效。（二十二年抗字第二三〇〇号）

判 民法物权编关于物权登记之规定，在未能依该法所定法律登记以前，本不适用。其关于设定不动产物权之契约，倘已合法成立，在未施行《不动产登记条例》之区域，自应同时发生物权之效力。其在《不动产登记条例》业已施行之区域，则设定不动产物权契约合法成立，虽亦同时发生物权效力，但非经登记尚不得对抗第三人。（二十二年上字第一〇八四号）

判 不动产物权之移转，依法仅须以书面为之。关于物权编登记之规定，在登记法未经公布以前，即不适用。故当事人间果已就特定之标的物以书面表示移转，并已交付管业契据，当然不能不认其物权契约已经合法成立。纵令依该处惯例让与人应协同让受人履行过户程序，此亦不过让与人于物权移转后仍负有一种协助之义务而已，要与物权之得丧并不相涉。（二十三年上字第二一〇六号）

判 赠与虽非要式行为，但依民法规定，以不动产为赠与者，在未为移转登记前，其赠与本不生效力。上开规定，虽因民法物权编施行法规定未能适用，惟依照当事人受管讼争地当时适用之法例，及现行民法规定，不动产物权之移转或设定，均应以书面为之。（二十四年上字第一三七六号）

解 （一）在民法物权编所规定之登记法律尚未施行以前，抵押权人于债权已届清偿期未受清偿，而声请拍卖抵押物时，如债务人或第三人就该抵押关系并未争执，毋庸经过判决程序，即可拍卖。（二十五年院字第一四〇四号）

解 合法买卖移转地产所有权，自可许其登记，不因父子间而有所限制。（二十五年院字第一五六〇号）

解 （一）有抵押权之债权人，声请拍卖抵押物，如其他债权人，在第一次拍卖期日终竣以前，请求参加分配，确能证明其就同一不动产亦有抵押权，若在已施行登记之区域，均未依法登记（旧法），则抵押权不生对抗效力。其他债权人自可按其卖得价金，与声请拍卖抵押物之债权人平均分配。（二十六年院字第一六二五号）

解 （二）抵押权之登记，在法律上并无期间限制。取得抵押权之债权人，就其抵押标的物请求查封拍卖，于其他债权人，对于该标的物，另案提起确认抵押权之诉，在未经第二审辩论终结以前，已为抵押权之

登记，自应生登记之效力。（二十六年院字第一六二五号）

　　▲判　不动产之买受人虽未支付价金，而依物权法之规定，出卖人移转所有权于买受人之法律行为已生效力者，自不能因买受人尚未付价金，即谓其所有权未曾取得。（二十七年上字第八一六号）

　　▲判　不动产所有权之移转，不以交付该不动产为其效力发生要件，此就民法第七百五十八条与七百六十一条之规定对照观之自明。（二十八年上字第五八三号）

　　▲判　在《土地法》关于登记之部分施行前设定抵押权者，依民法物权编施行法第三条，不适用民法第七百五十八条之规定，自不以登记为发生效力之要件。虽其设定在该地方施行《不动产登记条例》之后，依同条例第三条、第五条不得以其设定对抗第三人，而在当事人间究已发生抵押权设定之效力，不因嗣后《土地法》关于登记部分之施行而受影响。被上诉人甲在《土地法》关于登记之部分施行前，为被上诉人乙向上诉人设定抵押权，自不能仅以其在《土地法》关于登记部分施行后未经登记，即适用民法第七百五十八条之规定认为无效。（二十八年上字第一三一三号）

　　解　《不动产登记条例》施行后，就同一不动产重复买卖因而重为所有权移转契约时，如先之移转尚未登记，而后之移转则已登记，依该条例第五条之规定，先受移转之人，不得以其先受之移转对抗后受移转之人。（二十八年院字第一八七九号）

　　解　债权人与债务人间之确定判决，虽认债权人对于第三人之房屋，有抵押权，并判令债务人会同债权人为抵押权设定登记，但此项判决之效力，既不能及于抵押物所有人，而抵押权设定登记之义务人；又为设定抵押权之所有人，并非债务人，即不能据该判决命抵押物所有人声请登记。如该抵押权确系抵押物所有人或其代理人所设定，抵押权人自可对于抵押物所有人提起诉讼，请求为抵押权设定登记。其所有权未经登记者，并得请求先为所有权之登记。（二十八年院字第一九一七号）

　　解　《不动产登记条例》施行区域，在物权未能依《土地法》登记前，该条例第五条关于依法律行为所为不动产物权之变动，非经登记不得对抗第三人之部分，固尚继续有效。而其关于不动产物权之保存，及依法律行为以外之原因所生不动产物权之变动，非经登记不得对抗第三人之部分，则自民法物权编施行之日，即已失其效力。所有从前解释判例与此见解有异者，应予变更。（二十九年院字第二〇五四号）

解 民法第七百五十八条之规定，限于依法律行为所生之动产物权之变动，始适用之，依法律直接之规定取得不动产所有权者，并不包含在内。民法第九百二十三条第二项既仅规定出典人于典期届满后，经过二年不以原典价回赎者，典权人即取得典物所有权，则虽在物权能依《土地法》登记后，典权人亦不待登记即取得典物所有权。惟其依法律直接之规定取得不动产所有权，与因继承于登记前已取得不动产所有权者无异，依民法第七百五十九条之规定，非经登记不得处分其所有权。（三十年院字第二一九三号）

解 关于不动产之事项，法令定为应行登记，不必以非经登记不得对抗第三人者为限。《不动产登记条例》第五条，关于不动产物权之保存，及依法律行为以外原因所生不动产物权之变动，非经登记不得对抗第三人之部分，虽已失其效力，但嗣后依法律行为发生不动产物权之变动，应行登记时，既须先为此种事项之登记，始得为之。则此种事项之应行登记，自不因其非以登记为对抗要件而受影响。（三十年院字第二二〇六号）

解 为第一次所有权登记后，典权人依民法第九百二十三条第二项，或第九百二十四条但书取得典物所有权者，其登记应依移转登记之方法为之。此项登记，依《土地法》第五十八条之规定，自应由典权人及出典人或代理人声请之，如出典人不肯会同声请，典权人得对之起诉。俟得有胜诉之确定判决后，再依《土地法》第五十九条后段单独声请登记。（三十一年院字第二三〇〇号）

解 民法第七百五十八条之规定，依民法物权编施行法第三条第二项，于《土地法》所规定之土地登记未开办地方，不适用之。征收契税，不能代替土地登记。典买不动产，不依期完纳契税者，行政上本有一定之制裁，未便适用民法第七百五十八条之规定，认其物权之设定移转，不生效力。（三十二年院字第二四九五号）

第七百五十九条

解 民法第七百五十八条之规定，限于依法律行为所生之不动产物权之变动，始适用之。依法律直接之规定取得不动产所有权者，并不包含在内。民法第九百二十三条第二项既仅规定出典人于典期届满后，经过二年不以原典价回赎者，典权人即取得典物所有权，则虽在物权能依《土地法》登记后，典权人亦不待登记即取得典物所有权。惟其依法律直接之规定取得不动产所有权，与因继承于登记前已取得不动产所有权者无异，依民法第七百五十九条之规定，非经登记不得处分其所有权。（三十年院字第二一九三号）

第七百六十条

△判　老契之交付，非不动产所有权移转之要件。（十七年上字第一六号）

△判　设定或移转不动产物权之契约，非经订立书据，不生物权得丧之效力。（十八年上字第六四二号）

△判　不动产物权之移转，以订立书据为契约成立之要件，未订立书据，自不生物权移转之效力。（十八年上字第一五九二号）

△判　约内倒填年、月，与取得产权无关。（十八年上字第一九四八号）

△判　不动产物权之移转，不以粮银之过割为要件。（十九年上字第二九八号）

△判　设定不动产担保物权，应订立书据，否则即不生物权法上之效力。（十九年上字第三五九号）

判　不动产物权之移转，应以书面为之，倘移转不动产物权之书面未合法成立，固不能生移转之效力。惟当事人间约定，一方以其不动产之所有权移转于他方，由他方支付价金，其当事人间苟就其移转之不动产及价金业经互相同意，则其买卖契约即为成立。而出卖不动产之一方，即应负交付该不动产并使他方取得该不动产所有权之义务。（二十二年上字第二一号）

判　买卖房屋依地方惯例，须先向警察官署呈报移转者，其呈报仅为市政管理之程度，并非不动产物权移转契约之成立要件。故呈报当时虽未经警察官署批准，亦与其所有权之取得不生影响，其他如买价之高低、税契之迟早、中保底保之为何人，更与契约之成立无涉。（二十二年

上字第六七六号）

判 不动产买卖契约之合法成立，本不因未誊写官纸而受何影响。（二十二年上字第九五三号）

判 契约当事人互相表示意思一致，其契约自应认为成立。惟关于不动产物权之设定，则应作成书据为其成立要件。故不动产物权之设定，其契约当事人间，虽经互相表示意思一致，苟未作成书据，仅可认其契约当事人间关于债之契约为成立，而其物权契约究不得认其成立。（二十二年上字第一〇八四号）

判 不动产物权之移转，依法仅须以书面为之。关于物权编登记之规定，在登记法未经公布以前，即不适用。故当事人间果已就待定之标的物以书面表示移转，并已交付营业契据，当然不能不认其物权契约已经合法成立。纵令依该处惯例让与人应协同受让人履行过户程序，此亦不过让与人于物权移转后仍负有一种协助之义务而已，要与物权之得丧并不相涉。（二十三年上字第二一〇六号）

判 赠与虽非要式行为，但依民法规定，以不动产为赠与者，在未为移转登记前，其赠与本不生效力。上开规定，虽因民法物权编施行法规定未能适用，惟依照当事人受管讼争地当时适用之法例，及现行民法规定，不动产物权之移转或设定，均应以书面为之。（二十四年上字第一三七六号）

▲**判** 不动产之买受人虽未支付价金，而依物权法之规定，出卖人移转所有权于买受人之法律行为已生效力者，自不能因买受人尚未支付价金，即谓其所有权未曾取得。（二十七年上字第八一六号）

▲**判** 民法第九百一十五条第一项但书所称之习惯，固有优先于成文法之效力。惟此系指限制典权人将典物转典或出租于他人之习惯而言，并不包含转典得不以书面为之之习惯在内。转典为不动产物权之设定，依民法第七百六十条之规定，应以书面为之，纵有相反之习惯，亦无法之效力。（二十八年上字第一〇七八号）

▲**判** 不动产所有权之移转，应以书面为之，虽为民法第七百六十条之所明定，惟将该书面向行政官署投税，不过为完纳契税之方法，并非书面之成立要件。故虽未即行投税，亦于所有权移转之效力不生影响。

（二十八年上字第一七三三号）

　　▲判　不动产物权之移转或设定，应以书面为之，民法第七百六十条设有明文规定。纵令当地移转不动产所有权确有交付老契以代订立书面之习惯，依民法第一条之规定，亦无适用之余地。（二十九年上字第一五一三号）

　　解　（五）典权之让与，为物权之移转，依民法第七百六十条之规定，应以书面为之。乙将甲向其设定之典权转让于丙，既未以书面为之，虽将原典契交丙，亦不生典权让与之效力，甲仅得向乙回赎。惟乙对于丙，如有以受甲返还之典价返还于丙之义务，则甲为乙向丙返还典价，与向乙返还典价有同一之效力。甲向乙为合法之回赎后，丙拒绝返还典物时，甲得对丙提起请求返还之诉。（三十四年院解字第三〇四四号）

　　解　某甲虽曾将其产业（不动产）立约定卖于某乙，并受某乙定金，但既未立契，自仅发生债之关系，不得以此对抗业依《强制执行法》第九十八条取得所有权之某丁。（三十五年院解字第三一三一号）

　　第七百六十一条

　　▲判　不动产所有权之移转，不以交付该不动产为其效力发生要件，此就民法第七百五十八条与七百六十一条之规定对照观之自明。（二十八年上字第五八三号）

　　第七百六十四条

　　判　留置权之抛弃，须有明示或默示之意思表示。此项权利之存否，亦非执行程序中所能解决。（二十三年上字第三三七四号）

　　第七百六十五条

　　△判　物权之移转，非由有处分权之当事人为意思表示，不能发生物权移转之效力。若仅保管他人所有物，未经所有权人授以处分之权限，而有擅行代理表示处分该物之意思者，即为无权代理。设未经本人追认，该无权代理之行为，对于本人不能发生效力。（十七年上字第一二三号）

　　△判　第三人未得所有人委任，纵因受有其他压迫，而其代所有人立契出卖所有物，系私法上之不法行为，所有人自可本于追及权之作用，诉请法院撤销。（十八年上字第九二号）

　　△判　所有物之处分，为所有权效用之一，所有人当然有此权能。

（十八年上字第八一〇号）

△**判** 凡物权之移转设定，非有完全处分权之人，为法律上有效之意思表示，不生物权法上之效力。（十八年上字第一四二〇号）

△**判** 无所有权人，私擅将他人不动产出卖者，无论买主是否知情，均不能发生物权移转之效力。（十九年上字第二四四八号）

判 坟墓与墓外之土地，其所有权原可各自独立，并非有不可分之关系。（二十四年上字第二九一九号）

解 被继承人生前嘱托他人对于未成年之继承人应继遗产，永禁变卖，继承人于成年后竟行变卖，受托人自无撤销之权。（二十六年院字第一六五六号）

解 行政官署放领之官产地亩，该管行政官署，固不得任意变更。惟发现该项地亩依法令不属于私人所有者（如名胜古迹之类），该管上级官署，自得撤销之。若地亩确为私产，行政官署误为官产而放领，原所有人除得提起民事诉讼外，并得提起行政诉愿。在未诉愿以前，该管上级官署不得径行撤销。（二十六年院字第一六五九号）

第七百六十六条

解 （三）租用之耕地边沿所长之树类，如非耕作所出之产物，依民法第七百六十六条之规定，于分离后仍属于该地之所有人。（三十二年院字第二六〇一号）

第七百六十七条

△**判** 所有权有对世效力，所有权人于其所有物，因他人债案被执行时，纵未提起异议之诉，要无因此丧失其所有权之理。则因此而持有管业证书之人，除得向执行案内之债务人请求赔偿损失外，对于未经丧失所有权之所有人，自不能以投标拍定而为对抗。（十八年上字第一九〇二号）

解 人民承买官产处权限内所得处分之官产，即为合法取得权利人，他机关不得妨害其权利之行使。（二十一年院字第七五七号）

判 处分官产之行政公署，误认人民所有之土地为官产，以之标卖与人，其不生物权移转之效力，与私人之处分他人所有物无异。故人民以行政公署之处分无效为原因，提起确认所有权存在之诉，不得谓非属

于法院权限之民事事件。（二十三年上字第四七三六号）

▲判　民法第一百二十五条所称之请求权，包含所有物返还请求权在内，此项请求权之消灭时效完成后，虽占有人之取得时效尚未完成，占有人亦得拒绝返还。（二十八年上字第二三〇一号）

解　不动产所有权之回复请求权，应适用民法第一百二十五条关于消灭时效之规定。故所有人未经登记之不动产，自被他人占有而得请求回复之时起，已满十五年尚未请求者，则不问占有人之取得时效已否完成，而因消灭时效之完成，即不得为回复之请求。（二十八年院字第一八三三号）

解　甲既将无主古人遗骸迁葬他处而承祀之，该坟即应属甲所有。如不在乙之地内而乙将其平除时，甲自得请求回复。（二十八年院字第一九四九号）

▲判　请求返还所有物之诉，应以现在占有该物之人为被告，如非现在占有该物之人，纵令所有人之占有，系因其人之行为而丧失所有人，亦仅于此项行为具备侵权行为之要件时，得向其人请求赔偿损害。要不得本于物上请求权，对之请求返还所有物。（二十九年上字第一〇六一号）

第七百六十八条

▲判　所有权取得时效之第一要件，须为以所有之意思而占有。故占有依其所由发生之事实之性质无所有之意思者，非有民法第九百四十五条所定变为以所有之意思而占有之情事，其所有权之取得时效，不能开始进行。（二十六年上字第八七六号）

第七百六十九条

判　不动产取得时效，以占有他人之不动产为其要件。故就自己有共同共有权利之不动产，因权利之范围，及于共同共有物之全部，不能有取得时效之存在。（二十三年上字第二二九一号）

解　人民私有土地，因改定测量器之故，而清丈结果致与契载不符，不能谓之溢出，应依其原来弓尺，比较现在实际上测量所得之面积登记。倘清丈结果，非因测量器改定之故而有溢出，除依民法第七百六十九条、第七百七十条暨物权编施行法第七条各规定外，应依照其承买承垦或报领当时原有章程规则办理。但该章程规则及各省、市、县政府现订之处理溢地规则，如非根据法律，或与法律违反抵触时，依法规制定标准法第三、第四两条规定，不能认为有效。（二十三年院字第一一一〇号）

解 民法物权编施行法第三条第一项所定之登记机关现未设立，在该编施行前，占有不动产具备该编第七百六十九条或第七百七十条之条件，依该编施行法第七条、第八条之规定，于得请求登记之日起（即施行之日起），应视为所有人。其所有权之取得，乃基于法律施行之效果，自属依法取得所有权，但须注意院字第六四〇号解释。（二十四年院字第一二三九号）

解 在民法物权编施行前，占有他人未登记之不动产，既合于民法第七百六十九条、第七百七十条之条件，无论已否经法院发给登记证明文件，而依民法物权编施行法第八条之规定，自物权编施行之日起，既视为所有人，自应取得所有权。（二十四年院字第一三五九号）

▲判 民法第七百七十条所定十年之取得时效，虽以占有之始善意并无过失为要件，而民法第七百六十九条所定二十年之取得时效，则无以此为要件之明文。且民法第七百七十条特设短期取得时效，系以增此要件为其惟一理由，其他关于期间以外之要件，仍与民法第七百六十九条所定者无异，则二十年之取得时效不以此为要件，实甚明了。故以所有之意思二十年间和平继续占有他人未登记之不动产者，纵令占有之始为恶意，或虽系善意而有过失，亦得请求登记为所有人。（二十六年上字第四四二号）

▲判 所有权取得时效之第一要件，须为以所有之意思而占有，故占有依其所由发生之事实之性质无所有之意思者，非有民法第九百四十五条所定变为以所有之意思而占有之情事，其所有权之取得时效，不能开始进行。（二十六年上字第八七六号）

解 久淤成畈之湖基，如不在《土地法》限制私有之列，仅开垦成田，且具备民法第七百六十九条或第七百七十条之占有要件，自得请求登记为所有人。（二十七年院字第一七一八号）

解 沙洲淤地未经人民依法取得所有权者，依《土地法》第十二条第一项之规定，为公有土地。此项土地，就私法关系而论，其所有权属于国家，国家为公法人，占有公法人之土地，自属民法第七百六十九条、

第七百七十条所谓占有他人之不动产。故公有土地，除《土地法》第八条所定不得私有者外，亦有取得时效之适用。人民已因取得时效取得所有权者，既系《土地法》第七条所谓依法取得所有权，嗣后即为私有土地，国家得向该人民征税，不得再令补缴地价。（三十年院字第二一七七号）

解　公有土地供公用者，在废止公用后，得为取得时效之标的（参照院字第二一七七号解释）。城壕一部分淤成平地，经人民占有建筑房屋，历数十年者，应认为公用早已废止。如人民之占有，具备民法第七百六十九条或第七百七十条之条件者，自得请求登记为所有人。《清理各县市公有款产暂行通则》第二十五条第一项载，"凡侵占公产经查觉或经人举发查明属实者，应比照邻地出租之租额，追缴其自侵占之时起至清理时止之租金，但侵占人向清理机关自行声报者，得核减其百分之二十至百分之四十，其年度久远者，并得豁免其五年以外之欠租"等语，系指未经人民取得所有权者而言。若人民已依取得时效取得所有权，既非复为公产，即不在同条项规定之列。至其但书所载年度久远者，并得豁免其五年以外之欠租字样，由其豁免欠租之年限推定，凡超过五年者，即为年度久远。同条项之规定，自非排除取得时效之适用。（三十三年院字第二六〇号）

解　共有系数人按其应有部分，对于一物有所有权之状态，各共有人既各按其应有部分而有独立之所有权，则其中一人对于他共有人之应有部分，自不得谓非他人之物。共同共有系数人基于共同关系而共有一物之状态，各共同共有人既无独立之所有权，其中一人对于该物，亦不得谓非他人之物。故共有人或共同共有人中之一人，对于共有物或共同共有物，皆得依民法关于取得时效之规定取得单独所有权。惟共有人或共同共有人中之一人，单独占有共有物或共同共有物，依其所由发生之事实之性质，无所有之意思者（例如受全体之委托而保管时），非依民法第九百四十五条之规定，变为以所有之意思而占有，取得时效不能完成。以前最高法院判例，与此见解有异者，应予变更。（三十三年院字第二六九九号）

第七百七十条

判　不动产取得时效，以占有他人之不动产为其要件，故就自己有

共同共有权利之不动产，因权利之范围，及于共同共有物之全部，不能有取得时效之存在。（二十三年上字第二二九一号）

▲判　民法第七百七十条所定之取得时效，不以原所有人之所有物返还请求权消灭时效业已完成为要件。取得时效完成时，原所有人即丧失其所有权，其所有物返还请求权当然随之消灭，自不得更以消灭时效尚未完成，请求返还。（二十三年上字第二四二八号）

解　人民私有土地，因改定测量器之故，而清丈结果致与契载不符，不能谓之溢出，应依其原来弓尺，比较现在实际上测量所得之面积登记。倘清丈结果，非因测量器改定之故而有溢出，除依民法第七百六十九条、第七百七十条暨物权编施行法第七条各规定外，应依照其承买承垦或报领当时原有章程规则办理。但该章程规则及各省、市、县政府现订之处理溢地规则，如非根据法律，或与法律违反抵触时，依法规制定标准法第三、第四两条规定，不能认为有效。（二十三年院字第一一一○号）

解　民法物权编施行法第三条第一项所定之登记机关现未设立，在该编施行前，占有不动产具备该编第七百六十九条或第七百七十条之条件，依该编施行法第七条、第八条之规定，于得请求登记之日起（即施行之日起），应视为所有人。其所有权之取得，乃基于法律施行之效果，自属依法取得所有权，但须注意院字第六四○号解释。（二十四年院字第一二三九号）

解　在民法物权编施行前，占有他人未登记之不动产，既合于民法第七百六十九条、第七百七十条之条件，无论已否经法院发给登记证明文件，而依民法物权编施行法第八条之规定，自物权编施行之日起，既视为所有人，自应取得所有权。（二十四年院字第一三五九号）

解　不动产所有人，于设定时，已将不动产移转占有，并约明期满不赎，即以作绝论，虽于法不合，但抵押权人于约定期限届满后，依法占有者可请求登记为所有人。至未定期限之典权，若未经过法定期间，不得声请为所有权之登记。（二十五年院字第一五一五号）

▲判　民法第七百七十条所定十年之取得时效，虽以占有之始善意并无过失为要件，而民法第七百六十九条所定二十年之取得时效，则无以此为要件之明文。且民法第七百七十条特设短期取得时效，系以增此

要件为其惟一理由，其他关于期间以外之要件，仍与民法第七百六十九条所定者无异，则二十年之取得时效不以此为要件，实甚明了。故以所有之意思二十年间和平继续占有他人未登记之不动产者，纵令占有之始为恶意，或虽系善意而有过失，亦得请求登记为所有人。（二十六年上字第四四二号）

▲判　所有权取得时效之第一要件，须为以所有之意思而占有，故占有依其所由发生之事实之性质无所有之意思者，非有民法第九百四十五条所定变为以所有之意思而占有之情事，其所有权之取得时效，不能开始进行。（二十六年上字第八七六号）

解　久淤成畈之湖基，如不在《土地法》限制私有之列，仅开垦成田，且具备民法第七百六十九条或第七百七十条之占有要件，自得请求登记为所有人。（二十七年院字第一七一八号）

解　继母、嫡母依民法第七百七十条第一款之规定，系直系尊亲属，依旧法立嗣者所后之母，亦为直系尊亲属，其子女对之提起自诉应不受理。（二十八年院字第一九二五号）

▲判　民法第七百七十条规定之取得时效，一经完成，当然发生同条或民法物权编施行法第八条所定之效果。虽未经占有人援用，法院亦得据以裁判。惟取得时效完成之基础事实，苟未经当事人提出，法院仍无从予以斟酌。（二十九年上字第一〇〇三号）

解　沙洲淤地未经人民依法取得所有权者，依《土地法》第十二条第一项之规定，为公有土地。此项土地，就私法关系而论，其所有权属于国家，国家为公法人，占有公法人之土地，自属民法第七百六十九条、第七百七十条所谓占有他人之不动产。故公有土地，除《土地法》第八条所定不得私有者外，亦有取得时效之适用。人民已因取得时效取得所有权者，既系《土地法》第七条所谓依法取得所有权，嗣后即为私有土地，国家得向该人民征税，不得再令补缴地价。（三十年院字第二一七七号）

解　公有土地供公用者，在废止公用后，得为取得时效之标的（参照院字第二一七七号解释）。城壕一部分淤成平地，经人民占有建造房屋，历数十年者，应认为公用早已废止。如人民之占有，具备民法第七百六十九条或第七百七十条之条件者，自得请求登记为所有人。《清理各县市公有款产暂行通则》第二十五条第一项载，"凡侵占公产经查觉或经人举发查明属实者，应比照邻地出租之租额，追缴其自侵占之时起至清理时止之租金，但侵占人向清理机关自行声报者，得核减其百分之二十至百分之四十，其年度久远者，并得豁免其五年以外之欠租"等语，系指未经人民取得所有权者而言。若人民已依取得时效取得所有权，既非复为公产，即不在同条项规定之列。至其但书所载年度久远者，并得豁免其五年以外之欠租字样，由其豁免欠租之年限推定，凡超过五年者，即为年度久远。同条项之规定，自非排除取得时效之适用。（三十三年院字第二六七○号）

解 行政机关以公库所有之意思，占有人民不动产者，如具备民法第七百七十条所定之要件，自得为公库请求登记为所有人。（三十四年院解字第二九二六号）

第七百七十一条

解 占有不动产后，被人侵夺而已回复者，其所有权之取得时效，自不中断。（二十五年院字第一四六○号）

第七百七十三条

解 人民误以官产为私产，出价买受，经主管官厅查悉，饬令缴价承领，原买人自应遵办，方得执业。至其所受损害，只能向原卖主求偿。（二十三年院字第一一一五号）

解 坟墓所有权与土地所有权原非有不可分之关系，土地所有人虽得将其所有地转卖与他人，究不得因此而侵害坟墓所有人之权利。至行政官署因公共利益限令迁坟之合法处分，固非坟墓所有人所能违抗，但该官署命令苟尚未对于该坟有具体处分或确定迁期以前，则坟墓所有人仍得对于他人主张其坟墓之权利。（二十三年院字第一一二七号）

第七百七十九条

△**判** 积水地所有人，因使土地干涸，设置排泄工作，本为法律所准许。（十九年上字第九五一号）

第七百八十一条

△**判** 水流地所有人，得自由使用公共之流水，并得因用水之必要，设置相当之工作物，但须于不妨害他人使用之限度内为之。（十八年上字

第一二四二号）

　　△**判**　使用流水之权利，除能证明历来确有使用之事实，得为其用水权取得之原因外，自应以契据为凭。但契据所载之用水权，必以其有正当权源，始为有效。若其所载并无权源可据，或无特别原因，而任意限制他人之使用者，则依契约原则，自不发生效力，而第三人亦不受该契约之拘束。（十八年上字第二六八三号）

　　第七百九十条

　　解　湖荡所有人以外之人入湖荡取藻，如合于民法第七百九十条第二款之情形，湖荡所有人自不得因政府征收湖荡赋税或登记费遂加阻止。至院字第一八九二号，仅就湖荡是否为民法第七百九十条第二款所称未设围障之田地牧场加以解释，并未谓私有湖荡所产莲藻鱼类及一切有价之物均任他人入内采取，原代电所称解释意旨未免误会。（二十八年院字第一九四八号）

　　第七百九十六条

　　解　（一）民法第七九六条所称不得请求移去或变更之建筑物，只限于房屋。（二十五年院字第一四七四号）

　　▲**判**　民法第七百九十六条所谓土地所有人建筑房屋逾越疆界，系指土地所有人在其自己土地建筑房屋仅其一部分逾越疆界者而言，若其房屋之全部建筑于他人之土地，则无同条之适用。（二十八年上字第六三四号）

　　第七百九十九条

　　解　民法第七百九十条第二款所谓围障，系指墙垣篱笆或其他因禁人侵入所设围绕土地之物而言。私有之湖荡非必尽有围障，其未设围障之湖荡，除依社会观念非可视同田地牧场者外，自得适用同条款关于未设围障之规定。（二十八年院字第一八九二号）

　　第八百零七条

　　解　岗警值勤时查获之遗失物，应认其所属机关为拾得人，如六个月内无人认领，应将其物或其卖得金归入国库。（二十五年院字第一四三二号）

　　第八百一十七条

　　▲**判**　各共有人之应有部分不明者，民法第八百一十七条第二项固

推定其为均等。惟各共有人之应有部分，通常应依共有关系发生原因定之，如数人以有偿行为对于一物发生共有关系者，除各共有人间有特约外，自应按出资比例定其应有部分。（二十九年上字第一○二号）

第八百一十九条

△**判** 共有财产，非得共有人全体同意，自不能擅为处分。（十七年上字第六八四号）

△**判** 共有人中一人或数人，未经全体共有人同意，专擅处分共有物者，其处分行为，固不生移转物权之效力。惟法律行为之同意，不必限于行为时为之，若于事前预示或事后追认者，不得谓为无效。（十七年上字第一○一四号）

△**判** 共有财产，非经共有人全体之同意，不得由共有人之一人或数人自由处分。若无共有人之同意，而与他人缔结买卖财产之契约者，则该契约自不得认为有效。（十八年上字第六七六号）

△**判** 共有财产未分析前共有人一人或数人，未得他共有人同意，擅为处分，自非有效。（十八年上字第八六二号）

△**判** 共有之一人，指共有物为己有，私擅典押，无论其相对人是否善意，不生物权法上之效力。（十八年上字第一九一二号）

△**判** 共有财产，固非得全体共有人之同意，不得私擅处分。惟同意与否，不仅以处分该财产之约据形式上曾否表示为断，苟有其他明确之事实，足以证明他共有人已经为明示或默示之同意者，则共有人中一人或数人之处分行为，仍不能不认为有效。（十九年上字第九八一号）

△**判** 共有人中一人处分共有物，非其他共有人共同处分者，必事前为他共有人之同意，或得其事后之追认，其处分行为，始能有效。（十九年上字第二○一四号）

△**判** 处分共有物，固应得全体共有人之同意，但因共有人众多，苟愿开会议依多数之议决，经各共有人均举有代表到场预议者，自应遵从议决，不得事后翻异。（十九年上字第二二○八号）

△**判** 共有财产，非经共有人全体同意，不得由共有人之一部分自由处分。（十九年上字第二四○一号）

△**判** 共有物之处分，应得共有人全体之同意。（二十年上字第一三

二号）

　　△**判**　共有物之处分，固应得共有人全体之同意，但共有人之一人自由处分其应有部分，原非法所不许。（二十年上字第一七四〇号）

　　△**判**　管理家务之人，处分共有财产，能否即认为代表全家之行为，仍应以其处分家产，有无必要用途，即是否用以清偿公共负担之费用为断。（二十年上字第一八八八号）

　　△**判**　管理家务之人，因清偿公共负担之费用，而处分其家产之全部或一部者，其他共有人，除于处分当时表示异议外，固不得于事后以无权处分为理由，主张其代理处分之不当。（二十年上字第三二〇四号）

　　判　处分共有之不动产，固应得共有人全体之同意，惟所谓全体之同意者，不必限于行为时为之，事前预示或事后追认，均在有效之列。（二十一年上字第三二七九号）

　　判　凡共同共有之物，固无单独处分之权，然如仅为通常共有，则各共有人得将其应有部分自由让与他人，即不问其他共有人是否已经同意，其行为均不能谓为无效。故通常共有人处分共有物，虽亦应得共有人全体之同意，若各该共有人处分其应有部分，则可以自由，而无庸其他共有人之同意。（二十二年上字第四〇号）

　　▲**判**　债权人就债务人与人共有之物，只得扣押债务人之应有部分，不得扣押共有物之全部或一部。（二十二年上字第八〇五号）

　　判　共同共有物之处分，依法本应得共同共有人全体之同意，纵令全体同意为事实之所难能，要非另有习惯或特约可由少数人代表全体或得以多数取决者，即不能认为有效。（二十二年上字第九五一号）

　　判　共有人中之一人处分共有物时，依法既须得他共有人之同意，自不因他共有人负有共同债务，遂可不得同意而径行处分。（二十二年上字第二二四八号）

　　判　共有人对于共有物，得单独为保存行为。本于所有权为回复共有物之请求者，亦即为保存行为之一种，苟系为共有人全体之利益而为之，自为法之所许。至于共有人虽得自由处分其应有部分，而处分共有物，则非经共有人全体之同意，不得为之。（二十三年上字第二〇六一号）

判 公有人对于共有财产之处分同意与否，不仅以处分该财产之约据形式上曾否表示为断。苟有其他明确之事实，足以证明他共有人已经为明示或默示（有消极动作）之同意者，则共有人一人或数人之处分行为，仍不能不认为有效。（二十四年上字第一三一四号）

判 管理家务人，果因清偿公共负担之费用，处分其公共家产之全部或一部者，其他共有人若于处分当时，不表示异议，固可视为已得共有人全体同意，不得于事后以无权处分为理由，主张其不能生效。惟是否因清偿公共负担之费用而为处分，及是否并未异议，系一种事实，认定事实，应凭证据不容凭空臆断。（二十四年上字第一五七六号）

解 丙就与甲乙共有之房地，未得甲乙同意，设定抵押权，其行为不能有效。如非基于共同关系而共有，则丙虽得处分其应有部分，但不得为抵押权之标的物。（二十五年院字第一五一六号）

第八百二十条

△**判** 共有物之管理人，不能自由处分共有物，若未经共有人全体同意，擅自处分，其处分行为，不能生移转物权之效力。（十七年上字第一一七九号）

第八百二十一条

△**判** 共有人得就共有物全部而为所有权之请求。（十七年上字第二一七号）

判 共有人对于共有物，得单独为保存行为。本于所有权为回复共有物之请求者，亦即为保存行为之一种，苟系为共有人全体之利益而为之，自为法之所许。至于共有人虽得自由处分其应有部分，而处分共有物则非经共有人全体之同意，不得为之。（二十三年上字第二〇六一号）

▲**判** 依民法第八百二十一条之规定，各共有人对于第三人得就共有物之全部为本于所有权之请求。此项请求权既非必须由共有人全体共同行使，则以此为标的之诉讼，自无由共有人全体共同提起之必要。所谓本于所有权之请求权，系指民法第七百六十七条所规定之物权的请求权而言，故对于无权占有或侵夺共有物者请求返还共有物之诉，得由共有人中之一人单独提起。惟依民法第八百二十一条但书之规定，应求为命被告向共有人全体返还共有物之判决而已。（二十八年上字第二三六一号）

解 （一）为诉讼标的之权利，非数人共同不得行使者，固须数人共同起诉，原告之适格始无欠缺。惟民法第八百二十一条规定，各共有人对于第三人得就共有物之全部为本于所有权之请求，此项请求权，既非必须由共有人全体共同行使，则以此为标的之诉讼，自无由共有人全体共同提起之必要。所谓本于所有权之请求权，系指民法第七百六十七条所规定之物权的请求权而言，故对于无权占有或侵夺共有物者请求返还共有物之诉，对于妨害共有权者请求除去妨害之诉，对于有妨害共有权之虞者请求防止妨害之诉，皆得由各共有人单独提起。惟请求返还共有物之诉，依民法第八百二十一条但书之规定，应请求为命被告向共有人全体返还共有物之判决，不得请求仅向自己返还。至债权的请求权，例如共有物因侵权行为而灭失毁损之损害赔偿请求权，固不在民法第八百二十一条规定之列。惟应以金钱赔偿损害时（参照民法第一百九十六条、第二百十五条），其请求权为可分债权，各共有人仅得按其应有部分请求赔偿，即使应以回复原状之方法赔偿损害而其给付不可分者，依民法第二百九十三条第一项之规定，各共有人亦得为共有人全体请求向其全体为给付。故以债权的请求权为诉讼标的之诉讼，无论给付是否可分，各共有人均得单独提起。以上系就与第三人之关系言之，若共有人中之一人越其应有部分，行使所有权时，他共有人得对之行使物权的或债权的请求权，并得单独对之提起以此项请求权为标的之诉，尤不待言。（二十八年院字第一九五〇号）

▲**判**　民法第八百二十一条之规定，于共同共有不适用之。（二十九年上字第四九四号）

解　民法第八百二十一条之规定，于共同共有不适用之。（三十二年院字第二四八八号）

解　（一）关于共同共有尝产之诉讼，如其共同关系所由规定之契约，未明定得由何人起诉或被诉，则下列各项，均为全国一般之习惯。通常可认尝产共同共有人有以此为契约内容之意思，除有反证外，应分别情形，依下列各项办理：

1. 尝产设有管理人者，其管理人如有数人，得共同以自己名义，代表派下全体起诉或被诉；如仅一人，得单独以自己名义，代表派下全体起诉或被诉。

2. 尝产管理人中之一人或数人，因与派下全体利害相反之事项涉讼者，其他管理人如有数人，得共同以自己名义，代表派下全体起诉或被诉；如仅一人，得单独以自己名义，代表派下全体起诉或被诉。

3. 尝产管理人全体，因与派下全体利害相反之事项涉讼者，派下各房房长，得共同以自己名义，代表派下全体起诉或被诉。

4. 前项之房长全体，因与派下全体利害相反之事项涉讼者，派下子孙以多数决选任之代表人，得以自己名义，代表派下全体起诉或被诉。

5. 尝产无管理人者，因该尝产与第三人涉讼时，各房房长得共同以自己名义，代表派下全体起诉或被诉。

（二）共同共有物被一部分共同共有人为移转物权等处分时，各共同共有人如得处分行为人（包含同意处分之人）以外之共同共有人全体之同意，自得起诉。

（三）甲、乙、丙、丁四人共同共有之遗产，业经合意分割者，如甲所分得之物经丁无权处分，自得由甲一人起诉主。（三十六年院解字第三三二八号）

第八百二十二条

△**判**　兄弟共有之商店，分归一人时，仅该店嗣后所负债务，与其他兄弟无涉，其于未分以前所负债务，仍应由各兄弟分任清偿之责。兄弟间约明未分以前所负债务，概归分得之人负担，在兄弟间之内部关系，固非无效，而对于债权人，则非依债务承任之法则，通知债权人得其同意不能发生债务移转之效力。（十八年上字第一六四五号）

第八百二十三条

△**判**　共有田亩，如绝对不许分割，则有妨害该田亩之改良与融通，足以影响于社会上经济之发展。故共有田亩，即令向有不许分割之特约，若共有人因重要事由，主张分割为有利益时，则该特约，亦无不许变更之理。（十八年上字第一二四号）

△**判**　共有物虽得由共有人请求分析，但已经分析，并于分析时约定保留某部分，为各共有人公共之用者，嗣后非得各共有人全体之同意，自不得将该保留部分强求分析。（十八年上字第二一九九号）

△**判**　共有物依其使用目的，并非不能分割，而又未有不分割之期约者，各共有人自得随时请求分割。（十九年上字第一八五三号）

▲**判**　共有物分割请求权，为分割共有物之权利，非请求他共有人同为分割行为之权利，其性质为形成权之一种，并非请求权。民法第一百二十五条所谓请求权，自不包含共有物分割请求权在内。（二十九年上字第一五二九号）

第八百二十四条

△**判**　分析共有物，于当事人协议不谐时，如当事人无特约，或共有人之不同意显无理由者，得以裁判定之。（十八年上字第二一九九号）

△**判**　共有物非有特种情形，各共有人固得随时请求分割，但其分割，须依共有人协议之方法行之。（十九年上字第一〇〇四号）

▲**判**　原判决虽谓共有物之分割应依共有人协议之方法行之，上诉人不得遽向法院诉请分割。然被上诉人主张西南角之田八十亩、西北角之田三十亩，均应归伊所有，不愿与上诉人分割，既为原判决所认定之事实，则两造不能协议决定分割之方法已甚明显。上诉人依民法第八百二十四条第二项诉请分割，尚非法所不许。（二十九年上字第四七二号）

▲**判**　裁判上定共有物分割之方法时，分配原物与变卖之而分配价金孰为适当，法院本有自由裁量之权，不受任何共有人主张之拘束。（二十九年上字第一七九二号）

解　混合契约，系由典型契约构成分子与其他构成分子混合而成之单一债权契约。若其契约系复数，而于数契约间，具有结合关系者，则为契约之联立。大佃契约，为租赁契约与典权设定契约之联立，并非混合契约。故在法律所许范围内，应依当事人立约之本旨，使租赁权与典权同其存续时期；依法律之规定，其存续时期，不能一致者，仍应分别办理。大佃契约之出典人，经过民法第九百二十三条第二项或第九百二十四条但书所定期间，不以原典价回赎者，典权人仅就其有典权之部分取得典物所有权。关于租赁部分，仍属出租人所有，出租人依法有契约终止权时，自得终止租赁契约。此际双方对于该不动产成立共有关系，其应有部分各为若干，应视典价数额与租金数额之多寡定之。各共有人得随时请求分割，其分割之方法，则在民法第八百二十四条设有规定。

又耕地大佃契约定有期限者，出租人如依法律之规定，有于期限届满前终止租赁契约之权，自得专就租赁部分，终止契约。当事人明定期限届满前终止租赁契约时，典期即为届满者，从其所定。当事人虽未明定，依两契约之结合关系，亦应解为有此意思，故于终止租赁契约时，得即回赎典物。至耕地大佃契约未定期限者，其租赁部分，应解为定有租至回赎典物时为止之不确定期限。至回赎典物时，自得收回自耕，其不收回自耕而由承租人继续耕作者，依《土地法》第一百七十二条之规定，视为不定期限继续租赁契约，回赎典物前终止租赁契约，或于回赎典物后继续租赁契约者，民法关于共有之规定，于定当事人间之关系时，应准用之。（三十一年院字第二二八七号）

第八百二十七条

△**判** 兄弟同居共财时所创之营业商号，若无特别证据，证明为兄弟中一人或少数人所独有，应推定为共同共有。（十九年上字第三〇三号）

△**判** 兄弟虽尚合居，如其营业财产，足以证明其为个人私有者，不能认为各房共同共有。（十九年上字第三三〇二号）

解 共同共有人中一人之债权人，虽不得对于共同共有物声请强制执行，而对于该共同共有物之共有权利，得请求执行。（二十三年院字第一〇五四号）

解 民法第八百二十一条之规定，于共同共有不适用之。（三十二年院字第二四八八号）

第八百二十八条

△**判** 族人处分祀田，就共同共有物性质而言，自以得族人全体同意为有效。（十七年上字第一七九号）

△**判** 遗产既系共同共有，非经共同共有人全体表示赠与之意思，自属不生效力，断不能仅以共有人之一人赠与行为，遂指为全体共有人默认之理。（十七年上字第二一七号）

△**判** 族人处分祖遗茔田，除有特定规约或习惯法外，非得族中共有人全体之同意，不得处分。（十七年上字第一一〇九号）

△**判** 族人处分祖遗祭田，固以得族人全体同意为有效要件。惟依规约，得由族长、房长或董事或多数议决以为处分者，虽未得族人全体

同意，亦应认为有效。（十八年上字第三四号）

　　△判　茔地为共同共有性质，非遇有必要情形，经派下各房全体同意，或有确定判决后不准分析让与，或为其他处分行为。（十八年上字第一七二号）

　　△判　共同共有人，未得共有人全体同意，虽无擅自处分共有物之权，然一共有人若系他共有人之家长，事实上确系以家长资格，代表共有人全体所为之法律行为，则不能概谓为无效。（十八年上字第一九六号）

　　△判　祀产虽在设定字据内，载有永远不得典卖等字样，但遇有必要情形，如得各房全体明示或默示之同意，亦未始不可为典卖之处分。（十八年上字第四七八号）

　　△判　合族共有之祀产，原则上固须族人全体之同意，方能处分。惟依该处惯例可由各房房长或多数族人议决代为处分时，亦不能谓为无效。（十八年上字第一四七三号）

　　△判　共同共有之合伙财产，依法非经全体合伙员之同意，不得处分。（十八年上字第一六一九号）

　　△判　按族人处分祖遗祭田，纵谓依地方习惯，得从多数议决行之，然要必召集全体族众，予以与议机会。（十九年上字第一八一三号）

　　△判　族人处分祭田，以共有物之常规言之，固当以得族人全体之同意为有效，惟依族中特定之规约，各房房长可以代理该房以为处分者，自亦应认为有效。（十九年上字第一八八五号）

　　△判　共同共有物之处分，及其他权利之行使，除其共同关系所由规定之法律或契约另有规定外，应得共同共有人全体之同意，非任何一人所得私擅处分。（十九年上字第二四一八号）

　　判　共同共有物之处分，虽应得共同共有人全体之同意，而共同共有人间，如有互相代理之特约，或虽无明白之特约，而依其相互间之关系，可以认其互有代理权者。则虽仅由共同共有人之一人而为处分，其处分行为，仍不能谓为无效。（二十三年上字第一九一〇号）

　　判　祠谱为合族共同共有之物，除合族规约别有订定外，允许非共有人加入共有，非得族人全体之同意，不生效力。（二十三年上字第四〇一七号）

判 共同共有物权利之行使，除依其公共关系所由规定之法律或契约另有规定外，应得共同共有人全体之同意。而以共同共有之财产为诉讼标的者，其法律关系之性质上，既须合一确定，故非由共同共有人全体一同起诉，则原告之适格，即有欠缺，应为原告败诉之判决。（二十三年上字第四一〇二号）

判 共同共有物之处分及其他之权利行使，除其共同关系所由规定之法律或契约另有规定外，应得共同共有人全体之同意。（二十四年上字第一四二三号）

解 不动产之共同共有人，若仅存甲乙二人，甲所在不明，无从取得其同意，则乙就共有物之全部，为全体利益计，对于第三人为回赎之请求，要难谓为当事人不适格。（二十五年院字第一四二五号）

解 丙就与甲乙共有之房地，未得甲乙同意，设定抵押权，其行为不能有效。如非基于共同关系而共有，则丙虽得处分其应有部分，但不得为抵押权之标的物。（二十五年院字第一五一六号）

解 合族共同共有之祀产因管理人之侵蚀而请求清算，苟非另有约定或惯例，自应得共同共有人全体之同意，如仅由族中一二人自行起诉，即难谓当事人为适格。（二十七年院字第一七一六号）

解 民法物权编施行前处分共同共有之不动产，未得共同共有人全体之同意者，除其共同关系之契约，另有订定外，固属无效。惟因其处分而占有该不动产之人，已依民法《物权编施行法》第七条或第八条之规定，取得所有权者，共同共有人之权利，当然消灭。即使取得时效尚未完成，而共同共有人之共同共有物返还请求权，依民法第一百二十五条民法总则施行法第十六条之规定，消灭时效已完成者，该占有人亦得依民法第一百四十四条第一项之规定，拒绝返还。（三十年院字第二二一六号）

第八百二十九条

▲**判** 共同共有之关系，虽发生于民法物权编施行前，但依物权编施行法第二条及民法第八百二十九条规定，共同关系存续中，各共同共有人不得请求分割其共同共有物。（二十八年上字第一三五八号）

第八百三十二条

解 目的在定期收获而施人工于他人之土地，以栽培茶桑等植物者

为耕作，与地上权不同，应分别适用永佃权或租赁之规定。（二十一年院字第七三八号）

　　▲判　称地上权者，谓以在他人土地上有建筑物或其他工作物或竹木为目的而使用其土地之权，固为民法第八百三十二条所明定，但承租他人之土地建筑房屋之租赁权，亦系在他人土地上有建筑物而使用其土地之权。故在他人土地上有建筑物而使用其土地之权，究为地上权抑为租赁权，应观察地上权与租赁权在法律上种种不同之点，解释当事人之意思予以判定，不得仅以在他人土地上有建筑物之一端，遂认为地上权。（二十九年沪上字第一〇一号）

第八百三十三条

　　△判　地上权为物权之一种，依法得以对抗第三人，无论业主更换何人，当然得以存在，不受影响。（八年上字第六五一号）

第八百三十五条

　　解　民法第四四二条关于不动产租赁之规定，于地上权地租之增加，应类推适用。（二十二年院字第九八六号）

第八百四十条

　　▲判　地上权因存续期间届满而消灭者，除契约另有订定外，地上权人固得依民法第八百四十条第一项之规定，请求土地所有人按建筑物之时价为补偿。但地上权因解除条件成就而消灭者，不在同条项规定之列，地上权人自无请求土地所有人收买建筑物之权。（二十二年上字第四二号）

第四章

　　▲判　土地所有人将其土地所有权让与于他人时，永佃权并不因此而受影响。（二十一年上字第一五二〇号）

　　▲判　民法第四百四十二条之规定，于永佃权佃租之增减，应类推适用。（二十八年上字第四八九号）

第八百四十二条

　　△判　佃权之发生，原不限于佃户、佃垦之一端，苟有历久惯行之事实，足以认定有佃权之存在者，依法应予保护。虽地已易主，亦不许

新业主无故撤佃。（十九年上字第八五六号）

判 于不定期限租用耕地之契约，出租人收回自耕时，依法虽得终止之，但所谓得终止者，实仅为租地契约（即仅为债权关系）。若既有永佃权，即有物权关系，两者不可相混。（二十二年上字第二〇二九号）

解 田面权，既系由佃户承垦生田而来，其承佃纳租及得将权利让与他人各情形，与民法第八四二条所定永佃权之性质相当，自可依声请以永佃权登记。至保有田底权之地主，本为土地所有人，当然以所有权登记。（二十六年院字第一七〇三号）

第八百四十三条

▲判 永佃权在民法上有得为抵押权标的物之明文，而无得为典权标的物之规定，永佃权人就其永佃权设定典权自属无效。惟当事人之真意系在基于买卖契约让与永佃权，而其买卖契约订明出卖人得返还其所受领之价金买回其永佃权者，虽误用出典之名称，亦应认为出卖人于买卖契约保留买回之权利。（二十八年上字第九九六号）

第八百四十五条

▲判 永佃权非有法定撤佃原因，土地所有人不得撤佃，此按诸永佃权之性质及法律规定撤佃原因之本旨，殊无疑义。民法既未规定土地所有人得因收回自耕而撤佃，《土地法施行法》第四十二条所举《土地法》关于耕地租用各条之准用于永佃权者，又无第一百八十条第三款在内，土地所有人自不得以收回自耕为撤佃之理由。（二十八年上字第一〇三〇号）

第八百四十六条

△判 设定佃权，若有短秄等情事，亦足成立撤佃之原因。（十八年上字第二二〇八号）

▲判 永佃权非有法定撤佃原因，土地所有人不得撤佃，此按诸永佃权之性质及法律规定撤佃原因之本旨，殊无疑义。民法既未规定土地所有人得因收回自耕而撤佃，《土地法施行法》第四十二条所举《土地法》关于耕地租用各条之准用于永佃权者，又无第一百八十条第三款在内，土地所有人自不得以收回自耕为撤佃之理由。（二十八年上字第一〇三〇号）

第八百五十一条

△判　通行地役权，如系因设定行为而取得，则其通行于他人之土地，是否出于必要情形，则在所不问。（十九年上字第七九四号）

第八百六十条

△判　债权人不愿变卖抵押品，而请求履行现款，债务人即不能以附有担保物品为抗辨。（十八年上字第八四号）

△判　设定抵押权，原须由抵押物所有人自为之。但债务人得抵押物所有人之许可者，则其抵押行为，亦与所有人自为无异。（十八年上字第五七〇号）

△判　以动产为抵押，不能生抵押权之效力。（十八年上字第七七四号）

△判　有抵押权之债权人，虽可就抵押物之卖得价金，优先受偿。然不能因其设有抵押权，即谓清偿债务，应以抵押物为限。（十八年上字第一六二四号）

△判　不动产抵押权，应由不动产所有人设定之。其由第三人设定者，则须经所有人同意或追认，始能认为有效。（十八年上字第一八九九号）

△判　抵押权本为确保债务履行，而以该物交换所得之价值，归属权利人之物权。故至债务清偿之期，债务若不履行，债权人自得本于抵押权之效力，就担保物卖价，较普通债权人先受完全之清偿。（十八年上字第一九三一号）

△判　设定抵押权，不以交付老契为成立要件。（十八年上字第二〇六四号）

△判　业主抄契短价投税，与抵押权之设定无关。（十八年上字第二〇六四号）

△判　担保物权之设定，所以担保债权之效力。故债权经设定担保，债权人自可就该担保物受清偿，或径向债务人请求清偿，债务人不得借口有担保物存在，拒绝债权人清偿之请求。（十九年上字第三八〇号）

△判　债权之附有担保者，债权人固得就担保物行使权利，然并非其义务。故债权人如要求现款清偿，债务人即不得以应先就担保物行使

权利为抗辩。（十九年上字第七四六号）

△**判**　民法总则第六十六条规定称不动产者，谓土地及其定着物。工厂中之机器，虽有附着于土地者，然其性质，究可离土地而独立。申言之，即不必定着于土地，自应认为动产。故在民法物权编施行后，就机器设定质权，固非移转占有不生效力。然在物权编施行以前，尚无法定明文限制，苟该地方一般交易观念，以工厂之机器，不移转占有，而设定担保物权，已成习惯，在审判上即亦不妨认其有担保物权之效力。（十九年上字第一○四五号）

判　抵押权人就抵押物之卖得金，有优先受偿之权，此系基于抵押权为担保物权之当然结果，自不得以法文上无优先受偿字样而谓优先受偿为不当。（二十二年上字第二五二号）

判　抵押权为对于债务人或第三人不移转占有而供担保之不动产，得就其卖得价金受清偿之权。无论设定抵押权所担保之原债权应否给付利息，而设定抵押权之不动产，既不移转占有，则该不动产所生之租息，除抵押人约明以租抵息外，自应仍由抵押人收取，抵押权人无要求偿还该项租息之权利。（二十二年上字第二八五号）

判　第三人对于假扣押之不动产有抵押权时，虽就该不动产之卖得价金有优先受偿之权，但不得禁止他人就该不动产为假扣押。（二十二年上字第四○一号）

判　（一）抵押权之成立，只须合法订立书据，原不以附交不动产契据为要件，且所有人就同一不动产设立数抵押权，亦难指为违法。（二十二年上字第九二五号）

判　抵押权之效力，仅得就权利标的物之卖得金优先受偿，并不得以阻止所有人为其所有物之让与。故所有人苟因另欠债务，由其他债权人对于该抵押权之标的物声请执行，若与抵押权人应受优先清偿之权利不生影响，则抵押权人即不得据以诉请阻止执行。（二十二年上字第二一一七号）

判　抵押权之设立，不以交付不动产之老契为成立要件。（二十二年上字第二三六○号）

判　担保物权之设定，乃为确保债务之履行，债权人行使债权时，

并不以就担保物变价抵偿为限，债务人亦无强以担保物供清偿之权。（二十二年抗字第七二四号）

判　抵押权原为债权之担保，抵押权人就抵押物之卖得价金，固有得受清偿之权。惟债权人就抵押权行使债权，抑或径向债务人请求偿还有选择之自由，债务人无强令债权人就抵押物变价受偿之权利。（二十三年上字第七四八号）

判　（一）抵押权之设定，所以为债权之担保，债权人虽得就抵押物行使权利，然并非其义务。（二十三年上字第一四五〇号）

判　（一）以第三人所有物供债权之担保，须得所有人之同意。（二十四年上字第一二一七号）

解　不动产登记制度未施行区域，抵押权既应发生物权效力，纵令后之抵押权人或典买权人不知已设定抵押权（即善意无过失），先之抵押权不因此而受影响。（二十四年院字第一二六五号）

▲判　抵押权为对于债务人或第三人不移转占有，而供担保之不动产得就其卖得价金受清偿之权利，民法第八百六十条规定甚明。债务人就其所有之不动产向债权人设定如斯内容之权利时，虽其设定之书面称为质权而不称为抵押权，亦不得拘泥于所用之辞句即谓非属抵押权之设定。（二十八年上字第五九八号）

解　（三）来呈所称情形，究系抵押权，抑系典权，依民法第九十八条应探求当事人之真意定之。支付金钱之一方，有占有他方不动产而为使用及收益之权时，如当事人之真意只许他方还钱赎产，不许支付金钱之一方求偿借款者，虽授受之金钱在书面上名为借款，亦应解为典价。典物因不可抗力而灭失时，典权人自不得请求偿还典价。反之，当事人之真意，如认支付金钱之一方，向他方求偿借款，其占有不动产而使用及收益，为别一租赁关系，即以其应付之租金抵偿其应得之利息者，则为抵押权。抵押物因不可抗力而灭失时，债务人仍有返还借款之义务。（二十八年院字第一九〇九号）

解　（一）物之构成部分，除有如民法第七百九十九条之特别规定外，不得单独为物权之标的物。未与土地分离之甘蔗，依民法第六十六条第二项之规定为土地之构成部分，与同条第一项所称之定着物为独立之不动产者不同，自不得单独就甘蔗设定抵押权，以此项抵押权之设定声请登记者不应准许。惟当事人之真意，系就将来收获之甘蔗为设定动产质权之预约者，自甘蔗与土地分离并由债权人取得占有时动产质权即为成立。（二十九年院字第一九八八号）

解 （一）民法第八百六十条规定抵押权之意义，虽有不移转占有字样，然基于别一法律关系移转占有，非同条之所禁止，故设定抵押权之当事人，约定将抵押物交由抵押权人收取孳息抵充利息者，仍无碍其为抵押权。据原代电所述情形，甲以房屋向人抵借款项，并将房屋交乙出租收取租金，约定房屋因天灾、事变灭失或不堪出租时，由甲按月以几厘补息。是房屋出租时，系以乙所收取之租金抵充甲应支付之利息，观于房屋不堪出租时，甲应补付利息，即可明了。甲所抵借之款，既应支付利息，房屋灭失时又应偿还借款本利，其为以房屋供债务之担保向乙设定抵押权，而非将房屋出典于乙，毫无疑义。自不得仅以房屋曾移转占有，即认为典权而非抵押权。（三十三年院字第二七三一号）

解 抵押权人仅就抵押物之卖得价金，有优先于他债权人而受清偿之权，不得主张抵押权设定人与他人间成立之买卖契约为无效。（三十六年院解字第三三三五号）

第八百六十一条

△**判** 以抵押权担保之债权，除有特约外，其利息当然受抵押权之担保。（十九年上字第一九五号）

判 抵押权所担保者，除契约另有订定外，为原债权及利息、迟延利息，并实行抵押权之费用。（二十二年上字第二一一七号）

第八百六十二条

解 （二）工厂之机器除可认为从物得与工厂同时设定抵押权外，倘仅以机器设定抵押权而未移转占有者，在未制定工厂抵押法以前，尚不生质权之效力。（二十五年院字第一四〇四号）

解 工厂中之机器生财，如与工厂同属一人，自为工厂之从物。若以工厂设定抵押权，除有特别约定外，其效力及于机器生财。声请登记时，虽未一并注明，与抵押权之效力，不生影响。（二十五年院字第一五

一四号）

解　（二）同号解释所谓工厂之机器可认为工厂之从物者，凡该工厂所设备之机器，皆可认为从物，不以已经登记或附着于土地房屋者为限。至工厂与机器非同属于一人，机器固不能单独为抵押权标的物，工厂如未得所有人许可，亦不得以之为抵押权之设定。（二十五年院字第一五五三号）

第八百六十四条

解　抵押权之效力，并及于抵押物扣押后由抵押物分离之天然孳息，或就该抵押物得收取之法定孳息。故不动产所有人于设定抵押权后，复就同一不动产与第三人设定权利者，其所设定之权利，对于抵押权人自不生效。如于抵押权设定后与第三人订立租赁契约，不问其契约之成立，在抵押物扣押之前后，对于抵押权人亦当然不能生效。抵押权人因届期未受清偿或经确定判决，声请拍卖抵押物时，执行法院自可依法径予执行。抵押权设定后取得权利之人，除得向设定权利之人求偿损害外，不得提起异议之诉。（二十五年院字第一四四六号）

第八百六十五条

判　（二）当事人之一方第一次抵押权成立在先，即令他方买契系属真实，及第二次加抵笔据不能认为契约之更新，而他方第一次取得之抵押权，要难因第二次订立加抵笔据时批销作废而归于失效。（二十二年上字第九二五号）

判　抵押权之设定，未经登记，不得对抗第三人，而在当事人间究非无效。（二十二年抗字第二三〇〇号）

▲**判**　不动产所有人因担保数债权就同一不动产设定数抵押权者，依民法第八百六十五条之规定，固应依其登记之先后定其次序。惟依民法物权编施行法第三条，在未能依其所称之法律登记前，既不适用民法第八百六十五条之规定，则就同一不动产设定之数抵押权，除施行《不动产登记条例》之区域应适用该条例之规定外，当然依其设定之先后定其次序。（二十八年上字第一三三六号）

第八百六十六条

△**判**　抵押权之设定，并不以移转占有为其要件。设定抵押权后，

对于抵押物设定典权，为法律所准许。（十九年上字第二四一〇号）

解 不动产登记制度未施行区域，抵押权既应发生物权效力，纵令后之抵押权人或典买权人不知已设定抵押权（即善意无过失），先之抵押权，不因此而受影响。（二十四年院字第一二六五号）

解 （一）不动产所有权人设定抵押权后，复向佃户就同一不动产上收取大押，该大押自无优先受偿之权。（二十五年院字第一四四四号）

解 抵押权之效力并及于抵押物，扣押后由抵押物分离之天然孳息，或就该抵押物得收取之法定孳息。故不动产所有人于设定抵押权后，复就同一不动产与第三人设定权利者，其所设定之权利对于抵押权人自不生效。如于抵押权设定后与第三人订立租赁契约，不问其契约之成立，在抵押物扣押之前后，对于抵押权人，亦当然不能生效。抵押权人因届期未受清偿或经确定判决，声请拍卖抵押物时，执行法院自可依法径予执行。抵押权设定后取得权利之人，除得向设定权利之人求偿损害外，不得提起异议之诉。（二十五年院字第一四四六号）

▲判 抵押权不能妨碍抵押物之交付或让与，此观民法第八百六十六条、第八百六十七条之规定自明，故第三人对于执行标的物之抵押权，并非足以排除强制执行之权利。（二十八年上字第一七三四号）

▲判 民法第八百六十六条但书及第八百六十七条但书之规定，并非民法物权编施行法第三条第二项所谓关于登记之规定，于物权未能依同条第一项之法律登记前亦适用之。故在未施行登记制度之区域，不动产所有人设定抵押权后，于同一不动产上设定典权或将该不动产之所有权让与他人时，纵令典权人或所有权受让人，不知先有抵押权之设定，其抵押权亦不因此而受影响。（二十九年渝上字第一三四号）

第八百六十七条

△判 同一不动产上，于设定担保物权后，非不可再行出卖。不过已设定之担保物权，不因其物之所有权移转而被妨害。（十八年上字第一五二四号）

△判 债务人就全部债务已设定之抵押物，自行出卖，苟非依清偿或消除而消灭抵押权，则债权人自可本于追及其物之效力，就抵押物全部而行使权利。（十八年抗字第六号）

判　（二）当事人之一方第一次抵押权成立在先，即令他方买契系属真实，及第二次加抵笔据不能认为契约之更新，而他方第一次取得之抵押权，要难因第二次订立加抵笔据时批销作废而归于失效。（二十二年上字第九二五号）

判　抵押权之效力，仅得就权利标的物之卖得金优先受偿，并不得以阻止所有人为其所有物之让与。故所有人苟因另欠债务，由其他债权人对于该抵押权之标的物声请执行，若与抵押权人应受优先清偿之权利不生影响，则抵押权人即不得据以诉请阻止扫行。（二十二年上字第二一一七号）

判　（二）所有人于设定抵押权后，将该抵押物让与他人，抵押权固不因而受影响。若所有人在设定抵押权前，已将其所有物让与他人，未得其人之同意，擅将已让与于他人之所有物，供其债权之担保，自不生设定担保物权之效力，抵押权人即不得追及该物之所在而行使其权利。（二十四年上字第一二一七号）

解　不动产登记制度未施行区域，抵押权既应发生物权效力，纵令后之抵押权人或典买权人不知已设定抵押权（即善意无过失），先之抵押权，不因此而受影响。（二十四年院字第一二六五号）

解　抵押权为物权，其权利乃存在于抵押物之上，故抵押物所有人于抵押权设定后，将所有权让与第三人，其原设定之抵押权，仍随其物之所在而存在。抵押权人自得依民法第八百七十三条，声请法院拍卖，以清偿其债权。同法第八百六十七条所谓不因其抵押物让与他人而受影响者，即示此旨。若谓须抵押关系消灭后，方许卖买，显与该条规定抵触，自为法所不许。（二十六年院字第一六九〇号）

解　抵押权本不因抵押物之所有人将该物让与他人而受影响，其追及权之行使，自亦不因抵押物系由法院拍卖而有差异。故抵押物由普通债权人声请法院拍卖后，抵押权人未就卖得价金请求清偿，亦仅丧失此次受偿之机会，而其抵押权既未消灭，自得对于拍定人行使追及权。（二十七年院字第一七七一号）

▲判　抵押权不能妨碍抵押物之交付或让与，此观民法第八百六十六条、第八百六十七条之规定自明，故第三人对于执行标的物之抵押权，

并非足以排除强制执行之权利。（二十八年上字第一七三四号）

　　▲**判**　民法第八百六十六条但书及第八百六十七条但书之规定，并非民法物权编施行法第三条第二项所谓关于登记之规定，于物权未能依同条第一项之法律登记前亦适用之。故在未施行登记制度之区域，不动产所有人设定抵押权后，于同一不动产上设定典权或将该不动产之所有权让与他人时，纵令典权人或所有权受让人不知先有抵押权之设定，其抵押权亦不因此而受影响。（二十九年渝上字第一三四号）

第八百七十二条

　　△**判**　担保物权之设定，乃为确保债务之履行。债权人于债务人逾期不履行债务时，固得行使其担保物权，而以担保物变价备抵。但其是否行使此项权利，乃债权人之自由，在债务人则无强以担保物供清偿债务之权，且抵押物如因意外事变而致减损灭失者，此等危险，仍应由设定抵押权人负担，尤不能借口抵押物现状变更，要求免责。（十九年上字第八九五号）

第八百七十三条

　　△**判**　指房作押，预立绝卖文契，约明届期不偿，即由债权人将所押房屋税契管业。此项卖约，系属一种流质契约，于法不能认为有效。（十八年抗字第八一号）

　　△**判**　抵押权人于债务人不履行债务时，虽得就抵押物上行使抵押权，然究不过得就抵押物主张优先受偿而已，如不经过相当程序，不能径将该抵押物之所有权移转于债权人。纵令当事人于设定抵押权时，曾以特约声明债权届期不偿，即移转所有权，其约定亦应认为无效。（十九年上字第九四五号）

　　△**判**　两造合意成立之借约订定，如到期不还，听凭债权人将抵押品变卖以偿本利等语，系债权人之一种权利，并非义务。故在债务届清偿期而债务人不清偿时，纵令债权人得以行使此等权利而不行使，要无因此丧失其债权之理。（二十年上字第二三七三号）

　　△**判**　民法第八百七十三条虽规定抵押权人于债权已届清偿期而未受清偿者，得声请法院拍卖抵押物，就其卖得价金而受清偿。但依同法第七百五十八条，不动产物权，依法律行为而取得、设定、丧失及变更

者，非经登记不生效力。而依民法物权编施行法第三条第一项，民法物权编所规定之登记，另以法律定之。故抵押权人苟未能依该项所谓之登记法为登记者，即不能谓系物权编规定已经登记之抵押权。现在该物权编施行法所谓之登记法，既尚未制定施行，且拍卖法现在亦尚未制定施行，对于拍卖之程序，尚未有严密之法规。故司法院统一解释法令会议第四九三号解释，谓抵押权人对于抵押物欲实行其抵押权，非经诉请法院判决确定，不得执行。（二十字抗字第七七二号）

解　准许拍卖抵押物之决定虽属违法，亦不得由原法院任意撤销，惟当事人间实体上之法律关系，并不因此确定。（二十年院字第六四六号）

令　查民法第八百七十三条条文业经院字第四九三号解释在案，凡案已声请为所有权移转登记而未经判决确定者，依照上开解释仍不能执行拍卖，前北京司法部第二八一四号指令，碍难援用。（二十年十月十四日司法行政部指令河北高等法院指字第一七〇六五号）

判　（一）民法规定抵押权人于债权已届清偿期而未受清偿者，得声请法院拍卖抵押物，就其卖得价金而受清偿。只谓抵押权人于届期未受清偿时，有就抵押物声请法院拍卖之权利，并非认债务人有要求拍卖之权利。故抵押权人既不愿行使此项权利，即无由债务人强其行使之理。（二十二年上字第二五七〇号）

判　（二）抵押权人就抵押物行使权利，抑或径向债务人请求清偿，有选择之自由。（二十二年上字第二五七〇号）

▲**判**　约定于债权已届清偿期而未为清偿时，抵押物之所有权移属于抵押权人者，其约定为无效，固为民法第八百七十三条第二项之所规定。惟抵押权设定契约，并不因而无效。（二十二年上字第三三四四号）

判　（一）抵押权之设定，所以为债权之担保，债权人虽得就抵押物行使权利，然并非其义务。（二十三年上字第一四五〇号）

判　（二）债权关系于设定抵押权外并有保证人者，债权人于主债务人不清偿债务时，固可就抵押物行使权利。惟其抵押物若已因法律上或事实上之障碍，不能供清偿之用，而对于主债务人又无从向之索偿，则保证人自不得不负偿还责任。（二十三年上字第一四五〇号）

判　抵押权人欲实行其抵押权，原则应声请法院拍卖。但订立契约

使抵押权人取得其所有权，或用拍卖以外之方法以为处分，亦无不可。（二十三年上字第一八九七号）

解 （一）在民法物权编所规定之登记，法律尚未施行以前，抵押权人于债权已届清偿期，未受清偿，而声请拍卖抵押物时，如债务人或第三人就该抵押关系并未争执，毋庸经过判决程序，即可拍卖。（二十五年院字第一四〇四号）

解 抵押权之效力，并及于抵押物扣押后由抵押物分离之天然孳息，或就该抵押物得收取之法定孳息。故不动产所有人于设定抵押权后，复就同一不动产与第三人设定权利者，其所设定之权利，对于抵押权人自不生效。如于抵押权设定后与第三人订立租赁契约，不问其契约之成立，在抵押物扣押之前后，对于抵押权人，亦当然不能生效。抵押权人因届期未受清偿，或经确定判决，声请拍卖抵押物时，执行法院自可依法径予执行，抵押权设定后取得权利之人，除得向设定权利之人求偿损害外，不得提起异议之诉。（二十五年院字第一四四六号）

解 （一）院字第一四〇四号解释，对于民法第八百七十三条第一项之声请，既谓债务人或第三人就抵押关系并未发生争执，毋庸经过判决程序，径予拍卖，即不须取得裁判上之执行名义，可径予执行，准照关于不动产执行之程序办理。如债务人就抵押关系有争执时，应由债权人提起确认之诉，第三人就执行拍卖标的有争执时，应由该第三人依法提起异议之诉。（二十五年院字第一五五三号）

解 抵押权人，依法声请拍卖抵押物，在声请时，债务人或第三人如未发生争执，法院即可径予拍卖，毋庸经民庭裁定。此项声请费用，应依非讼事件征收费用暂行规则第二条之规定征收。（二十五年院字第一五五六号）

解 抵押权人依法声请拍卖抵押物，在声请时，债务人或第三人如无争执，即可径予拍卖，无庸经过裁定。此项拍卖，在拍卖法未颁行前，应准照不动产执行之程序办理，遇无合格承买人时，自得适用《民事诉讼执行规则》及补订民事执行办法关于减价之规定。（二十五年院字第一五九〇号）

解 抵押权为物权其权利乃存在于抵押物之上，故抵押物所有人于抵押权设定后，将所有权让与第三人，其原设定之抵押权，仍随其物之所在而存在。抵押权人自得依民法第八百七十三条，声请法院拍卖以清偿其债权，同法第八百六十七条所谓不因其抵押物让与他人而受影响者，即示此旨。若谓须抵押关系消灭后，方许卖买，显与该条规定抵触，自为法所不许。（二十六年院字第一六九〇号）

解　有抵押权之债权，就抵押物之卖得金，本得先受清偿，不因抵押物之查封系由债务人拖欠公款而受影响。（二十七年院字第一七一四号）

解　（一）抵押权人于债权清偿期届满后与债务人另订延期清偿契约，附以延期以内不为清偿即将抵押物交与债权人管业之条件，则与自始附此条件者无异。其约定为无效。（二十七年院字第一七七九号）

解　债务人以土地向债权人设定抵押权，援照该地习惯，双方成立契约，约明债权届清偿期不为清偿，即将土地交债权人承种，以其收益抵偿利息，此系于设定抵押权之外，同时附有条件之租赁契约，以为给利方法。该土地之占有既非基于抵押权之作用，又不在民法第八百七十三条第二项所定限制之列，原不能谓为无效。惟约定利率依法不得超过周年百分之二十，如其收益超过上开限制，关于超过部分之抵利约定，应以之充偿原本。（二十七年院字第一七九二号）

解　债务人依当地习惯，以所负债额，作为不动产卖价，与债权人订立买卖契约，既不移转占有，并约明于一定期限内备价回赎。则此种契约，名为买卖，实系就原有债务设定抵押权，而以回赎之期间为其清偿之期间。此与附期限之买卖有别，自应受民法第八百七十三条第二项之限制，纵令届期不赎，亦不发生所有权移转之效力。（二十八年院字第一八三二号）

解　（一）民法第八百七十三条第一项所谓清偿期，系指应为清偿之时期而言。不以约定者为限，其依民法第三百一十五条债权人得随时请求清偿，债务人亦得随时为清偿者，须经债权人请求清偿。而债务人不为之，始与民法第八百七十三条第一项，所谓已届清偿期而未受清偿之情形相符。（三十年院字第二一八七号）

解　抵押权人依民法第八百七十三条之规定，声请法院拍卖抵押物，系属非讼事件，业经院字第一五五六号解释在案。关于此项声请之裁定，是否得为抗告，现在非讼事件程序法未经颁行，尚无明文可据，惟按诸法理，应许准用《民事诉讼法》之规定提起抗告。此项裁定，仅依非讼事件程序之法理审查强制执行之许可与否，抗告法院之裁定，亦仅从程序上审查原裁定之当否，均无确定实体上法律关系存否之性质。故此项裁定，于债权及抵押权之存否无既判力，当事人仍得起诉请求确认。（三十年院字第二二三五号）

解 沦陷区内人民，以伪币约定卖价典价或债务额，订立买卖契约、典权或抵押权设定契约，并非无效。除买卖契约有法定或约定解除原因外，亦不得由一方任意解约。至回赎典物之法定期间，因战事不能遵守者，于《复员后办理民事诉讼补充条例》施行后二年内，仍得回赎典物，同条例第七条已有明文规定。又原呈所称抵押协定年限，如指民法第八百七十三条第二项之约定而言，则其约定为无效，抵押权人并不因而取得所有权，债务人仍得清偿其债务，取回抵押物，不生可否扣除抗战时期之问题。（三十四年院解字第三〇五九号）

第八百七十四条

解 （一）有抵押权之债权人，声请拍卖抵押物，如其他债权人，在第一次拍卖期日终竣以前，请求参加分配，确能证明其就同一不动产亦有抵押权，若在已施行登记之区域，均未依法登记（旧法），则抵押权不生对抗效力。其他债权人自可按其卖得价金，与声请拍卖抵押物之债权人平均分配。（二十六年院字第一六二五号）

判 （二）抵押权之登记，在法律上并无期间限制。取得抵押权之债权人，就其抵押标的物请求查封、拍卖，于其他债权人，对于该标的物，另案提起确认抵押权之诉，在未经第二审辩论终结以前，已为抵押权之登记，自应生登记之效力。（二十六年院字第一六二五号）

第八百七十五条

判 以多数不动产为同一债权之担保者，在强制执行时，该各个不动产均为可供执行之不动产，其应拍卖该不动产之全部或其一部，可任债权人之选择。至供拍卖之数宗不动产因拍卖结果，就其一部分之不动产卖得金，已足敷清偿债权总额及一切应负担之费用，对于他宗不动产应停止拍定时，始许债务人得指定其应卖之不动产。非谓债务人于应执

行之各个不动产，尚未知其有无应停止拍定之情形前，得就该各个不动产为某不动产应供拍卖之指定。（二十二年抗字第二五六号）

第八百七十八条

△判　担保债务之抵押物，除经债权人同意，得以抵偿债款外，债务人不得强以抵押物作价，代充债务之清偿。（十八年上字第二〇二九号）

△判　抵押权人于债务人不履行债务时，虽得就抵押物上行使抵押权，然究不过得就抵押物主张优先受偿而已，如不经过相当程序，不能径将该抵押物之所有权移转于债权人。纵令当事人于设定抵押权时，曾以特约声明债权届期不偿，即移转所有权，其约定亦应认为无效。（十九年上字第九四五号）

判　抵押权人欲实行其抵押权，原则应声请法院拍卖。但订立契约使抵押权人取得其所有权，或用拍卖以外之方法以为处分，亦无不可。（二十三年上字第一八九七号）

第八百七十九条

▲判　为债务人设定抵押权之第三人代为清偿债务时，固得依关于保证之规定对于债务人有求偿权。但不得据此即谓，第三人有代偿债务之责任。（二十三年上字第三二〇一号）

第八百八十一条

▲判　抵押物全部或一部灭失时，抵押权虽因而消灭或减缩其范围，但抵押权所担保之债权，并不因而消灭或减缩其范围。（二十二年上字第三八六六号）

第八百八十四条

△判　动产质权之成立，以移转占有为要件。（十八年上字第七七四号）

△判　民法总则第六十六条规定，称不动产者，谓土地及其定着物。工厂中之机器，虽有附着于土地者，然其性质究可离土地而独立，申言之，即不必定着于土地，自应认为动产。故在民法物权编施行后，就机器设定质权，固非移转占有，不生效力。然在物权编施行以前，尚无法定明文限制，苟该地方一般交易观念，以工厂之机器，不移转占有而设定担保物权已成习惯，在审判上即亦不妨认其有担保物权之效力。（十九

年上字第一〇四五号）

判 担保物权之设定，乃为确保债务之履行，债权人行使债权时，并不以就担保物变价抵偿为限，债务人亦无强以担保物供清偿之权。（二十二年抗字第七二四号）

判 （二）质权仅为债权之从权利，质权虽属无效，其债权仍可独立存在，并不因之而无效。（二十三年上字第二〇一八号）

解 （一）物之构成部分，除有如民法第七百九十九条之特别规定外，不得单独为物权之标的物。未与土地分离之甘蔗，依民法第六十六条第二项之规定，为土地之构成部分，与同条第一项所称之定着物为独立之不动产者不同，自不得单独就甘蔗设定抵押权。以此项抵押权之设定声请登记者，不应准行。惟当事人之真意，系就将来收获之甘蔗为设定动产质权之预约者，自甘蔗与土地分离并由债权人取得占有时，动产质权即为成立。（二十九年院字第一九八八号）

第八百八十五条

解 （二）工厂之机器除可认为从物得与工厂同时设定抵押权外，倘仅以机器设定抵押权而未移转占有者，在未制定工厂抵押法以前，尚不生质权之效力。（二十五年院字第一四〇四号）

▲判 依民法第八百八十五条第一项之规定，质权之设定因移转占有而生效力，其移转占有固应依民法第九百四十六条之规定为之。惟民法第八百八十五条第二项，既规定质权人不得使出质人代自己占有质物，则民法第七百六十一条第二项之规定，自不得依民法第九百四十六条第二项准用于质物之移转占有。（二十六年渝上字第三一〇号）

解 甲工厂于民法施行后，以厂内机器对乙设定质权移转占有后，另由甲立据向乙借用该机器。如因甲使用之故占有该机器，乙已失其事实上管领之力，其质权之效力，自不存在。若甲虽使用，而其事实上管领之力，仍在于乙（即仍由乙直接占有），则与其质权之效力，自无影响。至乙对甲诉请返还质物后，又并请清偿借款即系诉之追加，其审判费用，应按借款之数额计算。（二十六年院字第一六四九号）

第八百八十八条

判 民法第八百九十三条只认质权人有拍卖质物之权利，并非认其有此义务，文义极为明显，即民法第八百八十八条所认质权人保管质物之注意义务，亦不能即据以认其有拍卖质物之义务。（二十二年上字第二九七一号）

　　▲判　民法第八百八十八条所谓善良管理人之注意，即依交易上一般观念认为有相当知识经验及诚意之人所用之注意。已尽此注意与否，应依抽象之标准定之，其质权人有无尽此注意之能力，在所不问。（二十七年沪上字第一〇六号）

第八百九十三条

　　判　动产质权人于债务人不依期履行债务时，原有就质物卖得金受清偿之权，至卖得金是否足以清偿债务全部，则以拍卖所得之实数为准，固不容债务人预拟一定价额强令质权人承受抵抗偿。（二十二年上字第五八六号）

　　▲判　质权人于债权已届清偿期而未受清偿者，依民法第八百九十三条第一项虽得拍卖质物，就其卖得价金而受清偿。惟寻绎法意，拍卖质物与否，系听质权人之自由，并非谓届期未受清偿，即须拍卖质物。故质权人不拍卖质物而向债务人请求清偿，仍非法所不许。（二十二年上字第二二四九号）

　　判　民法第八百九十三条只认质权人有拍卖质物之权利，并非认其有此义务，文义极为明显，即民法第八百八十八条所认质权人保管质物之注意义务，亦不能即据以认其有拍卖质物之义务。（二十二年上字第二九七一号）

　　▲判　民法第八百九十三条第一项所称未受清偿，不仅指全部未受清偿者而言，一部未受清偿者亦包含之。自不得以已为债务一部之清偿，阻止债权人拍卖质物。（二十三年上字第三〇四五号）

　　▲判　质权人拍卖质物，依民法第八百九十三条第一项之规定系其权利而非义务。纵使质权人于债权已届清偿期后，因欲就质物卖得较高之价金而受清偿致未即行拍卖，亦不能因嗣后价值低落，即谓其应负何种责任。（二十七年上字第三一〇二号）

第九百零一条

　　判　权利质权之设定，除以债权及无记名证券或其他之有价证券为标的物外，若以其他权利为质权之设定，只依关于其权利让与之规定为之已可，毋庸准用动产质权移转占有之规定。盖所谓准用关于动产质权之规定者，乃指权利质权中无规定者而言。兹就权利质权之设定，既有依权利让与规定之明文，自无再行准用移转占有规定之余地。（二十三年上字第一八四五号）

▲**判**　权利质权之设定，除以债权或无记名证券或其他之有价证券为标的物者，应依民法第九百零四条、第九百零八条之规定为之外，只须依关于其权利让与之规定为之，此在民法第九百零二条已有规定。关于规定动产质权设定方式之民法第八百八十五条，自不在民法第九百零一条所称准用之例。（二十六年上字第八二三号）

第九百零二条

判　以合伙股分为质权设定之标的，依股分让与之规定，须得其他合伙人全体之同意。（二十二年上字第二三五号）

判　权利质权之设定，除以债权及无记名证券或其他之有价证券为标的物外，若以其他权利为质权之设定，只依关于其权利让与之规定为之已可，毋庸准用动产质权移转占有之规定。盖所谓准用关于动产质权之规定者，乃指权利质权中无规定者而言。兹就权利质权之设定，既有依权利让与规定之明文，自无再行准用移转占有规定之余地。（二十三年上字第一八四五号）

▲**判**　权利质权之设定，除以债权或无记名证券或其他之有价证券为标的物者，应依民法第九百零四条、第九百零八条之规定为之外，只须依关于其权利让与之规定为之，此在民法第九百零二条已有规定。关于规定动产质权设定方式之民法第八百八十五条，自不在民法第九百零一条所称准用之例。（二十六年上字第八二三号）

第九百零四条

解　民法第九〇四条质权之设定，若无书面，其质权自不成立。（二十二年院字第九九八号）

判　权利质权之设定，除以债权及无记名证券或其他之有价证券为标的物外，若以其他权利为质权之设定，只依关于其权利让与之规定为之已可，毋庸准用动产质权移转占有之规定。盖所谓准用关于动产质权之规定者，乃指权利质权中无规定者而言。兹就权利质权之设定，既有依权利让与规定之明文，自无再行准用移转占有规定之余地。（二十三年上字第一八四五号）

第九百零八条

判　权利质权之设定，除以债权及无记名证券或其他之有价证券为标的物外，若以其他权利为质权之设定，只依关于其权利让与之规定为之已可，毋庸准用动产质权移转占有之规定。盖所谓准用关于动产质权之规定者，乃指权利质权中无规定者而言。兹就权利质权之设定，既有依权利让与规定之明文，自无再行准用移转占有规定之余地。（二十三年上字第一八四五号）

▲判　权利质权以普通债权为标的物者，依民法第九百零四条之规定，其设定固应以书面为之。但以无记名证券为标的物者，因交付其证券于质权人而生设定质权之效力，在民法第九百零八条已有特别规定，自无须再以书面为之。（二十九年上字第三六四号）

第九百十条

解　（一）民法第八百六十条规定抵押权之意义，虽有不移转占有字样，然基于别一法律关系，移转占有，非同条之所禁止。故设定抵押权之当事人，约定将抵押物交由抵押权人收取孳息抵充利息者，仍无碍其为抵押权。据原代电所述情形，甲以房屋向人抵借款项，并将房屋交乙出租收取租金，约定房屋因天灾事变灭失或不堪出租时，由甲按月以几厘补息。是房屋出租时，系以乙所收取之租金抵充甲应支付之利息，观于房屋不堪出租时，甲应补付利息，即可明了。甲所抵借之款，既应支付利息，房屋灭失时又应偿还借款本利，其为以房屋供债务之担保向乙设定抵押权，而非将房屋出典于乙，毫无疑义，自不得仅以房屋曾移转占有，即认为典权而非抵押权。（三十三年院字第二七三一号）

第九百十一条

△判　典权之标的物，以不动产为限，所转让者既为盐引，自不得认为典权。（十八年上字第一五八三号）

△判　典当契约，系属双务契约，业主应移转标的物之占有，典主应合法给付典价。如典主并不合法给付典价，而以他项不能发生债务之

债款以为抵充，则业主自得以不给付典权为理由，请求撤销其典约。（十八年上字第一九七三号）

△**判** 不动产之出典，系将该不动产移转于受典人使用收益为目的。在出典期限内，无论其受益之减少或增加，出典人与受典人两方均应受典约之拘束，殊无翻异之余地。（二十年上字第七六三号）

△**判** 两造典权，均未登记，如果受典均属实在，他造又非出自恶意，即无拒绝他造平均行使典权之理。（二十年上字第一九三九号）

解 典权所获之收益，与利息不同。出典人向典权人承租典物，乃另发生租赁关系，其租赁物若为耕作地，果因不可抗力致收益减少或全无，依法得请求减少或免除租金。（二十一年院字第七三七号）

判 典权之成立，以移转占有为要件。（二十二年上字第二二三号）

判 典权乃支付典价占有他人之不动产而为使用及收益之物权，一经合法成立，固非有回赎或其他消灭典权之事由，不因典物所有权之移转而生影响。（二十三年上字第四一一九号）

解 典产应纳之一切捐税由何人负担，法无明文规定。如当事人约明由典权人负担者，即以后增加之数目应仍由典权人负担。（二十三年院字第一一二四号）

解 （二）佃户虽因交有大押，占该不动产收益之大部分，但既须缴纳租息，自非典权。除其发生在民法物权编施行前，并依该地习惯，得认为相沿之物权外，不生物权之效力。（二十五年院字第一四四四号）

解 （一）依照田土绝买留赎之习惯，互订契约，载明留赎字样，并酌留价金，仍许加找，自应认为典权之设定。（二）上开契约既系设定典权，其约定回赎期限，如不违反典权之规定，自应从其约定。（二十五年院字第一五八八号）

▲**判** 永佃权在民法上有得为抵押权标的物之明文，而无得为典权标的物之规定，永佃权人就其永佃权设定典权自属无效。惟当事人之真意系在基于买卖契约让与永佃权，而其买卖契约订明出卖人得返还其所受领之价金买回其永佃权者，虽误用出典之名称，亦应认为出卖人于买卖契约保留买回之权利。（二十八年上字第九九六号）

解 解释意思表示应探求当事人之真意，不得拘泥于所用之辞句。

地方习惯自足为探求当事人真意之一种资料，如果该地习惯，出典不动产多书立卖契，仅于契尾载有原价到日归赎或十年、二十年期满听赎等字样，则除有特别情形，可认为当事人之真意别有所在外，自应认为典权之设定，不能拘泥于所用卖契之辞句解为保留买回权之买卖契约。（二十八年院字第一八九七号）

解　（三）来呈所称情形，系抵押权抑系典权，依民法第九十八条应探求当事人之真意定之。支付金钱之一方，有占有他方不动产而为使用及收益之权时，如当事人之真意只许他方还钱赎产，不许支付金钱之一方求偿借款者，虽授受之金钱在书面上名为借款，亦应解为典价。典物因不可抗力而灭失时，典权人自不得请求偿还典价，反之，当事人之真意，如认支付金钱之一方，向他方求偿借款，其占有不动产而使用及收益，为另一租赁关系，即以其应付之租金抵偿其应得之利息者，则为抵押权。抵押物因不可抗力而灭失时，债务人仍有返还借款之义务。（二十八年院字第一九〇九号）

解　来文所称老当不赎之土地，如其契据载有永远管业永不回赎字样，亦无其他情事可认出当人对于该土地尚有何种权利关系者，依民法第十八条解释当事人之意思表示，自系所有权之移转，应准为所有权登记。（二十九年院字第一九五三号）

解　大佃契约当事人之一方，因支付巨额押金只须支付小额租金即得占有他方之不动产而为使用及收益者，应认为租赁约与典权设定契约之联立。一方所支付之押金，即为民法第九百一十一条所称之典价，对于该不动产相当于押金数额部分之使用收益权，即为同条所称之典权。该不动产之其他部分，因支付租金所得行使之使用收益权，仍为租赁权。但当事人明定一方所支付之金钱为借款，他方就该不动产全部设定抵押权，并将该不动产全部出租于抵押权人，约明以其应付之租金扣作借款之利息，仅须支付其余额者，仍应从其所定。所有以前解释及判例与此见解有异者，应予变更。（三十年院字第二一三二号）

解　民法第一百二十五条所称之请求权，不仅指债权的请求权而言，物权的请求权亦包含在内，业以院字第一八三三号解释在案。惟当事人之一方，支付定额之金钱，取得占有他方之不动产而为使用及收益之权，约明日后他方得以同额之金钱回赎者，不问当事人所用名称如何，在法律上应认为出典。出典人之回赎权，为提出原典价向典权人表示回赎之意思，使典权归于消灭之权利，其性质为形成权。出典人提出原典价向典权人表示回赎之意思时，虽因典权消灭而有不动产之返还请求权，然此系行使回赎权所生之效果，不能据此即认回赎权为请求权。故关于出典人之回赎权，应依民法第九百二十三条、第九百二十四条办理，不适用民法第一百二十五条之规定。据原呈所述情形，甲于民国十年十二月出典，约定种过四年原价取赎，依民法物权编施行法第二条、第五条第一项、民法第九百二十三条第二项之规定，甲本不得于出典满六年后回赎。惟依民法物权编施行法第十五条，《清理不动产典当办法》第八条之规定，甲得于出典满四年后六年内，即民国二十年十二月前回赎，一届十年期满，当然不得再行回赎。所有以前解释及判例与此见解有异者，应予变更。（三十年院字第二一四五号）

解 典权为支付典价占有他人之不动产而为使用及收益之权，民法第九百十一条定有明文，典权人之使用及收益，得将典物出租于他人为之，观民法第九百一十五条之规定，亦无疑义。同条所称得为承租人之他人，系指典权人以外之人而言，出典人自非不得为承租人。耕地之出典人为承租人时，其所支付之租谷，实为利用耕地之对价，并非对于典价支付之利息，苟当事人所约定之租谷，不超过《土地法》第一百七十七条所定之限制，无论按市价折算为金钱之数，与典价之比例如何，要不能不按约定数额支付，关于限制约定利率最高额之民法第二百零五条。自属无可适用。若典权人自行耕作，或出租于出典人以外之人耕作者，尤无适用同条之余地。大佃之押金支付人，对于不动产相当于押金数额部分，有典权者（参照院字第二一三二号解释），亦同。惟当事人明定一方所支付之金钱为借款，他方就不动产全部设定抵押权，并将该不动产出租于抵押权人，约明以其应付之租谷，扣作借款之利息者，其扣作利息之租谷，如按支付时市价折算为金钱，已超过周年百分之二十，他方得就超过部分请求支付。（三十年院字第二一四六号）

解 当事人之一方，因支付巨额押金，只须支付小额租谷，即得占有他方之耕作地而为耕作者，其所支付之押金，应认为典价。对于该地相当于押金数额部分之耕作权，应认为典权，业以院字第二一三二号解释业经饬部通令知照在案。典权人一年之收益，纵令超过典价百分之二十，出典人亦不得援用民法第二百零五条请求支付超过部分之收益。惟当事人明定一方所支付之金钱为借款，他方就该地全部设定抵押权，并将该地全部出租于抵押权人，约明以其应付之租谷，扣作借款之利息，仅须支付其余额者，其扣作利息之租谷，如按支付时市价折算为金钱，已超过周年百分之二十，他方得就超过部分请求支付。（三十年院字第二一四七号）

解　原呈所举二例，其押少租多之第一例，为租赁契约。当事人所授受之押租，即系担保租金支付义务之押租。其押多租少之第二例，为租赁契约与典权设定契约之联立，应依院字第二一三二号解释办理。（三十年院字第二一四八号）

解　（二）大佃契约之性质，业以院字第二一三二号解释在案，关于典权部分之税捐，法令规定向典权人征收者（参照《土地法施行法》第七十五条），应由典权人负担。关于租赁部分税捐之负担，除当事人订有特约者外，固应依民法第四百二十七条办理。惟此种大佃契约，租赁常占极小部分，其典权部分应由典权人负担税捐时，探求普通当事人之意思，自可认其有使承租人负担租赁部分税捐之特约。（三十年院字第二一六六号）

解　（一）当事人约定一方以不动产交与他方使用收益，他方支付租金及押金之契约，究为单纯之租赁契约，抑为租赁契约与典权设定契约之联立？应视租金数额是否足为该不动产全部使用收益之对价定之。当事人之一方，将其不动产全部出租，如不收取押金，每年至少可得租金若干，在客观上自有一定之标准。当事人约定之租金数额，依订约时情形达此标准者，虽有押金之授受，其押金亦为担保承租人债务之押租，此项契约，即为单纯之租赁契约。若当事人约定之租金数额较此标准为少，则仅足为该不动产一部使用收益之对价，其他部分之使用收益权，系因支付押金而取得之，其押金既应认为典价。此项契约，即应解为租赁契约与典权设定契约之联立。（二）原呈所称第三点情形，其租赁部分，如无不许终止契约之特别情事，应如甲说所述，为原告一部胜诉一部败诉之判决。惟判令被告返还之部分，究为该房屋若干分之几，应予明白判定。判决确定后，当事人或依民法第八百一十八条各自使用收益，或依民法第八百二十三条第一项请求分割，听从其便。如请求分割，而其分割之方法，不能协议决定者，依民法第八百二十四条第二项第三项办理。（三）当事人所订契约，为租赁契约与典权设定契约之联立时，除去租赁部分，即为典权部分。其租赁部分，应以租金数额与订约时该不动产全部租金数额之比值为准，订约时该不动产全部出租，可得租金若干，应斟酌当时经济状况及其他情事定之。而其典价与当时全部典价之比值如何，亦在应行斟酌之列，例如租金十元押金九百元之大佃契约，倘订约时该不动产全部出租，可得租金一百元，全部出典，可得典价一千元，则租赁部分为十分之一，典权部分为十分之九。（三十一年院字第二三九八号）

解 原呈所称之杜顶，系支付顶价于土地所有人，以为买受永佃权之价金，而由土地所有人为之设定永佃权。原呈所称之活顶，是否随有押租契约之租赁契约，应视租金数额是否足为该土地全部使用收益之对价定之。当事人之一方，将其土地全部出租，如不收取顶价，每年至少可得租金若干，客观上自有一定之标准。当事人约定之租金数额，依订约时情形低于此标准者，其租金仅足为该土地一部分使用收益之对价，其他部分之使用收益权，系因支付顶价而取得之，其顶价应认为典价，该契约即为租赁契约与典权设定契约之联立（参照院字第二一三二号、第二二八七号、第二二九〇号解释）。当事人约定之租金数额如已达此标准，则其授受之顶价，为担保承租人债务之押租。该契约即为随有押租契约之租赁契约，依《土地法》第一百七十七条第二项之规定，耕地出租人不得收取押租，该契约关于押租之部分，自属无效，至于其他部分是否仍为有效，应依民法第一百十一条之规定决之。倘依具体情事可认出租人有除去押租部分，亦可成立契约之意思者，其他部分仍为有效。（三十二年院字第二五四九号）

解 依本院院字第二三九八号解释，当事人所定契约，为租赁契约与典权设定契约之联立时，判断租赁部分与典权部分各为若干，应就租赁部分之数额先予确定，至典权部分之典价与订约时该不动产全部典价之比值如何，不过为确定租赁部分数额所应斟酌事项之一。租赁部分之租金与订约时该不动产全部租金之比值，及典权部分之典价与订约时该不动产全部典价之比值，各别求得相加适等于一时，固应以此为准。否则尚应斟酌典价与订约时全部典价之比值，将租金与订约时全部租金之比值为适当之增减，租赁部分之数额既经确定，则由一减去租赁部分，即为典权部分。（三十三年院字第二七六六号）

解　（二）回赎典物，以典物之占有业已移转于典权人为前提，出典人受领典物，而未将典物之占有移转于典权人者，典权人得请求交付典物，出典人自无回赎典物之可言。（三十五年院解字第三一三四号）

第九百十二条

解　（一）依照田土绝买留赎之习惯，互订契约，既于出卖之外，载明留赎字样，并酌留价金，仍许加找，则推究其立约真意，自应认为典权之设定。（二）上开契约，既系设定典权，其约定回赎期限如不违反典权之规定，自应从其约定。（二十五年院字第一五八八号）

解　（二）典权约定期限逾三十年者，依民法第九百一十二条之规定，缩短为三十年，迨三十年期限届满后，仍适用同法第九百二十三条第二项之规定。（三十年院字第二二〇五号）

解　混合契约，系由典型契约构成分子与其他构成分子混合而成之单一债权契约。若其契约系复数，而于数契约间，具有结合关系者，则为契约之联立。大佃契约，为租赁契约与典权设定契约之联立，并非混合契约。故在法律所许范围内，应依当事人立约之本旨，使租赁权与典权同其存续时期；依法律之规定，其存续时期，不能一致者，仍应分别办理。大佃契约之出典人，经过民法第九百二十三条第二项或第九百二十四条但书所定期间，不以原典价回赎者，典权人仅就其有典权之部分取得典物所有权。关于租赁部分，仍属出租人所有，出租人依法有契约终止权时，自得终止租赁契约。此际双方对于该不动产成立共有关系，其应有部分各为若干，应视典价数额与租金数额之多寡定之。各共有人得随时请求分割，其分割之方法，则在民法第八百二十四条设有规定。又耕地大佃契约定有期限者，出租人如依法律之规定，有于期限届满前终止租赁契约之权，自得专就租赁部分，终止契约。当事人明定期限届满前终止租赁契约时，典期即为届满者，从其所定。当事人虽未明定，依两契约之结合关系，亦应解为有此意思，故于终止租赁契约时，得即回赎典物。至耕地大佃契约未定期限者，其租赁部分，应解为定有租至回赎典物时为止之不确定期限。至回赎典物时，自得收回自耕，其不收回自耕而由承租人继续耕作者，依《土地法》第一百七十二条之规定，视为不定期限继续租赁契约，回赎典物前终止租赁契约，或于回赎典物后继续租赁契约者，民法关于共有之规定，于定当事人间之关系时，应准用之。（三十一年院字第二二八七号）

解 大佃契约为租赁契约与典权设定契约之联立，两契约相互间具有结合关系，在法律所许范围内，应依当事人立约之本旨，使租赁权与典权同其存续时期。依法律之规定，其存续时期不能一致者，仍应分别办理。当事人所约定之期限为三十年者，关于租赁部分，依民法第四百四十九条第一项、第四百五十条第一项之规定，其租赁关系于二十年届满时消灭。惟有民法第四百五十一条或《土地法》第一百七十二条情形时，视为以不定期限继续租赁契约。关于典权部分，当事人明定三十年内租赁关系消灭时，典期即为届满者，从其所定。当事人虽未明定，依两契约之结合关系，亦应解为有此意思。故二十年届满时租赁契约不再继续者，典权部分得即回赎典物，二十年届满后租赁契约继续者，得于终止契约时回赎典物，租赁关系在回赎典物前消灭者，民法关于共有之规定，于定当事人间之关系时，应准用之。（三十一年院字第二二九〇号）

解 民法第九百二十三条第二项所谓典期，为民法第九百一十二条所谓典权约定期限之简称，系指以契约所定回赎权停止行使之期限而言，此与民法第九百二十三条第一项对照观之自明。当事人约定五年满后始得回赎者，所定五年自属典权之约定期限，虽依习惯或契约五年满后不拘年限随时得为回赎，依民法第九百二十三条第二项之强制规定，亦仅得于五年满后二年内回赎。至民法对于出典后随时得回赎之典权，许于三十年内回赎，而其对于约定五年满后始得回赎之典权，仅许于五年满后二年内回赎，纵或有失权衡，亦不能因此遽为反于法律明文之解释。（三十一年院字第二四二〇号）

解 当事人约定典权人死亡后始准回赎典物者，系属定有不确定期限之典权，而以出典人知典权人死亡时，为其期限届满之时。若自出典后满三十年，典权人尚未死亡，或虽已死亡而为出典人所不知者，依民法第九百一十二条之规定，应以满三十年时为其期限届满之时。出典人于典期届满后，经过二年不以原典价回赎者，依民法第九百二十三条第二项之规定，典权人即取得典物所有权。（三十一年院字第二四二一号）

解　（二）未定限期之典权，当事人以契约订定期限者，须于得回赎之时期为之，且由民法第九百一十二条之本旨推之，其所定之期限与该典权已经过之时间合并计算，不得逾三十年。例如出典满十年时，订定自其时起算之期限者，其期限不得逾二十年，逾二十年者，缩短为二十年，仍自出典后满三十年时，期限即为届满。未定期限之典权，订定期限后，依民法第九百二十三条第二项之规定，仅得于期限届满后二年内回赎。至未定期限之典权，订定期限后再以契约加长期限者，与定有期限之典权以契约加长期限时无异，参照后开第五段解释办理。（三十二年院字第二五五八号）

解　（四）《清理不动产典当办法》施行前，设定之典权，未定期限，而在民法物权编施行前以契约订定期限者，得于出典满三十年后三年内回赎（参照院字第一四一三号、第一九七六号解释）。其在民法物权编施行后，始以契约订定期限者，除在民法物权编施行时已满三十年者，不得回赎外（参照院字第二四五二号解释），得于所定期限届满后二年内回赎。但所定之期限与该典权已经过之时间合并计算逾三十年者，自出典后满三十年时，期限即为届满。（三十二年院字第二五五八号）

解　（五）定有期限之典权，当事人以契约加长期限者，须于期限届满前为之，且由民法第九百一十二条之本旨推之，所加之期限，与该典权已经过之时期合并计算逾三十年者，自出典后满三十年时，期限即为届满。其数次加长期限者，民法第九百二十三条第二项所定二年之期间，自最后所加期限届满时起算。但自出典时至最后所加期限届满时逾三十年者，自出典后满三十年时起算。（三十二年院字第二五五八号）

第九百一十三条

解　（一）民法第九百二十三条第二项之规定，凡典权定有同条第一项所称之期限者，除有依民法第九百一十三条之反面解释所许之特约

外，皆适用之。当事人虽曾约定出典人得于典期届满后，不拘年限随时回赎，亦不得排斥其适用。（三十年院字第二二○五号）

解　民法第九百二十三条第一项所称典权之期限，系附于回赎权之始期，亦即回赎权停止行使之期限，在期限届满前，出典人不得回赎典物。同条第二项所称之典期，即系第一项所称之期限，非指当事人约定若干年内得为回赎之期限而言。故当事人约定若干年外，始得回赎之期限者，虽依其意思或习惯，在若干年外，不拘年限随时可以回赎，出典人之回赎，亦仅得于典期届满后二年内为之，未便反于法律明文，解为未定期限之典权，以排斥第二项之适用。至民法第九百一十三条不过就典期不满十五年之典权，禁止当事人附有到期不赎即作绝卖之条款，违者，出典人仍得于典期届满后二年内回赎，非谓民法第九百二十三条第二项，仅适用于典期满十五年之典权。（三十一年院字第二三七○号）

▲判　民法第九百一十五条第一项但书所称之习惯，固有优先于成文法之效力。惟此系指限制典权人将典物转典或出租于他人之习惯而言，并不包含转典得不以书面为之之习惯在内。转典为不动产物权之设定，依民法第七百六十条之规定，应以书面为之，纵有相反之习惯，亦无法之效力。（二十八年上字第一○七八号）

解　典权为支付典价占有他人之不动产而为使用及收益之权，民法第九百一十一条定有明文，典权人之使用及收益，得将典物出租于他人为之，观民法第九百一十五条之规定，亦无疑义。同条所称得为承租人之他人，系指典权人以外之人而言，出典人自非不得为承租人。耕地之出典人为承租人时，其所支付之租谷，实为利用耕地之对价，并非对于典价支付之利息，苟当事人所约定之租谷，不超过《土地法》第一百七十七条所定之限制，无论按市价折算为金钱之数，与典价之比例如何，要不能不按约定数额支付，关于限制约定利率最高额之民法第二百零五条。自属无可适用。若典权人自行耕作，或出租于出典人以外之人耕作者，尤无适用同条之余地。大佃之押金支付人，对于不动产相当于押金数额部分，有典权者（参照院字第二一三二号解释），亦同。惟当事人明定一方所支付之金钱为借款，他方就不动产全部设定抵押权，并将该不动产出租于抵押权人，约明以其应付之租谷，扣作借款之利息者，其

扣作利息之租谷，如按支付时市价折算为金钱，已超过周年百分之二十，他方得就超过部分请求支付。（三十年院字第二一四六号）

解　（五）典权之让与，为物权之移转，依民法第七百六十条之规定，应以书面为之。乙将甲向其设定之典权转让于丙，既未以书面为之，虽将原典契交丙，亦不生典权让与之效力，甲仅得向乙回赎。惟乙对于丙，如有以受甲返还之典价返还于丙之义务，则甲为乙向丙返还典价，与向乙返还典价有同一之效力。甲向乙为合法之回赎后，丙拒绝返还典物时，甲得对丙提起请求返还之诉。（三十四年院解字第三〇四四号）

第九百十七条

△**判**　典权人于其权利存续之期间，虽得以自己之责任，径行转典于人，然转典之范围，应以原典权之范围为准。苟典权人于原典范围以外，更指定该典产为他项债权之担保，或加价转典者，其责任即应由原典权人负担，而原出典人（即业主）只须备齐原价，即能向转典人取赎消灭其物上之担负。（十八年上字第一八七号）

判　（三）典权之让与，非典权人不得为之。（二十二年上字第一一六五号）

解　转典契约与典权让与契约，性质各别，因之典期届满后，依法取得典物所有权之利益亦异其归属。原呈第一例，系转典契约，该利益应属于乙。第二例名虽转典，实系典权让与契约，该利益应属于丙。（二十七年院字第一七八七号）

解　典权人以其典权捐助学校为典权之让与，依民法第九百十七条第二项之规定，受让人对于出典人仅取得与典权人同一之权利。出典人在法律所定回赎之期间内，向让受典权之学校回赎典物，自非该学校所得拒绝。（三十年院字第二二二〇号）

第九百十八条

△**判**　房屋虽经买受，而成立在前之典权，自得本于追及效力，向原典之标的物，行使权利。故买主非就该标的物，即所买房屋所应负担之典价，完全剔除，其所有权之限制，自属依然存在。（十九年上字第四九一号）

判 典权乃支付典价占有他人之不动产而为使用及收益之物权，一经合法成立，固非有回赎或其他消灭典权之事由，不因典物所有权之移转而生影响。（二十三年上字第四一一九号）

解 转典契约与典权让与契约性质各别，因之典期届满后，依法取得典物所有权之利益亦异其归属。原呈第一例，系转典契约，该利益应属于乙。第二例名虽转典，实系典权让与契约，该利益应属于丙。（二十七年院字第一七八七号）

▲**判** 出典人于典权设定后，得将典物之所有权让与他人，民法第九百一十八条第一项定有明文。故出典人之债权人，仅就典物为禁止出典人让与其所有权之假扣押时，典权人不得提起异议之诉。（二十八年上字第一二七五号）

▲**判** 原判决虽谓依习惯出卖典当在外之产业，应邀同典权人到场签押方能发生所有权移转之效力。然民法第一条所谓法律所未规定者，系指法律无明文规定，且依现存之法条解释仍不能知其法意之所在者而言，出典人将典物所有权让与他人，在法律上并无必须典权人到场签押之限制，其让与行为苟已具备民法第七百六十条之方式及其他法定要件，即属有效。是原判决所称之习惯显与法律之规定抵触，不能认为有法律之效力。（二十九年上字第二〇号）

第九百十九条

判 民法第九百一十九条之规定，系专为出典人与典权人间之权利义务而设，即仅双方当事人于一定条件之下，一方有声明留买之权利，一方有承诺出卖之义务，而与通常所称之先买权，具有对抗第三人之效力者，迥不相同。故使出典人于将典物之所有权，让与他人时，已据典权人依法声明留买，而任意拒绝，仍与他人订立买卖契约，在典权人，只能对于出典人，以违反承诺义务为理由，请求赔偿损害，不得对于承买典物之他人以侵害先买权为理由，主张买契无效。（二十三年上字第三六二三号）

解 典权人于出典人将典物所有权让与他人时，声明留买，若未即时提出同一之价额，尚未发生留买之效力，至以后出典人另卖与他人，价值如有涨落，典权人复行声明留买，并提出价额，固可留买，但应以提出价额时之同一价额计算，不得依当初声明时之同一价额计算。（二十

六年院字第一七〇八号）

▲判　民法第九百一十九条为关于典权效力之规定，依民法《物权编施行法》第二条于民法物权编施行前发生之典权，亦适用之。（二十八年上字第一八八一号）

▲判　出典人将典物之所有权让与他人时，如典权人声明提出同一之价额留买者，出典人非有正当理由不得拒绝，固为民法第九百一十九条所规定。惟此仅为典权人与出典人间之权利义务关系，出典人违反此项义务，而将典物之所有权让与他人时，典权人仅得向出典人请求赔偿损害，不得主张他人受让典物所有权之契约为无效。故出典人于其让与典物所有权于他人之契约已生效力后，复以之让与典权人时，即系无权利人所为之处分，非经该他人之承认不生效力。（二十九年上字第二〇号）

▲判　民法第九百十九条之规定，限于典权存续中出典人将典物之所有权让与他人时，始能适用。若出典人于回赎典物后，将其所有权让与他人，则其时典权已因回赎而消灭，该物既不复为典物，当事人双方亦各失其出典人与典权人之地位，自无适用同条之余地。（二十九年上字第二〇一五号）

解　耕地经所有人出典后，由典权人出租者，《土地法》第一百七十三条及《土地法施行法》第三十七条所称之出租人，为典权人，而非所有人。典权人出卖其对于耕地之典权时（参照民法第三百四十五条第一项、第三百四十八条第二项、第九百一十七条第一项），承租人依《土地法》第一百七十三条之规定，有优先承买之权，《土地法施行法》第三十七条之通知，应由典权人为之。所有人出卖田地时，典权人声明提出同一之价款留买者，依民法第九百一十九条之规定，所有人非有正当理由，不得拒绝，承租人则无优先承买之权，所有人自不必为《土地法施行法》第三十七条之通知。（三十三年院字第二六六三号）

第九百二十条

解　（一）以房屋及其基地为标的之典权存续中，房屋因不可抗力而灭失者，依民法第九百二十条第一项之规定，就其房屋部分典权与回赎权均归消灭，典权人不得请求返还典价，出典人亦不能请求返还房屋。关于基地部分典权与回赎权，虽未消灭，但出典人不回赎时，典权人并无回赎之请求权，自亦不得请求返还典价。至典权人之得在该基地重建房屋，民法第九百二十一条规定甚明，典权人重建房屋时，于该房屋仍有典权，出典人亦仍有回赎权。（二十九年院字第一九九四号）

解 （一）典物因不可抗力而灭失之部分，典权人依民法第九百二十一条之规定重建者，消灭之典权与回赎权既经回复，出典人回赎典物时，即应支付该部分及余存部分之典价。惟该部分重建后之价值低于灭失时之价值者，其消灭之典权与回赎权仅于重建后之价值限度内回复，不能即以该部分原有之典价为其典价。重建后之价值，本为回复之典权与回赎权两项价值之总和，其中属于回赎权价值之部分，为出典人所受之利益，典权人得依民法第九百二十七条请求偿还。其中属于典权价值之部分，即因典权之回复而回复之典价，此项典价之数额，应依民法第九百二十条第二项之规定推算之，即由原典价中扣减灭失部分灭失时价值之半数为余存部分之典价，其灭失部分灭失时价值之半数，即为灭失部分灭失时之典价。灭失部分因重建而回复之典权，自应以重建完成时价值之半数为其典价，例如典物为价值二千元之基地，与在该基地以八千元建筑之房屋，典价为五千元，房屋灭失时之价值为八千元，典权人在该基地重建之房屋价值一千元。出典人回赎典物时，除重建费用半数五百元之利益现存者应行偿还外，须支付基地部分典价一千元，重建房屋部分典价五百元。（三十年院字第二一九〇号）

解 （一）典物被敌机炸毁全部或一部者，依民法第九百二十条第一项之规定，就灭失部分之典权，即归消灭，典权人不得向出典人请求返还该部分之典价。（三十一年院字第二三三三号）

解 （二）出典之房屋，因不可抗力毁损至不能遮蔽风雨之程度，而其墙壁屋架仍存者，自系典物之一部灭失，依民法第九百二十条第一项之规定，就其灭失之部分典权与回赎权均归消灭。出典人就余存部分回赎时，得依同条第二项之规定扣减典价。（三十三年院字第二七三一号）

第九百二十一条

解 （一）以房屋及其基地为标的之典权存续中，房屋因不可抗力而灭失者，依民法第九百二十条第一项之规定，就其房屋部分典权与回赎权均归消灭，典权人不得请求返还典价，出典人亦不能请求返还房屋。

关于基地部分典权与回赎权，虽未消灭，但出典人不回赎时，典权人并无回赎之请求权，自亦不得请求返还典价。至典权人之得在该基地重建房屋，民法第九百二十一条规定甚明。典权人重建房屋时，于该房屋仍有典权，出典人亦仍有回赎权。（二十九年院字第一九九四号）

解 （一）典物因不可抗力而灭失之部分，典权人依民法第九百二十一条之规定重建者，消灭之典权与回赎权既经回复，出典人回赎典物时，即应支付该部分及余存部分之典价。惟该部分重建后之价值低于灭失时之价值者，其消灭之典权与回赎权仅于重建后之价值限度内回复，不能即以该部分原有之典价为其典价。重建后之价值，本为回复之典权与回赎权两项价值之总和，其中属于回赎权价值之部分，为出典人所受之利益，典权人得依民法第九百二十七条请求偿还。其中属于典权价值之部分，即因典权之回复而回复之典价，此项典价之数额，应依民法第九百二十条第二项之规定推算之，即由原典价中扣减灭失部分灭失时价值之半数为余存部分之典价，其灭失部分灭失时价值之半数，即为灭失部分灭失时之典价。灭失部分因重建而回复之典权，自应以重建完成时价值之半数为其典价，例如典物为价值二千元之基地，与在该基地以八千元建筑之房屋，典价为五千元，房屋灭失时之价值为八千元，典权人在该基地重建之房屋价值一千元。出典人回赎典物时，除重建费用半数五百元之利益现存者应行偿还外，须支付基地部分典价一千元，重建房屋部分典价五百元。（三十年院字第二一九○号）

第九百二十三条

判 《清理不动产典当办法》第三条载，"未满六十年之典当，无论有无回赎期限，及曾否加典续典，自立约之日起算已逾三十年者，统限原业主于本办法施行后三年内回赎。如逾限不赎，只准原业主向典主告找作绝，不许告赎"等语，是典当契约已逾三十年，于民国四年办法施行后三年内未回赎者，不得告赎。（十七年上字第五八二号）

判 典权为民法物权编所定之物权，在该编施行前发生者，自该编施行之日起，其定有期限者，依该编之规定。出典人于典期届满后经过二年不以原典价回赎者，典权人即取得典物所有权。此二年之期间系无时效性质之法定期间，若在该编施行前业已届满，应认为期间届满；若在该编施行时尚未届满，其已经过之期间与施行后之期间合并计算。其未定期限者，则依该编之规定，自出典后经过三十年不回赎者，典权人即取得典物所有权。（二十二年上字第七九〇号）

解 民法物权编施行后，典物回赎之期间，应受民法第九百二十三条第二项之限制。如典期届满在该编施行前，其计算回赎期间，应依其施行法第二条、第五条办理。（二十二年院字第九八九号）

解 典权人于经过法定回赎期间，取得典物所有权后，另订回赎契约，即系所有权人对于所有物处分之另一行为，不能认为无效。（二十三年院字第一一〇八号）

解 回赎典产如原典价系属铜元，应以当时铜元之价值折合银元，即按银元之数以法币交付。（二十七年院字第一七七五号）

解 典权契约载明典期三年期满后任凭出典人银便回赎者，仍属定有期限之典权。如出典人于典期届满后经过二年尚未回赎，依民法第九百二十三条第二项规定，应许典权人取得典物所有权。（二十七年院字第一八二〇号）

▲**判** 上诉人于民国四年十月十八日将其所有之某地出典于被上诉人，虽约定期限二十年，惟其出典系在《清理不动产典当办法》施行之后，依该办法第八条之规定，在民法物权编施行前已属不得回赎，自无适用民法物权编施行法第二条及民法第九百二十三条之规定回赎典物之余地。（二十九年上字第五八七号）

▲**判** 典权定有期限者，出典人虽有于期限届满后二年内以原典价回赎典物之权利，要不负以原典价回赎典物之义务，典权人对于出典人自无备价回赎之请求权。（二十九年上字第一〇〇六号）

▲**判** 上诉人所称民国十年十二月间典受被上诉人之地六亩，约定六年期限，民国十年十月间典受被上诉人之地二亩及一亩三分，亦约定十年期限等情，如果属实，则约定六年期限之六亩，依民法物权编施行法第十五条及《清理不动产典当办法》第八条之规定，仅得于六年满后之四年内回赎。其约定十年期限之二亩及一亩三分，依民法第九百二十三条之规定亦仅得于十年满后之二年内回赎。被上诉人迟至民国二十八年始行回赎，显已经过得赎之期间。（二十九年上字第一五〇五号）

▲**判**　民法第九百二十三条第二项所定二年之期间，为回赎权之除斥期间，此项期间经过时，回赎权绝对消灭，不得因当事人之行为使之回复。如其取得典物所有权之典权人，与出典人约定出典人支付与原典价同额之价金时，即将该物之所有权移转于出典人，其契约固非无效，然此为别一法律关系，并非使出典人已经丧失之回赎权因此回复。（二十九年上字第一七九五号）

▲**判**　当事人间就所设定之典权，约定在若干时期内不得回赎者，为定有期限之典权，不适用民法第九百二十四条之规定。（二十九年上字第一八五五号）

▲**判**　民法第九百二十三条第二项所定二年之期间，为无时效性质之法定期间，无适用民法第一百四十一条之余地。（二十九年上字第二○三四号）

解　确定判决，既已确认回赎典物之典价为铜元若干，并于理由内说明应遵照特约，不得以银元回赎，自应依确定判决办理，不得援用院字第一七七五号解释，予以变更。（二十九年院字第二○一八号）

解　民法第九百二十三条第二项及第九百二十四条但书所定之期间，为无时效性质之法定期间，不适用民法关于时效之规定。修正《优待出征抗敌军人家属条例》第九条第二项之规定，亦与各该条所定之期间无涉，出典人于各该条所定之期间内，应征召出征抗敌者，在《优待出征抗敌军人家属条例》既未就此设有特别规定，自不得于经过此项期间后回赎典物。（二十九年院字第二○六四号）

解　民法第一条规定，民事，法律所未规定者，依习惯。是法律已有规定者，除有如民法第七百八十四条第三项等特则外，自无依习惯之余地。出典人于典期届满后经过两年不以原典价回赎者，典权人即取得典物所有权，既于民法第九百二十三条第二项设有规定；同条又未定有先从习惯之特则，虽有三十年内得回赎之习惯，出典人亦不得依此回赎。至民法第九百一十三条不过禁止典期不满十五年之典权附以到期不赎即作绝卖之条款，违者仍得于典期届满后二年内回赎，不能据此即为民法第九百二十三条第二项之规定限于典期满十五年者，始得适用。（三十年院字第二一一七号）

解 自统制收兑金类以后，生金借贷之借用人，既不能以生金返还，依民法第四百七十九条之规定，应按返还时（即清偿期）国家银行公定之牌价，折合法币偿还之。返还时未约定者，应以订约时之价值偿还之。至典价为生金者，出典人回赎典物，应按回赎时国家银行公定之牌价，折合法币返还典价。（三十年院字第二一二八号）

解 民法第一百二十五条所称之请求权，不仅指债权的请求权而言，物权的请求权亦包含在内，业以院字第一八三三号解释在案。惟当事人之一方支付定额之金钱取得占有他方之不动产而为使用及收益之权，约明日后他方得以同额之金钱回赎者，不问当事人所用名称如何，在法律上应认为出典。出典人之回赎权，为提出原典价向典权人表示回赎之意思，使典权归于消灭之权利，其性质为形成权。出典人提出原典价向典权人表示回赎之意思时，虽因典权消灭而有不动产之返还请求权，然此系行使回赎权所生之效果，不能据此即认回赎权为请求权。故关于出典人之回赎权，应依民法第九百二十三条、第九百二十四条办理，不适用民法第一百二十五条之规定。据原呈所述情形，甲于民国十年十二月出典约定种过四年原价取赎，依民法物权编施行法第二条、第五条第一项、民法第九百二十三条第二项之规定，甲本不得于出典满六年后回赎，惟依民法物权编施行法第十五条《清理不动产典当办法》第八条之规定，甲得于出典满四年后六年内，即民国二十年十二月前回赎，一届十年期满，当然不得再行回赎。所有以前解释及判例与此见解有异者，应予变更。（三十年院字第二一四五号）

解 民法第七百五十八条之规定，限于依法律行为所生不动产物权之变动始适用之，依法律直接之规定取得不动产所有权者，并不包含在内。民法第九百二十三条第二项既仅规定出典人于典期届满后，经过二年不以原典价回赎者，典权人即取得典物所有权，则虽在物权能依《土地法》登记后，典权人亦不待登记即取得典物所有权。惟其依法律直接之规定取得不动产所有权，与因继承于登记前已取得不动产所有权者无异，依民法第七百五十九条之规定，非经登记不得处分其所有权。（三十年院字第二一九三号）

解 （一）民法第九百二十三条第二项之规定，凡典权定有同样第一项所称之期限者，除有依民法第九百一十三条之反面解释所许之特约外，皆适用之。当事人虽曾约定出典人得于典期届满后，不拘年限随时回赎，亦不得排斥其适用。（二）典权约定期限逾三十年者，依民法第九百一十二条之规定，缩短为三十年。迨三十年期限届满后，仍适用同法第九百二十三条第二项之规定。（三十年院字第二二〇五号）

解　据原呈所述情形，甲出典于乙之不动产，由丙得甲之同意代向乙赎出，是丙系为甲之代理人，向乙回赎典物。乙之典权既已因回赎而消灭，在乙丙间即无所谓转典或让与典权之关系。甲如别无出典于丙之行为，则丙并未取得典权，甲与丙之关系为委任关系，不生可否回赎典物之问题。其委任关系发生于民法债编施行后者，依民法第五百四十一条第一项之规定，丙应将该不动产及其历年孳息交付于甲；依民法第五百四十六条第一项之规定，甲亦应将回赎及管理之必要费用连同自丙支付时起之利息，偿还于丙。双方订有甲不得请求孳息，丙亦不得请求管理费用及利息之特约者，从其特约。（三十年院字第二二〇八号）

解　出典人回赎典物时，应返还之典价系以银角或铜币定其数额者，得按回赎时财政部所定兑价折合法币返还。（三十年院字第二二一四号）

解　原呈所述情形，当事人既约定三年满后方准回赎典物，该三年自即民法第九百二十三条第一项所称之期限。其约明三年不满回赎，须补灰粪银若干，意在禁止三年内之无条件回赎，仍不失为定有期限之典权。其约明过期不赎，每两银每月行息若干，并不因而变为未定期限之典权，尤无疑义。民法第九百二十三条第一项所称之期限，及第二项所称之典期，均为回赎权停止行使之期限，须俟期限届满后，始得回赎典物。在当事人约定此项期限时，纵有期限届满后，不拘年限随时得为回赎之意思，亦不得排斥同条第二项之适用，业经院字第二二〇五号解释在案，自应依照办理。（三十年院字第二二四三号）

解　混合契约，系由典型契约构成分子与其他构成分子混合而成之单一债权契约。若其契约系复数，而于数契约间，具有结合关系者，则为契约之联立。大佃契约，为租赁契约与典权设定契约之联立，并非混合契约。故在法律所许范围内，应依当事人立约之本旨，使租赁权与典权同其存续时期；依法律之规定，其存续时期，不能一致者，仍应分别办理。大佃契约之出典人，经过民法第九百二十三条第二项或第九百二十四条但书所定期间，不以原典价回赎者，典权人仅就其有典权之部分取得典物所有权。关于租赁部分，仍属出租人所有，出租人依法有契约终止权时，自得终止租赁契约。此际双方对于该不动产成立共有关系，其应有部分各为若干，应视典价数额与租金数额之多寡定之。各共有人得随时请求分割，其分割之方法，则在民法第八百二十四条设有规定。又耕地大佃契约定有期限者，出租人如依法律之规定，有于期限届满前终止租赁契约之权，自得专就租赁部分，终止契约。当事人明定期限届满前终止租赁契约时，典期即为届满者，从其所定。当事人虽未明定，依两契约之结合关系，亦应解为有此意思，故于终止租赁契约时，得即回赎典物。至耕地大佃契约未定期限者，其租赁部分，应解为定有租至回赎典物时为止之不确定期限。至回赎典物时，自得收回自耕，其不收回自耕而由承租人继续耕作者，依《土地法》第一百七十二条之规定，视为不定期限继续租赁契约，回赎典物前终止租赁契约，或于回赎典物后继续租赁契约者，民法关于共有之规定，于定当事人间之关系时，应准用之。（三十一年院字第二二八七号）

解 大佃契约为租赁契约与典权设定契约之联立，两契约相互间具有结合关系，在法律所许范围内，应依当事人立约之本旨，使租赁权与典权同其存续时期。依法律之规定，其存续时期不能一致者，仍应分别办理。当事人所约定之期限为三十年者，关于租赁部分，依民法第四百四十九条第一项、第四百五十条第一项之规定，其租赁关系于二十年届满时消灭。惟有民法第四百五十一条或《土地法》第一百七十二条情形时，视为以不定期限继续租赁契约。关于典权部分，当事人明定三十年内租赁关系消灭时，典期即为届满者，从其所定。当事人虽未明定，依两契约之结合关系，亦应解为有此意思。故二十年届满时租赁契约不再继续者，典权部分得即回赎典物，二十年届满后租赁契约继续者，得于终止契约时回赎典物，租赁关系在回赎典物前消灭者。民法关于共有之规定，于定当事人间之关系时，应准用之。（三十一年院字第二二九○号）

　　解　为第一次所有权登记后，典权人依民法第九百二十三条第二项或第九百二十四条但书取得典物所有权者，其登记应依移转登记之方法为之。此项登记，依《土地法》第五十八条之规定，自应由典权人及出典人或代理人声请之。如出典人不肯会同声请，典权人得对之起诉，俟得有胜诉之确定判决后，再依《土地法》第五十九条后段单独声请登记。（三十一年院字第二三〇〇号）

　　解　钢洋已于民国二十八年四月底禁止行使，从前以钢洋计算之不动产典价，应按禁止行使时之比价折合法币。禁止行使时钢洋一圆既值法币一圆，出典人回赎典物，即应按照钢洋数额支付法币。（三十一年院字第二三二八号）

　　解　当时铜元一枚当旧有制钱十文，不动产典价，系以制钱或铜元定其数额者，出典人回赎典物，得按回赎时财政部所定铜元兑换法币之价，折合法币返还。（三十一年院字第二三六三号）

　　解　民法第九百二十三条第一项所称典权之期限，系附于回赎权之始期，亦即回赎权停止行使之期限，在期限届满前，出典人不得回赎典物。同条第二项所称之典期，即系第一项所称之期限，非指当事人约定若干年内得为回赎之期限而言。故当事人约定若干年外，始得回赎之期限者，虽依其意思或习惯，在若干年外，不拘年限随时可以回赎。出典人之回赎，亦仅得于典期届满后二年内为之，未便反于法律明文解为未定期限之典权，以排斥第二项之适用。至民法第九百一十三条不过就典期不满十五年之典权，禁止当事人附有到期不赎即作绝卖之条款，违者，出典人仍得于典期届满后二年内回赎，非谓民法第九百二十三条第二项仅适用于典期满十五年之典权。（三十一年院字第二三七〇号）

　　解　（二）请求放赎典物事件，法院命典权人放赎时，如有适用《非常时期民事诉讼补充条例》第二十条第二项之情形，虽当事人间之争执，仅在能否回赎，而不及于赎价之多寡，亦得为增加赎价之裁判。（三十一年院字第二三九七号）

　　解　典权人依民法第九百二十三条第二项或第九百二十四条但书取得典物所有权，系直接基于法律之规定当然取得。当事人间既无买卖行为，即非《修正契税暂行条例》第十七条所谓先典后卖，自不得令其补

立契纸，完纳契税。（三十一年院字第二三九九号）

解 民法第九百二十三条第二项所谓典期，为民法第九百一十二条所谓典权约定期限之简称，系指以契约所定回赎权停止行使之期限而言，此与民法第九百二十三条第一项对照观之自明。当事人约定五年满后始得回赎者，所定五年自属典权之约定期限，虽依习惯或契约五年满后不拘年限随时得为回赎，依民法第九百二十三条第二项之强制规定，亦仅得于五年满后二年内回赎。至民法对于出典后随时得回赎之典权，许于三十年内回赎，而其对于约定五年满后始得回赎之典权，仅许于五年满后二年内回赎，纵或有失权衡，亦不能因此遽为反于法律明文之解释。（三十一年院字第二四二〇号）

解 当事人约定典权人死亡后始准回赎典物者，系属定有不确定期限之典权，而以出典人知典权人死亡时为其期限届满之时。若自出典后满三十年，典权人尚未死亡，或虽已死亡而为出典人所不知者，依民法第九百一十二条之规定，应以满三十年时为其期限届满之时。出典人于典期届满后，经过二年不以原典价回赎者，依民法第九百二十三条第二项之规定，典权人即取得典物所有权。（三十一年院字第二四二一号）

解 法院就其认定之事实适用法规，应依职权为之，不待当事人之援用。故民法第九百二十三条第二项、第九百二十四条但书所定回赎权之除斥期间经过后，虽典权人拒绝回赎，未以此为理由，法院亦应认出典人之回赎权已消灭。至请求权之消灭时效完成后，民法第一百四十四条第一项，仅认债务人有拒绝给付之抗辩权，非使请求权当然消灭。若债务人未以消灭时效之完成为拒绝给付之抗辩，法院自不得据此即认请求权已消灭，此亦为依职权适用法规之结果，并非对此原则之例外。（三十一年院字第二四二四号）

解 出征抗敌军人或其家属于承典耕作或收益之田地或自住之房屋外，虽非全无耕作或收益之田地或自住之房屋，然其所承典者经出典人收回或改典于他人后，仅就此项田地耕作或收益不足维持生活，或仅此项房屋不敷居住者，亦为《优待出征抗敌军人家属条例》第二十九条第二项所谓别无耕作或收益之田地或自住之房屋，在该军人出征抗敌期内，出典人自不得将该项典物收回或改典于他人。在该军人家属与出典人就

此有争执者，得声请法院调解或提起民事诉讼，未便以行政处分为之解决。（三十二年院字第二四七三号）

　　解　对于外国教会为条约所未许可之土地权利之移转或设定负担者，无效。设定典权，即系设定负担，典权之设定，既属无效，外国教会自不能依民法第九百二十三条第二项、第九百二十四条但书取得土地所有权。故除嗣后所订条约别有规定外，出卖或出典土地，在《土地法施行法》施行后为之者，依同法第十条办理。在同法施行前为之者，出卖人或出典人对于外国教会，有土地返还请求权。（三十二年院字第二五一一号）

　　解　典物之价值较出典时增涨者，《清理不动产典当办法》本有加价回赎之规定，自此项办法因民法物权编之施行失其效力后，无论典物之价值涨至如何程度，依民法第九百二十三条、第九百二十四条之规定，出典人只须以原典价回赎，不得责令加价。当此非常时期，诚如原函所言有定补救办法之必要。惟在依立法程序定有此项办法以前，除当事人依民事诉讼补充条例第十一条、第十二条声请调解者，有时得依同条例第二十条第二项为加价回赎之裁判外，法院仍不得命出典人增加赎价。（三十二年院字第二五一七号）

　　解　当事人约定一方以不动产交与他方使用收益，他方支付租金及押金之契约，为租赁契约与典权设定契约之联立时，关于典权部分，如依法已不得回赎，则虽被告误于法律上之见解，以此项契约纯属租赁契约，为拒绝回赎之抗辩理由，亦应驳回原告请求放赎之诉。但被告于言词辩论时，陈述情愿受领原告之押金，而将该不动产返还原告者，依《民事诉讼法》第三百八十四条规定，应本于其认诺为被告败诉之判决。（三十二年院字第二五二六号）

　　解　（二）未定期限之典权，当事人以契约订定期限者，须于得回赎之时期为之，且由民法第九百一十二条之本旨推之，其所定之期限与该典权已经过之时间合并计算，不得逾三十年。例如出典满十年时，订定自其时起算之期限者，其期限不得逾二十年，逾二十年者，缩短为二十年，仍自出典后满三十年时，期限即为届满。未定期限之典权，订定期限后，依民法第九百二十三条第二项之规定，仅得于期限届满后二年内回赎。至未定期限之典权，订定期限后再以契约加长期限者，与定有期限之典权以契约加长期限时无异，参照后开第五段解释办理。（三十二年院字第二五五八号）

解 （四）《清理不动产典当办法》施行前，设定之典权，未定期限，而在民法物权编施行前以契约订定期限者，得于出典满三十年后三年内回赎（参照院字第一四一三号、第一九七六号解释）。其在民法物权编施行后，始以契约订定期限者，除在民法物权编施行时已满三十年者，不得回赎外（参照院字第二四五二号解释），得于所定期限届满后二年内回赎。但所定之期限与该典权已经过之时间合并计算逾三十年者，自出典后满三十年时，期限即为届满。（三十二年院字第二五五八号）

解 （五）定有期限之典权，当事人以契约加长期限者，须于期限届满前为之，且由民法第九百一十二条之本旨推之，所加之期限，与该典权已经过之时期合并计算逾三十年者，且出典后满三十年时，期限即为届满。其数次加长期限者，民法第九百二十三条第二项所定二年之期间，自最后所加期限届满时起算。但自出典时至最后所加期限届满时逾三十年者，自出典后满三十年时起算。（三十二年院字第二五五八号）

解 （八）未定期限之典权设定后，更以契约订定，嗣后不拘年限随时得回赎者，仍为未定期限之典权。依民法第九百二十四条但书之规定，仅得于出典后三十年内回赎（参照院字第二〇五〇号解释）。定有期限之典权，得以契约变更为不定期限之典权，但民法第九百二十三条第二项所定二年之期间不许加长，业经解释有案（院字第二二〇五号、第二二四三号、第二四二〇号）。定有期限之典权，如许于此二年期间进行中变更为不定期限之典权，则与此二年期间不许加长之本旨不符，故此项变更之契约，仅得于约定期限届满前为之，不得于此二年期间因约定期限届满而进行后为之。定有期限之典权，变更为不定期限之典权者，民法第九百二十四条但书所定三十年之期间，应自出典时起算。（三十二年院字第二五五八号）

解 以外国货币定典价额者，除订有回赎典物时，典价应以外国货币返还之特约外，出典人得按回赎时回赎地之市价，以法币返还典价。若此种外国货币，在回赎地经政府定有法币兑换率者，其回赎地之市价，应以此项兑换率为准。至请求放赎典物之诉，原告声明愿以定典价额之外国货币返还典价者，如其请求放赎为正当，自应判令被告于原告提出典价同额之外国货币时，放赎典物。（三十二年院字第二五五九号）

解　（一）出典人于其得回赎典物之期间内，向典权人提出原典价为回赎之意思表示者，典权人虽拒绝受领典价返还典物，其典权亦于回赎之意思表示发生效力时消灭，嗣后出典人既无所谓回赎权，即不生回赎权除斥期间届满与否之问题。至出典人之典物返还请求权，自典权消灭时起算，民法第一百二十五条之消灭时效，如出典人起诉请求返还典物时，消灭时效尚未完成，或虽已完成而典权人不以此拒绝返还者，法院自应判令典权人返还典物。（二）出典人于其得回赎典物之期间内，向典权人提出原典价为回赎之意思表示者，典权既归消灭，出典人即有典物返还请求权，嗣后法院依《非常时期民事诉讼补充条例》第二十条第二项为增加赎价之裁判时，典权人虽就所加赎价有给付请求权，而其请求权系发生于此项裁判确定之时，非于出典人回赎时即已存在，以前所生回赎之效力，并不受其影响。出典人之典物返还请求权，自不得因有加价之争议，而使之停止行使。（三十二年院字第二五六二号）

解　民法关于消灭时效之规定，仅为请求权而设。典物回赎权为形成权之一种，民法第九百二十三条第二项、第九百二十四条但书所定回赎权之除斥期间，并非消灭时效，不适用时效停止之规定。故除有如《优待出征抗敌军人家属条例》第二十八条第一项、第二十九条第二项之特别规定外，出典人虽因战事致不能于期间内回赎典物者，期间并不停止进行，其回赎权仍于期间届满时消灭。（三十二年院字第二六二七号）

解　依《优待出征抗敌军人家属条例》第二十九条第二项规定，不得收回或改典之田地，出典人自不得依民法之规定而为回赎。民法第九百二十三条第二项、第九百二十四条但书所定之期间，当然因此延展。同条例既未明定展至何时为止，即应准用同条例第二十八条第一项之规定，出典人得于出征抗敌军人服役期满后第二年内回赎之。该军人因作战阵亡或因公积劳成疾，或受重伤致成残废，或因伤病请归休回籍而死亡者，出典人得自该军人阵亡或停役或归休之日起满三年后，于二年内回赎之。（三十三年院字第二六二八号）

解 《优待出征抗敌军人家属条例》第二十八条第一项之规定，不因典权人为出征抗敌军人，而排除其适用。其第二项之规定，则于典权人为受同条例第二十九条第二项优待之出征抗敌军人或其家属时，排除其适用。（三十三年院字第二七一一号）

解 民法上所谓未定期限之典权，系指出典后随时得回赎之典权而言。其约定出典后一定期限内不得回赎之典权，例如约定五年满后始得回赎者，则为定有期限之典权，此就民法第九百二十三条与第九百二十四条对照观之自明。定有期限之典权，于期限届满后二年内不回赎者，典权人即取得典物所有权，既为民法第九百二十三条第二项之所明定。则虽解释当事人之意思表示，可认其真意有在期限届满后，永远得回赎之约定者，其约定亦不能认为有效。如认为有效，则自出典后已逾三十年者，亦未尝不可回赎，此与民法规定回赎权除斥期间之本旨，显相刺谬。民法第九百二十三条第二项与第九百二十四条但书之规定，纵令在立法上有失权衡，究不能因此遽为反于法律明文之解释，院字第二四二〇号解释，未便予以变更。（三十三年院字第二七三四号）

解 （二）《优待出征抗敌军人家属条例》第二十八条第二项之规定，于典权人为受同条例第二十九条第二项优待之出征抗敌军人或其家属时，排除其适用，业经本院以院字第二七一一号解释在案。原代电所述情形，出典人甲与典权人乙，既均为出征抗敌军人，甲自不得援用同条例第二十八条第二项之规定，于典权约定期限届满前向乙回赎典物。（三十三年院字第二七六〇号）

解 （九）主文载明出典人于一定期间内返还典价，典权人应将典物返还之判决，如依其意旨，出典人非于一定期间内提出典价，即不得再行提出典价请求返还典物者。出典人声请强制执行，自须于期间内提出典价为之，其提出典价已逾期间者，虽其声请强制执行尚在期间之内，亦不得为之强制执行。（三十三年院字第二七七六号）

解 回赎典物之法定期间，在《优待出征抗敌军人家属条例》第二十八条第一项公布前或出征抗敌军人应征召前，已届满者，无从适用同条项之规定展期回赎。（三十四年院解字第三〇三九号）

解 （五）典权之让与，为物权之移转，依民法第七百六十条之规定，应以书面为之。乙将甲向其设定之典权转让于丙，既未以书面为之，虽将原典契交丙，亦不生典权让与之效力，甲仅得向乙回赎。惟乙对于丙，如有以受甲返还之典价返还于丙之义务，则甲为乙向丙返还典价，与向乙返还典价有同一之效力。甲向乙为合法之回赎后，丙拒绝返还典物时，甲得对丙提起请求返还之诉。（三十四年院解字第三〇四四号）

解　（一）典权之约定期限，为典权人有权占有典物而为使用及收益之最短期限，自应由移转典物之占有于典权人之翌日起算。（三十五年院解字第三一三四号）

解　（二）回赎典物，以典物之占有业已移转于典权人为前提。出典人受领典价，而未将典物之占有移转于典权人者，典权人得请求交付典物，出典人自无回赎典物之可言。（三十五年院解字第三一三四号）

解　在沦陷区域内出典不动产所得典价为联合伪币者，回赎时应按政府所定法币折合联合伪币之标准返还典价，但不妨碍《复员后办理民事诉讼补充条例》第十二条之适用。（三十五年院解字第三一七三号）

解　典权定有期限者，典权人虽因战事迁避他处，亦不得将迁避期间在典期内扣除。惟回赎典物之法定期间因战事不能遵守者，依《复员后办理民事诉讼补充条例》第七条之规定，于同条例施行后二年内，仍得回赎典物。（三十五年院解字第三二二六号）

解　当事人迟误诉讼上和解所定期限，其效果如何，应视和解内容定之。其和解内容许出典人以一定期限内回赎典物者，如其所定期限系于法律所许范围内减短回赎典物之法定期间，例如典权之约定期限在十五年以上，减短民法第九百二十三条第二项所定二年之期间时，出典人逾期不赎，即不得再行回赎。至出典人于得回赎典物之期间内不欲回赎时，典权人不得强其回赎。（三十五年院解字第三二二七号）

解　原呈所述情形，究系抵押权设定契约，抑系典权设定契约，应依契约内容定之。如系抵押权设定契约，李甲自得于八年期限届满后，向张乙清偿债务，以消灭抵押权。如系典权设定契约，李甲亦得于八年期限届满后二年内，向张乙回赎房屋。至张乙在沦陷期间内，对于该房屋纵未使用收益，亦不得在八年期限内扣除。（三十五年院解字第三二五一号）

解 请求放赎典物之诉，第一审判决主文，载为被告应将某处不动产放予原告赎取者，乃含有原告应提出原典价之意思。被告提起上诉，请求依《复员后办理民事诉讼补充条例》第十二条，增加典价之额数，不得据此谓其上诉非法律上所应准许。若被告不提起上诉，致该判决确定者，不得另行提起请求增加典价额数之诉。但基于第一审言词辩论终结后之情事变更，另行起诉者，不在此限。（三十五年院解字第三二八九号）

第九百二十四条

△判 《清理不动产典当办法》第三条载，"未满六十年之典当，无论有无回赎期限，及曾否加典、续典，自立约之日起算已逾三十年者，统限原业主于本办法施行后三年内回赎。如逾限不赎，只准原业主向典主告找作绝，不许告赎"等语，是典当契约已逾三十年，于民国四年办法施行后三年内未回赎者，不得告赎。（十七年上字第五八二号）

判 典权为民法物权编所定之物权，在该编施行前发生者，自该编施行之日起，其定有期限者，依该编之规定。出典人于典期届满后经过二年不以原典价回赎者，典权人即取得典物所有权。此二年之期间系无时效性质之法定期间，若在该编施行前业已届满，应认为期间届满；若在该编施行时尚未届满，其已经过之期间与施行后之期间合并计算。其未定期限者，则依该编之规定，自出典后经过三十年不回赎者，典权人即取得典物所有权。（二十二年上字第七九〇号）

判 民法物权编第九百二十四条关于年限之规定，系属无时效性质之法定期间。在民法物权编施行前已届满者，其期间为届满，如已进行之期间于施行时尚未完成者，其已经过之期间与施行后之期间合并计算。（二十二年上字第一六六八号）

解 民法第九百二十四条所谓取得典物所有权者，应视同绝卖，不许找贴。（二十二年院字第八六八号）

解 不动产所有人，于设定时，已将不动产移转占有，并约明期满不赎，即以作绝论。虽于法不合，但抵押权人于约定期限届满后，依法占有者，可请求登记为所有人。至未定期限之典权，若未经过法定期间，不得声请为所有权之登记。（二十五年院字第一五一五号）

▲判 出典人在民法第九百二十四条所定期间内提出原典价回赎，

而典权人无正当理由拒绝受领者，仍应认为已有合法之回赎。（二十七年上字第一六八〇号）

解　回赎典产如原典价系属铜元，应以当时铜元之价值折合银元，即按银元之数以法币交付。（二十七年院字第一七七五号）

▲**判**　当事人间就所设定之典权，约定在若干时期内不得回赎者，为定有期限之典权，不适用民法第九百二十四条之规定。（二十九年上字第一八五五号）

▲**判**　加找典价不过就已设定之典权变更其典价之数额，并非使原典权消灭重新设定典权。至于加价时换立典契形式上虽与批载于典契者稍有不同，而其加价之性质并不因此变更。苟无其他特别情事，不能仅据换立典契一事，即认为重新设定典权。民法第九百二十四条但书所定三十年之期间，自不应由加找典价时起算。（二十九年上字第一九七四号）

解　典契载明每逢辰戌年所典田地，仍归原主使用者，究系如何意义之意思表示，应斟酌一切情事，探求当事人之真意定之。其真意系在每次五年届满时，应提出原典价回赎，回赎后届满一年，应更为典权设定行为者，固系设定五年期限之典权，同时又为每次回赎后届满一年，更须出典五年之预约。若其真意系在每次五年届满时，无须提出原典价回赎，当然应将典物交出典人使用，使用届满一年时，无须更有典权设定行为。当然应将典物交付典权人者，则除有特别情事，可认为全部出典，而其约明每六年内出典人无偿使用一年，仅为使用借贷之预约外，自应解为仅以该田地六分之五出典，此与共有人以其应有部分六分之五出典无异。典权人依民法物权编施行法第五条第一项、民法第九百二十四条但书取得典物所有权时，仅按其应有部分六分之五对于该田地有共有权，出典人对于该田地尚有部分六分之一之共有权。（二十九年院字第二〇一一号）

解　未定期限之典权，自出典后经过三十年，出典人不以原典价回赎典物者，依民法第九百二十四条之规定，典权人即取得典物之所有权。虽典契内载有不拘年月远近银到田房归字样，出典人亦不得再行回赎。至同条所称三十年之期间，法文已明定自出典时起算，加找典价，不过就已设定之典权变更其典价之数额，并非重新设定典权，不得解为出典，据以起算此期间。原呈所称情形系三十年前所设定之典权而未定有期限者，依民法物权编施行法第五条第一项或第二项，自应适用民法第九百二十四条之规定。（二十九年院字第二〇五〇号）

解　民法第九百二十三条第二项及第九百二十四条但书所定之期间，为无时效性质之法定期间，不适用民法关于时效之规定。《修正优待出征抗敌军人家属条例》第九条第二项之规定，亦与各该条所定之期间无涉，出典人于各该条所定之期间内应征召出征抗敌者，在《优待出征抗敌军人家属条例》既未就此设有特别规定，自不得于经过此项期间后回赎典物。（二十九年院字第二〇六四号）

解　自统制收兑金额以后，生金借贷之借用人，即不能以生金返还。依民法第四百七十九条之规定，应按返还时（即清偿期）国家银行公定之牌价，折合法币偿还之。返还时未约定者，应以订约时之价值偿还之。至典价为生金者，出典人回赎典物，应按回赎时国家银行公定之牌价，折合法币返还典价。（三十年院字第二一二八号）

解　民法物权编施行前设定之典权未定期限者，依民法物权编施行法第二条、第五条之规定，出典人固得依民法第九百二十四条于出典后三十年内回赎典物。惟此仅指出典人之回赎权，依旧法规在民法物权编施行之日尚未消灭者而言。其回赎权在民法物权编施行前，已依旧法规消灭者，不能因民法物权编之施行而回复。《清理不动产典当办法》施行后，民法物权编施行前设定典权者，依该办法第八条规定，务须约定不逾十年之期限。未约定期限者，按诸同条之本旨，仅得于出典后十年内随时回赎。故自出典后至民法物权编施行时，尚未满十年者，出典人虽得依民法第九百二十四条于出典后三十年内回赎；其已满十年者，出典人仍不得援用同条回赎。原呈所称未定期限之典权，既为民国六年所设定，则至民国十六年，出典人之回赎权，已因十年届满而消灭，自无援用嗣后施行之民法物权编回赎典物之余地。（三十年院字第二一三五号）

解　民法第一百二十五条所称之请求权，不仅指债权的请求权而言，物权的请求权亦包含在内，业以院字第一八三三号解释在案。惟当事人之一方，支付定额之金钱取得占有他方之不动产而为使用及收益之权，约明日后他方得以同额之金钱回赎者，不问当事人所用名称如何，在法律上应认为出典。出典人之回赎权为提出原典价向典权人表示回赎之意思，使典权归于消灭之权利，其性质为形成权。出典人提出原典价向典权人表示回赎之意思时，虽因典权消灭而有不动产之返还请求权，然此系行使回赎权所生之效果，不能据此即认回赎权为请求权。故关于出典人之回赎权，应依民法第九百二十三条、第九百二十四条办理，不适用民法第一百二十五条之规定。据原呈所述情形，甲于民国十年十二月出典，约定种过四年原价取赎，依民法物权编施行法第二条、第五条第一项、民法第九百二十三条第二项之规定，甲本不得于出典满六年后回赎。惟依民法物权编施行法第十五条、《清理不动产典当办法》第八条之规定，甲得于出典满四年后六年内，即民国二十年十二月前回赎。一届十年期满，当然不得再行回赎。所有以前解释及判例与此见解有异者，应予变更。（三十年院字第二一四五号）

解 混合契约，系由典型契约构成分子与其他构成分子混合而成之单一债权契约。若其契约系复数，而于数契约间，具有结合关系者，则为契约之联立。大佃契约，为租赁契约与典权设定契约之联立，并非混合契约。故在法律所许范围内，应依当事人立约之本旨，使租赁权与典权同其存续时期；依法律之规定，其存续时期，不能一致者，仍应分别办理。大佃契约之出典人，经过民法第九百二十三条第二项或第九百二十四条但书所定期间，不以原典价回赎者，典权人仅就其有典权之部分取得典物所有权。关于租赁部分，仍属出租人所有，出租人依法有契约终止权时，自得终止租赁契约。此际双方对于该不动产成立共有关系，其应有部分各为若干，应视典价数额与租金数额之多寡定之。各共有人得随时请求分割，其分割之方法，则在民法第八百二十四条设有规定。又耕地大佃契约定有期限者，出租人如依法律之规定，有于期限届满前终止租赁契约之权，自得专就租赁部分，终止契约。当事人明定期限届满前终止租赁契约时，典期即为届满者，从其所定。当事人虽未明定，依两契约之结合关系，亦应解为有此意思，故于终止租赁契约时，得即回赎典物。至耕地大佃契约未定期限者，其租赁部分，应解为定有租至回赎典物时为止之不确定期限。至回赎典物时，自得收回自耕，其不收回自耕而由承租人继续耕作者，依《土地法》第一百七十二条之规定，视为不定期限继续租赁契约，回赎典物前终止租赁契约，或于回赎典物后继续租赁契约者，民法关于共有之规定，于定当事人间之关系时，应准用之。（三十一年院字第二二八七号）

解 大佃契约为租赁契约与典权设定契约之联立，两契约相互间具有结合关系，在法律所许范围内，应依当事人立约之本旨，使租赁权与典权同其存续时期。依法律之规定，其存续时期不能一致者，仍应分别办理。当事人所约定之期限为三十年者，关于租赁部分，依民法第四百四十九条第一项、第四百五十条第一项之规定，其租赁关系于二十年届满时消灭。惟有民法第四百五十一条或《土地法》第一百七十二条情形时，视为以不定期限继续租赁契约。关于典权部分，当事人明定三十年内租赁关系消灭时，典期即为届满者，从其所定。当事人虽未明定，依两契约之结合关系，亦应解为有此意思。故二十年届满时租赁契约不再继续者，典权部分得即回赎典物，二十年届满后租赁契约继续者，得于终止契约时回赎典物，租赁关系在回赎典物前消灭者，民法关于共有之规定，于定当事人间之关系时，应准用之。（三十一年院字第二二九〇号）

解 为第一次所有权登记后，典权人依民法第九百二十三条第二项或第九百二十四条但书取得典物所有权者，其登记应依移转登记之方法为之。此项登记，依《土地法》第五十八条之规定，自应由典权人及出典人或代理人声请之。如出典人不肯会同声请，典权人得对之起诉，俟得有胜诉之确定判决后，再依《土地法》第五十九条后段单独声请登记。（三十一年院字第二三〇〇号）

解 （二）请求放赎典物事件，法院命典权人放赎时，如有适用《非常时期民事诉讼补充条例》第二十条第二项之情形，虽当事人间之争执，仅在能否回赎，而不及于赎价之多寡，亦得为增加赎价之裁判。（三十一年院字第二三九七号）

解 典权人依民法第九百二十三条第二项或第九百二十四条但书取得典物所有权，系直接基于法律之规定当然取得。当事人间既无买卖行为，即非《修正契税暂行条例》第十七条所谓先典后卖，自不得令其补立契纸，完纳契税。（三十一年院字第二三九九号）

解 法院就其认定之事实适用法规，应依职权为之，不待当事人之援用。故民法第九百二十三条第二项、第九百二十四条但书所定回赎权之除斥期间经过后，虽典权人拒绝回赎，未以此为理由，法院亦应认出典人之回赎权已消灭。至请求权之消灭时效完成后，民法第一百四十四条第一项，仅认债务人有拒绝给付之抗辩权，非使请求权当然消灭。若债务人未以消灭时效之完成为拒绝给付之抗辩，法院自不得据此即认请求权已消灭，此亦为依职权适用法规之结果，并非对此原则之例外。（三十一年院字第二四二四号）

解　《清理不动产典当办法》施行前设定之典权，未定期限者，如于民法物权编施行后回赎，依同编施行法第二条、第五条第一项第二项、民法第九百二十四条但书之规定，仅得于出典后三十年内为之。至同编施行法第十五条之规定，于未定期限之典权，不适用之。（三十二年院字第二四五二号）

解　出征抗敌军人或其家属于承典耕作或收益之田地或自住之房屋外，虽非全无耕作或收益之田地或自住之房屋，然其所承典者经出典人收回或改典于他人后，仅就此项田地耕作或收益不足维持生活，或仅此项房屋不敷居住者，亦为《优待出征抗敌军人家属条例》第二十九条第二项所谓别无耕作或收益之田地或自住之房屋，在该军人出征抗敌期内，出典人自不得将该项典物收回或改典于他人。在该军人家属与出典人就此有争执者，得声请法院调解或提起民事诉讼，未便以行政处分为之解决。（三十二年院字第二四七三号）

解　对于外国教会为条约所未许可之土地权利之移转或设定负担者，无效。设定典权，即系设定负担，典权之设定，既属无效，外国教会自不能依民法第九百二十三条第二项、第九百二十四条但书取得土地所有权。故除嗣后所订条约别有规定外，出卖或出典土地，在《土地法施行法》施行后为之者，依同法第十条办理。在同法施行前为之者，出卖人或出典人对于外国教会，有土地返还请求权。（三十二年院字第二五一一号）

解　典物之价值较出典时增涨者，《清理不动产典当办法》本有加价回赎之规定，自此项办法因民法物权编之施行失其效力后，无论典物之价值涨至如何程度，依民法第九百二十三条、第九百二十四条之规定，出典人只须以原典价回赎，不得责令加价。当此非常时期，诚如原函所言有定补救办法之必要。惟在依立法程序定有此项办法以前，除当事人依民事诉讼补充条例第十一条、第十二条声请调解者，有时得依同条例第二十条第二项为加价回赎之裁判外，法院仍不得命出典人增加赎价。（三十二年院字第二五一七号）

解 当事人约定一方以不动产交与他方使用收益，他方支付租金及押金之契约，为租赁契约与典权设定契约之联立时，关于典权部分，如依法已不得回赎，则虽被告误于法律上之见解，以此项契约纯属租赁契约，为拒绝回赎之抗辩理由，亦应驳回原告请求放赎之诉。但被告于言词辩论时，陈述情愿受领原告之押金，而将该不动产返还原告者，依《民事诉讼法》第三百八十四条规定，应本于其认诺为被告败诉之判决。（三十二年院字第二五二六号）

解 （一）当事人于未定期限之典权，复以契约订定期限，或于定有期限之典权，复以契约加长期限者，为典权之变更，非典权之更新设定。（三十二年院字第二五五八号）

解 （八）未定期限之典权设定后，更以契约订定，嗣后不拘年限随时得回赎者，仍为未定期限之典权。依民法第九百二十四条但书之规定，仅得于出典后三十年内回赎（参照院字第二〇五〇号解释）。定有期限之典权，得以契约变更为不定期限之典权，但民法第九百二十三条第二项所定二年之期间不许加长，业经解释有案（院字第二二〇五号、第二二四三号、第二四二〇号）。定有期限之典权，如许于此二年期间进行中变更为不定期限之典权，则与此二年期间不许加长之本旨不符，故此项变更之契约，仅得于约定期限届满前为之，不得于此二年期间因约定期限届满而进行后为之。定有期限之典权，变更为不定期限之典权者，民法第九百二十四条但书所定三十年之期间，应自出典时起算。（三十二年院字第二五五八号）

解 民法关于消灭时效之规定，仅为请求权而设，典物回赎权为形成权之一种。民法第九百二十三条第二项、第九百二十四条但书所定回赎权之除斥期间，并非消灭时效，不适用时效停止之规定。故除有如《优待出征抗敌军人家属条例》第二十八条第一项、第二十九条第二项之特别规定

外，出典人虽因战事致不能于期间内回赎典物者，期间并不停止进行，其回赎权仍于期间届满时消灭。（三十二年院字第二六二七号）

解 依《优待出征抗敌军人家属条例》第二十九条第二项规定，不得收回或改典之田地，出典人自不得依民法之规定而为回赎。民法第九百二十三条第二项、第九百二十四条但书所定之期间，当然因此延展。同条例既未明定展至何时为止，即应准用同条例第二十八条第一项之规定，出典人得于出征抗敌军人服役期满后第二年内回赎之。该军人因作战阵亡或因公积劳成疾，或受重伤致成残废，或因伤病请归休回籍而死亡者，出典人得自该军人阵亡或停役或归休之日起满三年后，于二年内回赎之。（三十三年院字第二六二八号）

解 民法上所谓未定期限之典权，系指出典后随时得回赎之典权而言。其约定出典后一定期限内不得回赎之典权，例如约定五年满后始得回赎者，则为定有期限之典权，此就民法第九百二十三条与第九百二十四条对照观之自明。定有期限之典权，于期限届满后二年内不回赎者，典权人即取得典物所有权，既为民法第九百二十三条第二项之所明定。则虽解释当事人之意思表示，可认其真意有在期限届满后，永远得回赎之约定者，其约定亦不能认为有效。如认为有效，则自出典后已逾三十年者，亦未尝不可回赎，此与民法规定回赎权除斥期间之本旨，显相刺谬。民法第九百二十三条第二项与第九百二十四条但书之规定，纵令在立法上有失权衡，究不能因此遽为反于法律明文之解释，院字第二四二〇号解释，未便予以变更。（三十三年院字第二七三四号）

解 回赎典物之法定期间，在《优待出征抗敌军人家属条例》第二十八条第一项公布前，或出征抗敌军人应征召前已届满者，无从适用同条项之规定展期回赎。（三十四年院解字第三〇三九号）

解 （一）典权之约定期限，为典权人有权占有典物而为使用及收益之最短期限，自应由移转典物之占有于典权人之翌日起算。（三十五年院解字第三一三四号）

解 （二）回赎典物，以典物之占有业已移转于典权人为前提。出典人受领典价，而未将典物之占有移转于典权人者，典权人得请求交付典物，出典人自无回赎典物之可言。（三十五年院解字第三一三四号）

解 在沦陷区域内出典不动产所得典价为联合伪币者，回赎时应按政府所定法币折合联合伪币之标准返还典价，但不妨碍《复原后办理民事诉讼补充条例》第十二条之适用。（三十五年院解字第三一七三号）

第九百二十五条

解 （三）出典人之回赎权固为形成权之一种，惟请求放赎典物之诉，系以行使此项形成权所生之典物返还请求权为其诉讼标的，自属给付之诉。至事实审之言词辩论终结时，民法第九百二十五条所定放赎典物之时期未到者，即系请求将来给付之诉。依《民事诉讼法》第二百四十六条之规定，只须被告有到期不履行之虞，此项诉讼即得提起。被告争执原告之请求时，通常可认为有到期不履行之虞，出典人于民法第九百二十五条所定放赎典物之时期未到前，提起请求放赎之诉者，法院斟酌典权人争执情形。如可认典权人有到此时期拒绝放赎之虞，即应为命典权人到期放赎之判决。若典权人本非不认出典人得为回赎，仅以其回赎违背民法第九百二十五条之规定拒绝即时放赎，并无到此时期拒绝放赎之虞者，应将出典人之诉驳回。（三十年院字第二一九〇号）

解 耕作地在春秋两季各有收益，而于收益后各为次期作业之开始者，其每一收益季节后次期作业开始前，均为民法第九百二十五条所称之收益季节后次期作业开始前。（三十四年院解字第二九〇二号）

第九百二十六条

判 依民法物权编施行前适用之《清理不动产典当办法》所定，不许告赎之典产，原业主（即出典人）固得向典主（即典权人）告找作绝。惟典权为民法物权编所定之物权，在民法物权编施行前发生者，其效力自施行之日起，应依民法物权编之规定。而依民法物权编所定典权人按照时价找贴，惟于典权存续中出典人表示让与其典物之所有权于典权人时，定有找贴一次之明文，其典权人依法取得所有权者，并无许出典人得更向典权人告找之规定。（二十二年上字第七九〇号）

判 依民法物权编施行前适用之《清理不动产典当办法》所定，不许告赎之典产，原业主（即出典人）固得依该条规定向典主（即典权人）告找作绝。惟典权为民法物权编所定之物权，在民法物权编施行前发生者，依民法物权编施行法之规定，其效力自施行之日起，应依民法物权编之规定。而依民法物权编所定典权人按照时价找贴，惟于典权存续中出典人表示让与其典物之所有权于典权人时，定有找贴一次之明文，其典权人依法取得所有权者，并无许出典人得更向典权人告找之规定。（二十二年上字第九七九号）

解 《清理不动产典当办法》第三条虽规定不许告赎之典产，仍准原业主向典主告找作绝，但自民法物权编施行后，此项规定已失其效力。民法物权编仅于第九百二十六条规定，出典人于典权存续中表示让与其典物之所有权于典权人者，典权人得按时价找贴取得典物所有权。若典产已因经过法定回赎期间，而由典权人取得典物所有权，该典权即不复存续，出典人自无援用同条告找之余地。此外既无不许回赎之典产，尚得告找之规定，则该典权虽系民法物权编施行前所设定，亦不得于民法物权编施行后再行告找。（三十年院字第二一七五号）

第九百二十七条

解 依《清理不动产典当办法》，出典人得于十年届满后收赎，倘因支付有益费用使典物增值，典权人得就现存之利益请求偿还。（二十一年院字第七三六号）

判 转典契约并未逸出原典约之范围者，转典人因原出典人之请求执行赎屋，特向其主张偿还其所垫出之修理费，于法自属可许。（二十二年上字第六四二号）

解 （一）典物因不可抗力而灭失之部分，典权人依民法第九百二十一条之规定重建者，消灭之典权与回赎权既经回复，出典人回赎典物时，即应支付该部分及余存部分之典价。惟该部分重建后之价值低于灭失时之价值者，其消灭之典权与回赎权仅于重建后之价值限度内回复，不能即以该部分原有之典价为其典价重建后之价值，本为回复之典权与回赎权两项价值之总和，其中属于回赎权价值之部分，为出典人所受之利益，典权人得依民法第九百二十七条请求偿还。其中属于典权价值之部分，即因典权之回复而回复之典价，此项典价之数额，应依民法第九百二十条第二项之规定推算之，即由原典价中扣减灭失部分灭失时价值之半数为余存部分之典价，其灭失部分灭失时价值之半数，即为灭失部分灭失时之典价。灭失部分因重建而回复之典权，自应以重建完成时价值之半数为其典价，例如典物为价值二千元之基地，与在该基地以八千元建筑之房屋，典价为五千元，房屋灭失时之价值为八千元，典权人在该基地重建之房屋价值一千元。出典人回赎典物时，除重建费用半数五百元之利益现存者应行偿还外，须支付基地部分典价一千元，重建房屋部分典价五百元。（三十年院字第二一九〇号）

解 （二）典物因不可抗力而灭失之部分，典权人重建者，关于回复典权部分以外之重建费用，依民法第九百二十七条之规定，仅得于回赎时现存利益之限度内请求偿还。故其数额应比较支出之费用额与回赎时之价值定之，回赎时之价值少于支出之费用额者，以回赎时之价值为准；多于支出之费用额者，以支出之费用额为准。典权人请求偿还重建费用，其数额既不得逾回赎时之价值，则超过灭失部分灭失时之价值限度而为重建时，虽未经出典人同意，亦无损于出典人之利益，惟重建部分之典价系依重建完成时之价值定其数额，此项价值除社会经济状况有变动外，必因典权人之使用收益日渐减低。若典权人得擅为超过典价限度之重建，以扩张其典权之范围，出典人必将蒙其不利，民法第九百二十一条之规定即为防止典权人擅自扩张典权之范围而设。典权人违背此规定而为重建者，其消灭之典权，只能回复至灭失部分灭失时之价值限度，不能扩张至超过部分之价值，其典价之数额仍与灭失部分灭失时之原典价同，不得超过部分价值之半数算入典价。同条规定之本旨不过如此，并非以此限制典权人之费用偿还请求权。再就民法第九百二十七条而论，典权人超过原价限度而为重建，虽与支出有益费用使典物价值增加有别，其使出典人受增加典物原价之利益则一。同条既不以支出有益费用先经出典人同意为偿还请求权之发生要件，则典权人不经出典人同意超过原价限度而为重建时，其超过部分之费用偿还请求权，自亦不在同条排斥之列。兹举例以明之，假如典物为价值二千元之基地，与在该基地以八千元建筑之房屋，典价为五千元。房屋灭失时之价值仍为八千元，典权人在该基地重建一万元之房屋，至回赎时价值已减至九千元。其超过原价之重建经出典人同意者，房屋部分之典价为五千元，与基地部分典价一千元，合成六千元，其余重建费用五千元之现存利益为四千五百元，出典人回赎时共须支付一万零五百元。倘超过原价之重建未经出典人同意，则仅其中四千元为房屋部分之典价，加以基地部分典价一千元，仍为典价五千元。其余重建费用六千元之现存利益为五千四百元，出典人回赎时共须支付一万零四百元。（三十年院字第二一九〇号）

第九百二十八条

判　（一）不动产之出租人依民法债编规定而有之留置权，为法定留置权。依民法物权编之规定，除另有规定外，始准用该编留置权章之规定。又债编所定之留置权，其留置之物，则为承租人之物而置于该不动产者，原不必为出租人占有，故其权利之消灭，于该编另有规定，自不适用物权编留置权章之规定。（二）法定留置权之实行，若无另有规定，依物权编留置权章之规定。债权人原得依该章之规定，就其留置权而为取偿，故出租人倘因其判决确定而执行，或因他债权人确定判决之执行而处分该留置物，自得就因处分该留置物所得之利益，本其留置权而请求取偿。（二十二年上字第一五八四号）

判　（二）不动产之出租人，就租赁契约所生之债权，对于承租人之物置于该不动产者，有留置权。所称承租人之物，当然认为指动产而言。（二十四年上字第二三一六号）

第九百三十六条

判　（一）不动产之出租人依民法债编规定而有之留置权，为法定留置权。依民法物权编之规定，除另有规定外，始准用该编留置权章之规定。又债编所定之留置权，其留置之物，则为承租人之物而置于该不动产者，原不必为出租人占有，故其权利之消灭，于该编另有规定，自不适用物权编留置权章之规定。（二）法定留置权之实行，若无另有规定，依物权编留置权章之规定。债权人原得依该章之规定就其留置权而为取偿，故出租人倘因其判决确定而执行，或因他债权人确定判决之执行而处分该留置物，自得就因处分该留置物所得之利益，本其留置权而请求取偿。（二十二年上字第一五八四号）

第九百三十七条

判　不动产之出租人就租赁契约所生之债权，对于承租人所置于该不动产之物，得以行使留置权者，以现实存在之债权为限，承租人并得提出担保，以免出租人行使留置权。（二十二年上字第九七六号）

第九百三十八条

判 （一）不动产之出租人依民法债编规定而有之留置权，为法定留置权。依民法物权编之规定，除另有规定外，始准用该编留置权章之规定。又债编所定之留置权，其留置之物，则为承租人之物而置于该不动产者，原不必为出租人占有，故其权利之消灭，于该编另有规定，自不适用物权编留置权章之规定。（二）法定留置权之实行，若无另有规定，依物权编留置权章之规定。债权人原得依该章之规定，就其留置权而为取偿，故出租人倘因其判决确定而执行，或因他债权人确定判决之执行而处分该留置物，自得就因处分该留置物所得之利益，本其留置权而请求取偿。（二十二年上字第一五八四号）

第九百三十九条

判 （一）不动产之出租人依民法债编规定而有之留置权，为法定留置权。依民法物权编之规定，除另有规定外，始准用该编留置权章之规定。又债编所定之留置权，其留置之物，则为承租人之物而置于该不动产者，原不必为出租人占有，故其权利之消灭，于该编另有规定，自不适用物权编留置权章之规定。（二）法定留置权之实行，若无另有规定，依物权编留置权章之规定。债权人原得依该章之规定，就其留置权而为取偿，故出租人倘因其判决确定而执行，或因他债权人确定判决之执行而处分该留置物，自得就因处分该留置物所得之利益，本其留置权而请求取偿。（二十二年上字第一五八四号）

判 （二）不动产之出租人，就租赁契约所生之债权，对于承租人之物置于该不动产者，有留置权。所称承租人之物，当然认为指动产而言。（二十四年上字第二三一六号）

▲**判** 民法第四百四十五条第一项所称之留置权，不以该留置物为不动产之出租人所占有为其发生要件，此通观同条至第四百四十七条之规定，极为明显。（二十八年上字第六八七号）

第九百四十条

△**判** 占有人对于占有之标的物，有事实上之管领力，除真正所有权人得对之提起返还所有权之诉外，非他人所能干涉。（十八年抗字第一〇一号）

第九百四十三条

△**判** 占有人于标的物上所行使之权利，推定为适法。若他人就该标的物上之权利，有所争执，自须提出取得权原之证据，否则仍应保护占有人之利益。（十七年上字第四一九号）

判 确认土地所有权存在之诉，原告就所有权存在之事实，固有举证之责任。惟原告如为占有该土地而行使所有权之人，已推定其适法有所有权，则除被告有反证外，原告即无庸举证。（二十二年上字第二六二二号）

判 法律依占有人于占有物上行使所有权之事实，推定其有所有权，正所以免除其证明权源之困难。若占有人已证明其权源，即无更为推定之必要。（二十三年上字第一一一三号）

▲**判** 确认土地所有权存在之诉，原告就所有权存在之事实，固有举证之责任。惟原告如为占有该土地而行使所有权之人，应依民法第九百四十三条推定其适法有所有权者，依《民事诉讼法》第二百八十一条之规定，除被告有反证外，原告即无庸举证。（二十九年上字第三七八号）

第九百四十五条

▲**判** 所有权取得时效之第一要件，须为以所有之意思而占有，故占有依其所由发生之事实之性质无所有之意思者，非有民法第九百四十五条所定变为以所有之意思而占有之情事，其所有权之取得时效不能开始进行。（二十六年上字第八七六号）

解 共有系数人按其应有部分，对于一物有所有权之状态，各共有人既各按其应有部分而有独立之所有权，则其中一人对于他共有人之应有部分，自不得谓非他人之物。共同共有系数人基于共同关系而共有一物之状态，各共同共有人既无独立之所有权，其中一人对于该物，亦不得谓非他人之物。故共有人或共同共有人中之一人，对于共有物或共同共有物，皆得依民法关于取得时效之规定取得单独所有权。惟共有人或共同共有人中之一人，单独占有共有物或共同共有物，依其所由发生之事实之性质，无所有之意思者（例如受全体之委托而保管时），非依民法第九百四十五条之规定，变为以所有之意思而占有，取得时效不能完成。以前最高法院判例，与此见解有异者，应予变更。（三十三年院字第

二六九九号）

第九百四十八条

判 民法第九百四十八条之规定，依文义观察，是动产所有权人或其他物权人，不得专以他人无权让与为理由，对于善意受让之占有人，请求回复其物。至同法第九百四十九条及第九五十条关于占有物之无偿的回复或有偿的回复等规定，乃专为盗赃或遗失物之占有而设，若占有物并非盗赃或遗失物，固不在该两条范围之内。其能否回复之争执，仍应适用第九百四十八条就占有人之让受是否善意，以资判断。（二十二年上字第三三〇号）

第九百四十九条

判 民法第九百四十八条之规定，依文义观察，是动产所有权人或其他物权人，不得专以他人无权让与为理由，对于善意受让之占有人，请求回复其物。至同法第九百四十九条及第九五十条关于占有物之无偿的回复或有偿的回复等规定，乃专为盗赃或遗失物之占有而设，若占有物并非盗赃或遗失物，固不在该两条范围之内。其能否回复之争执，仍应适用第九百四十八条就占有人之让受是否善意，以资判断。（二十二年上字第三三〇号）

解 占有不动产后，被人侵夺而已回复者，其所有权之取得时效，自不中断。（二十五年院字第一四六〇号）

第九百五十条

判 民法第九百四十八条之规定，依文义观察，是动产所有权人或其他物权人，不得专以他人无权让与为理由，对于善意受让之占有人，请求回复其物。至同法第九百四十九条及第九五十条关于占有物之无偿的回复或有偿的回复等规定，乃专为盗赃或遗失物之占有而设，若占有物并非盗赃或遗失物，固不在该两条范围之内。其能否回复之争执，仍应适用第九百四十八条就占有人之让受是否善意，以资判断。（二十二年上字第三三〇号）

第九百六十二条

解 占有不动产后，被人侵夺而已回复者，其所有权之取得时效，自不中断。（二十五年院字第一四六〇号）

第九百六十三条

解　占有不动产后被人侵夺而已回复者，其所有权之取得时效，自不中断。（二十五年院字第一四六〇号）

补遗二

第七百六十七条

解　土地所有人因被非法强制实行三七分租、三七退租受累弃产者，除应依绥靖区土地处理办法处理者外，如其土地为他人无权占有，得依民法第七百六十七条规定，请求占有人返还所有物。其因被迫退还地租，致佃户受有不当得利者，得依民法第一百七十九条，请求返还其利益。（三十六年院解字第三三九三号）

第七百六十九条

解　民法自台湾光复之日施行于台湾，因台湾光复而取得中华民国国籍之人民，在光复前已以所有之意思二十年间和平继续占有台湾之公地者，依民法第七百六十九条及民法物权编施行法第七条之规定，自光复之日起，得请求登记为所有人。（三十六年院解字第三三八六号）

解　（一）私人主张某寺庙为其所建立而不能证明者，虽其主张不足凭信，究不能遽认该寺庙为公建或募建，如有其他私人能证明为其所建立时，仍应认为私建。至购置之寺庙究为公建、募建或私建，应斟酌购置所用名义及其他一切情形定之。（二）非私建之寺庙住持甲，将庙产私卖乙，乙又以债务涉讼，由法院拍卖于丙时，不生所有权移转之效力。除丙已因取得时效或其他法律上原因取得其所有权外，该寺庙之管理人，自可于其所有物返还请求权之消灭时效完成前，向丙请求返还，未便由政府机关函法院核办。（三）募建之寺庙其住持私擅处分庙产，在《监督寺庙条例》施行前者，应依《寺庙管理条例》第十八条；在《寺庙管理条例》施行前者，应依《管理寺庙条例》第十一条；在《管理寺庙条例》修正前者，应依《管理寺庙条例》第十条；在《管理寺庙条例》施行前者，应依《寺庙管理暂行规则》第四条，认为无效。即在该规则施行以前，住持未得施主之同意，处分庙产，按之习惯或条理，亦应认为无效。惟因住持之处分而占有寺庙未登记之不动产者，如以所有之意思二十年间和平继续占有之，依民法第七百六十九条，得请求登记为所有人。如其占有之始为善意并无过失，而以所有之意思十年间和平继续占有之，依民法第七百七十条，得请求登记为所有人。关于民法第七百六十九条、第七百七十条之适用，并应查照民法物权编施行法第三条、第七条、第八条办理。（三十七年院解字第三九三四号）

解　原代电所述情形，中国人将其土地所有权让与日本人，及日本人以之让与中国人，均非有效。向日本人受让之中国人，不得补行登记。惟除在旧《土地法施行法》有效时期，已依同法第十条第二项、第九条将该土地收归国有外，依其情形，可认当事人若知中国人让与土地所有权于日本人之行为为无效，即欲为允许日本人以之让与另一中国人之行为者，依民法第一百一十二条之规定，其允许处分之行为既属有效，日本人以之让与另一中国人之行为即非无效。向日本人受让之中国人自得补行登记，即不然，向日本人受让之中国人，如就自己之占有或将自己之占有与其前日本人之占有合并而为主张（民法第九百四十七条），其所有权之取得时效已完成者，亦得请求登记为所有人（民法第七百六十九条、第七百七十条）。（三十七年院解字第三九六五号）

第七百七十条

解　（一）私人主张某寺庙为其所建立而不能证明者，虽其主张不足凭信，究不能遽认该寺庙为公建或募建，如有其他私人能证明为其所建立时，仍应认为私建。至购置之寺庙究为公建、募建或私建，应斟酌购置所用名义及其他一切情形定之。（二）非私建之寺庙住持甲，将庙产私卖于乙，乙又以债务涉讼，由法院拍卖于丙时，不生所有权移转之效力。除丙已因取得时效或其他法律上原因取得其所有权外，该寺庙之管理人，自可于其所有物返还请求权之消灭时效完成前，向丙请求返还，未便由政府机关函法院核办。（三）募建之寺庙其住持私擅处分庙产，在《监督寺庙条例》施行前者，应依《寺庙管理条例》第十八条；在《寺庙管理条例》施行前者，应依《管理寺庙条例》第十一条；在《管理寺庙条例》修正前者，应依《管理寺庙条例》第十条；在《管理寺庙条例》施行前者，应依《寺庙管理暂行规则》第四条，认为无效。

即在该规则施行以前，住持未得施主之同意，处分庙产，按之习惯或条理，亦应认为无效。惟因住持之处分而占有寺庙未登记之不动产者，如以所有之意思二十年间和平继续占有之，依民法第七百六十九条，得请求登记为所有人。如其占有之始为善意并无过失，而以所有之意思十年间和平继续占有之，依民法第七百七十条，得请求登记为所有人。关于民法第七百六十九条、第七百七十条之适用，并应查照民法物权编施行法第三条、第七条、第八条办理。（三十七年院解字第三九三四号）

解　原代电所述情形，中国人将其土地所有权让与日本人，及日本人以之让与中国人，均非有效。向日本人受让之中国人，不得补行登记。惟除在旧《土地法施行法》有效时期，已依同法第十条第二项、第九条将该土地收归国有外，依其情形，可认当事人若知中国人让与土地所有权于日本人之行为为无效，即欲为允许日本人以之让与另一中国人之行为者，依民法第一百一十二条之规定，其允许处分之行为既属有效，日本人以之让与另一中国人之行为即非无效。向日本人受让之中国人自得补行登记，即不然，向日本人受让之中国人，如就自己之占有或将自己之占有与其前日本人之占有合并而为主张（民法第九百四十七条），其所有权之取得时效已完成者，亦得请求登记为所有人（民法第七百六十九条、第七百七十条）。（三十七年院解字第三九六五号）

第七百七十九条

解　土地所有人如以水利机关职员据他人之呈请在其地内开掘排水之缺口，系成立民法上之侵权行为，提起民事诉讼，法院自应予以受理。（三十七年院解字第三七九〇号）

第八百十九条

解　原呈所述情形，仅由共有人中之一人擅为移转所有权于日伪之处分，不能发生效力，其所有权自仍属于共有人全体。惟中央政府就日伪所付之价金，对于擅为处分之共有人有返还请求权。（三十七年院解字第三九三五号）

第八百四十一条

解　《收复区私有土地上敌伪建筑物处理办法》第四条，系基于被毁之建筑物属于基地所有人所有之普通情形而为规定，其被毁之建筑物为该基地之地上权人所有者，依民法第八百四十一条之规定，其地上权既不因建筑物之灭失而消灭。则除其地上权别有消灭原因外，该地上权人仍有以在该基地上有建筑物为目的而使用其基地之权。所有敌伪组织或敌侨汉奸在原基地上重行兴建之建筑物，自无准由基地所有人优先缴价承购之理由，故在此种特别情形应解为准由地上权人优先缴价承购。所谓铺底权人，如依其情形可认为地上权人者亦同。至同办法第五条第一项所谓原所有权人，如其建筑物为地上权人所有者，系指地上权人而言。（三十六年院解字第三五九六号）

第八百四十二条

解 来文所称之田面权，如系支付佃租，永久在他人土地上为耕作或牧畜之权，自应认为永佃权，而为该项权利之登记。田面权人得不经田底权人同意而将田面权出租之习惯，虽与民法第八百四十五条之规定不合，亦仅不得依以排除同条之适用，其田面权仍不因此而失其永佃权之性质。倘来文所谓辗转租让，实系永佃权之辗转让与，则为民法第八百四十三条之所许，尤无问题。（三十六年院解字第三七四三号）

第八百四十三条

解 来文所称之田面权，如系支付佃租，永久在他人土地上为耕作或牧畜之权，自应认为永佃权，而为该项权利之登记。田面权人得不经田底权人同意而将田面权出租之习惯，虽与民法第八百四十五条之规定不合，亦仅不得依以排除同条之适用，其田面权仍不因此而失其永佃权之性质。倘来文所谓辗转租让，实系永佃权之辗转让与，则为民法第八百四十三条之所许，尤无问题。（三十六年院解字第三七四三号）

第八百四十五条

解 来文所称之田面权，如系支付佃租，永久在他人土地上为耕作或牧畜之权，自应认为永佃权，而为该项权利之登记。田面权人得不经田底权人同意而将田面权出租之习惯，虽与民法第八百四十五条之规定不合，亦仅不得依以排除同条之适用，其田面权仍不因此而失其永佃权之性质。倘来文所谓辗转租让，实系永佃权之辗转让与，则为民法第八百四十三条之所许，尤无问题。（三十六年院解字第三七四三号）

第八百七十三条

解　抵押权人无《强制执行法》第四条所列之执行名义，而于同法施行前声请拍卖抵押物，已经法院开始拍卖，尚未拍定者（参照院字第一五五三号、第一五五六号解释），依同法第一百四十一条之规定，于其施行后，应视其进行程度，依同法所定之程序终结之。（三十六年院解字第三五四四号）

第八百九十三条

解　质权人某银行于债权未届清偿期，时因战事迁移他处，致出资人于清偿期届满时，不知该银行之所在，或虽知之而因战事无从清偿债务取回质物者，如该银行明知或可知出质人有此情事，则依行使债权应依诚实及信用方法之原则，虽有民法第八百九十四条但书之情形，亦非俟能为通知后或战事结束后不得拍卖质物。若竟拍卖，致出质人受有损害者，该银行应负赔偿责任。（三十六年院解字第三四三九号）

第八百九十四条

解　质权人某银行于债权未届清偿期，时因战事迁移他处，致出资人于清偿期届满时，不知该银行之所在，或虽知之而因战事无从清偿债务取回质物者，如该银行明知或可知出质人有此情事，则依行使债权应依诚实及信用方法之原则，虽有民法第八百九十四条但书之情形，亦非俟能为通知后或战事结束后不得拍卖质物。若竟拍卖，致出质人受有损害者，该银行应负赔偿责任。（三十六年院解字第三四三九号）

第九百十一条

解　房屋与地基同属一人所有者，其所有人设定典权之书面虽仅载明出典房屋若干间并无地基字样，但使用房屋必须使用该房屋之地基，除有特别情事可解释当事人之真意仅以房屋为典权标的外，自应解为地基亦在出典之列。典权人依民法第九百二十三条第二项规定取得典物所有权时，当然包括地基在内。（三十六年院解字第三七〇一号）

第九百二十三条

解　《优待出征抗敌军人家属条例》第二十八条第一项所谓约定或法定期限，系指约定或法定之回赎权除斥期间而言。又同条第二项之提前回赎，惟在出征抗敌期内乃得为之，如在出征抗敌期内业已提出典价

为回赎之意思表示，其回赎之效力不因提起诉讼在退伍之后而受影响。（三十六年院解字第三四九七号）

解 （一）原呈所载确定判决主文（被告所典原告房屋，准予照价回赎），应解为原告提出典价时，被告应将所典房屋返还原告，不得谓非命被告返还典物之执行名义。（三十六年院解字第三六〇四号）

解 房屋与地基同属一人所有者，其所有人设定典权之书面虽仅载明出典房屋若干间并无地基字样，但使用房屋必须使用该房屋之地基，除有特别情事可解释当事人之真意仅以房屋为典权标的外，自应解为地基亦在出典之列。典权人依民法第九百二十三条第二项规定取得典物所有权时，当然包括地基在内。（三十六年院解字第三七〇一号）

解 定有期限之典权于期限届满后，以契约加长期限，既为法律所不许（参照院字第二五五八号解释），即无从尊重当事人之意思而认为有效。出典人于原定期限届满后二年内不回赎者，不得再行回赎。至典权人依法取得典物所有权后，不知其已取得，而与出典人订立加典契约者，其非有效，尤不待言。虽原典契据仍留典权人处，未批明作废，出典人亦不得据加典契约回赎典物。（三十七年院解字第三七八一号）

解 典权人依民法第九百二十三条第二项或第九百二十四条但书取得典物之所有权，系依法律之规定而移转，其性质为特定继承，自应依《土地法》第一百七十六条第一项、第一百七十八条第二款、第一百八十二条之规定，征收土地增值税。（三十七年院解字第三九〇八号）

第九百二十四条

解 （一）原呈所载确定判决主文（被告所典原告房屋，准予照价回赎），应解为原告提出典价时被告应将所典房屋返还原告，不得谓非命被告返还典物之执行名义。（三十六年院解字第三六〇四号）

解 典权人依民法第九百二十三条第二项或第九百二十四条但书取得典物之所有权，系依法律之规定而移转，其性质为特定继承，自应依《土地法》第一百七十六条第一项、第一百七十八条第二款、第一百八十二条之规定，征收土地增值税。（三十七年院解字第三九〇八号）

第九百四十七条

解 原代电所述情形，中国人将其土地所有权让与日本人，及日本人以之让与中国人，均非有效。向日本人受让之中国人，不得补行登记。惟除在旧《土地法施行法》有效时期，已依同法第十条第二项、第九条将该土地收归国有外，依其情形，可认当事人若知中国人让与土地所有权于日本人之行为为无效，即欲为允许日本人以之让与另一中国人之行为者，依民法第一百一十二条之规定，其允许处分之行为既属有效，日本人以之让与另一中国人之行为即非无效。向日本人受让之中国人自得补行登记，即不然，向日本人受让之中国人，如就自己之占有或将自己之占有与其前日本人之占有合并而为主张（民法第九四七条），其所有权之取得时效已完成者，亦得请求登记为所有人（民法第七六九条、第七七〇条）。（三十七年院解字第三九六五号）

民法物权编施行法

民国十九年二月十日国民政府公布

同年五月五日施行

第一条　民法物权编施行前发生之物权，除本施行法有特别规定外，不适用民法物权编之规定。

　　判　铺户不得擅行设定铺底。（四年上字第一二一八号）

　　判　报坍非淤涨拨补为要件，如别有确证，亦应准拨补。（四年上字第二四○八号）

　　判　京师习惯，铺东添盖房屋，房东无异议，即发生铺底权。（五年上字第八七三号）

　　判　铺底之构成，系以铺房之永久使用为必要之原素（要素），至家具之所有权，或其使用权，虽非构成铺底所必要，而亦常为其构成原素之一种（常素）。（五年上字第一二七○号）

　　判　铺底应有取得之原因（例如原有铺底之铺房，后租主继承前租主之铺底，抑业主受有租主之押租，或因其他事由新为租主设定铺底）。（六年上字第八○五号）

　　判　承租房屋人，基于习惯而生之先买权，在民法物权编施行前，认其有物权之效力，而得以对抗第三人者，民法物权编虽未定为物权，惟依该编施行法第一条之规定，自应仍依当时之法例办理。（二十一年上字第五九九号）

　　判　民法物权编施行前之法例，承租房屋人得依习惯而认许其有先买权者，以租期较长或无期者为限，否则不独限制所有权人之处分自由，且于地方之发达及经济之流通，不无影响。为维持公共秩序及利益计，纵该地方有此习惯，亦难认其存在。（二十一年上字第五九九号）

判 先买权人，必须表示愿照时价留买之意思，若已表示不愿留买，或图揩不照时价，即不得于原业主与第三人买卖成交之后，仍对原业主或第三人主张其先买权。（二十一年上字第五九九号）

判 不动产之承租人，基于习惯而生之先买权，民法物权编，本无规定。若其发生在民法物权编施行以前，依该施行法第一条之规定，虽得依当时法例办理，然按之当时法例，其得认先买权之习惯，为有效者，以租期较长或无期者为限，先买权人，又必须有愿照时价留买之意思表示。若未经表示或希图揩价，即不得于原业主与第三人买卖成效之后，再以先买权告争。（二十一年上字第一一四三号）

判 民法物权编虽无铺底权之规定，但事实发生在民法物权编施行以前，依该编施行法第一条之规定，应依当时法例办理。按当时法例系认铺底权为物权之一种，于所有权与其他物权归属于一人时，其他物权因混同而消灭，在民法施行前，亦为条理之所认。如房屋所有权与铺底权同归一人所有，则铺底权即因混同而消灭。（二十一年上字第一二七五号）

第二条 民法物权编所定之物权，在施行前发生者，其效力自施行之日起，依民法物权编之规定。

第三条 民法物权编所规定之登记，另以法律定之。

物权于未能依前项法律登记前，不适用民法物权编关于登记之规定。

解 在新登记法未公布前，凡从前已实行不动产登记制度之区域，关于已未登记之效力，暂仍援用从前法令办理。（十九年院字第二七四号）

第四条 民法物权编施行前，依民法物权编之规定，消灭时效业已完成，或其时效期间尚有残余不足一年者，得于施行之日起，一年内行使请求权。但自其时效完成后，至民法物权编施行时，已逾民法物权编所定时效期间二分之一者，不在此限。

第五条 民法物权编施行前，无时效性质之法定期间已届满者，其期间为届满。

民法物权编施行前已进行之期间，依民法物权编所定之无时效性质之法定期间。于施行时，尚未完成者，其已经过之期间，与施行后之期间，合并计算。

前项规定，于取得时效准用之。

解 民法物权编施行前，定有期限之典权，应依民法物权编施行法第十五条之规定。未定期者，应查照民法物权编第九百二十四条及同编施行法第五条第一、二两项规定办理。（十九年院字第三六一号）

第六条 民法物权编施行前，占有动产，而具备民法第七百六十八条之条件者，于施行之日，取得其所有权。

第七条 民法物权编施行前，占有不动产，而具备民法第七百六十九条，或第七百七十条之条件者，自施行之日起，得请求登记，为所有人。

解 土地所有人，久不行使所有权，占有人具备条件，因时效应视为所有人。（十九年院字第三七六号）

第八条 依法得请求登记为所有人者，如第三条第一项所定之登记机关尚未设立，于得请求登记之日，视为所有人。

解 土地所有人久不行使所有权，占有人具备条件，因时效应视为所有人。（十九年院字第三七六号）

第九条 民法物权编施行前，占有动产，而具备民法第八百零一条，或第八百八十六条之条件者，于施行之日，取得其所有权或质权。

第十条 民法物权编施行前，拾得遗失物、漂流物或沉没品，而具备民法第八百零三条，及第八百零七条之条件者，于施行之日，取得民法第八百零七条所定之权利。

第十一条 民法物权编施行前，依民法第八百零八条，或第八百一十一条至第八百一十四条之规定，得取得所有权者，于施行之日，取得其所有权。

第十二条 民法物权编施行前，以契约订有共有物不分割之期限者，如其残余期限，自施行日起算。较民法第八百二十三条第二项所定之期限为短者，依其期限；较长者，应自施行之日起，适用民法第八百二十三条第二项之规定。

第十三条　民法物权编施行前，以抵押权担保之债权，依民法之规定。其请求权消灭时效已完成者，民法第八百八十条所规定，抵押权之消灭期间，自施行日起算。但自请求权消灭时效完成后，至施行之日已逾十年者，不得行使抵押权。

第十四条　民法物权编关于质权之规定，于当铺或其他以受质为营业者，不适用之。

第十五条　民法物权编施行前，定有期限之典权，依旧法规得回赎者，仍适用旧法规。

解　民法物权编施行前，定有限期之典权，应依民法物权编施行法第十五条之规定。未定期者，应查照民法物权编第九百二十四条及同编施行法第五条第一、二两项规定办理。（十九年院字第三六一号）

解　民法物权编施行法第十五条所谓之旧法规，指各省关于典产回赎之单行章程，及《清理不动产典当办法》而言。（二十年院字第五七七号）

解　在民法物权编施行前，《清理不动产典当办法》施行后，设定典权，定有期限，依《清理不动产典当办法》得回赎者，依民法物权编施行法第十五条之规定，应仍适用该办法办理。该办法第八条定明设定典当期间以不过十年为限，违者一届十年限满，应准业主即时收赎，则在该办法施行后设定逾越十年期限之典权，如该省另无单行章程或习惯，出典人自得于十年限满后向典权人收赎。倘典权人因支付有益费用，使典物价值增加，回赎时典权人得就现存之利益请求偿还。（二十一年院字第七三六号）

第十六条　本施行法，自民法物权编施行之日施行。

补　遗

第一条

△判　永远佃租他人之土地，就其土地有利害关系时，该地方习惯，租户如有先买权利，法院固可采为判断标准，否则无从引为根据。（十七年上字第三六六号）

△**判** 卖主就同一标的物，为二重买卖，在前之卖约，仅发生债权关系。而后之卖约，已发生物权关系者，前买主除依习惯有先买权外，对于后买主不能就该标的物已经发生之物权关系，主张其为无效。（十八年上字第二五号）

△**判** 当事人合意所生之先买权，原与法令习惯所生者不同，如买卖当时，买主并不知其合意先买权之存在，则其先买权人，仅得对于不遵合意之卖主请求损害赔偿，而不得即主张该买卖为无效。（十八年上字第三〇号）

△**判** 铺户对于铺房，不得擅行创设铺底，故非得其所有人之同意，或可认为同意之事实而创设，即不能认其铺底合法存在。（十八年上字第六一号）

△**判** 铺底登记，于法本以通知铺主为必要程序，否则铺主既无了知之机会，则其有无异议，全然不明，其登记自属无从生效。（十八年上字第六九号）

△**判** 设定铺底，如不能证明已得房主之同意，即不足以对抗房主。（十八年上字第一二二号）

△**判** 凡租房以开设工厂或商店之长期租户，如依该地方习惯，应有先买权，固无妨认其习惯有法之效力。惟认许此种先买权之习惯，应以期限较长，或无期之租户为限。若其他短期租户主张先买权，不独限制所有权人之处分自由，且于地方之发达，暨经济之流通，不无影响。为维持公共之秩序及利益计，纵令该地方有此习惯，于法亦断难认许。（十八年上字第一五三号）

△**判** 长期佃户，纵令依习惯有先买权，而且未经舍弃，亦只能对于业主与买主所立之买卖契约，诉请撤销，而不能谓其契约当然无效。（十八年上字第三九〇号）

△**判** 铺底之设定，于铺房所有人有重大之关系，除其取得所有权时，该铺房已有铺底外，苟非得铺房所有人之同意，或可认为同意之事实者，不能认其铺底为合法存在。（十八年上字第七二二号）

△**判** 铺底系限制房屋所有权之一种物权，苟非得所有权人明示或默示之同意，不能设定。（十八年上字第八〇三号）

△**判** 无先买权之第三人出而主张先买，实为法所不许。（十八年上字第八一〇号）

△**判** 铺底权之发生由于建筑者，并非即以所建筑之房屋为铺底权发生之原因，而以出有建筑费，未向房主取偿为其发生原因。且此等权利，并不限于所建筑之房屋，即地皮及他部分房屋，亦为铺底权之所及。故所建房屋，虽经不可抗力之事实而灭失，其铺底权，并非当然消灭。因之所建房屋灭失后，其铺底价值是否丧失其全部抑仅减少一部，尚有审究之必要。（十八年上字第一二六九号）

△**判** 本族地亩有先买权之习惯，因有背公共秩序，不能认为有法之效力，自以原佃有先买权之习惯为有效。惟所谓原佃，系指自始开垦佃种，或持有价买佃权之卖据者而言，因其与所种之地有特别利害关系，自非普通租种他人土地者所可比拟。（十八年上字第一二七四号）

△**判** 族邻先买之习惯，于经济之流通，地方之发达，不无障碍，难予以法之效力。（十八年上字第二〇八〇号）

△**判** 依地方习惯，典主本有尽先承买之权，自可认其习惯为有法之效力（十八年上字第二〇八〇号）

△**判** 历久耕种旗地之佃户，应推定其有佃权。（十八年上字第二一七七号）

△**判** 通常租户有先买权之习惯，依法尚难认为有效。（十八年上字第二七七二号）

△**判** 铺屋既有铺底，则关于拆修铺面之费，当然应由有铺底权人负担，不得以此抵租。（十九年上字第三四五号）

△**判** 铺底权为对于房屋之物权，房屋所有人之所有权，当受种种限制，苟非主张权利之人证明其权利确有合法取得之原因（如承受原有铺底之房屋或新由业主设定），断难遽认其存在。（十九年上字第八六六号）

△**判** 取得铺底权之原因有二：（一）传来取得；（二）原始取得。前者为继承的，后者为创设的。创设铺底权者，仅有相当的设权行为为已足，继承铺底权者，则不特应证明其有继承的事实（即顶受），并应证明其前主（即原租户）之出顶，实为有权行为。（十九年上字第一一

七九号）

　△**判**　铺底权之性质，系对于铺房所有权，加以重大之限制，故非有合法取得之原因，或经铺房所有人同意，不得任意创设。（十九年上字第一六三四号）

　△**判**　卖产先尽亲房之习惯，有背于公共秩序，不能认为有法之效力。（十九年上字第一八六三号）

　△**判**　人民佃种旗地，地虽易主，不得无故夺佃，为法例所明定。此项规定，明认现种旗地之人为有永佃权，庄头既系前清王公府第经征租项之人，凡在庄头管理下之王府圈地，若无相当之反证，即应推定其佃权属于现种该地之人，不属于庄头。（十九年上字第二〇一一号）

　△**判**　码头权利为不动产所有权之限制，除有特别习惯，可由承租人一方之事实发生外，自非有出租人即不动产所有人之设定，不得发生。（十九年上字第二〇七四号）

　△**判**　已经登记之铺底权，无论是否物权，对于以后取得铺房或铺地之人，依法亦生效力。（二十年上字第二五六号）

　△**判**　铺底权因承顶而取得者，若因铺房被焚，铺主、铺客无力建复，即行消灭。是铺客独受损失，铺主一方，反因此而得利益，岂得谓平。故广州市《清理铺底顶手办法》第八条所称得由铺主自由处分之语，不能解为无偿消灭铺底权，仅得以自由意思，偿还承顶价额以消灭之。（二十年上字第二五六号）

　△**判**　铺底权合法成立后，非有正当消灭原因，不能由铺房所有人任意否认。（二十年上字第一四九六号）

　△**判**　质权之设定，既在民国十三年，自系民法物权编施行前所发生之物权。依民法物权编施行法第一条，自不适用该编之规定。在民法物权编，虽无不动产质权之规定，而该质权设定在民法施行前者，自应认其成立。（二十年上字第一五二六号）

　△**判**　顶脚码头权，如有发生，应由主张事实之人，负举证责任。如系发生于年久租赁，亦须有此习惯，方可依据。年久租赁之铺房，虽无顶脚码头权，业主亦不得任意终止租约之习惯，究应适用于铺房全部，抑仅限于店面，自应以店面以外之房屋，是否与店面有必要之联属关系，

分别论断。（二十年上字第一八〇三号）

判 铺底权为民法物权编所未规定，就物权编施行前之法例言，亦非得房屋所有人明示或默示之同意，不能设定。（二十二年上字第三三五号）

解 不动产质权，及物权编施行前习惯相沿之物权，在物权编施行前发生者，若依不动产登记条例而为登记，其发生在物权编施行以后，不能依登记而发生物权对抗之效力。（二十四年院字第一二一一号）

解 大佃性质，据当地习惯，系作为抵押，并将房屋移转占有。则此项权利，既非抵押权，亦非典权。其发生在民法物权编施行后者，虽经登记，不生物权之效力。倘发生在民法物权编施行前，依当地习惯，可认为相沿之物权，并经依法登记，则依当时法例，自得以之对抗第三人。（二十五年院字第一四三七号）

解 （二）佃户虽因交有大押，占该不动产收益之大部分，但既须缴纳租息，自非典权。除其发生在民法物权编施行以前，并依该地习惯得认为相沿之物权外，不生物权之效力。（二十五年院字第一四四四号）

第二条

判 典权为民法物权编所定之物权，在该编施行前发生者，自该编施行之日起，其定有期限者，依该编之规定出典人于典期届满后经过二年不以原典价回赎者，典权人即取得典物所有权。此二年之期间，系无时效性质之法定期间。若在该编施行前业已届满，应认为期间届满。若在该编施行时尚未届满，其已经过之期间与施行后之期间合并计算。其未定期限者，则依该编之规定，自出典后经过三十年不回赎者，典权人即取得典物所有权。（二十二年上字第七九〇号）

判 依民法物权编施行前适用之《清理不动产典当办法》所定，不许告赎之典产，原业主（即出典人）固得依该条规定向典主（即典权人）告找作绝。惟典权为民法物权编所定之物权，在民法物权编施行前发生者，依民法物权编施行法之规定，其效力自施行之日起，应依民法物权编之规定，而依民法物权编所定典权人按照时价找贴。惟与典权存续中出典人表示让与其典物之所有权于典权人时，定有找贴一次之明文，其典权人依法取得所有权者，并无许出典人得更向典权人告找之规定。

（二十二年上字第九七九号）

▲判 民法物权编施行前取得之永佃权，其效力自施行之日起，依民法物权编之规定。（二十二年上字第三九四四号）

解 民法物权编施行后，典物回赎之期间，应受民法第九二三条第二项之限制。如典期届满在该编施行前，其计算回赎期间，应依其施行法第二条、第五条办理。（二十二年院字第九八九号）

▲判 共同共有之关系，虽发生于民法物权编施行前，但依物权编施行法第二条及民法第八百二十九条规定，共同关系存续中，各共同共有人不得请求分割其共同共有物。（二十八年上字第一三五八号）

▲判 民法第九百十九条为关于典权效力之规定，依民法物权编施行法第二条于民法物权编施行前发生之典权，亦适用之。（二十八年上字第一八八一号）

▲判 上诉人于民国四年十月十八日将其所有之某地出典于被上诉人，虽约定期限二十年，惟其出典系在《清理不动产典当办法》施行之后，依该办法第八条之规定，在民法物权编施行前已属不得回赎，自无适用民法物权编施行法第二条及民法第九百二十三条之规定回赎典物之余地。（二十九年上字第五八七号）

解 《不动产登记条例》施行区域，在物权未能依《土地法》登记前，该条例第五条关于依法律行为所为不动产物权之变动，非经登记不得对抗第三人之部分，固尚继续有效。而其关于不动产物权之保存及依法律行为以外之原因所生不动产物权之变动，非经登记不得对抗第三人之部分，则自民法物权编施行之日，即已失其效力。所有从前解释判例与此见解有异者，应予变更。（二十九年院字第二○五四号）

解 《清理不动产典当办法》施行前设定之典权，未定期限者，如于民法物权编施行后回赎，依同编施行法第二条、第五条第一项第二项，民法第九百二十四条但书之规定，仅得于出典后三十年内为之。至同编施行法第十五条之规定，于未定期限之典权，不适用之。（三十二年院字第二四五二号）

第三条

△判 民法第八百七十三条虽规定抵押权人于债权已届清偿期而未

受清偿者，得声请法院拍卖抵押物，就其卖得价金而受清偿。但依同法第七百五十八条，不动产物权，依法律行为而取得、设定、丧失及变更者，非经登记不生效力。而依民法物权编施行法第三条第一项，民法物权编所规定之登记，另以法律定之。故抵押权人苟未能依该项所谓之登记法为登记者，即不能谓系依物权编规定已经登记之抵押权。现在该物权编施行法所谓之登记法，既尚未制定施行，且拍卖法现在亦尚未制定施行，对于拍卖之程序，尚未有严密之法规。故司法院统一解释法令会议第四九三号解释，谓抵押权人对于抵押物欲实行其抵押权，非经诉请法院判决确定，不得执行。（二十年抗字第七七二号）

判 关于不动产抵押权之设定，固应经登记而生效力。但关于民法物权编所规定之登记，尚须另以法律规定，方能适用。如此项登记，尚未另以法律订定施行，即无适用民法物权编关于登记规定之余地。（二十一年上字第二八一四号）

判 民法物权编关于物权登记之规定，在未能依该法所定法律登记以前，本不适用。其关于设定不动产物权之契约，倘已合法成立，在未施行《不动产登记条例》之区域自应同时发生物权之效力。其在《不动产登记条例》业已施行之区域，则设定不动产物权契约合法成立，虽亦同时发生物权效力，但非经登记尚不得对抗第三人。（二十二年上字第一〇八四号）

判 不动产物权之移转，依法仅须以书面为之。关于物权编登记之规定，在登记法未经公布以前，即不适用。故当事人间果已就特定之标的物以书面表示移转，并已交付管业契据，当然不能不认其物权契约已经合法成立。纵令依该处惯例让与人应协同让受人履行过户程序，此亦不过让与人于物权移转后仍负有一种协助之义务而已，要与物权之得丧并不相涉。（二十三年上字第二一〇六号）

判 赠与，虽非要式行为，但依民法规定以不动产为赠与者，在未为移转登记前，其赠与本不生效力。上开规定，虽因民法物权编施行法规定未能适用，惟依照当事人受管讼争地当时适用之法例，及现行民法规定，不动产物权之移转或设定，均应以书面为之。（二十四年上字第一三七六号）

解 （一）民法物权编施行法第三条第一项所定之登记机关，现未设立，依法得请求登记为所有人之人，因该施行法施行之效力，于得请求登记之日，应依该施行法第八条规定，视为所有人。其原所有人之所有权，即同时随之而消灭。故在已经实行不动产登记制度之区域，依法应视为所有人之人，虽未为所有权保存登记，而已消灭所有权之原所有人，不得对之为何主张。至视为所有人之人得否以其所有权对抗第三人，则在已经实行不动产登记制度之区域，因《不动产登记条例》第三条、第五条之规定，非经保存登记，不得对抗。（二十四年院字第一二一九号）

解 民法物权编施行法第三条第一项所定之登记机关现未设立，在该编施行前占有不动产，具备该编第七百六十九条或第七百七十条之条件，依该编施行法第七条、第八条之规定，于得请求登记之日起（即施行之日起），应视为所有人。其所有权之取得，乃基于法律施行之效果，自属依法取得所有权，但须注意院字第六四〇号解释。（二十四年院字第一二三九号）

解 不动产登记制度未施行之区域，抵押权既应发生物权效力，纵令后之抵押权人或典买权人，不知已设定抵押权（即善意无过失），先之抵押权不因此而受影响。（二十四年院字第一二六五号）

解 （一）在民法物权编所规定之登记，法律尚未施行以前，抵押权人于债权已届清偿期，未受清偿，而声请拍卖抵押物时，如债务人或第三人就该抵押关系并未发生争执，毋庸经过判决程序，即可拍卖。（二十五年院字第一四〇四号）

▲判 民法第八百六十六条但书及第八百六十七条但书之规定，并非民法物权编施行法第三条第二项所谓关于登记之规定，于物权未能依同样第一项之法律登记前亦适用之。故在未施行登记制度之区域，不动产所有人设定抵押权后，于同一不动产上设定典权或将该不动产之所有权让与他人时，纵令典权人或所有权受让人不知先有抵押权之设定，其抵押权亦不因此而受影响。（二十六年渝上字第一三四号）

▲判 在《土地法》关于登记之部分施行前设定抵押权者，依民法《物权编施行法》第三条不适用民法第七百五十八条之规定，自不以登记为发生效力之要件。虽其设定在该地方施行《不动产登记条例》之

后，依同条例第三条、第五条，不得以其设定对抗第三人，而在当事人间究已发生抵押权设定之效力，不因嗣后《土地法》关于登记部分之施行而受影响。被上诉人甲在《土地法》关于登记之部分施行前，为被上诉人乙向上诉人设定抵押权，自不能仅以其在《土地法》关于登记部分施行后未经登记，即适用民法第七百五十八条之规定，认为无效。（二十八年上字第一三一三号）

▲判　不动产所有人因担保数债权就同一不动产设定数抵押权者，依民法第八百六十五条之规定，固应依其登记之先后定其次序。惟依民法物权编施行法第三条，在未能依其所称之法律登记前，既不适用民法第八百六十五条之规定，则就同一不动产设定之数抵押权，除施行《不动产登记条例》之区域应适用该条例之规定外，当然依其设定之先后定其次序。（二十八年上字第一三三六号）

第五条

判　典权为民法物权编所定之物权，在该编施行前发生者，自该编施行之日起，其定有期限者，依该编之规定。出典人于典期届满后经过二年不以原典价回赎者，典权人即取得典物所有权。此二年之期间，系无时效性质之法定期间，若在该编施行前业已届满，应认为期间届满。若在该编施行时尚未届满，其已经过之期间，与施行后之期间合并计算。其未定期限者，则依该编之规定，自出典后经过三十年不回赎者，典权人即取得典物所有权。（二十二年上字第七九〇号）

判　民法物权编第九百二十四条关于年限之规定，系属无时效性质之法定期间，在民法物权编施行前已届满者，其期间为届满。如已进行之期间于施行时尚未完成者，其已经过之期间与施行后之期间合并计算。（二十二年上字第一六六八号）

解　民法物权编施行后，典物回赎之期间，应受民法第九二三条第二项之限制。如典期届满在该编施行前，其计算回赎期间，应依其施行法第二条、第五条办理。（二十二年院字第九八九号）

解　民法物权编施行前设定之典权未定期限者，依民法物权编施行法第二条、第五条之规定，出典人固得依民法第九百二十四条于出典后三十年内回赎典物。惟此仅指出典人之回赎权，依旧法规在民法物权编施行之日尚未消灭者而言，其回赎权在民法物权编施行前，已依旧法规消灭者，不能因民法物权编之施行而回复。《清理不动产典当办法》施行后，民法物权编施行前设定典权者，依该办法第八条规定务须约定不逾十年之期限。未约定期限者，按诸同条之本旨，仅得于出典后十年内随时回赎。故自出典后至民法物权编施行时，尚未满十年者，出典人虽得依民法第九百二十四条于出典后三十年内回赎，其已满十年者，出典人仍不得援用同条回赎。原呈所称未定期限之典权，既为民国六年所设定，则至民国十六年出典人之回赎权已因十年届满而消灭，自无援用嗣后施行之民法物权编回赎典物之余地。（三十年院字第二一三五号）

第七条

解 人民私有土地，因改定测量器之故，而清丈结果致与契载不符，不能谓之溢出。应依其原来弓尺，比较现在实际上测量所得之面积登记。倘清丈结果非因测量器改定之故而有溢出，除依民法第七百六十九条、第七百七十条暨物权编施行法第七条各规定外，应依照其承买、承垦或报领当时章程规则办理。但该章程规则及各省、市、县政府现订之处理溢地规则，如非根据法律，或与法律违反抵触时，依法规制定标准法第三、第四两条规定，不能认为有效。（二十三年院字第一一一〇号）

解 民法物权编施行法第三条第一项所定之登记机关现未设立，在该编施行前占有不动产，具备该编第七百六十九条或第七百七十条之条件，依该编施行法第七条、第八条之规定，于得请求登记之日起（即施行之日起），应视为所有人。其所有权之取得，乃基于法律施行之效果，自属依法取得所有权，但须注意院字第六四〇号解释。（二十四年院字第一二三九号）

解 在民法物权编施行前，占有他人未登记之不动产，既合于民法第七百六十九条、第七百七十条之条件，无论已否经法院发给登记证明文件，而依民法物权编施行法第八条之规定，自物权编施行之日起，既视为所有人，自应取得所有权。（二十四年院字第一三五九号）

解 不动产所有人于设定时，已将不动产移转占有，并约明期满不赎，即以作绝论，虽于法不合，但抵押权人于约定期限届满后，依法占有者，可请求登记为所有人。至未定有期限之典权，若未经过法定期间

不得声请为所有权之登记。（二十五年院字第一五一五号）

解 民法物权编施行前处分共同共有之不动产，未得共同共有人全体之同意者，除其共同关系之契约，另有订定外，固属无效。惟因其处分而占有该不动产之人，已依民法物权编施行法第七条或第八条之规定，取得所有权者，共同共有人之权利当然消灭。即使取得时效尚未完成，而共同共有人之共同共有物返还请求权，依民法第一百二十五条，民法总则施行法第十六条之规定，消灭时效已完成者，该占有人亦得依民法第一百四十四条第一项之规定，拒绝返还。（三十年院字第二二一六号）

第八条

解 （一）民法物权编施行法第三条第一项所定之登记机关，现未设立，依法得请求登记为所有人之人，因该施行法施行之效力，于得请求登记之日，应依该施行法第八条规定，视为所有人。其原所有人之所有权，即同时随之而消灭。故在已经实行不动产登记制度之区域，依法应视为所有人之人，虽未为所有权保存登记，而已消灭所有权之原所有人，不得对之为何主张。至视为所有人之人得否以其所有权对抗第三人，则在已经实行不动产登记制度之区域，因《不动产登记条例》第三条、第五条之规定，非经保存登记，不得对抗。（二十四年院字第一二一九号）

解 民法物权编施行法第三条第一项所定之登记机关现未设立，在该编施行前占有不动产，具备该编第七百六十九条或第七百七十条之条件，依该编施行法第七条、第八条之规定，于得请求登记之日起（即施行之日起），应视为所有人。其所有权之取得，乃基于法律施行之效果，自属依法取得所有权，但须注意院字第六四〇号解释。（二十四年院字第一二三九号）

解 在民法物权编施行前，占有他人未登记之不动产，既合于民法第七百六十九条、第七百七十条之条件，无论已否经法院发给登记证明文件，而依民法物权编施行法第八条之规定，自物权编施行之日起，既视为所有人，自应取得所有权。（二十四年院字第一三五九号）

▲判 民法第七百七十条规定之取得时效一经完成，当然发生同条或民法物权编施行法第八条所定之效果，虽未经占有人援用，法院亦得据以裁判。惟取得时效完成之基础事实，苟未经当事人提出，法院仍无

从予以斟酌。（二十九年上字第一〇〇三号）

解 民法物权编施行前处分共同共有之不动产，未得共同共有人全体之同意者，除其共同关系之契约，另有订定外，固属无效。惟因其处分而占有该不动产之人，已依民法物权编施行法第七条或第八条之规定，取得所有权者，共同共有人之权利当然消灭。即使取得时效尚未完成，而共同共有人之共同共有物返还请求权，依民法第一百二十五条，民法总则施行法第十六条之规定，消灭时效已完成者，该占有人亦得依民法第一百四十四条第一项之规定，拒绝返还。（三十年院字第二二一六号）

第十五条

△**判** 《清理不动产典当办法》第三条载，"未满六十年之典当，无论有无回赎期限，及曾否加典、续典，自立约之日起算已逾三十年者，统限原业主于本办法施行后三年内回赎。如逾限不赎，只准原业主向典主告找作绝，不许告赎"等语，是典当契约已逾三十年，于民国四年办法施行后三年内未回赎者，不得告赎。（十七年上字第五八二号）

判 在民法物权编施行前发生之典权，在民法物权编施行后得仍适用旧法规者，以定有期限而依旧法规得回赎者为限。其依旧法规不得回赎者，不得仍适用旧法规。故依旧法规不得回赎之典权，出典人于民法物权编施行后，即不得更依旧法规而为告找作绝之主张。（二十二年上字第七九〇号）

判 在民法物权编施行前发生之典权，在民法物权编施行后得仍适用旧法规者，以定有期限而依旧法规得回赎者为限。其依旧法规不得回赎者，自不得仍适用旧法规。故依旧法规不得回赎之典权，出典人于物权编施行后，即不得更依旧法规而为告找作绝之主张。（二十二年上字第九七九号）

判 在民法物权编施行前定有期限之典权仍适用旧法规者，以依旧法规得回赎之典权为限。若典权虽曾定有期限，并系在物权编施行前所设定，但若已经过三十年，即依旧法规（《清理不动产典当办法》）亦系不得回赎之典权，自不得适用旧法规，即不得许其告找。（二十二年上字第一六六八号）

解 来呈所称之典产，系于民国十年出典，虽议定三年取赎，依物权编施行法第十五条规定，应适用旧法规，即应依当时适用之《清理不动产典当办法》第八条所定，自立约之日起十年内，准其随时告赎。逾期不得告赎，至契载典价，系属铜元，回赎时，应按照出典当时铜元与银元（即国币）时价折算银元，以为给付。（二十四年院字第一二一四号）

解 （一）民法物权编施行前定有期间之典权，依旧法得回赎者，不能依新法所定之回赎期间以相绳。惟在《清理不动产典当办法》施行前立约，而于施行后届满三十年者，应于期满后三年内回赎。（二十五年院字第一四一三号）

解 典权在民法物权编施行前发生者，以定期典权依旧法得回赎者为限，适用旧法。《清理不动产典当办法》第八条，关于听凭典主过户投税之规定，系属不得回赎之典产，就该办法第八条所为之解释，在同编施行后，无再适用之余地。（二十五年院字第一五○三号）

▲判 寻绎民法物权编施行法第十五条之法意，不过关于定有期限之典权得否回赎之问题，新旧法规定不同时，仍适用旧法规许其回赎而已，并非其他关于典权之事项，概适用旧法规之谓。（二十八年上字第一八八一号）

▲判 上诉人所称民国十年十二月间典受被上诉人之地六亩，约定六年期限，民国十年十月间典受被上诉人之地二亩及一亩三分，亦约定十年期限等情。如果属实，则约定六年期限之六亩，依民法物权编施行法第十五条及《清理不动产典当办法》第八条之规定，仅得于六年满后之四年内回赎。其约定十年期限之二亩及一亩三分，依民法第九百二十三条之规定，亦仅得于十年满后之二年内回赎。被上诉人迟至民国二十八年始行回赎，显已经过得赎之期间。（二十九年上字第一五○五号）

解 （三）民法物权编施行法第十五条所谓旧法规，系指《清理不动产典当办法》而言。依同办法第九条应从各省单行章程或习惯办理者，即指该章程或习惯而言。（三十年院字第二二○五号）

解 （三）民法物权编施行前，《清理不动产典当办法》施行后，设定之典权未定期限者，如在民法物权编施行时已满十年，无论曾否以契约订定期限，均不得回赎（参照院字第二一三五号解释）。其在民法物权编施行时未满十年，而以契约订定期限者，与上开第二段情形同，应参照办理。但在民法物权编施行前，以契约订定期限者，如自出典时至期限届满时不满八年，仍有民法物权编施行法第十五条之适用。例如民国十五年七月一日设定典权未定期限，至民国十七年七月一日以契约订定自其时起算之期限三年者，虽民法第九百二十三条第二项所定二年之期间，于民国二十二年七月一日届满，仍得于民国二十五年七月一日前回赎（参照院字第二一四五号解释）。（三十二年院字第二五五八号）

解 （六）民法物权编施行前，《清理不动产典当办法》施行后设定之典权定有期限者，如在民法物权编施行时已满十年，无论曾否以契约加长期限，均不得回赎。其在民法物权编施行时未满十年，而以契约加长期限者，与上开第五段情形同，应参照办理。但在民法物权编施行前以契约加长期限者，如自出典时至所加期限届满时不满八年，仍有民法物权编施行法第十五条之适用。例如，民国十五年七月一日设定典权，定有期限三年，至民国十八年七月一日以契约加长自其时起算之期限二年者，虽民法第九百二十三条第二项所定二年之期间，于民国二十二年七月一日届满，仍得于民国二十五年七月一日前回赎。（三十二年院字第二五五八号）

解 （七）《清理不动产典当办法》施行前设定之典权定有期限者，不问曾否以契约加长期限，均得于出典满三十年后二年内回赎。（三十二年院字第二五五八号）

补遗二

第三条

解 （一）私人主张某寺庙为其所建立而不能证明者，虽其主张不足凭信，究不能遽认该寺庙为公建或募建，如有其他私人能证明为其所建立时，仍应认为私建。至购置之寺庙究为公建、募建或私建，应斟酌购置所用名义及其他一切情形定之。（二）非私建之寺庙住持甲，将庙产私卖于乙，乙又以债务涉讼，由法院拍卖于丙时，不生所有权移转之效力。除丙已因取得时效或其他法律上原因取得其所有权外，该寺庙之管理人，自可于其所有物返还请求权之消灭时效完成前，向丙请求返还，未便由政府机关函法院核办。（三）募建之寺庙其住持私擅处分庙产，在《监督寺庙条例》施行前者，应依《寺庙管理条例》第十八条；在《寺庙管理条例》施行前者，应依《寺庙管理条例》第十一条；在《寺庙管理条例》修正前者，应依《寺庙管理条例》第十条；在《寺庙管理条例》施行前者，应依《寺庙管理暂行规则》第四条，认为无效。即在该规则施行以前，住持未得施主之同意，处分庙产，按之习惯或条理，亦应认为无效。惟因住持之处分而占有寺庙未登记之不动产者，如以所有之意思二十年间和平继续占有之，依民法第七百六十九条，得请求登记为所有人。如其占有之始为善意并无过失，而以所有之意思十年间和平继续占有之，依民法第七百七十条，得请求登记为所有人。关于民法第七百六十九条、第七百七十条之适用，并应查照民法物权编施行法第三条、第七条、第八条办理。（三十七年院解字第三九三四号）

第七条

解 民法自台湾光复之日施行于台湾，因台湾光复而取得中华民国国籍之人民，在光复前已以所有之意思二十年间和平继续占有台湾之公地者，依民法第七百六十九条及民法物权编施行法第七条之规定，自光复之日起，得请求登记为所有人。（三十六年院解字第三三八六号）

民法第四编　亲属

民国十九年十二月二十六日国民政府公布

二十年五月五日施行

第一章　通则

第九百六十七条　称直系血亲者，谓己身所从出，或从己身所出之血亲。称旁系血亲者，谓非直系血亲，而与己身出于同源之血亲。

解　胞侄对于出继之伯叔，不得谓为同父周亲。（四年统字第三六三号）

判　据现行律服图，母子关系，不因改嫁消灭。（七年上字第一一二号）

解　妾之身份，在法律上，与正妻不同。被承继人之妾，自不得谓为承继人之直系亲属。（十七年解字第四八号）

解　妾在现行法中虽无规定，但对于己身所出之子，系直系血亲。其子亡故，自可为其第二顺序之遗产继承人。（二十年院字第五八五号）

第九百六十八条　血亲亲等之计算，直系血亲，从己身上下数，以一世为一亲等。

旁系血亲，从己身数至同源之直系血亲，再由同源之直系血亲，数至与之计算亲等之血亲，以其总世数为亲等之数。

判　出嗣后，变更本生之亲等。（四年上字第六五〇号）

判　削谱除名之效果，依族中成例办理。（八年上字第九四〇号）

判　谱例于不背强行法规，不害公安良俗之范围内，有拘束力。而对于族人，加以削谱除名之制裁，无背于强行法规。（八年上字第九四〇号）

第九百六十九条　称姻亲者，谓血亲之配偶、配偶之血亲，及配偶之血亲之配偶。

解　出嫁女，对于同居继父，仍应以亲属论。（七年统字第七七八号）

第九百七十条　姻亲之亲系及亲等之计算如下：

一、血亲之配偶，从其配偶之亲系及亲等；

二、配偶之血亲，从其与配偶之亲系及亲等；

三、配偶之血亲之配偶，从其与配偶之亲系及亲等。

第九百七十一条　姻亲关系，因离婚而消灭，夫死妻再婚，或妻死赘夫再婚时，亦同。

判　夫亡招赘者，与夫家之亲属关系消灭。（八年上字第一八五号）

第二章　婚姻

第一节　婚约

第九百七十二条　婚约，应由男女当事人自行订定。

判　定婚以婚书，或聘财，为形式要件。（二年上字第二一五号）

判　婚书不须填写年庚八字。（二年上字第二一五号）

判　定婚是否必须婚书，以习惯为主。（三年上字第三三六号）

判　招婿之要件有三：一须凭媒妁，二须经明立婚书，三须将养老或出舍年限明白开写。非将此项要件一切具备，不能认为合法。若出赘人之父母只有一子，则虽具备前开要件，仍不得认为有效。（三年上字第九四八号）

判　聘财须依礼纳送。（四年上字第二四七号）

判　婚书须就其自身可认为有婚约关系者，始为合法。（四年上字第三七九号）

判　违反定婚律例之习惯无效。（四年上字第三二号）

判　夫家祖父母、父母主婚难适当者，得判令母家主婚，或自行醮嫁。（四年上字第五三六号）

判 聘财之种类厚薄，并无限制。（四年上字第六一一号）

判 媒证亡故，不碍于婚约效力。（四年上字第一四一七号）

判 定婚无效者，虽成婚，亦不生婚姻效力。（四年上字第一五一四号）

判 孀媳改嫁或招婿，苟与立嗣无涉，族人不得干预。（四年上字第一九三七号）

判 无合法之婚约，自可拒绝为婚。（四年统字第一〇七号）

判 婚姻须得当事人之同意。（四年统字第三七一号）

判 婚姻当事人合意，或依法解除婚约，父母无权禁止。（五年抗字第六九号）

判 婚书以凭媒写立，即为适法。（五年上字第五〇四号）

判 红帖是否即为婚书，应调查习惯。（六年上字第八〇号）

判 仅系互给小儿见面礼，不能认为婚约成立。（六年上字第一三七号）

判 孀妇改嫁，须出自愿。（六年上字第八六六号）

判 童养媳夫死改嫁，须经其情愿。（七年上字第九五号）

判 已成年男女同意之婚约，不得由主婚权人解除。（七年上字第九七二号）

判 订立婚书，收受聘财，须两方合意。（七年上字第一三六五号）

解 子已成年，其父母为之退婚，而未得其同意者，其退婚不能视为有效。（七年统字第九〇六号）

解 孀妇改嫁，应以其自己之意思为重。同姓不宗之婚姻，既不违反法律，自属有效。惟主婚人虽可受财，本供孀妇费用，不能视为给予特别之利益。至随身珠镯衣服，既属私产，自有完全行使之权。所生幼女，如父家近亲并未公议养育方法，应听生母携带抚育。（七年统字第九〇九号）

判 入赘亦得有聘财。（八年上字第二二六号）

判 婚书聘财，无须两备。（八年上字第二二七号）

判 定婚具备形式要件外，更须两造有一致之意思表示。（八年上字第二八四号）

判　婚帖依地方习惯断定。（八年上字第七九二号）

判　定婚须收受聘财之规定，不因法令禁止买卖人口而失效。（八年上字第一〇九八号）

判　定婚仅由母主婚者，其父得撤销。（八年上字第一三八八号）

判　前夫之女，与后夫前妻之子为婚姻者，自应认为有效。（八年统字第九二三号）

判　聘财不以金钱为限。（九年上字第六四号）

判　主婚人同意，非要式行为。（九年上字第八三一号）

解　随嫁之女归宗，其母即失其主婚之权。（九年统字第一二三九号）

解　现行律婚姻条例所载余亲主婚，并未指明卑属不应在内，亦无必须同居之限制。故余亲中主婚，其在婚嫁之子女已达成年者，主婚人但系成年余亲，他人不得告争。若婚嫁子女未及成年，则由余亲之充保护人者主婚。惟主婚权人，如有嫌隙虐待，故意抑勒阻难，或其他不正当行使主婚权之事实者，均应认其丧失权利。（九年统字第一二六六号）

解　前夫之女，嫁后夫之子，律所不禁，其婚约同时记载于孀母再醮婚书之后，亦非无效。（九年统字第一四〇五号）

解　婚姻预约，苟其形式具备，纵其后媒证亡故，亦无碍于婚姻效力。（十年统字第一四七一号）

解　慈善机关收育女子，不能认其有主婚权。（十年统字第一四七四号）

判　婚姻不必得监护人同意。（十一年上字第一二七七号）

解　未婚男女，犯杀人罪被处徒刑在三年以上者，应许其解除婚约。（十一年统字第一七四四号）

判　过门童养，于成年后之相当期间，无反对之意思表示者，应认为婚姻同意。（十三年上字第八八号）

判　子女与有主婚权人，素有嫌怨，如已成年，亦应许其自行定婚。（十五年上字第九六二号）

判　未同意之婚约，不能强制履行。（十七年上字第二四六号）

判　女子原未成年，其婚姻系由其父代定者，如于成年后表示不愿

结婚，原审为婚姻应重当事人意思起见，将其婚约解除，并无不当。（十七年上字第二七五号）

判 父母本于主婚权之作用，为其幼小子女订立婚姻预约，虽为吾国旧律所容许，然与婚姻自由之原则显相违反，在现行婚姻自由之制度下，根本不能容其存在。故在子女尚未成年时，缔约之一造请求解除该预约，不论所持理由如何，应认为法律上解除权之正当行使，他造不得任意反对。（十七年上字第八二九号）

判 招赘系一种婚姻关系，可依当事人之自由意思定之。（十七年上字第九二六号）

判 父母本于主婚权之作用，为其幼小子女订立婚姻预约，虽为吾国旧律所容许，然与婚姻自由之原则显相违反，在现行婚姻自由之制度下，根本上不能容其存在。故子女之一造如于成年后不愿履行该婚约，自可诉请解除。（十七年上字第九六七号）

解 定婚、主婚如于结婚自由并无妨害，自应听其适用。（十七年解字第三三号）

解 习惯上之买卖婚姻，如经双方合意，虽出银实具有财礼之性质者，其婚姻应认为有效。（十七年解字第一六一号）

解 孀妇再醮，法所不禁，依婚姻自由之原则，他人自不得出而干涉。（二十年院字第四二九号）

解 孀妇改嫁与否，应由自主。主婚权之制度，与婚姻自由之原则相反，虽在民法亲属编施行前，亦不适用。（二十年院字第五五四号）

解 孀妇自由与人结婚，自属有效。（二十年院字第六○一号）

判 父母为未成年子女所定之婚约，苟其子女成年后，有一方不同意时，许其诉请解约。（二十一年上字第一二号）

判 婚姻关系成立后，苟无法律上可认其关系为已消灭之原因，其婚姻关系自应存在。故夫于结婚后出家为僧，纵依僧之教律，不得有妻，而其夫妻关系，若无法律上可认为已消灭之原因，自仍应认其存在。（二十一年上字第一○九三号）

判 婚约应由男女当事人自行订定，为民法所明定。此种规定，依民法亲属编施行法第四条，即民法施行前所订之婚约，亦适用之。

是依旧习惯，凡子女未成年时，由其父母或伯叔代为订立之婚约，除子女成年后予以追认外，自不能对于子女发生效力。（二十一年上字第一八〇二号）

判　婚约应由男女当事人自行订定，此在民法亲属编施行前亦为婚姻自由原则所生之当然结果。（二十一年上字第一八九三号）

第九百七十三条　男未满十七岁，女未满十五岁者，不得订定婚约。

判　订婚虽不限年龄，然男女未出生前之婚约无效。（四年上字第五三六号）

第九百七十四条　未成年之男女，订定婚约，应得法定代理人之同意。

判　主婚受财者，须负担嫁资。（六年上字第一二五一号）

判　远族主婚，经有主婚权者之嘱托，或同意追认，亦属有效。（八年上字第三二一号）

解　童养媳虽未成婚，子死另许，然既因交有聘金，发生童养关系，则援孀妇再醮之例，子父自可主婚。（八年统字第九三七号）

解　孀媳改嫁，未得主婚人同意，只得请求撤销，尚不得谓无婚姻关系，亦不得谓为犯罪。（八年统字第九八三号）

解　男女婚姻，其主婚权在父母，惟须得祖父母之同意。（八年统字第一〇五一号）

解　父外出，母为其女主婚，该件婚姻，自属有效。（八年统字第一一〇四号）

判　父母俱存，母不得反于父之意思，为子女主婚。（九年上字第七七六号）

判　出具财礼，凭媒聘娶，不得谓为价买。（九年私上字第一四号）

解　现行律婚姻条例所载余亲主婚，并未指明卑属不应在内，亦无必须同居之限制。故余亲中主婚，其在婚嫁之子女已达成年者，主婚人但系成年余亲，他人不得告争。若婚嫁子女未及成年，则由余亲之充保护人者主婚，惟主婚权人，如有嫌隙虐待，故意抑勒阻难，或其他不正当行使主婚权之事实者，均应认其丧失权利。（九年统字第一二六六号）

解　孀妇改嫁，主婚所受财礼，纵未置备嫁奁，不能指为侵没。（十

年统字第一四九八号）

解　婴孩既与育婴堂脱离关系，堂董自无过问婚姻之权。惟婴孩经人收养甚久，实际上即为家属，其家长对于他人冒妄许婚，自可主张无效。（十五年统字第一九六三号）

判　已成年人缔结婚姻，无须法定代理人同意。（二十一年上字第一六号）

判　父母代子女所订之婚约，子女成年后，如已表示同意，即应对于子女本人发生拘束效力。（二十一年上字第三九五号）

第九百七十五条　婚约不得请求强迫履行。

判　男女均达成年，可随时要求对造履行婚约。（九年上字第五四一号）

判　成年男女不同意，不得强其履行。（十年上字第一○五○号）

判　父母为未成年子女所订婚约，子女成年后不同意，不得强其履行。（十一年上字一○○九号）

第九百七十六条　婚约当事人之一方有下列情形之一者，他方得解除婚约：

一、婚约订定后，再与他人订定婚约或结婚者；

二、故违结婚期约者；

三、生死不明已满一年者；

四、有重大不治之病者；

五、有花柳病或其他恶疾者；

六、婚约订定后成为残废者；

七、婚约订定后与人通奸者；

八、婚约订定后受徒刑之宣告者；

九、有其他重大事由者。

依前项规定解除婚约者，如事实上不能向他方为解除之意思表示时，无须为意思表示，得自为解除时起不受婚约之拘束。

判　纳妾不为解除婚约原因。（四年上字第七六六号）

判　自约定成婚时起，五年无过不娶者，得解除婚约。（四年上字第八○一号）

判　婚约不得由一造翻悔。（四年上字第八四四号）

判　定婚有妄冒情事者，得撤销。（四年上字第一〇〇七号）

判　疾病达一定程度，即应通知。（四年上字第一二二三号）

判　男女定婚之初，有残疾老幼庶出过房乞养者，应先通知，并立婚书，或收聘财，方为有效。（四年上字第二三〇五号）

判　定婚后有残疾者，应随时通知，不愿时，亦许解除。（四年上字第二三五七号）

解　于定婚之初，不将患有不易治疗之疾病，或为常情所厌恶之疾病，通知得彼造之情原，应准解约。（四年统字第三一二号）

判　抢亲不为解除婚约原因。（五年上字第二九六号）

判　冒为他人之子而定婚者，足为彼造撤销理由。（五年上字第八七号）

解　未成婚男子，有犯奸盗，而被处徒刑者，其已聘之妻，自应许其悔婚另嫁。（五年统字第四八三号）

判　男女犯奸盗者，得解除婚约，亲属相盗者，亦同。（六年上字第七三五号）

判　男家悔约另聘，前聘之女，得解除婚约。（六年上字第八四五号）

判　定婚当事人间有义绝之状者，准其解除婚约。（六年上字第九二二号）

判　父母犯奸盗，不能为解除婚约之原因。（六年上字第一〇八一号）

判　犯吸食鸦片及施打吗啡等罪，非解除婚约之原因。（六年上字第一三八四号）

解　定婚后，女患疯癫重病者，自可查照大理院四年上字第二三五七号就于该律例类推解释之判例办理。（六年统字第五八八号）

解　未婚夫和同被人鸡奸者，可为解除婚约之原因。（六年统字第六〇九号）

判　官肢阴阳之机能，失其作用，即为残废。（七年上字第九一〇号）

判　退婚不须立书据。（七年上字第一一七三号）

判　定婚时诈称地位，与婚约是否有关，以定婚相对人之意思为断。

（七年上字第一三六五号）

判 男家家属，为不正营业，非撤销婚约之原因。（七年上字第一三六五号）

判 纳妾之契约，与婚约之性质不同，凡未生子之妾，苟有不得已事由，均得请求解约。（八年上字第一〇六号）

判 以聘财不交为婚约解除条件之特约，有效。（八年上字第五〇三号）

判 不得以聘财不交为理由，撤销婚姻。（八年上字第五〇三号）

判 年龄妄冒之婚约，应许撤销。（八年上字第七八〇号）

判 定婚后一造若罹残病，并未通知，自不能以他造未经声明解除，仍请履行婚约，而禁其别字。（十年统字第一五八四号）

判 未成婚男女有犯奸盗，他方已明白为宥恕之表示者，应认为已抛弃解约权利。（十四年上字第一二五六号）

判 定婚不注重嫡庶子身份者，不得以未经通知而撤销婚约。（十五年上字第一四六二号）

判 现行律所称老幼，应行通知，系指年龄相差甚远者而言。（十五年上字第一四六二号）

判 现行律载，凡男女定婚之初，若有残废疾病者，务要两家明白通知，各从所愿。是男女之一造苟于定婚时已发生残废疾病，未经明白通知相对人得其同意，其婚姻自难完全有效，无论已未婚娶，为尊重人道及谋家室之和平起见，应许相对人请求撤销或离异。（十七年上字第二三号）

第九百七十七条 依前条之规定，婚约解除时，无过失之一方，得向有过失之他方请求赔偿其因此所受之损害。

判 因一造事由解除婚约者，应负赔偿之责。（七年上字第六二三号）

判 女子出嫁，原不必购置妆奁，惟女子一方因已订婚而购置妆奁，他方若违反婚约，致将婚约解除，则其购置妆奁所受之实际上损害，究不得谓非因他方与之订婚所受之损害。（二十一年上字第一四三九号）

解 男女定婚后未及成婚，而有一方死亡者，依从前律例，固有不追财礼之明文。若依现行民法亲属编之规定，订定婚约，无须聘财，纵

使事实上付有财礼，亦只为一种赠与，不得因赠与人或受赠人死亡而撤销赠与，请求返还赠与物。（二十一年院字第八三八号）

第九百七十八条　婚姻当事人之一方与第九百七十六条之理由而违反婚约者，对于他方因此所受之损害，应负赔偿之责。

判　因悔婚发生其他损害，应由悔婚人负赔偿之责。（四年上字第一七七〇号）

判　因悔婚而不能履行者，应负赔偿之责。（五年上字第三八〇号）

判　因悔约另嫁而请求撤销后夫之婚姻者，审判衙门，应尽指谕之责。（五年上字第一〇四八号）

判　因一造事由解除婚约者，应负赔偿之责。（七年上字第六二三号）

解　图利价卖亲女，应依补充条例九条查照刑律三五一条处罪。该女既有婚姻预约，除劝谕夫家倍追财礼，女归后夫外，自未便以裁判强令仅受赔偿。（七年统字第八七〇号）

判　审判衙门遇悔婚另嫁之件，应尽力劝谕。（九年上字第六一五号）

判　童养媳未及成婚而夫死，非当然解除关系，回归母家。（九年上字第一〇六二号）

判　女子出嫁，原不必购置妆奁，惟女子一方因已订婚而购置妆奁，他方若违反婚约，致将婚约解除，则其购置妆奁所受之实际上损害，究不得谓非因他方与之订婚所受之损害。（二十一年上字第一四三九号）

第九百七十九条　前条情形虽非财产上之损害，受害人亦得请求赔偿相当之金额，但以受害人无过失者为限。

前项请求权，不得让与或继承。但已依契约承诺，或已起诉者，不在此限。

第二节　结婚

第九百八十条　男未满十八岁，女未满十六岁，不得结婚。

第九百八十一条　未成年人结婚，应得法定代理人之同意。

判　随母改嫁之女，由母主婚。（三年上字第四三二号）

判 后夫不能为前夫之女主婚。（四年上字第三九六号）

判 未经合法主婚之婚姻，可以撤销。（四年上字第二一八八号）

判 主婚并无一定形式。（五年上字第一〇四八号）

判 未经主婚权人之主婚者，主婚权人得请求撤销。（五年上字第一五二八号）

判 无祖父母与父者，当然由母主婚。（五年私上字第二八号）

判 童养媳改嫁，养家故意不为主婚者，得以裁判代之。（七年上字第九五号）

判 养女本生父母，不得争执主婚。（七年上字第一九五号）

判 童养媳如未经解除关系，须由养家主婚。（七年上字第二九七号）

判 祖父母父母为同居者，由父母主婚，惟须经祖父母同意。（七年上字第二九八号）

判 出母可依特约为其女主婚。（七年上字第三〇四号）

判 妇人夫亡，虽拟改嫁而尚未嫁者，仍有为其女主婚之权。（七年上字第三四四号）

判 童养媳解约后，夫死嫁人，由母家主婚。（八年上字第二四号）

判 父母为子女主婚，如尊亲属故意不予同意，得以裁判代之。（八年上字第二三六号）

判 祖父母为主婚，而父母事前不知者，得撤销婚约。（九年上字第七七六号）

判 已成年人缔结婚姻，无须法定代理人同意。（二十一年上字第一六号）

第九百八十二条　结婚，应有公开之仪式及二人以上之证人。

判 成婚与定婚有别，定婚后，尚未经一定仪式成婚，始为成立婚姻。（三年上字第四三二号）

判 亲属等扶妾为正妻，不生效力。（三年上字第六一〇号）

判 婚姻欠缺法定要件，虽经同意追认，亦不能有效。（七年上字第八八八号）

判 事实上已经成婚，非婚姻成立之要件。（七年上字第一〇一八号）

解　买卖为婚，虽不能认为婚姻成立，若其后双方补立婚书，或履行以妾为妻之礼式者，仍可认为有婚姻关系。（九年统字第一二〇一号）

解　本于诈欺之定婚，许其撤销，并非当然无效。妻受夫不堪同居之虐待，自可请求离异，并许其拒绝同居。又定婚与成婚仪式，为婚姻成立之要件。（九年统字第一三五七号）

判　婚姻关系成立，苟无法律上可认其关系为已消灭之原因，其婚姻关系自应存在。故夫于结婚后出家为僧，纵依僧之教律不得有妻，而其夫妻关系，若无法律上可认为已消灭之原因，自仍应认其存在。（二十一年上字第一九三号）

第九百八十三条　与下列亲属，不得结婚：

一、直系血亲，及直系姻亲；

二、旁系血亲，及旁系姻亲之辈分不相同者，但旁系血亲，在八亲等之外，旁系姻亲，在五亲等之外者，不在此限；

三、旁系血亲之辈分相同，而在八亲等以内者，但表兄弟姊妹，不在此限。

前项姻亲结婚之限制，于姻亲关系消灭后，亦适用之。

判　同宗不得为婚姻。（三年上字第五九六号）

判　不许娶同宗亲之妻。（四年上字第一一七四号）

解　前夫之子女，与后夫前妻之子女婚配，无血统关系，不在禁止之例。依律夫亡携女适人者，其女从母主婚。（五年统字第四五四号）

解　嫂叔缔婚，不能成立夫妻关系。其嫂虽确有奸非罪，然叔在法律上无告诉之权，惟承嗣部分，系属单独法律行为，仍不能随之消灭。（六年统字第五六九号）

判　同宗为婚，律应撤销。（七年上字第三八七号）

解　同宗之妻，虽已改嫁而娶为妻妾者，非有效婚姻，自可拒绝入谱。惟所生之子，要不得谓非钱戊之子，不应拒绝入谱。（七年统字第九一七号）

判　现行律不禁同姓为婚。（八年上字第一〇九三号）

解　无服尊卑为婚，现行律既未经列入禁止之条，自不能遽认为无效。（八年统字第一〇〇三号）

解 同姓为婚，无撤销权之族人妄行告争，审判衙门自可依法驳斥其请求。（九年统字第一四二〇号）

判 异姓入继，与所继家久已发生家族关系者，应与同宗同视，禁止相为婚姻。（十一年上字第一四三一号）

解 甥妻再醮于母舅之堂兄弟，或再从兄弟，自不能与再从姨之律有明文者相提并论。（十一年统字第一六七八号）

解 叔嫂结婚不在禁止之列，其婚姻自属有效，既系合法婚姻，应不生奸罪问题。（二十一年院字第八二八号）

第九百八十四条 监护人与受监护人，于监护关系存续中，不得结婚。但经受监护人父母之同意者，不在此限。

第九百八十五条 有配偶者，不得重婚。

解 女子定婚后再许人者，仍归前夫。（三年上字第八三八号）

判 定婚后另嫁，而前夫不愿领者，乃准女从后夫。（四年上字第六三八号）

判 兼祧亦不许并娶。（五年上字第一一六七号）

判 兼祧子后娶之妻，亦不能取得正妻身份。（六年上字第八五二号）

解 误以前妻为死亡而再娶者，自应准其请求，予以撤销。惟后娶者，自愿为妾，亦可准许。（六年统字第六一七号）

解 以妾为妻，如妻已死亡者，本为律所认许。（六年统字第六二四号）

判 后娶之妻，于前妻故后，可认其有妻之身份。（八年上字第一〇三六号）

判 后娶之妻，如仍愿同度，应认为妾。（八年上字第一一七六号）

解 同姓不宗之婚姻，法所不禁。惟父经子同意为订婚约，不得借口兼祧，再与他人重订婚姻。（十八年院字第八号）

第九百八十六条 因奸经判决离婚，或受刑之宣告者，不得与相奸者结婚。

判 因奸成婚，除因奸被离之妇外，非法所禁。（七年上字第四九一号）

解 夫妻一造，因与人通奸，离异后，无不得与相奸者结婚之限制。

（十八年院字第一〇四号）

第九百八十七条　女子自婚姻关系消灭后，非逾六个月不得再行结婚。但于六个月内已分娩者，不在此限。

第九百八十八条　结婚有下列情形之一者无效：

一、不具备第九百八十二条之方式者；

二、违反第九百八十三条所定亲属结婚之限制者。

解　同宗为婚，无法律上利害关系之族人，不得告争，审判衙门审理诉讼，不能不告而理。故除此项事实，经合法成讼，得以职权调查裁判外，自难为无诉之审判。（九年统字第一二六六号）

解　男女婚姻，依现行律亲属上之限制，与结婚离婚自由之原则，并不抵触。如甲男娶缌服内之孀弟妇乙为妻，自属无效。如无直系尊亲属告诉，应由代表公益之检察官，请求撤销。（十七年解字第五九号）

第九百八十九条　结婚违反第九百八十条之规定者，当事人或其法定代理人，得向法院请求撤销之。但当事人已达该条所定年龄或已怀胎者，不得请求撤销。

判　定婚未经主婚者，除主婚权人外，孀妇或童养媳亦得请求撤销。但定婚时已成年表示情愿者，不在此限。（四年上字第一九〇七号）

判　民法亲属编施行前，固无结婚年龄之规定，但未达十六岁之未成年人，就其父母代订之婚约，限于达十六岁后表示同意时，始受拘束。未达十六岁之人，既无订婚之能力，则其无结婚之能力，尤不待言。故未达十六岁而从父母之命结婚者，除于达十六岁后无异议而继续同居外，虽在民法亲属编施行前，亦应许该当事人请求撤销。（二十一年上字第四六三号）

第九百九十条　结婚违反第九百八十一条之规定者，法定代理人得向法院请求撤销之。但自知悉其事实之日起，已逾六个月，或结婚后已逾一年，或已怀胎者，不得请求撤销。

解　孀妇改嫁，应由夫家尊长主婚。未得主婚者之同意，而为婚姻者，则主婚权人，得请求撤销，惟并非当然无效，其撤销效力，亦自不能溯及既往。（六年统字第七三五号）

解　祖父为孙女主婚，既已成婚，其母如无正当理由，不能事后主

张撤销。（九年统字第一二〇七号）

解　成婚虽未成年，然除合法法定离婚条件外，无翻异之余地。（十四年统字第一九一九号）

解　养女之主婚权，属于养父母，教堂因该女原系由保赤会收养，以特约保留同意权，尚非无效。惟该女现既成婚，教堂如无正当理由，仍不得仅以其未经同意，主张撤销。（十五年统字第一九八一号）

解　未成年人结婚，须得法定代理人同意，否则得由法定代理人请求撤销，至应否处以刑法之罪，当以结婚时情形定之。（二十年院字第四四一号）

第九百九十一条　结婚违反第九百八十四条之规定者，受监护人或其最近亲属，得向法院请求撤销之。但结婚已逾一年者，不得请求撤销。

第九百九十二条　结婚违反第九百八十五条之规定者，利害关系人，得向法院请求撤销之。但在前婚姻关系消灭后，不得请求撤销。

解　一女二聘，前聘者兼祧已娶二妻，既不能重为婚姻，应准撤销，将女断归后聘之夫。若女自初即愿为妾，则前约可认为聘妾之约，并非订婚，尚属有效。又或女并无此意，而后之订婚，亦未经取其同意，仍应依例准其撤销。（九年统字第一一八八号）

解　夫出走三年，其妻别行改嫁，当时虽未经告官给照，如认其确有逃亡之据，始终毫无音信踪迹，其年限又属合法者，改嫁即属有效。至当事人如果并无各愿离异之明确表示，亦不合于上开逃亡之条件，则改嫁之婚姻，自不合法，应准撤销。（九年统字第一三六二号）

解　本人不愿为妾，应准离异。（十八年院字第七号）

第九百九十三条　结婚违反第九百八十六条之规定者，前配偶得向法院请求撤销之。但结婚已逾一年者，不得请求撤销。

第九百九十四条　结婚违反第九百八十七条之规定者，前夫或其直系血亲，得向法院请求撤销之。但自前婚姻关系消灭后，已满六个月，或已在再婚后怀胎者，不得请求撤销。

第九百九十五条　当事人之一方于结婚时不能人道而不能治者，他方得向法院请求撤销之。但自知悉其不能治之时起已逾三年者，不得请求撤销。

解 天阉系属残疾，如定婚时未明言，至结婚后发现者，自应准其离异。（四年统字第二三二号）

第九百九十六条 当事人之一方于结婚时系在精神错乱中者，得于常态恢复后，六个月内向法院请求撤销之。

第九百九十七条 因被诈欺或被胁迫而结婚者，得于发现诈欺或胁迫终止后，六个月内向法院请求撤销之。

判 媳妇出嫁未备自愿之要件者，得自请撤销。（四年上字第一八一二号）

判 婚姻之撤销，惟当事人直系尊属，同居最近亲属，及检察官得以主张。（七年上字第一五二七号）

判 被诈欺或强迫而为婚者，得请求撤销。（八年上字第三五九号）

判 有撤销原因之婚姻，曾经追认者，不得撤销。（八年上字第五六三号）

解 媳妇改嫁，系被强迫，未曾表示情愿及追认，自应准其请求撤销。（九年统字第一二七八号）

解 本于诈欺之定婚，许其撤销，并非当然无效。妻受夫不堪同居之虐待，自可请求离异，并许其拒绝同居。又定婚与成婚仪式，为婚姻成立之要件。（九年统字第一三五七号）

判 有撤销原因之婚姻，曾经追认者，不得于追认之后复请撤销。（二十一年上字第二九六号）

第九百九十八条 结婚撤销之效力不溯及既往。

判 婚姻撤销之效力，不溯既往。（四年上字第二一八八号）

判 养子归宗，非撤销婚姻之原因。（八年上字第一一八四号）

第九百九十九条 当事人之一方因结婚无效或被撤销，而受有损害者，得向他方请求赔偿。但他方无过失者，不在此限。

前项情形，虽非财产上之损害，受害人亦得请求赔偿相当之金额。但以受害人无过失者为限。

前项请求权，不得让与或继承。但已依契约承诺，或已起诉者，不在此限。

第三节　婚姻之普通效力

第一千条　妻以其本姓冠以夫姓，赘夫以其本姓冠以妻姓。但当事人另有订定者，不在此限。

判　招赘并不限于父母无子孙之时。（十七年上字第九二六号）

第一千零一条　夫妻互负同居之义务，但有不能同居之正当理由者，不在此限。

判　别居不能消灭婚姻关系。（三年上字第四六〇号）

判　夫不能以妻妾交恶拒绝同居。（五年上字第四四四号）

判　夫之住所，不得拒绝其妻与之同居。（六年上字第九七六号）

判　夫妇同居之事，应由夫作主。（七年上字第三〇三号）

判　夫妇有同居义务。（七年上字第一〇〇九号）

判　病疯重听不得据为拒绝同居之理由。（八年上字第一三五四号）

判　夫妻别居，须得相对人同意，或有不堪同居之事实。（九年上字第二〇一号）

判　夫妻不能推定将来或有虐待情形拒绝同居。（九年私上字第五九号）

判　婚姻关系确已成立，即应负同居之义务。（二十一年上字第一一五号）

判　夫妻除有不能同居之正当理由外，应互负同居之义务。（二十一年上字第一〇〇二号）

解　民法亲属编施行后，不得以纳妾为缔结契约之目的，如有类此行为即属与人通奸，得为离婚请求之原因。如妻因此请求别居，即属第一千零一条但书所称之正当理由。惟在施行前业已成立之纳妾契约，或在施行后得妻之明认或默认而为纳妾之行为，其妻即不得据为离婚之请求。但因此有不同居之正当理由时，得请求别居。至妻别居后之生活费用，即家庭生活费用，若妻无财产，或有财产而无民法第一百二十六条、一百三十七条、一百四十七条、一百四十八条之情形，均应由夫支付之。倘按时支付而有窒碍时，妻得夫之财产收益中，请求指定其一部以充支付。（二十一年院字第七七〇号）（删）

第一千零二条　妻以夫之住所为住所，赘夫以妻之住所为住所。

判　妻之住所，应与夫同。（七年上字第八六三号）

第一千零三条　夫妻于日常家务，互为代理人。

夫妻之一方滥用前项代理权时，他方得限制之。但不得对抗善意第三人。

判　妻惟关于日常家事，有代理权限。（五年上字第三六四号）

第四节　夫妻财产制

第一款　通则

第一千零四条　夫妻得于结婚前，或结婚后，以契约就本法所定之约定财产制中，选择其一，为其夫妻财产制。

判　夫妇除协议外，不得主张析产。（五年上字第四四四号）

第一千零五条　夫妻未以契约订立夫妻财产制者，除本法另有规定外，以法定财产制，为其夫妻财产制。

第一千零六条　夫妻财产制契约之订立变更或废止，当事人如为未成年人，或为禁治产人时，应得其法定代理人之同意。

第一千零七条　夫妻财产制契约之订立变更或废止，应以书面为之。

第一千零八条　夫妻财产制契约之订立变更或废止，非经登记不得以之对抗第三人。

前项登记，另以法律定之。

第一千零九条　夫妻之一方受破产宣告时，其夫妻财产制，当然成为分别财产制。

第一千零一十条　有下列各款情形之一时，法院因夫妻一方之请求，应宣告改用分别财产制：

一、夫妻之一方，依法应给付家庭生活费用而不给付时；

二、夫或妻之财产，不足清偿其债务，或夫妻之总财产，不足清偿总债务时；

三、夫妻之一方，为财产上之处分，依法应得他方之同意，而他方无正当理由拒绝同意时。

第一千零十一条　债权人对于夫妻一方之财产已为扣押，而未得受清偿时，法院因债权人之声请，得宣告改用分别财产制。

第一千零一十二条　夫妻于婚姻关系存续中，得以契约废止其财产契约，或改用他种约定财产制。

第一千零一十三条　下列财产为特有财产：

一、专供夫或妻个人使用之物；

二、夫或妻职业上必需之物；

三、夫或妻所受之赠物经赠与人声明为其特有财产者；

四、妻因劳力所得之报酬。

判　妻得有私财。（二年上字第三三号）

判　妆奁应归妻有。（二年上字第二〇八号）

判　妾亦得有私产。（四年上字第二〇五二号）

判　夫家财产，因赠与或其他行为而归属于妻者，皆不得携以改嫁。（七年上字第一四七号）

判　妻以己名所得之产，为其私有。（七年上字第六六五号）

判　妇人受赠，除夫外，他人不得干涉。（八年上字第八五〇号）

判　给予妻妾之衣饰，应认为妻妾所有。（九年上字第一一号）

判　离婚之妇，无论由何原因，其嫁奁既为专供其个人使用之物，即属其特有财产，当然听其携去。（二十一年上字第二三三号）

判　夫家致送聘财，在习惯上仅为定婚之一要件，殊无因离婚之故，而概请返还之理。（二十一年上字第二三三号）

第一千零一十四条　夫妻得以契约订定，以一定之财产为特有财产。

解　夫之财产，既经赠与其妻，自应认为妻之特有财产。（二十年院字第四二六号）

第一千零一十五条　前二条所定之特有财产，适用关于分别财产制之规定。

第二款　法定财产制

第一千零一十六条　结婚时属于夫妻之财产，及婚姻关系存续中，夫妻所取得之财产，为其联合财产。但依第一千零一十三条规定妻之特有财产，不在其内。

　　判　夫妻之一造，对于他造所有之财产，并无请求分析之权。（二十一年上字第六五八号）

　　第一千零一十七条　联合财产中，妻于结婚时所有之财产，及婚姻关系存续中因继承或其他无偿取得之财产，为妻之原有财产，保有其所有权。

　　联合财产中，夫之原有财产及不属于妻之原有财产之部分，为夫所有。由妻之原有财产所生之孳息，其所有权归属于夫。

　　判　属夫属妻不明之产，推定为夫所有。（七年上字第六六五号）

　　第一千零一十八条　联合财产由夫管理，其管理费用，由夫负担。

　　判　妻就其私产为日常家事外之行为，原则上亦应得夫之允许。（七年上字第九〇三号）

　　判　法定财产制，关于夫之管理权，对于赘婿并无特别规定，自应适用。（二十年院字第六四七号）

　　第一千零一十九条　夫对于妻之原有财产，有使用收益之权。

　　第一千零二十条　夫对于妻之原有财产为处分时，应得妻之同意。但为管理上所必要之处分，不在此限。

　　前项同意之欠缺，不得对抗第三人。但第三人已知或可得而知其欠缺，或依情形可认为该财产属于妻者，不在此限。

　　第一千零二十一条　妻对于联合财产，于第一千零三条所定代理权限内，得处分之。

　　第一千零二十二条　关于妻之原有财产，夫因妻之请求，有随时报告其状况之义务。

　　第一千零二十三条　下列债务由夫负清偿之责：

　　一、夫于结婚前所负之债务；

　　二、夫于婚姻关系存续中所负之债务；

　　三、妻因第一千零三条所定代理行为而生之债务。

　　第一千零二十四条　下列债务，由妻就其财产之全部，负清偿之责：

　　一、妻于结婚前所负之债务；

　　二、妻因职务或业务所生之债务；

　　三、妻因继承财产所负之债务；

四、妻因侵权行为所生之债务。

第一千零二十五条　下列债务由妻仅就其特有财产负清偿之责：

一、妻就其特有财产设定之债务；

二、妻逾越第一千零三条代理权限之行为所生之债务。

第一千零二十六条　家庭生活费用，夫无支付能力时，由妻就其财产之全部负担之。

判　夫妻对于家庭生活费用，除有特种情形外，原应由夫支付。（二十一年上字第七九七号）

第一千零二十七条　妻之原有财产所负债务，而以夫之财产清偿，或夫之债务，而以妻之原有财产清偿者，夫或妻有补偿请求权。但在联合财产，关系消灭前，不得请求补偿。

妻之特有财产所负债务，而以联合财产清偿，或联合财产所负债务，而以妻之特有财产清偿者，虽于婚姻关系存续中，亦得为补偿之请求。

第一千零二十八条　妻死亡时，妻之原有财产，归属于妻之继承人。如有短少，夫应补偿之，但以其短少，系因可归责于夫之事由而生者为限。

第一千零二十九条　夫死亡时，妻取回其原有财产，如有短少，并得向夫之继承人请求补偿。

判　夫亡后，妻就其私产得完全行使权利。（二年上字第三五号）

第一千零三十条　联合财产之分割，除另有规定外，妻取回其原有财产。如有短少，由夫或其继承人负担。

但其短少，系由可归责于妻之事由而生者，不在此限。

第三款　约定财产制

第一目　共同财产制

第一千零三十一条　夫妻之财产及所得，除特有财产外，合并为共同财产，属于夫妻共同共有。

共同财产，夫妻之一方不得处分其应有部分。

第一千零三十二条　共同财产由夫管理，其管理费用，由共同财产负担。

第一千零三十三条　夫妻之一方，对于共同财产为处分时，应得他方之同意。但为管理上所必要之处分，不在此限。

前项同意之欠缺，不得对抗第三人。但第三人已知或可得而知其欠缺，或依情形，可认为该财产属于共同财产者，不在此限。

第一千零三十四条　下列债务，由夫个人并就共同财产，负清偿之责：

一、夫于结婚前所负之债务；

二、夫于婚姻关系存续中所负之债务；

三、妻因第一千零三条所定代理行为而生之债务；

四、除前款规定外，妻于婚姻关系存续中以共同财产为负担之债务。

第一千零三十五条　下列债务，由妻个人并就共同财产，负清偿之责：

一、妻于结婚前所负之债务；

二、妻因职务或营业所生之债务；

三、妻因继承财产所负之债务；

四、妻因侵权行为所生之债务。

第一千零三十六条　下列债务，由妻仅就其特有财产负清偿之责：

一、妻就其特有财产所负担之债务；

二、妻逾越第一千零三条代理权限之行为所生之债务。

第一千零三十七条　家庭生活费用，于共同财产不足负担时，妻个人亦应负责。

第一千零三十八条　共同财产所负之债务，而以共同财产清偿者，夫妻间不生补偿请求权。

共同财产之债务，而以特有财产清偿或特有财产之债务，而以共同财产清偿者，有补偿请求权。虽于婚姻关系存续中，亦得请求。

第一千零三十九条　夫妻之一方死亡时，共同财产之半数，归属于死亡者之继承人。其他半数，归属于生存之他方。

前项财产之分划，其数额另有约定者，从其约定。

第一项情形，如该生存之他方，依法不得为继承人时，其对于共同财产得请求之数额，不得超过于离婚时所应得之数额。

解 共同财产制，即系夫妻共同财产，若因一方之死亡而分割，应除去半数为生存一方外，其余即为死者之遗产。（二十一年院字第七八号）

第一千零四十条 共同财产关系消灭时，除法律另有规定或契约另有订定外，夫妻各得共同财产之半数。

判 将联合财产制宣告改用分别财产制，不过就联合财产中属于夫或妻之原有财产，使之独立，并非将联合财产不问原属何人所有，概令平分之意。（二十一年上字第六五八号）

第一千零四十一条 夫妻得以契约订定仅以所得为限为共同财产。

婚姻关系存续中，夫妻因劳力所得之财产及原有财产之孳息为前项之所得，适用关于共同财产制之规定。

结婚时及婚姻关系存续中，属于夫妻之原有财产，适用关于法定财产制之规定。

第二目 统一财产制

第一千零四十二条 夫妻得以契约订定将妻之财产，除特有财产外估定价额，移转其所有权于夫，而取得该估定价额之返还请求权。

第一个零四十三条 统一财产，除前条规定外，准用关于法定财产制之规定。

第三目 分别财产制

第一千零四十四条 分别财产，夫妻各保有其财产之所有权、管理权及使用收益权。

判 将联合财产制宣告改用分别财产制，不过就联合财产中属于夫或妻之原有财产，使之独立，并非将联合财产不问原属何人所有，概令平分之意。（二十一年上字第六五八号）

第一千零四十五条 妻以其财产之管理权付与于夫者，推定夫有以该财产之收益供家庭生活费用之权。

前项管理权，妻得随时取回，取回权不得抛弃。

第一千零四十六条 下列债务由夫负清偿之责：

一、夫于结婚前所负之债务；

二、夫于婚姻关系存续中所负之债务；

三、妻因第一千零三条所定代理行为而生之债务。

第一千零四十七条　下列债务由妻负清偿之责：

一、妻于结婚前所负之债务；

二、妻于婚姻关系存续中所负之债务。

夫妻因家庭生活费用所负之债务，如夫无支付能力时，由妻负担。

第一千零四十八条　夫得请求妻对于生活费用，为相当之负担。

第五节　离婚

第一千零四十九条　夫妻两愿离婚者，得自行离婚。但未成年人，应得法定代理人之同意。

判　协议离婚为法所许。（五年上字第一四七号）

判　妇虽犯奸，夫不愿离，不得由舅姑嫁卖。（五年上字第八七二号）

判　协议离婚，必须出于夫妻之情愿，非父母所可强制。（六年上字第七三五号）

判　协议离婚，不容余亲及族人妄有争执。（六年上字第一二六一号）

解　夫妇协议离异，既嫁与人为妾，不能翻异。（六年统字第五六六号）

判　妾与家长，准用协议离异。（七年上字第一三二号）

解　夫妻不相和谐，两愿离异，虽未经裁判，亦应发生效力。（九年统字第一二三一号）

解　家长与妾之关系，不适用夫妻离异之规定。如能证明有不得已事由者，应准一造片面声明解约。（九年统字第一二九八号）

解　婚姻关系之当事人，为夫妇两造协议离婚，应由该夫妇为之。父母为子女所订离婚字据，除认子女已有合意外，自属当然无效。（十五年统字第一九九三号）

判　结婚、离婚自由之规定，须尊重两造当事人之意思，不许第三人干涉，并非谓当事人一造可以任意离合，而置相对人之利害关系于不顾。（十七年上字第一〇号）

第一千零五十条 两愿离婚，应以书面为之，并应有二人以上证人之签名。

判 离婚无一定方式。（三年上字第四六〇号）

判 离婚字据，无须一定方式。（八年上字第一一一五号）

第一千零五十一条 两愿离婚后，关于子女之监护，由夫任之。但另有约定者，从其约定。

判 妻妾离异后，其所出子女，由父监护。惟亲生母子之关系，并不消灭。（三年上字第二六九号）

解 夫妇离异，其子女原则上应从父。但有特别约定者，亦得从母，不能听子女自愿。（四年统字第二二五号）

判 离婚后嫁女费用，由父支给。（五年上字第四〇九号）

判 离婚时协定子女监护方法之契约，有效。（六年上字第一一九四号）

解 离婚后，听妇携女适人者，其女之主婚权，自应由妇行使。（六年统字第六〇四号）

解 离婚后之子女，应归其父。但有特别情形可暂归其母抚养，至抚养费用之标准，应以受抚养人生活之需要，及抚养人之财力为断。（七年统字第八二二号）

判 夫妇离婚后，关于子女之监护，双方未有约定者，该子女在原则固应由夫，即该子女之父，任其监护之责。但该子女如果确因年幼而有不能离母，或其父尚有遗弃之情形，法院亦得为该子女利益计，酌定其母，即离婚之妻，为该子女之监护人。（二十一年上字第二三三号）

判 父母子女间之权利义务，自民法亲属编施行之日起，应依民法亲属编之规定，父母对于未成年之子女，有保护及教养之权利义务。至于与未成年人同居之祖父母，则惟于未成年人之父母不能行使负担其权利义务时，或未成年父母死亡而无遗嘱指定监护人时，始得依法定顺序，定其为监护人。若夫妻两愿离婚，则关于子女之监护，于两造未有约定时，固应由夫任之。倘约定不谐致生争执，或由判决离婚者，法院自得为其子女之利益，酌定监护人。（二十一年上字第一〇九三号）

第一千零五十二条 夫妻之一方以他方有下列情形之一者为限，得向法院请求离婚：

　　一、重婚者；

　　二、与人通奸者；

　　三、夫妻之一方，受他方不堪同居之虐待者；

　　四、妻对于夫之直系尊亲属为虐待，或受夫之直系尊亲属之虐待，致不堪为共同生活者；

　　五、夫妻之一方，以恶意遗弃他方在继续状态中者；

　　六、夫妻之一方，意图杀害他方者；

　　七、有不治之恶疾者；

　　八、有重大不治之精神病者；

　　九、生死不明已逾三年者；

　　十、被处三年以上之徒刑，或因犯不名誉之罪被处徒刑者。

　　判　吸食鸦片，非撤销婚约之原因。（三年上字第一一七号）

　　判　尊亲属冲突，非离婚原因。（三年上字第二二三号）

　　判　为娼而无被勒情事者，不得离异。（三年上字第三二九号）

　　判　因贫出外谋生，不为逃亡。（三年上字第三二九号）

　　判　卖妻为娼，虽未成，亦准离异。（三年上字第四三三号）

　　判　因贫不给衣饰，非离婚原因。（三年上字第七六五号）

　　判　妄冒成婚与殴妻至折伤及抑勒通奸者，离异。（三年上字第八六六号）

　　判　抑勒通奸，律文所称义父赃义母言。（三年上字第九九九号）

　　判　先期强娶，非离异原因。（三年上字第一〇七七号）

　　判　夫逃亡三年属实者，虽未告官，亦得改嫁。（三年上字第一一六七号）

　　判　妇人离异后改嫁，夫家不得干涉。（四年上字第二一三号）

　　判　尊长舅姑抑勒殴伤，须本夫知情参与，始得离异。（四年上字第三七八号）

　　判　因事出外，不为弃妻。（四年上字第一四三三号）

　　判　妻犯七出者，离异。（四年上字第一七九三号）

　　判　吸烟、赌博，非离婚原因。（四年上字第一九二五号）

解 甲走失八年无信，乙善意娶甲妻为妇，毋庸强之归甲。（四年统字第三五〇号）

解 合定婚条件之童养媳，准用律例出妻条。夫逃亡三年不还，听其改嫁之例，事前虽未告官，如逃亡别有证明，即仍有效。（四年统字第三五〇号）

解 未婚夫及姑抑勒童养媳卖娼，准其离异。（四年统字第三五八号）

判 前妻已离异而更娶者，后娶之妻，不能以此为离异原因。（五年上字第五五六号）

判 有一去不返之意思者，为背夫在逃，应准离异。（五年上字第五九八号）

判 买休卖休者离异。（五年上字第六五四号）

判 夫之语言行动，足使其妻丧失社会上之人格者，为重大侮辱。（五年上字第七一七号）

判 家长与妾解除契约，不适用离婚之规定。（五年上字第八四〇号）

判 擅卖妻之妆奁，非离婚原因。（五年上字第九六三号）

判 夫妇关系，非有法定原因，不得离异。（五年上字第一〇二八号）

判 夫妇受彼造重大侮辱者，离异。（五年上字第一七三号）

判 惯行殴打，即为不堪同居之虐待。（五年上字第一〇七三号）

判 有妻再娶先经通知者，后娶之人为妾，不得离异。（五年上字第一一六七号）

判 有妻欺饰更娶者，后娶之妻，应离异。（五年上字第一一六七号）

判 虐待至不堪同居者，离异。（五年上字第一四五七号）

解 舅姑抑勒子妇与人通奸，其本夫知情而不阻止者，得许其离异。（五年统字第四三七号）

判 殴打而不能认为虐待者，须至折伤废笃，始得离异。（六年上字第一八号）

判 出外不告舅姑，尚非不事舅姑。（六年上字第八五号）

判 后娶之妻，主张不愿作妾者，应判令离异。（六年上字第六六二号）

判 确有不孝事实，训诫不悛者，为不事舅姑。（六年上字第九四七号）

判 诬告其妻犯奸，为重大侮辱。（六年上字第一〇一二号）

判　买休卖休，无论出于诈欺胁迫或自愿，皆离异。（六年上字第一〇六八号）

判　夫妇于涉讼中相诋毁，不得为重大侮辱。（六年上字第一一三八号）

解　夫犯无期徒刑，其妻不能由姑主婚改嫁。（六年统字第六九六号）

判　有妻更娶者，后娶之妻离异。（七年上字第八四号）

判　虐待或重大侮辱妻之父母者，离异。（七年上字第一五〇号）

判　因一时气忿致他造受轻伤者，不为虐待。（七年上字第二六四号）

判　空言声称嫁卖，不为义绝。（七年上字第七八七号）

判　妻妾自显为娼，其夫虽经纵容，不得请求离异。（七年上字第九四六号）

判　夫之所在可以探知及音信常通者，皆非逃亡。（七年上字第一三八一号）

解　妇为夫父强奸，或非理殴打致笃废疾者，均应准其离异。（七年统字第八一三号）

解　夫不肯与妻为床笫之欢，如有程度可认为不堪同居之虐待，应认义绝，自可准其离异。（七年统字第八二八号）

解　抢婚虽干例禁，惟尚难据为撤销婚约之原因。如果抢婚行为外，依律并可认为另有强奸之行为者，应准离异。（七年统字第九〇六号）

判　妻于夫故后，有淫乱情形，翁姑得令其退回母家，脱离亲属关系。（八年上字第六四号）

判　妻背夫在逃改嫁，得以离异。（八年上字第一六六号）

判　定婚时不知有妻，又不愿作妾者，许其离异。（八年上字第一七七号）

判　不能以曾经涉讼为理由，请求离异。（八年上字第一七七号）

判　夫仅无力养赡，不为离异原因。（八年上字第三五九号）

判　妇女被夫典雇，不能当然视为业已离异。（八年上字第四一一号）

判　夫逃亡而存有资财，足供妻之生计，或有赡养之人者，不得谓为逃亡。（八年上字第四三四号）

判　夫因妻不善事舅姑而气忿殴骂，不能指为虐待。（八年上字第七〇〇号）

判 已成婚犯奸盗，不为离异原因。（八年上字第七五三号）

解 抢亲如别无义绝情事，自不能据为离异之原因。惟察其情形已难相处，自可妥为劝谕，无以职权径予判离之理。（八年统字第九三七号）

解 兼祧双配，后娶之妻，得认为妾。如以被欺重婚为由，亦应准其请求离异。（八年统字第九三九号）

解 聘定后，发现天阉，自系残废，应照现行律男女婚姻各条办理。（八年统字第一〇三一号）

解 将妻绝卖与人，非经明示回复关系后，不能认为夫妇。（八年统字第一〇七二号）

解 现行律所谓不事舅姑，系指虐待及重大侮辱而言。（八年统字第一一三四号）

解 孀妇犯奸，如已确实有据，得令退居母家。（八年统字第一一六二号）

判 纵容妻妾通奸，或为娼，若事出两愿，即不得请求离异。（九年上字第八六号）

判 成婚后发现一造有残疾者，得请求离异。（九年上字第二九一号）

判 夫被妻殴，得请离异，无须至折伤之程度。（九年上字第五三七号）

判 虐待一造，不得对于被虐待之一造请求离异。（九年上字第八〇九号）

判 先娶之妻，得以其夫重婚为理由，请求离异。（九年上字第一一二四号）

解 妻诬告夫确实有据者，自可认为义绝，准其离异。（九年统字第一二〇三号）

解 实女系属残疾，得请求离异。（九年统字第一二〇八号）

解 身有残疾，定婚时未经特别告知经其同意，则虽已立婚书，交聘财，或并已成婚，亦准撤销。（九年统字第一二四八号）

解 夫出走三年，其妻别行改嫁，当时虽未经告官给照，如认其确有逃亡之据，始终毫无音信踪迹，其年限又属合法者，改嫁即属有效。至当事人如果并无各愿离异之明确表示，亦不合于上开逃亡之条件，则

改嫁之婚姻，自不合法，应准撤销。（九年统字第一三六二号）

解　自制木狗私刑，将妻钉锁，自可认为不堪同居之虐待，许妻诉请离异。（九年统字第一四〇八号）

解　抢亲不能为解除婚约之原因，至民教结婚，纵使有违教规，亦无许其离异之理。（九年统字第一四一二号）

解　妇女因夫逃亡三年以上不还而改嫁者，为现行律所允许。（九年统字第一四一五号）

解　已成婚后，发生之恶疾，不能为离异原因。（九年统字第一四二四号）

判　所谓夫逃亡三年不还并听经官告给执照别行改嫁云者，系指夫于逃亡三年后仍继续在外生存莫定，并无归还之音信者而言。（十年上字第八四三号）

判　妻之在逃，非立意背夫者，不得离异。（十一年上字第八一〇号）

判　定婚时年龄妄冒，惟因此陷于错误，始得离异。（十一年上字第一五一九号）

判　翁姑行踪不明，孀妇之父母于必要时，亦可主婚改嫁。（十一年上字第一六六五号）

判　僧道娶妻，不问其妻是否知为僧道，均应判准离异。（十三年上字第二三七九号）

判　夫于妻诬奸告官，应认为有重大之侮辱。（十四年上字第四四号）

判　妇女听从本夫卖休，显已协议离异，婚姻关系自属消灭。（十四年上字第二五〇一号）

判　解除姘居契约，毋须适用关于妻妾离异之规定。（十五年上字第二二四号）

判　夫因犯奸处刑，应准援用现行律未婚男犯奸，听女别嫁之规定。（十五年上字第一四八四号）

判　现行律载，凡男女定婚之初，若有残废疾病者，务要两家明白通知，各从所愿。是男女之一造于定婚时已发生残废疾病，未经明白通知相对人得其同意，其婚姻自难完全有效。无论已未婚娶，为尊重人道及谋家

室之和平起见，应许相对人请求撤销或离异。（十七年上字第二三号）

判　夫妇不睦，以致涉讼，在涉讼中互相诋毁，事所常有。纵令故甚其词，亦不过一时气愤，究不能指为重大侮辱。（十七年上字第四七号）

判　犯奸既经调停，不得再引其事实为离婚请求之根据。（十七年上字第三四八号）

判　背夫在逃，当然为离异原因之一，惟所谓在逃，必系有一去不返之意。（十七年上字第三四八号）

判　夫妇之一造，受他造重大侮辱者，应许其请求离异。又所谓重大侮辱者，指一造之言语行动足使他造丧失社会上之人格，其侮辱之程度至不能忍受者而言。（十七年上字第五七〇号）

解　离婚案件，无论男女何方请求，应以平等原则认有离婚理由者，方得准予离异。（十七年解字第一六号）

解　离婚案件，应审查事实原因，认定有无理由，分别准驳。（十七年解字第五七号）

解　离婚案件，所诉有无理由，应由法院审核办理。（十七年解字第一四七号）

判　吸食鸦片，现行法令悬为厉禁，认系犯罪行为。在刑法及《禁烟法》，均有科刑专条。故凡甘居下流，染此嗜好者，其配偶人据以请求离异，自应认为有正当之理由。（十九年上字第二〇九〇号）

判　夫殴其妻或妻殴其夫，均以受较重之伤或为惯行殴打应认为虐待者，始许被殴之一造主张离异。其从前律例，有违男女平等原则之各规定，当不能再行援用。（十九年上字第二三〇七号）

解　娶妾并非婚姻，不能为离婚之原因。（二十年院字第六四七号）

判　夫惯行殴打妻，即为使受有不堪同居之虐待，已构成离婚条件。（二十一年上字第一一〇号）

判　夫妻之一方，生死不明，已逾三年者，得请求离婚。（二十一年上字第一四七号）

判　夫妻之一方，以恶意遗弃他方在继续状态中者，依民法第一百五十二条第五款之规定，固可据以诉请离婚。但所谓恶意遗弃，基于夫妻互负扶养之义务，自系指一方有负担家庭生活费用之资力与义务，而故意不

肯支付，因而他方不能维持相当生活者而言。（二十一年上字第二五九号）

　　判　夫妻之一方，有患不治之恶疾，及重大不治之精神病者，他方固得据以为请求离婚之原因。惟所谓恶疾者，以不治为要件，所谓精神病者，以重大而又不治为要件。（二十一年上字第一〇二〇号）

　　解　夫妻之一方，于同居之诉判决确定后，如仍不履行同居义务，若无其他情形，尚不能指为恶意遗弃。（二十一年院字第七五〇号）

　　判　妻受夫之直系尊亲属之虐待致不堪为共同生活者，虽得诉请离婚，但所谓虐待，必其事实在一般客观上足以认其确有不能共同生活之情形者，方得准许离婚。（三十一年上字第七六二号）

　　第一千零五十三条　对于前条第一款、第二款之情事，有请求权之一方于事前同意，或事后宥恕，或知悉后已逾六个月，或自其情事发生后已逾五年者，不得请求离婚。

　　判　纵妻犯奸者，夫不得请求离异。（四年上字第三三一号）

　　判　宥恕为离婚诉权之抛弃。（五年上字第六〇六号）

　　判　虐待侮辱舅姑而为所宥恕者，不得再请离异。（五年上字第七四二号）

　　判　后娶妻，于订婚时明知其夫有妻，或当时不知而知后情愿继续其关系者，均不得请求离异。（十二年上字第一一七〇号）

　　第一千零五十四条　对于第一千零五十二条第六款及第十款之情事，有请求权之一方自知悉后已逾一年，或自其情事发生后已逾五年者，不得请求离婚。

　　第一千零五十五条　判决离婚者，关于子女之监护，适用第一千零五十一条之规定。但法院得为其子女之利益，酌定监护人。

　　解　离婚后之子女应归其父，但有特别情形可暂归其母抚养。至抚养费用之标准，应以受抚养人生活之需要，及抚养人之财力为断。（七年统字第八二二号）

　　判　夫妻呈诉离婚后，其子女不便由父监护者，得由审判衙门指定监护人。（八年上字第九五七号）

　　判　夫妇离婚后，关于子女之监护，双方未有约定者，该子女在原则固应由夫，即该子女之父，任其监护之责。但该子女如果确因年幼而有不能离母，或其父尚有遗弃之情形，法院亦得为该子女利益计，酌定其母，即离婚之妻，为该子女之监护人。（二十一年上字第二三三号）

判　父母子女间之权利义务，自民法亲属编施行之日起，应依民法亲属编之规定，父母对于未成年之子女，有保护及教养之权利义务。至于与未成年人同居之祖父母，则惟于未成年人之父母不能行使负担其权利义务时，或未成年父母死亡而无遗嘱指定监护人时，始得依法定顺序，定其为监护人。若夫妻两愿离婚，则关于子女之监护，于两造未有约定时，固应由夫任之。倘约定不谐致生争执，或由判决离婚者，法院自得为其子女之利益，酌定监护人。（二十一年上字第一〇九三号）

第一千零五十六条　夫妻之一方，因判决离婚而受有损害者，得向有过失之他方，请求赔偿。

前项情形，虽非财产上之损害，受害人亦得请求赔偿相当之金额。但以受害人无过失者为限。

前项请求权，不得让与或继承。但已依契约承诺，或已起诉者，不在此限。

判　因故意过失致婚姻应离者，负抚慰他造之义务。（三年上字第一〇八五号）

判　夫给妻离婚后之赔偿慰抚费，应斟酌妻之身份年龄等而定。（八年上字第一〇九九号）

第一千零五十七条　夫妻无过失之一方，因判决离婚而陷于生活困难者，他方纵无过失，亦应给与相当之赡养费。

判　请求离异之一造，如离异之原因不能归责于他一造者，对他造应负抚慰之义务。（十七年上字第七〇八号）

解　离婚之原因出于女子者，亦得审核情形，判给相当生活费。（十七年解字第一四五号）

判　夫妇无过失之一方，因判决离婚而陷于生活困难者，他方纵无过失，亦负给付相当养赡费之义务。但其数额之核定，应予斟酌养赡义务人之身份资力，及养赡权利人之需要，以为标准。（二十一年上字第二三三号）

判　夫妻之一方，于离婚后，实有陷于生活困难之情形，他方纵无

过失，亦不能不负给与相当赡养费之责。（二十一年上字第四二二号）

解　赡养是否相当，当视赡养者之经济能力及被赡养者需要状况权衡认定。至赡养以何时为准，须于请求赡养时斟酌双方现状定之。（二十一年院字第七四四号）

判　夫妻之一方受他方不堪同居之虐待者，得向法院请求离婚。其事实发生在民法亲属编施行前者，亦得请求离婚。所谓不堪同居之虐待者，即其虐待之情形达于不堪同居之程度为已足，若惯行殴打致不堪同居，自亦可认为不堪同居之虐待，不以殴打成伤为限。（三十一年上字第一九九七号）

第一千零五十八条　夫妻离婚时，无论其原用何种夫妻财产制，各取回其固有财产，如有短少，由夫负担。但其短少系由非可归责于夫之事由而生者，不在此限。

判　离婚原因由夫构成者，对于其妻负赔偿义务，即由妻构成者，妻之财产亦不因离婚而丧失。（四年上字第一四〇七号）

判　聘财不能因离婚而概予追还。（五年上字第五六号）

判　离异无论由何原因，听妻携去妆奁。（六年上字第一一八七号）

第三章　父母子女

第一千零五十九条　子女从父姓。

赘夫之子女从母姓。但另有约定者，从其约定。

第一千零六十条　未成年之子女，以其父之住所为住所。

赘夫之子女，以其母之住所为住所。

判　行亲权者，得限定子之住所。（五年上字第八四三号）

第一千零六十一条　称婚生子女者，谓由婚姻关系受胎而生之子女。

第一千零六十二条　从子女出生日回溯第一百八十一日起至第三百零二日止，为受胎期间。

能证明受胎回溯在前项第三百零二日以前者，以其期间为受胎期间。

判　从子出生日追算怀胎之最长时期，为三百日。（七年上字第八七八号）

判 子女受胎之期间，应从该子女出生日，回溯至第一百八十一日起，至第三百零二日止，于受胎期间生父与生母有同居之事实者，得请求其生父认领。依民法亲属编施行法第八条，对于施行前受胎之子女，亦适用之。（二十一年上字第一〇七号）

判 受胎期间，至少应从子女出生之日回溯至第一百八十一日。（二十一年上字第一五九七号）

第一千零六十三条 妻之受胎，系在婚姻关系存续中者，推定其所生子女，为婚生子女。

前项推定，如夫能证明于受胎期间内未与妻同居者，得提起否认之诉。但应于知悉子女出生之日起，一年内为之。

解 成婚未及六月所生之子，与夫无血统关系，不能认为亲子。但有时仍可称为继父，至对其母则无论何时，均系母子关系。（三年统字第一五三号）

第一千零六十四条 非婚生子女，其生父与生母结婚者，视为婚生子女。

判 奸生子，可于母取得父妾之身份时，取得庶子身份。（八年上字第一四〇一号）

解 奸生子，在父母正式婚姻后出生者，即取得嫡子身份。（八年统字第一〇二九号）

解 现行律载奸生之子，如别无子立，应继之人为嗣，与奸生子均分财产等语，盖律例原意，及我国习惯，均以血统为重。故其母嗣后取得妻妾身份，私生子又经其父认领，仍可取得嫡子或庶子之身份。（十六年统字第二〇一二号）

第一千零六十五条 非婚生子女经生父认领者，视为婚生子女，其经生父抚育者，视为认领。

非婚生子女，与其生母之关系，视为婚生子女，毋须认领。

判 奸生子因认知而生父子关系。（三年上字第七二九号）

判 奸生子有分受家产之权。（四年上字第一五四七号）

判 妾与亲生子女之母子关系，不因被废去家而消灭。（四年上字第二三二五号）

判　奸生子认知制度，应为认许。（五年上字第一八九号）

判　奸生子不得以亲生子论。（五年上字第九二五号）

解　经认知之同姓奸生子，对于异姓乱宗之案，亦得有告争权。（五年统字第四一八号）

解　妻判归原夫后，其怀胎所生之子，后夫如不为认领，自仍由妻收养。（七年统字第七七四号）

解　私生子，现行律称奸生子，乃指其母无妻妾关系怀胎所生之子女而言。私生子本有请求认领之权，惟须待父认领以后，始生亲子关系，并其相当之权利义务。（十六年统字第二〇一二号）

解　非婚生子，经其父追认，不得以异姓乱宗告争，更无由他人主张归宗之理。（十七年解字第一八五号）

判　按未成年之私生子女，经认知后，应归其父监护。惟如有特别情形（子女年幼不能离母或父有遗弃情事），不宜由父监护者，法院亦得斟酌其子女之利益，指定监护之人。（十八年上字第三七二号）

判　母虽与父脱离关系，而其所生之子，究无绝母之义，故母子间之关系，依法自属仍旧存在。（二十一年上字第一九八二号）

第一千零六十六条　非婚生子女或其生母，对于生父之认领，得否认之。

第一千零六十七条　有下列情形之一者，非婚生子女之生母，或其他法定代理人得请求其生父认领：

一、受胎期间生父与生母有同居之事实者；

二、由生父所作之文书可证明其为生父者；

三、生母为生父强奸或略诱成奸者；

四、生母因生父滥用权势成奸者。

前项请求权自子女出生后五年间，不行使而消灭。

解　私生子，现行律称奸生子，乃指其母无妻妾关系怀胎所生之子女而言。私生子本有请求认领之权，惟须待父认领以后，始生亲子关系，并其相当之权利义务。（十六年统字第二〇一二号）

解　私生子与母虽不经认领，仍可有亲子关系，以生相当之权利义务。如前所述，则对于母可以请求扶养，对于父亦可请求认领及扶养。

（十六年统字第二○一二号）

　　判　子女受胎之期间，应从该子女出生日，回溯至第一百八十一日起，至第三百零二日止，于受胎期间生父与生母有同居之事实者，得请求其生父认领。依民法亲属编施行法第八条，对于施行前受胎之子女，亦适用之。（二十一年上字第一○七号）

　　第一千零六十八条　生母于受胎期间内，曾与他人通奸或为放荡之生活者，不适用前条之规定。

　　第一千零六十九条　非婚生子女认领之效力，溯及于出生时。但第三人已得之权利，不因此而受影响。

　　第一千零七十条　生父认领非婚生子女后，不得撤销其认领。

　　第一千零七十一条　依第一千一百四十二条之规定指定继承人者，其继承人与被继承人之关系，除法律另有规定外，与婚生子女同。

　　解　嫡子已经出继，而本房只有庶子者，其庶长子之承继权，与嫡子无异。至兼祧之独子，其本生父又生他子，当以完全出继论。（十年统字第一五八六号）

　　第一千零七十二条　收养他人之子女为子女的，其收养者为养父或养母，被收养者为养子或养女。

　　判　有子之人，得收养义子。（四年上字第一九七一号）

　　判　乞养义女，非法所不许。（七年上字第一九五号）

　　判　收养义子，不须族人同意。（八年上字第二八三号）

　　第一千零七十三条　收养者之年龄，应长于被收养者三十岁以上。

　　第一千零七十四条　有配偶者，收养子女时，应与其配偶共同为之。

　　判　妇人私抱之子，不能为义子。（五年上字第三八五号）

　　第一千零七十五条　除前条规定外，一人不得同时为二人之养子女。

　　第一千零七十六条　有配偶者被收养时，应得其配偶之同意。

　　第一千零七十七条　养子女与养父母之关系，除法律另有规定外，与婚生子女同。

　　判　养子得酌分遗产，并与闻养亲殡葬之事。（四年上字第二七○号）

　　判　异姓子与血统之子，在谱上宜有区别。（四年上字第一二七一号）

　　解　义子既未归宗，无子立嗣，本宗族人自无干涉之余地。又遗弃

小儿，久失姓氏，已从养家之姓，则无子立嗣，自可择其养家同姓之子为后。（五年统字第四八五号）

解 异姓子为嗣已久，未经告争权人主张其无效，消灭其身份，则其子孙自可出继本姓他支。（七年统字第八一四号）

解 异姓入继，子孙依该族惯例已取得权利者，族人非得其同意，自不能率予剥夺。（七年统字第八五一号）

解 异姓子承继已久，未经告争权人主张其无效，消灭其身份，即不得谓为异姓乱宗。（七年统字第八五三号）

判 养子入谱，与异姓乱宗无涉。（八年上字三二五号）

判 以祀产收益之一部，划归义子，其契约不为无效。（八年上字第七五〇号）

判 义男酌分财产，不能以普通赠与之法理相绳。（八年上字第九八八号）

解 随母再醮，改姓娶妻成家，迨其终身，并无发生争执，自应认为承继确定，或仅系养子关系，而义子亦得酌分财产。若既非继子，又非养子，则仍由本宗侄承继其嗣，自属不成问题。（八年统字第九六六号）

判 养亲对于乞养子女应有之监护，及主婚权养亲家族，不得主张有此权利。（十四年上字第一七八七号）

判 异姓子入嗣，历久无人告争，则甲姓出继乙姓，所生子孙仍属乙姓之后，其关于乙姓本支承继适法与否，本于利害关系，自可为法律上之主张。（十七年上字第三七〇号）

判 族谱载有异姓不得乱宗之例者，系以当时法律不认收养异姓之子，与养父母间有亲子关系为前提。自民法施行后，依该法第一〇七条之规定，养子与养父母之关系，除法律另有规定外，与婚生子同。婚生子既应入谱，法律上视为婚生子之养子，自不得更援谱例，拒绝入谱。惟养子法律上之地位，于另有规定时，亦非与婚生子全然同一。故养子入谱，应依其谱例之本旨，载明养子字样，以别于真正之婚生子。（二十一年上字第五七号）

解 独子、独女之为他人养子女，法无禁止明文。惟收养关系未终止以前，养子女与本生父母之关系，不能回复，自无所谓媒充。又在旁系血亲八亲等以内，旁系姻亲五亲等以内，辈分不相同者，自不得为养子女，以免淆乱。（二十一年院字第七六一号）

第一千零七十八条　养子女从收养者之姓。

判　异姓义子，得附葬祖茔。（四年上字第一三○三号）

判　乞养异姓养子，及收养遗弃小儿，俱不必勒令归宗。（四年上字第一六○八号）

判　律载义子以抚养在家者为限，习俗之干儿不能即为义子。（五年上字第一一二三号）

判　养子得依谱例，登入养家之谱。（八年上字第八七三号）

解　民法上并无所谓宗祧继承，至收养他人子女，无论被收养者是否异姓，均无不可。（二十年院字第五五○号）

第一千零七十九条　收养子女，应以书面为之。但自幼抚养为子女者，不在此限。

第一千零八十条　养父母与养子女之关系，得由双方同意终止之。

前项终止，应以书面为之。

判　嗣子归宗，不得强制。（四年上字第六三号）

判　双方合意解除承继关系者，不须告官。（七年上字第三三九号）

判　义子不得因争执本家承继，而临时归宗。（八年上字第一三六八号）

判　非三岁以下之养子，得自由回复其本姓，独立经营之财产，亦得携回。（十一年上字第八四三号）

第一千零八十一条　养父母养子女之一方，有下列各款情形之一者，法院因他方之请求，得宣告终止其收养关系：

一、对于他方为虐待或重大侮辱时；

二、恶意遗弃他方时；

三、养子女被处二年以上之徒刑时；

四、养子女有浪费财产之情事时；

五、养子女生死不明已逾三年时；

六、有其他重大事由时。

判 亲所不悦之义子，得令归宗。（三年上字第五六七号）

判 归宗非要式行为。（四年上字第四八九号）

判 养子依法离异，系单独之不要式行为。（四年上字第六一〇号）

判 养子被逐，不得要求酌给财产。（四年上字第一七六九号）

解 因失踪而立约退继，双方均系善意，自非无效。（七年统字第九〇八号）

解 义子不得于所养父母，自可援照废继规定，解除关系，并不许将财产携归本宗，义子之子孙亦同。（八年统字第一一二五号）

解 出继人既已成年，其自己又并无归宗之意思，自不许其本生父请求退继。（九年统字第一四〇三号）

第一千零八十二条 收养关系经判决终止时，无过失之一方，因而陷于生活困难者，得请求他方给与相当之金额。

判 养子不许携回分得财产，惟伙置产业在外。（三年上字第一二五五号）

判 养子已被逐归宗者，原则上固应听养亲之意思酌给财产，而不应指定数额，强其给与。惟如果互相依倚多年，于养亲家产之增加，不无补助之劳绩，自得由审判上为之酌定相当之数额。（十九年上字第三二〇九号）

第一千零八十三条 养子女自收养关系终止时起，回复其本姓，并回复其与本生父母之关系。但第三人已取得之权利，不因此而受影响。

解 独子、独女之为他人养子女，法无禁止明文。惟收养关系未终止以前，养子女与本生父母之关系不能回复，自无所谓兼充，又在旁系血亲八亲等以内旁系姻亲、五亲等以内辈分不相同者不得为养子女，以免淆乱。（二十一年院字第七六一号）（删）

第一千零八十四条 父母对于未成年之子女，有保护及教养之权利义务。

判 妾生之子，不得由众母行使亲权。（五年上字第八四三号）

判 父母子女间之权利义务，自民法亲属编施行之日起，应依民法亲属编之规定，父母对于未成年之子女，有保护及教养之权利义务。至于与未成年人同居之祖父母，则惟于未成年人之父母不能行使负担其权利义务时，或未成年父母死亡而无遗嘱指定监护人时，始得依法定顺序，定其为监护人。若夫妻两愿离婚，则关于子女之监护，于两造未有约定时，固应由夫任之。倘约定不谐致生争执，或由判决离婚者，法院自得为其子女之利益酌定监护人。（二十一年上字第一〇九三号）

第一千零八十五条　父母得于必要范围内惩戒其子女。

第一千零八十六条　父母为其未成年子女之法定代理人。

解　孀妇有子招夫，仍有代理其子管理财产之权。（四年统字第三七二号）

判　嗣子未成年，由守志之母，管理其遗产，并主张遗产上权利。（五年上字第五三号）

判　嫡母有优先管理庶子财产之权。（五年上字第一二〇九号）

判　庶子生母不能先于嫡母为其子之法定代理人。（九年抗字第六九号）

判　继子之生父，对于其继母之处分财产，无权干涉。（十年上字第七五〇号）

解　未成年之女，如父已亡故，应以其母为法定代理人。（二十年院字第四〇六号）

第一千零八十七条　未成年子女，因继承赠与或其他无偿取得之财产，为其特有财产。

判　家属之特有财产，不得归入公产。（五年上字第四七五号）

解　只身出外，未曾携有家产，其个人经营所得之资，兄弟不能均分。（八年统字第一〇八四号）

判　父子间之财产关系，除父以财产分归子有之外，通常应认为父之所有，若认为父子共有，则非有特别原因不可。（十九年上字第二〇五号）

第一千零八十八条　子女之特有财产，由父管理。父不能管理时，由母管理。父母对于子女之特有财产，有使用、收益之权。但非为子女之利益不得处分之。

判　管理未成年子之财产，先父后母，继母亦同亲母。（三年上字第六一六号）

判　母于未成年子之财产有管理权责，惟处分权则以有生活必要情

形为限。（四年上字第四八一号）

　　判　嫡母于未成年庶子之财产，有管理权。（四年上字第五六四号）

　　判　母行使管理权，不受族长干涉。（四年上字第一二九一号）

　　解　父子同居共财，由子购置之财产，如别无可认为父遗之根据，自系子之私产，未便听父处分。若确系遗产，亦应于不害应继遗留分之限度内，为处分之行为。（六年统字第七三二号）

　　解　离婚后子女养生费，其父能否行使亲权，均属原判范围外之事实，自可另案诉请依法判定。（八年统字第一〇六五号）

　　解　分析家产，果属有效，除长子多给与否依习惯外，自应按子数均分。其生母如别无过误，其子应得之财产，自愿由生母管理。（九年统字第一二九五号）

　　解　凡成年之人，即有完全行为能力，除关于商人能力别有规定外，现行律尚有卑幼不得擅用私财一条，凡家财均不得私擅处分，私财则完全自由。（十四年统字第一九一一号）

　　第一千零八十九条　对于未成年子女之权利义务，除法律另有规定外，由父母共同行使或负担之。父母对于权利之行使意思不一致时，由父行使之。父母之一方不能行使权利时，由他方行使之。父母不能共同负担义务时，由有能力者负担之。

　　判　未成年人之继产管理权，原则在母而不在祖母。惟母为处分或重大管理行为，须得祖母许可。（六年上字第一二三三号）

　　第一千零九十条　父母滥用其对于子女之权利时，其最近尊亲属或亲属会议，得纠正之。纠正无效时，得请求法院宣告停止其权利之全部或一部。

　　判　父母不胜监护之任者，其祖父母得请求宣告失权。（三年上字第六一六号）

　　判　子已成年，母独断处分家产，不为有效。（三年上字第六六九号）

　　判　亲生子，不得任意脱离关系。（五年上字第一〇二八号）

　　判　父母之财产管理权，得请求宣告丧失。（六年上字第四六〇号）

　　判　父卖其女，不为父女关系断绝之原因。（八年上字第六八二号）

第四章　监护

第一节　未成年人之监护

第一千零九十一条　未成年人无父母，或父母均不能行使负担对于其未成年子女之权利义务时，应置监护人。但未成年人已结婚者，不在此限。

判　未成年嗣子，无嗣父母而又无同居尊长时，得由本生父母为监护人。（四年上字第一二七四号）

判　设定监护人，不必限于未成年人父母俱亡之后。于其母管理不当时，亦得另行设定。（五年上字第一一八六号）

判　继母或他亲族代管未成年子之财产，得定监督保护之方法。（七年上字第九一九号）

判　夫妻呈诉离婚后，其子女不便由父监护者，得由审判衙门指定监护人。（八年上字第九五七号）

判　无利害关系人，不得请求为未成年人设置监护。（八年上字第一一九一号）

解　中国国家，现时尚无自行施行监护之制度，但各地方多设育婴堂，类为财团法人性质，以养育并监护私生子为目的。地方行政长官，有监督该机关之权。（十六年统字第二〇一二号）

第一千零九十二条　父母对其未成年之子女，得因特定事项，于一定期限内，委托他人行使监护之职务。

判　妇人夫亡招赘时，为子女之监护人，亦不得为已处分遗产。（九年上字第五七二号）

判　按未成年之私生子女，经认知后，应归其父监护。惟如有特别情形（子女年幼，不能离母或父有遗案情事），不宜由父监护者，法院亦得斟酌其子女之利益，指定监护之人。（十八年上字第三七二号）

第一千零九十三条　后死之父或母，得以遗嘱指定监护人。

判　指定监护人（托孤），不限于同宗。由行亲权人指定者，族人不得干涉。（二年上字第六四号）

判　出母得指定为子女监护人。（七年上字第六三一号）

判　慈母自为未成年庶子之监护人。（八年上字第七七〇号）

判　妇人夫亡招夫时，得夫亲同意，可为其前夫子之监护人。（八年上字第九五七号）

第一千零九十四条　父母均不能行使负担对于未成年子女之权利义务，或父母死亡而无遗嘱指定监护人时，依下列顺序定其监护人：

一、与未成年人同居之祖父母；

二、家长；

三、不与未成年人同居之祖父母；

四、伯父或叔父；

五、由亲属会议选定之人。

判　经确定判决选定有管理人者，应归其管理。（四年上字第六六四号）

判　父母俱亡之未成年人，除有指定监护人，及近亲尊长外，应为之选定监护人。（五年上字第六二二号）

判　嗣子尚未成年，而被承继人夫妇俱已亡故者，其代行管理遗产之权，自属于被承继人夫妇中最后亡故者所指定之人。若无指定之人，则应由嗣子之同居尊长代行其管理权。但若该同居尊长对于该嗣子之行为，已显然可认为利益相反，则为保证嗣子利益起见，审判衙门自可另选定适当之人为之管理。（五年上字第九九〇号）

解　孀妇未嫁前所定之监护人，应认有效，惟仍须由亲属共同监督。（七年统字第七八〇号）

判　堂叔姑母无当然任监护人资格。（八年上字第一三九号）

判　无能力人，应由同居近亲任监护人之责，先父或母依次始及于妻。（十年上字第一六一一号）

解　养父母对于养子女，当然为行亲权之人。童养媳及无行亲权之人，均以家长为监护人。（二十一年院字第七七三号）

解　刑法上之监护人，应依民法之规定，保佐人制度，现民法已不采用。（二十一年院字第七七三号）（删）

第一千零九十五条　依前条规定为监护人者，非有正当理由，不得辞其职务。

第一千零九十六条　未成年人及禁治产人，不得为监护人。

第一千零九十七条　除另有规定外，监护人于保护增进受监护人利益之范围内，行使负担父母对于未成年子女之权利义务。但由父母暂时委托者，以所委托之职务为限。

第一千零九十八条　监护人为受监护人之法定代理人。

第一千零九十九条　监护开始时，监护人对于受监护人之财产，应会同亲属会议所指定之人，开具财产清册。

第一千一百条　受监护人之财产，由监护人管理，其管理费用由受监护人之财产负担。

监护人管理受监护人之财产，应与处理自己事务为同一之注意。

判　监护人，不能舍弃被监护人之财产。（五年上字第一二六一号）

第一千一百零一条　监护人对于受监护人之财产，非为受监护人之利益，不得使用或处分，为不动产之处分时，并应得亲属会议之允许。

第一千一百零二条　监护人不得受让受监护人之财产。

第一千一百零三条　监护人应将受监护人之财产状况，向亲属会议每年至少详细报告一次。

第一千一百零四条　监护人得请求报酬，其数额由亲属会议按其劳力及受监护人财产收益之状况酌定之。

第一千一百零五条　第一千零九十九条及第一千一百零一条至第一千一百零四条之规定，于与未成年人同居之祖父母为监护人时，不适用之。

第一千一百零六条　监护人有下列情形之一时，亲属会议得撤退之：

一、违反法定义务时；

二、无支付能力时；

三、由亲属会议选定之监护人。违反亲属会议之指示时。

判　监护人不胜任或利害相反者，得废其监护。（四年上字第一七四二号）

判　监督监护人，得代被监护人撤销监护人之行为。（十年上字第六一三号）

判　随母改嫁之子女，不得由前夫亲属强行领回。（十二年上字第一〇四六号）

第一千一百零七条　监护人于监护关系终止时，应即会同亲属会议所指定之人，为财产之清算，并将财产移交于新监护人。如受监护人已成年时，交还于受监护人，如受监护人死亡时，交还于其继承人。

亲属会议对于前项清算之结果未为承认前，监护人不得免其责任。

判　监护人之监护权，因被监护人成年而终止。但仍有限制能力之原因时，得暂时拒绝交付财产。（六年上字第八一七号）

第一千一百零八条　监护人死亡时，前条清算由其继承人为之。

判　监护人因死亡而终止职务时，其结清账目交还财产之责，应由其承继人任之，此为至当之条理。（十六年上字第八五六号）

第一千一百零九条　监护人对于受监护人财产所致之损害，其赔偿请求权，自亲属会议对于清算结果拒绝承认之时起，二年间不行使而消灭。

第二节　禁治产人之监护

第一千一百一十条　禁治产人，应置监护人。

第一千一百一十一条　禁治产人之监护人，依下列顺序定之：

一、配偶；

二、父母；

三、与禁治产人同居之祖父母；

四、家长；

五、后死之父或母以遗嘱指定之人。

不能依前项规定定其监护人时，由法院征求亲属会议之意见选定之。

解　心神丧失之姑，其同居寡媳，自可为保护人，其委任代理诉讼人，自应认为有效。（七年统字第八五一号）

第一千一百一十二条　监护人为受监护人之利益，应按受监护人之财产状况，护养疗治其身体。

监护人如将受监护人送入精神病医院，或监禁于私宅者，应得亲属会议之同意。但父母或与禁治产人同居之祖父母为监护人时，不在此限。

第一千一百一十三条　禁治产人之监护，除本节有规定外，准用关于未成年人监护之规定。

第一千零九十九条及第一千一百零一条至第一千一百零四条之规定，于父母为监护人时，亦不适用之。

解　法定代理人，代理禁治产人提起请求返还财产之诉，无须得亲属会议之允许。（二十年院字第五五五号）

第五章　扶养

第一千一百一十四条　下列亲属互负扶养之义务：

一、直系血亲相互间；

二、夫妻之一方，与他方之父母同居者其相互间；

三、兄弟姊妹相互间；

四、家长家属相互间。

判　子对于直系尊亲属，及嗣子对于所后尊亲属，并其妾媵，均有扶养义务。（三年上字第八七四号）

判　夫妇离异，除有协议外，其子女由父扶养。（三年上字第一〇八五号）

判　家主应养赡家属。（三年上字第一一七五号）

判　父子祖孙兄弟夫妇，互有扶养义务。（五年上字第一一〇七号）

判　夫虽与妇不谐，仍应养赡。（六年上字第三六号）

判　家属不容无端遗弃。（六年上字第三一〇号）

判　直系尊亲属，对于卑属有扶养义务。（六年上字第一二五七号）

判　判认养赡义务，非概为创设判决，其始期，通常应以应受养赡之时为准。（七年上字第二〇二号）

判　庶母之亲生子，如已出继，应由嫡子养赡。（七年上字第二四三号）

判　妾与家长互有养赡义务。（七年上字第六五八号）

判　家长于妾关系消灭后，无养赡义务。（七年上字第一四一三号）

判　妾于家长故后，要求扶养，以能孀居守志者为限。（八年上字第

五七五号）

　　解　生母招赘后夫，生子关于承继一点，与前夫之子，已属利害相反，即不能代为抛弃承继之权利。但前夫之子，对于同居继父，亦应认其负扶养义务，酌判赡产。（八年统字第一〇一五号）

　　解　媳受继姑串同嗣孙虐待拒绝，自可请求给与养赡财产，或证实嗣子不孝事实，提起废继之诉，并请返还继产。（九年统字第一二三〇号）

　　判　退居母家之孀妇，仍由夫家扶养。（十年上字第六七六号）

　　判　对于胞兄弟之妻，应负扶养义务。（十一年上字第一〇〇六号）

　　解　女子既承继财产，即应负扶养亲属义务。（十七年解字第四八号）

　　判　妾之制度，既沿于旧有习惯，在家长置妾之时，即认为家属之一员，愿负扶养之义务。则嗣后苟非有相当之事由，而仅凭家长一方之意，请求脱离关系，自不应率予准许。（十九年上字第二一九八号）

　　判　妻以不堪同居为理由，请求别居，并请求给与暂时生活费，在婚姻未经离异以前，其夫依法仍应对于其妻尽相当养赡之义务。（二十一年上字第一一一号）

　　第一千一百一十五条　负扶养义务者有数人时，应依下列顺序定其履行义务之人：

　　一、直系血亲卑亲属；

　　二、直系血亲尊亲属；

　　三、家长；

　　四、兄弟姊妹；

　　五、家属；

　　六、子妇、女婿；

　　七、夫妻之父母。

　　同系直系尊亲属或直系卑亲属者，以亲等近者为先。

　　负扶养义务者有数人，而其亲等同一时，应各依其经济能力，分担义务。

　　判　父母之生养死葬费，其子虽已分析，应共同负担义务，承受夫分之子妇亦同。（四年上字第一一六号）

　　判　赡产不得赠与或遗赠义务中一人。（五年上字第三一八号）

判　兄弟不问同母与否，应分担未嫁姊妹养赡之费。（五年上字第八一三号）

第一千一百一十六条　受扶养权利者有数人，而负扶养义务者之经济能力，不足扶养其全体时，依下列顺序，定其受扶养之人：

一、直系血亲尊亲属；

二、直系血亲卑亲属；

三、家属；

四、兄弟姊妹；

五、家长；

六、夫妻之父母；

七、子妇女婿。

同系直系尊亲属或直系卑亲属者，以亲等近者为先。

受扶养权利者有数人，而其亲等同一时，应按其需要之状况，酌为扶养。

判　受养赡之权，不得舍弃。（四年上字第二四二〇号）

第一千一百一十七条　受扶养权利者，以不能维持生活而无谋生能力者为限。

前项无谋生能力之限制，于直系血亲尊亲属不适用之。

判　养赡原因消灭，其义务即终止。（三年上字第三〇六号）

判　判令给付养赡费，须有法律上之原因。（六年上字第四六九号）

判　妇人夫亡招赘后，如经故夫亲属指定为遗产管理人，并使其得受赡于遗产，则日后亦不能因其故夫立有嗣子，即使之丧失此项权利。（八年上字第一八五号）

第一千一百一十八条　因负担扶养义务而不能维持自己生活者，免除其义务。

判　因养赡他人，不能维持自己生活，得免除养赡义务。（四年上字第一九四〇号）

判　夫妻均需要扶养，又均缺乏扶养能力，即不能以一方不给扶养他方遂持为遗弃之论据。（十七年上字第九一四号）

第一千一百一十九条　扶养之程度，应按受扶养权利者之需要，与负扶养义务者之经济能力及身份定之。

　　判　养赡程度，依义务人身份财力，及权利人日常需要定之。（三年上字第五号）

　　判　养赡权利人，仅得用益赡产。（三年上字第七二三号）

　　判　审判衙门，不得强令逾格周恤。（三年上字第九三九号）

　　判　赡养不得擅行处分。（四年上字第七六八号）

　　判　养赡人之财力有纷议，应按审理事实法则办理。（四年上字第一九四〇号）

　　判　养赡范围内之债务，应由养赡义务人偿还。（四年上字第二二一五号）

　　判　守志妇之生活费用取给于遗产，其数额依财产及地位定之。（五年上字第九六一号）

　　判　受养赡之权，不许限制。（六年上字第一一二三号）

　　判　特别提留之养赡费用，不因前后财产状况之变异，而当然削减。（八年上字第二二〇号）

　　判　扶养之程度，应依扶养义务人之身份，及资力定之。（十七年上字第三四八号）

　　解　被继承人之妻，得就遗产内请求酌给赡养费，其标准视扶养权利人之需要，及扶养义务人之财力定之。（二十年院字第四一六号）

　　判　扶养之程度，应按负扶养义务者之经济能力，及身份定之。苟非负扶养义务者，有负担家庭生活费用之资力，而故意不肯给付，要不得谓为遗弃。（二十一年上字第一六二七号）

　　第一千一百二十条　扶养之方法，由当事人协议定之，不能协议时，由亲属会议定之。

　　判　养赡方法，得随时协定。（三年上字第三四八号）

　　判　赡产管理权，原则归于养赡权利人。于义务人代为管理而有不当时，得请收回。（四年上字第一七六号）

　　判　养赡方法，权利人得请由审判衙门酌定。（四年上字第二九六号）

　　判　养赡方法，以按期给费为原则，酌拨财产为例外。（四年上字第

二〇二五号）

　　判　养赡方法，审判衙门应斟酌至当而定之。（四年上字第二三一号）

　　判　养赡方法，须应权利人生活所必须以定之。（六年上字第一〇五八号）

　　判　养赡方法，不外按期给费，及拨提财产之二者。（七年上字第一五八号）

　　第一千一百二十一条　扶养之程度及方法，当事人得因情事之变更，请求变更之。

　　判　养赡方法之变更，亦得请求判定。（五年上字第一六号）

　　判　养赡义务人财力差减时，通常得请求减轻负责。（五年上字第六一号）

　　判　养赡当事人不和，各愿分爨者，得提拨田租归其自行收益。（六年上字第一五一号）

第六章　家

　　第一千一百二十二条　称家者，谓以永久共同之生活为目的而同居之亲属团体。

　　判　律所谓同居，系对于分财异居者言。（五年上字第一二八一号）

　　第一千一百二十三条　家置家长。

　　同家之人，除家长外，均为家属。

　　虽非亲属而以永久共同生活为目的同居一家者，视为家属。

　　判　妾应受正妻之监督。（六年上字第八五二号）

　　解　妇女再醮，即与夫家脱离关系。纵其后夫离异，仍居前夫家内，亦不能认为亲属。（八年统字第一一二三号）

　　解　妾虽不能与妻享受法律上同等权利，但在限定范围以内，仍应认其得以享受。（十七年解字第一〇九号）

　　解　妾与家长之关系，发生于一种契约，离婚规定，妾不适用。所诉解除契约，法院应受理裁判。（十七年解字第一七六号）

解　家长有维持家政之责，寡妾犯奸，有妨家庭安全，正妻得行使监督权，使该妾丧失家属身份。（十七年解字第二一五号）

判　妾之制度，既沿于旧有习惯，在家长置妾之时，即认为家属之一员，愿负扶养之义务。则嗣后苟非有相当之事由，而仅凭家长一方之意，请求脱离关系，自不应率予准许。（十九年上字第二一九八号）

判　男女同居已久，纵不能谓已发生夫妇之关系，而其有以永久共同生活为目的，而同居一家之事实，固极明了。第二审及第一审因认已发生家属之关系，即不为无据。（二十一年上字第一〇七号）

解　妾虽为现民法所不规定，惟妾与家长既以永久共同生活为目的，同居一家，依民法第一千一百二十三条第三项之规定，应视为家属。则其遗腹子女即受胎在妾与家长关系存续中者，应认与生父抚育者同。（二十一年院字第七三五号）

第一千一百二十四条　**家长由亲属团体中推定之。无推定时，以家中之最尊辈者为之。尊辈同者，以年长者为之。**

最尊或最长者，不能或不愿管理家务时，由其指定家属一人代理之。

第一千一百二十五条　**家务由家长管理。但家长得以家务之一部，委托家属处理。**

判　管理家务之卑幼，处分家财，可推定其已得尊长同意。（五年上字第三一〇号）

解　父在子不得为家财之主体，故子所欠之债，无就其祖产执行之理。（五年统字第四八四号）

判　子代父管理家务，即有处分家财权。（六年上字第一一二五号）

判　借款既系于管理家务期内所借，而又可推定为一家之利益而为之，则于概括的委任范围以内，本有代理家族处分共有家财之权。非惟无须得其母之同意，且无须得其家族各个之同意。（十七年上字第四六一号）

第一千一百二十六条　**家长管理家务，应注意于家属全体之利益。**

解　翁姑夫均亡，庶母如向管家政，变卖遗产，自系代理性质。其媳主张变产不能同意，即应证明此项行为，未经委任，不在代理家务范围之内，始可。（八年统字第九四一号）

第一千一百二十七条　家属已成年或虽未成年而已结婚者，得请求由家分离。

判　尊长有所偏向，卑幼得请求分析。（三年上字第六一六号）

判　孤子庶子孀媳之分析，得以判决代母若姑之许可。（三年上字第六一六号）

判　卑幼处分自己之私产，及互相让与受让权利，均非法所禁。（四年上字第一四五九号）

判　尊长分财不均者，卑幼得请求分析家财。（七年上字第二一五四号）

判　翁于媳有逼奸等情事，得请求判准异居。（七年上字第一四七四号）

判　家长令妾脱离关系，须有正当理由，与妾之对于家长得自由离异者不同。（三十一年上字第一○九七号）

判　为人妾者，不愿为妾时，准其自由离异，系基于男女平等原则，俾向处不平等地位之女子，得脱离其继续为妾之拘束。至若家长欲与其妾脱离关系，则仍须有正当理由，方能准许。（二十一年上字第一○九八号）

第一千一百二十八条　家长对于已成年或虽未成年而已结婚之家属，得令其由家分离。但以有正当理由时为限。

判　擅认家财为己有，及分析后强欲同居，皆法所不许。（三年上字第五六号）

判　媳亦不许分财异居。（三年上字第一○九二号）

判　祖父母、父母有允许分财异居与否之权。（四年上字第九五一号）

判　子孙之妻妾，亦不许别籍异财。（四年上字第一八三七号）

判　夫妇约定同居之处所，须经祖父母、父母同意。（六年上字第二五九号）

判　媳不许与姑异居。（七年上字第一四一八号）

判　媳之与姑，如别无异居之正当原因，或未得其姑之特别允许，自应同居，不得率请分异。（十六年上字第九九○号）

解　子死妇虽未成婚，过门守志，既以永久共同生活为目的，自为其翁之家属，非有正当理由，不得令其脱离关系。（二十年院字第五

六〇号）

判　家长令妾脱离关系，须有正当理由，与妾之对于家长得自由离异者不同。（二十一年上字第一〇九七号）

判　为人妾者，不愿为妾时，准其自由离异，系基于男女平等原则，俾向处不平等地位之女子，得脱离其继续为妾之拘束。至若家长欲与其妾脱离关系，则仍须有正当理由，方能准许。（二十一年上字第一〇九八号）

第七章　亲属会议

第一千一百二十九条　依本法之规定应开亲属会议时，由当事人、法定代理人或其他利害关系人召集之。

判　应经亲族会议事项，以承继为限。（四年上字第七一五号）

解　亲族会之组织，应根据习惯办理，无选定指定之可言。（六年统字第六二三号）

判　被承继人亡故无子，而又无守志之妇，及直系尊属者，应由亲族会议按照法定位次，择立继嗣。必亲族故意不为择立，始能由有承继权人，诉请法院，以判决代亲族会议之决议。若在未经亲族会议以前，法院不能遽以判决代为择立。（二十一年上字第一七〇号）

第一千一百三十条　亲属会议以会员五人组织之。

第一千一百三十一条　亲属会议之会员应就未成年人、禁治产人或被继承人之下列亲属与顺序定之：

一、直系血亲尊亲属；

二、三亲等内旁系血亲尊亲属；

三、四亲等内之同辈血亲。

前项同一顺序之人，以亲等近者为先。亲等同者，以父系之亲属为先。同系而亲等同者，以年长者为先。

判　亲族会之组织，现行法令虽无明文，然按之条理，自必由各房族人多数或由各房举出总代表与会，而取决于与会者过半数之同意，方为合法。（五年上字第七二九号）

判　本生父母于亲族会议，占重要位置。（七年上字第二四三号）

判　被继人之妾，关于立继，应占亲属会中重要地位。（七年上字第三八六号）

判　亲属会，应使各房与闻。（十年上字第三六一二号）

第一千一百三十二条　无前条规定之亲属，或亲属不足法定人数时，法院得因有召集权人之声请，于其他亲属中指定之。

判　亲属会因回避不能成立时，由审判上依法酌定。（十年上字第四四〇号）

第一千一百三十三条　监护人、未成年人及禁治产人，不得为亲属会议之会员。

第一千一百三十四条　依法应为亲属会议会员之人，非有正当理由，不得辞其职务。

第一千一百三十五条　亲属会议，非有三人以上之出席，不得开会，非有出席会员过半数之同意，不得为决议。

判　个人同意族议限制其处分权者，仅于当事人间生效，不得对抗善意第三人。（三年上字第三一一号）

判　争继人，不得加入会议，参与立继。（六年上字第六一四号）

判　与承继有利害关系之人，未经通知或追认，其决议足为撤销决议之原因。（八年上字第三一五号）

第一千一百三十六条　亲属会议之会员，于所议事件有个人利害关系者，不得加入决议。

判　在亲属会居重要地位者，提出抗议，应行斟酌。（十一年上字第三八四号）

第一千一百三十七条　第一千一百二十九条所定有召集权之人，对于亲属会议之决议有不服者，得于三个月内向法院声诉。

补　遗

解　妻于夫之祖父母以上之父母及夫之宗亲在四亲等内，应认为亲属。（十七年解字第一九三号）

解　妻对于夫之亲属如合于刑法第十一条第二、第三款之规定者，

无论是否旁系尊亲属均应认为亲属。（十七年解字第二〇八号）

解　（一）改嫁之母如系本生母，刑法上应认为直系尊亲属。（十八年院字第五号）

解　（二）子随嫁改从继父姓，其继父非直系尊亲属。（十八年院字第五号）

解　夫之四亲等内宗亲，应视为妻之亲属。（十八年院字第二二号）

解　继母自属尊亲属。（十八年院字第九八号）

解　（一）刑法第十五条第二款母之胞姊妹不以在室为限。（十九年院字第二〇二号）

解　（二）夫之四亲等内宗亲，应视为妻之亲属。（十九年院字第二〇二号）

解　（一）刑法第十四条第一项第一款规定之母，非专指生母兼包嫡母继母而言。（十九年院字第二三七号）

解　（二）妾于所生之子，自系直系尊亲属。（十九年院字第二三七号）

解　妾与妻不同，其家长之尊亲属，不能认为尊亲属。（十九年院字第三四一号）

解　（一）刑法第十一条所称亲属，系普通规定第十四条所称直系尊亲属，系特别规定各有不同，第十四条第一项第二款所称高祖以上祖父母计算应无限度。（二十年院字第五七四号）

解　（一）刑法第六十条所定没收之物，除他项法令有特别规定外，仍应以动产为限。（二十年院字第五七四号）

解　胞兄及母之胞兄弟已出继者，不在刑法第十五条所称旁系尊亲属之内。（二十一年院字第七一八号）

判　现行法例对于血亲关系，并无准许当事人同意消灭之明文，自应认为非当事人所能以同意使其消灭，即令当事人间有此协议，亦属不生效力。（二十二年上字第二一四三号）

解　刑法上夫之宗亲应视为妻之宗亲。（二十三年院字第一〇一七号）

第九百六十七条

△**判**　妾对于亲生子女，自系具有直系尊亲属资格。其与通常之妾，

对于家长之其他子女者，显有不同。（十七年上字第二六九号）

  解 刑法第十四条及第十五条所称尊亲属，父妾不包括在内。（十七年解字第二一三号）

  ▲**判** 母虽与父离婚，亦不过姻亲关系因而消灭，母子间之血亲关系，法律上并无因此消灭之规定，自属依然存在。（二十一年上字第一九八二号）

  ▲**判** 随母改嫁之子，其继父并非直系尊亲属，对于继父一方之亲属，不生宗亲关系。（二十一年非字第一五〇号）

  判 妻于夫死后改嫁，关于姻亲之关系，虽因之消灭，而血亲关系依然存在，故改嫁之妻，与其前夫在婚姻关系存续中所生之子女，于其改嫁后仍属母子关系。该子女于其改嫁时倘未成年，除其母有不能行使权利负担义务之情形外，对于未成年子女之权利义务，仍应由其母行使负担之。（二十三年上字第一六九二号）

  判 父母为其未成年子女之法定代理人，有保护及教养之权利义务。但其所谓父母，仅指直系一亲等血亲尊亲属而言。而其称直系血亲尊亲属者，则以己身所从出之血亲为限。若生父于生母死后而继娶之后妻，其对于前妻所生之子，仅可认为直系一亲等姻亲尊亲属，自当然非有上述保护及教养之权义。（二十三年上字第三五五一号）

  判 妻于夫死后改嫁，关于姻亲之关系，虽因之消灭，而血亲关系，依然存在，故改嫁之妻，与其前夫在婚姻关系存续中所生之子女，于其改嫁后，仍属母子关系。该子女倘未成年，除其母有不能行使权利负担义务之情形外，其对于未成年子女之权利义务，仍应由其母行使负担之。（二十四年上字第一二四六号）

  解 民法所谓养子女与婚生子女同者，仅就养子女与养父母间之关系而言。乙男丙女，虽均为甲收养之子女，但并非血亲，则乙丙结婚，自不受限制。（二十五年院字第一四四二号）

  ▲**判** 妻于夫死亡后再婚，不过姻亲关系因而消灭，其所生之子则为从己身所出之血亲，此项血亲关系，并不因此消灭。（二十七年上字第八三号）

  ▲**判** 子女因父为赘夫从母姓时，父之直系血亲尊亲属仍不失为己

身所从出之血亲，父之旁系血亲仍不失为与己身出于同源之血亲。是该子女与其父之血亲间之血亲关系，并不因从母姓而受影响。（二十七年沪上字第一一七号）

▲判　父所娶之后妻为父之配偶，而非己身所从出之血亲。故在旧律虽称为继母，而在民法上则为直系姻亲而非直系血亲。（二十八年上字第二四〇〇号）

▲判　被上诉人与上诉人弟妇某氏通奸所生之女，依民法第一千零六十五条第二项之规定，与上诉人之弟妇发生母女关系。并依同条第一项之规定，因经被上诉人之抚育，与被上诉人发生父女关系。既非上诉人之弟所生之女，即不能认为上诉人之侄女。（二十九年上字第一八三二号）

解　依民法第九百七十条第二款、第九百六十七条之规定，续娶之妻为前妻所生子之直系姻亲，续娶后所生子女，为前妻所生子之旁系血亲，均非前妻所生子之直系血亲。前妻所生子与父续娶之妻有家长家属之关系者，依民法第一千一百一十四条第四款之规定，虽互负扶养之义务，但前妻所生子已死亡者，依民法第六条之规定，对于父续娶之妻即无负法律上义务之余地。至故员兵之恤金由其父母受领者，如其母已死亡，得由其父单独受领，其父续娶之妻无受领之权。（三十年院字第二二四一号）

解　民法第一千零七十七条所谓养子女与养父母之关系，及民法亲属编施行法第九条所谓嗣子女与其所后父母之关系，皆指亲属关系而言。（参照院字第二〇三七号、第二〇四八号解释）。婚生子女与其父母之亲属关系，为直系血亲关系。养子女或嗣子女与其养父母或所后父母之亲属关系，依上开各条之规定，既与婚生子女与其父母之亲属关系相同，自亦为直系血亲关系。（三十三年院字第二七四七号）

解　同父异母或同母异父之兄弟，及养子与养父母之婚生子，均为同胞兄弟。惟《兵役法》第二十条第一项第五款所称之同胞兄弟，系指同一家庭无互负家庭生计责任之同胞兄弟者而言。（十四年院解字第二九八九号）

解　养父母系养子女之直系血亲尊亲属。（参照本院院字第二七四七号解释）养父母之血亲，亦即为养子女之血亲。（三十四年院解字第三〇〇四号）

解 某甲死亡，遗有一妻一妾及妾生之子，如其家别无亲属，而妻妾两人均推妾生之子曾经某甲抚育者为家长，则依民法第一千一百二十四条之规定，妾生之子即为家长，某甲之妻为家长之直系姻亲尊亲属，某甲之妾为家长之母。（三十五年院解字第三一六〇号）

第九百六十九条

判 父母为其未成年子女之法定代理人，有保护及教养之权利义务。但其所谓父母，仅指直系一亲等血亲尊亲属而言。而其称直系血亲尊亲属者，则以己身所从出之血亲为限。若生父于生母死后而继娶之后妻，其对于前妻所生之子，仅可认为直系一亲等姻亲尊亲属，自当然非有上述保护及教养之权义。（二十三年上字第三五五一号）

▲判 父所娶之后妻为父之配偶，而非己身所从出之血亲，故在旧律虽称为继母，而在民法上则为直系姻亲而非直系血亲。（二十八年上字第二四〇〇号）

解 血亲之配偶之血亲，不在民法第九百六十九条所定姻亲范围之内。甲之女乙嫁与丙为妻，甲与丙之父丁，自无姻亲关系。（三十年院字第二二〇九号）

解 某甲死亡，遗有一妻一妾及妾生之子，如其家别无亲属，而妻妾两人均推妾生之子曾经某甲抚育者为家长，则依民法第一千一百二十四条之规定，妾生之子即为家长，某甲之妻为家长之直系姻亲尊亲属，某甲之妾为家长之母。（三十五年院解字第三一六〇号）

第九百七十条

▲判 父所娶之后妻为父之配偶，而非己身所从出之血亲，故在旧律虽称为继母，而在民法上则为直系姻亲而非直系血亲。（二十八年上字第二四〇〇号）

解 依民法第九百七十条第二款、第九百六十七条之规定，续娶之妻为前妻所生子之直系姻亲，续娶后所生子女，为前妻所生子之旁系血亲，均非前妻所生子之直系血亲。前妻所生子与父续娶之妻有家长家属之关系者，依民法第一千一百一十四条第四款之规定，虽互负扶养之义务，但前妻所生子已死亡者，依民法第六条之规定，对于父续娶之妻即无负法律上义务之余地。至故员兵之恤金由其父母受领者，如其母已死亡，得由其父

单独受领，其父续娶之妻无受领之权。（三十年院字第二二四一号）

第九百七十一条

判 （一）夫妻之一方死亡时，其生存之一方与第三人间之关系，如姻亲关系、扶养关系等，依法依然存在。故夫妻之一方死亡后，有撤销权之第三人，仍得请求撤销。（二十二年上字第二〇八三号）

判 妻于夫死后改嫁，关于姻亲之关系，虽因之消灭，而血亲关系依然存在，故改嫁之妻与其前夫在婚姻关系存续中所生之子女，于其改嫁后仍属母子关系。该子女于其改嫁时倘未成年，除其母有不能行使权利负担义务之情形外，对于未成年子女之权利义务，仍应由其母行使负担之。（二十三年上字第一六九二号）

判 妻于夫死后改嫁，关于姻亲之关系，虽因之消灭，而血亲关系依然存在，故改嫁之妻与其前夫在婚姻关系存续中所生之子女，于其改嫁后仍属母子关系。该子女倘未成年，除其母有不能行使权利负担义务之情形外，其对于未成年子女之权利义务，仍应由其母行使负担之。（二十四年上字第一二四六号）

第九百七十二条

△判 孀妇自愿改嫁，夫家绝无阻止之权。（十七年上字第七七二号）

△判 成年男女订立婚约，应双方意思一致，始能认为合法成立。（十八年上字第二〇八二号）

△判 婚约应由男女当事人自行订定，其非男女当事人自行订定之婚约，非得其本人追认，自难生效。（二十年上字第七八三号）

△判 孀妇改醮之婚约，应由其自行订定。（二十年上字第一五九五号）

△判 婚约必须双方均有确定之婚姻当事人，始得许其订立。若一方尚无子女，而与现有子女之一方，预订养媳契约，以待生育或抱养子女后，再为婚配，是不特于对方子女之利益显有妨害，且与婚姻之本旨不合。纵使订约地方，确有此种习惯，于法亦不应认为有效。（二十年上字第二三〇七号）

判 民法上关于婚约应由男女当事人自行订定之规定，于在民法亲属编施行前订约者，亦应适用。如其婚约并非由男女当事人自行订定，

而由其父母代为订定者，则除子女事后合法追认当作别论外，自不能认为有效。（二十一年上字第二二五七号）

判 婚约应由男女当事人自行订定，故父母在民法亲属编施行前，代其子女所订之婚约，须由其子女本人表示同意，该子女始受其婚约之拘束。（二十一年上字第三〇三七号）

解 订婚财礼，为一种赠与行为，不得因赠与人或受赠人死亡而撤销赠与，请求返还。（二十一年院字第八三八号）

判 婚约应由男女当事人自行订定，故养父母为其未成年之养子女订定婚约，养子女如不予追认，自得诉请解除。而养父母之尊亲属与养子女之本生父，要无请求撤销之余地。（二十二年上字第一一六号）

判 确认婚约成立或不成立之请求权，惟婚约当事人（男女本人）或其法定代理人有之。若婚约中之媒证，对于婚约成立与否，并无利害关系，即不应有此请求权。（二十二年上字第九五七号）

▲**判** 父母为子女订定之婚约，对于子女不生效力。故子女不必有民法第九百七十六条第一项所定解除婚约之原因，亦不必为解除婚约之意思表示，当然不受此项婚约之拘束。（二十二年上字第一九九九号）

判 婚约应由男女当事人自行订定，民法定有明文，在民法亲属编施行前所订之婚约，依该编施行法之规定，除民法第九百七十三条外，亦适用之。故在该编施行前，父母为未成年子女所订之婚约，非经男女当事人合意追认，其婚约即不能对之生效。（二十二年上字第二三三三号）

判 婚约应由男女当事人自行订定，民法定有明文，此项规定，依民法亲属编施行法于该编施行前所订之婚约，亦适用之。故父母代子女所订婚约若为其子女所不愿，则其成立虽在民法亲属编施行前，亦不得据以请求履行。（二十二年上字第二五三七号）

判 民法所谓婚约应由男女当事人自行订之，并非专指男女当事人已成年者而言，未成年人订定婚约，依法固应得法定代理人之同意。然所谓应得同意者，只认法定代理人于未成年人自行订定婚约时，有同意权，并非认其有径为未成年人代订婚约之权。（二十二年上字第二八七九号）

判 民法亲属编关于婚约，应由男女当事人自行订定之规定，依法于民法亲属编施行前订定婚约者，亦应适用。（二十二年上字第二九三六号）

判　（一）父母在民法亲属编施行前为其子女所订之婚约，除其子女于民法亲属编施行后追认，得视为自行订定外，其所订之婚约，当然无效。（二十二年上字第一七九五号）

判　（二）民法亲属编所定婚约当事人之一方因违反婚约，对于他方负赔偿之责，系就违反有效成立之婚约而言。若婚约非由男女当事人自行订定，则该婚约原不能有效成立，自不发生违反之问题，则否认该婚约之一方，即不负任何赔偿之责。（二十三年上字第一七九五号）

判　婚约依民法亲属编规定，应由男女当事人自行订定，民法亲属编施行前所订之婚约，亦应适用之。民法亲属编施行法定有明文，故父母在民法亲属编施行前为其子女所订之婚约，除其子女于民法亲属编施行后追认，得视为自行订定外，其所订之婚约，当然无效。（二十三年上字第一九七九号）

判　（一）婚约应由男女当事人自行订定。（二十三年上字第二三四七号）

判　婚约应由男女当事人自行订定，未成年人订定婚约，虽应得法定代理人之同意，但法定代理人仅于未成年人自行订定婚约时，有须得其同意之权，究不得代未成年之男女当事人订立婚约。（二十三年上字第二九六三号）

判　（一）婚约应由男女当事人自行订定，民法定有明文。此项规定，依民法亲属编施行法，于该编施行前所订之婚约，亦适用之。故父母在民法亲属编施行前，代表子女所订之婚约，若为其子女所不愿者，即难认为有效。（二十三年上字第三六八九号）

判　民法施行后，婚姻以自由为原则，除未成年人结婚，应得法定代理人之同意外，应任凭男女当事人之自由，第三人不得干涉。其民法施行前之主婚权制度，于民法施行后，自不得援用。（二十二年上字第三七二三号）

判　婚姻之追认，必由男女本人自行表示意思。若由其父母互送聘礼约期迎娶，尚难认为其男女本人已有默示之追认。（二十三年上字第四〇五一号）

解　（二）未成年之子女，不同意于父母代订之婚约，其婚约当然

无效，不生解除问题。（二十三年院字第一一七四号）

判 亲属编施行后，婚约系由男女当事人自行订定，无须聘金，纵使事实上付有聘金，亦属赠与之性质。除有法定得以撤销赠与之原因外，赠与人对于受赠人，不得请求退还赠与物。故受赠人并无法定撤销赠与之原因，不得仅因离婚，对于受赠人请求返还于与其订立婚约或结婚时所赠之物。至亲属编施行前之定婚方式，固以聘金与婚书为必须具备之要件，但依当时法例，认婚姻一经成立，聘金之效用即已完毕，不得仅因离婚之故，概予追还。（二十四年上字第八三号）

判 父母代未成年之子女所订婚约，如未经子女追认，并无拘束子女之效力。（二十四年上字第一四二七号）

判 婚约之成立与否，惟男女当事人蒙其利害，故确认婚约成立或不成立之诉，应以男女当事人之一造为原告，并以他造为被告而提起。（二十四年上字第三六〇〇号）

▲判 婚约应由男女当事人自行订定，民法第九百七十二条定有明文，故民法第一条之规定，虽有得由双方父母于其年幼时为之订定婚约之习惯，亦无法之效力。（二十九年上字第六一八号）

▲判 民法第九百七十二条所称婚约，应由男女当事人自行订定，并非专指男女当事人已成年者而言。未成年人订定婚约，依民法第九百七十四条之规定，虽应得法定代理人之同意，然此不过规定未成年人自行订定婚约以得法定代理人之同意为要件，非认法定代理人有为未成年人订定婚约之权。（二十九年上字第一一九三号）

解 婚约应由男女当事人自行订定，民法第九百七十二条定有明文，其由父母代为订定者，当然无效，无待于解除。女子以其与出征抗敌军人之婚约，系由父母代为订定为理由，提起确认婚约不成立之诉者，不在《优待出征抗敌军人家属条例》第三十条禁止之列。纵令该女子主张父母代为订定之婚约，应行解除，亦不过为此项婚约不应受其拘束之意，不得谓之承认婚约。且婚约为不许代理之法律行为，父母代为订定之婚约，本人虽为承认，亦不适用关于无权代理行为，得由本人一方承认之规定。如由当事人双方承认，应认为新订婚约，尤不得以一方主张解除婚约，即谓已有承认。至女子就其与出征抗敌军人自行订定之婚约，于

《优待出征抗敌军人家属条例》第三十条施行后，为解除之意思表示，以此为理由提起确认婚约不存在之诉者，依同条之规定，其诉为无理由，法院予以驳回，应以判决行之。再女子对于战时服兵役之男子，提起关于婚约之诉，而该男子未委任诉讼代理人者，虽依其情形，不适用《优待出征抗敌军人家属条例》第三十条之规定，亦应依《非常时期民事诉讼补充条例》第八条，命在障碍消灭以前，中止诉讼程序。（三十二年院字第二五五五号）

解　父母为未成年子女订定之婚约，当然无效，无待于解除。女方以其与出征抗敌军人之婚约，系于未成年时，由父母代为订定为理由，提起确认婚约不成立之诉者，自无《出征抗敌军人婚姻保障条例》第四条之适用。（三十五年院解字第三二八五号）

第九百七十三条

判　民法亲属编关于婚约之规定，除男未满十七岁，女未满十五岁者，不得订立婚约外，于民法亲属编施行前所订之婚约，亦适用之。（二十一年上字第三〇三七号）

判　婚约应由男女当事人自行订定，民法定有明文。在民法亲属编施行前所订之婚约，依该编施行法之规定，除民法第九百七十三条外，亦适用之。故在该编施行前父母为未成年子女所订之婚约，非经男女当事人合意追认，其婚约即不能对之生效。（二十二年上字第二三三三号）

解　男未满十七岁女未满十五岁者，不得订定婚约，为民法所明定。同法规定未成年之男女订定婚约，应得法定代理人之同意。所谓未成年之男女，自系已满十七岁之男子及已满十五岁之女子而未成年者而言。故未满十七岁之男子与十五岁之女子，订定婚约，纵得法定代理人之同意，于法亦非有效。（二十四年上字第一二四八号）

解　订定婚约，违反民法第九百七十三条之规定者，民法既未设有类于第九百八十九条之规定，即属无效。出征抗敌军人在出征前与未满十五岁之女子订定婚约者，不能认该女子为其未婚妻，自无《出征抗敌军人婚姻保障条例》第四条之适用。（三十四年院字第二八一二号）

第九百七十四条

判　确认婚约成立或不成立之请求权，惟婚约当事人（男女本人），

或其法定代理人有之。若婚约中之媒证，对于婚约成立与否，并无利害关系，即不应有此请求权。（二十二年上字第九五七号）

判　民法所谓婚约应由男女当事人自行订定，并非专指男女当事人已成年者而言，未成年人订定婚约，依法固应得法定代理人之同意。然所谓应得同意者，只认法定代理人于未成年人自行订定婚约时有同意权，并非认其有径为未成年人代订婚约之权。（二十二年上字第二八七号）

判　（三）未成年人订定婚约，民法所谓应得法定代理人之同意者，系认法定代理人于未成年人自行订定婚约时，有同意权，并非认其径为未成年人代订婚约之权。（二十三年上字第二三四七号）

判　婚约应由男女当事人自行订定，未成年人订定婚约，虽应得法定代理人之同意，但法定代理人仅于未成年人自行订定婚约时，有须得其同意之权，究不得代未成年之男女当事人订立婚约。（二十三年上字第二九六三号）

▲判　未成年人订定婚约，应得法定代理人之同意，在民法第九百七十四条有明文规定。故当事人于订定婚约时未成年者，纵已达于同法第九百七十三条所定年龄，亦须得法定代理人之同意，始生效力。（二十三年上字第三一八七号）

判　父母代未成年之子女所订婚约，如未经子女追认，并无拘束子女之效力。（二十四年上字第一四二七号）

判　男未满十七岁女未满十五岁者，不得订定婚约，为民法所明定。同法规定未成年之男女订定婚约，应得法定代理人之同意。所谓未成年之男女，自系已满十七岁之男子及已满十五岁之女子而未成年者而言。故未满十七岁之男子与十五岁之女子，订定婚约，纵得法定代理人之同意，于法亦非有效。（二十四年上字第一二四八号）

▲判　上诉人与被上诉人订定婚约时，上诉人虽尚未成年，但订定婚约之日上诉人之母既经到场而无异议，不得谓未得其母之同意。（二十七年沪上字第三八号）

▲判　民法第九百七十二条所称婚约，应由男女当事人自行订定，并非专指男女当事人已成年者而言。未成年人订定婚约，依民法第九百七十四条之规定，虽应得法定代理人之同意，然此不过规定未成年人自

行订定婚约以得法定代理人之同意为要件，非认法定代理人有为未成年人订定婚约之权。（二十九年上字第一一九三号）

第九百七十五条

△判 结婚义务，于法本不能强制履行。故法院遇有悔婚案件，自应以和平方法，尽力劝谕当事人。与其不能达强制执行之目的，孰若听其解约，而就其因他造悔约所生之损害，依法要求赔偿，较为得计。（十九年上字第一五五号）

判 婚约之能否解除，与婚约之不得请求强制履行不生牵连关系。不能因婚约不能强制履行，遂不问有无解约原因，对于解约之诉，一律准予解除。（二十一年上字第三一四五号）

判 婚约虽不得请求强迫履行，但苟已合法成立，订约当事人不得任意否认。（二十三年上字第一三三九号）

解 婚约当事人之一方，无民法第九百七十六条之理由而违反婚约者，仅得依同法第九百七十八条对之为损害赔偿之请求。其诉请履行婚约，既有同法第九百七十五条之限制，自应予以驳回。（二十三年院字第一一三五号）

▲判 婚约不得请求强迫履行，民法第九百七十五条定有明文。故婚约当事人之一方，违反婚约，虽无民法第九百七十六条之理由，他方亦仅得依民法第九百七十八条之规定请求赔偿因此所受之损害，不得提起履行婚约之诉。（二十七年上字第六九五号）

第九百七十六条

△判 解除婚约，不过就未成之婚姻使不成立，与离婚系就已成之婚姻使之离异者，各为一事。（十九年上字第二三五号）

△判 婚约当事人之一方，丧失右臂一部机能，久为他方所明知，而仍愿定亲成婚，自不许于成婚以后，复以此为离异理由。（十九年上字第一七三五号）

判 婚约之能否解除，与婚约之不得请求强制履行不生牵连关系。不能因婚约不能强制履行，遂不问有无解约原因，对于解约之诉，一律准予解除。（二十一年上字第三一四五号）

判 （一）依法固以故违结婚期约为解除婚约原因之一，惟所谓故

违结婚期约，系指婚约当事人之一方对于既定之结婚时期，故意违背者而言。（二十二年上字第三〇二五号）

判 （二）婚约解除之原因，民法已有明文规定。则非有法定解约原因，不得仅因当事人一方之年龄已大，而即认其解约之主张为正当。（二十二年上字第三〇二五号）

▲**判** 遭遇母丧循例延缓结婚时期，不得谓之故违结婚期约。（二十二年上字第三六七四号）

判 （二）民法亲属编所定婚约当事人之一方，因违反婚约对于他方负赔偿之责，系就违反有效成立之婚约而言。若婚约非由男女当事人自行订定，则该婚约原不能有效成立，自不发生违反之问题，则否认该婚约之一方，即不负任何赔偿之责。（二十三年上字第一七九五号）

▲**判** 麻风病为恶性之传染病，决非短时期内所能治愈，自属民法第九百七十六条第一项第五款所称之其他恶疾。（二十三年上字第四〇五一号）

解 婚约当事人之一方，无民法第九百七十六条之理由而违反婚约者，仅得依同法第九百七十八条对之为损害赔偿之请求。其诉请履行婚约，既有同法第九百七十五条之限制，自应予以驳回。（二十三年院字第一一三五号）

解 订立婚约，尚未结婚，该婚约之当事人一方，又与他人订立婚约结婚，其他之一方，倘未解除婚约，仍与正式结婚，则后之结婚者，即属重婚。（二十四年院字第一二一三号）

解 婚约订定后，当事人之一方再与他人订定婚约，依法他方得解除婚约。不能对于他人之婚约请求撤销。（二十四年院字第一二七一号）

▲**判** 婚约为男女当事人约定将来应互相结婚之契约，当事人之一方有民法第九百七十六条第一项所列各款情形之一者，他方仅得于结婚前解除婚约。若已结婚则除有撤销结婚或离婚之法定原因时，得请求撤销结婚或请求离婚外，不得以结婚前有解除婚约之理由，再行解除婚约以消灭其婚姻关系。（二十九年上字第六〇九号）

▲**判** 即使被上诉人甲与被上诉人乙订定婚约并结婚，均在上诉人与被上诉人甲订定婚约之后，上诉人亦仅得解除自己与被上诉人甲之婚

约，或更向被上诉人甲请求赔偿损害，要不得谓被上诉人甲与乙间之婚约及结婚即因之而当然无效。（二十九年上字第一五三九号）

　　解　婚约当事人之一方，无民法第九百七十六条之理由而违反婚约与他人结婚者，依民法第九百七十八条之规定，对于他方因此所受之损害，应负赔偿之责。他方或其直系尊亲属，并无请求法院撤销其与他人所结婚姻之权。抗战军人之直系尊亲属，请求法院撤销该军人之未婚妻与他人所结之婚姻，自属无从准许。至原代电所举军事委员会令，殆以抗战军人因从军而不能依期约结婚者，本非民法第九百七十六条第一项第二款所谓故违结婚期约，而抗战军人之未婚妻恒有借口抗战军人故违结婚期约，擅自另嫁情事，故特通令禁止。并非即认抗战军人之直系尊亲属，有请求法院撤销该军人之未婚妻与他人所结婚姻之权。（二十九年院字第二一〇三号）

　　解　婚约当事人之一方，在抗战以前数年出外从戎，久已生死不明者，依民法第九百七十六条第一项第三款之规定，他方自得解除婚约。至关于婚约之诉讼，当事人一造于战时服兵役者，依《民事诉讼法》第一百八十一条之规定，法院得依职权或依声请命在障碍消灭以前，中止诉讼程序。（三十年院字第二一三一号）

　　解　婚约当事人之一方，再与他人订定婚约或结婚者，民法仅许他方解除婚约并请求赔偿损害，并未认其有请求撤销再订之婚约，及阻止结婚或撤销结婚之权，此观民法关于婚约及结婚各条之规定自明。与出征壮丁订有婚约之女子，在该壮丁出征期间，再与他人订定婚约并定期结婚者，该壮丁或其直系血亲尊亲属诉请维持婚约，在现行法上无从认为有理由，此问题与本院二十八年九七三号训令无关。原呈所称，若予驳回，恐与前令抵触云云，未免误会。（三十年院字第二一九一号）

　　解　出征抗敌军人之未婚妻，违反婚约与他人结婚时，应受如何之制裁，修正《优待出征抗敌军人家属条例》，并未设有特别规定，仍应依一般规定办理。故出征抗敌军人，对于违反婚约之未婚妻，除依民法第九百七十八条之规定请求赔偿损害外，不得请求法院加以其他之制裁。再出征抗敌军人之未婚妻，违反婚约，如有民法第九百七十六条之理由，本不负民法第九百七十八条所定之赔偿责任。但依修正《优待出征抗敌军人家属条例》第三十条之规定，则在该军人服役期内，虽有民法第九百七十六条之理由，亦以无此理由论，应负民法第九百七十八条所定之赔偿责任，是该条例第三十条关于禁止解除婚约之规定，非无实益。（三十一年院字第二三三一号）

第九百七十八条

△**判** 结婚义务于法本不能强制履行，故法院遇有悔婚案件，自应以和平方法，尽力劝谕当事人。与其不能达强制执行之目的，孰若听其解约，而就其因他造悔约所生之损害，依法要求赔偿，较为得计。（十九年上字第一五五号）

判 （二）民法亲属编所定婚约当事人之一方，因违反婚约对于他方负赔偿之责，系就违反有效成立之婚约而言。若婚约非由男女当事人自行订定，则该婚约原不能有效成立，自不发生违反之问题，则否认该婚约之一方，即不负任何赔偿之责。（二十三年上字第一七九五号）

解 婚约当事人之一方，无民法第九百七十六条之理由而违反婚约者，仅得依同法第九百七十八条对之为损害赔偿之请求。其诉请履行婚约，既有同法第九百七十五条之限制，自应予以驳回。（二十三年院字第一一三五号）

解 婚约当事人之一方，无民法第九百七十六条之理由而违反婚约与他人结婚者，依民法第九百七十八条之规定，对于他方因此所受之损害，应负赔偿之责。他方或其直系尊亲属，并无请求法院撤销其与他人所结婚姻之权。抗战军人之直系尊亲属，请求法院撤销该军人之未婚妻与他人所结之婚姻，自属无从准许。至原代电所举军事委员会令，殆以抗战军人因从军而不能依期约结婚者，本非民法第九百七十六条第一项第二款所谓故违结婚期约，而抗战军人之未婚妻恒有借口抗战军人故违结婚期约，擅自另嫁情事，故特通令禁止。并非即认抗战军人之直系尊亲属，有请求法院撤销该军人之未婚妻与他人所结婚姻之权。（二十九年院字第二一〇三号）

解 出征抗敌军人之未婚妻，违反婚约与他人结婚时，应受如何之制裁，修正《优待出征抗敌军人家属条例》，并未设有特别规定，仍应依一般规定办理。故出征抗敌军人，对于违反婚约之未婚妻，除依民法

第九百七十八条之规定请求赔偿损害外，不得请求法院加以其他之制裁。再出征抗敌军人之未婚妻，违反婚约，如有民法第九百七十六条之理由，本不负民法第九百七十八条所定之赔偿责任。但依修正《优待出征抗敌军人家属条例》第三十条之规定，则在该军人服役期内，虽有民法第九百七十六条之理由，亦以无此理由论，应负民法第九百七十八条所定之赔偿责任，是该条例第三十条关于禁止解除婚约之规定，非无实益。（三十一年院字第二三三一号）

第九百七十九条

判　（二）民法亲属编所定婚约当事人之一方，因违反婚约对于他方负赔偿之责，系就违反有效成立之婚约而言。若婚约非由男女当事人自行订定，则该婚约原不能有效成立，自不发生违反之问题，则否认该婚约之一方，即不负任何赔偿之责。（二十三年上字第一七九五号）

第九百八十条

判　（二）法定代理人所有民法第九百八十九条之撤销权，不因其事前同意结婚而受影响，此征之同条认婚姻当事人有撤销权之注意极为明了。（二十二年上字第二〇八三号）

解　（一）不达法定结婚年龄而结婚者，在未依法撤销前，认有行为能力。（二）未满十六岁人与人结婚，以无犯罪故意，故不成立犯罪。（二十四年院字第一二八二号）

解　男女满七岁后有结婚之意思，经其法定代理人主持举行婚礼，并具备民法第九百八十二条之方式者，自应发生婚姻效力。纵未合卺同居，但该配偶之一方，如于婚姻关系存续中，复与他人结婚，仍应成立重婚罪，惟须注意刑法第十八条第一项、第二项之规定。（三十一年院字第二三七二号）

解　甲女与乙男均未达民法第九百八十条所定结婚年龄，由双方法定代理人主持结婚者，如甲女以此为理由，向乙男提起离婚之诉，应认为依同法第九百八十九条请求撤销结婚。惟双方如均已达结婚年龄，即应受同条但书之限制（参照院字第一七八三号解释）。（三十二年院字第二四六八号）

解　男女之一方未达民法第九百八十条所定年龄而结婚，即系违反同条之规定，当事人双方或其法定代理人，均得依第九百八十九条向法院请求撤销之。至第九百八十九条但书，既限于当事人已达第九百八十条所定年龄，或已怀胎者，不得请求撤销。是其撤销请求权，必须起诉时已有但书所载情形之存在，始行消灭。如起诉时尚未达第九百八十条所定年龄，纵令在诉讼系属中已达该条所定年龄，其已行使之撤销请求权，亦不受何影响。（三十二年院字第二五八七号）

第九百八十一条

判　民法施行后，婚姻以自由为原则，除未成年人结婚，应得法定代理人之同意外，应任凭男女当事人之自由，第三人不得干涉。其民法施行前之主婚权制度，于民法施行后，自不得援用。（二十三年上字第三七二三号）

第九百八十二条

△**判**　男女婚姻须经双方合意，尤须经过一定之婚姻仪式，方能认为合法成立，否则纵已同居，法律上仍不发生婚姻之效力。（十八年上字第二〇七二号）

△**判**　婚姻成立，系要式行为，必经习惯上一定之仪式。（二十年上字第四五二号）

判　婚姻成立之要件欠缺，纵令有同居事实及因感情作用而有与夫妻相同待遇及意思表示，仍不得谓为婚姻关系。（二十一年上字第一〇六七号）

解　民法第九百八十二条所谓结婚公开之仪式，无论依旧俗新式，均为一般不特定之人所共见，即为公开。至于证人虽不必载明于婚书，但须在场亲见，而愿负责证明者已足。（二十二年院字第八五九号）

解　童养媳结婚，若于除夕日举行拜祖或其他公开仪式，并有家族或他人在场可为证人者，应认为与民法第九百八十二条之规定相符。（二十二年院字第九五五号）

▲**判**　夫于妻死亡后将妾扶正，如已具备结婚之要件，妾即取得妻之身份。（二十二年上字第二六九五号）

判　结婚须经一定之仪式，方能认为成立，否则纵已实行同居，法律上仍不能发生婚姻之效力。（二十三年上字第三七一九号）

解　已扶正之妾，如果具备民法第九百八十二条之结婚要件，应视为有夫之妇。（三十三年院字第一〇二三号）

判　（一）民法所谓"两愿离婚应书面为之，并应有二人以上签名"等语，系指正式婚姻于离异时所应具之方式而言。（二）民法亲属编施行前所订之离婚字据，虽无二人以上证人之签名，依当时法例，亦应生效。惟离婚后再行结婚，仍非践行结婚之仪式不可。（二十四年上字第二五三一号）

解　甲与其妻乙协议离婚后，又与丙正式结婚，嗣甲乙间又复撤销离婚字据，并未再行正式结婚，不能构成重婚之罪。（二十五年院字第一三九一号）

解　婚姻成立之要件，依当事人各该本国法。中国人民与外国人结婚，依民法认为合法者，无庸向何种机关提出何项书证。（二十五年院字第一四三四号）

解　（一）男女二人，约证婚人二人，及亲友数人，在旅馆之一房间内，举行结婚仪式，其结婚既系在旅馆之一房间内，自须有足使一般不特定之人均可知悉之表征而得共见者，始得认为公开。（二）男女二人，约证婚人二人，及亲友数人，在旅馆之宴会厅，置酒一席，如其情状无从认为举行结婚仪式，虽其主观以为举行婚礼，仍不得谓有公开之仪式。（三）男女二人，在某一官署内举行婚礼，如无足使一般不特定之人均可知悉之表征而得共见者，纵有该署之长官及证婚人二人在场，仍不得谓有公开之仪式。（四）结婚时之证人，无论是否签名于结婚证书之人，均以曾经到场者为限，若未亲到，虽委托他人在结婚证书内代表签名盖章，仍不得认为证人。（五）结婚证书列名之证人二人，仅有一人到场者，其未到场之一人，不得认为证人。（六）前开未到场之一人，虽于事后自称曾经到场证婚，并不得认为证人。（二十六年院字第一七〇一号）

第九百八十三条

解　民法所谓养子女与婚生子女同者，仅就养子女与养父母间之关系而言。乙男丙女，虽均为甲收养之子女，但并非血亲，则乙丙结婚，自不受限制。（二十五年院字第一四四二号）

解 与民法第九百八十三条所列不得结婚之亲属，同居而生之子女，生父非不得认领。经生父认领后，民法第一千零六十五条第二项所定与其生母之关系，并不因而有所变更，其生父与生母间相互之关系，亦不受其影响。（三十六年院解字第三三二九号）

第九百八十五条

△**判** 纳妾制度，与男女平等之原则不符，故凡不愿作妾而诉请离异者，法院应即准许。（十八年上字第二八四六号）

判 （一）婚姻关系成立后，无苟法律上可认其关系为已消灭之原因，其婚姻之关系自应存在。故夫妻之一方于结婚后出家，纵依其教律不得配偶，而其夫妻关系，若无法律上可认为已消灭之原因，自仍应认其存在。（二）依民法亲属编，有配偶者固不得重婚，即依民法亲属编施行前之法例，有妻更娶，其后娶者亦不能取得妻之身份。（二十二年上字第一八一九号）

判 （一）夫与人重婚时，惟其前妻得请求离婚。若重娶之妻，只得请求撤销婚姻，而不得请求离婚。（二十二年上字第二六九六号）

判 （一）民法施行前之法例，兼祧子虽兼祧数房，其正妻若尚生存，后娶之妻，不能取得正妻之身份。（二十三年上字第一三八一号）

解 重婚虽经判处罪刑，在未有利害关系人请求撤销以前，其婚姻关系仍属存在。（二十四年院字第一二一〇号）

解 夫出外，生死不明，已逾三年，未经判决离婚或死亡宣告，倘妻改嫁，即不能谓非重婚。（二十四年院字第一三三八号）

▲**判** 有配偶者不得重婚，固为民法第九百八十五条之所明定，惟结婚违反此规定者，依民法第九百九十二条之规定，仅得由利害关系人请求法院撤销，不在民法第九百八十八条所谓结婚无效之列。故有妻者重婚时，在其重婚未撤销前，不得否认其后妻之身份而指为妾。（二十七年上字第一七〇九号）

▲**判** 上诉人甲与被上诉人间纵令如原判之所认定，确有合法成立之婚约，但仅订有婚约而未结婚者，不得谓为配偶。上诉人甲既未与被上诉人结婚，则其与上诉人乙结婚，自非违反民法第九百八十五条之规定。原判决竟依被上诉人之请求，将上诉人间之结婚撤销，于法殊有未

合。（二十九年上字第七三七号）

解　夫妻之一方外出已逾三年，生死不明，如其未经受死亡之宣告，或他之一方亦未依法诉经准予离婚者，其配偶关系仍在存续中，若与他人结婚，自应成立重婚之罪。（三十一年院字第二三七五号）

解　（二）出征抗敌军人因遭遇特别灾难而生死不明满三年后，其妻姑得向法院声请为死亡之宣告。自宣告死亡之判决所确定死亡之时起逾六个月后，其妻始得再婚，此在《出征抗敌军人婚姻保障条例》第六条、第七条定有明文，自不得以出征抗敌军人之妻贫无资力，许其不经宣告死亡程序即行再婚。至出征抗敌军人之妻因与人通奸怀胎，即行改嫁，甚或与相奸者结婚，无论其相婚者是否与其夫同姓，均为法所不许。（三十三年院字第二七七三号）

第九百八十六条

解　（二）出征抗敌军人因遭遇特别灾难而生死不明满三年后，其妻始得向法院声请为死亡之宣告。自宣告死亡之判决所确定死亡之时起逾六个月后，其妻始得再婚，此在《出征抗敌军人婚姻保障条例》第六条、第七条定有明文，自不得以出征抗敌军人之妻贫无资力，许其不经宣告死亡程序即行再婚。至出征抗敌军人之妻因与人通奸怀胎，即行改嫁，甚或与相奸者结婚，无论其相婚者是否与其夫同姓，均为法所不许。（三十三年院字第二七七三号）

第九百八十七条

△**判**　妻既与夫协议离婚，其离婚后是否改嫁，及嫁与何人，即非前夫所能过闻。（十八年上字第一五四七号）

解　妾与家长脱离关系后与人结婚，不受民法第九百八十七条六个月期间之限制。如于结婚后所生子女，其受胎确定在同居期内者，尽可提起认领之诉。（二十三年院字第一〇四六号）

解　《出征抗敌军人婚姻保障条例》第七条所规定者，为民法第九百八十七条所包含之事项，出征抗敌军人之妻，于其夫死亡后未逾六个月而改嫁，固系违反同条例第七条之规定，亦即违反民法第九百八十七条之规定，自可依民法第九百九十四条办理。（三十五年院解字第三二九三号）

第九百八十八条

判 婚姻成立之要件欠缺，纵令有同居事实及因感情作用而有与夫妻相同待遇及意思表示，仍不得谓为婚姻关系。（二十一年上字第二〇六七号）

解 与民法第九百八十三条所列不得结婚之亲属同居而生之子女，生父非不得认领。经生父认领后，民法第一千零六十五条第二项所定与其生母之关系，并不因而有所变更，其生父与生母间相互之关系，亦不受其影响。（三十六年院解字第三三二九号）

第九百八十九条

▲判 法定代理人所有民法第九百八十九条之结婚撤销权，不因其事前同意结婚而受影响，此征之同条认婚姻当事人有撤销权之法意，极为明了。（二十二年上字第二〇八三号）

解 民法第九百八十九条但书所谓已达结婚年龄之当事人，系包括双方而言，故须双方当事人均达结婚年龄，方受不得撤销之限制。若有一方未达结婚年龄，则双方当事人均不受其拘束。（二十七年院字第一七八三号）

▲判 结婚违反民法第九百八十条之规定者，除当事人已送该条所定年龄或已怀胎者外，当事人或其法定代理人得向法院请求撤销，此在民法第九百八十九条规定甚明。是未达结婚年龄人之结婚，虽曾得法定代理人之同意，当事人亦得请求撤销。（二十九年上字第五五五号）

▲判 结婚违反民法第九百八十条之规定者，在当事人已达该条所定年龄或已怀胎前，关于当事人或其法定代理人撤销权之行使，并无期间之限制。（二十九年上字第一五六一号）

解 甲女与乙男均未达民法第九百八十条所定结婚年龄，由双方法定代理人主持结婚者，如甲女以此为理由向乙男提起离婚之诉，应认为依同法第九百八十九条请求撤销结婚。惟双方如均已达结婚年龄，即应受同条但书之限制（参照院字第一七八三号解释）。（三十二年院字第二四六八号）

解 男女之一方未达民法第九百八十条所定年龄而结婚，即系违反同条之规定，当事人双方或其法定代理人均得依第九百八十九条向法院请求撤销之。至第九百八十九条但书，既限于当事人已达第九百八十条所定年龄，或已怀胎者，不得请求撤销。是其撤销请求权，必须起诉时已有但书所载情形之存在，始行消灭。如起诉时尚未达第九百八十条所定年龄，纵令在诉讼系属中已达该条所定年龄，其已行使之撤销请求权，亦不受何影响。（三十二年院字第二五八七号）

第九百九十条

▲**判**　民法第九百九十条但书所谓结婚后已逾一年者，不得请求撤销，专指法定代理人，就违反民法第九百八十一条规定之结婚请求撤销时而言。当事人就违反民法第九百八十条规定之结婚请求撤销时，自不适用。（二十九年上字第五五五号）

第九百九十二条

▲**判**　夫与人重婚时，其前妻为民法第九百九十二条所称之利害关系人，自得就后之婚姻请求撤销。（二十一年上字第二九六二号）

判　（二）撤销婚姻之请求权，除在前婚姻关系消灭后不得行使外，并无其他限制。（二十二年上字第二六九六号）

判　离婚之诉，系由夫妻之一方请求消灭其已合法成立之婚姻关系，而撤销婚姻之诉，则系由法律所许之特定人（不以夫妻一方为限），请求消灭未合法成立之婚姻关系，故二者限制之条件及法定期间，迥不相同。（二十四年上字第四四一八号）

解　重婚虽经判处罪刑，在未有利害关系人请求撤销以前，其婚姻关系仍属存在。（二十四年院字第一二一〇号）

解　夫出外，生死不明，已逾三年，未经判决离婚或死亡宣告，倘妻改嫁，即不能谓非重婚。（二十四年院字第一三三八号）

▲**判**　民法第一千零五十二条第一款仅规定原配偶之一方得以他方之重婚为理由，请求离婚，并非认后配偶有离婚请求权。惟该后配偶为民法第九百九十二条所称之利害关系人，自得请求撤销结婚。（二十七年上字第一三一六号）

▲**判**　原告以与被告结婚时被告已先有配偶为理由，向法院求为使其婚姻关系消灭之判决者，自应认为依民法第九百九十二条请求撤销结婚。纵令误用离婚之名词，法院亦不得以其只能请求撤销结婚不得请求

离婚驳回其诉。(二十八年上字第二二八一号)

解 夫在民法亲属编施行后重婚者，如后婚未经撤销而夫已死亡，后妻亦不失为配偶，依民法一千一百四十四条有继承其夫遗产之权，惟其应继分应与前妻各为同条所定配偶应继分之二分之一。(二十九年院字第一九八五号)

解 民法第九百九十二条所谓利害关系人，系指于结婚之撤销有法律上正当之利益者而言，各当事人或当事人之配偶为利害关系人，固不待言。当事人之亲属或家长，如撤销结婚，即可免其扶养义务者，亦为利害关系人，至当事人之监护人，不能认为利害关系人。(三十四年院解字第三〇〇〇号)

第九百九十四条

▲判 夫死亡时婚姻关系即为消灭，自得更与他人结婚，故孀妇自愿改嫁。除其与他人之结婚违反民法第九百八十七条之规定时，其翁得向法院请求撤销外，非其翁所得干涉。(二十七年上字第二六〇六号)

解 《出征抗敌军人婚姻保障条例》第七条所规定者，为民法第九百八十七条所包合之事项，出征抗敌军人之妻，于其夫死亡后未逾六个月而改嫁，固系违反同条例第七条之规定，亦即违反民法第九百八十七条之规定，自可依民法第九百九十四条办理。(三十五年院解字第三二九三号)

第九百九十五条

判 民法亲属编所谓当事人之一方，于结婚时不能人道，而他方自知悉其不能治之时起，已逾三年，不得向法院请求撤销。此三年期间，为无时效性质之法定期间，而并非消灭时效，其起算点，应自知悉不治之日起，而不自知悉不能人道之日起。(二十二年上字第一六一六号)

判 (二)法定代理人所有民法第九百八十九条之撤销权，不因其事前同意结婚而受影响，此征之同条认婚姻当事人有撤销权之法意极为明了。(二十二年上字第二〇八三号)

解 天阉即属不能人道，得依民法第九九五条，请求撤销婚姻。(二十二年院字第八三九号)

解 (一)不达法定结婚年龄而结婚者，在未依法撤销以前，认为有行为能力。(二十四年院字第一二八二号)

第九百九十七条

△**判**　婚约业经合法成立，虽因结婚之期未经协定，致有强娶之事，惟成婚后苟已相安，固不得于事后借此为请求离异之理由。（十八年上字第二三二八号）

△**判**　结婚出于强迫，仅为撤销婚姻之原因，究不足据为应行离婚之理由。（十九年上字第四九二号）

△**判**　父母为未成年子女所订婚约，未经其子女追认，自无拘束该子女之效力。如本于此项婚约以不正当方法，使其践行者，纵使有成婚之事实，亦不得谓该婚姻已合法成立。（二十年上字第六七二号）

判　结婚无论是否出于胁迫，而在未经合法撤销以前，均不能认为无效。（二十四年上字第一七四九号）

第九百九十八条

▲**判**　离婚与撤销婚姻，虽均使已成立之婚姻对于将来失其效力，惟可得撤销婚姻，系因其成立时即有瑕疵，而离婚之事由则为婚姻成立后所发生彼此并非一致。故婚姻成立前业已存在之事由，除合于撤销婚姻之条件时得请求撤销外，殊无据以请求离婚之余地。（二十二年上字第四二二号）

第一千条

判　赘夫为民法亲属编之所许，依民法亲属编施行前之法例，亦许无子者招婿养老。但须依当时法例另立同宗之人为嗣，以承宗祧，而对于应为立嗣之人，并无不许招婿养老之限制。（二十二年上字第三〇七一号）

第一千零一条

△**判**　夫妻间虽有同居之义务，但有不堪同居之事实，经双方同意分别居住，亦非法所不许。（十七年上字第二八号）

△**判**　妻有与夫同居之义务，在婚姻关系存续中，非证明有不堪同居之虐待，或其他正当理由，不得请求给养分居。（十八年上字第二一二九号）

△**判**　夫妻固有同居之义务，惟果有正当原因，亦非绝对禁止别居。若妻因受夫之家属虐待，愿与夫同居，而不愿与夫之家属同居，虐待果属

真实，即不能谓绝无斟酌准许之余地。（十八年上字第二六四一号）

　　△判　别居与离异系属两事，别居者事实上夫妇不同居，而婚姻之关系依然存续，与离异之消灭婚姻关系者不同。（十九年上字第一三号）

　　△判　夫妇在婚姻关系存续中，应互负同居之义务。（十九年上字第一〇五九号）

　　△判　夫妻互负同居之义务，在婚姻关系存续中，苟非有正当理由，即不得由一造拒绝同居。（十九年上字第二六九三号）

　　△判　妻对于夫有同居之义务，苟非有不堪同居之事，即不得诉请别居。（二十年上字第一六四五号）

　　判　夫妻固互负同居之义务，但有正当理由者，得请求别居。至夫妻未以契约定立夫妻财产制者，家庭生活费用，原则上固应由夫支付之，但所谓生活费用，究应如何支付，自应就实际上之需要及夫之能力定之。（二十一年上字第二五八〇号）

　　判　夫妻互负同居之义务，但有不能同居之正当理由者，不在此限。（二十二年上字第七三七号）

　　判　别居之诉，惟妻对于夫始得提起之。至妾对于家长并无亲属关系，苟非以永久共同生活为目的之同居一家，即不得视为家属，更无所谓别居。（二十二年上字第九三八号）

　　判　民法载称夫妻互负同居之义务，但有不能同居之正当理由者，不在此限。所谓正当理由，凡一方受他方之虐待，已达于不能同居之程度者，当然包含在内。（二十二年上字第三一八五号）

　　▲判　民法第一千零一条所规定之夫妻同居义务，惟已结婚而有夫妻之身份者，始负担之。若仅订有婚约而未结婚者，不负与他方同居之义务。（二十三年上字第九三七号）

　　判　妻无不能同居之正当理由而拒绝同居者，固不得向其夫请求别居时期之生活费用。惟民法亲属编无妾之规定，如在该编施行后而为纳妾之行为，即属与人通奸。苟非得之明认或默认，其妻因此请求别居，自可认为正当理由。（二十三年上字第一六〇一号）

　　判　（一）夫妻间如有不能同居之正当理由，原可不负同居之义务。（二十三年上字第一九〇六号）

判　（一）夫妻互负同居义务，若妻并无正当理由，拒绝与夫同居，则在此不尽同居义务之期间内，自属无权向夫求偿其自身支出生活各费。（二十四年上字第三六九号）

判　婚姻关系存续中，妻拒绝与夫同居，而犹就别居期内之生活费，向夫请求给付者，除能证明确有不能同居之正当理由外，尚须就自己之生活状况及其夫之经济能力，分别证明，方能认为正当。（二十四年上字第一九二三号）

解　（一）夫妻同居之判决，传案劝导，自无不可。（二十五年院字第一五四七号）

▲**判**　命夫妻之一方同居之判决，既不得拘束身体之自由而为直接之强制执行，《民事诉讼执行规则》第八十八条第一项所定间接强制之执行方法，依同条第二项之规定，又属不能适用，此种判决自不得为强制执行。（二十七年抗字第六三号）

▲**判**　以法定财产制为夫妻财产制者，家庭生活费用如夫有支付能力虽应由夫负担，但妻无不能同居之正当理由拒绝同居者，不得向其夫请求支付别居时期之生活费用。（二十七年上字第三七九号）

▲**判**　妻除招赘外，既应以夫之住所为住所，自应在夫之住所与夫同居，不得借口其父母在堂，主张应在其母家所在地与夫同居。（二十七年上字第一四四〇号）

▲**判**　当事人之一方于结婚时不能人道而不能治者，依民法第九百九十五条规定，他方固得提起撤销婚姻之诉。而在婚姻未撤销前，究不能以此为拒绝同居之理由。（二十八年上字第二四六九号）

解　人民固有信仰宗教之自由，但不能因信仰宗教而免其法律上之义务。故妻矢志为尼，不得认为有民法第一千零一条但书所谓不能同居之正当理由。（二十八年院字第一八七八号）

▲**判**　妻因不堪其姑之虐待回母家居住，而其与夫同居必将受姑虐待之情状，现尚存在者，不得谓非有不能同居之正当理由。（二十九年上字第二五四号）

▲**判**　家属已成年或虽未成年而已结婚者，依民法第一千一百二十七条之规定虽得请求由家分离，但该家属与家长间别有不得请求由家分

离之法律关系者，仍不在此限。夫妻如无不能同居之正当理由，互负同居之义务，为民法第一千零一条之所明定。故夫为家长时，除离婚及撤销婚姻时其妻当然由家分离外，妻不得援用民法第一千一百二十七条之规定，对于其夫请求由家分离。（二十九年上字第五二七号）

▲判　未成年人结婚虽未得法定代理人之同意，在法定代理人依民法第九百九十条之规定，诉经法院撤销其结婚以前，仍不失为夫妻，依民法第一千零一条之规定，自亦互负同居之义务。（二十九年上字第九一六号）

▲判　夫秉性愚钝缺乏常识，并非民法第一千零一条所谓不能同居之正当理由。（二十九年上字第九一六号）

第一千零二条

解　子县甲男入赘丑县乙女之家，丑县法院误将乙请与甲离婚之诉，移送子县法院。乙女如受裁定，未即时抗告，致被确定者，子县法院应受其拘束。（二十五年院字第一四一四号）

▲判　妻除招赘外，既应以夫之住所为住所，自应在夫之住所与夫同居，不得借口其父母在堂，主张应在其母家所在地与夫同居。（二十七年上字第一四四〇号）

第一千零三条

判　夫妻于日常家务互为代理人，夫妻未以契约订立夫妻财产制者，妻因代理日常家务行为而生之债务，应由夫负清偿之责。（二十二年上字第三二六八号）

判　民法第一千零三条，不过规定夫妻间日常家务之相互代理权，及其滥用代理权时，他方所得加之限制。夫之处分其原有财产，并非代理，其妻绝不发生限制代理权之问题。（二十三年上字第八八五号）

第一千零五条

判　夫与妻虽不和谐，在未经离婚以前，其未以契约订立夫妻财产制者，家庭生活费用夫有支付能力时，仍应由夫支付。（二十二年上字第四三七号）

判　夫妻未以契约订立财产制者，家庭生活费用，原则上固应由夫支付之。惟所谓生活费用，究应如何支付，自应就实际上之需要及夫之

能力定之。（二十二年上字第一五九〇号）

　　判　夫妻未以契约订立夫妻财产制者，关于家庭生活费用，原则上应由夫支付。医药费用，自在家庭生活费用之范围。（二十二年上字第一七一〇号）

　　判　夫妻于日常家务互为代理人，夫妻未以契约订立夫妻财产制者，妻因代理日常家务行为而生之债务，应由夫负清偿之责。（二十二年上字第三二六八号）

第一千零十三条

　　▲**判**　依民法第一千零十三条第三款之规定，妻所受之赠物，经赠与人声明为其特有财产者，为妻之特有财产。妻在结婚前尚未取得妻之身份，固无所谓妻之特有财产，惟赠与人声明受赠人日后结婚为人妻时，赠物为其特有财产者，亦有该条款之适用。日后该受赠人结婚以法定财产制为其夫妻财产制者，依民法第一千零一十六条但书之规定，此项赠物自不在联合财产之内。（二十七年上字第五三九号）

　　解　陆军伤亡官佐士兵之父母，虽以法定财产制为其夫妻财产制，而其依《陆军抚恤暂行条例》第二十条应受之恤金，既有应予计口均分之明文，即与声明为各人之特有财产无异，依民法第一千零一十三条第三款、第一千零一十六条之规定，不在联合财产之内。夫对于妻应受之恤金，无权管理，妻自得就其应受之部分，自行具领，而夫所应受之部分，妻亦无具领之权。（三十一年院字第二三四一号）

　　解　《遗产税暂行条例》第十一条所谓被继承人配偶及子女之特有财产，不以民法第一千零一十三条、第一千零八十七条列为配偶或未成年子女之特有财产为限，凡为配偶或成年与未成年子女所有之财产，皆包含在内。故被继承人成年之子或孙，以自己名义用私财所购产业，不归入被继承人之遗产总额内计算征税。（三十三年院字第二六三一号）

第一千零十七条

　　判　妆奁系由女家于女子与人结婚时赠与其女者，自系女之特有财产。（二十二年上字第一六二〇号）

第一千零二十三条

　　判　夫妻于日常家务互为代理人，夫妻未以契约订立夫妻财产制者，

妻因代理日常家务行为而生之债务，应由夫负清偿之责。（二十二年上字第三二六八号）

第一千零二十六条

▲判 夫应负担家庭生活费用时，其费用之数额，应按实际上之需要与夫之经济能力定之。（二十一年上字第二五八〇号）

判 夫与妻虽不和谐，在未经离婚以前，其未以契约订立夫妻财产制者，家庭生活费用，夫有支付能力时，仍应由夫支付。（二十二年上字第四三七号）

判 民法于夫妻相互间之扶养义务并无规定，其夫妻财产制为法定财产制者，家庭生活费用，如夫有支付能力，固由夫就其财产负担之。但妻无不能同居之正当理由而拒绝同居者，自不得向其夫请求支付别居时期之生活费用。（二十二年上字第六七五号）

判 夫妻未以契约订立财产制者，家庭生活费用，原则上固应由夫支付之。惟所谓生活费用，究应如何支付，自应就实际上之需要及夫之能力定之。（二十二年上字第一五九〇号）

判 夫妻未以契约订立夫妻财产制者，关于家庭生活费用，原则上应由夫支付。医药费用，自在家庭生活费用之范围。（二十二年上字第一七一〇号）

第一千零三十条

▲判 因法定财产制改用分别财产制，就联合财产为分割时，妻仅得取回其原有财产，不得请求平均分割。（二十一年上字第六五八号）

第一千零四十九条

△判 婚姻自由之原则，不过谓婚姻事件，须尊重双方当事人之意思，不许第三人干涉。并非指当事人一方任意请求离异，不论有无理由，即应准许之谓。（十七年上字第七二九号）

△判 结婚、离婚之自由，系指婚姻事件，不应由第三人干涉。并非谓其可由婚姻当事人之一造，任意离合，而置他造之利害于不顾。（十八年上字第一〇六一号）

△判 婚姻事件，须尊重两造当事人之意思。故结婚、离婚，虽以自由为原则，究应尊重两造之意思，非当事人一造可以任意离合。（十九

年上字第一七六四号）

判　婚姻关系合法成立后，除两愿离婚或夫妻之一方有法定情形，得由有请求权之一方向法院请求离婚外，不得凭一方之意思，任意捏造事实为离婚之请求。（二十二年上字第一一七四号）

判　协议离婚，应基于夫妻两造之本人意思，非他人所能代为。（二十二年上字第一七一〇号）

解　未成年之夫妻，自行离婚，民法第一〇四九条定明应得法定代理人之同意。违反该条，应依同法第七十一条认为无效。（二十五年院字第一五四三号）

▲**判**　依民法第一千零四十九条但书之规定，未成年之夫或妻与他方两愿离婚，应得法定代理人之同意，民法就违反此规定之两愿离婚，既未设有类于同法第九百九十条之规定，即不能不因其要件之未备而认为无效。（二十七年上字第二〇六四号）

▲**判**　两愿离婚固为不许代理之法律行为，惟夫或妻自行决定离婚之意思，而以他人为其意思之表示机关，则与以他人为代理人使之决定法律行为之效果意思者不同，自非法所不许。本件据原审认定之事实，上诉人提议与被上诉人离婚，托由某甲征得被上诉人之同意，被上诉人于订立离婚书面时未亲自到场，惟事前已将自己名章交与某甲使其在离婚文约上盖章。如果此项认定系属合法，且某甲已将被上诉人名章盖于离婚文约，则被上诉人不过以某甲为其意思之表示机关，并非以之为代理人使之决定离婚之意思，上诉理由就此指摘原判决为违法，显非正当。（二十九年上字第一六〇六号）

▲**判**　无代理权人以代理人之名义所为之法律行为不许代理者，不因本人之承认而生效力。两愿离婚为不许代理之法律行为，其由无代理权人为之者，本人纵为承认，亦不因之而生效力。（二十九年上字第一九〇四号）

第一千零五十条

▲**判**　民法亲属编施行前夫妻两愿离婚，并非要式行为，虽未以书面为之，亦不得谓为无效。（二十二年上字第一七二四号）

▲**判**　婚姻关系成立后，夫妻之一方出家为僧或为尼者，虽依其教

规不得有配偶，而其夫妻之关系并不因此当然消灭。（二十二年上字第一八一九号）

判 （一）民法所谓"两愿离婚应以书面为之，并应有二人以上签名"等语，系指正式婚姻于离异时所应具之方式而言。（二）民法亲属编施行前所订之离婚字据，虽无二人以上证人之签名，依当时法例，亦应生效，惟离婚后再行结婚，仍非践行结婚之仪式不可。（二十四年上字第二五三一号）

解 查民法亲属编关于夫妻协议离婚，并无不适用附条件法律行为之规定，如果其离婚条件，确载明某乙须赔偿财礼一百元与某甲收领，始能离异字样，自应于其条件成就后，发生离婚效力。（二十四年院字第一三五七号）

▲**判** 民法第一千零五十条仅规定两愿离婚应以书面为之，并应有二人以上证人之签名，并无证人须与当事人素相熟识之限制。故签名于离婚书面之证人，纵与当事人素不相识，两愿离婚之效力，亦不因此而受影响。（二十八年上字第三五三号）

▲**判** 两愿离婚应以书面为之，并应有二人以上证人之签名，是为民法第一千零五十条所规定之方式。夫妻间虽有离婚之合意，如未依此方式为之，依民法第七十三条之规定，自属无效。（二十八年上字第一三〇六号）

第一千零五十一条

△**判** 夫妻离婚时，除以协议定子女之监护方法，或有特别情形外，应归其父任监护之责。（十八年上字第一一九一号）

△**判** 婚姻关系解除后，其从前所生子女，除两造有特别约定外，原则上应由其父监护。（十八年上字一六八九号）

判 夫妻两愿离婚者，关于子女之监护，依法固应由夫任之。若离婚非出于两愿，而出于判决，虽得由夫任之，而法院为其子女之利益，亦得酌定监护人。（二十一年上字第二七六八号）

判 未成年之子女，其生母与生父如因判决离异，关于子女之监护，原则上固应由生父任之。但该子女如果因年幼有不能离母之情形，法院自得为其子女之利益起见，以其生母为该子女之监护人。（二十三年上字

第二七三四号）

解　甲与妻乙两愿离婚后，未及三月，即产生一子，依民法第一千零六十一条及第一千零六十二条第一项之规定，应认为甲乙之婚生子。至于此子之监护，应依同法第一千零五十一条办理。（三十五年院解字第三三二号）

第一千零五十二条

△判　婚姻自由之原则，不过谓婚姻事件须尊重双方当事人之意思，不许第三人干涉，并非指当事人一方任意请求离异，不论有无理由，即应准许之谓。（十七年上字第七二九号）

△判　夫妇间偶有勃谿，不得据为离婚原因。（十八年上字第九六〇号）

△判　夫妇两造尊亲属间之冲突，与婚姻当事人无关者，不得据为离婚原因。（十八年上字第一〇九七号）

△判　阃中互扭误伤，且事后和谐，生有子女，不能为虐待之凭证。（十八年上字第一九四三号）

△判　男女婚姻一经成立，苟无法律上之原因，即不得由一方任意请求离异。（十九年上字第二四〇号）

△判　夫妇因寻常细故，迭次殴打，即有不堪同居之痛苦。（十九年上字第一一二八号）

△判　婆媳之间，偶因家庭细故有所争执，尚不能遽为离婚原因。（十九年上字第二四二六号）

△判　惯行殴打，即为不堪同居之虐待，足以构成离婚之原因。（二十年上字第三七一号）

△判　夫妻固互负同居之义务，但违背义务之一方，如未达于恶意遗弃之程度，他方不得据以请求离婚。（二十年上字第一五六九号）

△判　好赌于法固有一定制裁，而以为离婚原因，究有未合。（二十年上字第一九一六号）

△判　夫妻间偶尔失和殴打他方，致令受有微伤，如按其情形，尚难认为不堪同居之虐待者，不得认他方之请求离婚，为有正当理由。（二十年上字第二三四一号）

▲**判** 妻自愿为娼，其夫并无抑勒情事者，妻不得指为不堪同居之虐待，据请求离婚。（二十一年上字第八三四号）

判 夫诬告其妻与人通奸，其妻虽可指为受不堪同居之虐待，向法院请求离婚，但所谓诬告通奸，系指虚构事实意图其妻受刑事处分者而言。（二十一年上字第一七二一号）

判 梅毒虽不能谓非恶疾，但其恶疾须达于不可治之程度，始合于离婚原因。（二十一年上字第三一一〇号）

解 纳妾在亲属编施行后者，即属与人通奸，其妻除曾明认或默认外，得请求离婚或别居。妻别居后之生活费用，应由夫按时支付。（二十一年院字第七七〇号）

判 夫妻之一方，受他方不堪同居之虐待，固得请求离婚。但不堪同居云者，系指其虐待出于惯行，或已达不能忍受之程度而言。若仅因一时细故致行殴打，既非出于惯行，而又未至不能忍受之程度，即不合于离婚之条件，自不得据为请求离异之理由。（二十二年上字第二〇号）

▲**判** 离婚与撤销婚姻，虽均使已成立之婚姻对于将来失其效力，惟可得撤销婚姻系因其成立时即有瑕疵，而离婚之事由则为婚姻成立后所发生彼此并非一致。故婚姻成立前业已存在之事由，除合于撤销婚姻之条件时，得请求撤销外，殊无据以请求离婚之余地。（二十二年上字第四二二号）

判 夫妻之一方，受他方不堪同居之虐待，固得向法院请求离婚。惟所谓不堪同居之虐待者，须精神上或身体上现受有虐待而致不堪同居者而言。（二十二年上字第五三〇号）

判 民法所谓夫妻之一方以恶意遗弃他方在继续状态中者，系指夫或妻无正当理由不尽同居或扶养之义务而言。（二十二年上字第六三六号）

判 在民法亲属编施行后，夫妻之一方得向法院请求离婚者，以该编所列情形为限。该编施行前之判例，准夫妻之一方得据以请求离婚之情形，而非该编所列举者，自不得更据为诉请离婚之理由。（二十二年上字第七七五号）

判 夫妻之一方犯不名誉之罪，须被处徒刑，他方始得向法院请求

离婚。（二十二年上字第八六七号）

判　民法第一千零五十二条关于离婚原因之第十款所载，因犯不名誉之罪，被处徒刑一语，并不包含通奸在内。盖与人通奸，在同条第二款另有规定，即仅有此款事实，不待论罪处刑，已足据以离婚。若因以后之论罪处刑，认为属于第十款，是使一种事实可成为两种离婚原因，揆之立法本旨，当不如此。故凡夫妻之一方，以他方与人通奸并经判处徒刑为理由，诉请离婚者，其判处徒刑之主张，仅可视为与人通奸之立证方法，而不得视为诉之原因。如关于行使请求权之决定期间有所争执，亦应以同法第一千零五十三条，就前开第二款所定六个月之期间为准，而同法第一千零五十四条就前开第十款所定一年之期间已否逾越，则可不问。（二十二年上字第九〇七号）

判　夫妻之一方受他方不堪同居之虐待者，得向法院请求离婚。所谓不堪同居之虐待云者，不仅以身体为限，即其精神上感有不堪同居之痛苦，亦不能谓非受不堪同居之虐待。（二十二年上字第九七七号）

判　夫妻之一方受他方不堪同居之虐待，固得请求离婚。惟所谓虐待者，须达于不堪同居之程度，若仅因一时细故殴打，经人劝慰业经谅解，即不得谓有不堪同居之情形，自不能更据以请求离婚。（二十二年上字第一〇一八号）

▲判　夫妻之一方生死不明已逾三年者，依民法第一千零五十二条第九款之规定，他方虽得向法院请求离婚，但其生死已分明时，他方无再行离婚之必要，其离婚请求权当然消灭。故生死不明之一方，在事实审之言词辩论终结前已由外归家者，不得仍据以判决离婚。（二十二年上字第一一一六号）

判　婚姻关系合法成立后，除两愿离婚或夫妻之一方有法定情形得由有请求权之一方向法院请求离婚外，不得凭一方之意思，任意捏造事实为离婚之请求。（二十二上字第一一七四号）

判　夫殴打其妻，如系出于惯行，则妻所受之伤害，不必达到较重之程度，即应认有不堪同居之虐待情形，准许离异。（二十二年上字第一五〇五号）

判　夫妻之一方以他方有精神病向法院请求离婚，依法以重大不治

者为限。若其所患之精神病虽属重大，而非不治，不得据为请求离婚之原因。（二十二年上字第一七一〇号）

判 夫妻之一方受他方不堪同居之虐待者，依法得向法院请求离婚。所谓不堪同居之虐待者，以其虐待已达不堪同居之程度为已足，不以受有较重之伤害为限。（二十二年上字第一八五四号）

判 夫妻之一方因一时愤激，致成诉讼，其指摘对方之事实，无论为误会抑为真相，要与平时捏词侮辱可视为虐待行为者有别。（二十二年上字第二〇七一号）

判 民法规定夫妻之一方受他方不堪同居之虐待者，称得向法院请求离婚。所谓不堪同居之虐待云者，系指精神上或身体上受有虐待而致不堪同居者而言。（二十二年上字第二五三三号）

判 （一）夫与人重婚时，惟其前妻得请求离婚。若重娶之妻，只得请求撤销婚姻，而不得请求离婚。（二十二年上字第二六九六号）

判 夫妻有过失之一方，因判决离婚而陷于生活困难者，现行法上并无认其对于他方有赡养费给与请求权之规定。（二十二年上字第二七五八号）

▲判 夫妻之一方有支付家庭生活费用之义务时，如无正当事由不为支付，以致他方不能维持生活，自属民法第一千零五十二条第五款所谓以恶意遗弃他方。（二十二年上字第三二二〇号）

判 凡纳妾在民法亲属编施行后，而未得妻之明认或默认，均构成离婚之原因。（二十二年再字第五号）

解 民法亲属编施行后请求离婚者，应以民法第一千零五十二条所列情形为限，该编施行前之判例与该条不合者，均不得援用。（二十二年院字第一〇一〇号）

判 （一）夫如诬称其妻与人通奸，实足使其妻受精神上之痛苦，不得谓非不堪同居之虐待。（二十三年上字第九〇号）

判 （二）夫妇间平常因家庭细故，辄将他方殴打致伤，已不能谓毫无虐待之情形。况两方既在诉讼中，他方应否回家，自应静候法院解决，乃一方竟以非法手段欲剥夺他方之行动自由，尤与夫妇间平常因一时气忿，将他方致伤者情形有别。（二十三年上字第九〇号）

▲判　民法第一千零五十二条第三款所谓不堪同居之虐待，系指与以身体上或精神上不可忍受之痛苦，致不堪继续同居者而言。故夫妻之一方受他方之重大侮辱，如夫诬称其妻与人通奸使之感受精神上之痛苦，致不堪继续同居者，不得谓非不堪同居之虐待。（二十三年上字第六七八号）

判　（二）夫妻之一方受他方之虐待，其精神上或身体上感有不堪与他方同居之痛苦者，固得向法院请求离婚。惟所谓精神上身体上感有不堪同居之痛苦者，须客观上确有虐待之情事，且足认为达于不堪同居之程度者，方得据为离婚之请求。（二十三年上字第一九○六号）

判　妾之制度，于民法亲属编施行后业经废止，若妻因夫在民法亲属编施行后纳妾而据为请求离婚之理由，于法自属相符。（二十三年上字第二五一八号）

判　夫生死不明已逾三年者，妻须向法院请求离婚，照准后始得改嫁。（二十三年上字第三八三○号）

▲判　夫妻之一方以他方有民法第一千零五十二条所列情形，向法院请求离婚者，须经宣告离婚之判决确定，始生离婚之效力。故在此项判决确定以前，其婚姻关系依然存在。（二十三年上字第四○四号）

判　（一）夫妻关系一经成立，非有民法规定之情形，不得率请脱离关系。（二十三年上字第四一三四号）

判　夫妻之一方受他方不堪同居之虐待，固得请求离婚。若因一方之行为不检，而他方一时忿激致有过当之行为，则与不堪同居虐待之情形，显然有别，自不得据以请求离婚。（二十三年上字第四五五四号）

判　妻对于夫之直系尊亲属为虐待，致不堪为共同生活者，夫之一方固得向法院请求离婚。苟仅因家庭细故，偶有争吵，并无不堪为共同生活之情形，自不得据以请求离婚。（二十四年上字第一六二二号）

判　夫妻之一方，受他方不堪同居之虐待，及妻受夫之直系尊亲属之虐待，致不堪为共同生活者，得请求离婚。所谓不堪同居之虐待，及致不堪为共同生活云者，乃就虐待之程度，达于不堪同居或致不堪共同生活之情形而言，不以被虐待人受有重大之伤害为限。（二十四年上字第一七○九号）

判　（一）夫妻间偶尔失和殴打，他方纵令受有微伤，究难指为有

不堪同居之虐待，被殴打之一方不得据以请求离婚。（三十四年上字第二五一九号）

判 （二）夫对妻之直系尊亲属纵有虐待情事，亦不足以构成离婚之原因。（二十四年上字第二五一九号）

判 民法亲属编无妾之规定，若在民法亲属编施行后，夫有纳妾之行为，其妻据以请求离婚，即不谓其非与民法第一〇五十二条第二款规定之情形相符。（二十四年上字第二九八六号）

解 夫出外，生死不明已逾三年，未经判决离婚或死亡宣告，倘妻改嫁，即不能谓非重婚。（二十四年院字第一三三八号）

解 （一）聋盲非民法第一〇五二条第八款所谓之精神病。（二十四年院字第一三五五号）

▲判 依民法第一千零五十二条之规定，夫妻之一方于他方有同条所列情形之一时，得向法院请求离婚，是必夫妻间欲消灭其婚姻关系，始有同条之适用。若妾与男方之结合非婚姻关系，脱离此种关系，不在同条规定之列。（二十六年上字第五八四号）

▲判 民法第一千零五十二条第十款所谓被处徒刑，系指被处徒刑之判决已确定者而言，其谕知科刑之判决已宣示而未确定者，尚不得据以请求离婚。（二十六年上字第七九七号）

解 赘夫对于妻之直系尊亲属为虐待，致不堪为共同生活时，妻对于赘夫自得请求离婚。（二十六年院字第一六五四号）

▲判 刑法第二百四十条第三项之意图营利和诱有配偶人脱离家庭罪，属于民法第一千零五十二条第十款所谓不名誉之罪，夫妻之一方因犯该罪被处徒刑者，他方自得请求离婚。（二十七年上字第五〇六号）

▲判 民法第一千零五十二条第一款，仅规定原配偶之一方得以他方之重婚为理由请求离婚，并非认后配偶有离婚请求权，惟该后配偶为民法第九百九十二条所称之利害关系人，自得请求撤销结婚。（二十七年上字第一三一六号）

▲判 夫于三个月间三次殴打其妻成伤，其虐待自已达于不堪同居之程度。（二十七年上字第二一一一号）

▲判 被上诉人与上诉人结婚后，其双目虽已因病失明，但不得谓

有民法第一千零五十二条第七款所称不治之恶疾。（二十七年上字第二七二四号）

　　▲判　民法第一千零五十二条第十款所谓不名誉之罪，包含侵占罪在内。（二十七年上字第三一九六号）

　　▲判　民法第一千零五十二条第四款，固仅规定妻对于夫之直系尊亲属为虐待或受夫之直系尊亲属之虐待，致不堪为共同生活者，夫妻之一方得向法院请求离婚。惟此系就妻以夫之住所为住所之普通情形而为规定，其以妻之住所为住所之赘夫，对于妻之直系尊亲属为虐待或受妻之直系尊亲属之虐待，致不堪为共同生活者，按诸民法采用男女平等原则之本旨，实与该款规定有同一之法律理由，自应类推解释许其请求离婚。（二十八年上字第二一一六号）

　　▲判　妻以夫纳妾与之通奸为理由请求离婚，并不以夫已因通奸罪被处刑罚为要件，妻不为告诉而请求离婚自无不可。（二十八年上字第二四七七号）

　　▲判　夫妻互负同居之义务，如无不能同居之正当理由，拒绝与他方同居，即系民法第一千零五十二条第五款所谓以恶意遗弃他方。（二十九年上字第二五四号）

　　▲判　夫因口角细故殴打其妻，致其妻左肩胛、右腰、右内膀及左外膀、左肘、左外臂受脚踏伤三处、扭伤六处，自应认为不堪同居之虐待。（二十九年上字第九九五号）

　　▲判　夫妻之一方有不治之恶疾者，依民法第一千零五十二条第七款之规定，他方固得随时请求离婚。惟一方于结婚时不能人道而不能治者，非同条款所谓不治之恶疾，他方仅得依民法第九百九十五条，于知悉其不能治之时起三年内，请求撤销结婚。（二十九年上字第一九一三号）

　　▲判　以妻之住所为住所之赘夫，对于妻之直系尊亲属为虐待，致不堪为共同生活者，依民法第一千零五十二条第四款之类推解释，固应许妻请求离婚。若夫非赘夫，与妻之直系尊亲属本不同居一家为共同生活者，自无就同条款类推适用之余地。（二十九年上字第二〇四三号）

　　▲判　夫妻之一方身患梅毒，虽不能谓非有恶疾，但其梅毒须达于不可治之程度，他方始得据以请求离婚。（三十一年上字第三一一〇号）

解 夫妻之一方潜逃他处，如其情形系恶意遗弃他方者，他方得请求离婚。至夫妻之一方，参加伪组织后，他方若仍与之同居，精神上所受之痛苦，实与受不堪同居之虐待无异，自得请求离婚。（三十一年院字第二二八五号）

解 《优待出征抗敌军人家属条例》第三十条，既规定出征抗敌军人在服务期内，其妻无论持何理由不得离婚。则出征抗敌军人之妻，在其夫服役期内，虽有民法第一千零五十二条所定之离婚理由，亦不得行使其离婚请求权。如提起离婚之诉，自属欠缺权利保护要件，应认其诉为无理由，以判决驳回之。《民事诉讼法》第二百四十九条第六款所称之要件，系属诉讼成立要件，同款之规定，于此情形不适用之。（三十一年院字第二四三六号）

解 夫妻之一方叛国附敌，在未反正以前，他方因此所受精神上之痛苦，实较受不堪同居之虐待为尤甚，依民法第一千零五十二条第三款之类推解释，他方自得请求离婚。（三十四年院字第二八二三号）

解 单纯之不育或不妊症，不能认为民法第一千零五十二条第七款所称之恶疾。（三十四年院解字第二九四五号）

第一千零五十三条

判 民法亲属编施行前所发生事实而依民法亲属编规定，得为离婚原因者，固得请求离婚。惟得为离婚之原因者，器重婚或与人通奸之情事，而有请求权之一方，苟于事后宥恕，即不得请求离婚。（二十一年上字第二四二○号）

▲**判** 夫妻之一方知悉他方有民法第一千零五十二条第一款、第二款之情事后，虽未逾六个月而自情事发生后已逾二年者，不得请求离婚。自情事发生后虽未逾二年而自知悉后已逾六个月者，亦不得请求离婚。（二十二年上字第三九二号）

判 民法亲属编无妾之规定，至民法亲属编施行后，自不得更以纳妾为缔结契约之目的。如有类此行为，即属与人通奸，其妻自得请求离婚。惟在民法亲属编施行前业经成立之纳妾契约，或在该编施行后得妻之明认或默认而为纳妾之行为，其妻即不得据为离婚之请求。（二十二年上字第六三六号）

判　民法第一千零五十二条关于离婚原因之第十款所载，"因犯不名誉之罪被处徒刑"一语，并不包含通奸在内。盖与人通奸，在同条第二款另有规定，即仅有此款事实，不待论罪处刑，已足据以离婚。若因以后之论罪处刑，认为属于第十款，是使一种事实可成为两种离婚原因，揆之立法本旨，当不如此。故凡夫妻之一方，以他方与人通奸并经判处徒刑为理由，诉请离婚者，其判处徒刑之主张，仅可视为与人通奸之立证方法，而不得视为诉之原因。如关于行使请求权之法定期间有所争执，亦应以同法第一千零五十三条就前开第二款所定六个月之期间为准，而同法第一千零五十四条就前开第十款所定一年之期间已否逾越，则可不问。（二十二年上字第九〇七号）

▲**判**　夫之与妾通奸实为纳妾必然之结果，故妻对于夫之纳妾已于事前同意者，依民法第一千零五十三条之规定，即不得以夫有与妾通奸之情事请求离婚。（二十六年上字第七九四号）

▲**判**　夫知悉其妻与人通奸后，虽于六个月内，对于相奸之男子提起自诉，民法第一千零五十三条所定六个月之期间，亦不因此停止进行。（二十八年上字第二四三九号）

▲**判**　夫之纳妾为与妾连续通奸之预备行为，并非即为通奸行为。纳妾后实行与妾通奸者，民法第一千零五十三条所定六个月之期间，固应自妻知其夫与妾通奸时起算。惟夫连续与妾通奸，妻之离婚请求权亦陆续发生。故妻自知悉其夫与妾最后之通奸情事后，提起离婚之诉尚未逾此项期间者，不得以其知悉从前之通奸情事后，已逾此项期间遽将其诉驳回。（二十九年上字第一七二号）

第一千零五十四条

判　民法第一千零五十二条关于离婚原因之第十款所载，"因犯不名誉之罪被处徒刑"一语，并不包含通奸在内。盖与人通奸，在同条第二款另有规定，即仅有此款事实，不待论罪处刑，已足据以离婚。若因以后之论罪处刑，认为属于第十款，是使一种事实可成为两种离婚原因，揆之立法本旨，当不如此。故凡夫妻之一方，以他方与人通奸并经判处徒刑为理由，诉请离婚者，其判处徒刑之主张，仅可视为与人通奸之立证方法，而不得视为诉之原因。如关于行使请求权之法定期间有所争执，亦应以同法第一千零五十三条就前开第二款所定六个月之期间为准，而同法第一千零五十四条就前开第十款所定一年之期间已否逾越，则可不问。（二十二年上字第九〇七号）

第一千零五十五条

△**判**　夫妇离婚后之子女，原则上应归其父监护，苟非因其尚在襁褓，离母不得抚育者，仍应由其父负监护之责。（十七年上字第一一〇五号）

判　夫妻两愿离婚者，关于子女之监护，依法固应由夫任之。若离婚非出于两愿，而出于判决，虽得由夫任之，而法院为其子女之利益，亦得酌定监护人。（二十一年上字第二七六八号）

判　未成年之子女，其生母与生父如因判决离异，关于子女之监护，原则上固应由生父任之。但该子女如果因年幼有不能离母之情形，法院自得为其子女之利益起见，以其生母为该子女之监护人。（二十三年上字第二七三四号）

判　（二）夫妻经判决离婚后，法院为其子女之利益，酌定监护人，则自应酌及该子女之意思能力。（二十四年上字第三六九号）

第一千零五十六条

△**判**　判决离婚之原因，如果由夫构成，则夫应就其妻所受损害，予以赔偿，或并给与赡养费。至其给与额数，则应斟酌其妻之身份、年龄及自营生计之能力，与生活程度，并其夫之财力如何而定。（十九年上字第三六号）

判　夫妻之一方因判决离婚而受有损害者，得向有过失之他方请求赔偿。（二十二年上字第一六三七号）

第一千零五十七条

△**判**　判决离婚之原因，如果由夫构成，则夫应就其妻所受损害，予以赔偿，或并给与赡养费。至其给与额数，则应斟酌其妻之身份、年龄及自营生计之能力，与生活程度，并其夫之财力如何而定。（十九年上字第三六号）

判　夫妻无过失之一方，因判决离婚而陷于生活困难者，他方纵无过失，亦应给与相当之赡养费。至妾于家长，虽无婚姻关系，然就其因脱离家属关系，致陷于生活困难之情形，则与夫妻离婚时无异。其脱离原因，纵非由于家长之过失，该家长亦应酌给相当之赡养费，俾资生活。（二十一年上字第二〇九九号）

判　夫妻无过失之一方，因判决离婚而陷于生活困难者，他方纵无过失，亦应给与相当之赡养费。至在民法亲属编施行前所置之妾，与其家长之关系，固与夫妻之关系不同。惟妾苟无过失，而因与家长脱离关系致生活陷于困难者，其家长纵无过失，亦应给与相当赡养费，免致其骤然无以生存。（二十一年上字第二五七九号）

判　（一）凡在民法施行前嫁人为室而居于后娶地位者，仅取得妾之身份。如不愿作妾，本许其随时与所嫁者脱离关系，不必以有不得已之事由为限。（二）妾因判决脱离关系而陷于生活困难者，他方纵无过失，亦应准用民法第一千零五十七条规定，给与相当之赡养费。（二十二年上字第一六三号）

判　在亲属编施行前所置之妾，苟无过失而因与家长脱离关系，致生活陷于困难者，其家长纵无过失，亦应给成相当之赡养费，免致该妾骤然无以生存。（二十二年上字第五二九号）

判　赡养费之数额，应斟酌双方之身份、年龄、财力及自营生计之能力，与其生活程度定之。（二十二年上字第七〇〇号）

判　民法所载称"因判决离婚而陷于生活困难者，他方纵无过失，亦应给与相当之赡养费"等语，此所谓应给与，系指无过失之他方确有能给与之资力而言。若他方并无资力或且同一困难，自无应行给与之理。（二十二年上字第二五九〇号）

判　夫妻有过失之一方，因判决离婚，而陷于生活困难者，现行法上并无认其对于他方有赡养费给与请求权之规定。（二十二年上字第二七五八号）

判　关于赡养费之给付标准，先应审究赡养权利人生活上之需要状况，然后就其需要之数额审究赡养义务人之有无此能力，以为裁断。（二十三年上字第五六五号）

判　妾与家长脱离家属关系，得准用夫妻离婚之规定。请求给与赡养费者，以妾与该家长脱离家属关系为限，其他家属对于家长请求由家

分离，自属不能援用。（二十三年上字第三一五六号）

判　夫妻无过失之一方，因判决离婚而陷于生活困难者，他方纵无过失，亦应给与相当之赡养费。至民法亲属编施行前之妾与家长，虽无婚姻关系，然就其因脱离家属关系，以致陷于生活困难之情形，则与夫妻离婚无异。故其脱离之原因，纵非由于家长之过失，亦应给与相当之赡养费，俾资生活。（二十四年上字第二五六二号）

▲判　民法第一千零五十七条之规定，限于夫妻无过失之一方因判决离婚而陷于生活困难者，始得适用。夫妻两愿离婚者，无适用同条之规定请求他方给付赡养费之余地。（二十八年上字第四八七号）

第一千零五十八条

△判　妆奁为妻之特有财产，故离婚之妇，无论其离婚由何原因，自应听其携去。（十九年上字第九三七号）

第一千零五十九条

▲判　子女因父为赘夫从母姓时，父之直系血亲尊亲属仍不失为己身所从出血亲。父之旁系血亲仍不失为与己身出于同源之血亲，是该子女与其父之血亲间之血亲关系，并不因从母姓而受影响。（二十七年沪上字第一一七号）

解　（三）孀妇于夫故多年后所生子女，经其生成认领者，依民法第一千零六十五条第一项前段之规定，视为生父之婚生子女。经其生父抚育者，依同条项后段之规定，视为认领。经其生父认领后，依民法第一千零五十九条第一项之规定，从其生父之姓。在未经其生父认领前，与其生父既无父与子女之亲属关系，而与其生母之关系，则依民法第一千零六十五条第二项之规定视为婚生子女，无须认领，由民法第一千零五十九条之本旨推之，自应解为从母姓。至孀妇以其故夫无子，将其于夫故多年后所生之子立为故夫嗣子，自非合法。惟其故夫如死亡于民法继承编施行之后，遗产已由该孀妇继承者，其于夫故多年后所生子女，自得继承其母之遗产。（三十三年院字第二七七三号）

第一千零六十一条

判　称婚生子女者，谓由婚姻关系受胎而生之子女。故妻于婚姻关系消灭后所生之子女，须妻之受胎系在婚姻关系存续中者，始得推定其

所生子女为婚生子女。（二十一年上字第三〇〇〇号）

解 甲与妻乙两愿离婚后，未及三月，即产生一子，依民法第一千零六十一条及第一千零六十二条第一项之规定，应认为甲乙之婚生子。至于此子之监护，应依同注第一千零五十一条办理。（三十五年院解字第三三二一号）

第一千零六十二条

判 妻于成婚六个月后所生之子，应推定为其夫之子，其夫不得凭空否认。（十九年上字第七五〇号）

▲判 妻于婚姻关系消灭后所生之子女，须从子女出生日回溯至婚姻关系消灭时未逾三百零二日，或虽逾三百零二日而能证明妻在婚姻关系消灭前受胎者，始推定为婚生子女。（二十一年上字第三〇〇〇号）

解 甲与妻乙两愿离婚后，未及三月，即产生一子，依民法第一千零六十一条及第一千零六十二条第一项之规定，应认为甲乙之婚生子。至于此子之监护，应依同法第一千零五十一条办理。（三十五年院解字第三三二一号）

第一千零六十三条

△判 妻于成婚六个月后所生之子，应推定为其夫之子，其夫不得凭空否认。（十九年上字第七五〇号）

判 称婚生子女者，谓由婚姻关系受胎而生之子女。故妻于婚姻关系消灭后所生之子女，须妻之受胎系在婚姻关系存续中者，始得推定其所生之子女为婚生子女。（二十一年上字第三〇〇〇号）

判 妻之受胎，在婚姻关系存续中，所被推定为婚生之子女，只许夫得提起否认之诉。若未有夫之否认，自无许他人对此被推定之婚生子女，得请求确认为其非婚生子女之余地。（二十二年上字第三四七三号）

判 民法关于非婚生子女认领之规定，系为该子女出生前，其生母与生父具有法定情形之一。至出生后其生父尚未认领者，而设若出生后已受生父之抚育，应视为已经认领，即已取得亲生子女之身份。纵以后又被生父否认，致起诉讼，其诉之性质，为亲子或亲女身份之确认，在任何时期均可提起，而与非婚生子女之请求认领须受期间限制者迥异。（二十三年上字第三九七三号）

判 妻之受胎，系在婚姻关系存续中者，夫如不能证明于受胎期内未与妻同居，应推定其所生之子女为婚生子女。（二十四年上字第二〇〇九号）

解 婚姻关系存续中，妻未与夫同居而受胎，所生之子女，其否认权专属于夫，不得由妻提起否认之诉。（二十五年院字第一四二六号）

▲**判** 民法第一千零六十三条第一项之规定，系就妻在婚姻关系存续中，受胎而生之子女推定为夫之婚生子女。其子女究系妻在婚姻关系存续中受胎而生，抑系妻收养他人之子女有争执时，仍应以妻有无分娩之事实为断，自无适用该条推定为婚生子女之余地。（二十八年上字第一四四五号）

▲**判** 民法第一千零六十三条第二项所称否认之诉，系夫否认同条第一项推定之婚生子女所提起之诉。妾于脱离结合关系后，所生之子女并不在同条第一项推定为男方婚生子女之列。在男方认领以前，与男方本不发生父与子女之关系，男方自无依同条第二项之规定提起否认之诉之必要。（二十九年上字第二〇四六号）

解 （一）出征抗敌军人之妻，在与该军人之婚姻关系存续中受胎所生之子女，虽在受胎期间内，该军人未与其妻同居，依民法第一千零六十三条第一项之规定，亦推定为该军人之婚生子女。在该军人依同条第二项之规定，提起否认之诉，得有胜诉之确定判决以前，曾与该军人之妻通奸之男子，不得主张为自己之非婚生子女出而认领。至该男子是否鳏夫，与该军人是否同姓或兄弟，及该军人是否先有子女，均所不问。（三十三年院字第二七七三号）

解 某甲之媳在与某甲之子婚姻关系存续中受胎所生之子，依民法第一千零六十三条之规定，在某甲之子提起否认之诉，得有胜诉之确定判决以前，应认为某甲之子之婚生子。此子纵为某甲与其媳通奸所生，亦非某甲所得认领。至某甲之子提起否认之诉，得有胜诉之确定判决后，经某甲认领者，依民法第一千零六十五条第一项之规定，不能不视为某甲之婚生子。（三十五年院解字第三一八一号）

第一千零六十五条

△**判** 典妻不为正式婚姻，其所生之子，虽不能与婚生子同论，而

既由其父抚育成人，即应视为认领。而其亲子关系，即早已确定。（十九年上字第三一〇号）

△**判**　非婚生子女，经生父抚育者，即为认领。经认领者，视为婚生子女。（二十年上字第二八七号）

解　妾为民法所不规定，惟与家长以永久共同生活为目的，同居一家，应视为家属。其遗腹子女，应认为经生父抚育者同。（二十一年院字第七三五号）

▲**判**　现行民法虽不认妾之制度，但依民法第一千零六十五条第二项之规定，妾与其所生子女之关系视为母与婚生子女之关系。妾对所生子之遗产，自系民法第一千一百三十八条所定第二顺序之继承人。（二十二年上字第一七二七号）

解　（一）非婚生子女请求认领，仅能对于生存之生父为之。（二十三年院字第一一二五号）

解　（二）非婚生子女经父抚育者，并不限于教养，亦不问生父曾否与生母同居，只须有抚育之事实，即应视为认领。（二十三年院字第一一二五号）

▲**判**　被上诉人与上诉人弟妇某氏通奸所生之女，依民法第一千零六十五条第二项之规定，与上诉人之弟妇发生母女关系。并依同条第一项之规定，因经被上诉人之抚育，与被上诉人发生父女关系。既非上诉人之弟所生之女，即不能认为上诉人之侄女。（二十九年上字第一八三二号）

解　（三）孀妇于夫故多年后所生子女，经其生父认领者，依民法第一千零六十五条第一项前段之规定，视为生父之婚生子女。经其生父抚育者，依同条项后段之规定，视为认领。经其生父认领后，依民法第一千零五十九条第一项之规定，从其生父之姓。在未经其生父认领前，与其生父既无父与子女之亲属关系，而与其生母之关系，则依民法第一千零六十五条第二项之规定视为婚生子女，无须认领，由民法第一千零五十九条之本旨推之，自应解为从母姓。至孀妇以其故夫无子，将其于夫故多年后所生之子立为故夫嗣子，自非合法。惟其故夫如死亡于民法继承编施行之后，遗产已由孀妇继承者，其于夫故多年后所生子女，自

得继承其母之遗产。（三十三年院字第二七七三号）

解 某甲之媳在与某甲之子婚姻关系存续中受胎所生之子，依民法第一千零六十三条之规定，在某甲之子提起否认之诉，得有胜诉之确定判决以前，应认为某甲之子之婚生子，此子纵为某甲与其媳通奸所生，亦非某甲所得认领。至某甲之子提起否认之诉，得有胜诉之确定判决后，经某甲认领者，依民法第一千零六十五条第一项之规定，不能不视为某甲之婚生子。（三十五年院解字第三一八一号）

解 与民法第九百八十三条所列不得结婚之亲属同居而生之子女，生父非不得认领，经生父认领后，民法第一千零六十五条第二项所定与其生母之关系，并不因而有所变更，其生父与生母间相互之关系，亦不受其影响。（三十六年院解字第三三二九号）

第一千零六十七条

判 民法关于非婚生子女认领之规定，系为该子女出生前，其生母与生父具有法定情形之一。至出生后其生父尚未认领者，而设若出生后已受生父之抚育，应视为已经认领，即已取得亲生子女之身份。纵以后又被生父否认，致起诉讼，其诉之性质，为亲子或亲女身份之确认，在任何时期均可提起，而与非婚生子女之请求认领须受期间限制者迥异。（二十三年上字第三九七三号）

解 （三）以刑事告诉遗弃其子女并附带请求抚养者，原应在认领之后，惟其时效期间内诉其遗弃并请求抚养，即系以认领为前提。因而认领之请求权不能谓非已经行使，该项时效自应认为中断。（二十三年院字第一一二五号）

第一千零七十一条

解 无直系血亲卑亲属之人，生前未有遗嘱指定继承人，其亲族及配偶不得代为指定。（二十二年院字第九〇七号）

第一千零七十二条

△**判** 鸨母对于所蓄之妓女，虽不能即谓有养亲养女关系，而养亲若以养女为娼妓，其养女不反对者，亦不能遽谓其养亲女之关系因而终止。（二十年上字第二〇二〇号）

判 有同一或类似之法律理由时，应认同一或类似之法律效果，为法理上所当然。依旧法所立之嗣子女，固非与民法上之养子女全然同一，而其以他人之子女为子女，则与养子女无异。故民法亲属编施行后，发生之终止嗣子关系事件，应就民法关于终止收养关系之规定，类推适用。（二十二年上字第七四八号）

　　判　有同一或类似之法律理由时，应认同一或类似之法律效果，为法理上所当然。依旧法所立之嗣子女，固非与民法上之养子女全然同一，而其以他人之子女为子女，则与养子女无异。故民法亲属编施行后，请求终止嗣子关系事件，应就民法关于终止收养关系之规定，类推适用。（二十二年上字第一六四七号）

　　判　民法并无宗祧继承之规定，惟许收养他人子女为子女。此种收养关系，自可由收养人之一方与被收养人之一方依法为之，无他人干涉之余地。（二十二年上字第一七三四号）

　　解　本有亲生子女者，仍得收养他人子女。（二十二年院字第九○七号）

　　判　养子女与养父母之关系，以收养者有收养之事实，并有以之为子女之意思而成立。若收养者仅有收养之事实，并无以其为子女之意思，则被收养者，自不得仅据收养之事实，而即为已取得养子女身份之主张。（二十三年上字第四八二三号）

　　▲**判**　收养他人之子女为子女，惟本人始得为之。若其人业已死亡，则不得由其配偶为之收养。故夫死亡后由妻为之收养者，不能认为夫之养子女。（二十六年上字第四八六号）

　　▲**判**　收养他人之子女为子女，依民法第一千零七十二条以下之规定，并无收养者与被收养者必须同宗之限制。收养者虽无子女而其收养异姓之人为子女，不收养同宗之人，自非收养者之侄辈所得干涉。（二十六年上字第四九五号）

　　▲**判**　民法亲属编施行后无子者，于其生前以他人之子为子，合于民法上收养他人子女之规定者，虽当事人不称为养子而称为嗣子，亦不得谓非民法上所称之养子。（二十九年上字第七○二号）

　　解　原呈所称现役适龄之甲，如确已依民法之规定被收养为子，于其养父之家庭为独子者，依《修正兵役法施行暂行条例》第二十九条第

一项第二款及第二项之规定，仅服国民兵役，即在战时，亦无须受动员召集入营服役。（三十年院字第二二四四号）

解 （一）某甲之子不得同时为某乙之养子。（二）收养他人之子女为子女，惟本人始得为之。父母于其子死亡后，将其媳与后夫所生之子为其子之子，自不发生收养关系。（三十五年院解字第三一二〇号）

第一千零七十三条

判 民法并无宗祧继承之规定，惟许收养他人子女为子女。此种收养关系，自可由收养人之一方与被收养人之一方依法为之，无他人干涉之余地。（二十二年上字第一七三四号）

▲判 被上诉人之年龄仅少于上诉人十余岁，虽与民法第一千零七十三条之规定不符，但上诉人之立嗣既在民法亲属编施行以前，依该编施行法第一条，当然无民法第一千零七十三条之适用。（二十九年上字第九〇三号）

解 （五）有配偶者收养子女，不与其配偶共同为之，或收养者之年龄不长于被收养者二十岁以上，均得向法院请求撤销之，并非当然无效（参照本院院字第二二七一号解释）。（三十五年院解字第三一二〇号）

第一千零七十四条

判 民法并无宗祧继承之规定，惟许收养他人子女为子女。此种收养关系，自可由收养人之一方与被收养人之一方依法为之，无他人干涉之余地。（二十二年上字第一七三四号）

判 收养子女，应由收养者本人为之，亲族及配偶不得代为收养，但配偶人得自为收养。（二十二年院字第九〇七号）

解 （二）收养子女违反民法第一千零七十四条之规定者，民法虽未设有类于撤销结婚之规定，仅许一定之人向法院请求撤销。但结婚与收养子女，同为发生身份关系之行为，关于撤销违法结婚之规定，在违法之收养，亦有同一之法律理由，自应类推适用。况民法施行后颁行之《民事诉讼法》第五百七十九条以下，就撤销收养之诉，规定特别诉讼程序，实以民法上认有撤销收养之诉为前提。所谓撤销收养之诉，系指请求法院以判决撤销收养之形成诉讼而言。收养子女，因有民法第八十八条、第八十九条、第九十二条等情形得撤销者，依民法第一百十六条之规定，其撤销只须以意思表示为之，确认此项意思表示有效与否之诉讼。为确认收养关系成立或不成立之诉，并非撤销收养之诉，民法上既别无关于撤销收养之诉之规定，则关于撤销结婚之规定，于违法之收养，应类推适用。按诸《民事诉讼法》就撤销收养之诉，规定特别程序之法意，尤无疑义。故有配偶者，收养子女，未与其配偶共同为之者，其配偶得向法院请求撤销之，并非当然无效。（三十年院字第二二七一号）

第一千零七十五条

解　独子、独女为他人养子女，可凭当事人之协意。收养关系未终止前，与其本生父母关系未回复时，无所谓兼充。至养子女于旁系血亲姻亲辈分不相当者，不得收养。（二十一年院字第七六一号）

判　民法并无宗祧继承之规定，惟许收养他人子女为子女。此种收养关系，自可由收养人之一方与被收养人之一方依法为之，无他人干涉之余地。（二十二年上字第一七三四号）

第一千零七十六条

判　民法并无宗祧继承之规定，惟许收养他人子女为子女。此种收养关系，自可由收养人之一方与被收养人之一方依法为之，无他人干涉之余地。（二十二年上字第一七三四号）

解　（五）有配偶者收养子女，不与其配偶共同为之，或收养者之年龄不长于被收养者二十岁以上，均得向法院请求撤销之，并非当然无效。（参照本院院字第二二七一号解释）（三十五年院解字第三一二〇号）

第一千零七十七条

△**判**　养子与养亲之关系，以有收养关系为前提。在收养关系未经两愿或判决终止以前，则对于养子之权利义务，当然应由养父母行使并负担，而无其本生父母置喙之余地。（二十年上字第二三〇五号）

▲**判**　养子女与养父母之关系，除法律另有规定外，与婚生子女同，民法第一千零七十七条定有明文。是养父母为养子女之直系尊亲属，毫无疑义。（二十一年上字第一九〇四号）

▲**判**　现行民法无所谓异姓乱宗之禁令，收养异姓之人为子者，其与养子之关系，除法律另有规定外，固与婚生子同。惟登入族谱之资格，依族规之所定，其族规禁止此种养子登入族谱者，仍不得登入族谱。（二

十一年上字第二九〇七号）

    判 养子与养父母之关系，依法固与婚生子同。惟所谓与婚生子同者，系就养子与养父母间之关系而言。至养子应否入谱，则非养子与养父母间之关系，故谱例如有拒绝入谱之记载，应认其谱例有拘束力。（二十二年上字第二四六一号）

    解 养子女能否选充族职，自得依族约办理。（二十二年院字第八八三号）

    判 养子女与养父母之关系，原则上虽与婚生子女同，然究非直系血亲之亲属。故其得与婚生子女同其关系者，亦仅以法文上所明定养子女与养父母间为限。若养子女对于养父母之父母子女兄弟等亲属，究不能视与婚生子女对于其生父母之父母子女兄弟等亲属一概从同。盖养子女以及养子女所生之子女，原非法律规定之直系血亲尊亲属，则所谓代位继承权，自非养子女之子女所得援例继承。（二十三年上字第三二三七号）

    解 民法所谓养子女与婚生子女同者，仅就养子女与养父母间之关系而言。乙男丙女，虽均为甲收养之子女，但并非血亲，则乙丙结婚自不受限制。（二十五年院字第一四四二号）

    解 养子女从收养者之姓，自不得兼用本姓。如以本姓加入姓名之中，其本姓只能认为名字之一部，而不得视为复姓。至兼承两姓宗祧，虽无禁止明文，仍不生法律上之效力。（二十五年院字第一六〇二号）

    解 民法第一千零七十七条所谓养子女与养父母之关系，及民法亲属编施行法第九条所谓嗣子女与其所后父母之关系，皆指亲属关系而言。（参照院字第二〇三七号第二〇四八号解释）婚生子女与其父母之亲属关系，为直系血亲关系。养子女或嗣子女与其养父母或所后父母之亲属关系，依上开各条之规定既与婚生子女与其父母之亲属关系相同，自亦为直系血亲关系。（三十三年院字第二七四七号）

    解 养父母系养子女之直系血亲尊亲属。（参照本院院字第二七四七号解释）养父母之血亲，亦即为养子女之血亲。（三十四年院解字第三〇〇四号）

第一千零七十九条

    ▲**判** 甲收养被上诉人之父乙为子，系在民法亲属编施行之前，依

民法亲属编施行法第一条不适用民法第一千零七十九条之规定，其收养纵未以书面为之，亦不得谓为无效。（二十九年上字第五三二号）

▲**判** 收养年已十九岁之人为子，未以书面为之，既于民法第一千零七十九条所定之方式有未具备，依民法第七十三条之规定即属无效，自不能发生收养关系。（二十九年上字第一八一七号）

解 民法第一千零七十九条但书之所谓幼，系指未满七岁者而言。（三十一年院字第二三三二号）

解 （三）收养者生前如确有收养其妻与前夫所生之子为其子之意思表示，而被收养者之年龄又在七岁以下，自可认为有效。至收养者以口授遗嘱收养子女，如具备法令方式，即非无效。（三十五年院解字第三一二〇号）

第一千零八十条

▲**判** 收养关系之终止，除由养父母与养子女双方依民法第一千零八十条之规定为之者外，必一方有民法第一千零八十一条所列各款情形之一，经法院因他方之请求以判决宣告之，俟判决确定时，始生终止之效力。若仅一方对于他方为终止之意思表示，纵令他方有同条所列各款情形之一，其收养关系亦不因而终止。（二十八年上字第一五二五号）

▲**判** 养父母与养子女之关系，依民法第一千零八十条固得由双方以书面终止之，但所谓双方既指养父母与养子女而言，则同意终止之书面，自须由养父母与养子女依民法第三条之规定作成之，始生效力。（二十八年上字第一七二三号）

第一千零八十一条

△**判** 鸨母对于所蓄之妓女，虽不能即谓有养亲养女关系，而养亲若以养女为娼妓，其养女不反对者，亦不能遽谓其养亲女之关系因而终止。（二十年上字第二〇二〇号）

判 有同一或类似之法律理由时，应认同一或类似之法律效果，为法理上所当然。依旧法所立之嗣子女，固非与民法上之养子女全然同一，而其以他人之子女为子女，则与养子女无异。故民法亲属编施行后发生之终止嗣子关系事件，应就民法关于终止收养关系之规定，类推适用。（二十二年上字第七四八号）

判 有同一或类似之法律理由时，应认同一或类似之法律效果，为法理上所当然。依旧法所立之嗣子女，固非与民法上之养子女全然同一，而其以他人之子女为子女，则与养子女无异。故民法亲属编施行后请求终止嗣子关系事件，应就民法关于终止收养关系之规定，类推适用。（二十二年上字第一六四七号）

判 （一）民法亲属编施行前关于废继之律例，于民法亲属编施行后既已失效，则凡废继事件，自应依民法亲属编关于终止收养关系之法理为判断。（二十三年上字第一八五〇号）

▲**判** 嗣子意图使嗣父受刑事处分而为虚伪之告诉，经检察官为不起诉处分后，复声请再议，自系民法第一千零八十一条第六款所谓重大事由。（二十八年上字第八四三号）

▲**判** 收养关系之终止，除由养父母与养子女双方依民法第一千零八十条之规定为之者外，必一方有民法第一千零八十一条所列各款情形之一，经法院因他方之请求以判决宣告之，俟判决确定时始生终止之效力。若仅一方对于他方为终止之意思表示，纵令他方有同条所列各款情形之一，其收养关系亦不因而终止。（二十八年上字第一五二五号）

▲**判** 养子无故将其养母锁在门内一日，不得谓非对于养母为虐待，依民法第一千零八十一条第一款之规定，养母自得请求法院宣告其收养关系之终止。（二十九年上字第二〇二七号）

第一千零八十二条

判 民法第一千零八十二条所谓无过失之一方者，系指养父母或养子女之本身而言，若养子女之配偶及其子女并不包含在内。（二十二年上字第二三八五号）

第一千零八十三条

△**判** 养子与养亲之关系，以有收养关系为前提。在收养关系未经两愿或判决终止以前，则对于养子之权利义务，当然应由养父母行使并负担，而无其本生父母置喙之余地。（二十年上字第二三〇五号）

解 养子女从收养者之姓，自不得兼用本姓。如以本姓加入姓名之中，其本姓只能认为名字之一部，而不得视为复姓。至兼承两姓宗祧，虽无禁止明文，仍不生法律上之效力。（二十五年院字第一六〇二号）

解　（一）嗣子女与本生父母之关系如何，应依民法所定养子女与本生父母之关系决之。民法第一千零八十三条但书所谓第三人已取得之权利，即为养子女因收养关系之发生而丧失之权利。以子女之身份所能取得之权利，既因为他人之养子女而丧失，则以子女之身份所应负担之义务自亦因为他人之养子女而消灭。故民法第一千一百十四条第一款所谓直系血亲相互间，不包含养子女与本生父母在内，嗣子女对于本生父母自不负扶养义务。（二）给与遗族恤金，系以其对于遗族有法律上或道德上之扶养义务为前提。嗣子女与本生父母在法律上仍有父母子女之亲属关系，其相互间虽无法律上之扶养义务，要不得谓无道德上之扶养义务。故嗣子女之所后父母与本生父母俱生存时，其恤金固应由所后父母承领。而所后父母一方已无应受恤金之遗族时，如其本生父母尚生存，自应由其本生父母承领。（三十年院字第二一二〇号）

解　养子女为被继承人时，以其养方之父母、兄弟、姊妹、祖父母，为民法第一千一百三十八条所定第二至第四顺序之遗产继承人。（三十二年院字第二五六〇号）

解　收养关系终止时，养子女之子女，如经收养者及养子女之同意，不随同养子女离去收养者之家，则其与收养者之祖孙关系，不因终止收养关系而消灭。（三十四年院解字第三〇一〇号）

第一千零八十四条

△**判**　无父之未成年子女，经改嫁之母随带抚养者，苟非护养失当，或别有正当理由，自不应于其子女未成年以前，率听前夫亲族反于其母之意思，强行领回。（十九年上字第二二七〇号）

△**判**　关于女子教育费之给付，应与男子受同等之待遇。（二十年上字第一二〇三号）

△**判**　母子之亲，本于天性，故在民法亲属编施行前嫡母之行亲权虽应先于生母，而究不得因有嫡母在堂，遂使其生母立约与其所生之子，永远断绝关系，而不许其过问。纵使双方合意立有此约，亦应认为违背善良风俗，不能认为有效。（二十年上字第一九四一号）

判　（二）父母对于未成年之子女，依法有保护及教养之权利义务。（二十三年上字第八四九号）

判 父母为其未成年子女之法定代理人，有保护及教养之权利义务。但其所谓父母，仅指直系一亲等血亲尊亲属而言。而其称直系血亲尊亲属者，则以己身所从出之血亲为限。若生父于生母死后而继娶之后妻，其对于前妻所生之子，仅可认为直系一亲等姻亲尊亲属，自当然非有上述保护及教养之权义。（二十三年上字第三五五一号）

▲**判** 父母对于未成年之子女虽有保护及教养之权利，同时亦有此项义务，此在民法第一千零八十四条规定甚明。其权利义务既有不可分离之关系，即不得抛弃其权利。（二十八年上字第一八号）

第一千零八十六条

△**判** 守志之妇，惟于其子成年以前有代子管理家政之权。子既成年，除有其他法律上之理由外，即应由子自行管理，其母无复主张代为管理之余地。（十八年上字第六五七号）

判 父母为其未成年子女之法定代理人，有保护及教养之权利义务。但其所谓父母，仅指直系一亲等血亲尊亲属而言。而其称直系血亲尊亲属者，则以己身所从出之血亲为限。若生父于生母死后而继娶之后妻，其对于前妻所生之子，仅可认为直系一亲等姻亲尊亲属，自当然非有上述保护及教养之权义。（二十二年上字第三五五一号）

判 民法规定父母为其未成年子女之法定代理人，故父已死亡而母再婚者，揆诸男女平等之原则，固与母死而父再婚者无异，自不能谓其对于所生子女，因此遂丧失其父母之身份，即亦不能仅因此而谓其不能行使或负担对于其子女之权利义务。（二十三年抗字第一七一一号）

▲**判** 上诉人在民法亲属编施行前为其故夫甲立被上诉人为嗣子，现被上诉人尚未成年，依民法亲属编施行法第九条、第十三条及民法第一千零八十六条之规定，上诉人为被上诉人之法定代理人。虽上诉人因出外求学，将被上诉人之扶养事项委托被上诉人之本生父乙暂为料理，乙仍不能因此而为被上诉人之法定代理人。乃乙自称为被上诉人之法定代理人，向上诉人起诉请求确认上诉人对于被上诉人继承之遗产无处分权，自不能认为有法定代理权。（二十八年上字第三四六号）

▲**判** 母于父死亡后招赘他人为夫时，其为未成年子女法定代理人之资格，并不因此丧失。（二十八年上字第一六九八号）

第一千零八十七条

△**判**　子孙自以劳力或其他法律关系所得私财，非已奉归于父母者，自可认为子孙所私有。（十九年上字第六七号）

解　《遗产税暂行条例》第十一条所谓被继承人配偶及子女之持有财产，不以民法第一千零十三条、第一千零八十七条列为配偶或未成年子女之特有财产为限，凡为配偶或成年与未成年子女所有之财产，皆包含在内。故被继承人成年之子或孙，以自己名义用私财所购产业，不归入被继承人之遗产总额内计算征税。（三十三年院字第二六三一号）

第一千零八十八条

△**判**　孤子未成年时，其财产当然由行亲权之母代为管理。除其母有不能行使亲权，或品行不检，与管理失当，而危及其子财产之情形，应另为指定监护人外，依通常原则，自毋庸设置财产管理人。（十九年上字第一九一号）

第一千零八十九条

△**判**　妇人夫亡改嫁者，对于前夫子女，仍可为其监护人。（十八年上字第二五〇〇号）

△**判**　未成年之子于父亡之后，于法应由其母行使亲权。（二十年上字第四〇〇五号）

判　妻于夫死后改嫁，关于姻亲之关系虽因之消灭，而血亲关系依然存在。故改嫁之妻，与其前夫在婚姻关系存续中所生之子女，于其改嫁后仍属母子关系。该子女于其改嫁时，倘未成年，除其母有不能行使权利负担义务之情形外，对于未成年子女之权利义务，仍应由其母行使负担之。（二十三年上字第一六九二号）

第一千零九十条

△**判**　孤子未成年时，其财产当然由行亲权之母代为管理。除其母有不能行使亲权，或品行不检，与管理失当，而危及其子财产之情形，应另为指定监护人外，依通常原则，自毋庸设置财产管理人。（十九年上字第一九一号）

△**判**　父母滥用其对于子女之权利（即有危及其子女财产情形），如经其尊亲属或亲属会议纠正无效者，即在民法亲属编施行以前，而依从前

惯例，法院亦得依最近亲属之请求，宣告丧失其管理之权利。则其父母苟有品行不检，显不足胜管理财产之任，纵加纠正，亦必难望有效者，法院亦自得本于上述旨趣，不认其有管理之权利。（二十年上字第一九七四号）

解 民法第一千零九十条所称其最近尊亲属之"其"字，系指父母而言。凡父母之最近尊亲属，均包括在内，不以直系为限。故父母滥用权利时，现尚存在之尊亲属最近者，得依该条纠正。（二十五年院字第一三九八号）

第四章

▲判 民法第四编第四章规定之监护，只有未成年人之监护与禁治产人之监护两种。若已成年而又未受禁治产宣告之人，法律上既无关于监护之规定，自不得为之置监护人。（二十一年上字第二一四三号）

第一千零九十一条

解 未成年子女，因行亲权之母有浪费遗产之嫌，诉请分析，即系宣告其母丧失财产管理权之诉。依《民事诉讼条例》规定，该子女虽未结婚，认为有诉讼能力，无须另置监护人。（二十一年院字第七三九号）

▲判 夫死亡后再婚，与其子女之关系，本不因此消灭。如其对于未成年子女之权利义务并无不能行使负担之情事，自不应为其未成年子女置监护人。（二十二年上字第一一二三号）

▲判 父死亡而母再婚者，与母死亡而父再婚者无异。母再婚时对于未成年子女之权利义务，并非当然不能行使负担。（二十三年抗字第一七一一号）

判 妻于夫死后改嫁，关于姻亲之关系虽因之消灭，而血亲关系依然存在。故改嫁之妻，与其前夫在婚姻关系存续中所生之子女，于其改嫁后，仍属母子关系。该子女倘未成年，除其母有不能行使权利负担义务之情形外，其对于未成年子女之权利义务，仍应由其母行使负担之。（二十四年上字第二一四六号）

第一千零九十二条

▲判 父母依民法第一千零九十二条之规定，委托他人行使其对未成

年子女之监护职务者，得随时撤回之。（二十八年上字第一七一八号）

第一千零九十三条

△判 父母指定监护人，原不以同宗为限。（十八年上字第二三八〇号）

▲判 民法第一千零九十三条规定后死之父或母得以遗嘱指定监护人。是父母二人中惟其后死之一人得以遗嘱指定监护人。若先死之父不欲其未成年之子女由母监护。而以遗嘱另指定一监护人。自非法之所许。（二十三年上字第一七〇三号）

解 为民法定明以遗嘱指定监护人，则其遗嘱之方式，自应与同法继承编第三章第二节所定相合，方能生效。（二十六年院字第一六五〇号）

第一千零九十四条

△判 行亲权之母，为其未成年之子管理财产，苟有失当之嫌，可认为利益相反，不能行使管理权时，法院自可因利害关系人之请求，依法另定监护人，以保护未成年人之利益。（二十年上字第九五四号）

解 未成年人之父母、祖父母均死亡，由其母舅收养，依民法第一〇九四条第二款应认为监护人，向法院提起自诉，应予受理。（二十二年院字第九五四号）

判 未成年之子女，于父母死亡后，如无民法规定之监护人，得由利害关系人声请法院指定之。故当事人父母双亡，如果其亲属会议不能合法成立，则其法定代理人之欠缺，自可由利害关系人声请法院指定，而当事人之外祖母或舅父，尤难谓无利害关系。（二十四年抗年第〇一四七号）

解 未成年之子女父母死亡后，无民法第一〇九四条监护人时，得由利害关系人声请法院指定。（二十四年院字第二一七九号）

▲判 民法认父系与母系之直系血亲尊亲属有同一之地位，故第一千零九十四条第一款第三款所称之祖父母，不仅指父之父母而言，母之父母亦包含在内。（二十七年上字第六九号）

▲判 被上诉人为夫甲妻乙之养子，尚未成年，甲乙先后死亡，并未以遗嘱指定监护人，乙之母丙即为被上诉人之祖母。虽不与被上诉人同居，而被上诉人并无与之同居之祖父母及家长，依民法第一千零九十四条所定监护人之顺序，自应由丙为被上诉人之监护人。（二十八年上字

第一一七九号）

第一千零九十八条

判 被告之法定代理人或配偶，得为被告之利益独立上诉，固经刑诉法定有明文。惟心神丧失或精神耗弱之人，由其监护人为法定代理人时，则以宣告禁治产为限，征诸民法，极为明显。被告杀人，虽经原第二审法院认定其为精神耗弱之人，但未经法院依声请而为禁治产之宣告，而被告又早届成年，根本上即无法定代理人之存在，自不能由被告之父以法定代理人之资格而为独立上诉。（二十四年上字第一九四九号）

第一千一百零一条

▲判 未成年人之监护人为不动产之处分，未依民法第一千一百零一条之规定得亲属会议之允许者，不生效力。（二十八年上字第四四七号）

第一千一百零六条

▲判 未成年人之监护人违反法定义务时，依民法第一千一百零六条之规定，惟亲属会议得撤退之。经亲属会议撤退后，如有向该监护人提起诉讼之必要，亦惟依民法第一千零九十四条规定为新监护人者，始得为该未成年人之法定代理人。本件上诉人为未成年人，其在第一审主张被上诉人违反监护人之法定义务，提起本件诉讼请求撤退监护及交还财产，系由甲为法定代理人，其提起第二审及第三审上诉又由乙为法定代理人。而甲乙两人均无从认为依民法第一千零九十四条之规定而为监护人，其法定代理权显有欠缺。（二十九年上字第一三六三号）

第一千一百一十条

判 被告之法定代理人或配偶，得为被告之利益独立上诉，固经刑诉法定有明文。惟心神丧失或精神耗弱之人，由其监护人为法定代理人时，则以宣告禁治产为限，征诸民法，极为明显。被告杀人，虽经原第二审法院认定其为精神耗弱之人，但未经法院依声请而为禁治产之宣告，而被告又早届成年，根本上即无法定代理人之存在，自不能由被告之父以法定代理人之资格而为独立上诉。（二十四年上字第一九四九号）

第一千一百一十一条

解 配偶虽为禁治产人之第一顺序监护人，但利害相反时，应以次

监护人为其法定代理人。（二十二年院字第九六号）

第一千一百一十三条

判　被告之法定代理人或配偶，得为被告之利益独立上诉，固经刑诉法定有明文。惟心神丧失或精神耗弱之人，由其监护人为法定代理人时，则以宣告禁治产为限，征诸民法，极为明显。被告杀人，虽经原第二审法院认定其为精神耗弱之人，但未经法院依声请而为禁治产之宣告，而被告又早届成年，根本上即无法定代理人之存在，自不能由被告之父以法定代理人之资格而为独立上诉。（二十四年上字第一九四九号）

第一千一百一十四条

△**判**　念同宗之谊而给与津贴，此种慈惠施与行为，乃本于双方之感情而生，于法原不能援为要求扶养之根据。（二十年上字第二九九号）

△**判**　妾既同居一家共同生活，即为家属之一员，家长对于家属，亦应负扶养义务。（二十年上字第一九四三号）

判　夫妻之一方与他方之父母同居者，始互负扶养义务，又受扶养权利人，以不能维持生活而无谋生能力者为限，始得请求扶养。（二十一年上字第二三一七号）

判　妾如不愿成其家长同居，原属其自由，在法律上本无何种限制，固不必以诉请求别居。惟妾之所以得为家属，原以与其家长以永久共同生活为目的而同居于一家之故，若欠缺同居之条件，即不得谓之家属，更何得于不同居之后，而请求给付扶养费。（二十二年上字第八八号）

判　家长与家属固应互负扶养之义务，惟家长对于已成年或未成年而已结婚之家属，因有正当理由而令其由家分离，而由家分离之家属，即失其家属之身份，自不得向已分离之家长为扶养之请求。（二十二年上字第四三六号）

判　夫妻之一方与他方之父母相互间扶养之义务以同居为要件，若不同居，即无论其原因如何，皆不得有请求扶养之权利。（二十二年上字第五五一号）

判　夫妻之一方以与他方之父母同居者为限，始得请求他方之父母扶养。（二十二年上字第六七五号）

判　依法夫妻之一方与他方之兄弟间，本无扶养之义务，至与他方之父母相互间所生之扶养义务，亦以同居为要件。若不同居，则不问其原因如何，皆不得有请求扶养之权利。（二十二年上字第七七三号）

判 夫妻之一方与他方之父母同居者，依法应互负扶养之义务，是夫之父母对于同居之子媳，自应负扶养之责。（二十二年上字第一三四一号）

判 （一）夫妻之一方死亡时，其生存之一方与第三人间之关系，如姻亲关系、扶养关系等，依法依然存在。故夫妻之一方死亡后，有撤销权之第三人仍得请求撤销。（二十二年上字第二八三号）

判 妾之制度于亲属编施行时业已废止，在亲属编施行后，非有亲属关系而以永久共同生活为目的而同居一家者，依法得视为家属。其家长与家属相互间固应互负扶养义务，但不同居一家，即欠缺视为家属之要件，自不得主张扶养之权利。（二十二年上字第二五九六号）

判 他方之父母，对于夫妻之一方负扶养之义务者，以同居为限。（二十三年上字第一三五号）

判 （二）妾之制度，于民法亲属编施行后业已废止。在民法亲属编施行后非亲属而同居一家者，须以永久共同生活为目的，始得视为家属，与家长相互间始互负扶养之义务。（二十三年上字第一九四号）

判 妾之制度，于亲属编施行时业以废止。在亲属编施行后，非有亲属关系而以永久共同生活为目的而同居一家者，得视为家属，其家长与家属相互间固应互负其扶养义务。但不同居一家即欠缺视为家属之要件，自不得主张扶养之权利。（二十三年上字第二九七号）

判 （五）家长家属间之扶养义务，原以彼此同居为限。（二十三年上字第八四九号）

判 民法亲属编施行后，凡亲属互负扶养之义务者，以亲属编所列举者为限。非该编所列之亲属，在该编施行前，纵有互负扶养之法例，于该编施行后不得更据为请求扶养之主张。（二十三年上字第一五二三号）

判 （一）负担扶养义务，以特定亲属相互间及家长家属相互间为限。夫妾与正室间本不发生亲属关系，若系同居一家，正室并为家长时，其夫妾则可视为家属。（二十四年上字第四一二三号）

判　（二）其已由家分离之家属，则从民法第一千一百二十七条反面解释，家长殊无强令复归一家之权。（二十四年上字第四一二三号）

解　前妻之子对其继母暨妾生之子对其嫡母，并非直系血亲，如无民法第一千一百一十四条第四款家长家属关系，即不互负扶养之义务。（二十四年院字第一二二六号）

▲**判**　家长家属相互间，依民法第一千一百一十四条第四款之规定，虽负扶养之义务，而在家属相互间则除夫妻间应依关于负担家庭生活费用之规定办理外，如无同条第一款至第三款所列亲属关系，自不负扶养之义务。（二十七年上字第一四一二号）

▲**判**　民法第一千一百一十四条第四款所谓家属，系指以永久共同生活为目的而与家长同居一家者而言，其身份因与家长同居一家而发生，因由家分离而消灭，征诸民法第一千一百二十二条、第一千一百二十三条规定至为明显。（二十八年上字第一五一四号）

▲**判**　兄弟姊妹相互间应负扶养之义务，民法第一千一百一十四条第三款固定有明文。而兄弟之妻与夫之姊妹相互间则除有家长家属之关系外，不在同条所定应负扶养义务之列。（二十九年上字第四三七号）

解　（一）嗣子女与本生父母之关系如何，应依民法所定养子女与本生父母之关系决之。民法第一千零八十三条但书所谓第三人已取得之权利，即为养子女因收养关系之发生而丧失之权利，以子女之身份所能取得之权利，既因为他人之养子女而丧失，则以子女之身份所应负担之义务自亦因为他人之养子女而消灭。故民法第一千一百一十四条第一款所谓直系血亲相互间，不包含养子女与本生父母在内，嗣子女对于本生父母自不负扶养义务。（三十年院字第二一二〇号）

解　依民法第九百七十条第二款、第九百六十七条之规定，续娶之妻为前妻所生子之直系姻亲，续娶后所生子女为前妻所生子之旁系血亲，均非前妻所生子之直系血亲。前妻所生子与父续娶之妻有家长家属之关系者，依民法第一千一百一十四条第四款之规定，虽互负扶养之义务，但前妻所生子已死亡者，依民法第六条之规定，对于父续娶之妻，即无负法律上义务之余地。至故员兵之恤金，由其父母受领者，如其母已死亡，得由其父单独受领，其父续娶之妻无受领之权。（三十年院字第二二四一号）

第一千一百一十五条

▲判 与夫之父母同居甚或夫之父母为家长时，夫之父母固负扶养之义务。惟民法第一千一百一十五条所定履行扶养义务之顺序，直系血亲尊亲属在家长及夫之父母之先，苟自己之父母或其他履行扶养义务之顺序在先之人，有充分之资力足以扶养，不得径向夫之父母请求履行扶养义务。即使顺序在先之人资力不甚充分，亦仅得请求夫之父母就不足部分履行扶养义务。（二十一年上字第二〇九三号）

第一千一百一十七条

判 夫妻之一方与他方之父母同居者，始互负扶养义务，又受扶养权利人以不能维持生活而无谋生能力者为限，始得请求扶养。（二十一年上字第二三一七号）

▲判 民法第一千一百一十四条固规定家长家属相互间互负扶养之义务，惟依民法第一千零零五条及第一千零二十六条之规定，夫妻未以契约订立夫妻财产制者，家庭生活费用夫有交付能力时，应由夫就其财产负担之。是夫有支付家庭生活费用之能力时，妻即非不能维持生活，依民法第一千一百一十七条第一项之规定，自无更受其家长扶养之权利。（二十九年上字第八九七号）

第一千一百一十八条

△判 扶养之程度，应按受扶养权利者之需要，与负扶养义务者之经济能力及身份定之。倘负扶养义务者，因负担扶养义务而不能维持自己生活者，应免除其义务。（二十年上字第九七二号）

判 （二）因负扶养义务而不能维持自己生活者，免除其义务。（二十三年上字第二七八七号）

第一千一百一十九条

△判 扶养权利人，对于扶养义务人，请求指定扶养财产，如有必要情形，自为法之所许。至扶养财产额之多寡，应依扶养义务人之身份、财力，及扶养权利人之日常需要以定标准。（十八年上字第九五七号）

△判 家长对于家属，虽负有扶养之义务，而扶养之程度，如果当事人间无从协商，法院应斟酌扶养权利人之身份、财力，及扶养义务人之身份需要，以定其标准。（十九年上字第五五号）

△**判**　家长对于其妾，依法虽负有扶养之义务，而扶养之程度，如果当事人间无从协商，须由法院判定时，除应斟酌扶养权利人之身份及需要外，并应调查扶养义务人之身份、财力，以定其标准。（十九年上字第五五号）

判　受扶养权利者对于已定之扶养程度，虽得因生活程度之增高，而请求更定。其更定之标准，仍应以受扶养权利者之需要，与负扶养义务者之经济能力及身份为衡。此就民法之规定，实为当然之解释。（二十二年上字第九〇号）

解　女子扶养父母之义务，应以私人之经济能力为限。（二十二年院字第八五一号）

判　（二）扶养之程度，应按受扶养权利者之需要，与负扶养义务者之经济能力及身份定之。至扶养方法两造如未协议时，得由法院斟酌情形定之。（二十三年上字第九六号）

判　民法第一千一百一十九条既规定扶养之程度，应接受扶养权利者之需要，与负扶养义务者之经济能力及身份定之。是受扶养权利者之需要为一事，负扶养义务者之经济能力及身份又为一事，若审认受扶养权利者之需要，专以负扶养义务者之经济能力及身份为标准，则受扶养权利者之需要数字即成赘文。（二十三年上字第六四〇号）

▲**判**　受扶养权利者患病时，必须支出之医药费用为维持生活所需要之费用。定扶养之程度，依民法第一千一百一十九条之规定，既应参酌受扶养权利者之需要，则此项费用之供给，自在扶养义务范围之内。（二十九年上字第一一二一号）

第一千一百二十条

△**判**　指定为扶养之财产，其受扶养人，若得指定扶养财产者之同意，亦得为变卖或其他处分。（十七年上字第二八五号）

△**判**　扶养权利人，对于扶养之田亩，只有用益之权。未得指定扶养财产人或其后嗣之同意，不得擅自处分。（十八年上字第二三号）

▲**判**　负扶养义务者，指定一定之赡产由受扶养权利者自行收益以资养赡时，其所有权既不移转于受扶养权利者，即不容受扶养权利者擅行处分。（二十二年上字第三〇七八号）

▲**判** 上诉人将被上诉人迎养在家，除供给衣食外，每月并给与零用银四元。此项扶养方法为亲属会议所定，双方业已遵守多年，纵因情事之变更，致有变更之必要，亦应先与他方协议。不能协议时，应即召集亲属会议请求变更，乃被上诉人径向法院诉请判令上诉人一次给付五百元各别居住，核与民法第一千一百二十条之规定不合，不能认为正当。（二十六年渝上字第二五九号）

▲**判** 受扶养权利者应否与负扶养义务者同居一家而受扶养，抑应彼此另居，由负扶养义务者按受扶养权利者需要之时期，陆续给付生活资料，或拨给一定财产由受扶养权利者自行收益，以资扶养，系属扶养方法之问题，依民法第一千一百二十条之规定，应由当事人协议定之。不能协议时，应由亲属会议定之，对于亲属会议之决议，有不服时，始得依民法第一千一百三十七条之规定向法院声诉。不得因当事人未能协议，径向法院请求裁判。（二十六年鄂上字第四〇一号）

第一千一百二十一条

△**判** 扶养费之数额，应依扶养义务人之财力，及扶养权利人需要程度定之。故扶养费虽经确定判决定有数额，而于该判决之事实审最后言词辩论终结后，若因社会经济状况之变更，致一般人日常生活所必要之费用增加者，扶养权利人自得请求增加。（十八年上字第九八号）

△**判** 疾病非生活常态，原难于扶养费中预计，如遇有重大之病症，只可要求临时开支，要难援为扶养费用预算不敷之理由。（十八年上字第九三四号）

△**判** 扶养方法，虽曾经判定，但被扶养人因以后情事变迁，为巩固其扶养权利起见，请求变更，非法所不许。（十八年上字第一八九一号）

△**判** 扶养义务人，对于扶养权利人应给付之扶养费数额，已经法院判决确定后，除扶养权利人确能证明社会上经济状况发生重大变动，一般人日常生活所必要之费用，急剧增加，致以前判定之数额，显形不足外，自不得无端率请增加。（十九年上字第二三八五号）

判 受扶养权利者对于已定之扶养程度，虽得因生活程度之增高，而请求更定，其更定之标准，仍应以受扶养权利者之需要，与负扶养义

务者之经济能力及身份为衡，此就民法之规定实为当然之解释。（二十二年上字第九〇号）

判　扶养之程度及方法，当事人得依法因情事变更而请求变更者，系指在继续扶养中其情事有所变更者而言。若其扶养费已经一次给付，扶养关系业以终了，自不能再以情事变更而请求全部或一部之返还。（二十二年上字第七七八号）

▲判　上诉人将被上诉人迎养在家，除供给衣食外，每月并给与零用银四元。此项扶养方法为亲属会议所定，双方业已遵守多年，纵因情事之变更，致有变更之必要，亦应先与他方协议。不能协议时，应即召集亲属会议请求变更，乃被上诉人径向法院诉请判令上诉人一次给付五百元各别居住，核与民法第一千一百二十条之规定不合，不能认为正当。（二十六年渝上字第二五九号）

第一千一百二十二条

判　（三）家长、家属之关系，系因双方以永久共同生活为目的同居一家而发生。（二十三年上字第八四九号）

判　（一）家长家属关系之存在，须彼此以永久共同生活为目的而同居一家者始可。（二十三年上字第二七八七号）

解　前妻之子对其继母，暨妾生之子对其嫡母，并非直系血亲，如无民法第一千一百一十四条第四款家长家属关系，即不互负扶养义务。（二十四年院字第一千二百二十六号）

第一千一百二十三条

△判　以永久共同生活为目的而同居一家之人，均为家属。（二十年上字第六八八号）

判　夫妻无过失之一方，因判决离婚而陷于生活困难者，他方纵无过失，亦应给与相当之赡养费。至妾于家长，虽无婚姻关系，然就其因脱离家属关系，致陷于生活困难之情形，则与夫妻离婚时无异。其脱离原因纵非由于家长之过失，该家长亦应酌给相当之赡养费，俾资生活。（二十一年上字第二〇九九号）

▲判　父之妾如非自己之生母，固与之无亲属关系。惟以永久共同生活为目的而与之同居一家者，视为家属，自己为家长时，即有扶养之

义务。（二十一年上字第二二三八号）

判 夫妻无过失之一方，因判决离婚而于生活困难者，他方纵无过失，亦应给与相当之赡养费。至在民法亲属编施行前所置之妾与其家长之关系，固与夫妻之关系不同，惟妾苟无过失而因与家长脱离关系致生活陷于困难者，其家长纵无过失，亦应给与相当赡养费，免致其骤然无以生存。（二十一年上字第二五七九号）

判 妾如不愿与其家长同居，原属其自由，在法律上本无何种限制，固不必以诉请求别居。惟妾之所以得为家属，原以与其家长以永久共同生活为目的而同居于一家之故。若欠缺同居之条件，即不得谓之家属，更何得于不同居之后，而请求给付扶养费。（二十二年上字第八八号）

判 在亲属编施行前所置之妾，苟无过失而因与家长脱离关系致生活陷于困难者，其家长纵无过失，亦应给与相当之赡养费，免致该妾骤然无以生存。（二十二年上字第五二九号）

判 别居之诉，惟妻对于夫始得提起之。至妾对于家长并无亲属关系，苟非以永久共同生活为目的同居一家，即不得视为家属，更无所谓别居。（二十二年上字第九三八号）

判 家长、家属依法固应互负扶养之义务，但家属以同家之人为限。所谓同家者，即以永久共同生活为目的而同居一家之谓。（二十二年上字第一三五○号）

判 妾之制度于亲属编施行时业已废止，在亲属编施行后，非有亲属关系而以永久共同生活为目的而同居一家者，依法得视为家属。其家长与家属相互间，固应互负扶养义务，但不同居一家，即欠缺视为家属之要件，自不得主张扶养之权利。（二十二年上字第二五九六号）

解 刑律补充条例废止后，关于妾之规定，自应失效。（二十二年院字第八八一号）

解 男女未结婚，对于其父母不生亲属关系。女因事故预居男家，未结婚而男死，如女与男之父母有永久共同生活之意思，应认为家属。（二十二年院字第九五九号）

判 （二）妾之制度，于民法亲属编施行后业已废止，在民法亲属编施行后非亲属而同居一家者，须以永久共同生活为目的，始得视为家

属，与家长相互间始互负扶养之义务。（二十三年上字第一九四号）

判 妾之制度，于亲属编施行时业已废止，在亲属编施行后，非有亲属关系而以永久共同生活为目的而同居一家者，得视为家属。其家长与家属相互间，固应互负其扶养义务，但不同居一家，即欠缺视为家属之要件，自不得主张扶养之权利。（二十三年上字第二九七号）

判 （三）家长家属之关系，系因双方以永久共同生活为目的同居一家而发生。（二十三年上字第八四九号）

判 家长与家属互负扶养之义务，此固为民法所明定，但所谓家属者，依同法虽非以亲属为限，而要必以永久共同生活为目的与家长同居一家者，始可视为家属。（二十三年上字第一四九九号）

判 （一）家长、家属关系之存在，须彼此以永久共同生活为目的而同居一家者始可。（二十三年上字第二七八七号）

判 妾之制度，于民法亲属编施行后始行废止，故在民法亲属编施行前所纳之妾，与其家长间之关系，虽不能与正妻同视，但家长对于该妾应互负赡养之义务，与亲属编施行后非亲属而同居一家之家属，须以永久共同生活为目的，及同居一家为要件者，究不相同。（二十三年上字第二九六四号）

判 男女订立婚约，尚未正式结婚，对于他方之父母，固不能谓其已生亲属关系。但女子若于结婚前已与男之父母同居，而事实上并以永久共同生活为目的，则虽未正式结婚，而男之父母应依法视为家属。（二十三年上字第三〇六九号）

判 以永久共同生活为目的，另设居所，与非亲属同居一家者，仍不能不视为家属。（二十四年上字第二二四二号）

判 夫妻无过失之一方，因判决离婚而陷于生活困难者，他方纵无过失，亦应给与相当之赡养费。至民法亲属编施行前之妾与家长，虽无婚姻关系，然就其因脱离家属关系以致陷于生活困难之情形，则与夫妻离婚无异。故其脱离之原因，纵非由于家长之过失，亦应给与相当之赡养费，俾资生活。（二十四年上字第二五六二号）

判 （一）负担扶养义务以特定亲属相互间及家长、家属相互间为限，夫妾与正室间本不发生亲属关系。若系同居一家，正室并为家长时，

其夫妾则可视为家属。（二十四年上字第四一二三号）

判　（二）其已由家分离之家属，则从民法第一千一百二十七条反面解释，家长殊无强令复归一家之权。（二十四年上字第四一二三号）

解　前妻之子对其继母，暨妾生之子对其嫡母，并非直系血亲，如无民法第一千一百一十四条第四款家长家属关系，即不互负扶养之义务。（二十四年院字第一二二六号）

解　甲在外纳妾乙，生子丙。甲死亡，丙应由乙指定住所。甲妻丁，对丙为姻亲尊亲属，乙因不同居，不生家长家属关系，其请求同居，乙自可拒绝。（二十五年院字第一五一一号）

解　妾与男方依民法第一千一百二十三条第三项所有之家属关系与其相互间之结合关系不可混同，此与夫妻间家属关系与其婚姻关系之区别颇相类似。故妾与男方脱离结合关系，不适用民法第一千一百二十七条、第一千一百二十八条之规定。妾之身份既为民法所不认，则妾不愿继续为妾时，自得自由脱离，无须诉请法院为准许脱离之形成判决。惟其诉讼如由男方不许脱离而起，可认为确认同居义务不存在之诉者，应即予以确认。（二十八年院字第一九三五号）

第一千一百二十四条

解　家长管理家务，如为家属全体之利益，自得处分家产。但家属所已继承或系其私有之财产，须得家属同意。（二十三年院字第一〇六九号）

解　某甲死亡，遗有一妻一妾及妾生之子。如其家别无亲属，而妻妾两人均推妾生之子曾经某甲抚育者为家长，则依民法第一千一百二十四条之规定，妾生之子即为家长。某甲之妻为家长之直系姻亲尊亲属，某甲之妾为家长之母。（三十五年院解字第三一六〇号）

第一千一百二十五条

△判　共同共有人，未得共有人全体同意，虽无擅自处分共有物之权，然一共有人若系他共有人之家长，事实上确系以家长资格代表共有人全体所为之法律行为，则不能概谓为无效。（十八年上字第一九六号）

△判　管理家务之人，代理全家所负之债务，应由家属全员负清偿之责。债权人自得就其未分之全部家产，请求执行，不容以自己非债务

主体，或家产应行分析为借口，主张异议。（二十年上字第二〇四号）

▲判　成年之子就承受其父之遗产有自行处分之权，纵令母为家长，家务由母管理，而其处分此项遗产，仍无须经母之同意或承认。（二十一年上字第一一二八号）

第一千一百二十六条

解　家长管理家务，如为家属全体之利益，自得处分家产。但家属所已继承或系其私有之财产，须得家属同意。（二十三年院字第一〇六九号）

第一千一百二十七条

△判　夫妻固有同居之义务，惟果有正当原因，亦非绝对禁止别居。若妻因受夫之家属虐待，愿与夫同居，而不愿与夫之家属同居，虐待果属真实，即不能谓绝无斟酌准许之余地。（十八年上字第二六四一号）

△判　妾之制度，虽为从前习惯所有，然究与男女平等之原则不符。基于此原则，如该女不愿作妾时，即应许其随时与其家长脱离关系，不以有不得已之事由为限。（二十年上字第一四三七号）

▲判　与家长有亲属关系之家属由家分离时，其亲属之身份虽不因此丧失，而其家属之身份则不能谓仍存在。（二十一年上字第二一六〇号）

判　（一）负担扶养义务，以特定亲属相互间及家长家属相互间为限，夫妾与正室间本不发生亲属关系。若系同居一家，正室并为家长时，其夫妾则可视为家属。（二十四年上字第四一二三号）

判　（二）其已由家分离之家属，则从民法第一一二七条反面解释，家长殊无强令复归一家之权。（二十四年上字第四一二三号）

解　妾与男方依民法第一千一百二十三条第三项所有之家属关系与其相互间之结合关系不可混同，此与夫妻间家属关系与其婚姻关系之区别颇相类似。故妾与男方脱离结合关系，不适用民法第一千一百二十七条、第一千一百二十八条之规定。妾之身份既为民法所不认，则妾不愿继续为妾时，自得自由脱离，无须诉请法院为准许脱离之形成判决。惟其诉讼如由男方不许脱离而起，可认为确认同居义务不存在之诉者，应即予以确认。（二十八年院字第一九三五号）

▲判　家属已成年或虽未成年而已结婚者，依民法第一千一百二十

七条之规定，虽得请求由家分离，但该家属与家长间别有不得请求由家分离之法律关系者，仍不在此限。夫妻如无不能同居之正当理由，互负同居之义务，为民法第一千零一条之所明定。故夫为家长时，除离婚及撤销婚姻时，其妻当然由家分离外，妻不得援用民法第一千一百二十七条之规定，对于其夫请求由家分离。（二十九年上字第五二七号）

第一千一百二十八条

△判　有妻更娶者，后娶之妻，如仍自愿为家属，不得由其夫之一造，任意请求脱离关系。（十九年上字第二五一号）

▲判　与家长有亲属关系之家属由家分离时，其亲属之身份虽不因此丧失，而其家属之身份，则不能谓仍存在。（二十一年上字第二一六〇号）

判　家长与家属固应互负扶养之义务，惟家长对于已成年或未成年而已结婚之家属，因有正常理由而令其由家分离，则由家分离之家属，即失其家属之身份，自不得向已分离之家长为扶养之请求。（二十二年上字第四三六号）

▲判　家长之故父所遗之妾品行不检，与男子互通情书时，家长令其由家分离，不得谓无正常理由。（二十六年上字第五四四号）

解　妾与男方依民法第一千一百二十三条第三项所有之家属关系，与其相互间之结合关系不可混同。此与夫妻间家属关系与其婚姻关系之区别颇相类似。故妾与男方脱离结合关系，不适用民法第一千一百二十七条、第一千一百二十八条之规定。妾之身份既为民法所不认，则妾不愿继续为妾时，自得自由脱离，无须诉请法院为准许脱离之形成判决。惟其诉讼如由男方不许脱离而起，可认为确认同居义务不存在之诉者，应即予以确认。（二十八年院字第一九三五号）

▲判　姑为家长，媳为家属，媳于夫故后与人通奸时，姑令其媳由家分离，自难谓无正当理由。（二十九年上字第二〇〇八号）

第一千一百二十九条

判　民法所规定之亲属会议会员，苟无其人或不足法定会员人数时，法院固得因有召集权人之声请，于其他亲属中指定之。而所谓有召集权之人，则以当事人、法定代理人或其利害关系人为限。若被继承人生前继续扶养之人，欲请求被继承人之亲属会议酌给遗产时，自属利害关系人，得为有召集权之人。其亲属人数有不足时，固并得由其声请指定。惟声请召集或声请指定之人，果否为被继承人生前所继续扶养之人，苟两造有争执时，若非先由法院就此点判定，即难遽认定其人之有召集会议或声请指定会员之权。（二十三年抗字第二二四六号）

解　继承开始时继承人之有无不明者，依民法第一千一百七十七条及第一千一百七十八条第一项之规定，应由亲属会议选定遗产管理人，并将继承开始及选定遗产管理人之事由呈报法院，并未认检察官有此职权，即在亲属会议无人召集时，国库虽因其依民法第一千一百八十五条，于将来遗产之归属有期待权得以民法第一千一百二十九条所称利害关系人之地位召集之。但遗产归属国库时，由何机关代表国库接收，现行法令尚无明文规定。按其事务之性质，应解为由管辖被继承人住所地之地方行政官署接收。则因继承开始时，继承人之有无不明须由国库召集亲属会议者，亦应由此项官署行之，未便认检察官有此权限。再依民法第一千一百八十五条之规定，遗产于清偿债权并交付遗赠物后有剩余者，于民法第一千一百七十八条所定之期限届满无继承人承认继承时，当然归属国库，不以除权判决为此项效果之发生要件。民法第一千一百七十八条所谓法院应依公示催告程序公告继承人于一定期限内承认继承，仅其公告之方法，应依公示催告程序行之，非谓期限届满无继承人承认继承时，尚须经除权判决之程序。况依《民事诉讼法》第五百四十一条以下之规定，除权判决应本于公示催告声请人之声请为之。亲属会议不过将继承开始及选定遗产管理人之事由呈报法院，并非声请为公示催告，亦无从声请为除权判决，则检察官不得声请为除权判决尤无疑义。（三十年院字第二二一三号）

第一千一百三十一条

△**判**　既为亲等较近之人，则亲属会议之组织，非邀同到场与议，其决议亦显难认为有效。（十八年上字第二五九九号）

判　民法所规定之亲属会议官员，苟无其人或不足法定会员人数时，法院固得因有召集权人之声请，于其他亲属中指定之。而所谓有召集权之人，则以当事人、法定代理人或其利害关系人为限。若被继承人生前继续扶养之人，欲请求被继承人之亲属会议酌给遗产时，自属利害关系人，得为有召集权之人。其亲属人数有不足时，固并得由其声请指定。惟声请召集或声请指定之人，果否为被继承人生前所继续扶养之人，苟两造有争执时，若非先由法院就此点判定，即难遽认定其人之有召集会议或声请指定会员之权。（二十三年抗字第二二四六号）

判 未成年人之亲属，合于民法第一千一百三十一条规定者，不足法定人数，法院尚得因有召集权人之声请，于其他亲属中指定之。若所有亲属，均不足组成亲属会议，则法院为未成年人利益计，自应因有召集权人之声请，以裁定代亲属会议之决议。（二十四年上字第一四一三号）

第一千一百三十二条

判 民法所规定之亲属会议会员，苟无其人或不足法定会员人数时，法院固得因有召集权人之声请，于其他亲属中指定之。而所谓有召集权之人，则以当事人、法定代理人或其利害关系人为限。若被继承人生前继续扶养之人，欲请求被继承人之亲属会议酌给遗产时，自属利害关系人，得为有召集权之人。其亲属人数有不足时，固并得由其声请指定。惟声请召集或声请指定之人，果否为被继承人生前所继续扶养之人，苟两造有争执时，若非先由法院就此点判定，即难遽认定其人之有召集会议或声请指定会员之权。（二十三年抗字第二二四六号）

判 未成年人之亲属，合于民法第一千一百三十一条规定者，不足法定人数，法院尚得因有召集权人之声请，于其他亲属中指定之。若所有亲属，均不足组成亲属会议，则法院为未成年人利益计，自应因有召集权人之声请，以裁定代亲属会议之决议。（二十四年上字第一四一三号）

判 声请指定亲属会议会员，应以有召集权之人为限。如关于召集权发生争执时，自应诉由法院审理判决，不得仅据声请遽以裁定率行指定。（二十四年抗字第三七五号）

解 《非讼事件法》现未颁行，关于非讼事件之程序，尚无法条可据，应依法理办理。将诉讼事件作为非讼事件声请者，自非合法，按诸法理，应以裁定驳回之。至非讼事件程序上合法之声请，实体上是否正当，应依规定该事项之法律决之，例如指定亲属会议会员事件，应视其声请是否合于民法第一千一百三十二条之规定以为驳回。（三十二年院字

第二四七〇号）

第一千一百三十七条

▲判　民法第一千一百三十七条所谓向法院声诉，系指提起不服之诉而言。法院对于此项声诉之裁判，自应依《民事诉讼法》所定判决程序办理，不得以裁定行之。（二十九年抗字第一〇号）

附族谱（有关判例）　族谱为关于亲族之记载，因无法条可隶，故附于此

△判　一姓族谱，系关于全族人丁及事迹之纪实。其所订条款，除显与现行法令及党义政纲相抵触者外，当不失为一姓之自治规约，对于族众，自有拘束之效力。（十七年上字第三九号）

△判　谱例乃阖族关于谱牒之规则，实即宗族团体之一种规约，在不背强行法规不害公秩良俗之范围内，自有拘束族众之效力。（十八年上字第二二六五号）

△判　一族谱牒，系关于全族丁口及其身份事迹之记载。苟非该族谱例所禁止，不问族人身份之取得，及记载之事迹，是否合法，均应据实登载昭示来兹，不得有所异议。（十九年上字第八二四号）

△判　谱牒仅以供同族稽考世系之用，其记载虽有错误，但非确有利害关系，即其权利将因此受损害时，纵属同房族之人，亦不许率意告争，以免无益之诉讼。（十九年上字第一八四八号）

△判　谱例系一族修谱之规约，其新创或修改，应得合族各派之同意，非一派所得专擅。（十九年上字第二一六号）

补遗二

第九百六十七条

解　（三）来电第三点所述（妾所生之子女经认领后，妻及妾财产如何继承）情形，妻之遗产妾之子无继承权，妾之遗产妻之子无继承权。（三十七年院解字第三七九一号）

第九百七十四条

解　（二）民法第九百七十四条及第九百八十一条之同意，于父母

皆能行使对于未成年子女之权利时，依民法第一千零八十六条、第一千零八十九条之规定，由父母共同为之。父母之意思不一致时，以父之意思为准。（三）法定代理人对于未成年人订婚约或结婚，纵令故意为难，不予同意，法律上并未设有代替同意之方法，仍非得其同意不可。（三十六年院解字第三三九九号）

第九百八十一条

解 （二）民法第九百七十四条及第九百八十一条之同意，于父母皆能行使对于未成年子女之权利时，依民法第一千零八十六条、第一千零八十九条之规定，由父母共同为之。父母之意思不一致时，以父之意思为准。（三）法定代理人对于未成年人订婚约或结婚，纵令故意为难，不予同意，法律上并未设有代替同意之方法，仍非得其同意不可。（三十六年院解字第三三九九号）

第九百八十二条

解 （一）原呈所称（华侨某甲系在中国出生，而死于荷属东印度之万隆地方，在中国遗有一妻一孩，在万隆遗有一妻七孩。前者系根据中国礼教习惯仪式而结婚，并无合法之文书。后者依荷印法观之，不能认为合法之婚姻，因亦无合法之文书也）情形，甲在中国之婚姻，苟无特别情事，自可认为有效合法之婚姻，非必有书证。（三十六年院解字第三七六二号）

解 台男日女于台湾光复前在台湾结婚，应备如何之方式，及其结婚是否有效，应依结婚时台湾适用之法律定之，不适用民法第九百八十二条、第九百八十八条第一款之规定。（三十六年院解字第三五七二号）

第九百八十七条

解 （一）孀妇改嫁，违反民法第九百八十七条之规定者，其前夫之母，既为其前夫之直系血亲，依民法第九百九十四条之规定，自得向法院请求撤销其结婚。（三十六年院解字第三三九九号）

第九百八十八条

解 台男日女于台湾光复前在台湾结婚，应备如何之方式，及其结婚是否有效，应依结婚时台湾适用之法律定之，不适用民法第九百八十二条、第九百八十八条第一款之规定。（三十六年院解字第三五七二号）

第九百九十二条

解 （四）甲在万隆重婚，如别无无效原因，则在未撤销结婚前，该后妻仍有配偶之身份，惟其应继分应与前妻各为法律所定配偶应继分之二分之一。倘其结婚不具备有效要件，而该后妻由甲生前继续扶养者，应由亲属会议依其所受扶养之程度及其他关系酌给遗产。（三十六年院解字第三七六二号）

第九百九十四条

解 （一）孀妇改嫁，违反民法第九百八十七条之规定者，其前夫之母，既为其前夫之直系血亲，依民法第九百九十四条之规定，自得向法院请求撤销其结婚。（三十六年院解字第三三九九号）

第一千零五十二条

解 出征抗敌军人之妻，以其夫有民法第一千零五十二条第九款情事，于抗敌战事结束后提起离婚之诉，自不受《出征抗敌军人婚姻保障条例》第二条规定之限制。其夫在出征抗敌期内生死不明之时期，亦应计算在民法同条款所定三年期间之内。（三十六年院解字第三七五四号）

第一千零六十五条

解 （二）依民法第一千零六十五条第二项之规定，非婚生子女与其生母之关系，视为婚生子女，无须认领。故非婚生子女，其母为台湾人，而其生父无可考或为日本人未经认领者，亦依上开办法之规定，恢复中华民国国籍。（三十六年院解字第三五七三号）

解 （三）甲在中国之婚姻如系无效，其相婚者固非继承人。惟所生子女经甲认领或经甲抚育而视为认领领者，依法视为甲之婚生子女，仍不失为甲之继承人，其应继分与其他继承人均等。（三十六年院解字第三七六二号）

第一千零八十条

解 民法第一千零八十条第一项所谓双方，系指养父母及养子女而言，并不包含养子女之本生父母在内。惟养子女无行为能力，而养父母为其法定代理人者，民法第一千零八十一条所称终止收养关系之诉，依《民事诉讼法》第五百八十二条之规定，既应由其本生父母代为诉讼行为，则民法第一千零八十条第一项之同意，自应解为由其本生父母代为之。养子女为限制行为能力人，而养父母为其法定代理人者，其为民法第一千零八十条第一项之同意，亦应得其本生父母之同意。（三十六年院解字第三七四九号）

第一千零八十六条

解 （二）民法第九百七十四条及第九百八十一条之同意，于父母皆能行使对于未成年子女之权利时，依民法第一千零八十六条、第一千零八十九条之规定，由父母共同为之。父母之意思不一致时，以父之意思为准。（三十六年院解字第三三九九号）

第一千零八十九条

解 （二）民法第九百七十四条及第九百八十一条之同意，于父母皆能行使对于未成年子女之权利时，依民法第一千零八十六条、第一千零八十九条之规定，由父母共同为之。父母之意思不一致时，以父之意思为准。（三十六年院解字第三三九九号）

民法亲属编施行法

民国二十年一月二十四日国民政府公布
同年五月五日施行

第一条　关于亲属之事件，在民法亲属编施行前发生者，除本施行法有特别规定外，不适用民法亲属编之规定。

判　嫁娶须由祖父母、父母或余亲主婚，否则得以撤销。（二年私诉上字第二号）

判　立嗣律有专条，无先适用习惯余地。（三年上字第七〇号）

判　妾与家长有不得已事由发生时，应许其解除合约，消灭关系。其不得已之事由，如因家长及家人之故意或过失而发生者，家长应负给与相当慰藉金之责，反是，则不负此等责任。若契约成立时可认该妾有欺诈情节者，则该妾应负返还财礼之义务。至所主张之事由，必须有不得已之情形，而其事由之发生，若在合约前者，必结约当时为本人所不知者而后可。（三年上字第一二三七号）

判　妇人离异后改嫁，由母家主婚。（四年上字第二一三号）

判　关于妾之身份之契约，得主张无效或撤销。（四年上字第七六七号）

判　夫家财产，及原有妆奁，不得携以改嫁。（四年上字第八八六号）

判　太监亦得娶妻。（四年上字第一六〇八号）

判　异姓子之后人，不得充当族长。（四年上字第一九三九号）

判　同宗亲已出之妻，亦不得娶。（四年上字第二四〇一号）

解 孀妇改嫁，如夫家及女家之祖父母、父母均已亡故，亦无夫家余亲，母家胞姊，服属大功，自可主婚。（四年统字第二五三号）

解 童养媳未及成婚而夫死，除已解除关系，回归母家者外，关于择配主婚权，以准用前清现行律例为宜。（四年统字第二五三号）

解 养女抱养当时并无特别意思表示，应由养父母主婚。（四年统字第二五三号）

判 孀妇改嫁，应由母家主婚权者，夫家余亲，无干涉权。（五年私诉上字第二八号）

判 孀妾改嫁之主婚，与孀妇同。（五年上字第七一号）

判 私生女现无父母者，从余亲主婚。（五年上字第六一四号）

判 夫家祖父母父母虐待孀妇者，丧失主婚权。（五年上字第六九二号）

判 出立担保字据，不为私擅用财。（五年上字第八三三号）

判 族人取得身份之是否合法，非主修谱牒之人所得审查。（五年上字第八三四号）

判 兼祧子，应分别侍养两房父母。（五年上字第八六九号）

判 有主婚权人强嫁孀妇者，其婚姻之成立与否，视事实上已未成婚为断。（五年上字第一一一七号）

判 被废妾对其所生子女，丧失亲权。（五年上字第一二○九号）

判 庶出遗孤，自以归嫡母抚养为原则。惟依事实上必要之情形，即令由生母抚养亦决非法律所禁阻，如遗孤尚在襁褓既不能离哺乳以为生活，即事实上有由其生母抚养之必要。（五年上字第一二三九号）

判 婚姻解消后之妻，得再为其前夫之妾。（五年上字第一五三一号）

判 成立妾之身份，不须备何种方式。（五年上字第一五三四号）

判 已离异之妾，仍可复合。（六年上字第八六号）

判 定婚时子女虽尚未生出，而其生出后新为定婚者，其新定之婚约，自属有效。（六年上字第一三六号）

判 对于已出继子，丧失亲权。（六年上字第八一七号）

判 妻不在者，得以妾为妻。（六年上字第八九六号）

判 孀妇改嫁时主婚权之顺位，应以夫家祖父母、父母为先，母家

祖父母、父母次之，夫家余亲又次之。（六年上字第九六九号）

判 养母之翁姑，对于养女有主婚权。（六年上字第一一七六号）

判 户部则例以二十岁为成年之旧例，业已失效。（六年上字第一一八九号）

解 居丧嫁娶及出妻义绝，皆旧律为礼教设立，防闲遇有此种案件，适用该律，仍宜权衡情法，以剂其平，不得拘迁文义，致蹈变本加厉之弊。（六年统字第五七六号）

解 妻虽具备无子之条件，而有三不去之理由者，仍不准其夫离异。至所称无子之义，系指妻达到不能生育之年龄而言，此项年龄，应准用立嫡子违法条内所定五十以上之岁限。（六年统字第五九一号）

判 族谱于身份关系之得丧无涉。（七年上字第一号）

判 仅有暧昧同居之关系，尚难认为法律上之妾。（七年上字第一八六号）

判 改嫁妇为所携之女主婚者，前夫之弟，无权干涉。（七年上字第二九〇号）

判 谱例得以公议修改。（七年上字第五三一号）

判 婚姻欠缺法定要件，虽经同意追认，亦不能有效。（七年上字第八八八号）

判 母有未得夫家父母同意而为主婚者，自非适法。（七年上字第一二四八号）

判 妾有犯奸情事，其家长等得断绝关系。（七年上字第一三七二号）

判 夫家故意抑勒不为主婚，得以裁判代之。（七年上字第一三七九号）

解 有功于国家社会之成年未婚人，能否立后，应参照大理院六年上字一一八九号判例办理。（七年统字第七五九号）

解 居丧嫁娶，应行离异，不以身自主婚为要件。（七年统字第八二九号）

解 女子与人定婚而再许他人者，无论已成婚与未成婚，其女应归前夫。惟仍不能强制执行，自应体会律意，劝谕前夫，俾策两全。（七年统字第九一四号）

判 同居近亲之主婚权，先于别居之远族。（八年上字第三二一号）

判 妾之扶正，无须一定仪式。（八年上字第三八九号）

判 一人得为数房子，不用兼祧之种种限制。（八年上字第五〇七号）

判 指女抱男字据，即足为婚书。（八年上字第六八七号）

判 妾不能为家之尊长。（八年上字第七二四号）

判 随母改嫁之女，归宗后，可由女之本宗余亲主婚。（八年上字第七三〇号）

判 主修谱牒人，无权令脱离宗族关系之支属入谱。（八年上字第八六一号）

判 纳妾用财礼之名称，不能视为法律上定婚之聘财。（八年上字第九二三号）

判 优伶非不正营业，不得援营业不正禁止入谱之例，拒绝入谱。（八年上字第九四五号）

判 律载居丧身自嫁娶者，指居丧本人而言。（八年上字第一〇七二号）

判 合法之谱例，不能以少数人私意变更。（八年上字第一一〇〇号）

判 携女适人后，母故而未归宗者，后父有主婚权。（八年上字第一一九一号）

判 兼祧子生活费，应取给于两房。（八年上字第一二四六号）

判 兼祧子对其兼祧父在他房所娶之妇，有抚养义务。（八年上字第一二四六号）

解 立嫡子违法门支属二字，不限于五服以内。（八年统字第九七一号）

解 孀妇改嫁，夫家之胞伯母，如仅为余亲身份，则依律自应由母家父母主婚受财。母家父母对婚姻如未主张撤销，可仅判归财礼。（八年统字第一〇五二号）

解 招夫入赘，虽不能有承继人之效力，而本身及其直系卑属，要已发生家属之关系，援照养亲子关系之例。孀媳改嫁，如其母家无父母祖父母为之主婚，入赘家之余亲，是自可主婚受财。（八年统字第一〇五二号）

判 居丧嫁娶门所称已成婚者，系指始虽被迫改嫁，而嗣后既已愿意成婚，即系业经追认，实与许婚之时即表同意无异，故仍应听其完娶。如仅因被迫与所嫁人同居，而并无愿与为婚之意思，即不得以成婚论。（九年上字第一五二号）

判 谱例上无义子可否入谱明文，而族人又多数许可者，即应许其入谱。（九年上字第一七一号）

判 夫死未久，即欲改嫁者，依律在禁止之列。（九年上字第四九二号）

判 夫家于孀妇改嫁时，应酌量负担嫁资。（九年上字第六二八号）

判 惯行之族规，与成文之族规同。（九年上字第八六九号）

解 谱牒系记载族人之身份，除异姓乱宗，主修谱牒之人，得以拒绝记载外，其他族人身份之取得，是否合法，要无审查之余地。（九年统字第一三一九号）

解 守志孀妇，又复自行改嫁，夫兄虽不能强其不嫁，然如财产上及主婚权有关，自应许其告争。（九年统字第一三三四号）

判 向来与妻别居之妾，夫故后仍可听其别居。（十年上字第四四九号）

判 孀妇改嫁为妾，应准据孀妇改嫁之规定。（十年上字第四五四号）

解 祖父母、父母俱在，而又系同居者，其主婚权应属于父母。（十年统字第一四七一号）

解 妇女归宗，应依现行律所定之条件为断，若孀妇确系自愿大归，另行改嫁者，应以别论。子于继母以归宗为名，订立字据，不能认为有合法契约之效力。（十年统字第一六二三号）

解 现行律所谓同父周亲，以同父之兄弟为限。若本系同父而业经出继他房者，于本生父之兄弟，即不得为同父周亲。（十一年统字第一七七八号）

判 父母俱存时许女为妾，应由其父主持。（十二年上字第九三一号）

判 亲族会议之组织，必由各族长、房长或多数族人推出总代表，与被承继人较为切近之人。共同会议，取决多数，于法始能有效。（二十一年上字第三五号）

判 所谓合族全体同意，依法固须全体意思一致。但依我国家族情形，如族中习惯，向以族长及各房房长，或各柱柱长，为各该支之代表，行之已久，视为当然者，则各支代表，如已意思一致，即得视为全体同意。（二十一年上字第一〇九六号）

判 无子立嗣，不以立有遗嘱，或继书为要件。确认民法亲属编、继承编施行前之立嗣为成立，不因各该编之施行而受影响。（二十一年上字第一四〇六号）

判 继承在民法继承编施行前开始者，除民法继承编施行法有特别规定外，依该施行法第一条所定，不适用民法继承编之规定，自应仍适用当时之法例，予以判断。又按当时法例，妇人夫亡无子守志者，其择嗣之权专在于守志之妇，且在未经立嗣以前其所有遗产并应由其管理，而直系尊亲属及亲属会议均不能代为择嗣。（二十一年上字第一九二〇号）

判 民法亲属编施行前之法例，兼祧两房之人，无子立嗣，除择立时别有分别承继之表示外，当然由一嗣子承祧。（二十一年上字第一八九八号）

判 民法亲属编施行前，当时有效法例，妇人夫亡无子守志者，合承夫分，应凭族长择昭穆相当之人继嗣。此守志之妇，当然专指正妻而言。（二十一年上字第一九三四号）

第二条 民法亲属编施行前，依民法亲属编之规定，消灭时效业已完成，或其时效期间尚有残余不足一年者，得于施行之日起一年内行使请求权。但自其时效完成后，至民法亲属编施行时，已逾民法亲属编所定时效期间二分之一者，不在此限。

第三条 前条之规定，于民法亲属编所定无时效性质之法定期间准用之。但其法定期间不满一年者，如在施行时尚未届满，其期间自施行之日起算。

第四条 民法亲属编关于婚约之规定，除第九百七十三条外，于民法亲属编施行前所订之婚约，亦适用之。

判 婚约应由男女当事人自行订定，为民法所明定。此种规定，依民法亲属编施行法第四条，即民法施行前所订之婚约，亦适用之。是依旧习惯凡子女未成年时，由其父母或伯叔代为订立之婚约，除子女成年后，予以追认外，自不能对于子女发生效力。（二十一年上字第

一八〇二号）

第五条　民法第九百八十七条所规定之再婚期间，虽其婚姻关系在民法亲属编施行前消灭者，亦自婚姻关系消灭时起算。

第六条　民法亲属编施行前已结婚者，除得适用民法第一千零四条之规定外，并得以民法亲属编所定之法定财产制为其约定财产制。

第七条　民法亲属编施行前所发生之事实，而依民法亲属编之规定得为离婚之原因者，得请求离婚。但已逾民法第一千零五十三条或第一千零五十四条所定之期间者，不在此限。

判　夫妻之一方受他方不堪同居之虐待者，得向法院请求离婚。其事实发生在民法亲属编施行前者，依民法亲属编施行法第七条之规定，亦得请求离婚。所谓不堪同居之虐待云者，即其虐待之情形达于不堪同居之程度为已足。若惯行殴打，致不堪同居，自亦可认为不堪同居之虐待，不以殴打成伤为限。（三十一年上字第七九七号）

判　民法亲属编施行前所发生之事实，而依民法亲属编之规定，得为离婚者，依民法亲属编施行法第七条之规定，得请求离婚。（二十一年上字第一四四〇号）

判　夫妻之一方受他方不堪同居之虐待者，得向法院请求离婚，其事实发生在民法亲属编施行前者，亦得请求离婚。所谓不堪同居之虐待者，即其虐待之情形达于不堪同居之程度为已足。若惯行殴打致不堪同居，自亦可认为不堪同居之虐待，不以殴打成伤为限。（二十一年上字第一九九七号）

第八条　民法亲属编关于婚生子女之推定及否认，于施行前受胎之子女，亦适用之。

判　子女受胎之期间，应从该子女出生日回溯至第一百八十一日起，至第三百零二日止。于受胎期间生父与生母有同居之事实者，得请求其生父认领。依民法亲属编施行法第八条，对于施行前受胎之子女，亦适用之。（二十一年上字第一〇七号）

第九条　民法亲属编施行前所立之嗣子女，与其所后父母之关系，与婚生子女同。

第十条　非婚生子女，在民法亲属编施行前出生者，自施行之日起，适用民法亲属编关于非婚生子女之规定。

第十一条　收养关系虽在民法亲属编施行前发生者，自施行之日起，有民法亲属编所定之效力。

第十二条　民法亲属编施行前所发生之事实，而依民法亲属编之规定，得为终止收养关系之原因者，得请求宣告终止收养关系。

第十三条　父母子女间之权利义务，自民法亲属编施行之日起，依民法亲属编之规定。

判　父母子女间之权利义务，自民法亲属编施行之日起，应依民法亲属编之规定，父母对于未成年之子女，有保护及教养之权利义务。至于与未成年人同居之祖父母，则惟于未成年人之父母不能行使负担其权利义务时，或未成年父母死亡而无遗嘱指定监护人时，始得依法定顺序，定其为监护人。若夫妻两愿离婚，则关于子女之监护，于两造未有约定时，固应由夫任之。倘约定不谐致生争执，或由判决离婚者，法院自得为其子女之利益，酌定监护人。（二十一年上字第一〇九三号）

第十四条　民法亲属编施行前所设置之监护人，其权利义务自施行之日起，适用民法亲属编之规定。

第十五条　本施行法自民法亲属编施行之日施行。

补　遗

第一条

△**判**　继子不得于所后之亲，听其告官别立。所谓所后之亲者，自包括继母而言。故父所立之子，于父故后，若与继母积不相能，其继母当然有废继别立之权。（十七年上字第九七号）

△**判**　继子不得于所后之亲，准其告官别立。其不得之事由，是否达于废继程度，应由法院裁量定之。（十七年上字第七一三号）

△**判**　现行律载应继之人，先有嫌隙，亦准另继，在原则上自以应继人本人与被承继人有嫌隙而言。然所谓嫌隙，只须依被承继人主观之意思定之。倘其与应继人家积有怨嫌，仍许另择贤爱，故亲族会议，亦不得违反被承继人意思而议立为嗣。（十七年上字第七四二号）

△**判**　法文所谓嫌隙者，纯由被承继人或守志妇之主观，原不必有客观嫌怨之事。（十八年上字第七七〇号）

△**判**　现行律上所谓平日先有嫌隙，不须有客观之具体事实，只被承继人表示不愿择立，即非欲入继之人所能强求。（十八年上字第九三五号）

△**判**　无子立嗣，原则上虽应先尽同父周亲。但如应继之人平日先有嫌隙，则于昭穆相当亲族内，择贤择爱，乃听立继人之自便，不许亲族指以次序告争。（十八年上字第一三九七号）

△**判**　现行律载继子不得于所后之亲，听其告官别立。是其不得之原因如何，应否别立，必经裁判上之审定，不能遽以所后之亲之主张为已足。与应继人先有嫌隙，择立贤爱，听从其便者不同。（十八年上字第一四〇九号）

△**判**　现行律载继子不得于所后之亲，听其告官别立。所谓继子不得于所后之亲者，系指继子本身与所后之亲，不得圆满相处者而言，并非谓不论原因如何，纯以所后之亲，偶然感情有乖，予以废继。（十八年上字第二一九五号）

△**判**　现行律载"继子不得于所后之亲，听其告官别立"等语，是继子苟有客观的不能与所后之亲圆满相处之情形，即应准许所后之亲废继别立。（十八年上字第二二〇三号）

△**判**　继子以不得于所后之亲为限，被承继人始有告官别立之权，被承继人死亡后，其他宗族无干涉撤废之余地。（十八年上字第二七二三号）

△**判**　律载应继之人，平日先有嫌隙者，纯由被继承人或守志妇之主观，即被继承人或守志妇，不愿其人承继之意，无须别举嫌隙事实以为证明。（十九年上字第八四七号）

△**判**　废继与立继不同，盖立继固得以两造积有嫌怨，因而憎恶应继之人，另择贤爱。而废继则须承继者本人有具体事实，以致不得于所后之亲或其直系尊属始得为之。（十九年上字第二三五七号）

△**判**　应继之人，平日先有嫌隙，虽准另继，但此就应继人与所继人有嫌隙者而言，若仅应继人之祖或父与所继人有嫌隙，则与应继人无涉。（十九年上字第二四三九号）

△**判**　现行律所谓继子不得于所后之亲，须不得之事实出于继子本

身，且应归责于继子者为限。（十九年上字第二四八六号）

△判　所后之亲主张之废继原因，虽系归责于继子之事由，但其事由必于家庭之和谐有重大妨碍，且双方恩义不得复冀保全者，始应准予废继。否则已定之承继关系，不容轻易废除。（二十年上字第三四三号）

判　废继诉讼发生于民法亲属编施行前，依当时之法例，继子不得于所后之亲听其告官别立。所谓不得于所后之亲，固当然限于所后父母，但所后之祖父母对于承重之孙，亦当然可以准用。（二十二年上字第一三二号）

▲判　民法亲属编施行前，夫妻两愿离婚并非要式行为，虽未以书面为之，亦不得谓为无效。（二十二年上字第一七二四号）

判　谱例为阖族修谱时所应共同遵守之规约，故除与现行法令显相抵触者外，阖族均应受其拘束。（二十二年上字第二四六一号）

判　一姓族谱系族人就其全族之丁口及事迹所为之记载，苟于修订之时已得阖族全体同意登入族谱。除于谱例有某种行为应行削除之约定，而该族人于登记入谱后确有违犯谱例行为，得依族众决议将其削除外，自不得于修谱后，更由族人中援修订前之旧谱所记载指为错误，妄行争执，致滋纷扰。（二十二年上字第二六五八号）

判　夫于妻死亡后以妾扶正，为民法亲属编施行前之法例所不禁。则妾于正妻死亡后有确已扶正之事实，即可因之而取得妻之身份，修谱时自应载为某之继室。（二十二年上字第二六五九号）

判　赘夫为民法亲属编之所许，依民法亲属编施行前之法例，亦许无子者招婿养老，但须依当时法例，另立同宗之人为嗣，以承宗祧。而对于应为立嗣之人，并无不许招婿养老之制限。（二十二年上字第三〇七一号）

判　妾之制度，于民法亲属编施行后始行废止，故在民法亲属编施行前所纳之妾，与其家长间之关系，虽不能与正妻同视，但家长对于该妾应互负赡养之义务，与亲属编施行后非亲属而同居一家之家属，须以永久共同生活为目的，及同居一家为要件者，究不相同。（二十三年上字第二九六四号）

判　两造结婚，系在民法亲属编施行前，应不适用亲属编之规定，而按前者所准援用之清律婚姻条例。有妻更娶妻者，后娶之妻，又仅得主张离异归宗，但旧律内并无撤销婚姻之规定。该律所称离异，如系本于应准撤销之原因，其离异云云，即应解为系属撤销之意。况当两造结婚之当时所适用之民事诉讼律，明明已有撤销婚姻之规定，故如系有妻更娶者，虽在民法亲属编施行前，而其后娶之妻，得以请求撤销婚姻，固无疑义。（二十三年上字第三九〇七号）

判　（一）民法所谓"两愿离婚，应以书面为之，并应有二人以上签名"等语，系指正式婚姻于离异时所应具之方式而言。（二十四年上字第二五三一号）

判　（二）民法亲属编施行前所订之离婚字据，虽无二人以上证人之签名，依当时法例，亦应生效。惟离婚后再行结婚，仍非践行结婚之仪式不可。（二十四年上字第二五三一号）

▲**判**　甲收养被上诉人之父乙为子，系在民法亲属编施行之前，依民法亲属编施行法第一条不适用民法第一千零七十九条之规定。其收养纵未以书面为之，亦不得谓为无效。（二十九年上字第五三二号）

▲**判**　被上诉人之年龄仅少于上诉人十余岁，虽与民法第一千零七十三条之规定不符，但上诉人之立嗣，既在民法亲属编施行以前，依该编施行法第一条当然无民法第一千零七十三条之适用。（二十九年上字第九〇三号）

第四条

判　民法上关于婚约应由男女当事人自行订定之规定，于在民法亲属编施行前订约者，亦应适用。如其婚约并非由男女当事人自行订定，而由其父母代为订定者，则除子女事后合法追认当作别论外，自不能认为有效。（二十一年上字第二二五七号）

判　民法亲属编关于婚约之规定，除男未满十七岁女未满十五岁者，不得订定婚约外，于民法亲属编施行前所订之婚约，亦适用之。（二十一年上字第三〇三七号）

判　婚约应由男女当事人自行订定，民法定有明文。在民法亲属编施行前所订之婚约，依该编施行法之规定，除民法第九百七十三条外，亦适用之。故在该编施行前父母为未成年子女所订之婚约，非经男女当事人合

意追认，其婚约即不能对之生效。（二十二年上字第二三三三号）

判 婚约应由男女当事人自行订定，民法定有明文。此项规定依民法亲属编施行法，于该编施行前所订之婚约，亦适用之。故父母代子女所订婚约，若为其子女所不愿，则其成立虽在民法亲属编施行前，亦不得据以请求履行。（二十二年上字第二五三七号）

判 民法亲属编关于婚约，应由男女当事人自行订定之规定，依法于民法亲属编施行前订定婚约者，亦应适用。（二十二年上字第二九三六号）

判 （一）父母在民法亲属编施行前，为其子女所订之婚约，除其子女于民法亲属编施行后追认，得视为自行订定外，其所订之婚约，当然无效。（二十三年上字第一七九五号）

判 婚约依民法亲属编规定，应由男女当事人自行订定，民法亲属编施行前所订之婚约，亦应适用之，民法亲属编施行法定有明文。故父母在民法亲属编施行前为其子女所订之婚约，除其子女于民法亲属编施行后追认，得视为自行订定外，其所订之婚约，当然无效。（二十三年上字第一九七九号）

判 （二）民法亲属编关于婚约之规定，于民法亲属编施行前所订之婚约，亦适用之。（二十三年上字第二三四七号）

判 （一）婚约应由男女当事人自行订定，民法定有明文。此项规定，依民法亲属编施行法，于该编施行前所订之婚约，亦适用之。故父母在民法规属编施行前，代表子女所订之婚约，若为其子女所不愿者，即难认为有效。（二十三年上字第三六八九号）

第七条

判 由民法亲属编施行前所发生事实而依民法亲属编规定得为离婚原因者，固得请求离婚。惟得为离婚之原因者，为重婚或与人通奸之情事，而有请求权之一方，苟于事后宥恕，即不得请求离婚。（二十一年上字第二四二〇号）

第九条

判 在民法亲属编施行前所立之嗣子女，于民法亲属编施行后，如发生废继之情形，自应用采民法亲属编关于终止养子女收养关系之法理，

以断定其继嗣之应否撤废。（二十二上字第九〇五号）

解 嗣子与其所后父母，依民法亲属编施行法第九条之规定，既有与婚生子女与其父母同一之亲属关系，则与其所后父母之他子女，当然有与兄弟姊妹同一之亲属关系。故嗣子与其所后父母之他子女，亦不失为民法第一千一百三十八条第三款所称之兄弟姊妹。至院字第七三五号解释，不过谓同父异母或同母异父之兄弟姊妹，均为民法第一千一百三十八条第三款同一顺序之继承人。院字第八九八号解释，亦不过谓民法第一千一百三十八条所谓兄弟姊妹，系指同父母之兄弟姊妹而言，同祖父母之兄弟姊妹不包含在内，均非含有嗣子与其所后父母之他子女非属兄弟姊妹之意义。（二十九年院字第二〇三七号）

解 原函所称之继父母，据附件所述情形，即系民法亲属编施行法第九条所称之所后父母。嗣子女与其所后父母依同条之规定，既有与父母子女同一之亲属关系，则嗣子充当士兵阵亡时，关于遗族之领受恤金，所后父母自与父母无异。（二十九年院字第二〇七三号）

解 前清现行律关于民事部分在民法施行前仍属有效，该律立嫡子违法条例载"如可继之人亦系独子而情属同父周亲两相情愿者，取具阖族甘结，亦准其承继两房宗祧"等语，是兼祧须备四种条件：一须可继之人为独子；二须情属同父周亲；三须两相情愿，如无子者一方已无人可表示情愿之意思，则由亲属会议表示之；四须取具阖族甘结。如其他条件已备，阖族犹不为具结，得以裁判代之。兼祧不备此四种条件者固非合法，惟两相情愿之条件已备时，即为有权立嗣者所立之嗣子，非经有告争权人诉经法院撤销，仍不失其效力。民法亲属编施行前已兼祧者，依同编施行法第九条之规定，兼祧子与其所没父母之关系与婚生子同。同编施行前身故无子者，依历来解释及判例，既许于同编施行后立嗣，则此项兼祧子与其所后父母之关系，自亦应解为与婚生子同。至兼祧子对于其本生父母仍有婚生子之身份，尤不待言。（三十年院字第二一九九号）

解 民法第一千零七十七条所谓养子女与养父母之关系，及民法亲属编施行法第九条所谓嗣子女与其所后父母之关系，皆指亲属关系而言。（参照院字第二〇三七号第二〇四八号解释）婚生子女与其父母之亲属关系，为直系血亲关系。养子女或嗣子女与其养父母或所后父母之亲属

关系，依上开各条之规定，既与婚生子女与其父母之亲属关系相同，自亦为直系血亲关系。（三十三年院字第二七四七号）

第十一条

▲**判** 养女对于养父母之遗产，依民法继承编之规定虽有继承权，但其养父母之继承在该编施行前开始者，依其施行法第一条，自不得适用该编之规定继承遗产。即使养父母之继承系在施行法第二条所列日期之后开始，而收养关系在民法亲属编施行前发生者，依亲属编施行法第十一条之规定，自亲属编施行之日起始有亲属编所定之效力。亲属编系与继承编同日施行，在继承编施行前尚不能认养父母为养女之直系血亲尊亲属，养女仍不得依继承编施行法第二条之规定，继承养父母之遗产。（二十二年上字第八五七号）

判 在民法亲属编施行前所立之嗣子女，于民法亲属编施行后，如发生废继之情形，自应采用民法亲属编关于终止养子女收养关系之法理，以断定其继嗣之应否撤废。（二十二年上字第九〇五号）

民法第五编　继承

民国十九年十二月二十六日国民政府公布

二十年五月五日施行

第一章　遗产继承人

第一千一百三十八条　遗产继承人除配偶外，依下列顺序定之：

一、直系血亲卑亲属；

二、父母；

三、兄弟姊妹；

四、祖父母。

判　父有别子者，准为应立后之子，虚名待继。若父无别子，非立现实之人为嗣不可。（三年上字第一八六号）

判　前夫承继人，得向改嫁妇诉追其滥行处分之夫家赠与或遗赠之财产。但妇守志，则应完全听其处分。（四年上字第一四七号）

判　遗产归子承受。（四年上字第六一四号）

判　亲女得承受绝产，故对于无权占有遗产之人，得出而告争。（四年上字第一三一二号）

判　本宗兄弟情愿分给出继兄弟，以本生父之遗产者听。（五年上字第六二八号）

判　卑幼私财，当然传诸其子。（五年上字第一三四八号）

解　承继告争权，限于应继者，及其代理人。（五年统字第四五五号）

解 继承事件，非自己或自己直系卑属依法存承继权而未抛弃者，始得告争。否则既无告争之权，而他人之承继，及占有遗产，是否合法，可以不问。审判衙门，仍应为驳回请求之判决。（五年统字第五五三号）

解 族人非有应继资格而在最先顺位者，对于他人之不合承继，无告争之权。（六年统字第五六四号）

判 承继法为强行法，不容有反对习惯存在。（六年上字第一一五六号）

判 与承继法相抵触之族规，不容存在。（七年上字第九五七号）

解 现行律载"户绝"二字，系指一家而言。户绝财产出典与人，非应继之人，无找价作绝之权。惟应继在最先顺位之人，得为保存行为。（八年统字第九五三号）

判 遗产无直系卑属承受者，应由其直系尊属承受。（九年上字第三四一号）

解 亲女有权承受遗产，对于无权占有之人，自可出为告争。（十年统字第一四七五号）

解 夫之遗金，应归其守志之妻管有，惟不得滥行处分。（十一年统字第一七八〇号）

判 合承夫分之权，惟守志妇有之。（十二年上字第四四八号）

解 女子有财产继承权。（十七年解字第七号）

解 未出嫁女子，与男子同有继承财产权。（十七年解字第三四号）

解 未出嫁女子，与男子同有继承财产权。（十七年解字第三五号）

解 未出嫁之女子，不问有无胞兄弟，应认为有同等承继权。（十七年解字第四七号）

解 财产承继，无嫡庶长幼男女差别。（十七年解字第四八号）

解 赘婚仍与通常婚姻关系同，惟女因赘婚留居母家，与夫家不发生家属关系，自应准其有承继财产权。（十七年解字第一三三号）

解 女子承继财产，应以未嫁之女子为限。（十七年解字第一六三号）

解 女子离婚后居母家，如父母遗产未分，或尚有遗留财产，仍得享有继承权。（十八年院字第一一号）

解　守志之妇，于继承人未定前，限于生活必要，得处分夫产。（二十年院字第三九七号）

解　女子应与男子平分财产，如父母亡故，而无亲子，或可为立嗣，女子得继承遗产全部。（二十年院字第四〇六号）

解　民法亲属继承两编，未施行前，除与中国国民党党纲主义，或与国民政府法令抵触外，应以前此已有之法令为根据。（二一十年院字第四〇六号）

解　未嫁女受父赠与财产后死亡，而未立遗嘱赠于他人时，若父母并已先亡，则应由其同父兄弟、姊妹分受之。（二十年院字第四二六号）

解　所谓直系血亲卑亲属，包含女子在内。（二十年院字第五五〇号）

解　妾在现行法中，虽无规定，但对己身所出之子，系直系血亲。其子亡故，自可为其第二顺序之遗产继承人。（二十年院字第五八五号）

解　自新民法施行后，女子独继遗产时，不必留嗣于之应继分。（二十年院字第六四七号）

解　夫妻财产各别，于死亡时各由其所属之继承人分别继承。（二十年院字第六四七号）

判　女子有财产承继权，不因立嗣行为而丧失。（三十一年上字第二〇〇号）

解　民法第一千一百三十八条第一项第三款所称兄弟、姊妹者，凡同父异母或同母异父之兄弟、姊妹均为该款同一顺序之继承人。（二十一年院字第七三五号）

解　开始继承在民法继承编施行后者，已嫁女子同为遗产之法定继承人，并不因出嫁年限之远近，及当时已否取得财产继承权而生差异。（二十一年院字第七四七号）

解　被继承人死亡在民法继承编施行以前，依当时法律若有可继之人，仍应许其主张。但守志之妇如不欲立，亦不得相强被继承人之亲女可承受全部遗产。（二十一年院字第七六八号）

解　守志之妇在民法继承编施行前，对于其夫并无继承遗产之权，虽当时无人继承，亦不得视为该妇之财产。若该妇在施行后死亡，于其生前仍无其他应继其夫遗产之人，即可认为该妇之应继分，而视为其遗产。如无直系血亲尊亲属，可由其母家亲属继承。至赘婿入于其妻之家，依旧法得酌分财产，及与嗣子均分财产，并援向例得承受其妻之特有财产。如赘婿死亡在施行前，依旧法理办，在施行后者，无直系血亲尊亲属时，即应由其父母兄弟姊妹依序继承。（二十一年院字第七八〇号）

解 为人后者以所后之亲为父母，其亡故时纵无法定继承人，亦不得由本生父母亲属主张继承。（二十一年院字第七八〇号）

解 配偶之一方继承其他方遗产时，无论为全部或一部，因已取得该遗产之所有权，则再嫁再娶与既得权无影响。（二十一年院字第七八〇号）（删）

解 继承开始在女子无继承权以前，而该遗产当时并无人继承，或在继承编公布前已有继承权，并无该法施行法第三条之情事者，则对于直系血亲尊亲属之遗产，当然为第一顺序之继承人。（二十一年院字第七八〇号）

第一千一百三十九条 前条所定第一顺序之继承人，以亲等近者为先。

第一千一百四十条 第一千一百三十八条所定第一顺序之继承人，有于继承开始前死亡或丧失继承权者，由其直系血亲尊亲属代位继承其应继分。

判 出嗣子与本宗兄弟，不得互分家财。（三年上字第八三五号）

判 出嗣子与本宗兄弟，协议互分家财，如有一部未分，应推定当事人之真意判断。（三年上字第八三五号）

判 守志妇得代应继人承受夫产，并非即为该财产承继人。（四年上字第五六七号）

判 守志妇得代应继人分受财产，并管理之，而不得主张所有。（四年上字第七二六号）

判 孀妇因抚子招夫，即非守志，不得于子亡后，承受前夫之分，或为前夫及子择继。（二十年院字第三九四号）

解 被继承人之遗产，应由子女平均继承。如其一子于继承开始前死亡，其应继分，应由该子之直系卑属继承。（二十年院字第四一六号）

解 孙对祖之遗产，仅能平均继承其父所应继承之部分，不能主张

长孙较优于诸孙。（二十年院字第四一六号）

解 诸孙应平等继承伊父之财产。（二十年院字第四一六号）

解 后母之子女对于前母并非直系血亲卑亲属，自不得代位继承其应继之分。（二十一年院字第七四四号）

解 已嫁女子死亡时，依法尚无继承财产权，则继承开始时之法律虽许女子有继承权，而已死亡之女子究无从享受此权利，其直系卑属，自不得主张代位继承。（二十一年院字第七五四号）

第一千一百四十一条 同一顺序之继承人，有数人时，按人数平均继承。但法律另有规定者，不在此限。

判 遗产虽应按子数均分，但若有遗产特别尽力之人，得从优分给。（四年上字第四八号）

判 嫡庶子男，均分家产，故祀产之收益，庶子亦得均分。（四年上字第二六二号）

判 父不得减少庶子应分之产。（四年上字第一四五八号）

判 兄弟分析遗产，有一定限制。（五年上字第五三号）

解 俗所称之长孙，系指长房嫡出年最长者而言。惟分析之财，除当事人明白表示合意，或该地方有特别习惯，足资解释应多给长房外，依照现行律户役卑幼私擅用财条例，自应依子数均分。（八年统字第一一六四号）

解 分析家产，果属有效，除长子多给与否依习惯外，自应按子数均分。其生母如别无过误，其子应得之财产，自应由生母管理。（九年统字第一二九五号）

解 嫡庶子女，均应平等继承遗产。（二十年院字第四一六号）

解 继承人不能证明被继承人生前确有特赠之确据者，自应以未有特赠论。（二十年院字第四一六号）

解 被继承人死亡于该省隶属国民政府后，其遗产由其亲女及嗣子平均继承。嗣子未立以前，应留其应继分。（二十年院字第四二一号）

解 庶子对于嫡母所遗之特有财产，应与嫡子按人数均分。（二十年院字第四二六号）

解 家族中之祭祀公产，向系以男子轮管或分割、分息者，如女子向

无此权，非另有约定，不得与男系同论。（二十年院字第六四七号）（删）

解 分割财产之遗嘱，以不违背特留分之规定为限，应遵重遗嘱人之意思。如遗嘱所定，分割方法系因当时法律向无女子继承财产权之根据，而并非有厚男薄女之意思，此后开始继承，如女子已取得继承权，自应依照法定顺序按人数平均分受。若遗嘱立于女子已有继承财产权之权，而分割方法显有厚男薄女之意思，则除违背特留分之规定外，于开始继承时即应从其所定。（二十一年院字第七四一号）（删）

第一千一百四十二条 养子女之继承顺序，与婚生子女同。

养子女之应继分，为婚生子女之二分之一。但养父母无直系血亲卑亲属为继承人时，其应继分与婚生子女同。

判 义男女婿，无论所后之亲，或存或亡，得分受财产。（三年上字第三○四号）

判 立嗣后生子，应均分家产。（三年上字第五六八号）

判 酌给义男之财产，不受年龄之限制。（四年上字第一七六号）

判 义子酌分财产，不得均分。（四年上字第一五三四号）

判 义男女婿分产，须较少于子数均分之额。（七年上字第六一一号）

判 义子酌给财产，不能以普通赠与相绳。（八年上字第九八八号）

解 义子酌分财产，现行律定有明文。（十七年解字第一六三号）

第一千一百四十三条 无直系血亲卑亲属者，得以遗嘱就其财产之全部或一部，指定继承人。但以不违反关于特留分之规定时为限。

判 继产管理权在嗣子。（五年上字第一三七四号）

解 被继承人之遗产，已由嗣子继承，嗣子没无后，应为立嗣。被继承人之女，不得主张财产继承权。（二十年院字第四二六号）

第一千一百四十四条 配偶有相互继承遗产之权，其应继分，依下列各款定之：

一、与第一千一百三十八条所定第一顺序之继承人同为继承时，其应继分与他继承人平均；

二、与第一千一百三十八条所定第二顺序或第三顺序之继承人同为继承时，其应继分为遗产二分之一；

三、与第一千一百三十八条所定第四顺序之继承人同为继承时，其应继分为遗产三分之二；

四、无第一千一百三十八条所定第一顺序至第四顺序之继承人时，其应继分，为遗产全部。

判 妇人遗产，由夫承受管业。（三年上字第七号）

判 子孙遗有私财，而无子嗣者，由其妻承受。（三年上字第一一四〇号）

判 族人不能干涉守志妇之管理财产。（六年上字第二六号）

判 守志妇，得为未成年子请求分析遗产。（六年上字第二二二号）

判 守志妇，不得以遗产全部捐施。（七年上字第一〇四六号）

解 夫亡无子，守志之妇，不问有无私产，自得承受夫分。（十七年解字第九二号）

第一千一百四十五条 有下列各款情事之一者，丧失其继承权：

一、故意致被继承人或应继承人于死，或虽未致死，因而受刑之宣告者；

二、以诈欺或胁迫使被继承人为关于继承之遗嘱，或使其撤销或变更之者；

三、以诈欺或胁迫妨害被继承人为关于继承之遗嘱，或妨害其撤销或变更之者；

四、伪叛、变造、隐匿或湮灭被继承人关于继承之遗嘱者；

五、对于被继承人有重大之虐待，或侮辱情事经被继承人表示其不得继承者。

前项第二款至第四款之规定，如经被继承人宥恕者，其继承权不丧失。

判 废继子无要求酌分财产之权。（三年上字第五三〇号）

判 应继之人，若无嫌隙，即丧失其承继权。（四年上字第五五号）

判 继子被废，当然丧失其所承受之财产权。（四年上字第五八五号）

第一千一百四十六条 继承权被侵害者，被害人或其法定代理人得请求回复之。

前项回复请求权，自知悉被侵害之时起，二年间不行使而消灭。自继承开始时起逾十年者，亦同。

解 在民法继承编施行后，请求回复继承者，应分别情形，适用民法继承编施行法第三条、第四条及民法第一一四六条第二项之规定。（二十年院字第五二八号）

解 无继承权之女子，如于酌给范围外，多受遗产，其被侵害者，得于未失时效范围内，请求回复。（二十年院字第六〇一号）

第二章　遗产之继承

第一节　效力

第一千一百四十七条　继承，因被继承人死亡而开始。

判 承继开始不限于死亡，出家为僧，自可为开始承继之原因，为之立继。（七年上字第一二二二号）

判 继承开始，系在被继承人死亡之时，虽继承开始后，其应继财产在被侵害中，未能由继承人实行享受，要不能因此遂谓该财产之继承，尚未开始。（二十一年上字第五五号）

判 遗产继承，因被继承人死亡而开始。其继承在民法继承编施行前开始者，除施行法有特别规定外，不适用民法继承编之规定。（二十一年上字第四二六号）

判 财产继承之开始，应始于被继承人死亡之日。如被继承人死亡在该省隶属国民政府以前，则所有遗产，当然由其子承受，无论已否分析，在已嫁及未嫁女子，均无请求继承之权。（二十一年上字第一八二六号）

第一千一百四十八条　继承人自继承开始时，除本法另有规定外，承受被继承人财产上之一切权利义务。但权利义务专属于被继承人本身者，不在此限。

判 应继人于有效承继前，无处分继产之权。（三年上字第四五号）

判 赡产归设定养赡人，或其继承人收回。（三年上字第三二二号）

判 承继财产，由承继人承受，并得为正当之处分。（三年上字第七二六号）

判 赡产所有权，属养赡义务人。（三年上字第八三五号）

判 成年之子，有自行管理遗产之权。（四年上字第一七一〇号）

判　所继人不得为遗产全部之遗赠行为。（五年上字第一一一六号）

判　妇人应以故夫遗产为故夫偿债。（六年上字第七八四号）

判　遗产归子，不得由母独断处分。旁系尊亲属，更无擅代处分之权。（八年上字第八五号）

判　子自处分其所分得产业，不必得母同意。（十年上字第一三二号）

判　所继人处分家财，不得超过应留财产。（十年上字第七二二号）

解　妇人夫亡并无遗产，又无承继人者，对于夫债应负偿还责任。其曾向夫之债务人主张债权者，更不待论。（十一年统字第一七三七号）

解　在未颁布新法以前，父债子还，不以遗产范围为限。（十七年解字第二三〇号）

第一千一百四十九条　被继承人生前继续扶养之人应由亲属会议，依其所受扶养之程度及其他关系，酌给遗产。

判　重婚所娶妇女，未离其家者，应由承继人养赡。（三年上字第五号）

判　养赡义务不容限制及间断。（三年上字第三四八号）

判　尊亲属之妾及女，应由承继人养赡。（三年上字第三八五号）

判　相为依倚之族孙，亦得酌给财产。（三年上字第七七九号）

判　妾媵守志，应由家长后嗣养赡。（三年上字第一〇七八号）

判　妾须未失其身份，始能受养赡。（四年上字第二二八号）

判　承受夫分之妻，应养赡夫妾。（四年上字第九四〇号）

判　妾于家长故后，应由其承继人，或其他管理遗产人养赡。（四年上字第一六九一号）

判　妾媵于家长故后，应由管理遗产人养赡。（四年上字第一六九一号）

判　妾媵不能与家长妻子同居者，得请求制定养赡方法。（四年上字第二二九四号）

判　妾于家长故后，不容借故驱逐。（六年上字第八五二号）

判　家属对于家长之妾，应负养赡义务。（六年上字第九八一号）

判　义男女婿，酌分财产，应就承继财产总额，及相为依倚之情形定之。（七年上字第二八三号）

判　妾应与他家属同受相当之待遇。（七年上字第九二二号）

第一千一百五十条　关于遗产管理分割及执行遗嘱之费用，由遗产中支付之。但因继承人之过失而支付者，不在此限。

第一千一百五十一条　继承人有数人时，在分割遗产前，各继承人对于遗产全部为共同共有。

判　已经立嗣者，嗣母无自由处分继产之权。（三年上字第六五五号）

判　嗣母非经成年继子同意或追认，不得处分承继财产。（三年上字第七一六号）

判　共同承继营业之商店，与合伙无异。（三年上字第七五五号）

解　未分之家财，无论年代久远，均无禁止分析之理。（八年抗字第一一八号）

判　被继承人之母，于嗣子未定以前处分遗产，并无正当原因，遗产人之妾及义子，均得请求撤销。（十五年上字第五一〇号）

第一千一百五十二条　前条共同共有之遗产，得由继承人中互推一人管理之。

判　妾亦有管理遗产之权之时。（七年上字第一二二〇号）

判　男子出亡，生死不明，又无成年之子，其财产之管理权，依至当之条理，自应由其妇管理。无妇则属于直系尊属，无直系尊属则应由亲属会共同选定管理之人。惟出亡人之妇与直系尊属俱无，而亲属会又未经合法选定管理人时，则应由其他同居之亲属（不论男女）代为管理。若在同一管理顺位之人有数人者，除依各该管理权人之合意，或其家向来惯例专归一人管理外，应共同行使管理之权。（八年上字第一三六号）

判　失踪人之财产管理，许利害关系人告争。（八年上字第六七七号）

解　妇人于夫亡后被处和奸罪刑，除夫之直系尊亲属以为品行不检，请求宣告丧失管理财产权外，如夫家犹未脱离关系，则现行律上守志妇之权利，尚不丧失。（十年统字第一五二五号）

第一千一百五十三条　继承人对于被继承人债务，负连带责任。

继承人相互间对于被继承人之债务，除另有约定外，按其应继分比例负担之。

判　诸子已分析后，不能合其一子独偿父债之全部。（四年上字第二二一号）

判　承受遗产人，应负担遗产人之债务。（四年上字第二六九号）

判　子于其父债务，应分任偿还之责。（八年上字第一三一二号）

判　上告人迭次主张因置产所负之债务甚巨，如果属实，亦应提留相当财产以抵债务，或将债务连同产业平均分配。（十八年上字第二三四号）

解　女子既有财产继承权，对于被继承人之债务，如非为限定之承继时，应与其兄弟负连带责任。若其父母只此一女，则归其个人负责。（二十年院字第四〇五号）

第二节　限定之继承

第一千一百五十四条　继承人得限定以因继承所得之遗产，偿还被继承人之债务。

继承人有数人，其中一人主张为前项限定之继承时，其他继承人视为同为限定之继承。

为限定之继承者，其对于被继承人之权利义务，不因继承而消灭。

判　父之遗产，应先以遗产充清偿。（四年上字第一七〇三号）

第一千一百五十五条　依前条规定为限定之继承者，适用第一千一百五十六条至第一千一百六十三条之规定。

第一千一百五十六条　为限定之继承者应于继承开始时起，三个月内，开具遗产清册呈报法院。

前项三个月期限，法院因继承人之声请，认为必要时，得延展之。

第一千一百五十七条　继承人依前条规定呈报法院时，法院应依公示催告程序公告命被继承人之债权人于一定期限内，报明其债权。

前项一定期限，不得在三个月以下。

第一千一百五十八条　继承人在前条所定之一定期限内，不得对于被继承人之任何债权人，偿还债务。

第一千一百五十九条　在第一千一百五十七条所定之一定期限届满后，继承人对于在该一定期限内报明之债权，及继承人所已知之债权，均应按其数额，比例计算，以遗产分别偿还。但不得害及有优先权人之利益。

第一千一百六十条　继承人非依前条规定偿还债务后，不得对受遗赠人交付遗赠。

第一千一百六十一条　继承人违反第一千一百五十七条至第一千一百六十条之规定，致被继承人之债权人受有损害者，应负赔偿之责。

前项受有损害之人，对于不当受领之债权人或受遗赠人，得请求返还其不当受领之数额。

第一千一百六十二条　被继承人之债权人，不于第一千一百五十七条所定之一定期限内，报明其债权，而又为继承人所不知者，仅得就剩余遗产，行使其权利。

第一千一百六十三条　继承人中有下列各款情事之一者，不得主张第一千一百五十四条所定之利益：

一、隐匿遗产；

二、在遗产清册为虚伪之记载；

三、意图诈害被继承人之债权人之权利，而为遗产之处分。

第三节　遗产之分割

第一千一百六十四条　继承人得随时请求分割遗产。但法律另有规定，或契约另有订定者，不在此限。

判　合承夫分之妇人，得代继子主张分析。（四年上字第五六七号）

判　祖父母、父母在，如果许令分析，不在禁止之列。（五年上字第七二号）

判　分产后已经合并，则此后分析，自应一并重分。（五年上字第九八二号）

判　居父母丧，奉有遗命，或经父或母允许者，均得分产。（六年上字第一一〇〇号）

判　以自己劳力所得财产，不能强其分析。（十一年上字第三〇六号）

第一千一百六十五条　被继承人之遗嘱，定有分割遗产之方法，或托他人代定者，从其所定。

遗嘱禁止遗产之分割者，其禁止之效力以二十年为限。

判　分析家财，不专以分书为证。（三年上字第一六九号）

判　分书无一定式。（三年上字第八七〇号）

判　隐匿未分之财产，不在不许重分之列。（四年上字第二六七号）

判　分产非要式行为。（四年上字第四九四号）

判　合意重分家产，并非无效。（四年上字第一五九六号）

判　族亲在场，非分单之要件。（四年上字第二〇六四号）

判　受遗人协议处分承继之产，非当然无效。（五年上字第三六三号）

判　分析遗漏之部分，得以再分。（七年上字第一〇三七号）

第一千一百六十六条　胎儿为继承人时，非保留其应继承分，他继承人不得分割遗产。

胎儿关于遗产之分割，以其母为代理人。

第一千一百六十七条　遗产之分割，溯及继承开始时发生效力。

第一千一百六十八条　遗产分割后，各继承人按其所得部分，对于他继承人因分割而得之遗产，负与出卖人同一之担保责任。

第一千一百六十九条　遗产分割后，各继承人按其所得部分，对于他继承人因分割而得之债权，就遗产分割时债务人之支付能力，负担保之责。

前项债权，附有停止条件，或未届清偿期者，各继承人就应清偿时债务人之支付能力，负担保之责。

第一千一百七十条　依前二条规定负担保责任之继承人中，有无支付能力不能偿还其分担额者，其不能偿还之部分，由有请求权之继承人与他继承人，按其所得部分，比例分担之。但其不能偿还，系由有请求权人之过失所致者，不得对于他继承人，请求分担。

第一千一百七十一条　遗产分割后，其未清偿之被继承人之债务，移归一定之人承受，或划归各继承人分担。如经债权人同意者，各继承人免除连带责任。

继承人之连带责任自遗产分割时起，如债权清偿期在遗产分割后者，自清偿期届满时起，经过五年而免除。

判　子于其父生前所负债务，应分任偿还之责。如诸子间缔结契约将其应行分任之债务拨归其子一人负担者，依债务承任之法则，非经债权人同意不生对抗之效力。（十八年上字第一〇三号）

第一千一百七十二条　继承人中如对于被继承人负有债务者，于遗产分割时，应按其债务数额，由该继承人之应继分内扣还。

第一千一百七十三条　继承人中有在继承开始前因结婚分居或营业已从被继承人受有财产之赠与者，应将该赠与价额加入继承开始时被继承人所有之财产中，为应继遗产。但被继承人于赠与时有反对之意思表示者，不在此限。

前项赠与价额，应于遗产分割时，由该继承人之应继分中扣除。

赠与价额依赠与时之价值计算。

判　《已嫁女子追溯继承财产施行细则》已因民法继承编及其施行法之施行而失效，如被继承人死亡于民法继承编施行之后，当然适用民法。至其析产之分券即系属实，被继承人于分券上署名画押之当时，是否在精种病态之中，固应查明。纵或为其精神病间断之时，而其所为此项析产行为，是否属于民法第一千一百七十三条之情形，亦应注意。（二十一年上字第五六八号）

解　特留分之规定，仅系限制遗产人处分其死后之遗产，若当事人处分其生前之财产，自应遵重当事人本人之意思。故关于当事人生前赠与其继承人之财产，其赠与原因若非民法第一百一十三条所列举者，固不得算入应继遗产中，即为该条所列举者，如赠与人明有不得算入应继遗产之表示，自应适用民法第一千一百七十三条但书之规定。（二十一年院字第七四三号）

判　特留分，为遗赠财产时所设之规定。如有所有权人在生时，将全部家产分归各子承受，或承继者，应视为分别赠与，并非遗赠，不生特留与否之问题。（二十一年上字第七二四号）

第四节　继承之抛弃

第一千一百七十四条　继承人得抛弃其继承权。

前项抛弃，应于知悉其得继承之时起二个月内，以书面向法院、亲属会议或其他继承人为之。

判　查抛弃承继权之说，只可就被继承人已立他人为嗣，而有承继权之人久不告争，或有承继权人于被承继人未经开始承继以前，早已表示不愿出继者言之。若被承继人自始并未立何人为嗣，而有承继权人亦未

表示不愿出继，则即无承继权抛弃之可言。（十四年上字第一二〇一号）

判　有权立嗣者所立之嗣虽属违法，亦非当然无效。倘有告争权人对于违法立嗣未经提起确认无效或撤销之诉得有确定判决者，即应认为承继权已经抛弃，不得再行告争。（十七年上字第一〇一五号）

解　遗产继承权不待继承开始而发生在继承编施行前抛弃其应继分者，如已向利害关系人表示，即应生效。惟施行后即须依照民法所规定之各方式为之，方能生效。（二十一年院字第七四四号）

第一千一百七十五条　继承之抛弃，溯及于继承开始时发生效力。

判　抛弃承继权者，不能告争承继。（五年上字第九五六号）

第一千一百七十六条　法定继承人中有抛弃继承权者，其应继分，归属于其他同一顺序之继承人。同一顺序之继承人均抛弃其继承权时，准用关于无人承认继承之规定。

指定继承人抛弃继承权者，其指定继承部分归属于法定继承人。

判　被继人不得舍弃承继，处分全财产。（八年上字第七三七号）

第五节　无人承认之继承

第一千一百七十七条　继承开始时继承人之有无不明者，由亲属会议选定遗产管理人。

判　无管理遗产人时，则立嗣前遗产，应由亲族共同管理。（四年上字第三三二号）

判　亲属公选之遗产管理人，得由共同撤销。（四年上字第一四五七号）

判　养子于立继前，得管理遗产。（四年上字第二四三二号）

判　失踪人之财产，得由族人派人经管，并为立继。（四年上字第二四五七号）

解　不合宣告死亡条件者，其财产只能选定管理人，暂为保存行为。（十年统字第一五八五号）

第一千一百七十八条　亲属会议选定遗产管理人后，应将继承开始及选定管理人之事由，呈报法院。法院应依公示催告程序，公告继承人，命其于一定期限内承认继承。

前项一定期限，应在一年以上。

判　亲族公共管产，应于择定继嗣后，即应如数交出，由其承继人管业。（三年上字第七七〇号）

第一千一百七十九条　遗产管理人之职务如下：

一、编制遗产清册；

二、为保存遗产必要之处置；

三、声请法院依公示催告程序，限定一年以上之期间，公告被继承人之债权人及受遗赠人，命其于该期间内报明债权，及为愿受遗赠与否之声明，被继承人之债权人及受遗赠人为管理人所已知者，应分别通知之；

四、清偿债权或交付遗赠物；

五、有继承人承认继承或遗产归属国库时，为遗产之移交。

前项第一款所定之遗产清册，管理人应于就职后三个月内编制之。第四款所定债权之清偿，应先于遗赠物之交付，为清偿债权或交付遗赠物之必要，管理人经亲属会议之同意得变卖遗产。

判　亲族共同管理遗产，或公推一人管理时，均不得私擅处分。（三年上字第五八九号）

第一千一百八十条　遗产管理人，因亲属会议，被继承人之债权人，或受遗赠人之请求，应报告或说明遗产之状况。

第一千一百八十一条　被继承人之债权人或受遗赠人，非于第一千一百七十九条第一项第三款所定期间届满后，不得请求清偿债权，或交付遗赠物。

第一千一百八十二条　被继承人之债权人或受遗赠人，不于第一千一百七十九条第一项第三款所定期间内为报明或声明者，仅得就剩余遗产行使其权利。

第一千一百八十三条　遗产管理人，得请求报酬，其数额由亲属会议按其劳力及其与被继承人之关系酌定之。

第一千一百八十四条　第一千一百七十八条所定之期限内，有继承人承认继承时，遗产管理人在继承人承认继承前所为之职务上行为视为继承人之代理。

第一千一百八十五条　第一千一百七十八条所定之期限届满，无继承人承认继承时，其遗产于清偿债权，并交付遗赠物后，如有剩余归属国库。

判　户绝财产又无亲女者，归国库。（三年上字第三八六号）

判　绝产无亲女承受，应归国库，但债权人得直接就财产受偿。（三年上字第三八六号）

判　无承断人之遗产，不得以亲族资格剖分。（三年上字第五八九号）

解　孀妇无子招夫入赘，不得承继夫分。绝户财产，果无族人可以立嗣，由亲女承受。无女者，听地方官详准充公。（十八年院字第一二九号）

解　前武汉中央国府联席会议，关于财产承继问题之决议案，暂不适用。（十八年院字第一二九号）

解　在民法继承编施行前之户绝财产，酌拨充公。应由市、县长拟具办法，详明省政府或行政院酌定，或径请省政府或行政院酌定办法。（三十年院字第五七五号）

解　户绝财产，即民法继承编第五节所谓无人承继之财产，关于管理公告及除权各问题，均已分别规定，非由管理人呈经法院依法处理后不得收归国库。如第三人径行请求提充地方公益用途，或误由行政官署处理者，均难认为合法。（二十一年院字第八二五号）

第三章　遗嘱

第一节　通则

第一千一百八十六条　无行为能力人，不得为遗嘱。

限制行为能力人，无须经法定代理人之允许，得为遗嘱。但未满十六岁者，不得为遗嘱。

第一千一百八十七条　遗嘱人于不违反关于特留分规定之范围内，得以遗嘱自由处分遗产。

判　家长得遗赠相当财产于妾。（十年上字第五三九号）

第一千一百八十八条　第一千一百四十五条丧失继承权之规定，于受遗赠人准用之。

第二节 方式

第一千一百八十九条 遗嘱应依下列方式之一为之：

一、自书遗嘱；

二、公证遗嘱；

三、密封遗嘱；

四、代笔遗嘱；

五、口授遗嘱。

判 遗嘱必须出于遗嘱人之真意。（四年上字第八二七号）

判 遗嘱不须本人亲自书立。（四年上字第一七二四号）

判 遗嘱形式，无何等限制。（四年上字第一七九一号）

判 遗言非经证明确系存在者，自不生效。（六年上字第一八一号）

第一千一百九十条 自书遗嘱者，应自书遗嘱全文，记明年、月、日，并亲自签名。如有增减涂改，应注明增减涂改之处所及字数，另行签名。

第一千一百九十一条 公证遗嘱，应指定一人以上之见证人，在公证人前口述遗嘱意旨，由公证人笔记、宣读、讲解，经遗嘱人认可后，记明年、月、日，由公证人、见证人及遗嘱人同行签名。遗嘱人不能签名者，由公证人将其事由记明，使按指印代之。

前项所定公证人之职务，在无公证人之地，得由法院书记官行之。侨民在中华民国领事驻在地为遗嘱时，得由领事行之。

第一千一百九十二条 密封遗嘱，应于遗嘱上签名后，将其密封，于封缝处签名，指定二人以上之见证人，向公证人提出，陈述其为自己之遗嘱。如非本人自写，并陈述缮写人之姓名、住所，由公证人于封面记明该遗嘱提出之年、月、日，及遗嘱人所为之陈述，与遗嘱人及见证人同行签名。

前条第二项之规定，于前项情形准用之。

第一千一百九十三条 密封遗嘱，不具备前条所定之方式，而具备第一千一百九十条所定自书遗嘱之方式者，有自书遗嘱之效力。

第一千一百九十四条 代笔遗嘱，由遗嘱人指定三人以上之见证人，由遗嘱人口述遗嘱意旨，使见证人中之一人笔记、宣读、讲解，经遗嘱人认可后，记明年、月、日，及代笔人之姓名，由见证人全体及遗嘱人同行签名。遗嘱人不能签名者，应按指印代之。

第一千一百九十五条　遗嘱人因生命危急，或其他特殊情形，不能依其他方式为遗嘱者，得为口授遗嘱。

口授遗嘱，应由遗嘱人指定二人以上之见证人口授遗嘱意旨，由见证人中之一人，将该遗嘱意旨，据实作成笔记，并记明年、月、日，与其他见证人同行签名。

判　遗嘱不能以未经遗嘱人签押，指为无效。（六年上字第六八六号）

第一千一百九十六条　口授遗嘱，自遗嘱人能以其他方式为遗嘱之时起，经过一个月而失其效力。

第一千一百九十七条　口授遗嘱，应由见证人中之一人或利害关系人，于为遗嘱人亡故后三个月内，提经亲属会议认定其真伪。对于亲属会议之认定如有异议，得声请法院判定之。

第一千一百九十八条　下列之人，不得为遗嘱见证人：

一、未成年人；

二、禁治产人；

三、继承人及其配偶，或其直系血亲；

四、受遗赠人及其配偶，或其直系血亲，

五、为公证人或代行公证职务人之同居人、助理人或受雇人。

第三节　效力

第一千一百九十九条　遗嘱，自遗嘱人死亡时，发生效力。

判　遗嘱应于遗嘱人死后生效。（四年上字第一七九一号）

判　遗赠于遗赠人死后生效。（四年上字第一八五〇号）

第一千二百条　遗嘱所定遗赠，附有停止条件者，自条件成就时，发生效力。

第一千二百零一条　受遗嘱人于遗嘱发生效力前死亡者，其遗赠不生效力。

第一千二百零二条　遗嘱人以一定之财产为遗赠，而其财产在继承开始时，有一部分不属于遗产者，其一部分遗赠为无效。全部不属于遗产者，其全部遗赠为无效。但遗嘱另有意思表示者，从其意思。

判　遗赠不以书据为要件。（四年上字第四一九号）

第一千二百零三条　遗嘱人因遗赠物灭失、毁损、变造或丧失物之占有，而对于他人取得权利时，推定以其权利为遗赠。因遗赠物与他物附合或混合而对于所附合或混合之物，取得权利时亦同。

第一千二百零四条　以遗产之使用收益为遗赠，而遗嘱未定返还期限，并不能依遗赠之性质，定其期限者，以受遗赠人之终身为其期限。

第一千二百零五条　遗赠附有义务者，受遗赠人以其所受利益为限，负履行之责。

第一千二百零六条　受遗赠人在遗嘱人死亡后，得抛弃遗赠。

遗赠之抛弃溯及遗嘱人死亡时，发生效力。

第一千二百零七条　继承人或其他利害关系人，得定相当期限，请求受遗赠人于期限内，为承认遗赠与否之表示。期限届满尚无表示者，视为承认遗赠。

第一千二百零八条　遗赠无效或抛弃时，其遗赠之财产仍属于继承人。

第四节　执行

第一千二百零九条　遗嘱人得以遗嘱指定遗嘱执行人，或委托他人指定之。

受前项委托者，应即指定遗嘱执行人，并通知继承人。

判　母执行父之遗命处分财产者，自属有效。（三年上字第六六九号）

判　遗命托孤，可认为发生权义关系之渊源。（三年上字第八五〇号）

判　遗产管理权，得由夫授与他人。（六年上字第一四一七号）

判　遗产管理权人，有以遗嘱指定者，妻不能否认。（六年上字第一四一七号）

第一千二百一十条　未成年人及禁治产人，不得为遗嘱执行人。

第一千二百一十一条　遗嘱未指定遗嘱执行人，并未委托他人指定者，得由亲属会议选定之。不能由亲属会议选定时，得由利害关系人声请法院指定之。

判 执行遗嘱，除遗言人已指定执行之人外，自愿由现实管理遗产而对于遗嘱无直接利害关系之人为之。若犹有不当，始由审判衙门依法选任。是故无指定选定之遗嘱执行人时，由遗嘱人之妻，管理遗产，以执行遗嘱者不为违法。（三年上字第六六九号）

判 妾生子之财产，若嫡母不适于管理时，得另指定管理人。（十年上字第四四九号）

第一千二百一十二条 遗嘱保管人，知有继承开始之事实时，应即将遗嘱提示于亲属会议。无保管人而由继承人发现遗嘱者，亦同。

第一千二百一十三条 密封遗嘱，非在亲属会议当场，不得开视。

第一千二百一十四条 遗嘱执行人就职后，于遗嘱有关之财产，如有编制清册之必要时，应即编制遗产清册，交付继承人。

第一千二百一十五条 遗嘱执行人有管理遗产并为执行上必要行为之职务。

遗嘱执行人因前项职务所为之行为，视为继承人之代理。

第一千二百一十六条 继承人于遗嘱执行人执行职务中，不得处分与遗嘱有关之遗产，并不得妨碍其职务之执行。

第一千二百一十七条 遗嘱执行人有数人时，其执行职务，以过半数决之。但遗嘱另有意思表示者，从其意思。

第一千二百一十八条 遗嘱执行人怠于执行职务，或有其他重大事由时，利害关系人得请求亲属会议改选他人。其由法院指定者，得声请法院另行指定。

第五节 撤销

第一千二百一十九条 遗嘱人得随时依其遗嘱之方式，撤销遗嘱之全部或一部。

第一千二百二十条 前后遗嘱有相抵触者，其抵触之部分，前遗嘱视为撤销。

第一千二百二十一条 遗嘱人于为遗嘱后所为之行为与遗嘱有相抵

触者，其抵触部分，遗嘱视为撤销。

第一千二百二十二条 遗嘱人故意破毁或涂销遗嘱，或在遗嘱上记明废弃之意思者，其遗嘱视为撤销。

第六节 特留分

第一千二百二十三条 继承人之特留分，依下列各款之规定：

一、直系血亲卑亲属之特留分，为其应继分二分之一；

二、父母之特留分，为其应继分二分之一；

三、配偶之特留分，为其应继分二分之一；

四、兄弟、姊妹之特留分，为其应继分三分之一；

五、祖父母之特留分，为其应继分三分之一。

判 遗产之给与亲女，不得超过嗣子所应承受之额数，且不得害及嗣子生计。（五年上字第六六一号）

解 女子未嫁分受之产，为个人私产。若父母俱亡，并无同父兄弟，应酌留祀产，及嗣子应继之分。如出嫁欲迁往夫家，除妆奁必需外，须得父母许可，及兄弟或嗣子，及未成年之监护人，或亲族会同意。（十七年解字第九二号）

解 绝户财产，无论已嫁未嫁之亲女，有全部承继权。但仍须酌留祀产，并担负其父母应负义务。（十七年解字第九二号）

解 被夫遗弃，留养母家，得父母许可，仍得与兄弟分受遗产。（十七年解字第九二号）

解 女子承继财产，在未嫁前已有嗣子，固应与之平分。即未立嗣，亦应酌留其应继之分。（十七年解字第一六三号）

解 抚养异姓子以乱宗，及招夫生子，仍从母姓，以续后嗣，均为法所不许。（十七年解字第一六三号）

判 特留分为遗赠财产时所设之规定。如有所有权人在生时，将全部家产分归各子承受，或承继者，应视为分别赠与，并非遗赠，不生特留与否之问题。（二十一年上字第七二四号）

第一千二百二十四条 特留分，由依第一千一百七十三条算定之应继财产中，除去债务额，算定之。

第一千二百二十五条　应得特留分之人，如因被继承人所为之遗赠，致其应得之数不足者，得按其不足之数由遗赠财产扣减之。受遗赠人有数人时，应按其所得遗赠价额比例扣减。

补　遗

第一千一百三十八条

△判　女子根据《第二次全国代表大会妇女运动决议案》，应不分已嫁未嫁，与男子有同等财产继承权，业经司法院召集统一解释法令及变更判例会议，从新解释，并经本年第一八一次中央执行委员会政治会议议决。此项新解释，应追溯及于第二次全国代表大会决议案，经前司法行政委员会通令各省到达之日，尚未隶属国民政府者，则溯及隶属之日，发生效力。（十八年上字第二七一五号）

△判　现行法令女子有继承财产之权，与宗祧继承无关。（十九年上字第一五〇一号）

△判　财产继承，以被继承人死亡时开始。除关于母之独有财产外，被继承人系指父而言。如果继承开始在该省隶属于国民政府以前，而所有财产，已由其男子继承取得，依当时法令，女子未有继承财产权，则无论其财产分析与否，已嫁与未嫁女子，均不得主张与子分析。（二十年上字第三四七号）

△判　财产继承之开始，应始于被继承人死亡之日。倘被继承人于民国十五年十月国民政府通令各省施行《女子有财产继承权议决案》以前，或在该通令施行后隶属国民政府各省，于各该省隶属国民政府以前，已经死亡，则其遗产，已由男子继承取得，女子于该议决案生效力以后，自不得对其兄弟已承受之财产，为享有继承权之主张。（二十年上字第二一〇四号）

▲判　在民法继承编施行前出继他宗之子，对于其本生父之遗产，无继承权。（二十一年上字第四五一号）

解　民法不采用宗祧继承，继承开始在亲属编施行后者，即不生立嗣问题。（二十一年院字第七六八号）

判 继承开始在民法继承编施行后，关于被继承人之遗产，应依继承编之规定定其继承人。若被继承人无直系血亲卑亲属，其亲属仍依继承编施行前之惯例为之立嗣，在现行法令虽无禁止明文，惟其所立之嗣子，究非继承编所定之遗产继承人。且依现行法令并无应为立嗣之规定，故继承开始在民法继承编施行以后，其被继承人之亲属，若仍以应为立嗣，或立嗣不依顺序及其所立嗣子应得遗产为告争，于法即属无据。（二十二年上字第二四六号）

△**判** 现行民法虽不认妾之制度，但依民法第一千零六十五条第二项之规定，妾与其所生子女之关系，视为母与婚生子女之关系。妾对所生子之遗产，自系民法第一千一百三十八条所定第二顺序之继承人。（二十二年上字第一七二七号）

判 （三）死亡在继承编施行后者，其妻或其直系尊亲属若仍为立嗣以承宗祧，现行法规虽无禁止明文，但关于遗产之继承，仍应依继承编定其继承人。（二十二年上字第一八一九号）

判 （二）现行民法关于宗祧继承虽无规定，但选立嗣子原属当事人之自由，亦未加以禁止。故继承开始在民法继承编施行后者，如因被继承人无直系血亲卑亲属，或因被继承人之遗嘱，或由其亲属个人或多数之意见，仍依吾国旧例为立嗣子，其立嗣约之当事人间苟已互相表示意思一致，依契约自由之原则，不得谓其嗣约为不成立。惟关于遗产之继承，除嗣子系在民法亲属编施行前为被继承人生前所立，依民法继承编施行法之规定，得与民法继承编所定之婚生子女之继承遗产同其顺序及应继分外，倘被继承人未以遗嘱指定其为财产全部或一部之继承人，该嗣子即不得援据民法继承编施行前之惯例，为应继承遗产之主张。（二十二年上字第一八七三号）

解 民法第一千一百三十八条第三款兄弟、姊妹，系指同父母之兄弟、姊妹而言。（二十二年院字第八九八号）

解 血亲无内外之别，外祖父母即为民法第一千一百三十八条第四顺序之祖父母。（二十二年院字第八九八号）

判 （一）继承开始在民法继承编施行后，关于被继承人之遗产，应依民法继承编定其继承人。（二十三年上字第一九八五号）

判　养子女与养父母之关系，原则上虽与婚生子女同，然究非直系血亲之亲属，故其得与婚生子女同其关系者，亦仅以法文上所明定养子女与养父母间为限。若养子女对于养父母之父母、子女、兄弟等亲属，究不能视与婚生子女对于其生父母之父母、子女、兄弟等亲属一概从同。盖养子女以及养子女所生之子女，原非法律规定之直系血亲卑亲属，则所谓代位继承权，自非养子女之子女所得援例继承。（二十三年上字第三二三七号）

判　代位继承，只以第一千一百三十八条所定第一顺序即继承人之直系血亲卑亲属为限。其第三顺序之兄弟、姊妹之直系血亲卑亲属，并无代位继承之权。（二十三年上字第三九〇六号）

判　失踪人失踪后，未受死亡宣告前，其财产之管理，依《非讼事件法》之规定，此为民法所明定。惟现时《非讼事件法》既尚未制定施行，则关于失踪人财产之管理，自应依习惯或条理定之。而失踪人如有已成年之直系血亲卑亲属，则无论依习惯或条理，均应认为适当之财产管理人。此项财产管理人，自应视同法律上代理人，无俟失踪人之委任，而有代失踪人为一切诉讼行为之权。（二十三年抗字第一三七〇号）

判　（三）被继承人无直系血亲卑亲属，又无父母者，应以被继承人之兄弟、姊妹，为其遗产继承人。至被继承人之亲属，在继承编施行后，仍依吾国惯例，为之择立嗣子，以承其宗祧。按之现行法例，虽无禁止明文，但此嗣子，并非继承编所定之遗产继承人，自不得继承该被继承人之遗产。（二十四年上字第一四三六号）

判　配偶，有相互继承遗产之权。如被承继人有直系血亲卑亲属，则其遗产，应由其配偶与其直系血亲卑亲属平均继承。（二十四年上字第二八九二号）

解　民法第一千一百四十条所谓代位继承其应继分者，以被继承人之直系血亲为限。养子女之子女，对于养子女之养父母，既非直系血亲卑亲属，当然不得适用该条之规定。（二十四年院字第一三八二号）

▲**判**　父所娶之后妻，旧时虽称为继母，而在民法上则不认有母与子女之关系。民法第一千一百三十八条第二款所称之母，自不包含父所娶之后妻在内。（二十六年渝上字第六〇八号）

解 （一）民法继承编施行前夫亡无子，如尚有其他可继之人，而其妻未为择立者，于该编施行后依其施行法第八条规定，仍应为之立嗣以继承其遗产。（参照院字第七六二号、第七六八号、第七七七号解释）至妻在当时原无遗产继承权，不能因其延至民法继承编施行后尚未代夫立嗣，而适用民法继承编之规定，以妻为夫之遗产继承人。（二十八年院字第一九二七号）

▲判 遗产继承人资格之有无，应以继承开始时为决定之标准，依民法第一千一百四十七条之规定，继承因被继承人死亡而开始。故被继承人之子女于被继承人死亡时，尚生存者，虽于被继承人死亡后即行夭亡，仍不失为民法第一千一百三十八条所定第一顺序之遗产继承人，自不得谓之无遗产继承权。（二十九年上字第四五四号）

解 嗣子与其所后父母，依民法亲属编施行法第九条之规定，既有与婚生子女与其父母同一之亲属关系，则与其所后父母之他子女，当然有与兄弟、姊妹同一之亲属关系。故嗣子与其所后父母之他子女，亦不失为民法第一千一百三十八条第三款所称之兄弟、姊妹。至院字第七三五号解释，不过谓同父异母或同母异父之兄弟、姊妹，均为民法第一千一百三十八条第三款同一顺序之继承人。院字第八九八号解释，亦不过谓民法第一千一百三十八条所谓兄弟、姊妹，系指同父母之兄弟、姊妹而言，同祖父母之兄弟、姊妹不包含在内，均非含有嗣子与其所后父母之他子女，非属兄弟、姊妹之意义。（二十九年院字第二〇三七号）

解 僧死亡时所遗私产，以何人为其继承人，现行法上尚无特别规定，自应依民法第一千一百三十八条所列顺序定之。其徒如无同条所列之身份，亦非为其以遗嘱指定之继承人者，无遗产继承权。（三十二年院字第二五一八号）

解 养子女为被继承人时，以其养方之父母、兄弟、姊妹、祖父母，为民法第一千一百三十八条所定第二至第四顺序之遗产继承人。（三十二年院字第二五六〇号）

解 （三）孀妇于夫故多年后所生子女，经其生父认领者，依民法第一千零六十五条第一项前段之规定，视为生父之婚生子女。经其生父抚育者，依同条项后段之规定，视为认领。经其生父认领后，依民法第一千零五十九条第一项之规定，从其生父之姓。在未经其生父认领前，与其生父既无父与子女之亲属关系，而与其生母之关系，则依民法第一千零六十五条第二项之规定，视为婚生子女，无须认领，由民法第一千零五十九条之本旨推之，自应解为从母姓。至孀妇以其故夫无子，将其于夫故多年后所生之子立为故夫嗣子，自非合法，惟其故夫如死亡于民法继承编施行之后，遗产已由该孀妇继承者，其于夫故多年后所生子女，自得继承其母之遗产。（三十三年院字第二七七三号）

解　祖母与其孙之血亲关系，并不因其改嫁而消灭。如其孙死亡在民法继承编施行后，而无民法第一千一百三十八条第一款至第三款之继承人者，依同条第四款之规定，自有继承其孙遗产之权。（三十四年院字第二八二四号）

解　男子入赘，与其直系血亲尊亲属及其兄弟、姊妹之亲属关系，并无影响。其直系血亲尊亲属或兄弟、姊妹死亡时，自系民法第一千一百三十八条所定第一或第三顺序之遗产继承人。入赘之男子死亡时，其父母或祖父母，亦为同条所定第二或第四顺序之遗产继承人。至依民法继承编施行前之法规为他人之嗣子，或依民法为他人之养子者，与其本生之直系或旁系血亲相互间并无遗产继承权。（三十六年院解字第三三三四号）

第一千一百三十九条

判　继承开始在民法继承编施行后，关于被继承人之遗产，应依继承编之规定定其继承人。若被继承人无直系血亲卑亲属，其亲属仍依继承编施行前之惯例为之立嗣，在现行法令虽无禁止明文，惟其所立之嗣子，究非继承编所定之遗产继承人。且依现行法令并无应为立嗣之规定，故继承开始在民法继承编施行以后，其被继承人之亲属，若仍以应为立嗣，或立嗣不依顺序及其所立嗣子应得遗产为告争，于法即属无据。（二十二年上字第二四六号）

第一千一百四十条

解　寡媳其养子女，依民法第一一四〇条无代位继承其翁、姑遗产之权，但得酌给遗产。（二十二年院字第八五一号）

判　养子女与养父母之关系，原则上虽与婚生子女同，然究非直系血亲之亲属，故其得与婚生子女同其关系者，亦仅以法文上所明定养子女与养父母间为限。若养子女对于养父母之父母、子女、兄弟等亲属，究不能视与婚生子女对于其生父母之父母、子女、兄弟等亲属一概从同。盖养子女以及养子女所生之子女，原非法律规定之直系血亲卑亲属，则所谓代位继承权，自非养子女之子女所得援例继承。（二十三年上字第三二三七号）

判 代位继承，只以第一千一百三十八条所定第一顺序即继承人之直系血亲卑亲属为限。其第三顺序之兄弟、姊妹之直系血亲卑亲属，并无代位继承之权。（二十三年上字第三九〇六号）

解 凡继承开始在民法继承编施行后，如民法第一千一百三十八条所定第一顺序之继承人有于继承开始前死亡者，不问其死亡在于何时，其直系血亲卑亲属，均得依同法第一千一百四十条代位继承其应继分。（二十三年院字第一〇五一号）

解 民法第一千一百四十条所谓代位继承其应继分者，以被继承人之直系血亲为限。养子女之子女，对于养子女之养父母，既非直系血亲卑亲属，当然不得适用该条之规定。（二十四年院字第一三八二号）

▲**判** 民法第一千一百三十八条所定第一顺序之继承人，有于继承开始前死亡者，依同法第一千一百四十条之规定，仅其直系血亲卑亲属得代位继承其应继分，其母并无代位继承之权。（二十六年鄂上字第四二七号）

解 民法继承编施行前所立之嗣子女，对于施行后开始之继承，其继承顺序及应继分与婚生子女同，为民法继承编施行法第七条所明定，法律上对其与嗣父同一亲属关系之嗣母（民法亲属编施行法第九条），并未限制其代位继承。来呈所称已嫁之女，先于其父而死亡，其父之继承开始，在该编施行之后，依民法第一千一百四十条，自应由其嗣子代位继承其应继分。（二十九年院字第二〇四八号）

解 因前婚姻关系消灭而再婚者，依民法第一千一百四十四条，虽有继承其后配偶遗产之权，然于后配偶之继承开始前死亡或丧失继承权者，民法既无由其与前配偶所生子女代位继承其应继分之规定，民法第一千一百四十条所定被继承人直系血亲卑亲属之代位继承，又无同一或类似之法律理由，可以类推适用，其与前配偶所生子女，自不得代位继承其应继分。至其与前配偶所生子女，如由后配偶收养为子女者，固应依民法第一千一百四十二条规定办理。但是否为后配偶之养子女，应以有无收养行为为断，不得谓其与前配偶所生子女，当然为后配偶之养子女，认其有继承权。（三十三年院字第二六五九号）

第一千一百四十一条

▲判　父在生前以其所有财产分给诸子，系属赠与性质。诸子间受赠财产之多寡，父得自由定之，此与继承开始后诸子按其应继分继承遗产者不同。故赠与诸子财产之数量纵有不均，受赠较少之子，亦不得请求其父均分。（二十二年上字第一五九五号）

判　（一）同一顺序之继承人有数人时，按人数平均继承。（二十三年上字第二○八○号）

第一千一百四十二条

判　养子女之得继承财产，系根据于民法第一千一百四十二条之规定。若继承开始在民法继承编施行前者，依该编施行法第一条自无适用之余地，即民法继承编施行前，各省隶属于国民政府之日期后所发生之女子继承权，依继承编施行法第二条所谓直系血亲尊亲属之一语，亦只以亲生女为限。（二十二年上字第五八七号）

▲判　养父母之继承在民法继承编施行后开始者，虽系该编施行前所收养之女，依民法亲属编施行法第十一条及民法第一千一百四十二条第一项之规定，其继承顺序亦与婚生子女同。（二十二年上字第二五○六号）

解　祭产系共同共有性质，遗产中提出之祭产，非养子女所应继承。其轮值继产，如共同共有人承认，始得轮值。（二十二年院字第八九五号）

解　因前婚姻关系消灭而再婚者，依民法第一千一百四十四条，虽有继承其后配偶遗产之权，然于后配偶之继承开始前死亡或丧失继承权者，民法既无由其与前配偶所生子女代位继承其应继分之规定，民法第一千一百四十条所定被继承人直系血亲卑亲属之代位继承，又无同一或类似之法律理由，可以类推适用，其与前配偶所生子女，自不得代位继承其应继分。至其与前配偶所生子女，如由后配偶收养为子女者，固应依民法第一千一百四十二条规定办理。但是否为后配偶之养子女，应以有无收养行为为断，不得谓其与前配偶所生子女，当然为后配偶之养子

女，认其有继承权。（三十三年院字第二六五九号）

第一千一百四十三条

解 继承开始在继承编施行后者，除指定继承人因权利被侵害得诉争外，其他亲属不得更以立嗣告争。（二十一年院字第七七〇号）

解 继承开始在继承编施行后者，如有借宗祧以争遗产，应专就遗产部分审判。（二十一年院字第七八〇号）

▲判 被继承人虽无直系血亲卑亲属，亦仅其本人得以遗嘱就其财产之全部或一部指定继承人，不得由亲属会议或法院代为指定。（二十二年上字第五二〇号）

判 （二）现行民法关于宗祧继承虽无规定，但选立嗣子，原属当事人之自由，亦未加以禁止。故继承开始在民法继承编施行后者，如因被继承人无直系血亲卑亲属或因被继承人之遗嘱，或由其亲属个人或多数之意见，仍依吾国旧例为立嗣子，其立嗣约之当事人间苟已互相表示意思一致，依契约自由之原则，不得谓其嗣约为不成立。惟关于遗产之继承，除嗣子系在民法亲属编施行前为被继承人生前所立，依民法继承编施行法之规定，得与民法继承编所定之婚生子女之继承遗产同其顺序及应继分外，倘被继承人未以遗嘱指定其为财产全部或一部之继承人，该嗣子即不得援据民法继承编施行前之惯例，为应继承遗产之主张。（二十二年上字第一八七三号）

▲判 被继承人无直系血亲卑亲属者，始得以遗嘱就其财产之全部或一部指定继承人。若本有直系血亲卑亲属者，不在准许指定继承人之列。（二十二年上字第三六〇〇号）

第一千一百四十四条

解 配偶之一方已继承他方遗产后，再嫁或再娶与既得权无何影响。（二十一年院字第七八〇号）

解 在民法施行前，妻无继承夫之遗产权，所提留赡产，如赠与其数子中之一人，未得他子同意，自不生效。（二十一年院字第八二〇号）

解 妻依民法第一千一百四十四条继承夫之遗产，带产出嫁，并无何种限制。（二十二年院字第八五一号）

判 配偶有相互继承遗产之权，如被继承人有直系血亲卑亲属，则

其遗产，应由其配偶与其直系血亲卑亲属平均继承。（二十四年上字第二八九二号）

▲**判**　结婚违反民法第九百八十五条之规定者，依民法第九百九十二条之规定，仅得由利害关系人向法院请求撤销，不在民法第九百八十八条所谓结婚无效之列。故有妻之人于重婚后死亡时，如后婚未经撤销，其后妻亦不失为配偶。依民法第一千一百四十四条之规定，有与前妻一同继承遗产之权，惟其应继分应与前妻各为民法第一千一百四十四条所定配偶应继分之二分之一。（二十八年上字第六三一号）

▲**判**　被上诉人系甲之妻，甲死亡于民国二十一年，其继承开始已在民法继承编施行之后。依民法第一千一百四十四条之规定，被上诉人自有继承甲之遗产之权，即使被上诉人于甲死亡后已经改嫁，其遗产继承权亦不因此而受影响。（二十九年上字第七〇二号）

解　夫在民法亲属编施行后重婚者，如后婚未经撤销而夫已死亡，后妻亦不失为配偶。依民法一千一百四十四条有继承其夫遗产之权，惟其应继分应与前妻各为同条所定配偶应继分之二分之一。（二十九年院字第一九八五号）

解　某甲于民国十三年死亡无子，其继承系开始于民法继承编施行之前，如依当时之法律，无可立为某甲之嗣子者，其妻依同编施行法第八条及民法第一千一百四十四条之规定，自同编施行之日起，继承其遗产。若依同编施行前之法律，有可立为某甲之嗣子者，应由其妻为之立嗣。所立嗣子，溯及于某甲死亡时继承其遗产。在未立嗣或嗣子未成年时期，当然由其妻管理遗产。其妻虽在同编施行时尚生存，亦无继承遗产之权，其余参照院字第二三二五号解释。（三十四年院解字第二九二五号）

第一千一百四十五条

判　对于被继承人有重大之虐待或侮辱情事，经被继承人表示其不得继承者，依法固应丧失其继承权。但其所谓表示，虽不以遗嘱为限，究必须有明确事实，足以证明被继承人生前有为不得继承之表意，继承权始因之而丧失。（二十二年上字第一二五〇号）

判　民法第一千一百四十五条载有下列各款情事之一者，丧失其继承权，又第五款载"对于被继承人有重大之虐待或侮辱情事，经被继承人表示其不得继承者”各等语是，（一）继承人对被继承人有重大之虐待或侮辱，（二）经被继承人表示其不得继承，均为该款必须具备之要件。若继承人对于被继承人并无重大之虐待或侮辱情事，则被继承人纵因其他之关系表示其不得继承，亦不能谓继承人之继承权即因此而丧失。（二十二年上字第三〇六四号）

第一千一百四十六条

判 宗祧继承虽为民法继承编所不采，惟继承开始在民法继承编施行以后所立之嗣子，仍发生收养关系，要非无利害关系人所得争执。（二十二年上字第六二一号）

解 父在民法继承编施行法第二条所定日期前死亡者，其女依旧法所有得受酌给财产之权利，与民法第一千一百四十九条所定酌给遗产之情形同。如因其权利被侵害为回复之请求，自应依民法第一千一百四十六条及民法继承编施行法第四条之规定办理。（二十八年院字第一八八八号）

▲**判** 未结婚之未成年人之继承权被侵害，为其法定代理人所知悉者，继承回复请求权之二年消灭时效，应自法定代理人知悉时进行。（二十九年上字第一七四号）

▲**判** 民法第一百四十四条第一项之规定，于民法第一千一百四十六条第二项所定继承回复请求权之消灭时效亦有适用。故此项消灭时效完成后，非经回复义务人以此为抗辩，法院不得据以裁判。（二十九年上字第八六七号）

▲**判** 民法第一千一百四十六条第二项之规定，于民法继承编施行前开始之继承亦适用之，此观民法继承编施行法第四条之规定自明。民法继承编公布前已嫁女子应继承之遗产已经其他继承人分割者，依该施行法第三条之规定，固当然不得请求回复继承，无再适用民法第一千一百四十六条第二项之余地。惟其他继承人侵害已嫁女子之继承权不合该施行法第三条所定情形者，仍应适用民法第一千一百四十六条第二项之规定。（二十九年上字第一三四〇号）

▲**判** 上诉人之父死亡后，上诉人如已置其姊妹之继承权于勿顾，而以兄弟二人继承全部遗产之状态，实际上行使其权利，则虽未分割遗产，亦不得谓未侵害其姊妹之继承权。上诉人既主张伊父所遗八处产业

历来由伊兄弟二人每人一半分配利益，援用某字据为证，并以被上诉人之继承回复请求权已因时效而消灭为抗辩，自应就其主张是否属实予以审认。（三十九年上字第一三四〇号）

▲判　兄于父之继承开始时，即已自命为惟一继承人而行使遗产上之权利，即系侵害弟之继承权。（二十九年上字第一五〇四号）

第一千一百四十七条

△判　未能证明被承继人确已死亡，或经宣告死亡程序，而被承继人尚在生死不明之状态中，不能率谓其承继已经开始。（十八年上字第一〇六二号）

判　继承未经开始以前之财产，属于被继承人所有，应继人对之不能主张如何之权利，同时亦不担负财产上所生之义务。（二十二年上字第七九九号）

判　继承因被继承人死亡而开始，依民法继承编施行法之规定，继承开始在该编施行前，而在"妇女运动议决案"通令之日，未隶属于国民政府之各省，于隶属之日期后，女子对于其直系尊亲属之遗产始有继承权。则凡女子之直系尊亲属继承开始在该省隶属国民政府以前者，该女子于该编施行后，自不得为继承权之主张。（二十二年上字第一〇八一号）

判　（一）继承因被继承人死亡而开始，凡继承开始在民法继承编施行后者，关于被继承人之遗产应依民法继承编定其继承人。（二十二年上字第一八七三号）

判　继承财产须被继承人死亡，继承开始后，始归于继承人之所有，若父犹存在，其子对于祖产即不得为所有权之主体。故子所欠之私债，除就其自己特有财产执行外，无就其祖产执行之理。（二十三年上字第三八一号）

▲判　失踪人受死亡之宣告者，依民法第九条第一项之规定，以判决内确定死亡之时推定其为死亡，其继承固因之而开始。若失踪人未受死亡之宣告，即无从认其继承为已开始。（二十八年上字第一五七二号）

第一千一百四十八条

△判　被承继人死亡之当时，原则上自应即由有承继权之人开始承继遗产之全部。但被承继人如有特别意思表示，则除与法令抵触者外，

自应从其意思。（十八年上字第二七一五号）

▲**判**　成年之子就承受其父之遗产有自行处分之权，纵令母为家长，家务由母管理，而其处分此项遗产，仍无须经母之同意或承认。（二十一年上字第一一二八号）

判　继承未经开始以前之财产，属于被继承人所有，应继人对之不能主张如何之权利，同时亦不担负财产上所生之义务。（二十二年上字第七九九号）

▲**判**　婚生子固为民法第一千一百三十八条所定第一顺序之遗产继承人，惟依民法第一千一百四十七条、第一千一百四十八条之规定，继承因被继承人死亡而开始，继承开始时被继承人财产上之权利，始由继承人承受。故父生存时子之债权人，不得对于子将来可取得之继承财产为强制执行。（二十三年上字第三八一号）

判　继承人自继承开始时，除民法另有规定及专属于被继承人本身之权利义务外，应承受被继承人财产上一切权利义务，并对被继承人之债务负连带责任。（二十四年上字第一八二八号）

解　（一）遗族恤金，既非亡故者之遗产，亡故者债务如非基于民法继承编之规定，应由该遗族负偿还责任，不得以领受恤金，令其负责。（二十五年院字第一五九八号）

解　（一）公务员在任病故时，所负交代责任，以财产上之义务为限，由其继承人承受。其同居任地之家属非继承人者，不负责任。（三十一年院字第二四一六号）

解　在日报社担任发行之人，依《新闻记者法》第一条之规定，为新闻记者，须具有同法第三条所列各款资格之一，依同法声请核准领有新闻记者证书后，始得为之。故在日报社担任发行之人死亡时，除关于日报社之财产上权利义务，由其继承人承受外，其发行人之地位不得继承。（三十五年院解字第三〇七四号）

第一千一百四十九条

▲**判**　民法第一千一百四十九条规定被继承人生前继续扶养之人，应由亲属会议依其所受扶养之程度及其他关系酌给遗产。是被继承人生前继续扶养之人，如欲受遗产之酌给，应依民法第一千一百二十九条之

规定召集亲属会议请求决议。对于亲属会议之决议有不服时，始得依民法第一千一百三十七条之规定，向法院声诉，不得径行请求法院以裁判酌给。（二十三年上字第二〇五三号）

▲判　被继承人已以遗嘱依其生前继续扶养之人所受扶养之程度及其他关系遗赠相当财产者，毋庸再由亲属会议酌给遗产。（二十六年渝上字第五九号）

解　父在民法继承编施行法第二条所定日期前死亡者，其女依旧法所有得受酌给财产之权利，与民法第一千一百四十九条所定酌给遗产之情形同。如因其权利被侵害为回复之请求，自应依民法第一千一百四十六条及民法继承编施行法第四条之规定办理。（二十八年院字第一八八八号）

第一千一百五十一条

△判　兄弟同居共财时所创之营业商号，若无特别证据证明为兄弟中一人或少数人所独有，应推定为共同共有。（十九年上字第三〇号）

△判　共同承继之营业所负债务，对其共同承继之房屋扣押取偿，自为法律所许。（十九年上字第三〇号）

△判　兄弟同居共财时所创之营业商号，若无特别证据证明为兄弟中一人或少数人所独有，应推定为共同共有。（十九年上字第三〇三号）

△判　兄弟虽尚合居，如其营业财产，足以证明其为个人私有者，不能认为各房共同共有。（十九年上字第三三〇二号）

△判　兄弟虽尚合居，如其营业财产，足以证明其为个人私有者，不能认为各房共同共有。（十九年上字第三三〇六号）

判　（一）数人继承之遗产，在未经分割以前，为继承人共同共有。无论原由继承人之母管理，抑由继承人中之一人管理，固不能即谓未管理遗产之继承人，其继承权已因之受有侵害。（二十五年上字第一五二号）

判　（二）继承人对于应继遗产，如未得其他继承人之同意而私擅处分，仅发生处分是否合法之问题，亦与其他继承人之继承权不生何影响。（二十五年上字第一五二号）

第一千一百五十二条

判　（一）数人继承之遗产，在未经分割以前，为继承人共同共有。

无论原由继承人之母管理，抑由继承人中之一人管理，固不能即谓未管理遗产之继承人，其继承权已因之受有侵害。（二十五年上字第一五二号）

判 （二）继承人对于应继遗产，如未得其他继承人之同意而私擅处分，仅发生处分是否合法之问题，亦与其他继承人之继承权不生何影响。（二十五年上字第一五二号）

第一千一百五十三条

△**判** 父母所负债款，子因承继关系，应负偿还义务。（十九年上字第三〇号）

判 继承人自继承开始时，除民法另有规定及专属于被继承人本身之权利义务外，应承受被继承人财产上一切权利义务，并对被继承人之债务，负连带责任。（二十四年上字第一八二八号）

解 （一）遗族恤金，既非亡故者之遗产，自无继承可言。亡故者债务，如非基于民法继承编之规定，应由该遗族负偿还责任，即不得以领受恤金之故，令其负责。（二十五年院字第一五九八号）

▲**判** 继承人对于被继承人之债务，虽与他继承人负连带责任，但连带债务人中之一人所受之确定判决，除依民法第二百七十五条之规定，其判决非基于该债务人之个人关系者，为他债务人之利益亦生效力外，对于他债务人不生效力。故债权人对于继承人未得有确定判决或其他之执行名义时，不得依其与他继承人间之确定判决，就该继承人所有或与他继承人共同共有之财产为强制执行。（二十六年渝上字第二四七号）

▲**判** 某甲之继承人虽不仅被上诉人一人，但依民法第一千一百五十三条第一项之规定，被上诉人对于某甲之债务既负连带责任。则上诉人仅对被上诉人一人提起请求履行该项债务之诉，按诸民法第二百七十三条第一项之规定，自无不可。乃原审认为必须以继承人全体为共同被告，将上诉人对于被上诉人之诉驳回，实属违法。（二十七年上字第二五八七号）

▲**判** 上诉人之父如在民法继承编施行前开始继承，而其继承人有数人时，上诉人对于其父之债务仅须与其他继承人按其应继分比例分担之，不负连带责任。（二十八年上字第二三三九号）

第一千一百五十四条

解 继承人虽未知遗产是否足偿被继承人生前债务，亦可声请限定

继承。（二十二年院字第八六九号）

解 依民法为限定之继承者，开具遗产清册呈报法院后，法院即有公告之义务。纵其清册内仅为消极遗产（即债务），或有少许积极遗产尚不敷程序上之费用，亦不得以无从宣告破产为理由，而对于限定继承之呈报不为公告。（二十八年院字第一八六八号）

第一千一百五十七条

解 继承人因限定继承，依限开具遗产清册呈报法院，原不得为驳回之裁定。如前虽驳回，继承人续行请求，法院即应为之公示催告，不受前裁定之拘束。（二十三年院字第一〇五四号）

第一千一百六十三条

解 继承人为限定之继承，虽于法定期限内开具遗产清册呈报法院，且经公示催告，但被继承人之债权人主张有民法第一千一百六十三条第一款隐匿遗产情事，经查讯属实，自可依债权人之声请而为继承人不得享有限定继承利益之裁定。（二十七年院字第一七一九号）

第一千一百六十四条

△判 分析家产，与承受遗产，其请求之目的既有不同，自属另案诉讼。要不能谓分析家产之裁判，即为承受遗产之执行处分。（十七年抗字第一七六号）

△判 未经分析之家产，得由当事人请求分析。（十八年上字第一一八五号）

△判 家产之分析，果由当事人同意重分，亦非无效，应以后之所分为准。（十九年上字第七〇二号）

△判 同居共财之兄弟，分析祖遗财产，应以现存财产为限。在同居共财时，已经消费之财产，除管理人确有侵占肥私之情形，得命其赔偿外。若系为日常生活之必要，致减少财产之一部，或加重财产上之负担者，自不能强令管理人回复原状，据为分析之标准。（十九年上字第八八七号）

第一千一百六十五条

解 分割财产之遗嘱，以不违背特留分之规定为限，应遵重遗嘱人之意思。（二十一年院字第七四一号）

第一千一百七十三条

▲判 继承人中有在继承开始前，因结婚分居或营业已从被继承人受有财产之赠与者，应将该赠与价额加入继承开始时被继承人所有之财产中，为应继财产，此在民法继承编施行前亦属应行采用之法理。（二十二年上字第一六号）

判 （二）继承人于遗产分割时，应由其应继分中扣除者，仅以因结婚分居或营业所受之赠与为限。（二十三年上字第二〇八〇号）

▲判 被继承人在继承开始前，因继承人之结婚分居或营业而为财产之赠与，通常无使受赠人特受利益之意思，不过因遇此等事由就其日后终应继承之财产预行拨给而已。故除被继承人于赠与时有反对之意思表示外，应将该赠与价额加入继承开始时被继承人所有之财产中，为应继财产。若因其他事由赠与财产于继承人，则应认其有使受赠人特受利益之意思，不能与因结婚分居或营业而为赠与者相提并论。民法第一千一百七十三条第一项列举赠与之事由，系限定其适用之范围，并非例示之规定，于因其他事由所为之赠与自属不能适用。（二十七年上字第三二七一号）

解 民法仅于第一千二百二十五条规定应得特留分之人，如因被继承人所为之遗赠，致其应得之数不足者，得按不足之数，由遗赠财产扣减之，并未如他国立法例，认其有于保全特留分必要限度内，扣减被继承人所为赠与之权，解释上自无从认其有此权利。院字第七四三号解释，未便予以变更。（三十一年院字第二三六四号）

第一千一百七十四条

▲判 民法第一千一百七十四条所谓继承权之抛弃，系指继承开始后否认继承效力之意思表示而言，此观同条第二项及同法第一千一百七十五条之规定甚为明显。若继承开始前预为继承权之抛弃，则不能认为有效。（二十二年上字第二六五二号）

判 民法继承编第一千一百七十四条规定，继承人之抛弃继承权，应于知悉其得继承之时起二个月内以书面向法院、亲属会议或其他继承人为之。所谓知悉其得继承之时，自系指继承开始后而言，是继承开始前之抛弃，固属无效，即在继承开始后而未具备上开方式者，于法亦不发生抛弃之效力。（二十三年上字第二六八三号）

第一千一百七十七条

解　户绝财产，即无人承继之遗产，非由管理人呈经法院依法处理后，不得收归国库。（二十一年院字第八二五号）

解　应由亲属会议选定遗产管理人时，如无亲属，得由利害关系人声请法院指定之。（二十三年院字第一一〇七号）

解　甲乙因房产涉讼，乙提起第二审上诉，在诉讼进行中死亡，而无人承受诉讼时，该诉讼程序应予中断。至乙之遗产虽无合法继承人，自可依继承编选任遗产管理人，由其依法承受诉讼，在未承受前，既未确定，不生执行问题。（二十六年院字第一六四〇号）

解　继承开始时继承人之有无不明者，依民法第一千一百七十七条及第一千一百七十八条第一项之规定，应由亲属会议选定遗产管理人，并将继承开始及选定遗产管理人之事由呈报法院，并未认检察官有此职权。即在亲属会议无人召集时，国库虽因其依民法第一千一百八十五条于将来遗产之归属有期待权，得以民法第一千一百二十九条所称利害关系人之地位召集之，但遗产归属国库时由何机关代表国库接收，现行法令尚无明文规定，按其事务之性质，应解为由管辖被继承人住所地之地方行政官署接收。则因继承开始时，继承人之有无不明，须由国库召集亲属会议者，亦应由此项官署行之，未便认检察官有此权限。再依民法第一千一百八十五条之规定，遗产于清偿债权并交付遗赠物后有剩余者，于民法第一千一百七十八条所定之期限届满无继承人承认继承时，当然归属国库，不以除权判决为此项效果之发生要件。民法第一千一百七十八条所谓法院，应依公示催告程序公告继承人于一定期限内承认继承，仅其公告之方法，应依公示催告程序行之，非谓期限届满无继承人承认继承时，尚须经除权判决之程序。况依《民事诉讼法》第五百四十一条以下之规定，除权判决应本于公示催告声请人之声请为之，亲属会议不过将继承开始及选定遗产管理人之事由呈报法院，并非声请为公示催告，亦无从声请为除权判决。则检察官不得声请为除权判决，尤无疑义。（三十年院字第二二一三号）

解　被继承人在《遗产税暂行条例》施行前死亡者，同条例之施行条例并无应征遗产税之规定，依法律不溯既往之原则，不得征收遗产税。

民法继承编之施行，系在同条例施行之前，被继承人在民法继承编施行前死亡者，无论应否设置遗产管理人，及曾否设置，均不发生计算遗产税之问题。且依民法第一千一百七十七条之规定，遗产管理人，以继承开始时继承人有无不明者为限，始设置之。继承在民法继承编施行前开始者，如开始时已有继承人，虽因继承人未成年，由其母管理继承之财产，其母亦非民法继承编施行法第九条所称之遗产管理人。依民法亲属编施行法第十三条，民法第一千零八十六条之规定，母在其子女成年前，以法定代理人之资格为之管理继承之财产，不得另行选定遗产管理人。（三十一年院字第二三二五号）

第一千一百七十八条

解 （三）生前赠与，并无特留分之规定。（二十五年院字第一五七八号）

解 继承开始时继承人之有无不明者，依民法第一千一百七十七条及第一千一百七十八条第一项之规定，应由亲属会议选定遗产管理人，并将继承开始及选定遗产管理人之事由呈报法院，并未认检察官有此职权。即在亲属会议无人召集时，国库虽因其依民法第一千一百八十五条于将来遗产之归属有期待权，得以民法第一千一百二十九条所称利害关系人之地位召集之，但遗产归属国库时由何机关代表国库接收，现行法令尚无明文规定，按其事务之性质，应解为由管辖被继承人住所地之地方行政官署接收。则因继承开始时，继承人之有无不明，须由国库召集亲属会议者，亦应由此项官署行之，未便认检察官有此权限。再依民法第一千一百八十五条之规定，遗产于清偿债权并交付遗赠物后有剩余者，于民法第一千一百七十八条所定之期限届满无继承人承认继承时，当然归属国库，不以除权判决为此项效果之发生要件。民法第一千一百七十八条所谓法院，应依公示催告程序公告继承人于一定期限内承认继承，仅其公告之方法，应依公示催告程序行之，非谓期限届满无继承人承认继承时，尚须经除权判决之程序。况依《民事诉讼法》第五百四十一条以下之规定，除权判决应本于公示催告声请人之声请为之，亲属会议不过将继承开始及选定遗产管理人之事由呈报法院，并非声请为公示催告，亦无从声请为除权判决。则检察官不得声请为除权判决，尤无疑义。（三

十年院字第二二一三号）

第一千一百七十九条

解　遗产依民法第一千一百八十五条规定归属国库时，遗产管理人依民法第一千一百七十九条第一项第五款，应向国库为遗产之移交。此项私法上之义务，如不履行，国库自得向法院提起请求履行之诉。（三十一年院字第二二九五号）

解　民法第一千一百八十五条所称之遗产，包括债权在内。强制执行开始后，债权人死亡，而有同条所定情形时，依民法第一千一百七十九条第一项第四款、第五款之规定，其遗产应由遗产管理人于清偿债权并交付遗赠物后，将所剩余者移交国库，该强制执行事件，自应继续进行。（三十一年院字第二二九九号）

第一千一百八十五条

解　无人继承之遗产，于清偿债权交付遗赠物后，余归国库。（二十二年院字第八九八号）

解　继承开始时继承人之有无不明者，依民法第一千一百七十七条及第一千一百七十八条第一项之规定，应由亲属会议选定遗产管理人，并将继承开始及选定遗产管理人之事由呈报法院，并未认检察官有此职权。即在亲属会议无人召集时，国库虽因其依民法第一千一百八十五条于将来遗产之归属有期待权，得以民法第一千一百二十九条所称利害关系人之地位召集之，但遗产归属国库时由何机关代表国库接收，现行法令尚无明文规定，按其事务之性质，应解为由管辖被继承人住所地之地方行政官署接收。则因继承开始时，继承人之有无不明，须由国库召集亲属会议者，亦应由此项官署行之，未便认检察官有此权限。再依民法第一千一百八十五条之规定，遗产于清偿债权并交付遗赠物后有剩余者，于民法第一千一百七十八条所定之期限届满无继承人承认继承时，当然归属国库，不以除权判决为此项效果之发生要件。民法第一千一百七十八条所谓法院，应依公示催告程序公告继承人于一定期限内承认继承，仅其公告之方法，应依公示催告程序行之，非谓期限届满无继承人承认继承时，尚须经除权判决之程序。况依《民事诉讼法》第五百四十一条以下之规定，除权判决应本于公示催告声请人之声请为之，亲属会议不过将继承开始及选定遗产管理人之事由呈报法院，并非声请为公示催告，亦无从声请为除权判决。则检察官不得声请为除权判决，尤无疑义。（三十年院字第二二一三号）

解 遗产依民法第一千一百八十五条规定归属国库时，遗产管理人依民法第一千一百七十九条第一项第五款，应向国库为遗产之移交。此项私法上之义务，如不履行，国库自得向法院提起请求履行之诉。（三十一年院字第二二九五号）

解 民法第一千一百八十五条所称之遗产，包括债权在内。强制执行开始后，债权人死亡，而有同条所定情形时，依民法第一千一百七十九条第一项第四款、第五款之规定，其遗产应由遗产管理人于清偿债权并交付遗赠物后，将所剩余者移交国库，该强制执行事件，自应继续进行。（三十一年院字第二二九九号）

解 依民法第一千一百八十五条规定，归属国库之遗产，应由管辖被继承人住所地之地方行政官署代表国库接收管理（参照院字第二二一三号解释）。因遗产管理人不移交遗产或因其他必要情形，提起民事诉讼，亦应由此项官署代表国库为之（参照院字第二二九五号解释）。（三十四年院字第二八○九号）

第一千一百八十七条

判 在民法继承编施行前，被继承人于不害及继承人将留分之限度内，得为处分之行为，而得处分之财产只须与特留分不失均衡，则为历来判例之所认。（二十二年上字第六二九号）

判 （二）宗祧继承现行法令未有禁止明文，如无直系血亲卑亲属之被继承人，于民法继承编施行后选立嗣子，原可任当事人之自由。但其所立之嗣子，被继承人若未以遗嘱指定其为财产全部或一部之继承人，即非民法继承编所定之遗产继承人，对于该被继承人之遗产继承，即属无权告争。（二十三年上字第一九八五号）

第一千一百八十九条

△**判** 遗嘱固不须本人亲笔书立或画押，但不能举证证明其出于遗嘱人之真意者，仍不得有效成立。（十七年上字第八六一号）

△**判** 遗嘱不须本人亲自书立，若别有确证足以证明遗嘱为真实，

即不得遽谓无效。（十八年上字第一〇五〇号）

第一千一百九十条

▲判　遗嘱应依法定方式为之，自书遗嘱依民法第一千一百九十条之规定，应自书遗嘱全文记明年、月、日，并亲自签名。其非依此方式为之者，不生效力。（二十八年上字第二二九三号）

第一千一百九十九条

△判　以遗嘱分授遗产，受遗人于遗嘱人死亡后，固得根据遗嘱之效力，承继遗产上之权利。然受遗人于应承继之遗产，更以协议让出而与第三人分析者，亦非无效，不能事后翻异，请求返还。（十八年上字第一二〇七号）

△判　以遗嘱分受遗产，于遗嘱人死亡后，有拘束受遗人之效力。（十八年上字第一八九七号）

△判　被承继人对于承继事项所立遗嘱，如系出自本人之意思，而合法成立者，即应认为有效。（十九年上字第四六号）

第一千二百一十条

解　民法第一千二百十条所定，不得执行遗嘱之人，称为未成年人，不称为无行为能力人，显系专就年龄上加以限制。故未成年人虽因结婚而有行为能力，不得为遗嘱执行人。（二十六年院字第一六二八号）

解　（四）遗嘱执行人除民法第一千二百一十条所定未成年人及禁治产人外，无其他之限制。（三十五年院解字第三一二〇号）

第一千二百一十二条

判　遗嘱保管人知有继承开始之事实时，依法应即将遗嘱提示于亲属会议，但遗嘱保管人不于其时将遗嘱提示于亲属会议，仅系遗嘱保管人之过失，于遗嘱之效力自无影响。（二十二年上字第一八五五号）

第一千二百二十五条

▲判　被继承人于民法继承编施行法第二条所列日期前，以遗嘱处分遗产，虽依当时法令并无所谓女子之特留分受其妨害，但被继承人于同条所列日期后死亡者，依同条或民法继承编规定有继承权之女子，仍得本其将留分之权利行使遗赠财产之扣减。（二十一年上字第二七五七号）

▲判　民法第一千二百二十五条仅规定应得特留分之人，如因被继

承人所为之遗赠致其应得之数不足者，得按其不足之数由遗赠财产扣减之，并未认特留分权利人有扣减被继承人生前所为赠与之权。是被继承人生前所为之赠与，不受关于特留分规定之限制毫无疑义。（二十六年上字第六六〇号）

解 民法仅于第一千二百二十五条规定应得特留分之人，如因被继承人所为之遗赠，致其应得之数不足者，得按其不足之数由遗赠财产扣减之，并未如他国立法例认其有于保全特留分必要限度内，扣减被继承人所为赠与之权。解释上自无从认其有此权利，院字第七四三号解释，未便予以变更。（三十一年院字第二三六四号）

补遗二

第一千一百三十八条

解 （二）甲如在民法继承编施行后死亡，则其妻及婚生子女均为其继承人，其应继分为均等。（三十六年院解字第三七六二号）

解 （三）甲在中国之婚姻如系无效，其相婚者固非继承人。惟所生子女经甲认领或经甲抚育而视为认领者，依法视为甲之婚生子女，仍不失为甲之继承人，其应继分与其他继承人均等。（三十六年院解字第三七六二号）

解 （五）兄弟、异母兄弟、异母姊妹，均为民法第一千一百三十八条所定第三顺序之继承人，于被继承人无直系血亲卑亲属及父母时方为继承人，其应继分为均等。惟被继承人有配偶者，其遗产除由配偶继承二分之一外，方由该顺序之继承人按人数平均继承。（三十六年院解字第三七六二号）

解 （一）来电第一点所述情形，甲之继承开始如在台湾光复之后，其入赘乙家之子及出嫁丙家之女，对于甲之遗产均有继承权。（二）来电第二点所述情形，甲之独子或其三子之一虽从妻姓，对于甲之遗产仍为民法第一千一百三十八条所定第一顺序之继承人。（三）来电第三点所述情形，妻之遗产妾之子无继承权，妾之遗产妻之子无继承权。（三十七年院解字第三七九一号）

解　甲之妻乙，如依民法继承编施行法第八条及民法第一千一百四十四条之规定，自同编施行之日起继承甲之遗产，则乙死亡时，此项遗产为乙之养女丙所继承。丙之继承权被甲之侄丁戊侵害，自得请求回复。倘甲有同编施行法第八条所称之其他继承人，则乙未尝继承甲之遗产，除乙别有取得甲遗产上权利之法律上原因外，丙不能以其为乙之继承人而承受甲之遗产。丁戊占有甲之遗产，纵无正常之权原，亦非侵害丙之继承权，丙对丁戊自无继承回复请求权。至乙是否自同编施行之日起继承甲之遗产，可参照院解字第二九二五号解释。丁戊是否同编施行法第八条所定甲之其他继承人，可参照院字第二六四三号解释。又甲于同编施行前死亡，而于同编施行后十余年经亲属会议为之立嗣者，所立嗣子溯及继承开始之时，为甲之遗产继承人。如所立嗣子之继承权被人侵害，其回复请求权之消灭时效，依民法第一千一百四十六条第二项后段之规定，于立嗣时即已完成。惟据原呈所述情形，丁戊并非继承权被侵害之人，自不生请求回复之问题。（三十七年院解字第三八四二号）

第一千一百四十一条

解　（二）甲如在民法继承编施行后死亡，则其妻及婚生子女均为其继承人，其应继分为均等。（三十六年院解字第三七六二号）

解　（五）兄弟、异母兄弟、异母姊妹，均为民法第一千一百三十八条所定第三顺序之继承人，于被继承人无直系血亲卑亲属及父母时方为继承人，其应继分为均等。惟被继承人有配偶者，其遗产除由配偶继承二分之一外，方由该顺序之继承人按人数平均继承。（三十六年院解字第三七六二号）

第一千一百四十二条

解　甲之妻乙，如依民法继承编施行法第八条及民法第一千一百四十四条之规定，自同编施行之日起继承甲之遗产，则乙死亡时，此项遗产为乙之养女丙所继承。丙之继承权被甲之侄丁戊侵害，自得请求回复。倘甲有同编施行法第八条所称之其他继承人，则乙未尝继承甲之遗产，除乙别有取得甲遗产上权利之法律上原因外，丙不能以其为乙之继承人而承受甲之遗产。丁戊占有甲之遗产，纵无正常之权原，亦非侵害丙之继承权，丙对丁戊自无继承回复请求权。至乙是否自同编施行之日起继承甲之遗产，可参照院解字第二九二五号解释。丁戊是否同编施行法第八条所定甲之其他继承人，可参照院字第二六四三号解释。又甲于同编施行前死亡，而于同编施行后十余年经亲属会议为之立嗣者，所立嗣子溯及继承开始之时，为甲之遗产继承人。如所立嗣子之继承权被人侵害，其回复请求权之消灭时效，依民法第一千一百四十六条第二项后段之规定，于立嗣时即已完成。惟据原呈所述情形，丁戊并非继承权被侵害之人，自不生请求回复之问题。（三十七年院解字第三八四二号）

第一千一百四十四条

解 （二）甲如在民法继承编施行后死亡，则其妻及婚生子女均为其继承人，其应继分为均等。（三十六年院解字第三七六二号）

解 （五）兄弟、异母兄弟、异母姊妹，均为民法第一千一百三十八条所定第三顺序之继承人，于被继承人无直系血亲卑亲属及父母时方为继承人，其应继分为均等。惟被继承人有配偶者，其遗产除由配偶继承二分之一外，方由该顺序之继承人按人数平均继承。（三十六年院解字第三七六二号）

解 甲之妻乙，如依民法继承编施行法第八条及民法第一千一百四十四条之规定，自同编施行之日起继承甲之遗产，则乙死亡时，此项遗产为乙之养女丙所继承。丙之继承权被甲之侄丁戊侵害，自得请求回复。倘甲有同编施行法第八条所称之其他继承人，则乙未尝继承甲之遗产，除乙别有取得甲遗产上权利之法律上原因外，丙不能以其为乙之继承人而承受甲之遗产。丁戊占有甲之遗产，纵无正常之权原，亦非侵害丙之继承权，丙对丁戊自无继承回复请求权。至乙是否自同编施行之日起继承甲之遗产，可参照院解字第二九二五号解释。丁戊是否同编施行法第八条所定甲之其他继承人，可参照院字第二六四三号解释。又甲于同编施行前死亡，而于同编施行后十余年经亲属会议为之立嗣者，所立嗣子溯及继承开始之时，为甲之遗产继承人。如所立嗣子之继承权被人侵害，其回复请求权之消灭时效，依民法第一千一百四十六条第二项后段之规定，于立嗣时即已完成。惟据原呈所述情形，丁戊并非继承权被侵害之人，自不生请求回复之问题。（三十七年院解字第三八四二号）

第一千一百四十六条

解　甲之妻乙，如依民法继承编施行法第八条及民法第一千一百四十四条之规定，自同编施行之日起继承甲之遗产，则乙死亡时，此项遗产为乙之养女丙所继承。丙之继承权被甲之侄丁戊侵害，自得请求回复。倘甲有同编施行法第八条所称之其他继承人，则乙未尝继承甲之遗产，除乙别有取得甲遗产上权利之法律上原因外，丙不能以其为乙之继承人而承受甲之遗产。丁戊占有甲之遗产，纵无正常之权原，亦非侵害丙之继承权，丙对丁戊自无继承回复请求权。至乙是否自同编施行之日起继承甲之遗产，可参照院解字第二九二五号解释。丁戊是否同编施行法第八条所定甲之其他继承人，可参照院字第二六四三号解释。又甲于同编施行前死亡，而于同编施行后十余年经亲属会议为之立嗣者，所立嗣子溯及继承开始之时，为甲之遗产继承人。如所立嗣子之继承权被人侵害，其回复请求权之消灭时效，依民法第一千一百四十六条第二项后段之规定，于立嗣时即已完成。惟据原呈所述情形，丁戊并非继承权被侵害之人，自不生请求回复之问题。（三十七年院解字第三八四二号）

解　继承人未于民法第一千一百七十四条第二项所定期间内抛弃其继承权者，嗣后纵为继承权之抛弃，亦不生效力。惟其继承权被侵害已逾十年者，其回复请求权之行使，应受同法第一千一百四十六条第二项后段之限制。（三十七年院解字第三八四五号）

解　（一）父死无子，母因不知其女有继承权，将其未成年之女应继承之遗产立约赠与他人，实系以此项遗产为由自己继承而为处分，其女之继承权即因之而被侵害，其女得向受赠人请求回复。惟继承人以因继承而取得所有权为理由，向由自命为继承人者转得财产之人请求返还，亦为民法第一千一百四十六条所称继承回复请求。故其女于同条第二项所定之消灭时效完成后请求回复者，受赠人得以此为抗辩。（三十七年院解字第三八五六号）

第一千一百四十九条

解　（四）甲在万隆重婚，如别无无效原因，则在未撤销结婚前，该后妻仍有配偶之身份。惟其应继分应与前妻各为法律所定配偶，应继分之二分之一。倘其结婚不具备有效要件，而该后妻由甲生前继续扶养

者，应由亲属会议依其所受扶养之程度及其他关系酌给遗产。（三十六年院解字第三七六二号）

第一千一百七十四条

解 继承人未于民法第一千一百七十四条第二项所定期间内抛弃其继承权者，嗣后纵为继承权之抛弃，亦不生效力。惟其继承权被侵害已逾十年者，其回复请求权之行使，应受同法第一千一百四十六条第二项后段之限制。（三十七年院解字第三八四五号）

民法继承编施行法

民国二十年一月二十四日国民政府公布

同年五月五日施行

第一条 继承在民法继承编施行前开始者，除本施行法有特别规定外，不适用民法继承编之规定。

判 家财告争之限制：（一）凡分家期间未及五年，当事人只须证明讼争之物为分书上分得之物，则不问原分是否公允，相对人即无告争之余地；（二）现行律"田宅门典卖田宅条例"所谓但系五年之上，不许重分者盖指分家无分书，而以其他方法可资证明，有分家事实，及所争财产又确曾分析者而言，此项分析财产，若经过五年，亦不许以不应分受，为告争理由。（三年上字第四七号）

判 兼祧不备条件，只得由五服内递推立继。（三年上字第一四九号）

判 出继子之财产，不得与本生父之财产同视。（三年上字第一七一号）

判 小宗之嫡长子，许其出继他宗。（三年上字第一八一号）

判 有应为立后之子，而仍为父立继，须支属内无昭穆相当可为其子立后之人。其父无别子，而后可为其父立继之次序及兼祧条件，俱应按律办理。（三年上字第一八六号）

判 独子除兼祧外，不得出继他房。（三年上字第一八六号）

判 亲属会议合法之立继，不因事后情事变动而受影响。（三年上字第一八六号）

判 父有别子者，得待别子生孙以继，应为立后之子。（三年上字第

二二六号）

判 尊长无代守志妇择嗣之权。（三年上字第二二六号）

判 宗祧承继，非必即承受遗产之全部。（三年上字第二九九号）

判 所继人生前立继与否，为其自由。惟守志妇及尊属或亲族会立继，不许延宕，且尊属亲族会立继，其位次及当否问题，应以守志妇死亡时为根据。（三年上字第三〇〇号）

判 非同宗同姓，不得承继宗祧。（三年上字第三一〇号）

判 妾于亲族会议立嗣，仅占重要地位，无择继全权。（三年上字第三八五号）

判 兼祧不限于两支。（三年上字第四八五号）

判 独子失亡后，所立嗣子，是否因其生还而归宗，应视其系何人所立为断。（三年上字第五六一号）

判 归宗子酌给财产，不得逾三分之一。（三年上字第五六一号）

判 兼祧两相情愿之条件，如两方父母已死无从知其意思者，可不具备。但生前有不愿之意思者，则不得兼祧。（三年上字第五八四号）

判 长支长子，并不禁止出继。（三年上字第六一〇号）

判 兼祧有四要件，惟取具阖族甘结，得请求以裁判代之。（三年上字第六一八号）

判 义男、女婿分产多寡原则，以父母意思为准。（三年上字第六六九号）

判 亲女得酌分财产。（三年上字第六六九号）

判 异姓不得为嗣，系强行法规。（三年上字第七〇九号）

判 独子出继及违法兼祧，须有承继权人始能告争。（三年上字第八四七号）

判 可继人皆不得于守志之妇者，得为其夭亡之子立继。（三年上字第九三四号）

判 宗祧承继人，应承受遗产。（三年上字第一〇二五号）

判 族长及族人私擅立继，须守志妇追认。（三年上字第一一六〇号）

判 同宗无应继之人，始得将遗产归亲女承受。（三年上字第一一七六号）

判 嗣子归宗，惟以本人意思及其本生父母无子为主。（三年上字第一二一二号）

判 嗣父生子及生父无子，嗣子得归宗。（三年上字第一二一二号）

判 异姓乱宗，惟同宗而有承继权者，始能告争。（三年上字第一二三六号）

判 不能由有立继权人，择继时，得由审判衙门以裁判定之。（四年上字第一四八号）

判 关于招婿养老，仍应立嗣之条例，属强行法。（四年上字第一六八号）

判 大清会典，亲女给家产之半之事例，早难适用。（四年上字第一六八号）

判 死后立嗣，嗣子年龄长于所后之亲，或相等者，非无效。（四年上字第二九二号）

判 法定应为立嗣之人，系指子婚而故，妇能孀守亦应为之立后；又或子尚未娶，而因出兵阵亡者，无论夭亡与否，均应为之立后。惟无此项特别情形，而子系夭亡并未婚者，乃不得立后。苟夭亡已婚或未婚而已成立，虽无上述特别情形，仍在应为立后之列。（四年上字第三七〇号）

判 兼祧承继人之后，毋庸按照所承数房立嗣。（四年上字第三八〇号）

判 无子抱养同姓，可推定为立嗣。（四年上字第三八六号）

判 出嗣子，不得承受生父遗产。（四年上字第四一九号）

判 出嗣须得父母同意。（四年上字第四七一号）

判 依法成立之继嗣，第三人不得干涉撤废。（四年上字第五〇〇号）

判 成立而故者，妇虽改嫁，原则仍应立继。（四年上字第五三七号）

判 被继人之最近亲属，得邀集亲族会立继。（四年上字第五三七号）

判 告官别立，即含废继在内。（四年上字第五八五号）

判 父所立之继子，其母于父死后亦得撤废。（四年上字第五八五号）

判 未凭族长，不为无效。（四年上字第六八七号）

判 出嫁女无当然承继母家遗产之权。（四年上字第八四三号）

判 养子不能承继关于祭产之权利。（四年上字第九二九号）

判 族长关于立嗣之凭证，得代以审判。（四年上字第一二一一号）

判 宗族不得告官废继。（四年上字第一四一六号）

判 死亡无子，其妇又改嫁者，应由亲族共同立嗣。（四年上字第一四五七号）

判 与被承继人或守志之妇有讼嫌者，不得勒令承继。（四年上字第一五三一号）

判 奸生子分产，与义子之仅得酌给者不同。（四年上字第一五四七号）

判 所谓废继之告官，与存案有别。（四年上字第一六四八号）

判 与被承继人有嫌隙者，虽亲等最近，无告争立继之权。（四年上字第一六九三号）

判 嫌隙原则，就应继人与所继人本身言。（四年上字第一七五三号）

判 承继关系，非经废继或归宗程序，不能消灭。（四年上字第一七八三号）

判 同宗应继，不以有服为限。（四年上字第一七八五号）

判 有承继权人，与被继人有嫌隙，对于违法兼祧无告争权。（四年上字第一八七六号）

判 不以承继为目的者，不得告争承继。（四年上字第一九三七号）

判 遗嘱所定虚名待继，亦须有律定之特别情形。（四年上字第一九七三号）

判 妾无废继权。（四年上字第一九七三号）

判 合承夫分之律，妾不能援用。（四年上字第一九八八号）

判 不得于所后之亲之规定，可准用于所后之祖父母，或曾祖父母。（四年上字第二〇二五号）

判 长房子能承祧次房。（四年上字第二〇七一号）

判 立嗣纵不限于一人，要必出自立继人之意思。（四年上字第二一〇八号）

判 立继得推及远房及同姓。（四年上字第二一二五号）

判 养老女婿，得与应继之人均分财产。（四年上字第二二七四号）

判 被承继人在生存中，自有立继专权，若已亡故，应由守志之妇立嗣。若守志之妇俱亡，或其时于法不能行使立继之权，而其家尚有直系尊亲属者，则立继之权，自应由该尊亲属行使。如俱无，则由亲属会行使之。（四年上字第二三三一号）

判 已立远支者，近支后虽生子，不得告争。（四年上字第二四一〇号）

判 择贤择爱，无族中置喙之余地。（四年上字第二四二三号）

判 守志妇立继，须得尊亲属同意。（四年上字第二四三三号）

判 合法立定后，亲等较近之房，不得告争。（四年上字第二四三三号）

判 宗祧承继，只限于男子。（五年上字第一五四号）

判 无承继权人滥行告争，毋庸审究其所攻击之承继是否合法。（五年上字第一七六号）

判 请求交还继产，必为已经合法定继之人。（五年上字第一九九号）

判 违反现行律例为子立后之规定时，须孀守妇及应继人，始有告争之权。（五年上字第二五八号）

判 立嗣须承继人与被继人双方同意。（五年上字第二六九号）

判 应继人于所继人亡故后，因争继而于诉讼中亡故者，其应继资格，不因而消灭。但所继人生存者，不在此限。（五年上字第二七九号）

判 律所谓嫌隙及贤爱，俱不必有客观之事实，只须依立嗣人主观意思定之。（五年上字第三七五号）

判 对于违法立嗣久不告争者，应认为已抛弃其承继权。（五年上字第五六五号）

判 所谓凭族长者，仅以族长为凭证之意。（五年上字第五六六号）

判 守志妇立嗣之得尊长同意之方式，不必限于画押。（五年上字第五六九号）

判 守志妇之立继权，无应孀守若干年之制限。（五年上字第五八四号）

判 夭亡未婚之独子，在无昭穆相当可为其父立继之时，得为立后。（五年上字第六四四号）

判 为夫立继权，惟正妻有之。（五年上字第六四四号）

判 择立贤爱，惟被承继人或守志妇有此权。亲族会议立嗣，除被

承继人或守志妇生前有择立贤爱之明确表示外，须依法定次序。（五年上字第六八二号）

  判 被废继子，不得过问其后承继之事。（五年上字第七五二号）

  判 异姓义子，不得充当房长。（五年上字第七七八号）

  判 继子之处分家产权，得以契约让与所后之母。（五年上字第八〇一号）

  判 由翁作主立嗣，未经守志妇表示情愿者，不生效力。（五年上字第八五〇号）

  判 小宗之子，非必须承继大宗。（五年上字第八六九号）

  判 择立姑表兄弟之子为嗣无效。（五年上字第八七七号）

  判 入赘时承继宗祧之约定，不能认为有效。（五年上字第九八八号）

  判 继书遗嘱，及曾否即时过房，均非承继要件。（五年上字第九九〇号）

  判 近亲不得擅代择立。（五年上字第九九〇号）

  判 守志妇表示不愿立嗣之意思无效，其生前未择立者，应由亲族会择立。（五年上字第一一一六号）

  判 不能因序属次房，听其绝嗣。（五年上字第一一一六号）

  判 守志妇生存时，不得径由亲族会公议立嗣。（五年上字第一一三二号）

  判 舍亲后疏，不为适法。（五年上字第一一三九号）

  判 招婿者不问其意思如何，仍须立继以承宗祧。（五年上字第一二四七号）

  判 律载所后之亲，系兼指所后之父与母。（五年上字第一二四七号）

  判 兼承他房宗祧者，于本生父其后所生兄弟，仍为同父周亲。（五年上字第一二五四号）

  判 遗产之管理权在嗣子，嗣子未定或未成年以前，除被承继人以遗产指定外，应属于守志之妇。无守志之妇，应属于嗣子之同居尊长。如俱无，则应由亲属会议依法选定。（五年上字第一三七四号）

  判 不容使应行有后之子无后，而径为其父立嗣。（五年上字第一三

九六号）

判　不得于所后之亲，须客观的不能与所后之亲圆满相处。（五年上字第一四二四号）

判　嗣子如为应立继之人，不得因其身故无子，别为其父立继。（五年上字第一四三六号）

判　守志妇不得借口贤爱，以不备条件之独子兼祧。（五年上字第一四四五号）

判　亲族会立嗣，不得援用择贤择爱之例。（五年上字第一四四五号）

判　族长到场画押，非立嗣要件。（五年上字第一四八九号）

解　立继应依顺序，而择贤择爱为例外。（五年统字第五〇二号）

判　回继本房，无禁止之理。（六年上字第四三号）

判　本系同父周亲，出继远房，有不得再回而兼祧。（六年上字第五一号）

判　父在者，母不得告官别立。（六年上字第七七号）

判　兼祧子所生之子，应兼祧各房。（六年上字第一六二号）

判　妾不能有独立择继之权。（六年上字第一八四号）

判　亲属会议立继，不应许争继积嫌之人加入协议，或立以为嗣。（六年上字第二三二号）

判　守志妇之择继，不容族人限期勒令为之。（六年上字第二五四号）

判　守志妇不得擅行处分遗产。（六年上字第二六六号）

判　被承继人之直系尊亲属，亦有择贤择爱之权。（六年上字第三〇九号）

判　于承继有密切关系者，得就亲族会之立继主张异议。（六年上字第三五二号）

判　所谓嫌怨，纯由被承继人或守志妇之主观。（六年上字第三九四号）

判　审判衙门，非依合法告争，无从撤销既定之承继。（六年上字第四〇八号）

判　守志妇于必要时，有处分遗产之权。其属共有者，亦得请求分析。（六年上字第四七四号）

判　改嫁妇，不得行使废继别立之权。（六年上字第六五五号）

判 嫌隙，即立嗣人不愿其承继之意，不须别举事实证明。（六年上字第七三〇号）

判 与被继人比较切近之人，为亲族会重要之一员，未通知到场，其会议无效。（六年上字第七五九号）

判 妾于家长正妻均故时，得为承继事项之主张。（六年上字第七九〇号）

判 未经践行废继程序，不能否认其承继关系之存在。（六年上字第七九〇号）

判 继子擅自处分财产，危及其母之生活，应认为不得于所后之亲。（六年上字第八〇三号）

判 自己或直系卑属，无承继权，不得告争承继。（八年上字第八一〇号）

判 本生及所后父母，无不愿兼祧之意思者，应认为兼承本宗之祧。（六年上字第八六五号）

判 律称出兵阵亡，不必以成丁入伍者为限。（六年上字第九四六号）

判 酌给义子财产，至多不得超过继子应承财产之数额。（六年上字第九九九号）

判 就宗祠之分合，有争执者，应准其分别建祠。（六年上字第一〇七四号）

判 独子出继后，于本宗父母无后，亡故时，仍得回而兼祧本宗。（六年上字第一一二七号）

判 无同族者，可以同姓为嗣。（六年上字第一一三三号）

判 死亡之人，不得立为人嗣。（六年上字第一一六四号）

判 寻常夭亡未婚之人，不得概为立后。所称夭亡未婚，系以未及成丁而亡，且未经婚娶者为限。（六年上字第一一八九号）

判 义男女婿，为所援之亲所厌恶，即毋庸给产。（六年上字第一二二〇号）

判 义男女婿酌分财产，系继子或父母与义男女婿间之关系。（六年上字第一二二〇号）

判 大宗无子，只得依照通常立继程序立继，不能追认一人为大宗

后。（六年上字第一二七八号）

判 入继时虽系独子，而本生父后已生子者，其承继应认为合法。（六年上字第一二九六号）

判 应继人先有嫌隙，亲族会议应别行择立。（六年上字第一三〇一号）

判 父有别子亡故而生孙有后者，不得以独子论，许其兼祧。（六年上字第一三一四号）

判 直系尊属，就立继立有遗嘱，经守志之妇同意者，应为有效。（六年上字第一三八三号）

解 妇人夫亡无子守志者，立嗣之权，本在于妇，亲族代为立后，如不同意，自可主张无效。（六年统字第五九九号）

解 妻族无干涉立继之权。（六年统字第六五四号）

解 守志之妇立继，姑虽有不予同意之权，仍应本于正当理由，不得借口嫌隙不继之条，概予拒绝。如有争执，审判衙门自可秉公裁断。（六年统字第七〇九号）

判 被承继人自行择嗣，毋庸经嫡妻同意。（七年上字第二四号）

判 不得以待继嗣子，预拟兼祧。（七年上字第四四号）

判 直系尊亲属之立继，与被继人或守志妇自行立继者同论，得同时并立二人。（七年上字第九〇号）

判 亲族会议，立继应取决多数。（七年上字第一三一号）

判 立嗣经守志妇追认者有效。（七年上字第二二二号）

判 律载族长议立，即为亲族会议。（七年上字第二五〇号）

判 出继子已分得之产，不能强令归还。约定将继产均分者，亦不得任意翻悔。（七年上字第三二一号）

判 律载独子，包括嗣子。（七年上字第三二四号）

判 妾于亲属会议立继，有同意权。惟无故不同意，审判衙门得以审核裁判。（七年上字第三八六号）

判 亲属会议立继，应守法定次序。（七年上字第四三六号）

判 尊亲属立继，毋庸咨询亲族会之同意。（七年上字第四九〇号）

判 翁姑于守志妇之立继，不予同意者，得以裁判允许代之。（七年上字第五三五号）

判 协议带产出继者，为法所不禁，本房兄弟，无因此强其提出承继财产均分之理。（七年上字第七一二号）

判 未经亲族会议议决以前，审判衙门不能以裁判立继。（七年上字第七二四号）

判 亲族会议立继，不许择贤择爱。（七年上字第七四六号）

判 直系尊属，不得强所后之父或母废继。（七年上字第七五三号）

判 遗产酌给亲女，须较少于子数均分之额。（七年上字第七六一号）

判 成年未婚之人，如系小宗，不必强为立嗣。（七年上字第七八三号）

判 守志之妾，于亲属会议占重要位置，不得阻止夫族立继。（七年上字第九〇五号）

判 择立贤爱，不必先尽近支为限。（七年上字第九三九号）

判 已定之承继关系，不容轻易废除。所谓不得于所后之亲，乃指与所后亲不能为圆满生活而言，究因何种事由及其程度如何，应由法院裁量。（七年上字第九七一号）

判 承受遗产，以宗祧承继为先决问题。（七年上字第一〇四二号）

判 须于遗产有权利之人，始得就守志妇之处分告争。（七年上字第一〇七二号）

判 守志妇合法立嗣，其尊亲属不得无故拒绝同意。（七年上字第一一五四号）

判 关于有无嗣子身份之告争，不以有承继权人为限。（七年上字第一二六三号）

判 私结契约，互认并继者无效。（七年上字第一五二二号）

解 所后之亲，系指被继人，即继父母而言。不得二字，须有不得之事实。审判衙门认为达于废继之程度者，始能许可。（七年统字第七六八号）

解 被承继人与承继人家积有嫌怨，因而憎恶应继本人者，亦许另择贤爱。（七年统字第八四六号）

解 虚位待继。固属不应许可，而素有嫌隙之人，亦不得强令立嗣。（七年统字第八四七号）

解 对于异姓乱宗，非有承继权者，不得告争。（七年统字第八九七号）

解 兼祧虽不合法，不得于兼祧人死后，再行告争。（七年统字第八九八号）

解 律载嫌隙，专指应继人与被继人而言。立嗣会议，妾占重要地位，自应尊重其意思。（七年统字第九〇三号）

解 同父周亲，律许兼祧。夭亡且未婚配，不得为之立后。夭亡而已婚或未婚而已成年者，均准立后。（七年统字第九一三号）

解 孀妇对于夫在时所立之异姓义子，事经十余年，且已登入宗谱，忽欲主张无效，自应诉指具体事实。经审判衙门查明属实，并认为正当时，始准废继，另行择立。（七年统字第九一三号）

判 异姓乱宗，非因修谱或有承继权之人，不得告争。（八年抗字第五六四号）

判 兼祧两房之人，身故无后，得择立两人分承两房宗祧。（八年上字第七六号）

判 寻常夭亡未婚之子，具备二条件，始能立继。（八年上字第八六号）

判 已出继他姓人之立继，其本宗人不得干涉。（八年上字第一〇〇号）

判 大宗立继，不必先以嫡长。（八年上字第一七六号）

判 择兼祧子之子，分承自己一房为孙，系属合法。（八年上字第一八一号）

判 兼祧子之子，得分承两房宗祧。（八年上字第二六七号）

判 立嗣不得失尊卑次序。（八年上字第三七一号）

判 亲属会不能以守志妇择嗣，不合法为之另立。（八年上字第三八九号）

判 族人已受通知，无故不到场，或重要地位人表示异议，而无正当理由者，其立嗣之决议，不受影响。（八年上字第四七五号）

判 亲属会之立继，须尊重居重要地位之人之意见。（八年上字第四七五号）

判 兼祧虽无甘结，不得指为无效。（八年上字第五三八号）

判 嗣子因嗣父母主张废继，出头应诉，不能即据为应废之原因。（八年上字第五六九号）

判 因亲属会不立继，而请求以裁判代立者，应以亲属会各员为相对人。（八年上字第五八九号）

判 冥配不为已婚。（八年上字第六五三号）

判 直系尊亲之为子立继，亦可择立贤爱。（八年上字第六五四号）

判 父有别子，不容遽为被继人立嗣。（八年上字第六七七号）

判 酌给义子财产，若养亲生前并未表示其酌给之准据，由审判衙门判定数额时，则应究明遗产总数若干，斟酌其养亲喜悦之程度，于不害亲子应承财产之限度内，以为判断。（八年上字第七○五号）

判 可以兼祧之独子，其承继顺位，在大功服侄之先。（八年上字第七六八号）

判 慈母处分其所抚育子之应承遗产，非概无效。（八年上字第七七○号）

判 被继人或守志妇，立嫌隙人为嗣者，其立继非无效。（八年上字第七七一号）

判 守志妇不得以永不立继之意思，就遗产为生活上不必要之处分。（八年上字第九二八号）

判 因可继人弃权，而无人可立者，其遗产即归亲女承受。（八年上字第一○七一号）

判 与应继人之尊属有嫌怨，因而憎恶应继人者，亦许另择贤爱。（八年上字第一一八八号）

判 应继人有数人时，亲属会得斟酌被承继人生前之意思议立。（八年上字第一二一五号）

判 亲女得为被承继人主张立继，及收回遗产。（八年上字第一二一六号）

判 兼祧人之嗣子，当然兼承各房之祧。（八年上字第一二五三号）

判 亲属会于被承继人是否死亡，及有无子嗣，不明时不得立继。（八年上字第一二八三号）

判 兼祧并不以同宗别无可继之人为限。（八年上字第一二九二号）

解 家财父死后应归子有处分行为，虽应得母之同意，但因营业负债，致其家财被执行者，则与卑幼私擅用财之条无关。（八年统字第九二二号）

解 死者不能立为人后，以孙祢祖，即非合法。戊之过继，即非事实，但现无有承继权人出而告争，而族人复无告争权利，自未便仅因该族人等之告争，遽判戊交产。（八年统字第一〇〇三号）

解 继承与被继人，素有嫌怨，即丧失应继之权，自无许其告争之理。（八年统字第一〇〇六号）

解 虚名待继，与以孙祢祖不同。判例所称，依律认虚名待继为有效，尚未准令已故之人，得以出继。（八年统字第一〇三二号）

解 继子如合于兼祧条件，亦许兼祧。至亲族会议，若族长房长个人应回避时，可令公选代表与议。如回避情形涉及全房之族众，自可由审判衙门秉公酌定。（八年统字第一〇四一号）

解 从场立嗣，并无异议。而平日又属素有嫌隙之人，自不得再行告争，即使另有应继之人，招赘婿仍得均分财产。（八年统字第一〇九八号）

解 兼祧子无嗣，除择立时别有分别承嗣之表示外，仍可由一嗣子承祧。（八年统字第一一一一号）

判 亲子嗣子，或其守志之妻，于被继人更立嗣子时，得主张异议。（九年上字第一三号）

判 昭穆相当，系指尊卑不失序而言。（九年上字第九五号）

判 媵妾得请凭亲属会为嫡子立继。（九年上字第一〇三号）

判 被继人之妾，不能因刑律补充条例，即视为所后之亲。（九年上字第二四六号）

判 立继时期，无明文限制。（九年上字第七六一号）

判 应继人不愿承继者，不得强令入继。（九年上字第七六六号）

判 得立胎儿为嗣。（九年上字第八一九号）

判 非合法亲属会议立者，利害关系人得否认其身份。（九年上字第一一九二号）

判 以不能圆满相处为理由，诉求废继，如承继人在诉讼中亡故，其已取得之继子身份，毋庸变更。（九年上字第一二四六号）

判 起诉后发生独子之事实，不得再主张过继。（九年上字第一四一四号）

解 被承继人及守志之妇，自行立继，如于昭穆伦序不失，不许族人以次序告争。（九年统字第一二〇一号）

解 立继行为，须经择继人及承继人与其父母之同意。惟其父母之不同意确无正当理由时，由审判衙门以裁判代之。（九年统字第一二七四号）

解 未婚妻确愿守志，自应准其为夫择继，并保管遗产。（九年统字第一三五三号）

解 立继行为，并不以书据为要件。惟立继事实，应有明证。（九年统字第一三七六号）

解 甲故无子，又无依法为其择继之人，即应由亲族会议依照法定次序，为其立继。继定后，甲女即应由其抚养。（九年统字第一四〇八号）

解 告争家财，验有亲族写立分书事实者，断令照旧管业，不许重分。（九年统字第一四〇八号）

解 立继并不以继单为要件，如果承继属实，自不容妄相争执。（九年统字第一四二六号）

判 择立远房，亦应以亲疏为先后。（十年上字第八六一号）

判 立继于房次年龄，无所限制。（十一年上字第一六七二号）

判 直系尊属上，尚有直系尊属，其立继应得其同意。（十一年上字第一六七二号）

解 不合法之承祧，若生存中有应继之人出而告争，其告争自属合法。（十一年统字第一六六八号）

解 继子出赘，其承继关系不因此而消灭。其子孙对于被承继人，公产之持分，自有告争之权。（十一年统字第一七三五号）

解 被承继人亡故，而守志妇尚生存者，应由守志妇行使立继之权。若系守志妇伯母及兄弟等出名所立抚约，守志妇自得主张其为无效。（十一年统字第一七七八号）

判 亲属会立继，在同一亲等不反对，即非疏远之人所得推翻。（十二年上字第三四八号）

判 被承继人，虽兼承三房宗祧，而至其死后，所现存之直系尊亲属，既仅有被上诉人（被承继人之母）一人，则代该被承继人立继之权，应当属于被上诉人。（十二年上字第三八四号）

判 被继人以遗言表示死后不立嗣者，无效。（十二年上字第八九五号）

判 所谓同姓，须确系共同始祖所生。（十二年上字第一〇六一号）

判 对于继子之子，不得为废继之主张。（十二年上字第一五四八号）

判 有权立嗣者，所择立之嗣，虽属违法，亦非当然无效。（十二年上字一五六一号）

判 不合法之继嗣，不能因告争人之不应准许，即可认为合法。（十二年上字第一六五六号）

判 兼祧后娶之妻，另就兼祧房为夫立嗣，亦得请求分析遗产。（十三年上字三四一号）

判 立嗣事件，首应尊重被承继人之意思。（十三年上字一〇九〇号）

解 死后遗产之处分，亲生子以子数均分。养子为所后之亲喜悦，及亲女就关于义男、女婿之规定类推解释，均得酌分财产。妻于自己生活情形，亦得请求养赡财产。（十三年统字第一八八七号）

判 亲女在继承人未确定以前，未经被承继人指定管财人，亦得管理财产。（十四年上字第一二一五号）

判 守志之妇，经翁姑勒令脱离亲属关系者，虽未改嫁，亦无择继之权。（十四年上字第一二八三号）

判 酌给亲女财产之时期，无一定限制。（十四年上字第三四四七号）

判 母于亲女酌给财产，毋庸得嗣子之同意或追认。（十四年上字第三四四七号）

判 子随同父出继他房，出继房之宗与本房之宗，并非不可并存。（十五年上字第一〇八三号）

判 遗产之承受，应以宗祧承继为先决问题。（十六年上字第八〇

八号）

判 立继之是否合法，惟有承继权者，得以主张之。故有择继权人所择立之继，虽不合法，而以无承继权之认为被告，诉请确认立嗣成立，主张其不得妄行干涉，尚难谓非正当。被上诉人之孙，以前既未入继，现时之承继权，又已丧失，则无论何印儿是否独子，其入继是否合法，均与被上诉人无涉。（十六年上字第八二二号）

解 私生子之遗产承继权，有亲生子者，依子数与半分，无子与应继之人均分，并无应继之人，则承继全分。（十六年统字第二〇一二号）

判 独子不许出继，而兼祧须限于同父周亲，否则为法所不许。（十七年上字第八四号）

判 宗祧继承首重昭穆顺序，如昭穆失序，凡有利害关系之人均得告争，并不以有承继权人为限。（十七年上字第八四号）

判 所后之亲自包括继母而言，故于父故后，若嗣子与继母积不相能，其继母当然有废继别立之权。至不得之程度，须由客观的断定，果其继子本身与继母确有不能圆满相处之事实，则得告官别立，自不待言。（十七年上字第九七号）

判 立继纵经所谓亲族会议，如亲族会议之组织并非合法，亦不能认为有效。（十七年上字第一四三号）

判 继单非承继成立之要件。（十七年上字第一五一号）

判 无子立嗣，固不限于一人，但非出自立继权人之意思，仍不能认为有效。（十七年上字第一六〇号）

判 立继顺序，在法律上固有一定之准则。但立继虽不合顺序，而当时有承继权之人已有明示或默示之抛弃，且事历多年相安无异者，即无许其告争之余地。（十七年上字第一六二号）

判 守志之妇，事后改嫁，与承继人身份毫无影响。（十七年上字第一六二号）

判 亲族会议之组织，现行法令虽无明文，然按之条例，自必由各房族人多数，或由各房举出总代表与会，而取决于与会者过半数之同意，方能认所议有效。若对于与承继有利害关系之人，事前未经通知，事后亦未得其追认者，则该利害关系人亦可据为请求撤销决议之原因。（十七

年上字第一八七号）

判 独子夭亡，尚非不能立后，若成年已婚，则应为立后自不待言。（十七年上字第二〇二号）

判 独子不得出继，为承继法上之一大原则。至兼祧为例外规定，必同族中别无可继之人，而应继者适为独子，又属同父周亲，两相情愿，取得阖族同意，方能准许。（十七年上字第二〇二号）

判 继子身份与所继财产有不可分离之关系，继子一经废继，则所继财产当然随之丧失，不得主张仍有所有权。（十七年上字第二三八号）

判 被承继人及守志妇，虽均死亡，如尚有直系尊亲属者，应由其尊亲属代为择继，非亲属会所能议立。（十七年上字第二三九号）

判 被承继人及其守志之妇亡故，又无直系尊亲属代行立继者，其继嗣应由亲属会依法议立，苟经合法议定，即不许他人再行推翻。（十七年上字第三〇七号）

判 承继财产虽属继子应有之权利，但亲属会议立继时，就被承继人遗产提留一部酌分各房，而继子当日无显然之反对者，应属有效，自不能于出继后任意翻悔。（十七年上字第三六九号）

判 有子复行立嗣，因为法律所不禁，但苟非证明出自被承继人之真正意思，自不得于其死亡后更由亲族会代为议立。（十七年上字第五〇六号）

判 民事法则，立继之是否合法，惟有承继权人始得主张。若无承继之权，或虽有而已明示或默示抛弃者，无论他人立继有无违法，均不许其告争。（十七年上字第五一一号）

判 亲族会议立继，应以亲族中与被承继人比较切近之人为会员，令其到场与议。（十七年上字第七六三号）

判 立继事件，惟同宗而有承继权者，始得告争。（十七年上字第九〇八号）

判 兼祧以同父周亲为要件，若经出继，则出继人对于本宗同胞兄弟，须依所继地位，论其服之远近，不得更以同胞称，即难以同父周亲论。（十七年上字第一〇六八号）

解 女子能否承继宗祧为立法问题，国民政府尚未颁此项法令前，

无从解释。（十七年解字第八七号）

解 无子立嗣，依法只有昭穆顺序之限制，并无长次等房之等差。（十七年解字第一八六号）

判 无子立嗣，律载綦详，是有子或其子虽无后，而族中并非无昭穆相当之人可为立孙，自不得更为立子。反是即为侵害其子之继承权，其别立之子纵属有权立嗣者所择立，苟经有告争权人主张撤销，即不得谓其承继关系合法成立。（十八年上字第一一〇号）

判 失踪人生死不明，经过相当期间后，如其妻及其直系尊亲属均已亡故，则亲族会为之立嗣自非法所不许。（十八年上字第三六七号）

判 上告人毛秦氏故夫俊德如果先已择立上告人毛承泰为嗣，后又亲生上告人毛承运，则其遗产固应由承泰、承运两子各半均分。（十八年上字第三九四号）

判 无子立继，如被继承人及守志之妇俱已亡故，又无直系尊亲属者，应由亲族会议行使其择继权。在未经亲族会议以前，法院不能遽以裁判代为择立。（十九年上字第一〇〇七号）

解 女子无宗祧继承权，对于父母家族之祭祀公产，自不能主张轮管或分割或分息。（二十年院字第四〇五号）

解 现行法令赘婿不得承继宗祧。（二十年院字第二一号）

解 法无女子承继宗祧之明文，自属无所依据。（二十年院字第四二一号）

解 继承开始在民法继承编施行前，被继承人无直系血亲卑亲属，而依当时法律有其他继承人者，不适用民法继承编之规定。（二十年院字第五八六号）

判 立嗣行为，一经成立，除继子不得于所后之亲时，得告官别立外，非可任意撤回。（二十一年上字第一八二号）

判 继承开始在民法继承编施行前者，仍应依当时之法律办理。（二十一年上字第三三五号）

判 遗产继承因被继承人死亡而开始，其继承在民法继承编施行前开始者，除施行法有特别规定外，不适用民法继承编之规定。（二十一年上字第四二六号）

判 在民法继承编施行前，出继他宗之子，不得与其本宗同父兄弟分析本生父家财产。（二十一年上字第四五一号）

判 继承开始在民法继承编施行以前，依当时之法律而有其他继承人者，依民法继承编施行法第一条第八条之规定，不适用民法继承编之规定。（三十一年上字第七八九号）

判 民法继承编施行前之法例，被继承人亡故又无守志之妇，及直系尊亲属者，其继嗣应由亲属会依法代为议立。（二十一年上字第七八九号）

判 宗祧继承虽为民法所不采，惟继承开始在民法继承编施行以前，依该编施行法第一条规定，应适用当时之法例办理。按当时法例，立嗣以昭穆相当，而现尚生存之人为要件。（二十一年上字第一二〇七号）

判 继承开始在民法继承编施行以前，依当时之法律而有其他继承人者，依民法继承编施行法第一条、第八条规定，不适用民法继承编之规定。（二十一年上字第一二三四号）

判 民法继承编施行前之法律，无子立嗣，惟被承继人及守志之妇俱已亡故时，亲族会始有权代为议立。若被承继人虽已亡故，而尚有守志之妇生存，则择继之权，属于守志之妇，断非族人所得擅为议立。（二十一年上字第一二三四号）

判 无子立嗣，不以立有遗嘱或继书为要件。确认民法亲属编继承编施行前之立嗣为成立，不因各该编之施行而受影响。（二十一年上字第一四〇六号）

判 继承开始在民法继承编施行以前，除民法继承编施行法有特别规定外，不适用民法继承编之规定，应依其当时法例办理。按当时法例，自己或其直系卑属有继承权而业经抛弃者，不得再行告争。（二十一年上字第一四九〇号）

判 宗祧继承虽为民法继承编所不采，惟继承开始在民法继承编施行以前，除民法继承编施行法有特别规定外，不适用继承编之规定，应依其当时之法例办理。按当时法例，自己或其直系卑属并无承继权之人，对于他人立继之当否不能告争。（二十一年上字第一四九五号）

判 宗祧继承虽为民法继承编所不采，惟继承开始在民法继承编施行以前，除民法继承编施行法有特别规定外，不适用继承编之规定，应依其当时之法例办理。按当时法例，夫亡无子，除夫生前业已自行择继外，立继之权，在于守志之妇，夫之直系尊亲属，苟为其夫立嗣，未经守志妇表示情愿者，不生效力。（二十一年上字第一五二九号）

判 继承开始在民法继承编施行前，应依当时法例办理。惟按当时法例，被继承人死亡无子，应由守志之妇立继，若守志之妇亦已死亡，而其家尚有直系尊亲属者，则立继之权，应由该尊亲属行之。（二十一年上字第一六八五号）

判 宗祧继承为民法继承编所不采，但继承开始在该编施行以前，依该编施行法第一条规定，应适用当时之法例办理。按当时法例，守志之妇有为夫行使择继之权，非族人所得干涉。（二十一年上字第一六九九号）

判 财产继承之开始，应始于被继承人死亡之日。如被继承人死亡在该省隶属国民政府以前，则所有遗产，当然由其子承受，无论已否分析，在已嫁及未嫁女子，均无请求继承之权。（二十一年上字第一八二六号）

解 民法既不采宗祧继承，凡继承开始在继承编施行后者，即不生立嗣问题。（二十一年院字第七六八号）

解 于民法继承编施行后诉争立嗣者，应予驳斥。惟被继承人于施行前死亡而无嗣者，当事人得依据当时法律以有权继承诉请创设，则其告争虽在施行后，仍应照院字五八六号解释办理。至就以前立嗣之事实讲求确认，自与该编施行无涉，应予调查裁判。（二十一年院字第七六九号）（删）

解 继承开始在民法继承编施行以后，而无直系血亲卑亲属者，除被继承人曾以遗嘱指定继承人，其所指定之人，因权利被害得诉争外，其他亲属不得援施行前之法律所定宗祧继承，而以应代立继，或应继为词，更为告争。若继承开始在施行前，被继承人无直系血亲卑亲属，仍适用当时之法律。（二十一年院字第七七○号）

解 民法继承编施行后，如以立嗣告争，除继承开始在前者外，不得主张，只能就其遗产继承部分予以审判。（二十一年院字第七八○号）

解 妻对夫提留之赡产，于使用收益外，非因生活上之迫切情形，不得处分，如妻以其赡产赠与其数子中之一人，未得他子之同意，自不

生效。（二十一年院字第八二〇号）

判 民法继承编施行前之法例亲属会议，立继固须依法定程序择立位次最先之人，惟位次在先者有数人时，亲属会议在此数人中自有共同议立之权。（二十一年上字第二〇〇四号）

判 凡继承开始，在民法继承编施行前而无直系血亲卑亲属，如依当时法律有继承权人，对于继嗣关系，出而告争；或继承开始，在民法继承编施行后，而在民法继承编施行前所立之嗣子女，提起确认之诉；或对其立嗣关系，因继承遗产而有所告争者，不论其起诉在该编施行之前后，法院自均应依其当时之法律，为之审判。（二十一年上字第二〇〇九号）

第二条 继承开始，虽在民法继承编施行前，而在下列日期后者，女子对于其直系血亲尊亲属之遗产，亦有继承权：

一、中国国民党第二次全国代表大会，关于妇女运动决议案，经前司法行政委员会民国十五年十月通令各省到达之日；

二、通令之日，尚未隶属国民政府各省其隶属之日。

第三条 民法继承编公布前，已嫁女子依前条之规定，应继承之遗产而已经其他继承人分割，或经确定判决不认其有继承权者，不得请求回复继承。

解 在民法继承编施行后，请求回复继承者，应分别情形，适用民法继承编施行法第三条、第四条及民法第一千一百四十六条第二项之规定。（二十年院字第五二八号）

解 民法继承编施行法第三条所谓经确定判决者，即为已有继承财产之女子，在开始继承时因系已嫁而受有驳回之请求之确定判决，故不许其回复继承，以维持确定判决之效力。此为已嫁女子因继承编公布所受法律上之特别限制，苟非确定判决对于女子直接行为，自不在限制之列。（二十一年院字第七四一号）

解 已嫁女子追溯继承之财产，如已经他人继承分析，若其请求重分在追溯继承细则施行六个月后者，无论其分析是否适当，均不准重请分析。其在民法继承编施行后者，应依该编施行法第三条之规定。（二十一年院字第八〇六号）（删）

第四条 民法继承编施行前，依民法继承编之规定，消灭时效业已完成，或其时效期间，尚有残余，不足一年者，得于施行之日起，一年内行使请求权。但自其时效完成后，至民法继承编施行时，已逾民法继承编所定时效期间二分之一者，不在此限。

解 在民法继承编施行后，请求回复继承者，应分别情形，适用民法继承编施行法第三条、第四条及民法一千一百四十六条第二项之规定。（二十年院字第五二八号）

解 无继承权之女子，如于酌给范围外多受遗产，其被侵害者，得于未失时效范围内，请求回复。（二十年院字第六〇一号）（删）

解 继承开始在民法继承编施行前，而依施行前之法律已有可继之人，苟至施行后其时效尚未消灭，仍应许其请求继承。惟被继承人若有守志之妇，不愿择立其为嗣，则不应强求。（二十一年院字第七七七号）（删）

第五条 前条之规定，于民法继承编所定无时效性质之法定期间准用之。但其法定期间不满一年者，如在施行时尚未届满其期间，自施行之日起算。

第六条 民法继承编，关于丧失继承权之规定，于施行前所发生之事实，亦适用之。

第七条 民法继承编施行前，所立之嗣子女，对于施行后开始之继承，其继承顺序及应继分与婚生子女同。

判 在继承编施行前继承虽未开始，苟已立有嗣子女如对其继嗣关系而有讼争者，无论其在继承编施行前，抑在施行后，法院自应依其当时法例为之确认，俾于继承开始时，得依继承编所定婚生子女之继承顺序，及应继分而为继承。（二十一年上字第一四三四号）

判 无子立嗣，其择立贤能，及所亲爱者，若于昭穆伦序不失，依当时法例，不许宗族以次序告争。（二十一年上字第一四三四号）

判 凡继承开始，在民法继承编施行前而无直系血亲卑亲属，如依当时法律有继承权人，对于继嗣关系，出而告争；或继承开始，在民法继承编施行后，而在民法继承编施行前所立之嗣子女，提起确认之诉；或对其立嗣关系，因继承遗产而有所告争者，不论其起诉在该编施行之前后，法

院自均应依其当时之法律，为之审判。（二十一年上字第二〇〇九号）

第八条 继承开始在民法继承编施行前，被继承人无直系血亲卑亲属，依当时之法律，亦无其他继承人者，自施行之日起，依民法继承编之规定定其继承人。

解 被继承人死亡在妇女运动决议案生效前，既无亲子又无可立嗣，其财产应归亲女承受。（二十年院字第四一二号）

解 继承开始在民法继承编施行前，被继承人无直系血亲卑亲属，而依当时法律有其他继承人者，不适用民法继承编之规定。（二十年院字第五八六号）

判 继承开始在民法继承编施行以前，依当时之法律而有其他继承人者，依民法继承编施行法第一条、第八条之规定，不适用民法继承编之规定。（二十一年上字第七八九号）

判 民法继承编施行前之法例，被继承人亡故，又无守志之妇及直系尊亲属者，其继嗣应由亲属会依法代为议立。（二十一年上字第七八九号）

判 继承开始在民法继承编施行以前，依当时之法律而有其他继承人者，依民法继承编施行法第一条、第八条规定，不适用民法继承编之规定。（二十一年上字第一二三四号）

判 民法继承编施行前之法律，无子立嗣，惟被承继人及守志之妇俱已亡故时，亲族会始有权代为议立。若被承继人虽已亡故，而尚有守志之妇生存，则择继之权，属于守志之妇，断非族人所得擅为议立。（二十一年上字第一二三四号）

解 依民法继承编施行法第八条之规定，依其当时法律，继承宗祧之人，即得继承财产。故继承开始苟在该编施行前，而被继承人又无直系血亲卑亲属者，如依当时法律，有继承权之人出而告争，不论其起诉在该编施行之前后，均依其当时之法律办理。（二十一年院字第七六二号）

解 于民法继承编施行以后，诉争立嗣者，当事人得依据当时之法律，以有权继承诉请创设，则其告争虽在施行以后，仍应查照院字五八六号解释办理。至就以前立嗣之事实，请求确认，自与该编施行无涉，

应予调查裁判。（二十一年院字第七六九号）

解 继承开始在民法继承编施行以后，而无直系血亲卑亲属者，除被继承人曾以遗嘱指定继承人，其所指定之人，因权利被侵害得诉争外，其他亲属不得援施行前之法律所定宗祧继承，而以应代立继，或应继为词，更为告争。若继承开始在施行前，被继承人无直系血亲卑亲属，仍适用当时之法律。（二十一年院字第七七〇号）（删）

判 凡继承开始，在民法继承编施行前而无直系血亲卑亲属，如依当时法律有继承权人，对于继嗣关系，出而告争；或继承开始，在民法继承编施行后，而在民法继承编施行前所立之嗣子女，提起确认之诉；或对其立嗣关系，因继承遗产而有所告争者，不论其起诉在该编施行之前后，法院自均应依其当时之法律，为之审判。（二十一年上字第二〇〇九号）

第九条 民法继承编施行前所设置之遗产管理人，其权利义务自施行之日起，适用民法继承编之规定。

第十条 民法继承编关于特留分之规定，于施行前所立之遗嘱，而发生效力在施行后者，亦适用之。

第十一条 本施行法自民法继承编施行之日施行。

补 遗

第一条

△**判** 立继次序，应以服制之远近为先后。至择贤择爱之例外，则惟有被承继人及其守志之妇或直系尊亲属，始有此权。（十七年上字第九号）

△**判** 独子不得出继，即兼承宗祧，亦须具备条件。（十七年上字第一九号）

△**判** 宗祧承继，首重昭穆顺序。如昭穆失序，凡有利害关系之人，均得告争，并不以有承继权人为限。（十七年上字第八四号）

△**判** 无子立嗣，固不限于一人。但非出自立继权人之意思，仍不能认为有效。（十七年上字第一六〇号）

△**判** 兼祧必须同父周亲为其重要条件，若本系同父周亲，业经出

继远房者，即不能视为同父周亲，主张兼祧。（十七年上字第一八〇号）

△**判** 独子成年已婚，应为立后。（十七年上字第二〇二号）

△**判** 被承继人亡故，并无守志之妇，及直系尊亲属，其行使立继权，当然属诸亲族会议。但亲族会议之组织，苟不合法，则所立继子，仍难认为有效。（十七年上字第二一八号）

△**判** 继子身份，与所继财产，有不可分离之关系。继子一经废继，则所继财产，当然随之丧失，不得主张仍有所有权。（十七年上字第二三八号）

△**判** 养老赘婿，本可与应继之人均分财产，至义子为所后之亲喜悦者，虽有分受遗产之权，但不得超过于应分人数均分之额。（十七年上字第二六三号）

△**判** 守志之妇，为其夫立继之时，如尚有翁姑在堂，应秉承翁姑，得其同意。（十七年上字第二九二号）

△**判** 被承继人及其守志之妇亡故，又无直系尊亲属代行立继者，其继嗣应由亲属会依法议立。苟经合法议定，即不许他人再行推翻。（十七年上字第三〇七号）

△**判** 承继财产，虽属继子应有之权利，但亲属会议继时，就被承继人遗产，提留一部，酌分各房，而继子当日无显然之反对者，应属有效。自不能于出继后，任意翻悔。（十七年上字第三六九号）

△**判** 兼祧取具阖族甘结，系防族人争执。若兼祧当时两相情愿，且事历多年，族无争执，即不得因无甘结，遽为无效之主张。（十七年上字第四三六号）

△**判** 无子立嗣，苟系有权立嗣者所择立，虽属违法，亦非当然无效，非经有告争权人，提起确认无效撤销之诉，得有确定判决，不得否认其立嗣之效力。（十七年上字第五二五号）

△**判** 立继行为，并不以书据为要件，只须证明确有承继事实，即应认为有效。（十七年上字第五四三号）

△**判** 夫亡无子，守志之妇，有为其夫择继之权。（十七年上字第七〇三号）

△**判** 未婚夭亡之独子，固须族中无昭穆相当之人可继其父，方准

立后。然可继之人，平日与其父或母先有嫌隙，即缺乏前列为父立继之条件。至所谓先有嫌隙云者，不必有客观之事实，只须立嗣本人主观意思定之。（十七年上字第七六〇号）

△**判** 亲族会议立继，应以亲族中与被承继人比较切近之人，为该会重要之员，令其到场与议。被承继人之父妾，是否为比较切近，应就当时亲族中之情形定之。苟无比较更亲之人，自不能不认其关系较他人切近，从而亲族会议立继，亦应令其到场与议。（十七年上字第七六三号）

△**判** 虚名待继，以父有别子者为限。（十七年上字第七六五号）

△**判** 异姓入嗣，历久无人告争，则甲姓出继乙姓，所生子孙，仍属乙姓之后。其关于乙姓本支承继，适法与否，本于利害关系，自可为法律上之主张。（十七年上字第九四四号）

△**判** 异姓乱宗，虽为现行律所不许，惟既定之承继关系，非依合法之告争，自应仍认其存在。若系无承继权之人，或虽有承继权，而久经抛弃者，纵出而告争，仍不得认为合法，要属无可推翻。（十七年上字第一〇〇九号）

△**判** 兼祧以同父周亲为要件，若经出继，则出继人对于本宗同胞兄弟，须依所继地位论其服之远近，不得更以同胞称，即难以同父周亲论。（十七年上字第一〇六八号）

△**判** 被承继人亡故，又无守志之妇，及直系尊亲属者，其继嗣应由亲属会依法代为议立。非亲属会故意不为议立，法院不能径以裁判代其议立。（十七年上字第一〇七三号）

△**判** 无子立嗣，律载綦详。是有子或其子虽无后，而族中并非别无昭穆相当之人可为立孙，自不得更为立子，反是即为侵害其子之继承权。其别立之子，纵属有权立嗣者所择立，苟经有告争权人主张撤销，即不得谓其承继关系，合法成立。（十七年上字第一一〇〇号）

△**判** 独子兼祧，除当时已有特别订定外，凡兼祧子所生之子，亦当然兼承其父所兼祧各房之后，绝不能谓兼祧效力，仅阻于一代兼祧。所生独子，应专承本生一房宗祧，而为兼祧之房，另行立嗣。（十七年上字第一一七一号）

　　△**判**　被承继人之守志妇，如尚生存，则立继之择贤择爱，自应由其主持。苟非事实上无人行使择继权，自无庸由法院以裁判径行干涉。（十八年上字第一四号）

　　△**判**　被承继人死亡，其择继权属于守志之妇。（十八年上字第一七号）

　　△**判**　亲族会议之组织，现行法上虽无明文之规定，然与被承继人比较切近之人，自为会中重要之一员。倘事前未经通知，事后亦未得其追认者，自足为撤销决议之原因。其因此而发生诉讼，且涉及该亲族会全体，即系会议不能期其合法成立，应由法院以裁判代行立继。（十八年上字第四三号）

　　△**判**　宗祧承继与遗产承继，在就遗产未明定其处分者，固当然由宗祧承继人承受，若早有特约，则除与法令抵触外，自非承继人与其子孙所能事后否认。（十八年上字第九九号）

　　△**判**　现行律所谓无子立嗣，系为维持公益而设，若出嫁女希图独得遗产，借口父有遗嘱，听其绝嗣，就亲属会议择立之嗣子，予以否认，自非正当。（十八年上字第一一一号）

　　△**判**　违法立嗣，如已事历多年，相安无异者，其承继关系，应认为确定。（十八年上字第二八一号）

　　△**判**　失踪人生死不明，经过相当期间后，如其妻及其直系尊亲属均已亡故，则亲族会为之立嗣，自非法所不许。（十八年上字第三六七号）

　　△**判**　无子立嗣者，其所遗财产，应由嗣子承受。若生前未立嗣，而死后尚有可为立嗣之人者，仍应依法由择继权人立嗣承受。若无人行使择继权，则应由亲属会议代为立嗣。（十八年上字第四五八号）

　　△**判**　被承继人死亡，并无守志之妇，或直系尊亲代为择立继嗣者，立嗣之权，应由亲属会议行使之。未经亲属会议合法取得嗣子身份之人，不能径向占有遗产者，为确认承继之请求，据以要求交付遗产。（十八年上字第四七九号）

　　△**判**　无子立嗣，将同父周亲之侄兼祧为子，得更于兼祧子所生诸子中，择立一孙，分承自己一房为嗣孙。（十八年上字第六七三号）

△**判** 律载"无子者，许令同宗昭穆相当之侄承继，先尽同父周亲，次及大功、小功、缌麻，如俱无，方许择立远房及同姓为嗣"等语，系指通常立继之次序而言。若被承继人或其守志之妇择贤择爱，则不必受此限制。此观于同律所载"择立贤能及所亲爱者，若于昭穆伦序不失，不许宗族指以次序告争"等语，至为明了。（十八年上字第七七六号）

△**判** 嗣子成年后亡故，依法只能为该嗣子立子，无更为其父立子之理。（十八年上字第八一七号）

△**判** 将已死之继子废除，另行择立，即被继人本人，亦不能如此办理，亲属会议，岂能有此权限。（十八年上字第八一七号）

△**判** 立继违法，凡自己或其直系卑属无承继权，或虽有承继权，而非以争继为目的，不得告争。（十八年上字第八二五号）

△**判** 承受遗产，除被承继人生前有遗赠行为外，应以宗祧承继为先决问题，请求交出遗产，必限于已经合法定继之人。（十八年上字第八五〇号）

△**判** 遗产部分，以赘婿与继子平均分配，原为法之所许。（十八年上字第八五二号）

△**判** 不合法之承继，须有承继权人或其直系尊亲属，方得告争。（十八年上字第八七七号）

△**判** 立继不合法，凡有承继权之人，或其直系亲属，均得告争。但此项告争权，依法原许抛弃。若于抛弃之后，复行告争，则为法所不许。（十八年上字第九三三号）

△**判** 立嗣固不限于被承继人及守志之妇死亡之后，然死亡前之立继，应由被承继人或守志之妇自为之，非他人所能代行。（十八年上字第九八八号）

△**判** 被承继人亡故后，未立继前，苟无守志之妇，又无直系尊属，其所有遗产，自应由亲属会共同选定管理人以管理之。（十八年上字第一〇〇四号）

△**判** 亲族会议立继行为，应由全体亲属，或各房派遣代表共同会议，取决多数，依例议立，否则不能为有效。（十八年上字第一〇三九号）

△**判** 承继之是否合法，惟有承继权者得以主张之。若并无承继之

权，或虽有而不欲实行其权利，业有明示或默示之抛弃者，无论其相对人之承继是否合法，要已与己无关，即无许其告争之余地。（十八年上字第一〇四三号）

△**判** 择立继子，不以夫妇年已衰老者为限，择贤择爱，本被承继人之自由，不以择立近房，及双方公亲族长在场，为成立之要件。（十八年上字第一〇四八号）

△**判** 异姓乱宗，虽为法所不许，然非有承继权而未舍弃之人，不能认其有告争权。（十八年上字第一〇九一号）

△**判** 守志之妇，于法有为夫择继之权，本无须亲属会同意，即其舍亲立疏，但不失昭穆伦序，即无违法之可言。族长虽居凭证地位，然择立之权，既属守志之妇，即不能因未凭族长之故，遂谓其立继为无效。（十八年上字第一一〇五号）

△**判** 独子兼祧两房者，如其所生之子，仍为一人，则该一人自得以承接两房宗祧，不生再为立继之问题。（十八年上字第一一三九号）

△**判** 酌分义男财产之标准，应依义父母之意思而定。若义父母生前，并未表示明白，而亲族会之协议，又未允洽时，则法院自可斟酌情形，予以核定。（十八年上字第一一七四号）

△**判** 为父立继以子无可继之人，而父又无别子者为限。（十八年上字第一一八二号）

△**判** 无承继权之人，滥行告争，法院可毋庸审究其所攻击之择继是否合法，即将告争人之请求驳回。（十八年上字第一三四三号）

△**判** 出继他房之子，非经本生父或兄弟特允，不得分受本房遗产。（十八年上字第一四〇五号）

△**判** 守志之妇亡故后，其直系尊属有立继权。（十八年上字第一四九三号）

△**判** 被承继人亡故而有守志之妇者，其立继之权，应在守志之妇。虽经直系尊属指定某人之子入继，而守志之妇当时并未表示同意者，当然不生效力。（十八年上字第一五二七号）

△**判** 无子者立他人之子为后，须得其父母同意而后可。（十八年上字第一五三一号）

△**判** 应由亲族会议立继者，如亲族会议故意不为议决时，始得由应继人诉由法院，以裁判代为立继。故法院以裁判立继之前提要件，须先经过亲族会议不谐而后可。（十八年上字第一五五一号）

△**判** 无子立嗣，苟无同族之人，虽择立同姓，原为法所允许。（十八年上字第一六一〇号）

△**判** 由亲族会议立继时，其与被承继人较为切近之亲族，自为该会重要人员，自应令其到场与议。如未经过通知，令其到场与议，则该会议之组织，即不能认为适法。（十八年上字第一八六九号）

△**判** 现行律所称夭亡未婚之人，不得概为立后云者，系以未成丁而亡，且未经婚娶者为限。若成丁未婚之人，当然得为立后。（十八年上字第一九三二号）

△**判** 继承人于入继时，虽系独子，而嗣后其本生父又生他子者，则其为独子之事实，业已消灭，其继承自应认为合法。在他人即不能再以此借口，出而告争。（十八年上字第二〇四五号）

△**判** 兼祧承继人之后，原毋庸更为所承数房，分别立嗣。兼祧承继人，若系无子身故，应任有权立继者之自由意思，殊无强其必立数子承继之理。（十八年上字第二一〇号）

△**判** 妇人行使立继权者，依现行律例，虽应以族长为凭证，但若族长因故不获与闻，则亦不得以未凭族长之故，即谓为无效。（十八年上字第二一〇号）

△**判** 被承继人之直系尊亲属立继，应有择立贤爱之权，但于昭穆伦序不失，即不许宗族以次序告争。（十八年上字第二一〇号）

△**判** 由亲属会议立继者，依法必须被承继人，及其守志之妇，暨其直系尊亲属，均经亡故以后，方能开始召集。（十八年上字第二一〇号）

△**判** 继书非承继成立之要件。（十八年上字第二一五〇号）

△**判** 兼祧无论是否合法，但在未有承继权之人，合法告争以前，无否认之余地。（十八年上字第二二〇〇号）

△**判** 夭亡未婚之人，除因阵亡或其未婚妻能以女身守志者外，不能概为立继。（十八年上字第二二〇〇一号）

　　△**判**　立继当时，上告人既未主张，且事历多年，相安无异，亦应视为早经默示抛弃，无论他人承继是否合法，均无争执余地。（十八年上字第二二〇一号）

　　△**判**　以孙弥祖，为法所不许。（十八年上字第二二一一号）

　　△**判**　兼祧之子于取得所后父母之财产外，同时不失所生父母分给之财产。（十八年上字第二二三〇号）

　　△**判**　现行律所谓夭亡未婚之人，不得概为立后，系指兼备夭亡及未婚两种条件而言。若夭亡而非未婚，未婚而非夭亡，皆不在不应立后之例。（十八年上字第二三〇四号）

　　△**判**　凡应为子立后者，必支属内，实无昭穆相当可为其子立后之人，而其父无别子者，始应为其父立继，待生孙以嗣应为立后之子。故支属内苟有昭穆相当可为其子立后之人，即不应为父立继。（十八年上字第二三〇四号）

　　△**判**　异姓义子，虽无承继宗祧之资格，然为所后之亲喜悦者，自可酌给财产，并不得无故逼逐。（十八年上字第二三一五号）

　　△**判**　夫亡无子，守志之妇，本有为夫立继之权。所谓守志之妇，专指正妻而言，妾虽守志，并不包括在内。（十八年上字第二三一六号）

　　△**判**　亲属会议立继，限于被承继人夫妇均亡，而又无直系尊亲属时，始能行之。若尚有守志之妇，自无亲属会议立继之余地。（十八年上字第二三一六号）

　　△**判**　成年之子，如系小宗而未成婚者，与有守志之妇必须立嗣者，究有不同。如果其直系尊亲，尚有别子可以承继宗祧，已经表示不为其小宗未婚子立嗣之意思者，则嗣后族人不得强为立嗣，希图承继其应分之遗产。（十八年上字第二四四六号）

　　△**判**　守志之妾，应于亲属会议中占重要地位。如亲属会议有所择立，应经其同意或追认，始能完全生效。（十八年上字第二五七五号）

　　△**判**　兼祧之人，无子立继者，除择立时有分别承继之表示外，当然由一嗣子承祧。（十八年上字第二五八三号）

　　△**判**　无承继权人，虽于他人之承继，是否合法，不得告争。但事实上有无嗣子身份，凡有利害关系之人均得争执，并不以有承继权人为

限。（十八年上字第二六九七号）

△**判**　养老赘婿，得分家产一半，系因已为赘婿之特别身份所取得之财产请求权，原非争继之侄辈所得比照要求。（十八年上字第二八一六号）

△**判**　有立继权人之立嗣，必出自其意思，始能有效。（十八年上字第二八三三号）

△**判**　立继依法只以服制亲疏远近，为应继之顺序，而房次则在继承法上，并无何等之限制。（十八年上字第二八三三号）

△**判**　夫亡无子之妇，但能守志，即为合承夫分，应有自由立继之权。（十八年上字第二八八七号）

△**判**　确认立嗣成立，并交付继产之诉，须现已合法定继之人，始得提起。（十八年上字第二九一一号）

△**判**　亲族会议立继，不必向审判上请求。（十九年上字第一号）

△**判**　本生父对于出嗣子，愿分给一部分财产者，自非法所不许。（十九年上字第五四号）

△**判**　义子分受财产之标准，应视其与义父相为依倚之情形，及其尽力于养家之程度，以为核定。（十九年上字第九三号）

△**判**　立继之顺序，虽以亲等之远近为先后，而尤当首先尊重被承继人意思。（十九年上字第一二七号）

△**判**　独子除兼祧外，不得过继他房。（十九年上字第一四一号）

△**判**　遗产给予亲女，不得超过嗣子所承受之数额。（十九年上字第二一三号）

△**判**　同父周亲之侄，虽已兼祧他房，然与其本生父之亲子关系，既未消灭则其承继顺位，自仍在大功服侄之先。（十九年上字第二四一号）

△**判**　亲族会议立继，原应遵守一定顺序，先尽同父周亲，以及大功、小功、缌麻。除应继之人，与被继人先有嫌隙，或有其丧失承继之原因外，不得任意变更其顺序。（十九年上字第二四一号）

△**判**　现行律兼祧两房，以可继之人系独子为要件。若父有别子，或已故而生孙有后者，即不得以独子论，依法只许其出继，而不得兼祧。（十九年上字第二五三号）

△**判**　嫡庶子男均分家财，不过原则如此，若另有习惯（如津贴长

孙）及特别意思表示，当然不能因之无效。故分产时即令有失公平，亦不容事后翻悔，请求重分。（十九年上字第四二二号）

△**判** 无子立嗣，是否限于一人，现行律上既无明文规定。则在有权立继人，如系同时并立二人，固非法所不许。（十九年上字第七〇八号）

△**判** 法律上并无嗣子年龄，必须小于嗣母之限制。（十九年上字第七五三号）

△**判** 现行律所规定之立继次序，惟于被承继人生前未经立继，故后由亲族会议择立时，应行遵照办理。若被承继人自行立继，则得依主观的见解，摈斥其所认为与有嫌隙之应继人，而立其所认为贤爱者为嗣。（十九年上字第七五四号）

△**判** 亲属会议之立继，或法院以判决代亲属会议之决议，均应遵守法定次序。除应继之人与被承继人先有嫌隙，或有其他丧失承继权之原因外，不得任意变更其次序。（十九年上字第七五八号）

△**判** 被承继人无子立嗣，或由其守志之妇，或直系尊亲属代立，依法本有择立贤爱之权。但于昭穆伦序不失，不许宗族指以次序告争。（十九年上字第七六一号）

△**判** 独子出继后，其本生父母无后亡故，苟其所继人，与其本生父为同父之兄弟，即属同父周亲，自得回而兼祧本宗。（十九年上字第八四七号）

△**判** 兼祧双配，乃法所不许。（十九年上字第八五一号）

△**判** 现行律例载"无子立嗣，若应继之人，平日先有嫌隙，则于昭穆相当亲族内择贤择爱，听从其便"；又载"独子夭亡，而族中实无昭穆相当可为其父立继者，亦准为未婚之子立继"各等语，是守志之妇，原有自由择继之权，而依据独子夭亡，亦许立继之法意，为类推解释。纵令亲族中有可为其父立继之人，若与守志之妇积不相得，致无可立以为继嗣者，则即为其夭亡之子择立继嗣，亦非与有嫌隙之人所得指为违法。（十九年上字第一〇八五号）

△**判** 以异姓子为嗣，虽为律所明禁，但出继于异姓，如果事经隔世，并未经人告争，则其子孙自系该姓之后，得以出继该姓之他支，而不得仍指为异姓，肆行攻讦。（十九年上字第一二五〇号）

△**判** 现行律所谓虚名待继，系指支属内，实无昭穆相当可为其子立后之人而言。若支属内尚有可继之人，决不容为其父立后，待生孙以嗣应为立后之子。（十九年上字第一七九六号）

△**判** 同胞兄弟，虽曾出继他宗，兄弟间如果合意，将其本生父之遗产，及出继人所得之承继财产，合而为一，仍按人数随时共同分用，业已历久相安无异者，则此后复行分析，即应就现有财产之全部计算，按股均分。（十九年上字第一八二一号）

△**判** 无子立嗣之人，对于自己财产生前并无若何处分，依法固应由入继宗祧之人，一并承受。但入继人如于继承开始后，自愿将遗产与人协议分析者，亦非法律所不许，遗产一经合法协议分析后，即不许入继人事后翻悔，再请返还。（十九年上字第一九七六号）

△**判** 兼祧子所生之子，当然兼祧其父所兼之祧。苟兼祧之关系已属确定，兼祧子又已有一子，纵使父故，不得因其子仍为独子，遽为其所兼承之祧，另立嗣子。（十九年上字第二一〇七号）

△**判** 被承继人及守志之妇，均已亡故，而有直系尊亲属者，立继之权，应专属于该亲属。（十九年上字第二二一〇号）

△**判** 无子立嗣，须由承继人与被承继人双方表示同意，方能发生效力。若被承继人并无择立之意思，即难仅凭承继人一方之行为，强认继嗣关系之成立。（十九年上字第二三二七号）

△**判** 被承继人之守志妇或其直系尊亲属，行使择继权，并无一定时期之限制，为慎重择继起见，从容考虑，本为法之所许。（十九年上字第二四四七号）

△**判** 兼祧两相情愿之条件，如两方父母已死，除生前曾表示不愿之意思外，可不具备此项条件。（十九年上字第二四五三号）

△**判** 嗣子是否与嗣父母同居，与继承效力无关。（十九年上字第三一三二号）

△**判** 子婚而故妇能媚守者，为其子立后。（十九年上字第三三一三号）

△**判** 新民法施行前，关于宗祧继承事件，如系以继承不合法为理由，诉请另行择立者，依当时之法律，必须自己或其直系卑幼有继承权，方能准许。否则不问他人之继承合法与否，均应认为无权告争，驳斥其

诉。（二十年上字第一五九号）

△**判** 财产继承以被继承人死亡时开始，除关于母之独有财产外，被继承人系指父而言。如果继承开始在该省隶属于国民政府以前，而所有财产，已由其男子继承取得，依当时法令，女子未有继承财产权，则无论其财产分析与否，已嫁与未嫁女子，均不得主张与子分析。（二十年上字第三四七号）

△**判** 被承继人死亡，而无守志之妇，或其直系尊亲属可以行使择继权者，关于立嗣问题，应由亲族会议，就昭穆相当之人，按法定顺序，代为议立。（二十年上字第四〇六号）

△**判** 兼祧承继人之后，依法原毋庸更为所承数房，分别立嗣。但仅有一合格之人，为该兼祧承继人之后，即已完足。（二十年上字第四〇九号）

△**判** 择立继子，为私法上之契约行为，除受现行法令之限制外，然须经双方之合意，始得成立。断无任由一方以单独的意思，强令他方为其继子之理。（二十年上字第六一二号）

△**判** 亲属会议立继，须依法定次序。倘所立位次最先之人，因有其他无效原因，经法院以裁判宣示无效，其位次在后之人，虽曾参与于位次最先者承继之决议，究不得以此而谓其承继权业经抛弃。（二十年上字第九九四号）

△**判** 守志之妇所酌提之赡养财产，只可供守志之妇赡养之用，而其所有权，应属诸其子。嗣后守志之妇亡故，当然无财产继承开始之可言。（二十年上字第一二二一号）

△**判** 被废之继子，如果并无过失，而因废继陷于生活困难者，则其对于所后之亲请求给与相当金额，原非法所不许。（二十年上字第一五七八号）

△**判** 养子不能继承宗祧，系属强行法规，不因被承继人生前曾经表示以养子为嗣之意思，遂不另为立嗣。至其择立之权，在被承继人亡故后，应属于守志之妇。其有尊亲属者，固须得尊亲属同意，然守志妇之立继，如果合法，不得任其尊亲属无故拒绝同意。（二十年上字第一五八〇号）

△**判** 承继关系，苟经合意解除后，即与并无过继之身份相同，对

于后立嗣子处分被继承人之遗产，即不得再行告争。（二十年上字第一七九四号）

△判　虚名待继，有一定之范围，必须父有别子时，始得为应继之子，虚名待继。（二十年上字第一八二三号）

△判　已经成立之继承关系，非经废继，或归宗程序，或由双方合意解除，不能消灭，第三人无借词否认之余地。（二十年上字第一八三六号）

△判　被承继人之本生父母，于亲属会议占重要地位。如不通知其到场与议，则其亲属会议之组织，已非合法，其立嗣行为，即难认为有效。（二十年上字第一九三七号）

△判　从前律文所谓守志之妇，合承夫分者，系指夫死之后，尚无合法承继之人。则守志之妇，可以管理其夫之遗产，并非谓其夫遗产，即可归其所有。（二十年上字第一九七四号）

△判　直系尊属行使立继权，本非外戚或家族长所能干涉。（二十年上字第二〇三五号）

△判　财产继承之开始，应始于被继承人死亡之日。倘被继承人于民国十五年十月国民政府通令各省施行《女子有财产继承权议决案》以前，或在该通令施行后隶属国民政府各省于各该省隶属国民政府以前，已经死亡，则其遗产，已由男子继承取得，女子于该议决案生效力以后，自不得对其兄弟已承受之财产，为享有继承权之主张。（二十年上字第二一〇四号）

△判　应由亲族会议立继者，如果亲属故意不为择立，虽得由应继人首告，即由法院以初次代亲族之议决，而究不能不问亲族会议之能否开会，遽在未经召集亲族会议以前，请求法院以判决代为择立。（二十年上字第二六二一号）

▲判　继承开始在民法继承编施行法第二条所列日期前者，女子对于其父之遗产虽无继承权，但母于父故后对于亲女有酌给遗产之权，为当时法例之所认。其所酌给之遗产如较少于应分人数均分之额，毋庸得其子若孙之同意。（二十一年上字第一六七号）

判　继承开始在民法继承编施行以前，依法不适用继承编之规定。

至继承编施行前之法例，被继承人亡故，守志之妇有为夫立继之权，直系尊亲属对于守志妇所立之继，虽有同意权，究不能代守志妇立继。（二十一年上字第二六九四号）

判　（一）继承开始在民法继承编施行以前，自不适用继承编之规定，应依其当时之法例办理。（二）在继承编施行前之法例，被承继及守志妇均已亡故，而有直系尊亲属者，立继之权专属于该尊亲属，毋庸咨询亲族会之同意。（二十一年上字第三〇三五号）

判　依民法继承编施行前之法例，嫡庶子分析家产，应按照子数平分。又尊长对于应分家财若有所偏向，则卑幼据以请求分析，即不得谓为违法。（二十二年上字第五七号）

判　女子在有财产继承权之法令发生效力以前，虽不得继承财产，而母于父故后，对于亲女有酌给财产之权，则为当时法例之所承认。故酌给之数额，苟未轶出法定范围，即毋庸得其子若孙之同意或追认。（二十二年上字第一六七号）

判　依民法继承编施行前之法例，被继承人及守志妇均已亡故，又无直系尊亲属者，应由亲族会议为之立继。（二十二年上字第二九五号）

判　继承开始在民法继承编施行前者，依当时法例，其立继行为本不以订立书据为要件。苟能证明确有立继情事，虽无继书，亦应认为有效。（二十二年上字第三〇八号）

判　（一）继承在民法继承编施行前开始者，除民法继承编施行法有特别规定外，依法不适用民法继承编之规定，自应仍适用当时之法例予以判断。但继承开始在民法继承编施行前，被继承人无直系血亲卑亲属，而依当时之法律又无其他可继之人者，始得依民法继承编之规定，定其继承人。（二）依民法继承编施行前之法例，凡自己或其直系卑属并为无继承权之人，不得告争承继，又独子虽许兼祧，亦必以同父周亲为条件。（二十二年上字第三一七号）

判　依民法继承编施行前之法例，死亡之人，不得立为人嗣。（二十二年上字第三一八号）

判　在民法继承编施行前，被继承人于不害及继承人特留分之限度内，得为处分之行为。而得处分之财产，只须与特留分不失均衡，则为

历来判例之所认。（二十二年上字第六二九号）

  判 继承开始在民法继承编施行前，被继承人无直系卑亲属，而当时之法律有其他继承人者，依民法继承编施行法，固不适用民法继承编之规定，得依当时之法例为之立嗣而定其财产继承人。但所谓有其他继承人者，系指其人在民法继承编施行日以前业已出生，而依当时法律而有继承权者而言。若其人出生系在民法继承编施行以后，则虽依民法继承编施行前之法理，可认其人为有继承权而依民法继承编之规定，自施行之日即应依民法继承编之规定定其继承人，即不得于民法继承编施行后，更援据当时之法例而为继承权之主张。（二十二年上字第六〇九号）

  判 继承开始在民法继承编施行法第二条所列之日期前，女子对于其直系血亲尊亲属之遗产，固无继承权。惟依继承编施行前之法例，亲女为亲所喜悦者，应酌分财产，但须较少于应分人数均分之额。其父生前若未表示意思，其母于父故后亦得以其自己之意思酌予分给。若父母生前俱未表示意思，而亲属会议又未予议给，得由法院斟酌情形及遗产状况核定之。（二十二年上字第九一九号）

  判 依民法继承编施行前之法例，异姓养子不得继承宗祧，仅得酌给遗产。（二十二年上字第九七六号）

  判 继承因被继承人死亡而开始，依民法继承编施行法之规定，继承开始在该编施行前，而在"妇女运动议决案"通令之日未隶属于国民政府之各省，于隶属之日期后，女子对于其直系尊亲属之遗产始有继承权。则凡女子之直系尊亲属继承开始在该省隶属国民政府以前者，该女子于该编施行后，自不得为继承权之主张。（二十二年上字第一〇八一号）

  判 民法继承编施行法中所谓依当时之法律无其他继承人者，系指依当时之法律无其他可继之人而言，不以已有继承身份之事实为限。故继承开始在民法继承编施行以前，被继承人无直系血亲卑亲属，而依当时之法律有其他可继之人者，应依民法继承编施行法之规定，不适用继承编之规定，而适用其当时之法例得由有立继权者为之立继，而定其遗产继承之人。所谓有立继权者，依当时法例即被继承人生存中为被继承人，被继承人亡故则属之守志妇，若无守志妇则由被继承人之直系尊亲属行使之，无直系尊亲属则由亲属会行使之。（二十二年上字第一

〇八二号）

判 继承开始在民法继承编施行以前者，依当时之法例，兼祧以可继之人系属同父周亲为要件。（二十二年上字第二一九四号）

判 在民法继承编施行前之法例，亲属会议立继，应遵守法定次序，先尽同父周亲，次及大功、小功、缌麻。除应继之人与被继承人先有嫌隙或有其他丧失承继权之原因外，不得任意变更其次序。（二十二年上字第一八二一号）

判 在民法继承编施行前立嗣虽属违法，依其当时之法例，有承继权之人于其立嗣之时不出告争，且事历多年相安无异者，不得再行告争。（二十二年上字第一八五七号）

判 民法继承编施行前之法例，继子须客观的不能与所后之亲圆满相处，始听告官别立。（二十二年上字第二六五七号）

判 立继事件发生在民法继承编施行以前，依当时之法例，被继承人及守志之妇均已死亡，而其家尚有直系尊亲属者，则立继之权，自应属于该尊亲属。（二十二年上字第二六八四号）

判 义男、女婿虽从其姓，不得以无子遂立为嗣。此在民法继承编施行前之法例，有强行性质，不容当事人以意思或习惯擅为变更。（二十二年上字第二七六三号）

判 依民法继承编施行前之法例，妇人夫亡无子者，合行夫分，系指守志之妇而言。（二十二年上字第二九八六号）

判 依民法继承编施行前之法例，养子只得酌给财产，不得与养父之亲生子平均分析。（二十二年上字第三二〇八号）

判 民法继承编施行前之法例，凡依法业经成立之继嗣，除合法定条件与被承继人以废继之权外，不许任情撤废，若第三人则尤无干涉撤废之余地。（二十三年上字第三七号）

判 （一）在前司法行政委员会通令《第二次全国代表大会妇女运动决议案》，及民法继承编施行以前之遗产，依当时法例应归其子继承。除其子自愿以继产之全部或一部奉权于母代为管理，或有其他法律上理由外，管理遗产之权，应属于其子。至于亲女对于已经合法定继之人，除得请求酌分遗产外，亦无主张继承权之余地。（二十三年上字第九六号）

判 在民法继承编施行前被继承人亡故，其妇已改嫁者，依当时法例，固应由亲族共同立嗣。但既由亲族共同立有嗣子，则其亲族即不得更为立嗣。（二十三年上字第五七一号）

判 （一）继承开始在女子对于非户绝之财产而有继承权前，依其当时法例，女子虽得酌给遗产，但其遗产苟已经男子继承取得，而于其取得当时，女子或其法定代理人未曾有所异议，即不得于其合法继承取得之后，又为酌给财产之主张。（二十三年上字第一一四七号）

判 无子立嗣在民法继承编施行以前者，依当时法例，其所遗财产应由嗣子承受，如嗣子死亡，而守志妇亦自有代为管理遗产之权。（二十三年上字第一二四二号）

判 （一）民法继承编施行前之法例，立继不以立有继书为要件。但其立继事实有合法之证明，即不问其有无继书或遗嘱，即应认其为有效。（二十三年上字第一二四八号）

判 （二）同法例被继承人生前已立有嗣子者，即不得于该被继人死亡后，更为立继。（二十三年上字第一二四八号）

判 （三）同法例亲生女对于非户绝之遗产，原无承受之权，但其亲生之父母得酌分财产。其父生前若未表示意思，其母于其父故后，亦得以其自己意思酌予分给。若父母生前俱未表示意思，而亲属会议亦未议给，得由法院斟酌情形及遗产状况核定之。（二十三年上字第一二四八号）

判 依民法继承编施行前之法例，被继承人及守志妇均已亡故又无直系尊亲属者，始得由亲族公议立继。（二十三年上字第二〇四一号）

判 民法继承编施行前开始继承之财产，依当时法例，应归嗣子承受。嗣子未成年，嗣母尚得代为管理处分。嗣子已成年，则嗣母及其本生父，均无处分之权。若有特别情形，须由嗣母代为处分，亦必须于处分时得嗣子之同意，或于处分后得嗣子之追认，始为有效。（二十三年上字第二四〇五号）

判 继承开始在民法继承编施行前，依当时法例，应由亲属会议为被继承人立继者，虽应遵守法定次序，先亲后疏，不得援用择贤择爱之例。而被继承人或其妻生前，如已有择立贤爱之明确表示，则亲属会议，本其表示而为执行，仍非法所不许。（二十三年上字第二四〇七号）

判 继承开始在民法继承编施行法第二条所定之日期以前，须被继承人无直系之男系血亲卑亲属，仅当时之法律又无其他继承人者，亲生之女对于其父之遗产，始有继承之权。（二十三年上字第三一六一号）

判 （一）继承开始在民法继承编施行前。而其开始之日期。又非在民法继承编施行法第二条所列之日期后者。女子对于非户绝之遗产无继承之权。（二十三年上字第三一六二号）

判 （一）继承开始在民法继承编施行前，依法不适用民法继承编之规定。（二十三年上字第三九九二号）

判 （二）在民法继承编施行前之法例，夫亡无子，其守志之妇，代为立继，本有择立贤爱之权。苟与昭穆伦序不失，不许宗族指以次序告争。（二十三年上字第三九九二号）

判 亲女在有财产继承权之法令发生效力前，原得酌给财产，但须较少于应分人数均分之额。（二十三年上字第四〇八三号）

判 （一）继承开始在民法继承编施行前，依民法继承编施行法规定，除施行法有特别规定外，不适用民法继承编之规定，自应仍适用其当时之法规。（二十三年上字第四六四八号）

判 （二）在民法继承编施行前之法例，守志之妇，始有为夫择嗣之权，若夫死改嫁或招夫入赘，即非守志之妇，对于其夫之立嗣，即无权过问。（二十三年上字第四六四八号）

判 依民法继承编施行前之法例，守志之妇立嗣，苟已得直系尊亲属同意，该尊亲属即不得事后翻异。（二十四年上字第一〇五四号）

判 （二）继承开始在民法继承编施行后者，关于遗产之继承人，均应依该编之所定。（二十四年上字第一四三六号）

判 民法继承编施行前之法例，立嗣不以立继书为要件，但确有立继之事实，即不能不认其立嗣为有效。（二十四年上字第二九八五号）

▲**判** 上诉人之父如在民法继承编施行前开始继承，而其继承人有数人时，上诉人对于其父之债务，仅须与其他继承人按其应继分比例分担之，不负连带责任。（二十八年上字第二三三九号）

▲**判** 父在民法继承编施行法第二条所列日期前死亡者，其所喜悦之女，固得请求酌给财产。惟自嗣子不得分受本生父遗产之例推之，女

为他人之养女时，自亦不得就本生父之遗产，请求酌给。（二十九年上字第六六六号）

解 据原函抄附各件所述情形，某甲于民国元年死亡，其独子随亦夭亡，是父子之继承均在民法继承编施行前开始，依同编施行法第一条，不适用同编关于无人承认之继承之规定。同编施行前适用之现行律例载，"其寻常夭亡未婚之人，不得概为立后，若独子夭亡，而族中实无昭穆相当可为其父立继者，亦准为未婚之子立继；又载，户绝财产，果无同宗应继之人，所有亲女承受，无女者，听地方官详明上司酌拨充公"各等语，是某甲独子之财产，如族中有昭穆相当可为某甲或其独子立继者，由所立继子承受。其族中实无昭穆相当可为某甲及其独子立继者，由某甲之亲女承受，无亲女则由地方官呈明上司酌拨充公。惟此项财产，已由他人依民法物权编及其施行法关于取得时效等规定，取得其所有权或其他财产权者，虽有继子或亲女，不得请求返还，即无继子及亲女，亦不得由地方官呈明上司充公。（三十二年院字第二五七六号）

解 某甲于民国十三年死亡无子，其继承系开始于民法继承编施行之前，如依当时之法律，无可立为某甲之嗣子者，其妻依同编施行法第八条及民法第一千一百四十四条之规定，自同编施行之日起，继承其遗产。若依同编施行前之法律，有可立为某甲之嗣子者，应由其妻为之立嗣。所立嗣子，溯及于某甲死亡时继承其遗产。在未立嗣或嗣子未成年时期，当然由其妻管理遗产，其妻虽在同编施行时尚生存，亦无继承遗产之权，其余参照院字第二三二五号解释。（三十四年院解字第二九二五号）

第二条

△**判** 女子根据《第二次全国代表大会妇女运动决议案》，应不分已嫁未嫁，与男子有同等财产继承权，业经司法院召集统一解释法令及变更判例会议，从新解释，并经本年第一八一次中央执行委员会政治会议议决，此项新解释，应追溯及于第二次全国代表大会决议案。经前司法行政委员会通令各省到达之日，尚未隶属国民政府者，则溯及隶属之日，发生效力。（十八年上字第二七一五号）

△**判** 现行法令女子有继承财产之权，与宗桃继承无关。（十九年上字第一五〇一号）

△**判** 财产继承以被继承人死亡时开始，除关于母之独有财产外，被继承人系指父而言。如果继承开始在该省隶属于国民政府以前，而所有财产，已由其男子继承取得，依当时法令，女子未有继承财产权，则无论其财产分析与否，已嫁与未嫁女子，均不得主张与子分析。（二十年上字第三四七号）

△**判** 财产继承之开始，应始于被承继人死亡之日。倘被继承人于民国十五年十月国民政府通令各省施行《女子有财产继承权议决案》以前，或在该通令施行后隶属国民政府各省于各该省隶属国民政府以前，已经死亡，则其遗产已由男子继承取得。女子于该议决案生效力以后，自不得对其兄弟已承受之财产，为享有继承权之主张。（二十年上字第二一〇四号）

▲**判** 继承开始在民法继承编施行法第二条所列日期前者，女子对于其父之遗产虽无继承权，但母于父故后对于亲女有酌给遗产之权，为当时法例之所认。其所酌给之遗产，如较少于应分人数均分之额，毋庸得其子若孙之同意。（二十一年上字第一六七号）

▲**判** 继承因被继承人死亡而开始，如被继承人死亡在民法继承编施行法第二条所列日期之前，女子对于其直系血亲尊亲属之遗产并无继承权，虽该女子尚未出嫁及遗产尚未经其兄弟分割，亦不得继承。（二十一年上字第一八二六号）

判 （一）被继承人生前以遗嘱分析继承财产者，不过就其所有财产预定分配方法，与继承开始后继承人之分割遗产性质根本不同，自不得相提并论。（二）被继承人本诸当时子数均分之法例，以遗嘱定其财产之分析，若在女子财产继承之法令施行以前，尚未发生效力，则其遗嘱即不能不因此法令之施行而生影响。（二十一年上字第二七五七号）

判 被继承人继承开始不仅在民法继承编施行之前，抑亦在民国十五年十月"关于妇女运动决议案"通令到达之前，则依民法继承编施行法之规定，当时之女子对于其直系血亲尊亲属之遗产，尚不能认有继承权，在当事人自不能仍以该施行法施行前之院字第三八五号解释借口。（二十二年上字第一八五号）

判 （一）继承在民法继承编施行前开始者，除民法继承编施行法有特别规定外，依法不适用民法继承编之规定，自应仍适用当时之法例予以判断。但继承开始在民法继承编施行前，被继承人无直系血亲卑亲属而依当时之法律又无其他可继之人者，始得依民法继承编之规定，定其继承人。（二）依民法继承编施行前之法例，凡自己或其直系卑属并为无继承权之人，不得告争承继，又独子虽许兼祧，亦必以同父周亲为条件。（二十二年上字第三一七号）

▲**判** 继承开始在民法继承编施行法第二条所列日期前者，女子对于其直系血亲尊亲属之遗产，固无继承权。惟依继承编施行前之法例，亲女为亲所喜悦者，得酌给财产，其数额由父在少于应分人数均分额之范围内酌定之。父生前未表示意思者由母酌定，父母生前俱未表示意思者，由亲属会议酌定。亲属会议未予酌定者，得由法院斟酌情形及遗产状况核定之。（二十二年上字第九一九号）

判 在民法继承编施行前之法例，亲女本得酌分遗产。（二十二年上字第一〇八一号）

判 （一）在前司法行政委员会通令《第二次全国代表大会妇女运动决议案》，及民法继承编施行以前之遗产，依常时法例应归其子继承。除其子自愿以继产之全部或一部奉权于母代为管理，或有其他法律上理由外，管理遗产之权，应属于其子。至于亲女对于已经合法定继之人，除得请求酌分遗产外，亦无主张继承权之余地。（二十三年上字第九六号）

判 （一）继承开始在民法继承编施行前，而其开始之日期，又非在民法继承编施行法第二条所列之日期后者，女子对于非户绝之遗产，无继承之权。（二十三年上字第三一六二号）

判 （二）在民法继承编施行法前之法例，立嗣虽属违法，而当时有承继权之人不出告争，且事历多年相安无异者，不得再行告争。（二十三年上字第三一六二号）

▲**判** 父在民法继承编施行法第二条所列日期前死亡者，其所喜悦之女，固得请求酌给财产。惟自嗣子不得分受本生父遗产之例推之，女为他人之养女时，自亦不得就本生父之遗产请求酌给。（二十九年上字第六六六号）

解 甲之夫乙于民国十九年死亡，其继承开始系在民法继承编施行之前，乙之遗产其女丙丁虽依同编施行法第二条有继承权，而其妻甲则依当时法令并无继承权。甲既未继承乙之遗产，则甲于乙死亡后所招之赘夫戊，自不能因其对于甲之遗产有继承权而承受乙之遗产。（三十五年院解字第三〇八七号）

第三条

▲判　民法第一千一百四十六条第二项之规定，于民法继承编施行前开始之继承，亦适用之，此观民法继承编施行法第四条规定自明。民法继承编公布前，已嫁女子应继承之遗产已经其他继承人分割者，依该施行法第三条之规定，固当然不得请求回复继承，无再适用民法第一千一百四十六条第二项之余地。惟其他继承人侵害已嫁女子之继承权，不合该施行法第三条所定情形者，仍应适用民法第一千一百四十六条第二项之规定。（二十九年上字第一三四〇号）

第四条

解　父在民法继承编施行法第二条所定日期前死亡者，其女依旧法所有得受酌给财产之权利，与民法第一千一百四十九条所定酌给遗产之情形同。如因其权利被侵害为回复之请求，自应依民法第一千一百四十六条及民法继承编施行法第四条之规定办理。（二十八年院字第一八八八号）

▲判　民法第一千一百四十六条第二项之规定，于民法继承编施行前开始之继承，亦适用之，此观民法继承编施行法第四条规定自明。民法继承编公布前，已嫁女子应继承之遗产已经其他继承人分割者，依该施行法第三条之规定，固当然不得请求回复继承，无再适用民法第一千一百四十六条第二项之余地。惟其他继承人侵害已嫁女子之继承权，不合该施行法第三条所定情形者，仍应适用民法第一千一百四十六条第二项之规定。（二十九年上字第一三四〇号）

第七条

判　（二）现行民法关于宗祧继承虽无规定，但选立嗣子原属当事人之自由，亦未加以禁止。故继承开始在民法继承编施行后者，如因被继承人无直系血亲卑亲属，或因被继承人之遗嘱，或由其亲属个人或多数之意见，仍依吾国旧例为立嗣子，其立嗣约之当事人间苟已互相表示意思一致，依契约自由之原则，不得谓其嗣约为不成立。惟关于遗产之继承，除嗣子系在民法亲属编施行前为被继承人生前所立，依民法继承编施行法之规定，得与民法继承编所定之婚生子女之继承遗产同其顺序及应继分外，倘被继承人未以遗嘱指定其为财产全部或一部之继承人，该嗣子即不得援据民法继承编施行前之惯例，为应继承遗产之主张。（二十二年上字第一八七三号）

解 守志之妇在新法前为夫立嗣，应得夫之直系尊亲属同意。若事先未得同意，得请求撤销，但事后仍得补行征求同意。若其不同意无正当理由者，得以裁判代之。（二十三年院字第一○六九号）

解 民法继承编施行前所立之嗣子女，对于施行后开始之继承，其继承顺序及应继分与婚生子女同，为民法继承编施行法第七条所明定。法律上对其与嗣父同一亲属关系之嗣母（民法亲属编施行法第九条），并未限制其代位继承。来呈所称已嫁之女先于其父而死亡，其父之继承开始在该编施行之后，依民法第一千一百四十条，自应由其嗣子代位继承其应继分。（二十九年院字第二○四八号）

第八条

解 继承开始在继承编施行前者，依当时法律被继承人及守志妇均有择贤择爱之权，如无其他可继之人，亲生女即承受全部财产。（二十一年院字第七六八号）

解 继承开始在继承编施行前者，苟于施行后其请求权时效尚未消灭，仍许其请求继承。若守志妇不愿立其为嗣，自不应强求。（二十一年院字第七七七号）

判 民法继承编施行法中所谓依当时之法律无其他继承人者，系指依当时之法律无其他可继之人而言，不以已有继承身份之事实为限。故继承开始在民法继承编施行以前，被继承人无直系血亲卑亲属而依当时之法律有其他可继之人者，应依民法继承编施行法之规定，不适用继承编之规定，而适用其当时之法例，得由有立继权者为之立继，而定其遗产继承之人。所谓有立继权者，依当时法例即被承继人生存中为被承继人，被承继人亡故则属之守志妇。若无守志妇则由被继承人之直系尊亲属行使之，无直系尊亲属则由亲属会行使之。（二十二年上字第一○八二号）

解　原呈所称甲之侄乙，如于甲死亡时已为胎儿，依当时之法律，应立为甲之嗣子者，虽出生于民法继承编施行之后，亦为同编施行法第八条所称之其他继承人。若乙于甲死亡时未为胎儿，则惟出生于同编施行之前，依当时之法律，应立为甲之嗣子者，始为同条所称之其他继承人。（三年院字第二六四三号）

解　某甲于民国十二年死亡无子，其继承系开始于民法继承编施行之前，如依当时之法律，无可立为某甲之嗣子者，其妻依同编施行法第八条及民法第一千一百四十四条之规定，自同编施行之日起，继承其遗产。若依同编施行前之法律，有可立为某甲之嗣子者，应由其妻为之立嗣。所立嗣子，溯及于某甲死亡时继承其遗产。在未立嗣或嗣子未成年时期，当然由其妻管理遗产。其妻虽在同编施行时尚生存，亦无继承遗产之权，其余参照院字第二三二五号解释。（三十四年院解字第二九二五号）

第九条

解　被继承人在《遗产税暂行条例》施行前死亡者，同条例之施行条例并无应征遗产税之规定，依法律不溯既往之原则，不得征收遗产税。民法继承编之施行，系在同条例施行之前，被继承人在民法继承编施行前死亡者，无论应否设置遗产管理人，及曾否设置，均不发生计算遗产税之问题。且依民法第一千一百七十七条之规定，遗产管理人，以继承开始时继承人有无不明者为限，始设置之。继承在民法继承编施行前开始者，如开始时已有继承人，虽因继承人未成年，由其母管理继承之财产，其母亦非民法继承编施行法第九条所称之遗产管理人。依民法亲属编施行法第十三条、民法第一千零八十六条之规定，母在其子女成年前，以法定代理人之资格为之管理继承之财产，不得另行选定遗产管理人。（三十一年院字第二三二五号）

解　男子入赘，与其直系血亲尊亲属及其兄弟、姊妹之亲属关系，并无影响。其直系血亲尊亲属或兄弟、姊妹死亡时，自系民法第一千一百三十八条所定第一或第三顺序之遗产继承人。入赘之男子死亡时，其父母或祖父母，亦为同条所定第二或第四顺序之遗产继承人。至依民法继承编施行前之法规为他人之嗣子，或依民法为他人之养子者，与其本生之直

系或旁系血亲相互间并无遗产继承权。（三十六年院解字第三三三四号）

补遗二

第八条

解 甲之妻乙，如依民法继承编施行法第八条及民法第一千一百四十四条之规定，自同编施行之日起继承甲之遗产，则乙死亡时，此项遗产为乙之养女丙所继承，丙之继承权被甲之侄丁、戊侵害，自得请求回复。倘甲有同编施行法第八条所称之其他继承人，则乙未尝继承甲之遗产，除乙别有取得甲遗产上权利之法律上原因外，丙不能以其为乙之继承人而承受甲之遗产。丁、戊占有甲之遗产，纵无正当之权原，亦非侵害丙之继承权，丙对丁、戊自无继承回复请求权。至乙是否自同编施行之日起继承甲之遗产，可参照院解字第二九二五号解释。丁、戊是否同编施行法第八条所定甲之其他继承人，可参照院字第二六四三号解释。又甲于同编施行前死亡，而于同编施行后十余年经亲属会议为之立嗣者，所立嗣子溯及继承开始之时为甲之遗产继承人。如所立嗣子之继承权被人侵害，其回复请求权之消灭时效，依民法第一千一百四十六条第二项后段之规定，于立嗣时即已完成。惟据原呈所述情形，丁、戊并非继承权被侵害之人，自不生请求回复之问题。（三十七年院解字第三八四二号）

原版信息

中华民国六法理由判解汇编（全部六册）

第二民法之部

编辑者：吴经熊

增订者：郭卫（元觉）

上海法学编译社

发行人：王秋泉，上海河南中路三二五号

印刷所：上海河南中路三二五号会文堂新记书局

总发行所：上海河南中路三马路北首会文堂新记书局

分发行所：北平琉璃厂会文堂新记书局

1948 年 7 月出版

图书在版编目（CIP）数据

中华民国民法·立法理由及判解汇编 / 张生点校
. —— 北京：社会科学文献出版社，2023.10
（中国近代民法史料辑要）
ISBN 978 - 7 - 5228 - 2320 - 1

Ⅰ.①中… Ⅱ.①张… Ⅲ.①民法 - 立法 - 研究 - 中
国 - 民国 Ⅳ.①D923.04

中国国家版本馆 CIP 数据核字（2023）第 184315 号

中国近代民法史料辑要（第三卷第三册）
中华民国民法·立法理由及判解汇编

点　　校／张　生

出 版 人／冀祥德
组稿编辑／刘骁军
责任编辑／易　卉
责任印制／王京美

出　　版／社会科学文献出版社·集刊分社（010）59367161
　　　　　　地址：北京市北三环中路甲 29 号院华龙大厦　邮编：100029
　　　　　　网址：www.ssap.com.cn
发　　行／社会科学文献出版社（010）59367028
印　　装／三河市东方印刷有限公司

规　　格／开本：787mm × 1092mm　1/16
　　　　　　印张：61　字数：940 千字
版　　次／2023 年 10 月第 1 版　2023 年 10 月第 1 次印刷
书　　号／ISBN 978 - 7 - 5228 - 2320 - 1
定　　价／398.00 元

读者服务电话：4008918866